제3판

신탁법

최수정 저

박영사

제3판 머리말

신탁법이 개정되고 시행된 지 10여 년이 지나면서 신탁제도에 대한 관심과 활용이 확대되는 것에 상응하여 해당 문헌들도 늘었다. 그리고 신탁 관련한 판결들도 일람이 어려울 정도가 되었으며 그 쟁점도 보다 다양화, 구체화되고 있다. 신탁법 연구자로서 반가운 일이 아닐 수 없다. 그런데 현재 신탁법의 규율이 충분하지 않고, 신탁이 가지는 제도적 장점들을 고려할 때 다각적인 이용 양태에 따른 논점이나 법리를 신탁법이 모두 규정하는 데에는 한계가 있는 것이 사실이다. 그러다 보니 구체적인 사건에서 법원의 판단은 중요한 기준이 되고 있다. 하지만 때로 제도 자체에 대한 이해 부족이나 법리에 대한 오해로 그 근거나 결과의 정당성이 의심스러운 판결들을 만나기도 한다. 이러한 판결들이 혹여 판례로 오인되어 감히 이의를 제기할 수 없는 절대적 권위하에서 더 큰 오류와 혼란을 만들어내지는 않을까 우려된다. 무엇보다 신탁법 개정판이 가진 오류들과 부족함을 더 이상 외면할 수 없게 된 것도 제3판을 출간하게 된 이유가 되었다. 신탁의 활용이 특정 분야에 집중되고 있고 그와 관련한 흥미로운 쟁점도 많지만, 초판에서부터 이 책이 신탁법의 기본 이론을 제시하고자 한 취지는 변함이 없다. 그래서 개별 주제에 관한 심도 있는 논의는 다른 기회를 약속하고자 한다. 이 책이 신탁법에 대한 길잡이가 되고 신탁을 활용하는 토대를 제공할 수 있게 되기를 기대할 뿐이다.

2023년 8월
최 수 정

개정판 머리말

주지하는 바와 같이 오랫동안 영미에서 법원이 개별적인 사건에서 판단한 결과와 원칙들이 쌓여 오늘날의 신탁법(trusts law)이 되었고, 이것이 우리나라 신탁법의 토대가 되었다. 그러나 사법제도를 달리하는 우리법의 해석에서는 신탁법의 해석이 일차적인 기준이 되며, 이때 다른 제도와 법률과의 조화로운 해석이 중요한 과제가 된다. 그래서 이 책은 사법관계에 대한 기본적인 법리를 기초로 신탁법의 규정과 제도들을 명확하게 전달하고자 하는 취지에서 나오게 되었고, 이는 현재에도 변함이 없다.

근래 가장 주목을 받고 있는 법제도 중 하나가 신탁이며, 그 기본법이 신탁법이다. 그런 만큼 2011년 신탁법 전부 개정의 취지는 어느 정도 달성된 것으로 보인다. 하지만 신탁법도 이미 오류와 한계를 가지고 있었다. 그래서 곧 법개정이 이루어지지 않을 수 없고, 이책도 그에 따른 개정을 예정하고 있었다. 그러나 개인적인 기대와 달리 언제 법개정이 이루어질지 가늠할 수 없게 된 상황에서, 일단 참을 수 없는 오류들을 고쳐 쓰고, 미흡한 부분을 보충하고, 최근 쏟아지는 판결들의 일부라도 반영하지 않을 수 없게 되었다. 특히 부동산담보신탁 관련한 수많은 판결들은 이론적으로나 실무적으로 매우 흥미로운 논점들을 포함하고 있다. 하지만 상세한 논의가 필요한 부분들이 많아 이를 망라하는 것은 기본서로서의 이 책의 범위를 벗어나는 것으로 생각되어 관계된 부분에서 간단히 언급하고 각주에 참고문헌을 표시하였다. 그리고 상속을 위한 신탁이나 요보호자를 의한 신탁과 같은 신탁의 활용과 관련해서는 다른 법률과의 관계 및 거래수요를 반영하여 향후 입법론 및 해석론을 보완하고자 한다.

여전히 완전함은 요원하고 부족함은 넘쳐난다. 이 책이 초판에 대한 지적과 격려에 대한 감사에 한참 미치지 못하지만, 이러한 부족함이 오히려 현명한 독자들의 지적 호기심을 자극하는 자료가 될 수 있지 않을까 스스로 위로해본다. 그리고 신탁법에 대한 이해와 활용에 일만의 보탬이 될 수 있기를 감히 희망한다.

2019년 8월

최 수 정

머 리 말

    신탁에 대한 제도적 관심은 비교적 최근의 현상이다. 1961년 제정·시행된 신탁법이 존재하였음에도 불구하고 이 법이 신탁관계를 규율하는 실질적인 기본법의 역할을 하기에는 미흡했던 것이 사실이다. 2011년 7월 전부개정을 통해 2012년 7월부터 시행된 현행 신탁법은 그러한 문제점을 해결하고 신탁의 활성화를 위한 수단들을 제공하고자 하였다. 보다 다양한 활용을 위해서는 관련 법령들과의 조정이 여전히 과제로 남아 있지만, 이를 위한 법적 근거가 마련되었다는 점에서는 고무적이다.

    종래 신탁법에 관하여 학설이라고 하는 것이 거의 일본에서의 논의였고, 문헌에서는 별다른 언급 없이 일본의 견해를 마치 우리의 그것인 것처럼 옮기기도 하였다. 그리고 영미에서의 법리가 그대로 수입, 소개되기도 하였다. 영미에서의 신탁법은 그야말로 판례법이었지만, 우리는 신탁법이라고 하는 별개의 법률을 가지고 있다. 그리고 법체계를 달리하는 영미의 법리를 그대로 들여올 수 없음은 물론이며, 규정내용이 다른 일본의 해석론을 더 이상 우리의 것으로 받아들일 수는 없다. 우리의 신탁법리는 신탁법의 해석에 근거해야 하는 것이며, 또한 우리 법제도 및 다른 법률관계와 조화를 이루는 것이어야 한다. 물론 신탁법 자체가 아직 불충분하거나 때로 적절하지 않은 부분이 있음을 시인할 수밖에 없지만, 이에 관한 입법적인 조치와 더불어 그 법리를 정립하고 풍부하게 만드는 것은 어디까지나 연구자의 몫이다. 혹여 신탁법에 대한 필자의 단편적인 이해가 독자를 불편하게 하였다면, 정합적인 법해석을 위한 고투의 흔적으로 너그럽게 이해해주시기를, 그리고 비난보다는 따뜻한 지적으로 신탁법에 관한 논의가 한층 넓고 깊어질 수 있기를 소망한다.

    이 책은 신탁제도에 대한 이해와 신탁법의 체계적인 해석을 위한 기본적인 이론을 제시하기 위한 것이다. 지난 10여년간 신탁에 관한 필자의 관심을 모은 기록이기도 하다. 사

실 신탁의 체계서에 대한 시도는 2009년 서강대학교 지원(200916014.01)에 의하여 시작되었
다. 그러나 신탁법 개정작업과 민법 개정작업에 참여하면서 미처 엄두를 내지 못하였다. 그
러다 2013년 독일 함부르크 Max Planck Institute에서 다양한 문헌과 견해를 접하면서 본
격적으로 진행을 할 수 있었다. 이후에도 감히 필자의 경솔과 천박함으로 인하여 자칫 신탁
이나 신탁제도에 대한 오해만 야기하게 되는 것은 아닌지에 대한 조심스러움과 천성적인
게으름으로 선뜻 마무리하지 못하고 있었다. 하지만 지금 하지 않으면 영원히 하지 못하게
될 것 같은 두려움과 아직까지 현행 신탁법에 대한 체계서가 없다는 데 대한 안타까움으로
용기를 내게 되었다. 어떠한 결과물도 온전히 한 사람의 공로일 수는 없다. 누군가의 이름
을 언급하는 것이 그렇지 않은 더 많은 이들에게 누가 될까, 그저 모든 분께 감사의 마음을
전하는 것으로 대신하고자 한다.

2016년 1월

최 수 정

목   차

제 1 장 신탁의 의의

제 2 장 신탁의 구조와 기능

제 3 장 신탁의 종류

제 4 장   신탁관계인

제 5 장   신탁의 성립과 효력

제 6 장   신탁재산

제 7 장 신탁사무의 처리

제 8 장 신탁의 변경

제 9 장　신탁의 종료

제10장 신탁의 활용

[범례]

1. 문헌 약어

광장신탁법연구회	광장신탁법연구회, 주석신탁법 제2판, 박영사, 2016
법무부	법무부, 신탁법 해설, 2012
이재욱/이상호	이재욱/이상호, 신탁법 해설, 한국사법행정학회, 2000
이중기	이중기, 신탁법, 삼우사, 2007
임채웅	임채웅, 신탁법연구, 박영사, 2009
정순섭/노혁준	정순섭/노혁준편, 신탁법의 쟁점 제2권(BFL 총서 10), 소화, 2015
지원림	지원림, 민법강의 제15판, 홍문사, 2017
최동식	최동식, 신탁법, 법문사, 2006
최수정, 신탁제도를 통한 고령자의 보호와 지원	최수정, 신탁제도를 통한 고령자의 보호와 지원, 집문당, 2010
최수정, 일본 신신탁법	최수정, 일본 신신탁법, 진원사, 2007
홍유석	홍유석, 신탁법 전정판, 법문사, 1999
能見善久	能見善久, 現代信託法, 有斐閣, 2004
四宮和夫	四宮和夫, 信託法 新版, 有斐閣, 1989
寺本振透編集	寺本振透編集, 解說 新信託法, 弘文堂, 2007
新井誠	新井誠, 信託法 第3版, 有斐閣, 2008
信託法改正要綱試案 補足說明	日本 法務省民事局參事官室, 信託法改正要綱試案 補足說明, 2005
Bogert/Bogert/Hess	Bogert/Bogert/Hess, The Law of Trusts and Trustees, 3.ed., West Group, 2011
Dukeminier/Johanson/Lindgren/Sitkoff	Dukeminier/Johanson/Lindgren/Sitkoff, Wills, Trusts, and Estates, 8.ed., Aspen Publishers, 2009
Haley/McMurtry	Haley/McMurtry, Equity & Trusts, 3.ed., Sweet & Maxwell, 2011
Hayton	Hayton, The Law of Trusts, 4.ed., Sweet & Maxwell, 2003
Hayton/Marshall	Hayton/Marshall, Commentary and cases on the law of trusts and equitable remedies, 11.ed., Sweet & Maxwell, 2001
Hudson	Hudson, Equity and Trusts, 6.ed., Routledge−Cavendish, 2010
Penner	Penner, The Law of Trusts, 10.ed., Oxford, 2016

| Scott/Fratcher | Scott/Fratcher, The Law of Trusts, 4.ed., Vol. I /Vol. II, Little, Brown and Company, 1987 |

2. 법령명 등 약어

가등기담보법	가등기담보 등에 관한 법률
공익법인법	공익법인의 설립·운영에 관한 법률
구신탁법	개정전 신탁법
부동산실명법	부동산 실권리자명의 등기에 관한 법률
약관법	약관의 규제에 관한 법률
자본시장법	자본시장과 금융투자업에 관한 법률
자산유동화법	자산유동화에 관한 법률
채무자회생법	채무자 회생 및 파산에 관한 법률
DCFR	유럽 민사법의 공통기준안(Draft Common Frame of Reference)
UTC	미국 Uniform Trust Code 2010

제1장
신탁의 의의

Ⅰ. 신탁의 정의와 특징

1. 신탁법의 규정

신탁법 제2조[1]는 신탁을 설정하는 자(위탁자)와 신탁을 인수하는 자(수탁자) 사이의 신임관계를 기초로 위탁자가 수탁자에게 특정의 재산을 이전하거나 담보권의 설정 또는 그밖의 처분을 하고 수탁자로 하여금 일정한 자(수익자)의 이익 또는 특정의 목적을 위하여 그 재산의 관리, 처분, 운용, 개발, 그 밖에 신탁 목적의 달성을 위하여 필요한 행위를 하도록 하는 법률관계를 신탁으로 정의한다. 그런데 이러한 정의로부터 신탁의 제도적 특징을 확인하기란 쉽지 않다. 가령 신뢰관계를 전제로 일정한 행위 또는 사무처리를 위탁하는 점에서는 위임과, 재산을 수여하면서 지정된 목적을 위하여 사용하도록 하는 점에서는 증여 또는 부담부증여와 유사하게 보인다. 그리고 재산의 보관 등을 위탁하는 점에서는 임치와도 유사하다. 그래서 신탁의 개념을 이해하고 다른 제도와 신탁을 구분하기 위하여는 보다 상세한 기준과 설명이 필요하게 된다.

신탁에 관한 정의규정을 가지고 있는 다른 법제에서도 상황은 크게 다르지 않다. 일본 신탁법 제2조 제1항은 특정한 자로 하여금 일정한 목적에 따라서 재산의 관리, 처분 및 그밖에 당해 목적의 달성에 필요한 행위를 하도록 하는 것을 신탁이라고 정의한다. 이러한 매우 간략한 정의로부터 신탁이 무엇인가를 파악하기란 역시 쉽지 않다. 그리고 신탁을 민법에 받아들인 프랑스의 경우, 하나 또는 다수의 설정자(constituant)가 현재 또는 장래의 재화,

---

1) 이하에서 별도의 법명 표기가 없는 규정은 신탁법의 규정이다.

권리, 담보권 또는 그 집합을 하나 또는 다수의 수탁자에게 이전하고, 수탁자는 이를 자신의 고유재산과 분리하여 보유하면서 하나 또는 다수의 수익자를 위하여 행위하는 관계를 신탁(fiducie)이라고 부른다(프랑스 민법 제2011조). 우리법과 규정방식이 유사하지만, 신탁재산과 고유재산의 분리를 명확히 한 점은 주목할 만하다.

나아가 유럽 민사법의 공통기준안(Draft Common Frame of Reference: DCFR) Ⅹ－1:201은 수탁자가 신탁상 정함에 따라서 수익자 또는 공익목적을 위하여 신탁재산을 관리하거나 처분할 의무를 부담하는 법률관계를 신탁으로 정의한다. 이러한 매우 간략한 개념정의가 불충분하다고 판단한 입안자는 바로 이어 Ⅹ－1:202에서 신탁의 특별한 법률효과로 신탁재산이 수탁자의 고유재산이나 다른 재산과 독립한다는 점을 명시하고 있다. 그리고 이 규정은 이후에 등장하는 신탁의 여러 법률효과의 개요로서, 어디까지나 독자에게 다른 제도와 구분되는 신탁의 법률적 특성을 알려주는 교육적인 목적을 위한 것이라는 설명을 잊지 않았다.[2]

위 정의들로부터 드러나는 신탁의 공통된 모습은 수탁자가 일정한 재산을 특정한 목적, 특히 수익자를 위하여 보유한다는 점이다. 그리고 이를 둘러싼 구체적인 법률관계는 신탁법 전체를 통하여 비로소 확인할 수 있다.

2. 신탁의 개념징표

영국의 경우 신탁제도가 형평법의 대표적인 산물이라는 점에는 이론이 없지만, 신탁에 대한 정확한 정의를 내리는 것에 대하여는 거부감이 있는 것이 사실이다. 신탁개념은 다양한 맥락에서 문제가 되고 또 그 내용적인 특징들도 다양해서, 포괄적이고 보편적인 정의는 불가능해 보이기도 한다. 그러다 보니 기본적인 정의를 내리는 데 있어서 신탁만큼 혼란스러운 법분야는 없다는 설명까지 나오는 것이다.[3]

이러한 사정은 미국의 경우에도 다르지 않다. 대표적인 신탁법학자 Scott는 정확한 정의를 내리는 것이 설혹 가능하다고 하더라도 그것은 실제 큰 가치가 없으며, 우리가 적절히 시도해볼 수 있는 것은 법적인 개념징표를 묘사함으로써, 즉 주된 특징들을 진술함으로써 우리가 무엇에 대하여 이야기하는지를 다른 사람들이 일반적으로 이해할 수 있게 만드는

---

2) v.Bar/Clive, Principles, Definitions and Model Rules of European Private Law DCFR, Vol.6, Sellier, 2009, p.5686.

3) Parkinson, Reconceptualising the express trust, Cambridge Law Journal, Vol.61, No.3(2002), p.657.

것이라고 하였다.[4]

신탁의 개념정의 대신 신탁의 특징을 열거하는 방식은 이미 신탁의 준거법 및 승인에 관한 헤이그협약(Convention on the Law Applicable to Trusts and on their Recognition)[5]에서 발견된다. 협약 제2조는 우선 "수익자 또는 특정한 목적을 위하여 재산이 수탁자의 지배하에 놓인 경우 위탁자에 의하여 −생전에 혹은 사망에 의하여− 창설된 법률관계"를 신탁으로 정의하고,[6] 이어서 동조 각 항에서 신탁의 주된 특징들을 상술하고 있다. (a) 신탁재산은 독립하며 수탁자의 고유재산이 되지 않는다. (b) 신탁재산의 권원은 수탁자 또는 수탁자를 갈음하는 제3자에게 속한다. (c) 수탁자는 신탁상 정함에 따라서 재산의 관리, 사용, 처분에 대한 권능과 의무를 가지며 법률에 따른 특별한 의무를 진다.

1999년 제안된 유럽신탁법원칙(Principles of European Trust Law) 제1조는 별도의 정의규정 없이 신탁의 주된 특징이라고 하는 표제하에 다음 네 가지를 들고 있다. 첫째, 신탁상 수탁자는 자신의 고유한 재산과 분리된 재산을 소유하면서 수익자 또는 일정한 목적을 위하여 신탁재산을 거래해야 한다. 둘째, 수탁자와 수익자는 1인 또는 다수가 존재할 수 있으며, 수탁자 자신이 수익자 중 1인이 될 수 있다. 셋째, 독립한 신탁재산은 수탁자의 배우자나 상속인, 고유재산의 채권자들의 청구로부터 배제된다. 넷째, 독립한 신탁재산에 대하여 수익자는 채권(personal right)을 가지며, 수탁자 및 신탁재산의 일부를 악의로 취득한 제3자에 대하여는 물권(proprietary right)을 가질 수 있다.

이상에서 드러나는 신탁의 구체적인 모습은 법인격을 갖지 않지만 독립한 신탁재산이 존재하고 그 귀속주체는 수탁자이며, 수탁자는 위탁자의 의사나 법률이 정한 범위에서 신탁목적을 달성하기 위한 행위를 할 권능을 가지고 의무를 부담하고, 수익자는 그에 상응하는 권리를 가지는 것이다.

---

4) Scott/Fratcher, Vol. I, para.2.3.
5) 헤이그협약은 1985년 7월 1일 채택되어 1992년 1월 1일 발효되었다. 2022년 말 현재 협약가입국 14개국 중 10개국이 사인을 하고, 그중 8개국이 비준하였다(https://www.hcch.net/en/instruments/conventions/status−table/?cid=59). 이 협약은 신탁제도를 가지지 않은 국가의 국내법에 신탁개념을 도입할 목적으로 제정된 것은 아니며, 신탁에 적용되는 법에 관한 공통적인 저촉법 원칙을 마련함으로써 신탁개념을 가진 국가에서나 그렇지 않은 국가에서나 동일한 원칙이 적용되는 것을 목적으로 한다. Hayton, The Hague Convention on the Law applicable to Trusts and on their Recognition, the International and Comparative Law Quarterly, Vol.36, No.2(Apr. 1987), p.260.
6) 이러한 개념정의에 대하여는 너무 단편적이라고 하는 비판도 없지 않다. 가령 Hayton/Kortmann/Verhagen, Principles of European Trust Law, Kluwer Law International, 1999, p.39.

3. 판례상 신탁의 개념

종래 판례는 신탁을 정의함에 있어 신탁법 규정을 대체로 그대로 옮기면서 특히 명의신탁과 대비되는 효과에 주목하였다. 신탁을 설정함으로써 신탁재산은 수탁자에게 온전히 이전되는데, 이러한 효과는 개별 사안에서 당사자들의 법률관계를 판단하는 중요한 근거가 되었다.

(i) 대법원 2002. 4. 12. 선고 2000다70460 판결에서는 임대인과 피고 사이에 신탁계약이 체결되었고, 임차인인 원고가 임차주택의 소유자인 피고를 상대로 임대차보증금의 반환을 구하였다. 위 판결은 "신탁법상의 신탁은 위탁자가 수탁자에게 특정의 재산권을 이전하거나 기타의 처분을 하여 수탁자로 하여금 신탁 목적을 위하여 그 재산권을 관리·처분하게 하는 것이므로, 부동산의 신탁에 있어서 수탁자 앞으로 소유권이전등기를 마치게 되면 대내외적으로 소유권이 수탁자에게 완전히 이전되고, 위탁자와의 내부관계에 있어서 소유권이 위탁자에게 유보되어 있는 것은 아니라 할 것이다. 이와 같이 신탁의 효력으로서 신탁재산의 소유권이 수탁자에게 이전되는 결과 수탁자는 대내외적으로 신탁재산에 대한 관리권을 갖는 것이고, 다만 수탁자는 신탁의 목적 범위 내에서 신탁계약에 정하여진 바에 따라 신탁재산을 관리하여야 하는 제한을 부담함에 불과하다"는 일반론을 제시하고, 임대인은 신탁계약을 통하여 기존 임대차계약상 임대인으로서의 지위를 포함하여 임차주택에 대한 관리권을 수탁자에게 이전하되 수탁자의 의사와 이익에 반하지 않는 범위에서 그 관리권의 일부를 자신이 행사하기로 약정하였으므로, 수탁자는 주택임대차보호법상의 임대인의 지위를 승계하였다고 판단하였다.

(ii) 대법원 2003. 8. 19. 선고 2001다47467 판결에서는 점유자인 원고가 점유취득시효 기간 경과 후 당시의 소유자인 재건축조합의 조합원들로부터 신탁법상의 신탁에 의한 소유권이전등기를 마친 피고 재건축조합에 대하여 점유취득시효 완성에 따른 소유권이전등기절차의 이행을 구하였다. 법원은 원고의 청구를 배척하면서, (i)에서 제시한 법리와 더불어 "부동산에 관한 점유취득시효기간이 경과한 후 원래의 소유자의 위탁에 의하여 소유권이전등기를 마친 신탁법상의 수탁자는 그 점유자가 시효취득을 주장할 수 없는 새로운 이해관계인인 제3자에 해당하고, 그 수탁자가 해당 부동산의 공유자들을 조합원으로 한 비법인사단인 재건축조합이라고 하여 달리 볼 것도 아니"라는 점을 근거로 들었다.

(iii) 대법원 2008. 3. 13. 선고 2007다54276 판결은 수탁자가 소유권의 행사로서 피고를 상대로 건물의 철거를 구한 사안이다. 이 사건 신탁계약상 수탁자인 원고의 권한은 등

기부상 소유권 관리 및 보전에 한정되고, 그 이외의 실질적인 관리, 보전 업무 일체는 우선수익자의 책임하에 수익자가 주관하여 관리한다는 특약이 있었다. 피고는 이러한 특약을 들어 원고의 청구에 응할 수 없다고 주장하였으나, 위 판결은 피고의 주장을 배척한 원심판결이 정당하다고 하면서 다음과 같이 설시하였다.

"신탁법상의 신탁은 신탁설정자(위탁자)와 신탁을 인수하는 자(수탁자)의 특별한 신임관계에 기하여 위탁자가 특정의 재산권을 수탁자에게 이전하거나 기타의 처분을 하고 수탁자로 하여금 일정한 자(수익자)의 이익을 위하여 또는 특정의 목적을 위하여 그 재산권을 관리, 처분하게 하는 법률관계를 말하고, 신탁계약에 의하여 재산권이 수탁자에게 이전된 경우 그 신탁재산은 수탁자에게 절대적으로 이전하므로, 이 사건 신탁계약을 체결하면서 수탁자인 원고가 위탁자 겸 수익자와의 사이에 "수탁자의 권한은 등기부상 소유권 관리 및 보전에 한정되므로 그 이외의 실질적인 관리, 보전 업무 일체는 우선수익자의 책임하에 수익자가 주관하여 관리한다"고 특약하였다고 하더라도, 원고는 우선수익자나 수익자에 대한 관계에서 위와 같은 특약에 따른 제한을 부담할 뿐이고 제3자인 피고에 대한 관계에서는 완전한 소유권을 행사할 수 있다."

(ⅳ) 대법원 2021. 11. 11. 선고 2020다278170 판결의 경우 이 사건 토지에 대하여 피고 수탁자와 부동산담보신탁계약을 체결한 위탁자가 그 지상에 집합건물을 신축하였고, 이에 대한 가압류집행 후 신탁을 원인으로 하여 피고에게 소유권이 이전되었으며, 구분건물의 대지권등기가 마쳐지지 않은 상태에서 가압류채권자에 의한 강제경매절차에서 구분건물을 매수한 원고가 피고를 상대로 대지권지분이전등기를 청구하였다. 위 판결은 (ⅰ)에서의 설시를 반복하면서, "부동산이 신탁된 경우 대지사용권의 성립 여부나 성립된 대지사용권의 법적 성질은, 신탁계약의 체결 경위, 신탁계약의 목적이나 내용에 비추어 신탁재산 독립의 원칙에 반하는 등 특별한 사정이 없는 한, 대내외적으로 수탁자가 신탁 부동산의 소유자임을 전제로 판단하여야" 하고, 따라서 이 사건 가압류의 효력은 이 사건 구분건물의 대지사용권에도 미치고, 원고가 경매절차를 통하여 피고로부터 이 사건 구분건물의 소유권을 취득하면서 그 전유부분과 함께 피고로부터 이 사건 토지의 소유권에 기초한 대지사용권도 취득하였다고 판단하였다.

4. 다른 제도와의 구분[7]

4.1. 위임과 신탁

신탁의 징표 내지 특징은 다른 제도와의 비교를 통하여 보다 분명하게 확인할 수 있다. 먼저 위임인이 수임인에 대하여 사무의 처리를 위탁하는 계약이 위임이다(민법 제680조). 사무처리의 내용이 재산의 관리 또는 처분인 경우, 단순한 사무처리가 아니라 대리권도 함께 수여하였다면, 위임과 신탁은 유사하게 보일 수 있다. 그런데 수임인은 대리권의 범위에서 유효하게 재산을 관리, 처분할 수 있으며, 수임인의 대리행위의 효과는 본인인 위임인에게 발생한다(동법 제114조). 예컨대 위임계약의 내용으로서 처분되는 재산의 소유권은 위임인으로부터 상대방에게 이전하며, 재산의 취득에 있어서도 그 소유권은 상대방으로부터 바로 위임인에게 이전한다. 그래서 신탁행위에 의하여 수탁자가 신탁재산의 소유권을 취득하고, 수탁자가 신탁재산의 소유자로서 신탁상 정한 바에 따라서 이를 관리, 처분 등을 하는 것과는 차이가 있다.

대리권을 수여하거나 위임계약을 체결하기 위하여는 본인 또는 계약당사자의 온전한 행위능력이 요구된다. 그리고 일단 발생한 법률관계가 유효하게 존속하기 위하여도 일정한 전제가 충족되지 않으면 안 된다. 민법 제127조는 대리권의 소멸사유로서 본인의 사망(제1호), 대리인의 사망, 성년후견의 개시 또는 파산(제2호)을 들고 있다. 다만 임의대리에 관한 제1호는 임의규정으로 해석되므로, 특약에 의하여 본인 사망시에도 대리권이 존속하는 것으로 정할 수 있다.[8] 상인이 그 영업에 관하여 수여한 대리권도 본인의 사망으로 소멸하지는 않는다(상법 제50조). 그리고 민법 제690조는 위임계약 당사자 일방의 사망, 파산, 그리고 수임인의 성년후견개시를 위임의 종료사유로 정하고 있다. 다만 위임종료시에 긴급한 사정이 있는 때에는 수임인이 위임인이나 그 상속인, 법정대리인이 위임사무를 처리할 수 있을 때까지 그 사무의 처리를 계속하여야 하지만(민법 제691조), 이는 임시적, 경과적인 조치에 불과하다.

위임에서의 이러한 효과와는 대조적으로, 신탁의 경우 별도의 정함이 없는 한 위탁자의 사망은 신탁의 효력에 영향을 미치지 않는다. 위탁자의 사망 후에도 그의 의사에 따라서 신탁재산에 대한 지속적인 관리, 처분 등이 가능한 점은 신탁의 중요한 장점 중 하나이다. 영미에서 일찍부터 신탁이 상속수단으로 이용되어 온 것도 바로 이 때문이며, 위탁자의 의

---

7) 이하 다른 제도와 신탁의 구분은 최수정, 신탁제도를 통한 고령자의 보호와 지원, 47면 이하에 의한다.
8) 지원림, 290면 이하.

사에 상응한 재산의 승계라고 하는 측면에서도 신탁은 위임과 뚜렷이 구분된다.

위임사무의 처리는 위임계약의 당사자 사이에서 그 이행 또는 불이행의 문제를 발생시킬 뿐이다. 그러나 신탁의 경우 수탁자의 신탁사무처리에 대하여는 계약당사자인 위탁자보다 더 큰 이해관계를 가지는 수익자가 실질적인 감독권을 가지며, 신탁관리인(제67조 이하)과 법원에 의한 감독(제105조 이하)이 가능하다. 그리고 수임인과 수탁자가 선관의무를 부담하는 점은 동일하지만(민법 제681조, 신탁법 제32조), 수탁자는 그 이상의 엄격한 의무를 부담한다(제33조 이하). 또한 부당한 사무처리로 인한 손해에 대하여 위임과 신탁은 그 요건과 효과를 달리한다. 예컨대 위임의 경우 수임인의 위임인에 대한 일반적인 계약책임과 민법 제685조의 책임 또는 불법행위책임이 문제되지만, 수탁자의 의무위반에 대하여는 위탁자, 수익자, 다른 공동수탁자가 신탁재산의 원상회복, 손해배상을 청구할 수 있으며(제43조 제1항 및 제2항), 손해와 무관하게 이득반환의무가 인정되며(제43조 제3항), 특히 분별관리의무의 위반이 있는 때에는 수탁자가 분별관리를 하였더라도 손실이 발생하였을 것이라는 점을 증명하지 못하는 한 그 책임을 면할 수 없다(제44조).

4.2. 간접대리와 신탁

행위자가 자신의 이름으로 그러나 타인의 계산으로 법률행위를 하는 것이 간접대리이다. 민법은 간접대리에 관한 명시적인 규정을 두고 있지 않지만, 상법상 자기명의로써 타인의 계산으로 물건 또는 유가증권의 매매를 영업으로 하는 위탁매매인이 대표적이다(상법 제101조). 직접대리와 달리 간접대리에서는 행위자와 그 법률효과의 귀속주체 모두가 간접대리인이다. 그리고 간접대리인이 취득한 권리를 본인에게 어떻게 이전하는가는 간접대리인과 본인 사이의 내부관계에 따른다.9) 그래서 수탁자가 신탁재산을 소유하면서 유효하게 법률행위를 하고 그 효과가 수탁자에게 발생하며, 신탁상 정한 바에 따라서 수익자에게 그 이익을 귀속시키는 구조와 유사하게 보인다.

그런데 간접대리인이 취득한 권리 등이 본인에게 이전될 때까지는 간접대리인에게 속하므로, 간접대리인의 채권자가 강제집행을 하거나 간접대리인이 파산하는 때 본인은 불이익을 받지 않을 수 없다. 그래서 상법 제103조는 위탁매매인이 위탁자로부터 받은 물건 또는 유가증권이나 위탁매매로 인하여 취득한 물권, 유가증권 또는 채권을 위탁자와 위탁매매인의 채권자 사이에 있어서는 위탁자의 소유 또는 채권으로 본다. 그러나 이 규정이 적용

---

9) 이영준, 대리에 관한 기초개념적 연구, 법조 34권 9호(1985), 13면.

되지 않는 범위에서는 본인이 간접대리인의 무자력위험 등에 노출될 수밖에 없다.

반면 신탁에 있어서는 수탁자가 신탁재산의 소유자이지만 당해 신탁재산은 수탁자의 고유재산과 구분되는 독립성을 가진다. 그래서 수탁자의 채권자는 신탁재산에 대하여 강제집행 등을 할 수 없으며, 이에 반한 강제집행 등에 대하여 위탁자, 수익자, 수탁자는 이의를 신청할 수 있다(제22조). 또한 수탁자의 파산시에 신탁재산은 수탁자의 파산재단을 구성하지 않고(제24조), 수탁자의 상속재산에도 속하지 않는다(제23조).

4.3. 증여와 신탁

증여는 계약당사자 사이에 무상으로 재산을 이전하는 데 대한 합의가 있는 때 성립한다(민법 제554조). 수탁자가 대가 없이 신탁재산을 이전받는 현상은 증여와 유사하게 보인다. 그리고 증여자는 증여목적물을 양도하고 나면 더 이상 목적물에 대하여 권리를 행사할 수 없는데, 영미의 전형적인 신탁에서도 일단 신탁이 설정되면 위탁자는 수익자의 지위를 겸하지 않는 한 신탁재산에 대하여 권리를 가지지 않는다. 이제 수탁자에 대한 신탁의 이행과 강제는 일차적으로 수익자의 몫이 된다.[10]

그런데 신탁법은 위탁자와 그 상속인에게 일정한 권능들을 부여하고 있어서 상대적으로 위탁자의 지위가 강력하다. 영미에서 신탁은 신탁을 설정하려는 위탁자의 일방적인 의사표시에 의하여 설정되므로, 전통적으로 양 당사자의 의사합치에 의하여 성립하는 계약과 제도적으로 구분되었다. 물론 위탁자는 전문적인 수탁자와 보수의 지급 등과 관련하여 계약을 체결하기도 한다. 하지만 이 계약이 신탁은 아니며, 신탁에 부수하는 별개의 법률관계에 지나지 않는다.[11] 반면 우리법은 이러한 유형의 법률행위를 알지 못하며, 신탁법상 일반적으로는 계약에 의하여 또는 유언이나 일정 요건하에서 신탁선언을 통하여 신탁이 설정된다(제3조 제1항). 그래서 신탁법은 신탁행위의 당사자 지위에 있는 위탁자에게 일정한 권능들을 수여하고 있는 것이다.

한편 증여에 있어서 수증자는 부담과 같은 별도의 의무를 인수하지 않는 한 증여목적물의 사용, 수익, 처분에 있어서 자유롭다. 그러나 수탁자가 취득한 신탁재산은 일정한 자의 이익이나 특정의 목적을 위한 것으로, 수탁자는 신탁에서 정한 바에 따라서 이를 관리, 처분하여야 한다. 신탁재산은 수탁자의 고유재산과 구분되는 일종의 목적재산으로, 수탁자는 신탁재산으로부터의 이익향수가 금지되고 이에 대한 엄격한 의무를 부담한다는 점에서

---

10) Hayton, p.4; Penner, p.25.
11) 가령 Hudson, p.67.

일반적인 증여와 대비된다. 비록 위탁자가 출연한 재산은 수탁자에게 귀속되지만 신탁재산으로부터의 이익은 수익자에게 돌아가기 때문에, 위탁자와 제3자 사이의 증여계약에 따라서 위탁자가 자신의 수익권을 양도하거나 신탁상 제3자를 수익자로 지정하는 것은 가능하다. 하지만 이 경우에도 위탁자와 제3자(수익자) 사이의 증여계약과 위탁자와 수탁자 사이의 신탁계약은 별개이다.

4.4. 임치와 신탁

임치는 당사자 일방이 상대방에 대하여 금전이나 유가증권 기타 물건의 보관을 위탁하는 것을 내용으로 하는 계약이다(민법 제693조). 임치인이 목적물을 수치인에게 인도한 때에도 그 소유권은 임치인에게 남아 있기 때문에, 수탁자가 신탁재산에 관한 권리 자체를 취득하는 것과는 차이가 있다. 임치는 임치물의 보관 후 반환을 주된 내용으로 하지만, 신탁은 신탁목적의 달성을 위하여 수탁자에게 신탁재산을 귀속시키는 것이 중요한 징표가 된다.

물론 소비임치의 경우에는 수치인이 임치물의 소유권을 취득하지만, 임치 자체는 물건의 보관을 목적으로 하며, 수치인은 이후 임치물과 동종, 동질, 동량의 물건을 반환할 의무를 부담한다(동법 제702조). 반면 신탁의 경우에는 위탁자가 신탁재산의 단순한 보관을 넘어서 다양한 사용, 관리, 처분 방안 등을 설계할 수 있다. 그리고 수탁자는 보수청구권의 유무와 상관없이 선량한 관리자의 주의의무와 충실의무 등의 엄격한 의무를 부담한다. 이는 임치계약이 유상인 경우 수치인이 선량한 관리자의 주의의무를 부담하지만(동법 제374조), 무상인 경우에는 주의의무가 경감되어 자기 재산과 동일한 주의로 임치물을 보관하면 되는 것(동법 제695조)과 대비된다.

4.5. 조합과 신탁

2인 이상이 상호 출자하여 공동사업을 경영할 것을 약정하는 것이 조합계약이다(민법 제703조 제1항). 조합계약에 의하여 조합이라고 하는 단체가 생성되지만, 조합 자체는 법인격이 없다. 그래서 조합이 소유권을 취득할 수는 없으며, 조합원의 출자 기타 조합재산은 원칙적으로 조합원의 합유가 된다(동법 제704조). 신탁에 있어서도 위탁자가 특정한 목적을 위하여 재산을 출연하고, 당해 신탁재산이 별도의 법인격을 취득하지 않으며, 공동수탁자가 신탁재산을 합유하는 모습은 조합과 유사해 보인다.

그러나 조합에 있어서 모든 조합원은 출자의무를 부담하고, 조합업무를 집행하며, 그에 따른 손익을 일정 비율에 따라서 배분받는다. 이는 신탁에 있어서 신탁재산을 출연하는 위탁자와 그 양수인인 수탁자, 신탁재산으로부터의 이익을 향수하는 수익자의 지위와 각각 차이를 보인다.[12] 그리고 조합재산의 합유는 조합이라고 하는 인적 결합의 성질 및 공동사업의 수행이라고 하는 관점에서 인정되는 반면, 공동수탁자의 신탁재산의 합유는 수탁자 상호간의 인적 결합과는 무관하고 수탁자에 대한 감독적인 성격이 강하다. 그래서 공동수탁자 중 1인의 임무가 종료하면 신탁재산은 당연히 다른 공동수탁자에게 귀속되며, 민법상 합유종료시 합유물의 분할에 관한 규정(동법 제274조)이나 탈퇴조합원의 지분계산에 관한 규정(동법 제719조)이 적용될 여지는 없다.

한편 상법상 익명조합은 당사자 일방이 상대방의 영업을 위하여 출자하고 상대방은 그 영업으로 인한 이익을 분배하는 제도이다(상법 제78조). 민법과 달리 출자자를 포함한 조합원 전원의 공동사업이 아닌 영업자의 단독영업이며, 익명조합원은 자신의 이익을 보전하기 위한 감시권을 가질 뿐이다(동법 제86조 및 제277조). 영업자가 복수의 출자자와 익명조합계약을 체결하는 경우에도 각 계약은 별개의 것이며, 민법상 조합에서처럼 출자자 상호간의 특별한 법률관계는 발생하지 않는다. 그리고 출자한 재산은 영업자에게 이전하고(동법 제79조), 영업자가 도산한 경우 영업자의 파산재단에 속하게 된다. 익명조합에서 재산의 출연과 소유권의 귀속, 이익의 분배라고 하는 요소는 자익신탁과 유사하게 보이지만, 신탁에서의 도산격리기능이 익명조합에는 없다. 또한 익명조합원은 영업자의 행위에 대하여 제3자에게 권리나 의무가 없으며(동법 제80조), 익명조합원에 대한 이익분배는 필수적인 요소이지만 손실에 의하여 출자가 감소한 때에는 이를 전보한 후가 아니면 청구하지 못하고(동법 제82조 제1항), 손실이 출자액을 초과하더라도 이미 받은 이익의 반환 등을 할 필요가 없다(동법 제82조 제2항). 이처럼 익명조합원의 지위는 신탁수익자의 그것과 성질을 달리한다.

4.6. 양도담보와 신탁

채권의 담보를 위하여 물건의 소유권 또는 기타의 재산권을 채권자에게 이전하는 양도담보와 신탁은 개념상 구분된다. 양도담보에 있어서는 채권자와 채무자 또는 물상보증인 사이에 양도담보설정에 대한 합의와 더불어 목적물이 부동산인 경우에는 등기, 동산인 경우에는 인도, 그 밖의 권리인 때에는 당해 권리의 이전에 필요한 방식을 구비하여야 한다. 양도담보에 의하여 채권자는 담보목적을 넘어 목적물의 소유권 또는 권리 자체를 취득하며, 채무자의 채무이행이 있는 때에는 이를 반환하여야 하지만, 채무불이행시에는 그 권리

---

12) 재산을 출연하는 위탁자가 단독 또는 공동수탁자가 되면서 수익자의 지위도 겸하는 것은 별개의 문제이며, 이러한 신탁의 효력은 구체적인 유형에 따라서 판단된다. 제5장 Ⅱ. 3. 참조.

를 확정적으로 취득하거나 목적물로부터 우선적으로 변제를 받을 수 있다.[13]

담보목적으로 신탁을 이용할 수 있음은 물론이며, 이 경우에도 그 구조는 얼마든지 다양하게 설계될 수 있다.[14] 예컨대 채무자가 담보목적물을 수탁자에게 이전하고 채권자를 수익자로 지정한 경우, 채권자는 수익권의 형태로 피담보채권의 실현가능성을 확보한다. 채무자가 채무를 이행한 때에는 신탁이 종료하지만, 채무불이행시에는 수익권의 행사에 따라서 신탁재산의 환가대금으로부터 채권자는 자신의 채권의 만족을 얻을 수 있는 것이다.[15] 만약 채권자를 수탁자 겸 다수 수익자 중 1인으로 하여 신탁을 설정하였다면,[16] 이때 채권자에게 담보목적물의 소유권이 이전되는 모습은 양도담보와 유사하게 보일 수 있다. 그러나 수탁자로서 신탁이익을 향수하는 것은 금지되며(제36조), 신탁상 수탁자와 수익자의 지위는 별개이다. 위 경우 채권자는 수탁자가 아니라 수익자로서 신탁이익을 향수하는 것이다. 채권자는 수탁자로서 엄격한 의무를 부담하며, 담보목적물은 독립한 신탁재산으로 보호된다. 그리고 신탁목적을 위반하여 수탁자가 목적물을 처분한 때 다른 수익자는 이를 취소할 수 있으며(제75조), 그러한 우려가 있는 때 유지청구도 가능하다(제77조). 이러한 신탁법의 특수한 효과는 담보를 위하여 채권자에게 소유권 자체를 이전하는 양도담보와 차별화된다.

대법원 2002. 4. 12. 선고 2000다70460 판결은 이러한 양도담보와 신탁의 차이점을 잘 보여준다. 종래 판례는 주택의 양도담보의 경우 채권담보를 위하여 신탁적으로 양도담보권자에게 주택의 소유권이 이전될 뿐이어서, 특별한 사정이 없는 한 양도담보권자가 주택의 사용수익권을 갖게 되는 것이 아니고 또 주택의 소유권이 양도담보권자에게 확정적, 종국적으로 이전되는 것도 아니므로 양도담보권자는 주택임대차보호법에 따라 임대인의 지위를 승계하는 양수인에 해당하지 않는다고 보았다.[17] 그러나 위 판결은 임차주택을 신탁한 경우 임대할 권리를 포함하여 주택에 관한 처분권한이 수탁자에게 확정적, 종국적으로 이전되고, 이는 신탁등기가 채권담보의 목적으로 이루어진 담보신탁이거나 실질적으로 위탁자

---

13) 가등기담보법이 적용되지 않는 양도담보 일반의 법적 성질에 대하여 종래부터 신탁적 소유권이전설과 담보권설이 대립한다(이에 관한 상세는 民法注解 Ⅶ, 박영사, 1992, 289면 이하; 제철웅, 담보법 개정증보판, 율곡출판사, 2017, 472면 이하). 그런데 담보권설에 의하면 채권자는 목적물 자체가 아니라 이에 대한 담보물권을 취득할 뿐이므로 신탁과의 비교는 신탁적 소유권이전설에 의한다.

14) 상세는 제10장 Ⅲ. 참조.

15) 대법원 2008. 10. 27.자 2007마380 결정; 대법원 2009. 7. 9. 선고 2008다19034 판결 등.

16) 가령 대법원 2011. 5. 23.자 2009마1176 결정의 사안.

17) 대법원 1993. 11. 23. 선고 93다4083 판결.

가 임대차계약 관련 업무를 수행하였더라도 다르지 않다고 하였다. 따라서 신탁등기를 마친 임차주택의 수탁자는 주택임대차보호법상 임차주택의 양수인으로서 임대인의 지위를 승계하게 되고, 임차인에 대하여 보증금반환의무를 부담하게 된다는 것이다.

4.7. 명의신탁과 신탁

신탁법상의 신탁과는 별개로 명의신탁은 판례에 의하여 그 법리가 형성되어왔다. 명의신탁의 유형 중 특히 문제된 것은 부동산의 명의신탁으로, 이를 규율하기 위한 것이 부동산실명법이다. 동법 제2조 제1호는 명의신탁약정을 "부동산에 관한 소유권이나 그 밖의 물권을 보유한 자 또는 사실상 취득하거나 취득하려고 하는 자가 타인과의 사이에서 대내적으로는 실권리자가 부동산에 관한 물권을 보유하거나 보유하기로 하고 그에 관한 등기는 그 타인의 명의로 하기로 하는 약정"으로 정의한다. 종래 명의신탁이 투기나 탈세 등을 위한 목적으로 이용되어왔기 때문에, 부동산실명법은 명의신탁약정을 무효로 하고(동법 제4조 제1항), 명의신탁약정에 따라 이루어진 부동산에 관한 물권변동도 무효로 한다(동법 제4조 제2항). 그러나 위 법률 스스로가 종중, 배우자 및 종교단체에 대하여는 예외적으로 명의신탁을 허용하고 있어서(동법 제8조) 명의신탁의 법리가 작동할 여지는 여전히 남아 있다.

명의신탁에서는 부동산의 등기명의를 실체적인 거래관계가 없는 명의수탁자에게 매매 등의 형식으로 이전하지만, 당사자 사이에서는 명의신탁자가 당해 부동산에 대한 소유권을 보유하면서 그것을 관리, 수익한다. 그러므로 명의신탁자는 등기 없이도 명의수탁자에 대하여 소유권을 주장할 수 있고,[18] 당해 부동산을 적법하게 처분할 수도 있다.[19] 하지만 제3자와의 관계에서 소유권은 등기명의인인 명의수자탁자에게 있다. 그러므로 대외적인 관계에서는 명의수탁자만이 소유권에 기한 물권적 청구권을 행사할 수 있으며, 명의수탁자의 일반채권자는 명의신탁재산에 대하여 강제집행을 할 수 있고 이에 대하여 명의신탁자는 자신의 소유권을 주장할 수 없다.[20] 명의신탁자의 일반채권자는 명의신탁재산에 대하여 강제집행을 할 수 없으며[21] 명의신탁자를 대위하여 명의신탁을 해지함으로써 당해 재산을 명의신탁자 명의로 되돌릴 수 있을 뿐이다.[22] 또한 명의수탁자로부터 명의신탁부동산을 양수한

---

18) 대법원 1977. 10. 11. 선고 77다1316 판결; 대법원 1982. 11. 23. 선고 81다372 판결.
19) 대법원 1996. 8. 20. 선고 96다18656 판결.
20) 대법원 1974. 6. 25. 선고 74다423 판결.
21) 대법원 1971. 4. 23. 선고 71다225 판결.
22) 대법원 1960. 4. 21. 선고 4292민상667 판결.

자는 명의신탁에 대하여 선의, 악의를 불문하고 유효하게 그 소유권을 취득한다.

반면 신탁법상의 신탁은 위탁자가 수탁자에게 특정의 재산을 이전하거나 기타의 처분을 하고 수탁자로 하여금 신탁 목적을 위하여 그 재산을 관리·처분하게 하는 것이다. 부동산의 신탁에 있어서 수탁자 앞으로 소유권이전등기를 마치게 되면 대내외적으로 소유권이 수탁자에게 완전히 이전되고, 위탁자와의 내부관계에 있어서 소유권이 위탁자에게 유보되어 있는 것은 아니다.23) 그러므로 위탁자의 일반채권자는 수탁자 명의의 신탁재산에 대하여 강제집행을 할 수 없다.24) 그리고 신탁의 종료사유가 발생하더라도 수탁자가 신탁재산의 잔여재산수익자나 귀속권리자에게 신탁재산을 이전할 의무를 부담하게 될 뿐, 신탁재산이 잔여재산수익자 등에게 당연히 귀속되는 것은 아니다.25) 신탁의 효과로 신탁재산의 소유권이 수탁자에게 이전되는 결과 수탁자는 대내외적으로 신탁재산에 대한 관리·처분권을 가지며, 다만 수탁자는 신탁의 목적 범위 내에서 신탁행위에서 정한 바에 따라 신탁재산을 관리하여야 하는 제한을 받는 것이다.26) 만약 신탁의 내용이 수탁자로 하여금 단순히 신탁재산의 명의를 취득하도록 하는 것에 지나지 않는다면 부동산실명법상 무효가 되는 명의신탁에 해당하는지 여부 및 수동신탁의 효력과도 관련하여 논의가 필요하지만,27) 신탁으로서의 효력이 인정되는 한 신탁의 특수한 법리가 적용된다는 점에서 명의신탁과는 차별화된다.28)

4.8. 법인과 신탁

4.8.1. 비영리법인

민법상 법인격은 자연인과 법인에만 인정되는데, 학술, 종교, 자선, 기예, 사교 기타 영리 아닌 사업을 목적으로 하는 비영리재단법인은 목적신탁 또는 공익신탁과 유사하게 보인다. 특히 법인에 관한 민법의 규정을 보완하는 공익법인법은 동법의 적용대상인 공익법인을 사회 일반의 이익에 이바지하기 위하여 학자금, 장학금, 연구비의 보조나 지급, 학술, 자선에 관한 사업을 목적으로 하는 재단법인 또는 사단법인으로 정의한다(동법 제2조). 그리

---

23) 대법원 1991. 8. 13. 선고 91다12608 판결; 대법원 1994. 10. 14. 선고 93다62119 판결; 대법원 2002. 4. 12. 선고 2000다70460 판결.
24) 대법원 1996. 10. 15. 선고 96다17424 판결.
25) 대법원 1991. 8. 13. 선고 91다12608 판결; 대법원 1994. 10. 14. 선고 93다62119 판결.
26) 대법원 1993. 4. 27. 선고 92누8163 판결; 대법원 2002. 4. 12. 선고 2000다70460 판결.
27) 제3장 V. 2. 참조.
28) 부동산실명법 제2조 제1호 다목도 신탁법상의 신탁에 대하여는 동법의 적용을 제외하고 있다.

고 공익을 목적으로 하는 신탁을 규율하는 공익신탁법은 매우 포괄적인 범위에서 공익사업을 정의하면서, 이러한 공익사업을 목적으로 하는 신탁법상의 신탁으로서 법무부장관의 인가를 받은 신탁을 공익신탁이라고 부른다(동법 제2조 제2호).

이들 제도는 실제 그 활용범위가 상당 부분 겹치기도 한다. 그래서 재산을 출연하여 공익적 성격을 가지는 목적을 달성하고자 하는 경우, 신탁법상의 목적신탁이나 공익신탁법상의 공익신탁 또는 민법상의 비영리재단법인이나 공익법인법상의 공익법인 중에서 어떠한 제도를 선택할 것인지가 문제된다. 그리고 이를 결정함에 있어서는 각 제도간의 구분, 특히 법인과 신탁의 차이점이 중요한 의미를 가지게 된다.

신탁의 경우 신탁재산은 수탁자의 소유로 고유재산과 구분되는 독립한 목적재산으로 존재하고, 이와 관련하여 수탁자에게는 엄격한 의무가 부여된다. 그러나 신탁재산 자체가 법인격을 가지는 것은 아니기 때문에 일정한 목적에 바쳐진 재산으로서 법인격을 가지는 법인과는 결정적으로 차이가 있다. 또한 설립절차나 그 운용 및 세제상에서도 여러 차이점이 존재한다. 그러므로 일정한 목적을 달성하기 위하여 재산을 출연하는 경우, 법인격의 취득을 포함한 각 제도의 특성을 고려하여 개별적인 수요에 상응하는 법제도를 이용할 수 있다.

4.8.2. 회사

법인 중에서 회사와 신탁은 여러 공통점 및 차이점을 가진다. 회사는 출자자인 주주나 그 운영을 맡은 이사 등과 구분되는 별개의 법인격을 창출하는데, 이 점에서 회사는 재산 격리기능을 가진다. 그리고 이사는 선량한 관리자의 주의로써 회사를 위하여, 궁극적으로는 잉여금배당 및 잔여재산분배를 통해 주주 등을 위하여 회사의 재산을 관리, 처분한다. 이는 신탁재산이 그 명의는 수탁자에게 속하지만 수탁자의 고유재산과는 구분되는 독립성을 가지며, 수탁자는 수익자를 위하여 신탁재산을 관리, 처분하는 것에 비교될 수 있다.

그런데 회사의 경우에는 공시제도가 완비되어 있으나 신탁은 상대적으로 불완전하다. 신탁재산에 대하여 공시방법을 갖추는 때에는 제3자에게 대항할 수 있지만(제4조), 등기, 등록할 수 없는 재산권에 대하여는 분별관리에 의할 수밖에 없는 한계가 있기 때문이다. 그리고 회사는 개인에 의한 제도설계에 조직법적인 일정한 제한이 있는 반면, 신탁은 위탁자에 의한 설계가 자유롭고 신탁변경 등도 가능하기 때문에 보다 유연한 제도라고 할 수 있다. 그러므로 신탁은 단순한 계약관계를 넘어서 일종의 vehicle, 즉 재산권귀속주체로서 기능할 수 있다. 지금까지 vehicle로는 주로 회사 형태나 특수목적회사(SPC)가 이용되어왔으나,

앞으로 다양한 재산권의 증권화나 담보화, 투자펀드, 대규모의 복잡한 거래에서 결제나 예탁을 위하여 신탁이 보다 많이 이용될 것이다. 신탁은 개개의 수요에 상응하여 다양한 형태로 자유롭게 설계할 수 있고 재산격리효 내지 도산격리효가 인정되는 만큼, vehicle로서 신탁이 가지는 이러한 장점이 더욱 부각될 것이기 때문이다.

Ⅱ. 연원

신탁은 그 역사적인 발달과정과 제도적 특질들로 인하여 종래부터 비교법학자들의 관심의 대상이 되어왔다. 그리고 대륙법계 국가들도 현대사회에서 특히 연금기금, 집합투자, 유동화거래 등과 관련하여 신탁이 가지는 제도적 장점들에 주목하게 되었고, 국제적인 신탁거래도 증가하게 되었다. 헤이그 국제사법회의가 국제적 신탁거래의 효력을 분명히 하고 신탁에 관한 국제사법을 통일하기 위하여 1985년 신탁의 준거법과 승인에 관한 헤이그 협약을 채택한 것이 이를 증명한다. 위 협약은 커먼로상의 신탁제도를 가지고 있지 않은 대륙법계 국가들이 외국 신탁의 승인이나 집행에서 한 걸음 더 나아가 신탁제도를 실질법으로 수용할 것인지를 궁리하는 중요한 계기가 되었다. 하지만 각 법체계와 그 기본 법원리의 격차는 여전히 장애로 남아 있다.

우리나라에서 신탁 및 신탁제도의 근거가 되는 것은 당연히 신탁법이다. 우리법제는 기본적으로 대륙법계에 속하기 때문에 영미법상의 신탁을 계수한 신탁법상의 신탁제도는 특별한 의미를 가진다. 이를 우리법 체계에 상응하는 제도로 규율하고 운용하기 위하여는 보다 상세한 이론적인 근거를 모색하고 타당한 입법적인 선택에 대하여 고민하지 않으면 안 된다. 우리법의 해석에 있어서 그 요건이나 효과를 영미법에서의 그것에 비추어볼 수는 있지만, 영미법에서의 구체적인 요건과 효과를 비판적인 검토 없이 당연히 가져오거나 단순히 우리법에서도 그대로 작동할 것이라고 믿는 태도는 항상 경계하여야 한다. 이하에서는 우리법의 이해를 위한 전제로서 신탁이 어떠한 맥락에서 발생하고 발전해왔는지를 살펴본다. 이 과정에서 신탁의 특수성을 다시금 확인할 수 있을 것이다.

1. 대륙법계에서의 신탁[29]

일반적으로 현대의 신탁제도는 영국에서 유래한 것으로 이해되는데, 대륙법에서도 신탁이 전혀 낯선 것은 아니었다. 로마법에서는 신탁유증(fideicommissum)이라는 제도가 있었다. 유언자가 특정인에게 재산을 증여하면서 통상 그를 상속인으로 지명하는데, 그는 당해 재산을 다른 사람에게 이전할 의무를 부담하였다. 위탁자 사망시에 최초 수유자 내지 상속인은 다음 세대에 재산을 이전할 의무를 부담하게 되므로 신탁유증은 일종의 승계적 재산이전의 수단이 되었다. 그 외 오늘날 신탁적 양도에 해당하는 fiducia라는 제도가 있어서, 양도인의 편의를 위하여 타인에게 재산을 이전하고 보유하도록 하거나(fiducia cum amico) 담보목적으로 채권자에게 재산을 양도하고 채무이행시에는 양도인에게 반환하도록 하는 (fiducia cum creditore) 형태로 이용되었다.[30]

중세 이후 대륙법계에서는 봉건적인 지배질서를 철폐하고 사적자치원칙과 소유권절대원칙에 기반한 법전을 편찬하게 되었는데, 대표적인 것이 1804년 나폴레옹법전이다. 프랑스대혁명으로 봉건적 토지소유제도가 폐지되면서 하나의 토지소유권을 분할하는 것은 봉건제도의 유물로 취급되었다.[31] 특히 소유권에 대하여는 자산의 단일성과 불가분성(l'unicité et l'indivisibilité du patrimoine)을 중심으로 하는 자산이론(théorie du patrimoine)이 지배하였다.[32] 이에 따르면 하나의 법인격은 하나의 자산만을 가지며, 법인격은 불가분적인 것이기 때문에 자산도 분리할 수 없고 양도할 수 없다. 각 자산은 그 귀속주체인 법인격의 책임재산으로서 모든 채권자의 공동담보가 되는 것이다. 채무자가 자신의 현재와 미래의 모든 동산 및 부동산으로 채무를 이행하여야 한다고 규정한 프랑스 민법 제2284조와 채무자의 재산(biens)은 채권자들의 공동담보가 된다고 규정한 프랑스 민법 제2285조가 이를 대변한다.[33]

---

29) 최수정, 퀘백주를 통해서 본 대륙법계 국가에서의 신탁, 신탁연구 제3권 제2호(2021), 3면 이하에 의한다.

30) M. Graziadei, The Development of Fiducia in Italian and French Law from the 14th Century to the End of the Ancien Régime, Itinera Fiduciae: Trust and Treuhand in Historical Perspective, Helmholz/Zimmermann(eds.), 1998, p.327.

31) Hansmann/Mattei, The functions of trust law: A comparative legal and economic analysis, 73 N.Y.U.L.Rev. 442(1998).

32) Aubry와 Rau의 자산이론에 관한 소개는 권철, 프랑스민법학 상의 'patrimoine' 개념에 관한 고찰, 민사법학 제63-2호(2013.6), 48면 이하. 학자에 따라서 patrimoine은 재산 또는 총재산으로 번역되는데, 일반적인 재산 개념과 구분되는 의미를 전달하기에는 자산이라는 번역어가 보다 적절하다고 생각되므로 이하에서는 patrimoine을 자산으로 번역한다.

33) 개정전 프랑스 민법은 이를 소유권의 취득 부분에서 규정하였으나(제2092조 및 제2093조), 현행 프랑스 민법은 2006년 민법 개정시에 담보권에 관한 권(Livre IV : Des sûretés)을 신설하면서 이 규정들을 옮겨왔

하지만 이러한 원리는 프랑스에서 과거 영미법상의 신탁제도를 도입하려는 시도들이 수차례 있었으나 성공하지 못한 중요한 이유 중 하나가 되었다.[34] 위탁자로부터 이전된 신탁재산은 수탁자에게 귀속하지만 수탁자의 고유재산과 분리, 독립하며, 위탁자는 물론 수탁자의 고유재산의 채권자도 추급할 수 없는 신탁제도는 위와 같은 프랑스 민법의 기본원리에 정면으로 반하였기 때문이다.

하지만 프랑스는 2007년 2월 19일 법률 제2007－211호[35]에 의하여 전격적으로 민법에 신탁(fiducie)을 수용하였다.[36] 소유권의 취득에 관한 권(Livre Ⅲ : Des différentes manières dont on acquiert la propriété)에서 비록 제한적인 범위에서이지만 신탁에 관한 규정을 신설하였고, 이후 몇 차례의 법개정을 통해 그 범위를 점차 확대해가고 있다. 물론 이전에도 로마법상 fiducia에 기원을 둔 유사한 제도(fiducie innommée)가 존재하였으나, 현재 수탁자의 소유권 및 자산 개념에 기초한 프랑스 민법상 신탁은 로마법상의 fiducia보다는 영미법상의 신탁에 접근한다. 프랑스 민법 제2011조가 신탁을 "1인 또는 수인의 위탁자가 현재 또는 장래의 재산, 권리, 담보 또는 이들 일체를 1인 또는 수인의 수탁자에게 이전하고, 수탁자가 자신의 고유자산에서 분리하여 1인 또는 수인의 수익자의 이익을 위한 특정 목적을 위하여 행위하"는 법률관계로 정의한 데서도 확인할 수 있다.

사실 프랑스 민법 이전에도 대륙법계에 속하는 법역에서 판례나 실정법으로 신탁제도를 인정한 예는 종종 있었다.[37] 예컨대 스코틀랜드는 대륙법계에 속하며, 보통법과 형평법이라고 하는 법체계와는 거리가 멀다. 그래서 스코틀랜드의 신탁법은 비록 영국(엄밀히는 잉글랜드와 웨일즈)의 개념과 용어들을 상당수 차용하였지만 여러 중요한 부분에서 차이가 있다.[38] 영미법상 신탁에서는 수탁자가 보통법상의 소유권(legal ownership)을 가지고 수익자가 형평법상의 소유권(equitable ownership)을 가지지만, 스코틀랜드에서는 수탁자가 소유권

을 뿐 그 내용은 동일하다.

34) 그 밖에 신탁이 조세회피의 수단으로 이용될 수 있다는 조세당국의 우려도 크게 작용하였다. M. Grimaldi/F. Barriére, La fiducie en droit français, La fiducie face au trust dans les rapports d'affaires: Trusts vs. Fiducie in a business context, Cantin Cumyn(ed.), 1999, p.253.

35) Loi n° 2007－211 du 19 février 2007 instituant la fiducie.

36) 이에 관한 소개는 정태윤, 프랑스 신탁법, 비교사법 제19권 3호(2012.8), 941면 이하; 심인숙, 프랑스 제정법상 '신탁' 개념 도입에 관한 소고. 중앙법학 제13집 제4호(2011.12), 260면 이하 참조.

37) 대륙법계 국가의 신탁법리의 수용에 대한 일괄은 이연갑, 대륙법 국가에 의한 신탁법리의 수용, 연세 글로벌 비즈니스 법학연구 제2권 제2호(2010.12), 113면 이하.

38) 스코틀랜드 신탁의 역사는 적어도 7세기까지 거슬러 올라가며 영국의 영향은 19세기까지는 미미했다. 영국 신탁법과의 관계는 Kenneth G.C. Reid, Patrimony not Equity: the trust in Scotland, European Review of Private Law volume 8 issue 3(2000), p.429.

을 가지며 신탁상의 의무에 의하여 제한을 받을 뿐이다.[39] 수탁자는 고유재산과 구분되는 신탁재산을 가지며, 고유재산의 채권자는 고유재산에 대하여 그리고 신탁채권자는 신탁재산에 대하여 각각 권리를 행사할 수 있다. 그러나 각 채권자는 다른 재산에 대하여는 책임을 물을 수 없다. 수익자도 신탁상 정함에 따라서 신탁재산을 받을 권리를 가진다는 점에서 신탁채권자에 지나지 않는다. 그리고 신탁재산은 수탁자의 존재 또는 부존재와 무관하게 독자적으로 존재하며, 다만 유일한 수탁자는 신수탁자가 없는 상태에서 사임할 수 없는 제한이 있다(스코틀랜드 신탁법 제3조 제1항).

한편 프랑스법계에 해당하는 루이지애나주와 퀘백주도 일찍부터 신탁법을 가지고 있었다. 전자의 경우 신탁이 대륙법의 기본원리에 반한다는 이유에서 반대하는 견해도 있었지만,[40] 미국 다른 주에서의 투자신탁의 활용이 중요한 요인으로 작용하여 1964년 신탁법을 공포하게 되었다.[41] 그리고 후자의 경우에는 이미 신탁과 관련한 1879년 특별법 규정 (L'acte concernant la fiducie, L. Q. 1879, c.29)이 있었다. 다만 그 규정이 미흡하여 신탁재산 및 관련 당사자들의 법률관계가 불명료하였다. 이 특별법 규정은 1888년 로어캐나다 민법 (Code civil du Bas Canada)에 그대로 흡수되었지만 동일한 문제는 여전히 남아 있었다. 그래서 1994년 퀘백주 민법 개정시 입법자는 신탁의 종류, 수익자의 권리, 수탁자의 의무 등에 관하여 상세히 규정하고, 상사영역으로 신탁의 적용범위도 확대하였다. 예컨대 퀘백주 민법 제1260조는 신탁을 "위탁자가 설정한 다른 자산(patrimoine)에 자신의 자산으로부터 재산(biens)을 이전하는 행위에 의하여 성립하며, 수탁자는 승낙을 통하여 당해 재산을 위탁자가 특정한 목적에 충당하고, 보유하며, 관리할 의무를 부담한다"고 정의한다. 이러한 신탁의 개념기초는 신탁을 일종의 증여로 파악한 로어캐나다 민법의 신탁과는 거리가 멀고, 체계상 재산 부분에 신탁을 위치시킨 점이나 그 규정방식에 비추어볼 때 영미법상의 신탁에 가깝다.

---

39) Gretton, Scotland : The Evlution of the Trust in a Semi-Civilian System, Itinera Fiduciae, Trust and Treuhand in Historical Perspective, Helmholz/Zimmermann(ed.), 1998, p.507 이하.

40) Scott/Fratcher, Vol. I, para 1.10.

41) 루이지애나주 신탁법(La. Acts 1964, No.338)은 민법전 제9장 증여에 편입되어 S 2 R.S. 9 :1721로 규정되었다.

2. 영미법계에서의 신탁

2.1. 보통법과 형평법

현대 신탁의 원형이라고 일컬어지는 영국의 신탁제도는 그 독특한 역사적, 사법적 체계를 배경으로 한다. 영국에서 신탁법은 형평법(equity)의 산물이라고 할 수 있다. 영국에서는 역사적으로 보통법법원(Court of Common Law)과 형평법법원(Court of Chancery)이 구분되었다. 전자는 현재의 불법행위법이라든가 상당 부분의 계약법, 부당이득법, 물권법과 같은 기본적인 규율과 원칙을 발전시켰다. 이와 달리 후자는 그 고유한 준칙을 만들어냈고, 이를 통틀어 형평법이라고 부른다. 대표적인 것이 신탁법, 신임관계(fiduciary relationship)에 관한 법, 상당 부분의 물권법, 회사법이며, 특히 금지명령(injunction)과 같이 당시 보통법법원이 꺼려하거나 할 수 없었던 다양한 구제수단들을 들 수 있다. 그런데 보통법을 의회가 만든 법률과 구분되는 판례법(judge made law)으로 새긴다면, 이러한 범위에서 보통법과 형평법은 다르지 않다. 보통법과 형평법은 실제 사례에 대한 법원의 판단을 통하여 오랜 세월 발전해온 규칙과 원칙의 총합, 즉 '보통법(common law)'을 구성하기 때문이다.[42]

보통법은 왕이 설립한 법원에서 발전하고 집행된 반면, 각 지방 귀족들의 영토에는 장원법원(manorial court)이 있어서 그 지역의 관습법이 적용되었다. 이 또한 '보통법'이라고 불렸는데, 이론적으로는 보편적으로 적용되었기 때문이다. 형평법은 중세 대법관(chancellor)의 권력에서부터 나왔다. 왕은 정의의 원천으로 생각되었기 때문에 왕이 백성들로부터 부정의에 대한 호소를 듣는 것은 당연한 일이었다. 그래서 이러한 업무를 행할 대법관을 파견하게 되었고, 초기에 대법관은 대부분 성직자였기 때문에 그들은 개인의 영혼과 양심에 관심을 가졌다. 대법관은 양심에 근거하여 부정의를 바로잡기 위하여 왕으로부터 받은 권력(royal power)을 행사하였고, 개인들에게 법적인 권리가 무엇이든 선량한 양심에 따라서 행동할 것을 명하였다.

대법관의 양심에 근거한 교정적인 역할은 시대가 지나면서 축소되었다. 얼마 지나지 않아 형평법법원에서 대법관은 준사법적 기능을 수행하게 되었고, 대체적으로 보통법에 포섭될 수 있는 사항들도 대상으로 하였다. 보통법법원에서의 소(action)에 해당하는 형평법법원에서의 소(suit)에서는 소를 제기한 자가 보통법 원칙이 엄격하게 적용된 결과 자신에게 야기된 부정의에 관하여 대법관에게 호소하였다. 대법관은 선량한 양심에 따라 행하지 말

---

42) Penner, p.1 이하.

아야 하는 것이라면 보통법에 의하더라도 해서는 안 된다고 명할 수 있었고, 결과적으로 보통법 원칙을 번복할 수 있었다. 하지만 이론적으로 보통법은 변경되지 않은 것으로 취급되었으며, 단지 대법관은 당사자들이 보통법에 따라 행할 수 없음을 명한 것에 지나지 않았다. 대법관이 보통법 원칙의 가혹하고 엄격한 적용을 완화하기 위하여 내린 판단의 이유와 원칙들은 형평법으로 알려지게 되었다. 형평이라는 개념은 대법관의 양심에 기초한 권능, 그리고 많은 초기 대법관들이 배운 로마법과 교회법에서 발견되는 '형평'의 원칙에 내재된 공정성을 반영하였다.

예컨대 형평법은 형평법법원이 보통법상의 원고에게 소송을 중단하거나 그 판결의 집행을 금지할 것을 명령하는 식으로 작동하였다. 그러다 보니 보통법법원 판사들의 입장에서는 원고가 정의에 접근하는 것을 대법관이 부정하는 모습으로 비쳤다. 그래서 보통법법원의 판사들은 보통법의 우위를 확보하려고 시도하였으나, 17세기 말경 형평법법원의 명령(decree)이 우선하는 것으로 결론이 났다.

그런데 보통법의 엄격한 규칙과 양심에 근거한 형평법의 유연한 공정 사이의 대비는 18세기 말경에 이르러 큰 오해를 불러일으키는 대상이 되었다. 그 무렵 형평법 원칙들은 보통법만큼이나 엄격하고 기술적인 규칙이 되어 갔으며, 형평법은 대법관이 개인적으로 선량한 양심이라고 믿는 바에 기초하여 개입하던 주관적인 성격에서 이제는 2차적인 법원(second body of law)이 되었다. 그리고 동일한 사실관계를 서로 다르게 취급하는 이원적인 체계는 집행이라고 하는 관점에서도 분명 불편한 것이었다. 그래서 의회는 상급법원법(Supreme Court of Judicature Acts 1873 & 1875)을 통하여 보통법법원과 형평법법원 사이의 제도적 구분을 없앴다. 대신 하나의 고급법원(High Court)을 설치하고,[43] 대법관은 필요시에 보통법과 형평법을 함께 적용하며, 만약 양자가 충돌하는 때에는 형평법 원칙을 우선하도록 하였다. 그러므로 오늘날 형평법이라고 하는 것은 1875년까지 형평법법원에서 생성, 적용된 규칙과 원칙들을 가리킨다. 물론 판례법이라고 하는 것은 살아있는 것이며, 보통법과 마찬가지로 형평법도 이후 계속 발전하였다. 별도의 법원의 구분은 없어졌지만 현재 영국법에는 이러한 역사적 흔적들이 분명히 남아 있다.

사실 형평법과 보통법은 전혀 별개의 것이 아니며, 동일한 사실을 다른 관점에서 달리 취급하는 동등한 규율체계이다. 형평법은 항상 보통법의 존재를 전제로 한다.[44] 만약 형평

---

43) 상급법원의 유형 및 번역어에 관하여는 이호정, 영국계약법, 경문사, 2003, 9면 참조.

44) 위대한 법사학자인 Maitland는 형평법을 보통법에 대한 보충적인 법, 일종의 부속서 또는 주석서라고 표현하였다. Maitland, Equity: A Course of Lectures, 2.ed., Chaytor/Whittaker(eds), Cambridge, 1936,

법의 모든 규율들을 하나씩 벗겨낸다면, 보통법라고 하는 포괄적인 규율체계만 남게 될 것이다. 하지만 형평법에서 보통법을 벗겨낸다면, 그 어떤 포괄적인 규율체계라고 하는 것은 남지 않을 것이다. 그런데 여기에는 중요한 예외가 있는데, 그것이 바로 신탁법과 신임관계를 규율하는 법리이다.

2.2. 형평법상의 신탁

신탁이 애초에 하나의 법률이나 판결에 의하여 완성된 모습으로 나타난 것이 아니라 오랜 시간에 걸쳐 서서히 발전해온 것이기 때문에 정확하게 언제 등장했는지를 확정하기는 어렵다. 하지만 신탁의 역사적 기원은 중세의 use라고 하는 설명이 일반적이다.[45] 11세기부터 use는 가장 기본적인 형태로 존재하였으며, 13세기경 보다 복잡한 형태로 변모하였다. use는 재산을 제3자(feoffee to uses)에게 양도하면서 그 재산을 수익자(cestuis que use)를 위하여 보유하도록 하는 형태였다. 일반적으로 양수인은 법적 권원을 수동적으로 보유하면서 그 이익을 수익자에게 귀속시킬 의무를 부담하였으며, 경우에 따라서는 제3자에게 재산을 양도할 적극적인 의무도 부담하였다. 이때 use에 의하여 재산을 보유하는 의무는 법적인 것이 아니라 명예 혹은 도덕에 기한 것이었다.

중세에 use가 유행한 것은 한편으로 12세기에 십자군전쟁으로 인하여 장기간 참전한 동안 재산을 누군가에 맡겨둘 필요가 있었기 때문이다. 재산을 맡은 사람의 입장에서는 재산에 관하여 소유자와 마찬가지로 모든 권한을 행사할 수 있어야 했고, 재산을 맡기는 사람 입장에서는 자신이 전쟁에서 돌아왔을 때 소유권을 온전히 회복할 수 있어야 했다. 그래서 고안한 방법이 소유권을 분리하는 것이었다. 전쟁에 참가하는 사람은 형평법법원에 의하여 토지의 소유자로 인정되었고, 토지를 맡은 사람은 보통법법원에 의하여 소유자로 인정되었다. 두 사람이 하나의 재산에 대하여 동시에 다른 종류의 소유권을 가졌던 것이다.

다른 한편 프란치스코회 수사들도 use의 활용에 기여하였다. 이들은 청렴서원을 하기 때문에 재산을 소유할 수 없었다. 그래서 use를 통해 제3자로 하여금 재산을 보유하도록 하면서 그 재산적 이익은 수사들에게 귀속시킴으로써 서원을 어기지 않고서도 재산적 이익을 향유할 수 있었다. 그뿐만 아니라 채권자나 봉건영주들로부터 재산을 은닉하기 위한 수단으로도 use가 이용되었다. 봉건적인 부담들은 use의 발달에 중요한 영향을 미쳤던 것이다.[46]

---

p.18.

45) 이에 관한 학설 소개와 고찰은 김태진, 신탁 제도의 기원에 대하여, 신탁연구 제3권 제1호(2021), 41면 이하.

46) 그 밖에도 중동 이슬람지역의 와크프(waqf)에서 그 기원을 찾거나 영국의 고유한 제도로서 특징짓는 견해

그런데 보통법은 법적 소유권과 수익적 소유권(legal and beneficial ownership)의 구분을 인정하지 않았기 때문에 수익자는 보통법법원에 분쟁을 가져갈 수 없었다. 그래서 use의 성공은 전적으로 양수인을 얼마만큼 신뢰할 수 있는지 그리고 그의 의무를 어디까지 강제할 수 있는지에 달려있었다. 15세기에는 use가 많이 활용되면서 형평법법원의 대법관이 중요한 역할을 하게 되었다. 양도인은 양수인을 신뢰하였고, 비록 양수인이 그 신뢰를 저버리는 것이 위법한 것은 아니더라도 그것은 분명히 비양심적인 것이었다. 그래서 대법관은 수익자의 이익을 보호하기 위한 규칙과 원칙들을 만들어냈다. 가령 use는 유언에 의해서도 가능한데, 보통법상은 허용되지 않았다. 이와 같은 유언에 의한 재산처분의 가능성은 use의 중요한 특징이자 매력이기도 하였다.

이후 채권자와 중세적 부담을 회피하는 것을 막기 위하여 여러 법률들이 제정되었으나 별 실효를 거두지는 못하였다. 그러나 1535년의 use법(Statute of Uses)은 극적인 변화를 가져왔는데, 양수인이 보유하는 재산의 법적 권원을 수익자에게 귀속시킬 수 있었다. 이를 use의 집행(executing the use)이라고 불렀는데, 그 실질은 위 법률에 의하여 법적 권원을 이전시키는 것이었다. 그러다 보니 보통법상의 소유권과 형평법상의 소유권을 분리하는 것이 무용지물이 될 위험이 있었다. 그리고 이후 중세적 부담은 부활하였으며 유언에 의한 재산의 처분도 쇠퇴하였다.[47]

당시 법률가들은 use법의 적용을 회피하는 방법을 강구하였으며, 법이 적용되지 않는 몇 가지 예외들을 발견하고 활용하였다. 그중 하나가 양수인이 use 하에서 적극적인 의무를 부담하는 '적극적인(active)' use의 경우이다. 그리고 use에 기한 use(use upon a use)라고 하는 새로운 유형도 등장하였다. 가령 A를 위하여 B가 사용하도록 하기 위하여 C에게 토지를 수여하는 것이다. 후자는 멀지 않아 형평법에 의하여 승인되었는데, B는 (첫 번째 use에 의하여) 법적 소유자가 되고 A는 (두 번째 use하에서) 수익자가 되는 형태였다. 이는 법적 소유권과 수익적 소유권의 구분을 유지하기 위하여 활용되었다.

하지만 use법을 회피하기 위한 방편에 지나지 않는다는 지적이 나오면서 이를 대체하기 위한 새로운 용어가 사용되었다. 1700년경 그 법률관계는 신탁(trust)으로 그리고 법적 권원의 보유자는 수탁자로 불렸으며, use나 양수인(feoffee), 수익자(cestuis que use)와 같은 개념들은 사라졌다. use가 아닌, 그래서 use법의 적용을 받지 않는 신탁을 설정할 수 있게

도 있다. Hudson, p.42 이하.

47) 하지만 정치적 압력에 의하여 이러한 가능성은 곧 회복되었고, 1540년 유언법(Statute of Wills Act)에 의하여 확대되었다.

된 것이다. 그리고 18세기에 신탁은 부유한 토지소유자가 자신의 재산을 장래 후손들을 위하여 확보하는 수단이 되었다. 이후 산업혁명을 거치면서 신탁제도는 단순히 토지를 대상으로 하는 것에 한정되지 않고 그 구조나 설계가 다양화되면서 현대 사회의 수요에 빠르게 대응해왔다.

3. 한국의 신탁, 신탁법

우리나라에 신탁제도가 소개된 것은 일제 강점기 일본의 신탁법이 제정되면서부터이다. 일본에서는 19세기 말 자본주의의 진전에 따른 생산신용에 대한 수요와 노일전쟁후 경제부흥에 대응하기 위한 외자도입의 필요에 따라 재단저당제도와 함께 담보부사채신탁제도가 도입되었다.[48] 1905년 이를 규율하기 위한 담보부사채신탁법이 제정되면서 그 일반법으로서 신탁법의 제정이 논의되기 시작하였고, 도시화가 진행됨에 따라 소위 신탁회사라고 불리는 고리금융업자 내지 부동산 매매주선업자가 다수 등장하면서 이들에 대한 단속과 개선이 요구되었다. 이러한 배경하에 1922년 신탁법과 신탁업법이 각각 제정되었다. 일반적으로 제도의 개념과 기본적인 법률관계를 정한 일반법을 전제로 그 특별법이 등장하게 되지만 일본에서는 특별한 수요를 충족시키기 위하여 특별법이 먼저 요구되고 이를 뒷받침하기 위하여 기본법이 제정되었고, 신탁의 활용이 아니라 신탁업자나 관련 거래의 규제라고 하는 관점에서 입법이 이루어졌다는 특이성이 있다. 우리나라의 경우 해방 이후에도 이들 법률은 조선민사령과 조선신탁업령에 의하여 의용되었다.

우리 입법자는 신탁에 관한 일반적인 사법적 법률관계를 규율하기 위하여 1961. 12. 30. 조선민사령 제1조 제7호의2를 폐지하고 신탁법을 제정, 시행하였다. 신탁법 제정에 있어 일본의 신탁법이 중요한 기준이 되었음은 부정할 수 없지만 입법기술적인 관점에서는 보다 정비된 것으로 평가된다.[49] 하지만 신탁제도 자체에 대한 관심은 크지 않았고, 그 이용도 주로 금융기관의 신탁상품에 한정되었다. 신탁법도 제정 이후 약 50년 가까이 타법개정에 따른 일부 개정만 있었을 뿐 실질적인 내용개정은 전혀 이루어지지 않았다.

2011. 7. 25. 변화된 경제현실을 반영하고 신탁제도를 글로벌스탠더드에 부합하도록 개선하기 위하여 신탁법의 체계를 전면적으로 수정함으로써 신탁의 활성화를 위한 법적 기

---

48) 일본 신탁법의 연혁에 관하여는 四宮和夫, 2頁.

49) 大村敦志, 信託受容の特性に関する小考－フランスと韓国を素材として, 信託研究奨励金論集 第34号 (2013.11.), 126頁.

반을 마련하고자 신탁법 전부개정이 이루어졌고, 개정법률은 2012. 7. 26.부터 시행되었다. 개정전 신탁법의 조문이 72개조에 불과하던 것이 147개조로 확대된 것만 보더라도 알 수 있는 것처럼, 신탁의 정의 및 설정에서부터 유한책임신탁에 이르기까지 제정에 가까운 개정이 이루어졌다. 신탁 및 신탁법에 관한 충분한 논의가 축적되지 않은 상태에서 단기간에 단행된 법개정에 한계가 없을 수 없지만 신탁제도의 활용을 위한 구체적인 기준과 법적 근거를 제공하고 신탁에 관한 관심을 촉발시킨 점은 분명한 성과라고 할 수 있다. 이후 신탁법은 벌금형의 현실화를 위한 일부개정(2014. 1. 7.)과 타법 개정에 따른 개정(2014. 5. 20. 및 2017. 10. 31.)이 있었고, 2014. 3. 18. 공익신탁법 제정과 동시에 신탁법상 공익신탁에 관한 제10장(제106조에서 제113조)이 삭제된 상태이다.

한편 우리 입법자는 1961. 12. 31. 조선신탁업령을 폐지하면서 신탁업을 보호·육성하고 경영의 합리화를 기하여 수익자를 보호한다는 취지에서 신탁업법을 제정, 시행하였다. 신탁업법은 몇 차례의 개정을 거쳐[50] 2009. 2. 4. 자본시장법의 시행과 더불어 폐지되었고, 신탁업에 관한 규정은 자본시장법에 편입되었다. 자본시장법은 신탁업을 금융투자업으로 보아 신탁업자를 규제하고 있다. 그런데 우리나라에서 종래부터 신탁이 금융상품 위주였음은 부정할 수 없는 사실이지만 신탁의 제도적 특질을 고려할 때 그 활용가능성은 금융상품에 국한되지 않는다. 그리고 자본시장법이 투자자의 보호를 목적으로 하는 점을 고려하더라도 신탁법과 자본시방법의 불일치를 언제까지 묵과할 수만은 없다. 신탁제도의 활성화와 신탁업의 확대를 위하여는 신탁업법을 제정하여 별도로 규율할 필요가 있다는 주장이 계속해서 제기되는 이유이다.

---

50) 내용 개관은 정순섭, 34면 이하 참조.

제2장
신탁의 구조와 기능

I. 신탁의 기본적인 구조

1. 신탁법의 규정방식

　신탁을 설정함에 있어 위탁자가 재산을 처분하는 동기나 목적은 다양하다. 특정한 또는 특정가능한 수익자의 이익 혹은 불특정한 다수 공중의 이익을 목적으로 할 수 있으며, 그 밖의 목적을 위하여 신탁을 설정할 수도 있다. 신탁법 제2조는 신탁의 목적에 따른 두 가지 유형의 신탁을 예정하고 있는데, 수익자의 이익을 위한 경우(수익자신탁)와 그 밖에 특정의 목적을 위한 경우(목적신탁)가 그것이다.

●그림 1● 신탁의 기본적인 분류

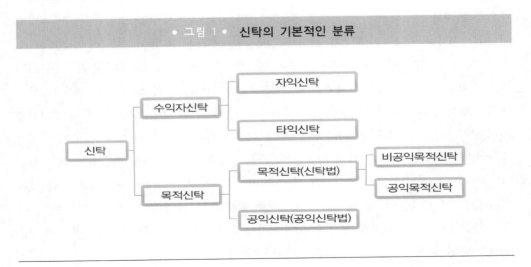

　사실 신탁설정행위에는 그 목적이 존재하지 않을 수 없으므로 모든 신탁은 넓은 의미에서 목적신탁이라고 할 수 있다. 그러나 신탁법은 수익자신탁과 대비되는 개념으로 목적신탁이라는 용어를 사용하고 있으므로, 이하에서도 목적신탁은 그러한 의미에 제한하여 사용하기로 한다. 그리고 수익자신탁과 목적신탁은 수익자의 존재 여부에 따라 그 구조를 달리하므로 신탁의 기본적인 구조도 이러한 유형 구분에 따라서 각각 살펴보아야 한다.

2. 수익자신탁의 구조

　수익자신탁은 수익자에게 신탁재산으로부터의 이익을 귀속시키기 위한 신탁이다. 수익자신탁에서는 신탁을 설정하는 위탁자, 신탁재산의 귀속주체인 수탁자 그리고 이익의 향유주체인 수익자가 존재한다(그림2 참조). 위탁자는 신탁의 설정에서 주도적인 역할을 하고 신탁재산을 수탁자에게 이전하는 등의 처분행위를 한다. 수탁자는 신탁재산을 보유하면서 신탁상 정함에 따라 신탁사무를 처리하고, 수익자는 수익권에 기하여 신탁재산으로부터 이익을 향수하며 수탁자를 일차적으로 감독하게 된다.

　그런데 수익자신탁이 세 당사자를 요소로 한다고 해서 반드시 세 사람이 존재해야 하는 것은 아니다. 하나의 당사자 지위에 여러 사람이 존재할 수 있으며, 한 사람이 여러 당사자의 지위를 겸할 수도 있다. 신탁법은 위탁자(제9조 제1항) 또는 수탁자가 여럿이거나(제50조), 수익자가 여럿인 경우(제35조 및 제71조 이하)를 이미 예정하고 있다. 그리고 위탁자가 수익자의 지위를 겸하거나(자익신탁), 위탁자가 수탁자의 지위를 겸하거나(신탁선언), 수탁자가 여러 수익자 중 1인의 지위를 겸하는 것도 가능하다(제36조 단서).

　그러나 1인이 여러 지위를 겸하는 경우에도 어떠한 권리를 가지고 의무를 부담하는지는 각 당사자의 지위에서 판단하여야 한다. 예컨대 자익신탁에서 위탁자가 신탁재산으로부터 수익을 얻는 것은 신탁의 설정자이거나 재산의 출연자이기 때문이 아니라, 수익자의 지위를 가지기 때문이다. 수탁자 겸 수익자가 신탁재산으로부터 이익을 얻을 수 있고 그것이 또한 수탁자의 의무위반이 되지 않는 것은 수익자의 지위에서 신탁이익을 향유하기 때문이다. 그러나 가령 위탁자가 유일한 수탁자 겸 수익자라면, 실질적으로 위탁자의 재산에 대한 지배관계에 아무런 변화가 없으므로 이는 신탁이 아니다. 그리고 수탁자가 유일한 수익자라면, 위탁자가 자신의 재산을 수탁자 겸 수익자에게 이전한 것일 뿐이므로 그 법적 성질은 신탁이 아닌 증여 또는 이와 유사한 법률행위에 지나지 않는다.

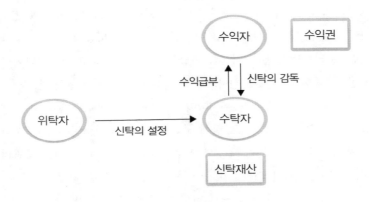

• 그림 2 • 수익자신탁의 기본적인 구조

3. 목적신탁의 구조

3.1. 목적신탁의 설정 가능성

목적신탁에서는 수탁자를 감독할 수익자가 존재하지 않는다. 그래서 일찍부터 영국에서는 비공익목적신탁의 효력에 대하여 부정적이었다. 자선신탁(charitable trust)에 대하여는 수익자원칙(beneficiary principle)의 예외로서 그 효력을 인정하면서, 종래에는 법무부장관 그리고 최근에는 자선위원회(Charity Commission)[1]로 하여금 신탁목적을 강제할 수 있도록 한다. 그러나 전통적으로 몇몇 매우 제한적인 유형을 제외한 소위 사익목적신탁(private purpose trust)에 대하여는 여전히 그 효력을 인정하지 않는다. 그래서 종래 구신탁법 제1조의 해석상 공익신탁이 아닌 목적신탁이 인정되는지에 대하여 견해가 대립하였다. 이를 부정하는 견해[2]는 수익자가 없는 비공익목적신탁을 인정하면 누구도 처분할 수 없는 재산을 창출할 수 있다는 점을 근거로 하였다. 수익자가 없으므로 신탁목적이 실현가능한 한 신탁을 종료시킬 수 없고 신탁상 신탁재산의 처분이 금지된 때에는 수탁자도 처분할 수 없는 재산이 발생하므로 비공익목적신탁을 일반적으로 인정하면 재산의 유통을 저해한다는 점에서 타당

---

1) 자선위원회는 잉글랜드 및 웨일즈 지역에서의 감독기관으로, 자선신탁의 등록뿐만 아니라 자선신탁의 회계를 감시하고, 남용 여부를 확인하기 위하여 자선의 집행 여부를 조사하며, 수탁자에게 자문을 하는 등 넓은 권한을 가진다.

2) 최동식, 449면은 能見善久, 287頁의 논거를 반복하고 있다.

하지 않다는 것이다. 다만 예외적으로 자산유동화의 도구로서 수익자가 없는 신탁을 창출할 수는 있으며, 재산에 부당한 구속이 되지 않는 한에서만 허용될 수 있다고 한다. 그리고 영구히 또는 상당하지 않은 장기간의 존속은 공서양속에 반하는 것으로 보았다.

부정설의 또 다른 논거3)는 신탁법 규정의 문언 해석상 비공익목적신탁도 허용된다고 볼 여지가 있지만, 우리 신탁법은 사익신탁과 공익신탁을 구분하고 사익신탁에서는 수익자가 반드시 필요한데, 특히 수탁자가 신탁재산을 제3자에게 부당히 처분한 경우 그 재산을 회복할 수 있는 권한은 수익자에게만 부여되어 있고(구신탁법 제52조), 수탁자의 신탁사무를 감시, 감독하고 이행을 강제할 자가 필요한데 구신탁법상 신탁관리인은 장래 수익자가 존재하게 될 것을 전제로 선임하는 것이므로(동법 제18조) 비공익목적신탁에서 신탁관리인을 선임할 근거가 없고, 우리 입법자의 의사도 비공익목적신탁을 허용할 의사가 없었다고 한다.

반면 목적신탁을 유효하게 설정할 수 있다고 한 견해4)는, 구신탁법 제1조의 특정의 목적이 공익목적에 한정되지 않는다는 점, 동법 제64조에서 이해관계인의 청구에 의하여 법원이 후견적 차원에서 신탁의 종료 기타 필요한 처분을 명할 수 있으므로 목적재산의 처분가능성의 부재 또는 목적신탁의 종료가능성의 부재를 이유로 그 효력을 부정하기는 힘들다는 점, 특히 신탁은 목적재산을 만드는 점에서 법인과 유사한데 법인에서는 존속기간의 제한이 없는 것처럼 신탁에서도 존속기간을 제한할 필요는 없고, 퇴직근로자를 위한 신탁은 회사가 영속하는 한 그 기간을 제한할 필요가 없다는 점을 근거로 들었다.

사실 구신탁법에서도 신탁의 정의규정은 수익자신탁과 목적신탁, 두 가지 유형을 구분하였으며, 후자의 경우 그 목적이 공익이어야 한다는 제한은 없었다. 그러나 관련 규정의 미비로 인하여 실제로 그러한 목적신탁의 설정을 기대하기 어려웠던 것이 사실이다. 그 때문에 신탁에 관한 정의규정만을 가지고 비공익목적신탁을 설정할 수 있는지 여부를 논할 실익은 없었다.

그러나 현행법은 구신탁법과 마찬가지로, 그러나 보다 상세히, 수익자의 이익이나 특정의 목적을 위하여 신탁재산의 관리, 운용, 개발, 그 밖에 신탁목적의 달성을 위하여 필요한 행위를 하게 하는 법률관계를 신탁으로 정의함으로써 목적신탁을 허용한다. 이와 더불어 목적신탁과 관련한 규정을 정비하여 종래의 논쟁을 상당 부분 입법적으로 해결하였다.5)

---

3) 이연갑, 비공익 목적신탁에 관한 일고찰, 국제거래법연구 제18집 제2호(2009), 175면 이하.
4) 이중기, 57면.
5) 목적신탁에 관한 상세는 제10장 Ⅳ. 참조.

3.2. 목적신탁의 분류

수익자에게 신탁재산의 이익을 귀속시키는 것을 제외한 그 밖의 일정한 목적을 위한 신탁이 목적신탁이다. 문헌에 따라서는 목적신탁을 특정의 사적 목적을 달성하기 위하여 설정되는 신탁으로 정의하기도 한다.[6] 그러나 제3조 제1항 단서는 "수익자가 없는 특정의 목적을 위한 신탁"을 목적신탁으로 부르는 만큼, 목적신탁에서의 목적이 사적인 것에 제한된다고 해석할 이유는 없다.

목적신탁은 공익신탁과 비공익목적신탁으로 구분할 수 있다(그림1 참조). 이는 영미에서 발전된 자선신탁(charitable trust)의 법리를 배경으로 하며, 구신탁법이 공익신탁을 별도의 장(章)에서 규정한 것과도 연결된다. 공익신탁과 대비되는 개념으로 사익목적신탁이라는 개념이 사용되기도 하지만, 공익목적을 제외한 나머지 목적이 모두 사익목적인 것은 아니며 양자의 성격을 겸할 수도 있다. 그러므로 신탁의 목적을 사익목적으로 제한하는 사익목적신탁이라고 하는 개념은 한계가 있으며, 공익신탁을 제외한 그 밖의 목적신탁을 포괄하는 의미에서는 비공익목적신탁이 보다 적절한 용어라고 하겠다.

한편 공익신탁법[7]은 공익사업 수행을 주된 목적으로 하는 신탁법상의 신탁에 관한 특례를 정하면서 종래 공익신탁에 관한 신탁법 규정을 삭제하였다(공익신탁법 부칙 제3조 제6항). 그러므로 우리법상 목적신탁은 공익신탁법상의 공익신탁과 신탁법상의 목적신탁으로 구분된다. 그리고 공익신탁에 관하여는 그 성질에 반하지 않는 범위에서 신탁법이 준용된다(동법 제29조). 그런데 공익신탁은 공익사업을 목적으로 하는 신탁으로서 법무부장관의 인가를 받은 신탁을 의미하기 때문에(동법 제2조 제2호), 공익을 목적으로 하면서도 법무부장관의 인가를 받지 않은 신탁도 발생할 수 있다. 물론 공익신탁법이 신탁법상 공익신탁에 관한 규정을 삭제한 것은 공익목적의 신탁에 대하여는 공익신탁법으로 규율하려는 취지일 것이다. 하지만 동법의 요건을 충족하지 못하는 공익목적신탁의 발생 자체를 막을 수는 없으며, 이러한 유형의 신탁은 신탁법상 목적신탁에 관한 규정 일반에 의하여야 한다.[8]

3.3. 목적신탁의 기본적인 구조

목적신탁에서는 수익자가 존재하지 않으며 기본적으로 위탁자와 수탁자 양자의 관계가 중심이 된다(그림3 참조). 그런데 신탁에 있어서 수탁자는 신탁재산을 취득하고, 상당히 넓은

---

6) 법무부, 11면.

7) 법률 제12420호, 2014. 3. 18. 제정.

8) 양자의 관계에 관하여는 제10장 Ⅳ. 4.2. 참조.

범위의 재량과 권한을 가지고 이를 관리, 처분한다. 이러한 수탁자에 대하여 수익자신탁에
서는 수익자가 중요한 감독기능을 수행하지만, 목적신탁에서는 그러한 역할을 하는 수익자
가 존재하지 않는다. 그래서 신탁법도 목적신탁을 특별취급하고 있다. 예컨대 공익신탁이
아닌 목적신탁은 신탁선언의 방법으로 설정할 수 없다(제3조 제1항 단서). 공익신탁법이 명시
하고 있지는 않지만 신탁관리인의 선임이 당연히 전제되는 것9)과 달리, 신탁법상의 목적신
탁에 있어서는 신탁관리인의 선임이 강제되지 않는다(제67조 제1항 참조). 그래서 위탁자의
감독권이 중요한 의미를 가지기 때문에 제9조 제2항은 신탁행위로 위탁자의 권리를 제한할
수 없도록 한다. 이와 더불어 신탁관리인이 취임하지 않은 상태가 1년간 계속된 때에는 신
탁이 당연히 종료하는 것으로 하여(제98조 제5호) 그 선임을 간접적으로 강제한다. 또한 목적
신탁과 수익자신탁간의 신탁변경은 금지된다(제88조 제4항).

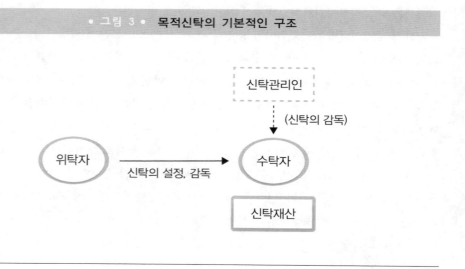

• 그림 3 •   목적신탁의 기본적인 구조

---

9) 공익신탁법 시행령 제3조는 인가신청서의 법정사항 중 하나로 제5호에서 신탁관리인의 성명, 주소 등을 기재
   하도록 하고 있어서 공익신탁상 신탁관리인의 선임은 강제된다고 할 수 있다.

Ⅱ. 신탁의 기능

1. 서

신탁은 다양한 목적으로 활용될 수 있다. 예컨대 제3자에게 재산적 이익을 귀속시키고자 할 때, 증여와 같이 단순히 재산권을 이전하는 방식 대신, 수탁자를 개입시켜 제3자에게 수익권의 형태로 그 재산상의 이익을 수여할 수 있다. 그리고 재단법인을 갈음하여 신탁을 설정하거나, 상사적 또는 공익적 목적을 위하여 신탁을 이용할 수도 있다. 그런데 일정한 목적을 위하여 재산을 출연하고자 하는 자가 여러 가지 법제도 중에서 신탁을 이용하게 되는 원인은 무엇인가? 신탁이 가지는 제도적 효용 내지 기능의 문제이다. 신탁의 특징은 이미 그 개념에서나 다른 제도와의 구분에서도 단편적으로 드러나지만, 신탁의 기능을 살펴봄으로써 신탁의 제도적 특징을 더욱 분명히 확인할 수 있다. 그리고 이를 토대로 다양한 수요에 상응하여 신탁을 설계하거나 활용할 수 있게 될 것이다.

2. 전환기능

2.1. 의의

신탁의 기능에 대하여는 종래 일본에서 여러 기준에 따른 설명들이 있었다.[10] 사실 이러한 기준은 객관적, 절대적인 것이 아니라 각 견해들이 신탁의 다양한 기능을 표현하는 방식의 차이라고 할 수 있다. 그럼에도 불구하고 공통적으로 언급되는 것은 바로 신탁의 전환기능이다.[11] 신탁은 형식적인 재산권의 귀속자 내지 관리자와 실질적인 이익향수자를 분리하고 이익향수자를 위하여 재산의 안전지대를 만들어내는 특성이 있다. 이를 통해 재산권의 실질은 유지하면서도 각각의 목적에 상응하여 재산권을 다른 형태로 전환할 수 있는데, 이를 전환기능이라고 부른다. 우리 신탁법의 이해 및 신탁제도의 활용에 유의미한 전환기

---

10) 四宮和夫, 14頁 이하는 신탁의 전환기능이라고 하는 것을 인정하고, 권리자의 속성의 전환, 권리자의 수의 전환, 재산권 향유의 시간적 전환, 재산권 성상의 전환이라고 하는 4가지를 든다. 新井誠, 85頁 이하는 신탁의 전환기능을 4개의 범주로 구분하면서, 재산의 장기적 관리기능, 재산의 집단적 관리기능, 사익재산으로부터 공익재산으로의 전환기능, 도산격리기능을 든다. 한편 能見善久, 10頁 이하는 신탁의 구조라고 하는 측면에서 재산처분모델, 계약모델, 제도모델로 구분하기도 한다.

11) 四宮和夫, 14頁 이하: 新井誠, 85頁 이하.

능의 유형은 다음과 같다.12) 다만 아래의 분류는 예시적인 것에 지나지 않으며 경우에 따라서 중복될 수 있다.

2.2. 권리자 전환기능

신탁은 권리자의 전환기능을 가진다. 권리자가 재산을 적절히 관리할 수 없을 때 또는 보다 전문적인 관리를 원할 때, 이를 친구나 친족 또는 신용 있는 전문회사 등에 신탁하여 관리하도록 함으로써 권리자의 재산관리능력이나 경제적 신용, 법인격을 수탁자의 그것으로 전환하는 것이다. 학술, 종교, 자선, 기예, 사교 등의 목적으로 비영리재단법인을 설립할 수 있지만, 동일한 목적을 위하여 신뢰할 수 있는 개인이나 단체 등을 수탁자로 하여 목적신탁 또는 공익신탁을 설정할 수도 있다. 그리고 일정한 목적을 위하여 회사 대신 신탁을 설정하고 사업을 영위할 수도 있다. 신탁의 구조상 신탁재산 자체는 수탁자에게 귀속되고 수탁자가 신탁재산에 대한 권능을 행사하지만, 그 재산으로부터의 이익은 수익자에게 돌아간다. 동일한 재산에 대하여 귀속과 수익이 분리되고, 재산으로부터의 이익을 수여하는 방법도 다양하게 설계할 수 있다는 점에서 신탁의 활용범위는 매우 넓다.

신탁은 권리자의 속성을 전환하는 외에 권리자의 수도 전환할 수 있다. 재산권의 귀속주체가 다수이거나 법인격 없는 단체인 경우 신탁을 통하여 권리의 주체를 수탁자로 단일화할 수 있으며, 그 반대의 경우도 가능하다. 그리고 담보부사채신탁에서는 위탁회사와 다수의 사채권자 사이에 신탁회사가 개재되어 수탁자로서 물상담보권을 취득하고 이를 수익자인 사채권자를 위하여 보유하고 실행한다. 그러므로 단순히 채권자와 채무자 양 당사자만 존재하는 경우와 대비된다.

2.3. 재산권 전환기능

신탁은 재산권의 성질을 전환하는 기능을 가진다. 어떠한 재산권도 신탁에 의하여 신탁수익권이라고 하는 특수한 권리로 전환되고,13) 수익권의 증권화를 통하여 본래의 재산권의 유동성을 증대시킬 수 있다. 물론 재산권의 성질변경은 신탁이 아닌 회사라는 제도를 통

---

12) 이하는 최수정, 신탁제도를 통한 고령자의 보호와 지원, 8면 이하에 의한다.

13) 수익권의 법적 성질에 대하여는 이미 일본에서도 신탁의 기본구조에 대한 학설에서부터 견해가 대립하였는데, 크게 채권이라고 보는 견해와 물권이라고 보는 견해로 나뉜다(학설대립에 대한 소개는 新井誠, 40頁 이하). 이에 따라 우리나라에서도 수익권을 채권과 물권의 성질을 동시에 가진 것이라거나(최동식, 328면), 수익자가 1인인 경우에는 이러한 견해에 찬성하면서도 수익자가 다수인 경우에는 사원권으로 설명하기도 하는(이중기/이영경, 514면) 등 견해가 대립한다. 이에 관한 상세는 제4장 Ⅲ. 5.3. 참조.

해서도 가능하다. 예컨대 부동산의 소유자가 현물출자를 하고 회사의 주식을 취득하면 부동산의 소유권이 회사의 주식으로 전환된다. 하지만 토지소유자가 그 토지를 신탁하고 수익권을 취득하는 경우에도 동일한 효과를 얻을 수 있다.

수익권화된 재산권은 이제부터 그 양도방법 등에 있어서 수익권의 그것에 의한다. 증권화되지 않은 수익권의 경우 그 양도방식은 민법상 지명채권의 그것과 유사하다. 수익권은 양도인과 양수인 사이의 합의에 의하여 유효하게 이전된다. 양도인이 수탁자에게 통지하거나 수탁자가 승낙한 때 수탁자 및 제3자에게 대항할 수 있으며(제65조 제1항), 통지나 승낙을 확정일자 있는 증서로 한 때 수탁자 외의 제3자에게 대항할 수 있다(제65조 제2항). 그리고 증권화된 수익권은 유가증권법리에 준하여 처리되며(제81조), 수익권의 선의취득도 가능하다(제82조). 그 결과 신탁재산이 부동산인 경우 민법상 부동산의 선의취득은 인정되지 않지만, 신탁수익권의 선의취득이 인정됨으로써 실질적으로 부동산을 선의취득하는 것과 유사한 효과가 발생한다.

2.4. 시간 전환기능

재산권으로부터의 이익을 현재 누릴 수 있지만 이를 장래 시점으로 연기할 수도 있다. 배우자와 자녀의 생활보장을 위하여 위탁자가 생존 중에는 자신을 수익자로 하고 사망 후에는 그들을 수익자로 지정하거나, 유언신탁을 통하여 후손들의 교육과 생활 등을 장기간에 걸쳐 지원할 수 있다. 또한 신탁수익을 바로 배분하기보다는 수탁자로 하여금 전부 또는 일부를 적립하였다가 이를 원본에 합산하거나 새로운 재산에 투자하도록 함으로써 신탁수익의 향수기간을 장래로 미루거나 연장할 수도 있다.[14] 이처럼 신탁을 통하여 재산적 이익을 향수하는 시점을 다각적으로 설계하는 것을 시간 전환기능이라고 한다.

3. 도산격리기능

신탁이 여타의 재산관리제도들과 구분되는 중요한 특징 중 하나는 도산격리기능(bankruptcy remoteness)이다. 그리고 이를 확보하기 위한 장치가 바로 신탁재산의 독립성이다.[15] 신탁

---

14) 영미에서는 이러한 사적인 적립신탁(private accumulation trust)이 재화를 개인에게 집중시키고 또 현세대가 신탁수익을 향수할 수 있는 기회를 박탈하여 먼 훗날의 세대에게 이전시킨다는 점에서 비판이 많았다. 그래서 판례와 입법을 통하여 적립기간을 단축시키고자 하는 법리가 발달하였는데, 상세는 제5장 Ⅱ. 4.2. 참조.

15) 신탁재산의 독립성에 관한 상세는 제6장 Ⅳ. 참조.

재산이 법인격을 가지는 것은 아니지만 그 독립성에 기하여 위탁자와 수탁자의 고유재산으로부터 분리된다. 따라서 비록 수탁자의 명의로 귀속되더라도 수탁자 개인에 대한 채권자는 신탁재산에 대하여 강제집행 등을 할 수 없으며(제22조), 신탁재산은 수탁자의 파산시에 파산재단을 구성하지 않는다(제24조). 또한 위탁자의 채권자도 신탁 전의 원인으로 발생한 권리에 기한 것이 아닌 한 더 이상 위탁자의 재산이 아닌 신탁재산에 대하여 강제집행 등을 할 수 없으며, 위탁자 파산시에 수탁자 명의의 신탁재산이 위탁자의 파산재단을 구성하지도 않는다.

일반적으로 당사자 사이의 합의에 의하여 책임이나 책임재산을 제한하는 특약을 둘 수 있다. 그러나 이러한 특약은 그 당사자 사이에서만 구속력을 가진다. 또한 개별적인 합의가 필요하다는 점에서 거래비용을 발생시킨다. 그러므로 신탁의 특수한 효과로서 도산격리기능은 이러한 특약과는 차원을 달리하는 중요한 기능이라고 할 수 있다.

신탁의 도산격리기능은 재산보전이라고 하는 점에서 다양하게 활용된다. 예컨대 자본시장법 제74조 제1항은 투자자의 보호를 위하여 투자매매업자 또는 투자중개업자로 하여금 투자자로부터 금융투자상품의 매매 등과 관련하여 예탁받은 금전인 투자자예탁금을 고유재산과 구분하여 증권금융회사에 예치 또는 신탁하도록 한다. 그리고 기업연금신탁이나 장애인신탁의 경우에도 신탁을 통한 재산의 보전이 기초가 되며, 자산유동화에 있어서도 도산격리기능은 중요한 전제가 된다(자산유동화법 제2조 제1호 참조).

제3장
신탁의 종류

신탁은 그것을 통하여 어떠한 목적을 달성하고자 하는지 그리고 어떻게 설계하는지에 따라서 아주 다양한 형태로 설정될 수 있다. 이러한 다양성 내지 유연성은 신탁의 유용한 특징이기도 하지만 동시에 신탁이라고 하는 제도를 간단히 정의내리거나 파악하기 어렵게 만드는 원인이 되기도 한다. 그리고 신탁은 개별적인 기준에 따라서 여러 종류로 분류될 수 있다. 이하에서 살펴볼 신탁의 종류는 망라적인 것이 아니며, 전통적으로 또는 신탁법상 등장하는 기본적인 유형에 지나지 않는다.[1] 구체적인 수요에 따르는 특수한 유형에 대하여는 별도의 장(제10장)에서 검토한다.

I. 법률행위에 의한 신탁과 법률규정에 의한 신탁

1. 의의

신탁이 신탁을 설정하는 자, 즉 위탁자의 의사표시를 통하여 설정되는지 아니면 법률규정에 의하여 발생하는지에 따른 구분이다. 신탁계약, 유언, 신탁선언과 같은 신탁행위(법률행위)에 의하여 설정되는 신탁이 전자에 해당한다. 그리고 제101조 제4항, 제132조 제2항에 의하여 그 존속이 간주되는 신탁은 후자에 속한다.

---

1) 수익자신탁과 목적신탁도 중요한 분류이나, 이에 관하여는 제2장 I. 2. 이하 참조.

2. 명시신탁 및 묵시신탁의 구분

종래 학설은 영미에서의 표현이나 그것을 번역한 일본에서의 분류를 그대로 가져와서 소위 명시신탁(express trust)과 묵시신탁(implied trust)을 구분하였다.[2] 그런데 법률행위에 있어서 의사표시는 명시적으로든 묵시적으로든 가능하다. 그리고 의사표시가 명시적인지 아니면 묵시적인지에 따라서 법률행위의 종류를 나누지는 않으며, 그 효과에서도 차이가 없다. 이는 신탁행위에서도 다르지 않다. 신탁을 설정함에 있어서 신탁설정의사의 존부나 내용은 결국 의사표시의 해석에 달린 문제이다. 그러므로 의사표시가 명시적인지 아니면 묵시적인지를 기준으로 신탁을 구분하거나, 신탁의 종류로 설명할 필요는 없다. 이는 매매계약을 명시매매와 묵시매매로 구분하지 않는 것과 마찬가지이다.

무엇보다 영미에서 묵시신탁이라는 개념은 의사표시 자체가 묵시적이라기보다는, 위탁자의 의사표시가 아닌 법률이나 법원에 의하여 신탁이 인정된다는 의미이다.[3] 만약 이러한 의미에서 우리법에서도 묵시신탁이라는 개념을 사용하고자 한다면 다른 번역어를 찾지 않으면 안 된다. 묵시신탁은 통상 명시적인 의사표시와 대립되는 묵시적인 의사표시에 의한 신탁으로 읽히기 때문이다.

그리고 영미에서의 묵시신탁에는 두 가지 유형이 있는데, 복귀신탁(resulting trust)과 의제신탁(constructive trust)이 그것이다.[4] 복귀신탁은 양도인에게 그 수익권원을 확실히 복귀시키는 기능을 한다. 복귀신탁은 아무런 약인(consideration) 없이 타인에게 재산을 양도하거나 위탁자가 신탁을 설정하고자 하였으나 그 효력이 없게 된 경우와 같이 재산의 이전이 효력을 상실함으로 해서 그 수익권능을 원래의 권리자에게 회복시키고자 하는 경우, 매매목적물에 대하여 권리를 가지려는 의사에서 그 대금의 일부를 지원한 자에게 그에 상응하는 재산권을 인정해주기 위한 경우에 각각 인정된다.

한편 의제신탁은 이와 전혀 다른 맥락에서 발생한다. 여기에는 아주 다양한 하위 유형들이 있고 때로는 복귀신탁과도 맞물려 있어서, 과연 이들을 모두 의제신탁이라고 부를 수 있는 공통의 요소가 무엇인지에 대한 의문이 제기되고, 또 이러한 점이 의제신탁에 대한 이해를 어렵게 만들기도 한다. 하지만 대표적 또는 추상적인 징표로서 의제신탁은 특정 재산에 관한 행위가 양심에 반하는 것임을 알면서도 그러한 행위를 하는 경우에 당사자의 원래

---

2) 임채웅, 묵시신탁과 의제신탁의 연구, 저스티스 제105호(2008. 8), 281면 이하.

3) 이하 개략적인 설명은 Haley/McMurtry, p.27 이하 및 Hudson, p.453 이하, p.497 이하에 의한다.

4) 상세는 제9장 Ⅲ. 2.2. 이하 참조.

의사와는 전혀 상관없이 그리고 양심의 수호를 위하여 법원이 인정하는 것이라고 할 수 있다. 그러므로 이러한 의제신탁 및 복귀신탁을 포괄하는 묵시신탁의 유형은 위탁자의 의사에 의하여 설정되는 신탁과는 분명히 구분되는 것이다.

그러나 우리 신탁법은 의제신탁과 같은 내용을 알지 못한다. 그리고 제101조 제4항에 따른 신탁은, 비록 그 기원을 영미에서의 복귀신탁에서 찾을 수 있다고 하더라도, 이미 법률규정이 명시하고 있는 법정신탁이다. 구태여 이를 법률행위에 의한 신탁과 대립되는 개념으로 복귀신탁이라고 부를 이유는 없으며, 이는 오히려 영미에서의 복귀신탁과의 개념구분에 혼란을 야기할 수 있다. 그러므로 이하에서는 신탁의 성립에 있어서 신탁의 종류를 법률행위에 의한 신탁과 법률규정에 의한 신탁으로 구분한다.

Ⅱ. 자익신탁과 타익신탁

1. 의의

자익신탁은 위탁자가 수익자의 지위를 겸하는 유형이며, 타익신탁은 위탁자가 아닌 자가 수익자가 되는 유형이다. 신탁법은 자익신탁과 타익신탁이라고 하는 용어를 직접 사용하고 있지 않다. 그러나 제99조 제2항은 위탁자가 신탁이익의 전부를 누리는 신탁의 경우 위탁자나 그 상속인이 언제든 신탁을 종료할 수 있도록 하는데, 위탁자가 수익자의 지위를 겸하는 자익신탁을 신탁의 한 유형으로 예정하고 있다.

그런데 신탁은 자익신탁 또는 타익신탁의 형태만 존재하는 것은 아니다. 위탁자를 포함한 다수의 수익자가 존재하는 경우 자익신탁과 타익신탁이 공존하게 된다. 또한 수익권의 양도를 통하여 자익신탁이 타익신탁으로 또는 타익신탁이 자익신탁으로 각각 그 유형을 달리할 수도 있다.

2. 판례상 구분

판례도 자익신탁과 타익신탁을 구분하고, 이를 구체적인 법률관계 내지 법률효과의 판단에 기준으로 삼고 있다. 대법원 2003. 8. 19. 선고 2001다47467 판결은 재건축조합의

조합원들이 재건축을 목적으로 비법인사단인 재건축조합을 설립하여 대지의 공유지분을 재건축조합에 신탁한 사안에서, "이러한 신탁은 위탁자 자신이 수익자가 되는 이른바 자익신탁으로서 특별한 사정이 없는 한 위탁자가 신탁이익의 전부를 향수하는 신탁에 해당하므로" 구신탁법 제56조 의하여 위탁자가 언제든 신탁계약을 해지할 수 있다고 하였다.

대법원 2011. 5. 23.자 2009마1176 결정도 사해신탁 여부가 문제된 사안에서 위탁자가 사업의 계속을 위하여 자익신탁을 설정한 것이 사해행위에 해당하는지 여부를 판단하는 구체적인 기준을 설시하였다. "자금난으로 사업을 계속 추진하기 어려운 상황에 처한 채무자가 자금을 융통하여 사업을 계속 추진하는 것이 채무변제력을 갖게 되는 최선의 방법이라고 생각하고 자금을 융통하기 위한 방편으로 신탁계약의 체결에 이르게 된 경우 이를 사해행위라고 보기 어려울 뿐만 아니라, 신탁계약상 위탁자가 스스로 수익자가 되는 이른바 자익신탁의 경우 신탁재산은 위탁자의 책임재산에서 제외되지만 다른 한편으로 위탁자는 신탁계약에 따른 수익권을 갖게 되어 위탁자의 채권자가 이에 대하여 강제집행을 할 수 있고, 이러한 수익권은 채무자가 유일한 재산인 부동산을 매각하여 소비하기 쉬운 금전으로 바꾸는 등의 행위와 달리 일반채권자들의 강제집행을 피해 은밀한 방법으로 처분되기 어려우며, 특히 수탁자가 자본시장법에 따라 인가받아 신탁을 영업으로 하는 신탁업자인 경우 공신력 있는 신탁사무의 처리를 기대할 수 있"다는 근거에서 그 사해성을 부정하였다.[5]

대법원 2012. 7. 12. 선고 2010다1272 판결은 약관법에 따른 약관의 효력이 문제된 사안이다. 법원은 "위탁자가 신탁이익의 전부를 향수하는 신탁에서 위탁자에게 인정되는 해지권을 상당한 이유 없이 배제하는 약관 조항은 공평의 관점에서 보아 고객에게 부당하게 불리하고 신의성실의 원칙에 반하여 공정을 잃은 것으로서 무효라고 보아야 한다"고 판단하였다.

---

5) 하지만 자익신탁이라고 하더라도 이미 채무초과 상태인 채무자가 새로운 채권자를 수익자로 하는 신탁계약을 체결하고 자금을 빌려 그 자금의 전부 또는 대부분으로 기존 채무를 변제하였다면, 그 실질은 신규자금의 유입 없이 단지 기존채무의 이행을 유예받기 위한 것과 크게 다르지 않으므로, 이러한 신탁계약은 다른 일반채권자들에 대한 관계에서 공동담보를 해치는 사해행위가 될 수 있다. 대법원 2015. 12. 23. 선고 2013다83428 판결.

Ⅲ. 생전신탁과 유언신탁

1. 생전신탁

생전신탁(inter vivos trust)은 위탁자가 생존한 동안 신탁계약을 체결하거나 신탁선언을 통하여 설정한 신탁을 가리킨다. 생전신탁의 효력도 위탁자 생존시에 발생하는 것이 일반적이지만, 다른 법률행위와 마찬가지로 신탁행위에 조건이나 기한을 붙일 수 있다. 이에 따라 위탁자가 사망한 때부터 신탁의 효력이 발생할 수 있지만, 이 또한 생전신탁이다. 그리고 수익권의 취득시기가 위탁자 사망 이후라고 해서 생전신탁으로서의 성질이 부정되지는 않는다. 예컨대 위탁자가 특정 부동산에 대하여 신탁계약을 체결하면서 자신이 생존한 동안에는 자신을 수익자로 하고 사망시에는 자신의 배우자나 자녀를 수익자로 정하였다고 하자. 배우자나 자녀는 위탁자 사망시에 수익권을 취득하지만 이는 수익권의 취득에 관한 정함에 따른 것에 지나지 않는다. 신탁 자체는 위탁자 생전에 설정되고 효력이 발생하였으므로 생전신탁에 해당한다.

2. 유언신탁

유언신탁(testamentary trust)은 유언에 의하여 설정되는 신탁을 가리킨다(신탁법 제3조 제1항 제2호). 유언신탁은 단독행위라는 점에서 신탁선언과 같고 신탁계약과 다르다. 유언신탁도 생전신탁과 마찬가지로 유언자의 의사표시 자체는 생전에 이루어지지만, 신탁의 효력이 유언의 효력발생시, 즉 유언자의 사망에 의하여 발생한다는 점에서 차이가 있다. 무엇보다 유언신탁은 법정방식에 의한 유언에 의하여 설정되므로, 방식을 결하는 등 유언의 효력이 발생하지 않으면 신탁도 설정되지 않는다. 그리고 유언철회의 자유가 인정되는 만큼 유언신탁의 경우에도 유언자의 최종의사에 따라 그 효력이 발생한다.[6]

---

6) 상세는 제5장 Ⅰ. 3. 참조.

IV. 확정신탁과 재량신탁

1. 확정신탁

확정신탁(fixed trust)은 신탁상 수익자와 그 수익권의 내용이 확정된 경우를 말한다. 수탁자는 신탁상 정해진 수익자에게 정해진 수익급부를 할 의무를 부담하며, 신탁재산을 교부함에 있어서 재량을 가지지 않는다. 그리고 이에 상응하여 수익자는 신탁재산에 대한 확정적인 권리를 가진다. 가령 S가 T에게 신탁재산을 이전하면서 B1이 생존한 동안에는 B1을 수익자로 하고, B1이 사망한 때에는 나머지 신탁재산을 B1의 자녀 B2와 B3에게 똑같이 나누어 주도록 정하였다고 하자. 이 경우 B1은 생전에 신탁수입에 대한 권리를 가지며, B2와 B3는 신탁원본에 대한 권리를 가진다. 이 경우 누구에게 어떠한 급부를 할 것인지는 위탁자에 의하여 이미 결정되어 있기 때문에 수탁자에게 이에 관한 재량은 없다.

확정신탁에 있어서 '확정'은 수익자가 받을 실제 금전적 가치가 처음부터 정해져 있다는 의미는 아니다. 가령 S가 주식을 T에게 신탁하고 B1이 생존한 동안은 B1에게, 그 이후에는 B2와 B3에게 동일한 몫을 지급하도록 정하였다고 하자. 이 경우 T는 신탁재산인 주식의 배당금을 B1이 생존한 동안 그에게 지급하게 되는데, 이때 수익자와 수익권의 내용은 결정되어 있지만 B1이 신탁재산으로부터 받을 수입의 구체적인 금액은 배당금의 액수에 따라서 달라진다. 그러므로 확정신탁에 있어서 '확정'은 재량이 아니라는 의미 그 이상은 아니라고 하겠다.[7]

2. 재량신탁

2.1. 의의

재량신탁(discretionary trust)에서는 신탁상 수탁자가 누구에게 무엇을 지급할 것인지를 선택할 수 있는 권능을 가진다. 재량권을 수탁자에게 수여하는 경우가 많겠지만, 재량신탁이 그러한 유형에 한정되는 것은 아니다. 재량신탁에서는 재량권이 제3자에게 수여될 수도 있는데, 이 경우 재량권은 그야말로 권능(power)이다. 반면 수탁자에게 재량권이 주어지는 때 이 재량권은 권능이라고 하는 의미도 있지만 선관의무와 충실의무에 따라 행사해야 하

---

7) Penner, p.70.

는 의무라고 하는 의미도 함께 가진다. 하지만 확정신탁이든 재량신탁이든 수탁자가 신탁
재산을 교부할 의무를 부담한다는 점에서는 다르지 않다.[8]

　신탁법상 재량신탁에 관한 명시적인 규정은 없지만 신탁설정시에 위탁자가 이러한 재
량권을 수탁자에게 수여하는 것은 얼마든지 가능하며, 이를 금지할 근거도 없다. 가령 S가
T에게 신탁재산을 이전하면서 B1이 생존한 동안에는 B1, B2, B3에게 신탁수입 중 T가 적
절하다고 판단되는 몫을 지급하고, B1이 사망한 이후에는 B2, B3 중에서 또한 T의 판단에
따라 신탁원본을 교부하도록 정하였다고 하자. 이 경우 T는 신탁재산으로부터 발생하는 수
입 및 원본을 수익자에게 지급할 의무가 있지만, 누구에게 얼마만큼을 지급할 것인지에 대
하여는 재량권을 가진다. 그리고 확정신탁과 재량신탁은 상호 배타적인 것이 아니기 때문
에 양자를 순차적으로 설정하는 것도 가능하다. 예컨대 B1이 생존한 동안에게는 B1에게
그리고 B1이 사망한 때에는 B2와 B3 중에서 수탁자의 재량에 따라 신탁재산을 교부하도
록 정할 수도 있다. 이때 재량권을 가지는 수탁자는 수익자들의 구체적인 사정을 고려하여
수익급부의 내용을 결정할 수 있는 것이다.

　수탁자에게 이러한 재량권을 수여하는 주된 이유는 바로 유연성 때문이다. 재량신탁은
위탁자가 신탁설정 당시에 예견하지 못한 사정변경 등을 반영할 수 있고, 수익자의 구체적
인 수요도 반영할 수 있는 장점을 가진다. 다만 위탁자의 입장에서는 그 전제로서 재량권을
수여할 만큼 신뢰할 수 있는 수탁자의 존재가 중요해진다. 그리고 수탁자의 입장에서는 잠
재적인 수익자집단이 클수록 그 업무의 부담도 커질 수 있다. 특히 신탁업자인 수탁자는 개
인간의 사적인 영역에 개입하는 것을 꺼리게 되고, 무엇보다 재량권의 행사에 따른 책임이
문제되거나 분쟁이 발생하는 것을 회피하고자 한다는 점에서 재량신탁의 활용에는 제한이
있을 수밖에 없다.

2.2. 재량권의 행사에 대한 감독

　수탁자가 재량권을 가진다고 해서 자신이 원하는 대로 무엇이든 할 수 있는 것은 아니
다. 수탁자는 신탁상 그리고 신탁법이 정한 바에 따라서 재량권을 행사하고 신탁재산을 교
부해야 하며,[9] 수익자의 이익을 위하여 선량한 관리자의 주의를 기울여야 한다. 그런데 재
량신탁에서 수탁자의 재량권 행사에 대한 감독은 어렵고 복잡한 문제를 야기할 수 있다. 재
량의 범위와 그 적절성을 객관적으로 판단하기가 용이하지 않기 때문이다. 특히 재량권의

---

8) Penner, p.73.
9) Penner, p.70.

범위 내에서 행해진 수탁자의 결정에 대하여 악의가 있다거나 수익자의 최선의 이익을 고려하지 않았다는 사실을 증명하기는 매우 어렵다. 수익자의 최선의 이익이라는 것은 관점에 따라서 달리 판단될 수 있기 때문이다.

하지만 수탁자가 일정한 행위를 한 근거가 위탁자의 합리적인 기대에 비추어 불합리하거나 부적절 또는 부당한 때에는("irrational, perverse, or irrelevant to any sensible expectation of the settlor") 그 행위의 효력을 다툴 수 있다.10) 제105조는 신탁에 대한 법원의 일반적인 감독권을 명시하고 있으므로 수익자 또는 이해관계인은 수탁자의 위법한 재량권의 행사에 대하여 법원의 적절한 처분을 구할 수 있다. 많은 경우 수탁자의 의무위반도 함께 문제될 것이므로 그에 대한 책임 또한 물을 수 있다. 그리고 수탁자의 부적절하거나 위법한 재량권의 행사뿐만 아니라 재량권을 행사하지 않거나 할 수 없는 경우에도 동일하게 해석할 것이다.

재량신탁은 수탁자가 재량권을 가지는 경우뿐만 아니라 제3자가 재량권을 가지는 경우도 포함한다. 그런데 제3자는 수탁자와 같은 신임의무를 부담하지 않기 때문에, 단순한 권능으로서의 재량권 행사 여부나 그 내용에 대하여 일반적인 감독이나 개입을 할 수는 없다. 하지만 이 경우에도 위탁자가 재량권을 제3자에게 수여한 일정한 목적이나 취지는 신탁의 해석상 확인이 가능하다. 만약 제3자가 그러한 범위를 넘어서 재량권을 행사하였다면, 이는 위법한 행위가 된다.11) 그리고 가령 제3자가 위탁자와의 계약관계에서 일정한 주의의무를 부담하는 때에는 그에 기한 재량권의 행사를 요구하거나 그 위반에 대한 구제수단을 동원할 수 있다.

2.3. 재량신탁에서 수익자의 지위

재량신탁에서 잠재적인 수익자집단에 속하는 자는 수탁자가 재량권을 행사할 때까지 신탁재산에 대한 급부청구권과 같은 구체적인 권리를 가지지 못하며, 수탁자가 자신에게 유리하게 재량권을 행사해주기를 기대할 수 있을 뿐이다. 수탁자가 재량권을 가지는 결과, 잠재적인 수익자집단에 속하는 자들 중에서 신탁재산으로부터 아무런 이익도 향수할 수 없는 자가 발생할 수 있다. 그리고 실제 수익권을 취득하지 못한 자는 수익자가 아니다. 그러므로 잠재적인 수익자집단에 속하는 자의 지위가 문제된다.

---

10) 이러한 원칙은 영국에서 Re Manisty's Settlement [1974] Ch 17, [1973] 2 All ER 1203에서 확인된 이래 재량권 행사에 대한 법원의 개입을 판단하는 기준이 되고 있다.

11) 위법한 재량권의 행사(fraud on a power)와 관련한 영국의 선례인 Vatcher v Paul [1915] AC 372, 84 LJPC 86에 따르면, 이때 위법하다는 것은 의식적인 부도덕 혹은 부정직한 행위를 의미한다기보다는 수익자 대상에 속하지 않는 사람에게 이익을 귀속시키려는 의도에서 권능을 행사한 것만으로 충분하다고 한다.

만약 위탁자가 수익자의 범위를 확정하고 수탁자로 하여금 이들 모두에게 수익급부를 하되 다만 그 내용에 대하여만 재량권을 갖는 것으로 정하였다면, 위 범위에 속하는 자가 수익자의 지위를 가짐에는 의문이 없다. 그러나 만약 수탁자가 자신의 재량에 따라 일정한 범위에 속하는 자들 중에서 일부에게만 수익급부를 할 수 있다면, 이 범위에 속하는 자들이 당연히 수익자가 되는 것은 아니다. 이 경우 잠재적인 수익자집단에 속하는 자의 지위는 수익자라기보다 신탁법상의 이해관계인에 해당한다. 잠재적인 수익자집단에 속하는 자는 수익권에 대한 일종의 기대권을 가지는 자로서, 이러한 권리는 수탁자의 재량권 행사 여부에 따라 수익권이 될 수 있다는 점에서 민법상의 조건부권리로 취급할 수 있다. 더욱이 신탁법은 이해관계인의 이익을 보호하기 위한 장치를 마련하고 있다.[12] 그러므로 잠재적인 수익자집단에 속하는 자는 급부청구권 등 수익자로서의 권리를 행사할 수는 없지만, 조건부권리에 대한 일반적인 보호 외에 이해관계인의 지위에서 장차 발생할지 모르는 수익권의 확보와 보호를 위한 조치를 취할 수 있다.

V. 능동신탁과 수동신탁

1. 구분의 기준 및 학설대립

학설은 신탁의 분류에 있어서 수탁자의 의무의 적극성을 기준으로 능동신탁(active trust)과 수동신탁(bare(passive) trust)을 구분한다. 하지만 그 정의 및 효력에 대하여는 견해가 대립하며, 그 근거 또한 상이하다. 일부 견해는 수동신탁을 수탁자가 단지 신탁재산의 형식적인 명의자가 될 뿐이고 신탁재산에 대한 관리나 처분을 할 의무가 없는 신탁으로 정의하면서, 이는 명의신탁에 불과하기 때문에 신탁법상의 신탁이라고 할 수 없다고 한다.[13] 다른 일부 견해는 수동신탁을 수탁자가 적극적으로 행사할 권리·의무를 부담하지 않는 것이라고 정의하면서, 수탁자가 일정한 행위에 대하여 수익자 등의 지시에 따라 행동하지만 권리·의무를 직접 행사하는 것은 유효한 신탁인 반면, 수익자가 행하는 각종의 행위를 용인할 의무

---

12) 제3조 제3항, 제17조 제1항, 제19조 제3항, 제21조 제2항, 제40조, 제67조 제1항 및 제2항, 제70조 제7항, 제79조 제6항, 제105조 제2항.

13) 홍유석, 68면; 김진우, 신탁재산의 특수성, 법조 51권 10호(2002), 200면; 윤경, 신탁재산관리방법 변경의 요건과 그 한계, 대법원판례해설 제44호(2004), 32면.

를 부담할 뿐인 것은 신탁법상 효력이 없다고 한다.[14] 또 견해에 따라서는 일본에서의 논의
를 받아들여 수동신탁을 수탁자가 수익자의 신탁재산에 관한 각종 행위를 용인할 의무를 부
담할 뿐인 명의신탁과, 위탁자 또는 수익자의 지시에 따라 신탁재산을 관리, 처분하는 협의
의 수동신탁으로 분류하기도 한다.[15] 이러한 분류에 대하여는, 특히 전자의 유형은 우리법
과 다른 일본의 명의신탁 개념에 대한 오해에서 비롯된 것으로 현실적으로 상정하기 어렵다
는 근거에서 비판적인 견해도 제시된다.[16]

반면 수동신탁을 수탁자가 신탁재산의 명의인이 될 뿐 신탁재산을 관리, 처분할 적극
적인 권한을 가지지 않고 수익자, 위탁자 등에 의한 관리·처분을 수락할 뿐인 신탁으로 정
의하면서, 명의인이 관리하고 있지 않다는 이유로 그 재산에 관한 신탁법상의 보호를 부정
할 것은 아니라고 보는 견해가 있다.[17] 그리고 학설에 따라서는 수동신탁을 수탁자에게 적
극적으로 관리, 처분할 권한과 의무가 없는 신탁으로 정의하면 충분하고, 이는 결국 수탁자
의 권한이 제한되는 신탁이며 신탁상의 채권적인 제한을 이유로 신탁의 효력을 무효로 할
것은 아니라고 한다.[18]

2. 수동신탁의 범주와 효력

2.1. 종래의 논의에 대한 비판적 검토

수탁자의 의무의 범위나 내용은 어디까지나 신탁상 정함에 달린 문제이다. 신탁목적의
달성을 위하여 필요한 행위는 매우 다양하며, 그중 어디까지를 적극적 또는 소극적이라고
할지 그 경계를 말하기는 어렵다. 더욱이 신탁법상 수탁자의 의무의 적극성이나 소극성은
신탁의 존부 및 그 효력을 판단하는 기준이 아니다. 수탁자가 신탁재산의 명의를 보유하면
서 이를 관리하거나 처분할 권리·의무가 없는 경우에도 수탁자는 선관의무와 충실의무,
이익향수금지 등을 포함한 엄격한 의무를 부담하며 그 위반에 따른 책임을 진다. 이러한 신
탁법상 혹은 신탁상의 정함에 따른 각종 의무들을 단순히 '소극적'이라고 할 수는 없으며,
수탁자의 관리, 처분권능만을 적극적인 의무라고 해석해야 할 근거도 없다. 그리고 신탁재

---

14) 이재욱/이상호, 38면 이하.

15) 정순섭, 신탁의 기본구조에 관한 연구, BFL 제17호(2006. 5), 16면.

16) 임채웅, 수동신탁 및 수탁자의 권한제한에 관한 연구, 법조 56권 11호(2007), 14면 이하.

17) 최동식, 113면.

18) 임채웅, 수동신탁 및 수탁자의 권한제한에 관한 연구, 25면 이하.

산의 소유자는 어디까지나 수탁자이므로, 위탁자가 이를 처분하기 위하여는 수탁자로부터 별도의 수권이 필요하다.[19] 위탁자가 신탁설정의사를 가지고 특정 재산을 이전하면서 수탁자로 하여금 신탁재산을 관리, 처분, 운용, 개발, 그 밖에 신탁목적의 달성을 위하여 필요한 행위를 하도록 하였다면, 이는 신탁법상의 신탁이라고 하지 않을 수 없다(제2조). 그리고 그 효력은 신탁의 개념이나 신탁의 효력과 관련한 신탁법의 해석에 따라 판단하여야 한다.

그러나 등기 등을 통하여 공시되는 재산권에 대하여 그 권리자가 대내적으로는 권리를 보유하면서 대외적으로 그 명의만 타인으로 한 경우에는 신탁법상의 신탁이 아니다. 이와 같은 명의신탁을 수동신탁이라고 불러서는 안 되며, 부동산실명법에 따라서 그 효력 및 효과를 판단하면 충분하다. 그리고 위탁자가 자신의 채권자로부터 책임재산을 은닉하기 위한 수단으로 신탁을 설정하였다면, 이는 사해신탁(제8조)으로서 위탁자의 채권자에 의하여 취소될 수 있다. 또한 위탁자가 단순히 신탁이 설정된 것과 같은 외관을 창출하고자 한 것에 지나지 않는다면, 이는 가장행위(민법 제108조)로서 당연히 무효가 된다. 신탁상 위탁자는 신탁재산의 관리, 처분 등에 관한 권한을 자신이나 수익자에게 유보할 수 있지만, 그 범위가 과도하게 넓어서 신탁의 본질에 반하는 것으로 판단되는 극단적인 경우에도 역시 그 효력을 인정할 수 없을 것이다. 신탁설정행위에 위와 같은 무효사유가 존재하는 경우가 아니라면, 수탁자의 권리·의무의 범위만을 가지고 그것이 소극적 혹은 적극적이라거나 또 이를 근거로 신탁의 효력 자체를 부정해서는 안 될 것이다.

한편 대법원 2003. 1. 27.자 2000마2997 결정은 "신탁재산에 관하여는 수탁자만이 배타적인 처분·관리권을 갖는다고 할 것이고, 위탁자가 수탁자의 처분·관리권을 공동행사하거나 수탁자가 단독으로 처분·관리를 할 수 없도록 실질적인 제한을 가하는 것은 신탁법의 취지나 신탁의 본질에 반한다"고 설시하였다. 구신탁법 제1조 제2항은 현행법 제2조와 비록 그 내용은 다르지 않으나 규정방식에서 차이를 보인다. 전자는 신탁을 수탁자로 하여금 신탁재산을 "관리, 처분하게 하는 법률관계"로 정의하였고, 위 판결은 이를 엄격하게 해석하여 그러한 관리, 처분권에 대한 제한은 허용되지 않는 것으로 보았을 것이다. 그러나 신탁목적을 달성하기 위하여 신탁재산의 귀속주체로서 수탁자의 임무가 신탁재산의 관리 및 처분에 제한되어야 할 이유는 없다. 그리고 현행법은 수탁자의 임무범위를 포괄적으로

---

[19] 대법원 2002. 3. 15. 선고 2000다52141 판결도 위탁자가 원고인 수탁자와의 합의에 의하여 신탁재산인 아파트를 분양하면서 자신의 채권자인 피고에게 일부를 대물변제하자 수분양자지위부존재확인을 구한 사안에서, 위탁자가 신탁재산인 아파트의 분양업무를 관장하게 된 것은 원고의 소유인 아파트에 관한 분양업무를 원고가 위탁자에게 위임하였기 때문이지 위탁자 자신이 이를 분양하거나 처분할 권한을 가지고 있기 때문은 아니라고 하였다.

규정하고 있는 만큼, 위 판결을 평면적으로 이해하여 우리법상 수탁자의 권한에 대한 제한 또는 소위 수동신탁은 허용되지 않는다고 단정해서는 안 된다.

2.2. 영국에서 수동신탁의 논의

영국에서는 유일한 수익자가 어떠한 조건이나 부담 없이 신탁재산의 이익 전부를 누리고 언제든 신탁재산의 이전을 요구할 수 있으며, 수탁자는 수익자를 위하여 신탁재산을 보유하는 이외에 다른 의무를 부담하지 않는 때,[20] 또는 수탁자가 특정한 신탁상 조건 없이 수익자를 위하여 재산을 보유하고 그 재산을 수익자 또는 수익자가 지정하는 자에게 이전할 의무만을 부담하는 때 이를 수동신탁이라고 부른다.[21] 반면 수탁자가 일정한 의무를 이행할 것이 요구되는 때에는 이를 수동신탁과 대비하여 능동신탁 또는 특별신탁(special trust)이라고 한다.

영국에서 수동신탁은 전형적으로 다음 세 가지 경우에 발생한다.[22] 첫째, 특별신탁상의 모든 이해관계가 점유로 귀결될 때이다. 가령 S가 B1의 생애 동안은 B1을 수익자로, 그 이후에는 B2를 수익자로 하는 신탁을 설정하였다고 하자. 수탁자는 신탁상 정한 바에 따라서 신탁재산의 운용, 투자 등을 통하여 발생한 신탁수입을 B1이 생존한 동안 그에게 지급하고, B1이 사망하면 B2에게 신탁원본을 귀속시키게 된다. 수탁자가 B2 또는 B2가 지명하는 자에게 신탁재산을 이전할 의무만 부담하게 되는 때, 이제 수동신탁의 수탁자가 되는 것이다.

둘째, 위탁자가 자신의 의사에 의하여 수동신탁을 설정하는 경우이다. 변호사가 의뢰인과의 관계에서 취득하게 된 금전을 의뢰인을 위하여 은행계좌에 신탁상 보유하는 경우이다.[23]

셋째, 의제신탁[24]도 수동신탁이 발생하는 한 유형으로 취급된다. 신탁관계가 있는 것으로 의제되는 경우에는 권원을 보유하는 자, 즉 수탁자는 위탁자의 의사에 의하여 신탁이 설정되는 경우에서와 같은 의무들을 부담하지 않는다. 수탁자는 장차 그 권리를 이전받을 수익자를 위하여 그 권원을 보유할 뿐이다.

---

20) Haley/McMurty, p.22 이하.

21) Hudson, p.134; Penner, p.20.

22) Penner, p.20 이하.

23) Target Holdings Ltd v Redferns [1996] AC 421.

24) 상세는 제9장 Ⅲ. 2.3. 참조.

2.3. 소결

영국에서 수동신탁은 개별적인 사안에서 신탁관계를 인정하고 그에 따른 효과를 부여하기 위한 법기술로서 동원되고 있음을 볼 수 있다. 반면 우리 학설상 신탁의 분류에 있어서 능동신탁과 수동신탁의 구분은 주로 명의신탁과 관련하여 그 효력을 부정하는 근거로 제시되고 있다. 하지만 신탁법상의 신탁과 명의신탁은 별개의 차원이며, 수동신탁의 경우 결국 신탁재산의 귀속주체인 수탁자의 권한을 어디까지 제한할 수 있는지,[25] 그래서 신탁 설정의사를 찾을 수 없거나 신탁의 본질에 반하는 경우에는 신탁으로서의 효력을 부정해야 하는 것은 아닌지에 대한 논의만 남을 뿐이다.

많은 경우 위탁자는 자신의 재산에 대한 지배를 상실하게 되는 이유로 신탁의 설정을 주저하게 된다. 그래서 여러 측면에서 신탁의 이점을 이용하면서 동시에 신탁재산에 대한 일정 정도의 지배권을 유보하고자 하고, 이는 수탁자의 권한에 대한 제한으로 작동하게 된다. 하지만 이러한 사실만으로 명의신탁과 동일시 취급하는 것은 신탁과 명의신탁의 개념 혼동을 야기할 뿐이다. 특히 신탁의 도산격리기능으로 인하여 금융거래에서는 소위 수동신탁이 활용되고 있는데, 그 효력을 전적으로 무효로 취급하는 것은 타당하지 않다. 그러므로 수탁자의 의무의 성질을 적극적 혹은 수동적으로 구분해야만 할 근거나 필요는 없으며, 굳이 일본에서의 논의를 좇아서 신탁을 수동신탁과 능동신탁으로 구분해야 할 실익은 없다고 하겠다.

VI. 민사신탁과 상사신탁

1. 의의

종래부터 민사신탁과 대비하여 상사신탁을 언급하거나 때로 상사신탁과 동의어로 영업신탁이라는 용어를 사용하기도 한다.[26] 하지만 그 개념이나 구분 기준은 그리 명확하지 않

---

25) 이중기/이영경, 305면은 위탁자에게 지시권이 유보된 한에서 수동신탁의 수탁자의 권한과 의무는 축소되고 선관의무 및 충실의무도 처음부터 면제될 수 있다고 한다. 그러나 수탁자의 권한과 의무가 축소될 수는 있을지언정 선관의무와 충실의무 자체를 배제하는 것은 신탁상 수탁자의 지위에 부합하지 않는다. 위탁자가 지시권을 가지는 경우에도 수탁자는 위법 또는 부당한 지시에 대하여 철회, 변경 또는 시정을 요구할 의무가 있고(자본시장법 제247조 참조), 이는 수탁자의 선관의무를 전제로 한다.

26) 영업신탁은 영업 자체를 신탁재산으로 하는 신탁(제2조), 소위 사업신탁의 개념으로 사용되므로, 이하에서

다. 일반적으로 신탁업자가 업으로 인수하는 신탁이 상사신탁이라거나,27) 영리를 목적으로 하여 신탁을 인수하는 경우를 상사신탁, 그 외의 신탁을 민사신탁으로 분류하거나,28) 신탁 의 본질적인 측면에서 신탁 자체의 목적이 상업적인 때 이를 상사신탁이라고 부른다.29) 그리고 일본에서 상사신탁 개념의 독자성을 주장하면서 수탁자의 역할이 재산의 관리, 보전, 처분에 해당하는 민사신탁과 그 이상에 해당하는 상사신탁을 구분하고, 각각의 경우 당사자의 수요에 차이가 있고 적용되는 법리도 상이하다고 주장하는 학설30)에 의거하여 상사신탁의 요소들을 제시하는 견해가 있다.31) 그러나 종래의 입장에 대하여 비판적인 견해는 신탁 자체의 목적이 상업적인지를 기준으로 상사신탁 여부를 판단하여야 한다거나,32) 양자를 구분하는 나름의 실익은 있을 수 있다고 하면서도 상사신탁의 독자적인 법리를 세우는 것에는 의문을 제기하면서 필요한 경우 유연한 해석이 적절하다는 견해도 있다.33)

2. 구분의 필요성과 효용

이상에서처럼 학설은 민사신탁과 상사신탁의 구분을 시도하고 있지만, 그 기준의 불명료함과 구분의 실익이라고 하는 관점에서 의문이 없지 않다. 예컨대 신탁업자가 업으로 신탁을 인수, 운영하더라도 그 신탁이 재산승계나 부양을 위한 것인 때 이를 상사신탁이라고 부를 수 있는가? 아마도 이러한 유형의 신탁을 염두에 둔 견해는 신탁법 개정 이후 민사신탁 비중이 증가하고 있다고 하는데,34) 과연 상사신탁과 민사신탁의 차이나 구분의 필요성

는 민사신탁과 상사신탁의 개념만을 대상으로 살펴본다.

27) 이재욱/이상호, 35면. 이와 달리 광장신탁법연구회, 12면은 신탁의 영업성 유무를 기준으로 수탁자가 영업으로 신탁을 인수하는 경우를 영리신탁, 그렇지 않은 경우를 비영리신탁이라고 부른다. 나아가 오영표, 가족신탁 이론과 실무, 조세통람, 2020, 19면은 복지신탁이라는 개념을 사용하면서 이를 신탁제도의 활성화를 통하여 국민에게 생길 수 있는 다양한 위험을 예방함으로써 국민의 복지를 증진시킬 수 있는 신탁이라고 정의하지만, 사실 모든 신탁의 유형이 이에 포함될 것이므로 개념의 필요성이나 효용은 의심스럽다.

28) 김이수, 상사신탁에 비추어 본 신탁법 제8조 사해신탁 법리의 재구성 —토지개발신탁을 대상으로 하여—, 상사판례연구 제22집 제3권(2009.9), 4면.

29) 이중기/이영경, 27면.

30) 神田秀樹, 日本の商事信託—序説, 現代企業立法の軌跡と展望, 商事法務研究會, 1995, 583頁 이하. 이 견해는 일본의 신탁법이 민사신탁을 전제로 입법된 까닭에 상사신탁에 그 규정을 그대로 적용하면 타당한 결과를 얻을 수 없다고 한다.

31) 정순섭, 16면 이하. 그러면서 620면은 상사신탁이 아닌 신탁을 민사신탁으로 정의한다.

32) 이중기/이연경, 27면.

33) 김태진, 주식신탁 사례연구 — 상사신탁·민사신탁의 경계를 넘어 신탁법과 회사법의 교차 —, 법학논총 제39권 제4호(2019. 11), 89면 이하.

은 무엇인지 명확하지 않다. 그리고 개인이 보수를 받기 위하여 신탁을 인수하는 경우 영리성이 인정되지만 이를 모두 상사신탁이라고 부를 이유는 없다. 또한 앞으로 신탁의 활용이 다양해질수록 양자의 구분은 더욱 어려워지고 때로 무용하게 될 것이다.

민사신탁과 상사신탁의 구분이 각각의 독자적인 법리의 적용을 위한 것인지에 대하여도 검토가 필요하다. 신탁의 인수를 영업으로 하는 것은 기본적 상행위로(상법 제46조 제15호) 상법이 적용된다. 자본시장법은 신탁업을 금융투자업으로 규정하고(동법 제6조 제1항 제6호) 신탁업자를 규제하며, 신탁을 이용한 자산유동화거래에 대하여는 자산유동화법이 적용된다. 신탁업자 또는 은행법에 따른 은행이 담보부사채에 관한 신탁업을 함에 있어서는 담보부사채신탁법에 따르며, 문화유산이나 자연환경자산의 신탁에 관하여는 문화유산신탁법이 적용되고, 공익사업을 목적으로 하여 법무부장관의 인가를 받은 공익신탁에 대하여는 공익신탁법이 적용된다. 그렇다면 상징적, 연혁적 기술에 불과한 민사신탁과 상사신탁의 개념 구분에 구속되기보다는 개개의 신탁에 대하여는 신탁법의 기본적인 법리하에 신탁행위의 해석과 특별법의 적용에 따른 규율로 충분하지 않을까?

3

---

34) 정순섭, 16면.

제4장
신탁관계인

Ⅰ. 위탁자

1. 의의

1.1. 신탁설정자로서의 위탁자

단독행위나 계약에 의하여 신탁을 설정하는 자가 위탁자이다. 신탁은 위탁자의 의사를 실현하기 위한 법제도로, 위탁자는 일정한 재산을 출연하고 수탁자로 하여금 신탁상 정한 바에 따라 그 재산을 관리, 처분 등을 하도록 함으로써 그 목적을 달성하고자 한다. 그런데 적지 않은 판결들에서 위탁자가 아닌 '신탁자'라는 용어가 사용되는 것을 볼 수 있다.[1] 아마도 명의신탁에서의 신탁자 개념으로부터 영향을 받았거나 명의신탁과 명확히 구분하지 않은 까닭이 아닌가 한다. 그러나 신탁법상의 신탁과 명의신탁은 별개의 제도이며, 제2조는 신탁을 설정하는 자를 분명히 위탁자로 정의하고 있다. 그러므로 신탁을 설정하는 자는 법률상의 용어인 위탁자라고 부르는 것이 타당하다.

그런데 모든 신탁이 위탁자의 의사표시에 의하여 설정되는 것은 아니다. 위탁자는 신탁행위의 당사자로서 신탁설정에 주도적인 역할을 하지만, 신탁은 법률규정에 의하여도 발생한다(제101조 제4항).[2] 신탁은 신탁재산을 중심으로 한 법률관계이므로 위탁자가 등장하지 않는 신탁도 가능한 것이다.

---

1) 가령 대법원 1975. 12. 23. 선고 74다736 판결; 대법원 1996. 10. 15. 선고 96다17424 판결; 대법원 2001. 7. 13. 선고 2001다9267 판결; 대법원 2009. 9. 24. 선고 2009다41045 판결 등.

2) 법률행위에 의한 신탁과 법률규정에 의한 신탁의 분류는 제3장 Ⅰ. 참조.

1.2. 위탁능력

위탁자가 될 수 있는 자격, 즉 위탁능력에 관하여 수탁자에게 요구되는 것(제11조)과 같은 별도의 규정은 없다. 하지만 신탁을 설정하기 위하여는 의사표시를 유효하게 할 수 있어야 한다. 미성년자나 피성년후견인, 피한정후견인과 같은 제한능력자의 행위는 취소될 수 있으며(민법 제5조 제2항, 제10조 제1항, 제13조 제4항), 착오나 사기, 강박에 의한 흠 있는 의사표시도 취소될 수 있다(동법 제109조 및 제110조).

위탁자가 수탁자에게 신탁재산을 이전하기 위하여는 당해 재산에 대한 처분권을 가지고 있어야 한다. 신탁재산의 특정에 있어서 위탁자는 수탁자나 수익자에게 지정권을 수여할 수 있지만(제3조 제4항), 이는 특정방법의 문제에 지나지 않는다. 특정된 신탁재산을 이전함에 있어서는 여전히 처분권이 필요하다.

2. 위탁자의 권리

전통적으로 영미법에서는 위탁자가 신탁을 설정하면서 재산을 출연하면 그 존재의의를 다하고 무대에서 사라진다. 법률이나 신탁상 별도의 정함이 없는 한 위탁자는 수탁자나 수익자에 대하여 신탁사무의 처리와 관련하여 아무런 권리나 권능, 책임이 없다. 위탁자는 별도의 합의가 없는 한 수탁자에게 비용을 지불할 의무가 없으며, 수탁자에 대하여 신탁을 강제할 수 없다. 물론 수탁자는 위탁자가 정한 신탁조항에 따라 신탁사무를 처리하여야 하지만, 위탁자가 아닌 수익자만이 그 의무를 강제할 수 있다.

신탁을 계약과는 다른 제도로 이해하는 영미법과 달리 우리법상 신탁은 단독행위 또는 계약에 의하여 설정되고, 위탁자는 그 법률행위의 당사자의 지위를 가진다. 위탁자는 신탁을 설정한 후 신탁관계에서 사라지는 것이 아니라 여전히 당사자로서 일정한 권리를 가지고 신탁에 관여하게 되는 것이다. 신탁법은 이러한 위탁자의 지위를 반영하여 위탁자의 권리 내지 권한에 관한 규정들을 곳곳에 두고 있다. 예컨대 위탁자는 수탁자 해임권(제16조), 신수탁자 선임권(제21조), 신탁재산에 대한 강제집행 등에 대한 이의권(제22조 제2항), 서류의 열람·복사청구권(제40조 제1항), 수탁자에 대한 원상회복·손해배상청구권(제43조), 신탁변경권(제88조), 신탁종료권(제99조) 등을 가진다.

구신탁법은 위탁자에 관한 일반 규정을 별도로 두지 않았으나, 현행법은 신탁관계인의 하나로 위탁자에 관한 규정을 신설하였다. 제9조 제1항은 위탁자가 1인인 경우뿐 아니라 다수인 경우도 예정하여 신탁법이 정한 일정한 권리들을 신탁행위로 제한할 수 있음을 명시하고 있다. 신탁상의 정함은 신탁관계를 규율하는 일차적인 기준이 되며, 이는 위탁자의 권리에 대하여도 다르지 않다. 위탁자는 신탁상 일정한 권리들을 자신에게 유보할 수 있음은 물론 신탁법이 정한 권리들을 배제할 수도 있는 것이다. 그러나 목적신탁에서는 수탁자에 대한 감독이 위탁자에게 기대되므로, 신탁법상 위탁자에게 주어지는 권리들을 제한하는 것은 허용되지 않는다(제9조 제2항).

3. 위탁자 지위의 이전

3.1. 위탁자 지위의 이전 가능성

신탁이 설정된 이후에도 위탁자는 신탁행위의 당사자로서 그리고 신탁법상 여러 권리의 주체로서 그 지위를 가진다. 그래서 위탁자가 신탁을 설정한 이후에는 신탁관계에서 사라지는 전통적인 신탁법리에서와 달리 이러한 위탁자의 지위를 제3자에게 이전할 수 있는지, 이전할 수 있다면 어떠한 방식에 의할 것인지가 문제된다.

구신탁법에는 위탁자 지위의 이전에 관한 규정이 없었는데, 학설은 원칙적으로 허용되지 않는 것으로 해석하였다.3) 그리고 실무에서는 명확한 기준이 없는 까닭에 기존 신탁을 종료시키고 새로운 위탁자가 다시금 동일한 신탁을 설정하는 방식을 취하였다. 이는 대법원 2008. 8. 11. 선고 2008다24487 판결의 사안에서도 확인할 수 있다. 이 사건에서는 A가 B로부터 대출을 받아 부동산을 경락받으면서 대출금채무의 담보를 위하여 피고와 당해 부동산에 관하여 B를 우선수익자로 하는 부동산담보신탁계약을 체결하였고, C는 계열사인 A로부터 B에 대한 채무를 인수함과 동시에 위탁자의 지위를 인수하고자 하였으나 관련 법령상 단순히 위탁자의 지위만 승계할 수 있는 방법이 없다고 보아 종전 신탁계약과 동일한 내용의 새로운 신탁계약을 피고와 체결하였다. 그리고 피고는 A 명의로 신탁재산의 귀속을 원인으로 하는 소유권이전등기를, A는 C 명의로 매매를 원인으로 한 소유권이전등기를, C는 다시 피고 명의로 소유권이전등기 및 신탁등기를 각각 마쳐주었다. 그러자 C에 대한 국세채권자인 원고가 피고를 상대로 C와 체결한 신탁계약에 대하여 사해행위의 취소를 구하였다. 위 판결은 신탁계약상 위탁자 지위의 승계라고 하는 단일한 의사에 기하여 이루어진 일련의 행위라는 점에서 이를 일괄하여 그 전체의 사해성 여부를 판단하였다.4)

---

3) 최동식, 166면 이하.

4) 위 판결에 대한 평가는 최수정, 채무자의 신탁재산의 처분 등 일련의 행위에 대한 사해성 판단, 서강법률논총 제11권 제1호(2022), 430면 이하.

그런데 위탁자 지위 자체가 일신전속적이어서 이전이 허용되지 않는다고 보기는 어렵다. 그리고 원칙적으로 위탁자 지위의 이전을 허용하지 않는 견해도 자익신탁의 경우에는 그 예외를 인정하고자 하지만, 위탁자의 지위와 수익자의 지위는 별개이다. 그러므로 이를 위탁자 지위 이전의 문제와 결부시킬 이유는 없다. 위탁자의 지위를 이전할 실질적인 필요성 내지 경제성에 의문이 제기될 수 있지만, 신탁법은 위탁자에 대하여 여러 권능을 수여하고 있으며, 특히 신탁종료시에 잔여재산을 귀속시키기도 한다. 또한 당사자의 구체적인 수요에 따라 위탁자의 지위를 이전하고자 하는 경우는 얼마든지 있을 수 있으므로 이를 금지할 합리적인 근거는 없다.

예컨대 자본시장법상 부동산펀드 등 투자신탁에서 위탁자인 회사를 변경할 실무상의 필요가 있으며, 자산유동화 목적으로 설정된 자익신탁 형태의 투자신탁에서 수익증권을 유통할 때 위탁자 겸 수익자의 지위를 동시에 이전하지 못하면 위탁자와 수익자가 분리되는 문제가 발생한다.5) 그렇다고 해서 위 판결의 사실관계에서와 같이 복잡하고 불필요한 절차를 강제하는 것은 불합리하다. 그래서 제10조는 위탁자 지위의 이전이 가능함을 명시하고 그 기준을 제시하고 있다.

3.2. 신탁상 정함에 따른 이전

계약당사자로서의 지위 승계를 목적으로 하는 계약인수는 양도인과 양수인 및 잔류당사자의 합의에 의한 3면 계약으로 이루어지는 것이 일반적이고, 관계당사자 3인 중 2인의 합의가 선행된 경우에는 나머지 당사자가 이를 동의 내지 승낙하여야 그 효력이 발생한다.6) 그러나 신탁계약상 위탁자의 지위는 신탁행위로 정한 방법에 따라서 제3자에게 이전할 수 있다(제10조 제1항). 이는 신탁선언에 의하여 신탁이 설정된 경우에도 마찬가지이다.7) 위탁자 지위의 이전에 있어서 신탁행위로 수탁자나 수익자의 동의를 요구하거나 제3자의 승낙을 요구할 수 있으며, 이 경우 위탁자와 인수인 사이의 합의 외에 위 요건을 충족하여야 함은 물론이다. 만약 신탁계약에서 위탁자 지위의 이전에 대하여 수탁자와의 합의나 동의 등이 없이 임의로 이전할 수 있도록 정하였다면, 위탁자는 인수인과의 합의만으로 그 지

---

5) 법무부, 106면 이하.

6) 대법원 1987. 9. 8. 선고 85다카733, 734 판결; 대법원 2012. 5. 24. 선고 2009다88303 판결; 대법원 2013. 11. 14. 선고 2012다97840 판결 등.

7) 유언에 의하여 신탁이 설정된 경우에는 이미 위탁자가 사망하였으므로 신탁계약이나 신탁선언에서와 달리 당해 위탁자 지위의 이전은 사망에 의한 포괄승계의 관점에서만 문제된다. 그리고 이에 관하여는 제10조 제3항이 적용된다.

위를 유효하게 이전할 수 있다. 비록 수탁자는 신탁계약의 당사자이지만, 수탁자에게 신탁재산을 귀속시켜 일정한 목적을 달성하고자 하는 위탁자의 의사를 실현하기 위한 도구에 지나지 않는다. 위탁자의 지위를 이전하고자 하는 위탁자의 의사와 비교할 때 이에 상반된 수탁자의 이해관계는 상대적으로 미미하다고 할 수 있다. 또한 신탁계약상 위탁자 지위의 이전에 관한 합의가 있는 만큼 이러한 정함에 따라서 위탁자의 지위를 이전함에는 문제가 없다.

3.3. 신탁상 정함이 없는 경우의 이전

3.3.1. 위탁자 지위의 이전 가능성

위탁자의 지위는 신탁행위로 정한 방법에 따라 이전할 수 있고(제10조 제1항), 이전 방법에 관한 정함이 없는 때에는 위탁자가 수탁자와 수익자의 동의를 받아 그 지위를 이전할 수 있다(제10조 제2항 1문). 그런데 제10조 제2항 1문은 위탁자 지위의 '이전 방법'이 정해지지 않은 경우를 요건으로 하고 있어서 이전 방법만 정하지 않은 것이 아니라 이전할 수 있는지 여부에 대하여도 정함이 없는 경우에는 과연 위탁자의 지위를 이전할 수 있는지 의문이 제기될 수 있다.

그러나 제10조의 취지가 기본적으로 위탁자 지위의 이전 가능성을 선언하는 것이고, 신탁상 그에 관한 정함이 전혀 없는 때에도 위탁자가 수탁자 및 수익자의 동의를 얻는 한 특별히 어느 당사자에게 불이익을 초래할 염려는 없을 것이다. 그러므로 위탁자 지위의 이전 가능성에 대한 정함이 없는 경우에도, 단순히 이전 방법만을 정하지 않은 경우와 마찬가지로, 제10조 제2항에 따라서 위탁자의 지위를 이전할 수 있다고 할 것이다.

이러한 해석은 위탁자 지위의 이전에 관하여 동일한 취지로 규정하고 있는 일본 신탁법에 비추어 보아도 그러하다. 동법 제146조 제1항은 "위탁자의 지위는 수탁자 및 수익자의 동의를 얻어 또는 신탁행위에서 정한 방법에 좇아 제3자에게 이전할 수 있다"고 정하고 있다. 위에서와 같은 오해의 여지를 남기지 않는다는 점에서 우리법 제10조의 규정방식보다 명확하다고 할 수 있으며, 향후 입법적으로도 고려해볼 필요가 있을 것이다.

3.3.2. 위탁자 지위의 이전 방법

신탁상 정함이 없는 경우 위탁자의 지위를 이전하기 위하여는 위탁자와 인수인 사이의 합의 외에 수탁자와 수익자의 동의가 필요하다. 그리고 위탁자가 다수인 때에는 지위를 이전하고자 하는 위탁자 이외의 다른 위탁자의 동의도 받아야 한다(제10조 제2항 2문).

그런데 신탁행위의 상대방인 수탁자 이외에 수익자의 동의를 요구하는 근거에 대하여는 의문이 제기될 수 있다. 만약 구신탁법에서처럼 위탁자 지위의 이전에 관한 명시적인 규정이 없다면, 신탁계약의 경우 위탁자 지위의 이전에 대하여는 계약인수의 법리가 적용될 것이다. 계약당사자로서의 지위 승계를 목적으로 하는 계약인수는 계약당사자 및 인수인의 3면 합의에 의하여 계약당사자 중 일방이 당사자로서의 지위를 포괄적으로 제3자에게 이전하여 계약관계에서 탈퇴하고 제3자가 그 지위를 승계하는 것을 목적으로 한다.[8] 이때 계약인수는 3면 계약으로 이루어지는 것이 보통이지만, 관계 당사자 중 2인의 합의와 나머지 당사자의 동의 내지 승낙을 얻는 방식으로도 가능하고, 나머지 당사자의 동의 내지 승낙의 의사표시가 반드시 명시적이어야 하는 것은 아니며 묵시적으로도 가능하다.[9] 이러한 법리에 의한다면 신탁계약에 있어서도 위탁자, 인수인, 수탁자의 3면 계약 또는 위탁자와 인수인간의 계약에 수탁자의 동의를 받는 방식으로 위탁자의 지위를 이전할 수 있을 것이다.

신탁상 정한 바에 따라서 이미 독립한 신탁재산으로부터 수익할 권리를 취득한 수익자는 위탁자의 변경으로 인하여 직접적인 영향을 받지는 않는다. 신탁법상 위탁자의 권리는 주로 수탁자의 감독과 관련된 것이기 때문이다.[10] 그리고 인수인이 수익자에 불리하게 신탁을 변경하고자 하는 때에도 일정한 수익자의 권리는 신탁행위로 제한할 수 없으며(제61조), 신탁변경에는 원칙적으로 수익자의 동의가 필요하다(제88조 제1항). 물론 유언대용신탁에서 수익자의 지위는 위탁자의 의사에 따라서 언제든 변경될 수 있지만, 이는 유언대용신탁 자체가 유증의 성격을 가지기 때문이다. 위탁자 혹은 인수인이 수익자변경권을 행사함으로써 이미 수익자로 지정된 자가 수익권을 상실하지 않기를 바란다든지, 제3자가 수익자로 지정되기를 바라는 것은 사실상의 기대 또는 희망에 지나지 않는다. 그리고 위탁자로 하여금 인수인과의 합의 외에 신탁계약의 상대방인 수탁자와 더불어 수익자의 동의까지 받도록 하는 것은 실질적으로 위탁자 지위의 이전에 대한 중대한 제한이 될 것이다.

그럼에도 불구하고 위탁자가 수익자에게 수익권을 귀속시킨 원인된 법률관계 내지는 대가관계를 고려하거나 신탁상 유보된 권리를 원래의 위탁자 아닌 자가 행사하는 경우를 상정할 때 위탁자의 변경은 어떠한 의미로든 수익자에게 영향을 미칠 수 있다. 특히 유언대용신탁의 경우 위탁자는 원칙적으로 수익자변경권을 가지기 때문에 위탁자 지위의 이전은

---

8) 대법원 2012. 6. 28. 선고 2010다54535, 54542 판결.

9) 대법원 1996. 2. 27. 선고 95다21662 판결; 대법원 2009. 10. 29. 선고 2009다45221, 45238 판결.

10) 가령 제14조, 제16조, 제21조, 제22조, 제40조, 제43조, 제47조, 제91조 등.

이미 지정된 수익자의 지위에 결정적인 영향을 미치게 된다. 그래서 신탁법은 위탁자가 그 지위를 이전하고자 하는 의사 내지 이익과 수익자의 보호라고 하는 정책을 교량하여 수익자의 보호라고 하는 관점에서 수익자의 동의를 요건으로 한 것이라고 해석할 수 있다. 그리고 위탁자 지위의 이전은 보다 넓은 의미에서 신탁의 변경에 해당하는데, 이러한 규정방식은 신탁변경에 있어서 신탁상 별도의 정함이 없는 한 위탁자, 수탁자, 수익자의 합의를 요건으로 하는 것과도 일맥상통한다.

3.4. 위탁자 지위의 포괄승계

3.4.1. 포괄승계 여부에 대한 학설대립

위탁자와 인수인간의 합의에 의한 특정승계 외에 포괄승계에 의하여도 위탁자의 지위가 이전될 수 있는지가 문제된다. 구신탁법은 위탁자의 권리를 정한 여러 규정에서 "위탁자, 그 상속인"이라고 하여 양자를 함께 정하였는데,[11] 그 밖의 경우에도 위탁자의 지위가 상속인에게 승계되는지에 관하여는 견해가 대립하였다. 상속을 부정하는 견해는 위탁자의 신탁감독권은 일신전속적이며, 위탁자의 상속인과 수익자의 이해가 상반되는 경우가 많아 적절한 감독권의 행사를 기대할 수 없고, 위탁자의 지위가 다수의 상속인에게 상속되거나 수차례 상속되는 경우 법률관계가 복잡해진다는 근거를 든다.[12]

그러나 위탁자의 지위 자체가 일신전속적이라고 하기는 어렵다.[13] 만약 위탁자의 지위를 승계한 상속인이 수익자에게 불이익을 줄 염려가 있다면, 위탁자는 신탁행위로 일정한 권리를 제한하는 등 사전에 조치를 취할 수 있다. 그리고 상속이 개시됨에 따라 법률관계가 복잡해질 염려가 있는 점은 비단 신탁에서만의 문제는 아니기 때문에 이를 근거로 위탁자 지위의 상속을 금지하는 것은 타당하지 않다. 또한 포괄승계가 일어나는 합병의 경우 위탁자 지위의 승계를 인정한다면 상속의 경우에만 이를 부정할 이유는 없다.[14] 이와 더불어 제10조 제3항의 규정방식은 위탁자의 사망으로 그 지위가 상속인에게 포괄승계됨을 전제로 한다. 따라서 신탁법 및 신탁상의 정함이 없는 한 원칙적으로 위탁자의 지위는 포괄승계에 의하여 이전될 수 있다고 할 것이다.

---

11) 구신탁법 제15조, 제21조, 제34조, 제36조, 제38조, 제58조, 제60조. 반면 현행법은 제99조 및 제101조에서만 위탁자와 그 상속인이 함께 등장한다.

12) 최동식, 163면; 이중기, 607면.

13) 이 경우에도 이재욱/이상호, 126면은 수탁자의 사임을 승낙할 권리와 위탁자가 신탁상 특별히 자신에게 유보한 권리 등은 상속에 의하여 승계되지 않는다고 한다.

14) 최수정, 일본 신신탁법, 162면.

3.4.2. 유언신탁에서의 제한

유언신탁에 있어서 위탁자의 상속인은 신탁상 다른 정함이 없는 한 위탁자의 지위를 승계하지 않는다(제10조 제3항). 유언신탁은 위탁자의 사망에 의하여 효력이 발생하고, 상속재산에 속한 신탁재산은 상속인에게 승계되는 것이 아니라 수탁자에게 이전되고, 그 재산적 이익은 수익자에게 귀속된다. 그래서 상속인과 수익자의 이해가 대립하게 되는데, 제10조 제3항 본문은 수익자의 보호를 위하여 원칙적으로 위탁자의 상속인은 위탁자의 지위를 승계하지 않는 것으로 규정한다.

그러나 유언신탁에서 위탁자의 지위가 상속인에게 상속되는 것으로 정한 때에는 예외적으로 그 상속인은 유효하게 위탁자의 지위를 승계한다(제10조 제3항 단서). 그리고 위 규정의 반대해석상 신탁계약이나 신탁선언의 경우에는 위탁자의 지위가 일신전속적이라고 볼 특별한 사정이 없는 한 원칙적으로 그 지위가 상속인에게 승계된다. 또한 위탁자인 회사의 합병이나 분할합병이 있는 경우 위탁자 지위의 승계를 제한하는 규정이 없으며 이를 금지할 근거도 없는 만큼 동일하게 해석할 것이다.

II. 수탁자

1. 의의

수탁자는 위탁자와의 신임관계에 기하여 신탁을 인수하는 자로서(제2조) 신탁관계에서 중추적인 역할을 담당한다. 위탁자가 없는 신탁(법정신탁) 또는 수익자가 없는 신탁(목적신탁)은 있지만 수탁자의 지위가 배제된 신탁은 존재할 수 없다.[15] 물론 신탁설정 후에 수탁자가 존재하지 않게 되었다고 해서 신탁이 당연히 종료하는 것은 아니므로 수탁자가 없는 상태의 신탁도 가능하지만,[16] 수탁자가 애초에 존재하지 않는 신탁은 신탁개념에 반하는 것으로서 인정되지 않는다. 신탁재산에 대한 권원을 수탁자에게 귀속시키는 것은 신탁의 중요한 부분을 이루며, 이로써 수탁자는 신탁재산의 귀속주체로서 신탁상 정한 바에 따라서

---

[15] Haley/McMurtry, p.407.
[16] 다만 수탁자의 임무가 종료한 후 신수탁자가 취임하지 않은 상태가 1년간 계속된다면 신탁은 당연히 종료한다(제98조 제4호).

신탁사무를 처리하게 되기 때문이다.

신탁의 작동과 위탁자 의사의 실현, 수익자 이익의 도모는 어디까지나 수탁자에게 달려 있다. 이를 위한 수탁자의 의무는 상당한 부담으로 작용할 수 있으며, 신탁위반에 따른 책임도 엄격하다. 그래서 모든 사람이 수탁자의 지위에 적합하거나 수탁자가 되려고 하는 것은 아니며, 또 누구에게도 수탁자가 될 것을 강제할 수 없다. 수탁자에게는 신탁사무의 처리를 위하여 시간과 노력을 기꺼이 투여하고자 하는 성의, 공동수탁자와 함께 일을 처리하고 위탁자 및 수익자와 협력할 수 있는 능력이 요구되며, 때로 재정적인 문제에 대한 지식이나 사업적 감각 등이 기대된다.17) 그리고 이러한 수탁자의 의무와 그것의 강제라고 하는 요소는 신탁법의 핵심적인 부분을 이룬다.18)

2. 수탁능력

2.1. 수탁능력 일반

2.1.1. 법인격

수탁자는 신탁재산의 귀속주체이므로 당연히 법인격이 요구된다. 그러므로 자연인이나 법인 모두 수탁자가 될 수 있지만, 법인격 없는 단체, 가령 민법상 조합이나 비법인사단은 수탁자가 될 수 없다.

2.1.2. 행위능력

수탁능력이란 수탁자가 될 수 있는 자격 또는 가능성을 의미하는데, 법인격이 있는 수탁자라도 수탁능력이 결여된 때에는 수탁자가 될 수 없다. 제11조는 수탁능력이 인정되지 않는 소극적 요건으로 제한능력과 파산선고를 규정하고 있다. 먼저 수탁자가 되기 위하여는 완전한 행위능력이 요구되고, 미성년자, 피성년후견인, 피한정후견인19)은 수탁자가 될

---

17) Pettit, Equity and the Law of Trust, 11ed., Oxford, 2009, p.372.

18) Parkinson, Reconceptualising the express trust, Cambridge Law Journal, Vol.61, No.3(2002), p.683; Hudson, p.309.

19) 2011. 3. 7. 개정된 민법(법률 제10429호)은 2013. 7. 1.부터 시행되었는데(부칙 제1조), 동법 부칙 제2조는 경과조치로서 법 시행당시 이미 금치산 또는 한정치산의 선고를 받은 사람에 대하여는 종전의 규정을 적용하고(제1항), 금치산자 또는 한정치산자에 대하여 이 법에 따라 성년후견, 한정후견, 특정후견이 개시되거나 임의후견감독인이 선임된 경우 또는 이 법 시행일부터 5년이 경과한 때에는 그 금치산 또는 한정치산의 선고는 장래를 향하여 그 효력을 잃는 것으로 정하였다(제2항). 그리고 신탁법과 같이 개정 민법 시행 당시 "금치산" 또는 "한정치산"을 정하고 있는 법률에 대하여는 성년후견 또는 한정후견을 받은 사람에 대

수 없다.[20] 미성년자나 피성년후견인, 피한정후견인의 행위는 취소될 수 있기 때문이다.

물론 제한능력자의 행위가 모두 취소될 수 있는 것은 아니다. 피성년후견인의 법률행위는 원칙적으로 취소할 수 있지만 법원은 취소할 수 없는 법률행위의 범위를 정할 수 있다(민법 제10조). 그러므로 피성년후견인도 제한적 범위에서나마 유효하게 법률행위를 할 수 있다. 한정후견에 있어서도 법원이 한정후견인의 동의를 받아야 하는 행위의 범위를 정한 경우 피한정후견인이 한정후견인의 동의 없이 그 범위에 속하는 행위를 한 때에만 이를 취소할 수 있다(동법 제13조 제1항 및 제4항 본문).[21] 이처럼 제한능력자도 경우에 따라서 유효하게 법률행위를 할 수 있지만, 지속적이고 포괄적인 정신적 제약으로 성년후견심판 또는 한정후견심판을 받은 자가 한정된 범위에서 유효하게 행위할 수 있다고 해서 곧 수탁능력을 인정할 수는 없다. 제한능력자가 수탁자가 되는 데 대하여 그 법정대리인이 동의를 한 때에도 다르지 않다. 수탁자는 신탁재산의 귀속주체로서 신탁목적의 달성을 위하여 필요한 모든 행위를 할 권한이 있으며 이와 동시에 엄격한 의무를 부담하고 그에 따른 책임을 지기 때문이다.[22]

2.1.3. 파산선고

파산선고를 받은 자의 경우 행위능력 자체가 제한되는 것은 아니다. 파산선고를 받은 채무자가 한 법률행위도 파산채권자에게 대항할 수 없을 뿐이다(채무자회생법 제329조). 그러나 채무초과상태로 인하여 파산선고를 받은 자에게 수탁자의 지위에 따르는 강력한 권리를

하여 부칙 제2조 제2항에 따른 5년의 기간에 한정하여 "성년후견" 또는 "한정후견"을 인용한 것으로 본다(부칙 제3조).

20) 제19대 국회에서 제11조 중 "금치산자, 한정치산자"를 "피성년후견인, 피한정후견인"으로 개정하는 내용의 신탁법 일부개정법률안이 발의되었으나 기간만료로 폐기되었다. 그리고 제20대 국회에서 유사한 내용의 개정안이 2016. 11. 11.(의안번호 2003510)과 2018. 11. 16.(의안번호 2016648) 각각 발의되었으나 역시 폐기되었다. 민법 부칙이 정한 기한을 이미 도과하여 입법의 공백이 발생한 만큼 조속한 처리가 요구된다. 그런데 위 개정안은 단순히 금치산자를 피성년후견인으로 한정치산자를 피한정후견인으로 각각 대체하고 있는데, 그 입법적 타당성과 대안에 대하여는 최수정, 신탁법 개정 제안, 법제연구 제54호(2018. 6), 228면 이하 참조. 다만 이하에서는 개정안에 따라서 금치산자, 한정치산자를 각각 피성년후견인, 피한정후견인으로 부르기로 한다.

21) 특정후견은 일시적 후원 또는 특정한 사무에 관한 후원을 목적으로 하고(민법 제14조의2), 법원은 이를 위하여 필요한 처분을 명하게 된다(동법 제959조의8). 그리고 특정후견의 심판이 있는 때에도 원칙적으로 피특정후견인의 행위능력은 제한되지 않는다. 그러므로 수탁자가 피특정후견인인 경우 수탁능력 자체를 부정할 것은 아니다.

22) 동일한 맥락에서 제12조 제1항 제2호는 수탁자가 된 후에도 성년후견개시 또는 한정후견개시의 심판을 받은 때에는 그 임무가 종료하는 것으로 규정한다.

수여하는 것은 적절하지 않으며 엄격한 의무의 적법한 이행을 기대하기도 어렵다. 수탁자는 신탁채권자에 대하여 고유재산으로 책임을 지며 의무위반시에 그로 인한 손해를 전보할 경제적 능력이 있어야 하지만, 경제적 능력이 부족하여 파산선고를 받은 자에게 신탁재산의 관리는 물론 수익자의 보호를 기대할 수는 없는 것이다. 그래서 제11조는 파산선고를 받은 자에 대하여 수탁능력을 인정하지 않는다.[23]

채무자회생법에 따른 회생절차나 개인회생절차가 진행 중인 자도 그 경제적인 능력이 의심될 수 있기 때문에 파산선고를 받은 자와 마찬가지로 수탁능력이 부정되는지가 문제된다.[24] 그러나 회생절차 및 개인회생절차가 진행 중인 자는 파산자와 달리 일정한 범위에서 관리처분권을 가지고 있고, 경제능력을 회복하기 위한 법적 보호를 받고 있으며, 이들을 수탁자로 정한 당사자의 의사를 존중할 필요가 있을 것이다.[25] 이러한 취지와 함께 제11조가 파산선고만을 들고 있는 점에서도 회생절차나 개인회생절차가 진행 중인 자에 대하여는 수탁능력이 인정된다고 할 것이다.

2.2. 신탁행위로 정한 자격

수탁자가 되기 위한 최소한의 요건인 수탁능력 외에도 위탁자는 신탁목적의 달성을 위하여 수탁자에게 필요한 자격이나 기술 등을 요구할 수 있다. 이 경우 수탁자가 이에 상응하는 자격 등을 갖추어야 함은 물론이다.

그런데 수탁자로 지정된 자가 신탁상 요구되는 특정한 자격을 갖추지 못한 경우 수탁자로 취임할 수 있는지에 관하여는 견해가 일치하지 않는다. 자격요건의 미달은 취임의 거절과 같고 따라서 취임할 수 없다는 견해와 자격요건은 수탁자의 행위요건이므로 그 자체로 의무위반 및 권한 행사의 저지사유는 되지만 수탁자로 취임하는 데에는 지장이 없다는 견해가 대립한다.[26]

만약 수탁자가 자격요건을 갖추지 못하였다면 위탁자는 당해 수탁자와 신탁계약을 체결하지 않았을 것이다. 그리고 위탁자가 수탁자의 자격에 관한 착오나 사기로 인하여 신탁

---

23) 반면 일본 신탁법은 파산선고를 받은 자가 파산재단에 속하지 않는 재산의 관리처분권까지 상실하는 것은 아니라는 점, 파산하였다는 것만으로 신뢰를 상실하였다고 보기는 어려운 점, 파산선고를 받은 자를 수탁자로 정하였더라도 위탁자나 수익자는 수탁자를 해임할 수 있다는 점을 근거로 수탁능력(동법 제7조)에서 파산선고를 받은 자를 제외하고 있다.

24) 국회에 제출된 신탁법개정안에서는 파산선고뿐만 아니라 회생절차개시결정 또는 개인회생절차개시결정을 받은 자도 수탁자가 될 수 없음을 명시하고 있었다.

25) 법무부, 112면.

26) 이중기/이영경, 159면 이하.

계약을 체결하였다면 이를 취소할 수 있다. 그럼에도 불구하고 위탁자가 신탁계약을 체결하고 그 효력을 유지하였다면, 위탁자의 의사해석을 통하여 그 효과를 판단하여야 한다. 위탁자가 수탁자의 결격사유를 수인하였거나 수탁자가 추후에 자격을 갖추기로 하였다면 당해 수탁자의 지위를 인정할 수 있다. 그러나 그러한 의사를 찾을 수 없다면 수탁자가 자격을 상실한 경우에 준하여 그 임무는 종료하고(제13조 제1항), 이제 신탁재산관리인 또는 신수탁자가 선임되어야 한다. 유언신탁에 있어서는 수탁자로 지정된 자가 신탁을 인수할 수 없는 경우에 해당하므로(제21조 제3항) 수익자가 신수탁자를 선임할 수 있으며, 그렇지 않은 경우 이해관계인의 청구에 의하여 법원이 신수탁자를 선임할 수 있다.

2.3. 다른 당사자의 지위를 겸하는 경우

위탁자가 신탁의 내용을 특정하고 자신을 수탁자로 하는 신탁선언을 한 경우 위탁자는 수탁자의 지위를 겸하게 된다. 위탁자가 공동수탁자 중 1인으로서 신탁재산을 보유하는 경우에도 마찬가지이다. 신탁법상 위탁자의 자격에 관하여는 별도의 정함이 없지만 수탁자에 대하여는 최소한의 자격인 수탁능력이 필요하며, 신탁행위에서 별도의 자격을 요구할 수도 있다. 그러므로 신탁선언에 있어서 위탁자는 동시에 수탁자로서의 수탁능력 내지 자격 또한 갖추고 있어야 한다. 이러한 요건은 수익자가 수탁자의 지위를 겸하는 경우에도 다르지 않다. 수탁자가 유일한 수익자가 아닌 한 신탁은 유효하고, 이때 수익자 겸 수탁자에게는 수탁능력 내지 자격이 요구된다.

3. 수탁자 지위의 인수

3.1. 신탁계약

수탁자 지위(trusteeship; office of trustee)의 인수 형태는 신탁설정 방식에 따라서 상이하다. 신탁계약에 있어서 수탁자는 계약당사자이다. 그러므로 위탁자와의 합의에 수탁자 지위의 인수에 대한 의사표시가 내재되어 있다. 이와 달리 영미법에서 신탁은 전통적으로 계약과 구분되는 별개의 제도로 분류되는데, 위탁자의 일방적인 의사표시를 통하여 신탁이 설정되고 수탁자로 지정된 자는 그 지위를 인수할지 여부에 대하여 선택권을 가질 뿐이다. 수탁자로 지정된 자는 명시적 또는 묵시적으로 그 지위를 인수할 수 있지만, 이를 거절할 수도 있다.27) 수탁자 지위의 인수 여부는 수탁자의 결정에 달린 문제이며 누구도 그 지위

---

27) 미국 UTC sec.701 (b)는 이를 명시하여 수탁자로 지정된 자의 거절권을 인정하고, 수탁자로 지정된 사실

를 강제할 수 없다.[28] 그러나 우리법상 신탁계약은 신탁을 설정하고자 하는 자와 수탁자의
지위를 인수하고자 하는 자 사이의 합의에 의하여 성립한다. 그러므로 신탁계약에 의하여
신탁이 설정된 한에서는 수탁자 지위의 거절은 문제되지 않으며, 이후 수탁자의 사임이 문
제될 뿐이다.

3.2. 유언신탁[29]

유언신탁의 경우 유언은 단독행위이므로 유언에서 수탁자로 지정된 자가 수탁자가 된
다. 위탁자는 통상 수탁자가 될 자와 사전에 협의한 후에 유언에서 그를 수탁자로 지정할
것이다. 하지만 사전 협의와 같은 선행 절차가 유언신탁의 요건은 아니다. 위탁자가 임의로
수탁자를 지명하였으나 그가 수탁자 지위의 인수를 거절하거나, 사전에 협의를 거쳤지만
추후에 수탁자가 될 수 없거나 되지 않으려는 경우도 발생할 수 있다. 위탁자가 일방적으로
지정하거나 사전에 협의가 있었다고 하여 수탁자의 지위가 강제되는 것은 아니며, 지정된
자는 수탁자 지위의 인수를 거절할 자유가 있다.

그런데 유언신탁은 유언의 효력발생시점, 즉 위탁자의 사망시에 그 효력이 발생하므로
수탁자로 지정된 자가 수탁자의 지위를 인수하지 않거나 할 수 없는 때에는 신탁의 효력이
문제된다. 신탁설정시에 수탁자가 존재하지 않는 신탁은 있을 수 없으므로, 입법적으로는
이 경우 신탁 자체의 효력을 부정하거나 별도의 방법으로 수탁자를 선임함으로써 그 효력
을 유지시킬 수 있을 것이다. 신탁법은 위 두 가지 선택지 중에서 후자를 따르고 있다. 제
21조 제3항은 유언에 의하여 수탁자로 지정된 자가 신탁을 인수하지 않거나 인수할 수 없
는 경우, 그 원인이 위탁자의 일방적인 지명에 의한 것이든 아니면 수탁자의 사정에 의한
것이든 상관없이 동조 제1항 및 제2항을 준용하여 신수탁자를 선임할 수 있도록 한다.[30]
신탁이 유효하게 설정될 수 있는 다른 요건들이 충족되었다면 사후적으로라도 수탁자를 선
임함으로써 신탁의 효력을 인정하고 위탁자의 의사가 실현될 수 있도록 하는 것이 바람직
하기 때문이다.

을 안 후 상당한 기간 내에 수탁자의 지위를 인수하지 않으면 이를 거절한 것으로 본다.
28) Penner, p.302.
29) 상세는 제5장 I. 3.2.2. 참조.
30) 신수탁자의 선임에 관하여는 아래 7.2. 참조.

3.3. 신탁선언

단독행위인 신탁선언에 의하여 신탁이 설정되는 경우 위탁자와 수탁자는 동일인이다. 그러므로 신탁계약에서와 같이 수탁자가 될 자와의 합의나 유언신탁에서와 같이 수탁자의 지정은 문제되지 않는다. 신탁선언의 일방적인 의사표시에는 위탁자 스스로가 수탁자의 지위를 인수하는 의사가 포함되어 있기 때문이다.

4. 수탁자의 권리와 의무

신탁관계인 중 수탁자의 권리와 의무는 신탁사무의 처리, 의무위반 및 그 효과와 관련하여 중요한 의미를 가진다. 모든 신탁은 수탁자가 신탁재산을 보존하고, 신탁재산을 자신의 그것과 동일하게 사용·수익하지 못하게 하며, 종국적으로는 수익자에게 그 재산상의 이익을 귀속시키거나 신탁에서 정해진 목적을 달성하도록 한다. 이를 위하여 신탁법은 수탁자에게 엄격한 의무를 부과하고 그 위반에 대한 책임을 묻고 있는데, 이는 신탁법의 중요한 내용을 이룬다.

신탁법은 신탁관계인에 관한 제2장에서 수탁자의 지위에 관한 기본적인 규정만을 두고, 제4장에서 수탁자의 권리와 의무 일반 및 신탁사무처리 과정에서의 의무위반에 따른 개별적인 효과를 정하고 있다. 그러므로 이러한 법의 규정체계에 맞춰 수탁자의 권리와 의무는 신탁사무의 처리에 관한 제7장에서 자세히 검토한다.

5. 수탁자의 임무 종료

5.1. 임무 종료사유

5.1.1. 당연 종료

수탁자가 신탁설정 이후 수탁능력을 상실하게 되면 더 이상 수탁자의 자격을 갖추지 못하므로 그 임무도 종료한다. 그리고 신탁은 수탁자에 대한 신임관계를 기초로 하기 때문에 이러한 신임관계에 영향을 미치는 사유의 발생은 수탁자의 지위에 영향을 미치지 않을 수 없다. 그래서 제12조 제1항은 수탁자의 임무가 당연히 종료하는 일반적인 사유를 명시하고 있다.

(1) 수탁자의 사망

수탁자가 사망하면 당해 수탁자의 임무가 종료함은 물론이다(제12조 제1항 제1호). 위탁자는 수탁자와의 신임관계를 토대로 신탁을 설정하게 되므로 수탁자의 지위는 일신전속적인 성질을 가지며 수탁자의 상속인에게 승계되지 않는다. 이는 위임계약의 경우 일방당사자의 사망으로 계약이 종료하는 것과 유사하게 보인다(민법 제690조). 하지만 위임의 경우에는 계약 자체가 종료하는 반면, 신탁의 경우에는 신탁은 그대로 존속하면서 수탁자의 임무만 종료한다는 점에서 차이가 있다.

(2) 수탁자가 성년후견개시 또는 한정후견개시의 심판을 받은 경우

수탁자는 신탁재산을 소유할 뿐만 아니라 신탁의 목적을 달성하기 위하여 필요한 행위들을 할 것이 요구되기 때문에 온전한 행위능력이 필요하다. 수탁자는 그 지위를 인수함에 있어서는 물론 이를 유지하기 위하여도 행위능력이 있어야 하는 것이다. 그래서 피성년후견인이나 피한정후견인에 대하여 수탁능력을 인정하지 않는 제11조에 상응하여 제12조 제1항 제2호는 수탁자에 대하여 성년후견개시 또는 한정후견개시의 심판이 있는 때에는 그 임무가 종료하는 것으로 정하고 있다.

한편 수탁자에 대하여 특정후견심판이 있는 경우에도 성년후견개시 또는 한정후견개시 심판에 준하여 수탁자의 임무가 종료하는지가 문제된다. 특정후견의 심판은 질병, 장애 등으로 인한 정신적 제약으로 일시적 후원 또는 특정한 사무에 관한 후원이 필요한 자를 대상으로 하며(민법 제14조의2 제1항), 가정법원은 피특정후견인의 후원을 위하여 필요한 처분을 명할 수 있다(민법 제959조의8). 그러나 특정후견은 피특정후견인의 행위능력을 제한하는 제도가 아니고, 신탁사무의 처리에 직접적인 영향을 미치는지도 단언할 수 없다. 그러므로 사임이나 해임에 의하여 수탁자의 임무가 종료하는 것과는 별개로, 특정후견개시심판을 일괄적으로 당연 종료사유로 해석할 것은 아니다.

(3) 수탁자가 파산선고를 받은 경우

신탁설정후 수탁자가 고유재산에 대하여 파산선고를 받은 경우 해당 수탁자의 임무의 존속이나 종료에 관하여는 일차적으로 위탁자나 수익자가 이해관계를 가진다.31) 그리고 위탁자는 신탁설정시에 수탁자가 파산선고를 받은 경우를 수탁자의 임무 종료사유로 정할 수

---

31) 그래서 가령 일본 신탁법 제56조 제1항은 수탁자의 임무 종료사유로 파산절차개시결정을 받은 경우를 정하면서도 신탁행위로 달리 정할 수 있도록 한다.

도 있다. 그러나 신탁법은 수탁자가 파산선고를 받은 때 그 임무가 당연히 종료하는 것으로 정하고 있다(제12조 제1항 제3호). 자기 소유의 재산에 대하여 관리처분권을 상실한 수탁자는 신탁을 위하여 적극적으로 대외적인 거래행위를 하기 어렵고 타인의 재산을 관리할 적격성이 인정되지 않는다고 본 것이다.[32)

　이와 달리 수탁자에 대하여 회생절차개시결정이나 개인회생절차개시결정이 있는 경우에 관하여 신탁법은 명시하고 있지 않다. 구신탁법하에서는 해석론으로서 수탁자의 임무가 당연히 종료하는 것은 아니라는 견해도 있었다.[33) 그러나 당초 국회에 제출된 신탁법개정안은 회생절차나 개인회생절차가 개시되면 당해 수탁자가 선관의무를 다할 수 있는지에 대하여 의문이 제기될 수 있으며, 회생절차에서 회생채권자의 이해관계를 증진시켜야 하는 지위와 수탁자로서 수익자를 위하여 행동해야 하는 지위 사이에 이해가 충돌하게 될 우려가 있다는 근거에서 이를 임무 종료사유로 정하였다. 하지만 국회 심의과정에서 회생절차나 개인회생절차 중에 있는 수탁자에게 신탁재산의 관리를 계속 맡길지 여부는 위탁자 개인이 결정할 문제이고, 회생절차는 법률관계를 조정하여 채무자의 효율적인 회생을 도모하는 제도로서 파산절차와 달리 경제활동의 계속을 전제하고 있으며, 유상수탁자의 경우 수탁자로서의 임무까지 종료시키면 재정상태가 악화되어 도산할 우려가 있다는 이유로 당연 종료사유에서 제외되었다.[34) 그러므로 신탁법의 해석상 수탁자에 대하여 회생절차개시결정이나 개인회생절차개시결정이 있더라도, 이를 신탁상 임무 종료사유로 정하지 않은 한, 수탁자는 그 지위를 유지한다고 할 것이다.

(4) 수탁자의 해산

　법인인 수탁자가 해산하더라도 그 사유가 합병인 때에는 합병으로 설립된 법인이나 합병 후 존속하는 법인이 해산하는 법인의 권리·의무를 포괄적으로 승계한다. 그래서 제12조 제5항 1문은 수탁자인 법인이 합병하는 경우 신설법인이나 존속법인이 계속 수탁자로서의 권리와 의무를 가짐을 명시하고 있다.[35) 그리고 수탁자인 법인이 분할하는 경우 신탁은 존속하며 분할계획서 또는 분할합병계획서에 따라 수탁자로 정해진 법인이 계속 수탁자로서의 권리와 의무를 가진다(제12조 제5항 2문).

---

32) 법무부, 118면.
33) 이중기, 178면; 임채웅, 수탁자가 파산한 경우의 신탁법률관계 연구, 사법 제6호(2008. 12), 140면 이하.
34) 법무부, 120면.
35) 자본시장법 제116조 제1항도 신탁업자가 합병하는 경우 합병 후 존속하는 신탁업자 또는 합병으로 인하여 설립된 신탁업자가 합병으로 인하여 소멸한 신탁업자의 신탁에 관한 권리·의무를 승계한다고 규정한다.

그러나 그 밖의 사유로 법인인 수탁자가 해산하였다면 수탁자의 임무는 종료한다(제12조 제1항 제4호). 법인이 해산하면 바로 법인격이 소멸하는 것이 아니라 청산절차가 개시되고, 청산절차가 종료한 때 비로소 법인격도 소멸한다. 하지만 청산절차가 개시되면 해산한 법인은 청산의 목적범위 내에서만 권리능력이 인정되는데(민법 제81조, 상법 제245조), 신탁사무의 처리가 청산의 목적범위에 속하는지에 대하여는 의문이 제기될 수 있다. 그래서 신탁법은 수탁자의 해산을 당연 종료사유로 규정하고 있다.

5.1.2. 신탁상 정한 바에 따른 종료

구신탁법은 신탁행위로 수탁자의 임무 종료사유를 정할 수 있는지에 대하여 명시하지 않았으나 이러한 위탁자의 의사를 부정해야 할 이유는 없을 것이다. 그래서 제13조 제1항은 신탁행위로 정한 수탁자의 임무 종료사유가 발생한 때 수탁자의 임무가 종료함을 분명히 하였다. 그리고 신탁상 수탁자에 대하여 특정한 자격이 요구됨에도 불구하고 수탁자가 그 자격을 상실하였다면, 이 또한 신탁상 정한 사유의 발생으로 볼 수 있으므로 원칙적으로 수탁자의 임무는 종료한다.

5.1.3. 수탁자의 사임

(1) 사임의 제한

수탁자는 일단 수탁자의 지위를 인수한 이상 신탁상 달리 정한 바가 없는 한 임의로 사임할 수 없다. 이는 위임의 경우 각 당사자가 언제든지 계약을 해지할 수 있는 것과 대비된다(민법 제689조 제1항). 신탁이 설정되면 수탁자가 소유한 신탁재산을 중심으로 한 법률관계가 형성되고 여러 이해관계가 발생하게 된다. 수탁자는 신탁재산의 관리, 처분 등 중대한 의무와 책임을 질 뿐만 아니라 수탁자 사임 후에 즉시 신수탁자를 선임하는 것이 항상 용이한 것만도 아니다. 만약 수탁자가 임의로 사임할 수 있다고 한다면, 비록 신탁 자체가 종료하지는 않더라도 수익자에게 불측의 손해를 야기할 수 있다. 그래서 제14조 제1항은 수탁자의 사임을 제한하고 있다.

(2) 사임의 요건

수탁자의 사임이 제한되므로 해서 수탁자에게 가혹한 결과가 발생할 수 있다. 이는 수탁자 지위의 인수를 꺼리게 만드는 요인이 될 것이다. 그래서 신탁법은 예외적으로 수탁자가 사임할 수 있는 경우와 그 요건을 명시하고 있다.

가. 신탁상의 정함

신탁상 수탁자의 사임에 관한 정함이 있으면 수탁자가 그에 따라 사임할 수 있음에는 의문이 없다(제14조 제1항).

나. 승낙권자의 승낙

수탁자는 수익자와 위탁자의 승낙을 얻어 사임할 수 있다(제14조 제1항). 수탁자를 지정한 위탁자와 수탁자의 신탁사무처리를 통하여 신탁재산으로부터 이익을 받게 되는 수익자가 승낙을 한 이상 수탁자는 사임할 수 있다고 해야 한다.

하지만 위탁자가 사망하였다면, 신탁상 정함이 없는 한 위탁자의 승낙이라고 하는 요건을 어떻게 구비할 수 있는지가 문제된다. 이는 위탁자 지위의 상속에 관한 견해대립과도 맞물려 있다. 구신탁법하에서 위탁자 지위의 상속에 대하여 부정적인 견해는, 법률규정에 위탁자와 그 상속인이 병기되지 않은 이상 상속인에게는 승낙권이 없기 때문에 위탁자가 사망한 경우에는 수익자의 승낙만으로 사임할 수 있다고 보았다.[36] 위탁자의 지위가 원칙적으로 상속인에게 승계된다고 본 견해도 수탁자의 사임을 승낙할 수 있는 권리는 위탁자가 특별히 신탁상 자신을 위하여 유보한 권리와 마찬가지로 승계되지 않는다고 하였다.[37] 현행법의 해석에서도 학설은 원칙적으로 위탁자의 상속인에게 승낙을 얻으면 되지만, 유언신탁의 경우에는 위탁자의 상속인의 승낙을 받을 필요는 없다고 한다.[38]

그런데 제10조 제3항에 따라 유언신탁에서는 위탁자의 상속인이 위탁자의 지위를 승계하지 않으므로 수탁자는 사임을 위한 위탁자의 승낙 요건을 구비할 수 없다. 이 경우 수탁자는 수익자의 승낙만으로 사임할 수 있다고 할 것인지, 아니면 제14조 제1항의 요건이 충족되지 않으므로 제14조 제2항에 따라 법원의 허가를 받아야 하는지의 문제가 남는다. 그리고 제10조 제3항의 반대해석에 의하면 신탁계약의 경우에는 위탁자의 상속인이 위탁자의 지위를 승계하게 될 것이다. 그러므로 이 경우 사임을 하고자 하는 수탁자는 상속인의 승낙을 받으면 요건을 충족할 수 있는지, 과연 수탁자의 사임에 있어서 유언신탁과 신탁계약에서 그 요건을 각각 달리 판단해야 할 근거는 무엇인지가 또한 문제된다.

생각건대 위탁자의 지위 자체가 일신전속적이라고 하기는 어렵지만, 수탁자의 사임에 대한 승낙권은 상속인과 수익자의 이해관계를 고려할 때 상속인에게 승계되지 않는다고 해

---

36) 이중기, 607면; 최동식, 163면.

37) 이재욱/이상호, 126면.

38) 광장신탁법연구회, 112면.

야 한다. 그리고 수익자의 승낙이 있음에도 불구하고 제14조 제2항에 따라 법원의 허가를 받도록 하는 것은 동항의 취지에 비추어볼 때 그리고 수탁자의 사임에 대한 지나친 제한이라고 하는 점에서도 타당하지 않다. 따라서 위탁자가 존재하지 않는 경우에는 신탁의 설정방식에 상관없이 수탁자는 수익자의 승낙만으로 사임할 수 있다고 해석할 것이다.39)

한편 수익자가 다수인 경우 수탁자의 사임에 대한 승낙권의 행사는 신탁상 달리 정한 바가 없는 한 수익자 전원의 동의가 있어야 한다(제71조 제1항 본문 및 제3항). 수익자집회를 둔 경우에는 의결권의 과반수에 해당하는 수익자가 출석하고 출석 수익자의 의결권의 과반수로써 결의한다(제74조 제1항).

이와 달리 수익자가 존재하지 않는 목적신탁의 경우에는 수익자를 갈음하여 신탁관리인이 승낙권을 행사할 수 있다(제68조 제1항 본문). 따라서 수탁자는 위탁자와 신탁관리인의 승낙을 얻어 사임할 수 있다. 다만 목적신탁에서 신탁관리인의 선임은 간접적으로만 강제되기 때문에(제98조 제5호) 신탁관리인이 존재하지 않는 경우 수탁자가 사임하기 위한 수익자의 승낙 요건은 어떻게 충족될 수 있는지, 더욱이 위탁자마저 사망하였다면 위탁자의 승낙도 수익자 내지 신탁관리인의 승낙도 얻을 수 없는 문제가 있다. 먼저 신탁관리인이 존재하지 않는 경우에는 위탁자의 승낙만으로 사임을 할 수 있다고 할 것이다. 목적신탁에서 수탁자에 대한 일차적인 감독권은 위탁자에게 있고, 위탁자가 신탁목적의 달성에 비추어 수탁자의 사임을 수용한 이상 그 의사는 존중되어야 하기 때문이다. 그리고 위탁자가 사망하였다면, 수익자신탁에서와 마찬가지로 수탁자는 신탁관리인의 승낙을 얻어 사임할 수 있다. 하지만 신탁관리인 또한 존재하지 않는다면 수탁자는 더 이상 승낙권자의 승낙을 얻은 사임은 할 수 없다고 해야 한다. 승낙권자가 존재하지 않는다고 해서 수탁자가 임의로 사임할 수 있다고 한다면, 신탁의 종료와는 별개로, 신탁의 존립 자체가 위태로워질 것이기 때문이다.

다. 법원의 결정

수탁자는 법원의 허가를 얻어 사임할 수 있다(제14조 제2항). 수탁자는 위탁자와 수익자가 승낙을 하지 않거나 승낙을 얻을 수 없는 경우 사임에 대한 정당한 이유가 있으면 법원에 사임허가신청을 하여 그 결정으로 사임할 수 있다. 이때 정당한 이유란 추상적으로는 수탁자가 신탁사무를 계속할 수 없거나 계속하는 것이 상당하지 않은 객관적인 사유를 의미하며, 구체적으로는 신탁행위의 취지, 신탁설정의 배경, 위탁자 및 수익자, 수탁자간의 관

---

39) 가령 일본 신탁법 제57조 제6항은 위탁자가 현존하지 않는 경우에는 위탁자 및 수익자의 동의를 얻도록 한 규정을 적용하지 않음으로써 수익자의 동의만으로 사임할 수 있음을 명시하고 있다.

계 등 제반 사정을 고려하여 판단할 것이다.[40] 그리고 수탁자가 사임허가의 재판을 신청하는 경우 그 사유를 소명하여야 하며, 이에 대한 재판에 대하여는 불복신청을 할 수 없다(비송사건절차법 제41조).

5.1.4. 수탁자의 해임

수탁자의 사임이 수탁자가 자신의 의사에 기하여 그 지위를 면하는 것이라면, 수탁자의 해임은 수탁자가 그 의사와 무관하게 해임권자에 의하여 그 지위를 상실하는 것이다. 위탁자와 수익자는 기존의 신탁을 유지하면서도 해임을 통하여 수탁자를 경질할 수 있다. 수탁자의 해임에 관한 사항도 신탁상의 정함이 일차적인 기준이 됨은 물론이다. 그러한 정함이 없는 경우 수탁자의 해임은 다음 두 가지 방법에 의한다.

가. 합의에 의한 해임

위탁자와 수익자는 합의에 의하여 수탁자를 해임할 수 있으며, 위탁자가 없는 때에는 수익자가 단독으로 수탁자를 해임할 수 있다(제16조 제1항). 구신탁법에서는 일정한 사유가 있는 때 청구권자의 청구에 의하여 법원이 수탁자를 해임할 수 있었다(동법 제15조).[41] 그래서 법정 사유나 절차가 없으면 위탁자와 수익자는 수탁자를 경질할 수 없었고, 이를 위해서는 신탁계약을 해지하고 새로 신탁을 설정할 수밖에 없었다. 그리고 법원이 위탁자와 수익자 사이의 합의에 직접 개입할 필요성도 크지 않다.[42] 그래서 현행법은 원칙적으로 위탁자와 수익자는 합의에 의하여 그 이유를 묻지 않고 언제든 수탁자를 해임할 수 있도록 한 것이다.

합의에 의한 해임은 신탁기간 중 언제든 가능하기 때문에 수탁자의 지위를 인수하고 신탁사무와 관련한 여러 가지 행위들을 준비, 실행하는 수탁자에게는 불측의 손해를 야기할 수 있다. 하지만 신탁은 어디까지나 위탁자의 의사실현 내지 수익자를 위한 제도이며, 수탁자가 그 지위를 유지하는 데 대한 이해관계는 보수에 국한된다. 그러므로 양자의 이익을 교량하여 신탁기간이 정해져 있는 경우에도 그리고 수탁자의 의사와 상관없이 언제든

수탁자를 해임할 수 있도록 한 것이다. 그러나 정당한 이유 없이 수탁자에게 불리한 시기에 해임함으로써 손해가 발생하였다면 수탁자를 해임한 자는 그 손해를 배상하여야 한다 (제16조 제2항).

나. 법원에 의한 해임

수탁자가 임무에 위반된 행위를 하거나 그 밖에 중요한 사유가 있으면 위탁자 또는 수익자는 법원에 수탁자의 해임을 청구할 수 있다(제16조 제3항). 신탁법은 "임무에 위반된 행위"라고만 정하고 있으나 수탁자가 그 의무를 위반하였다는 사실만으로 해임사유가 된다고 하는 것은 가혹하다. 그리고 "그 밖에 중요한 사유"와의 균형을 고려할 때 단순한 의무위반 이상이 있어야 할 것이다. 의무위반으로 인하여 신탁재산에 현저한 손해가 발생하거나 수익자의 이익에 위협이 되어 계속 그 임무를 수행하도록 하는 것이 적절하지 않게 되어야 한다.

이상의 해석기준은 다른 입법례에서도 확인할 수 있다. 예컨대 일본 신탁법 제58조 제4항은 수탁자가 그 임무를 위반하여 신탁재산에 현저한 손해를 준 경우 및 그 밖에 다른 중대한 사유가 있는 경우를 요건으로 한다. 미국 표준신탁법(Uniform Trust Code: UTC)[43] sec.706 (b)는 법원이 수탁자를 해임할 수 있는 요건으로 (1) 수탁자의 중대한 신탁위반이 있는 때, (2) 공동수탁자 사이에 협력이 이루어지지 않아 신탁사무처리에 중대한 장해가 발생한 때, (3) 수탁자가 신탁사무를 효과적으로 처리하는 데 부적절하거나 하려고 하지 않거나 계속해서 할 수 없어서 수탁자의 해임이 수익자의 이익에 가장 부합하는 때, (4) 중대한 사정변경이 있거나 모든 수익자의 해임요구가 있어서 법원이 수탁자의 해임이 모든 수익자의 이익에 가장 부합하고 신탁의 주된 목적에도 상치되지 않으며 또한 적절한 공동수탁자나 신수탁자를 찾을 수 있다고 판단한 때를 들고 있다. 이러한 구체적인 기준은 우리법의 해석에도 참고가 될 것이다.

한편 위탁자나 수익자로부터 수탁자의 해임청구가 있는 때 법원은 수탁자를 심문하여야 한다(비송사건절차법 제42조 제1항). 그리고 재판은 이유를 붙인 결정으로써 하여야 하며, 위탁자, 수탁자, 수익자에게 고지하여야 한다(동법 제42조 제2항 및 제3항). 이에 대하여는 위탁자, 수탁자, 수익자가 즉시항고를 할 수 있다(동법 제42조 제4항).

---

43) UTC는 2000년 발효된 이래 수차례 개정되었으며, 2022년까지 모두 36개 주가 채택하였다. 이러한 표준적인 성문법은 불명확성을 감소시킴으로써 고비용의 불필요한 소송을 억제하고, 신탁산업의 계속적 발전에 기여하고 있다고 평가된다. Uniform Law Commission 2011－2012 Annual Report, p.6(www.uniform laws.org).

5.2. 임무 종료에 따른 법률관계

5.2.1. 통지의무

(1) 당연 종료의 경우

수탁자가 사망한 경우에는 수탁자의 상속인, 수탁자가 제한능력자가 된 경우에는 그 법정대리인, 수탁자인 법인이 합병 외의 사유로 해산한 경우에는 청산인이 즉시 수익자에게 수탁자의 임무 종료 사실을 통지하여야 한다(제12조 제2항). 수탁자의 임무종료에 관하여 무엇보다 직접적인 이해관계를 가지는 수익자에게 그 사실을 통지하여 신수탁자의 선임과 같은 조치를 취할 수 있도록 함으로써 수익자를 보호하기 위함이다. 그리고 수탁자의 상속인, 법정대리인 또는 청산인은 신수탁자나 신탁재산관리인이 신탁사무를 처리할 수 있을 때까지 신탁재산을 보관하고 신탁사무 인계에 필요한 행위를 하여야 하며, 이러한 사실 또한 즉시 수익자에게 통지하여야 한다(제12조 제4항).

여타의 당연 종료사유와 달리 파산선고로 인하여 수탁자의 임무가 종료한 때에는 수탁자가 온전한 행위능력을 가지고 존재한다. 그러므로 수익자에 대한 통지의무자는 파산선고를 받은 수탁자 자신이 된다. 수탁자는 수익자에게 임무 종료 사실을 통지하여야 하며 또한 파산관재인에게 신탁재산에 관한 사항을 통지하여야 한다(제12조 제3항). 이를 통해 파산관재인은 신탁재산을 보관하고 신탁사무 인계에 필요한 행위를 할 수 있다.

(2) 신탁상 정함에 따른 종료의 경우

신탁행위로 정한 사유의 발생 또는 특정 자격의 상실로 임무가 종료한 수탁자는 즉시 수익자에게 그 사실을 통지하여야 한다(제13조 제2항).

(3) 사임에 의한 종료의 경우

제14조 제3항은 사임한 수탁자로 하여금 즉시 수익자에게 그 사실을 통지하도록 한다. 이러한 수탁자의 통지의무는 수익자의 보호를 위함이다. 그러나 수탁자가 위탁자와 수익자의 승낙을 받아 사임한 때에는 수익자가 수탁자의 사임 사실을 모를 수 없으며, 이 경우 위탁자와 수익자는 사임을 승낙함에 있어서 필요한 조치들도 강구할 것이다. 그러므로 굳이 수탁자로 하여금 다시 통지하도록 할 이유는 없다.[44] 반면 법원의 허가를 받아 사임한 때에는 수익자가 그러한 사실을 모를 수 있기 때문에 수탁자는 즉시 수익자에게 그 사실을

---

[44] 위탁자와 수익자의 합의에 의하여 또는 수익자 단독으로 수탁자를 해임하는 경우 수탁자에게 별도로 통지의무를 부여하지 않는 것도 같은 맥락에서이다.

통지할 필요가 있다.

(4) 해임에 의한 종료의 경우

수탁자가 법원에 의하여 해임된 경우 해임된 수탁자는 즉시 그 사실을 수익자에게 통지하여야 한다(제16조 제4항). 수익자의 청구에 의하여 법원이 해임결정을 하였다면 당해 수익자는 그러한 사실을 당연히 알 것이지만, 위탁자가 해임청구를 하였거나 다수의 수익자가 있는 때에는 그러한 사실을 알지 못하는 수익자가 있을 수 있다. 수익자가 법원에 청구할 수 있는 권리는 신탁행위로도 제한할 수 없으며(제61조 제1호), 다수의 수익자가 있는 때에도 이 권리는 각 수익자가 개별적으로 행사할 수 있기 때문이다(제71조 제1항). 따라서 이 경우 수탁자는 해임청구를 하지 않은 수익자에게 해임 사실을 통지할 필요가 있다. 그러나 위탁자와 수익자가 합의하여 해임하거나 유일한 수익자가 단독으로 해임한 때 또는 법원에 해임청구를 한 수익자에 대하여는 통지의무가 없다고 할 것이다.

5.2.2. 임무 종료시 신탁재산 및 신탁사무

(1) 규율의 필요성

수탁자의 임무가 종료하더라도 공동수탁자가 존재하는 때에는 신탁재산은 당연히 다른 수탁자에게 귀속되고(제50조 제2항), 공동수탁자에 의하여 신탁사무는 연속될 수 있다. 그러나 유일한 수탁자가 사망하거나 제한능력자가 된 때 또는 그 밖의 임무 종료 사유의 발생이나 사임, 해임으로 인하여 수탁자의 임무가 종료하면 신탁재산의 귀속 및 그 사무처리 등에서 공백이 생기게 된다. 이러한 상태는 비록 드물기는 하지만 공동수탁자 모두에 대하여 임무 종료사유가 발생한 때에도 발생할 수 있다. 그래서 신탁법은 수탁자의 임무가 종료한 때 수탁자의 부재로 인하여 신탁재산 및 수익자에게 불측의 손해가 발생하지 않도록 경과적인 조치를 정하고 있다. 그런데 이러한 조치는 수탁자의 임무가 종료하는 유형에 따라서 차이가 있기 때문에 각각을 구분하여 살펴볼 필요가 있다.

(2) 당연 종료의 경우

가. 수탁자의 사망, 제한능력 또는 해산

수탁자의 사망, 제한능력, 합병 아닌 사유로 인한 해산에 의하여 임무가 종료한 경우 수탁자의 상속인, 법정대리인 또는 청산인은 신수탁자나 신탁재산관리인이 신탁재산을 이전받아 신탁사무를 처리할 수 있을 때까지 신탁재산을 보관하고 신탁사무의 인계에 필요한 행위를 하여야 한다(제12조 제4항).

먼저 수탁자의 상속인은 수탁자의 지위를 승계하지 않으며, 신탁재산 또한 상속재산에 속하지 않는다. 그러나 신탁재산의 보호를 위하여 신탁법은 수탁자의 상속인으로 하여금 임시적으로 신탁재산을 보관하고 신탁사무의 인계에 필요한 행위를 하도록 한다. 그런데 수탁자의 사망에 의한 임무 종료시 신수탁자나 신탁재산관리인이 신탁재산을 이전받아 신탁사무를 처리하기까지 시차가 발생할 수밖에 없다. 수탁자가 제한능력자가 되더라도 여전히 신탁재산의 귀속주체임에는 변함이 없으며, 법인인 수탁자가 해산하는 경우에는 청산절차를 거친다. 법정대리인이나 청산인은 신탁재산을 보관하고 신수탁자나 신탁재산관리인에게 신탁사무를 인계하면 되고, 이 경우 신탁재산의 귀속에 있어서 단절은 없다. 그러나 수탁자가 사망한 때에는 신탁재산의 귀속주체가 없는 상태가 발생한다. 신탁재산은 수탁자의 고유재산과 독립하여 존재하고 상속재산에 속하지 않기 때문에 그 상속인이 포괄승계하지도 않는데 정작 신탁재산을 이전받을 신수탁자는 아직 선임되지 않았기 때문이다.

이와 유사한 상황은 상속인이 존재하지 않는 상속재산에 대하여도 발생할 수 있다. 상속인은 상속이 개시된 때부터 당연히 피상속인의 권리·의무를 포괄승계하지만, 상속인의 존부가 분명하지 않은 경우 민법은 한편으로는 상속재산관리인을 통하여 상속재산을 보존, 관리하면서 다른 한편으로는 상속인을 수색한다. 그리고 상속인 등에게 귀속되지 못한 재산을 종국적으로 국가에 귀속시킨다. 이 과정에서 상속재산은 귀속주체가 없는 상태에 빠지는데, 이후 국가가 상속재산을 취득한 경우 그 법적 성질 및 재산의 귀속시기에 관하여는 견해가 대립한다.[45)

우리법과 마찬가지로 당연승계, 포괄승계 원칙을 취하는 일본의 경우 상속인의 존부가 분명하지 않은 때 상속재산을 법인으로 하고(일본 민법 제951조), 상속인의 존재가 분명하게 된 때에는 법인이 성립하지 않은 것으로 간주한다(동법 제955조). 그래서 일본 신탁법도 수탁자의 사망으로 그 임무가 종료한 경우 신탁재산을 법인으로 하고, 법원으로 하여금 이해관계인의 신청이 있는 때 신탁재산법인관리인에 의한 관리를 명할 수 있도록 한다(동법 제74조 제1항 및 제2항). 그리고 신수탁자가 취임하면 신탁재산법인은 성립되지 않은 것으로 본다(동법 제4항).

그러나 일본법에서와 같은 명시적인 규정이 없는 우리법의 해석에서 신탁재산은 비록 경과적이기는 하지만 무주물이 될 수밖에 없다. 독립된 신탁재산을 중심으로 하는 신탁에

---

45) 국가인도시설과 상속개시설이 대립하는데, 이에 관하여는 윤진수, 친족상속법강의, 박영사, 2016, 464면; 송덕수, 친족상속법 제3판, 박영사, 2017, 400면 참조.

서 발생하는 특수한 현상이라는 궁색한 변명보다는, 임시적인 귀속상태를 창설하거나 신수탁자가 신탁재산을 취득하는 때 전수탁자의 사망시로 그 시점을 소급하는 것과 같은 입법적인 조치를 조속히 마련하여야 할 것이다.

나. 수탁자의 파산

여타의 당연 종료사유와 달리 수탁자가 파산선고를 받은 경우 신탁법에는 임시적인 신탁재산의 관리에 관한 정함이 없다. 물론 법원은 수탁자에 대한 파산선고와 동시에 파산관재인을 선임하여야 하고(채무자회생법 제312조 제1항), 파산관재인은 파산선고를 받은 수탁자의 포괄승계인과 같은 지위를 가진다. 하지만 파산채권자는 파산절차에 의하지 않으면 파산채권을 행사할 수 없고, 파산관재인은 파산채권자 전체의 공동의 이익을 위하여 선량한 관리자의 주의로써 그 직무를 행하게 된다.[46] 파산관재인이 수탁자의 지위와 이해가 충돌하고 수탁자로서 충실의무를 다할 것을 기대하기 어려운 이유가 바로 여기에 있다. 그래서 신탁법은 수탁자에 대한 파산선고가 있는 때 신수탁자가 선임되거나 다른 수탁자가 존재하지 않는 한 신탁재산관리인의 선임을 강제한다(제18조 제1항 제2호). 그리고 이러한 신탁재산관리인에 의하여 신탁재산의 보관 및 신탁사무의 인계에 필요한 행위가 이루어지도록 한다.

(3) 신탁상 정함 및 사임에 의한 종료의 경우

신탁행위로 정한 수탁자의 임무 종료사유가 발생하거나, 수탁자가 신탁상 정해진 자격을 상실하거나, 수익자와 위탁자의 승낙을 얻어 사임한 때 당해 수탁자는 신수탁자나 신탁재산관리인이 신탁사무를 처리할 수 있을 때까지 수탁자로서의 권리와 의무를 가진다(제15조). 신탁이 존속한 상태에서 수탁자의 임무가 종료하는 경우 신탁재산이나 수익자에게 불측의 손해를 줄 위험이 있다. 그리고 이상의 사유로 수탁자의 임무가 종료한 때에는 다른 유형과 달리 수탁자가 신탁재산을 관리할 수 없는 상태가 아니고 또 수탁자가 신탁재산 및 그 사무처리에 관하여 가장 잘 알고 있다. 그러므로 그 임무 종료에도 불구하고 당해 수탁자로 하여금 신수탁자나 신탁재산관리인이 신탁사무를 처리할 수 있을 때까지는 수탁자의 지위를 유지하도록 하여 임시적으로 신탁재산을 관리하고 사무를 인계하도록 한 것이다.

이와 달리 수탁자가 법원의 허가를 받아 사임하는 경우에는 임무가 종료된 수탁자의 지위에 대한 위와 같은 규정이 없다. 법원은 사임결정과 동시에 신탁재산관리인을 선임하

---

46) 대법원 2003. 6. 24. 선고 2002다48214 판결; 대법원 2006. 11. 10. 선고 2004다10299 판결; 대법원 2013. 4. 26. 선고 2013다1952 판결 등.

여야 하므로(제18조 제1항 및 제2항), 이 경우에는 신탁사무의 처리와 신탁재산의 보호를 위하여 사임한 수탁자에게 그 지위를 유지시킬 필요가 없기 때문이다.

한편 임무가 종료한 수탁자가 그 지위를 유지하는 경우 그의 권리와 의무는 신수탁자나 신탁재산관리인이 신탁사무를 처리할 수 있을 때까지 신탁재산을 보관하고 신탁사무의 인계에 필요한 행위를 하는 것에 한정되어야 한다. 해임된 수탁자의 경우 제16조 제5항이 신탁재산의 보관 및 신탁사무 인계에 필요한 행위로 그 임무를 제한한 것과 달리, 제15조는 임무가 종료한 수탁자에게 수탁자로서의 권리와 의무를 가진다고 함으로써 규정방식을 달리 하고 있다. 그래서 이를 근거로 후자의 경우에는 수탁자의 지위를 유지하는 만큼 신탁사무는 소극적인 보관에 한정되지 않으나, 전자의 경우에는 적극적인 재산관리는 할 수 없고 신탁재산의 현상유지를 위한 소극적인 관리만 할 수 있다고 설명되기도 한다.[47]

그러나 임무 종료사유에 따른 수탁자의 임시적인 지위에 본질적인 차등을 둘 근거는 없다. 예컨대 신탁행위로 정한 임무 종료사유가 발생하거나 특정한 자격을 상실한 경우가 해임의 경우보다 수탁자에 대한 비난가능성이 작기 때문에 수탁자가 종래와 동일한 권리, 의무를 가진다고 할지 모른다. 그러나 수익자가 임의로 수탁자를 해임한 경우 수탁자에 대한 비난가능성을 이야기하기 어렵지만 수탁자의 권리와 의무는 제한된다(제16조 제5항 본문). 그리고 위탁자가 수탁자의 지위를 더 이상 인정하지 않겠다는 분명한 의사표시로 신탁상 임무 종료사유나 특정한 자격의 상실을 정하였다고 본다면, 이러한 사유가 발생한 때에는 비록 수탁자로서의 임시적인 지위가 허용된다고 하더라도 그 권한은 한정적이어야 한다. 또한 수탁자의 임무를 종료시킨 원인이 수탁자측에 있는지 여부를 기준으로 하여, 사임의 경우에는 임무종료 후에도 임시적이나마 동일한 권능을 인정하지만 해임의 경우에는 제한적·소극적인 권능만 인정해야 한다고 할지 모른다. 그러나 신탁상 정한 임무 종료사유의 발생과 같이 그 원인의 소재를 판정하기가 애매한 경우도 있을 것이다. 더욱이 공동수탁자가 있는 때에는 다른 공동수탁자로 하여금 신탁사무를 처리하도록 하는 것이 바람직하며 임무가 종료된 수탁자에게까지 그 지위를 계속 인정할 필요는 없다. 그렇다면 수탁자에게 경과적인 조치를 취하도록 한 규정의 취지에 비추어 그리고 법해석상의 혼란을 피하기 위해서도 임무가 종료한 수탁자에게는 신탁재산의 보관 및 신탁사무 인계에 필요한 행위만 인정된다고 하는 것이 타당하다.

---

47) 법무부, 138면 및 146면.

(4) 해임에 의한 종료의 경우

해임된 수탁자는 신수탁자나 신탁재산관리인이 신탁사무를 처리할 수 있을 때까지 신탁재산을 보관하고 신탁사무의 인계에 필요한 행위를 하여야 한다(제16조 제5항 본문). 그러나 임무 위반을 이유로 해임된 수탁자에게 계속해서 정당한 신탁재산의 보관이나 적절한 사무의 처리를 기대할 수는 없다. 그리고 위탁자와 수익자가 합의에 의하여 또는 수익자 단독으로 수탁자를 해임하는 경우에는 신수탁자의 선임 등 조치를 취할 것이 기대된다. 또한 법원이 임무를 위반한 수탁자의 해임결정을 하는 경우에도 필수적 신탁재산관리인을 동시에 선임하게 된다(제18조 제1항 및 제2항). 그래서 제16조 제5항 단서는 이 경우 예외를 정하여 임무위반으로 해임된 수탁자에게 신탁재산의 보관 및 신탁사무의 인계에 필요한 행위를 하지 못하도록 한다. 그 결과 제16조 제5항 본문은 당사자의 합의로 수탁자를 해임하면서 별도의 조치를 취하지 않았거나 임무위반 외의 중대한 사유로 법원이 해임결정을 하는 경우에 적용될 것이다.

6. 신탁재산관리인

6.1. 의의

수탁자의 임무가 종료하였으나 아직 신수탁자가 선임되지 않은 때에는 임시적으로 수탁자의 지위를 대신하는 존재가 필요하다. 이러한 역할을 하는 것이 바로 신탁재산관리인이다. 이와 같은 신탁재산관리인의 지위는 신탁법의 규정 체계에서도 분명하게 드러난다. 신탁재산관리인에 관한 규정은 수탁자의 임무종료에 관한 규정과 신수탁자의 선임에 관한 규정 사이에 위치하고 있기 때문이다.

수탁자의 지위를 대신하는 존재는 수탁자가 존재하지 않는 경우뿐만 아니라 수탁자가 존재하지만 일정한 사안에 대하여는 적절한 사무처리를 기대할 수 없는 경우에도 필요하다. 만약 수탁자가 신탁사무 전반에 대하여 적합하지 않게 되었다면 당해 수탁자를 해임하는 것이 일반적이므로, 신탁법은 신탁재산관리인의 필요성을 수탁자와 수익자의 이해가 상반되는 경우로 제한하고 있다(제17조 제1항). 사실 수탁자의 부적절한 사무처리는 수익자의 이익에 직접적으로나 간접적으로 영향을 미칠 수밖에 없다. 하지만 이를 모두 수탁자와 수익자의 이해가 상반되는 경우에 포함시킬 수는 없으며, 양자의 이익이 충돌하여 수탁자에게 충실의무에 기한 신탁사무의 처리를 기대할 수 없는 경우에 한정된다고 할 것이다.

6.2. 선임

6.2.1. 임의적 신탁재산관리인

(1) 요건

가. 수탁자의 임무 종료

신탁재산관리인은 수탁자의 임무가 종료한 때 선임될 수 있다(제17조 제1항). 수탁자의 임무가 종료한 경우 신탁이 존속하는 한 신수탁자를 선임하여야 하지만, 아직 신수탁자가 선임되지 않았거나 선임할 수 없는 상황에서는 신탁재산관리인의 선임을 통하여 그동안 신탁재산을 보호하고 신탁사무를 계속하도록 할 필요가 있다.

신탁법은 이 경우에도 신탁재산관리인이 선임될 때까지 신탁재산의 보호와 신탁사무의 계속을 위하여 경과적인 규정을 두고 있다. 수탁자가 사망하거나 제한능력자가 된 경우 그 상속인이나 법정대리인은 신탁재산관리인이 신탁사무를 처리할 수 있을 때까지 신탁재산을 보관하고 신탁사무 인계에 필요한 행위를 하여야 한다(제12조 제4항). 신탁행위로 정한 사유가 발생함에 따라 수탁자의 임무가 종료하거나 위탁자와 수익자의 승낙을 받아 수탁자가 사임한 경우, 임무가 종료한 수탁자는 신탁재산관리인이 신탁사무를 처리할 수 있을 때까지 동일한 지위를 유지하며 신탁사무의 인계에 필요한 행위를 하게 된다(제15조). 임무위반 이외의 사유로 수탁자가 해임된 경우에도 해임된 수탁자는 신탁재산관리인이 신탁사무를 처리할 수 있을 때까지 신탁재산의 보관 및 신탁사무 인계에 필요한 행위를 하여야 한다(제16조 제5항).

나. 수탁자와 수익자의 이해상반

수탁자의 임무가 종료한 경우와 달리 수탁자가 존재하기는 하지만 수탁자로 하여금 신탁사무를 처리하도록 하는 것이 오히려 수익자의 이익에 반하고, 따라서 수익자의 보호에 문제가 발생할 수 있다. 이때 수탁자를 경질할 수 있지만, 일정한 업무 또는 일정 기간 동안에만 수탁자를 갈음하는 자를 통하여 신탁사무를 처리할 수도 있다. 그래서 제17조 제1항은 수탁자와 수익자간의 이해가 상반되어 당해 수탁자로 하여금 신탁사무를 수행하도록 하는 것이 적절하지 않은 경우 신탁재산관리인을 선임할 수 있도록 한다.

이해상반의 의미에 대하여 대법원 2018. 9. 28. 선고 2014다79303 판결은 "행위의 객관적 성질상 수탁자와 수익자 사이에 이해의 대립이 생길 우려가 있어 수탁자가 신탁사무를 수행하는 것이 적절하지 아니한 경우"로 해석하면서, 수탁자의 의도나 그 행위의 결과 실제로 이해의 대립이 발생하였는지 여부 또는 수익자 아닌 이해관계인, 예컨대 신탁채권자나 위탁자 등과의 관계에서 이해의 대립이 생길 우려가 있는지 여부는 고려사항이 아니라고 하였다. 위 사안에서는 수탁자가 채권자 중 1인의 이익만을 위하여 신탁재산을 관리하여 수탁자와 수익자간의 이해가 상반된다는 이유로 원고인 신탁재산관리인이 선임되었고, 원고는 이후 수탁자가 채권자인 피고와 체결한 대물변제계약이 무효라고 주장하면서 소유권이전등기의 말소를 구하는 소를 제기하였다. 그러나 수탁자가 특정 채권자에게 유리하게 사무를 처리하는 것은 신탁재산관리인의 선임 요건인 수탁자와 수익자간의 이익상반에 해당하지 않으므로 이미 신탁재산관리인의 선임 자체가 부적법하다.[48]

한편 공동수탁자의 경우에는 일부 수탁자의 부재나 부적절한 사무처리가 다른 수탁자에 의하여도 보완될 수 있다. 그러나 경우에 따라서는 임무가 종료된 수탁자를 대신할 신수탁자가 선임될 때까지 또는 당해 업무가 처리될 때까지 신탁재산관리인을 선임할 필요도 없지 않을 것이다. 예컨대 신탁행위에서 직무분장을 정하고 있는 경우 각 수탁자는 독립하여 분장사무를 처리하므로 일부 수탁자의 임무가 종료한 경우 신탁재산관리인을 선임하는 것이 신탁재산의 보호 및 수익자의 이익이라고 하는 관점에서도 타당하다.[49] 그래서 제17조 제1항 단서는 "다른 수탁자가 있는 경우에도 또한 같다"고 하여 이 경우 신탁재산관리인을 선임할 수 있는 법적 근거를 명시하였다.

(2) 절차

법원은 이해관계인의 청구에 의하여 신탁재산관리인의 선임이나 그 밖의 필요한 처분을 명할 수 있다(제17조 제1항). 이때 법원은 신탁재산관리인이 법원의 허가를 받아야 하는 사항을 정할 수 있다(제17조 제2항). 수탁자의 임무가 종료한 경우 법원은 신탁재산관리인의 선임에 관한 재판에서 이해관계인의 의견을 들을 수 있다(비송사건절차법 제44조 제1항 제1호). 그리고 이해상반을 이유로 신탁재산관리인을 선임하는 재판을 하는 경우 법원은 수익자와 수탁자의 의견을 들어야 하며(비송사건절차법 제43조 제1항), 그 재판은 수익자와 수탁자에게 고지하여야 한다(비송사건절차법 제43조 제3항).

---

48) 원심은 대물변제계약 당시 목적물의 시가가 대물변제로 소멸하는 채무의 액수보다 낮아서 수익자에게 이익이 되므로 이해상반행위가 아니고 신탁재산관리인인 원고에게는 대물변제계약의 효력을 다투는 이 사건 소송의 당사자적격이 없다고 보아 소를 각하하였고, 위 판결은 그 결론이 정당하다고 판단하였다.

49) 최수정, 일본 신신탁법, 113면.

6.2.2. 필수적 신탁재산관리인

(1) 의의

신탁법은 임의적, 선택적 신탁재산관리인과는 별도로 필수적 신탁재산관리인의 선임을 규정하고 있다(제18조). 필수적 신탁재산관리인은 수탁자의 임무가 종료하는 일정한 경우에 이해관계인의 청구가 없더라도 법원이 선임을 한다는 점에서 임의적 신탁재산관리인과 구분된다. 수탁자가 사망한 경우 그 상속인, 수탁자가 성년후견심판 등으로 제한능력자가 된 경우 그 법정대리인인 후견인, 법인인 수탁자가 해산한 경우 그 청산인(제12조 제4항), 신탁상 정한 바에 따라 수탁자의 임무가 종료하거나 위탁자와 수익자의 승낙을 얻어 사임하는 경우에는 임무가 종료한 수탁자(제15조) 그리고 임무 위반 이외의 사유로 해임된 수탁자(제16조 제5항 본문)는 각각 신수탁자나 신탁재산관리인이 신탁사무를 처리할 수 있을 때까지 신탁재산을 보관하고 신탁사무 인계에 필요한 행위를 한다. 그러나 수탁자의 임무가 종료하였으나 신탁재산을 보관하고 신탁사무의 인계와 관련한 행위를 할 자가 없거나 적절하지 않은 경우에는 그 공백상태를 메우기 위하여 신탁재산관리인의 선임을 강제할 필요가 있게 된다.

제18조 제1항 각호의 경우에는 신탁재산의 보관과 신탁사무의 처리에 공백이 발생함으로써 신탁재산의 보호 및 수익자의 보호가 문제된다. 그래서 제18조 제2항은 법원이 상속재산관리인의 선임결정, 파산선고, 수탁자의 사임허가결정 또는 해임결정을 하는 기왕의 절차에서 그 결정과 동시에 신탁재산관리인을 선임하도록 한다.

(2) 요건

가. 수탁자 사망시 상속재산관리인이 선임되는 경우

수탁자 사망시 그 상속인의 존부가 분명하지 않은 경우 수탁자의 친족 기타 이해관계인이나 검사의 청구에 의하여 법원은 상속재산관리인을 선임한다(민법 제1053조 제1항). 이때 법원은 신탁재산관리인을 선임하여야 한다(제18조 제1항 제1호). 상속재산관리인은 수탁자의 상속인을 위하여 행위하는 자로서 수익자와 이해가 충돌할 수 있다. 그러므로 신탁재산관리인의 선임을 강제하여 신탁재산 및 수익자의 보호를 도모하고자 하는 것이다.

나. 수탁자의 파산

수탁자가 파산선고를 받은 경우 파산관재인이 선임되지만, 파산관재인은 파산채권자의 이익을 위하여 행위하는 자이다. 그러므로 파산관재인과는 별도로 신탁재산관리인의 선임을 강제하여 신탁재산 및 수익자의 보호를 도모할 필요가 있다.

다. 수탁자의 사임 또는 해임결정

수탁자는 정당한 이유가 있는 때 법원의 허가를 받아 사임할 수 있으며, 수탁자가 임무에 위반된 행위를 하는 경우 위탁자나 수익자의 청구에 의하여 법원이 해임할 수 있다. 법원이 이러한 사임허가결정이나 임무위반으로 인한 해임결정을 하는 경우 신탁재산관리인을 선임하여야 한다(제18조 제1항). 수탁자가 위탁자와 수익자의 승낙을 얻어 사임하는 경우에는 신수탁자가 선임될 때까지 신탁재산을 계속 관리하는 것이 적절하지만, 그 밖의 정당한 사유로 인하여 법원의 결정에 따라 사임하는 경우에는 전수탁자가 신탁재산을 계속 관리할 것을 기대하기 어려울 것이다. 더욱이 임무위반으로 해임된 수탁자로 하여금 계속해서 신탁재산을 관리하도록 하는 것은 적절하지 않다. 따라서 이 경우에는 법원으로 하여금 신탁재산관리인을 선임하도록 하여 신탁재산 및 수익자의 보호를 도모할 필요가 있다.

라. 신수탁자가 선임되지 않거나 다른 수탁자가 존재하지 않을 것

제18조 제1항은 필수적 신탁재산관리인의 선임 요건으로 각호에 해당하는 경우 외에 신수탁자가 선임되지 않거나 공동수탁자가 존재하지 않을 것을 정하고 있다. 하지만 신수탁자가 선임되었으면 더 이상 신탁재산관리인의 선임을 강제할 이유가 없으므로 전자는 당연한 전제의 반복에 지나지 않는다. 그리고 신수탁자가 선임되지 않았더라도 공동수탁자가 존재하는 경우에는 다른 수탁자에 의한 보존적, 임시적 신탁사무의 처리가 가능하다. 만약 다른 수탁자에 의한 신탁사무의 계속을 기대할 수 없거나 그것이 적절하지 않은 때에는 제17조에 따라서 신탁재산관리인의 선임을 청구할 수 있으며, 제21조에 의하여 바로 신수탁자를 선임할 수도 있다. 그러므로 공동수탁자가 존재하는 때에는 신탁재산관리인의 선임 여부를 이해관계인의 선택에 의하도록 하는 것이 합리적이며 굳이 법적으로 강제해야 할 이유는 없을 것이다.

한편 제18조 제1항의 규정방식에 따르면 신수탁자가 선임되지 않았거나 공동수탁자가 존재하지 않거나 어느 하나에만 해당하더라도(A or B) 법원은 신탁재산관리인을 선임하여야 하는 것으로 해석될 수 있다. 하지만 이러한 경우 신탁재산관리인의 선임을 강제할 필요는 없다. 그리고 필수적 신탁재산관리인은 단순히 상속재산관리인의 선임, 파산선고, 사임결정 또는 해임결정과 같은 기왕의 절차가 진행 중이라는 이유만으로 신탁재산관리인을 선임하는 것이 아니라, 거기에 더하여 신탁재산의 관리와 신탁사무의 처리에 공백이 생기는 것을 방지하기 위함이다. 기왕의 절차의 이용 및 임시적인 존재의 필요성이라고 하는 관점에서 본다면 그 요건은 신수탁자가 선임되지 않았고 공동수탁자도 존재하지 않는 때(A and B)로 해석하여야 한다.

(3) 절차

법원은 수탁자의 사망에 따른 상속재산관리인의 선임결정이나 수탁자에 대한 파산선고, 사임허가결정 또는 해임결정을 함에 있어서 그 결정과 동시에 신탁재산관리인을 선임하여야 한다(제18조 제2항). 임의적 신탁재산관리인의 경우와 달리 필수적 신탁재산관리인은 이해관계인의 청구를 요하지 않는다. 법원은 상속재산관리인의 선임결정 등의 절차에서 신탁재산의 관리 등에 대한 공백이 발생할 사실을 알 수 있기 때문이다. 그리고 이러한 공백상태가 생기지 않도록 하기 위하여는 상속재산관리인 등의 선임과 동시에 신탁재산관리인을 선임할 필요가 있다. 그래서 신탁법은 법원으로 하여금 기존의 절차에서 직권으로 신탁재산관리인을 선임하도록 한다.

6.3. 선임된 신탁재산관리인의 지위

6.3.1. 임의적 신탁재산관리인

임의적 신탁재산관리인은 선임된 목적범위 내에서 수탁자와 동일한 권리와 의무를 가진다(제17조 제4항 본문).[50] 신탁재산관리인은 수탁자를 갈음하여 신탁사무를 처리하는 자이므로 원칙적으로 수탁자와 동일한 권리와 의무를 가지지만, 선임된 목적범위의 제한을 받는다. 수탁자의 임무가 종료한 경우에는 신수탁자가 선임될 때까지 수탁자로서의 지위를 가지며, 이해상반의 경우에는 해당 사안에 대하여 수탁자와 동일한 권리·의무가 있고 그 외의 사항에 관하여는 수탁자가 여전히 신탁재산에 대한 권리와 의무의 귀속주체로서 그 권한을 가진다.[51]

법원은 신탁재산관리인을 선임함에 있어 필요한 처분을 함께 명하거나 법원의 허가사항을 정할 수 있기 때문에(제17조 제1항 및 제2항) 그 범위에서 또한 신탁재산관리인의 권한은 제한된다(제17조 제4항 단서). 그런데 신탁재산관리인이 법원의 허가사항에 대하여 허가를 받

---

50) 부동산등기법 제87조의3도 신탁재산관리인이 선임된 신탁의 경우 등기와 관련한 각 규정들에서 '수탁자'를 '신탁재산관리인'으로 본다(부동산등기법 제23조 제7항·제8항, 제81조, 제82조, 제82조의2, 제84조 제1항, 제84조의2, 제85조 제1항·제2항, 제85조의2 제3호, 제86조, 제87조 및 제87조의2).

51) 대법원 2018. 9. 28. 선고 2014다79303 판결.

지 않고 이를 행한 경우 그 효력에 대하여는 아무런 정함이 없다.[52] 하지만 법원의 허가를 받지 않은 행위는 신탁재산관리인이 그 권한을 초과하여 행한 것으로 무효이며, 다만 이후 권한 초과행위에 대하여 법원의 허가를 받으면 유효하다고 할 것이다. 판례는 부재자의 재산관리인이 법원의 허가를 받지 않고 체결한 매매계약에 대하여 위와 같이 설시하였는데,[53] 신탁재산관리인에 대하여도 동일하게 해석할 수 있다.

선임된 신탁재산관리인은 그 사실을 즉시 수익자에게 통지하여야 한다(제17조 제3항).[54] 수탁자를 갈음하여 신탁사무를 처리하는 신탁재산관리인에 대하여 누구보다 이해관계를 가지는 자는 수익자이다. 그러므로 신탁법은 수익자의 보호를 위하여 신탁재산관리인에게 통지의무를 지운 것이다. 그리고 수탁자의 임무가 종료한 때 소송절차는 중단되고 신수탁자가 소송절차를 수계하게 되는데(민사소송법 제236조), 선임된 신탁재산관리인이 신탁재산에 관한 소송에서 당사자가 된다(제17조 제5항).[55]

법원은 필요한 경우 신탁재산관리인에게 신탁재산으로부터 보수를 줄 수 있다(제17조 제6항). 신탁재산관리인의 보수를 정하는 재판을 하는 경우 법원은 수익자 또는 다른 수탁자의 의견을 들어야 하며, 그 재판은 다른 수탁자에게 고지하여야 한다(비송사건절차법 제44조의2 제1항 및 제2항).

6.3.2. 필수적 신탁재산관리인

제18조 제1항은 필수적 신탁재산관리인의 업무를 신탁재산을 보관하고 신탁사무 인계에 필요한 행위로 정하고 있다. 그리고 동조 제3항은 제17조 제3항, 제5항 및 제6항을 준용한다. 즉, 필수적 신탁재산관리인은 즉시 수익자에게 선임 사실을 통지하여야 하고, 신탁재산에 관한 소송에서 당사자가 되고, 법원은 이러한 신탁재산관리인에게 필요한 경우 신탁재산으로부터 적당한 보수를 줄 수 있다. 하지만 제18조 제3항은 제17조 제4항을 준용하

---

52) 일본 신탁법은 우리법상 신탁재산관리인에 해당하는 신탁재산관리자에 대하여 수탁자의 직무수행과 신탁재산에 속한 재산의 관리 및 처분을 할 권리를 인정하면서도(동법 제66조 제1항), 보존행위나 신탁재산에 속한 재산의 성질을 바꾸지 않는 범위에서 그 이용 또는 개량을 목적으로 하는 행위의 범위를 넘어서 행위를 할 때에는 법원의 허가를 얻도록 한다(동법 제66조 제4항). 이 점에서는 우리법상 신탁재산관리인의 권한이 보다 폭넓다. 그리고 일본 신탁법은 위와 같은 허가를 받지 않은 경우 신탁재산관리자의 행위를 무효로 하면서, 다만 이로써 선의의 제3자에게 대항할 수 없도록 한다(동법 제66조 제5항).

53) 대법원 2002. 1. 11. 선고 2001다41971 판결.

54) 이러한 통지의무를 이행하지 않은 신탁재산관리인에 대하여는 과태료의 제재가 따른다(제146조 제1항 제6호).

55) 구신탁법에서는 신탁재산관리인이 전수탁자가 당사자였던 소송을 수계할 근거규정이 없어서 신수탁자가 선임될 때까지 소송이 중단되었다.

지 않는다. 그래서 필수적 신탁재산관리인과 임의적 신탁재산관리인은 그 지위 내지 권리·의무에 있어서 차이가 있는 것인지 의문이 제기될 수밖에 없다.

그런데 필수적 신탁재산관리인은 신탁재산의 보관 및 사무의 인계를 행할 자가 없는 상황에서 법원에 의하여 선임이 강제되는 자이므로 당연히 그러한 업무가 주가 된다. 하지만 필수적 신탁재산관리인도 기본적으로는 수탁자를 갈음하여 그리고 신수탁자가 선임될 때까지 신탁사무를 처리하는 임시적인 존재라는 점에서 임의적 신탁재산관리인과 다르지 않다. 임의적 신탁재산관리인도 선임된 목적범위 및 법원의 처분에 따라 권한범위가 제한될 수 있어서 실질적으로 양자의 권한범위는 접근한다. 그리고 신탁법은 그 밖의 규정에서 '신탁재산관리인'이라고만 할 뿐 양자를 구분하지 않는다. 예컨대 신탁재산관리인의 사임이나 해임시에 제19조 제4항은 법원으로 하여금 새로운 신탁재산관리인을 선임하도록 하는데, 이는 당사자의 청구 없이 선임하는 경우이므로 필수적 신탁재산관리인이라고 해야 하는지 아니면 전신탁재산관리인과 동일한 지위를 가진다고 해야 하는지 명확하지 않다. 또한 신탁재산관리인의 공고, 등기 또는 등록에 있어서 그것이 임의적 신탁재산관리인지 아니면 필수적 신탁재산관리인인지를 구분하지 않는다.[56) 신탁재산관리인과 거래하는 상대방이 알기 어려운 선임 유형에 따라서 신탁재산관리인의 권한범위를 달리하는 것은 거래안전에도 위협이 된다. 임의적 신탁재산관리인이나 필수적 신탁재산관리인이나 모두 법원에 의하여 선임되고 그 과정에서 법원이 신탁재산관리인의 권한범위를 정할 수 있으므로 입법적으로는 제18조 제3항에서 제17조 제2항 및 제4항도 함께 준용하는 것이 타당하다. 양자의 권한범위를 동일하게 규율하는 것이 관련 규정의 해석에 혼란을 초래하지 않고 또 거래안전을 보호할 수 있는 방법이 될 것이다.

6.4. 임무의 종료

6.4.1. 당연 종료

신탁재산관리인의 선임은 어디까지나 수탁자의 부재나 그 업무의 공백상태를 메우기 위한 경과적인 조치이다. 신탁재산의 귀속과 그 관리, 처분 등의 신탁사무는 수탁자의 본래적인 임무이며 또한 수탁자로 하여금 처리하게 하는 것이 바람직하다. 신수탁자가 선임되거나 더 이상 수탁자와 수익자간의 이해가 대립하지 않는 때에는 신탁재산관리인이 존재할 이유가 없다. 그러므로 이 경우 신탁재산관리인의 임무는 당연히 종료한다(제19조 제1항).

---

56) 부동산등기법상 신탁재산관리인에 관한 규정도 양자를 구분하여 공시하지 않는다.

6.4.2. 신탁재산관리인의 변경

신탁재산관리인으로 선임된 자는 수탁자와 마찬가지로 임의로 사임할 수 없다. 신탁재산관리인이 사임을 하기 위하여는 법원의 허가를 얻어야 한다(제19조 제2항).[57] 그리고 위탁자나 수익자는, 수탁자와 달리, 신탁재산관리인을 임의로 해임할 수 없다. 신탁재산관리인은 일정한 요건하에 법원이 선임한 자이므로 해임의 주체도 법원이 된다. 즉, 이해관계인의 청구가 있는 때 법원이 당해 신탁재산관리인을 해임할 수 있다(제19조 제3항).[58] 그리고 이러한 사임결정이나 해임결정에 의하여 당해 신탁재산관리인의 임무는 종료한다.

하지만 신탁재산관리인의 사임이나 해임으로 신탁사무의 공백이 생겨서는 안 될 것이다. 그러므로 신수탁자가 선임되지 않은 한 법원은 사임결정 또는 해임결정과 동시에 새로운 신탁재산관리인을 선임하여야 한다(제19조 제4항).

6.5. 신탁재산관리인의 공고 등

제20조는 신탁과 거래하는 상대방의 보호를 위하여 법원으로 하여금 신탁재산관리인의 선임 등에 관한 공고를 하도록 하고, 등기 또는 등록된 신탁재산에 대하여는 직권으로 그 취지의 등기 또는 등록을 촉탁하도록 한다.

6.5.1. 신탁재산관리인의 선임 등의 공고

법원은 임의적 신탁재산관리인을 선임하거나 그 밖의 필요한 처분을 명한 경우(제20조 제1항 제1호), 필수적 신탁재산관리인을 선임하거나 필요한 처분을 한 경우(동항 제2호), 신탁재산관리인의 사임결정을 한 경우(동항 제3호), 신탁재산관리인의 해임결정을 한 경우(동항 제4호) 각각 그 취지를 공고하여야 한다. 하지만 신수탁자가 선임되거나 수탁자와 수익자간의 이해가 상반되지 않게 된 때에는 법원의 개입 없이 신탁재산관리인의 임무가 당연히 종료하므로(제19조 제1항) 별도의 공고가 행해지지는 않는다.

6.5.2. 신탁재산관리인의 선임 등의 등기, 등록

법원이 신탁재산관리인을 선임하거나 사임 또는 해임결정을 한 경우 등기 또는 등록된 신탁재산에 대하여는 직권으로 지체 없이 그 취지의 등기 또는 등록을 촉탁하여야 한다(제

---

57) 신탁재산관리인이 사임허가의 재판을 신청하는 경우 그 사유를 소명하여야 한다(비송사건절차법 제44조의3 제1항).
58) 이 경우 법원은 이해관계인의 의견을 들을 수 있다(비송사건절차법 제44조의3 제2항).

20조 제1항). 예컨대 신탁재산인 부동산의 신탁등기에 있어서 법원이 신탁재산관리인의 선임 또는 해임의 재판을 한 경우 지체 없이 신탁원부 기록의 변경등기를 등기소에 촉탁하여야 한다(부동산등기법 제85조 제1항 제2호). 그리고 신수탁자의 선임이나 이해상반의 해소에 따라 신탁재산관리인의 임무가 당연히 종료하는 경우에도 선임된 신수탁자 또는 이해상반이 해소된 수탁자의 신청에 따라 법원은 신탁재산관리인에 관한 등기 또는 등록의 말소를 촉탁하여야 한다(제20조 제2항).

6.5.3. 선의의 제3자에 대한 관계

신탁재산관리인이나 수탁자는 고의나 과실로 위 등기 또는 등록이 사실과 다르게 된 경우 그 등기 또는 등록과 다른 사실로써 선의의 제3자에게 대항하지 못한다(제20조 제3항). 신탁재산관리인에 관한 사항의 등기 또는 등록은 무엇보다 사실에 부합하도록 강제할 필요가 있으며, 사실과 다른 등기 또는 등록이 이루어진 경우 이를 신뢰하고 거래한 제3자는 보호되어야 한다. 그래서 제20조 제3항은 신탁재산관리인이나 수탁자의 귀책사유로 신탁재산관리인에 관하여 사실과 다른 등기, 등록이 이루어졌다면 이로써 선의인 제3자에게 대항하지 못하도록 한다. 그 결과 임무가 종료한 신탁재산관리인과 선의의 제3자간의 행위는 신탁과의 관계에서 그 효력이 인정된다.

7. 신수탁자

7.1. 선임의 필요성

7.1.1. 수탁자의 임무 종료

신탁설정시에 수탁자의 존재는 필요불가결하지만 그 수탁자의 임무가 종료하더라도 일단 설정된 신탁이 당연히 종료하지는 않는다.[59] 수탁자의 부재에도 불구하고 신탁이 종료하지 않는 것은 그러한 이유로 신탁을 종료시키는 것이 신탁을 설정한 위탁자의 의사에 반하기 때문이다.[60] 위탁자는 무엇보다 신탁을 설정함으로써 신탁재산을 수익자나 특정 목적에 귀속시키고자 하였으며, 이를 위한 사무의 처리는 그 수단 내지 과정에 지나지 않는다.

---

59) 제98조 제4호는 수탁자의 임무가 종료한 후 신수탁자가 취임하지 않은 상태가 1년간 계속된 경우를 신탁의 종료사유로 정하고 있다. 이는 수탁자가 결여되었다고 해서 신탁이 종료하는 것은 아님을 분명히 함과 동시에 신탁재산의 귀속주체 및 신탁사무를 처리할 수탁자가 장기간 부재인 상태는 바람직하지 않기 때문에 신수탁자의 선임을 간접적으로 강제하는 기능을 한다.

60) Scott/Fratcher, Vol. II, p.76.

물론 위탁자가 지정한 수탁자에 의하여 신탁사무가 처리되는 것이 바람직하지만, 그것이
불가능하게 되었다면 위탁자는 신탁 자체를 종료시키기보다 다른 수탁자를 통해서라도 그
목적이 실현되기를 바랄 것이다.

  만약 애초에 지정된 수탁자에 의하여만 신탁사무가 처리되어야 할 특별한 사정이 있다
면, 위탁자는 당해 수탁자의 임무 종료를 신탁의 종료사유로 정할 수 있다. 그러한 정함이
없는 때에도 지정된 수탁자가 더 이상 수탁자의 임무를 수행할 수 없음으로 해서 신탁의
목적을 달성할 수 없게 된다면 신탁은 종료한다. 그러나 그러한 정함이나 특별한 사유가 없
는 한 신탁은 존속한다. 그러므로 기존의 수탁자를 갈음하여 신탁재산의 귀속주체로서 신
탁사무를 처리할 새로운 수탁자의 선임이 필요하다.

  수탁자가 다수 존재하는 경우[61] 일부 수탁자의 임무가 종료한 때 당해 그 수탁자를 갈
음하는 신수탁자를 선임하여야 하는지 아니면 나머지 수탁자만으로 신탁사무를 처리하여야
하는지는 경우에 따라서 달리 판단된다.[62] 만약 위탁자가 애초에 지정한 수탁자의 숫자나
구성이 계속 유지될 것을 의도하였다면 임무가 종료하는 수탁자를 대신할 신수탁자가 선임
되어야 할 것이다. 예컨대 신탁설정시에 위탁자가 2명의 수탁자를 지정하고 신탁사무가 항
상 이들 공동수탁자에 의하여 처리될 것을 의욕하였으나 1명의 수탁자의 임무가 종료하게
되었다면, 임무가 종료하는 수탁자를 갈음하는 신수탁자를 선임할 필요가 있다. 그리고 신
탁상 위탁자의 의사가 분명하게 드러나지 않는 때에도 신수탁자를 선임하는 것이 신탁사무
를 적절하게 처리할 수 있는 방법이라면 신수탁자를 선임하여야 한다. 반면 그러한 의사나
필요성을 찾을 수 없는 경우에는 나머지 수탁자만으로 신탁이 유지될 수 있다.

7.1.2. 수탁자의 추가

  신탁이 존속하는 동안 기존의 수탁자에 추가하여 새로운 수탁자를 선임할 필요도 있
다. 추가적인 수탁자의 선임에 있어서도 신탁상의 정함이 일차적인 기준이 된다. 수탁자의
선임에 관한 권능을 위탁자 또는 수익자가 보유할 수 있음은 물론 기존 수탁자에게 수여할
수도 있으며, 추가되는 수탁자의 수도 신탁상의 정함에 따른다.

  그러나 신탁상의 정함이 없는 경우에는 신수탁자를 추가로 선임할 수 있는지 여부 및
그 방법이 문제된다. 제21조는 "수탁자의 임무가 종료된 경우"를 전제로 하여 그를 갈음하
는 수탁자의 선임방법을 규정하고 있기 때문이다. 그러나 신탁법이나 신탁상 정함이 없다

---

61) 공동수탁자에 관한 구체적인 규율은 아래 8. 참조.
62) Scott/Fratcher, Vol. II, p.125 이하.

는 이유만으로 신수탁자의 선임이 금지된다고 해석하는 것은 타당하지 않으며, 이 경우에
도 제21조를 유추적용할 수 있다.[63]

7.2. 선임 방법

7.2.1. 당사자의 의사에 의한 선임

수탁자의 임무가 종료한 때 신수탁자의 선임은 우선 신탁상 정함이 기준이 된다. 그러
한 정함이 없는 경우에는 위탁자와 수익자 사이의 합의에 의한다. 신탁을 설정하고 재산을
출연한 위탁자와 신탁으로부터 이익을 향수하는 수익자가 신수탁자의 선임에 대하여 합의
하였다면 이러한 의사는 존중되어야 하는 것이다.

그런데 유언신탁에서 수탁자의 부존재가 문제되는 상황에서는 위탁자가 이미 사망한
이후이므로 수익자는 위탁자의 상속인과 합의를 하여야 하는지 아니면 단독으로 신수탁자
를 선임할 수 있는지가 문제된다. 신탁계약에 의하여 신탁을 설정한 위탁자가 사망한 때에
도 동일한 문제가 발생한다. 이에 대하여 제21조 제1항 본문은 위탁자가 없는 경우 수익자
는 단독으로 신수탁자를 선임할 수 있도록 한다. 위탁자의 지위를 그 상속인이 포괄적으로
승계하는지 여부와는 별개로, 신수탁자의 선임에 관한 권한에 대하여는 그 일신전속성을
인정하여 위탁자의 상속인에게 승계되지 않는 것으로 정하고 있다. 위탁자의 상속인과 수
익자의 이해가 대립한다는 점에서도 수익자의 보호를 위하여 위탁자의 상속인을 합의의 당
사자로 인정하지 않는 것이다. 그리고 신탁관리인이 선임된 경우에는 신탁관리인이 수익자
를 갈음하여 신수탁자를 선임할 수 있다.

7.2.2. 법원에 의한 선임

(1) 요건

위탁자와 수익자 사이에 합의가 이루어지지 않는 때에는 이해관계인의 청구에 의하여
법원이 신수탁자를 선임한다(제21조 제2항). 유언에 의하여 수탁자로 지정된 자가 신탁을 인
수하지 않거나 인수할 수 없는 경우에도, 수익자가 신수탁자를 선임하지 않는 한, 역시 이
해관계인은 법원에 신수탁자의 선임을 청구할 수 있다(제21조 제3항).

---

63) 추가적으로 신수탁자를 선임하는 것을 신탁변경으로 취급하여 위탁자, 수익자, 수탁자 3당사자의 합의가 필
요하고 할 것인가? 수탁자는 위탁자의 의사에 따라 신탁사무를 처리함으로써 신탁목적을 달성하기 위한 장
치이고 유추적용이 가능한 제21조가 있는 이상, 수탁자가 신수탁자의 선임을 위탁자나 수익자에게 요청할
수는 있지만, 그 선임 여부를 결정하는 주체에 수탁자를 포함시킬 이유는 없을 것이다.

그런데 견해에 따라서는 이해관계인의 청구가 없더라도 법원의 신탁에 대한 감독권을 근거로 하여 법원이 직권으로 신수탁자를 선임할 수 있다고 한다.[64] 그러나 사적인 관계에서 이루어진 다양한 유형의 신탁에 있어서 신수탁자의 선임에 대한 필요성 내지 요건에 대하여 법원이 모두 파악하는 것은 사실상 불가능하다. 그리고 제105조 제2항은 법원의 신탁 감독권을 선언하고 있지만 이를 근거로 개별적인 신탁에서 법원이 어느 범위에서 얼마만큼 개입을 할 수 있는지는 명확하지 않다. 더욱이 법원이 직권으로 처분을 할 수 있는 경우를 명시한 규정들이 있음에도 불구하고[65] 그렇지 않은 경우에도 위 규정을 근거로 곧 법원이 개입할 수 있는지는 의문이다. 그러므로 현실적인 관점에서나 법해석의 관점에서 법원이 직권으로 신수탁자를 선임할 것을 기대하기는 어렵다고 할 수 있다.

(2) 절차

법원에 신수탁자의 선임을 청구하는 경우에는 그 사유를 소명하여야 하며, 법원은 이해관계인의 의견을 들을 수 있다(비송사건절차법 제44조의4 제1항 및 제2항, 제44조의5 제1항). 이에 관한 재판은 위탁자, 수익자, 공동수탁자에게 고지하여야 하며(동법 제44조의4 제3항), 위탁자, 수익자, 공동수탁자는 즉시항고를 할 수 있다(동법 제44조의4 제4항). 그러나 유언신탁의 신수탁자를 선임하는 재판에 대하여는 불복신청을 할 수 없다(동법 제44조의5 제2항).

7.3. 선임에 따른 법률관계
7.3.1. 신탁재산의 이전
(1) 권리의 이전

신수탁자는 전수탁자를 갈음하여 신탁재산을 소유하고 신탁목적의 달성을 위하여 그 사무를 처리하게 된다. 이를 위하여 신탁설정 당시에 이전된 재산 또는 전수탁자의 신탁사무처리로부터 발생한 적극재산 및 소극재산은 신수탁자에게 이전되어야 하는데, 그 방법은 권리의 종류 내지 내용에 따른다.

신탁재산이 부동산인 때에는 신수탁자 앞으로 이전등기를 하여야 한다(민법 제186조). 원칙적으로 등기는 등기권리자와 등기의무자의 공동신청에 의하는데(부동산등기법 제23조 제1항), 전수탁자가 존재하지 않거나 존재하는 경우에도 공동신청을 요구하기 어려운 경우들이 있을 수 있다. 그래서 부동산등기법 제83조는 신탁재산에 관한 등기신청의 특례를 정하였

---

64) 이중기/이영경, 504면 이하.

65) 제20조, 제67조, 제133조.

다. 수탁자의 사망, 제한능력, 파산, 해산에 따라서 임무가 종료하거나(제12조 제1항), 위탁자와 수익자의 합의에 의하거나 수익자 단독으로 수탁자를 해임한 경우(제16조 제1항), 수탁자의 임무위반 그 밖의 중요한 사유로 법원이 수탁자를 해임한 경우(제16조 제3항), 공익신탁법상 법무부장관이 직권으로 공익신탁의 수탁자를 해임한 경우(공익신탁법 제27조)에는 신수탁자가 단독으로 신탁재산에 속하는 부동산에 관한 권리이전등기를 신청할 수 있다.

신탁재산이 동산인 때에는 인도가 필요하다(민법 제188조 내지 제190조). 그리고 신탁재산에 속하는 채권에 대하여는 채권양도법리에 따라서 대항요건까지 갖추어야 한다(동법 제450조). 그런데 전수탁자의 의무위반에 따른 원상회복청구권이나 손해배상청구권과 같이 신탁재산에 속한 채권이 전수탁자의 고유재산에 대한 것인 때에는 양도인과 채무자가 동일인이다. 그러므로 이 경우 신수탁자는 당연히 이 권리를 행사할 수 있다(제52조). 그 밖의 재산권은 그 양도방식에 따른다.

(2) 의무의 승계
가. 수익자에 대한 채무

신탁법은 신탁재산에 속하는 채무의 이전과 관련하여 별도의 정함을 두고 일반적인 채무인수법리와 구분되는 신수탁자의 채무와 책임의 범위를 명확히 하였다. 먼저 신수탁자는 전수탁자가 신탁행위로 인하여 수익자에게 부담하는 채무를 승계한다(제53조 제1항). 수익자(B)는 수탁자를 통해 신탁재산으로부터 이익을 향수하는 자이므로, 이제 수익자는 적극재산 및 소극재산을 포함한 신탁재산을 이전받은 신수탁자에 대하여 그 권리를 행사할 수 있다. 이는 공동수탁자 중 일부의 수탁자가 변경된 경우에도 다르지 않다.

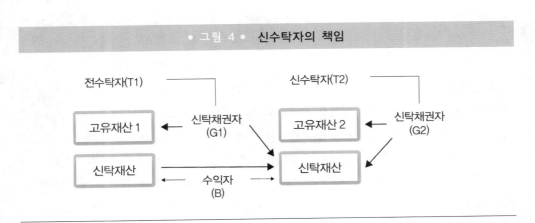

● 그림 4 ● **신수탁자의 책임**

나. 일반 신탁채권자에 대한 채무

수익자 이외의 다른 신탁채권자도 신수탁자에게 그 권리를 행사할 수 있다. 그러나 그 채권의 책임재산의 범위는 신탁재산으로 한정된다(제53조 제2항). 수탁자는 신탁채권에 대하여 원칙적으로 자신의 고유재산과 신탁재산으로 책임을 진다. 그런데 수탁자가 변경(T1 → T2)됨으로 해서 전수탁자(T1)가 그 책임을 완전히 면한다고 한다면, 자신의 고유재산으로 책임을 질 것을 각오하고 있었던 전수탁자는 예상 밖의 이익을 얻는 반면, 그와 거래한 신탁채권자(G1)는 책임재산의 범위가 축소됨으로 해서 불측의 손해를 입을 수 있다. 그렇다고 해서 신수탁자(T2)가 선임되기 이전에 발생한 신탁채권까지 신수탁자의 고유재산으로 책임을 지게 하는 것은 가혹하다. 이러한 당사자들의 이해관계를 고려할 때 신탁채권자(G1)에게는 애초에 예상하였던 책임재산의 범위를 확보해주고, 신수탁자에게는 수탁자의 지위를 인수한 이후에 발생한 신탁채권에 대하여만 자신의 고유재산 및 신탁재산으로 책임을 지도록 하는 것이 타당하다. 즉, 전수탁자와 거래한 신탁채권자(G1)에 대하여는 전수탁자의 고유재산과 신수탁자가 소유하는 신탁재산이 책임을 진다(고유재산1 + 신탁재산). 그러나 신수탁자와 거래한 신탁채권자(G2)는 신수탁자의 고유재산과 신탁재산에 대하여 그 권리를 행사할 수 있다(고유재산2 + 신탁재산).

대법원 2007. 6. 1. 선고 2005다5812, 5829, 5836 판결은 "신탁행위의 정함에 따라 전수탁자가 임무를 종료하고 신수탁자가 선임됨으로써 수탁자가 변경된 경우에도 신수탁자는 (구)신탁법 제26조, 제48조 등이 정하는 수탁자 경질의 법리에 따라 수탁자의 지위를 포괄적으로 승계하게 되는 것이고, 이때 제3자는 수탁자의 경질 이전에 이미 발생한 채권에 관하여 계약의 당사자인 전수탁자에게 이를 행사할 수 있음은 물론, (구)신탁법 제48조 제3항에 의해 신탁재산의 범위 내에서 신수탁자에 대하여도 행사할 수 있"음을 분명히 하였다.

대법원 2010. 2. 25. 선고 2009다83797 판결도 "수탁자가 경질된 경우 신탁사무의 처리에 관하여 생긴 채권을 신탁재산의 한도 내에서 신수탁자에 대하여도 행사할 수 있게 한 것은 신수탁자가 전수탁자의 채무를 승계하되 신탁재산의 한도 내에서 책임을 부담하도록 한 취지이므로, 그 경우 채권자의 신수탁자에 대한 이행판결 주문에는 신수탁자의 고유재산에 대한 강제집행을 할 수 없도록 집행력을 제한하기 위하여 신탁재산의 한도에서 지급을 명하는 취지를 명시하"도록 하였다. 신탁재산의 한도를 단순히 금액만으로 특정하여 표시할 경우 그 주문의 기재로는 신수탁자가 신탁재산뿐만 아니라 그의 고유재산으로도 변제할 위험이 있다. 그러므로 주문에는 신탁재산의 한도를 금액으로 특정할 필요 없이 신탁재산의 한도에서만 지급을 명하는 취지를 따로 명시하여야 하는 것이다.

나아가 대법원 2014. 12. 24. 선고 2012다74304 판결과 대법원 2018. 2. 28. 선고 2013다63950 판결도 수탁자의 파산에 따라 임무가 종료하고 신수탁자가 선임된 사안에서 동일한 법리를 설시하였다. 즉, 신탁채권자는 수탁자의 경질 이전에 이미 발생한 채권의 파산선고 당시의 채권 전액에 관하여 전수탁자의 파산재단에 대하여 파산채권자로서 권리를 행사할 수 있고, 신탁재산의 범위 내에서 전수탁자의 지위를 포괄적으로 승계하는 신수탁자에 대하여도 권리를 행사할 수 있다. 이때 신탁채권자에 대하여 전수탁자와 신수탁자가 중첩적으로 부담하는 채무는 동일한 경제적 목적을 가진 것으로 부진정연대채무의 관계에 있다.

다. 전수탁자에 대한 채무

전수탁자가 신탁사무의 처리에 관하여 필요한 비용을 고유재산에서 지출한 경우에는 신탁재산에 대하여 비용상환청구권을 가진다(제46조 제2항). 이러한 권리는 전수탁자의 고유재산에 속하는 권리이자 신탁재산에 속하는 채무로서 전수탁자는 신탁재산을 이전받은 신수탁자에 대하여 행사할 수 있다. 이에 대하여 신수탁자는 신탁재산만으로 책임을 지며, 전수탁자는 그 채권을 변제받을 때까지 아직 인도하지 않은 신탁재산을 유치할 수 있다(제54조 제2항).[66]

한편 전수탁자는 신탁재산에 대한 민사집행절차 또는 국세징수법에 따른 공매절차에서 수익자나 다른 채권자보다 필요비나 유익비에 대하여 우선변제권을 가진다(제54조 제1항). 다만 제43조 및 제44조에 따른 원상회복의무 등을 이행한 후가 아니면 그 권리를 행사할 수 없다. 그리고 전수탁자에 대하여는 제48조 제2항이 준용되지 않으므로 비용상환청구권이나 보수청구권에 기한 자조매각권은 인정되지 않는다.

(3) 강제집행절차 등의 속행

신탁재산의 독립성으로 인하여 신탁재산에 대한 강제집행 등의 절차나 국세 등 체납처분의 절차는 신탁성립 전의 원인으로 발생한 권리나 신탁사무의 처리상 발생한 권리에 기한 경우에만 가능하다(제22조 제1항 단서). 신탁성립 전의 원인에 대하여는 신탁재산 자체가 책임을 지는 것이므로 수탁자가 변경되더라도 당해 신탁재산에 대한 절차는 계속된다. 그

---

66) 전수탁자의 비용상환청구권 및 그 확보에 관한 상세는 제7장 Ⅲ. 1.4. 참조.

리고 신탁사무의 처리상 발생한 권리는 수탁자에 대한 것이지만 실질적으로는 신탁재산이 부담하는 채무이며 책임이다. 그러므로 전수탁자의 임무가 종료하고 신수탁자가 선임된 경우 신탁재산에 대한 강제집행 등의 절차는 더 이상 전수탁자를 상대로 할 수 없으며, 채무와 책임을 부담하는 신탁재산을 승계한 신수탁자에 대하여 계속되어야 한다(제53조 제3항). 따라서 수탁자의 임무가 종료한 때 소송절차는 중단되지만 신수탁자가 소송절차를 수계하여야 한다(민사소송법 제236조).

다만 소송대리인이 있는 경우에는 소송절차가 중단되지 않고(동법 제238조) 소송대리권도 소멸하지 않는다(동법 제95조 제3호). 예컨대 전수탁자가 파산선고를 받아 임무가 종료하였으나 소송대리인이 있어서 소송절차가 중단되지 않은 경우에는 원칙적으로 소송수계의 문제가 발생하지 않는다. 이 경우 소송대리인은 당사자 지위를 당연승계하는 신수탁자를 위하여 소송을 수행하게 되며, 그 사건의 판결은 신수탁자에 대하여 효력이 있다.[67]

7.3.2. 신탁사무의 계산 및 인계

선임된 신수탁자는 전수탁자와 마찬가지로 수탁자로서의 권리와 의무를 가진다. 이를 위하여 전수탁자의 상속인, 법정대리인, 청산인, 파산관재인(제12조 제4항) 또는 전수탁자(제15조 및 제16조 제5항)는 각각 신탁재산을 보관하고 신탁사무의 인계에 필요한 행위를 할 의무가 있다(제55조 제1항). 신탁재산의 보관이나 신탁사무의 계산, 인계를 위하여 필요한 구체적인 행위는 각 신탁에 따라서 상이하다.

먼저 신탁재산의 보관은 재산의 종류에 적합한 방법에 의한다. 그리고 전수탁자 등은 신수탁자가 신탁사무를 처리할 수 있을 때를 기준으로 재무제표 등을 작성하여 그 재산상태와 손익을 평가하고, 신수탁자가 그 내용을 알 수 있도록 서류 작성 등의 방법으로 명시하여야 한다.[68] 그리고 신탁사무의 인계에 있어서 전수탁자 등은 신탁사무의 내용 등을 명시하여 신수탁자가 이를 계속할 수 있도록 해야 한다. 예컨대 등기나 등록이 필요한 신탁재산에 대하여는 그 명의를 신수탁자 앞으로 변경할 수 있도록 협력하여야 하고, 신탁사무와 관련한 장부 및 그 밖의 서류들을 명확히 하여 인도하여야 한다.

---

67) 이때 신수탁자로 당사자의 표시를 정정하지 않은 채 전수탁자를 그대로 당사자로 표시하여도 무방하며, 신탁재산에 대한 관리처분권이 없는 자를 신당사자로 잘못 표시하였더라도 그 표시가 전수탁자의 소송수계인 등 신탁재산에 대한 관리처분권을 승계한 자임을 나타내는 문구로 되어 있으면 잘못 표시된 당사자에 대하여는 판결의 효력이 미치지 않고, 여전히 정당한 관리처분권을 가진 신수탁자에 대하여 판결의 효력이 미친다. 대법원 2014. 12. 24. 선고 2012다74304 판결.

68) 법무부, 454면.

한편 전수탁자 등이 신수탁자에게 신탁사무를 인계함에 있어서는 수익자 또는 신탁관리인이 입회하여야 한다(제55조 제1항). 사실 신탁사무의 인계에 대한 개념은 매우 포괄적이고 그 경계도 명확하지 않은데, 항상 수익자의 입회를 요구하는 것은 비현실적인 측면이 있다.[69] 하지만 구신탁법 제50조 제1항과 마찬가지로 현행법은 신탁사무 인계시 수익자의 감독권을 확보하기 위하여 수익자의 입회를 요구한다. 다만 수익자는 신탁사무의 인계에 대한 승인권이 있고 필요시에는 서류열람권을 행사할 수 있기 때문에, 수익자에게 불측의 손해를 줄 특단의 사유가 없는 한 원활한 신탁사무의 인계를 위하여 보다 유연하게 해석할 필요가 있을 것이다.

수익자 또는 신탁관리인이 위 계산을 승인한 경우에는 원칙적으로 전수탁자나 그 밖의 관계자의 수익자에 대한 인계에 관한 책임은 면제된 것으로 간주된다(제55조 제2항). 신탁사무의 계산 및 인계 과정에서 전수탁자 등의 부정행위가 드러났다면 당연히 그에 대한 책임을 묻게 될 것이다. 그럼에도 불구하고 수익자가 단순히 승인을 하였다면, 이는 전수탁자 등에게 더 이상 책임을 추궁하지 않겠다는 의사표시로 해석된다. 면책되는 범위와 관련하여 위 규정은 "인계에 관한 책임"이라고만 정하고 있으나, 단순한 인계행위뿐만 아니라 사무 인계시점까지 발생한 전수탁자의 신탁사무 처리에 관한 책임까지 포함된다고 할 것이다.[70] 수익자가 승인한 것은 신탁사무의 인계와 관련한 계산이며, 여기에는 신수탁자가 인수받기까지 신탁사무의 처리에 따른 재산상태 등 제반 사항이 포함되기 때문이다. 따라서 수익자가 계산을 승인한 이상 전수탁자 등의 책임은 면제된다.

그러나 이러한 면책에는 부정행위로 인한 책임은 포함되지 않는다. 부정행위란 신탁사무 인계에 관한 부정행위는 물론 사무의 인계시점까지 전수탁자의 불법행위나 의무위반행위로서 수익자에게 공개되지 않은 모든 행위를 가리킨다. 수익자와의 신임관계를 파괴하는 비윤리적인 행위는 물론 횡령, 배임, 문서위조와 같은 범죄행위도 포함된다.[71] 승인한 수익자의 의사에 비추어볼 때 이러한 행위에까지 면책을 인정하는 것은 부당하기 때문이다. 그러므로 승인 이후라도 이러한 부정행위가 드러난 때에는 수익자는 전수탁자에 대하여 그 책임을 물을 수 있다.

---

69) 일본 신탁법은 종래 신탁사무의 인계시에 수익자의 입회를 요구하였으나, 현행법 제77조 제1항은 수익자에 대하여 계산의 승인을 구하도록 할 뿐 수익자의 입회 요건은 삭제하였다.

70) 법무부, 455면 이하.

71) 법무부, 456면.

7.3.3. 신수탁자의 보수

신탁법상 보수청구권은 원칙적으로 신탁상 정함이 있는 경우에만 인정된다(제47조 제1항 본문). 당사자의 합의에 의하여 신수탁자를 선임하는 경우에는 상호간의 신임관계가 기초가 되는 만큼 보수의 유무나 액수도 당사자 사이의 정함에 따른다. 하지만 법원에 의한 선임에 있어서는 그와 같은 관계가 당연히 전제되는 것은 아니며, 보수가 없는 상태에서는 신수탁자의 선임 자체가 어려울 수 있다. 그래서 제21조 제4항은 법원이 신수탁자를 선임함에 있어서 신탁재산으로부터 적당한 보수를 지급할 수 있는 근거를 마련하였다.

법원은 신수탁자의 보수를 정하는 재판을 함에 있어서 수익자 또는 다른 공동수탁자의 의견을 들어야 하며, 그 재판은 수익자와 다른 공동수탁자에게 고지하여야 한다(비송사건절차법 제44조의6에 의하여 준용되는 제44조의2 제1항 및 제2항). 그리고 이에 대하여는 수익자 또는 공동수탁자가 즉시항고를 할 수 있다(동법 제44조의6에 의하여 준용되는 제44조의2 제3항).

8. 공동수탁자

8. 1. 의의

신탁법은 수탁자의 수에 관하여 명시적인 규정을 두고 있지 않지만 신탁상 이에 관한 정함을 둘 수 있음은 물론이다. 신탁설정시에 신탁상 정함에 따라서 또는 이후에 추가적으로 신수탁자가 선임됨으로써 다수의 수탁자가 존재하게 되는 경우 이들을 공동수탁자라고 부른다. 신탁법은 공동수탁자의 대내외적인 법률관계에 관한 일반 규정을 두고 있다.

공동수탁자를 선임하는 이유나 목적은 다양하다. 예컨대 다수의 수탁자가 의사결정에 참여함으로써 만약의 경우 단독 수탁자에 의하여 발생할 수 있는 불성실함 또는 독단의 위험을 방지할 수 있다. 특히 신탁사무의 난이도나 전문성으로 인하여 단독 수탁자가 이를 충분히 처리하기 어려운 경우 공동수탁자 각자의 전문적인 능력을 활용할 수 있다.[72] 또한 가족 구성원을 공동수탁자 중 1인으로 선임하는 경우에는 수익자와의 긴밀한 접촉도 가능하다.[73] 그러나 공동수탁자간의 책임문제에 대하여는 신탁법상 명료하지 않은 부분이 있으며, 공동수탁자 전원이 의견일치를 보거나 다른 공동수탁자의 동의를 얻는 과정이 신탁사무의 처리에 부담으로 작용할 수 있다. 그러므로 공동수탁자를 선임함에 있어서는 개별 신탁의 내용이나 수요에 따라서 그 장단점을 충분히 고려하여야 한다.

---

72) 법무부, 422면.

73) UTC sec.703 cmt.

8.2. 신탁재산의 합유

8.2.1. 의의 및 기능

공동수탁자는 신탁재산을 합유한다(제50조 제1항).[74] 신탁재산의 합유에 관하여는 별도의 규정이 없으므로 공동소유의 한 유형인 합유에 관한 민법 규정이 적용된다. 먼저 합유는 법률 규정 또는 계약에 의하여 수인이 조합체로서 물건을 소유하는 때 성립한다(민법 제271조 제1항). 합유는 전형적으로 조합계약상 조합원들의 인적 결합관계를 반영한 소유형태로,[75] 합유자의 권리는 합유물 전부에 미치지만 합유물의 처분이나 변경, 합유지분의 처분에는 합유자 전원의 동의가 필요하다(민법 제272조 및 제273조 제1항). 그리고 합유관계 존속 중 합유자는 합유물의 분할을 청구할 수 없다(민법 제273조 제2항).

이러한 합유의 효과는 신탁법 제50조 제1항에 의하여 공동수탁자 상호간에 적용되는 것으로 보인다. 합유자인 공동수탁자의 권리는 신탁재산 전부에 미치지만, 신탁재산의 처분이나 변경에는 공동수탁자 전원의 동의가 필요하다. 그러므로 공동수탁자를 선임하여 신탁재산을 합유하게 하는 경우 위탁자로서는 일부 수탁자가 임의로 신탁재산을 변경, 처분하는 것을 차단할 수 있다. 그리고 신탁 존속 중 각 공동수탁자는 합유물의 분할을 청구할 수 없다. 분할청구는 공동수탁자를 통하여 신탁재산을 소유하고 관리, 처분하게 하려는 위탁자의 의사에도 반한다.[76]

수탁자 중 1인의 임무가 종료하면 신탁재산은 당연히 다른 수탁자에게 귀속된다(제50조 제2항). 부동산의 합유자 중 일부가 사망한 경우 합유자 사이에 특별한 약정이 없는 한 사망한 합유자의 상속인은 합유자로서의 지위를 승계하지 못하므로, 해당 부동산은 잔존 합유자가 2인 이상일 경우에는 잔존 합유자의 합유로 그리고 잔존 합유자가 1인인 경우에는 잔존 합유자의 단독소유로 보는 판례의 입장과도 일맥상통한다.[77] 이 경우 잔존 공동수탁자 또는 1인의 수탁자는 신탁사무의 하나로 실체관계에 부합하는 합유등기 또는 단독 소유의

---

74) 따라서 신탁재산이 부동산인 때에는 합유등기를 하여야 한다. 이때 공동신청주의에도 불구하고 공동수탁자 중 1인의 임무가 당연 종료사유의 발생이나 해임에 의하여 종료한 경우에는 나머지 공동수탁자만으로 권리 변경등기를 할 수 있다(부동산등기법 제84조 제1항).

75) 판례는 주류공동제조면허의 경우 공동면허명의자의 상호관계를 민법상의 조합으로 보고 합유적 관계에 있다고 하고(대법원 1993. 7. 13. 선고 93다12060 판결), 공유수면매립면허를 받은 공동명의자의 권리·의무는 합유에 속한다고 한다(대법원 1991. 6. 25. 선고 90누5184 판결; 대법원 1997. 4. 8. 선고 95다34521 판결; 대법원 2002. 3. 29. 선고 2000두6084 판결 등). 그리고 조합계약이 없는 때에도 당사자의 합유약정에 기한 합유등기의 효력을 인정한다(대법원 1994. 2. 25. 선고 93다39225 판결; 대법원 2009. 5. 28. 선고 2009다3661 판결; 대법원 2011. 2. 10. 선고 2010다83199, 83205 판결).

76) 최동식, 306면.

77) 대법원 1994. 2. 25. 선고 93다39225 판결; 대법원 1996. 12. 10. 선고 96다23238 판결.

등기를 할 의무가 있다.

8.2.2. 일반적인 합유와 구분되는 특수성

제50조 제1항이 신탁재산의 합유를 정하고 있지만, 신탁재산의 합유에는 일반적인 합유와 구분되는 특수성이 있기 때문에 합유에 관한 민법 규정이 그대로 적용될 수는 없다. 첫째, 합유지분은 조합관계에서 생기는 각 합유자의 권리·의무의 총체로 조합체의 일원으로서의 지위를 가리킨다.[78] 이와 달리 공동수탁자의 법률관계는 조합 내지 조합체가 아니므로 공동수탁자 사이에 합유지분이라고 하는 개념을 상정하기 어렵다.

둘째, 민법 제273조의 반대해석상 합유자는 전원의 동의가 있으면 합유지분을 처분할 수 있다. 그러나 신탁재산의 합유는 공동수탁자의 지위에 의거한 것이다. 공동수탁자 전원의 동의를 얻어 합유지분을 처분할 수 있다면, 이는 공동수탁자간의 합의로 수탁자를 변경하는 것과 다름이 없다. 그러므로 공동수탁자 전원의 동의가 있다고 하더라도 합유지분을 처분할 수는 없다고 해야 한다.

셋째, 민법 제274조 제1항은 합유의 종료사유로 조합체의 해산 또는 합유물의 양도를 정하고 있다. 신탁재산의 처분이나 신탁의 종료, 공동수탁자가 단독 수탁자가 되는 때 합유는 종료한다. 그러나 공동수탁자는 조합이 아니므로 '해산'이 문제되지 않는다. 그리고 합유 종료시에 공동수탁자간에 그 지분에 따라 신탁재산을 분할할 여지도 없는 만큼 제274조 제2항도 적용이 없다.

8.2.3. 합유 이외의 소유방식의 가능성

(1) 합유 규정의 문제점

공동수탁자 일부가 신탁재산을 임의로 처분하지 못하도록 하기 위하여 위탁자가 신탁상 합유를 정하는 것은 얼마든지 가능하다. 그러나 민법상의 합유와 상당 부분 차이가 있음에도 불구하고 신탁법이 공동수탁자의 신탁재산의 소유방식을 일률적으로 합유로 규정하는 것이 타당한지는 의문이다. 학설도 공동수탁자의 합유가 민법상의 합유와는 성질이 다른 신탁법상의 독특한 유형임을 시인한다.[79] 그렇다면 그러한 특수한 유형의 소유형태를 과연 '합유'라고 부를 수 있을까?

그리고 신탁목적을 달성하기 위하여 신탁재산을 소유함에 있어 그 소유방식이 합유에

---

78) 지원림, 662면.
79) 최동식, 305면.

제한되어야 할 근거는 없다. 다양한 신탁구조하에 신탁목적을 달성하기 위하여 신탁재산의 관리, 처분 등을 포함한 신탁사무를 처리함에 있어서 신탁재산의 합유는 때로 장애가 될 수 있다. 특히 다수의 수탁자들이 각자 전문적인 업무를 수행하는 신탁의 경우 신탁재산의 합유는 효율적인 신탁사무처리를 어렵게 만들고, 신탁재산이 부동산인 경우 일부 수탁자의 변경이 있을 때마다 합유등기를 하여야 하므로 비용이 발생하고 절차가 번거롭게 된다. 오히려 신탁의 목적을 달성하기 위하여 공동수탁자들이 공유를 하거나 공동수탁자 중 1인의 단독소유로 하는 것이 적절하고 필요한 경우도 있다.

공동수탁자의 소유형태를 합유로 정하고 있는 대표적인 입법례가 일본 신탁법이다. 하지만 일본 신탁법의 개정과정을 볼 때 합유는 부득이한 선택이었던 것으로 보인다. 신탁재산의 합유는 일반적인 합유와 차이가 있지만 수탁자는 신탁재산에 대하여 고유한 이익을 가지지 않기 때문에 신탁재산의 소유형태를 공유로 정할 수도 없고, 또 그 밖의 소유형태도 찾을 수 없어서 특수한 형태의 합유를 인정하게 되었다고 한다.[80] 그러나 영국의 Trustee Act는 공동수탁자로 하여금 신탁재산을 합유하도록 하지 않으며, 미국 UTC도 그러한 정함을 두고 있지 않다. 그리고 DCFR은 공동수탁자의 신탁재산의 소유형태를 공유로 정하고 있다(X.-1:204 (2)).[81] 물론 각 법제에서 공동소유의 유형과 내용이 상이하기 때문에 단순히 합유 또는 공유의 개념을 가지고 비교할 수는 없더라도, 우리법에서와 같이 일률적으로 합유를 명시하고 있지 않음은 분명하다.

(2) 해석론으로서 다른 소유방식의 가능성

제50조 제1항의 법적 성질과도 관련하여 합유 이외의 신탁재산의 소유방식이 가능하다는 주장이 있다.[82] 신탁재산별로 다른 수탁자를 선임할 현실적인 필요가 있는 점, 수탁자의 선택과 수탁자의 보유형태의 결정은 재산의 출연자인 위탁자가 결정할 수 있는 점, 위 규정은 수익자보호를 위한 것으로 임의규정이라는 점 등을 근거로 신탁재산에 대하여 공동수탁자를 공시한 경우에만 합유가 된다고 한다.

하지만 신탁법은 임의규정의 경우 "신탁상 달리 정한 바가 없으면"이라든가 "신탁행위로 달리 정한 경우에는 그에 따른다"와 같은 방식을 취하는 반면, 제50조 제1항은 "합유로

---

80) 信託法改正要綱試案 補足說明, 84頁.

81) X.-1:204 (2) Where trust assets are vested in several trustees together, their co-ownership is joint.

82) 이중기, 426면 이하.

한다"고만 정하고 있다. 그러므로 이를 다른 임의규정들과 마찬가지로 해석할 수 있는지에 대하여는 의문이 제기될 수 있다. 그리고 신탁재산의 공시는 제3자에 대한 대항요건일 뿐이며 신탁재산의 실체적인 권리관계의 변동은 각 재산의 종류에 따라 소유권변동에 관한 민법 법리에 의한다. 가령 부동산을 공동수탁자의 합유로 등기하면 합유가 되지만 그렇지 않은 경우에는 단독소유 또는 공유도 가능하다는 위 주장은 기존의 판례 태도에 비추어 볼 때 수긍하기 힘들다.

대법원 2002. 6. 14. 선고 2000다30622 판결은 민법 제271조 제1항 및 제704조가 임의규정이기 때문에 조합의 약정으로 조합재산의 소유관계를 달리 정하는 것이 가능하고 또 조합원들의 공유로 소유권이전등기를 마친 이상 그 소유관계는 공유라고 본 원심을 파기하였다. "민법 제271조 제1항은 '법률의 규정 또는 계약에 의하여 수인이 조합체로서 물건을 소유하는 때에는 합유로 한다. 합유자의 권리는 합유물 전부에 미친다'고 규정하고(이는 물권법상의 규정으로서 강행규정이고, 따라서 조합체의 구성원인 조합원들이 공유하는 경우에는 조합체로서 물건을 소유하는 것으로 볼 수 없다), 민법 제704조는 '조합원의 출자 기타 조합재산은 조합원의 합유로 한다'고 규정하고 있으므로, 동업을 목적으로 한 조합이 조합체로서 또는 조합재산으로서 부동산의 소유권을 취득하였다면, 민법 제271조 제1항의 규정에 의하여 당연히 그 조합체의 합유물이 되고(이는 민법 제187조에 규정된 '법률의 규정에 의한 물권의 취득'과는 아무 관계가 없다. 따라서 조합체가 부동산을 법률행위에 의하여 취득한 경우에는 물론 소유권이전등기를 요한다), 다만 그 조합체가 합유등기를 하지 아니하고 그 대신 조합원들 명의로 각 지분에 관하여 공유등기를 하였다면, 이는 그 조합체가 조합원들에게 각 지분에 관하여 명의신탁한 것으로 보아야 한다"는 근거에서이다.

그리고 판례는 조합이 조합재산으로서 부동산의 소유권을 취득하였다면 민법 제271조 제1항의 규정에 의하여 당연히 그 조합체의 합유물이 되는데, 그 조합체가 합유등기를 하지 않고 조합원 1인의 명의로 소유권이전등기를 하였다면 이는 조합체가 그 조합원에게 명의신탁한 것이라고 하였다.[83] 따라서 이러한 등기는 부동산실명법에 반하는 명의신탁으로 무효가 되는 것이다. 또한 합유재산을 합유자 1인의 명의로 보존등기를 한 사안에서 이를 실체관계에 부합하지 않는 원인무효의 등기라고 본 바 있다.[84]

공동수탁자는 원칙적으로 신탁사무를 공동으로 처리하여야 하지만 보존행위는 각자가 할 수 있다(제50조 제3항). 이는 신탁재산의 합유와 연결된 효과로, 민법 제272조가 합유물의

83) 대법원 2006. 4. 13. 선고 2003다25256 판결.
84) 대법원 1970. 12. 29. 선고 69다22 판결.

처분이나 변경에는 합유자 전원의 동의를 요하지만 보존행위는 각자가 할 수 있도록 한 것과 동일한 맥락이다. 만약 신탁재산을 공동수탁자 1인의 단독소유로 한 것이 유효하다면, 이 경우에도 다른 공동수탁자가 제50조 제3항 단서에 의하여 소유권이 없음에도 불구하고 원인 없는 등기의 말소나 방해배제청구권과 같은 물권적 청구권을 행사할 수 있다고 하는 것은 물권법 일반법리에 반한다.

결국 신탁재산을 공동수탁자 일부의 단독소유로 하거나 경우에 따라서 공유로 할 필요성은 충분히 인정되지만, 제50조 제1항으로부터 그와 같은 소유방식이 유효하다고 해석하기는 어렵다. 그러므로 신탁상 달리 정할 수 있는 근거규정을 마련하는 등의 입법적인 해결이 필요하다.

8.3. 신탁사무의 처리[85]

8.3.1. 신탁사무의 공동처리

공동수탁자의 신탁사무 처리에 대하여는 신탁상 정함에 의한다. 그러한 정함이 없는 경우 신탁사무는 수탁자가 공동으로 처리하여야 한다(제50조 제3항 본문). 공동으로 처리한다는 것은 공동수탁자의 일치된 의사에 따라 사무를 처리한다는 의미이다. 공동수탁자를 선임한 위탁자는 한편으로는 신탁사무를 처리함에 있어서 수탁자들이 서로 감시, 감독함으로써 신탁위반행위를 방지하고, 다른 한편으로는 전원이 의사결정에 참여함으로써 신탁사무를 신중하고 합리적으로 처리할 것을 기대하게 된다. 그런데 사무처리에 필요한 의사결정에 있어서나 대외적인 집행에 있어서 수탁자 전원이 일치하여 행동하는 것이 용이하지 않고 또 효율적인 사무처리가 어려워질 수 있다. 그러므로 신탁위반행위의 방지를 도모하면서도 합리적이고 원활한 사무처리를 위하여는 공동수탁자의 과반수로 의사결정을 하도록 할 필요가 있을 것이다.[86]

일본에서도 종래에는 신탁상 달리 정함이 없는 한 공동으로 사무를 처리하게 하였으나, 위와 같은 근거에서 현행법은 수탁자의 과반수에 의하도록 한다(일본 신탁법 제80조 제1항). 영미법에서도 전통적으로 과반수원칙은 자선신탁에만 적용되었고, 그 밖의 일반적인 신탁에서는 모든 수탁자의 의사합치가 요구되었다.[87] 그러나 효율적인 사무처리를 위하여

---

85) 신탁법은 공동수탁자에 대하여 비교적 간단한 규정만을 두고 있다. 실제 공동수탁자가 존재하는 경우가 드물지 않고 수탁자에 대한 규율은 신탁법의 중요한 부분을 이루는 만큼, 입법적으로는 이에 관한 보다 자세한 기준을 제시할 필요가 있을 것이다.

86) 최수정, 일본 신신탁법, 116면.

87) 미국 신탁법 제3차 리스테이트먼트 §39 cmt.

과반수원칙이 이를 대체하고 있다. 미국 UTC sec.703 (a)는 만장일치에 이를 수 없는 때에는 과반수에 의할 수 있도록 하고, 미국 신탁법 제3차 리스테이트먼트 §39는 원칙적으로 공동수탁자가 2명인 때에는 만장일치에 의하고 3명 이상인 때에는 과반수에 의하도록 한다. 또한 DCFR Ⅹ.-5:102도 신탁상 달리 정한 바가 없는 한 과반수에 의하도록 한다.

한편 신탁상 달리 정한 바가 없다면 공동수탁자가 공동으로 신탁사무를 처리하여야 하므로 일부 수탁자가 동의하지 않는 때에는 당해 사무를 처리할 수 없다. 그러므로 공동수탁자는 모든 사항에 대하여 동의를 할 의무가 있는 것은 아니지만 기본적으로 다른 공동수탁자와 협력할 의무가 있다. 또한 선관의무의 하나로서 다른 공동수탁자가 그 의무를 이행하지 않거나 신탁재산에 손해를 가져올 만한 행위를 하는 때에는 적절한 조치를 취할 의무가 있다.[88] 만약 일부 수탁자가 업무에 협력하지 않거나 만장일치의 의사결정이 필요한 사안들에서 지속적, 반복적으로 문제를 야기한다면, 당해 수탁자를 해임할 필요가 있다. 그런데 수탁자는 다른 수탁자를 해임하는 데 대한 합의의 당사자가 아니며 법원에 해임을 청구할 권리도 없다(제16조 참조). 하지만 이 경우 수탁자는 위탁자 또는 수익자에게 당해 수탁자의 해임을 권고할 의무가 있다.

8.3.2. 예외
(1) 신탁상의 정함

신탁상 각 수탁자의 직무분장에 대한 정함이 있는 경우에는, 공동사무처리 원칙에 우선하여, 해당 수탁자가 그 정함에 따라서 신탁사무에 관한 의사결정을 하고 업무를 집행한다(제50조 제3항 본문). 위탁자가 신탁목적의 달성을 위하여 다수의 수탁자를 선임하면서 각 수탁자의 전문분야에 대하여 독립적으로 또 때로는 협력하여 신탁사무를 처리하도록 하였다면, 이러한 의사는 법적으로도 보호되고 관철될 필요가 있는 것이다.

(2) 보존행위

공동수탁자는 공동사무처리의 예외로서 보존행위는 각자 할 수 있다(제50조 제3항 단서). 이때 보존행위는 신탁재산의 멸실·훼손을 방지하고, 그 현상을 유지하기 위하여 필요한

---

88) 미국 UTC sec.703는 공동수탁자의 의무에 대하여 자세히 정하고 있다. 이와 같은 공동수탁자의 의무와 그 이행, 감독에 관한 규정들은 우리법의 해석에도 참조가 될 수 있으며, 그와 같은 내용을 신탁행위로도 정할 수 있다. 그리고 DCFR Ⅹ.-6:110은 공동수탁자에 대한 의무규정을 별도로 두면서 협력의무와 함께 다른 수탁자의 의무불이행 및 그에 따른 신탁재산상의 손해가 발생하거나 그러한 염려가 있는 때 적절한 조치를 취할 의무를 명시하고 있다.

사실적·법률적 행위를 포함한다.[89] 보존행위는 통상 신탁재산에 이익이 되고 긴급을 요하는 경우도 있을 것이므로 수탁자가 단독으로 처리할 수 있도록 한다. 이는 신탁재산 내지 수익자의 보호라고 하는 관점에도 부합한다.[90]

(3) 의사표시의 수령

신탁과 거래하는 상대방이 공동수탁자 1인에 대하여 한 의사표시는 다른 수탁자에게도 효력이 있다(제50조 제4항). 수탁자가 다수 존재한다는 이유만으로 신탁과 거래하는 상대방에게 불이익을 주어서는 안 될 것이다. 그리고 신탁사무의 공동처리는 공동수탁자가 신탁사무와 관련한 의사결정 등을 만장일치에 의하도록 하는 것이지 제3자를 구속하는 것은 아니다.[91] 그러므로 의사표시의 수령은 각 수탁자가 할 수 있으며, 이는 다른 공동수탁자에게도 효력이 미친다. 예컨대 계약해제의 경우 해제권의 불가분성으로 인하여 당사자 일방이 여럿인 때에는 그 전원에 대하여 해제의 의사표시를 하여야 하지만(민법 제547조 제1항), 공동수탁자와 계약을 체결한 상대방은 수탁자 1인에 대한 의사표시로써 유효하게 계약을 해제할 수 있다.[92]

다만 수익자의 수탁자에 대한 의사표시는 신탁행위로 달리 정할 수 있다. 수익권의 행사에 있어서 그 의사표시를 공동수탁자 전부 또는 일부에 대하여 하도록 신탁상 제한을 두었다면, 이 또한 수익권의 내용을 이룬다. 수익자는 신탁상 정한 바에 따른 수익권을 가질 뿐이므로 수익자의 의사표시는 신탁상 정함에 의하여야 하고, 그러한 정함이 없는 때 제50조 제4항이 적용된다고 할 것이다.

(4) 업무집행수탁자의 업무집행

공동수탁자는 신탁사무를 공동으로 처리할 의무와 권한이 있지만 업무집행수탁자를 지정함으로써 신탁사무를 신속하고 효율적으로 처리할 수 있다(제50조 제5항). 이때 업무집행수탁자는 당연히 공동수탁자 중 일부로서 수탁자가 업무의 처리를 위탁할 수 있는 제3자(제42조)와는 구분된다. 후자의 경우에는 제42조 제1항의 요건을 충족하여야 하며, 수탁자를 갈음하여 신탁사무를 처리하는 자는 비록 수탁자와 동일한 책임을 지지만(제42조 제3항) 수

---

89) 법무부, 427면.

90) 信託法改正要綱試案 補足說明, 87頁.

91) 최동식, 308면.

92) 장형룡, 신탁법개론, 육법사, 1991, 154면.

탁자는 아니기 때문이다.

그런데 수탁자가 다른 수탁자에게 업무집행을 자유롭게 위탁할 수 있다고 한다면, 비록 신탁사무 자체는 효율적으로 처리할 수 있더라도 다수의 수탁자가 의사결정에 관여함으로써 신중하고 합리적인 결과를 도출할 수 있기를 기대한 위탁자의 의사에는 반하게 된다. 그래서 신탁법은 신탁상 정함이 있는 때에만 업무집행수탁자를 정할 수 있도록 한다. UTC도 수탁자가 제3자에게 위탁하는 것은 넓게 인정하는(UTC sec.807 a) 반면, 공동수탁자간에는 위탁을 제한한다(UTC sec.703 e). 전자의 경우에는 다수의 수탁자가 전문가는 아니기 때문에 오히려 그러한 역할을 적임자에게 위탁하는 것이 필요할 수 있다. 반면 후자의 경우에는 위탁자가 특별한 이유에서 공동수탁자를 선임하였을 것이므로 공동수탁자에 대한 위탁의 범위를 제한하는 것이다.

업무집행수탁자는 다른 수탁자의 업무집행을 대리하는 자이므로 대리권이 있다. 따라서 대리행위로서 업무를 집행함에 있어서는 원칙적으로 본인에 해당하는 공동수탁자를 위한 것임을 현명하여야 그 법률효과가 다른 공동수탁자에게 미친다(민법 제114조 참조). 다만 공동수탁자 전원의 성명을 반드시 표시하여야 하는 것은 아니며 상대방이 알 수 있을 정도로 신탁을 표시하는 것으로 충분하다. 하지만 그 법률행위가 상행위가 되는 때에는 현명을 하지 않았더라도 그 효력은 본인인 공동수탁자 전원에게 미친다고 할 것이다(상법 제48조 참조).93)

8.4. 채무와 책임

8.4.1. 연대채무

(1) 신탁법의 규정방식

공동수탁자는 신탁재산을 합유하므로 신탁재산에 속하는 신탁채무도 준합유하게 될 것이다(민법 제278조). 그런데 학설은 일반적으로 다수당사자의 채권관계에 관한 규정을 공동소유에 관한 규정의 특칙으로 이해하고, 수인에게 채권·채무가 발생할 때 이를 공동소유관계로 한다는 특약을 하지 않는 한 다수당사자의 채권관계에 해당하는 것으로 본다.94) 그리고 제51조 제1항도 신탁사무의 처리에 관하여 제3자에게 부담한 채무에 대하여 공동수탁자가 연대하여 변제할 책임이 있음을 명시하고 있다. 이러한 연대채무는 공동수탁자가

---

93) 대법원 2009. 1. 30. 선고 2008다79340 판결은 조합의 대외적 관계에 대하여 위와 같이 판단하였지만, 공동수탁자간의 법률관계에서도 마찬가지로 해석할 수 있다.

94) 지원림, 1224면.

상호간의 협력하에 신탁사무를 공동으로 처리할 의무를 부담한다는 사실에 기초한 것이다. 그리고 신탁채권자는 신탁재산 이외에 공동수탁자들의 고유재산도 책임재산으로 삼을 수 있어 그 지위가 강화된다.

　　공동수탁자가 연대채무를 부담하는 제3자에 수익자도 포함되는지가 문제될 수 있다.[95] 그러나 수탁자는 수익자에 대하여 신탁재산만으로 책임을 지기 때문에(제38조) 연대채무를 인정하여 책임재산을 확대하는 것은 의미가 없다.[96] 그리고 수익자에 대하여 부담하는 채무는 신탁상 정함에 따라서 부담하게 되는 것이지 신탁사무의 처리로 인하여 발생한 채무가 아니다. 그러므로 공동수탁자가 연대채무를 부담하는 채권자는 수익자를 제외한 신탁채권자에 한정된다고 해야 한다.

　　제51조 제1항은 연대채무만을 명시하고 별도의 정함을 두지 않았기 때문에 연대채무에 관한 일반법리가 적용된다. 각 수탁자는 채무 전부를 이행할 의무가 있고 일부 수탁자의 이행이 있으면 다른 수탁자도 그 의무를 면한다(민법 제413조). 그리고 신탁채권자는 어느 수탁자에 대하여 또는 동시나 순차로 모든 수탁자에 대하여 채무의 전부나 일부의 이행을 청구할 수 있다(동법 제414조). 이때 신탁채권자에 대하여 신탁재산은 물론 각 공동수탁자의 고유재산도 책임을 진다.

(2) 공동수탁자의 연대채무의 특수성

　　법률규정에 의하여 성립하는 연대채무는 많은 경우 부진정연대로 해석되지만, 공동수탁자 상호간에는 상호협력하에 공동으로 사무를 처리할 의무가 있기 때문에 공동목적을 위한 주관적인 연관관계가 있다는 점에서 진정연대라고 할 수 있다. 이러한 결합관계는 채무자 1인에 대하여 생긴 사유가 일정 범위에서 다른 채무자에게 영향을 미치고(민법 제416조 내지 422조), 자신의 출재로 공동면책이 되게 한 채무자가 다른 연대채무자의 부담부분에 대하여 구상권을 행사할 수 있는 근거가 된다(동법 제425조). 그런데 연대채무에 관한 민법규정이 공동수탁자에게 그대로 적용될 수는 없다. 일반적으로 공동수탁자 상호간에는 부담부분을 상정하기 어렵기 때문이다.

　　물론 민법 제424조에 따라서 연대채무자의 부담부분이 균등한 것으로 추정할 수 있을

---

95) 구신탁법 제46조는 수익자에 대한 채무를 연대채무로 하고 신탁사무의 처리에 관하여 부담하는 채무의 경우에도 동일한 것으로 규정하였다.

96) 그래서 구신탁법 제46조 전문은 수익자에 대한 유한책임을 정한 규정과 모순되기 때문에 삭제되어야 한다는 비판이 있었다. 이연갑, 신탁재산에 강제집행할 수 있는 채권자, 중앙법학 제11집 제4호(2009), 281면.

지 모른다. 그러나 수탁자 1인이 신탁재산으로 채무를 변제하였다면 다른 공동수탁자도 면책되지만 구상의 문제는 발생하지 않는다. 신탁재산에 속한 채무를 신탁재산으로 변제한 것에 지나지 않기 때문이다. 고유재산으로 신탁채무를 변제한 경우에도 신탁재산으로부터 비용을 상환받는 방법으로 다른 공동수탁자에게 청구를 할 수 있지만, 이 또한 그 부담부분에 대한 구상은 아니다.[97] 만약 연대채무의 대내적 효력으로서 다른 공동수탁자의 고유재산에 대하여 당연히 구상할 수 있다고 한다면, 공동수탁자간의 구상관계가 불필요하게 복잡해지거나 구상이 무한히 반복될 수 있다. 다만 신탁재산이 비용을 상환하기에 충분하지 않은 경우 신탁상 달리 정한 바가 없는 한 종국적으로 그 불이익을 수탁자가 부담하게 되는 신탁법의 체계상, 고유재산에서 출재한 수탁자에게 전적으로 이를 부담시키기보다는 공동수탁자의 각 고유재산이 분담하는 것이 공동사무처리라고 하는 관점이나 형평의 관점에 부합할지 모른다. 그러나 단지 이러한 특수한 상황을 위하여 공동수탁자의 관계를 일반적인 연대채무와 동일하게 취급할 것은 아니다.

연대채무의 대외적 효력에 있어서도 변제 및 이와 동일하게 평가할 수 있는 사유들은 절대적 효력을 가지지만, 부담부분 및 구상관계를 전제로 하여 절대적 효력을 인정하는 규정들은 공동수탁자에게 그대로 적용될 수 없다. 즉, 어느 공동수탁자의 변제, 대물변제, 공탁, 상계(민법 제418조 제1항)가 있는 경우 이는 당연히 다른 공동수탁자의 채무도 소멸시킨다. 그리고 어느 공동수탁자가 변제제공으로 채권자를 지체에 빠트린 경우 이는 다른 공동수탁자에게 효력이 있다(동법 제422조). 그러나 상계(동법 제418조 제2항), 면제(동법 제419조), 혼동(동법 제420조)은 그러하지 않다. 왜냐하면 공동수탁자들이 부담하는 채무는 결국 신탁재산에 속하는 채무이고 신탁재산은 수탁자들의 고유재산과는 독립한 것이기 때문이다. 그러므로 공동수탁자의 연대채무에 관한 제51조의 해석에 있어서는 민법상의 연대채무에 대한 규정 및 해석론과 구분되는 특수성에 유의할 필요가 있다.

8.4.2. 공동수탁자의 책임 범위

(1) 직무분장의 경우

공동수탁자는 원칙적으로 공동으로 신탁사무를 처리하고 그로 인한 신탁채무에 대하여

---

97) 부담부분이나 구상이 문제되지 않는 점에서는 부진정연대와도 유사하게 보이지만, 공동수탁자 상호간의 관계를 고려하거나 부진정연대에서도 각 부진정연대채무자의 부담부분의 비율에 따른 구상권을 인정하는 판례(가령 대법원 2006. 1. 27. 선고 2005다19378 판결)에 비추어 보면 공동수탁자를 부진정연대채무자라고 하기도 어렵다.

연대채무를 진다. 업무집행수탁자를 정한 경우에도 업무집행수탁자는 대리권이 있으므로 그 효과는 다른 공동수탁자에게 미치고, 따라서 연대채무를 진다. 하지만 신탁에서 공동수탁자간의 직무분장을 정한 경우 각 수탁자는 분장사무의 범위에서 독립하여 사무를 처리하게 된다.[98] 만약 어느 수탁자가 그 정함에 따라 신탁사무를 처리하는 과정에서 제3자에 대하여 채무를 부담하게 되었다면, 이러한 신탁채무에 대하여도 다른 수탁자가 연대채무를 지는지, 특히 그 고유재산으로도 책임을 지는지가 문제된다.

제50조 제3항은 공동수탁자의 신탁사무처리 방식에 대하여 신탁상 달리 정할 수 있도록 하면서도 그 경우 공동수탁자의 채무 및 책임에 대하여는 별도로 규정하고 있지 않다. 그러므로 이 경우에도 제51조 제1항에 따라서 공동수탁자가 연대채무를 지는 것으로 보인다. 그러나 직무분장을 통하여 각 업무를 독자적으로 수행하는 수탁자가 부담하게 된 신탁채무에 대해서까지 다른 수탁자가 고유재산으로 책임을 지도록 하는 것은 공동사무처리에 따른 연대채무라고 하는 취지와는 거리가 있다. 그리고 다른 공동수탁자에게 불측의 손해를 강요할 수 있다. 물론 다른 공동수탁자도 고유재산으로 신탁채무를 변제한 후 신탁재산으로부터 상환을 받을 수 있다. 하지만 이는 어디까지나 신탁재산이 상환을 하기에 충분한 경우에 그러하며, 신탁재산이 충분하다면 업무를 처리한 수탁자가 애초에 신탁재산으로 변제를 하였을 것이므로 신탁채권자가 다른 공동수탁자에게 그 책임을 묻기에 이르지도 않았을 것이다.

또한 신탁상의 직무분장에 관한 정함에 따라 각 공동수탁자가 신탁사무를 처리하는 경우 거래상대방으로서는 그러한 신탁상의 정함을 알기 어려운 경우가 많다. 거래상대방은 통상 신탁재산과 당해 수탁자의 고유재산을 책임재산으로 파악할 것이므로, 다른 공동수탁자의 고유재산이 책임을 지지 않는다고 해서 신탁채권자에게 예상하지 못한 불이익을 강제하게 되는 것도 아니다. 그렇다면 신탁채권자는 자신의 거래상대방인 수탁자에 대하여는 채무의 이행을 청구하고 신탁재산은 물론 그 고유재산에 대하여도 책임을 물을 수 있는 반면, 다른 공동수탁자는 이에 대하여 책임을 지지 않는다고 하는 것이 타당하다.[99]

---

98) 이 경우에도 분장사무를 처리하는 수탁자가 다수인 때에는 이들 공동수탁자가 공동으로 처리하여야 함은 물론이다.

99) 일본 신탁법은 신탁상 직무분장에 관한 정함이 있는 경우 당해 수탁자에게 대리권을 수여하므로(동법 제80조 제5항) 그 효력은 다른 공동수탁자에게도 미친다. 그러나 당해 수탁자 이외의 다른 공동수탁자는 신탁재산에 속한 재산만을 가지고 이를 이행할 책임이 있으며, 다만 신탁채권자가 채무발생의 원인된 행위를 할 때 신탁사무의 처리로 행해진 점과 공동수탁자가 존재한 점은 알고 있었으나 수탁자의 직무분장에 관하여 선의, 무과실이었다면, 다른 공동수탁자는 이것을 가지고 신탁채권자에게 대항할 수 없도록 하여(동법 제83조 제2항) 제3자의 신뢰를 보호하고 거래의 안전을 도모하고자 한다. 그러나 우리법상 공동수탁자간에 당연

(2) 의무위반의 경우

공동수탁자 중 일부가 수탁자로서의 의무를 위반한 경우 다른 공동수탁자의 책임은 신탁채권자에 대한 책임과 신탁재산에 대한 책임으로 나누어 살펴볼 필요가 있다. 먼저 공동수탁자가 공동으로 사무를 처리함에 있어 일부 수탁자의 의무위반이 있는 경우 그 행위가 신탁에 효력이 있는가의 문제는 의무위반행위의 효력에 관한 일반론에 포섭된다.100) 단순히 수탁자의 의무위반이 있다는 이유만으로 제3자와의 거래가 무효가 되는 것은 아니며, 신탁에 대하여 효력이 있는 한 공동수탁자는 신탁채권자에 대하여 연대채무를 부담한다. 그러나 의무위반행위의 효력이 인정되지 않는 때에는 위반행위를 한 수탁자와 상대방 사이에서만 그 책임이 문제된다.

한편 공동수탁자와 신탁재산간의 법률관계에 있어서 의무위반행위를 한 수탁자가 신탁재산에 대하여 책임을 짐은 물론이지만(제43조), 이에 대하여 다른 수탁자 또한 책임을 지도록 하는 것은 가혹하다. 그러므로 신탁재산에 대하여는 의무위반행위를 한 수탁자가 단독으로 또는 함께 위반행위를 한 공동수탁자가 연대하여 책임을 진다고 해야 한다.

그런데 각 공동수탁자는 다른 수탁자의 의무위반행위 내지 신탁위반행위를 저지하고, 위반행위가 있는 때에는 그 책임을 묻기 위한 상당한 주의를 기울이고 적절한 조치를 취할 의무가 있다.101) 그러므로 일부 수탁자의 의무위반행위와 관련하여 다른 수탁자가 이를 저지하기 위하여 합리적인 조치를 취하여야 함에도 불구하고 그러한 주의의무를 다하지 않은 때에는, 비록 그 행위에 관여하지 않았다고 하더라도, 다른 수탁자는 위반행위를 한 수탁자와 연대하여 책임을 진다(제51조 제2항 단서). 다른 수탁자가 지는 책임은 타인의 위반행위에 대한 책임이 아니라 자신의 주의의무위반에 대한 자기책임이다. 따라서 일부 수탁자의 의무위반행위에 대하여 책임을 지지 않는 공동수탁자는 위반행위에 관여하지 않았고 또한 위와 같은 주의의무를 다한 수탁자에 한정된다(제51조 제2항 본문).

일반적인 형평법의 원칙도 신탁위반행위를 한 수탁자에 대하여만 책임을 묻고 다른 수탁자에 대하여는 그 책임을 묻지 않지만, 다른 수탁자의 행위를 감독할 의무를 다하지 않은, 소위 소극적으로 의무위반에 개입된 수탁자에 대하여는 책임을 인정한다.102) 수익자는 이들 공동수탁자에 대하여 개별적으로 또는 연대하여(jointly) 책임을 물을 수 있으며, 법원

히 대리권이 인정되는 것은 아니기 때문에 동일하게 해석할 수는 없다.

100) 이에 관한 상세는 제7장 Ⅱ. 8.2. 참조.

101) UTC sec.703는 이러한 주의의무를 명시하고(g), 과반수로 결정된 행위에 반대하면서 그 뜻을 다른 수탁자에게 통지한 수탁자는 당해 행위가 중대한 신탁위반이 아닌 한 그에 대한 책임이 없음을 명시하고 있다(h).

102) Penner, p.337.

은 책임의 원인된 행위에 관여한 정도에 따라서 그 분담비율을 정할 수 있다.[103]

Ⅲ. 수익자

1. 의의

수익자는 신탁재산으로부터 이익을 향수하는 자로서 수익자신탁의 구조에서 그 정점에 있는 자이다. 신탁의 목적이 일정한 자에게 신탁재산으로부터의 이익을 귀속시키기 위한 것인 때 그 일정한 자를 수익자(beneficiary 또는 cestui que trust[104])라고 한다.

신탁법은 수익자를 직접 정의하기보다는 신탁의 개념정의에서(제2조) 간접적으로 그 의미를 규정하고 있다. 하지만 입법례에 따라서는 수익자를 직접 정의하기도 한다. 가령 일본 신탁법 제2조 제6항은 수익자를 '수익권을 가지는 자'로 명시하고, UTC sec.103 (3)은 신탁재산에 대한 현재 또는 장래의 수익권이 귀속되거나 귀속될(contingent) 자 또는 수탁자 이외의 자격에서 신탁재산에 대한 지정권능을 가지는 자로 규정한다. 그리고 DCFR Ⅹ.－1:203은 신탁의 당사자 중 하나로 수익자를 들고, 신탁상 정함에 따라서 신탁재산으로부터 수익할 권리를 가지거나 수익에 대한 적격(eligibility)을 가지는 자로 규정하고 있다.

신탁행위로 정한 바에 따라 수익자로 지정된 자가 수익자임은 물론이지만, 수익자의 범위가 이에 한정된 것은 아니다. 수익자지정권자 또는 수익자변경권자의 권한 행사에 따라서 수익자가 될 수 있으며(제56조 제1항), 수익권을 양수함으로써 수익자의 지위를 취득할 수 있다. 그리고 법정신탁의 경우 법률규정에 의하여 수익자가 정해진다(제101조 제4항).

2. 수익자능력

2.1. 권리능력 및 행위능력의 요부

신탁법은 수익자의 자격에 관하여 수탁자의 능력과 같은 별도의 정함을 두지 않았다.

---

103) Civil Liability (Contribution) Act 1978.

104) 이러한 표현은 아직도 영미 신탁법이나 판례 등에서 사용되는데, 수익자라는 용어 대신 cestui qui라는 용어를 사용하는 유일한 장점은 계약이 아닌 신탁에서 수익자를 명시하는 정도라고 한다. Scott/Fratcher, Vol. Ⅰ, p.52.

그러나 수익자는 신탁재산의 이익을 향수하는 자이므로, 비록 신탁설정시에 특정되지 않았더라도 권리능력을 가지고 있거나 가지게 될 자이어야 한다. 제67조 제1항은 수익자가 특정되지 않거나 존재하지 않는 경우 신탁관리인을 선임할 수 있도록 하는데, 이는 신탁설정시에 수익자가 특정되지 않거나 존재하지 않는 때에도 당해 수익자를 위하여 신탁을 유효하게 설정할 수 있음을 보여준다. 그러므로 장래에 태어날 아기나 아직 설립되지 않은 회사도 확정가능한 한 수익자가 될 수 있다. 그러나 이미 사망한 자는 수익자가 될 수 없으며 해산한 법인의 경우에도 마찬가지이다.[105] 사망한 자를 위한 신탁이 가령 그의 추모나 기념관 건립과 같은 목적신탁으로 해석될 수 있는지는 별개의 문제이다. 그리고 자연인은 생존한 동안 권리능력을 가지므로 비록 제한능력자인 때에도(제67조 제2항 참조) 수익자가 될 수 있다. 신탁은 수익자를 확정할 수 있는 기준만 있으면 유효하기 때문에 그 기준에 의하여 확정되는 수익자를 위하여 신탁이 설정되는 것이다.

이러한 점은 다른 제도들과 비교되는 신탁의 중요한 특징이다. 예컨대 증여나 사인증여의 경우에는 계약당사자로서 상대방의 존재가 당연히 요구된다. 유증의 경우에도 유언효력 발생 당시 수유자가 권리능력을 가지고 있어야 한다(동시존재의 원칙). 이에 비해 신탁은 위탁자의 의사에 따라 보다 다양한 방식으로 재산적 이익을 귀속시킬 수 있는 장점을 가진다.

그러나 법령에 따라 일정한 재산권을 향유할 수 없는 자는 수익권의 형태로도 그 재산적 이익을 누릴 수 없으므로 수익자가 될 수 없다(제7조). 그리고 위탁자가 자신을 유일한 수익자로 하는 신탁선언을 하는 경우 신탁은 효력이 없다. 이는 위탁자가 수탁자의 지위를 겸하기 때문이 아니라 수탁자가 유일한 수익자가 되기 때문이다. 하지만 위탁자 겸 수탁자가 다수의 수익자들 중 1인인 때에는 신탁은 유효하다.[106]

2.2. 권리능력 없는 단체

법인의 경우 수익자가 될 수 있음은 물론이지만, 법인격을 취득하지 못한 단체의 경우에는 신탁의 해석에 따라서 위탁자의 의사에 상응하는 신탁의 유형을 확정하고 그에 상응하는 효과를 부여하여야 한다.

(i) 단체가 설립 중인 사단이나 재단인 경우에는 제67조 제1항에서 정한 '수익자가 존재하지 않는 경우'에 해당되고, 법인이 된 후에 법인으로서 수익권을 향유하게 된다.

(ii) 수익자로 지정된 단체가 공익을 목적으로 하는 때에는 그 신탁도 공익신탁이 될

---

105) Scott/Fratcher, Vol. II, p.166.
106) Scott/Fratcher, Vol. II, p.74.

수 있다. 물론 공익신탁법상의 공익신탁이 되기 위해서는 법률상 요건이 충족되어야 하지만, 그러한 요건을 갖추지 않은 때에도 공익을 목적으로 하는 단체를 지원하는 목적신탁이 될 수 있다. 공익신탁이나 목적신탁에서 수익자는 효력요건이 아니므로 단체가 법인격이 없더라도 신탁은 유효하다.

(ⅲ) 공익을 목적으로 하지 않는 단체의 경우 신탁을 설정하는 위탁자의 의사는 첫째, 그 단체의 현재 구성원을 위한 것이거나, 둘째, 현재 또는 장래의 변동하는 구성원들을 위한 것이거나, 셋째 그 단체의 목적을 위한 것일 수 있다. 만약 단체라고 하는 징표가 단순히 특정인을 서술하는 수단에 지나지 않고 위탁자의 의사가 현재 또는 장래 그 단체에 속하는 특정 개개인에게 수익권을 수여하기 위한 것이라면, 그들 각자가 수익자가 되는 데에는 문제가 없다. 만약 그 단체가 조합이라면, 조합은 권리능력이 없기 때문에 신탁은 당해 조합의 조합원을 수익자로 하는 신탁이 된다. 그리고 수익권은 조합원의 합유가 된다. 마지막으로 신탁이 단체의 목적을 위한 것이라면 목적신탁으로서의 효력이 발생한다.

3. 수익자지정권과 수익자변경권

3.1. 의의

위탁자는 특정 수익자를 직접 정할 수 있지만, 신탁행위로 수익자를 지정할 권한을 가지는 자를 정하는 것도 가능하다(제58조 제1항). 신탁의 효력요건으로서 수익자의 확정가능성[107]은 수익자를 확정할 수 있는 기준을 요구하는 것이므로, 수익자지정권자를 정함으로써 그 권한의 행사에 따라 수익자가 결정되도록 하는 것도 그 요건을 충족한다. 그리고 신탁설정시에 지정된 수익자를 변경할 수 있는 권한을 가지는 자를 정해 둘 수도 있다(제58조 제1항). 수익자변경권의 행사에 따라서 수익자가 변경되면 기존 수익자의 권리상실에 따른 손해가 문제될 수 있다. 하지만 수익자는 신탁상 정해진 범위 내에서 그 이익을 누릴 뿐이다. 그러므로 수익자변경권이 유보된 신탁에서 수익자가 수익자변경권이 행사될 때까지만 그 권리를 가진다고 해서 특별히 수익자에게 불측의 손해를 주는 것은 아니다.

신탁을 설정하고자 하지만 확정적으로 수익권을 취득할 자를 정할 수 없는 때 수익자지정권자나 수익자변경권자를 정하는 방식으로 신탁을 설정할 수 있다. 신탁설정시에 일부 수익자만을 지정하고 나머지 수익자는 수익자지정권자를 통하여 차후에 정하도록 하거나 수익

---

107) 아래 4.2. 참조.

자변경권자로 하여금 기존의 수익자를 변경하도록 할 수도 있다. 신탁재산으로부터 발생하는 이익을 신탁설정시 지정된 특정 수익자에게 확정적으로 귀속시키는 대신 수익자지정권자나 수익자변경권자를 정하는 방식으로 장래의 구체적인 상황에 따라서 판단할 수 있는 여지를 남겨두는 것이다. 이러한 유연성은 신탁이 가지는 중요한 제도적 특징 중 하나이다.

수익자지정권 또는 수익자변경권을 수여할 수 있는 대상에는 제한이 없다. 그러므로 위탁자는 위탁자 자신이나 수탁자, 그 밖의 제3자를 수익자지정권자 등으로 정할 수 있다. 수탁자를 수익자지정권자 등으로 정한 때에는 재량신탁과 유사한 형태가 된다. 그리고 위탁자가 수익자지정권 등을 제3자에게 수여할 때에는 일반적으로 그와의 특별한 신뢰관계가 전제된다. 그러므로 이러한 권한은 원칙적으로 일신전속적인 성질을 가지며, 따라서 별도의 정함이 없는 한 상속되지 않는다(제58조 제5항).

3.2. 수익자지정권 등의 행사

3.2.1. 행사방법

수익자지정권자 및 수익자변경권자는 신탁상 정함에 따라서 그리고 자신의 재량하에 권한을 행사한다. 그 권한 행사는 수탁자에 대한 의사표시로 하며 방식에 대한 제한은 없다. 수익자지정권자 및 수익자변경권자는 유언으로도 그 권한을 행사할 수 있다(제58조 제2항). 그리고 수익자지정권자나 수익자변경권자의 의사표시가 효력이 발생한 때, 즉 수탁자에게 의사표시가 도달한 때 또는 유언의 효력이 발생한 때 수익자로 지정된 자는 당연히 수익권을 취득한다(제56조 제1항).

3.2.2. 수탁자 또는 수익자의 통지

제58조 제2항이 수익자지정권 등을 수탁자에게 행사하도록 한 것은 수익권의 실현이 수탁자를 통하여 이루어지기 때문에 수익자의 지정이나 변경을 수탁자에게 알려 수탁자로 하여금 원활하게 사무를 처리하도록 하기 위함이다. 그런데 이 경우 수탁자와 수익자의 관점에서 다음과 같은 문제가 제기될 수 있다.

첫째, 수익자지정권 등을 수익자가 아닌 수탁자에 대하여 행사하도록 한 결과 수익자는 자신이 수익자가 된 사실 또는 수익자의 자격을 상실한 사실을 알지 못할 수 있다. 그래서 신탁법은 수익자의 불측의 손해를 방지하고자 수탁자에게 통지의무를 정하고 있다. 즉, 수탁자는 지체 없이 수익자로 지정된 자에게 그 사실을 통지하여야 하며(제56조 제2항), 수익자변경권자가 수익자를 변경한 때에도 신탁상 별도의 정함이 없는 한 수익권을 상실한 자에게 지체 없이 그 사실을 통지하여야 한다(제58조 제4항).

둘째, 수익자지정권자 또는 수익자변경권자가 유언으로 그 권한을 행사한 경우 제3자인 수탁자는 유언의 내용을 알기는 어려우므로 수익자의 지정 또는 변경 사실을 모를 수 있다. 수탁자가 수익자에 관한 사항을 알지 못하면 그의 의무를 이행할 수 없는데, 그럼에도 불구하고 불이행에 대한 책임을 묻는 것은 타당하지 않다. 그래서 제58조 제3항은 수익자지정권 등이 유언으로 행사되어 수탁자가 그 사실을 알지 못한 경우 이로 인하여 수익자로 된 자는 그 사실로써 수탁자에게 대항하지 못하도록 한다. 수익자로 지정되거나 변경된 자는 수탁자에게 그 사실을 통지할 일종의 책무(Obliegenheit)를 부담하고,[108] 그러한 책무를 다하지 못한 때에는 선의의 수탁자에게 대항하지 못하는 것이다. 예컨대 수탁자가 수익급부를 하지 않은 때에도 수익자는 그 채무불이행 내지 의무위반에 따른 책임을 묻지 못한다. 그리고 유언으로 수익자변경권이 행사되었으나 수탁자가 그 사실을 모르고 변경전 수익자에게 급부를 하였다면 수탁자는 새로운 수익자에게 다시 급부할 의무가 없으며, 새로운 수익자는 변경전 수익자를 상대로 부당이득의 반환을 구할 수 있을 뿐이다.

한편 수익자지정권 등을 수탁자에게 유보한 경우에는 수탁자 자신에 대한 의사표시라고 하는 것이 의미가 없으므로 제58조 제2항은 적용이 없다. 이 경우 수탁자는 수익자로 지정된 자에 대한 통지의무와 수익권을 상실한 자에 대한 통지의무만을 부담한다.

3.3. 수익자지정권 등의 불행사

수익자지정권 등의 행사는 수익자지정권자 등의 재량에 달려있기 때문에 이를 강제할 수는 없다. 다만 수탁자로서는 적정한 신탁사무의 처리 내지 수익급부를 위하여 수익자지정권자 등에게 그 권한의 행사를 최고할 수 있을 것이다. 그러나 수익자지정권자가 권한을 행사하지 않고 사망함으로써 수익자가 존재하지 않는 것이 확정되었다면 신탁은 종료할 수밖에 없다(제98조 제1호). 그리고 수익자변경권자가 수익자변경권을 행사하지 않고 사망한 때에는 기존의 수익자가 계속해서 그리고 확정적으로 수익자의 지위를 향유하게 된다.

3.4. 위탁자의 수익자변경권
3.4.1. 수익자변경권의 유보

위탁자는 신탁행위로 수익자변경권을 유보할 수 있다. 이 경우 위탁자는 신탁상 정함

---

108) 책무는 채무와 구분되는 개념으로 채무와 같이 그 이행을 강제하고 불이행에 대한 책임을 물을 수는 없지만, 책무를 부담하는 자는 그 불이행에 따른 불이익을 감수하지 않으면 안 된다.

에 따라서 수익자변경권자로서 그 권능을 행사할 뿐 신탁재산의 소유자로서 그 재산적 이익을 수여하는 것은 결코 아니다. 수탁자가 여전히 신탁재산의 귀속주체이기 때문이다.

그런데 신탁상 위탁자가 별도로 수익자변경권을 유보하지 않은 경우에도 신탁설정자로서 수익자를 변경할 수 있는지, 아니면 수익자변경권을 유보한 때에만 수익자를 변경할 수 있는지가 문제된다. 하지만 수익자로 지정된 자는 당연히 수익권을 취득하기 때문에(제56조 제1항) 신탁상 수익자변경권이 유보되지 않은 한 위탁자라도 일방적인 의사표시에 의하여 그 권리를 박탈할 수 없다. 그래서 위탁자의 수익자변경 가능성은 수익자변경에 대한 전수익자 및 신수익자의 동의가 있는 때 수탁자의 관여 없이도 수익자를 변경할 수 있는가의 문제로 귀결된다.

대법원 2007. 5. 31. 선고 2007다13312 판결에서는 위탁자 겸 수익자가 제3자와의 합의만으로 유효하게 수익자를 변경할 수 있는지가 다투어졌다. 위 판결은 계약상 수익권양도에는 수탁자의 승낙이 요구되고 수익자변경권 또한 유보되지 않았다는 근거에서 수탁자의 동의 없는 수익자변경의 효력을 인정하지 않았다. "수익자는 신탁이익을 향수할 권리를 포함하여 신탁법상의 여러 가지 권리, 의무를 갖게 되므로, 이러한 지위에 있게 되는 수익자를 정하는 것은 위탁자와 수탁자간의 신탁계약 내용의 중요한 요소에 해당한다 할 것이어서, 수익자의 변경에는 계약당사자인 위탁자와 수탁자의 합의가 있어야 하고, 미리 신탁계약에서 위탁자에게 일방적인 변경권을 부여하는 취지의 특약을 하지 않은 한 수탁자의 동의 없이 위탁자가 일방적으로 수익자를 변경할 수는 없다"는 것이다.

그러나 위탁자가 수익자변경권을 유보하지 않은 이상 일방적으로 수익자를 변경할 수 없다는 일반론은 수긍할 수 있지만,[109] 수익자변경에 일반적인 계약법 법리를 그대로 적용하여 수탁자의 동의를 요건으로 하는 데에는 의문이 없지 않다.[110] 물론 신탁법상 신탁의 변경사항에는 별도의 제한이 없으므로 수익자의 변경도 이에 포함될 수 있다면, 신탁상 달리 정한 바가 없는 한 위탁자는 신탁변경의 형태로 자익신탁의 경우에는 위탁자, 수탁자, 신수익자 3자간의 합의, 타익신탁의 경우에는 전수익자를 포함한 4자간의 합의에 의하여 각각 수익자를 변경할 수 있다고 할지 모른다(제88조 제1항). 그러나 수익자변경권이 없다고 해서 위탁자와 수익자들의 합의에 의하여 수익자를 변경하는 것까지 금지된다고 할 근거는

---

109) 유언대용신탁의 경우 수익자변경권을 유보하지 않는 때에도 위탁자에게 수익자변경권을 인정하는 제59조 제1항의 규정방식도 이를 뒷받침한다. 동 규정은 원칙적으로 위탁자가 수익자변경권을 유보한 경우에만 수익자를 변경할 수 있음을 전제로 한 것이기 때문이다.

110) 이에 대한 평석은 최수정, 수익자변경을 통해서 본 신탁계약의 특질, 민사판례연구 XXXI, 박영사, 2009, 695면 이하 참조.

없다. 위탁자는 신탁을 설정하고 재산을 출연한 자이며 신탁에 대한 수익자의 이익은 절대적이라는 점, 신탁은 수탁자를 이용한 수익자보호제도라는 점, 신탁법은 위탁자의 의사실현을 목적으로 하며 수탁자는 비록 신탁계약의 당사자이지만 위탁자의 의사를 실현하는 법적 도구로서 위탁자와 달리 신탁수익이 누구에게 귀속하는가에 대하여 이해를 갖지 않는다는 점에서 위탁자와 수익자들의 합의만으로도 수익자를 변경할 수 있어야 할 것이다. 수익자의 변경으로 발생할 수 있는 비용이나 업무의 번잡함 혹은 책임의 문제는 비용상환청구권이나 채권의 준점유자에 대한 변제 내지 선의의 수탁자에 대한 대항불가라고 하는 장치로 해결될 수 있기 때문에 수탁자가 특별히 불이익을 입을 이유는 없다. 만약 수탁자의 동의가 없기 때문에 수익자를 변경할 수 없다고 한다면, 위탁자는 신탁을 종료하고(제98조 또는 제99조) 다시금 신탁을 설정할 수밖에 없다.111) 그러나 이러한 결과가 매우 비효율적이며 바람직하지도 않음은 자명하다.

다만 이와 같은 불합리한 결과의 발생을 방지하고 위 판결이나 현행법의 해석상 발생할 수 있는 논란을 피하기 위해서도 위탁자는 신탁설정시에 수익자변경에 관한 정함을 둘 필요가 있을 것이다.

3.4.2. 유언대용신탁의 경우112)

(1) 위탁자의 수익자변경권

신탁법은 재산승계를 위하여 설정된 생전신탁의 경우에는 위탁자가 수익자변경권을 유보하지 않은 때에도 수익자를 변경할 권리가 있음을 명시하고 있다. 제59조 제1항은 수익자가 될 자로 지정된 자가 위탁자의 사망시에 수익권을 취득하는 신탁(제1호) 및 수익자가 위탁자의 사망 이후에 신탁재산에 기한 급부를 받는 신탁(제2호)을 유언대용신탁이라고 부르고, 원칙적으로 위탁자가 수익자변경권을 가지는 것으로 규정한다. 이러한 유언대용신탁은 유증과 동일한 기능을 하는데 유언에 대하여는 철회의 자유가 인정되는 만큼(민법 제1108조) 위탁자의 수익자변경권을 승인한 것이다.

(2) 유언대용신탁이라는 용어의 문제점

제59조는 유언대용신탁이라고 하는 표제하에 위탁자의 수익자변경권을 규정하고 있다.

---

111) 실제 신탁계약의 많은 부분을 차지하고 있는 자익신탁에서는 수익권양도에 의하여 보다 용이하게 동일한 목적을 달성할 수 있다. 그러나 수익권의 양도금지특약이 있는 경우 위탁자는 수탁자의 동의가 없는 한 수익자의 변경을 위하여 신탁을 종료할 수밖에 없다.

112) 유언대용신탁에 관한 상세는 제10장 Ⅰ. 2. 참조.

유증과 동일한 기능을 하는 생전신탁에 있어서 위탁자의 의사를 고려하여 수익자변경권을
보장하는 것은 충분히 수긍할 수 있지만, 이를 유언대용신탁이라고 부르는 것이 적절한지
는 의문이다. 이러한 용어는 신탁법 개정 이전에는 사용된 예를 찾기 어려우며, 위 규정의
내용도 유언대용신탁 자체에 관한 것은 아니기 때문이다.[113)

　　신탁법상 신탁을 설정하는 방법은 계약, 유언, 신탁선언이므로 유언대용신탁이 생전신
탁을 의미함은 분명하지만, 그 외의 사항은 전적으로 해석에 맡겨져 있다. 생전신탁이 유언
을 대신할 수 있는지 여부와 그 방식, 효력, 범위 등은 별개의 차원에서 논의되어야 할 문
제이다.[114) 제59조가 전제하는 위탁자의 사망을 시기로 하여 신탁재산으로부터 급부를 받
을 권리가 발생하는 유형의 신탁과 소위 유언대용신탁이 일치한다고 단언할 수도 없다. 그
리고 신탁이 설정되는 보다 일반적인 방식인 신탁계약은 그 형식에 있어서 단독행위인 유
언보다는 사인증여와 유사하다. 또한 법률조문의 표제는 애매하거나 오해의 소지가 없이
규정의 내용을 함축하거나 정확하게 전달할 수 있는 것이어야 한다. 위 규정은 위탁자에게
원칙적으로 수익자변경권을 수여하는 것이므로 표제도 그에 상응하는 것이어야 한다. 예컨
대 제58조를 전제로 하여 "위탁자의 수익자변경권"과 같이 정하는 것도 가능하다. 일본에
서 학설상 사용되던 용어를 그대로 가져와서 별다른 고민 없이 법률규정의 표제로 삼은 점
에서 아쉬움이 크지만, 제59조가 이미 유언대용신탁이라고 적고 있고 실무에서도 유언대용
신탁은 법정개념으로 통용되고 있으므로 이하에서도 이 용어를 사용하기로 한다.

4. 수익자원칙

4.1. 의의

　　전통적으로 영미법에서는 매우 예외적이고 제한적인 경우를 제외하고는 사적인 목적을
위한 신탁은 인정되지 않았기 때문에 자선신탁(charitable trust)이 아닌 한 수익자가 존재하지
않는 신탁은 효력이 없다. 수익자신탁에서 수익자의 존재는 필수적이며, 이를 수익자원칙
이라고 한다(beneficiary principle). 일반적으로 제시되는 수익자원칙의 근거는 다음과 같
다.[115) 첫째, 신탁은 신탁재산을 중심으로 하는 법률관계로서 그 재산적 이익이 귀속될 자

---

113) 사실 유언대용신탁이라고 하는 용어는 일본 신탁법 개정과정에서 본격적으로 사용되었다. 그리고 이를 전
후하여 일본에서는 유언대용신탁이라고 하는 용어가 하나의 법개념으로 통용되는 것으로 보인다. 그러나
정작 일본 신탁법 제90조는 그 표제를 "위탁자의 사망시에 수익권을 취득하는 취지의 정함이 있는 신탁 등
의 특례"라고 하고 제89조의 수익자지정권 등에 관한 특별규정임을 표시하고 있을 뿐이다. 이와 달리 우리
신탁법 개정과정에서는 유언대용신탁이라고 하는 용어 자체에 관하여 상세한 논의가 없었다.
114) 상세는 제10장 I. 2. 참조.

의 존재가 필수적이다. 둘째, 수탁자의 의무를 강제하고 그 불이행시 법원에 소구할 수 있는 지위를 가진 자가 필요하다. 영국에서는 계약과 구분되는 제도인 신탁에서 위탁자는 일단 신탁이 설정되면 그 존재의의를 다하기 때문에 수익자가 아니면 수탁자를 감독하면서 그 의무의 이행을 강제하고 불이행에 대한 책임을 물을 수 있는 자가 없다. 만약 수익자가 존재하지 않으면 신탁재산은 온전히 수탁자의 지배하에 놓이게 될 것이므로, 이처럼 강제와 규율이 불가능한 신탁의 효력을 인정할 수 없었던 것이다.

우리법의 해석에 있어서도 수익자신탁의 구조상 수익자의 존재는 필수적이며, 그러한 의미에서 수익자원칙은 동일하게 작동한다. 영국에서는 수익자원칙이 다른 한편으로 비자선목적신탁의 효력을 부정하는 근거가 되어왔다.[116] 하지만 제2조가 목적신탁의 효력을 정면에서 인정하고 있는 만큼 우리법에서는 수익자신탁에서 신탁의 효력을 판단하는 한 요소로 수익자원칙을 이해하면 충분하다.

4.2. 확정가능성

4.2.1. 수익자의 확정가능성과 신탁의 효력

수익자원칙은 신탁의 효력요건으로서 확정가능한 수익자의 존재를 요구한다.[117] 신탁 설정 당시에 특정되지 않았더라도 장래 특정 시점에서 확정될 수 있으면 충분하다. 이러한 수익자의 확정성 내지 확정가능성(certainty of objects)은 신탁의 효력요건으로서 전통적으로 요구되는 세 가지 확정가능성(three certainties) 중의 하나이다.[118] 확정신탁이든 재량신탁이든 수익자신탁에서는 수탁자가 신탁수익을 귀속시킬 대상이 있어야 하며, 신탁상 이에 관한 정함이 명확하지 않거나 그 대상을 확정할 수 없어서 수탁자가 자신의 의무를 이행할 수 없다면 신탁 자체가 무효가 되는 것이다.

먼저 수익자에 대한 신탁상의 정함은 개념상 명확하여야 한다. 예컨대 위탁자가 단순히 '내가 좋아 하는 사람들'을 수익자로 정하거나 '나의 오랜 친구들'[119] 또는 '나의 고객

---

115) Astor v Scholfield [1952] Ch 534; [1952]1 All ER 1067 Ch D 1075; Hudson, p.167 이하.

116) 영국에서도 근자에는 수익자원칙이 지나치게 제한적이고 위탁자가 수익자 이외의 제3자에게 신탁을 강제할 권리를 수여한다면 비자선목적신탁도 집행가능하다는 근거에서 일정 기간 내에서 그 효력을 인정할 수 있다는 주장이 보인다. 가령 Hayton, Developing the Obligation Characteristic of the Trust, 117 Law Quarterly Review 96(2001); Hilliard, On the irreducible core content of trusteeship — a reply to Professors Matthews and Parkinson, 17 Trust Law International 144(2003).

117) Hudson, p.169.

118) 상세는 제5장 Ⅱ. 1. 참조.

119) Re Barlow's Will Trusts [1979] 1 WLR 278.

들'120)에게 신탁재산을 교부하도록 하였다면, 이러한 정함은 그 개념상의 불명확성으로 인하여 도대체 위탁자가 누구를 수익자로 지정하고자 하였는지를 판정할 수가 없기 때문에 신탁을 무효로 만든다.121) 신탁상 수익자의 성명이 기재된 때 그가 수익자가 되는 것은 물론이며, 철자가 틀린 경우라도 그 동일성을 충분히 확인할 수 있다면 수익자를 정하는 데에는 문제가 없다. 그리고 성명이 기재되지 않은 때에도 신탁상 또는 그 설정 당시의 상황에 비추어 수익자를 판명할 수 있다면 역시 신탁은 유효하다. 이는 결국 신탁계약의 해석에 달린 문제이다.

4.2.2. 확정신탁의 경우

확정신탁은 신탁상 정해진 수익자에게 정해진 수익을 귀속시키는 것이므로 수탁자가 각각의 모든 수익자를 알지 못하면 수익급부를 할 수 없다. 확정신탁에서 모든 수익자가 확정될 수 없으면 신탁은 무효가 되므로, 수탁자는 수익자에 대한 완전한 명단을 작성할 수 있어야 한다. 이는 확정가능성을 판명하기 위하여 영미법에서 전통적으로 제시되어온 기준의 하나로, '완전한 수익자 명단 기준(complete list test)'이라고 불린다. 그리고 수익자 명단이 완비된 한에서는 특정인을 찾을 수 없다거나 생사가 불명하다는 이유만으로 신탁이 무효가 되지는 않는다.122)

4.2.3. 재량신탁의 경우

재량신탁에서 수탁자는 일정한 집단에서 수익자 내지 수익권의 내용을 정할 재량을 가진다. 그러므로 수탁자로서는 재량권을 행사하기 위한 전제로서 잠재적인 수익자 집단을 파악할 수 있어야 한다. 그리고 이로써 확정가능성의 요건은 충족된다.

그런데 잠재적인 수익자 집단이 크지 않은 때에는 수탁자가 완전한 명단을 작성할 수 있지만, 그 대상집단의 범위가 너무 넓은 때에는 잠재적인 수익자의 명단을 망라적으로 파악하기가 어려울 것이다. 그래서 만약 확정신탁에서와 같이 완전한 수익자 명단 기준을 적

---

120) Spafax v Dommett (1972) The Times, July 14.

121) 다만 미국에서는 수익자를 정할 집단이 불확정한(indefinite) 경우에도 예외적으로 위탁자가 수탁자에게 수익자를 지정할 권능을 수여한 때에는 신탁의 효력을 인정한다. 제3차 리스테이트먼트 §46, UTC sec.402 (c).

122) Re Benjamin [1902] 1 Ch 723은 법원이 당해 수익자가 사망한 것으로 전제하고 수탁자로 하여금 나머지 수익자에게 신탁재산을 교부하도록 하였다. 그러나 이러한 법원의 명령은 신탁재산의 교부를 원활히 하기 위한 것일 뿐 생사가 불명인 수익자의 수익권 자체를 박탈하는 것은 아니다. 그러므로 이후에 당해 수익자는 나머지 수익자들로부터 자신의 수익권의 내용을 반환받을 수 있다.

용한다면 이 경우 당해 신탁은 무효가 될 수밖에 없다.[123] 그러나 그와 같이 넓은 범위에 속하는 자들 중에서 수익자가 특정되어야 하는 재량신탁의 경우에는 수탁자가 잠재적인 수익자의 대상을 상당한 주의를 기울여 조사하고 합리적인 기준에 따라서 수익급부의 내용을 정하였다면 수익자요건을 충족한다고 해야 한다. 그것이 위탁자의 의사나[124] 수탁자로서의 적법한 신탁사무처리라고 하는 기준에도 부합하기 때문이다. 따라서 이 경우에는 확정신탁에서와 달리 특정인이 그 수익자집단에 속하는지 아닌지를 분명히 판단할 수 있는지, 소위 집단 기준(class test 또는 any given postulant test 또는 is or is not test)이 적용된다.

5. 수익자의 권리와 의무

5.1. 수익권의 의의[125]

수익자는 수탁자에 대하여 신탁재산에 속한 재산의 인도와 그 밖의 신탁재산에 기한 급부를 청구할 수 있다. 이를 수익채권이라고 한다(제62조). 수익자는 신탁재산으로부터 이익을 향수하는 자이므로 수익채권은 당연히 수익권의 주된 내용을 이룬다.

수익자는 수익채권 외에도 신탁법상 수익자의 지위에서 여러 권능들을 가진다. 신탁법이나 신탁상 정함에 따라서 수익자가 가지는 권능들은 수익채권을 확보하고 그 경제적 가치를 유지하기 위한 중요한 수단이 된다. 예컨대 수익자의 지위에는 동의권(제10조 제2항, 제42조 제1항), 승낙권(제14조 제1항), 수탁자의 해임권 내지 해임청구권(제16조), 신수탁자선임권(제21조), 신탁재산에 대한 강제집행 등에 대한 이의권(제22조), 신탁사무처리에 관한 장부 등의 열람·복사청구 내지 설명청구권(제40조) 등이 인정된다. 그리고 수익자는 통지의 상대방으로서의 지위(제12조, 제13조, 제14조, 제16조, 제17조, 제34조 제2항 등)를 가지며, 신탁계약의 당사자가 아님에도 불구하고 신탁의 변경에 대한 합의 또는 법원에 대한 청구가 가능하고(제88조), 수탁자의 신탁사무 위임에 대한 동의권(제42조 제1항), 수탁자에 대한 원상회복 및 손해배상청구권(제43조), 신탁의 목적에 위반한 법률행위에 대한 취소권(제75조)과 유지청구권(제

---

123) 영국의 경우 McPhail v Doulton [1971] AC 414에서는 특정 회사의 (전)임원과 (전)피용자 또는 그들의 친척이나 부양가족들에게 수탁자의 재량에 따라 신탁수입을 배분하도록 한 신탁의 효력이 문제되었다. 이 판결 이전까지는 재량신탁을 확정신탁과 동일한 기준에 의하여 판단하였으나, 이 사건을 계기로 재량신탁에는 다른 기준을 적용하게 되었다.

124) 매우 넓은 범위의 집단에 속하는 자들 중에서 수탁자의 재량에 따라 신탁수익을 귀속시키도록 한 위탁자는 통상 그 범위에 속하는 모든 자들이 동일한 몫의 수익을 얻도록 하려는 의사는 분명 아니었을 것이다.

125) 수익권과 다른 개념의 구분 및 관계에 대하여는 최수정, 수익자변경을 통해서 본 신탁계약의 특질, 705면 이하; 최수정, 개정신탁법상의 수익권, 선진상사법률연구 제59호(2012. 7), 141면 이하에 의한다.

77조)을 가지며, 나아가 신탁을 종료시킬 수도 있다(제99조).

한편 수익자는 일정한 의무를 부담하기도 한다. 수익권에 부담이 있는 경우 부담의 형태로 의무를 부담할 수 있음은 물론이다. 그리고 신탁상 달리 정한 바가 없는 한 수탁자의 비용상환청구권 및 손해배상청구권(제46조 제4항 내지 제6항), 보수청구권(제47조 제4항)의 상대방이 된다.

이상에서와 같이 수익자의 지위에 따르는 각종 권리와 의무의 총체가 바로 수익권이다. 그리고 수익권을 가지는 자가 수익자이므로, 통상 수익권과 수익자의 지위는 동일한 범주에서 사용된다.

이와 더불어 수익자는 이해관계인의 지위에서 법원에 신탁재산관리인의 선임청구권(제17조 제1항) 및 신수탁자의 선임청구권(제21조 제2항)을 가지며, 신탁감독에 필요한 처분을 청구할 수도 있다(제105조 제2항).

5.2. 수익권의 종류

5.2.1. 분류 방식

수익권의 분류에 있어서 가령 일본의 일부 학설은 신탁계약에 따라 일정한 급부를 받을 수급권을 협의의 수익권이라고 하고, 수급권을 보호하기 위하여 인정되는 권리들을 광의의 수익권에 포함시키기도 한다.126) 다른 일부 학설은 협의의 수익권과 광의의 수익권의 구분 기준이 명확하지 않은 점, 그리고 수급권을 보호하기 위하여 인정되는 수단적인 권리들은 수익자 자신이 아니라 어디까지나 신탁재산에 대하여 손해배상이나 반환을 청구하는 것으로서 신탁사무의 적정한 이행을 확보하기 위한 권리라는 점에서 수급권(내지 자익권)과 신탁감독적 권능의 구분을 사용하기도 한다.127)

우리나라에서도 일본의 학설에 따라 협의의 수익권과 광의의 수익권을 구분하거나,128) 또 자익권과 공익권으로 분류하기도 한다.129) 그러나 이상의 어떠한 분류에 의하든 수익자신탁에서는 수익자의 수탁자에 대한 급부청구가 중심이 된다는 점에는 차이가 없다. 또 신탁법은 위의 각 구분에 따라 법률효과상의 차이를 두지 않는다. 그러므로 위 견해의 대립은 수익권의 내용을 설명하는 방식의 차이에 지나지 않는다고 하겠다.

---

126) 四宮和夫, 316頁.

127) 能見善久, 177頁.

128) 최동식, 329면.

129) 이중기/이영경, 516면 이하.

이와 달리 원본수익권과 수입수익권, 수익자연속신탁에서 연속하는 수익권의 분류는 신탁법상 수익권을 둘러싼 법률관계를 이해하는 데 기초적인 개념이라고 할 수 있다. 그러므로 이하에서는 이들 분류에 관하여 살펴본다.

5.2.2. 원본수익권과 수입수익권

신탁법상 유의미한 수익권의 분류로 원본수익권(capital interest)과 수입수익권(income interest)을 들 수 있다. 수익권은 신탁원본의 인도를 구하는 수익권과 신탁원본으로부터 발생하는 수입의 지급을 구하는 수익권으로 구분되는데, 전자를 원본수익권 그리고 후자를 수입수익권이라고 한다.

원본수익권에서 원본은 신탁상 수익자를 위하여 배분되거나 수입을 창출하는 재산 또는 수익자에 의하여 사용되는 재산을 의미한다.[130] 그리고 수입수익권에서 수입은 원본을 보유함으로써 원본과는 별개로 발생하는 모든 종류의 재산적 이익을 가리킨다. 수입의 내용은 원본의 종류에 따라 달라지는데, 주식의 수입은 배당금이며, 사채나 기타 이자를 발생시키는 투자에 있어서는 이자, 토지의 경우에는 차임이 된다. 수탁자가 소유하는 신탁재산을 사용할 권리도 수입에 포함될 수 있다.[131] 신탁재산에 속한 토지나 주식의 가치가 몇 배로 상승하였더라도 차임이나 배당금 등이 발생하지 않는다면 수입은 없다. 반면 소비재와 같이 시간의 경과에 따라서 원본은 거의 소멸하고 그 차임과 같은 수입만 발생하는 경우도 있다.[132] 그리고 수입의 가치는 원본의 시장가격에 따라서 가변적이다.

예컨대 S가 T에게 신탁재산으로 부동산을 이전하면서 그 차임을 B1에게 그가 생존한 동안 지급하고, B1이 사망한 때에는 B2에게, B2가 사망한 때에는 당해 부동산을 B3에게 지급하도록 정하였다고 하자. 이 경우 B1과 B2는 신탁의 원본으로부터 발생하는 수입에 대한 권리, 즉 수입수익권을 가지며, B3는 신탁원본에 대한 권리, 즉 원본수익권을 가진다.[133] B3는 원본수익자이므로 B1과 B2가 생존한 동안에는 수익급부를 받지 못하지만, B1과 B2가 사망한 후에는 신탁재산 자체에 대한 온전한 소유권을 취득하게 된다.

---

130) UFIPA sec.102 (16).

131) UFIPA sec.102 (10).

132) Penner, p.287.

133) 원본수익자와 수입수익자의 관계에 대하여는 제7장 Ⅱ. 5.2. 참조.

5.2.3. 연속수익자

신탁상 원본수익자와 수입수익자가 존재하는 경우에는 통상 수익자가 연속하는 형태를 띠게 된다. 그리고 제60조는 수익자가 사망한 경우 제3자가 수익권을 취득하게 되는 유형을 수익자연속신탁이라고 부른다.[134) 그런데 수익자의 사망 이외에 수익권에 대한 시간적인 제한이 있는 때에도 수익권이 순차적으로 연속될 수 있다. 예컨대 S가 신탁을 설정하면서 B1이 19세가 될 때까지 신탁수입을 지급하고, 그 후 10년 동안은 B2에게 지급하고, 그 후에는 잔여재산을 B3에게 지급하도록 하였다면, 이 또한 수익자연속신탁이다. 그러므로 제60조는 수익자연속신탁의 한 유형, 즉 수익자의 사망을 조건으로 수익권이 연속하는 유형에 대하여 그 효력을 명시한 것에 지나지 않는다. 이러한 규정방식은 수유자가 연속하는 형태의 유증의 효력과 맞물려 수익자연속신탁의 효력이 문제될 수 있어서 수익자의 사망으로 수익권이 연속하는 신탁도 유효함을 선언하고자 한 입법취지에 기인한 것이다.[135)

수익자연속신탁에서는 최종적인 수익자가 원본수익자이며 그 중간에 존재하는 수익자는 신탁수입에 대한 수입수익권만 가지므로, 수익자연속신탁은 일정한 재산을 보존, 유지하는 기능을 하게 된다. 영미에서도 전통적으로 가산을 후대에 물려주기 위한 수단으로 수익자연속신탁이 이용되었다. 단순히 상속에 의하여 가산을 승계시키는 경우 상속인이 임의로 처분하는 등 가산이 일실될 가능성이 크다. 하지만 신탁을 설정하는 때에는 가산이 신탁원본으로서 수탁자에게 귀속하고 상속인은 수입수익권만 가지기 때문에 당해 재산은 보존, 유지될 수 있는 것이다. 다만 이 경우 위탁자가 가산을 유지하기 위하여 영구적인 수익자연속신탁을 설정할 수 있는지에 대한 문제는 남아 있다.[136)

5.3. 수익권의 성질

5.3.1. 수익권의 성질에 대한 논의

수익권의 성질에 대하여 영미에서는 종래부터 견해가 대립해왔다. 보통법상의 권리와 형평법상의 권리가 나뉘고 수익자를 신탁재산에 대한 형평법상의 소유자로 분류하는 체계에서는 수익권이 수탁자에 대한 급부청구권 내지 양도가능한 채권을 넘어서 신탁재산과 운명을 같이 하는 물권적인 성질(proprietary nature)을 가지는 것으로 이해되기 때문이다. 신탁

---

134) 한편 정순섭, 465면과 오영표, 가족신탁 이론과 실무, 조세통람, 2020, 87면은 위탁자인 생전수익자의 사망은 "수익자가 사망한 경우"에 포함되지 않는다고 하는데, 이를 배제할 근거는 전혀 없다.

135) 상세는 제10장 Ⅰ. 3.2 참조.

136) 그 시간적인 제한에 대하여는 제5장 Ⅱ. 4. 참조.

재산이 있어야 신탁이 존속할 수 있으며, 신탁이 있어야 수익권도 존재할 수 있다. 그리고 수익권은 개별 신탁재산이 아니라 신탁재산 전부(trust fund)를 대상으로 하기 때문에, 어떠한 원인으로든 신탁재산을 구성하는 개별 재산이 변경된 때에도 수익자는 그 신탁재산에 대한 권리를 가진다. 무엇보다 수탁자가 신탁에 위반하여 신탁재산을 처분한 경우 수탁자로부터 그 재산의 보통법상의 권원을 취득한 자에 대하여 수익자는 형평법상의 권원을 주장하여 다시 신탁재산으로 회복시킬 수 있다.[137] 그리고 수익자는 원래의 신탁재산을 추급할 수 있을 뿐만 아니라 그 재산의 대상(substitute)에 대하여도 추급권을 가진다. 예컨대 수탁자가 신탁재산을 처분하고 대금을 받은 경우에는 그 대금에, 만약 그 대금으로 차량을 구입하였다면 그 차량에 각각 수익권이 미치며, 이러한 추급권은 그 대상이 더 이상 존재하지 않는 때까지 계속된다. 수익권이 가지는 이러한 특수성으로 인하여 수익권은 때로는 대물권(jus in rem) 때로는 대인권(jus in personam)으로 성질규정되었으며, 지금까지도 이에 대한 이론적인 대립이 계속되고 있다.

수익권의 성질에 대한 논의는 영미의 신탁법을 수입한 일본에서도 계속되었다.[138] 사법체계를 달리하는 일본에서는 수익권을 물권이나 채권 혹은 또 다른 권리로 어떻게 성질규명을 할 것인가를 둘러싸고 여러 견해가 대립하였다. 대표적으로 수익권을 입법자의 기본적인 이해에 따라서 채권 또는 특수한 채권으로 보는 견해, 신탁재산은 비록 법인격이 없지만 그 자체에 실질적인 권리주체성을 인정하는 견해, 대내외적인 소유권의 분리를 전제로 신탁재산의 상대적 권리이전으로 파악하는 견해를 들 수 있다.[139]

우리 신탁법상 수익권의 성질에 대하여도 학설은 대립한다.[140] 기본적으로 수익권의 성질을 채권으로 보는 입장에서 수익자의 보호를 위하여 신탁법이 인정한 권리에 의하여 강화된 또는 물권화된 채권으로 파악하는 견해가 있는가 하면,[141] 아예 신탁법이 수익권이

---

[137] 그러나 수익자가 모든 양수인에 대하여 그 권리를 주장할 수 있는 것은 아니다. 역사적으로 그 범위는 신탁재산임을 알고서 매수한 자, 수탁자로부터 그 재산을 상속한 자, 수증자, 당해 재산을 압류한 수탁자의 채권자로 확대되었으나, 신탁재산임을 알지 못하고 신탁재산을 양수한 자(bona fide purchaser)에 대하여는 수익권을 주장할 수 없다. 상세는 Penner, p.38 이하.

[138] 이에 관한 논의는 이연갑, 신탁법상 수익자의 지위, 민사판례연구 XXX, 박영사, 2008, 918면 이하; 최동식, 55면 이하; 이중기, 3면 이하 참조.

[139] 개괄적인 소개는 정순섭, 77면 이하.

[140] 법무부, 462면 이하; 정순섭, 80면 이하.

[141] 남동희, 부동산신탁의 위탁자에 대한 회생절차의 실무상 쟁점, 사법 제15호(2011. 3), 132면은 수익자를 신탁재산의 법률상 소유자가 아니라는 소극적인 의미에서의 채권자로 보아 수익권을 일종의 특수한 채권으로 취급하는데, 이 또한 채권설로 분류할 수 있을 것이다.

라는 물권을 창설하였다고 보는 견해도 있다. 이와 달리 단체적 법률관계로서의 신탁에서 수익권은 회사에서의 사원권적 성질을 가진다거나, 채권과 물권의 중간적인 독자적 성질의 권리로 설명하기도 한다.

5.3.2. 신탁법의 해석상 수익권의 성질

수익권의 성질을 규명하기에 앞서 영미나 일본[142]에서와 달리 우리법상 수익권은 수익채권을 중심으로 한 권리뿐만 아니라 의무도 포함한다는 점을 염두에 둘 필요가 있다. 수익권을 권리와 의무의 총체로 개념하는 이상 수익권은 수익자의 지위에 근접하기 때문에 단순히 물권, 채권 또는 그 밖의 특수한 '권리'로 단언할 수 있는가는 의문이다. 그럼에도 불구하고 종래 학설에서는 권리로서의 수익권에 대한 영미에서의 견해를 배경으로 하여 일본의 학설대립을 소개하는 것이 주를 이루었는데, 이를 현행 신탁법의 해석론으로 받아들이는 데에는 분명 한계가 있다.

수익권은 애초부터 완결된 형태의 권리가 아니었으며, 오랜 세월 형평법법원에 의하여 개개의 사건을 통해 그 권리가 형성, 확대, 강화되어왔다. 그러므로 역사적 · 제도적 배경을 달리하는 현재의 우리 법체계에서 수익권의 성질을 이론적으로 정치하게 해명하려는 시도가 어려움에 봉착하는 것은 자연스러운 현상일지 모른다. 그리고 수익권의 법적 성질이 신탁의 구조를 이해하고 신탁법을 해석함에 있어 도움이 될 수 있지만 필수불가결한 것은 아니다. 수익권의 법적 성질에 관하여 견해가 대립하는 상황에서 신탁법이 직접 그 성질을 명시하는 것은 적절하지 않은 까닭에[143] 현행 신탁법도 종래와 마찬가지로 수익권의 개념을 정의하거나 그 성질에 관한 명시적인 규정을 두지 않았다. 그렇다면 수익채권과 별개로 수익권 자체의 법적 성질을 단언할 필요성이나 그 정당성은 희박하다고 할 수밖에 없다.[144]

다만 신탁법상 수익권의 성질을 추론하거나 그 특성을 확인하는 것은 그리 어렵지 않

---

[142] 종래 일본에서는 신탁법에 명시적인 규정은 없었으나 수익권을 권리와 의무의 총합으로 해석하는 것이 일반적이었다. 그러나 현행 일본 신탁법 제2조 제7항은 수익권을 "신탁행위에 기초하여 수탁자가 수익자에 대하여 부담하는 채무로서 신탁재산에 속한 재산의 인도 그 밖에 신탁재산으로부터의 급부를 받을 채권(이하 수익채권이라고 한다) 및 이를 확보하기 위하여 본 법률규정에 의하여 수탁자 그 밖의 자에 대하여 일정한 행위를 요구할 수 있는 권리"라고 규정하여 수익권을 권리로만 정의하고 있다. 반면 우리 신탁법의 해석상 수익권은 여전히 권리뿐만 아니라 의무도 포함하는 개념이기 때문에 일본의 학설과는 다른 관점에서의 접근이 필요하다.

[143] 법무부, 467면.

[144] 정순섭, 84면은 현행법상 원론적으로 물권설과 채권설을 논하는 것은 연혁적 이유 외에는 실익이 없다고 한다.

다. 먼저 신탁법상 신탁재산의 귀속주체는 수탁자이다. 판례도 "부동산의 신탁에 있어서 신탁자의 위탁에 의하여 수탁자 앞으로 그 소유권이전등기를 경료하게 되면 대내외적으로 소유권이 수탁자에게 완전히 이전되고, 신탁기간의 만료 등 신탁종료의 사유가 발생하더라도 수탁자가 수익자나 위탁자에게 목적부동산의 소유권을 이전할 의무를 부담하게 됨에 불과할 뿐, 당연히 목적부동산의 소유권이 수익자나 위탁자에게 복귀된다고 볼 수는 없다"[145]거나, "신탁법상의 신탁은 위탁자가 수탁자에게 특정의 재산권을 이전하거나 기타의 처분을 하여 수탁자로 하여금 신탁 목적을 위하여 그 재산권을 관리·처분하게 하는 것이므로, 부동산의 신탁에 있어서 수탁자 앞으로 소유권이전등기를 마치게 되면 대내외적으로 소유권이 수탁자에게 완전히 이전되고, 위탁자와의 내부관계에 있어서 소유권이 위탁자에게 유보되어 있는 것은 아니라 할 것이며, 이와 같이 신탁의 효력으로서 신탁재산의 소유권이 수탁자에게 이전되는 결과 수탁자는 대내외적으로 신탁재산에 대한 관리권을 가지는 것이고, 다만 수탁자는 신탁의 목적 범위 내에서 신탁계약에 정하여진 바에 따라 신탁재산을 관리하여야 하는 제한을 부담함에 불과하다"[146]고 하여 수탁자가 신탁재산의 소유자임을 분명히 하고 있다. 그리고 우리법은 보통법과 형평법의 구분을 알지 못하며, 대내적 소유권 및 대외적 소유권과 같은 이중소유권의 개념도 법체계상 부적절하다. 그러므로 신탁재산의 소유자는 어디까지나 수탁자이며 신탁재산 자체에 대하여 수익자가 물권 또는 이에 준하는 권리를 가지는 것은 아니라고 해야 한다.

그리고 수입수익권은 수탁자에 대하여 신탁원본으로부터 발생한 수입의 지급을 청구할 수 있는 권리를 주된 내용으로 하는데, 이러한 수익권에 신탁재산 자체에 대한 물권적인 요소는 없다. 원본수익권의 경우에도 수익자가 신탁재산의 소유자인 수탁자에 대하여 그 이전을 구하는 권리 자체는 채권이다. 그래서 신탁의 종료사유가 발생한 때에도 수탁자가 신탁재산의 귀속권리자에게 신탁재산을 이전할 의무를 부담하게 될 뿐 신탁재산이 당연히 복귀되거나 승계되는 것은 아니므로, 그 이전까지는 대내외적으로 신탁재산에 속한 부동산의 소유권은 여전히 수탁자에게 있다.[147]

그런데 수익권은 단순히 수탁자에 대한 급부청구권만을 내용으로 하지 않으며 신탁재산과 여러 형태로 연결되어 있다. 수탁자의 고유재산에 속한 채무에 기하여 신탁재산에 대한 강제집행이 개시된 경우 수익자는 제3자이의의 소를 제기할 수 있다(제22조 제2항). 제3자이의

145) 대법원 1991. 8. 13. 선고 91다12608 판결.
146) 대법원 2002. 4. 12. 선고 2000다70460 판결.
147) 대법원 1994. 10. 14. 선고 93다62119 판결; 대법원 2006. 9. 22. 선고 2004다50235 판결 등.

의 소(민사집행법 제48조)는 이미 개시된 집행의 목적물에 대하여 소유권 기타 목적물의 양도나 인도를 막을 수 있는 권리를 주장함으로써 그에 대한 집행의 배제를 구하는 것이다.148) 제3 자이의의 소의 이의원인은 소유권에 한정되지 않으며 집행목적물의 양도나 인도를 막을 수 있는 권리면 충분하고, 집행목적물이 집행채무자의 소유에 속하지 않는 경우 집행채무자와 의 계약관계에 기해 집행채무자에 대하여 목적물의 반환을 구할 채권적 청구권을 가지고 있는 제3자도 집행에 의한 양도나 인도를 막을 이익이 있으므로 그 채권적 청구권도 제3자 이의의 소의 이의원인이 될 수 있다.149) 소의 원인이 되는 수익권도 이러한 맥락에서 이해 할 수 있으며, 위 규정을 근거로 수익권을 소유권과 같은 물권으로 단정할 것은 아니다. 그 리고 수탁자의 의무위반으로 신탁재산에 손해가 생긴 때 수익자는 수탁자에 대하여 신탁재 산의 원상회복 또는 손해배상을 청구할 수 있다(제43조). 수익자는 비록 영미법상의 추급권 과 같은 신탁재산 자체에 대한 권리는 없지만150) 신탁재산과 관련하여 단순한 채권자와 차 별화되는 여러 권리를 가지는 것이다.

한편 신탁사무의 처리과정에서 적법하게 발생한 비용과 채무는 신탁재산에 귀속하지 만, 그 재산이 부족한 때에는 신탁상 다른 정함이 없는 한 수익권의 한도에서 수익자가 이 를 부담한다(제46조 제4항). 수탁자의 보수에 관하여도 마찬가지이다(제47조 제4항). 신탁법상 이러한 수익자의 의무는 수익자의 보호와 합리적인 비용의 분담이라고 하는 입법정책에 근 거한 것이다.

이상에서와 같이 수익권은 채권인 수익채권을 중심으로 하는 권리와 의무의 총체이며, 수익자는 신탁재산에 대하여 물권을 가지는 것은 아니지만 수익권의 보호를 위한 신탁법의 정함에 따라서 단순한 채권자 이상의 보호를 받는다. 수익권의 법적 성질을 단편적으로 채 권이나 물권, 혹은 막연히 특수한 권리로 분류하기보다는 위와 같이 이해할 때 신탁법상 수 익권에 관한 규정들을 보다 체계적으로 해석할 수 있으며, 그것으로 충분하다.

5.4. 수익권의 취득

5.4.1. 수익권의 당연 취득

신탁상 수익자로 지정된 자는 당연히 수익권을 취득하며, 수익자지정권자 또는 수익자

---

148) 대법원 2007. 5. 10. 선고 2007다7409 판결.
149) 대법원 2003. 6. 13. 선고 2002다16576 판결.
150) 수익자취소권을 추급권과 같이 설명하는 견해도 있지만 우리법은 그러한 제도를 알지 못하며, 이를 근거로 수익권의 채권적 성질을 부정할 것도 아니다. 이에 관하여는 제7장 II. 8.6. 참조.

변경권자가 그 권한을 행사하여 수익자를 지정한 때에도 마찬가지이다(제56조 제1항 본문).[151] 그러므로 수익권의 취득시기는 신탁상 정함에 의한 때에는 신탁의 효력발생 시점, 수익자 지정권자나 수익자변경권자의 의사표시에 의한 때에는 의사표시의 효력발생 시점, 그 의사 표시가 유언에 의한 때에는 유언의 효력발생 시점이 된다. 다만 위탁자는 신탁상 수익자로 지정된 자의 수익의 의사표시를 요구하거나 수익권취득에 조건이나 기한을 붙이는 등 달리 정할 수 있다(제56조 제1항 단서).[152]

구신탁법은 신탁상 수익자로 지정된 자가 신탁이익의 향수를 승낙한 것으로 추정하여 수익권을 귀속시켰으며(동법 제51조 제1항), 부담부수익권의 경우에는 신탁이익향수의 의사표 시를 요구하였다(동법 제51조 제2항). 이러한 규정방식은 제3자를 위한 계약을 전제로 한 것 인데, 제3자를 위한 계약과 신탁은 여러 면에서 구분될 뿐만 아니라 추정의 의미 또한 명확 하지 않았다. 그리고 부담부수익권의 경우에도 수익권의 귀속시기를 앞당겨 수익자를 보호 할 필요가 있다는 점에서는 통상의 수익권과 다르지 않다. 그래서 현행 신탁법은 수익자가 당연히 수익권을 취득하는 것으로 정하고 부담부수익권의 경우에도 달리 취급하지 않는다.

신탁계약의 당사자는 위탁자와 수탁자이지만 수익권은 제3자가 취득하기 때문에 신탁 계약은 제3자를 위한 계약과도 유사하게 보인다. 그러나 제3자를 위한 계약은 제3자에게 계약상 권리를 귀속시키는 합의, 즉 제3자약관이 있는 계약으로, 제3자의 권리는 채무자에 대한 수익의 의사표시를 요건으로 한다(민법 제539조 제2항). 그러므로 당연히 수익권을 취득 하는 신탁계약과는 차이가 있다.[153]

수익권을 "당연히" 취득한다는 것은 수익자로 지정된 자의 수익의 의사표시 없이, 수 익자로 지정된 사실을 알았는지 여부를 묻지 않고, 심지어 수익권을 원하지 않는 경우에도 수익권을 취득한다는 의미이다. 일반적으로 계약당사자 이외의 자에게 의무를 부담시킬 수 없음은 물론 이익도 강제할 수 없다. 그러나 신탁법은 수익권의 확보 내지 수익자의 보호를 위하여 수익자로 지정된 자는 당연히 그 권리를 취득하도록 함으로써 보다 조기에 수익권 을 귀속시킨다. 그 결과 위탁자와 수탁자는 임의로 수익권을 박탈하거나 그 내용을 변경할 수 없으며, 수탁자는 이미 그 수익자에 대하여 신탁법 및 신탁상의 의무를 부담하고 그 불 이행에 대하여 책임을 지게 된다.

---

151) 수익권의 양도에 의하여도 수익권을 취득할 수 있다. 그런데 이는 양도인과 양수인의 합의에 따른 것으로, 신 탁법의 체계상 수익권의 양도는 별도의 절에서 규정하고 있으므로 이에 관하여는 아래 5.6.에서 살펴본다.

152) 법무부, 471면.

153) 그 밖에 신탁계약과 제3자를 위한 계약의 차이점에 관하여는 제5장 I. 2.2.4. 참조.

그런데 위 규정은 타익신탁을 전제로 한 것이다. 자익신탁의 경우에는 위탁자 겸 수익자가 신탁행위의 당사자로서 신탁의 효력발생과 동시에 당연히 수익권을 취득하기 때문에 위 규정은 그야말로 당연한 것을 정한 것으로 보인다. 하지만 이 경우에도 동항 단서에 의하여 신탁행위로 수익권의 취득시기를 달리 정할 수 있다.

그리고 타익신탁에서 위탁자가 신탁상 이익을 특정인에게 귀속시키는 데에는 부양의무의 이행이나 계약상의 급부 등과 같은 다양한 원인이 있을 수 있지만, 원인된 법률관계의 존부나 내용은 수익권의 취득에 직접적으로 영향을 미치지 않는다. 위탁자와 수익자 사이의 법률관계에 흠이 있거나 그 법률관계가 해소되는 등의 사유는 이들 당사자 사이의 계약관계나 부당이득으로 처리될 뿐이다.

5.4.2. 수탁자의 통지의무

수익자는 제56조 제1항에 따라서 당연히 수익권을 취득하게 되므로 자신이 수익권을 취득하였는지 여부나 그 시점, 내용 등을 알지 못할 수 있다. 이 경우 수익자가 신탁이익을 향수할 수 없음은 물론 수익권의 확보를 위한 여러 권리들도 행사할 수 없다. 그래서 제56조 제2항은 수탁자로 하여금 수익자로 지정된 자에게 그 사실을 지체 없이 통지하도록 한다.

하지만 통지시기는 신탁상 달리 정할 수 있다. 위탁자가 통지시기를 달리 정하는 이유는 다양할 것이지만, 이 경우에도 통상은 위탁자 자신이 직접적 혹은 간접적으로 수탁자에 대한 감독을 예정하고 있을 것이므로 수탁자의 감독에 대한 공백상태가 발생하지는 않을 것이다. 만약의 경우에는 이해관계인의 청구에 의하여 법원이 신탁관리인을 선임할 수 있어서(제67조 제2항) 통지시기를 달리 정하는 것이 수익자의 보호에 특별히 문제되지는 않는다. 그러나 부담부수익권의 경우에는 수익자로 지정된 자가 그 의사와 무관하게 수익권과 함께 부담도 인수하게 되므로 수익자의 보호를 위하여 그 사실을 빠른 시일 내에 통지하도록 할 필요가 있다. 그래서 제56조 제2항 단서는 이 경우 수탁자로 하여금 지체 없이 그 사실을 통지하도록 하고, 신탁행위로도 통지시기를 달리 정할 수 없도록 한다.

5.5. 수익권의 포기

5.5.1. 의의

권리 또는 일정한 이익의 포기는 법률상 원칙적으로 허용된다. 예컨대 기한이익의 포기(민법 제153조), 공유지분의 포기(동법 제267조), 주채무자의 항변의 포기(동법 제433조), 상속포기(동법 제1019조 이하), 유증의 포기(동법 제1074조) 등이 그러하다. 신탁법도 수익자가 수익권을 포기할 수 있음을 명시하고 있다(제57조 제1항).

　　신탁법이 수익권 포기의 자유를 인정한 취지는 수익권의 취득에 관한 규정방식과 연결된다. 신탁상 수익자로 지정된 자 또는 수익자지정권자나 수익자변경권자의 지정권 또는 변경권의 행사에 따라서 수익자로 지정된 자는 수익의 의사표시 없이 당연히 수익권을 취득한다. 더욱이 제56조 제1항은 부담부수익권의 경우에도 당연히 수익권을 취득하는 것으로 정하고 있다. 그래서 가령 타익신탁의 경우 수익자는 신탁계약의 당사자가 아니기 때문에 신탁계약의 해제나 해지를 통해 수익자의 지위에서 벗어날 수 없다. 수익자는 수익권을 포기함으로써 비로소 그 권리를 상실함과 동시에 의무를 면할 수 있는 것이다. 당사자의 의사에 반하여 의무를 부담시킬 수 없음은 물론 권리의 취득도 강제할 수 없으므로 수익권의 당연 취득에 상응하여 수익자로 지정된 자에게는 그 지위를 벗어날 수 있는 기회가 보장되지 않으면 안 된다. 그래서 제57조는 수익권 포기의 자유를 명시하고, 제61조 제5호는 신탁행위로도 수익자의 포기권을 제한할 수 없도록 한다.

　　그런데 수익자가 자신의 권리를 포기하는 경우 그것이 단순히 수탁자에 대한 개별 수익채권의 포기인지 아니면 수익권 자체의 포기인지는 의사해석을 통하여 판명된다. 만약 수익자가 개별 수익채권을 포기한 것이라면 이는 그에 상응하는 수탁자의 채무를 면제한 것에 지나지 않는다(민법 제506조). 제57조 제1항은 권리포기에 관한 일반적인 원칙을 확인한 것이라기보다는 신탁에 있어서 수익자가 가지는 각종 권리와 의무의 총체로서 수익권을 포기함으로써 수익자의 지위를 벗어날 수 있음을 명시한 것이다.[154] 그러므로 특정한 권리나 의무만을 선택적으로 포기하는 것은 수익권의 포기가 아니다.[155]

5.5.2. 포기의 자유와 제한

(1) 제57조 제1항의 규정방식

　　제57조는 수익권을 포기할 수 있다고만 정하고 그 제한이나 한계에 대하여는 정함이 없다. 그래서 수익자는 수익권의 내용이나 기한 등의 제한 없이 수익권을 포기할 수 있는 것으로 보인다. 그런데 당초 국회에 제출된 신탁법개정안 제57조 제1항 단서는 "수익자가 신탁행위의 당사자인 경우에는 그러하지 아니하다"고 하여 위탁자나 수탁자가 수익자인 경우에는 수익권의 포기를 제한하였다. 이들은 신탁을 설정하거나 수탁자 지위를 인수하는 과정에서 자신의 의사로 수익권을 취득하였으므로 수익권을 포기할 기회를 부여할 합리적

---

154) 제46조 제4항 단서가 정하는 "수익자가 수익권을 포기한 경우"도 수익권 자체의 포기를 의미한다.
155) Bacon v Barber, 110 Vt 280, 6 A. 2d 9, 123 ALR 253.

인 근거가 없다는 이유에서였다.156) 그러나 국회 심의과정에서 권리는 언제든 그 주체가 포기할 수 있으며 이는 자신의 의사로 그 권리를 취득한 때에도 마찬가지이므로 그 후의 사정에 의하여 수익권을 포기하는 것을 금지할 이유가 없다는 지적에 따라 현행과 같이 단서 조항이 삭제되었다.

(2) 포기의 자유와 그 한계

수탁자로부터 수익자로 지정된 사실을 통지받은 자는 이를 승인하고 수익자의 지위를 유지할 것인지 아니면 포기함으로써 그 지위를 벗어날 것인지를 선택할 수 있다. 그리고 그 선택에 따른 효과는 확정적이다. 그래서 제57조 제1항이 정한 수익권 포기의 자유가 과연 수익권을 승인하였음에도 불구하고 언제든 무제한적으로 번복하거나 포기의 의사표시를 하였음에도 다시금 수익권을 승인할 수 있는 자유까지도 포함하는 의미인지가 문제된다.

수익자가 수익권을 포기하는 이유는 위탁자와의 관계 등 다양할 것이지만, 특히 수익권은 단순한 권리가 아니라 의무도 따르는 지위이므로 이에 대한 부담은 수익권 포기의 중요한 요인이 된다. 사실 구신탁법은 수익자가 신탁비용 등에 대하여 책임을 지는 구조였고, 수익자가 수익권을 포기하는 것만이 이를 면할 수 있는 방법이었다(동법 제42조 및 제43조). 하지만 그로 인한 부담은 종국적으로 수탁자에게 돌아갈 수밖에 없어서 이러한 비용배분의 타당성에 대하여는 의문이 제기되었고, 이를 조정하기 위한 방안으로 일반원칙이나 관련 규정의 유추해석 등을 통하여 일정한 경우에는 수익권의 포기를 제한하려는 시도도 있었다.157)

그러나 현행 신탁법은 신탁비용 등에 대하여 수익자로 하여금 얻은 이익의 범위 내에서만 책임을 지도록 한다(제46조 제4항 및 제47조 제4항). 그러므로 신탁재산이 비용 등을 충당하기에 부족한 때에도 사실 수익권의 포기 여부에 따라서 수익자의 재산상태가 달라지지는 않는다. 그 결과 수익자보호의 관점에서 수익권 포기의 자유가 가지는 의미는 구신탁법에 비하여 상대적으로 약해졌다고 할 수 있다.158) 그럼에도 불구하고 수익권의 포기를 인정하는 취지 및 관련 당사자의 이해관계로부터 해석론으로서 수익권 포기의 한계가 도출될 수 있다.

---

156) 법무부, 476면.
157) 가령 최수정, 신탁상 발생한 비용의 배분 −서울고등법원 2012. 2. 2. 선고 2010나84835 판결을 계기로−, 비교사법 제19권 2호(2012), 667면 이하.
158) 하지만 현행법이 신탁상 발생한 비용을 종국적으로 수탁자에게 부담시키는 입법태도는 여전히 종래와 같은 문제점을 가진다.

가. 수익권의 승인과 포기권의 포기

위탁자의 의사에 따라 당연히 수익권을 취득한다는 점에서 수익자의 법적 지위는 유언자의 일방적인 의사표시에 의하여 재산적 이익을 얻게 되는 수유자에 비교된다.[159] 그러므로 유증에 관한 규정은 상당 부분 수익자에 대하여 유추적용될 수 있다. 수유자는 유언효력 발생 후 언제든지 유증을 승인 또는 포기할 수 있다(민법 제1074조 제1항). 이러한 승인이나 포기는 취소하지 못하지만(동법 제1075조 제1항), 승인이나 포기의 의사표시에 흠이 있는 때에는 예외적으로 제한된 기간 내에 취소할 수 있다(동법 제1075조 제2항 및 동항에 의하여 준용되는 제1024조 제2항). 따라서 수익자도 수익권을 승인 또는 포기할 수 있으며, 승인 또는 포기의 의사표시는 명시적 또는 묵시적으로도 가능하다. 하지만 그 의사표시는 확정적이므로 착오, 사기, 강박과 같이 의사표시에 흠이 있는 경우가 아닌 한 취소할 수 없다고 해야 한다.

수익권의 승인 또는 포기에 관한 의사표시가 있으면 이에 기초하여 법률관계는 확정된다. 수익권의 포기는 타인에 의하여 당연히 수익자가 된 자에게 그 지위를 벗어날 수 있는 기회를 법적으로 보장하기 위한 것임은 규정의 취지상 명백하다. 하지만 신탁법이 수익권을 확정적으로 취득한 후에도 언제든 이를 번복하여 포기할 수 있도록 함으로써 법률관계를 매우 불안정하고 복잡하게 만들 권능까지 수여한 것은 아니다. 만약 수익자가 아무런 제한 없이 수익권을 포기할 수 있다면, 부담부수익권의 경우에 수익자로 지정된 사실을 지체 없이 통지하도록 강제할 필요도 없을 것이다. 또 수익권의 포기는 입법과정에서 언급된 것과 같은 단순한 권리의 포기와 차이가 있고, 사실 일반적인 권리의 포기도 무제한 인정되지는 않는다. 더욱이 신탁비용 등의 부담과 관련하여 수익자는 수익권을 승인함으로써 더 이상 수익권을 포기할 수 없다고 하더라도 수익의 한도에서만 책임을 지기 때문에 구신탁법에서보다 두텁게 보호되고 있다.

그렇다면 수익자는 수익권을 승인하기 전에는 언제든 수익권을 포기할 수 있지만, 수익권을 승인하였다면 이는 포기권의 포기로서 더 이상 수익권의 포기는 허용되지 않는다고 해야 한다.[160] 그리고 자익신탁에서의 위탁자나 다수 수익자 중 1인인 수탁자는 신탁행위의 당사자로서 신탁의 설정, 인수 등의 단계에서 스스로 수익권의 취득을 의욕한 자이므로, 제3자를 수익자로 하는 타익신탁에서와 같이 원하지 않는 지위로부터 벗어날 수 있도록 하는

---

159) 민법은 증여계약의 일방당사자로서 증여를 받는 자를 수증자(민법 제556조)라고 하고, 유증에 있어서 유증을 받는 자를 또한 수증자(민법 제1076조 이하)로 부른다. 그러나 양자의 구분을 위하여도 유증에 있어서는 수유자라고 하는 개념이 보다 명확하며, 이미 상속세 및 증여세법 제2조 제5호도 수증자(제9호)와 구분하여 유증을 받은 자를 수유자로 정의하고 있다. 따라서 이하에서도 수유자의 개념을 사용하기로 한다.

160) 신탁법 제2차 리스테이트먼트 §36 cmt.c.

법률상의 특별한 배려는 필요하지 않다.161) 만약 자익신탁에서 위탁자가 유일한 수익자인 때 수익권 포기의 의사표시를 하였다면 이는 신탁의 종료(제99조 제2항)로 해석할 수 있다.

대법원 2016. 3. 10. 선고 2012다25616 판결도 위와 동일한 취지에서 위탁자 겸 수익자의 수익권 포기를 제한하였다. "구신탁법 제51조 제3항이 수익권의 포기를 인정하는 취지는, 수익자는 구신탁법 제42조 제2항에 따라 비용상환의무를 지게 되므로 수익자가 자기의 의사에 반하여 수익권을 취득할 것을 강제당하지 않도록 하기 위한 데에 있다. 따라서 신탁계약상 위탁자가 스스로 수익자가 되는 이른바 자익신탁의 경우, 위탁자 겸 수익자는 스스로 신탁관계를 형성하고 신탁설정 단계에서 스스로를 수익자로 지정함으로써 그로부터 이익을 수취하려는 자이므로, 그 신탁의 결과 발생하는 이익뿐만 아니라 손실도 부담하도록 해야 하고, 수익권 포기를 통해 비용상환의무를 면하도록 할 필요가 없다"는 것이다.162)

나. 신탁종료 후의 포기

수익권의 포기에 대한 시간적인 제한으로 신탁이 종료한 때에는 더 이상 수익권을 포기할 수 없다고 할 것인가에 대하여 이를 긍정하는 견해와 부정하는 견해가 나뉜다.163) 하지만 수익권에는 수입수익권뿐만 아니라 원본수익권도 포함되는데, 특히 제101조 제2항은 신탁종료후 수익자와 귀속권리자로 지정된 자가 수익권을 포기하는 경우를 예정하여 잔여재산을 위탁자와 그 상속인에게 귀속시키고 있다. 신탁이 종료한 후에도 수익자는 수익급부를 청구할 수 있으며 수탁자는 비용상환청구권을 행사할 수 있다는 점에서도 이에 상응하여 수익자는 수익권을 포기할 수 있다고 하는 것이 타당하다. 따라서 신탁법상 인정되는 수익권의 포기를 명시적인 규정 없이 신탁이 종료하였다는 이유만으로 제한할 근거는 없다.

5.5.3. 포기권의 행사와 효과
(1) 포기권의 행사

수익자는 수탁자에 대한 의사표시로써 수익권을 포기할 수 있다. 제57조 제1항은 수익

---

161) 다만 Bogert/Bogert/Hess, §170은 위탁자나 수탁자의 수익권의 포기를 허용하더라도 신탁 자체의 효력이나 관련 당사자에게 불이익을 줄 염려가 없는 특별한 사정이 있는 때에는 예외적으로 인정할 수 있다고 한다.
162) 위 판결은 또한 "자익신탁에서 위탁자 겸 수익자는 수익권을 포기하더라도 이미 발생한 비용상환의무를 면할 수 없다고 봄이 타당하다"고 하였는데, 이러한 설시로부터 포기가 인정되지 않는 것인지 아니면 포기는 허용되지만 소급효가 인정되지 않을 뿐인지에 대하여 의문이 제기될 수 있다. 이 사건에서는 신탁이 종료한 상태에서 위탁자 겸 수익자가 수익권을 포기하였기 때문에 그 결과에서는 차이가 없지만, 판결의 취지에 비추어 볼 때 수익권의 포기를 제한한 것이라고 해석하여야 한다.
163) 이에 관한 간략한 소개는 광장신탁법연구회, 265면 참조.

권의 포기에 시간적인 제한을 정하고 있지 않다.[164) 수익권의 포기 여부에 따라서 법률관계가 크게 달라질 수 있지만, 수익권이 다양한 방식과 내용으로 설계되는 점을 고려할 때 포기권의 행사에 일률적으로 시간적인 제한을 두는 것은 타당하지 않다. 유증의 경우에도 유사한 문제가 발생하는데, 민법 제1077조는 유증의무자나 이해관계인으로 하여금 상당한 기간을 정하여 승인 또는 포기를 최고할 수 있도록 하고, 그 기간 내에 확답이 없는 때에는 유증을 승인한 것으로 본다. 신탁법은 이러한 간주규정을 두고 있지 않지만, 수탁자로서는 수익자에게 수익자로 지정된 사실을 통지하였음에도 불구하고 별다른 의사표시가 없다면 수익권의 승인 또는 포기에 대하여 최고할 필요가 있을 것이다.[165)

(2) 포기의 소급효

제57조 제2항 본문은 수익자가 수익권을 포기하면 처음부터 수익자의 지위를 가지지 않았던 것으로 본다. 만약 수익권의 포기에 장래효만 인정한다면, 수익자로 지정된 때부터 수익권 포기의 의사표시를 할 때까지는 신탁이익의 향수가 강제되는 결과가 된다. 이는 수익권의 포기를 인정하는 법규정의 취지에 반하고[166) 당사자의 법률관계를 불필요하게 복잡하게 만들 것이다. 그래서 신탁법은 수익권 포기에 소급효를 인정한다.

수익자가 수익권을 포기하면 수익자의 지위에서 발생하는 권리와 의무가 소멸하므로 신탁상 당해 수익권의 처리와 수익자의 부존재가 문제된다. 먼저 수익권을 포기한 자는 아직 취득하지 못한 수익급부에 대한 청구권 등을 상실하며, 이미 수령한 급부는 법률상 원인 없는 이득이 되므로 반환하여야 한다. 신탁상 다른 정함이 없는 한 포기된 수익권의 내용은 신탁재산에 귀속하며 신탁상의 정함에 따라서 다른 수익자에게 배분될 것이다. 그러나 위탁자의 의사가 당해 수익자가 아니면 신탁재산의 이익을 귀속시키지 않을 것임이 명백한 경우에는 유일한 수익자 또는 모든 수익자가 포기하면 신탁은 신탁목적달성 불능으로 종료한다(제98조 제1호).

---

164) 입법례에 따라서는 상당한 기간 내에 포기 여부를 결정하도록 한다. 예컨대 미국 캘리포니아 Probate Code §190.3 (a)(Stats.1983, c.842)는 유언신탁의 경우 위탁자 사망시로부터 9개월 내에 그리고 생전신탁의 경우에는 수익권이 확정된 이후 9개월 내에 포기신청을 하면 상당한 기간 내에 행해진 것으로 본다.

165) 四宮和夫, 319頁은 수익권을 포기함으로써 발생하는 불안정한 상태를 제거하기 위하여 유언신탁의 경우뿐만 아니라 생전신탁의 경우에도 유증에 관한 규정을 유추하여 위탁자, 수탁자 등에게 최고권을 인정하고자 한다.

166) 寺本昌廣, 逐條解說 新しい信託法, 商事法務, 2007, 273頁.

(3) 소급효의 제한

수익권의 포기에 소급효가 인정되는 결과 여타의 소급효가 발생하는 법률관계와 마찬가지로 거래의 안전 내지 당해 수익권을 전제로 거래한 제3자의 보호가 문제된다. 그래서 제57조 제2항 단서는 소급효에 제한을 두어 제3자의 권리를 해하지 못하도록 한다. 이때 제3자는 수익채권을 압류하는 등 수익권에 기하여 새로운 이해관계를 가지게 된 자를 의미한다. 그러므로 수익권 포기의 의사표시의 상대방인 수탁자는 포함되지 않으며, 수탁자는 수익권을 포기한 자에 대하여 포기시까지 발생한 비용의 상환도 청구할 수 없다(제46조 제4항 단서).

5.6. 수익권의 양도

5.6.1. 수익권의 양도성

(1) 의의

수익권은 일종의 재산권으로 원칙적으로 양도성을 가진다. 수익권은 수익채권과 구분되는 개념이기 때문에 그 양도성이 문제될 수 있는데, 제64조는 수익권의 양도성을 선언하고 다만 예외적으로 그 양도성이 제한되는 경우를 정하고 있다. 다른 입법례도 이와 유사하다. 가령 일본 신탁법 제93조는 우리 신탁법과 동일한 내용을 정하고 있으며, 미국 신탁법 제3차 리스테이트먼트는 수익권의 양도성에 대한 일반원칙을 선언하고(§51) 수익권의 양도를 서면에 의할 것을 요구하지 않는다(§52).

수익자는 수익권의 전부 또는 일부를 양도할 수 있다. 이때 수익권의 일부양도는 수익권의 양적인 일부를 뜻하며 질적인 일부의 분리양도는 인정되지 않는다.[167] 예컨대 수익자가 여러 신탁재산으로부터 수익급부를 받을 수 있는 수익권을 가진 경우 신탁재산별 수익권을 분리하여 각각 양도할 수 있다. 그리고 수익권에 대한 지분을 양도하는 경우에는 양도인과 양수인이 수익권을 준공유하며, 공유지분에 상응하는 권리와 의무를 가지게 된다. 그러나 수익권의 내용 중 수탁자에 대한 감독권의 일부만을 분리하여 양도할 수는 없다.

신탁법은 수익권의 양도를 지명채권의 양도에 관한 민법규정과 유사한 방식으로 규율하고 있다. 신탁의 유연화를 위한 필요성 및 수익권 관련 거래당사자의 이해관계 조정이라고 하는 관점에서 지명채권의 양도에 준하는 학설을 수용한 것이라고 설명된다.[168] 즉, 수익권은 양도인과 양수인의 합의에 의하여 그 동일성을 유지한 채 이전되고, 이를 수탁자와

---

167) 이재욱/이상호, 191면.
168) 법무부, 513면.

제3자에게 대항하기 위하여는 대항요건을 갖추어야 한다.

(2) 수익권의 양도, 수익자지위의 이전, 수익자변경

학설에 따라서는 수익권의 양도를 수익자지위의 이전과 동일하게 설명하기도 한다. 가령 수익권의 양도는 계약상 지위의 이전과 달리 수탁자의 승낙 없이도 가능하며, 이때 수익자의 지위 이전과 함께 수익자의 보상책임도 이전하지만 이를 이유로 수익권의 양도에 수탁자의 승낙이 필요하다고 보는 것은 타당하지 않다거나,[169] 수익권의 양도는 수익자가 신탁이라는 단체에서 가지는 지위를 이전하는 것으로서 신탁행위에 의하여 수익자변경권을 부여받은 자가 수익자를 변경하는 수익자변경과는 그 주체에서 차이가 있다고 한다.[170]

수익권을 가지는 자가 수익자라는 점에서 수익권과 수익자의 지위는 동일한 의미로 사용될 수 있다. 수익권의 전부양도에 있어서는 수익자의 지위가 양수인에게 그대로 이전하므로 수익권의 양도와 수익자지위의 이전 역시 일치한다. 다만 수익권의 일부양도의 경우에는 양도인이 수익자의 지위를 여전히 유지하기 때문에 양자의 용례가 완전히 일치하지는 않는다. 그리고 수익권의 양도나 수익자지위의 이전이 있는 경우 수익자가 변경된다. 하지만 수익자의 의사에 의한 수익권의 양도와 달리 수익자변경권자의 변경권 행사에 의하여도 수익자가 변경될 수 있다. 또한 수익자변경은 단수의 수익자가 복수의 수익자로 되거나 복수의 수익자가 단수의 수익자로 되는 등의 변동도 포함한다. 즉, 수익자변경은 수익자에 변동이 있는 상태를 가리키는 개념이며, 이러한 수익자변경을 초래하는 법적 원인인 수익권의 양도, 수익자지위의 이전, 수익자변경권의 행사와는 차원을 달리한다. 그러므로 구체적인 사안에서 각각의 개념에 상응하는 법리가 적용되어야 한다.

5.6.2. 양도성의 제한

수익권은 예외적으로 양도가 제한될 수 있다. 법률상 양도가 제한된 경우는 물론 그 성질상 양도가 허용되지 않거나(제64조 제1항 단서), 신탁상 정함에 따라서 양도에 일정한 절차 또는 방식이 요구되거나 아예 양도가 금지될 수 있다(제64조 제2항 본문).

첫째, 수익권의 성질상 양도가 제한되는지 여부는 당해 신탁의 해석과 수익권의 내용에 따라서 판단된다. 예컨대 위탁자가 부양의무의 이행으로 수익자를 지정하였다면 그 수익권은 성질상 양도가 제한된다. 담보권을 신탁한 경우에도 수탁자는 수익자인 채권자의

---

169) 최동식, 337면.
170) 이중기, 476면.

피담보채권을 담보하기 위하여 담보권을 취득, 보유, 실행하게 되고, 그 수익권은 피담보채권에 부종하므로 피담보채권과 분리하여 양도할 수 없다.[171]

둘째, 신탁상 수익권의 양도를 제한하는 데 특별한 제한은 없으며, 수익자는 그와 같이 양도가 제한된 수익권을 취득하게 된다. 다만 수익권의 양도성 제한에 관한 정함은 거래의 안전을 해할 수 있다. 그래서 제64조 제2항 단서는 선의의 제3자에게 그러한 정함으로 대항할 수 없도록 한다. 이때 수익권의 양도에 관한 규정이 지명채권양도에 관한 민법규정을 모범으로 한 만큼 그 법리가 유추적용될 수 있다. 양도금지특약이 있는 지명채권의 양도에 있어서 채무자는 그러한 특약의 존재를 알고 있는 양수인이나 그 특약의 존재를 알지 못함에 중대한 과실이 있는 양수인에게 특약으로써 대항할 수 있고, 이때 중과실이란 통상인에게 요구되는 정도의 상당한 주의를 하지 않더라도 약간의 주의를 한다면 손쉽게 그 특약의 존재를 알 수 있음에도 불구하고 그러한 주의조차 기울이지 않아 특약의 존재를 알지 못한 것으로, 제3자의 악의 내지 중과실은 채권양도금지의 특약으로 양수인에게 대항하려는 자가 주장·증명하여야 한다.[172] 그러므로 신탁상 수익권의 양도금지 내지 제한에 관한 정함이 있는 때 수탁자는 악의 또는 중과실 있는 선의의 양수인에게 위 정함을 가지고 대항할 수 있다. 반면 양수인이 과실 없는 선의 내지 경과실 있는 선의인 때에는 대항할 수 없는 결과, 양도금지특약에도 불구하고 양수인은 유효하게 수익권을 취득하게 된다.

5.6.3. 수익권의 양도와 대항요건

(1) 양도계약

수익권은 양도인과 양수인 사이의 합의, 즉 양도계약에 의하여 이전된다. 그런데 수익자는 권리를 가지고 의무 또한 부담하기 때문에 계약인수 또는 채무인수에 준하여 수익권 양도시에 수탁자의 승낙이나 양도인, 양수인, 수탁자 3자간의 합의가 필요한지가 문제될 수 있다. 그런데 채무인수의 경우 채권자의 개입이 요구되는 것은 신채무자의 변제자력이 채권자의 이해에 직접적인 영향을 미치기 때문이다. 계약인수에 있어서도 당사자지위에서의 권리와 의무가 함께 이전하기 때문에 역시 타방당사자의 개입이 요구된다. 반면 신탁에서 수탁자는 일차적으로 신탁재산으로부터 비용을 지출하고 고유재산에서 지출한 때에는 신탁재산으로부터 상환을 받을 수 있으며, 보수의 경우에도 동일하다. 그리고 수탁자는 애

초에 수익자의 책임재산을 파악하고 이를 기대하여 신탁을 인수한 것은 아니며, 더욱이 수익자는 수익의 범위에서 의무를 부담할 뿐이다. 그러므로 수익권의 주된 부분이 권리인 점 그리고 수익자의 책임재산에 대한 수탁자의 합리적인 기대가 존재하지 않는 점을 고려한다면173) 신탁상 달리 정한 바가 없는 한 양도인은 양수인과의 합의만으로 수익권을 양도할 수 있다고 해야 한다.174)

(2) 대항요건

가. 대항요건의 의의

수익권은 양도인과 양수인 사이의 합의에 의하여 이전되지만, 이를 수탁자에게 행사하거나 당해 수익권에 대하여 양립할 수 없는 제3자에게 수익권을 주장하기 위하여는 대항요건을 갖추어야 한다. 수탁자 및 제3자에게 대항하기 위하여는 양도인의 통지나 수탁자의 승낙이 필요하며(제65조 제1항), 수탁자 외의 제3자에게 대항하기 위하여는 통지나 승낙을 확정일자 있는 증서로 하여야 한다(제65조 제2항). 이러한 대항요건은 수탁자의 인식을 통하여 수익권을 공시하는 기능을 한다. 물론 신탁재산이 부동산인 경우 신탁등기를 통하여 수익자 및 수익권이 공시되지만 모든 신탁재산이 이러한 공시수단을 가지는 것은 아니다. 수익권을 양수하고자 하는 자는 수익권의 존부나 내용에 대하여 일반적으로 수탁자에게 문의하게 되므로 통지나 승낙을 통하여 수익권의 양도를 수탁자에게 인식시키고자 하는 것이다. 그리고 신탁등기 또는 신탁등록에 대하여 변경등기 또는 변경등록을 통하여 수익권의 변동을 공시하기 위하여도 역시 수탁자에 대한 통지가 필요하다.

나. 대항요건의 구비

수익권의 양도에 대하여는 양도인이 수탁자에게 통지하거나 수탁자가 양도인 또는 양수인에게 승낙함으로써 대항요건을 갖출 수 있다(제65조 제1항). 민법 제450조 제1항과 마찬가지로 신탁법은 양도통지권자로 양도인만을 정하고 있다.175) 하지만 단순히 양수인을 통

---

173) 能見善久, 191頁.
174) 일본 신탁법 개정과정에서는 이 경우 양도인에게 일정한 범위의 채무에 대하여 병존적 책임을 부담시킴으로써 수탁자의 이익을 보호한다면 수탁자의 승낙 없이도 양도가능하다는 논의가 있었다(信託法改正要綱試案 補足說明, 129頁). 그러나 수익권양도에 있어서 채무만을 분리하여 병존적 채무인수로 성격규정하거나, 수익권양도에 의하여 수익자의 지위에서 벗어난 양도인에게 별도의 특약이 없음에도 불구하고 여전히 채무를 존속시킬 근거는 없다.
175) 신탁법개정안 제65조 제1항 제1호는 통지권자를 양도인과 양수인으로 확대하고, 다만 양수인이 양도통지를 하는 경우에는 수익권의 양수 사실을 증명하도록 하였다. 그러나 국회 심의과정에서 민법 일반법리를

지권자의 범위에서 배제하는 방식으로는 참칭양수인으로부터 진정한 권리자를 보호하면서 동시에 양수인의 이익 또한 보호할 수 없다. 양도통지에 직접적인 이해관계를 가지는 것은 양수인이므로 양수인에게도 통지권을 수여할 필요가 있다. 이때 우려되는 진정한 수익자의 보호는 양수인으로 하여금 통지시에 수익권의 양수 사실을 증명하도록 함으로써 도모할 수 있다. 민법 개정논의에서도 동일한 내용의 개정시안이 마련된바,[176] 향후 민법 개정에 상응하여 제65조 제1항도 통지권자에 양수인을 포함시키는 개정이 필요할 것이다.

통지나 승낙에는 특별한 방식이 요구되지 않기 때문에 이를 외부에서 확인하고 또 당사자들의 공모에 의한 소급을 방지함으로써 거래안전을 보호할 수 있는 장치가 필요하다. 그래서 수탁자의 인식시점이 객관적으로 확정된 증거력 있는 것, 즉 확정일자 있는 증서로써 증명될 것이 요구된다.[177] 제65조 제2항은 통지나 승낙을 확정일자 있는 증서에 의하도록 하고, 그렇지 않은 경우 제3자에게 대항할 수 없도록 한다. 확정일자 있는 증서에 의한 통지나 승낙은 양도된 수익권을 둘러싼 제3자들 사이에서 그 우열을 가려 수익권의 유일한 귀속주체를 판단하는 기준이 되는 것이다.

다. 승낙, 통지의 효과

수익권은 양도인과 양수인의 합의에 의하여 이전되므로 통지나 승낙이 없는 때에도 양수인은 대항할 수 없을 뿐 여전히 수익자이다. 그러므로 가령 이러한 사실을 알지 못하는 수탁자가 양도인에게 신탁급부를 하였다면 진정한 수익자인 양수인의 청구가 있는 때 수탁자는 다시금 급부를 하지 않으면 안 된다. 이러한 결과는 양도계약의 당사자가 아닌 수탁자의 지위를 불안하게 만든다. 그렇다고 해서 양도인에 대하여 발생한 사유로 항상 양수인에게 대항할 수 있게 한다면 양수인은 불측의 손해를 입을 수 있고, 이는 수익권의 양도성을 저해하는 중요한 요인이 될 것이다. 그래서 수익권의 양도성을 전제로 하면서도 수탁자 및 양수인의 지위를 불안하게 만들지 않는 방안으로 제65조 제3항은 수탁자로 하여금 통지나 승낙이 있는 때까지 양도인에 대하여 발생한 사유를 가지고 양수인에게 대항할 수 있도록 한다. 따라서 대항요건의 구비시점 이후 양도인에 대하여 발생한 사유로는 양수인에게 대항할 수 없다.

근거로 통지권자 중 양수인이 삭제되었다. 법무부, 521면.

176) 2013년 민법개정시안 제450조(지명채권양도의 대항요건) ① 지명채권의 양도는 양도인이나 양수인이 채무자에게 통지하거나 채무자가 승낙하지 아니하면 채무자 기타 제3자에게 대항하지 못한다. 다만 양수인은 정당한 양수인임을 증명하여 통지하여야 한다.

177) 주석 민법 채권총칙3 제5판, 한국사법행정학회, 2020, 574면.

수탁자는 수익권의 양도에 대하여 승낙할 의무는 없으며 승낙시에 이의를 보류할 수도 있다. 이의를 보류한 승낙은 수익권의 양도를 승낙함에 있어서 양도인에 대한 항변을 유보하여 양수인에게도 주장할 수 있음을 의미한다. 따라서 수탁자는 보류한 사유를 가지고 양수인에게 대항할 수 있다.[178] 그러나 수탁자가 그러한 항변사유의 존재에도 불구하고 이의를 보류하지 않은 채 단순히 승낙만을 하였다면, 이제 수탁자는 양도인에게 대항할 수 있는 사유로써 양수인에게 대항할 수 없다. 사실 수익권의 양도에 의하여 수익권은 동일성을 유지한 채 양수인에게 이전되므로 수탁자로서는 양도인에 대한 대항사유를 가지고 양수인에게 대항할 수 있어야 할 것이다. 그러나 수탁자가 아무런 이의를 보류하지 않고 승낙을 하였다면 이를 신뢰한 양수인을 보호하고 거래안전을 도모할 필요가 있다. 그래서 제65조 제4항은 이의를 보류하지 않은 승낙에 대하여 항변절단효 내지는 항변상실효를 부여한다. 이때 수탁자가 이의를 보류하지 않고 승낙을 함으로써 양수인에게 대항할 수 없게 된 결과 발생하는 불이익은 수탁자와 양도인 사이에서 조정되지 않으면 안 된다. 즉, 수탁자는 채무를 소멸시키기 위하여 양도인에게 급여한 것의 반환을 청구할 수 있고, 양도인에 대하여 부담한 채무가 성립되지 않음을 주장할 수 있다(민법 제451조 제1항 2문).

5.6.4. 수익권양도의 효과

수익권양도에 의하여 양수인은 이제 수익자의 지위에서 권리를 가지고 의무를 부담하게 된다. 이때 기발생한 권리나 의무도 양수인에게 이전하는지 여부는 분명하지 않다. 무엇보다 양도계약의 내용이 일차적인 기준이 되지만 그러한 합의가 없는 경우에 대하여 신탁법은 보충적인 규정을 두고 있지 않다. 학설은 기발생한 급부수령권은 양도통지시에 명시적으로 포함되지 않은 한 이전되지 않는다거나,[179] 일응 변제기가 도래한 구체적인 채무는 양도인 개인의 채무이며 수익권의 내용을 이루지 않기 때문에 특약이 없는 한 양도인이 부담하고, 따라서 수익권의 양도는 장래에 향하여 사실상 수익자 지위의 양도와 같은 의미를 가진다고 한다.[180]

그러나 위 해석은 당사자간에 복잡하고 어려운 문제를 야기할 수 있다. 위 해석에 의한다면 수익권의 양도 시점을 기준으로 기발생한 채권·채무와 장래 발생할 채권·채무의 귀속주체가 분리되기 때문이다. 특히 비용상환채무의 경우 그 발생시점과 범위를 판단하는

---

178) 주석 민법 채권총칙3 제5판, 590면.
179) 이중기, 475면.
180) 법무부, 515면.

것이 용이하지 않기 때문에 양도인과 양수인의 권리·의무를 확정하기가 어렵다. 수익권이 전전양도되는 경우에는 더욱 법률관계가 복잡해지고, 그에 상응하여 수탁자의 부담도 가중 되며, 관련 분쟁을 야기하게 될 것이다.

생각건대 단순히 수익채권을 양도하는 것과 달리 수익권의 양도는 수익자가 가지는 권 리와 의무를 포괄적으로 이전시킨다는 점에서, 비록 수익자가 신탁계약의 당사자는 아니지 만 수익권의 양수인이 수익자로서의 지위를 취득하게 되는 것을 고려할 때, 계약당사자 지 위의 이전을 목적으로 하는 계약인수의 법리를 참고할 수 있다. 계약인수의 경우 인수계약 당시 이미 발생하였으나 이행되지 않은 채무에 대하여 인수인이 종래 채무자와 중첩적으로 책임을 지기로 하는 특약이 없는 한 인수인은 책임을 지지 않는다는 주장도 있다.[181] 그러 나 계약인수에 있어서 양도인은 이제 계약관계에서 탈퇴하고, 양도인의 면책을 유보하는 등의 특별한 사정이 없는 한 잔류 당사자와 양도인 사이에는 계약관계가 존재하지 않으므 로 그에 따른 채권·채무도 소멸한다.[182] 즉, 양수인은 양도인의 계약상 지위를 승계함으로 써 종래 계약에서 이미 발생한 채권·채무를 모두 이전받는 것이다.[183] 그렇다면 수익권의 양도에 있어서도 양수인은 별도의 정함이 없는 한 원칙적으로 이미 발생한 채권과 채무 모 두를 승계한다고 해석할 것이다.

5.7. 수익권에 대한 질권[184]

5.7.1. 의의

신탁재산은 금전이나 유가증권과 같은 환금성이 높은 재산을 대상으로 하는 경우가 많 으며, 이러한 신탁재산으로부터의 수익을 내용으로 하는 수익권은 재산적 가치를 가지고 원칙적으로 양도성을 가지므로 담보의 목적이 될 수 있다. 신탁재산이 부동산인 경우에도 부동산의 관리신탁은 물론 처분신탁에서의 수익권이나[185] 개발신탁에서의 수익권도 그것 이 가지는 담보가치에 기초하여 질권의 목적이 될 수 있다.[186] 수익자가 수익채권에 대하 여 질권을 설정할 수 있음은 물론이며, 채권질권에 관한 민법 규정이 적용된다(민법 제349 조). 이와 별개로 제66조 제1항은 수익권을 질권의 목적으로 할 수 있음을 명시하고 있다.

---

181) 民法注解 X, 박영사, 1996, 629면.
182) 대법원 1987. 9. 8. 선고 85다카733, 734 판결; 대법원 2007. 9. 6. 선고 2007다31990 판결.
183) 대법원 2011. 6. 23. 선고 2007다63089, 63096 전원합의체 판결.
184) 최수정, 개정신탁법상의 수익권, 148면 이하에 의한다.
185) 대법원 2010. 1. 14. 선고 2006다17201 판결.
186) 대법원 2011. 4. 28. 선고 2010다89036 판결.

수익권은 수익채권을 포함하는 신탁상 수익자의 지위에 해당하므로 수익권질권의 법적 성질은 권리질권에 해당하며,[187] 판례도 수익권에 대한 질권을 권리질권의 하나로 파악하고 있다.[188] 신탁법은 수익권질권에 대하여 수익권양도에 관한 규정을 준용하면서 채권질권에 관한 민법 규정과 유사한 방식으로 규정하고 있다.

그런데 수익권은 수익자가 가지는 권리와 의무의 합이라는 점에서 수탁자에게 신탁재산에 속한 재산의 인도 그 밖의 신탁재산에 기한 급부를 요구할 수 있는 수익채권과 구분되고, 수익권질권과 수익채권질권도 그 담보가치에서 차이가 있다. 신탁법상 수익자는 수익의 한도에서 채무를 부담하는데(제46조 제4항 및 제47조 제4항) 이러한 채무는 수익권의 담보가치에 영향을 미치지 않을 수 없다. 수익권질권자는 수익자가 가지는 권리 그 이상을 취득할 수 없으므로, 수익채권에 우선하는 신탁채권은 물론 수탁자의 비용상환청구권과 보수청구권에도 우선할 수 없다.[189] 또한 담보신탁상 우선수익권은 그것에 의하여 담보되는 채권을 전제로 하므로, 양자를 함께 담보로 포착하고 그 담보가치를 평가할 필요가 있다. 우선수익권만을 질권의 목적으로 하는 것도 유효하지만 그 담보가치는 제한적이기 때문이다. 예컨대 우선수익권에 의하여 담보되는 질권설정자의 채권이 변제되거나 추후 양자가 분리, 이전되는 때 우선수익권 자체가 소멸하고 이를 목적으로 하는 우선수익권질권도 소멸하게 되므로 우선수익권질권자가 질권의 실행을 통하여 자신의 채권의 만족을 얻기는 어렵다.[190] 따라서 수익권에 질권을 취득하고자 하는 채권자는 수익권의 담보가치를 평가함에 있어서 이러한 요소들을 충분히 고려하지 않으면 안 된다.

5.7.2. 질권의 설정

(1) 질권의 목적으로서의 수익권

권리질권의 목적이 될 수 있는 것은 양도성을 가지는 재산권으로서 법률상 질권설정이 금지되지 않고 성질상 질권의 목적이 될 수 있어야 한다.[191] 그러므로 수익권이 성질상 양도가 제한되거나, 법률상 또는 신탁상 수익권에 대한 양도가 금지되거나 질권설정이 제한된 때에는 수익권을 질권의 목적으로 할 수 없거나 제한된다(제66조 제1항 단서 및 제2항 본문).

---

187) 주주의 지위를 뜻하는 주식에 대한 질권과 동일하게 파악할 수 있다.

188) 대법원 2010. 8. 26. 선고 2010도4613 판결.

189) 법무부, 528면.

190) 대법원 2017. 6. 22. 선고 2014다225809 전원합의체 판결. 부동산담보신탁에 관한 상세는 제10장 Ⅲ. 3. 참조.

191) 民法注解 Ⅵ, 박영사, 1992, 416면.

다만 신탁상 질권설정을 금지하거나 일정한 절차나 방식에 의하도록 하였음에도 불구하고 수익자가 그에 반하여 질권을 설정한 경우 수탁자는 그러한 정함에 대하여 선의인 질권자에게 대항할 수 없다(제66조 제2항 단서). 하지만 판례는 채권양도금지특약에 반하는 양도에 있어서 양수인의 중과실을 악의와 동일하게 취급하는바,[192] 특약에 반하는 수익권질권에서도 수탁자는 중과실 있는 선의의 질권자에게 특약으로 대항할 수 있다고 할 것이다.

민법은 부동산질권제도를 인정하지 않으므로 부동산의 사용, 수익을 목적으로 하는 권리를 질권의 목적으로 할 수 없다(민법 제345조 단서). 그래서 부동산을 신탁재산으로 하는 신탁에서 수익권에 대하여 질권을 설정할 수 있는지가 문제된다. 학설은 수익권이 수탁자에 대한 채권이고 신탁재산이 부동산이라는 것은 우연한 사정에 불과하기 때문에 민법에 반하지 않는다거나,[193] 신탁재산의 변동가능성과 부동산 이외의 재산이 혼합된 신탁을 고려하여 신탁재산의 종류에 따라 수익권에 대한 질권설정의 가부를 판단하는 것은 불합리하다는 근거에서 부동산신탁수익권에 대한 질권도 허용된다고 한다.[194]

만약 수익권이 부동산 자체가 아니라 그로부터 발생하는 수입에 대한 급부청구권을 주된 내용으로 하는 경우에는 이를 질권의 목적으로 하는 데 장애가 없다. 그러나 수익권이 부동산 자체의 사용, 수익을 주된 내용으로 하는 경우에는 입질이 금지된다고 해야 한다. 금전 이외의 물건의 급부를 내용으로 하는 채권에 대한 질권에 있어서 질권자는 제3채무자에 대하여 직접 그 물건의 인도를 청구할 수 있고 인도받은 물건에 대하여 질권을 행사할 수 있는데(민법 제353조 제1항 및 제4항), 입질채권의 목적물이 부동산이라면 입질을 할 수 없다.[195] 따라서 신탁재산인 부동산의 사용, 수익을 목적으로 하는 수익채권에 대하여 민법상 입질이 금지되는 이상 그 수익채권을 주된 내용으로 하는 수익권에 대한 입질도 허용되지 않는다고 해야 할 것이다.

한편 법률이 명시적으로 입질을 금지하고 있지 않은 때에도 그 법률의 취지에 비추어 처분이 제한되는 재산권에 대하여는 질권을 설정할 수 없다. 대법원 2012. 11. 29. 선고 2011다84335 판결은 임대주택법의 취지에 비추어 수익권의 성질상 처분이 제한된 것으로 보아 수익권에 대한 질권의 효력을 부정하였다. 이 사건에서는 임대사업자가 임대주택에 관하여 분양전환 완료시까지 소유권을 보존, 관리하기 위하여 신탁회사와 사이에 부동산관

---

192) 대법원 2003. 1. 24. 선고 2000다5336, 5343 판결; 대법원 2010. 5. 13. 선고 2010다8310 판결 등.
193) 법무부, 526면 이하.
194) 정순섭, 489면.
195) 民法注解 Ⅵ, 박영사, 1992, 442면.

리신탁계약을 체결하면서 위탁자 겸 수익자로서 신탁종료시에 신탁재산에 대한 소유권이전등기 및 신탁등기말소 등을 신청하기로 정하였는데, 이 수익권에 대하여 자신의 채권자에게 근질권을 설정해주었고 수탁자가 이를 승낙하였다. 위 판결은 "임대사업자가 임대주택에 관하여 분양전환 완료 시까지 소유권을 보존·관리하기 위하여 이를 신탁회사에 신탁하였다고 하여 그 수익권자인 임대사업자가 임대주택을 신탁회사로부터 반환받을 권리를 자신의 채권자에게 입질하는 것까지 허용된다고 하면 그 질권자의 질권실행에 따라서는 임대사업자가 해당 임대주택의 소유권을 회복할 수 없게 될 위험에 처할 수 있고, 이는 결국 임대주택에 대한 신탁이 오히려 임차인의 우선 분양전환권을 해하는 수단으로 변질될 수 있다는 점에서 부당하다고 하지 않을 수 없다. 따라서 저당권 설정 등 처분제한 및 금지사항 부기등기 제도의 입법 목적과 신탁이 설정된 경우에는 부기등기에 대한 예외를 인정해준 규정 취지 등에 비추어 보면, 임대주택의 분양전환 완료 시까지 소유권을 보존·관리하기 위한 목적의 부동산관리신탁이 설정된 경우에 있어서 특별한 사정이 없는 한 임대사업자가 임대주택을 신탁회사로부터 반환받을 권리는 그 성질상 입질의 대상이 될 수 없고, 이러한 권리를 목적으로 하는 권리질권은 효력이 없다"고 하였다.

(2) 설정방법

수익권질권의 설정은 수익권의 양도방식에 따른다(제66조 제3항에 의하여 준용되는 제65조). 그러므로 수익자와 채권자 사이의 질권설정계약에 따라서 채권자는 수익권질권을 취득하게 된다. 신탁상 별도의 정함이 없는 한 수탁자는 질권설정계약의 당사자가 아니며, 수탁자의 승낙이 당연히 계약의 효력요건이 되는 것도 아니다.

수익권질권의 설정은 비록 양도방식에 의하더라도, 수익권의 양도가 아니라 수익권에 질권이라고 하는 담보물권의 부담을 더하는 것이다. 수익자가 수익권을 담보로 제공하는 방법은 수익권을 입질하는 외에 수익권을 양도할 수도 있다. 신탁법에 명시적인 규정은 없지만 수익권에 대하여 양도담보법리 일반의 적용이 배제될 이유는 없다. 그런데 수익권질권과 수익권양도담보는 그 설정방식에 있어서 동일하지만 양자의 법률효과는 차이가 있다. 따라서 당사자들이 어떠한 법률관계를 의욕하였는지에 대한 의사해석을 통하여 각각에 상응하는 법리를 적용하여야 한다.

한편 수탁자가 당해 신탁의 수익자가 가지는 수익권에 대하여 질권을 취득할 수 있는지를 둘러싸고 학설이 대립한다. 신탁법 제34조 및 제36조에 위반된다거나,[196] 제36조에는

---

196) 임채웅, 신탁법연구2, 박영사, 2011, 245면.

위반되지만 신탁행위로 허용한 때에는 제34조를 우선적용하여 허용되는 것으로 해석하거나,[197] 제34조에는 위반되지 않지만 제36조에 위반되고 다만 다른 수익자가 있는 때에는 제36조 단서에 따라 허용된다고 한다.[198] 그러나 수탁자가 자신의 채권을 담보하기 위하여 채무자인 수익자가 가지는 '수익권'에 대하여 질권을 설정한 것에 지나지 않기 때문에 신탁재산에 대한 권리를 고유재산에 귀속시키는 행위가 아니다. 그리고 제36조는 수탁자의 지위에서 신탁재산으로부터의 이익향수를 금지하는 것이지 수탁자가 수익자의 지위를 겸할 수 있음을 부정하는 것이 아님은 물론이다. 수탁자가 수익권질권을 취득하였다고 해서 곧 수익자의 지위를 얻는 것은 아니므로 제36조 단서를 근거로 드는 것은 적절하지 않다. 이 경우 수탁자는 수익권이라고 하는 재산권에 질권을 설정함으로써 그 교환가치를 확보한 것뿐이다. 질권의 행사에 따라서 신탁재산의 환가가치가 수탁자에게 귀속될 수 있지만, 이는 어디까지나 담보물권의 실행에 따른 결과이다. 그러므로 수탁자가 수익권질권을 취득한 사실만을 들어 충실의무위반을 문제삼을 이유는 없다. 판례도 수탁자가 채무자인 위탁자 겸 수익자가 가진 수익권에 대하여 유효하게 근질권을 취득하였다고 보았다.[199]

(3) 대항요건

질권자가 수탁자와 제3자에게 수익권질권으로 대항하기 위하여는 대항요건을 갖추어야 한다(제66조 제3항).[200] 질권설정자인 수익자의 수탁자에 대한 질권설정 사실의 통지 또는 이에 관한 수탁자의 승낙이 있어야 수탁자 및 제3자에게 대항할 수 있다. 그리고 통지나 승낙은 확정일자 있는 증서로 하지 않으면 수탁자 외의 제3자에게 대항할 수 없다. 양립할 수 없는 당사자들 사이에서는 확정일자 있는 증서에 의한 통지나 승낙의 유무 및 그 선후가 우열판단의 기준이 되는 것이다. 그리고 대항요건 구비의 효과로서 수탁자는 통지나 승낙이 있는 때까지 수익자에 대하여 발생한 사유로 질권자에게 대항할 수 있다. 그러나 이의를 보류하지 않고 승낙을 한 경우에는 수익자에게 대항할 수 있는 사유로써 질권자에게 대항할 수 없다. 다만 수탁자가 채무를 소멸하게 하기 위하여 수익자에게 급부한 것이 있으면

---

197) 안성포, 채권금융기관에 의한 담보신탁의 활용, 증권법연구 제13권 제3호(2012), 305면 이하.

198) 정순섭/노혁준, 98면 이하; 정순섭, 490면.

199) 대법원 2005. 6. 10. 선고 2004다42296 판결.

200) 제66조 제3항은 제65조를 준용하면서 "제1항 중 "수익권의 양수 사실"은 "수익권에 대하여 질권이 설정된 사실"로 본다". 그런데 제65조 제1항에는 "수익권의 양수 사실"에 관한 정함이 없다. 애초에 신탁법개정안 제65조 제1항은 양도통지의 주체에 양수인도 포함시키면서 "양수인이 수익권의 양수 사실을 증명한 경우"로 한정하였다. 그러나 국회 심의과정에서 양수인이 통지권자에서 배제되면서 그 정함도 삭제되었으나, 그에 상응하여 제66조에서 해당 부분을 삭제하지 않은 까닭이다. 명백한 입법적 오류이다.

이를 회수할 수 있고, 수익자에 대하여 부담한 채무가 있으면 그 불성립을 주장할 수 있다.

5.7.3. 수익권질권의 효력 범위

(1) 수익채권 및 수익권

채권자는 채무자의 채무불이행시에 수익권질권을 실행하여 채권의 우선적인 만족을 얻을 수 있다. 이때 수익권질권의 주된 담보가치는 신탁원본에 대한 급부청구권 또는 신탁재산으로부터 발생하는 수입에 대한 급부청구권인 수익채권이 된다(제66조 제4항). 그리고 신탁재산의 관리, 처분, 운용 등으로부터 발생한 수입이 신탁상 정한 계산기일에 지급되는 수입수익권에 대한 질권에 있어서는 당사자의 특약이 없는 한 질권의 효력은 설정일 이후에 발생하는 수익채권에 미친다.

수익권양도담보에서는 채권자가 대외적으로 수익자로서 권리와 의무의 주체가 되지만, 수익권질권에서는 질권설정자가 여전히 수익권을 보유한다. 하지만 수익권질권에 의하여 수익자의 권리는 제한을 받게 되는데, 질권자의 이익을 해하는 수익권 자체의 소멸이나 변경은 제한된다(민법 제352조 참조). 이러한 제한은 질권자가 질권의 목적인 수익권의 교환가치에 대하여 가지는 배타적 지배권능을 보호하기 위한 것이다. 그러므로 질권설정자인 수익자와 수탁자가 질권의 목적된 권리를 소멸하게 하는 행위를 하였더라도 이는 질권자에 대한 관계에서 무효일 뿐이며, 특별한 사정이 없는 한 질권자 아닌 제3자가 그 무효를 주장할 수는 없다.[201]

한편 신탁법은 신탁의 합병, 분할, 분할합병제도를 신설하였는데, 신탁의 합병, 분할 혹은 분할합병 후의 수익권에도 질권의 효력이 미치는지가 문제된다. 먼저 신탁의 합병이나 분할, 분할합병에 있어서 각 계획서에는 수익권의 내용에 변경이 있는 때 그 내용과 변경이유를 기재하므로(제91조 제1항 제3호 및 제95조 제1항 제3호) 수익자는 이를 토대로 승인 여부를 결정할 수 있다. 그리고 신탁의 합병에 있어서 합병 전의 신탁재산에 속한 권리·의무는 합병 후의 신탁재산에 존속하며(제93조), 분할되는 신탁재산에 속한 권리·의무 또한 신설신탁 내지 분할합병신탁에 존속한다(제97조 제1항). 신탁의 합병, 분할, 분할합병에 있어서 신탁재산에 속한 적극재산과 소극재산은 포괄적으로 승계되고, 수익자는 여전히 수탁자에

---

201) 대법원 1997. 11. 1. 선고 97다35375 판결. 그리고 대법원 2010. 8. 26. 선고 2010도4613 판결은 토지매매계약에서 매매대금의 담보를 위하여 매수인이 토지의 소유권이전등기를 넘겨받은 후 자익신탁을 설정하고 매도인을 위하여 수익권에 질권을 설정하였으나 매매대금이 미지급된 상태에서 매수인이 일부 토지에 대한 신탁계약을 해지하고 이를 제3자에게 처분한 사안에서 매수인의 배임죄를 인정하였다.

대하여 권리를 가지고 의무를 부담하는 것이다. 이는 회사합병에 있어서 소멸회사의 사원이 합병에 의하여 단주만을 취득하거나 합병에 반대하여 주식매수청구권을 행사하는 등의 특별한 사정이 없는 한 원칙적으로 합병계약상의 합병비율과 배정방식에 따라 존속회사 또는 신설회사의 사원권을 취득하여 존속회사 또는 신설회사의 사원이 되는 것과 유사하다.202) 그리고 수익권질권의 효력은 합병, 분할, 분할합병 후 존속하는 수익권에 미친다. 이는 수익권 관련한 신탁변경의 경우에도 다르지 않다. 다만 수익권의 내용이 변경되는 경우에는 수익권질권자가 애초에 파악한 담보가치에 변동이 있게 되므로, 이와 관련하여 수익자가 가지는 여러 권리에 대한 질권의 효력범위 내지 물상대위를 별도로 검토할 필요가 있다.

(2) 수익채권을 확보하기 위한 권능

수익권질권의 주된 대상은 수익채권이지만 그 밖에 수익권의 내용으로서 수익채권을 확보하기 위한 개개의 권능에도 질권의 효력이 미치는지 여부 및 그 범위가 문제된다. 예컨대 수익자의 권리 중에는 장부의 열람청구권(제40조)과 같이 질권자의 권리실현과 직접적으로 관련이 없는 것도 있지만, 신탁변경청구권(제88조)과 같이 수익권의 담보가치에 중대한 영향을 미치거나, 수탁자의 해임청구권(제16조)처럼 그 영향력을 단편적으로 판단할 수 없는 것도 있다. 그런데 주식질권의 경우 질권자는 주식의 교환가치를 파악한 것이지 주주권 자체를 취득한 것은 아니므로 질권설정에 의해서도 질권설정자가 가지는 의결권과 같은 기타 주주의 권리는 영향을 받지 않는다고 해석된다.203) 주식질권 설정시에 담보주식에 관한 의결권 행사를 질권자에게 위임하는 약정을 별도로 하는 것도 그러한 이유에서이다.204) 이러한 관점에서는 신탁계약상 여러 수익자 사이에 다수결에 의하여 의사결정을 하거나(제71조 제3항) 수익자집회에서 결의하는 때(제74조) 질권설정자가 의결권을 행사하는 데에는 지장이 없다고 할 수 있다. 그리고 특정금전신탁이나 유동화거래에서처럼 신탁계약상 신탁재산의 관리, 처분, 운용에 대하여 위탁자 또는 수익자에게 수탁자에 대한 지시권이 수여되기도 하는데, 이러한 지시권을 신탁계약상 수익자에게 부여되는 특수한 권리라고 본다면 이는 수익권과는 별개의 권리이므로 수익권질권의 효력이 미치지 않는다는 해석도 가능

---

202) 대법원 2003. 2. 11. 선고 2001다14351 판결.
203) 박형준, 주식의 약식질과 관련된 실무상 문제점, 민사재판의 제문제 제17권, 2008, 205면. 다만 등록질의 경우 질권자는 이익배당, 잔여재산의 분배, 물상대위에 따른 금전의 지급을 받아 다른 채권자에 우선하여 자기채권의 변제에 충당할 수 있으므로(상법 제340조), 이러한 한도에서 질권설정자의 자익권은 제한된다.
204) 가령 대법원 2014. 1. 23. 선고 2013다56839 판결의 사안.

하다.205)

그러나 여러 수익자 사이의 결정내용이나 수익자집회에서의 의결사항, 수익자의 신탁재산 처분에 관한 지시권의 행사는 질권의 목적인 수익권의 담보가치에 크고 작은 영향을 미칠 수 있다. 그리고 지시권은 수익자의 지위에서 가지는 권리이고 수익권질권은 수익자의 그러한 권리와 의무 전부를 목적으로 하기 때문에 지시권만을 별도로 분리하여 당해 수익자의 일신전속적인 권리라고 할 근거는 없다. 따라서 질권설정계약상 수익자가 담보제공, 유지의무를 부담하고(민법 제388조 참조) 질권자의 이익을 해하는 권리처분이 제한되는 것(동법 제352조)에 비추어 수익자의 각 권리에 대하여 질권의 효력이 미치는 범위를 개별적으로 판단할 필요가 있을 것이다.

만약 수익자의 권리 행사를 완전히 차단하고자 한다면 그리고 판례와 같이 주식의 양도담보를 신탁적 양도로 파악하는 때에는206) 수익권질권이 아닌 수익권양도담보를 통하여 그러한 목적을 달성할 수 있다. 그러므로 수익권질권의 경우에는 수익자는 수익권의 보호를 위하여 원칙적으로 그 권리들을 행사할 수 있지만, 그로 인하여 질권자의 이익을 해할 수 있는 경우에는 질권자의 승낙이 없는 한 허용되지 않는다고 할 것이다. 나아가 질권자는 질권설정계약시에 수익권의 담보가치에 영향을 미치는 수익자의 일정한 권리 행사를 제한하는 특약을 둠으로써 그 불확실성을 제거할 수 있다. 그리고 실무에서도 이러한 방식이 이용되고 있다.

그런데 제61조는 수익자의 보호를 위하여 신탁행위로도 수익자의 본질적인 권리를 제한하지 못하도록 하기 때문에 질권설정계약을 통하여 제한할 수 있는지 의문이 제기될 수 있다. 하지만 위 규정은 동조 각호에서 정한 권리를 신탁행위로 제한하는 것을 금지하는 것이므로 질권설정계약상의 제한에는 적용이 없다고 해야 한다. 수익자는 수익권을 입질함으

---

205) 秋山朋治, 信託受益權に對する擔保權の設定: 不動産流動化信託を中心として, 信託法研究 第27號 (2002. 12), 20頁.

206) 대법원 1993. 12. 28. 선고 93다8719 판결은 "채권담보의 목적으로 주식이 양도되어 양수인이 양도담보권자에 불과하다고 하더라도 회사에 대한 관계에는 양도담보권자가 주주의 자격을 갖는 것"이라고 하고, 대법원 1992. 5. 26. 선고 92다84 판결은 "주식의 양도가 양도담보의 의미로 이루어지고 양수인이 양도담보권자에 불과하더라도, 회사에 대한 관계에 있어서는 양도담보권자가 주주의 자격을 갖는 것이어서 의결권 기타의 공익권도 양도인에 대한 관계에서는 담보권자인 양수인에 귀속한다"고 한다. 반면 대법원 1992. 5. 12. 선고 90다8862 판결은 주식인수대금채무를 연대보증한 자가 장래의 구상채권에 대한 담보의 목적으로 주식을 취득하면서 주식인수대금의 잔금지급기일까지는 담보목적 이외의 권리 행사를 하지 않기로 약정한 점을 들어 보증채무를 이행하기까지는 담보목적으로 취득한 주식에 관하여 의결권을 비롯한 소위 공익권을 종전주주에게 유보하기로 하는 약정이 있었다고 보아 양도담보권자는 의결권을 행사할 수 있는 주주로서의 지위에 있지 않다고 보았다.

로써 신용을 얻는 것에 상응하여 일정한 권능의 행사에 대한 제한에 합의하였으며, 수익자의 보호는 질권자의 이해에도 부합한다. 그러므로 질권설정계약에서 수익권의 담보가치를 유지하기 위하여 수익권의 행사에 일정한 제한을 두는 것은 원칙적으로 유효하다고 할 것이다.

(3) 위탁자의 권리 행사

신탁법은 신탁을 설정하고 재산을 출연한 위탁자에 대하여 그 고유한 이해를 보호하기 위한 여러 권리들을 수여하고 있으며, 위탁자도 신탁상 일정한 권리를 유보할 수 있다. 신탁에 있어서 위탁자와 수익자는 별개의 존재이며, 위탁자가 자신을 수익자로 지정한 경우에도 양자의 지위는 전혀 별개의 것이다.[207] 그리고 타익신탁의 경우 수익권은 위탁자에게 유보된 권리를 전제로 한 것이므로, 질권자도 이러한 요소들을 고려하여 수익권의 담보가치를 평가하게 될 것이다. 그러므로 수익권에 설정된 질권의 효력은 원칙적으로 위탁자의 권리 행사에 영향을 미치지 않는다.

그러나 자익신탁의 경우에는 비록 위탁자의 지위에서 권리를 행사하더라도 그것이 수익권의 소멸이나 변경을 가져와 질권자의 이익을 해하게 된다면 그 효력을 인정할 수 없다. 자익신탁에서는 질권설정자인 수익자와 위탁자가 동일인이므로 질권자에게 영향을 미치는 한에서는 위탁자로서의 권리 행사에 그 독자적인 이익을 인정할 필요가 없기 때문이다.[208] 다만 특정금전신탁의 경우 위탁자가 반드시 직접 운용지시를 해야 하는 것은 아니며 투자자문회사에 운용지시권을 위탁할 수도 있어서 이러한 운용지시권의 행사에도 질권의 효력이 미치는지가 문제된다. 질권의 목적이 된 수익권은 위탁된 지시권의 행사에 따른 신탁수익의 획득가능성을 의미하고 질권자도 바로 그 범위에서 배타적인 권리를 가진다. 그러므로 당연히 운용지시권에 질권의 효력이 미친다고 보기는 어렵다. 이 경우 당사자들의 이익상황은 오히려 타익신탁에 접근하기 때문이다. 하지만 개개의 신탁에서 구체적인 상황들은 다양할 것이므로, 그 법률관계의 명확성을 도모하기 위하여는 질권설정시에 이에 관한 정함을 둘 필요가 있을 것이다.

(4) 물상대위

질권은 질물의 멸실, 훼손 또는 공용징수로 인하여 질권설정자가 받을 금전 기타 물건

---

207) 대법원 2002. 12. 26. 선고 2002다49484 판결.
208) 四宮和夫, 322頁.

에 미친다(민법 제342조). 담보물권은 목적물의 교환가치의 지배를 목적으로 하는데, 목적물 자체가 멸실, 훼손되었더라도 그 교환가치를 대표하는 대상이 존재하는 때에는 그 위에 담보물권이 존속하는 것이다.[209] 제66조 제4항도 수익권질권이 수익권을 갈음하여 수익자가 받을 금전 기타 재산에도 미친다고 하여 수익권질권의 물상대위를 명시하고 있다.[210]

예컨대 신탁의 주요 내용에 대한 변경에 반대하는 소수 수익자의 보호를 위하여 인정되는 수익권매수청구권의 경우(제89조) 수익자가 매수청구권을 행사하는 때 질권의 목적물은 소멸하지만 그 대상으로 수익권의 대금이 발생한다. 그러므로 이 경우 질권은 그 대금청구권 위에 존속한다. 신탁의 합병, 분할, 분할합병에 있어서 그 계획서를 승인하지 않는 수익자는 수익권매수청구권을 가진다(제91조 제3항, 제95조 제3항). 이때 수익권질권은 수익권의 대금청구권 위에 존속한다. 그리고 회사합병의 경우 주주가 합병으로 인한 손실을 입지 않도록 하면서 복잡한 배정비율에 따른 번잡함을 덜고 절차의 원활한 진행을 위하여 배정비율은 실제 간단히 정하고 해산회사의 주주에게 불리하게 된 차액 상당 부분을 전보하기 위하여 금전을 교부하기도 한다(상법 제523조 제4호).[211] 이러한 합병교부금은 신탁의 합병에 있어서 합병비율의 조정과 수익자의 보호를 위하여 지급될 수 있으며(제91조 제1항 제4호), 신탁의 분할이나 분할합병의 경우에도 다르지 않다(제95조 제1항 제4호). 그러므로 이러한 교부금은 수익권이 소멸함으로써 발생하는 대상에 해당하며, 수익권질권은 그 교부금채권 위에 존속하게 된다.

질물을 갈음하여 그 교환가치가 구현된 대표물은 수익자가 받을 금전 기타 물건 자체가 아니라 제3채무자에 대하여 가지는 지급청구권 또는 인도청구권이다. 그리고 이에 대하여 질권자가 물상대위를 하기 위해서는 그 지급 또는 인도 전에 압류를 하여야 한다(민법 제342조). 압류를 요하는 근거나 정당성에 대하여는 견해의 대립이 있지만,[212] 질권자는 원칙적으로 채권집행절차에 따라 압류 및 전부명령 또는 압류 및 추심명령을 신청하여야 한

209) 民法注解 VI, 박영사, 1992, 400면. 반면 물상대위는 담보물권의 성질 자체로부터 발생하는 것이라기보다 담보권자의 보호를 위하여 법률이 특별히 인정한 효과라거나, 양자의 성격을 모두 가진다는 견해도 있는데, 이에 관한 학설대립은 이승한, 물상대위에 있어서의 '지급 또는 인도전 압류'에 관하여, 민사판례연구 XXII, 박영사, 2000, 92면 이하.

210) 법무부, 528면은 "질권의 목적이 된 해당 수익권의 수익자가 수익채권에 기하여 수탁자로부터 신탁재산에 관한 급부로서 받을 금전"을 물상대위로 설명하고 있다. 그러나 수익채권은 수익권의 중요한 내용으로서 질권의 효력범위에 당연히 포함되며 질권의 목적물을 갈음하는 것이 아니다. 그러므로 이를 물상대위로 설명하는 것은 부당하다.

211) 김진홍, 주식회사의 합병교부금, 변호사-법률실무연구 제23집, 1993, 297면.

212) 이승한, 물상대위에 있어서의 '지급 또는 인도전 압류'에 관하여, 93면 이하; 김형석, 저당권자의 물상대위와 부당이득, 법학 제50권 2호(2009), 529면 이하.

다.213) 그리고 판례에 따르면 압류를 요하는 취지가 물상대위의 목적인 채권의 특정성을 유지하여 그 효력을 보존하고 동시에 제3자에게 불측의 손해를 입히지 않으려는 데 있으므로, 제3자가 압류하여 특정된 이상 질권자는 스스로 압류하지 않았더라도 물상대위권을 행사하여 배당요구를 함으로써 우선변제를 받을 수 있다.214)

5.7.4. 수익권질권의 실행

(1) 수익채권의 직접청구

채권질권자는 질권의 목적이 된 채권을 행사할 수 있으며, 그 채권이 금전채권인 때에는 피담보채권의 한도에서 직접 청구할 수 있다(민법 제353조 제1항 및 제2항). 수익권질권자도 금전채권인 원본채권 또는 수입채권을 행사하여 변제기가 도래한 피담보채권에 충당할 수 있으며(제66조 제5항), 이를 위한 일체의 재판상·재판외의 행위를 할 수 있다. 피담보채권의 변제기가 아직 도래하지 않은 때에는 수탁자에게 그 금액의 공탁을 청구할 수 있다. 그리고 수익권질권자는 그 공탁금출급청구권 위에 질권을 보유한다(제66조 제6항).

신탁법은 수익권질권의 목적이 금전채권인 경우만을 정하고 있다. 많은 경우 금전채권이 문제될 것이지만 수익권질권의 실행이 금전채권에 제한되지 않음은 물론이다. 질권의 목적이 금전채권 외에 물건의 인도를 내용으로 하는 경우에는 질권자는 채무자가 변제받은 물건에 대하여 질권을 행사할 수 있다(민법 제353조 제4항). 그러므로 수익권질권자도 질권설정자인 수익자가 받은 물건 위에 질권을 행사할 수 있으며, 이제 수익권질권은 동산질권으로 그 성질이 전환된다.

(2) 그 밖의 실행

수익권질권은 권리질권으로서의 성질을 가지므로 그 실행방법은 신탁법의 정함에 한정되지 않는다. 민법상 유질계약은 금지되지만(동법 제339조), 피담보채권이 상사채권인 때에는 유질계약이 허용된다(상법 제59조). 그러므로 상사채권의 채권자가 수익권질권을 취득함에 있어 유질계약을 한 경우 질권의 실행방법으로서 수익권을 취득하여 수익자가 되거나 수익권을 처분하여 그 대금으로 피담보채권의 만족을 얻을 수 있다.

---

213) 이때 수익권질권자는 일반채권자로서 강제집행을 하는 것이 아니므로 집행권원을 요하지 않는다. 가령 대법원 1992. 7. 10.자 92마380, 381 결정.

214) 대법원 1994. 11. 22. 선고 94다25728 판결; 대법원 2002. 10. 11. 선고 2002다33137 판결; 대법원 2010. 10. 28. 선고 2010다46756 판결 등.

수익권질권자는 민사집행법에서 정한 집행방법으로 질권을 실행할 수 있다(민법 제354조). 수익권질권자는 민사집행법 제273조 제1항의 "채권, 그 밖의 재산권을 목적으로 하는 담보권의 실행"으로서 수익권을 강제집행할 수 있다. 수익권이 위 규정상 "채권"에 해당하는지 아니면 "그 밖의 재산권"에 해당하는지가 문제될 수 있는데, 수익채권이 아닌 수익권 자체는 "그 밖의 재산권"에 해당한다고 해야 한다. 하지만 어느 경우에도 담보권의 실행에는 차이가 없다. 그리고 수익권의 구체적인 집행방법은 수익권의 내용에 따라서 압류명령, 전부명령, 추심명령, 양도명령, 매각명령, 관리명령, 인도명령 등에 의한다(민사집행법 제223조 이하).215)

5.8. 수익권의 행사

5.8.1. 수익권의 내용과 행사

수익자는 신탁법 및 신탁상 정함에 따른 권리를 가진다. 그리고 수익자의 권리는 이에 상응하는 수탁자의 의무와 밀접하게 연결되어 있다. 이러한 수익자의 권리는 수탁자의 의무 및 의무위반에 관한 장(제7장 Ⅱ.)에서 함께 살펴보는 것이 적절하다. 그러므로 이하에서는 수익채권 및 수익권 행사 일반에 관한 신탁법의 규정을 살펴본다.

(1) 수익채권의 책임재산

수익권의 중요한 내용을 이루는 것이 바로 수익채권이다. 수익채권은 신탁재산에 속한 재산의 인도 그 밖에 신탁재산에 기한 급부를 요구하는 청구권으로(제62조) 당연히 신탁재산을 대상으로 한다. 그래서 제38조도 수탁자가 신탁행위로 인하여 수익자에게 부담하는 채무에 대하여는 신탁재산만으로 책임을 지도록 한다. 이때 신탁행위로 인하여 수익자에게 부담하는 채무가 수익급부를 의미함은 물론이다. 수탁자의 이러한 유한책임은 신탁채권자에 대하여 원칙적으로 신탁재산과 고유재산으로 무한책임을 지는 것과 대조를 이룬다.

(2) 수익채권과 신탁채권의 관계

신탁이 수익자의 이익을 위한 것이고 수익자의 보호는 신탁법의 중요한 정책이지만, 이것이 신탁과 거래한 신탁채권자를 희생하면서까지 수익자를 우선해야 한다는 의미는 아

---

215) 신탁수익권에 대한 강제집행에 관한 논의는 한상곤, 신탁수익권의 집행에 관한 법적 소고, 홍익법학 제15권 제4호(2014), 325면 이하; 김태진, 신탁수익권과 강제집행 -수익권에 대한 압류의 효력범위에 관한 고찰-, 비교사법 제24권 2호(2017), 422면 이하 참조.

니다. 그리고 수익자는 신탁재산 중 적극재산을 초과하는 소극재산을 부담하지 않지만, 신탁채권은 신탁재산이 부담하는 채무로서 신탁이익의 향수는 이러한 소극재산에 의하여 제한을 받지 않을 수 없다. 그래서 제62조는 수익채권과 신탁채권과의 관계에 있어서 신탁채권이 우선함을 명시하였다.

만약 신탁상 수익채권이 신탁채권에 우선하는 것으로 정하였다면, 이는 제3자에게 불측의 손해를 줄 수 있으므로 효력이 없다고 해야 한다. 하지만 신탁채권자가 자신의 채권보다 수익채권이 우선하는 것으로 약정하였다면 이러한 합의를 무효로 볼 이유는 없다.216) 따라서 이 경우에는 수익채권이 당해 신탁채권과의 관계에서 우선하게 된다. 수익채권과 신탁채권의 관계는 특히 신탁재산의 파산에서 중요한 의미를 가지는데, 위 취지는 채무자회생법 제578조의16에서도 확인할 수 있다. 즉, 유한책임신탁재산에 대한 파산선고가 있는 경우 신탁채권이 수익채권에 우선하지만, 신탁채권자가 자신의 채권을 다른 채권보다 후순위로 하기로 정하였다면 그에 따라 다른 채권보다 후순위가 된다.

(3) 수익채권의 소멸시효

수익채권은 수탁자에 대한 급부청구권으로서 채권의 소멸시효에 관한 민법 규정이 적용된다(제63조). 따라서 10년간 수익채권을 행사하지 않으면 시효가 완성된다(민법 제162조 제1항). 수익권은 수익자의 지위에서 가지는 권리와 의무의 합으로 수익자지위에 접근하기 때문에 이러한 수익권 자체의 소멸시효라고 하는 것을 상정하기는 어렵다. 그래서 신탁법은 수익권의 중요한 내용을 이루는 수익채권에 대하여만 소멸시효에 관한 규정을 두었다.

그런데 수익권의 양도에서와 달리 신탁상의 정함에 따라서 또는 수익자지정권자나 수익자변경권자의 권한 행사에 따라서 당연히 수익권을 취득하게 되는 때에는 수익자로 지정된 자가 그러한 사실을 알지 못하는 경우가 발생한다. 물론 수탁자에게는 통지의무가 있기 때문에 많은 경우 수익자로 지정된 자는 그러한 사실을 곧 알게 될 것이다. 하지만 수탁자의 의무위반이 있거나 신탁상 통지시기가 달리 정해지는 등의 이유로 통지가 제때 이루어지지 않는 예외적인 경우들도 있을 수 있다. 만약 수익권이 발생한 때부터 수익채권의 소멸시효가 진행된다면, 수익자도 알지 못하는 사이에 시효가 완성될 수 있다. 사실상 권리의 존부나 권리 행사의 가능성을 알지 못하였다는 사유는 소멸시효의 진행을 막는 법률상의 장애사유에 해당하지 않기 때문이다.217) 그래서 소멸시효는 권리를 행사할 수 있는 때부터

---

216) 법무부, 506면은 제62조를 강행규정으로 해석하면서도 신탁채권자가 자신의 채권보다 수익채권을 우선하는 약정을 하는 경우에는 예외를 인정한다.

진행하므로(민법 제166조) 통상은 수익권을 취득한 때가 기산점이 되지만, 제63조 제2항은 수익채권의 경우 수익자가 자신이 수익자로 된 사실을 알게 된 때를 기산점으로 한다. 그리고 수익자가 존재하지 않거나 수탁자에 대한 감독을 기대할 수 없어 신탁관리인이 선임된 경우에는 신탁관리인에 의한 수익채권의 행사가 가능하므로 그 선임시점이 기준이 될 것이다.[218]

한편 수익자에 대하여 충실의무를 부담하는 수탁자가 수익채권의 소멸시효가 완성될 때까지 아무런 조치도 취하지 않고 있다가 나중에서야 소멸시효의 완성을 주장하는 행위는 의무위반에 해당하는 것은 아닌지 의문이 제기될 수 있다. 그렇다고 해서 수탁자에게 시효 완성 전에 수익자에 대한 통지를 강제한다면 이는 소멸시효의 중단사유로서 채무의 승인에 해당할 것이고(민법 제168조 제3호), 시효완성 후에 통지하도록 한다면 시효이익의 포기가 될 것이다. 어느 경우에든 수탁자는 수익채권의 소멸시효를 주장할 수 없는 결과가 되고,[219] 소멸시효에 관한 신탁법의 규정도 무의미해질 수밖에 없다. 그래서 신탁법은 수탁자의 통지 의무를 정하는 대신 수익채권의 소멸시효에 관한 특칙으로 시효정지에 관한 규정을 두어 신탁이 종료한 때부터 6개월 내에는 시효가 완성되지 않는 것으로 정하고 있다(제63조 제3항).

그런데 신탁종료 이전에 이미 시효가 완성한 수익채권의 경우에도 제63조 제3항이 적용되는지가 문제될 수 있다. 시효정지제도는 시효중단행위를 기대하기 어려운 경우에 일정 기간 시효의 진행을 멈추어 시효완성을 저지하는 제도이기 때문이다. 대법원 2022. 4. 13. 선고 2022다295070 판결은 이를 정면에서 판단한 최초의 판결로 위 규정의 적용을 긍정함으로써 수익자를 두텁게 보호하고 있다. 이 사건에서는 담보신탁의 위탁자가 우선수익권부 존재확인을 구하면서 우선수익자의 수익채권이 신탁종료 이전에 시효완성하였으므로 제63조 제3항에서 제외된다고 주장하였다. 원심은 시효정지에 관한 규정이 신탁존속 중 수익채권만 독자적으로 시효가 완성하여 소멸하지 않도록 함으로써 수익자를 두텁게 보호하기 위한 취지라는 점을 주된 근거로 수익채권의 소멸시효는 소멸시효 기산점으로부터 그 시효기간이 진행한 날과 신탁이 종료한 때부터 6개월의 소멸시효 정지기간이 진행한 날 중 뒤의 시점에 완성된다고 보아 원고의 주장을 받아들이지 않았고, 위 판결도 원심의 판단이 정당하다고 하였다.

---

217) 대법원 2010. 9. 9. 선고 2008다15865 판결.

218) 법무부, 510면.

219) 법무부, 512면.

5.8.2. 수익권에 대한 신탁상의 제한

(1) 규율의 필요성

신탁재산으로부터의 이익을 수익자에게 어느 범위에서 어떻게 귀속시키는가는 일차적으로 신탁상의 정함, 즉 위탁자의 의사에 달린 문제이다. 그런데 수익권은 수익채권 외에도 여러 권리들을 포함하며, 이는 수탁자의 감독이나 수익권의 확보에 있어서 중요한 의미를 가진다. 만약 위탁자로 하여금 이러한 권리들을 신탁상 자유롭게 제한할 수 있도록 한다면, 경우에 따라서 수익자의 지위가 약화되고 수익권이 무력화될 수 있다. 그래서 신탁법의 상당 규정들이 임의규정임에도 불구하고 제61조는 수익자의 보호를 위하여 수익권의 확보에 필요한 일정한 권리들에 대하여는 신탁행위로도 제한할 수 없도록 한다. 이러한 수익자의 권리를 제한하는 정함은 효력이 없으며, 그로 인한 신탁 전체의 효력은 일부무효의 법리에 따라 판단된다.

(2) 신탁법상 법원에 청구할 수 있는 권리(제61조 제1호)

신탁법에 따라 수익자가 법원에 청구할 수 있는 권리는 신탁행위로 제한할 수 없다. 수탁자가 임무위반행위를 하거나 그 밖에 중요한 사유가 있는 때 수익자는 법원에 수탁자의 해임을 청구할 수 있으며(제16조 제3항), 수탁자 보수의 증액 또는 감액을 청구할 수 있다(제47조 제3항). 수익자는 신탁의 변경을 청구할 수 있으며(제88조 제3항), 수익권매수청구권을 행사한 수익자는 법원에 매수가액의 결정을 청구할 수 있다(제89조 제4항). 그리고 수익자는 신탁의 종료를 청구할 수 있고(제100조), 위탁자가 집행면탈 그 밖의 부정한 목적으로 신탁선언에 의하여 설정한 유한책임신탁에 대하여 법원이 신탁의 종료를 명한 때 당해 유한책임신탁의 청산에 있어서 청산수탁자의 선임을 청구할 수 있다(제133조 제1항). 이러한 수익자의 청구권은 신탁행위로도 제한할 수 없는 것이다.

한편 수익자는 이해관계인으로서 법원에 청구할 수 있는 권리를 가진다. 수탁자의 임무종료 또는 수탁자와 수익자간의 이해상반에 있어 수익자는 이해관계인으로서 법원에 신탁재산관리인의 선임 기타 필요한 처분을 구할 수 있고(제17조 제1항), 법원에 신탁재산관리인의 해임을 청구하거나(제19조 제3항), 위탁자와 수익자간에 신수탁자의 선임에 대한 합의가 이루어지지 않은 경우 신수탁자의 선임을 청구할 수 있다(제21조 제2항). 수익자가 수탁자에 대한 감독을 적절히 할 수 없는 경우에도 이해관계인으로서 신탁관리인의 선임을 청구하거나(제67조 제2항), 보다 포괄적으로 신탁사무 처리의 검사, 검사인의 선임, 그 밖에 신탁감독에 필요한 청구를 할 수 있다(제105조 제2항).

그런데 위 권리들은 수익권의 내용으로서가 아니라 수익자가 이해관계인의 지위에서 가지는 권리이므로 체계상 수익권의 제한 금지에 관한 규정이 적용되지 않는 것으로 보일 수 있다. 그러나 신탁재산관리인의 선임이나 해임, 신수탁자의 선임 및 신탁관리인의 선임, 기타 법원에 대한 신탁감독의 청구는 신탁재산의 확보 및 수익권의 보호를 위하여도 유효한 수단이 된다. 그리고 수익자는 누구보다 신탁에 대하여 중대한 이해관계를 가지는 만큼 수익자가 이해관계인으로서 법원에 청구할 수 있는 권리도 제61조 제1호에 따라 신탁상 제한할 수 없다고 해석할 것이다.

(3) 강제집행 등에 대한 이의(제61조 제2호)

수익자는 제22조 제1항 본문에 위반한 강제집행, 담보권 실행 등을 위한 경매, 보전처분, 국세 등 체납처분에 대하여 이의를 제기할 수 있다(제22조 제2항 또는 제3항). 이러한 권리는 위탁자나 수탁자의 일반채권자로부터 신탁재산의 독립성을 확보하는 중요한 수단이며 수익권의 보호에도 결정적인 의미를 가진다. 신탁재산에 대한 강제집행 등이 있는 경우 위탁자나 수탁자도 이의를 제기할 수 있으나 위탁자는 신탁을 설정하고 재산을 이전한 뒤이므로 그 상태를 알기 어렵고, 수탁자도 자신의 채권자와의 관계에서 소극적일 수 있다.[220] 그러므로 신탁법은 수익자가 가지는 이의제기권을 신탁행위로도 제한할 수 없도록 한다.

(4) 장부 등의 열람·복사청구권(제61조 제3호)

수익자는 수탁자나 신탁재산관리인에게 신탁사무의 처리와 계산에 관한 장부 및 그 밖의 서류의 열람 또는 복사를 청구할 수 있다(제40조 제1항). 이러한 권리는 수탁자 또는 신탁재산관리인의 신탁사무 처리에 대하여 수익자가 감독권을 행사하는 방법 내지는 그 중요한 전제가 된다. 그러므로 신탁행위로도 수익자의 장부 등의 열람·복사청구권을 제한할 수 없다.

(5) 수탁자에 대한 원상회복·손해배상청구권 등(제61조 제4호)

수탁자의 의무위반으로 인한 손해의 발생이나 신탁재산의 변경에 대하여 수익자는 신탁재산의 원상회복이나 손해배상, 이득반환을 청구할 수 있으며(제43조), 수탁자가 법인인 때에는 그 의무위반행위에 관여한 이사 및 그에 준하는 자는 법인과 연대하여 책임을 진다(제45조). 수익자의 수탁자 등에 대한 원상회복·손해배상청구권, 이득반환청구권은 수탁자

---

220) 법무부, 501면.

의 신탁위반에 대한 중요한 법적 구제수단이며, 수익자는 이를 통해 수탁자를 감독하고 신탁재산을 확보할 수 있다. 그러므로 수익자의 원상회복·손해배상청구권 등은 신탁행위로 제한할 수 없다.

(6) 수익권의 포기권(제61조 제5호)

수익자는 수익권을 포기할 수 있다(제57조 제1항). 위탁자는 자신의 의사에 따라 자유롭게 수익자를 지정할 수 있으며 수익자로 지정된 자는 당연히 수익권을 취득한다. 하지만 의무는 물론 권리도 당사자의 의사에 반하여 강제할 수 없으므로 수익자에게는 그 지위에서 벗어날 수 있는 기회가 보장되지 않으면 안 된다. 그래서 신탁법은 수익권 포기의 자유를 선언하고 수익권을 포기할 수 있는 권리를 신탁행위로도 제한할 수 없도록 한다.

(7) 신탁위반행위 취소권(제61조 제6호)

수탁자가 신탁목적에 위반하여 신탁재산에 관한 법률행위를 한 경우 수익자는 수탁자와 거래한 상대방이나 전득자에 대하여 일정한 요건하에 그 법률행위를 취소할 수 있다(제75조 제1항). 수익자의 취소권은 일반적인 채권자취소권과는 별도로 신탁법상 특별히 수익자에게만 인정되는 권리이다. 수탁자에 대한 원상회복·손해배상청구권 등과 달리 수익자취소권은 수익자가 적극적으로 신탁위반행위를 취소하고 신탁재산을 회복하는 권리로서 신탁위반행위로부터 수익권을 보호하는 중요한 수단이 된다. 그러므로 이러한 취소권은 신탁행위로 제한할 수 없다.

(8) 유지청구권(제61조 제7호)

수탁자가 법령 또는 신탁행위로 정한 사항을 위반하거나 위반할 염려가 있고 해당 행위로 신탁재산에 회복할 수 없는 손해가 발생할 우려가 있는 경우 수익자는 수탁자에 대하여 유지청구를 할 수 있다(제77조). 유지청구권은 수익자취소권과 함께 수익자에게만 인정되는 권리로서 원상회복·손해배상청구권이나 수익자취소권이 이미 발생한 신탁재산에 대한 손해를 사후적으로 회복 또는 전보하기 위한 권리라면, 유지청구권은 수익권의 확보를 위한 사전적인 조치로서 의미를 가진다. 그래서 이러한 수익자의 유지청구권은 신탁행위로 제한할 수 없다.

(9) 수익권매수청구권(제61조 제8호)

신탁변경에 있어서 신탁의 목적, 수익채권의 내용, 수익권매수청구권을 인정한 사항에 관하여 반대하는 수익자는 수탁자에 대하여 수익권매수청구권을 행사할 수 있다(제89조 제1항). 신탁의 합병, 분할, 분할합병에 있어서 각 합병계획서, 분할계획서, 분할합병계획서를 승인하지 않은 수익자도 수익권매수청구권을 가진다(제91조 제3항 및 제95조 제3항). 수익권매수청구권은 신탁변경 등에 대하여 반대하는 수익자가 신탁관계로부터 탈퇴할 기회를 보장하기 위한 것이다. 신탁변경 등에 반대하는 수익자에게 그 내용이 불리한 경우는 물론 유리한 경우에도 이를 강제할 수는 없는 것이므로 신탁법은 수익권매수청구권을 신탁행위로 제한할 수 없도록 한다.

(10) 그 밖의 권리(제61조 제9호)

이상에서 열거한 권리 외에 신탁의 본질에 비추어 수익자의 보호를 위하여 대통령령에서 정한 권리도 신탁행위로 제한할 수 없다. 제61조 제1호부터 제8호까지의 권리들은 수익자의 보호를 위하여 필요한 대표적인 권리들이지만 그 범위가 위 항목에 제한되어야 하는 것은 아니다. 신탁행위로 제한할 수 없는 수익자의 권리는 향후 사회, 경제적 상황이나 구체적인 신탁의 이용형태에 따라서 얼마든지 달라질 수 있으며, 제61조 제9호는 이를 적절히 규율할 수 있는 근거 규정이 된다. 이러한 규정방식은 신탁행위로 제한할 수 없는 수익권의 내용을 단순히 '수익자의 보호를 위하여 필요한 권리'와 같이 일반적, 포괄적으로 규정하는 것보다 유용하다. 제1호부터 제8호에서 구체적으로 열거함으로써 법해석상의 불명확성을 제거함과 동시에 수익자 보호의 필요성이 대두되는 경우에는 시행령을 통하여 유연하게 대처할 수 있기 때문이다.

5.8.3. 수익자가 다수인 경우

(1) 의사결정 방법

수익자가 신탁상 정함에 따라 신탁이익을 향수함에 있어서 수익자가 1인인지 아니면 다수인지는 중요하지 않다. 그런데 수익자가 다수인 경우 수익자 사이의 의사결정 및 수익권의 행사에 관하여 신탁상 정함이 없는 때 그 기준이 문제된다. 구신탁법은 이에 관하여 아무런 규정을 두지 않았으나 현행법은 제71조 내지 제74조에서 보충적인 기준을 정하고 있다.

수익자가 다수인 경우 이들 사이의 의사결정은 무엇보다 신탁상 정한 방법에 의한다(제71조 제3항). 그러한 정함이 없는 때에는 수익자 전원의 동의로 결정한다(제71조 제1항 본문).

다만 만장일치의 원칙에도 불구하고 신탁행위로도 제한할 수 없는 수익자의 권리는 수익자 각자가 행사할 수 있다(제71조 제1항 단서). 신탁의 본질에 비추어 수익자의 보호를 위하여 필요한 행위가 다수 수익자의 의사결정방법에 의하여 제한을 받는 것을 방지하기 위함이다.

(2) 수익자집회

신탁상 다수 수익자의 의사결정을 수익자집회에 의하기로 한 경우 그 구체적인 절차와 의결방법 또한 신탁상 정함에 따른다. 하지만 수익자집회를 두기로만 하고 다른 정함이 없는 때 혹은 일부 절차나 기준만을 정한 때에는 신탁법 규정이 보충적으로 적용된다(제71조 제2항).

가. 수익자집회의 소집

수익자집회는 필요에 따라 언제든 개최할 수 있다(제72조 제1항). 원칙적으로 수익자집회를 소집하는 자는 수탁자이다(제72조 제2항). 수익자는 수탁자에게 수익자집회의 목적사항과 소집이유를 적은 서면 또는 전자문서로 수익자집회의 소집을 청구할 수 있으며(제72조 제3항), 이에 따라 수탁자가 소집을 한다.

하지만 수익자집회의 소집청구를 받은 수탁자가 지체 없이 소집절차를 밟지 않는 경우 소집을 청구한 수익자는 법원의 허가를 받아 수익자집회를 소집할 수 있다(제72조 제4항).221) 수익자집회의 결의사항이 수탁자의 신상에 관한 것이거나 수탁자가 이해관계를 가지는 등의 이유로 수익자의 소집청구에도 불구하고 수탁자가 절차를 진행하지 않는 때 이를 강제할 필요가 있다. 그래서 제72조 제4항은 소집청구를 한 수익자가 법원의 허가를 받아 직접 수익자집회를 소집할 수 있도록 한다.

수익자집회를 소집하는 수탁자 또는 수익자, 즉 소집자는 집회일 2주 전에 알고 있는 수익자 및 수탁자에게 서면이나 전자문서(수익자의 경우 전자문서로 통지를 받는 것에 동의한 자만 해당한다)로 회의의 일시, 장소 및 목적사항을 통지하여야 한다(제72조 제5항). 그리고 소집자는 의결권 행사에 참고할 수 있도록 수익자에게 관련 서류를 서면 또는 전자문서로 제공하여야 한다(제72조 제6항).222)

---

221) 수익자가 수익자집회 소집의 허가를 신청하는 경우 그 신청은 서면으로 하여야 하며, 수탁자가 수익자집회의 소집을 게을리한 사실을 소명하여야 한다(비송사건절차법 제44조의12).

222) 신탁법 시행령 제4조(수익자집회 소집 시 제공할 서류) 법 제72조 제6항에서 "대통령령으로 정하는 서류"란 다음 각 호의 구분에 따른 사항을 적은 서류를 말한다.
　　1. 수익자집회에서 수탁자, 신탁재산관리인 또는 신탁관리인을 선임하려는 경우에는 다음 각 목의 사항

나. 수익자의 의결권

수익자집회에서 수익자는 각 수익권에 따른 의결권을 가진다. 수익권의 내용이 동일한 때에는 수익권의 수에 따라서 그리고 수익권의 내용이 동일하지 않은 때에는 수익자집회의 소집이 결정된 때 수익권의 가액에 따라서 각각 의결권을 가진다(제73조 제1항). 사실 수익권은 다양하게 설계될 수 있기 때문에 어떠한 기준에 의하여 의결권을 수여할 것인지를 정하는 것은 그리 간단하지 않다. 신탁상 정함이 있는 때에는 그것이 일차적인 기준이 되지만, 그렇지 않은 경우 신탁법은 수익권의 개수 또는 가액을 그 기준으로 한다. 하지만 이 경우에도 과연 수익권이 동일한지, 동일하다면 개수를 어떻게 계산할 것인지, 각기 다른 수익권의 가액을 어떻게 산정할 것인지를 판단해야 하는 문제가 남아 있다. 거래관념에 비추어 수익권의 동일성 및 개수를 판단하고 수익권의 가액은 수익자집회 소집결정일의 시장가를 기준으로 할 수 있으나, 이를 둘러싼 불명확성 또는 분쟁을 예방하기 위하여는 신탁상 정함을 둘 필요가 있을 것이다.

4

  가. 수탁자, 신탁재산관리인 또는 신탁관리인 후보자의 성명 또는 명칭
  나. 수탁자, 신탁재산관리인 또는 신탁관리인 후보자의 경력
  다. 후보 추천 사유
  라. 신탁관리인 후보자가 수탁자 또는 수탁자 후보자와 공정한 업무 수행에 영향을 미칠 특별한 이해
      관계가 있는 경우에는 그 내용
 2. 수익자집회에서 수탁자, 신탁재산관리인 또는 신탁관리인을 해임하려는 경우에는 다음 각 목의 사항
  가. 해임하려는 수탁자, 신탁재산관리인 또는 신탁관리인의 성명 또는 명칭
  나. 해임 사유
 3. 법 제55조 제2항 또는 제103조 제1항에 따라 신탁사무에 관한 계산(이하 이 호에서 "신탁계산"이라 한
     다)을 승인하려는 경우에는 다음 각 목의 사항
  가. 신탁계산의 내용 및 결과
  나. 법 제117조 제2항에 따라 외부감사를 받았을 때에는 감사인이 작성한 감사보고서
 4. 법 제88조에 따라 신탁을 변경하려는 경우에는 다음 각 목의 사항
  가. 신탁변경의 이유 및 내용
  나. 신탁변경의 효력발생일
  다. 신탁변경으로 인하여 수익권 또는 수익채권의 내용에 변경이 있거나 그 가치에 중대한 영향을 줄
      우려가 있을 때에는 그 내용 및 적절성에 관한 사항
 5. 법 제90조에 따라 신탁을 합병하려는 경우에는 법 제91조 제1항 각 호의 사항
 6. 법 제94조 제1항에 따라 신탁을 분할하거나 같은 조 제2항에 따라 신탁을 분할합병하려는 경우에는 법
     제95조 제1항 각 호의 사항
 7. 법 제99조 제1항에 따라 합의하여 신탁을 종료하려는 경우에는 다음 각 목의 사항
  가. 신탁 종료의 이유
  나. 신탁재산의 잔여재산이 있는 경우에는 그 내용 및 잔여재산수익자 또는 신탁재산의 잔여재산이 귀
      속될 자(이하 "귀속권리자"라 한다)
 8. 제1호부터 제7호까지의 사항 외의 사항에 관한 안건을 목적으로 하려는 경우에는 해당 안건의 내용과
     제안 이유에 대한 설명

수익권이 그 수익권에 관한 신탁의 신탁재산에 속한 경우 수탁자는 그 수익권에 대하여 의결권을 행사하지 못한다(제73조 제2항). 신탁변경 등에 있어서 수익자가 수익권매수청구권을 행사하는 경우(제89조, 제91조 제3항, 제95조 제3항) 수탁자가 수익권을 취득하면 그 수익권은 원칙적으로 소멸한다(제89조 제8항 본문). 하지만 신탁행위 또는 신탁변경의 합의로 달리 정할 수 있으며(제89조 제8항 단서), 그 결과 수탁자가 신탁재산으로서 수익권을 보유할 수 있다. 그러나 상법상 회사가 가진 자기주식은 의결권이 없는 것(상법 제369조)과 마찬가지로 이 경우 수탁자는 그 수익권에 기한 의결권을 행사할 수 없다.

각 수익자는 수익자집회에 출석하지 않고 서면으로 의결권을 행사할 수 있으며, 소집자의 승낙이 있는 때에는 전자문서로 의결권을 행사할 수 있다(제73조 제3항).223) 그리고 수익자는 대리인을 통하여 의결권을 행사할 수 있는데, 이때 수익자나 대리인은 대리권을 증명하는 서면을 소집자에게 제출하여야 한다(제73조 제6항).

수익자가 둘 이상의 의결권을 가지고 있는 때에는 이를 통일하지 않고 행사할 수 있지만, 의결권의 불통일행사에 관하여 수익자집회일 3일 전에 소집자에게 서면 또는 전자문서로 그 뜻과 이유를 통지하여야 한다(제73조 제4항). 이러한 통지를 받은 소집자는 의결권의 불통일행사를 거부할 수 있지만, 그 수익자가 타인을 위하여 수익권을 가지고 있는 때에는 거부할 수 없다(제73조 제5항). 타인을 위하여 수익권을 갖는 자에 대하여는 그 타인의 의사를 존중하여 의결권을 행사하는 것을 인정할 필요가 있기 때문이다.224)

수탁자는 수익자집회에 출석하거나 서면으로 의견을 진술할 수 있고, 수익자집회는 필요한 경우 수익자집회의 결의로써 수탁자에게 출석을 요구할 수 있다(제73조 제7항). 그리고 수익자집회의 의장은 신탁상 정함이 없으면 수익자 중에서 수익자집회의 결의로 선임한다

---

223) 신탁법 시행령 제5조(전자문서에 의한 의결권의 행사) ① 법 제73조 제3항에 따라 수익자가 전자문서로 의결권을 행사(이하 "전자투표"라 한다)하는 경우 수익자의 확인과 의결권의 행사는 「전자서명법」 제2조 제2호에 따른 전자서명(서명자의 실지명의를 확인할 수 있는 것으로 한정한다)을 통하여 하여야 한다.
② 수익자의 전자투표를 승낙한 수익자집회 소집자(이하 "소집자"라 한다)는 소집의 통지나 공고에 다음 각 호의 사항을 적어야 한다.
  1. 전자투표를 할 인터넷 주소
  2. 전자투표를 할 기간(전자투표의 종료일은 수익자집회 전날까지로 한다)
  3. 그 밖에 수익자의 전자투표에 필요한 기술적인 사항
③ 전자투표를 한 수익자는 해당 수익권에 대하여 그 의결권 행사를 철회하거나 변경하지 못한다.
④ 소집자는 전자투표의 효율성 및 공정성을 확보하기 위하여 전자투표를 관리하는 기관을 지정하여 수익자 확인절차 등 의결권 행사절차의 운영을 위탁할 수 있다.
⑤ 소집자, 제4항에 따라 지정된 전자투표를 관리하는 기관 및 전자투표의 운영을 담당하는 자는 수익자집회에서의 개표 시까지 전자투표의 결과를 누설하거나 직무상 목적 외에 사용해서는 아니 된다.
224) 법무부, 578면.

(제73조 제8항).225)

다. 수익자집회의 결의

수익자집회의 결의는 보통결의의 경우 행사할 수 있는 의결권의 과반수에 해당하는 수익자가 출석하고 출석한 수익자의 의결권의 과반수로써 한다(제74조 제1항). 그리고 다음 사항에 대하여는 의결권의 과반수에 해당하는 수익자의 출석과 출석한 수익자의 의결권의 3분의 2 이상의 특별결의에 의한다(제74조 제2항). 제16조 제1항에 따른 수탁자 해임의 합의(제1호), 제88조 제1항에 따른 신탁의 변경 중 신탁목적의 변경, 수익채권 내용의 변경, 그밖에 중요한 신탁의 변경의 합의(제2호), 제91조 제2항 및 제95조 제2항에 따른 신탁의 합병 · 분할 · 분할합병 계획서의 승인(제3호), 제99조 제1항에 따른 신탁의 종료 합의(제4호), 제103조 제1항에 따른 신탁종료시 계산의 승인(제5호).

신탁상 정함이나 신탁법에 따라 이루어진 수익자집회의 결의는 해당 신탁의 모든 수익자에게 효력이 있다(제74조 제4항). 그러므로 결의에 반대하였거나 수익자집회에 참석하지 않은 수익자에 대하여도 효력이 있다. 그리고 수익자집회의 소집자는 의사록 작성의무가 있으므로 의사의 경과에 관한 주요한 내용과 그 결과를 적은 의사록을 작성하고 기명날인 또는 서명을 하여야 한다(제74조 제3항). 수익자집회에 소요되는 비용은 신탁사무의 처리에 따른 비용이므로 수탁자는 신탁재산에서 지출할 수 있다. 수익자가 수익자집회를 소집하는 등 수익자집회와 관련하여 필요한 비용을 지출한 경우에는 수탁자에게 상환을 청구할 수 있다. 이 경우 수탁자는 신탁재산만으로 책임을 진다(제74조 제5항).

5.9. 수익자의 의무

5.9.1. 의의

신탁법상 수익권은 수익채권 및 기타 권리들이 중심이 되지만, 달리 정한 바가 없는 한 수탁자의 비용상환청구권 및 보수청구권이 인정되는 결과 그에 상응하는 채무도 수반되는 구조를 가진다. 그러나 수익권의 개념 안에 권리 외에 의무도 포함되는가의 문제는 수익권의 성질로부터 당연히 판단되는 것은 아니다. 다른 입법례에서처럼 수익권을 권리로만 개념하고 채무는 신탁계약과는 별도의 합의에 의하여 처리할 수도 있다.

---

225) 이 경우 의장에 대하여는 상법상 주주총회의 의장에 관한 규정을 유추적용할 수 있다. 즉, 의장은 수익자집회의 질서를 유지하고 의사를 정리할 의사정리권(상법 제366조의2 제2항), 질서유지권 중 발언정지권(동법 제366조의2 제3항)을 가진다.

예컨대 영국 판례는 자익신탁에서 비용상환에 관한 합의하에 수탁자가 신탁을 인수하였거나 행위능력을 가진 수익자가 신탁이익의 전부를 향수하는 경우 수익자에 대한 상환청구를 인정한다.226) 미국 신탁법 제2차 리스테이트먼트 §249에 의하면 수탁자는 수익자와 비용상환에 관한 계약이 있는 경우에 한하여 상환청구를 할 수 있으며(제1항), 신탁재산으로부터 비용상환이 가능함에도 불구하고 신탁재산을 먼저 수익자에게 이전한 때 예외적으로 그 범위에서 상환청구가 가능하다(제2항). 일본 신탁법 제2조 제7항은 수익권을 수익채권과 이를 확보하기 위한 권리의 총체로 정의한다. 일본 구신탁법에서는 수익자가 비용보상의무와 보수지급의무를 부담하였기 때문에 수익권을 권리와 의무의 총체로 파악하였다. 그러나 현행법은 수익권을 권리로만 개념하고 수익자의 지위에 따른 위 의무들은 신탁행위와는 별개의 계약에 의하도록 한다.227)

그런데 수익권을 구신탁법 및 현행법에서와 같이 권리와 의무의 총합으로 이해하는 경우에는 수익권에 관한 규정을 일관되게 해석하기 어렵고, 수익자의 지위에서 부담하는 채무를 어떻게 처리할 것인가에 관한 별도의 고려나 해명이 필요하게 된다. 특히 신탁법상 수익권의 개념은 신설된 수익권의 양도와 수익권에 대한 질권 그리고 보다 구체화된 수익권 포기에 관한 규정을 해석함에 있어서 일반적인 권리양도나 권리질권, 권리의 포기와는 다른 관점에서의 접근을 요구한다. 그러므로 보다 통일적이고 간명한 법해석과 법률관계의 명확성을 도모하기 위하여는 향후 신탁법 개정시에 수익권의 개념을 재검토하여 수익권을 그야말로 수익자가 가지는 권리로만 개념하는 방안을 검토할 필요가 있다.

5.9.2. 비용상환의무228)

수탁자가 신탁사무를 처리하는 과정에서 발생한 비용은 그것이 적법한 한 당해 신탁재산에 속하는 소극재산이다. 그러므로 수탁자는 신탁재산으로부터 그 비용을 지출할 수 있음은 물론(제46조 제1항), 고유재산에서 지출한 때에는 신탁재산으로부터 상환받을 수 있다(제46조 제2항). 수탁자가 신탁사무 처리과정에서 적법하게 채무를 부담하거나 손해를 입은 때에도 마찬가지이다(제46조 제3항).

수탁자는 신탁재산이 신탁사무의 처리에 관하여 필요한 비용을 충당하기에 부족하게

---

226) Hardoon v Belilio [1901] AC 118은 상환에 관한 계약이 없었으므로 수익자는 상환의무가 없다고 한 하급심 판결을 파기하면서 수탁자의 이러한 권리는 이미 확고한 것이라고 하였다. 이러한 태도는 이후 Balkin v Peck (1998) 1 I.T.E.L.R. 717, (1998) 43 N.S.W.L.R. 766에서도 유지되고 있다.

227) 최수정, 일본 신신탁법, 124면 이하.

228) 수익자의 비용상환의무에 상응하는 수탁자의 비용상환청구권에 대한 상세는 제7장 Ⅲ 1.

될 우려가 있을 때에는 수익자에게 그가 얻은 이익의 범위에서 그 비용을 청구하거나 그에 상당하는 담보의 제공을 요구할 수 있다. 다만 신탁상 수익자에 대한 상환청구를 배제하는 정함이 없어야 하며, 수익자가 현존, 특정되고 수익권을 포기하지 않아야 한다. 하지만 이 경우에도 수익자는 자신이 얻은 이익의 범위에서만 책임을 진다(제46조 제4항).

5.9.3. 보수지급의무[229]

전통적인 영미신탁에서는 신탁상 보수에 관한 정함이 없는 한 보수청구권은 인정되지 않았다.[230] 그리고 신탁법도 수탁자의 신탁사무처리에 대하여 무상을 원칙적으로 한다(제47조 제1항 본문). 그러나 오늘날 대부분의 신탁에서는 전문적인 신탁업자가 수탁자가 되는 까닭에 신탁상 보수에 관한 정함을 두는 것이 오히려 일반적이다. 그래서 이미 영국(Trustee Act 2000 sec.28과 sec.29)과 미국(UTC sec.708, 신탁법 제3차 리스테이트먼트 §38)에서는 입법을 통하여 수탁자에게 보수청구권을 원칙적으로 인정하였다. 신탁법도 신탁상 정함이 있는 경우 또는 신탁을 영업으로 하는 경우에는 보수청구권이 인정됨을 명시하고 있다.

보수청구권의 상대방은 일차적으로는 신탁상 정함에 의하며, 그러한 정함이 없는 경우에는 신탁재산이 된다. 수탁자의 보수도 신탁의 관점에서는 일종의 비용에 해당하기 때문이다.[231] 그러나 수탁자는 수익자에 대하여도 일정한 요건하에 보수를 청구하거나 그에 상당하는 담보의 제공을 요구할 수 있다(제47조 제4항). 첫째, 신탁상 수익자에 대한 보수청구권이 배제되지 않아야 한다. 둘째, 신탁재산이 보수를 지급하기에 부족하게 될 우려가 있어야 한다. 셋째, 수익자가 현존, 특정되어야 하며 수익권을 포기하지 않아야 한다. 그리고 수탁자의 보수청구권이 인정되는 경우에도 그 범위는 수익자가 얻은 이익을 한도로 한다.

5.10. 수익증권의 발행

5.10.1. 수익증권 발행의 가능성과 필요성

구신탁법에는 수익증권을 발행하여 수익권을 유동화하는 방안에 관하여 별도의 규정이 없었다. 실무상으로는 불특정금전신탁이나 투자신탁, 유동화증권 등과 같이 특별법에서 정한 경우에만 수익증권이 발행되었다. 그래서 신탁법이 명시적으로 금지하지는 않았지만 실

---

229) 수익자의 보수지급의무에 상응하는 수탁자의 보수청구권에 대한 상세는 제7장 Ⅲ 2.

230) Penner, p.414.

231) 제21조 제4항이 신수탁자에게 신탁재산에서 보수를 지급할 수 있도록 한 것이나, 제17조 제6항 및 제18조 제3항이 수탁자를 갈음하여 신탁사무를 처리하는 신탁재산관리인에 대하여 신탁재산으로부터 보수를 지급할 수 있도록 한 것도 동일한 맥락이다.

제 수익권의 유가증권화는 행해지지 않았다.232)

그러나 신탁은 다양한 형태로 이용될 수 있고, 수익권의 유가증권화에 대한 수요는 투자신탁 등 특별법상의 신탁에 한정되지 않는다. 그래서 현행법은 제78조 이하에서 수익증권의 발행에 관한 근거규정을 마련하였다. 이를 통해 수익권의 유동성이 확대됨은 물론, 주식에 유사한 기명식의 수익증권과 사채에 유사한 무기명식의 수익증권 양자가 이용가능하게 됨에 따라 신탁의 유연성도 증대될 것으로 기대된다.233) 다만 신탁업자는 금전신탁의 수익증권만 발행할 수 있다(자본시장법 제110조).234)

5.10.2. 수익증권발행신탁의 설정
(1) 신탁상의 정함

수익권을 증권화하여 수익증권을 발행할 것인지 여부는 신탁행위로 정한다(제78조 제1항 1문). 그리고 신탁행위로 서로 다른 수익권 중 특정한 내용의 수익권에 대하여 수익증권을 발행하거나 또 발행하지 않을 수 있다(제78조 제1항 2문).235) 증권화된 수익권은 유동성이 높기 때문에 법적 안정성의 관점에서 수익증권의 발행 여부를 신탁상 정함에 의하도록 하고 수탁자가 임의로 결정하지 못하도록 한 것이다. 또한 위탁자, 수탁자, 수익자의 합의에 의한 신탁변경을 통해서도 수익증권발행신탁을 수익증권발행신탁이 아닌 신탁으로 또는 수익증권발행신탁이 아닌 신탁을 수익증권발행신탁으로 변경하는 것은 허용되지 않는다(제78조 제7항).

그런데 수익증권발행신탁을 설정함에 있어서 과연 신탁상 그러한 취지의 정함만으로 충분한지 아니면 그 외 다른 요건이나 제한이 필요한 것은 아닌지가 문제될 수 있다. 그러나 수익증권의 발행을 인정함으로써 수익권의 유동성이 높아지고, 이로써 위탁자의 의도는 충분히 달성될 수 있다. 그리고 증권의 소지인은 권리자로 추정되어 용이하게 권리를 행사할 수 있기 때문에 수익증권의 발행은 통상 수익자의 이익에 기여할 것이다. 그래서 신탁법은 수익증권발행신탁의 설정에 대하여 그 밖의 요건이나 제한을 정하지는 않는다.236)

---

232) 이러한 상황은 일본에서도 다르지 않았다. 학설상으로는 신탁수익권을 기명증권이나 무기명증권에 표창하는 것이 가능하다는 견해도 있었으나 실무상으로는 수익증권이 발행되지 않았다. 최수정, 일본 신신탁법, 202면.
233) 寺本振透編集, 238頁.
234) 수익증권발행신탁이 자본시장법상 집합투자에 해당하는지에 대하여는 견해가 대립하는데, 이에 대하여는 정순섭, 759면 참조.
235) 반면 동종 수익권에 관하여는 수익증권의 발행 여부가 달라질 수 없다.
236) 최수정, 일본 신신탁법, 203면.

(2) 수익증권의 발행 절차

가. 수익증권의 종류 및 발행 방식

수탁자는 신탁행위로 정한 바에 따라 지체 없이 수익증권을 발행하여야 한다(제78조 제2항). 수익증권은 기명식 또는 무기명식 어떠한 방식으로도 가능하며 신탁상 정함에 따른다. 그리고 신탁행위로 달리 정한 바가 없는 한 수익증권이 발행된 수익권의 수익자는 수탁자에게 기명수익증권을 무기명식으로 하거나 무기명수익증권을 기명식으로 할 것을 청구할 수 있다(제78조 제4항). 수익증권 관리의 편의성 등을 위하여 일단 수익증권이 발행된 후에는 수익자에게 선택권을 인정하는 것이다.

그러나 담보권을 신탁재산으로 하여 설정된 신탁의 경우에 수익증권은 기명식으로만 가능하다(제78조 제3항). 담보권신탁의 경우에는 담보물권의 부종성과도 관련하여 담보권자와 채권자가 실질적으로 분리되지 않도록 수익권의 양도를 제한할 필요가 있다.[237] 그래서 수익증권발행신탁에 있어서 수탁자에 대한 통지나 수탁자의 승인 또는 수익자명부의 명의개서 등 대항요건을 갖추지 않고서는 수익증권이 양도될 수 없도록, 담보권신탁에서 발행되는 수익증권은 기명식으로만 발행할 수 있도록 한다.[238]

한편 수익증권은 실물로 발행할 수 있지만 전자등록 방식으로도 발행할 수 있다. 수탁자는 신탁행위로 정한 바에 따라서 전자등록기관의 전자등록부에 수익증권을 등록한다(제78조 제6항). 전자등록의 절차·방법 및 효과, 전자등록기관의 지정·감독 등 수익증권의 전자등록 등에 관하여는 전자증권법에 따른다.

나. 수익증권 기재사항

수익증권은 요식증권으로 주권이나 사채권, 자본시장법상의 수익증권과 마찬가지로 수익자의 보호를 위하여 수익권에 관한 중요한 사항이 기재되어야 한다. 즉, 수익증권에는 다음 각 호의 사항과 번호를 적고 수탁자가 기명날인 또는 서명을 하여야 한다(제78조 제5항).

1. 수익증권발행신탁의 수익증권이라는 뜻
2. 위탁자 및 수탁자의 성명 또는 명칭 및 주소
3. 기명수익증권의 경우에는 해당 수익자의 성명 또는 명칭
4. 각 수익권에 관한 수익채권의 내용 및 그 밖의 다른 수익권의 내용
5. 제46조 제6항 및 제47조 제4항에 따라 수익자의 수탁자에 대한 보수지급의무 또

---

237) 담보권신탁에 관하여는 제10장 Ⅲ. 4. 참조.

238) 법무부, 615면.

는 비용 등의 상환의무 및 손해배상의무에 관하여 신탁행위의 정함이 있는 경우에는 그 뜻 및 내용

6. 수익자의 권리행사에 관하여 신탁행위의 정함(신탁관리인에 관한 사항을 포함한다)이 있는 경우에는 그 뜻 및 내용

7. 제114조 제1항에 따른 유한책임신탁인 경우에는 그 뜻 및 신탁의 명칭

8. 제87조에 따라 신탁사채 발행에 관하여 신탁행위의 정함이 있는 경우에는 그 뜻 및 내용

9. 그 밖에 수익권에 관한 중요한 사항으로서 대통령령으로 정하는 사항[239]

다. 수익자명부의 작성

수익증권의 발행으로 인하여 유동성이 높아지는 까닭에 수익자의 수가 많아지고 변동가능성도 커진다. 이러한 다수의 변동가능한 수익자 사이의 법률관계를 획일적으로 원활하게 처리하기 위하여 신탁법은 수익자명부 제도를 도입하였다.[240] 수익증권발행신탁에서 수익권의 관리는 수익자명부에 의하므로 수탁자는 지체 없이 수익자명부를 작성하여야 하며, 다음 각 호의 사항을 기재하여야 한다(제79조 제1항).

1. 각 수익권에 관한 수익채권의 내용과 그 밖의 수익권의 내용

2. 각 수익권에 관한 수익증권의 번호 및 발행일

3. 각 수익권에 관한 수익증권이 기명식인지 무기명식인지의 구별

4. 기명수익증권의 경우에는 해당 수익자의 성명 또는 명칭 및 주소

5. 무기명수익증권의 경우에는 수익증권의 수

6. 기명수익증권의 수익자의 각 수익권 취득일

7. 그 밖에 대통령령으로 정하는 사항[241]

---

239) 신탁법 시행령 제6조(수익증권의 기재사항) 법 제78조 제5항 제9호에서 "대통령령으로 정하는 사항"이란 다음 각 호의 사항을 말한다.
　　1. 신탁기간의 정함이 있는 경우에는 그 기간
　　2. 법 제47조 제1항에 따라 수탁자에게 보수를 지급하는 경우에는 수탁자 보수의 계산방법, 지급방법 및 지급시기
　　3. 기명수익증권을 발행한 경우로서 수익권에 대한 양도의 제한이 있을 때에는 그 취지 및 내용
　　4. 법 제101조 제1항에 따라 신탁이 종료되었을 때에 잔여재산수익자 또는 귀속권리자를 정한 경우에는 그 성명 또는 명칭
　　5. 유한책임신탁인 경우에는 신탁사무처리지
240) 법무부, 596면.
241) 신탁법 시행령 제7조(수익자명부의 기재사항) 법 제79조 제1항 제7호에서 "대통령령으로 정하는 사항"이

　수익증권발행신탁의 수탁자는 수익자명부의 작성, 비치 그 밖에 수익자명부에 관한 사무를 직접 처리하여야 하지만, 신탁상 정함이 있는 때에는 수익자명부관리인을 정하여 그 사무를 위탁할 수 있다(제79조 제4항). 수탁자는 수익자명부를 그 주된 사무소에 비치하여야 하며, 수익자명부관리인이 있는 경우에는 그 사무소에 비치하여야 한다(제79조 제5항). 위탁자, 수익자 또는 그 밖의 이해관계인은 영업시간 내에 언제든 수익자명부의 열람 또는 복사를 청구할 수 있으며, 정당한 사유가 없는 한 수탁자나 수익자명부관리인은 이를 거절할 수 없다(제79조 제6항).

　수익자명부가 작성되면 수탁자는 이제 수익자나 질권자에게 하는 통지 또는 최고는 수익자명부에 기재된 주소나 그로부터 수탁자에게 통지된 주소로 하면 된다(제79조 제2항 본문). 상법상 주주명부의 면책적 효력과 마찬가지로(상법 제353조) 수익자명부에 대하여도 동일한 면책적 효력이 부여되는 것이다. 이때 통지 또는 최고는 보통 그 도달할 시기에 도달한 것으로 간주된다(제79조 제3항). 그런데 무기명수익증권의 경우에는 수익자명부에 수익자나 그 질권자의 성명과 주소가 기재될 수 없다. 따라서 이 경우 신문 등의 진흥에 관한 법률에 따른 일반일간신문에 공고를 하거나 수탁자가 법인인 경우에는 그 법인의 공고방법에 따른 공고를 하여야 하며, 이와 더불어 수탁자가 알고 있는 자에 대하여는 개별적으로 통지 또는 최고를 하여야 한다(제79조 제2항 단서).

란 다음 각 호의 사항을 말한다.
1. 위탁자의 성명 또는 명칭 및 주소
2. 수탁자의 성명 또는 명칭 및 주소
3. 법 제17조 제1항 및 제18조 제1항·제2항에 따라 신탁재산관리인을 선임한 경우에는 그 성명 또는 명칭 및 주소
4. 법 제67조 제1항부터 제3항까지의 규정에 따라 신탁관리인을 선임한 경우에는 그 성명 또는 명칭 및 주소
5. 법 제78조 제1항 후단에 따라 특정 내용의 수익권에 대하여 수익증권을 발행하지 아니한다는 뜻을 정한 경우에는 그 내용
6. 법 제79조 제4항에 따라 수익자명부관리인을 정한 경우에는 그 성명 또는 명칭 및 주소
7. 법 제80조 제1항 단서에 따라 수익증권의 불소지 신고를 허용하지 아니하기로 정한 경우에는 그 취지
8. 기명수익증권을 발행한 경우 수익권에 대한 양도의 제한이 있을 때에는 그 취지 및 내용
9. 법 제83조 제3항에 따라 질권이 설정된 경우에는 질권자의 성명 또는 명칭 및 주소와 질권의 목적인 수익권
10. 수익권에 대하여 신탁이 설정된 경우에는 신탁재산이라는 뜻
11. 유한책임신탁인 경우에는 그 뜻과 신탁의 명칭

(3) 수익증권의 불소지

수익증권발행신탁에서 수익권을 장기간 양도할 의사 없이 보유하거나 수익증권의 분실에 대한 염려 등을 이유로 수익증권의 소지를 원하지 않는 수익자를 위하여 신탁법은 주권 불소지제도(상법 제358조의2)에 상응하는 수익증권 불소지제도를 도입하였다. 기명수익증권을 발행하기로 한 수익증권발행신탁에 있어서, 신탁상 달리 정한 바가 없는 한, 수익자는 그 기명수익증권에 대하여 증권을 소지하지 않겠다는 뜻을 수탁자에게 신고할 수 있다(제80조 제1항). 그러나 무기명수익증권의 경우에는 수익증권의 소지가 권리 행사를 위하여 반드시 필요하므로 불소지신고를 할 수 없다. 그리고 기명수익증권의 수익자가 수익증권 불소지신고를 한 경우에도 수익권을 양도하거나 입질하기 위하여 수익증권이 필요한 때에는 언제든 수탁자에게 수익증권의 발행을 청구할 수 있다(제80조 제4항).

수익자의 수익증권 불소지신고는 수익증권의 발행 전후를 묻지 않는다. 그러므로 수익증권을 발행하기 전에 수익증권 불소지신고가 있으면 수탁자는 수익증권을 발행할 수 없으며, 지체 없이 수익증권을 발행하지 않는다는 뜻을 수익자명부에 적고, 수익자에게 그 사실을 통지하여야 한다(제80조 제2항). 수익증권을 발행한 후에 수익증권 불소지신고가 있으면 수익자는 수익증권을 수탁자에게 제출하여야 하고, 제출된 수익증권은 수익자명부에 그 뜻을 기재한 때에 무효가 된다(제80조 제3항).

5.10.3. 수익증권발행신탁에서 수익권의 처분

(1) 수익권의 양도

가. 양도 방법

수익증권발행신탁에서 수익권의 양도는, 기명수익증권이든 무기명수익증권이든, 양도인과 양수인 사이의 양도계약과 더불어 수익증권을 교부하여야 효력이 발생한다(제81조 제1항). 다만 서로 다른 내용의 수익권 중 특정 수익권에 대하여는 수익증권을 발행하지 않은 경우 당해 수익권에 대하여는 교부할 증권 자체가 존재하지 않기 때문에 양도계약만으로 효력이 발생한다.

나. 대항요건

수익증권발행신탁이 아닌 신탁의 경우 수익권의 양도에 대항요건이 필요한 것처럼 수익증권발행신탁에서도 별도의 대항요건을 갖추어야 한다. 기명수익증권의 양도를 가지고 수탁자에게 대항하기 위하여는 양수인의 성명 또는 명칭과 주소를 수익자명부에 기재하여야 한다(제81조 제2항). 서로 다른 내용의 수익권 중 특정 수익권에 대하여는 수익증권을 발행하지 않은 경우에도 해당 수익권의 양도를 가지고 수탁자 및 제3자에게 대항하기 위하여는 양수인의 성명 또는 명칭과 주소를 수익자명부에 기재할 필요가 있다(제81조 제3항). 이는 수익증권발행신탁에서 수익권양도의 대항요건을 명의개서 방식으로 단순화하여 거래의 안전과 수탁자의 사무처리상 편의를 도모하기 위함이다.[242]

나아가 제81조 제2항 및 제3항은 제1항과 달리 수익권의 "이전"을 정하고 있는데, 이는 당사자의 합의에 의한 수익권의 양도뿐만 아니라 법률규정에 의한 이전 내지 포괄승계를 포함한다. 예컨대 상속이나 합병의 경우 수익증권을 취득하게 된 자는 대항요건으로 수익자명부에 명의개서를 하여야 한다. 그러나 무기명수익증권은 이러한 기재 자체가 없기 때문에 점유가 그 대항요건이 된다(제85조 제1항).

다. 수익증권 발행 전의 양도

수익증권발행신탁에서 수탁자는 지체 없이 수익증권을 발행하여야 하지만, 아직 수익증권이 발행되지 않은 경우 수익자는 수익증권을 교부할 수 없기 때문에 수익권을 양도하더라도 수탁자에 대하여 효력이 없다(제81조 제4항 본문). 그러나 수익권양도계약의 당사자 사이에서 그 효력이 부정되는 것은 아니며, 수익증권이 제때 발행되지 않아 수익권을 행사할 수 없는 수익자의 보호도 필요하다. 그래서 주권발행 전 주식의 양도에 관한 상법 제335조 제3항과 마찬가지로 제81조 제4항은 수익증권을 발행하여야 하는 날부터 6개월이 경과한 때에는 효력이 있는 것으로 정하고 있다. 이 경우 수익권의 양도는 지명채권의 양도 내지 수익권의 양도에 관한 일반원칙에 따라서 당사자의 의사표시만으로 효력이 발생하고, 그 대항요건은 확정일자 있는 증서에 의한 양도통지 또는 수탁자의 승낙에 의한다.[243]

(2) 수익권에 대한 질권
가. 질권의 설정

수익증권발행신탁에서 수익권에 질권을 설정하는 방식은 수익권의 양도와 다르지 않다. 당사자간의 질권설정계약 및 질권자에 대한 수익증권의 교부를 요건으로 한다(제83조 제1항). 그리고 수익권질권자가 수탁자 및 제3자에게 대항하기 위하여는 수익증권을 점유하여야 한다(제83조 제2항). 수익권의 내용이 동일하지 않은 신탁에서 특정 수익권에 대하여만 수

---

242) 심인숙, 신탁과 수익증권 발행, BFL 제39호(2010. 1), 44면.
243) 대법원 1995. 5. 23. 선고 94다36421 판결; 대법원 2010. 4. 29. 선고 2009다88631 판결.

익증권을 발행하지 않은 경우 당해 수익권에 대한 질권설정은 당사자의 합의만으로 효력이 발생하지만, 이를 수탁자 및 제3자에게 대항하기 위하여는 질권자의 성명 또는 명칭과 주소를 수익자명부에 기재하여야 한다(제83조 제3항). 그리고 수익증권발행신탁에서 수익증권 발행 전에 수익권에 대하여 질권을 설정한 경우에는 수탁자에 대하여 효력이 없지만, 수익 증권을 발행하여야 하는 날부터 6개월이 경과한 경우에는 유효하다(제83조 제4항).

나. 질권의 효력

수익증권발행신탁에서 수익권질권의 효력은 수익증권을 전제로 하는 내용을 제외한 수익권질권 일반에 관한 규정이 적용될 것이다.244) 그런데 주식에 질권이 설정된 경우 물상대위의 요건이나 방법은 그것이 등록질인지 아니면 약식질인지에 따라서 차이가 있으며, 견해도 일치하지 않는다.245) 기명식수익증권을 발행하는 수익증권발행신탁에 있어서 수익권질권은 등록질과 그 성격이 유사하지만, 신탁법은 등록질(상법 제339조)에 상응하는 규정을 두지 않았다.246) 그리고 약식질의 경우에는 일반원칙에 따라 압류를 요구하는 것이 다수의 견해이다. 그렇다면 명문의 규정이 없는 한 수익권질권에서 물상대위의 요건은 민법의 일반원칙에 따라 해석하여야 할 것이다. 즉, 수익권질권자는 물상대위의 목적인 채권에 대하여 담보권의 존재를 증명하는 서류를 집행법원에 제출하여 채권압류 및 전부명령을 신청하거나(민사집행법 제273조 제2항) 배당요구를 하여야 한다(동법 제247조 제1항).

(3) 수익증권의 선의취득

수익자는 기명수익증권을 상실하면 수익권을 양도할 수 없고, 무기명수익증권을 상실하면 수익권의 행사와 양도를 할 수 없다. 그래서 제86조는 수익증권을 상실한 자를 위하여 공시최고절차를 거쳐 상실된 수익증권을 무효로 할 수 있게 하고(제1항), 제권판결에 의하여 수익증권의 재발행을 청구할 수 있게 한다(제2항).

한편 상실된 주권은 선의의 제3자에 의하여 선의취득될 수 있다. 제82조는 수익증권

---

244) 위 5.7.3. 및 5.7.4. 참조.

245) 이에 관한 논의는 최동렬, 회사정리절차개시결정 후 주식의 약식질권자가 정리회사의 주식소각대금채권에 대하여 물상대위권을 행사하여 얻은 추심명령의 효력, 대법원판례해설 제49호(2004), 818면 이하; 박형준, 주식의 약식질과 관련된 실무상 문제점, 197면 이하. 이러한 견해대립은 일본에서도 다르지 않은데, 加美和照, 株式の擔保權者の權利, 商法の爭點 I (ジュリスト增刊), 1995. 5, 98頁 이하 참조.

246) 물상대위의 범위에 관하여 제66조 제4항이 포괄적으로 정하고 있어서 약식질과 등록질간의 차이가 없고, 압류의 필요 여부에 관해서는 상법상의 등록질과 관련하여 해석상 견해가 대립하며, 상법상의 등록질이 실무상 거의 이용되지 않는다는 점을 근거로 등록질 제도는 도입하지 않았다. 법무부, 616면.

의 점유자에 대하여 자격수여적 효력을 인정하고 그 선의취득을 인정한다. 수익증권의 제 3자에 의한 선의취득은 주권이나 수표에서와 다르지 않으므로 제82조 제2항은 수표법 제 21조를[247] 준용한다.

5.10.4. 수익증권발행신탁에서 당사자의 권리와 의무

(1) 수익증권의 권리추정력

수익증권의 점유자는 적법한 소지인으로 추정되므로(제82조 제1항) 수익증권을 교부받은 자는 당해 수익권을 취득한다. 그리고 그 실체적인 권리관계를 주장, 증명할 필요 없이 수 탁자에 대하여 명의개서를 청구할 수 있다.[248]

(2) 기명수익증권에서 수익자 확정을 위한 기준일제도

무기명수익증권과 달리 기명수익증권의 경우에는 수익자명부상에 수익자가 계속 변동 될 수 있어서 수익권을 행사할 자를 시기적으로 특정할 필요가 있다. 이에 관한 신탁상 정 함이 있는 때에는 그것이 일차적인 기준이 됨은 물론이다. 그러나 그러한 정함이 없는 경우 를 위하여 제84조는 상법상 주식에 대한 기준일제도(상법 제354조)와 유사한 기준일제도를 도입하여 수익자를 확정하도록 한다. 수탁자는 기명수익증권에 대한 수익자로서 일정한 권 리를 행사할 자를 정하기 위하여 일정한 날, 즉 기준일을 정할 수 있으며, 그 기준일에 수 익자명부에 적혀 있는 수익자를 그 권리를 행사할 수익자로 취급할 수 있다(제84조 제1항).

기준일은 수익자로서 권리를 행사할 날에 앞선 3개월 내의 날로 정하여야 한다(제84조 제3항). 기준일과 행사일 사이의 간격이 너무 벌어져서 실제 수익자와 수익자명부상의 수익 자간의 괴리가 발생하지 않도록 하기 위함이다.[249] 그리고 수탁자가 기준일을 정한 때에는 그날의 2주 전에 일반일간신문 또는 수탁자가 법인인 경우에는 그 법인의 공고방법에 따라 이를 공고하여야 한다(제84조 제3항).

---

247) 수표법 제21조(수표의 선의취득) 어떤 사유로든 수표의 점유를 잃은 자가 있는 경우에 그 수표의 소지인은 그 수표가 소지인출급식일 때 또는 배서로 양도할 수 있는 수표의 소지인이 제19조에 따라 그 권리를 증명 할 때에는 그 수표를 반환할 의무가 없다. 그러나 소지인이 악의 또는 중대한 과실로 인하여 수표를 취득 한 경우에는 그러하지 아니하다.

248) 법무부, 639면.

249) 법무부, 649면.

(3) 권리의 행사
가. 무기명수익증권의 경우

무기명수익증권의 경우에는 기명수익증권과 같이 수익자명부를 통해 그 권리를 주장할 수 없기 때문에 증권의 점유와 제시가 중요한 의미를 가진다. 무기명수익증권에 대하여는 수익증권 불소지제도가 적용되지 않을뿐더러, 수익자는 그 수익증권을 제시하지 않으면 수탁자 및 제3자에게 수익자의 권리를 행사하지 못한다(제85조 제1항).

나. 수익권을 공유하는 경우

수익권을 여러 명이 공유하는 경우 이는 수익권의 준공유로서 공유에 관한 일반법리가 적용된다(민법 제262조 이하). 그런데 수익증권발행신탁의 경우에는 수익자가 다수이고 그 변동이 당연히 예정되어 있어서, 각 공유자가 개별적으로 그 권리를 행사하거나 공유자간의 의사가 다를 때에는 수탁자로서는 그 업무가 복잡해지고 사무의 처리가 어려워지게 된다. 그래서 신탁법은 수익증권발행신탁에서 수익권을 준공유하는 때 공유자 중 1인을 대표로 정하여 그 대표를 통해 수익권을 행사하도록 한다.

상법상 주식의 공유와 마찬가지로(상법 제333조) 수익권의 공유자는 그 수익권에 대하여 권리를 행사할 1인을 정하고 이를 수탁자에게 통지하여야 한다(제85조 제2항). 수탁자로부터 통지나 최고를 받을 권한을 포함하여 수익권의 행사는 그 1인을 통해 이루어진다. 그러므로 그러한 통지가 없으면 개별 공유자의 권리 행사에 대하여 수탁자가 동의하지 않는 한 각 공유자는 수익권을 행사할 수 없다. 그리고 수탁자는 공유자에 대한 통지나 최고를 공유자 중 1인에게 하면 된다(제85조 제3항).

다. 다수의 수익자가 존재하는 경우

수익증권발행신탁에서는 일반적으로 다수의 수익자가 존재한다. 다수의 수익자의 의사결정은 원칙적으로 만장일치에 의하지만(제71조), 수익증권발행신탁에서는 수익권의 유동성이 높은 만큼 신탁법은 원활한 의사결정을 위하여 신탁상 달리 정한 바가 없는 한 수익자집회에서 결정하도록 한다(제85조 제4항 본문). 이 경우 수익자집회에 관하여는 제72조 내지 제74조가 적용된다.

한편 신탁행위로도 제한할 수 없는 수익자의 권리(제61조)에 대하여는 다수의 수익자가 개별적으로 행사할 수 있지만, 수익증권발행신탁의 경우에는 예외적으로 일정 사항에 대하여 제한할 수 있다(제85조 제6항). 수익증권발행신탁에서는 통상 다수의 수익자가 존재하기 때문에 각 수익자가 그 권리를 행사할 수 있도록 한다면 신탁사무의 원활한 수행이 어려워지고, 그 결과 다른 수익자의 이익을 해할 우려가 있다.[250] 그래서 상법상 소수주주권에 상응하여 일정한 수익권의 행사에 대하여는 일정한 비율 이상의 수익권을 가진 수익자 또는 일정 기간 계속하여 수익권을 가진 수익자만 그 권리를 행사할 수 있도록 한다.

첫째, 다음 각 목의 권리의 전부 또는 일부에 대하여 총수익자 의결권의 100분의 3(신탁행위로 100분의 3보다 낮은 비율을 정한 경우에는 그 비율) 이상의 수익권을 가진 수익자만 해당 권리를 행사할 수 있음을 정할 수 있다(제85조 제6항 제1호).

    가. 제40조 제1항에 따른 열람·복사 청구권 또는 설명요구권

    나. 제75조 제1항에 따른 취소권

    다. 제88조 제3항에 따른 신탁의 변경청구권

    라. 제100조에 따른 신탁의 종료명령청구권

둘째, 6개월(신탁행위로 이보다 짧은 기간을 정한 경우에는 그 기간) 전부터 계속하여 수익권을 가진 수익자만 제77조 제1항에 따른 유지청구권을 행사할 수 있음을 정할 수 있다(제85조 제6항 제2호).

라. 위탁자 권리의 제한

수익증권발행신탁에서는 수익권이 증권화되어 전전유통되는 것이 예정되어 있고 위탁자와 수익자간의 대가관계나 인적인 관계가 희박하다. 만약 이 경우에도 위탁자가 신탁법상 인정되는 모든 권리들을 자유롭게 행사할 수 있다면, 법률관계가 복잡해지고 수탁자의 업무부담이 가중될뿐더러 수익자에게 불측의 손해를 줄 염려가 있다. 그래서 신탁법은 위탁자의 권리 중 일부에 대하여는 그 권리 행사를 제한한다. 즉, 위탁자는 다음 각 호의 권리를 행사할 수 없으며, 수익자만이 이를 행사할 수 있다(제85조 제5항).

    1. 제16조 제1항 및 제21조 제1항에 따른 해임권 또는 선임권

    2. 제16조 제3항, 제67조 제1항, 제88조 제3항 및 제100조에 따른 청구권

    3. 제40조 제1항에 따른 열람·복사 청구권 또는 설명요구권

    4. 제79조 제6항에 따른 열람 또는 복사 청구권

---

250) 법무부, 657면.

(4) 의무의 부담

신탁상 별도의 정함이 없는 한 수익자는 비용상환청구권 및 보수청구권의 상대방이 된다(제46조 제4항 내지 제6항, 제47조 제4항). 그러나 수익증권발행신탁에서 수익증권을 취득한 자가 통상 수익증권에 표창된 권리 이외에 어떠한 의무를 부담한다고 생각하기는 쉽지 않을 것이다. 그리고 수익증권이 전전유통되는 과정에서 과연 어떠한 시점을 기준으로 어느 범위까지 비용 등의 상환을 구할 수 있는지도 산정하기가 어렵다. 의무의 부담에 관하여 신탁상 정함이 있는 때에는 수익증권에 기재되므로 수익증권을 취득하는 자는 당연히 이를 고려하여 수익권을 취득하지만, 그렇지 않은 경우에도 언제든 의무를 부담할 수 있다고 한다면 이러한 요소는 수익증권의 유동성을 저해하게 된다. 그래서 제85조 제7항은 수익자보호 및 거래안전을 위하여 수익증권발행신탁에서 수익자는 원칙적으로 비용 등의 상환의무 및 보수지급의무를 부담하지 않는 것으로 규정한다. 예외적으로 신탁상 이와 다른 정함을 두는 경우 그 내용은 수익증권에 기재하여야 한다(제78조 제5항 제5호).

5.11. 신탁사채의 발행

5.11.1. 의의

신탁재산을 기반으로 하여 대규모의 사업을 진행하고자 하는 경우 위탁자나 수탁자의 자력과 신용에만 의지해서는 자금조달이 충분하지 않아 사업 자체가 어려워질 수 있다. 그런데 현행 법체계상 사채는 법률에 정함이 있는 경우에만 발행할 수 있다고 해석하는 것이 일반적이어서 명시적인 규정이 없는 한 신탁재산을 기초로 한 사채의 발행은 허용되지 않았다. 신탁법 개정시 신탁사채의 발행을 인정하는 데 대하여 신탁과 회사와의 제도적 차이, 사채권자의 이익보호의 문제, 제도의 남용을 근거로 반대하는 입장도 있었다.[251] 그러나 신탁법은 신탁에 따라서 대규모의 자금조달이 가능하도록 신탁사채의 발행을 허용하되, 사채권자의 보호와 제도남용의 방지를 위하여 일정한 제한을 두고 있다.

5.11.2. 요건

신탁사채를 발행하기 하기 위해서는, 첫째, 수익증권발행신탁으로서 제114조 제1항에 따른 유한책임신탁이어야 한다(제87조 제1항 제1호 및 제2호). 사채를 발행할 수 있는 신탁은 그만큼의 자금을 조달할 필요성이 있어야 하므로 최소한 수익증권을 발행하는 정도의 규모

---

251) 법무부, 666면.

가 되어야 한다. 그리고 신탁사채에 대하여 수탁자의 고유재산으로 책임을 지게 할 것은 아니며 또한 이를 인정할 경우 사실상 사채발행이 불가능하게 될 것이므로 유한책임신탁을 요건으로 한다. 이 경우 사채권자는 신탁재산 외에 수탁자의 인적 책임을 기대하지 않으므로 불측의 손해를 입는 것은 아니다.252)

둘째, 수탁자는 상법상 주식회사나 그 밖의 법률에 따라 사채를 발행할 수 있는 자일 것이 요구된다. 신탁재산이 법인격이 없기 때문에 사채발행의 자격은 수탁자를 기준으로 할 수밖에 없다. 그리고 법률에 의하여 사채발행이 가능한 회사로 그 자격을 제한함으로써 제도의 남용을 방지할 수 있다.

셋째, 이상의 요건을 모두 충족하는 신탁으로서 신탁상 수탁자가 신탁을 위하여 사채를 발행할 수 있다는 정함이 있어야 한다(제87조 제1항 본문). 신탁상 정함이 없음에도 불구하고 수탁자가 임의로 사채를 발행하는 것은 허용되지 않는다. 이때 수탁자 이사회의 결의는 요건이 아니다. 유한책임신탁에서 수탁자의 고유재산은 신탁채권자에 대하여 책임을 지지 않는다. 신탁사채의 발행은 신탁상의 정함에 의하며, 수탁자 이사회의 통제를 받을 사항은 아니다. 그래서 제87조 제4항은 신탁사채의 발행에 관하여 기본적으로 상법 규정을 준용하면서도 상법 제469조는 제외하고 있다.

넷째, 사채권자를 보호하고 제도의 남용을 방지하기 위하여 사채 발행 한도가 제한된다.253) 사채 발행에 있어서 그 총액의 한도는 최종의 대차대조표에 의하여 유한책임신탁에 현존하는 순자산액의 4배로 한다. 다만 최종의 대차대조표가 없는 경우에는 사채 발행 시점에 유한책임신탁에 현존하는 순자산액의 4배로 한다(제87조 제3항, 신탁법 시행령 제8조).

5.11.3. 방법

수익증권발행 형태의 유한책임신탁에서 신탁상의 정함에 따라 사채를 발행하는 경우 수탁자는 사채청약서, 채권 및 사채원부에 다음 사항을 적어야 한다(제87조 제2항). 해당 사채가 신탁을 위하여 발행되는 것이라는 뜻(제1호), 그 신탁을 특정하는 데에 필요한 사항(제2호), 해당 사채에 대하여는 신탁재산만으로 이행책임을 진다는 뜻(제3호). 이와 더불어 수익증권에는 신탁사채 발행에 관한 신탁상의 정함이 기재되어야 한다(제78조 제5항 제8호).

사채의 발행에 관한 그 밖의 사항에 대하여는 상법 제396조 및 제3편 제4장 제8절이 준용된다(제87조 제4항).

---

252) 법무부, 667면.
253) 법무부, 668면.

6. 신탁관리인

6.1. 의의

위탁자는 신탁재산상의 이익을 누구에게 어떠한 방식으로 귀속시킬 것인지를 자유롭게 정할 수 있다. 이때 수익자는 신탁설정시에 존재하지 않거나 특정되지 않을 수 있으며, 이러한 유연성과 탄력성은 신탁이 가지는 장점의 하나이다.

그러나 수익자는 신탁을 감독하는 중요한 지위에 있기 때문에 수익자가 존재하지 않거나 특정되지 않은 경우는 물론, 수익자가 특정, 현존하는 때에도 신탁감독의 역할을 기대할 수 없는 경우에는 수익자의 보호가 문제된다. 장래에 수익자가 존재하게 되거나 특정되어 수익권을 행사할 수 있을 때까지 또는 신탁감독의 역할을 수행할 수 있을 때까지 잠정적으로 수익자를 갈음하여 신탁을 감독하고 수익권을 확보하기 위한 조치를 취할 수 있는 자가 필요하다. 특히 목적신탁의 경우에는 구조적으로 수익자가 존재하지 않기 때문에 수익자를 갈음하여 신탁을 감독할 존재가 필요하다.[254] 그리고 이러한 지위를 가지는 것이 바로 신탁관리인이다.

6.2. 선임

6.2.1. 신탁행위에 의한 지정

위탁자는 신탁설정시에 수익자의 보호 또는 신탁목적의 달성을 위하여 다음 경우 신탁관리인을 지정할 수 있다(제67조 제1항 단서 및 제2항 단서). 첫째, 수익자가 특정되지 않은 경우이다. 수익자신탁에서 수익자의 확정가능성은 신탁의 효력요건인데, 그것이 신탁설정시에 수익자가 반드시 특정되어야 한다는 의미는 아니다. 그러므로 아직 특정되지 않은 수익자를 위하여 위탁자가 신탁상 신탁관리인을 지정한 경우에는 그 정함에 따라서 선임된 신탁관리인이 수익자를 위하여 수탁자를 감독하는 역할을 하게 된다.

둘째, 수익자가 존재하지 않는 경우이다. 아직 성립하지 않은 법인이나 출생하지 않은 자를 위한 신탁에서와 같이 수익자가 존재하지 않는 때 장래의 수익자를 위하여 신탁상 신탁관리인을 지정할 수 있다. 그리고 목적신탁에서는 수익자가 존재하지 않는 만큼 위탁자는 신탁상 신탁관리인을 지정할 필요가 있다.

셋째, 특정 수익자가 현존하는 때에도 신탁상 신탁관리인의 지정이 가능하다. 수익자가

---

[254] 신탁법은 목적신탁에서 신탁관리인이 취임하지 않은 상태가 1년간 계속되는 경우를 신탁의 종료사유로 정하고(제98조 제5호) 신탁관리인의 선임을 간접적으로 강제하고 있다.

제한능력자이거나 고령 등 그 밖의 사유로 수탁자에 대한 감독을 적절히 할 수 없다면, 수익자의 보호를 위하여 수탁자를 감시, 감독할 수 있는 신탁관리인이 필요하게 된다. 그러므로 이 경우에도 신탁상 정함에 따라서 신탁관리인이 선임될 수 있다.[255]

6.2.2. 법원에 의한 선임

수익자가 특정되지 않거나 존재하지 않는 때 또는 수익자에 의한 수탁자의 감독을 기대할 수 없는 때 위탁자가 신탁행위로 신탁관리인에 관한 정함을 둘 수 있음은 물론이지만, 그러한 정함이 없는 경우도 얼마든지 있을 수 있다. 그리고 신탁설정시에는 수익자가 충분히 수탁자를 감독할 수 있었기 때문에 신탁상 별도의 정함을 두지 않았지만, 이후에 사정의 변화에 따라서 수익자가 그러한 역할을 할 수 없게 된 때에는 수익자의 보호를 위하여 신탁관리인을 선임할 필요가 있게 된다. 또 기존의 신탁관리인이 사임하거나 해임된 때에도 새로운 신탁관리인의 선임이 필요하다. 그래서 신탁법은 이러한 경우 법원이 신탁관리인을 선임할 수 있도록 한다(제67조 제1항 본문 및 제2항 본문, 제70조 제6항 1문). 비록 명문의 규정은 없지만 신탁상 신탁관리인으로 지정된 자가 신탁관리인의 지위를 인수하지 않거나 할 수 없는 경우에도 신탁관리인의 선임을 위한 기준이 필요한데, 마찬가지로 법원이 신탁관리인을 선임할 수 있다고 할 것이다.

법원은 직권으로 또는 위탁자나 그 밖의 이해관계인의 청구에 의하여 신탁관리인을 선임할 수 있다. 사실 신탁관리인의 필요성이나 신탁관리인으로 적절한 자의 범위 등 개별적인 사정을 법원이 일일이 파악하기는 어렵기 때문에 신탁관리인은 통상 이해관계인의 청구가 있는 때 선임될 것이다. 법원이 신탁관리인 선임의 재판을 하는 경우 이해관계인의 의견을 들을 수 있으며(비송사건절차법 제44조의9 제1항), 이에 따른 재판에 대하여는 불복신청을 할 수 없다(동법 제44조의9 제2항).

법원이 신탁관리인을 선임함에 있어서 그 숫자는 제한이 없다. 그리고 신탁재산이 부동산인 경우 신탁관리인은 신탁등기의 등기사항이므로(부동산등기법 제81조 제1항 제5호), 법원은 신탁관리인을 선임한 때 지체 없이 신탁원부 기록의 변경등기를 촉탁하여야 한다(동법 제

---

255) 신탁법은 신탁관리인의 선임요건으로 수익자가 특정되지 않거나 존재하지 않는 경우와 수익자가 현존하지만 감독을 할 수 없는 경우를 구분하여 별도로 정하고 있지 않다. 이와 달리 일본 신탁법은 전자의 경우를 신탁관리인, 후자의 경우를 신탁감독인으로 구분하고 그 권한 범위도 달리 정하고 있다. 그러나 양자 모두 수익자의 보호 또는 신탁목적의 달성을 위하여 신탁을 감독하는 자의 지위를 가진다는 점에서는 동일하기 때문에 특별히 이를 별도의 제도로 분리할 필요성은 찾기 어렵다. 오히려 지나친 세분화로 인하여 규율이 복잡해지고 접근이 어려워질 수 있다는 점에서 우리 신탁법의 규율태도가 보다 간명한 것으로 보인다.

85조 제1항 제2호).

6.2.3. 다수 수익자에 의한 선임

다수의 수익자가 존재하는 경우 수익자 사이의 합의로 신탁관리인을 선임할 수 있다(제 67조 제3항 1문). 제67조 제1항 및 제2항에서와 달리 이 경우에는 수탁자를 감독할 수익자가 특정, 현존한다. 그럼에도 불구하고 다수의 수익자는 별도의 정함이 없는 한 전원의 동의로 의사결정을 하여야 하는데(제71조 제1항), 이러한 의사결정방법은 수익권을 적시에 적절히 행사하는 데 장애가 될 수 있다. 그래서 신탁법은 다수의 수익자로 하여금 신탁관리인을 선임함으로써 보다 효율적인 권리 행사를 도모할 수 있도록 한다. 하지만 제67조 제1항이나 제2항에 의하여 선임되는 신탁관리인과는 그 성격이 다를 수밖에 없으므로,256) 그 법률효과에 관하여도 차별화된 해석이 필요하다.

신탁관리인의 필요성 내지 존재 이유상의 차이는 그 선임방법에도 반영이 된다. 다른 신탁관리인과 달리 다수의 수익자를 위한 신탁관리인은 법원의 개입 없이 수익자들의 의사결정에 의한다. 신탁관리인 선임을 위한 의사결정은 원칙적으로 전원의 동의로 한다(제71조 제1항 본문). 신탁상 의사결정에 관한 정함이 있는 때에는 그것이 기준이 되며, 수익자집회가 있는 때에는 수익자집회의 결의에 따른다. 내용이 다른 여러 종류의 수익권이 있는 경우 각 종류수익자들은 위와 같은 방식으로 당해 종류수익자들을 위한 신탁관리인을 선임할 수 있다(제67조 제3항 2문). 다수의 수익자 또는 종류수익자들이 신탁관리인을 선임하는 행위는 위임계약에 해당하므로 수익자들과 신탁관리인 사이의 법률관계는 그 계약에 의하여 규율된다.

6.3. 신탁관리인의 권한

6.3.1. 신탁관리인의 권한 범위

(1) 신탁관리인의 지위

가. 제67조 제1항 및 제2항에 의한 신탁관리인

신탁관리인의 역할은 기본적으로 신탁의 감독이다. 수익자신탁의 경우 신탁관리인은

---

256) 법무부, 534면은 이러한 유형의 신탁관리인이 일본 신탁법상 수익자대리인제도와 유사하다고 한다. 그러나 일본 신탁법상의 수익자대리인은 신탁행위에서 대리할 수익자를 정하고 수익자대리인을 지정한 경우에 인정되고, 수익자대리인에 의하여 대리되는 수익자는 별도의 정함이 있는 권리를 제외하고는 권리를 행사할 수 없다(동법 제138조 내지 제140조). 따라서 다수 수익자 상호간의 의사결정에 의하여 선임되고 수익자의 권리 행사가 제한되지 않는 우리법상의 신탁관리인과는 분명 차이가 있다.

수익자와 동일한 지위를 가지는 것으로 간주된다(제68조 제2항). 그리고 신탁관리인은 수익자의 이익을 위하여 자신의 명의로 수익자의 권리에 관한 재판상 또는 재판외의 모든 행위를 할 수 있다(제68조 제1항). 그러나 신탁관리인은 수익자가 아니기 때문에 보수 이외에 신탁재산으로부터의 이익은 향수할 수 없다.

목적신탁의 경우에도 신탁관리인은 신탁의 목적 달성을 위하여 자신의 명의로 수익자가 가지는 권리들을 행사할 수 있다. 목적신탁에서는 수익자가 존재하지 않지만 신탁의 감독을 위하여 신탁관리인으로 하여금 수익자가 가지는 신탁감독의 권능들을 행사하도록 한 것이다. 그러므로 제68조 제2항이 신탁관리인을 수익자와 동일한 지위를 가지는 것으로 의제하더라도 목적신탁의 구조가 달라지지는 않는다.

한편 수익자가 피성년후견인 또는 피한정후견인인 때 성년후견인 또는 한정후견인과 신탁관리인의 관계가 문제된다. 성년후견인은 피성년후견인의 법정대리인이 되고(민법 제938조 제1항), 피성년후견인의 재산을 관리하고 그 법률행위를 대리한다(동법 제949조 제1항). 한정후견인도 대리권을 가질 수 있으며(동법 제959조의4 제1항), 그 사무에 관하여는 성년후견인에 관한 규정이 준용된다(동법 제959조의6). 그런데 신탁관리인은 자신의 명의로 수익자의 권리에 관한 재판상 또는 재판외의 모든 행위를 할 권한이 있기 때문에(제68조 제1항) 수탁자에 대한 감독과 관련하여 성년후견인 등과 경합 내지 우열의 문제가 제기된다.[257]

먼저 신탁관리인의 선임에 있어 성년후견인 등의 존부와 대리권 내지 사무범위는 "수탁자에 대한 감독을 적절히 할 수 없는 경우"에 해당하는지를 판단하는 중요한 요소가 된다. 만약 성년후견인 등에 의한 수탁자의 감독이 가능하다면, 신탁관리인이 선임될 필요가 없을 것이다. 그리고 신탁관리인이 선임된 후 성년후견개시심판 등이 있게 되는 때에도 신탁관리인의 존재를 고려하여 성년후견인의 권한범위가 결정될 것이므로 양자의 충돌은 문제되지 않는다. 다만 신탁관리인의 선임과 성년후견개시심판 등의 각 절차에서 관련 요소들이 충분히 고려되지 못하거나 적절한 조치가 이루어지지 않는 경우[258] 수익권을 둘러싼 양자의 충돌가능성은 남아 있다. 이 경우 피성년후견인 등의 재산 일반에 관한 사무를 처리하는 성년후견인 등보다는 수익권만을 대상으로 하는 신탁관리인의 지위가 우선한다고 해석하여야 할 것이다.

---

257) 상세는 최수정, 신탁법 개정 제안, 237면 이하.

258) 성년후견 사건은 라류 가사비송사건으로 피성년후견인 주소지의 가정법원 전속관할(가사소송법 제44조 제1의2호)인 반면, 신탁사건은 수탁자의 보통재판적이 있는 지방법원 관할이다(비송사건절차법 제39조 제1항). 그러므로 양 법원사이에서 사건의 계속 등을 간과하는 일이 없도록 하기 위하여는 제도적인 정비가 필요하다.

나. 제67조 제3항에 의한 신탁관리인

제67조 제3항은 수익자가 계속 변동하여 수익자를 파악하기 곤란하거나 수익자가 다수여서 신속하고 적절하게 의사결정을 하는 것이 어려운 경우를 예정한 것이다. 이 경우 다수수익자의 효율적인 의사결정을 위하여 선임된 신탁관리인은 그 범위에서 권한을 가진다고하면 충분하고, 구체적인 범위는 계약의 해석에 의한다. 따라서 제67조 제1항 및 제2항에의하여 선임된 신탁관리인과는 신탁법 규정의 적용에서 차별화될 수밖에 없다. 신탁관리인이라는 이유만으로 수익자의 권리에 관한 모든 행위를 할 권한을 인정할 필요는 없으며, 신탁관리인은 수권받은 범위 내에서 수익자들을 대리하기 때문에 수익자와 동일한 지위를 가지는 것으로 의제할 이유도 없는 것이다.

(2) 수탁자에 대한 통지

수익자신탁에서나 목적신탁에서나 신탁관리인이 그 권리를 행사함에 있어서는 수탁자에게 신탁관리인의 선임에 대한 통지가 있어야 하고, 통지가 없는 경우에는 수탁자에게 대항하지 못한다(제68조 제1항 단서). 신탁상 신탁관리인이 지정된 경우에는 수탁자 또한 신탁관리인의 존재를 알 수 있지만, 법원이 이해관계인의 청구나 직권에 의하여 또는 다수의 수익자가 합의로써 신탁관리인을 선임하는 때에는 그러하지 아니하다. 그래서 수익자를 갈음하여 그 권리를 행사하는 자에 대한 내용을 수탁자에게 통지하도록 할 필요가 있는데, 신탁법은 이를 대항요건으로 정하고 있다.

(3) 신탁관리인의 의무

신탁관리인은 타인인 수익자를 위하여 수익자의 권한을 행사하는 자이다. 타인의 사무처리라고 하는 관점에서는 위임에서의 수임인과 유사한 성격을 가지므로 수임인에 관한 민법 규정을 유추적용할 수 있다.259) 즉, 신탁관리인은 선량한 관리자의 주의로써 그 권한을 행사하여야 하며, 특히 다수의 수익자나 종류수익자를 위한 신탁관리인은 공평하게 그 권한을 행사하여야 한다. 그리고 수익자를 위하여 취득한 물건이나 권리는 수익자에게 인도, 이전하여야 하고, 이를 자신을 위하여 소비한 때에는 그날 이후의 이자를 지급하여야 하며, 그 밖의 손해에 대하여는 배상책임을 진다.

---

259) 법무부, 542면. 하지만 제67조 제3항에 따른 신탁관리인의 선임은 위임계약에 해당하므로 유추적용이 아닌 적용이 될 것이다.

(4) 신탁관리인의 보수 및 비용 등

신탁행위로 지정된 신탁관리인의 보수에 관하여는 신탁상 정함에 따른다. 법원이 신탁관리인을 선임하는 경우에는 신탁재산으로부터 적정한 보수를 지급할 수 있다(제67조 제4항).260)

신탁관리인이 권한의 행사 등 그 사무를 처리함에 있어서 비용이 소요되거나 과실 없이 손해를 입은 경우 이를 어떻게 처리할 것인지에 대하여는 신탁상 정함이 일차적인 기준이 된다. 그러나 그러한 정함이 없는 경우에 대하여 신탁법은 보충적인 기준을 마련하고 있지 않다. 물론 다수의 수익자가 신탁관리인을 선임한 경우 신탁관리인은 계약에 따라서 수익자에 대하여 비용 등을 청구할 수 있지만, 그 밖의 방식에 따라 선임된 신탁관리인이 당연히 수익자에게 비용 등을 청구할 근거는 없다. 해석론으로는 위임계약상 수임인의 비용상환청구권 등에 관한 규정의 적용 또는 유추적용을 고려해볼 수 있을 것이다(민법 제688조). 그러나 위탁자와 신탁관리인 사이에 계약관계가 없는 경우에도 위탁자에게 일괄적으로 비용 등을 부담시키는 것은 타당하지 않다. 그리고 수익자가 특정되지 않았거나 존재하지 않는 때에는 수익자에 대한 청구 자체도 불가능하다.

생각건대 신탁관리인의 존재는 수익자를 위한 것이고 수익자는 신탁재산으로부터 이익을 향수하는 자이므로 수익권의 범위에서 신탁재산으로부터 그 비용 등이 충당되어야 할 것이다. 신탁관리인의 비용상환청구권 등을 보장하기 위해서도 신탁재산의 소유자인 수탁자를 상대로 하는 것이 타당하다. 즉, 신탁관리인이 그 사무를 처리하는 데 필요한 정당한 비용을 지출한 때에는 수탁자에 대하여 그 비용 및 지출한 날 이후의 이자를 청구할 수 있고, 신탁관리인이 그 사무처리를 위하여 과실 없이 채무를 부담하거나 손해를 입은 경우에도 동일하게 취급할 수 있다. 그리고 수탁자는 수익자에 대하여 유한책임을 지는 만큼 이러한 비용 등에 대하여는 신탁재산만으로 책임을 진다고 할 것이다.

6.3.2. 다수의 신탁관리인의 권한 행사

신탁관리인을 선임함에 있어서 그 수는 제한이 없기 때문에 다수의 신탁관리인이 선임될 수 있고, 이 경우 그들 사이의 권한 행사 내지 사무처리 방법이 문제된다. 먼저 신탁행위로 다수의 신탁관리인을 지정한 경우 그들 사이의 사무처리에 관하여는 신탁상의 정함에 따른다. 그러한 정함이 없거나 법원이 다수의 신탁관리인을 선임한 경우에는 1인의 수익자

---

260) 이 경우 법원은 수탁자 또는 신탁재산관리인에게 고지하여야 하며, 보수를 결정함에 있어서 그 의견을 들어야 하고, 그 재판에 대하여 수탁자는 즉시항고를 할 수 있다(비송사건절차법 제44조의10).

를 위한 다수의 신탁관리인은 원칙적으로 공동으로 사무를 처리한다(제68조 제3항 및 제68조 제4항 2문). 하지만 다수의 신탁관리인이 존재하는 때에도 그것이 서로 다른 수익자 1인을 위한 경우라면 각 신탁관리인은 해당 수익자를 위하여 단독으로 사무를 처리한다(제68조 제4항 1문).261)

한편 제68조 제5항 및 제6항은 다수 수익자의 합의에 의하여 선임된 신탁관리인의 사무처리에 관하여 별도로 정하고 있는데, 그 내용은 위와 다르지 않다. 그리고 제68조 제7항은 다수의 수익자와 신탁관리인의 관계에 있어서 수익자는 신탁관리인이 선임된 때에도 제71조의 의사결정방법에 따라 여전히 사무를 처리할 수 있음을 명시하고 있다. 그러나 다수 수익자가 신탁관리인을 선임한 취지나 그 법률행위의 성질을 고려할 때 위 규정들은 별다른 의미를 가질 수 없거나 적용이 없다고 해야 한다. 다수의 신탁관리인이 존재하는 경우 그 사무처리는 계약에 의하며(민법 제119조 참조), 대리권을 수여한 본인의 행위능력도 제한되지 않기 때문이다. 그리고 신탁관리인과 수익자의 권한 행사가 상이한 때에는 수익자의 그것이 우선한다고 해야 한다.

6.4. 임무의 종료

6.4.1. 당연 종료

(1) 제67조 제1항 및 제2항에 의한 신탁관리인

신탁관리인의 임무가 종료하는 사유는 당연 종료와 사임, 해임으로 구분된다. 먼저 당연 종료는 신탁관리인의 선임 근거, 즉 필요성이 없어진 경우이다. 수익자가 특정되지 않거나 존재하지 않아 선임된 신탁관리인은 수익자가 특정되거나 존재하게 된 때 더 이상 존재할 이유가 없다. 그러므로 이 경우 신탁관리인의 임무는 종료한다(제69조 제1항). 수익자가 특정되고 존재하지만 사실상 신탁을 감독할 수 없어 수익자의 보호가 문제되는 상황에서 선임된 신탁감독인은 수익자가 신탁감독능력을 회복한 때 더 이상 존재할 이유가 없게 된다. 미성년자가 성년자가 되거나, 성년후견종료 또는 한정후견종료의 심판을 받아 온전한 능력을 회복하거나, 그 밖에 수탁자에 대한 감독능력을 회복한 때에는 신탁관리인의 임무는 종료한다(제69조 제2항).

---

261) 제67조 제1항에 의하든 제67조 제2항에 의하든 선임된 신탁관리인이 사무를 처리하는 방법에 있어서는 차이가 없다. 그러나 제68조 제3항과 제4항은 이를 구분하고, 특히 동조 제3항은 개별수익자를 위하여 신탁관리인이 각각 선임된 경우에 대하여는 정함이 없어서 마치 양자가 서로 다른 법률효과를 가지는 것으로 잘못 읽힐 수 있다. 그러므로 입법적으로는 규정을 조정하여 통일적으로 규율할 필요가 있다.

이상의 경우 신탁관리인의 임무는 별도의 절차 없이 당연히 종료하므로, 신탁관리인의 선임을 수탁자에게 통지하도록 한 것에 상응하여, 임무종료 또한 통지하도록 할 필요가 있다. 그래서 제69조 제3항은 수익자 또는 임무가 종료한 신탁관리인으로 하여금 수탁자에게 그 사실을 통지하도록 하고, 통지가 없는 때에는 수탁자에게 대항하지 못하도록 한다.

(2) 제67조 제3항에 의한 신탁관리인

제69조는 제67조 제3항에 의하여 선임된 신탁관리인의 임무종료에 대하여 정하고 있지 않다. 다수의 수익자가 합의로 신탁관리인을 선임한 때에는 통상 그 임무종료에 관하여도 정하고 있을 것이다. 그러므로 그 정한 사유가 발생한 때 신탁관리인의 임무가 종료한다고 해석하면 충분하다. 다만 이 경우에도 신탁관리인의 임무종료에 대하여 수탁자에게 통지할 필요가 있을 것이다. 따라서 제69조 제3항을 유추적용하여 수익자 또는 신탁관리인은 수탁자에게 신탁관리인의 임무 종료 사실을 통지하지 않으면 수탁자에게 대항하지 못한다고 할 것이다.

6.4.2. 사임

(1) 사임의 제한

신탁관리인은 선임시에 달리 정함이 없는 한 사임하지 못한다. 신탁관리인은 수익자의 보호를 위한 존재인데, 임의로 사임할 수 있다고 한다면 다시금 수익자의 보호에 공백이 발생할 수 있기 때문이다. 다만 신탁법은 예외적으로 신탁관리인이 사임할 수 있는 요건을 정하고 있다.

(2) 사임의 요건
가. 제67조 제1항 및 제2항에 의한 신탁관리인

신탁관리인 선임시에 사임에 관한 정함이 없었더라도 신탁관리인은 자신을 선임한 법원이나 수익자가 승낙한 때에는 사임할 수 있다(제70조 제1항). 그리고 승낙을 얻지 못하였더라도 정당한 이유가 있는 때에는 법원의 허가를 얻어 사임을 할 수 있다(제70조 제2항).[262]
견해에 따라서는 제70조 제1항 및 제2항을 구분하면서, 전자의 경우에는 선임자가 자신이 선임한 신탁관리인의 사임을 허용하는 것인 반면 후자의 경우에는 선임자와 무관하게

---

262) 사임허가의 재판을 신청하는 경우 신탁관리인은 그 사유를 소명하여야 하며, 그 재판에 대하여는 불복신청을 할 수 없다(비송사건절차법 제44조의11 제1항 및 제3항).

정당한 이유가 있으면 법원이 신탁에 대한 감독자의 지위에서 사임을 허가하는 것이라고 한다.263) 그런데 신탁상 지정된 신탁관리인의 경우에는 그 선임주체가 위탁자라고 할 수 있으나, 제70조 제1항은 위탁자가 아닌 수익자를 승낙의 주체로 정하고 있기 때문에 선임자의 사임허용 규정이라고 할 수는 없다. 그리고 신탁관리인은 수익자가 특정 또는 존재하게 되거나 수탁자에 대한 감독 기능을 수행할 수 있게 된 때 그 임무가 당연히 종료한다. 그러므로 신탁관리인의 사임은 아직 그와 같은 수익자가 등장하지 않은 때 문제되는데, 이러한 상태에서 특정 또는 존재하지 않는 수익자로부터의 승낙은 불가능하다. 그리고 제한능력자와 같이 수탁자를 적절히 감독할 수 없는 수익자로부터의 승낙을 요구하거나 그의 승낙만으로 사임할 수 있다고는 것이 사임을 제한하는 취지에 비추어 과연 타당한지도 고민해 보아야 한다. 그리고 동조 제2항은 "제1항에도 불구하고"라고 하여 제1항을 전제로 하고 있지만, 법원에 의하여 선임된 신탁관리인이 제1항에 의한 법원의 승낙 외에 다시금 정당한 이유를 요건으로 하여 법원의 허가를 구해야 하는지도 의문이다. 따라서 부적절한 규정방식을 바로잡고 규정간의 관계에 대한 불필요한 혼란을 제거하기 위한 입법적인 정비가 필요하다.

나. 제67조 제3항에 의한 신탁관리인

제69조와 달리 제70조는 신탁관리인이 어느 규정에 근거하여 선임되었는지를 묻지 않고 '신탁관리인'이라고만 정하고 있기 때문에 모든 종류의 신탁관리인에 대하여 적용되는 것으로 보인다. 그러나 다수 수익자가 제67조 제3항에 따라 신탁관리인을 선임한 경우 위임계약상 상호해지의 자유에도 불구하고(민법 제689조 제1항) 신탁관리인이라는 이유만으로 사임 내지 계약의 해지가 제한되어야 할 이유는 없다. 수익자의 승낙이나 법원의 허가를 요건으로 하거나, 또 사임허가결정을 한 법원으로 하여금 새로운 신탁관리인을 선임하도록 강제하는 것도(제70조 제6항) 타당하지 않다. 새로운 신탁관리인의 선임은 애초에 신탁관리인을 선임한 다수 수익자의 의사에 맡겨야 한다. 위 규정들은 다수 수익자들이 신탁관리인을 선임한 취지를 넘어서 과도하게 사적 관계에 개입하는 결과를 가져오는 만큼 입법적인 개선이 필요하다. 수탁자의 감독을 위한 제67조 제1항 및 제2항의 신탁관리인과 구분하여 규정하고, 그 법률관계는 당사자의 계약에 의하도록 할 것이다.

---

263) 법무부, 553면 이하.

(3) 사임에 따른 효과

사임한 신탁관리인의 통지의무 및 계속적 사무의 관리에 관하여는 제14조 제3항 및 제15조가 준용된다(제70조 제3항). 따라서 사임한 신탁관리인은 즉시 수익자에게 그 사실을 통지하여야 한다. 사임 사실의 통지를 통하여 해당 수익자의 보호를 위한 조치가 적절히 이루어질 수 있도록 하기 위함이다. 하지만 이는 현존, 특정된 수익자를 전제한 것이므로, 수익자가 특정되지 않거나 존재하지 않는 때에는 통지의무가 없다. 신탁관리인이 수익자의 승낙을 얻어 사임한 때에도 통지를 요구하는 취지에 비추어 별도의 통지는 필요하지 않다고 할 것이다. 그리고 사임한 신탁관리인은 새로운 신탁관리인이나 수익자가 사무를 처리할 수 있을 때까지 신탁관리인으로서의 권한을 가지는데, 이는 수익자의 보호를 위한 경과적, 잠정적 조치이다.

법원은 사임허가결정을 함에 있어서 수익자의 보호에 공백이 없도록 동시에 새로운 신탁관리인을 선임하여야 하며, 새로운 신탁관리인은 즉시 수익자에게 그 사실을 통지하여야 한다(제70조 제6항). 이와 더불어 수익자, 신탁관리인, 그 밖의 이해관계인은 기존 신탁관리인의 사임 및 새로운 신탁관리인의 선임 사실을 수탁자에게 통지하여야 하며, 그렇지 않은 경우 이로써 수탁자에게 대항하지 못한다(제70조 제7항).

6.4.3. 해임

(1) 해임의 요건

신탁관리인을 선임한 법원은 언제든지 그 신탁관리인을 해임할 수 있다(제70조 제4항 본문).[264] 그리고 다수 수익자가 신탁관리인을 선임한 경우 이들의 법률관계는 위임에 해당하므로, 위임계약의 상호해지의 자유가 인정되는 것처럼(민법 제689조) 수익자도 언제든지 신탁관리인을 해임할 수 있다. 다만 수익자가 정당한 이유 없이 신탁관리인에게 불리한 시기에 해임을 한 경우 그로 인한 신탁관리인의 손해를 배상하여야 한다(제70조 제4항 단서).

신탁법은 해임의 주체로 '신탁관리인을 선임한' 법원과 수익자만을 들고 있다. 그래서 신탁상 지정된 신탁관리인에 대하여도 법원이 해임을 할 수 있는지 여부 및 그 방법에 대하여 의문이 제기될 수 있다. 수탁자의 경우에는 임무위반 등 중요한 사유가 있는 때 위탁자나 수익자의 청구에 의하여 법원이 해임을 할 수 있는데(제16조 제3항), 이와 같은 규정이 신탁관리인의 경우에는 없다. 그렇다고 해서 신탁상 지정된 신탁관리인이 수익자를 위하여

---

264) 법원이 신탁관리인을 해임하는 재판을 하는 경우 이해관계인의 의견을 들을 수 있으며, 그 재판에 대하여는 불복신청을 할 수 없다(비송사건절차법 제44조의11 제2항 및 제3항).

그 권한을 제대로 행사하지 않거나 심지어 임무를 위반하는 등의 사정이 있는 때에도 해임할 수 없다고 하는 것은 부당하다. 입법적으로 이해관계인의 청구에 의하여 법원이 신탁관리인을 해임할 수 있는 근거규정을 마련할 필요가 있으며, 현행법의 해석에서도 법원의 일반적인 감독권에 대한 제105조 제2항을 근거로 위탁자 등 이해관계인이 신탁관리인의 해임을 법원에 청구할 수 있다고 할 것이다.

(2) 해임에 따른 효과

해임된 신탁관리인의 통지의무 및 계속적 사무의 관리에 대하여는 제16조 제4항 및 제5항이 준용된다(제70조 제5항). 즉, 해임된 신탁관리인은 즉시 수익자에게 그 사실을 통지하여야 한다. 다만 이는 수익자의 보호를 위한 것이므로 수익자가 해임을 한 때에는 적용이 없다. 그리고 해임된 신탁관리인은 새로운 신탁관리인이나 수익자가 사무를 처리할 수 있을 때까지 그 권한을 가지지만, 임무위반으로 해임된 신탁관리인은 그러하지 아니하다.

법원이 임무위반을 이유로 신탁관리인의 해임결정을 함에 있어서는 수익자의 보호에 공백이 없도록 동시에 새로운 신탁관리인을 선임하여야 하며, 새로운 신탁관리인은 즉시 수익자에게 그 사실을 통지하여야 한다(제70조 제6항). 그리고 수익자, 신탁관리인, 그 밖의 이해관계인은 기존 신탁관리인의 해임 및 새로운 신탁관리인의 선임 사실을 수탁자에게 통지하여야 하며, 그렇지 않은 경우 이로써 수탁자에게 대항하지 못한다(제70조 제7항).

제5장
신탁의 성립과 효력

Ⅰ. 신탁의 설정

1. 의의

신탁은 여러 가지 원인에 의하여 성립한다. 신탁을 설정하고자 하는 당사자의 의사에 의한 경우가 대표적이며, 법률규정에 따라 신탁이 발생하기도 한다. 전자의 경우 신탁을 성립시키는 원인된 법률행위로 신탁법은 계약, 유언, 신탁선언을 들고 있다(제3조 제1항). 신탁법은 많은 규정에서 신탁행위라는 용어를 사용하고 있는데, 직접 신탁행위의 개념을 정의하고 있지는 않으나 신탁을 설정하는 위 법률행위를 신탁행위라고 부를 수 있다.[1] 규정의 해석상 그러할 뿐 아니라 법률규정에 의하여 신탁이 발생하는 때에는 별도의 신탁행위라고 하는 것을 상정할 수 없기 때문이다.

이하에서는 신탁을 설정하는 신탁행위와 법률규정에 의한 법정신탁을 구분하고, 신탁행위에 의하여 신탁이 성립하는 각 유형들을 차례로 살펴본다.[2]

2. 신탁계약[3]

2.1. 의의

위탁자는 수탁자와의 계약을 통하여 신탁을 설정할 수 있다(제3조 제1항 제1호). 위탁자

---

[1] 임채웅, 신탁행위의 연구, 저스티스 제99호(2007. 8), 93면은 신탁을 설정하는 행위를 신탁행위로 부르는 것에는 이론이 없다고 한다.

[2] 법정신탁에 관하여는 아래 Ⅲ. 및 제9장 Ⅲ. 2.1. 참조.

[3] 이하는 최수정, 신탁계약의 법적 성질, 민사법학 제45권 제1호(2009. 6), 477면 이하를 수정, 보완한 것이다.

가 신임관계에 기하여 수탁자에게 특정의 재산을 이전하거나 그 밖의 처분을 하고 일정한 목적을 위하여 그 재산을 관리, 처분 등을 하도록 하는 데 대해 합의한 때 신탁이 성립한다.

영미에서는 전통적으로 신탁이 계약과 구분되는 별개의 법현상으로 이해되어왔다. 계약에서는 어디까지나 계약당사자가 중심이 되지만, 신탁에서는 위탁자가 자신의 의사로 신탁을 설정하면서 그에 구속되는 재산을 출연함으로써 존재의의를 다하고 이제 수탁자와 수익자의 관계가 중심이 되기 때문이다. 반면 우리법은 그러한 구분을 알지 못한다. 구신탁법은 신탁설정방법으로 계약과 유언만을 정하였으나 신탁계약에 의하는 것이 일반적이었다. 현행 신탁법은 신탁설정방법으로 신탁선언을 추가하였지만 역시 신탁계약이 주를 이룬다.

그런데 신탁계약은 다른 유형의 계약들과 구분되는 여러 차이점들을 가진다. 신탁과 계약을 구분하는 영미에서도 실제로는 위탁자와 수탁자가 될 자 사이에 협의가 선행되는 것이 일반적이고, 신탁과 더불어 여러 유형의 계약관계가 병존하기도 한다. 또한 신탁이 가지는 계약적인 요소들을 부각시키는 견해도 주목을 받고 있다.[4] 하지만 양자를 준별하는 전통적인 이해는 아직까지 유효하다. 우리법에서도 신탁이 가지는 제도적 특수성으로 인하여 신탁계약에 관한 특별한 규율과 해석이 뒤따르지만, 이 역시 계약법 일반원리를 전제로 한다. 그러므로 일반적인 계약법리에 비추어 신탁계약이 가지는 특수성을 확인함으로써 신탁의 특성을 분명히 할 수 있다.

2.2. 법적 성질

2.2.1. 학설과 판례

종래 신탁계약의 법적 성질과 관련하여 학설은 나뉘었으며, 실무에서는 요물계약으로 처리한 것으로 보인다. 학설은 일본에서의 요물계약설과 낙성계약설의 대립을 소개하면서 일본에서 통설의 지위를 차지하는 낙성계약설이 우리나라에서도 통설이라거나,[5] 위탁자와 수탁자간의 합의로 신탁은 설정되고 수탁자의 신탁인수나 재산의 인도 여부는 신탁의 성립에 영향을 미치지 않지만 신탁재산이 없으면 신탁재산에 관한 수탁자의 의무가 발생하지 않으므로 신탁재산은 신탁의 성립요건은 아니지만 수탁자의 의무를 발생시키는 실질적인 전제라고 한다.[6]

---

4) Langbein, The Contractarian Basis of the Law of Trusts, 105 Yale Law Journal 627(1995)이 대표적이다.
5) 임채웅, 사해신탁의 연구, 법조 55권 9호(2006), 16면.
6) 이중기, 29면, 94면.

반면 신탁의 정의규정은 장차 위탁자가 수탁자에게 재산권의 이전 기타 처분을 약속하는 것이 아니라 신탁설정 당시에 이전 또는 기타 처분을 하여야만 신탁관계의 성립을 인정하는 취지이므로 소수설인 요물계약설이 타당하다거나,[7] 일반적으로 신탁행위의 성립에는 처분행위가 필요하므로 원인행위와 처분행위 모두 신탁행위의 성립요건이라고도 한다.[8] 또 신탁의 정의규정은 신탁재산의 이전을 요건으로 하지만 현실적으로 신탁재산의 이전이 없는 신탁은 없기 때문에 어느 견해에 의하든 신탁재산의 이전이 필요하다는 점에서 논의의 실효성을 부정하는 견해도 있다.[9]

판례는 가령 "신탁법상의 신탁은 위탁자가 수탁자에게 특정의 재산권을 이전하여 수탁자로 하여금 신탁목적을 위하여 그 재산권을 관리·처분하게 하는 것이어서, 신탁의 효력으로서 신탁재산의 소유권이 수탁자에게 이전"된다고만 하고,[10] 신탁계약의 요물성 여부에 대하여는 직접 판단하고 있지 않다.

2.2.2. 낙성계약으로서의 신탁계약

전통적으로 영미에서 신탁은 신탁설정의사, 신탁재산 그리고 수익자를 요소로 하며,[11] 일반적으로 수탁자에게 신탁재산이 이전되었을 때 신탁이 설정되었다거나 유효하다고 설명한다.[12] 하지만 신탁을 계약과는 구분되는 제도로 취급하는 법제에서의 이러한 이해가 우리법상 신탁계약에도 당연히 유효한 것은 아니다. 그리고 위탁자가 신탁을 통하여 의도한 바를 실현하기 위해서는 재산권의 이전 기타 처분이 필수적이라고 하더라도,[13] 이것이 논리적으로 신탁계약의 성립요건이나 효력요건과 직결되는 것은 아니다. 또한 제2조는 그야말로 신탁을 정의하는 것일 뿐이며, 그러한 법률관계를 창설하는 방식은 전적으로 제3조에 의한다. 신탁을 설정하는 여러 방식 중 하나인 신탁계약의 성질을 해명함에 있어서 신탁의

---

7) 홍유석, 83면.

8) 최동식, 63면.

9) 이재욱/이상호, 66면.

10) 대법원 2006. 9. 22. 선고 2004다50235 판결.

11) 신탁의 효력요건으로서 이들 세 요소의 확정가능성(three certainties)에 관하여는 아래 신탁의 효력에 관한 Ⅱ. 1. 참조.

12) 계약과 신탁을 구분하는 영국에서는 신탁이 유효하기 위해서는 위탁자가 재산권의 이전에 필요한 행위를 다할 것을 요구하고(Milroy v Lord (1862) 4 De GF & J 264, 274), 이를 신탁설정의 완성(perfect creation or complete constitution)이라고도 부른다(Pettit, Equity and the Law of Trust, 11.ed., Oxford, 2009, p.98 이하).

13) 미국 신탁법 제2차 리스테이트먼트 §74도 신탁은 신탁재산이 없는 한 설정될 수 없음을 선언하고 있다.

정의규정을 근거로 요물계약이라고 하는 것은 성급하다. 오히려 법률에 별도의 정함이 없는 한 신탁계약은 계약의 원칙적인 모습인 낙성계약이라고 해야 한다.

만약 신탁계약시에 처분행위가 없다고 해서 곧 계약의 효력을 부정한다면 이는 당사자의 의사에도 반한다. 위탁자의 신탁설정의사가 명백하다면 이후 위탁자의 처분행위는 필연적으로 뒤따르게 된다. 그렇다면 당사자가 의욕한 대로 합의가 이루어진 때에 계약의 성립을 인정하는 것이 타당하다. 물론 요물계약설에 의할 때에도 재산권의 이전시까지 당사자의 관계를 일종의 위임계약 등으로 취급할 수 있을 것이나, 신탁설정의사가 분명함에도 불구하고 이를 다른 유형의 계약으로 해석할 이유는 없다.

신탁계약의 법적 성질에 대한 논의의 실효성을 부정하는 견해도 있지만 이는 낙성계약설과 요물계약설에 따른 각 법률효과상의 차이를 간과한 것이다. 양자는 계약의 성립시점을 판단하는 데 차이가 있고, 당사자의 합의시점과 신탁재산의 이전 기타 처분이 실질적으로 행해지는 시점 사이에 당사자의 관계를 규율하는 법리도 상이하다. 특히 수탁자의 의무인정 여부가 관건이 된다. 물론 신탁재산이 아직 이전되지 않은 시점에서 수탁자가 당해 재산을 취득한 것을 전제로 한 의무는 문제되지 않는다. 그러나 신탁계약을 체결하면 수탁자는 위탁자에 대하여 신탁재산의 이전을 청구할 수 있는 계약상의 권리를 가지게 되고, 이러한 채권이 바로 신탁재산이 된다. 그러므로 수탁자가 물권을 취득하지 않았다고 해서 신탁재산이 없는 신탁이라거나 신탁으로서의 효력을 부정할 이유는 없다. 신탁이 신탁재산을 중심으로 하는 법률관계인 만큼 신탁재산의 이전 등이 있을 때 그 주된 효과들이 현실적으로 발생하지만, 신탁계약으로부터 발생하는 권리·의무는 그에 한정되지 않는다. 예컨대 수탁자가 계약과정에서 취득한 정보 등을 이용하여 자신이나 제3자의 이익을 도모하였다면 이를 충실의무위반으로 규율할 필요가 있다. 그리고 위탁자로서는 수탁자로 하여금 신탁사무의 처리로서 재산권의 이전 등의 업무를 수행하도록 할 수 있다. 그러므로 굳이 재산권의 이전 기타 처분을 기다려 그때 비로소 계약의 성립과 효력을 인정하기보다는 여타의 계약과 마찬가지로 당사자의 합의만으로 신탁계약이 유효하게 성립한다고 하는 것이 위탁자의 의사실현 및 수익자의 보호에도 부합한다.

이상의 근거에서 신탁계약은 당사자가 달리 약정하는 등의 사정이 없는 한 계약의 일반적인 형태로서 낙성계약의 성질을 가진다고 할 것이다. 즉, 위탁자와 수탁자의 합의에 의하여 신탁계약은 유효하게 성립하고, 이제 수탁자는 위탁자에 대하여 신탁재산의 이전을 구할 수 있으며, 신탁재산이 수탁자에게 이전할 때까지는 당해 채권을 신탁재산으로 하여 신탁의 다양한 효과들이 발생한다.

2.2.3. 무상·편무계약 또는 유상·쌍무계약

(1) 신탁계약의 의무구조와 법적 성질

신탁계약의 법적 성질에 대한 검토는 그에 상응하는 법적 효과의 판단과 직결된다. 쌍무계약에 있어서 동시이행의 항변권과 위험부담, 유상계약에 있어서 담보책임의 인정 여부가 대표적이다. 그런데 신탁의 특수성이나 신탁법의 규정에 비추어 볼 때 이러한 민법상의 일반적인 법규정이 직접 적용되는 범위는 사실 제한적이다. 수탁자의 급부의무의 이행시기나 이행불능과 관련하여서는 대부분 신탁계약에 정함을 둘 것이고, 그 불이행에 대하여는 신탁법이 엄격히 규율하고 있기 때문이다. 그럼에도 불구하고 다양한 신탁관계에서 발생할 수 있는 쟁점에 대하여 최후의 해석근거로서 그 법적 성질을 확인하는 것은 의미가 적지 않다.[14)]

계약의 법적 성질에 관한 일반적인 분류인 유상·쌍무계약 또는 무상·편무계약의 기준을 적용함에 있어서는 신탁계약의 의무구조에 대한 분석이 선행되어야 한다. 신탁계약에서는 신탁목적의 달성을 위하여 위탁자의 재산이전에 따른 수탁자의 사무처리가 주된 내용을 이룬다. 만약 위탁자와 수탁자의 의무가 대가성을 가지고 또한 상호성을 가진다면 유상·쌍무계약이라고 말할 수 있다. 반면 일방당사자만이 의무를 부담하거나 양 당사자가 부담하더라도 의무 상호간에 그러한 대가성 및 상호성이 없다면 무상·편무계약이 될 것이다. 그리고 이러한 성질규명에 따라서 각각에 상응하는 일반적인 법률효과들이 발생한다.

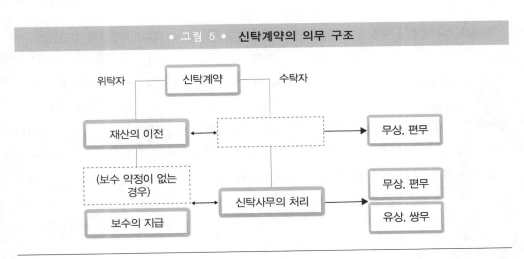

• 그림 5 • **신탁계약의 의무 구조**

---

14) 법무부, 29면은 신탁계약의 법적 성질과 관련한 학설대립을 고려하여 신탁법은 이를 명시적으로 정하지 않고 이후 학설과 판례에 맡겨두었다고 한다.

(2) 위탁자의 재산이전 의무

위탁자의 경우 신탁계약의 내용으로부터 상정할 수 있는 주된 의무는 재산의 이전 또는 설정이며, 경우에 따라서 수탁자의 사무처리에 대한 보수의 지급이 될 것이다. 먼저 수탁자와의 계약을 통해 위탁자는 신탁목적의 달성에 필요한 재산을 이전하거나 담보권의 설정 그 밖의 처분에 대한 채무를 인수하였다. 그러므로 수탁자는 이에 상응하는 채권을 가지며, 위탁자의 채무불이행에 대하여 이행을 강제하거나 그 불이행으로 인한 손해배상청구, 계약해제와 같은 조치들을 취할 수 있다. 또한 수익자는 이러한 수탁자의 권리를 대위행사함으로써 수익권을 확보할 수 있다.

그런데 신탁은 무엇보다 위탁자의 의사를 실현하기 위한 제도이며 수탁자가 위탁자의 재산이전을 강제할 고유한 이익은 없기 때문에 위탁자에게 그러한 채무와 책임을 일반적으로 인정할 수 있는지에 대하여는 의문이 제기될 수 있다. 판례는 이러한 위탁자의 계약상 채무에 대하여 정면에서 판단하고 있지 않다. 다만 대법원 1997. 5. 30. 선고 96다23887 판결은 재건축조합의 조합원인 위탁자에 대하여 수탁자인 조합에 소유권이전등기절차를 이행할 의무가 있다고 보았다. 이 사건에서 위탁자는 조합규약상 현물출자의무를 부담하였고, 여기에는 재건축사업을 위한 신탁목적상 위탁자 소유의 토지를 수탁자인 조합에 이전할 의무가 포함되어 있었다. 그래서 신탁재산을 이전할 위탁자의 의무가 신탁계약의 성질로부터 당연히 도출되는 것인지 아니면 조합계약상의 현물출자의무와 같은 별도의 근거에 기초하는 것인지는 적어도 위 판결만으로 단정할 수 없다.

생각건대 계약당사자는 합의된 내용에 상응하는 채권을 취득하고 채무를 부담하며, 이는 신탁계약에서도 다르지 않다. 만약 계약체결 이후 위탁자가 재산을 이전하지 않는다면, 무엇보다 신탁설정에 대한 위탁자의 의사를 다시금 확인할 필요가 있고 그에 따라 신탁계약의 효력을 판단하여야 한다. 이때 신탁계약이 무효가 됨으로 해서 수탁자에게 손해가 발생하였다면 수탁자는 계약의 부당파기로 인한 배상책임을 물을 수 있다.[15] 그리고 신탁계약의 체결로써 수익권이 발생하였다는 사실이 계약 자체의 무효나 계약당사자 지위에 수반하는 해제권에 영향을 미치지는 않으며, 수익자도 대가관계에 기한 구제수단을 가질 것이므로 수익자의 보호도 신탁계약의 무효를 저지할 결정적인 근거는 될 수 없다. 그러나 위와 같은 특단의 사정이 존재하지 않는다면 신탁계약상 위탁자는 수탁자에 대하여 재산을 이전

---

15) 판례는 계약교섭의 부당파기에 대하여 신의칙 위반으로 인한 불법행위책임을 인정한다. 대법원 1993. 9. 10. 선고 92다42897 판결; 대법원 2001. 6. 15. 선고 99다40418 판결; 대법원 2003. 4. 11. 선고 2001다53059 판결; 대법원 2004. 5. 28. 선고 2002다32301 판결 등.

할 채무를 부담한다고 할 것이다.[16)

반면 수탁자는 위탁자의 재산이전의무에 상응하는 대가적, 상호의존적인 성격의 의무를 부담하지 않는다. 신탁계약상 수탁자도 신탁사무를 처리할 의무가 있지만, 이는 위탁자의 재산이전의무에 대한 대가성 및 상호성 있는 채무가 아니다. 그러므로 신탁계약은 이 부분에 있어서 무상·편무계약의 성격을 가지며, 따라서 수탁자에게 이전된 신탁재산에 흠이 있더라도 담보책임은 문제되지 않는다.[17)

그런데 무상·편무계약에 해당하는 증여계약의 경우 증여자는 원칙적으로 담보책임을 지지 않지만, 증여자가 그 하자나 흠결을 알고서도 수증자에게 고지하지 않은 때에는 예외적으로 담보책임이 발생한다(민법 제559조 제1항). 그러나 위탁자는 신탁재산인 물건 또는 권리의 하자나 흠결에 대하여 알고서도 수탁자에게 고지하지 않았더라도, 신탁상 별도의 정함이 없는 한, 담보책임을 지지 않는다고 해야 한다. 신탁재산은 비록 수탁자에게 이전되지만 그로 인한 재산적인 이익은 결국 수익자에게 돌아가기 때문이다. 수익자는 신탁재산을 한도로 그 이익을 향수할 뿐이며, 신탁재산의 하자나 흠결로 인하여 수익자가 기대했던 이익을 받지 못한 때에는 그로 인한 불이익은 위탁자와의 대가관계에서 해결되어야 한다. 만약 신탁재산의 하자나 흠결로 인하여 신탁목적을 달성할 수 없다면, 신탁은 당연히 종료한다(제98조 제1호). 그러므로 위탁자의 재산이전의무가 무상·편무계약의 성질을 가진다고 해서 다른 무상·편무계약의 법리를 당연히 가져올 수는 없으며, 신탁계약에 상응하는 위 해석기준에 의할 것이다.

(3) 수탁자의 신탁사무처리 의무

신탁계약상 수탁자는 신탁재산의 관리, 처분 등을 통하여 신탁이익을 수익자에게 귀속시키거나 신탁목적을 달성하기 위하여 필요한 행위를 해야 하며, 이와 관련한 엄격한 의무를 부담한다. 그러나 신탁법은 원칙적으로 수탁자의 보수청구권을 인정하지 않는다(제47조 제1항 본문). 또한 수탁자의 의무는 위탁자의 재산이전에 대하여 상호의존관계에 있는 것도 아니므로 신탁계약은 무상·편무계약의 성질을 가진다. 하지만 신탁상 정함에 따라서 또는

---

16) 종래 신탁계약의 해석상 위탁자가 재산권을 이전할 채무를 별도로 인수하지 않은 한 위탁자의 재산이전의무는 스스로 의욕한 계약목적을 달성하기 위하여 부담하는 일종의 책무에 해당하기 때문에 위탁자가 재산을 이전하지 않음으로 해서 발생한 불이익은 위탁자 자신에게 돌아가더라도 그 이행을 강제할 수는 없다고 보았다(최수정, 신탁계약의 법적 성질, 486면 이하). 그러나 이상과 같은 해석이 계약법리에 상응하며 또한 법률관계를 보다 간명하게 파악할 수 있는 장점이 있으므로 견해를 변경하기로 한다.

17) 四宮和夫, 161頁.

수탁자가 영업으로 신탁을 인수하는 때에는 보수청구권이 인정된다(제47조 제1항 단서). 그러므로 이 부분에 있어 신탁계약은 유상·쌍무계약이 된다.

　　그런데 신탁상 수탁자의 보수를 정함에 있어서 계약당사자인 위탁자가 지급할 것을 정할 수도 있지만 신탁재산이나 수익자가 지급하도록 정할 수도 있다. 그리고 별도의 정함이 없는 때에는 제47조 제4항이 준용하는 제46조 제4항에 의하여 일차적으로는 신탁재산이 그리고 이차적으로는 수익자가 보수청구권의 상대방이 된다. 이처럼 보수청구권이 계약상 대방이 아닌 자에 대한 것인 때, 심지어 자신이 소유하고 있는 재산에 대한 것인 때에도 과연 신탁계약을 유상·쌍무계약이라고 할 수 있는지가 문제될 수 있다. 하지만 수탁자의 보수청구권은 신탁계약으로부터 발생한 것이며, 그것이 수익자 또는 신탁재산으로부터 지급된다고 해서 그 대가성 내지 상호의존성이 박탈되는 것은 아니다. 그리고 위탁자와 수탁자의 계약에 의하여 신탁이 설정되면 신탁재산을 중심으로 하여 수탁자와 수익자 상호간에 권리와 의무가 발생하는 신탁의 특수한 구조를 고려할 때 계약상대방인 위탁자가 직접 보수를 지급하는지 여부를 가지고 계약의 성질을 달리 판단할 것은 아니다. 따라서 이 경우에도 신탁계약은 유상·쌍무계약이라고 할 수 있다.

2.2.4. 제3자를 위한 계약과의 구분

(1) 제3자를 위한 계약과 타익신탁

　　제3자를 위한 계약은 당사자 일방이 제3자에게 이행할 것을 약정하고 제3자가 채무자에게 직접 그 이행을 청구할 수 있는 법률관계를 말한다(민법 제539조 제1항). 계약당사자가 자기들 명의로 체결한 계약에 기해 제3자로 하여금 직접 계약당사자 일방에 대한 권리를 취득하게 하는 것을 목적으로 하는 계약이다. 어떤 계약이 제3자를 위한 계약에 해당하는지 여부는 당사자의 의사가 그 계약에 의하여 제3자에게 직접 권리를 취득하게 하려는 것인지에 관한 의사해석의 문제로 귀결된다. 계약체결의 목적, 계약에 있어서 당사자의 행위의 성질, 계약으로 인하여 당사자 사이 또는 당사자와 제3자 사이에 생기는 이해득실, 거래관행, 제3자를 위한 계약제도가 가지는 사회적 기능 등 제반 사정을 종합하여 계약당사자의 의사를 합리적으로 해석하여 판단할 것이다.18)

　　타익신탁의 경우 신탁계약에 의하여 제3자인 수익자가 수탁자에 대한 권리를 취득하게 되는 외관은 제3자를 위한 계약과 유사하다. 그러나 아래와 같이 그 밖의 점에서 신탁과 제

---

18) 대법원 1997. 10. 24. 선고 97다28698 판결; 대법원 2006. 9. 14. 선고 2004다18804 판결; 대법원 2010. 3. 25. 선고 2009다99914 판결; 대법원 2018. 7. 12. 선고 2018다204992 판결.

3자를 위한 계약 일반은 큰 차이점이 있다. 그러므로 종래 학설에서처럼 타익신탁을 단순히 제3자를 위한 계약으로 분류하면서 민법상의 제3자를 위한 계약과 대비되는 규정들을 언급하거나,[19] 자익신탁계약에 제3자약관이 부가된 것이라고 설명함으로써 당연히 자익신탁이 신탁의 원칙적인 모습인 것처럼 설명하는 것은[20] 적절하지 않다.

(2) 낙약자와 수탁자의 지위

수탁자는 신탁계약의 당사자이므로 그 존재는 계약성립의 요소이다. 그러나 수탁자의 존재가 신탁의 존속요건은 아니다.[21] 신탁설정 후 수탁자의 지위에 공백이 생긴 때 신탁상 달리 정함이 없는 한 신탁은 당연히 종료하지 않고, 수탁자가 사망한 때에도 그 상속인이 수탁자의 지위를 포괄승계하지 않으며 당해 수탁자의 임무가 종료될 뿐이다(제12조 제1항 제1호). 반면 제3자를 위한 계약에서는 낙약자가 존재하지 않게 된 경우 보상관계의 성질에 따라서 계약이 종료하거나 낙약자의 지위가 그 상속인에게 포괄승계된다. 낙약자의 지위가 공백인 상태로 계약관계가 유지되는 일은 없다.

수탁자에게 부과되는 의무의 원칙적인 모습은 일반적인 계약관계에서 낙약자의 그것에 비해 훨씬 엄격하다. 수탁자는 단순히 타인의 재산을 관리하거나 타인을 위하여 사무를 처리하는 것을 넘어서 신탁재산 자체를 취득하고 그 귀속주체로서 행위한다. 그래서 보다 엄격한 의무가 부과되고 그 위반에 대하여 무거운 책임이 지워지는 것이다.

(3) 제3자를 위한 계약에서의 수익자와 신탁수익자의 지위

제3자를 위한 계약에서 수익자의 권리는 채무자에 대하여 수익의 의사표시를 한 때 생긴다. 반면 신탁수익자는 신탁행위에 달리 정함이 없는 한 그의 의사와 무관하게 당연히 수익권을 취득한다(제56조 제1항). 제3자를 위한 계약의 수익자는 낙약자에 대한 채권을 취득하므로 그 계약상의 이익을 누리게 된다. 물론 신탁수익자도 수탁자에 대한 수익채권의 행사를 통해 신탁재산으로부터의 이익을 향수하지만, 수익권이 단순히 수익채권만을 의미하는 것은 아니다. 수익자는 그 밖에 다양한 권리와 의무를 가지며, 이러한 권능들은 신탁을 감독하는 중요한 기능을 한다. 그러므로 제3자를 위한 계약에서 수익자가 채무자에 대하여

---

19) 이재욱/이상호, 34면.
20) 최동식, 44면, 67면.
21) 제98조 제4호는 수탁자의 임무 종료 후 신수탁자가 취임하지 않은 상태가 1년간 계속되면 신탁을 종료시키지만, 그 밖의 경우에서 수탁자가 존재하지 않는다는 사실이 당연히 신탁을 무효로 만들지는 않는다.

단순히 채권을 취득하는 것과 신탁수익자의 지위를 가지는 것은 엄연한 차이가 있다.

(4) 제3자와의 관계

제3자를 위한 계약과 신탁계약은 특히 제3자와의 관계에서 뚜렷한 차이를 보인다. 제3자를 위한 계약은 낙약자와 요약자의 보상관계가 중심이 되어 수익자에게 권리를 귀속시키는 구조이며, 그 밖의 제3자에 대하여는 계약의 효력이 미치지는 않는다.[22] 그러나 신탁계약은 계약당사자와 더불어 수익자, 제3자와의 관계에서도 특수한 효과가 발생한다. 신탁이 가지는 자산분리기능(partitioning of assets)은 위탁자의 채권자 및 수탁자의 고유재산의 채권자로부터 신탁재산을 보호한다.[23] 이러한 신탁재산의 독립성은 제3자를 위한 계약을 통해서는 결코 만들어낼 수 없는 효과로서 신탁의 중요한 특징 중 하나이다.

물론 제3자를 위한 계약에서도 낙약자와 그의 채권자간에 특정 재산에 대하여는 강제집행을 하지 않기로 합의할 수 있다. 하지만 이는 과도한 거래비용을 발생시킨다. 은행과 같이 비교적 무자력위험이 낮은 자를 낙약자로 하여 유사한 효과를 도모할 수 있지만, 이러한 유형도 제한적일 수밖에 없다. 반면 신탁계약은 그 고유한 효과로서 독립된 신탁재산을 만들어냄으로써 계약당사자의 채권자에 대한 관계에서 낮은 거래비용과 모니터링비용으로 계약의 목적을 달성할 수 있는 중요한 법기술이 된다.

2.3. 철회 또는 해지권의 유보

2.3.1. 철회가능신탁에 관한 논의

영국의 경우 위탁자는 신탁을 통하여 신탁재산을 이미 처분하였고 이후에는 신탁재산의 소유자인 수탁자와 수익자의 관계가 중심이 되므로 여타의 처분행위에서처럼 위탁자는 더 이상 그 재산에 대한 이해관계를 갖지 않으며 이를 되돌릴 수도 없다고 본다.[24] 즉, 위탁자는 철회권능(power to revoke)을 유보하지 않는 한 신탁을 철회할 수 없음이 원칙이다.

미국 많은 주에서도 신탁상 명시적으로 달리 정한 바가 없는 한 신탁은 철회불가능하

---

22) 학설상 제3자보호효 있는 계약을 인정하는 견해도 있지만, 여기서 자세히 논하지는 않는다.

23) Hansmann/Mattei, The functions of trust law: A comparative legal and economic analysis, 73 N.Y.U.L. Rev. 438(1998).

24) Penner, p.25. 영국과 미국의 신탁법은 여러 면에서 차이가 있는데, 영국이 신탁재산의 실질적 소유자라고 할 수 있는 수익자에 중점을 두고 수익자가 원하는 바에 따라 신탁관계를 처리할 수 있도록 하는 반면, 미국은 신탁재산을 출연한 위탁자에 중점을 두고 위탁자가 원한 바에 따라 신탁재산이 운용, 귀속될 수 있도록 하는 경향이 있다.

다고 보았고, 몇몇 주에서만 전형적인 위탁자의 의사추정이라는 근거에서 철회를 허용하였다.[25] 신탁법 제3차 리스테이트먼트 §63는 위탁자가 철회권을 유보할 수 있음을 분명히 하면서도 위탁자가 명시적으로 철회권을 유보하지 않은 경우 계약해석의 문제로 처리한다.[26] 이와 달리 UTC는 철회가능신탁이 유언대용으로 널리 이용된다는 점에서 후자의 입장을 취하여, 원칙적으로 위탁자는 신탁을 철회하거나 수정할 수 있다고 정함으로써(UTC sec.602) 종래 보통법 원칙을 변경하였다.

우리나라에서도 최근 신탁의 철회가능성 또는 철회가능신탁(revocable trust)을 논하는 견해는[27] 신탁과 같은 관리형 계약에서 원칙적으로 위탁자는 언제든 신탁계약을 철회할 수 있으며 유상계약의 경우 손해배상의 문제를 발생시킬 뿐이라고 한다. 다만 타익신탁에서는 수익자의 권리를 해할 수 없으므로 수익자가 수익의 의사표시를 한 때에는 철회가 불가능하다고 덧붙인다.

2.3.2. 신탁법상 철회의 의미와 해지권의 유보

먼저 위와 동일한 맥락에서 '철회'의 개념을 사용하는 데 대하여는 의문이 없지 않다. revocable trust가 일반적으로 '철회'가능신탁으로 번역되고 있지만, 이때 철회가 우리법상의 그것과 완전히 일치하는 것은 아니라는 점에 유의할 필요가 있다. 영미에서는 신탁이 계약이 아니며 위탁자의 일방적인 의사표시와 재산의 이전에 의하여 설정된다. 그래서 비록 어떠한 번역어가 적확한지에 대한 문제는 여전히 남아 있지만, 그 의사표시를 거두어들이는 행위를 철회로 부를 수 있을지 모른다.

그러나 민법상 철회는 법률행위 또는 의사표시의 효과가 확정적으로 발생하기 이전에 행위자 자신이 효과의 발생을 원하지 않아 이를 없었던 것으로 하는 일방적인 행위를 말한다.[28] 그리고 신탁계약의 경우 위탁자의 청약은 계약법 일반원칙에 따라 구속력을 가지므로 임의로 철회할 수 없다(민법 제527조). 신탁설정 후 위탁자가 장래에 향해 신탁계약을 종

---

25) 캘리포니아, 아이오와, 몬타나, 오클라호마, 텍사스가 대표적이다(UTC sec.602 cmt).

26) 다만 cmt.c는 위탁자가 신탁상 이익을 보유한 때에는 철회권을 가진 것으로 추정한다.

27) 가령 최동식, 65면.

28) 김증한/김학동, 민법총칙 제9판, 박영사, 2001, 548면; 김주수, 채권각론 제2판, 삼영사, 1997, 126면. 그런데 민법은 철회의 개념을 일관되게 사용하고 있지 않으며, 송덕수, 신민법강의 제10판, 박영사, 2017, 272면은 철회의 개념에 일단 발생한 의사표시의 효력을 장래에 향하여 소멸시키는 표의자의 일방적 행위도 포함시킨다. 그리고 소비자보호 관련법에서는 의사표시의 효력이 발생하였음에도 불구하고 이를 '철회'할 수 있는 규정들이 존재하는데, 이는 단독행위의 경우 또는 그 실질에 있어서 해제에 해당한다고 보는 것이 일반적이다.

료시키는 행위는 신탁의 해지에 해당한다.29) 그러므로 신탁법에 명시적인 규정이 없음에도 불구하고 이를 '철회'로 부를 근거는 없다. 그리고 제3조 제2항은 신탁선언의 경우 해지권의 유보를 허용하지 않는데,30) 이는 신탁계약에서 위탁자가 해지권을 유보할 수 있음을 염두에 둔 것이다. 결국 종래 철회가능신탁의 문제는 신탁계약의 특수성이라고 하는 관점에서 신탁상 위탁자가 해지권을 유보하지 않은 때에도 이를 행사할 수 있는가의 문제라고 해야 한다.

신탁법은 여러 유형의 신탁 종료사유를 정하고 있는데, 제99조 제2항은 위탁자가 신탁이익의 전부를 누리는 경우 위탁자로 하여금 언제든지 신탁을 종료할 수 있도록 한다.31) 신탁의 설정 주체이면서 신탁재산의 이익을 모두 향수하는 위탁자 겸 수익자가 신탁의 종료를 의욕하는 이상 이를 금지할 이유는 없기 때문이다.32) 하지만 그 밖의 경우에 위탁자가 별도로 해지권을 유보하지 않았음에도 불구하고 당연히 위탁자에게 해지권을 인정하기는 어렵다.33) 신탁계약을 통해 독립된 신탁재산이 구성되고 이를 중심으로 새로운 법률관계가 형성되므로 신탁을 설정한 위탁자라고 하더라도 이를 임의로 종료시킬 수는 없다. 관련 당사자들의 이해관계라고 하는 측면에서 또 사회경제적인 측면에서도 합리적이지 않다.

철회가능신탁을 주장하는 견해도 예외적으로 수익자가 수익의 의사표시를 한 때에는 철회불가능하다고 설명하지만, 수익자는 신탁이익향수의 의사표시 없이 당연히 수익권을 취득하기 때문에 위 견해에 의할 때 신탁을 철회할 수 있는 여지는 거의 없다. 그리고 유언대용신탁의 경우 유증과 유사한 기능을 수행하므로 유언철회의 자유에 상응하여 신탁의 철회 또한 가능하다고 할지 모른다.34) 그러나 그와 같은 고려는 이미 제59조 제1항에 반영되어 원칙적으로 위탁자에게 수익자변경권이 인정되고 있다. 수익자의 변경과 신탁 자체의 종료는 별개의 차원이므로 양자를 혼동하여 섣불리 유언대용신탁을 임의로 해지할 수 있다고 해서는 안 된다. 미국에서도 비록 UTC가 철회가능신탁을 원칙적인 모습으로 정하고 있지만,35) 신탁은 전문가에 의해 설계되고 이때 철회가능 여부에 대한 정함을 두는 것이 일

---

29) 유언신탁의 경우에는 신탁의 종료에 관한 정함이라고 할 것이다.

30) 신탁선언은 단독행위이기 때문에 계약해지에서의 해지 개념을 적용할 수는 없으므로 동 조항의 표현은 잘못이다. 신탁법상의 개념인 신탁의 종료 내지 종료권이라고 규정해야 한다.

31) 대법원 2002. 3. 26. 선고 2000다25989 판결; 대법원 2003. 8. 19. 선고 2001다47467 판결.

32) 四宮和夫, 166頁.

33) 이중기/이연경, 692면도 비록 '철회'라는 용어를 사용하기는 하지만 명시적으로 철회권을 유보한 때에만 철회가능한 것으로 새긴다.

34) 이중기/이연경, 692면도 동일한 취지로 보인다.

35) 新井誠, 80頁 이하는 미국 UTC가 철회가능신탁을 신탁의 기본형으로 삼은 것은 본말을 전도한 것이라고

반적이기 때문에 실제 이 규정의 적용범위는 제한적일 수밖에 없다는 평가가 압도적이다.36) 그렇다면 우리법의 해석에 있어서 위탁자가 별도로 해지권을 유보하거나 신탁법상의 종료사유가 발생하지 않았음에도 불구하고 위탁자가 임의로 해지가능한 형태를 신탁계약의 기본형으로 상정할 근거는 없다.

3. 유언신탁

3.1. 의의

위탁자는 수탁자와의 계약 이외에 일방적인 의사표시, 즉 단독행위에 의해서도 신탁을 설정할 수 있는데, 유언과 신탁선언이 그것이다. 유언은 재산관계나 신분관계의 법정사항에 관하여 사후의 효력발생을 목적으로 일정한 방식에 따라서 하는 단독의 의사표시이다.37) 그리고 이러한 유언에 따라서 설정되는 신탁이 유언신탁(testamentary trust)이다. 유언에서 신탁설정의사와 신탁의 내용 등을 정한 경우 유언의 효력이 발생함으로써 그에 따른 신탁이 설정되는 것이다. 유언신탁의 설정에 있어서는 유언에 관한 민법 규정과 신탁법 양자의 체계적인 해석이 요구된다.

3.2. 유언신탁의 설정

3.2.1. 유언의 방식과 해석

민법은 유언의 위조나 변조를 막고 유언자의 진의를 확보하기 위하여 법정요식주의를 취한다(민법 제1060조). 유언은 자필증서, 녹음, 공정증서, 비밀증서, 구수증서의 5가지 방식 중 하나의 요건을 충족하여야 한다(민법 제1065조 내지 제1070조). 유언의 방식을 엄격하게 규정한 것은 유언자의 진의를 명확히 하고 그로 인한 법적 분쟁과 혼란을 방지하기 위한 것이므로, 법정된 요건과 방식에 어긋난 유언은 그것이 비록 유언자의 진정한 의사에 합치하더라도 무효이다.38) 그러므로 신탁을 설정하는 유언 자체도 위 요건을 구비해야 함은 물론이다.

한편 유언의 요식성의 정도는 유언자의 진의확보와 유언자유의 보장이라고 하는 다소

비판한다.

36) UTC sec.602 cmt.

37) 박병호, 가족법, 한국방송대학교출판부, 1999, 425면.

38) 대법원 2006. 9. 8. 선고 2006다25103, 25110 판결; 대법원 2007. 10. 25. 선고 2007다51550, 51567 판결 등.

상반된 정책을 충분히 고려하여 합리적으로 판단할 필요가 있다. 유언의 요식성이 유언서에 신탁에 관한 모든 내용이 포함될 것을 요구한다고 해석할 것은 아니다. 신탁을 설정할 의사와 최소한의 효력요소만을 정하고 세부적인 내용은 유언 자체에 포함되지 않은 특정 사실이나 증서에 의하도록 한 경우에도 유언의 요식성의 근거에 비추어 이를 해하지 않는 한 유효하다고 해야 한다.39)

유언의 해석에 있어서는 유언자의 의사를 존중하여 합리적으로 그 취지를 해석해야 하며, 그에 상응하여 가능한 한 유효하게 해석해야 할 것이다.40) 위탁자가 유언에 신탁이라고 하는 문구 자체를 사용하지 않았다거나 신탁이라고 하는 제도를 알지 못하였다는 사실만으로 신탁의 성립을 부정해서는 안 된다. 신탁의 효과를 의욕함으로써 신탁설정의사가 있다고 평가되면 충분하다.41) 반면 신탁이라고 하는 용어를 사용하였더라도 당사자가 의도한 구체적인 법률관계가 단순한 유증 또는 부담부유증에 불과하다면 신탁이 아닌 유증으로서의 효력만 발생한다.

3.2.2. 수탁자의 신탁 인수42)

(1) 수탁자 지위의 인수

신탁계약에서는 수탁자가 계약당사자이므로 별도의 신탁인수가 문제되지 않는다. 반면 유언신탁은 위탁자의 단독행위에 의하여 성립하기 때문에 수탁자로 지정된 자에 의한 수탁자 지위의 인수가 필요하다. 유언자는 통상 수탁자가 될 자와 미리 협의를 거칠 것이고, 유언에서 지정된 그 수탁자가 신탁을 인수할 때까지 유언집행자는 신탁재산을 보존하여야 한다. 그러나 수탁자로 지정된 자와 사전협의가 없는 경우도 얼마든지 있을 수 있으며, 지정된 수탁자가 신탁을 인수하지 않거나 인수할 수 없는 경우도 발생한다. 그러므로 이러한 경우 신탁의 효력이 문제된다.

(2) 지정된 수탁자와 협의가 없었던 경우

유언자가 일방적으로 수탁자를 지정하였다거나 수탁자로 지정된 자가 그러한 사실을 알지 못하였다는 점이 신탁설정에 장애가 되지는 않는다. 그리고 수탁자로 지정된 자는 위

---

39) 최수정, 상속수단으로서의 신탁, 민사법학 제34호(2006), 573면.
40) 최수정, 상속수단으로서의 신탁, 574면.
41) Penner, p.191.
42) 최수정, 상속수단으로서의 신탁, 581면 이하에 의한다.

탁자의 일방적인 지정에 구속되지 않고 신탁의 인수 여부를 자유롭게 결정할 수 있으며, 명시적으로나 묵시적으로 신탁을 인수할 때까지는 수탁자로서의 의무를 부담하지 않는다.[43] 다만 수탁자로 지정된 자의 일정한 행위를 수익자가 묵시적인 인수로 받아들인 결과 손해가 발생하는 등 신탁인수와 관련한 분쟁이 발생할 수 있다. 그러므로 수탁자로 지정된 자는 신탁의 인수 여부에 관하여 지체 없이 수익자에게 통지할 필요가 있을 것이다.

(3) 지정된 수탁자에 의한 인수가 없는 경우

유언의 효력이 발생하기 이전에 위탁자와의 협의에서 신탁을 인수하기로 한 자도 당연히 수탁자의 지위가 강제되는 것은 아니기 때문에 유언에서 수탁자로 지정된 자가 신탁을 인수하지 않거나 할 수 없는 경우가 발생한다. 지정된 수탁자가 유언자보다 먼저 사망한 경우도 이에 해당한다.[44] 이 경우 제21조 제3항은 동조 제1항 및 제2항을 준용한다. 먼저 신탁상 정함이 있는 때에는 그 정함이 일차적인 기준이 된다. 그러한 정함이 없는 경우 수익자는 단독으로 수탁자를 선임할 수 있다. 수익자에 의한 선임이 없는 때에는 이해관계인이 법원에 수탁자의 선임을 청구할 수 있다. 그러나 어느 경우에든 지정된 수탁자가 아니면 신탁을 설정하지 않으려는 유언자의 의사가 분명한 때에는 신탁은 효력이 없다.

(4) 수탁자의 지정이 없는 경우

제21조 제3항은 유언에서 수탁자가 지정된 경우를 전제로 하고 있기 때문에 유언자가 애초에 수탁자를 지정하지 않은 경우에도 동일하게 해석할 수 있는지가 문제된다. 만약 유언자가 상속인으로 하여금 신탁을 설정하도록 할 뿐 수탁자를 포함한 신탁 내용에 관하여 정하지 않았다면, 그 유언내용은 법적 구속력이 없으며 그에 따라 설정된 신탁도 상속인을 위탁자로 하는 생전신탁에 해당할지언정 유언신탁은 아니다. 그러나 유언에서 신탁설정을 위한 다른 사항들은 정하면서 수탁자만 지정하지 않았다면, 이를 무효로 하기보다는 위 규정을 유추적용하여 수익자가 단독으로 또는 이해관계인의 청구에 따라 법원이 수탁자를 선임할 수 있도록 할 것이다. 신탁재산이 귀속될 수탁자의 존재는 수익자에게 신탁재산의 이익을 배분하기 위한 경과적, 수단적인 것이다.[45] 그리고 신탁설정시에는 위탁자와 수탁자

---

43) UTC sec.701는 이를 명시하고 있다.

44) 유증에 있어서는 동시존재의 원칙에 의하여 유증의 효력이 발생하지 않지만(민법 제 1089조 제1항), 지정된 수탁자가 먼저 사망한 때에는 현존하는 수탁자가 인수하지 않거나 할 수 없는 경우와 마찬가지로 취급할 것이다.

45) 전통적으로 신탁의 효력요건인 세 가지 확정가능성에 수탁자가 포함되어 있지 않은 것을 보아도 그러하다.

의 신임관계가 전제되지만, 일단 신탁이 설정되면 수탁자의 수익자에 대한 충실의무가 중심이 된다. 신탁설정에 대한 위탁자의 의사가 분명하다면, 처음부터 수탁자를 지정하지 않은 경우와 지정하였으나 당해 수탁자에 의한 신탁인수가 이루어지지 않은 경우를 달리 취급할 필요는 없을 것이다. 따라서 이 경우 수탁자를 선임하여 위탁자의 의사에 따라 신탁의 효력을 인정하는 것이 타당하다.

3.3. 효력의 발생

신탁계약은 별도로 조건이나 기한을 정하지 않은 한 계약체결시에 효력이 발생한다. 반면 유언 자체는 유언자가 사망한 때 효력이 발생하고(민법 제1073조), 이 시점에서 유언자의 상속인에 대한 포괄승계가 이루어진다(동법 제1005조). 그리고 신탁을 인수한 수탁자는 상속재산에 속한 신탁재산을 이전받아야 본격적으로 신탁사무를 처리할 수 있게 된다. 그러므로 이러한 일련의 과정에서 유언신탁의 효력발생시점을 언제로 볼 것인지가 문제된다. 신탁의 효력발생시점이 확정되어야 신탁상 당사자들의 지위 및 구체적인 법률관계가 인정되며, 그에 상응하는 권리와 의무가 발생하기 때문이다.

신탁계약을 요물계약으로 보는 견해에 의한다면, 유언신탁의 경우에도 신탁재산이 수탁자에게 이전된 때 비로소 신탁의 효력이 발생할 것이다. 그런데 유언의 효력발생시점부터 지정 또는 선임된 수탁자에게 신탁재산이 이전될 때까지는 시간적인 간격이 발생할 수밖에 없는데, 위 견해에 의하면 그동안의 법률관계를 규율하기 위한 별도의 논리가 필요하게 된다. 하지만 신탁을 설정하고자 하는 유언자의 의사가 명백함에도 불구하고 이를 달리 의제해야 할 이유는 없다. 무엇보다 수익자의 보호에 공백이 생긴다. 예컨대 유언의 효력발생시점에서 신탁의 효력이 발생하지 않는다면 수익자도 존재할 수 없기 때문에 유언상 지정된 수탁자가 신탁을 인수하지 않거나 할 수 없는 때 '수익자'가 수탁자를 선임할 수 없다. 그리고 신탁재산이 수탁자에게 이전될 때까지 수탁자의 의무를 강제하고 그 위반에 대한 책임도 물을 수 없다.

그렇다면 굳이 수탁자에게 신탁재산이 이전될 때까지 미룰 것이 아니라 그리고 신탁계약이 당사자의 합의에 의하여 효력이 발생하는 것과 마찬가지로, 유언의 효력발생 시점에서 신탁의 효력이 발생한다고 해야 한다. 이제 수탁자로 지정된 자가 유증의무자에게 가지는 권리를 신탁재산으로 하여 신탁상의 여러 효과들이 발생하게 된다. 그리고 유언집행자는 유증의 목적인 재산의 관리 기타 유언의 집행에 필요한 행위를 할 권리와 의무가 있으므로(동법 제1101조), 지정된 수탁자에게 신탁의 인수 여부를 확인하고 신탁재산을 이전하여

야 한다. 만약 수탁자가 신탁을 인수하지 않거나 할 수 없다면, 수익자 단독으로 또는 이해
관계인46)의 청구에 의하여 법원이 선임한 수탁자에게 신탁재산을 이전하여야 한다. 하지만
지정된 수탁자가 아니면 신탁을 설정하지 않으려는 유언자의 의사가 확인되는 때에는 신탁
은 무효가 된다. 그리고 그 재산은 상속재산에 속하고, 각 상속인에게 그의 상속분에 따라
귀속된다(동법 제1090조).

4. 신탁선언

4.1. 의의

4.1.1. 신탁선언의 허용

위탁자는 신탁의 목적, 신탁재산, 수익자 등을 특정하고 자신을 수탁자로 정한 일방적
인 의사표시, 즉 신탁선언에 의하여 신탁을 설정할 수 있다(제3조 제1항 제3호). 구신탁법은
신탁행위로 계약과 유언만을 정하였기 때문에 해석상 신탁선언이 가능한지에 대하여 견해
가 대립하였다. 이를 긍정하는 견해47)는 구신탁법상 신탁선언을 금지하는 규정이 없는 점,
신탁설정방법으로 계약과 유언을 예정하고 있다고 해서 설정방법이 그에 한정되는 것은 아
니라는 점, 신탁의 정의에 관한 규정에서 위탁자와 수탁자를 구분하고 있지만 양 지위가
동일인에게 귀속되는 것은 가능하고, 이때 각각의 지위에서 행하는 신탁설정은 단독행위
가 아닌 신탁계약으로 볼 수 있는 점, 신탁선언에 의하여 만들어지는 신탁재산 자체를 집
행면탈재산이라고 할 수 없는 점을 근거로 들었다. 반면 이를 부정하는 견해48)는 신탁설
정방법을 정한 규정에서 계약과 유언만을 정하고 있는 점, 신탁을 정의하는 규정이 위탁자
로부터 수탁자에게 재산권의 처분을 명하고 있어서 양자는 별개의 존재라는 점, 위탁자가
신탁선언을 통하여 용이하게 집행면탈재산을 만들어 낼 수 있는 점 등을 근거로 하였다.

그러나 신탁업을 영위하는 투자매매업자 또는 투자중개업자는 투자자예탁금에 대하여
자본시장법 제74조 제2항에 따라 일종의 신탁선언의 형태로 신탁할 수 있었기 때문에49)

---

46) 이 경우 유언집행자도 이해관계인에 포함된다.

47) 이중기, 34면 이하.

48) 최동식, 54면; 최수정, 상속수단으로서의 신탁, 570면; 홍유석, 84면; 임채웅, 신탁행위의 연구, 94면; 정순
   섭, 신탁의 기본구조에 관한 연구, BFL 제17호(2006. 5), 15면. 보다 구체적인 논거와 비판은 이연갑, 신탁
   법 개정의 쟁점, 성균관법학 제21권 3호(2009. 12), 598면 이하.

49) 신탁법 개정 이전 자본시장법 제67조는 자기계약을 금지하였지만, 동법 제74조 제2항은 "겸영금융투자업자
   중 대통령령으로 정하는 투자매매업자 또는 투자중개업자는 제1항에 불구하고 투자자예탁금을 제1항에 따
   른 예치 또는 신탁 외에 신탁업자(증권금융회사를 제외한다. 이하 이 조에서 같다)에게 신탁할 수 있다. 이

이러한 제도가 이미 우리법상 낯선 것은 아니었다.[50] 그리고 신탁선언이 비교법적으로 외국에서는 이미 인정되고 있으며, 신탁선언의 유용성에 비추어 입법적으로 이를 인정할 필요가 있다.[51] 그래서 현행 신탁법은 계약, 유언 외에 신탁선언에 의하여도 신탁을 설정할 수 있는 법적 근거를 새로 마련하고 종래 견해의 대립을 입법적으로 해결하였다. 이와 더불어 신탁선언이 집행면탈 등의 목적으로 이용되는 것을 억제하기 위한 제도적 장치도 함께 정비하였다.

4.1.2. 신탁선언의 활용가능성과 제한

신탁선언에 의하여 신탁을 설정하는 경우 신탁계약에 의하는 것과는 다른 효과를 얻을 수 있다. 유동화의 측면에서는 특수목적회사(SPC)를 설립하거나 다른 수탁자를 정할 필요 없이 유동화자산을 보유한 자가 신탁선언에 의하여 신탁을 설정함으로써 그 절차나 비용을 줄일 수 있다. 특히 기업이 신탁선언을 통하여 특정 재산을 신탁재산으로 하는 신탁을 설정하는 경우 사업을 지속적으로 수행하면서 동시에 수익권을 유동화하여 보다 용이하게 자금을 조달할 수 있다. 그리고 위탁자 자신이 수탁자가 되므로 신탁재산과 관련한 정보의 유출을 피할 수 있다. 또한 일정한 재산의 보유나 관리에 관한 정보를 누구보다 정확하게 파악하고 있는 위탁자는 수탁자로서 신탁재산의 적절한 관리나 사무처리를 도모할 수 있다.[52]

한편 신탁법상 신탁선언이 허용되고 그 유용성 또한 인정된다고 하더라도, 신탁계약이나 유언신탁과 달리 신탁선언에서는 위탁자가 수탁자의 지위를 겸하기 때문에 신탁선언을 이용한 집행면탈의 위험은 상대적으로 크다. 위탁자의 채권자는 일반적인 채권자취소권이나 사해신탁취소권을 행사할 수 있지만, 신탁선언을 손쉽게 이용할 수 있다면 채권자의 지위는 불안정해질 수밖에 없다. 그리고 위탁자가 수탁자의 지위를 겸하기 때문에 수탁자로서의 적법한 의무이행에 대한 우려도 제기된다. 신탁법은 위탁자에 대해서도 신탁감독 권능을 수여하고 있는데, 신탁선언에서는 위탁자의 이러한 신탁감독 기능을 기대할 수 없다. 그래서 신탁법은 신탁의 설정과 종료에 있어서 신탁선언에 대한 특별규정을 통하여 위와 같은 문제들에 대처하고 있다. 이러한 규정들은 신탁선언에 의한 신탁설정에 중요한 제한

경우 그 투자매매업자 또는 투자중개업자가 신탁업을 영위하는 경우에는 신탁법 제2조에 불구하고 자기계약을 할 수 있다"고 정하였다. 그리고 신탁법의 개정에 따라서 위 법 제74조 제2항이 "신탁법 제3조 제1항에 불구하고"라고 개정된 것을 제외하면 그 밖의 내용은 동일하다.

50) 자산유동화에 관한 법률 제16조 제2항도 자기계약을 허용하고 있다.

51) 법무부, 31면.

52) 법무부, 32면; 이중기, 36면 이하.

이 된다.

4.2. 신탁선언의 방식과 효력

4.2.1. 설정

(1) 설정행위의 성질

신탁선언은 위탁자의 일방적인 의사표시, 즉 단독행위이다. 위탁자 1인이 단독 수탁자가 되는 경우는 물론이며, 위탁자 또는 수탁자가 다수인 때에도 신탁선언의 법적 성질이 달라지지는 않는다. 이 경우에는 신탁선언과 함께 다수의 위탁자 또는 다수의 수탁자 사이에 신탁계약이 병존하는 형태가 된다. 예컨대 다수의 위탁자 중 1인이 수탁자가 되는 경우 그 1인은 신탁선언에 의하고, 다른 위탁자와 그 수탁자 사이에는 신탁계약이 있게 된다.

(2) 설정 방법

신탁선언의 의사표시는 공익신탁이 아닌 한 공정증서로 하여야 하는 요식행위이다(제3조 제2항). 의사표시는 명시적 또는 묵시적으로도 할 수 있으나, 위탁자가 곧 수탁자가 되는 신탁선언은 외부에서 그러한 의사표시의 존부를 확인할 수 없다. 그리고 신탁재산의 이전도 외부적으로 드러나지 않아 신탁의 성립 여부를 파악하기가 어렵다. 그래서 신탁법은 공정증서라고 하는 방식을 효력요건으로 정함으로써 신탁설정의사 및 그 내용을 객관적으로 확인할 수 있도록 한다.

신탁선언의 의사표시에는 신탁의 목적, 신탁재산, 수익자 등이 특정되어야 한다. 사실 이러한 요소들은 신탁선언 뿐만 아니라 계약이나 유언의 경우에도 마찬가지로 특정되거나 적어도 특정가능하여야 한다. 의사표시의 해석상 신탁설정의사를 확인할 수 있어야 함은 물론, 신탁재산은 신탁에 있어서 중심된 요소이며, 수익자신탁에 있어서 수익자의 확정가능성 또한 그 효력요건이 된다. 계약이나 유언의 경우 별도의 정함이 없는 반면 신탁선언의 경우 제3조 제1항 제3호가 이를 명시한 것은 위 요소들을 동조 제2항에 의한 공정증서에 표시하도록 하기 위함이다. 그러므로 신탁선언에 의하여 신탁을 설정하고자 하는 경우에는 공증인법에 따라서 위 내용을 포함한 공정증서를 작성하여야 한다.

(3) 설정의 제한

가. 목적의 제한

신탁선언에 의하여는 공익신탁법에 따른 공익신탁이 아닌 한 목적신탁을 설정할 수 없다(제3조 제1항 단서). 목적신탁에서는 신탁감독에 있어 중요한 역할을 하는 수익자가 존재하지 않기 때문에 위탁자가 수탁자가 되는 신탁선언에서는 신탁제도를 남용할 위험이 매우 크다. 수익자가 존재하지 않는 경우 신탁행위나 법원의 명령에 의하여 신탁관리인이 지정될 수 있지만, 신탁관리인은 목적신탁의 효력요건도 아니고 그 선임이 직접 강제되는 것도 아니다.53) 공익신탁법상의 공익신탁은 그 공익적인 목적과 함께 신탁관리인 및 주무관청에 의한 감독이 이루어진다는 점에서 특별히 취급된다.54) 그러나 그 밖의 목적신탁에서는 비록 그것이 공익적인 것이라고 할지라도 제도남용의 위험에 비하여 이를 허용할 필요성은 크지 않아 보이므로, 신탁법은 목적신탁에 대하여 원칙적으로 신탁선언에 의한 신탁설정을 허용하지 않는다.

나. 종료의 제한

신탁계약의 경우 위탁자는 신탁을 종료시킬 권한을 유보함으로써 언제든 신탁을 종료시킬 수 있는 반면, 신탁선언에서는 그러한 권한을 유보할 수 없다. 제3조 제2항 후문은 '신탁을 해지할 수 있는 권한'이라고 규정하고 있지만, 신탁선언은 단독행위이기 때문에 신탁계약에서와 같은 해지권을 이야기할 수는 없다. 해지권이라고 하는 하나의 개념을 법률에 따라서 달리 사용할 근거는 없으며, 신탁은 계약은 물론 단독행위에 의하여도 설정될 수 있기 때문에 제98조 이하는 신탁관계의 소멸을 신탁의 종료라고 부른다. 그러므로 이러한 용례에 따라서 위탁자의 위 권한도 '신탁을 종료시킬 수 있는 권한'으로 해석하고, 입법적으로도 바로 잡을 필요가 있다.

신탁선언의 경우 위탁자가 신탁을 종료시킬 수 있는 권한을 유보할 수 없도록 한 것은 위탁자가 집행면탈 등 부정한 목적을 위하여 신탁선언을 하고 이후 언제든 신탁을 종료시킴으로써 신탁재산을 다시 고유재산으로 회복할 위험을 차단하기 위함이다.55) 물론 이해관계인이 사후적으로 신탁의 종료를 청구할 수 있으나, 신탁법은 신탁을 종료할 권한의 유보를 제한함으로써 설정단계에서 이러한 내용의 신탁의 성립을 억제하고자 하는 것이다.

---

53) 다만 제98조 제5호는 목적신탁에서 신탁관리인이 취임하지 않은 상태가 1년간 계속된 때 이를 종료사유로 정함으로써 간접적으로 강제하고 있다.

54) 공익신탁법은 신탁관리인의 존재를 전제로 하며, 동법 시행령 제3조 제1항 제5호는 신탁관리인에 관한 사항을 공익신탁 인가신청서의 필수적 기재사항으로 정하고 있다.

55) 법무부, 34면도 위탁자가 신탁설정 후 신탁을 임의로 해지할 수 있도록 한다면 불법목적으로 신탁을 남용할 우려가 있기 때문이라고 한다.

4.2.2. 효력

(1) 신탁의 효력발생 시점

신탁선언은 상대방 없는 의사표시이므로 의사표시의 효력발생에 관한 일반원칙에 의한다면 신탁선언을 한 때 그 효력이 발생할 것이다. 그러나 공익신탁이 아닌 한 신탁선언에 의한 신탁설정은 공정증서를 작성하는 방법에 의하여야 하므로(제3조 제2항), 이러한 요식행위의 성질에 비추어 신탁선언의 경우 공정증서를 작성한 때 비로소 신탁의 효력이 발생한다고 해야 한다.[56)]

(2) 신탁의 목적에 따른 효력

신탁선언에 있어서 그 목적이 공서양속에 반하거나 위법한 때에는 타인의 청구나 법원의 결정 없이도 신탁은 처음부터 당연히 무효이다(제5조). 하지만 위탁자가 단순히 집행면탈이나 그 밖의 부정한 목적을 위하여 신탁선언을 한 경우에는 당해 신탁은 유효하다. 이때 이해관계인은 법원에 신탁의 종료를 청구할 수 있다(제3조 제3항). 예컨대 위탁자의 채권자는 사해신탁취소를 통하여 책임재산을 확보할 수 있지만 신탁 자체의 종료를 청구할 수도 있는 것이다. 신탁선언의 경우 여타의 신탁설정방식과 비교하여 신탁에 대한 감독가능성이 낮은 만큼 신탁법은 이해관계인의 청구에 의하여 사후적으로도 신탁을 종료시킬 수 있도록 한다.

(3) 자익신탁 형태의 신탁선언

신탁선언에서는 위탁자가 수탁자의 지위를 겸하기 때문에 신탁계약과 달리 자익신탁의 효력에 관하여는 각각의 경우를 나누어 그 효력을 검토할 필요가 있다. 첫째, 1인의 위탁자가 1인의 수탁자의 지위를 겸하면서 자신을 유일한 수익자로 지정하는 신탁선언은 무효이다. 이 경우 재산의 귀속 및 관리주체와 이익향유주체가 완전히 일치하기 때문에 신탁을 설정하기 이전과 이후가 달라진 것이 없다. 신탁의 실질적인 관계가 존재하지 않는 상태에서 단지 고유재산과 구분되는 신탁재산만을 창출하는 것을 인정할 이유는 없다. 그리고 다수의 위탁자 중 1인이 수탁자가 되는 때 그 유일한 수탁자가 유일한 수익자가 되는 형태도 신탁으로서 효력이 없다.[57)] 이 경우 다수의 위탁자의 의사는 그 1인에 대한 증여로 해석할

---

56) 일본 신탁법은 공정증서에 의하여 신탁선언을 한 경우(제3조 제3호) 신탁의 효력은 공정증서를 작성한 때 발생함을 명시하고 있다(제4조 제3항 제1호).

57) UTC sec.402 (a)(5)도 유일한 수탁자와 유일한 수익자가 동일인이 아닐 것을 요구한다.

수 있다.

둘째, 1인의 위탁자 겸 수탁자가 다수의 수익자 중 1인이 되는 형태는 가능하다.[58] 왜 나하면 수탁자는 신탁이익을 향수할 수 없으나 다수의 수익자 중 1인인 때에는 가능하며, 이 경우 위탁자 겸 수탁자를 제외한 다수의 수익자가 신탁재산으로부터 이익을 향수하면서 신탁을 감독할 수 있기 때문이다. 그리고 신탁재산으로부터의 이익을 다른 수익자들에게 귀속시키고자 하는 위탁자의 의사를 무효로 할 근거도 없다.

(4) 수익자지정권을 유보한 신탁

신탁선언에서도 위탁자는 수익자지정권을 유보할 수 있으며 특별히 이를 금지하는 규정은 없다. 하지만 위탁자가 신탁선언을 통하여 장래에 자신이 지정하는 자를 위한 신탁을 설정하면서 그 수익자를 전적으로 그리고 언제든 임의로 선택할 수 있다고 한다면, 이를 단순히 수익자지정권의 유보라고만 해석하기는 어려울 것이다. 수익자의 확정가능성, 특히 신탁선언의 남용의 관점에서 그 효력을 검토할 필요가 있고, 이를 근거로 신탁의 효력을 부정할 수도 있다.[59]

Ⅱ. 신탁의 효력

1. 세 가지 확정가능성

1.1. 의의

위탁자가 신탁을 설정함에 있어 그 의사표시는 신탁의 효력을 인정할 수 있을 정도에 이르러야 한다. 즉, 신탁으로서 유효하기 위하여는 위탁자가 신탁의 주된 내용을 표명함으로써 수탁자가 어떠한 목적을 위하여 어떻게 사무를 처리해야 할지를 알 수 있어야 하는 것이다. 의사표시의 이러한 정도 내지 요소를 영미에서는 전통적으로 세 가지 확정가능성

---

58) 반면 임채웅, 신탁선언의 연구, BFL 제39호(2010. 1), 16면은 위탁자 겸 수탁자가 공동수익자가 될 수 없으며, 위탁자 겸 수탁자가 수익권의 일부를 취득한 때 당해 수익권은 소멸하고 일종의 청산청구권을 취득하며, 만약 이로 인하여 신탁목적을 달성할 수 없는 때에는 신탁 전체가 종료한다고 한다. 그러나 그 근거는 분명하지 않다.

59) Scott/Fratcher, Vol. Ⅱ, p.157.

이라고 부르는데, 신탁설정의사의 확정가능성(certainty of intention), 신탁재산의 확정가능성(certainty of subject matter), 수익자의 확정가능성(certainty of objects)이 그것이다.[60] 신탁설정의사의 확정가능성은 위탁자의 언명 내지 행위가 일정한 재산에 대하여 신탁을 설정하고자 하는 의사의 표시인지를 판단하는 것이다. 과연 신탁을 설정하고자 하였는지 아니면 다른 법률관계를 의도하거나 단순한 도덕적인 의무만을 부여한 것에 지나지 않는지가 구분되어야 한다. 신탁재산의 확정가능성은 신탁의 중심이 되는 재산을 확정할 수 있는지 그리고 수익자의 확정가능성은 수익자신탁에서 위탁자가 의도한 수익자를 확정할 수 있는지를 각각 의미한다.[61]

신탁법은 위 세 가지 확정가능성을 효력요건으로 명시하고 있지 않지만, 이는 신탁의 요소로서 신탁행위의 효력요건이라고 할 수 있다. 신탁재산의 확정가능성과 수익자의 확정가능성은 각각 신탁재산(제6장 Ⅰ.)과 수익자(제4장 Ⅲ. 4.)에서 검토하므로, 이하에서는 이들과 구분되는 신탁설정의사의 확정가능성을 살펴본다.

1.2. 신탁설정의사의 확정가능성

1.2.1. 신탁설정의사의 판단

신탁설정의사의 확정가능성은 소위 위탁자가 신탁이라고 하는 법률관계를 의욕하였는지를 판단하는 것으로 다른 확정가능성 요소와는 차원을 달리한다. 의사표시가 증여나 위임 등이 아닌 신탁을 설정하고자 하는 것임이 확인된 때 비로소 신탁재산과 그 이익의 귀속주체인 수익자의 확정가능성이 문제될 수 있기 때문이다. 그리고 다른 요소들은 신탁설정의사를 전제로 하여 그 의사를 실현하기 위한 것이다. 다만 신탁재산의 확정이나 수익자의 확정이 극도로 곤란할 때에는 의사표시자가 과연 신탁을 설정하고자 하였는지를 다시 확인할 필요가 있다는 점에서 이들 요소들이 전혀 무관한 것은 아니다.

신탁설정의사를 확인하는 것은 법률행위해석 일반에 의한다. 위탁자가 계약이나 유언, 신탁선언에서 신탁이라는 문구 자체를 사용하지 않았다거나 법기술적으로 신탁이라는 제도를 알지 못하였다는 사실만으로 신탁의 성립이 부정되지 않는다. 위탁자가 신탁의 법률관계를 의욕함으로써 신탁설정의사가 있다고 평가되면 충분하다.[62] 반면 신탁이라고 하는 용어를 사용하였더라도 당사자가 의욕한 구체적인 법률관계가 단순한 증여나 유증, 위임에

---

60) Knight v Knight (1840) 3 Beav 148, 9 LJ Ch 354 이래 확립된 원칙이다.

61) Penner, p.190 이하.

62) Hayton, p.75.

지나지 않는다면 그에 상응하는 법률효과만 발생한다. 그리고 신탁을 설정하고자 하는 의사가 채권자들로부터 만약의 강제집행에 대비하거나 이혼시 재산분할을 회피하기 위하여 수탁자와 통모하여 신탁의 외관을 만들어내는 것에 지나지 않는다면 이는 통정허위표시로서 무효이다(민법 제108조). 영미에서도 이러한 유형의 가장신탁(sham trust)을 무효로 본다.[63]

1.2.2. 의사해석을 통한 신탁계약

　의사표시는 명시적으로나 묵시적으로 할 수 있는데, 당사자들이 명시적으로 신탁계약을 체결하지 않았음에도 불구하고 그 법적 성질을 신탁으로 성질규정한 최초의 사례로 대법원 2002. 7. 26. 선고 2000다17070 판결을 들 수 있다. "보증사채의 모집 또는 매출에 관한 공시제도의 취지와 사채원리금 지급대행사무를 금융기관의 업무로 하는 취지 및 사채원리금 지급대행계약의 내용 등을 종합하여 보면, 사채원리금 지급대행계약은 발행회사가 발행한 사채의 사채권자에게 그 원리금을 지급하기 위하여 발행회사가 사채원리금 지급 자금을 은행에게 인도하고 은행은 이를 인도받아 보관, 관리하면서 사채권자에게 그 사채원리금을 지급하는 것을 목적으로 하는 것으로서 신탁계약으로서의 성질을 가"진다는 것이다. 그러므로 "발행회사가 은행에게 인도하는 사채원리금 지급자금은 신탁재산에 해당하고 수익자인 사채권자의 이익 향수의 의사는 추정되는 것이므로, 은행은 발행회사로부터 인도받은 사채원리금 지급자금을 그 신탁의 본지에 따라 관리할 의무가 있고, 은행이 사채권자의 이익과 관계없이 발행회사의 청구만에 의하여 위 사채원리금을 반환하거나 그 지급자금의 반환채권을 수동채권으로 하여 자신의 발행회사에 대한 채권과 상계하는 것은 신탁의 법리상 허용되지 아니한다"고 보았다.

　위 판결에 대한 평가는 상반된다. 긍정적인 평가도 있지만[64] 실제로 법원이 사채원리금 지급대행계약을 신탁계약으로 파악한 것에는 무리가 있다거나,[65] 사채권자를 보호하기 위하여 신탁을 인정한 것으로 신탁계약이 아닌 의제신탁에 해당한다는 비판도 제기된다.[66] 사실 위 계약에서 신탁에 관한 당사자의 의사를 도출할 수 있는지에 대하여는 의문이 없지 않으나, 위 판결 이후 실무에서는 신탁계약으로서 사채원리금 지급대행계약을 체결하고 있기 때문에 논의의 실익은 크지 않다. 가령 일본에서는 판례가 의사해석을 통하여 여러 사안

---

63) Haley/McMurtry, p.42.

64) 정순섭, 사채원리금 지급대행계약의 법적 성질론, 증권법연구 제5권 1호(2004), 337면.

65) 강희철/장우진/윤희웅, 자산유동화법에 의한 자산유동화의 한계와 이를 극복하기 위한 수단으로서의 비정형 유동화에 관한 고찰, 증권법연구 제4권 1호(2003), 220면.

66) 임채웅, 묵시신탁과 의제신탁의 연구, 저스티스 통권 105호(2008. 8), 294면 이하.

에서 신탁을 인정해왔는데, 지방공공단체의 공사도급과 관련하여 건설회사가 개설한 공사선불금 예금계좌를 신탁재산으로 하는 신탁의 성립을 인정하였으며,[67] 보험대리점이 보험회사에 보험료의 입금을 위하여 개설한 예금계좌에 대하여[68] 그리고 친구들이 여행경비의 적립을 위하여 그중 1인의 명의로 개설한 예금에 대하여 각각 신탁을 인정하였다.[69] 이와 달리 우리나라에서는 위 판결을 제외하면 법원이 계약의 해석을 통하여 신탁을 인정한 예는 찾기 어렵다. 그래서 사채권자의 보호를 위한 법원의 적극적인 판단은 향후 명시적으로 신탁계약이 체결되지 않은 때에도 신탁이 인정될 수 있는 가능성을 제시한 점에서 그 의미를 가질 수 있을 것이다.

2. 신탁의 목적

2.1. 의의

신탁의 목적은 위탁자가 신탁을 설정함으로써 이루고자 하는 바로서 신탁과 관련한 모든 법률관계의 척도가 된다. 수탁자는 신탁재산의 귀속주체이지만 신탁목적의 제한을 받으며, 그 목적의 달성을 위하여 신탁상 정함에 따라 신탁사무를 처리할 의무가 있다. 수탁자는 신탁목적의 달성을 위하여 원칙적으로 필요한 모든 행위를 할 권한이 있지만(제31조), 신탁목적에 반하여 신탁재산에 관한 법률행위를 한 때에는 수익자가 이를 취소할 수 있다(제75조). 그리고 신탁의 목적을 달성하였거나 달성할 수 없게 된 때 신탁은 종료한다(제98조 제1항).

이러한 신탁의 목적은 일반적인 법률행위의 목적과 마찬가지로 성립요건이자 효력요건이다. 그러므로 신탁이 유효하기 위해서는 신탁의 목적이 확정할 수 있어야 하고, 실현가능하고, 적법해야 하며, 사회적 타당성을 가져야 한다.[70] 신탁의 목적이 확정되어 있지 않고 확정할 수도 없거나, 실현이 불가능하거나, 강행법규에 반하거나, 선량한 풍속 기타 사회질서에 위반된 때 신탁은 무효이다. 신탁법은 특히 신탁의 효력과 관련하여 총칙에서 신탁목적에 관한 자세한 규정을 두고 있다.

---

67) 最高裁 2002. 1. 17. 民集 56卷 1号, 20頁.

68) 最高裁 2003. 2. 21. 民集 57卷 2号, 95頁.

69) 判例時報 2166号, 73頁.

70) 民法注解 Ⅱ, 박영사, 1992, 167면.

2.2. 공서양속에 반하거나 위법·불능을 목적으로 하는 신탁

2.2.1. 선량한 풍속 기타 사회질서에 반하는 신탁

신탁의 목적이 선량한 풍속 기타 사회질서에 반하는 경우 신탁은 무효이다(제5조 제1항). 민법 일반원칙에 의하더라도 무효이나(민법 제103조), 신탁법은 다시 한번 이를 명시하고 있다. 신탁의 목적이 반사회질서인 경우는 물론 신탁목적은 사회적 타당성을 가지더라도 신탁상 반사회질서에 해당하는 정함이 있는 경우 이로 인하여 신탁 전체가 무효가 될 수 있다. 예컨대 수익자의 범죄행위를 고무하기 위하여 신탁을 설정한 경우 이는 무효이다. 일정한 자가 범죄에 가담하려는 경우 그로 인한 벌금을 지급하기 위하여 신탁을 설정하였다면, 벌금을 내는 것 자체가 위법 또는 반사회질서에 해당하는 것은 아니더라도 법이 벌금형을 부과함으로써 범죄를 억제하고자 하는 취지를 몰각시키게 되므로 그러한 신탁은 무효라고 해야 한다.

그런데 선량한 풍속 기타 사회질서는 부단히 변화하는 가치개념이기 때문에 신탁행위시와 효력발생시 그리고 신탁의 효력이 문제되는 각 시점에서 다를 수 있다. 하지만 원칙적으로 신탁행위가 있는 때를 기준으로 해야 하며, 신탁행위시에 사회적 타당성을 결여한 것으로 판단되면 이후 사회적 타당성에 관한 개념 내지 가치기준이 달라지더라도 다시 유효한 것으로 되지는 않는다.[71] 반대로 신탁행위시에는 신탁의 목적이 선량한 풍속 기타 사회질서에 부합하였지만 이후에 반사회질서에 해당하게 되었다면, 당해 신탁의 정함을 더 이상 강제할 수 없으므로 신탁의 목적을 달성할 수 없게 된 경우로 보아 신탁은 종료한다고 할 것이다.

2.2.2. 위법, 불능인 신탁

신탁의 목적은 적법해야 하므로 법령 중 선량한 풍속 기타 사회질서에 관계있는 규정, 즉 강행규정에 반한다면 그 신탁의 효력은 인정될 수 없다(민법 제105조 참조). 목적이 위법한 신탁에 대하여 법이 그 효력을 인정할 이유는 없기 때문이다(제5조 제2항). 강행규정은 효력규정과 단속규정으로 구분되는데, 일반적인 법률행위의 경우 그 사법적 효력이 부정되는 것은 효력규정을 위반한 때이다.[72] 신탁의 경우에는 일반적인 법률행위와 달리 강행규정이 효력규정인지 아니면 행정상 금지법규인 단속규정인지와 관계없이 무효라고 보는 견해도 있다.[73] 그러나 단속규정에 위반한 신탁이 동시에 반사회질서 행위로서 무효가 될 수 있음

---

71) 民法注解 Ⅱ, 박영사, 1992, 224면.
72) 民法注解 Ⅱ, 박영사, 1992, 260면.
73) 법무부, 59면.

은 별론으로 하더라도, 제5조 제2항의 해석상 신탁만을 달리 판단할 근거는 없다.[74] 예컨대 신탁을 설정함으로써 신탁재산을 뇌물로 제공하여 위탁자 자신의 사업에 유리한 입법을 하도록 하거나 유리한 행정처분을 끌어내고자 하였다면 이러한 신탁은 효력이 없다. 마찬가지로 법적으로 금지된 물건이나 약물의 판매와 같은 위법한 사업을 위한 신탁이나 타인의 소유권을 침해하는 공장을 건설하여 가동하도록 하는 신탁도 효력이 없다.[75]

한편 신탁의 목적이 불가능한 때에는 이를 강제할 수도 또 강제할 이유도 없기 때문에 그 신탁은 무효이다(제5조 제2항). 만약 신탁의 목적이 신탁설정 당시에는 가능하였으나 이후에 불가능하게 되었다면 그 신탁은 종료한다(제98조 제1호). 신탁의 목적이 신탁설정 당시에는 적법하였으나 법률의 개정에 따라서 추후 위법하게 된 때에도 동일하다.

대법원 2017. 6. 8. 선고 2015두49696 판결은 분양보증회사가 주택분양보증을 위하여 체결한 신탁계약의 효력과 관련하여 제5조 제2항의 취지가 "신탁이 강행법규에 반하는 등 목적이 위법하거나 신탁계약 당시부터 실현이 불가능하여 원시적 불능인 급부를 목적으로 하는 것이라면 그 효력을 인정할 수 없다는 데에 있다"고 하면서, "사업주체가 수분양자에게 분양계약을 이행할 수 없는 경우 분양보증회사가 분양이행 또는 환급이행 후 신탁부동산을 처분할 목적으로 신탁계약을 체결하고 그에 따른 신탁등기를 마친 것이라면, 그와 같은 신탁 목적이 일정한 행위를 금지하는 구체적 법 규정에 반하는 것이라거나 이를 달성하는 것이 계약 당시부터 사실상 또는 법률상 불가능한 상태였다고 할 수 없는 만큼, 위 신탁계약 등이 그 목적이 위법하거나 불능한 때에 해당하여 무효라고 할 수 없다"고 하였다.

2.2.3. 일부무효의 법리

신탁목적의 일부가 선량한 풍속 기타 사회질서에 위반하거나 위법 또는 불능인 경우 이에 해당하는 신탁이 무효임은 물론이지만, 이 경우 신탁 전부도 무효가 되는지가 문제된다. 신탁법은 일부무효의 법리에 따라서 신탁의 효력을 판단한다. 즉, 신탁은 나머지 목적을 위하여 유효하게 성립한다. 그러나 무효인 목적과 유효인 목적을 분리하는 것이 불가능한 경우 또는 분리할 수 있더라도 나머지 목적만을 위하여 신탁을 유지하는 것이 위탁자의 의사에 명백히 반하는 경우에는 그 전부가 무효가 된다(제5조 제3항).

---

74) 同旨 광장신탁법연구회, 51면.
75) 미국 신탁법 제3차 리스테이트먼트 §29 cmt.f.

2.3. 소송을 목적으로 하는 신탁

2.3.1. 소송신탁의 금지와 그 근거

수탁자로 하여금 소송행위를 하게 하는 것을 주된 목적으로 하는 신탁은 무효이다(제6조). 소송신탁을 금지하는 근거 내지 입법취지에 대하여는 견해가 나뉜다. 비변호사의 남소의 폐단을 방지하고 변호사대리원칙의 잠탈을 방지하기 위함이라거나,[76] 소송이라는 국가권력을 배경으로 한 제도를 통하여 부당한 이익을 추구하는 것을 방지하는 데 그 목적이 있다거나,[77] 본래 소송을 할 수 없는 타인의 권리에 관하여 신탁 형식을 이용한 소송을 통해 부당한 이익을 얻는 탈법행위를 금지하는 것으로 탈법행위금지 원칙의 적용으로 보거나,[78] 사회질서에 반한 행위라고 한다.[79]

2.3.2. 소송신탁의 요건

(1) 신탁의 설정

제6조를 적용함에 있어서는 먼저 신탁법상의 신탁이 전제된다. 그러므로 소위 임의적 소송신탁과는 구분할 필요가 있다. 재산권상의 청구에 관하여는 소송물인 권리 또는 법률관계에 대하여 관리처분권을 가지는 권리주체에게 당사자적격이 있음이 원칙이지만, 제3자라고 하더라도 법률이 정하는 바에 따라 일정한 권리나 법률관계에 관하여 당사자적격이 부여되거나 본래의 권리주체로부터 그의 의사에 따라 소송수행권을 수여받음으로써 당사자적격이 인정되는 경우가 있는데, 이를 임의적 소송신탁이라고 한다. 판례에 의하면 이러한 임의적 소송신탁은 민사소송법 제87조가 정한 변호사대리의 원칙이나 신탁법 제6조가 정한 소송신탁의 금지를 잠탈하는 등의 탈법적인 방법에 의하지 않은 것으로서 이를 인정할 합리적 필요가 있다고 인정되는 경우에 한하여 제한적으로 허용된다.[80]

그리고 판례는 소송행위를 하게 하는 것을 주된 목적으로 채권양도 등이 이루어진 경우

---

76) 이시윤, 민사소송법, 박영사, 1995, 149면; 강현중, 민사소송법 제5판, 박영사, 2002, 141면; 전원열, 민사소송법 강의, 박영사, 2020, 209면.

77) 윤경, 소송신탁의 판단기준 및 임의적 소송담당의 허용한계, JURIST Vol.389(2003), 56면.

78) 허규, 신탁행위와 신탁법상의 신탁, 사법논집 제5집(1974. 12), 57면; 안홍섭, 소송신탁의 판정기준, 대법원 판례해설 제16호(1992. 10), 217면.

79) 장형룡, 신탁법개론 개정판, 육법사, 1991, 92면 이하.

80) 대법원 1984. 2. 14. 선고 83다카1815 판결; 대법원 2012. 5. 10. 선고 2010다87474 판결. 그리고 대법원 1997. 11. 28. 선고 95다35302 판결; 대법원 2001. 2. 23. 선고 2000다68924 판결에 의하면 조합업무를 집행할 권한을 수여받은 업무집행조합원은 조합재산에 관하여 조합원으로부터 임의적 소송신탁을 받아 자기 이름으로 소송을 수행하는 것이 허용된다.

그것이 신탁법상의 신탁에 해당하지 않는 때에도 신탁법을 유추적용하여 그 효력을 부정한다.[81] 그리고 소송신탁과 관련한 판결례는 대부분 이러한 유추적용 사례라고 할 수 있다.

(2) 주된 목적이 소송행위를 하게 하는 것

소송행위를 하게 하는 것이 주된 목적인지 여부는 신탁을 설정한 경위와 방식, 신탁설정 후 제소에 이르기까지의 시간적인 간격, 당사자들의 신분관계 등 여러 상황에 비추어 판단한다.[82]

소송신탁에서의 소송행위란 민사소송법상의 소송행위에 한하지 않고 널리 사법기관을 통하여 권리의 실현을 도모하는 행위를 말하는 것으로, 민사집행법에 의한 강제집행의 신청도 이에 포함된다.[83] 그리고 수탁자가 반드시 직접 소송을 해야 하는 것은 아니며 소송대리인에게 위임하는 경우에도 소송신탁이 인정될 수 있다.[84]

2.4. 탈법을 목적으로 하는 신탁

직접 강행법규에 위반하지는 않으나 강행법규가 금지하고 있는 것을 회피수단에 의하여 실질적으로 실현하는 행위가 탈법행위이다.[85] 탈법행위는 정면에서 강행법규에 위반한 것은 아니지만, 법규의 정신에 반하고 법률이 허용하지 않는 결과의 발생을 목적으로 하기 때문에 무효이다.[86] 탈법을 목적으로 하는 신탁 역시 예외가 아니다. 탈법신탁의 구체적인 유형으로 제7조는 법령에 따라 일정한 재산권을 향유할 수 없는 자가 수익자로서 그 권리를 가지는 것과 동일한 이익을 누리는 경우를 들고, 이를 무효로 한다. 신탁재산은 수탁자에게 이전되지만 그로 인한 경제적 이익은 실질적으로 수익자에게 돌아가기 때문에 수탁자를 매개로 하여 수익권의 형태로 탈법적으로 이익을 귀속시키는 것을 금지하는 것이다.[87]

신탁재산의 성격상 일정한 범위에서 수익자가 될 수 없는 경우, 예컨대 외국인의 광업

---

81) 대법원 2002. 12. 6. 선고 2000다4210 판결; 대법원 2009. 5. 28. 선고 2009다9539 판결; 대법원 2007. 12. 13. 선고 2007다53464 판결; 대법원 2021. 3. 25. 선고 2020다282506 판결 등.

82) 대법원 2002. 12. 6. 선고 2000다4210 판결; 대법원 2013. 2. 28. 선고 2011다49608, 49615 판결 등 참조.

83) 대법원 2010. 1. 14. 선고 2009다55808 판결 등.

84) 대법원 2004. 3. 25. 선고 2003다20909, 20916 판결; 대법원 2006. 6. 27. 선고 2006다463 판결.

85) 民法注解 Ⅱ, 박영사, 1992, 270면.

86) 民法注解 Ⅱ, 박영사, 1992, 270면.

87) 최수정, 일본 신신탁법, 21면.

권 취득은 제한되므로(광업법 제10조의2) 광업권을 취득할 수 없는 외국인에게 수익권의 형태로 동일한 이익을 귀속시키는 것은 허용되지 않는다. 그리고 자기의 농업경영에 이용하거나 이용할 자가 아니면 원칙적으로 농지를 소유하지 못하므로(농지법 제6조 제1항) 농지를 소유할 수 없는 자를 수익자로 하는 신탁도 금지된다.

3. 여러 당사자의 지위를 겸하는 신탁

3.1. 문제의 제기

신탁은 기본적으로 위탁자, 수탁자, 수익자, 3당사자를 전제로 한다. 물론 법정신탁에서는 신탁을 설정하는 위탁자가 존재하지 않으며, 목적신탁에서는 수익자가 존재하지 않는다. 그리고 수탁자의 임무가 종료한 후 신수탁자가 선임되지 않은 동안에는 수탁자가 존재하지 않을 수 있다. 그런데 신탁의 기본적인 유형의 하나인 수익자신탁에서 이러한 3당사자의 지위는 신탁의 효력과 관련하여 중요한 의미를 가진다. 신탁이 3당사자를 전제로 하더라도 반드시 3인이 존재해야 하는 것은 아니며, 하나의 지위에 다수가 존재하거나 1인이 다수의 지위를 겸할 수도 있다. 그래서 어느 범위까지 당사자의 지위를 겸할 수 있는지가 문제된다.

3.2. 유형별 효력

위탁자가 수익자의 지위를 겸하는 자익신탁은 신탁법도 예정하고 있는 유형이다. 그리고 위탁자는 신탁선언에 의하여 신탁을 설정함으로써 수탁자의 지위를 겸하게 된다. 그러나 신탁선언의 경우 위탁자가 유일한 수익자라면 신탁으로서의 실질을 인정할 수 없음은 물론 수탁자가 유일한 수익자가 되는 형태의 신탁이 인정되지 않는다는 점에서도 그 신탁은 무효이다.

수탁자는 수익자의 지위를 겸할 수 있지만 유일한 수탁자가 동시에 유일한 수익자가 되는 경우에는 신탁으로서의 효력이 인정되지 않는다. 재산권을 이전받은 자가 그 재산상의 이익을 전부 향유하는 형태는 신탁이 아닌 증여 또는 그와 유사한 법률관계에 지나지 않기 때문이다. 소위 이중소유권 개념을 가진 영미에서도 법률상의 권원(legal title)과 형평법상의 권원(eqitable title)이 동일인에게 귀속되는 때에는 신탁이 아니라 양수인이 온전한 재산권을 취득하는 것으로 본다. 이러한 양분된 소유권 개념을 인정하지 않는 우리법에서도 이 경우에는 권리와 의무가 동일인에게 귀속되는 혼동에서와 같은 논리를 동원하거나 신탁을 인정할 필요성 내지 재산권을 이전하는 양도인의 의사를 근거로 신탁의 효력을 부정할 것이다.

반면 다수의 수탁자 중 일부가 수익자의 지위를 겸하거나 수탁자가 다수의 수익자 중 1인인 경우에는 신탁은 유효하다(제36조 단서). 전자의 경우 수익자 겸 수탁자가 다른 공동수탁자를 감독할 수 있으며, 후자의 경우 다른 수익자가 수탁자의 신탁상 의무의 이행을 강제하고 의무위반에 대한 책임을 물을 수 있다.[88]

하지만 다수의 수익자 및 다수의 수탁자의 범위가 처음부터 또는 추후에 일치하게 된 경우에는 신탁의 효력이 문제될 수 있다. 가령 미국에서 일부 판결은 수탁자의 범위와 수익자의 범위가 일치하는 때에도 유효한 신탁이 존재한다고 본 반면, 일부 판결은 신탁의 효력을 인정하지 않고 양수인이 온전한 재산권을 취득한다고 보았다.[89] 그런데 공동수탁자의 법률관계와 다수 수익자의 법률관계는 상이하다. 만약 위탁자가 특정 다수인에게 바로 재산권을 귀속시키고자 하였다면 증여나 그와 유사한 제도를 이용하여 재산권을 이전하였을 것이다. 위탁자의 신탁설정의사가 분명하고 또한 그 의사가 유효한 한에서는 위탁자는 신탁의 특수한 효과를 이용하여 다수에게 수익권의 형태로 재산권을 귀속시키고자 한 것이고, 이러한 의사는 존중되어야 한다. 그렇다면 다수의 수탁자와 다수의 수익자의 범위가 일치한다는 이유만으로 곧 신탁의 효력을 부정할 것은 아니다.

4. 신탁의 존속기간

4.1. 존속기간과 신탁의 효력

신탁의 존속기간은 신탁을 설정하는 동기나 목적 등에 의하여 결정되는데, 신탁법은 명시적으로 신탁의 존속기간을 규정하고 있지 않다. 그런데 재산의 관리 및 승계를 위하여 신탁을 설정하는 경우, 예컨대 위탁자가 생전신탁을 설정하면서 자신을 포함한 직계비속을 연속수익자로 지정하였다면, 이러한 수익자연속신탁은(제60조) 수 세대 혹은 수십 세대에 걸쳐 존속할 수 있는지 그리고 그 효력을 인정하는 것이 법정책적으로도 바람직한 것인지 의문이 제기될 수 있다. 그 밖에 개인적 혹은 역사적 의미가 있는 구조물을 보존·관리하기 위한 목적신탁이나 공익목적을 위한 신탁에서도 존속기간의 제한에 대한 필요성 및 근거가 문제된다.

---

88) Scott/Fratcher, Vol. I, p.50.
89) 이에 관한 소개는 Scott/Fratcher, Vol. I, p.68 이하 참조.

종래 신탁은 대부분 금융기관의 신탁상품을 중심으로 비교적 단기간 운용되어온 까닭에 본격적으로 신탁의 존속기간에 관한 논의는 이루어지지 않았다. 그러나 다양한 목적으로 신탁이 활용될 수 있음을 고려할 때 그 기간의 제한 여부 및 기준에 대한 검토가 필요하다. 영미에서는 전통적으로 영구불확정금지의 원칙(rule against perpetuities)이 적용되었는데, 동일한 법리가 우리법에서도 신탁의 존속기간에 대한 제한으로 작동할 수 있는지를 살펴보아야 한다.

4.2. 영구불확정금지의 원칙

4.2.1. 의의

영미에서 영구불확정금지의 원칙은 신탁에 대한 시간적인 한계로서 위탁자에 의하여 신탁재산이 구속을 받는 기간에 대한 제한으로 작동하였다. 이 원칙은 재산에 대한 모든 종류의 불확정 장래권(contingent future interest)에 대하여 적용되는데, 특히 신탁에서 전형적으로 문제된다. 이 원칙은 위탁자가 사망 후에도 오랫동안 무덤에서 자신이 처분한 재산의 귀속을 지배하는 것을 방지하고, 신탁설정 후 일정 기간 내에는 확정된 권리가 살아 있는 사람에게 귀속될 것을 요구한다. 사자(死者)의 재산에 대한 지배를 제한하여 현세대가 현재의 필요에 따라서 재산을 활용할 수 있도록 하고, 이를 통해 시장의 수요에 상응하여 보다 생산적으로 자산이 유통되도록 하는 데 취지가 있다.[90] 사망 후에도 자신이 출연한 재산에 대한 사용수익을 지배하고자 하는 위탁자의 의사와 그러한 제한 없이 재산을 사용수익할 수 있는 장래 수익자의 가능성 내지 사회경제적 요구 사이의 타협점이 바로 영구불확정금지의 원칙인 것이다.[91]

영구불확정금지의 원칙은 구체적으로 수익권귀속의 원칙(rule against remoteness of vesting), 양도금지제한의 원칙(rule against inalienability) 그리고 적립금지의 원칙(rule against accumulation)을 내용으로 한다. 먼저 수익권귀속의 원칙은 신탁재산에 대한 수익자의 권리가 신탁의 효력발생 시점부터 일정 기간, 소위 영구불확정기간(perpetuity period) 내에 확정적으로 수익자에게 귀속될 것을 요구한다. 잠재적인 수익자집단에서 수익권을 취득할 수익자가 확정되고 그에게 귀속될 수익권의 내용 또한 확정되어야 한다. 하지만 수익권이 확정적으로 귀속된다는 것이 영구불확정기간이 도과하면 신탁이 종료하고 신탁재산이 수익자에게

---

90) Pearce/Stevens/Barr, The Law of Trusts and Equitable Obligations, 5.ed., 2010, p.487; Dukeminier/Johanson/Lindgren/Sitkoff, p.674.

91) Haley/McMurty, p.130; Oakley, The Modern Law of Trusts, 9.ed., Sweet & Maxwell, 2008, p.255.

이전되어야 한다는 의미는 아니며, 확정된 권리에 기하여 수익자가 수익급부를 청구할 수 있으면 충분하다.[92]

일정 기간 내에 재산적 이익이 귀속될 것을 요구하는 수익권귀속의 원칙의 당연한 귀결로 양도금지제한의 원칙은 재산이 처분가능할 것을 요구한다. 이 원칙은 모든 재산이 시장에서 자유롭게 거래되어야 하며 사회에 유통되어야 한다는 전제하에 일정한 재산이 오랫동안 시장 내지 유통과정에서 배제되는 것을 금지한다. 이 원칙은 비공익목적신탁을 대상으로 하는데, 위탁자의 의사에 구속을 받는 처분불가능한 신탁재산을 만들어내는 것을 허용하지 않는 것이다.[93]

모든 재산이 자유롭게 유통되어야 한다는 원칙의 또 다른 귀결로서 적립금지의 원칙은 신탁재산에서 발생한 수입(income)이 영구불확정기간을 도과하여 신탁원본에 적립되는 것을 금지한다. 수익자에게 배분되지 않고 적립된 신탁수입은 신탁원본에 포함되는데, 신탁상 수탁자에게 신탁수입을 적립하게 하는 정함은 얼마든지 가능하고 또 필요할 수 있다. 그러나 이 원칙은 신탁수입이라는 재산이 위탁자의 의사에 영구히 구속되어 유통과정에서 배제되는 것을 허용하지 않는다. 그리고 위 두 원칙이 자선신탁의 경우에는 적용이 없는 것과 달리 이 원칙은 자선신탁과 수익자신탁 모두에 적용된다.

4.2.2. 영구불확정기간

(1) 영국

재산 내지 재산적 이익은 신탁설정 당시의 사람이 생존한 동안 및 그 후 21년(lives in being plus 21 years)[94] 이내에 귀속되어야 하고, 그 이후에도 신탁의 구속을 받도록 설계되었다면 당해 신탁은 무효가 된다. 그런데 17세기 이후에 이 원칙이 적용되는 과정에서 그 기간의 계산과 관련하여 어려운 문제들이 발생하였고, 판례 및 원칙 자체에 대한 비판들도 제기되었다. 그래서 재산의 귀속을 지나치게 장기간 미확정상태로 만드는 것을 금지하는 이 원칙은 입법에 의하여 다소 수정되었다. 영구불확정 및 적립금지에 관한 법률(Perpetuities

---

92) Penner, p.84.

93) Haley/McMurty, p.137.

94) 이 원칙은 Duke of Norfolk(22 Eng. Rep. 931 (Ch 1682)) 사건에서 구체화되었는데, 이 판결에서도 구체적인 시간적 한계는 제시되지 않았다. Thellusoon v. Woodford(32 Eng. Rep. 1030(Ch 1805)) 사건에서는 확인가능한 사람의 생존기간이 불확정기간의 기준이 될 수 있고 동시에 그때부터 성년이 되는 시점, 즉 21년까지 연장될 수 있다고 판시하였다. 그리고 Cadell v. Palmer(6 Eng. Rep. 956 (H.L. 1832, 1833)) 사건에서 영구불확정금지의 원칙에 따라 허용되는 기간이 확립되었다.

and Accumulations Act 1964)에 의하면 위탁자는 위 원칙상의 기간 대신 최장 80년까지의 불확정기간을 정할 수 있었다(sec. 1). 그리고 위탁자가 불확정기간을 정하지 않아 영구불확정금지의 원칙을 적용할 경우 무효가 되는 사안에서는 소위 관망원칙(wait and see)이 적용되었다(sec. 3).

위 법률은 2009년 11월 개정되었으며, 개정법은 2010년 4월 6일부터 시행되고 있다.[95] 이에 따르면 신탁상 기간의 정함이 있는지 여부나 그 효력에 상관없이 125년의 불확정기간이 적용된다(sec. 5). 불확정기간은 원칙적으로 신탁의 효력발생시를 기산점으로 하며(sec. 6(1)), 불확정기간을 넘어서도 귀속되지 않아 무효가 되는 경우에는 관망원칙이 적용된다(sec. 7).

(2) 미국

미국 신탁법 제3차 리스테이트먼트도 보통법상의 영구불확정금지의 원칙을 확인하고 있다. 신탁법 제3차 리스테이트먼트는 영구불확정금지의 원칙상 당해 기간 내에 수익자를 확정할 수 있을 것을 요구하고(§40), 영구불확정금지의 원칙에 반하는 신탁 내지 당해 신탁조항의 무효를 선언한다(§29). 그리고 영구불확정금지에 관한 통일규칙(Uniform Statutory Rule Against Perpetuities)도 신탁재산을 포함한 재산적 이익이 귀속되어야 하는 시간적인 제한을 두고 있다.[96] 반면 UTC는 별도의 규정을 두지 않고 이를 주법에 맡겨 놓았다.

(3) 일본

일본 신탁법은 신탁의 존속기간에 관한 일반규정을 두지 않고 개별적인 유형에 대하여 그 기간을 제한하는 방식을 취하고 있다.[97] 일본 신탁법 제91조에 의하면 수익자연속신탁의 경우 신탁설정시부터 30년이 경과한 때 현존하는 수익자가 신탁상 정함에 따른 수익권을 취득한 경우 당해 수익자가 사망하는 때까지 또는 당해 수익권이 소멸하는 때까지 신탁이 유효하다. 일본 신탁법 제259조는 목적신탁에 대한 제한으로 그 존속기간이 20년을 넘지 못하도록 한다.[98]

---

95) Perpetuities and Accumulations Act 2009 (Commencement) Order 2010 sec.2.

96) Uniform Statutory Rule Against Perpetuities sec.1.

97) 新井誠, 93頁은 신탁법에 신탁의 일반적인 존속기간에 관한 규정을 두지 않은 것은 법의 흠결이라고 평가한다.

98) 그 밖에 프랑스에서는 신탁(fiducie)을 민법에서 규정하고 있는데, 신탁계약은 신탁계약 체결일로부터 99년을 초과하지 못한다(프랑스 민법 제2018조 제2호 단서).

4.3. 신탁법의 해석[99]

신탁의 존속기간은 당사자의 의사에 달린 문제이며, 위탁자가 상당한 기간 동안 자신의 의사대로 재산의 수익과 귀속을 정할 수 있음은 신탁제도의 장점 중 하나이다. 하지만 위에서 살펴본 원칙들이 제시하는 근거는 우리법의 해석에 있어서도 설득력을 가진다. 그렇다고 해서 신탁법이 신탁의 존속기간을 획일적으로 정하는 것은 신탁의 다양하고 폭넓은 활용이라고 하는 관점에서 적절하지 않다. 또한 신탁의 존속기간에 대한 보편적이고 합리적인 기준을 도출하는 것도 결코 용이하지 않다. 이는 영미에서 오랫동안 영구불확정금지의 원칙을 둘러싼 논쟁이 계속된 사실이나 일본 신탁법 개정과정에서 이를 둘러싼 논의가 마지막까지 거듭되었던 사실을 통해서도 확인할 수 있다.

신탁재산이 지나치게 오랜 기간에 걸쳐 신탁의 구속을 받음으로써 재화의 효율적인 배분을 저해하게 되는 경제적인 측면과 위탁자의 재산처분의 자유와 후세대의 자유 사이의 균형이라고 하는 관점에서는 공익신탁이 아닌 한 존속기간이 지나치게 장기간인 신탁의 효력은 부정되어야 할 것이다. 신탁법에 존속기간에 관한 명시적인 규정이 없기 때문에 그 근거는 선량한 풍속 기타 사회질서라고 하는 일반조항에서 찾을 수밖에 없다(제5조 제1항 및 민법 제103조). 신탁상 존속기간을 정하는 것 자체는 물론 반사회질서 행위에 해당하지 않지만, 그 기간이 지나치게 장기간이어서 재화의 자유로운 유통을 저해하고 재화에 대한 권리의 귀속과 행사를 차단함으로써 개인의 의사와 경제활동에 부당한 제한을 가하게 된다면 이는 반사회질서 행위라고 할 수 있다. 이때 그 기간이 지나치게 장기간인지 여부는 신탁의 기간을 제한하는 근거에 비추어 당해 신탁의 구체적인 사정들을 고려하여 개별적으로 판단하여야 한다.[100]

그리고 신탁 전부를 무효로 볼 것인지 아니면 상당한 기간을 초과하는 부분만을 무효로 볼 것인지는 일부무효의 법리에 의한다(제5조 제3항 및 민법 제137조). 위탁자가 무효가 되는 부분을 제외하고서도 당해 신탁을 설정하였을 것이라고 인정되는 때에는 나머지 부분만으로도 유효하지만, 그렇지 않은 경우에는 신탁 전부가 무효가 된다. 그런데 이러한 불확실한 요소는 신탁을 설계함에 있어서 장애가 될 수 있다. 그러므로 향후 신탁의 유형에 따른 실증적인 분석을 통하여 그 기준을 모색하고 입법적인 기준을 제시할 필요가 있을 것이다.

---

99) 이하는 최수정, 개정신탁법상의 재산승계제도, 법학논총 제31집 제2호(2011. 8), 77면 이하에 의한다.

100) 최수정, 신탁제도를 통한 고령자의 보호와 지원, 157면.

5. 사해신탁

5.1. 의의

채권자는 채권의 실효성 확보를 위하여 채무자의 책임재산 보전을 위한 권리들을 가지는데, 채권자취소권은 채권의 효력으로서 인정되는 실체법상의 중요한 권리 중 하나이다. 채무자가 채권자를 해함을 알고 재산권을 목적으로 한 법률행위를 한 때 채권자는 이를 취소하고 그 목적이 된 재산을 채무자의 일반재산으로 편입시킴으로써 모든 채권자의 공동담보를 확보할 수 있다. 그리고 이러한 사해행위에 신탁행위도 포함됨은 물론이다. 나아가 신탁법은 채무자가 채권자를 해함을 알면서 설정한 신탁을 사해신탁이라고 부르고, 채권자에게 민법 제406조 제1항의 취소 및 원상회복을 청구할 수 있는 권리를 수여한다(제8조 제1항). 그러므로 사해신탁의 취소에 있어서는 채권자취소권에 관한 일반적인 법리를 바탕으로 신탁법의 특칙이 적용된다.

제8조는 신탁의 특수한 구조에 비추어 그 요건과 효과를 정하고 있다. 신탁법상의 특별한 규율은 신탁의 구조를 통하여 채무자가 용이하게 책임면탈재산을 만들어낼 수 있다는 점을 염두에 둔 것이다. 그리고 일반적인 채권자취소권과 달리 신탁법상의 수익자보호라고 하는 지도원리는 사해신탁취소의 경우에도 여전히 작동한다. 이는 신탁법이 사해신탁의 경우 채권자취소권에서와는 다른 요건과 효과를 정한 근거가 되며, 법의 해석과 적용에 있어서도 중요한 기준이 된다. 또한 사해신탁취소권은 수탁자의 선의·악의를 묻지 않기 때문에 그와 거래한 상대방의 보호에 대한 고려도 필요하다.

한편 사해신탁에 관하여 신탁법과 같이 별도의 규정을 두는 입법례도 있지만 일반적인 사해행위나 도산법에 의하여 규율하기도 한다. 영국의 경우 일찍부터 잠재적인 채권자의 집행을 회피하기 위하여 신탁제도가 이용되었는데, 가령 위탁자가 가족 중 한 사람을 수탁자로 하는 신탁을 설정하고 다른 한 사람을 수익자로 정한 경우 위탁자의 채권자는 신탁재산에 강제집행 등을 할 수 없는 반면 위탁자는 실질적으로 재산상의 이익을 그대로 보유할 수 있었다. 그래서 채권자의 보호를 위하여 그와 같은 목적으로 신탁을 이용하는 것을 차단하기 위한 입법적인 조치가 취해지기도 하였다.101) 하지만 현재는 도산법(Insolvency Act 1986)에 따라서 채권자 등102)은 제소기간의 제한 없이103) 사해행위의 취소와 원상회복을 구

---

101) Fraudulent Conveyance Act 1571이 최초의 제정법이다.

102) 통상은 양도인의 채권자이지만 채권자가 아니면서 양도인과 소송 중에 있거나 양도인에게 소인(cause of action)을 가진 자도 가능하다.

할 수 있다.104) 미국에서도 사해신탁은 현재 표준무효거래법(Uniform Voidable Transaction Act 2014) 및 파산법(Bankruptcy Code)에 의하여 사해적 양도행위 또는 편파행위로 규율된다.

5.2. 사해신탁취소의 요건

5.2.1. 피보전채권의 존재

(1) 피보전채권의 내용

일반적인 채권자취소권에서와 마찬가지로 사해신탁취소에 있어서도 피보전채권이 존재하여야 한다. 그리고 채권자취소권의 성질을 가지는 사해신탁취소권은 책임재산의 보전을 위한 것이고 모든 채권자의 이익을 위하여 효력이 있으므로, 피보전채권은 원칙적으로 금전채권이어야 한다. 특정채권 자체는 채무자의 무자력, 즉 책임재산의 보전과는 관계가 없기 때문에 사해신탁취소권의 요건으로서 피보전채권에는 해당하지 않지만, 금전채권으로 변환된 때에는 원래부터 금전채권인 경우와 다르지 않으므로 피보전권리가 될 수 있다.105)

대법원 2001. 12. 27. 선고 2001다32236 판결에서는 수탁자인 피고를 상대로 아파트의 수분양자인 원고가 매매로 인한 대지의 지분에 관한 소유권이전등기청구권을 피보전권리로 하여 위탁자 겸 수익자와의 신탁계약이 사해신탁에 해당한다고 주장하였다. 위 판결은 "사해신탁의 취소는 민법상의 채권자취소권과 마찬가지로 책임재산의 보전을 위한 것이므로 피보전채권은 금전채권이어야 하고, 특정물에 대한 소유권이전등기청구권을 보전하기 위하여 행사하는 것은 허용되지 않는다"고 하여 원고의 주장을 받아들이지 않았다.

(2) 피보전채권의 성립시기

피보전채권은 원칙적으로 신탁행위 이전에 발생한 것이어야 한다. 재산을 감소시키는 행위가 그 이후에 채권을 취득한 자를 해한다고 할 수 없으며 또한 사해의사도 인정될 수 없기 때문이다.

대법원 2009. 11. 12. 선고 2009다53437 판결의 경우 채무자가 상가의 신축, 분양사

---

103) Haley/McMurtry, p.542.

104) Insolvency Act 1986 Art.423 내지 Art.425. 이러한 형식의 입법적인 규제는 영국과 다른 법체계를 가지고 있는 스코틀랜드에서도 마찬가지인데, 위탁자의 채권자는 채권자를 해하는 신탁의 전부 또는 일부를 취소할 수 있다(Bankruptcy (Scoutland) Act 1985 sec.34). 그리고 사해신탁이 취소되면 신탁은 종료하고 신탁재산은 채무자에게 회복된다. Finlay, Trusts, Dundee University press, 2012, p.117 이하; Cowan, Scottish Debt Recovery: A Practical Guide, W. Green, 2011, p.275 이하.

105) 民法注解 IX, 박영사, 1996, 809면.

업을 시행하면서 금융기관으로부터 대출을 받음에 있어 금융기관 및 시공사와 사이에 사업약정서를 체결하고, 건물 보존등기시 대출원리금 및 공사대금 미지급금이 잔존하는 경우 보존등기와 동시에 담보신탁을 하기로 약정하였다. 그리고 채무자는 피고와 상가부지 토지에 대하여 부동산관리신탁계약을 체결하였다(제1차 신탁계약). 이후 채무자는 피고와 신탁계약을 변경하여 신축건물의 보존등기시까지 금융기관에 대한 채무가 완제되지 않을 경우 보존등기와 동시에 미분양물건에 대한 담보신탁계약을 체결하기로 약정하였다. 그리고 채무자는 상가에 대한 사용승인을 받아 피고와 사이에 상가 신축건물 전부에 대한 부동산담보신탁계약을 체결하고(제2차 신탁계약) 신탁등기를 마쳤다. 그러자 상가에 대한 취득세 등 지방세를 피보전채권으로 하여 제2차 신탁계약에 대한 채권자취소소송이 제기되었고, 원심은 제2차 신탁계약이 종전 약정과 일련의 과정에서 연속하여 체결된 것으로 피보전채권 성립 이전에 체결된 법률행위의 이행이라고 보아 채권자취소권의 대상이 될 수 없다고 판단하였다.

그러나 위 판결은 "당사자 사이에 일련의 약정과 그 이행으로 최종적인 법률행위를 한 경우, 일련의 약정과 최종적인 법률행위를 동일한 법률행위로 평가할 수 없다면, 일련의 약정과는 별도로 최종적인 법률행위에 대하여 사해행위의 성립 여부를 판단하여야 하고, 이 때 동일한 법률행위로 평가할 수 있는지는 당사자가 같은지 여부, 일련의 약정에서 최종적인 법률행위의 내용이 특정되어 있거나 특정할 수 있는 방법과 기준이 정해져 있는지 여부, 조건 없이 최종적인 법률행위가 예정되어 있는지 여부 등을 종합하여 판단하여야 한다"는 일반론을 제시하고, 이 사건 제2차 신탁계약과 종전의 일련의 약정은 동일한 법률행위라고 볼 수 없기 때문에 채권자취소권의 피보전채권 등의 요건도 제2차 신탁계약 당시를 기준으로 판단해야 한다고 하였다.

한편 판례는 예외적으로 사해행위 당시에 성립하지 않은 채권도 일정한 요건하에 피보전채권이 될 수 있다고 본다. 사해행위 당시에 이미 채권 성립의 기초가 되는 법률관계가 발생되어 있고, 가까운 장래에 그 법률관계에 기하여 채권이 성립되리라는 점에 대한 고도의 개연성이 있으며, 실제로 가까운 장래에 그 개연성이 현실화되어 채권이 성립된 경우에 그러하다.106) 채무자가 채권자를 해한다는 사해의사로써 채권의 공동담보를 감소시키는 것은 형평과 도덕적 관점에서 허용할 수 없다는 채권자취소권 제도의 취지에 근거한 것이다.107) 또한 이와 같은 경우에도 채권자를 위하여 책임재산을 보전할 필요가 있고, 채무자에게 채권자를 해한다는 점에 대한 인식이 있었다고 볼 수 있기 때문이다.108)

---

106) 대법원 2001. 3. 23. 선고 2000다37821 판결; 대법원 2002. 3. 29. 선고 2001다81870 판결 등.
107) 대법원 2002. 11. 8. 선고 2002다42957 판결.

5.2.2. 사해행위로서의 신탁행위

(1) 사해성의 판단 기준

신탁을 설정하는 것이 사해행위가 되는지를 판단함에 있어서는 일반적인 사해행위 판단의 기준에 의한다. 채무자가 책임재산을 감소시키는 행위를 함으로써 일반채권자를 위한 공동담보의 부족상태를 유발 또는 심화시킨 경우 그 행위가 사해행위에 해당하는지 여부는 행위목적물이 채무자의 전체 책임재산 가운데에서 차지하는 비중, 무자력의 정도, 법률행위의 경제적 목적이 갖는 정당성 및 그 실현수단인 당해 행위의 상당성, 행위의 의무성 또는 상황의 불가피성, 채무자와 수익자간 통모의 유무와 같은 공동담보의 부족 위험에 대한 당사자의 인식의 정도 등 그 행위에 나타난 여러 사정을 종합적으로 고려하여 그 행위를 궁극적으로 일반채권자를 해하는 행위로 볼 수 있는지 여부에 따라서 판단한다.109) 그러므로 채무초과상태에서 신탁을 설정하였다는 사실만으로 곧 사해신탁이 되는 것은 아니다. 그리고 타익신탁은 사해신탁에 해당하고 자익신탁은 사해신탁이 아니라는110) 식으로 신탁 유형별로 사해신탁 여부를 단정해서는 안 되며, 위 기준이 제시하는 것처럼 신탁의 유형과 함께 신탁설정을 전후한 제반 사정들을 함께 고려할 필요가 있다.

(2) 신탁의 유형에 따른 사해성 판단

가. 타익신탁의 경우

채무자가 타익신탁을 설정한 경우에는 신탁재산만큼의 책임재산이 감소하고 수익권도 제3자에게 귀속하는 만큼 사해성 판단에 있어서 수익권의 가치를 별도로 고려할 필요는 없다.

대법원 2010. 8. 19. 선고 2010다31860, 31877 판결에서는 무자력인 채무자가 토지거래허가구역 내에 있는 토지의 자기 소유 지분에 관하여 제3자와 매매계약을 체결하고 아직 토지거래허가를 받지 않은 상태에서 제3자를 소유권취득예정자 겸 우선수익자로 지정하여 신탁회사에 위 토지 지분을 신탁한 데 대하여 채권자가 사해신탁의 취소와 원상회복을 구하는 소를 제기하여 승소 확정판결을 받은 사실이 전제되었다. 이와 같은 타익신탁에서는 채무자가 신탁을 원인으로 그 지분을 이전한 결과 채무자의 소극재산이 적극재산보다 많아

---

108) 대법원 1995. 11. 28. 선고 95다27905 판결.

109) 대법원 2010. 9. 30. 선고 2007다2718 판결.

110) 예컨대 이재욱/이상호, 108면은 자익신탁의 경우 당연히 담보재산이 줄어드는 것이 아니며, 토지신탁의 설정은 부동산의 처분과 달라 위탁자의 재산을 현금화하는 것이 아니고, 위탁자는 수익권에 질권을 설정하여 담보로 활용하고 있으며, 채권자들은 수익권에 강제집행을 하고 있다는 점에서 사해신탁의 성립을 부정한다.

지거나 그 정도가 심화되었는지가 사해성 판단의 기준이 되는 것이다.

나. 자익신탁의 경우

(i) 위탁자가 수익자가 되는 자익신탁의 경우 채무자의 책임재산에서 신탁재산만큼이 감소하지만 동시에 채무자는 수익권을 취득하게 된다. 그러므로 신탁행위의 사해성을 판단함에 있어서는 이러한 수익권도 함께 평가하여야 한다.[111] 그러나 과거 법원은 수익권 자체를 고려하지 않은 채 사해성을 판단하기도 하였다. 대법원 1999. 9. 7. 선고 98다41490 판결은 자익신탁 형태의 토지개발신탁계약에 대하여 채무자가 원고에 대하여 채무를 부담하고 있으면서도 이를 변제하지 않은 채 그의 유일한 재산인 부동산에 관하여 신탁계약을 체결하고 수탁자 명의로 소유권이전등기를 마쳤다는 이유만으로 채권자를 해함을 알고서 한 사해행위라고 보았다.

이와 달리 대법원 2011. 5. 23.자 2009마1176 결정은[112] 채무자가 자신의 전 재산인 부동산에 관하여 신탁을 설정한 것이 사해신탁에 해당할 수 있다고 하면서도 다음과 같은 근거에서 이 사건 신탁계약을 사해행위로 보기 어렵다고 판단하였다. "자금난으로 사업을 계속 추진하기 어려운 상황에 처한 채무자가 자금을 융통하여 사업을 계속 추진하는 것이 채무변제력을 갖게 되는 최선의 방법이라고 생각하고 자금을 융통하기 위한 방편으로 신탁계약의 체결에 이르게 된 경우 이를 사해행위라고 보기 어려울 뿐만 아니라, 신탁계약상 위탁자가 스스로 수익자가 되는 이른바 자익신탁의 경우 신탁재산은 위탁자의 책임재산에서 제외되지만 다른 한편으로 위탁자는 신탁계약에 따른 수익권을 갖게 되어 위탁자의 채권자가 이에 대해 강제집행을 할 수 있고, 이러한 수익권은 채무자가 유일한 재산인 부동산을 매각하여 소비하기 쉬운 금전으로 바꾸는 등의 행위와 달리 일반채권자들의 강제집행을 피

---

111) 이처럼 채무자인 위탁자가 가지는 수익권은 일반채권자에게 공동담보로 제공되는 책임재산에 속하기 때문에 이를 소멸시키는 등의 처분행위도 사해행위가 될 수 있다. 대법원 2016. 11. 25. 선고 2016다20732 판결은 위탁자 겸 수익자인 채무자가 당초 예정된 신탁계약의 종료사유가 발생하기 전에 우선수익자와 수탁자의 동의를 받아 신탁재산을 매도하고 신탁계약 해지에 따른 신탁재산 귀속을 원인으로 자신의 명의로 소유권이전등기를 마친 다음 매수인에게 소유권이전등기를 마쳐주었다면 이러한 일련의 행위로 인하여 위 수익권이 소멸하게 됨으로써 채무자의 소극재산이 적극재산을 초과하게 되거나 채무초과상태가 더 나빠지게 되고 채무자도 그러한 사실을 인식하고 있었다면 매매계약은 사해행위에 해당한다고 하였다. 위 판결에 대한 평석은 최수정, 채무자의 신탁재산의 처분 등 일련의 행위에 대한 사해성 판단 -판례에 대한 비판적 검토를 통하여-, 서강법률논총 제11권 제1호(2022), 422면 이하.

112) 이를 전후한 대법원 2003. 12. 12. 선고 2001다57884 판결과 대법원 2012. 10. 11.자 2010마2066 결정도 동일한 기준을 제시하고 있다.

해 은밀한 방법으로 처분되기 어려우며, 특히 수탁자가 자본시장법에 따라 인가받아 신탁을 영업으로 하는 신탁업자인 경우 공신력 있는 신탁사무의 처리를 기대할 수 있다"는 것이다. 그리고 이때 "위탁자가 사업의 계속을 위하여 자익신탁을 설정한 것이 사해행위에 해당하는지 여부를 판단할 때는 단순히 신탁재산이 위탁자의 책임재산에서 이탈하여 외견상 무자력에 이르게 된다는 측면에만 주목할 것이 아니라, 신탁의 동기와 신탁계약의 내용, 이에 따른 위탁자의 지위, 신탁의 상대방 등을 두루 살펴 신탁의 설정으로 위탁자의 책임재산이나 변제능력에 실질적인 감소가 초래되었는지, 이에 따라 위탁자의 채무면탈이 가능해지거나 수탁자 등 제3자에게 부당한 이익이 귀속되는지, 채권자들의 실효적 강제집행이나 그 밖의 채권 만족의 가능성에 새로운 장애가 생겨났는지 여부를 신중히 검토하여 판단하여야 한다."

（ⅱ) 신탁행위의 사해성을 판단함에 있어서는 채무자가 취득한 수익권을 실제로 어떠한 기준에 의하여 평가할 것인지가 문제된다. 먼저 채무자의 무자력 여부를 판단하기 위한 적극재산을 산정함에 있어서 실질적으로 재산적 가치가 없어 채권의 공동담보로서의 역할을 할 수 없는 재산은 특별한 사정이 없는 한 제외되고, 그 재산이 채권인 경우에는 그것이 용이하게 변제받을 수 있는 확실성이 합리적으로 긍정되는 경우에 한하여 포함된다. 이는 신탁재산에 대한 수익권의 경우에도 다르지 않다.[113)]

그리고 수익권의 평가에 있어서 구체적인 시점과 방법은 대법원 2013. 10. 31. 선고 2012다14449 판결에서 찾을 수 있다. 사해성이 문제된 이 사건 신탁계약 당시 기존 신탁계약에 의한 채무자의 수익권의 가치는 "그때까지 사업을 진행하면서 발생한 비용과 신탁보수, 앞으로 예상되는 비용과 신탁보수, 분양에 따른 수익금, 앞으로 예상되는 추가 수익 등을 산정하여 신탁이 종료되었을 때 예상되는 신탁재산에서 비용과 신탁보수 등을 공제한 금액을 산정한 후 다시 수익한도금액 내에서 우선수익자들에 대한 채무를 공제하고 남은 금액을 이 사건 신탁계약 당시의 현가로 할인하는 방식으로 평가해야 하고, 단순히 이 사건 신탁계약 당시의 이 사건 토지 및 건물의 시가를 기초로 그 가치를 평가할 수는 없다"고 하였다.

그리고 위 판결을 인용한 대법원 2021. 6. 10. 선고 2017다254891 판결은 후순위 수익권의 가치에 대하여 "장차 신탁이 종료되었을 때 예상되는 신탁재산 가액에서 소요비용과 신탁보수 등을 공제하고 거기에서 다시 우선수익자들에 대한 채무를 공제한 후 남은 금

---

113) 대법원 2013. 12. 12. 선고 2012다111401 판결.

액을 사해행위 당시의 현가로 할인하는 방식으로 평가하여야 하고, 단순히 사해행위 당시의 신탁재산의 시가를 기초로 그 가치를 평가해서는" 안 된다는 점을 분명히 하였다.

다. 신탁선언의 경우

위탁자가 신탁선언을 한 경우 신탁재산은 비록 위탁자 명의로 남아 있더라도 위탁자의 고유재산과 구분되는 독립성을 가지기 때문에 위탁자의 채권자는 이에 대하여 강제집행 등을 할 수 없다(제22조). 그러므로 신탁선언에 의한 신탁설정으로 채권의 공동담보에 부족이 생기거나 이미 부족한 상태가 심화되어 채권자의 채권을 만족시킬 수 없게 되었다면, 채권자는 수탁자 또는 수익자를 상대로 사해신탁의 취소를 구할 수 있다. 만약 집행면탈 그 밖의 부정한 목적으로 위탁자가 신탁선언을 하였다면, 채권자는 이해관계인으로서 법원에 신탁의 종료를 청구할 수 있다(제3조 제3항). 그 결과 신탁재산은 위탁자에게 귀속하므로(제101조 제3항) 채권자는 이를 책임재산으로 확보할 수 있다. 이들 구제수단은 별개의 제도로서 상호 배타적인 것이 아니므로 채권자는 각각의 요건이 충족되는 한 선택적으로 행사하여 채무자의 책임재산을 보전할 수 있다.

라. 유언신탁의 경우

유언자는 언제든 유언을 철회할 수 있고 유언은 유언자 사망시에 비로소 효력이 발생하므로 유언에서 신탁을 설정하는 의사표시를 하였더라도 그것만으로 채무자의 책임재산에 변동이 생기지는 않는다. 유언자의 채권자는 여전히 유언자의 재산에 대한 강제집행을 통하여 채권의 만족을 얻을 수 있다. 그 결과 유언자 사망 당시 신탁재산으로 이전될 재산이 남아 있지 않다면 원칙적으로 그 유언은 효력이 없으므로(민법 제1087조 제1항 1문) 유언신탁도 효력이 없다.

판례는 재산처분행위가 정지조건부인 경우 처분행위시를 기준으로 사해성을 판단한다.[114] 유증은 유언자의 사망에 의하여 효력이 발생한다는 점에서 정지조건부 법률행위와 유사하게 볼 수 있고, 유언신탁도 유언에 의한 재산처분행위에 해당하므로 동일하게 취급할 수 있다. 그런데 여타의 정지조건부 법률행위와 달리 유증의 사해성 판단에 있어서는 여러 가지 요소들이 고려되지 않으면 안 된다. 유언을 한 시점에서 유언자가 무자력이어야 할 뿐만 아니라 사해행위의 취소를 구하는 시점에서도 상속인이 무자력이어야 하는데, 상속인

---

114) 대법원 2013. 6. 28. 선고 2013다8564 판결.

이 단순승인을 하거나 단순승인이 의제되는 경우인지 아니면 한정승인을 하였는지, 상속재산의 분리가 있는지 등에 따라서 그 책임재산은 유동적이다. 그래서 채권자가 채무자 사후에 유증의 사해성을 주장하여 제척기간내에 채권자취소권을 행사하는 것은 현실적으로 어렵다. 유증에 대하여 사해성이 문제된 사례를 찾기가 쉽지 않은 것도 그 때문일 것이다. 이는 유언신탁에 대하여 사해신탁취소를 구하는 경우에도 다르지 않다.

5.2.3. 사해의사

채권자취소권의 요건으로 채무자의 사해의사는 채무자의 재산처분행위에 의하여 그 재산이 감소되어 채권의 공동담보에 부족이 생기거나 이미 부족한 상태에 있는 공동담보가 한층 더 부족하게 되어 채권자의 채권을 만족시킬 수 없게 된다는 사실, 즉 채권자를 해함을 안다는 의미이다. 이때 안다는 것은 의도나 의욕을 의미하는 것이 아니라 단순한 인식으로 충분하다. 그리고 이러한 인식은 일반채권자에 대한 관계에서 있으면 충분하고 특정의 채권자를 해한다는 인식이 있어야 하는 것은 아니다.[115] 그러므로 사해신탁취소권에 있어서도 채무자인 위탁자가 신탁설정으로 인하여 채권자를 해하게 된다는 사실을 인식하였다면 주관적 요건을 충족하게 된다.

위탁자의 사해의사를 판단함에 있어서는 사해행위 당시의 사정을 기준으로 할 것이지만, 사해행위라고 주장되는 행위 이후의 위탁자의 변제 노력과 채권자의 태도 등도 사해의사의 유무를 판단함에 있어 다른 사정과 더불어 간접사실로 삼을 수 있다.[116]

한편 제8조 제1항은 사해신탁취소의 상대방으로 수탁자나 수익자를 예정하고 있다. 그러므로 취소의 상대방인 수탁자와 수익자에 대하여도 그 주관적 요건을 각각 판단할 필요가 있다.

---

115) 대법원 1998. 5. 12. 선고 97다57320 판결 등. 그리고 판례는 채무자가 자기의 유일한 재산인 부동산을 매각하여 소비하기 쉬운 금전으로 바꾸는 경우 특별한 사정이 없는 한 사해행위가 되고 채무자의 사해의사는 추정된다고 한다. 대법원 1998. 4. 14. 선고 97다54420 판결; 대법원 2000. 9. 29. 선고 2000다3262 판결.
116) 대법원 2003. 12. 12. 선고 2001다57884 판결; 대법원 2012. 10. 11.자 2010마2066 결정.

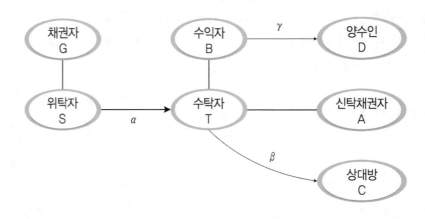

• 그림 6 •   사해신탁의 취소

5.2.4. 수탁자를 피고로 하는 경우

(1) 수탁자의 주관적 요건

일반적인 채권자취소소송에서 채권자(G)는 수익자(T)나 전득자(C)를 상대로 사해행위(α)의 취소를 구하는 소를 제기하여야 하며 채무자(S)는 피고적격이 없다.[117) 채권자취소소송에서 수익자에 해당하는 자가 사해신탁취소소송에서는 수탁자(T)인데, 수탁자가 소유하는 신탁재산으로부터의 이익은 수익자에게 귀속되는 신탁의 구조에 비추어 제8조 제1항은 수익자(B) 또한 피고적격을 인정한다.

민법 제406조 제1항 단서는 수익자가 선의인 때에는 채권자취소권을 인정하지 않지만, 사해신탁취소에 있어서는 제8조 제1항이 수탁자가 선의일지라도 취소권의 행사가 가능함을 명시함으로써 수탁자의 선의·악의를 묻지 않는다. 이는 일반적인 채권자취소권과 비교할 때 그 요건이 완화된 것이라고 설명된다.[118) 수탁자는 신탁재산으로부터 실질적인 수익을 하지 않는 신탁재산의 관리자에 불과하기 때문에 사해신탁의 취소로 인하여 수탁자가 신탁재산을 반환하더라도 수탁자 자신이 직접 손실을 입지는 않는다는 근거에서이다.[119)

---

117) 대법원 1991. 8. 13. 선고 91다13717 판결; 대법원 2004. 8. 30. 선고 2004다21923 판결.

118) 이우재, 개발신탁의 사해행위 판단방법, 대법원판례해설 46호(2004), 555면; 임채웅, 142면.

119) 이중기/이영경, 101면; 이재욱/이상호, 104면. 이러한 근거는 이미 일본에서 일반적으로 제시되고 있는 바이다. 가령 四宮和夫, 148頁 이하는 수탁자가 신탁재산의 명의자이면서 관리자에 지나지 않기 때문에 취소의 효과가 그에게 미치더라도 그 이익을 해하지 않고, 취소의 결과 필요한 한도에서 수익자는 수익권을 상실하지만 수익권의 취득은 무상인 것이 통상적이기 때문에 수익자의 이익을 해하는 일도 적다고 한다.

그러나 이에 대하여는 종래부터 반론이 제기되어왔다. 선의의 수탁자에 대하여도 취소권행사가 가능함으로 해서 신탁법상의 신탁행위의 경우에는 사해행위로서의 취소가 쉽게 인정되어 왔고, 이러한 결과는 구신탁업법상의 신탁회사의 파산에도 한 원인을 제공한 것이라거나,[120] 부동산신탁의 경우에는 수탁자의 지위가 단순한 신탁수수료만 받는 데 그치지 않고 수탁받은 부동산에 건물을 신축하여 분양하는 복잡한 관계가 형성되고, 그로 인하여 수탁자도 수입을 얻는 구조로 되어 있기 때문에 수탁자가 신탁재산으로부터 이익을 얻을 수 없다는 이유만으로 취소권을 인정하는 것은 불합리하다고 한다.[121] 그리고 실무에서 채권자는 위탁자의 사해성만 증명하면 손쉽게 사해신탁취소로 인한 원상회복청구권을 피보전권리로 하여 신탁부동산에 대한 처분금지가처분이나 취소소송을 제기할 수 있어서 수탁자의 지위가 불안정하게 되는 경우가 다수 발생하였으며, 신탁의 운영으로 보수를 얻는 신탁회사는 보수 등 이익의 손실을 볼 뿐만 아니라, 채권자 또는 위탁자에 의한 가장채권자가 사해신탁취소소송 및 처분금지가처분신청을 남발하는 원인이 되었다고 지적한다.[122]

그러나 제8조 제1항은 구신탁법과 마찬가지로 수탁자의 선의·악의와 상관없이 수탁자에 대한 사해신탁의 취소를 인정한다.[123] 수탁자는 신탁의 이익을 향수하는 자가 아니므로 민법 제406조에서 말하는 사해행위로 인하여 '이익을 받은 자'에 해당하지 않고, 따라서 위탁자의 사해행위의 상대방으로서 선의·악의가 문제될 여지가 없기 때문이다.[124] 오히려 그러한 실질을 갖춘 자는 수익자이므로 수익자의 선의·악의가 기준이 되어야 하며, 제8조 제1항 단서도 바로 이러한 점을 명시하고 있다.

(2) 수익자의 주관적 요건

제8조 제1항 본문은 수탁자나 수익자에게 사해신탁의 취소 및 원상회복을 청구할 수 있도록 하지만, 동항 단서는 수익자가 수익권 취득시 선의인 때에는 이를 허용하지 않는다. 구신탁법이 수탁자 및 수익자의 주관적인 요소를 묻지 않고 사해신탁취소권을 인정한 것과 비교되는 중요한 제한규정이다. 하지만 위 규정은 수익자가 선의이면 당해 수익자에 대하

---

120) 이우재, 개발신탁의 사해행위 판단방법, 555면.

121) 이재욱, 부동산신탁 및 부동산뮤츄얼펀드 등의 함정, 법률신문(2000. 8. 10).

122) 오창석, 개정 신탁법이 신탁실무에 미치는 영향, BFL 제39호(2010. 1), 64면.

123) 반면 신탁법개정안 제8조 제1항은 "채무자가 채권자를 해함을 알면서 신탁을 설정한 경우 채권자는 수탁자나 수익자에게 민법 제406조 제1항의 취소 및 원상회복을 청구할 수 있다. 다만 수탁자가 유상으로 신탁을 인수하거나 수익자가 유상으로 수익권을 취득할 당시 채권자를 해함을 알지 못한 경우에는 그러하지 아니하다"고 하여 유상으로 신탁을 인수한 수탁자가 선의인 때에는 사해신탁취소를 인정하지 않았다.

124) 이연갑, 신탁법 개정의 쟁점, 성균관법학 제21권 3호(2009. 12), 604면.

여만 취소권을 행사할 수 없다는 의미인지 아니면 수탁자와 수익자 모두에 대하여 취소권을 행사할 수 없다는 의미인지 그리 명확하지 않다.

가령 일본 신탁법은 우리법과 규정방식을 달리하고 있어서 위와 같은 의문이 제기되지 않는다. 일본 신탁법에서는 위탁자가 채권자를 해함을 알고 신탁을 설정한 경우 수탁자가 채권자를 해한다는 사실을 알았는지 여부와 상관없이 채권자는 수탁자를 피고로 하여 사해신탁의 취소를 법원에 청구할 수 있지만, 현존하는 수익자의 전부 또는 일부가 수익자로 지정된 것을 안 때 또는 수익권을 양수받은 때 채권자를 해한다는 사실을 알지 못한 경우에는 할 수 없다(동법 제11조 제1항). 그리고 위탁자가 그 채권자를 해함을 알고 신탁을 설정한 경우 수익자가 수탁자로부터 신탁재산에 속한 재산의 급부를 받은 때 채권자는 수익자를 피고로 하여 사해신탁의 취소를 법원에 청구할 수 있지만, 당해 수익자가 수익자로 지정된 사실을 안 때 또는 수익권을 양수받은 때 채권자를 해함을 알지 못한 경우에는 할 수 없다(동법 제11조 제4항). 사해신탁의 취소를 수탁자를 상대로 한 경우와 수익자를 상대로 한 경우를 각각 구분하고 수익자 중 1인이라도 선의인 때에는 수탁자에 대한 청구가 허용되지 않음을 분명히 하고 있는 것이다.[125] 그러나 우리법은 제8조 제1항 본문에서 수탁자나 수익자에게 사해신탁의 취소 및 원상회복을 청구할 수 있다고 하면서도 단서에서 수익자가 선의인 때에는 "그러하지 아니하다"고 규정하고 있다. 그래서 선의인 수익자에 대하여만 사해신탁의 취소가 허용되지 않는지 아니면 수탁자에 대하여도 허용되지 않는지 의문이 제기된다.

생각건대 수익자가 선의인 때에는 당해 수익자는 물론 수탁자에 대하여도 사해신탁취소권을 행사할 수 없다고 해야 한다.[126] 이러한 해석은 제8조 제1항의 본문과 단서의 규정방식에 기초한 것이다. 그리고 제8조 제2항이 일부 수익자가 악의인 경우 이들 악의의 수익자만을 상대로 제1항 본문의 취소 및 원상회복을 청구할 수 있다고 정한 것은 일부 수익자가 선의인 때에는 수탁자를 상대로 사해신탁취소를 할 수 없음을 의미한다. 또한 수익자

---

125) 일본의 학설도 비록 수탁자가 악의라도 다수 수익자 중 선의의 수익자가 있는 때에는 취소권을 행사할 수 없다고 해석한다. 寺本昌廣, 逐條解說 新しい信託法, 商事法務, 2007, 58頁 이하. 한편 김태진, 사해신탁취소권에 관한 개정 신탁법의 해석과 재구성, 선진상사법률연구 제59호(2012. 7), 196면 이하는 일본 신탁법이 우리법과 매우 유사하다고 보고 일본에서의 해석론에 비추어 선의의 수익자가 1인이라도 있는 때에는 수탁자에 대해서까지 사해신탁취소청구를 인정하는 것은 바람직하지 않다고 한다. 그러나 사해신탁취소에 관하여 우리법과 일본 신탁법의 규정방식이 다른 만큼 일본에서의 해석론을 직접 근거로 가져오는 것은 적절하지 않다.

126) 양형우, 사해신탁과 부인권의 관계, 민사법학 제61호(2012. 12), 345면도 신탁수익자가 모두 악의인 때 채권자가 수탁자를 상대로 사해신탁의 취소 및 원상회복을 구할 수 있다고 한다.

가 유효하게 수익권을 취득하고 경우에 따라서 수익급부도 받은 상태에서 신탁재산에 관하여 고유한 이익을 가지지 않는 수탁자에 대하여 사해신탁을 취소하고 가액반환의 형태로 원상회복을 명하는 것은 타당하지 않다. 이러한 점은 구신탁법하에서도 비판의 대상이 되었는데, 동일한 내용을 다시금 개정법 규정의 해석으로 가져올 것은 아니다. 그리고 이와 같은 이익상태는 수탁자가 선의인지 아니면 악의인지에 따라서 달라지지 않는다. 만약 수탁자가 보다 적극적으로 위탁자와 사해신탁의 설정을 공모하였거나 이를 교사, 방조하였다면 별도로 그에 대한 불법행위책임을 물을 수 있고, 제8조 제6항이 특칙을 정하고 있다. 그러므로 채권자가 수탁자를 상대로 사해신탁취소권을 행사하기 위하여는 수익자가 1인인 때에는 그 수익자가 그리고 수익자가 다수인 때에는 모든 수익자가 악의여야 한다고 할 것이다.

반면 목적신탁에서는 수익자가 존재하지 않으므로 채권자가 신탁행위의 사해성과 채무자인 위탁자의 사해의사만 증명하면 사해신탁의 취소를 구할 수 있다.

(3) 증명책임 등

사해신탁취소소송에 있어서 주관적 요건의 주장, 증명책임은 제8조 제1항의 규정방식으로부터 그리고 채권자취소권에 관한 법리에 비추어 판단할 수 있다. 위탁자의 악의에 대하여는 그 취소를 주장하는 채권자가 주장, 증명하여야 한다.[127] 다만 위탁자가 유일한 재산을 신탁하면서 아무런 대가 없이 제3자를 수익자로 지정하는 행위는 특별한 사정이 없는 한 채권자에 대하여 사해행위가 된다고 볼 수 있고, 이때 위탁자의 사해의사는 추정된다.[128]

수익자의 선의에 대한 증명책임은 수탁자 또는 수익자에게 있다. 일반적인 채권자취소소송에서는 수익자 및 전득자의 악의가 추정되므로 책임을 면하고자 하는 수익자나 전득자가 자신의 선의를 증명하여야 한다.[129] 이러한 법리는 사해신탁취소소송에서도 다르지 않다고 할 것이다. 그리고 사해행위 당시 수익자가 선의였음을 인정함에 있어서는 객관적이고도 납득할 만한 증거자료 등이 뒷받침되어야 하며, 위탁자의 일방적인 진술이나 제3자의 추측에 불과한 진술만을 기초로 그 사해행위 당시 수익자가 선의였다고 선뜻 단정해서는 안 된다.[130]

---

127) 대법원 1997. 5. 23. 선고 95다51908 판결.
128) 대법원 2001. 4. 24. 선고 2000다41875 판결; 대법원 2005. 10. 14. 선고 2003다60891 판결 등.
129) 대법원 2013. 11. 28. 선고 2013다206986 판결.
130) 대법원 2010. 7. 22. 선고 2009다60466 판결.

수탁자를 상대로 사해신탁취소소송이 제기된 경우 수탁자는 선량한 관리자의 주의의무에 기하여 수익자에게 소송고지(민사소송법 제84조)를 할 필요가 있다. 신탁이 사해신탁으로 취소되고 신탁재산이 원상회복되는 경우 그 신탁재산으로부터 이익을 누리는 수익자는 영향을 받지 않을 수 없기 때문이다.131) 그리고 수익자는 취소소송에 보조참가(민사소송법 제71조)를 함으로써 수익권을 보전하기 위한 적절한 조치를 취할 수 있다.

5.2.5. 수익자를 피고로 하는 경우

(1) 수익자의 주관적 요건

사해신탁취소소송에서 수탁자나 수익자 중 누구를 피고로 할 것인가는 채권자의 선택에 달린 문제이다.132) 하지만 수익자가 수익권 취득시에 채권자를 해함을 알지 못한 경우에는 사해신탁을 취소할 수 없다(제8조 제1항 단서). 수익자가 악의인 때에는 수익자 및(또는) 수탁자를 상대로 사해신탁을 취소할 수 있으며, 악의의 수익자 중 일부만을 상대로 할 수도 있다. 그러나 수익자가 선의인 때에는 당해 수익자는 물론 수탁자에 대하여도 할 수 없다. 다수의 수익자가 있는 경우 선의·악의는 각 수익자별로 판단하며, 모든 수익자가 악의인 때에는 수탁자에 대하여도 사해신탁을 취소할 수 있으나 그렇지 않은 때에는 악의의 수익자에 대하여만 가능하다(제8조 제2항). 무엇보다 선의의 수익자를 보호하고, 수탁자 및 악의의 수익자를 상대로 사해신탁을 취소하는 경우 발생할 수 있는 복잡한 법률관계를 피하기 위함이다.

수익자의 악의는 수익권 취득 당시에 취소를 구하는 신탁행위가 채권자를 해한다는 사실, 즉 사해행위의 객관적 요건을 구비하였다는 것에 대한 인식을 의미한다. 그리고 수익자의 악의를 판단함에 있어서는 수익권 취득시 위탁자와 수탁자 사이의 신탁행위의 사해성을 인식하였는지만 문제되고, 수탁자가 위탁자와의 신탁행위의 사해성을 인식하였는지는 문제되지 않는다.133)

---

131) 이는 판례나 다수의 학설이 사해행위취소의 효력에 대하여 상대적 효력설을 취하는 것과는 별개의 문제이며 신탁의 구조에 기한 특수한 효과이다.

132) 신탁법 개정 과정에서는 수탁자와 수익자 모두를 공동피고로 하는 필요적 공동소송으로 하는 것이 신탁재산을 둘러싼 법률관계를 일괄적으로 처리할 수 있다는 지적이 있었으나, 다수의 수익자가 있는 경우 등에서 채권자에게 과도한 부담이 될 수 있다는 점에서 구신탁법과 마찬가지로 채권자의 선택에 맡겨두었다. 법무부, 87면.

133) 대법원 2012. 8. 17. 선고 2010다87672 판결.

(2) 주관적 요건의 판단 시점

가. 신탁행위 등에 의한 수익권의 취득

수익자의 선의·악의를 판단하는 기준시점은 수익권을 취득하는 때이다(제8조 제1항 단서). 신탁행위로 정한 바에 따라 수익자로 지정된 자는 달리 정한 바가 없는 한 당연히 수익권을 취득하므로(제56조 제1항) 신탁의 효력이 발생한 때를 기준으로 주관적 요건을 판단한다. 그리고 수익자지정권자의 지정권 행사나 수익자변경권자의 변경권 행사에 따라서 수익자로 지정된 자도 당연히 수익권을 취득한다(제56조 제1항). 그러므로 이러한 권한의 행사에 따라 의사표시의 효력이 발생한 때가 주관적 요건을 판단하는 기준시점이 된다. 예컨대 수익자가 현실적으로 수익급부를 받을 당시에는 악의라도 수익권 취득시에 선의였다면 선의의 수익자로 취급된다. 이는 선의의 수익자에 대하여 사해신탁취소를 인정하지 않는 것과 마찬가지로 수익자의 보호라고 하는 관점에서 이해될 수 있다.[134]

그런데 수탁자로부터 수익자로 지정된 사실을 통지받은 때(제56조 제2항) 비로소 수익권 취득 사실을 알게 되는 경우 수익권 취득시에는 선의였더라도 통지시점에서는 악의인 경우가 얼마든지 있을 수 있다. 제8조 제1항 단서는 수익자의 선의·악의를 판단하는 기준시점을 수익권취득시로 명시하고 있기 때문에 위 경우 수익자는 법해석상 선의로 취급될 수밖에 없다.[135] 그러나 이러한 수익자를 악의의 수익자와 법적으로 달리 평가할 이유는 없을 것이다.[136] 수익권취득 사실을 알지 못하므로 신탁행위가 사해행위인지도 알지 못할 것이기 때문에 수익권취득시점이 아니라 수익권취득 사실을 알게 된 시점을 기준으로 하는 것이 타당하다. 그리고 이러한 시간적인 간격에 따른 문제를 해결하기 위하여는 '수익자로 지정된 사실을 안 때'로 보다 명확하게 규정하는 입법적인 조치가 필요하다.

나. 수익권의 양수

수익자가 수익권을 전부 양도한 경우에는(γ) 양수인(D)이 수익자가 되므로 사해신탁취소는 양수인(D)을 피고로 해야 한다. 그리고 주관적 요건인 선의·악의를 판단하는 기준도 수익권 취득시점인 수익권의 양수시가 된다.

그런데 제8조 제1항 단서가 '양수받은 당시'라고 하지 않고 '취득할 당시'라고 정한

---

134) 법무부, 85면.

135) 同旨, 양형우, 사해신탁과 부인권의 관계, 348면.

136) 한민, 사해신탁의 취소와 부인, BFL 제53호(2012. 5), 12면은 수익자로 지정된 때에는 선의였으나 이후 악의인 경우 이러한 수익자를 보호하는 것은 적절하지 않다고 한다.

점, 수익권의 양도 유무에 따라서 사해신탁의 취소 여부가 다르게 되어 위탁자의 채권자에게 불측의 손해를 야기하고 거래안전을 해할 우려가 있는 점을 이유로 수익자의 선의·악의는 신탁상 수익자로 지정됨으로 해서 당연히 수익권을 취득하게 되는 시점이 기준이 되고 양도인의 선의·악의는 양수인에게 승계된다는 견해가 있다.[137]

그러나 수익권은 신탁상 정함뿐만 아니라 수익권의 양도를 통해서도 취득할 수 있으며, 제8조 제1항이 후자를 제외한다고 해석할 근거는 없다. 제8조 제2항도 여러 명의 수익자 중 일부가 수익권을 취득하는 방법이 소위 원시취득인지 아니면 승계취득인지를 구분하지 않는다. 가령 악의의 수익자가 선의의 양수인에게 수익권을 이전한 경우 채권자는 더 이상 사해신탁의 취소를 소구할 수 없다고 할 것이며, 이는 신탁법이 채권자와 선의의 수익자 양자의 이해관계를 교량하여 수익자의 보호를 우선한 결과이다. 만약 양도인의 선의·악의를 양수인이 승계한다면, 애초의 수익자가 선의이고 이후 수익권의 양수인이 악의인 때 채권자는 사해신탁취소를 할 수 없다. 이 경우 악의의 수익자를 보호할 필요도 없을뿐더러 채권자에게도 부당하다. 그리고 양도인의 악의를 양수인이 승계한다면 이는 선의의 양수인을 해하고, 수익권의 양도를 불안하게 만들며, 수익권의 유동성을 해할 우려가 크다. 그러므로 사해신탁취소소송에 있어서 피고가 되는 수익자에는 수익권의 양수인도 포함되며, 수익자의 선의·악의는 수익권 취득시, 즉 양수시점이 기준이 된다고 할 것이다.

(3) 증명책임

수익자의 선의에 대한 증명책임은 당해 수익자에게 있다. 민법 제406조 제1항 2문의 해석상 수익자, 전득자의 악의는 추정되고, 수익자, 전득자가 자신의 선의를 증명할 책임이 있다.[138] 이와 동일한 규정방식을 취하는 제8조 제1항 단서의 해석도 다르지 않다고 할 것이다.

5.2.6. 신탁재산의 제3취득자에 대한 청구

수탁자로부터 신탁재산을 이전받은 제3자(C)와 채권자(G)의 법률관계는 사해신탁의 범위를 넘어서는 것이다. 제8조 제1항은 사해신탁취소소송의 피고로 수탁자와 수익자만을 예정하고 있기 때문이다. 그러므로 수탁자가 신탁재산을 처분한(β) 때에는 채권자는 제3자에

---

137) 양형우, 사해신탁과 부인권의 관계, 353면 이하.
138) 대법원 1991. 2. 12. 선고 90다16276 판결; 대법원 1998. 2. 13. 선고 97다6711 판결; 대법원 2005. 7. 22. 선고 2005다26550 판결; 대법원 2008. 11. 13. 선고 2006다1442 판결 등.

대하여 사해신탁취소권이 아닌 일반적인 채권자취소권만 행사할 수 있다. 즉, 민법 제406조에 따라서 제3자가 신탁재산을 취득할 당시에 채권자를 해함을 안 때 채권자는 전득자인 제3자에 대하여 채권자취소권을 행사하여 사해행위인 신탁행위를 취소하고 원상회복을 구할 수 있다.

이상의 해석론은 수익자가 수익급부로서 수탁자로부터 받은 재산을 제3자에게 처분한 때에도 동일하다. 수익권의 양수인과 달리 제3자는 수익자가 아니기 때문에 사해신탁취소권의 상대방이 될 수 없다. 제3자는 일반적인 채권자취소권에서의 전득자에 지나지 않으므로 민법 제406조가 적용될 수 있을 뿐이다.

5.3. 사해신탁취소권의 행사와 효과
5.3.1. 행사방법 및 범위

제8조 제1항은 채권자가 민법 제406조 제1항의 취소 및 원상회복을 청구할 수 있다고 정함으로써 사해신탁취소권이 채권자취소권의 성질을 가진다는 점, 따라서 권리의 행사에 있어서도 채권자취소권의 법리가 적용된다는 점을 명시하고 있다. 채권자취소권은 재판상으로만 행사할 수 있으므로 사해신탁취소권 또한 재판상으로만 행사가능하다. 그리고 채권자는 자신의 이름으로 권리를 행사하며 채권자취소소송의 원고가 된다.

사해신탁취소권은 채권의 공동담보를 확보하는 것을 목적으로 하므로 그 취소의 범위는 공동담보의 보전에 필요하고 충분한 범위에 한정된다. 따라서 채권자가 사해신탁취소권을 행사할 때 원칙적으로 자신의 채권액을 초과하여 취소권을 행사할 수 없다. 사해신탁취소권은 채무자의 책임재산을 보전함으로써 채권의 만족을 얻기 위함이지만, 원래 유효한 채무자의 처분행위를 취소하는 것이므로 취소의 범위가 제한될 필요가 있다. 그리고 피보전채권액을 초과하여 취소 및 원상회복을 명한다면 애초에 일반 채권자들의 공동담보로 제공되지 않은 부분까지 회복시키는 결과가 되어 불공평하다.139) 그러므로 사해신탁이 가분인 한 그중 채권의 공동담보가 부족하게 되는 부분만을 취소채권자의 채권액을 한도로 취소하면 충분하고 그 행위 전부를 취소할 수는 없다.140) 다만 사해행위의 목적물이 불가분인 경우 또는 다른 채권자가 배당요구를 할 것이 명백한 특별한 사정이 있는 경우에는 채권액을 초과하여 취소권을 행사할 수 있다.141) 이때 채권자의 채권액에는 사해신탁 설정

---

139) 대법원 2001. 12. 11. 선고 2001다64547 판결.
140) 대법원 2010. 8. 19. 선고 2010다36209 판결.
141) 대법원 2010. 5. 27. 선고 2007다40802 판결.

이후 사실심 변론종결시까지 발생한 이자나 지연손해금이 포함된다.[142)

5.3.2. 제척기간

　　채권자취소권의 경우 채권자가 취소원인을 안 날로부터 1년, 법률행위가 있은 날로부터 5년 내에 소를 제기하여야 한다(민법 제406조 제2항). 채권자취소권은 이미 행하여진 채무자의 재산처분행위의 효력을 부인하고 수익자 또는 전득자로부터 그가 취득한 재산을 회수하는 것을 본질적 기능으로 하는 것이어서 제3자에게 미치는 영향이 크기 때문에 채권자의 책임재산보전의 필요성, 채무자의 재산처분의 자유, 거래안전의 보호라는 대립하는 규범원리의 조화를 위하여 시간적인 제한을 둔 것이다.[143)

　　이러한 취지는 사해신탁취소권의 경우에도 다르지 않다. 사해신탁취소권도 민법상 채권자취소권의 일종이고 그 행사에 관한 특별 규정이 없으므로, 민법 제406조 제2항의 제소기간 내에 소가 제기되어야 한다.[144) 그리고 제8조 제1항은 민법 제406조 제1항의 취소 및 원상회복을 청구할 수 있다고 규정하는데, 이 권리는 제척기간의 제한을 받는 권리이므로 사해신탁취소권에도 위 제척기간이 적용되는 것이다. 이때 제척기간의 기산점은 채권자가 취소원인을 안 날이며, 채무자가 채권자를 해함을 알면서 신탁을 설정하였다는 사실을 알게 된 날을 의미한다.[145)

5.3.3. 원상회복

(1) 사해신탁취소의 효과

　　채권자취소권의 성질을 가지는 사해신탁취소권 행사의 효과는 기본적으로 채권자취소권 행사의 효과에 따른다. 다수의 학설과 판례는 사해행위 취소채권자와 수익자, 전득자 그리고 제3자의 이익을 조정하기 위하여 사해행위의 취소에 상대적 효력만을 인정한다.[146) 이에 따르면 사해신탁취소의 경우에도 취소채권자와 취소상대방 사이에서만 신탁이 무효가

---

142) 대법원 2001. 9. 4. 선고 2000다66416 판결; 대법원 2002. 4. 12. 선고 2000다63912 판결; 대법원 2003. 7. 11. 선고 2003다19572 판결 등.

143) 헌재 2006. 11. 30. 선고 2003헌바66 결정.

144) 대법원 1991. 11. 8. 선고 91다14079 판결 및 대법원 2003. 12. 12. 선고 2003다30616 판결은 국세징수법 제30조의 사해행위취소에 대하여 민법 제406조 제2항의 제척기간을 적용하고 있는데, 사해신탁의 경우에도 마찬가지라고 할 것이다.

145) 대법원 1989. 9. 12. 선고 88다카26475 판결; 대법원 2000. 9. 29. 선고 2000다3262 판결; 대법원 2002. 9. 24. 선고 2002다23857 판결 등.

146) 가령 대법원 2009. 6. 11. 선고 2008다7109 판결.

되고, 위탁자 및 취소상대방이 아닌 자에 대한 관계에서는 유효하다. 즉, 수탁자나 수익자가 사해신탁취소에 따른 원상회복의무를 부담한다고 하더라도 이는 취소채권자에 대한 관계에서 생기는 법률효과에 불과하고 채무자인 위탁자와의 사이에서 그 취소로 인한 법률관계가 형성되는 것은 아니며, 그 취소의 효력이 소급하여 채무자의 책임재산으로 회복되는 것도 아니다.[147]

그러나 사해신탁의 취소에 대하여 상대적 효력을 인정하는 경우에도 채권자가 수탁자만을 상대로 하여 사해신탁을 취소한 경우 수익자에 대하여 그 효력이 미치지 않는다고 할 것인지에 대하여는 별도의 검토가 필요하다. 수익자는 취소소송의 당사자가 아니지만 취소된 신탁의 신탁재산으로부터 이익을 향수하는 자이기 때문이다. 구신탁법하에서 학설은 수익자에 대하여도 사해신탁취소가 가능하다고 보는 입장과 수익자에 대한 독립적인 취소권을 인정하지 않는 입장이 나뉘었다. 전자의 경우 사해신탁이 취소된 결과 필요한 한도에서 수익자는 수익권을 잃는다거나,[148] 신탁재산이 반환되어 더 이상의 신탁수익이 창출되지 않고 그 결과 수탁자에 대한 취소의 효력은 수익자에게 직접 미치게 되므로 신탁설정취소의 효력은 수익자에게 절대적이라고 보았다.[149] 후자의 경우에도 수탁자에 대하여 사해신탁이 취소되면 그 효과가 직접 신탁수익자에게 주장되는 것이 아니라 신탁설정의 취소로 인하여 신탁관계가 해소되고 그 해소의 결과가 수익자에게 영향을 미치는 것이라고 해석하였다.[150] 어느 견해에 의하든 수탁자에 대한 사해신탁의 취소로부터 수익자가 영향을 받는다는 점에서는 다르지 않았다.

현행법은 수익자에 대하여도 사해신탁취소소송을 제기할 수 있음을 분명히 하였지만, 수탁자에 대하여 사해신탁이 취소된 경우 수익자의 지위 내지 수익권의 존부에 대하여는 명시하고 있지 않아 동일한 의문이 제기될 수 있다. 그런데 신탁수익자는 일반적인 채권자취소권에서의 전득자에 해당하지 않는다. 수익자는 수탁자와의 거래를 통해 채무자인 위탁자의 재산에 이해관계를 가지게 된 것이 아니라 사해행위에 해당하는 신탁행위(α) 자체로부터 수익권을 취득하기 때문이다. 그리고 취소채권자와 수탁자 사이에서만 사해신탁취소의 효력이 발생한다고 하더라도 수익자는 원상회복된 재산으로부터 이익을 향수할 수 없게 된다. 수탁자는 수익자에 대하여 신탁재산만으로 책임을 지기 때문에(제38조) 원상회복한 범위

147) 대법원 2006. 8. 24. 선고 2004다23110 판결.
148) 최동식, 101면.
149) 이중기, 80면.
150) 임채웅, 150면.

에서는 수익자에 대한 채무와 책임을 면한다. 또한 수익권에서 핵심적인 부분인 수익채권은 그야말로 수탁자에 대한 채권이기 때문에 수익자는 원상회복된 재산에 추급할 수 없다. 따라서 수탁자에 대한 사해신탁의 취소는 수익자 내지 수익권에 영향을 미친다고 하지 않을 수 없으며, 이는 신탁의 특수한 구조에 따른 것으로 상대적 효력설과 상충되는 것은 아니다. 그리고 이 경우 수익자는 모두 악의이므로 수익자에게 부당한 손해를 강요하게 되는 것도 아니다.

(2) 수탁자의 원상회복의무

수탁자에 대한 사해신탁취소 및 원상회복청구가 인용되면 수탁자는 원상회복으로서 신탁재산을 위탁자에게 반환할 의무를 진다. 원상회복의 방법은 원물반환이 원칙이지만, 원물반환이 불가능하거나 현저히 곤란한 경우에는 목적물의 가액 상당을 반환하여야 한다.151) 예컨대 개발신탁에서와 같이 수탁자가 자금을 동원하여 신탁재산에 투입하였다면 원상회복은 경험칙 또는 거래관념에 비추어 그 이행의 실현을 기대할 수 없는 경우에 해당하므로 가액반환에 의한다.152) 그리고 신탁재산을 제3자에게 처분한 때에는 당해 목적물에 갈음하는 처분대가가 신탁재산을 이루므로(제27조), 수탁자는 이를 원상회복으로서 반환하여야 한다.

다만 채권자는 수탁자의 선의 · 악의와 상관없이 수탁자에 대하여 사해신탁취소를 할 수 있으나, 제8조 제3항은 선의의 수탁자를 보호하기 위하여 원상회복의 범위를 제한하고 있다. 따라서 선의의 수탁자는 현존이익 범위 내에서만 원상회복의무를 진다.

(3) 수익자의 원상회복의무

수익자에 대하여 사해신탁이 취소된 경우 수익자는 수익권을 상실하게 되고, 이미 신탁재산으로부터 수익급부를 받았다면 이를 원상회복으로 채무자인 위탁자에게 반환하여야 한다. 다수의 수익자 중 일부 악의의 수익자만을 상대로 한 사해신탁취소에 있어서는 당해 악의의 수익자와 채권자의 관계에서만 신탁이 취소되므로, 다른 선의의 수익자는 유효하게 수익권 및 수익급부를 보유한다.

---

151) 대법원 2006. 12. 7. 선고 2004다54978 판결; 대법원 2007. 7. 12. 선고 2007다18218 판결 등.
152) 임채웅, 144면.

5.3.4. 신탁채권자의 지위

사해신탁취소권은 위탁자의 채권자가 책임재산을 확보하기 위한 것이지만 그로 인하여 신탁과 거래한 선의의 제3자를 해하게 된다면 이에 대한 배려도 필요하다. 그래서 제8조 제4항은 신탁이 취소되어 신탁재산이 원상회복된 경우 위탁자로 하여금 취소된 신탁과 관련하여 수탁자와 거래한 선의의 제3자에 대하여 원상회복된 신탁재산의 한도 내에서 책임을 지도록 한다.

예컨대 신탁을 이용한 자산유동화에 있어서 자산보유자(originator)가 수탁자에게 신탁재산인 유동화자산을 이전하고 취득한 수익권을 투자자에게 매각함으로써 그 매각대금으로 자금을 조달하는 수익권양도형과, 자산보유자가 수탁자에게 신탁재산인 유동화자산을 이전하고 수탁자가 이를 기초자산으로 하여 차입한 자금으로 자산보유자가 취득한 수익권의 일부를 상환하면 자산보유자는 그 상환금으로 자금을 조달하는 자산담보부대출(ABL)형을 비교해볼 수 있다. 양자는 사실상 동일한 구조로 후자에서 신탁채권자는 실질적으로 전자의 수익권 양수인에 해당한다. 그런데 자산보유자의 신탁행위가 사해신탁으로 취소되는 경우 선의의 수익자는 보호되는 반면 선의의 채권자는 전혀 보호되지 않는다면 균형이 맞지 않는 부당한 결과가 된다.153) 그래서 선의의 신탁채권자를 보호하기 위한 방안으로 제8조 제4항은 사해신탁의 취소 및 원상회복에 대한 확정판결이 있는 때 위탁자의 책임을 명시하고 있다.154)

위탁자의 책임은 원상회복된 신탁재산의 가액을 한도로 한다. 신탁이 일부 취소되는 경우에도 동일하다. 신탁채권자는 원칙적으로 신탁재산 및 수탁자의 고유재산을 책임재산으로 파악하는데, 사해신탁의 취소로 책임재산이 감소하는 불측의 손해를 입어서도 안 되지만 위탁자의 고유재산 전부에까지 책임재산이 확대되는 불측의 이익을 누릴 이유도 없기 때문이다. 다만 위탁자가 이미 무자력인 상태에서 사해신탁취소가 이루어지고 원상회복된 신탁재산은 위탁자의 모든 채권자들의 책임재산이 되는 만큼 신탁채권자가 본 규정에 의하여 그 채권을 실현할 것을 기대하기는 사실상 어렵다.

한편 수탁자가 고유재산으로 신탁사무처리 과정에서 발생한 적법한 비용 등을 지출한 경우 수탁자는 신탁재산에 대하여 비용상환청구권을 가진다(제46조). 수탁자의 이러한 채권

---

153) 일본 신탁법 개정과정에서도 동일한 논의가 있었다. 가령 寺本昌廣, 逐條解說 新しい信託法, 59頁 이하.
154) 사해신탁취소의 효과로서 상대적 무효설에 의하면 채무자인 위탁자는 신탁재산을 취득하지 않기 때문에 제8조 제4항에서 정한 위탁자의 책임에 대하여 의문이 제기되는데, 이에 관한 상세는 최수정, 신탁법 개정제안, 법제연구 제54호(2018. 6), 223면 이하.

은 다른 신탁채권에 우선하지만(제48조), 수탁자는 비록 선의일지라도 위탁자가 원상회복된 신탁재산으로 책임을 지는 채권자에는 포함되지 않는다. 제8조 제4항은 위탁자가 책임을 지는 자의 범위를 "수탁자와 거래한" 선의의 제3자로 제한하기 때문이다.155) 그러나 사해신탁취소에 있어서 수탁자와 다른 신탁채권자를 차별할 근거는 없다. 그러므로 입법적으로는 선의의 신탁채권자로 그 범위를 확대하는 것이 타당하다.

5.4. 악의의 수익자에 대한 수익권양도청구권

5.4.1. 의의

제8조 제5항은 채권자가 악의의 수익자에 대하여 수익권을 위탁자에게 양도할 것을 청구할 수 있도록 함으로써 사해신탁취소권에 관한 다른 규정과는 구분되는 권리를 정하고 있다. 유사한 규정을 둔 일본 신탁법의 경우156) 수익권은 신탁설정으로 처분된 재산의 가치가 화체된 것이므로 수익권양도청구권은 실질적으로는 취소권과 동일한 기능을 하며, 민법상의 사해행위취소권이 신탁의 실질에 상응하여 변용된 것이라고 본다.157)

국회에 제출된 신탁법개정안에 의하면158) 수탁자가 유상으로 신탁을 인수하거나 수익자가 유상으로 수익권을 취득할 때 채권자를 해함을 알지 못하였다면 채권자는 누구에 대

---

155) 반면 일본 신탁법 제11조 제2항은 요건을 달리하여 신탁재산책임부담채무라고만 정하고 있고, 동조 제3항은 수탁자가 가지는 비용상환청구권이나 손해배상청구권, 신탁보수에 대하여 이를 금전채권으로 간주함으로써 수탁자도 위탁자에 대하여 원상회복된 신탁재산 범위 내에서 책임을 물을 수 있도록 한다.

156) 일본 신탁법 제11조 제5항도 악의의 수익자에 대한 수익권양도청구권을 명시하여, "위탁자가 그 채권자를 해함을 알고 신탁을 설정한 경우 채권자는 수익자를 피고로 하여 그 수익권을 위탁자에게 양도할 것을 소구할 수 있다. 이 경우 전항 단서의 규정을 준용한다"고 규정한다.

157) 松尾弘, 信託法理における債權者取消權制度の展開－詐害信託取消權と受益者取消權を中心に, 信託法の新展開－その第一步をめざして, 商事法務, 2008, 98頁.

158) 신탁법개정안 제8조(사해신탁) ① 채무자가 채권자를 해함을 알면서 신탁을 설정한 경우 채권자는 수탁자나 수익자에게 민법 제406조 제1항의 취소 및 원상회복을 청구할 수 있다. 다만 수탁자가 유상으로 신탁을 인수하거나 수익자가 유상으로 수익권을 취득할 당시 채권자를 해함을 알지 못한 경우에는 그러하지 아니하다.
　② 신탁이 취소되어 신탁재산이 원상회복된 경우 위탁자는 취소된 신탁과 관련하여 그 신탁의 수탁자와 거래한 선의의 제3자에 대하여 원상회복된 신탁재산의 한도 내에서 책임을 진다.
　③ 선의의 수탁자가 유상으로 신탁을 인수하여 신탁이 취소되지 못한 경우 채권자는 악의의 수익자나 수익권의 무상취득자에게 그가 취득한 수익권 및 그 밖의 이익을 위탁자에게 양도할 것을 청구할 수 있다.
　④ 선의의 수익자가 유상으로 수익권을 취득하여 신탁이 취소되지 못한 경우 채권자는 악의의 수탁자에게 그가 받은 보수 및 그 밖의 이익을 위탁자에게 양도할 것을 청구할 수 있다.
　⑤ 제3항 또는 제4항의 경우 위탁자와 사해신탁의 설정을 공모하거나 위탁자에게 사해신탁의 설정을 교사·방조한 수익자 또는 수탁자는 위탁자와 연대하여 이로 인하여 채권자가 받은 손해를 배상할 책임을 진다.

하여도 사해신탁취소를 할 수 없었다. 그러나 이 경우에도 악의의 수익자에게 이익을 귀속시킬 이유는 없으며 또 위탁자가 사해신탁을 유지하는 수단으로 악용할 우려가 있다. 그래서 채권자로 하여금 악의의 수익자(또는 수익권의 무상취득자)에 대하여 수익권 및 그 밖의 이익을 위탁자에게 양도할 것을 청구할 수 있도록 한 것이다.159) 비록 채권자는 유상·선의의 수탁자 또는 수익자가 존재하는 때 사해신탁을 취소할 수 없지만, 악의의 수익자에 대한 수익권양도청구권을 행사함으로써 책임재산을 확보할 수 있기 때문에 사해신탁을 취소한 것과 같은 이익을 누릴 수 있는 것이다.

그러나 국회심의과정에서 유상·무상의 구분을 포함하여 사해신탁취소의 요건이 애초의 개정안과는 달라졌지만 악의의 수익자에 대한 수익권양도청구권은 그대로 유지되었다. 사실 수익권양도청구권은 사해신탁을 취소할 수 없는 경우 채권자가 이에 갈음하여 책임재산을 확보할 수 있는 수단으로 허여되었으나 현행 제8조의 구조하에서는 그러한 취지를 읽을 수 없다. 오히려 제8조 제1항 및 제2항에 의하면 채권자는 악의의 수익자를 상대로 취소 및 원상회복을 구할 수 있는데 다시 동조 제5항에서 수익권양도청구를 할 수 있어서 사해신탁취소권과 수익권양도청구권의 관계라고 하는 해석상의 문제가 야기된다. 이하에서는 이러한 관점에서 수익권양도청구권의 요건과 행사를 살펴본다.

5.4.2. 요건

제8조의 규정방식 및 그 입법취지에 비추어볼 때 수익권양도청구권은 사해신탁취소가 문제되는 사안에서 채권자에게 특별히 인정되는 권리이다. 그러므로 채권자가 수익권양도청구권을 행사하기 위해서는 이상에서 본 사해신탁취소의 요건이 충족되어야 한다. 즉, 채권자의 피보전채권을 전제로 채무자의 사해행위로서 신탁설정 및 사해의사가 있어야 한다. 그리고 수익권양도청구권의 상대방인 수익자는 수익권을 취득할 당시 채권자를 해함을 알고 있어야 한다.

---

159) 그러므로 수익권양도청구권이 상법상의 개입권 관련 규정(동법 제17조 제2항, 제89조, 제198조, 제269조, 제397조, 제567조)에서 인정되는 양도청구권의 예에 따른 것이라는 설명은(광장신탁법연구회, 83면) 타당하지 않다. 예컨대 상업사용인이 경업금지의무에 위반하여 제3자와 거래한 경우 그 거래 자체는 제3자의 선의, 악의를 불문하고 유효하기 때문에 영업주의 보호를 위하여 의무위반으로 받은 경제적 이익을 박탈하는 개입권이 인정된다(상법 제17조 제2항). 물론 영업주는 의무위반으로 인한 손해배상을 청구할 수 있지만 손해액을 증명하기 어렵기 때문에 이를 대신하는 구제수단이 요구되고, 또 영업주는 이 거래를 자기의 거래로 봄으로써 거래선을 유지할 필요도 있는 것이다. 하지만 사해신탁에서 악의의 수익자에 대한 수익권양도청구권은 의무위반을 전제로 한 이익의 박탈이라고 하는 취지와는 거리가 멀다.

한편 수익권양도청구권을 행사하였으나 이미 수익자가 수익권을 제3자에게 양도한 경우 채권자는 양도인에 대하여 가액배상을 청구할 수 있다는 견해가 있다.160) 그러나 채권자가 가지는 수익권양도청구권은 '수익자'에 대한 권리이며, 이때 수익자는 신탁행위에 의하여 수익자로 지정된 자에 한정되지 않고 수익자지정권자 내지 수익자변경권자에 의하여 수익자로 지정된 자 및 수익권의 양수인을 포함하는 개념이다. 만약 수익권을 전부 양도하였다면 양도인은 더 이상 수익자의 지위를 가지지 않기 때문에 청구의 상대방이 될 수 없다. 그러므로 악의인 양도인에 대하여 일반적인 채권자취소권을 행사하거나 악의의 양수인에 대하여 수익권양도청구권을 행사하는 것과는 별개로 채권자는 악의의 양도인에 대하여 제8조 제5항에 의한 수익권의 양도를 청구할 수 없으며, 따라서 수익권의 양도에 갈음하는 가액배상도 청구할 수 없다고 해야 한다.

5.4.3. 행사
(1) 사해신탁취소와의 관계

채권자는 모든 수익자가 악의인 때 수탁자 및(또는) 수익자에 대하여 그리고 일부 선의의 수익자가 존재하는 때에는 악의의 수익자만을 상대로 사해신탁취소를 할 수 있다. 채권자로서는 통상 수탁자에 대하여 사해신탁을 취소하고 신탁재산의 원상회복을 구할 것이며, 악의의 수익자에 대하여는 사해신탁의 취소 및 이미 수령한 수익급부의 반환을 구하게 될 것이다. 이때 채권자는 사해신탁취소와 더불어 수익권양도청구권도 행사할 수 있는지, 사해신탁취소권과 수익권양도청구권의 관계가 문제된다.

이에 관하여 학설은 일치하지 않는다. 일부 견해는 수익권을 위탁자에게 회복하는 것은 원상회복의 방법일 뿐이므로 사해신탁의 취소가 없이 수익권의 양도만을 청구할 수는 없으며, 사해신탁의 취소를 통하여 경제적 이익을 환수하는 형태가 수익권의 양도를 청구하는 것이라고 한다.161) 그러나 이러한 해석은 애초에 수익권양도청구권을 인정한 취지와는 거리가 멀다. 그리고 수익권양도청구권이 원상회복의 방법에 지나지 않는다면 제8조 제5항 2문이 거듭 민법 제406조 제2항을 준용할 이유가 없다. 무엇보다 수익자를 상대로 사해신탁을 취소하면 그에 상응하여 수익권도 소멸하므로 유효한 신탁과 수익권을 전제로 한 수익권양도청구는 논리적으로 모순이다.

160) 양형우, 사해신탁과 부인권의 관계, 350면; 광장신탁법연구회, 84면.
161) 한상곤, 사해신탁취소권의 행사에 관한 법적 고찰, 경희법학 제49권 제3호(2014), 88면 이하.

　다른 일부 견해는 수익권양도청구권이 신탁법상 인정되는 특별한 청구권이므로 사해신탁취소청구권에 대하여 예비적인 관계가 아니라 선택적으로 또는 병행하여 행사할 수 있다고 한다.[162] 그런데 채권자가 수익자를 상대로 사해신탁을 취소하면 수익권도 소멸하게 되므로 수익자는 양도청구의 대상이 되는 수익권을 더 이상 가지지 않는다. 그러므로 채권자가 수익자에 대하여 사해신탁취소와 병행하여 수익권양도를 청구하는 것은 허용되지 않는다고 해야 한다. 수탁자에 대하여 사해신탁취소를 구하면서 동시에 수익자에 대하여 수익권양도청구권을 행사하는 것도 인정될 수 없다. 수익권의 대상이 되는 신탁재산이 원상회복되는 만큼 책임재산의 확보를 위한 수익권양도청구는 무의미하거나 불필요한 중복에 지나지 않기 때문이다.[163]

　신탁법개정안에서 수익권양도청구권은 선의의 수익자가 개재됨으로 해서 사해신탁취소가 불가능한 때 악의의 수익자가 누리게 되는 신탁재산으로부터의 이익을 박탈하여 채무자에게 귀속시킴으로써 책임재산을 확보하기 위한 대체적인 수단이었다. 그러나 현행법의 해석상 수익권양도청구권은 일정한 경우 채권자가 책임재산을 확보하기 위한 방법으로 인정되는 신탁법상의 특별한 권리로서, 어떠한 권리를 행사할 것인지는 어디까지나 채권자의 선택에 달려있다. 즉, 사해신탁의 요건이 충족되는 경우 채권자는 악의의 수익자에 대하여 사해신탁을 취소하고 이미 급부받은 것을 원상회복하게 하거나, 수익권 자체를 채무자의 책임재산에 포함시킬 수 있는 선택권을 가지는 것이다. 그러면 과연 사해신탁의 취소에 있어서 수익권양도청구권이 어떠한 경우에 행사가능하며 또한 효용이 있는지 그 경우를 나누어 살펴볼 필요가 있다.

5

---

162) 김태진, 사해신탁취소권에 관한 개정 신탁법의 해석과 재구성, 선진상사법률연구 제59호(2012. 7), 203면 이하.

163) 가령 피보전채권의 일부 범위에서 수탁자를 상대로 사해신탁의 취소와 신탁재산 일부의 원상회복을 청구하고 나머지 일부 범위에서 수익자를 상대로 수익권양도를 청구하는 것이 불가능하지는 않더라도, 이러한 경우는 매우 예외적이라고 할 것이며 그 실익이 무엇인지도 의문이다.

[표 1] 사해신탁취소권과 수익권양도청구권의 행사 유형

	청구의 상대방		효과
	수탁자	수익자	
i	사해신탁의 취소	사해신탁의 취소	▷수탁자는 신탁재산을 위탁자에게 원상회복 ▶수익자는 급부받은 신탁수익을 위탁자에게 원상회복
ii	사해신탁의 취소		▷수탁자는 신탁재산을 위탁자에게 원상회복 ▶수익자는 사해신탁취소소송의 피고가 아니지만 신탁재산이 원상회복됨에 따라 더 이상 수익권을 향유할 수 없음
iii		사해신탁의 취소	▶수익자는 급부받은 신탁수익을 위탁자에게 원상회복
iv	사해신탁의 취소	[수익권양도청구]	▷수탁자는 신탁재산을 위탁자에게 원상회복 ▶사해신탁이 취소, 원상회복되므로 수익자는 더 이상 수익권을 향유할 수 없음
v		수익권양도청구	▶수익자는 수익권을 위탁자에게 이전하고 채권자는 이를 책임재산으로 확보
vi		[사해신탁의 취소와 수익권양도청구]	▶사해신탁의 취소와 수익권양도청구는 양립할 수 없음

　첫째, 사해신탁에 기초하여 수익자가 수익급부를 받은 경우 채권자는 수탁자와 수익자를 상대로 사해신탁을 취소함으로써 이들로부터 책임재산을 회복할 수 있다(ⅰ). 만약 수익자가 수익권에 기하여 신탁재산을 모두 이전받았다면 채권자는 수익자에 대하여 취소권을 행사할 것이며, 또 다수의 수익자 중 일부만 악의인 경우에는 악의인 수익자를 상대로 사해신탁을 취소함으로써 수익급부를 원상회복하게 할 수 있다(ⅲ). 후자의 경우 신탁은 선의의 수익자와의 관계에서 여전히 존속하며, 악의의 수익자로부터 원상회복된 재산만이 채무자의 책임재산을 이룬다.

　둘째, 수익자가 아직 수익급부를 받지 않았다면 채권자는 수탁자만을 상대로 사해신탁을 취소하더라도 책임재산의 확보라고 하는 효과를 충분히 얻을 수 있다(ⅱ). 이 경우 신탁재산이 원상회복됨으로써 수익자도 그 신탁재산으로부터의 이익을 더 이상 향유할 수 없기 때문이다. 그리고 채권자는 수익자에 대하여 수익권양도청구권을 행사할 수 있다(ⅴ). 수익급부를 받지 않은 수익자에 대하여 사해신탁이 취소되면 수익자는 수익권을 상실하게 될 뿐이지만, 가령 신탁사업이 수익성이 있는 경우 채권자는 수익권양도청구권을 행사함으로써 당해 수익권을 책임재산으로 확보하는 것이 유용하다. 그러나 수탁자에 대하여 사해신탁을 취소하면서 동시에 수익자에 대하여 수익권양도청구를 할 수는 없으며(iv), 수익자에 대하여 사해신탁취소권과 수익권양도청구권을 함께 행사하는 것 또한 논리적으로 불가능하다(vi). 다만 다수의 악의의 수익자 중 일부에 대하여는 사해신탁취소권을 그리고 다른 일부에 대하여는 수익권양도청구권을 각각 행사할 수 있다. 이 경우 수익급부와 수익권이 채무자의 일반재산으로 회복되어 총채권자를 위한 공동담보가 된다.

(2) 행사방법

사해신탁취소권에 관하여는 제8조 제1항 본문이 민법 제406조 제1항을 준용함으로써 재판상 행사할 것을 명시하고 있으나, 수익권양도청구권에 관하여는 제8조 제5항 1문이 단순히 "양도할 것을 청구할 수 있다"고만 정하고 있다. 그리고 제8조 제5항 2문이 민법 제406조 제2항을 준용하고 있어서 수익권양도청구권도 제척기간 내에 소로써 행사해야 하는지가 문제된다.[164]

일부 견해는 법문상 반드시 소송에 의하여야 한다는 제한이 없으므로 소송 이외의 방법으로도 행사할 수 있다고 한다.[165] 그리고 수익권양도청구권이 원상회복의 방법에 지나지 않는다고 보는 견해는 당연히 사해신탁취소의 방법에 의하여야 한다고 본다.[166]

애초에 신탁법개정안 제8조 제3항은 사해신탁을 취소할 수 없는 경우 "채권자는 악의의 수익자나 수익권의 무상취득자에게 그가 취득한 수익권 및 그 밖의 이익을 위탁자에게 양도할 것을 청구할 수 있다"고 하여 이를 재판상 청구할 것을 명시하지 않았으며, 또한 제척기간에 관한 정함도 없었다. 그래서 수익권양도청구권은 일반적인 청구권의 하나로서 재판 외에서도 행사할 수 있다는 해석이 가능하였다. 그러나 사해신탁이라고 하는 동일한 요건하에서 사해신탁취소권과 선택적인 관계에 있는 수익권양도청구권에 대하여만 그 행사방법을 달리 해야 할 근거는 보이지 않는다. 물론 여러 구제수단에 대하여 각각의 행사방법을 달리 정할 수 있으며, 이는 어디까지나 입법적 판단의 문제이다. 그러나 제8조 제5항의 취지나 규정방식으로부터 이 규정이 특별히 수익권양도청구권에 대하여는 재판 외의 행사도 허용함으로써 채권자가 용이하게 권리를 행사할 수 있도록 한 것이라고 해석하기는 어렵다.

더욱이 수익권양도청구권은 채권자가 단순히 수익자에게 수익권을 이전할 것을 청구하

---

164) 이는 일본 신탁법 제11조 제5항이 "채권자는 수익자를 피고로 하여 그 수익권을 위탁자에게 양도할 것을 소구할 수 있"도록 한 것과도 차이가 있다.

165) 김태진, 사해신탁취소권에 관한 개정 신탁법의 해석과 재구성, 205면.

166) 한상곤, 사해신탁취소권의 행사에 관한 법적 고찰, 90면.

고 수익자는 이에 상응하여 채무를 부담하는 데 그치는 것이 아니라, 권리의 행사에 따라서 수익권이 위탁자에게 이전되도록 하는 권리, 즉 형성권의 성질을 가진다고 해야 한다. 그것이 채권자로 하여금 책임재산을 확보할 수 있도록 수익권양도청구권을 인정한 취지에 보다 부합하기 때문이다. 그리고 수익권양도청구권의 행사에 따라서 수익자가 유효하게 취득한 수익권이 위탁자에게 이전되는 효과는 사해신탁취소권의 행사에 따라 유효하게 성립한 신탁이 취소되는 것과 다르지 않다. 그렇다면 사해신탁취소권과 마찬가지로 수익권양도청구권도 재판상 행사하도록 함으로써 법원이 그 요건의 충족 여부를 신중하게 판단할 필요가 있다. 또한 법률관계의 조속한 안정을 위하여 특히 단기의 권리행사기간을 정할 필요가 있는데, 제8조 제5항 2문은 민법 제406조 제2항을 준용한다. 동 규정은 제소기간을 정하고 있는바, 수익권양도청구권을 재판상 행사해야 함은 더욱 분명해진다.[167] 즉, 채권자는 채무자가 채권자를 해함을 알면서 신탁을 설정하였다는 사실을 알게 된 날부터 1년, 신탁을 설정한 날부터 5년 내에 수익자에 대하여 수익권의 양도를 소구해야 한다.

(3) 입법적인 해결의 필요성

이상은 신탁법이 국회심의과정에서 원래의 개정안과는 다른 내용을 가지게 됨으로써 발생하는 문제를 해결하기 위한 해석상의 시도에 지나지 않는다. 그러나 여전히 다른 해석이 제시될 여지가 있으며, 이는 사해신탁의 처리와 관련하여 어려운 문제를 야기하게 될 것이다. 수익권양도청구권은 사해신탁이 문제된 사안에서 채권자에게 유용한 구제수단이 될 수 있음은 위에서 살펴본 바와 같다. 그렇다면 이러한 제도를 적극 활용할 수 있도록 하기 위해서도 법률상의 불확실성은 입법적으로 해결되지 않으면 안 된다. 이를 위해서는 사해신탁취소권과 수익권양도청구권의 관계를 분명히 하고 그 행사방식을 명시할 필요가 있다.

---

[167] 만약 수익권양도청구권을 재판 외에서도 행사할 수 있도록 하는 취지라면, 민법 제406조 제2항을 준용하지 않고 일반적인 형성권의 제척기간에 의하거나 아니면 제척기간을 직접 규정하는 형식을 취하였을 것이다.

III. 법정신탁

1. 의의

신탁은 신탁을 설정하고자 하는 당사자의 의사표시에 의하는 것이 일반적이지만 법률규정에 의하여도 발생한다. 제101조 제4항은 신탁종료시 신탁재산이 수익자, 귀속권리자 등에게 이전될 때까지 신탁이 존속하는 것으로 간주하고, 제132조 제2항은 유한책임신탁의 청산에 있어서 청산완료시까지 그 목적범위 내에서 신탁이 존속하는 것으로 간주하는바, 법정신탁을 명시하고 있다.

영미에서는 법률 또는 법원에 의하여 인정된 신탁으로 복귀신탁(resulting trust)과 의제신탁(constructive trust) 두 가지 유형을 든다.[168] 복귀신탁은 위탁자의 의사에 의한 경우와 달리 특정한 상황에서 형평법의 요청에 따라 발생하는 신탁으로, 별도의 형식이 요구되지 않으며 위탁자가 또한 수익자가 되는 데 특징이 있고, 신탁재산에 대하여 보통법상의 권원을 가졌던 이전 소유자에게 그 신탁재산에 대한 형평법상의 권원을 되돌리는 기능을 한다.[169] 복귀신탁은 대체적으로 신탁이 실효한 경우 그리고 증여의 경우에 발생하는데, 복귀신탁을 둘러싼 이론적인 논쟁은 현재도 계속되고 있다.[170] 우리법의 관점에서는 법정신탁이 신탁종료후 귀속권리자 등에게 신탁재산의 귀속을 확보한다는 점에서 복귀신탁과 유사한 기능을 하지만, 양자가 동일한 개념은 아니다.

2. 법정신탁의 발생

2.1. 신탁종료시의 법정신탁

신탁이 종료하는 경우 수탁자가 소유한 신탁재산은 신탁행위 또는 신탁법의 정함에 따라서 수익자, 귀속권리자 등에게 귀속한다. 그런데 신탁기간의 만료 등 신탁의 종료사유가 발생하더라도 수탁자가 귀속권리자에게 부동산의 소유권이전등기와 같은 잔여재산을 이전할 의무를 부담하게 될 뿐이고, 당연히 잔여재산이 귀속권리자에게 이전되는 것은 아니

---

168) 개념의 구분에 관하여는 제3장 I. 2. 참조.

169) Haley/McMurty, p.285.

170) 가령 Swadling, Explaining Resulting Trusts, 124 L.Q.R. 72(2008); Mitchell(ed.), Constructive and Resulting Trusts, Oxford: Hart, 2010.

다.171) 만약 신탁의 종료사유 발생으로 모든 신탁관계는 해소되고 그때부터 귀속권리자는 단순히 수탁자에 대한 채권만을 가진다고 한다면, 귀속권리자는 수탁자의 채권자에 의한 강제집행이나 수탁자의 파산 등에 있어서 보호를 받지 못하게 된다. 그래서 신탁법은 신탁 종료에도 불구하고 신탁관계를 의제하여 귀속권리자에게 수익자의 지위를 수여함으로써 이를 보호하고, 수탁자로 하여금 신탁사무로서 그 업무를 마무리 짓도록 하는 것이다.

이러한 취지는 수탁자가 신탁재산에 속하는 채무에 대하여 신탁재산만으로 책임을 지는 유한책임신탁이 종료하는 경우에도 다르지 않다. 유한책임신탁은 청산절차를 거쳐야 하는데(제132조 제1항), 청산완료시까지 법정신탁이 존속하는 것이다(제132조 제2항).

판례도 법정신탁의 취지 및 그 법률관계를 명확하게 설시하고 있다. 대법원 2002. 3. 26. 선고 2000다25989 판결은 신탁이 종료한 경우 신탁재산이 귀속권리자에게 이전할 때까지 신탁의 존속을 간주하는 규정은 "신탁이 종료하여도 그 잔여재산을 귀속권리자에게 완전히 이전시킬 때까지 상당한 시일이 걸리므로, 귀속권리자의 권리를 보호하고 신탁의 나머지 업무를 마치도록 하기 위한 것에 불과하고, 특히 귀속권리자가 위탁자 또는 그 상속인일 때에는 수탁자는 위탁자 또는 그 상속인이나 이들이 지시하는 자에게 남은 재산을 이전하거나 대항요건 등을 갖추도록 하는 직무권한만 갖는다 할 것이므로, 위 법조항에서 존속하는 것으로 간주되는 신탁은 그 목적에 한정하는 법정신탁이라 할 것이고, 따라서 그 신탁목적 달성에 필요한 비용만 그 법정신탁 기간 중의 비용으로 귀속권리자가 상환하여야 한다"는 근거에서, 원래의 신탁기간 중에 발생한 비용의 대출이자 등 금융비용은 법정신탁의 목적 달성에 필요한 비용이라고 볼 수는 없기 때문에 귀속권리자에게 상환의무가 없다고 하였다.

대법원 2014. 1. 16. 선고 2012다101626 판결도 신탁이 종료한 후 귀속권리자의 신탁재산반환청구권의 소멸시효가 문제된 사안에서 위와 동일한 취지를 반복하였다. 그러면서 "법정신탁은 어디까지나 신탁관계의 종료를 전제로 하는 것이므로 법정신탁관계가 존속한다고 하여 원래의 신탁관계가 종료되지 않는 것으로 볼 수는 없다. 또한 귀속권리자를 위하여 신탁재산을 관리하고 이전하는 것을 목적으로 하는 법정신탁관계의 존재가 귀속권리자의 수탁자에 대한 권리행사에 장애가 될 수도 없다. 따라서 귀속권리자는 특별한 사정이 없는 한 신탁이 종료하면 바로 수탁자에 대해 신탁행위의 내용에 따라 잔여 신탁재산을 반환할 것을 청구할 수 있다고 할 것이므로, 귀속권리자의 신탁재산반환청구권은 특별한 사정

---

171) 대법원 1991. 8. 13. 선고 91다12608 판결; 대법원 2012. 7. 12. 선고 2010다1272 판결.

이 없는 한 원래의 신탁이 종료한 때로부터 이를 10년간 행사하지 아니하면 시효로 소멸한다"고 보아 귀속권리자의 신탁재산에 대한 소유권이전등기청구를 받아들이지 않았다.

2.2. 그 밖의 경우

수익자의 불확정성을 이유로 신탁이 무효가 되는 경우 영미에서는 위탁자가 달리 정한 바가 없는 한 위탁자의 상속인을 위한 복귀신탁이 설정된 것으로 보는 것이 일반적이다.[172] 우리법의 해석에서도 수익자의 지정이 없는 경우 위탁자의 상속인을 수익자로 추정하여 신탁의 성립을 인정하는 견해가 있다.[173] 그러나 신탁이 존속하던 중 종료사유가 발생한 경우와 애초에 신탁이 무효인 경우는 구분하여야 한다. 전자의 경우에는 신탁의 종료에 따른 법률관계의 처리를 위하여 법정신탁이 인정될 필요가 있지만, 후자의 경우에는 신탁 자체가 발생하지 않았기 때문에 무효인 법률행위의 효과로 새삼 신탁을 인정할 이유는 없으며 부당이득법과 같은 일반법리에 따라서 해결하면 충분하다. 신탁법은 영미에서의 복귀신탁이나 의제신탁의 유형을 알지 못하고, 다른 법률이 신탁을 인정하는 등의 명시적인 근거가 없는 한 해석만으로 법정신탁을 인정하기는 어렵다. 신탁이 무효이지만 위탁자가 사망하였다면 상속재산이 상속인에게 당연, 포괄승계되는 우리법하에서는 오히려 신탁의 성립을 부정하는 것이 상속인의 보호에도 부합한다. 수익자 요건이 결여되었음에도 불구하고 상속인을 수익자로 하는 신탁을 굳이 유지할 근거나 필요는 없다. 신탁의 성립을 부정하고 상속인에게 상속재산을 종국적으로 귀속시키는 것이 법률관계를 간명하게 하는 것이며, 이것이 위탁자의 의사에도 합치한다.[174]

3. 법정신탁의 법률관계

신탁종료시에 법정신탁이 발생하더라도 이는 법률행위에 의하여 설정되는 신탁과는 차이가 있다. 법정신탁을 인정하는 취지에 비추어 볼 때 그 법률관계는 수탁자가 신탁재산을 귀속권리자 등에게 이전하고 잔존 사무를 마치는 범위에 한정될 수밖에 없기 때문이다. 법정신탁의 구체적인 법률관계는 신탁의 종료와 관련하여(제9장) 살펴본다.

---

172) Hayton, p.17; Dukeminer/Johanson/Lindgren/Sitkoff, p.511.

173) 홍유석, 83면 이하.

174) 최수정, 상속수단으로서의 신탁, 580면.

제6장
신탁재산

I. 신탁재산의 의의

1. 신탁관계의 중심으로서 신탁재산

신탁은 수탁자가 보유하는 신탁재산에 관한 법률관계라고 할 수 있다.[1] 모든 신탁에 있어서 위탁자는 수탁자에게 특정의 재산을 이전하거나 기타 처분을 하게 되고(제2조), 이 재산은 신탁관계의 중심이 된다. 하지만 신탁재산 자체가 법인과 같은 법인격을 가지지 않고 수탁자가 소유하는 형태가 되기 때문에, 신탁재산을 위탁자나 수탁자가 소유하는 재산과 구분하고 신탁의 법률효과를 신탁재산에 귀속시키기 위한 법적 장치들이 필요하게 된다. 그리고 이러한 다양한 장치들은 다른 법제도와 신탁을 구분하는 중요한 징표가 된다.

신탁재산은 위탁자가 처분하는 하나 또는 다수의 재산을 포함하는데, 신탁법은 특별히 목적재산으로서의 신탁재산(trust fund)과 신탁재산에 속한 개별 재산(property)을 구분하지 않는다. 그리고 개별 신탁재산의 종류에 대하여도 특별한 제한을 두고 있지 않다. 따라서 아래에서 살펴볼 신탁재산 적격이 인정되는 한, 즉 확정가능하고 양도가능한 재산이라면 그 내용에 제한 없이 신탁재산이 될 수 있다. 다만 수탁자가 신탁업자인 경우 수탁할 수 있는 신탁재산은 금전, 증권, 금전채권, 동산, 부동산, 지상권, 전세권, 부동산임차권, 부동산 소유권 이전등기청구권, 그 밖의 부동산 관련 권리 및 무체재산권으로 한정된다(자본시장법 제103조 제1항).[2]

---

[1] Scott/Fratcher, Vol. I, p.52.

[2] 신탁업자는 하나의 신탁계약에 의하여 위 재산 중 둘 이상의 재산을 종합하여 수탁할 수 있으며(자본시장법 제103조 제2항), 부동산개발사업을 목적으로 신탁계약을 체결한 경우에는 신탁계약에 의한 부동산개발사업별로 위의 각 재산을 대통령령으로 정하는 사업비의 15% 이내에서 수탁할 수 있다(자본시장법 제103조 제4항).

2. 제2조의 규정방식

2.1. 제2조의 취지

구신탁법 제1조는 신탁재산을 "특정의 재산권"으로 규정하였기 때문에 적극재산 외에 소극재산도 이에 포함되는지가 분명하지 않았다. 다수의 견해는 단순히 '재산'이라고 정한 경우와 달리 '재산권'은 경제적·금전적 가치가 있는 사법상의 권리로서 일반적으로 적극재산만을 의미하는 것으로 보았다.[3] 반면 일부 견해는 입법기술상의 착오에 의한 것이라는 근거에서 소극재산도 포함된다고 해석하였다.[4]

그런데 입법기술적인 문제점을 지적할 수는 있지만 문언이 가지는 의미를 위 규정에서만 달리 이해하는 것은 해석론의 한계를 넘는다. 구신탁법의 해석상 위탁자는 적극재산만 신탁할 수 있다고 해석할 수밖에 없었고, 그래서 위탁자가 적극재산과 소극재산에 대하여 함께 신탁을 설정하거나 상속재산의 일정 비율에 대하여 유언신탁을 설정한 경우 신탁의 효력에 관한 논의가 필요하였던 것이다.[5] 그리고 구신탁법에 대한 위 다수견해에 의하더라도 신탁설정 후에 채무인수에 관한 일반법리에 따라서 수탁자가 위탁자의 채무를 인수하는 것은 가능하다. 그렇다면 설정시에 굳이 이를 금지해야 할 합리적인 근거는 없다. 그리고 영업의 신탁과 같이 적극재산과 소극재산을 포함하는 일체의 재산을 신탁할 필요성도 있다.[6] 그래서 제2조는 "특정의 재산"으로 명시하고, 여기에는 영업도 포함됨을 분명히 하고 있다.

6

2.2. 소극재산의 신탁

2.2.1. 신탁계약의 경우

소극재산에 대하여 신탁을 설정하는 경우 위탁자와 수탁자 사이에는 채무인수에 대한 합의가 있게 된다. 그런데 채무인수는 면책적 채무인수와 중첩적 채무인수로 나뉘므로, 수탁자의 채무인수로 인하여 위탁자가 채무를 면하는지 아니면 양자가 중첩적으로 채무를 부담하는지가 문제된다. 일반적으로 채무인수가 면책적인지 아니면 중첩적인지는 계약의 해석에 의한다. 일부 견해는 당사자의 의사가 분명하지 않다면 중첩적 채무인수로 보고, 특히

---

3) 일본 구신탁법에서의 해석론도 일반적으로 적극재산만을 의미하는 것으로 보았으며, 우리 학설도 다르지 않았다. 예컨대 홍유석, 79면; 이재욱/이상호, 74면.

4) 이중기, 101면.

5) 최수정, 상속수단으로서의 신탁, 민사법학 제34호(2006), 576면 이하.

6) 최수정, 상속수단으로서의 신탁, 577면.

신탁계약시 명시적인 채권자의 승낙이 없다면 중첩적 채무인수로 판단해야 한다고 한다.[7]

그러나 중첩적 채무인수의 경우 위탁자는 채무를 면하지 못하고, 위탁자와 수탁자가 동일한 내용의 채무를 부담하면서 채권자의 채무를 담보하게 된다. 그 법적 성질은 의무부담행위에 지나지 않으며 면책적 채무인수와 같은 처분행위가 아니다.[8] 제2조는 "특정의 재산을 이전하거나 담보권의 설정 또는 그 밖의 처분을" 요건으로 하기 때문에 소극재산에 대한 신탁에 있어서도 처분행위가 필요하다. 따라서 단순히 기존의 채무관계에 수탁자가 가입하는 중첩적 채무인수를 소극재산의 신탁으로 보기는 어려운 만큼 일반적으로 신탁설정으로서의 채무인수는 면책적 채무인수라고 할 것이다.

그런데 면책적 채무인수의 경우 신탁계약 외에 채무인수에 대한 채권자의 승낙이 그 효력요건이 된다(민법 제454조 제1항). 그러므로 위탁자나 수탁자는 상당한 기간을 정하여 채권자에게 승낙 여부의 확답을 최고하여야 하며, 채권자가 그 기간 내에 확답을 발송하지 않은 때에는 거절한 것으로 간주된다(동법 제455조). 하지만 채권자가 승낙하면 원칙적으로 채무를 인수한 때에 소급하여 그 효력이 생긴다(동법 제457조).

채무를 인수한 수탁자는 원칙적으로 신탁재산 및 고유재산으로 책임을 진다. 신탁재산에 속한 채무에 대하여 수탁자는 고유재산으로도 책임을 지며, 채권자가 채무인수를 승낙할 때 신탁재산은 물론 수탁자의 신용이나 일반재산도 고려하였을 것이라는 점에 비추어 볼 때에도 그러하다.

2.2.2. 유언신탁의 경우

위탁자가 자기 재산의 일정 비율에 대하여 유언신탁을 설정하였다면 이는 포괄유증에 해당한다. 따라서 수탁자는 포괄적 수증자로서 상속인과 동일한 권리를 가지고 의무를 부담하게 된다(민법 제1078조). 수탁자는 일단 다른 상속인 및 포괄적 수증자와 상속재산을 공유한다. 이후 상속재산분할을 통하여 비로소 특정의 적극재산 및 소극재산을 승계하는데, 바로 이것이 신탁재산이 된다.

2.3. 영업의 신탁

2.3.1. 영업의 의의와 영업신탁의 가능성

상법상 영업양도에 있어서 판례는 영업의 개념에 대하여 "일정한 영업 목적에 의해 조

---

7) 광장신탁법연구회, 15면.
8) 지원림, 1305면.

직화된 유기적 일체로서의 기능적 재산을 뜻하는바, 여기서 말하는 유기적 일체로서의 기능적 재산이란 영업을 구성하는 유형·무형의 재산과 경제적 가치를 갖는 사실관계가 서로 유기적으로 결합하여 수익의 원천으로 기능한다는 것과 이와 같이 유기적으로 결합한 수익의 원천으로서의 기능적 재산이 마치 하나의 재화와 같이 거래의 객체가 된다는 것을" 의미한다고 한다.[9]

영업신탁에 있어서의 영업도 동일한 의미로 이해할 수 있다. 적극재산과 소극재산을 포괄하는 영업 자체는 구신탁법의 해석상 신탁할 수 없었으나,[10] 제2조는 신탁재산에 소극재산도 포함된다는 취지를 정하면서 영업의 신탁도 가능함을 명기하였다. 그러므로 영업 자체를 신탁재산으로 하는 신탁을 설정할 수 있다는 점에는 더 이상 의문이 없으며, 이를 어떻게 활용할 것인가의 문제만 남게 된다.[11] 다만 자본시장법상 신탁업자가 수탁받을 수 있는 신탁재산에 영업이 포함되어 있지 않기 때문에(동법 제103조 제1항) 신탁업자에 의한 영업신탁의 인수는 현재 허용되지 않는다. 그러나 영업신탁은 수익률이 높은 사업부문을 신탁으로 분리하여 이를 기반으로 자금을 조달하고, 신탁의 도산격리기능을 이용하여 다른 사업과 위험을 분리할 수 있으며, 다양한 형태의 수익권을 설계하는 등의 용도로 활용될 것이 기대되는 만큼[12] 향후 입법적인 조치가 요구된다.

2.3.2. 영업신탁과 사업신탁

학설은 영업신탁과 별도로 사업신탁이라는 용어를 사용하기도 한다.[13] 이는 미국에서의 business trust를 옮긴 것으로, 우리법상의 영업신탁과 개념상 어떠한 차이가 있는지는 분명하지 않다. 일본에서도 신탁법 자체는 사업신탁이라는 용어를 사용하고 있지 않으나 법개정을 통하여 사업신탁을 가능하게 하고자 한 입법자의 의사는 분명히 드러난다.[14] 여

---

9) 대법원 1997. 11. 25. 선고 97다35085 판결.

10) 가령 이재욱/이상호, 75면.

11) 일본 신탁법 개정과정에서는 사업신탁의 활용방법으로 5가지 유형이 언급되었는데, 이는 우리법에서도 참고가 될 것이다. 첫째, 높은 수익이 예상되는 회사의 특정 부분을 신탁에 의하여 분리하고 이를 담보로 자금을 조달하는 경우, 둘째, 위험부담이 큰 신규 사업을 시작할 때 도산격리 등의 목적으로 신탁선언을 활용하는 경우, 셋째, 크레디트·리스회사가 크레디트채권을 신탁선언을 통하여 자금조달을 하는 경우, 넷째, 채권추심업자가 회수금을 신탁선언을 통하여 도산위험으로부터 격리하는 경우, 다섯째, 지적재산신탁, 특허권 등 제조·판매사업 일체를 신탁하여 유동화 자금조달 등을 추진하는 경우이다. 안성포, 사업신탁의 도입을 위한 입법론적 검토, 인권과 정의 398호(2009. 10), 121면.

12) 이중기/이영경, 34면.

13) 오창석, 개정 신탁법이 신탁실무에 미치는 영향, BFL 39호(2010. 1), 81면 이하; 김태진, 기업형태로서의 신탁: 사업신탁, 수익증권발행신탁 및 유한책임신탁을 중심으로, 법학논총 31집 2호(2011. 8), 120면 이하; 안성포, 사업신탁의 도입을 위한 입법론적 검토, 112면 이하.

기서 사업은 일본 회사법 제467조에서 정하는 사업양도에서의 사업과 동일한 의미이며, 회사법 시행 이전 일본 구상법 제245조의 영업양도에서의 영업과 동일한 개념이라고 한다.[15]

사실 사전적인 의미에서 사업은 어떤 일을 일정한 목적과 계획을 가지고 지속적으로 경영하는 것이고 영업은 영리를 목적으로 하는 사업이라는 점에서 보면, 전자가 좀 더 포괄적이라고 할 수 있다. 그런데 영업 자체를 신탁재산으로 하여 당해 사업의 운용에 중점을 두고 수탁자가 신탁이라고 하는 유연한 구조를 이용하여 사업을 재편하는 경우 또는 신탁의 자산분리기능을 활용하여 특정 사업분야를 분리해 그 사업의 가치에 기한 자금조달을 도모하는 경우와 같이,[16] 사업신탁에 대한 수요 내지 활용이라고 하는 관점에서는 영업신탁이 중심이 된다. 사업신탁 내지 영업신탁은 회사에 갈음하여 신탁이 가지는 장점들을 이용한 기업조직형태라고 할 수 있다. 그렇다면 굳이 양자를 별도로 정의하여 구분사용하지 않는 한 동일하게 이해하여도 무방할 것이다. 다만 신탁법이 영업신탁이라는 용어를 사용하고 있는 만큼 영업신탁으로 부르는 것이 바람직하다.

2.4. 저작재산권 일부의 신탁

2.4.1. 재산 일부에 대한 신탁

제2조는 신탁재산에 대하여 "특정의 재산"이라고만 규정하고 그것이 재산의 일부인지 혹은 전부인지를 묻지 않는다. 그리고 재산의 소유, 관리 및 수익을 분리하고 다각적으로 설계할 수 있는 신탁의 구조에 비추어 볼 때 신탁목적의 달성을 위하여 일부 재산을 신탁하는 것도 충분히 가능하며 또한 필요할 수 있다. 예컨대 위탁자가 소유하는 부동산의 일정 지분을 이전하거나 금전채권의 일부를 양도하는 경우 수탁자가 부동산의 공유지분 또는 당해 금전채권을 취득하는 데에는 장애가 없다. 위탁자가 가지는 저작재산권 중 일부만을 신탁하는 경우에도 다르지 않다.

2.4.2. 분리신탁 개념의 필요성 여부

종래 재산의 일부, 특히 저작재산권의 일부에 대한 신탁설정과 관련하여 '분리신탁'의 개념과 그 효력에 대한 논의가 있었다. 학설은 분리신탁의 개념을 위탁자의 재산 중 일부를

---

14) 최수정, 일본 신신탁법, 14면 참조.
15) 神田秀樹, 會社法 第9版, 弘文堂, 2007, 295頁.
16) 早坂文高, 事業信託について, 事業信託の展望,トラスト60 硏究叢書, 公益財団法人トラスト, 2011, 6頁 이하.

분리하여 신탁하는 경우를 광의, 1건의 재산권의 일부를 분리하여 신탁하는 경우를 협의, 저작재산권의 지분 또는 그 지분권의 일부만을 분리하여 신탁하는 경우를 최협의로 구분하면서17) 저작재산권과 같은 유형의 권리가 분리신탁에 어울리는 권리 형태라고 하였다.18)

그러나 거래계에서 분리신탁이라고 하는 용어가 사용되더라도 이것이 신탁법상의 의미를 가지는지는 의문이다. 위탁자가 재산의 일부를 신탁하는지 아니면 그 전부를 신탁하는지는 신탁의 설정이나 효력에 영향을 미치지 않는다. 1건의 재산권이라고 하는 단위도 유동적이다. 그리고 저작재산권은 복제권, 공연권, 공중송신권, 전시권, 배포권, 대여권, 2차적 저작물 작성권을 포함하는 다양한 권리의 합(bundle of rights)으로, 저작재산권자는 이들 전부 또는 일부를 양도할 수 있다(저작권법 제45조 제1항). 그러므로 저작재산권자는 이들 권리 중 일부에 대하여도 유효하게 신탁을 설정할 수 있다. 가령 음악저작권자는 수탁자에게 자신의 권리를 포괄적으로 이전하는 대신 신탁설정 전에 별도의 이용허락계약을 하거나 신탁설정시에 일정한 권리를 유보함으로써 자신의 이익을 극대화할 수 있는 것이다.19)

그렇다면 아래에서 살펴볼 신탁재산 적격 여부만이 의미를 가지며, 그것이 재산의 일부인지 아니면 전부인지를 별도로 논할 실익은 없다. 분리신탁과 대비되는 개념으로 연결신탁 또는 전부신탁이라고 하는 것을 상정할 필요가 없는 것처럼, 오히려 개념의 혼란을 초래할 수도 있다는 점에서 분리신탁을 별도의 신탁유형으로 분류할 필요는 없는 것이다.

대법원 2006. 12. 22. 선고 2006다21002 판결도 분리신탁과 같은 개념을 사용하지 않고 계약해석을 통하여 신탁재산의 범위를 판단하고 있다. "저작자들의 이 사건 음악저작물에 대한 이용허락의 범위에 이 사건 편집음반의 제작·판매도 포함되어 있음은 앞서 살펴본 바와 같고, 저작권법 제41조 제2항은 저작재산권의 전부를 양도하는 경우에 특약이 없는 때에는 같은 법 제21조의 규정에 의한 2차적 저작물 또는 편집저작물을 작성할 권리는 포함되지 아니한 것으로 추정한다고 규정하고 있는바, 기록을 살펴보아도 원고가 이 사건 저작자들로부터 이 사건 음악저작물에 대한 저작재산권을 신탁받으면서 이 사건 음악저작물에 관한 편집저작물을 작성할 권리까지 이전받았다고 인정할 만한 자료가 없"다는 근거에서 이 사건 음악저작물의 저작재산권을 신탁받은 원고가 편집저작물 작성권을 침해당하였음을 이유로 피고들에게 그 손해의 배상을 구할 수는 없다고 판단하였다.

---

17) 임채웅, 분리신탁의 연구, 홍익법학 제8권 1호(2007. 2), 5면 이하.

18) 임채웅, 분리신탁의 연구, 15면.

19) 방석호, 국내 음악저작물시장에서의 신탁관리와 개선방안의 모색, 성균관법학 제19권 2호(2007. 8), 218면.

3. 신탁재산 적격

3.1. 확정가능성

전통적인 신탁의 효력요건인 세 가지 확정가능성 중 하나가 바로 신탁재산(subject matter)의 확정가능성이다. 신탁재산은 신탁의 필수적 요소로서 설정행위의 처분성에 비추어 그 범위를 확정할 수 있어야 한다. 신탁재산의 내용은 이후 얼마든지 변동될 수 있지만, 신탁설정시에는 위탁자의 재산으로부터 분리하여 수탁자에게 이전될 대상은 확정될 수 있어야 하는 것이다.

신탁재산의 확정가능성과 관련하여서는 신탁상 정함이 개념상 불분명한 경우(conceptual uncertainty), 그 정함에 따른 재산을 특정할 수 없는 경우(evidential uncertainty), 그 소재를 파악할 수 없는 경우(whereabouts uncertainty)가 각각 문제된다.[20] 예컨대 (i) 위탁자가 자기 재산의 상당 부분을 단기 피용자에게 같은 비율로 수익하게 한 경우 '상당 부분'이라든가 '단기'라고 하는 정함은 그 개념이 불명확하다. (ii) 위탁자가 낚시대회에서 상을 받았을 때 썼던 낚싯대를 그날 밤 함께 식사한 사람에게 준다고 정한 경우 그 개념은 명확하지만 어느 낚싯대를 가리키는지 그리고 누구에게 주어야 하는지는 별도의 증명이 없는 한 확정할 수 없다. (iii) 특정 작품을 조카에게 준다고 정한 경우 개념상으로나 증명에 있어서는 분명하지만 그 소재를 파악할 수 없는 경우가 이에 해당한다.

만약 신탁계약을 체결한 위탁자가 생존하고 있다면 그 의사를 재확인하여 신탁재산을 확정할 수 있다. 하지만 그 의사확인이 어려운 경우도 있을 것이며, 위탁자가 이미 사망하였거나 유언신탁의 경우에는 아예 확인이 불가능하다. 신탁상의 정함이 애매한 경우 신탁재산의 확정은 그 의사해석에 의할 수밖에 없다. 첫째, 당사자가 사용한 문언 자체에 구속되기보다는 당사자가 의도한 바 또는 당시의 여러 상황 또는 거래관행 등을 고려하여 신탁재산을 확정할 것이다. 그럼에도 불구하고 신탁재산을 확정할 수 없다면 신탁은 효력이 없다고 해야 한다.

둘째, 다수의 재산에서 신탁재산이 될 특정 물건 또는 권리를 가려내기 위해서는 위탁자의 의사에 비추어 구체적인 사실 내지 증거들을 파악해야 한다. 그리고 신탁재산을 확보하기 위한 일련의 절차는 수탁자의 의무범위에 속한다. 수탁자의 주의의무에 비추어 신탁재산을 확정할 수 있는 조치를 다하였음에도 불구하고 더 이상 확정할 수 없다면 신탁은 효력이 없다.

---

20) 이하의 예는 Penner, p.203에 의한다.

셋째, 현재 재산의 소재를 파악할 수 없다는 사실만으로 곧 신탁이 설정될 수 없다거나 무효가 되는 것은 아니다. 장차 소재가 파악되면 당해 재산을 관리, 처분하고 그 이익을 귀속시킬 수 있기 때문이다. 다만 종국적으로도 소재파악이 안 되는 때에는 당해 신탁재산이 유일한 재산인지, 그렇지 않은 경우 당해 신탁재산이 없음으로 해서 신탁목적을 달성할 수 없게 되는지 등을 고려하여 신탁의 효력 내지 종료를 판단할 것이다.

한편 신탁재산의 확정가능성은 위탁자에 의해서 뿐만 아니라 제3자에 의해서도 충족될 수 있다. 위탁자는 신탁행위로 신탁재산을 지정할 수 있음은 물론, 수탁자나 수익자에게 신탁재산을 지정할 수 있는 권한, 즉 신탁재산지정권을 부여하는 방법으로도 신탁재산을 확정할 수 있다(제3조 제4항). 이는 전문가인 수탁자나 이득을 취할 수익자가 신탁재산을 조사, 결정할 수 있는 형태의 신탁을 활용할 수 있는 법적 근거가 된다.[21]

3.2. 양도가능성

신탁은 신탁재산을 중심으로 하고, 신탁설정시에 신탁재산은 위탁자의 처분행위에 의하여 형성된다. 그러므로 신탁재산은 수탁자에게 이전될 수 있는 재산, 즉 양도가능한 것이어야 하며, 재산의 성질상 또는 법률규정이나 당사자의 합의에 의하여 양도가 제한된 것을 신탁재산으로 할 수 없다. 신탁선언에 있어서는 위탁자가 수탁자의 지위를 겸하므로 외관상 또는 물리적으로 재산의 이전이 드러나지 않는다. 그러나 신탁재산은 위탁자의 고유재산으로부터 분리되어 별도의 독립한 재산을 구성하기 때문에, 이 경우에도 양도가능한 것이어야 한다.

위탁자는 신탁설정시에 현존하는 특정 재산을 수탁자에게 이전할 수 있음은 물론, 장래의 권리도 그것이 특정가능한 한 처분할 수 있으므로 이를 신탁재산으로 할 수 있다. 조건부권리나 기한부권리도 일반규정에 의하여 처분할 수 있으므로(민법 제149조 및 제154조) 이를 신탁재산으로 하여 신탁을 설정할 수 있다.

3.3. 재신탁

3.3.1. 의의

(1) 재신탁의 개념

신탁은 신탁목적의 달성을 위하여 수탁자로 하여금 신탁재산의 관리, 처분 등을 하게 하는 법률관계인데, 이때 처분에 신탁설정도 포함되는가? 신탁재산의 관점에서는 일단 유

---

21) 법무부, 36면.

효하게 설정된 신탁의 신탁재산이 다시금 또 다른 신탁의 신탁재산이 될 수 있는가의 문제
이다. 이를 수탁자의 관점에서 보면 수탁자가 이제 위탁자의 지위에서 신탁재산의 일부 또
는 전부에 대하여 신탁을 설정할 수 있는지, 즉 재신탁이 허용되는가의 문제이다.

　　일부 판결은 재건축조합이 조합원으로부터 토지의 공유지분을 신탁받았으나 조합원의
변동으로 인하여 신탁재산의 귀속을 원인으로 한 이전등기를 마친 후 이를 취득한 제3자로
부터 동일한 지분을 다시금 신탁받은 경우를 재신탁이라고 부른다.[22] 그러나 이 경우는 동
일한 재산에 대하여 위탁자를 달리하는 신탁이 각각 설정된 것일 뿐이므로, 신탁재산의 신
탁이라고 하는 의미에서의 재신탁과는 차원을 달리 한다.

　　그 밖에 재신탁은 다음 개념들과도 구분되어야 한다.[23] 첫째, 재신탁은 수탁자의 변경
과 구별된다. 재신탁에서는 위탁자 및 수익자와의 관계에서 수탁자가 그 법적 지위를 그대
로 유지하기 때문이다. 둘째, 재신탁은 신탁재산관리인과 구별된다. 전자는 수탁자의 신탁
사무 자체가 신탁재산에 신탁을 설정하여 그로부터 얻은 이익을 수익자에게 귀속시키는 것
인 반면, 후자는 수탁자가 신탁사무를 처리할 수 없거나 적절하지 않을 때 새로운 수탁자가
선임되거나 이해상반이 해소될 때까지 한시적으로 선임되는 자이기 때문이다. 셋째, 재신
탁은 신탁사무의 위임과 구별된다. 수탁자로부터 신탁을 인수한 재신탁의 수탁자는 원신탁
의 수탁자로부터 신탁재산을 이전받아 신탁사무를 처리한다. 재신탁은 어디까지나 신탁을
설정하는 행위이므로 단순히 위임계약에 의하여 신탁사무의 일부 또는 전부를 위탁하는 법
률관계와는 차이가 있다. 넷째, 재신탁에서는 통상 수탁자가 수익자로 되지만, 이러한 사실
만으로 수탁자의 이익향수금지 위반이 문제되지는 않는다. 수탁자가 취득한 재신탁상의 수
익권은 원신탁의 신탁재산에 속하며 그 이익은 원신탁의 수익자에게 돌아가기 때문이다.
가령 수탁자가 신탁재산인 금전의 안정적인 관리와 수익창출을 위하여 부동산에 투자하는
신탁과 주식에 투자하는 신탁, 국공채에 투자하는 신탁, 은행 예금 등으로 분산 투자한 후
에 그로부터 얻은 수익과 손실을 정산한 신탁수익을 수익자에게 지급할 수 있다. 이때 수탁
자가 신탁재산으로부터 이익을 향수하는 것은 아니므로, 재신탁의 개념과 이익향수금지는
구분할 필요가 있다.

(2) 설정 가능성

　　구신탁법하에서 학설은 신탁재산의 처분에 신탁행위는 포함되지 않는 것으로 보고, 위

---

22) 서울행법 2006. 11. 29. 선고 2004구합32135 판결; 서울행법 2006. 11. 29. 선고 2006구합11408 판결.
23) 이하 구분은 오창석, 개정 신탁법이 신탁실무에 미치는 영향, 56면 이하에 의한다.

타자가 수탁자를 신뢰하여 위탁한 상황에서 다른 수탁자에게 다시 위탁하는 것은 신임관계에 반한다고 해석하였다.[24] 등기선례[25]도 "신탁법 및 부동산등기법에 신탁된 부동산을 재신탁할 수 있다는 규정은 없으므로, 주택조합원과 조합간의 신탁계약에서 주택조합이 신탁받은 부동산을 부동산신탁회사에 재신탁할 수 있다고 규정하였다 하더라도 그에 따른 재신탁등기는 할 수 없"음을 분명히 하였다.

그러나 신탁재산을 어떻게 관리, 처분할 것인가는 일차적으로 신탁상의 정함에 따른다. 그리고 신탁목적의 달성을 위하여 수탁자가 자신의 권리 및 의무에 기초하여 신탁재산을 처분하는 경우 여기서 비단 신탁행위만을 배제할 근거는 없다. 만약 재신탁의 등기절차가 미흡하다면 그 절차를 정비하는 것이 순서이며, 역으로 재신탁 자체를 불가능하다고 할 것은 아니다.[26] 그리고 수탁자가 신탁재산으로부터 이익을 향수하는 것은 금지되지만, 재신탁 자체만을 가지고 이익향수행위라고 해서는 안 된다. 앞서 살펴본 것처럼 자익신탁 형태의 재신탁에서 수탁자가 가지는 수익권은 원신탁의 신탁재산에 속하기 때문이다.

그래서 제3조 제5항은 신탁행위로 달리 정한 바가 없는 한 수탁자는 일정한 요건하에 재신탁을 할 수 있음을 명시하고 있다. 그리고 위 등기선례의 폐지를 포함하여 관련 법규정들도 정비되었다.[27] 부동산등기법 제23조 제8항은 재신탁의 경우 부동산의 권리이전등기에 대하여는 새로운 신탁의 수탁자를 등기권리자로 하고 원신탁의 수탁자를 등기의무자로 하며, 신탁등기에 대하여는 새로운 신탁의 수탁자가 단독으로 신청하도록 한다. 신탁등기 사무처리에 관한 예규[28]는 재신탁의 경우 신탁등기는 재신탁을 원인으로 하는 소유권이전등기와 함께 1건의 신청정보로 일괄하여 신청하되, 등기의 목적은 "소유권이전 및 신탁", 등기원인과 그 연월일은 "○년 ○월 ○일 재신탁"으로 하여 신청정보의 내용으로 제공하고, 수익자의 동의가 있음을 증명하는 정보(인감증명 포함)를 첨부정보로서 제공하도록 한다.

---

24) 법무부, 38면.

25) 제5-608호(1997. 6. 17) 및 제6-465호(1999. 4. 3).

26) 임채웅, 신탁과 등기의 연구, 사법 제8호(2009. 6), 172면.

27) 종래 신탁업자의 재신탁에 관하여는 자본시장법에 명시적인 규정이 없어서 허용되지 않는 것으로 해석되었는데, 2020. 5. 자본시장법 개정으로 신탁업 등 주요 금융투자업에 대하여 위탁자의 동의를 요건으로 업무위탁이 가능해짐에 따라 신탁업자의 재신탁 가능 여부에 관한 논의가 계속되고 있다. 그러나 재신탁을 자본시장법상의 업무위탁행위로 취급하려는 논의는 재신탁과 신탁사무의 위탁을 명확히 구분하지 못한 소치이며, 신탁재산의 운용방법으로서 신탁법상 가능한 재신탁을 신탁업자에 대하여 특별히 금지할 근거도 찾기 어렵다. 오히려 종합재산신탁 등 다양한 활용가능성을 뒷받침하기 위해서도 자본시장법에 명시적인 규정을 마련할 필요가 있을 것이다.

28) 등기예규 제1726호, 2021. 6. 4. 개정.

3.3.2. 요건

수탁자가 재신탁을 할 수 있는 요건은 다음과 같다. 첫째, 신탁상 재신탁을 명시적으로 허용하고 있지는 않더라도 이를 금지 또는 제한하는 정함이 없어야 한다. 위탁자가 수탁자에 의한 신탁사무의 처리를 기대하는 등 재신탁을 원하지 않는 경우에는 신탁상 이를 금지할 수 있다. 이러한 정함은 신탁재산과 관련하여 신탁사무를 처리하는 중요한 기준이 되며, 이 경우 수탁자는 재신탁을 할 수 없다. 또한 일정한 제한을 둔 경우에는 그러한 범위 내에서만 가능하다.

둘째, 신탁목적의 달성을 위하여 재신탁을 설정할 필요성이 있어야 한다. 신탁목적을 달성하기 위하여 재신탁이 필요한지 여부는 수탁자가 재량에 따라 판단한다. 사후적으로 재신탁의 필요성 여부나 그에 따른 책임이 문제된 때에는 그러한 결정에 있어서 수탁자가 선관의무 및 충실의무를 다하였는지가 판단기준이 된다.

셋째, 재신탁의 설정에 대한 수익자의 동의가 있어야 한다. 동의를 요건으로 하는 것은 종래 재신탁이 신임관계에 반한다는 지적을 염두에 둔 것으로 보이지만, 위탁자가 아닌 수익자의 동의를 요구하는 것은 재신탁이 수익자의 이익에 영향을 미치기 때문일 것이다. 다만 재신탁은 여타의 처분행위와 다르지 않음에도 불구하고 유독 수익자의 동의를 요구하는데 대하여는 의문이 제기된다. 신탁수익을 창출함에 있어서 수탁자가 직접 처분을 하든 아니면 재신탁을 설정하여 수익권을 취득하든 방법의 차이에 지나지 않기 때문이다. 신탁재산을 어떻게 처분하는가는 신탁상 별도의 정함이 없는 한 수탁자가 자신의 의무와 책임을 전제로 재량껏 판단할 문제이다. 영미에서 수탁자의 신탁사무의 위탁과 달리 재신탁에 관하여는 별도의 규정을 찾기 어려운 것도 바로 그 때문이다. 또한 신탁법이나 신탁행위에서 위탁자에게 수익자변경권이 유보된 경우라면 수익자의 동의를 요구하는 것이 큰 의미를 가질 수 없다. 그렇다면 신탁행위로 달리 정하지 않은 한 수탁자는 재신탁을 할 수 있다고 해야 할 것이며, 수익자의 동의를 요건으로 하는 규정방식에 대하여는 입법적인 재검토가 필요하다.

3.3.3. 활용가능성

수탁자가 신탁상의 정함이나 제3조 제5항에 따라서 재신탁을 설정할 필요성 또는 유용성은 다양하다. 먼저 자산유동화법은 재신탁을 자산유동화의 하나로 정의하고 있는데(동법 제2조 제1호 라목), 이처럼 재신탁이 유동화 구조로 활용될 수 있음은 물론이다. 그리고 수탁자는 신탁재산에 관한 전문가에게 신탁재산의 운용을 맡기는 것이 신탁목적의 달성에 더 유리할 수 있고, 재신탁을 이용하여 신탁재산인 금전을 효율적으로 관리하기 위한 포트폴리오를 작성할 수 있다. 예컨대 종합재산신탁을 인수한 수탁자가 특정 재산에 대하여 전문성 있는 수탁자에게 재신탁을 하여 효율성을 제고하거나, 신탁재산을 부동산에 투자하는 신탁, 주식에 투자하는 신탁, 국공채에 투자하는 신탁 등에 운용함으로써 위험을 분산하고 수익률을 높일 수 있다. 그리고 재건축이나 재개발사업을 위하여 조합원들로부터 부동산을 이전받은 조합이 안정적인 사업 시행을 위하여 신탁부동산을 다시 신탁회사에 신탁할 필요도 있다. 전문성 있는 신탁회사의 토지개발 노하우를 이용하면서 조합의 채권자들에 의한 강제집행이나 조합 집행부의 배임 등으로 인하여 사업이 중단되는 것을 방지할 수 있기 때문이다.[29]

II. 신탁재산의 범위

1. 의의

신탁재산은 신탁의 중심을 이루며 관련 법률관계의 효과가 집중된다는 점에서 그 범위가 중요하다. 먼저 위탁자가 이전한 재산이 신탁재산을 구성함은 물론이다. 위탁자의 처분권능을 전제로 확정가능하고 양도가능한 재산이 그 대상이 된다. 그리고 신탁재산은 위탁자가 이전한 재산의 관리, 처분, 운용, 개발, 멸실, 훼손, 그 밖의 사유로 수탁자가 얻은 재산을 포함한다(제27조).

구신탁법 제19조는 물상대위성이라고 하는 표제하에 동일한 내용을 정하였다. 그러나 담보물권의 고유한 성질로서의 물상대위와 신탁재산의 범위는 엄연히 별개이다. 담보물권은 피담보채권을 전제로 하여 담보목적물의 교환가치를 우선적으로 파악하는 권리이며, 물상대위성은 목적물의 교환가치가 구체화된 경우 그 교환가치를 대표하는 것에 담보물권의 효력이 미치는 성질을 가리킨다. 그리고 물상대위가 인정되는 대표물은 제한적이고, 물상대위권을 행사하기 위하여는 대위물의 지급이나 인도 전에 압류가 필요하다(민법 제342조).

반면 신탁재산의 범위는 위탁자나 수탁자의 고유재산과 구분되어 독립성을 가지는 신탁재산의 경계를 일컫는다. 원래의 신탁재산의 가치가 체화된 대위물 외에 수탁자의 지위에서 증여를 받거나 취득하게 되는 권리, 수탁자의 의무위반으로 인한 손해배상채무 등도

6

---

29) 오창석, 개정 신탁법이 신탁실무에 미치는 영향, 57면.

모두 신탁재산에 포함된다. 그래서 제27조는 신탁재산의 형태가 변하더라도 신탁설정시에 이전 또는 설정된 재산은 물론 수탁자가 신탁재산의 권리주체라는 지위에서 얻게 되는 모든 재산도 신탁재산이 됨을 명시한 것이다.[30]

2. 구체적인 범위

신탁재산은 무엇보다 위탁자가 신탁설정시에 수탁자에게 이전하거나 설정해준 재산이 토대가 된다. 그리고 수탁자가 이를 관리, 처분, 운용, 개발, 그 밖에 신탁목적의 달성을 위하여 필요한 행위를 하는 과정에서 발생한 적극재산 및 소극재산도 신탁재산에 속한다. 예컨대 신탁재산인 금전으로 매수한 부동산, 신탁재산의 매매대금, 신탁재산을 법률상 원인 없이 점유한 자에 대한 부당이득반환청구권은 물론, 수탁자의 관리부실이나 분별관리의무 위반으로 인하여 전보된 금전, 신탁위반행위를 취소하여 회복시킨 재산, 신탁재산과 다른 재산의 첨부에 의하여 발생한 물건이 수탁자에게 귀속한 경우의 소유권이 이에 해당한다.[31] 그리고 유한책임신탁상 초과급부에 대하여 수탁자와 수익자로부터 전보받은 부분(제121조 제1항)도 신탁재산에 포함된다. 이러한 예들은 신탁재산과 관련한 판결례에서 보다 구체적으로 확인할 수 있다.

(i) 대법원 1994. 10. 14. 선고 93다62119 판결은 수탁자의 지위에서 취득한 제3자에 대한 부당이득반환청구권이 신탁재산에 속한다고 하였다. "원고인 수탁자에게 건물이 신탁된 경우 신탁등기가 된 때부터 신탁이 해지되어 귀속권리자 명의로 이전등기가 될 때까지는 그 소유권은 대내외적으로 원고에게 완전히 귀속되는 것이고, 따라서 그동안에 피고인 제3자가 법률상 원인 없이 건물을 점유함으로 인하여 부담하게 되는 임료 상당의 부당이득반환채무에 대한 청구권은 원고가 이를 갖는 것이고, 그 후 신탁이 해지되었다 하더라도 이미 발생한 부당이득반환청구권은 원고가 신탁재산의 관리로 얻은 재산으로서 신탁재산에 속하는 것이므로 당연히 위탁자의 상속인인 승계참가인에게 승계된다고는 할 수 없고, 원고로서는 신탁계약의 본래 목적에 따라 잔여신탁재산으로서 이를 귀속권리자인 승계참가인에게 양도하여 대항요건을 갖추는 등의 이전절차를 취해야 할 의무를 부담하는 데 지나지 않으므로 원고가 이러한 이전절차를 밟지 않았다면 승계참가인이 피고들에 대하여 그 부당이득반환청구권을 행사할 수 없다"는 것이다.

---

30) 대법원 2007. 10. 12. 선고 2006다42566 판결.
31) 四宮和夫, 177頁.

(ⅱ) 대법원 1996. 6. 11. 선고 94다34968 판결은 수탁자가 취득한 신탁재산이 구지방세법상 비과세대상에 해당하는지 여부와 관련하여, "위탁자가 수탁자에게 금전을 신탁하고 수탁자가 신탁약정에 따라 부동산을 취득하는 경우 그 부동산도 역시 신탁법 제19조의 규정에 의해 신탁재산에 속한다고는 할 수 있으나, 그 취득은 위탁자로부터 수탁자에게 신탁재산이 '이전'되는 경우가 아니므로, 위 제3호가 정하는 비과세대상이 될 수 없"다고 보았다.

(ⅲ) 대법원 2003. 4. 25. 선고 99다59290 판결은 신탁계약에 따라서 신탁재산을 처분하여 수탁자가 얻은 매매대금은 신탁재산에 속함을 분명히 하였다. 이와 더불어 재화의 공급에 따라 사업자가 공급받는 자로부터 받은 부가가치세액 상당의 금원은 부가가치세 납부의무 이행을 위하여 일시 보관하는 것이 아니라 매매대금과 일체로 되어 사업자의 소유로 귀속되는 것으로서 사업자는 일정한 과세기간 종료 후에 그 기간 동안 발생한 매출세액과 매입세액 여하에 따라 매출세액의 징수 여부에 관계없이 자신의 책임하에 부가가치세 납부의무를 이행하는 것이므로, 수탁자가 신탁재산의 처분에 따라 매수인으로부터 거래징수한 부가가치세 상당액은 매매대금의 일부로서 신탁재산에 속한다고 하였다.

(ⅳ) 대법원 2007. 9. 7. 선고 2005다9685 판결은 토지 소유자가 부동산신탁회사에게 토지를 신탁하고 부동산신탁회사가 그 토지상에 건물을 신축하여 이를 분양한 후 그 수입으로 투입비용을 회수하고 수익자에게 수익을 교부하는 내용의 분양형토지신탁계약이 체결된 사안이다. 위 판결은 "토지와 신축 건물을 신탁재산으로 정하여 분양하되 건물 신축을 위한 차용금채무도 신탁재산에 포함시키기로 약정하였으나 건물을 신축하는 도중에 신탁계약이 해지된 경우, 완공 전 건물의 소유권 귀속에 관하여 특별한 정함이 없는 한, 신축중인 건물도 신탁재산에 포함되는 것으로 보아야 할 것이고, 따라서 신탁이 종료되면 수탁자는 신축중인 건물에 관한 권리를 수익자 또는 위탁자나 그 상속인에게 귀속시켜야 한다"고 설시하였다.

(ⅴ) 대법원 2007. 10. 12. 선고 2006다42566 판결은 "수탁자가 신탁재산의 관리를 적절히 하지 못하여 신탁재산이 멸실·훼손되는 등의 손해가 발생한 때에 수탁자가 부담하는 손해배상금은 직접 신탁재산에 귀속된다"고 하였다.

6

Ⅲ. 신탁재산의 공시

1. 공시의 필요성

수탁자는 신탁설정시에 위탁자로부터 각 재산의 양도방식에 따라 재산을 이전받고 신탁사무 처리과정에서도 권리 등을 취득하게 된다. 수탁자가 신탁재산을 취득하기 위한 성립요건 또는 대항요건으로 공시가 필요한 것과 별개로, 신탁법은 신탁의 구속을 받는 이러한 신탁재산에 대하여 신탁재산임을 공시하도록 하고[32] 관련한 수탁자의 의무 및 그 위반에 대한 엄격한 효과를 정하고 있다. 신탁재산은 수탁자에게 귀속하지만 수탁자의 고유재산과 분리된 별도의 독립한 목적재산을 이루기 때문이다. 신탁의 중요한 특징인 신탁재산의 독립성과 그에 기초한 특수한 효과로 인하여 수탁자와 거래하는 당사자들에게 신탁재산과의 법률관계 여부를 알릴 필요가 있다. 또한 이를 통하여 신탁재산의 독립성을 관철하고 신탁재산을 보호, 확보할 수 있게 된다.[33]

신탁재산의 공시에 대한 필요성은 신탁설정시에 위탁자로부터 재산권이 이전될 때뿐만 아니라, 이후 신탁재산의 관리·처분 등으로 인하여 수탁자가 재산권을 취득한 때에도 마찬가지로 발생한다(제27조). 또한 수익자취소권의 행사에 따라 수탁자에게 회복된 신탁재산이나(제75조) 신탁변경(제88조)으로 인하여 수탁자가 취득한 재산권에 관하여도 신탁재산임을 공시하여야 한다.

제2조는 적극재산 외에 소극재산도 신탁재산으로 할 수 있음을 명시하고 있는데, 이러한 소극재산에 대한 공시 요부 및 방법이 문제될 수 있다. 그런데 소극재산은 채무를 의미하고, 채무는 채권자와의 관계에서만 문제된다. 그러므로 '제3자'에 대한 공시가 필요하지 않을뿐더러, 소극재산을 신탁함에 있어서는 이미 채권자가 개입하게 되고, 신탁사무처리 과정에서 발생하는 채무도 채권자와의 관계에서 특별히 공시가 문제될 여지는 없다. 그래서 제2조의 규정방식과 달리 제4조는 '재산권'에 대한 공시만을 정하고 있다.

---

32) 제4조의 표제는 "신탁의 공시"이나 그 내용은 신탁재산의 공시이다.

33) 그 밖에 법무부, 45면은 공시의 필요성으로 거래의 안전과 신탁의 남용방지를 들고 있다.

2. 공시방법

2.1. 등기·등록할 수 있는 재산권

2.1.1. 공시방법

제4조는 각 신탁재산의 유형에 따른 공시방법을 정하고 있는데, 그 기준은 등기·등록할 수 있는 재산권인지 여부이다. 등기·등록할 수 있는 재산권에 관하여는 신탁등기 또는 신탁등록을 하여야 한다. 부동산, 선박, 건설기계, 자동차, 어업권, 광업권, 특허권, 실용신안권, 디자인권, 상표권과 같이 등기·등록이 성립요건인 경우 수탁자는 등기·등록을 하여야 그 권리를 취득하며, 이와 더불어 신탁등기 내지 신탁등록을 하여야 대항력을 갖추게 된다. 예컨대 부동산의 경우 수탁자는 신탁을 원인으로 한 소유권이전등기를 하여야 그 소유권을 취득할 수 있으며, 신탁등기를 하여야 그 부동산이 신탁재산에 속한 것임을 대항할 수 있다. 그리고 저작권과 같이 등기·등록이 대항요건인 경우에는 별도의 공시가 없어도 수탁자는 유효하게 그 권리를 취득할 수 있지만 등기·등록을 하여야 권리의 귀속을 대항할 수 있고, 또한 신탁등기 내지 신탁등록을 하여야 신탁재산임을 대항할 수 있다.

신탁등기 또는 신탁등록에 관한 법령들은 모두 부동산등기법의 예를 따르고 있다. 그러므로 이하에서는 부동산등기법이 정한 신탁등기에 대하여 살펴본다.

2.1.2. 부동산등기법상 신탁등기

부동산등기법에 따른 신탁등기는 신탁재산인 부동산에 관한 신탁원부의 작성, 변경, 말소를 통하여 신탁재산을 공시하는 방법이다. 신탁등기의 신청은 해당 부동산에 관한 권리의 설정등기, 보존등기, 이전등기 또는 변경등기의 신청과 동시에 하여야 한다(부동산등기법 제82조 제1항). 그리고 해당 신탁으로 인한 권리의 이전 또는 보존이나 설정등기의 신청과 함께 1건의 신청정보로 일괄하여 한다(부동산등기규칙 제139조 제1항). 등기는 공동신청주의를 원칙으로 하지만(부동산등기법 제23조 제1항), 신탁재산에 속하는 부동산의 신탁등기는 수탁자가 단독으로 신청한다(동법 제23조 제7항).[34] 수익자나 위탁자는 수탁자를 대위하여 신탁등기를 신청할 수 있다(동법 제82조 제2항). 재신탁의 경우에는 새로운 수탁자가 단독으로 신청한다(동법 제23조 제8항). 그리고 신탁선언의 경우 신탁등기와 신탁재산으로 된 뜻의 권리변경등기를 1건의 신청정보로 일괄하여 수탁자가 단독으로 신청한다(동법 제84조의2 제1호).

---

34) 신탁재산관리인이 선임된 때에는 신탁재산관리인이 한다(부동산등기법 제87조의3).

등기관이 신탁등기를 할 때에는 다음 각호의 사항을 기록한 신탁원부를 작성하며(동법 제81조 제1항), 신탁원부는 등기기록의 일부로 본다(동법 제81조 제3항).[35]

1. 위탁자, 수탁자 및 수익자의 성명 및 주소(법인인 경우에는 그 명칭 및 사무소 소재지를 말한다)

2. 수익자를 지정하거나 변경할 수 있는 권한을 갖는 자를 정한 경우에는 그 자의 성명 및 주소(법인인 경우에는 그 명칭 및 사무소 소재지를 말한다)

3. 수익자를 지정하거나 변경할 방법을 정한 경우에는 그 방법

4. 수익권의 발생 또는 소멸에 관한 조건이 있는 경우에는 그 조건

5. 신탁관리인이 선임된 경우에는 신탁관리인의 성명 및 주소(법인인 경우에는 그 명칭 및 사무소 소재지를 말한다)

6. 수익자가 없는 특정의 목적을 위한 신탁인 경우에는 그 뜻

7. 신탁법 제3조 제5항에 따라 수탁자가 타인에게 신탁을 설정하는 경우에는 그 뜻

8. 신탁법 제59조 제1항에 따른 유언대용신탁인 경우에는 그 뜻

9. 신탁법 제60조에 따른 수익자연속신탁인 경우에는 그 뜻

10. 신탁법 제78조에 따른 수익증권발행신탁인 경우에는 그 뜻

11. 「공익신탁법」에 따른 공익신탁인 경우에는 그 뜻

12. 신탁법 제114조 제1항에 따른 유한책임신탁인 경우에는 그 뜻

13. 신탁의 목적

14. 신탁재산의 관리, 처분, 운용, 개발, 그 밖에 신탁 목적의 달성을 위하여 필요한 방법

15. 신탁종료의 사유

16. 그 밖의 신탁 조항

다만 위 제5호, 제6호, 제10호 및 제11호의 사항에 관하여 등기를 할 때에는 수익자의 성명 및 주소를 기재하지 않을 수 있다(부동산등기법 제81조 제2항).[36] 그리고 신탁등기를 신

---

35) 이와 달리 구부동산등기법(2011. 4. 12. 법률 제10580호로 전문개정되기 전의 것) 제123조, 제124조는 신탁의 등기를 신청하는 경우 ① 위탁자, 수탁자 및 수익자 등의 성명, 주소 ② 신탁의 목적 ③ 신탁재산의 관리방법 ④ 신탁종료사유 ⑤ 기타 신탁의 조항을 기재한 서면을 그 신청서에 첨부하도록 하고, 그 서면을 신탁원부로 보며, 다시 신탁원부를 등기부의 일부로 보고 그 기재를 등기로 보았다.

36) 신탁설정시 수익자를 지정할 권한을 갖는 자를 정한 경우나 수익자를 지정할 방법을 정한 경우로서 아직 수익자가 특정되어 있지 않은 경우에는 "수익자의 성명과 주소"를 신탁원부 작성을 위한 정보로 제공하지 않고 신탁등기를 신청할 수 있다(부동산등기선례 제201906-9호).

청하는 경우 신청인은 위 각호의 사항을 첨부정보로서 등기소에 제공하여야 한다(부동산등기규칙 제139조 제3항).[37] 이때 전자문서로 작성하여 전산정보처리조직을 이용하여 등기소에 송신하는 것이 원칙이다(동규칙 제139조 제4항). 등기관은 등기소에 제공된 전자문서에 번호를 부여하고 이를 신탁원부로서 전산정보처리조직에 등록하여야 한다(동규칙 제140조).

한편 신탁의 합병, 분할시(부동산등기법 제82조의2) 또는 등기사항 변경시에는 그 변경등기를 하여야 한다(동법 제86조). 신탁변경등기는 법원의 촉탁(동법 제85조)이나 등기관의 직권에 의하여도 이루어진다(동법 제85조의2). 그리고 신탁재산에 속한 권리가 이전, 변경, 소멸됨에 따라 신탁재산에 속하지 않게 된 경우에도 신탁등기의 말소를 통하여(동법 제87조)[38] 이를 공시를 할 필요가 있다.

2.1.3. 유가증권에 대한 공시

구신탁법 제3조 제2항은 증권에 관하여는 신탁재산인 사실을 표시하도록 하고, 주권과 사채권에 관하여는 주주명부 또는 사채원부에 신탁재산임을 기재하도록 하였다. 그러나 소위 민사신탁에서도 유가증권을 운용하는 것은 얼마든지 가능한데, 이때 증권면에 신탁재산임을 일일이 기재하도록 하는 것은 현실적이지 않았다. 운용재산을 유가증권에 투자하는 것을 목적으로 하는 신탁의 경우에도 대량의 유가증권이 빈번하게 거래되는 상황에서 모두 공시방법을 갖추는 것은 번잡할뿐더러, 주주명부 등에는 주식의 이전에 대하여 제3자에 대한 대항력이 인정되지 않고 회사에 대한 대항력만 부여되므로 주주명부 등의 기재를 신탁의 공시방법으로 하는 것은 합리적이지 않았다.[39] 그래서 종래에도 유가증권에 대한 공시방법에 대하여는 명시적인 규정에도 불구하고 일반 동산의 공시방법으로 충분하다는 주장이 있었다.[40]

현행법은 금융분야에서 신탁의 유연성을 활용한 대량유통 목적의 신탁을 활성화한다는

6

---

37) 신탁등기사무처리에 관한 예규[등기예규 제1726호]는 신탁등기신청시에 부동산등기법 제81조 제1항 각호의 사항을 신탁원부 작성을 위한 정보로서 제공하도록 하고, 등기원인을 증명하는 정보로서 검인을 받은 신탁계약서 등을 첨부정보로 제공하도록 한다.

38) 신탁등기의 말소등기신청은 권리의 이전 또는 말소등기나 수탁자의 고유재산으로 된 뜻의 등기신청과 함께 1건의 신청정보로 일괄하여 하여야 한다(부동산등기규칙 제144조 제1항).

39) 일본 신탁법도 종래 현물의 주식, 사채권에 대하여는 권면에 신탁재산임을 표시하고, 주주명부나 사채원부에 신탁재산임을 기재 또는 기록하며, 주권발행회사 이외의 주식회사의 주식에 대하여는 주주명부에 신탁재산임을 기재 또는 기록하도록 하였으나(일본 구신탁법 제3조 제3항), 현행법은 동일한 근거에서 위 규정을 삭제하였다.

40) 최동식, 84면; 이중기, 123면 이하.

점, 구신탁법하에서는 비금융전문가인 수탁자가 명의개서 등을 하지 않은 경우 신탁재산임을 증명하여도 제3자에게 대항할 수 없어서 수익자가 불측의 손해를 입을 수 있었던 점, 위탁자가 신탁행위로 종래와 같은 공시방법을 갖추도록 할 수 있다는 점을 근거로 유가증권에 대한 신탁의 공시방법을 변경하였다.[41] 즉, 여타의 재산권과 동일하게 취급하여 등기·등록할 수 있는 재산권과 등기·등록할 수 없는 재산권으로만 구분하고 유가증권에 대하여는 별도의 정함을 두지 않았다. 따라서 신탁재산인 유가증권이 등기·등록할 수 있는 것인 때에는 신탁등기 또는 신탁등록을 하고, 그렇지 않은 때에는 분별관리 등의 방법으로 신탁재산임을 표시할 수 있다.

첫째, 금전의 지급청구권, 물건 또는 유가증권의 인도청구권이나 사원의 지위를 표시하는 유가증권의 경우 전자등록기관의 전자등록부에 등록하여 발행할 수 있는데(상법 제65조 제2항), 전자등록부에 등록된 유가증권의 양도나 입질은 전자등록부에 등록하여야 효력이 발생한다(동법 제356조의2 제2항). 이러한 유가증권은 제4조 제1항의 등기·등록할 수 있는 재산권에 해당하고, 따라서 신탁재산의 공시는 신탁등록에 의한다.[42]

둘째, 증권 등이 예탁결제원에 예탁하는 방식으로 발행된 경우 예탁증권 등의 신탁은 예탁자계좌부 또는 투자자계좌부에 신탁재산인 뜻을 기재함으로써 제3자에게 대항할 수 있다(자본시장법 제311조 제3항).

셋째, 실물방식으로 발행된 유가증권은 등기·등록할 수 없는 재산권으로 분별관리를 통하여 신탁재산에 속한 것임을 대항할 수 있다. 이때 신탁법상의 수익증권은 수익자명부에, 상법상 주식은 주주명부 및 전자주주명부에 각각 신탁재산임을 표시하는 방법으로도 할 수 있다(제4조 제4항, 신탁법 시행령 제2조 제1호 및 제3호).

2.2. 등기·등록할 수 없는 재산권

2.2.1. 공시방법

등기·등록할 수 없는 재산권에 관하여는 다른 재산과 분별하여 관리하는 등의 방법으

---

41) 입법과정에서의 논의는 법무부, 51면 이하 참조.

42) 전자등록주식 등에 대하여 신탁재산이라는 사실을 표시하거나 그 표시를 말소하려는 자는 해당 전자등록주식 등이 전자등록된 전자등록기관 또는 계좌관리기관에 신탁재산이라는 사실의 표시 또는 말소의 전자등록을 신청하여야 하고(전자증권법 제32조 제1항), 전자등록 신청을 받은 전자등록기관 또는 계좌관리기관은 지체 없이 해당 전자등록주식 등이 신탁재산이라는 사실을 전자등록계좌부에 표시하거나 말소하는 전자등록을 하여야 한다(동법 제32조 제2항). 그리고 해당 전자등록주식 등이 신탁재산이라는 사실이 전자등록된 때 제3자에 대한 대항력이 발생한다(동법 제35조 제4항).

로 신탁재산임을 표시함으로써 그 재산이 신탁재산에 속한 것임을 제3자에게 대항할 수 있다(제4조 제2항). 즉, 등기·등록할 수 없는 재산권의 공시방법은 분별관리이다. 각 신탁재산의 종류에 따라서 공시를 할 수 있는 방법은 다양할 것이므로 제3자가 신탁재산임을 인식할 수 있는 방법이면 충분하다.

등기·등록할 수 있는 재산권이라도 그 등기부 또는 등록부가 없을 때에는 등기·등록할 수 없는 재산권과 마찬가지로 분별관리함으로써 공시할 수 있다(제4조 제3항). 그리고 등기·등록할 수 없는 재산권에 관하여 신탁재산임을 표시함에 있어서는 대통령령으로 정하는 장부에 신탁재산임을 표시하는 방법으로도 할 수 있다(제4조 제4항).[43]

2.2.2. 공시방법으로서의 분별관리

수탁자는 신탁재산을 고유재산 및 다른 신탁재산으로부터 분리하여 관리하고 신탁재산임을 표시하여야 한다(제37조). 이러한 수탁자의 분별관리의무는 신탁재산의 보호라고 하는 관점에서 중요한 의미를 가진다.[44] 신탁재산의 독립성을 관철함은 물론, 신탁재산과 수탁자의 고유재산이 혼합되지 않도록 하여 수탁자가 신탁재산으로부터 이익을 향수하는 것을 방지한다.[45] 수탁자가 분별관리의무를 다하지 않은 경우 공시되지 않은 신탁재산에 대하여는 제3자에게 대항할 수 없고, 그 결과 신탁재산에 손해가 발생하였다면 수탁자는 분별관리를 하였더라도 손해가 발생하였으리라는 것을 증명하지 못하는 한 책임을 면할 수 없다(제44조).

하지만 공시방법으로서 분별관리의 적절성에 대하여는 의문이 제기될 수 있다. 분별관리는 내부적인 관리상황에 불과하므로 여기에 공시성을 부여하는 것은 타당하지 않고, 수

6

---

43) 신탁법 시행령 제2조(신탁재산의 표시 방법) 「신탁법」(이하 "법"이라 한다) 제4조 제4항에서 "대통령령으로 정하는 장부"란 다음 각 호의 장부를 말한다. 이 경우 제2호의 건축물대장과 제4호의 토지대장 및 임야대장은 「공간정보의 구축 및 관리 등에 관한 법률」 제76조의3에 따른 부동산종합공부로 대체할 수 있다.
  1. 법 제79조 제1항에 따른 수익자명부
  2. 「건축법」 제20조에 따른 가설건축물대장 및 같은 법 제38조에 따른 건축물대장
  3. 「상법」 제352조에 따른 주주명부 및 같은 법 제352조의2에 따른 전자주주명부
  4. 「공간정보의 구축 및 관리 등에 관한 법률」 제71조 제1항에 따른 토지대장 및 임야대장
  5. 「도시개발법」 제2조 제1항 제2호에 따른 도시개발사업, 「농어촌정비법」 제2조 제5호, 제10호 및 제18호에 따른 농업생산기반 정비사업, 생활환경정비사업 및 한계농지등의 정비사업, 「도시 및 주거환경정비법」 제2조 제2호 가목 및 나목에 따른 주거환경개선사업 및 재개발사업 등 법령에 따른 환지(換地) 방식의 사업을 할 때 환지, 체비지(替費地) 및 보류지(保留地)의 관리를 위하여 작성·관리하는 장부
44) 이에 관한 상세는 아래 제7장 Ⅱ. 3.3.3. 참조.
45) UTC sec.810 (b) cmt.도 신탁재산임을 표시할 의무와 수탁자의 고유재산과 신탁재산을 혼합하지 않을 의무는 밀접히 연결되어 있다고 한다.

탁자가 임의로 변경이 가능하기 때문에 고유재산을 신탁재산으로 표시해두면 수탁자의 일반채권자가 그 재산에 집행할 수 없는 역효과가 발생할 수 있다는 우려가 그것이다.[46]

등기부나 등록부를 통한 공시와 비교할 때 분별관리는 공시의 정도에 있어서 차이가 있는 것이 사실이다. 그런데 등기·등록할 수 없는 재산권의 경우 공시방법으로 분별관리 외의 대안을 찾기는 쉽지 않다. 그렇다고 해서 공시를 포기할 수는 없으며, 효과적인 공시방법이 없다고 해서 신탁재산임을 대항할 수 없다고 하는 것은 부당하다. 그리고 분별관리는 단순히 내부적·물리적으로 신탁재산을 수탁자의 고유재산이나 다른 신탁재산과 분리하는 것만을 의미하지는 않는다. 수탁자는 신탁재산을 다른 재산과 분리하고 신탁재산임을 표시하여야(earmark) 하는 것이다. 그리고 신탁재산의 종류나 내용에 따라서 그 구체적인 방법은 다양할 수밖에 없어서 법률규정이 이를 세부적으로 정하기는 어렵다. 결국 수탁자의 의무위반 또는 신탁재산의 대항이 문제되는 경우 당해 신탁재산에 대한 적절한 분별관리가 있었는지, 그로 인하여 신탁재산의 공시가 이루어졌는지에 대한 평가의 문제로 귀착된다. 이 경우 신탁재산으로 표시되었는지는 개별 재산권의 종류나 내용에 따라서 제3자가 신탁재산임을 인식할 수 있었는지 여부를 기준으로 판단하게 될 것이다.

3. 공시의 효과

3.1. 대항력

3.1.1. 대항력의 의의

제4조는 신탁재산의 유형에 따른 공시방법을 정하고, 이러한 공시방법을 갖춘 경우 신탁재산임을 제3자에게 대항할 수 있도록 한다. 신탁재산의 취득은 각 재산권의 이전방식에 의하며, 이와 별도로 행해지는 신탁재산의 공시는 대항요건이 되는 것이다. 그 결과 신탁재산 여부를 다투는 제3자가 있는 경우 공시가 된 때에는 선의의 제3자에 대하여도 신탁재산임을 주장할 수 있는 반면, 공시가 되지 않은 때에는 다른 방법으로 신탁재산임을 증명하거나 제3자가 악의였더라도 신탁재산임을 주장할 수 없다.[47]

신탁재산의 대항 문제는 제3자에게 신탁재산의 독립성을 주장하는 경우에 발생한다. 예컨대 수탁자의 고유재산에 대한 채권자가 수탁자 소유의 신탁부동산에 대하여 강제집행을 하는 경우 이에 대하여 이의를 제기하기 위해서는(제22조 참조) 신탁의 공시, 즉 신탁등기

---

46) 이연갑, 공시원칙과 신탁법 개정안, 법학논총 제31집 2호(2011. 8), 106면.
47) 법무부, 46면.

가 있어야 한다. 반면 제3자가 신탁재산을 침해한 경우 수탁자는 신탁재산의 소유자로서 침해에 대한 방해제거 및 손해배상을 청구할 수 있으며, 이때 신탁재산에 대한 공시는 문제되지 않는다.

한편 구신탁법 제52조는 공시가 된 신탁재산을 수탁자가 신탁의 본지에 반하여 처분한 경우 수탁자와 거래한 상대방 또는 전득자의 주관적 요건과 상관없이 수익자에게 그 처분행위를 취소할 수 있도록 하였다(동조 제1항). 그래서 신탁재산의 공시는 수익자취소권의 행사에 있어서 중요한 요건이었다. 그러나 현행 제75조는 공시 여부에 따른 구분을 없애고 취소상대방의 주관적인 요건에 따라서 통일적으로 규율하고 있다. 그러므로 신탁재산의 공시가 가지는 의미는 달리 판단되지 않으면 안 된다.[48] 즉, 신탁재산임이 공시되었다고 해서 취소상대방이 신탁목적 위반에 대하여 당연히 악의 또는 중과실 있는 선의가 되는 것은 아니다. 다만 그 주관적 요건을 판단함에 있어서 신탁재산의 공시 여부는 중요한 기준이 될 것이다.

3.1.2. 대항력의 범위

(1) 판례

신탁재산의 공시가 있는 경우 당해 재산권이 신탁재산이라는 사실을 대항할 수 있음은 물론이지만, 종래 판례는 그 외 관련 사항에 대하여도 폭넓게 대항력을 인정하였다. 이미 구신탁법하에서 대법원 1975. 12. 23. 선고 74다736 판결은 수탁자가 신탁재산의 관리로서 전세계약을 체결한 점, 신탁계약상 신탁이 종료할 때에는 신탁재산에 부대하는 채무는 수익자가 변제하여야 한다는 점이 신탁원부에 기재되어 신탁등기가 경료되었다는 근거에서 전세계약의 기간만료로 인한 전세금반환채무는 신탁계약이 종료한 현재 수익자에게 있으므로 전세권자는 수탁자에게 그 반환을 청구할 수 없다고 하였다. 비록 위탁자와 수탁자간의 계약이라도 그것이 등기된 때에는 제3자에게 대항할 수 있으며, 신탁재산에 관하여 거래한 제3자는 그러한 사유를 알고 거래하였다고 볼 수 있으므로 예기치 않은 손해가 있다고도 할 수 없다는 것이다.

대법원 2004. 4. 16. 선고 2002다12512 판결은 임대형토지개발신탁에 있어서 건물 완공 전 소유권보존등기 및 신탁등기가 행해지지 않은 상태에서 위탁자와 수탁자가 공동임대

---

48) 이연갑, 공시원칙과 신탁법 개정안, 112면 이하는 이러한 개정방향이 공시제도가 가져오는 명확성 및 법적 안정성을 해하고 수익자취소권의 행사를 어렵게 만든다는 점에서 신탁재산 보호의 관점에서 후퇴한 입법이라고 평가한다.

인으로서 원고와 임대차계약을 체결한 사안이다. 위 판결은 "등기의 일부로 인정되는 신탁원부에 신탁재산인 부동산의 임대로 인하여 발생한 보증금반환채무가 신탁종료시 위탁자에게 귀속된다는 내용이 기재되어 있다면 위탁자는 이로써 임차인에게 대항할 수 있"다고 전제하였다. 다만 원고가 수탁자인 피고 및 위탁자인 소외 회사와 임대차계약을 체결할 당시까지 건물에 관한 피고 명의의 소유권보존등기 및 신탁등기가 마쳐지지 않았다는 점에 비추어 "피고로서는 위 신탁등기를 전제로 하는 신탁원부의 내용으로써 원고에게 대항할 수 없을 뿐 아니라, 나아가 이 사건에서 신탁원부에 기재된 신탁조항에 신탁계약의 종료시 신탁재산의 임차인에 대한 보증금반환채무가 그 임차인의 동의를 요하지 않고 소외 회사에게 귀속된다는 내용이 포함되어 있다고는 보기 어렵다"고 판단하였다.

그리고 위 판결을 인용한 대법원 2022. 2. 17. 선고 2019다300095, 300101 판결도 신탁계약의 내용이 신탁등기의 일부로 인정되는 신탁원부에 기재된 경우에는 이로써 제3자에게 대항할 수 있다는 근거를 반복하였다. 이 사건 신탁계약에서 수탁자의 사전 승낙 아래 위탁자 명의로 신탁부동산을 임대하도록 약정하였으므로 임대차보증금 반환채무는 위탁자에게 있고, 이러한 약정이 신탁원부에 기재되었으므로 임차인에게도 대항할 수 있다는 것이다. 따라서 부동산담보신탁 이후에 위탁자로부터 부동산을 임차한 피고는 임대인인 위탁자를 상대로 임대차보증금의 반환을 구할 수 있을 뿐 수탁자를 상대로 임대차보증금의 반환을 구할 수 없고, 나아가 수탁자로부터 그 부동산의 소유권을 취득한 원고가 주택임대차보호법 제3조 제4항에 따라 임대인의 지위를 승계하여 임대차보증금 반환의무를 부담한다고 볼 수도 없다고 하였다.

한편 대법원 2012. 5. 9 선고 2012다13590 판결은 위 판결들과 마찬가지로 등기의 일부로 인정되는 신탁원부에 신탁부동산에 대한 관리비 납부의무를 위탁자가 부담한다는 내용이 기재되어 있다면 수탁자는 이로써 제3자에게 대항할 수 있다고 보았다. 반면 대법원 2018. 9. 28 선고 2017다273984 판결은 집합건물의 공용부분 관리비채무의 승계와 관련하여 집합건물법 제18조의 입법 취지와 공용부분 관리비의 승계, 신탁의 법리를 근거로 달리 판단하였다. 위탁자의 구분소유권이 수탁자, 제3취득자 앞으로 순차로 이전된 경우 각 구분소유권의 특별승계인인 수탁자와 제3취득자는 특별한 사정이 없는 한 각 종전 구분소유권자들의 공용부분 체납관리비채무를 중첩적으로 인수하고, 등기의 일부로 인정되는 신탁원부에 신탁부동산에 대한 관리비 납부의무를 위탁자가 부담한다는 내용이 기재되어 있더라도 제3취득자는 이와 상관없이 공용부분 체납관리비채무를 인수한다는 것이다.

(2) 학설

일부 학설은 판례와 같이 신탁행위로 정한 사항을 모두 제3자에 대하여 대항할 수 있다거나,[49] 신탁원부에 기재된 신탁의 본지에 대하여 제3자 대항력을 인정하는 것은 법규정의 취지에 부합하는 것으로서 원칙적으로 수긍할 수 있으며, 다만 제3자가 불이익을 입지 않도록 하기 위하여 대항력의 존부 및 범위를 개별적으로 검토할 필요가 있다고 한다.[50] 그러나 다른 일부 학설은 규정의 취지에 비추어 그리고 당사자 사이에서만 효력을 가지는 권리에 대하여 공시만으로 대세효를 인정하는 것은 물권법정주의가 요구하는 유형강제를 무의미하게 만들 수 있기 때문에 신탁재산의 귀속에 관한 것에 한정하여 대항력이 인정된다거나,[51] 수탁자와 거래하는 신탁채권자들이 거래시에 매번 신탁원부를 확인하고 거래할 것을 기대하기는 사실상 어렵기 때문에 신탁원부에 광범위한 공시력과 대항력을 부여하는 것은 부당하다고 한다.[52]

구신탁법 제3조는 등기·등록을 함으로써 제3자에게 '신탁'을 대항할 수 있다고 정하고 있어서 신탁재산 여부를 포함한 신탁조항이 공시를 통하여 포괄적으로 대항력을 가지게 되는 것으로 해석되었을지 모른다. 그러나 그 취지는 어디까지나 신탁재산에 속한다는 사실에 대하여 대항력을 인정하고자 한 것이었고, 현행법 제4조도 다르지 않다. 제4조의 표제는 '신탁'의 공시이지만 규정의 취지는 '신탁재산'의 공시이며, 동조 제1항 및 제2항도 대항사유가 신탁재산에 속한다는 사실임을 명시하고 있다. 그럼에도 불구하고 신탁등기 또는 신탁등록을 통하여 신탁상의 정함이 공시된다는 사실만으로 그 모든 정함에 대하여 대항력을 인정할 특별한 근거나 필요는 없다.

가령 전세계약의 당사자는 전세권의 양도, 전전세, 임대를 설정행위로 금지할 수 있고 (민법 제306조), 이러한 약정이 등기된 때에는(부동산등기법 제72조 제1항 제5호) 대항력을 가진다. 하지만 이는 법률규정에 따라서 특정 사항에 대항력이 부여되는 것이며, 전세계약 자체가 공시되는 것도 또 그 내용 전부에 대하여 대항력이 인정되는 것도 아니다. 위 판례에서와 같은 전세금반환채무나 임대차보증금반환채무는 이에 관한 일반법리에 따라서 전세권 또는 임대차 목적물의 양수인이 부담하도록 하거나 혹은 전세계약이나 임대차계약시 당사자간의 특약에 의하도록 하면 충분하며, 굳이 신탁재산의 공시에 따른 대항력을 문제삼을

---

49) 김대현, 주택건축사업에서 신탁등기의 문제점, 토지법학 34권 1호(2008), 173면.
50) 김형두, 부동산을 목적물로 하는 신탁의 법률관계, 민사판례연구 XXX, 박영사, 2008, 1026면 이하.
51) 온주 신탁법, 2021, 제4조.
52) 최동식, 89면 이하.

이유는 없다. 그리고 신탁채무의 배분에 대한 신탁상의 정함은 일반법리에 따라서 당사자 사이에서만 효력을 가진다고 해야 한다. 만약 위 규정을 일정한 재산권이 신탁재산에 속한 사실뿐만 아니라 신탁재산과 관련한 제반 사항까지로 확대적용한다면, 과연 어느 범위까지 대항력을 인정할 것인지를 확정하는 것도 간단하지 않을뿐더러 이로 인하여 법률관계가 불확실해질 위험이 있다. 또한 신탁과 거래하는 당사자로 하여금 언제든 변경가능한 신탁원부를 일일이 확인하도록 하는 것은 과도한 거래비용을 발생시키고 신탁과의 거래를 꺼리게 만드는 요소가 될 것이다. 그러므로 제4조의 해석상 공시방법을 갖춘 재산권의 경우 그 대항력은 그 재산권이 신탁재산에 속한 사실에 대하여 인정된다고 해야 하며, 그 밖의 신탁상의 정함에 대해서까지 포괄적으로 대세적인 효력을 인정하는 것은 타당하지 않다.

3.2. 대항의 당사자

제3자에게 신탁재산을 가지고 대항할 수 있는 자는 원칙적으로 수탁자이다. 제4조 제1항 및 제2항은 대항할 수 있는 주체를 명시하고 있지 않으나 신탁재산의 귀속주체가 수탁자이고, 또 수탁자는 신탁목적의 달성을 위하여 신탁재산을 보존, 관리할 의무가 있기 때문이다. 그리고 수탁자의 임무종료 등으로 선임되는 신탁재산관리인도 선임된 목적범위 내에서 수탁자와 동일한 권리·의무를 가지므로 제3자에 대하여 신탁재산임을 주장할 수 있다.

그런데 신탁재산임을 대항할 수 있는 자가 수탁자로 제한되어야 할 이유는 없다. 신탁재산의 공시가 거래의 안전과 더불어 신탁재산의 보호를 도모하기 위한 제도이고, 신탁을 설정한 위탁자나 신탁재산으로부터의 이익을 향수하는 수익자도 신탁재산에 대한 강제집행 등에 대하여 이의를 제기할 수 있다는 점에서 위탁자나 수익자도 신탁재산임을 주장할 수 있다고 할 것이다. 신탁에 관하여 수익자와 동일한 지위를 가지는 신탁관리인도 다르지 않다.

수탁자 등이 신탁재산을 가지고 대항할 수 있는 상대방은 대항의 주체를 제외한 제3자로서 신탁재산의 귀속에 대하여 양립하지 않는 지위를 가지거나 권리를 행사하는 자이다. 예컨대 신탁재산에 대하여 강제집행 등을 하는 수탁자의 고유재산의 채권자, 수탁자가 파산한 경우 파산관재인이 여기에 해당한다.

IV. 신탁재산의 독립성

1. 의의

1.1. 신탁의 구조에 근거한 특질

신탁재산은 대내외적으로 수탁자에게 귀속하지만 신탁목적의 구속을 받는다. 그래서 수탁자는 신탁재산을 고유재산 및 다른 신탁재산과 분별하여 관리할 의무가 있으며, 신탁재산은 별개의 독립한 재산으로 취급된다.[53] 신탁재산의 독립성은 신탁재산이 별도의 법인격을 가지지 않고 수탁자에게 귀속되는 신탁제도의 구조에 근거한 것으로, 다른 법제도와 비교되는 가장 중요한 특징이라고 할 수 있다.[54]

대법원 2016. 2. 18. 선고 2014다61814 판결은 점유취득시효와 관련하여 신탁재산의 소유 및 신탁재산의 독립성에 대하여 상세히 설시하고 있다. "부동산에 대한 점유취득시효가 완성될 당시 그 부동산이 구 신탁법상의 신탁계약에 따라 수탁자 명의로 소유권이전등기와 신탁등기가 되어 있더라도 수탁자가 신탁재산에 대하여 대내외적인 소유권을 가지는 이상 점유자가 수탁자에 대하여 취득시효 완성을 주장하여 소유권이전등기청구권을 행사할 수 있을 것이지만, 이를 등기하지 아니하고 있는 사이에 부동산이 제3자에게 처분되어 그 명의로 소유권이전등기가 마쳐짐으로써 점유자가 그 제3자에 대하여 취득시효 완성을 주장할 수 없게 되었다면 그 제3자가 다시 별개의 신탁계약에 의하여 동일한 수탁자 명의로 소유권이전등기와 신탁등기를 마침으로써 부동산의 소유권이 취득시효 완성 당시의 소유자인 그 수탁자에게 회복되는 결과가 되었더라도 그 수탁자는 특별한 사정이 없는 한 취득시효 완성 후의 새로운 이해관계인에 해당하므로 점유자는 그에 대하여도 취득시효 완성을 주장할 수 없다고 할 것이다. 이 경우 점유자가 수탁자의 원래 신탁재산에 속하던 부동산에 관하여 점유취득시효 완성을 원인으로 하는 소유권이전등기청구권을 가지고 있었다고 하여 수탁자가 별개의 신탁계약에 따라 수탁한 다른 신탁재산에 속하는 부동산에 대하여도 소유권이전등기청구권을 행사할 수 있다고 보는 것은 위와 같이 신탁재산을 수탁자의 고유재산

---

53) 四宮和夫, 71頁은 신탁목적이 위탁자, 수익자, 수탁자로부터 독립한 것이라는 점을 들어 신탁재산도 각 당사자의 재산으로부터 독립한다고 설명한다.

54) Hansmann/Mattei, The functions of trust law: A comparative legal and economic analysis, 73 N.Y.U.L.Rev. 434(1998); Langbein, The secret life of the trust: The trust as an instrument of commerce, 107 Yale Law Journal 179(1997).

이나 다른 신탁재산으로부터 분리하여 보호하려는 신탁재산 독립의 원칙의 취지에 반"한다는 것이다.

신탁재산의 독립성은 신탁제도를 선택하게 하는 중요한 유인이 된다. 위탁자는 신탁재산으로부터 발생하는 이익을 온전히 수익자에게 귀속시키고자 하지만, 위탁자와 수익자는 수탁자의 자력을 지속적으로 점검하거나 신탁사무의 처리를 계속해서 모니터링하기가 쉽지 않다. 그래서 신탁재산이라고 하는 표지를 통하여 수탁자가 점유 또는 소유하는 재산이 위탁자나 수탁자의 잠재적인 채권자의 책임재산이 될 수 없음을 분명히 할 수 있다. 신탁은 독립된 신탁재산을 만들어냄으로써 관련 당사자의 채권자에 대한 관계에서 낮은 거래비용과 모니터링비용으로 위탁자의 의사를 실현할 수 있는 중요한 법기술이 되는 것이다.[55] 담보나 자산유동화의 관점에서도 신탁재산은 담보제공자나 자산보유자의 무자력위험이나 도산위험으로부터 차단되므로(bankruptcy remoteness), 신탁은 채권의 담보력을 높이고 안정적인 유동화사업을 추진할 수 있는 유용한 수단이 된다. 이러한 장점은 또한 투자신탁에서 운용사의 도산위험, 부동산신탁에서 부동산 출연자의 도산위험, 퇴직연금에서 사용자의 도산위험으로부터 각 신탁재산이 보호되는 데서도 드러난다.

제22조 이하의 신탁재산에 관한 규정들은 바로 신탁재산의 독립성을 전제로 하여 이를 제도적으로 보장하기 위한 방안들이다. 신탁재산은 위탁자는 물론 수탁자 개인의 채권자에 대한 책임재산으로부터 배제되기 때문에 신탁재산에 대한 강제집행 등이 금지된다(제22조). 수탁자가 사망한 때 신탁재산은 수탁자의 상속재산에 속하지 않으며, 수탁자가 이혼을 하더라도 재산분할의 대상이 되지 않는다(제23조). 그리고 신탁재산은 수탁자의 도산으로부터 격리되며(제24조), 신탁재산에 관하여는 일정 범위에서 상계가 금지된다(제25조). 뿐만 아니라 혼동이나 첨부와 같은 민법 일반규정에 대하여도 특수한 법리가 적용된다(제26조, 제28조).

1.2. 신탁재산의 독립성의 경계

1.2.1. 위탁자로부터의 독립성

신탁재산의 독립성은 위탁자로부터의 독립을 의미한다. 위탁자가 신탁을 설정하고 재산권을 이전한 경우 그 재산권은 위탁자의 책임재산에서 이탈한다. 따라서 위탁자의 일반 채권자는 이에 대하여 강제집행을 할 수 없으며, 위탁자가 파산하는 경우에도 파산재단을 구성하지 않는다.

다만 위탁자가 신탁을 종료할 수 있는 권리를 유보하였고 신탁의 종료에 따른 귀속권

---

55) 최수정, 신탁계약의 법적 성질, 민사법학 제45권 제1호(2009. 6), 493면.

리자 또한 위탁자인 경우 채권자는 종료권을 대위행사하여 신탁재산을 위탁자에게 귀속시킨 후 이에 대하여 강제집행을 할 수 있다. 이 경우에도 위탁자에게 종료권이 유보되어 있다는 사실만으로 수탁자 소유의 신탁재산에 대한 강제집행이 허용되는 것은 아니며, 채권자대위권의 행사에 따라 위탁자의 책임재산에 귀속된 재산은 더 이상 신탁재산이 아니므로 이에 대한 강제집행은 신탁재산의 독립성과 무관하다.

한편 신탁재산은 위탁자의 처분행위에 의하여 수탁자에게 귀속되고 또한 독립한 것이므로 그 점유의 태양에 있어서도 위탁자로부터 차단되어야 할 것이나, 제30조는 위탁자의 점유의 하자를 승계시키고 있다. 위탁자의 점유가 악의, 과실, 강폭, 은비, 불계속인 경우에는 수탁자의 점유가 비록 선의, 무과실, 평온, 공연, 계속 점유인 때에도 동일한 하자가 인정되는 것이다. 이는 하자 있는 점유를 하는 위탁자가 선의의 수탁자에게 그 재산을 신탁하는 한편, 스스로 수익자가 되어 수탁자를 이용해 점유의 하자를 치유함으로써 부당하게 이익을 취하는 폐해를 막기 위함이다.[56] 이러한 취지를 고려한다면 자익신탁에 대하여만 점유의 하자를 승계시키는 방안도 생각해볼 수 있을 것이다.[57] 그러나 신탁을 설정할 때 위탁자를 포함하여 다수의 수익자를 지정하거나 타익신탁을 설정한 후 위탁자가 수익권을 양수할 수도 있기 때문에 자익신탁인지 아니면 타익신탁인지를 기준으로 삼는 것은 적절하지 않다. 그래서 제30조도 별도의 제한 없이 위탁자의 점유의 하자를 승계하는 것으로 정하고 있다.

1.2.2. 수탁자로부터의 독립성

신탁재산의 독립성은 수탁자로부터의 독립을 의미한다. 신탁재산은 수탁자의 소유이지만 수탁자의 고유재산은 물론 수탁자가 소유하는 다른 신탁재산과 분리되고, 따라서 수탁자의 고유재산 및 다른 신탁재산과는 그 운명을 달리한다. 수탁자의 일반채권자는 신탁재산에 대하여 강제집행을 할 수 없으며, 다른 신탁재산의 채권자의 경우에도 마찬가지이다. 그리고 수탁자가 파산하는 경우 신탁재산은 파산재단을 구성하지 않고, 수탁자의 이혼에 따른 재산분할의 대상이 되지 않는다.

그런데 수탁자는 신탁사무의 처리에 관하여 발생한 채무에 대하여 원칙적으로 고유재산으로도 책임을 진다. 소위 수탁자의 무한책임은 영미에서도 전통적으로 인정된 법리이고, 우리법에서도 다르지 않다. 그러므로 이러한 한도에서 신탁재산과 고유재산의 완전한 독립

---

56) 최수정, 일본 신신탁법, 37면.
57) 그래서 최동식, 152면; 이중기, 160면은 이 규정은 자익신탁에 한정되고, 타익신탁의 경우에는 위탁자가 수익자와 통모하는 등 실질적으로 자익신탁과 동일시할 수 있는 경우에만 적용된다고 한다.

은 관철되지 않는다. 신탁재산의 독립성은 신탁재산이 수탁자의 고유재산의 채권자에 대하여 책임재산이 되지 않는다는 의미일 뿐, 역으로 고유재산이 신탁채권자의 책임재산이 되지 않는다는 의미는 아닌 것이다.[58]

대법원 2004. 10. 15. 선고 2004다31883, 31890 판결도 "신탁사무의 처리상 발생한 채권을 가지고 있는 채권자는 수탁자의 일반채권자와 달리 신탁재산에 대하여도 강제집행을 할 수 있는데, 한편 수탁자의 이행책임이 신탁재산의 한도 내로 제한되는 것은 신탁행위로 인하여 수익자에 대하여 부담하는 채무에 한정되는 것이므로, 수탁자가 수익자 이외의 제3자 중 신탁재산에 대하여 강제집행을 할 수 있는 채권자에 대하여 부담하는 채무에 관한 이행책임은 신탁재산의 한도 내로 제한되는 것이 아니라 수탁자의 고유재산에 대하여도 미치는 것으로 보아야 한다. 그리고 수탁자가 파산한 경우에 신탁재산은 수탁자의 고유재산이 된 것을 제외하고는 파산재단을 구성하지 않는 것이지만, 신탁사무의 처리상 발생한 채권을 가진 채권자는 파산선고 당시의 채권 전액에 관하여 파산재단에 대하여 파산채권자로서 권리를 행사할 수 있"다고 설시하였다. 그리고 이러한 근거에서 원고들이 수탁자의 파산선고시에 가지고 있던 지체상금 등 채권은 수탁자의 신탁사무의 처리상 발생한 권리로서 신탁재산에 대하여 강제집행할 수 있는 것이지만, 그렇다고 해서 파산재단에 대하여 파산채권자로서 권리를 행사할 수 없는 것은 아니라고 하였다.

2. 강제집행과 신탁재산

2.1. 강제집행 등의 금지 원칙

2.1.1. 의의

(1) 강제집행의 금지

신탁재산에 대하여는 강제집행, 담보권 실행 등을 위한 경매, 보전처분 또는 국세 등 체납처분을 할 수 없다(제22조 제1항 본문). 신탁재산에 대하여 강제집행이 금지되는 것은 신탁재산의 독립성에 기한 것이다. 신탁재산은 신탁을 설정한 위탁자로부터 독립하며, 그 귀속주체는 수탁자이지만 수탁자의 고유재산이나 다른 신탁재산과도 독립한다. 신탁재산은 위탁자나 수탁자의 일반채권자 또는 수탁자가 소유하는 다른 신탁재산의 채권자에 대한 책임재산을 이루지 않기 때문에 이들 채권자는 신탁재산에 대하여 강제집행을 할 수 없는 것

---

58) 이연갑, 신탁법상 수탁자의 파산과 수익자의 보호, 민사법학 제45-1호(2009. 6), 239면.

이다.

반면 수익자가 가지는 수익권은 수익자의 책임재산이 되므로, 수익자의 채권자는 수익권에 대하여 강제집행을 할 수 있다. 이는 수익자의 책임재산에 대한 강제집행이지 신탁재산에 대한 강제집행이 아니며, 신탁재산의 독립성과는 별개의 문제이다.

(2) 담보권 실행 등을 위한 경매의 금지

제22조 제1항은 담보권 실행 등을 위한 경매를 금지하고 있다. 일부 문헌은 저당권, 질권, 전세권 등 담보물권의 실행을 위한 실질적 경매와 각 법률에 따른 현금화를 위한 형식적 경매가 여기에 포함된다고 설명한다.[59] 그러나 신탁사무처리과정에서 신탁재산을 담보로 제공하였다면, 신탁채권자가 피담보채권의 만족을 위하여 신탁재산에 대한 담보권을 실행하는 데에는 문제가 없다(제22조 제1항 단서).[60] 만약 신탁설정 이전에 신탁재산에 대하여 담보권이 설정되었다면, 담보권이라고 하는 물적 부담이 있는 재산권이 신탁재산이 된 것이므로 담보권자는 역시 담보권을 실행할 수 있다. 담보권은 담보목적물에 추급하는 권리이며, 또 담보권자의 의사와 상관없이 신탁이 설정되었다는 이유만으로 그 권리의 실행을 금지할 이유는 없기 때문이다.

가령 공유물분할을 위한 경매의 경우(민법 제269조 제2항) 신탁재산인 공유지분의 비율에 따라서 경매대금을 분할하게 되고, 공유지분에 갈음하는 대금이 신탁재산이 된다. 공유물분할을 위한 경매를 통하여 신탁재산의 내용이 달라졌을 뿐이며, 그것이 여전히 신탁재산에 속함에는 변함이 없다. 그리고 신탁이 설정되었다는 사실만으로 공유자가 가지는 분할청구권을 제한할 아무런 법적 근거가 없다. 현금화를 위한 형식적 경매의 경우에도 신탁재산의 내용이 문제될지언정 신탁재산의 독립성 내지 강제집행의 금지와는 직접 관련이 없다.

결국 신탁전의 원인으로 인한 것이든 신탁사무처리에 따른 것이든 신탁재산에 대한 담보권 실행 등을 위한 경매가 금지될 이유는 없다. 그러므로 위 견해는 부당하며, 제22조 제1항에서 "담보권 실행 등을 위한 경매" 부분도 입법적으로 삭제되어야 할 것이다.

(3) 보전처분의 금지

구신탁법 제21조 제1항은 "강제집행 또는 경매를 할 수 없다"고만 하고 보전처분에 대

---

59) 법무부, 186면.
60) 수탁자가 담보권을 설정한 것이 의무위반에 해당하는 때에는 당해 설정행위의 효력 및 의무위반에 따른 책임이 문제될 뿐이다.

하여는 규정하지 않았다. 그러나 가압류, 가처분에 의한 보전처분은 민사소송의 대상이 되는 권리 또는 법률관계에 관한 쟁송이 있을 것을 전제로 하여 이에 대한 판결의 집행을 용이하게 하거나 확정판결이 있을 때까지 손해가 발생하는 것을 방지하는 목적으로 일시적으로 현상을 동결하거나 임시적 법률관계를 형성하게 하는 제도이다.[61] 그러므로 신탁재산의 독립성이라고 하는 관점에서는 이러한 보전처분 또한 허용되지 않는다고 해야 할 것이며, 제22조 제1항도 보전처분이 금지됨을 명시하고 있다.

반면 수익채권을 피보전권리로 하는 신탁재산에 대한 보전처분은 가능하며, 이는 신탁법이 금지하는 신탁재산에 대한 보전처분과는 관계가 없다. 신탁재산으로부터의 이익은 수익자에게 귀속되는 것이고, 수익자의 채권자가 채무자의 책임재산에 속하는 수익권 또는 수익채권에 대하여 강제집행 등을 할 수 있는 이상 그 대상이 되는 신탁재산에 대한 보전처분이 금지될 이유는 없기 때문이다. 대법원 2008. 10. 27.자 2007마380 결정은 피보전권리에 대한 소명이 있고 그 보전의 필요성도 인정된다는 점에서 신탁재산에 대한 가처분결정을 인가한 원심을 파기환송하였지만, 수익채권을 피보전권리로 한 신탁부동산에 대한 가처분 자체를 부정한 것은 아니다. 오히려 위 결정은 가처분이 가능함을 전제로 그 요건을 판단하였다. 이 사건에서 피보전권리인 수익채권은 우선수익자에 대한 채무변제로 신탁이 종료한 때 수탁자로부터 반환받게 되는 신탁부동산에 대한 소유권이전등기청구권인데, 우선수익자에 대한 채무변제가 이루어지지 못해 그 채권 회수를 위하여 신탁계약에서 정한 바에 따라 이미 신탁부동산의 처분절차에 착수한 이상 피보전권리의 발생은 합리적으로 기대하기 어려운 상태라고 보았던 것이다.

(4) 국세 등 체납처분의 금지

이상의 논거는 국세 등의 체납처분에 대하여도 동일하게 적용된다. 체납처분이란 납세자가 임의로 조세채무를 이행하지 않는 경우 원칙적으로 독촉의 절차를 거친 후에 납세자의 재산으로부터 조세채권을 강제적으로 실현하려는 목적에서 행하는 일련의 행정절차를 말한다.[62] 체납처분절차는 압류에 의하여 개시되는데, 압류의 대상은 납세자의 재산에 한정된다(국세징수법 제24조). 그러므로 납세자가 아닌 제3자의 재산을 대상으로 한 압류처분은 그 처분의 내용이 법률상 실현될 수 없는 것이어서 당연무효이다.[63] 신탁재산은 더 이상

---

61) 법원실무제요 민사집행Ⅴ, 2020, 4면.

62) 김주석, 국세징수법상 공매에 있어서의 쟁점—판례를 중심으로—, 재판자료 제121집: 조세법 실무연구Ⅱ, 2010, 121면.

위탁자의 재산이 아니며 수탁자의 고유재산과도 독립하므로, 위탁자 또는 수탁자 개인이 조세채무를 이행하지 않는 때에도 신탁재산을 압류할 수 없다. 그래서 제22조 제1항 본문은 강제집행 외에 국세 등 체납처분도 금지됨을 명시하고 있으며, 이러한 명시적인 규정이 없던 구신탁법하에서도 판례는 이미 동일한 판단을 하였다.

대법원 2012. 4. 12. 선고 2010두4612 판결은 위탁자를 부가가치세 체납자로 하여 신탁재산인 수탁자의 예금채권을 압류한 사안이다. 법원은 체납처분으로서 압류요건은 압류대상을 납세자의 재산에 국한하고 있기 때문에 제3자의 재산을 대상으로 한 압류처분은 당연무효이고, 따라서 수탁자 소유의 신탁재산을 압류한 처분은 무효라고 하였다.

대법원 2013. 1. 24. 선고 2010두27998 판결도 위탁자의 취득세, 등록세 및 재산세 체납에 대하여 피고가 위탁자를 체납자로 하여 신탁재산인 부동산을 압류한 사안이다. 법원은 위탁자에 대한 취득세, 등록세 및 재산세 채권에 기하여 수탁자인 원고 소유의 신탁재산을 압류한 처분을 무효라고 보았다.

또한 대법원 2017. 8. 29. 선고 2016다224961 판결도 신탁재산의 독립성을 근거로 신탁 이후에 신탁재산에 대하여 위탁자를 납세의무자로 하여 부과된 재산세는 '신탁 전의 원인으로 발생한 권리'나 '신탁사무의 처리상 발생한 권리'에도 포함되지 않기 때문에 그 조세채권에 기하여는 수탁자 명의의 신탁재산에 대하여 압류하거나 그 신탁재산에 대한 집행법원의 경매절차에서 배당을 받을 수 없다고 하였다.

2.1.2. 강제집행 등에 대한 이의

(1) 제3자이의의 소

제22조 제1항에 위반하여 신탁재산에 대한 강제집행 등이 행해진 경우 위탁자, 수익자 또는 수탁자는 제3자이의의 소를 제기할 수 있다(제22조 제2항). 강제집행의 목적물에 대하여 일정한 권리를 가지는 제3자는 집행채권자를 상대로 그 강제집행에 대한 이의의 소를 제기할 수 있고, 이를 제3자이의의 소라고 한다(민사집행법 제48조). 위탁자의 채권자 또는 수탁자의 고유재산에 대한 채권자가 신탁재산에 대하여 강제집행 등을 하는 경우 수탁자는 이들 책임재산과는 독립한 신탁재산의 소유자로서 각각 제3자이의의 소를 제기할 수 있다. 다만 수탁자 개인에 대한 채권자가 강제집행 등을 하는 경우 수탁자를 '제3자'라고 할 수 있는가가 문제될 수 있지만, 이때 수탁자는 집행채무자와 구분되는 신탁재산의 소유자라고 하는 지위에서 신탁사무의 처리로서 이의를 제기하는 만큼 제3자로 취급할 수 있다.

---

63) 대법원 2001. 2. 23. 선고 2000다68924 판결.

한편 제22조 제2항에 의하면 위탁자나 수익자도 제3자이의의 소를 제기할 수 있다. 제
3자이의의 소의 이의원인은 소유권에 한정되지 않으며, 집행목적물의 양도나 인도를 막을
수 있는 권리이면 충분하다.[64] 무엇보다 위탁자는 신탁을 설정한 자로서 그리고 수익자는
신탁재산으로부터 이익을 향수하는 자로서 각각 신탁재산을 확보하고 그 독립성을 유지하
는 데 중요한 이해를 가진다. 그래서 제22조는 위탁자나 수익자에게도 제3자이의의 소를
제기할 수 있는 법적 근거를 제공하고 있다. 하지만 단순히 이를 근거로 위탁자나 수익자가
신탁재산에 대하여 소유권 내지 일정한 물권을 가진다고 해석해서는 안 된다.

(2) 신탁재산의 공시 요건

신탁재산에 대한 강제집행 등에 대한 이의는 당해 신탁재산이 대항력을 갖춘 때, 즉 신
탁재산임이 공시될 것을 요건으로 한다. 신탁재산이 위탁자와 수탁자의 고유재산으로부터
독립성을 가짐에도 불구하고 신탁재산임이 공시되지 않은 경우에는 이들의 채권자가 강제
집행 등을 하더라도 신탁재산임을 대항할 수 없다. 그 결과 각 채권자는 강제집행 등을 통
한 환가절차에 의하여 유효하게 채권의 만족을 얻을 수 있게 된다.

2.1.3. 국세 등 체납처분에 대한 이의

제22조 제1항에 위반하여 신탁재산에 대하여 국세 등 체납처분이 있는 경우 위탁자,
수익자 또는 수탁자는 국세 등 체납처분에 대한 불복절차에 따라 이의를 제기할 수 있다(제
22조 제3항). 국세징수법에 따른 국세 등 체납처분이 있는 경우 국세기본법 제55조 내지 제
81조, 감사원법 제43조 내지 제48조, 관세법 제119조 내지 제132조, 행정소송법에 따른 이
의신청, 심사청구, 행정소송 등의 절차를 밟을 수 있다.

그리고 이러한 불복절차는 강제집행 등에 대한 이의에서와 마찬가지로 신탁재산이 대
항요건을 갖춘 때, 즉 신탁재산의 공시가 있을 것을 요건으로 한다.

2.2. 강제집행 등의 가능성

신탁재산에 대한 강제집행 등의 금지는 위탁자 및 수탁자의 고유재산으로부터 독립한
신탁재산을 전제로 한다. 그러므로 신탁재산 자체에 속한 채무의 이행을 강제하거나 신탁
재산이 부담하는 책임을 현실화하기 위한 강제집행 등은 규정의 취지에 반하지 않는다. 또
신탁재산과 거래하였다는 사실만으로 그 상대방에 대하여 권리실현을 제한할 이유도 없다.

---

64) 대법원 2003. 6. 13. 선고 2002다16576 판결; 대법원 2013. 3. 28. 선고 2012다112381 판결.

그래서 제22조 제1항 단서는 신탁 전의 원인으로 발생한 권리와 신탁사무의 처리상 발생한 권리에 기한 경우에는 강제집행 등이 가능함을 명시하고 있다.

2.2.1. 신탁 전의 원인으로 발생한 권리에 기한 경우

위탁자의 채권자는 신탁재산에 대하여 강제집행 등을 할 수 없지만 그 권리가 신탁설정 전에만 발생하면 제22조 제1항 단서에 의하여 강제집행 등이 가능한가? 이와 관련하여서는 첫째, '신탁 전'의 기준시점을 살펴보아야 한다. 강제집행 등이 금지되는 것은 어디까지나 신탁재산의 독립성에 근거한 것이므로, '신탁 전'을 단순히 신탁이 설정되기 전 또는 신탁행위 전으로 해석해서는 안 된다. 신탁계약의 경우 계약의 효력이 발생하면 유효하게 신탁이 설정되지만 신탁재산의 종류에 따라서 이를 수탁자에게 이전하기 위한 절차가 필요하다. 그리고 이러한 처분행위가 있은 후에야 당해 재산은 수탁자의 고유재산과 구분되는 신탁재산이 된다. 또한 신탁을 설정하는 외에 수탁자가 신탁재산의 관리, 처분 등으로 인하여 얻은 재산도 신탁재산에 속하므로, 이러한 신탁재산의 취득시점이 그 기준이 되어야 한다.[65] 따라서 제22조 제1항 단서에서 정한 '신탁 전'은 일정한 재산이 신탁재산의 지위를 얻기 이전, 즉 신탁설정이나 신탁사무의 처리에 의하여 수탁자가 재산을 취득하기 이전을 의미하는 것으로 해석해야 한다.

둘째, 신탁 전의 원인으로 발생한 '권리'의 의미이다. 학설은 대항력 있는 권리를 의미한다거나,[66] 경매를 실행할 수 있는 권리[67] 또는 위탁자의 총재산 중 특정한 재산을 책임재산으로 하는 권리[68]라고 해석한다. 예컨대 위탁자가 자신이나 제3자의 채무를 담보하기 위하여 저당권을 설정해준 부동산에 관하여 신탁을 설정하였다면, 그 저당권자가 저당권을 실행하는 데에는 문제가 없다. 수탁자가 신탁사무 처리 과정에서 취득한 부동산에 이미 전세권이 설정되어 있었던 경우에도 전세권자는 당해 신탁부동산의 경매를 청구할 수 있다. 그리고 가압류 또는 압류된 재산에 대하여 신탁이 설정되거나 수탁자가 이를 신탁재산으로 취득한 경우 당사자 사이에서는 그 처분행위가 유효하더라도 (가)압류의 처분금지효로 인하여 수탁자는 (가)압류채권자와 그 처분 이전에 당해 집행절차에 참가한 채권자에게 대항할

---

65) 同旨 오영준, 신탁재산의 독립성, 민사판례연구 XXX, 박영사, 2008, 867면.

66) 이중기, 162면; 최동식, 99면.

67) 장형용, 신탁법개론, 육법사, 1991, 137면; 한강현, 위탁자가 상속받은 재산을 신탁한 경우 그 재산상속에 따라 위탁자에게 부과된 상속세채권이 신탁법 제21조 제1항 소정의 '신탁 전의 원인으로 발생한 권리'에 해당하는지 여부, 대법원판례해설 27호(1996), 306면.

68) 이연갑, 신탁재산에 강제집행할 수 있는 채권자, 중앙법학 제11집 4호(2009), 284면.

수 없다.[69] 그 결과 압류채권자는 유효하게 집행절차를 개시할 수 있고, 매각이 이루어진 때 그 매수인은 압류 후의 저촉처분을 통하여 취득한 수탁자에 우선하여 완전하게 소유권을 취득한다. 그렇다면 신탁 전의 원인으로 발생한 권리란 재산 그 자체를 목적으로 하여 발생한 권리로서 그 재산이 수탁자에게 이전된 때에도 여전히 당해 신탁재산에 부착되어 추급이 가능한 권리라고 할 것이다.

대법원 1987. 5. 12. 선고 86다545, 86다카2876 판결은 위탁자의 채권자가 위탁자에 대한 계약금반환채권에 기하여 신탁재산인 부동산의 가압류를 신청한 사안이다. 법원은 "신탁 전의 원인으로 발생한 권리란 신탁 전에 이미 신탁부동산에 저당권이 설정된 경우 등 신탁재산 그 자체를 목적으로 하는 채권이 발생되었을 때를 의미하는 것이고 신탁 전에 위탁자에 관하여 생긴 모든 채권이 이에 포함된다고 할 수 없"음을 분명히 하였다.

대법원 1996. 10. 15. 선고 96다17424 판결도 신탁이 설정된 후에 신탁재산에 대한 상속세채권에 기하여 신탁재산을 압류한 사안에서, 신탁법상의 신탁이 이루어지기 전에 압류를 하지 않은 이상 그 조세채권은 '신탁 전의 원인으로 발생한 권리'에 해당된다고 볼 수 없고, 위탁자가 국세징수를 피하기 위하여 위 제도를 악용하고 있다는 등의 사유는 그와 같은 경우를 대비하여 신탁법 또는 국세징수법 등의 사해행위취소 등의 제도가 있는 점을 고려할 때 그런 이유만으로 신탁법을 달리 해석할 근거는 되지 못한다는 근거에서 위 압류처분은 당연무효라고 판단하였다.

2.2.2. 신탁사무의 처리상 발생한 권리에 기한 경우

(1) '권리'의 의의

수탁자는 신탁사무 처리과정에서 다양한 권리를 얻고 의무를 부담하게 되는데, 이러한 권리와 의무는 신탁재산에 속한다. 수탁자와 거래한 상대방 또는 제3자가 수탁자에 대하여 채권을 취득한 경우 이는 신탁재산에 속한 채무로서 신탁재산이 책임재산이 되고, 원칙적으로 수탁자의 고유재산도 책임을 진다. 책임재산이 신탁재산이라는 이유로 강제집행 등이 금지되는 것은 아니므로, 신탁채권자는 유효하게 신탁재산에 대하여 강제집행 등을 할 수 있다.

신탁사무의 처리상 발생한 권리에는 수탁자가 신탁사무로서 신탁부동산에 설정한 물권과 같이 신탁재산 자체를 목적으로 하는 권리가 포함됨은 물론이다. 그리고 신탁재산으로

---

69) 이러한 개별상대효에 대한 상세는 이우재, 압류·가압류의 처분금지효와 개별상대효의 이해, 경영법무 통권 134호(2007), 18면 이하 참조.

부터 발생한 권리도 이에 해당한다. 신탁재산의 수리비 채권, 신탁재산에 대한 조세·공과금채권, 신탁재산에 속하는 물건의 하자로 인하여 발생한 제3자의 손해배상채권, 제3자 소유의 물건이 신탁재산에 첨부됨으로 인하여 발생한 부당이득반환채권 등이 그것이다.[70] 또한 임대차에 기한 임료채권, 신탁재산인 부동산의 수분양자가 가지는 입점지연에 따른 지체상금[71] 등도 신탁사무의 처리상 발생한 권리이다.

한편 수익채권은 신탁행위로 정한 바에 따라서 또는 수익자지정권 등의 행사에 의하여 수익권을 취득한 자에게 발생하기 때문에 신탁사무의 처리상 발생한 권리는 아니다. 그러나 수익채권은 신탁재산에 속한 채무로서 신탁재산이 책임을 진다. 수익자는 그 채무의 이행을 소구하고 강제할 수 있어야 하므로, 신탁사무의 처리상 발생한 권리에 준하여 수익채권에 기한 경우에도 신탁재산에 대한 강제집행 등이 가능하다고 할 것이다.[72]

(2) '권리'의 범위

신탁사무의 처리상 발생한 권리의 범위와 관련하여 수탁자와 거래한 모든 채권자가 신탁재산에 강제집행 등을 할 수 있는지, 그 권리가 수탁자의 적법한 사무처리로 인한 것에 한정되는지가 문제된다. 학설은 법인이 대표자의 불법행위에 대하여 책임을 지는 점을 고려할 때 신탁사무와 관련된 불법행위에 대하여 수탁자도 책임이 있다고 할 것이고, 위험부담의 관점에서는 수탁자의 신탁재산 관리사무와 관련하여 발생한 위험은 관리사무로 이익을 얻는 신탁재산이 부담하는 것이 타당하다는 점에서 피해자는 신탁재산에 대하여 강제집행 등을 할 수 있다고 한다.[73]

수탁자와 거래하는 자는 수탁자의 신용 및 신탁을 전제로 하는데, 수탁자의 행위가 적법하지 않은 때에는 신탁재산이 책임을 지지 않는다고 한다면 그 상대방은 불측의 손해를 입을 수 있다. 수탁자의 부적법한 신탁사무 처리로 신탁재산에 손해가 발생하였다면 이는 신탁재산과 수탁자 사이에서 조정되어야 한다. 거래상대방 내지 제3자에 대하여 신탁재산을 책임재산에서 배제하는 것은 본래의 이해관계 조정을 넘어서 거래의 안전을 해하게 된다. 그리고 일반적으로 타인을 사용하는 법률관계에 있어서 타인의 행위로 인한 손해는 이

6

---

70) 법무부, 188면.

71) 대법원 2004. 10. 15. 선고 2004다31883, 31890 판결.

72) 일본 신탁법 제21조는 신탁재산책임부담채무 중 하나로 수익채권을 들고, 동법 제23조 제1항은 신탁재산책임부담채무에 관한 채권이 아닌 한 강제집행 등이 금지된다고 규정하여 위와 같은 해석상의 문제를 남기지 않는다.

73) 최동식, 296면 이하; 이중기, 176면 이하; 오영준, 신탁재산의 독립성, 868면 이하.

익과 마찬가지로 그 타인을 사용하는 자가 부담하는 것이 공평의 관념에 부합한다.[74] 신탁재산은 법인격이 없으므로 신탁재산이 수탁자를 사용하는 관계는 아니지만, 신탁목적의 달성을 위하여 신탁사무를 처리하는 수탁자의 행위와 그로 인한 법률효과는 결국 신탁재산에 귀속된다. 그러므로 수탁자의 신탁사무 처리 중의 불법행위로 인한 채권도 신탁재산에 대한 강제집행 등이 가능한 '신탁사무의 처리상 발생한 권리'에 해당한다고 할 것이다.

　　판례도 동일한 입장인데, 대법원 2007. 6. 1. 선고 2005다5843 판결은 그 근거를 상세히 설시하고 있다. "'신탁사무의 처리상 발생한 채권'에는 신탁재산의 관리 또는 처분 등 신탁업무를 수행하는 수탁자의 통상적인 사업활동상의 행위로 인하여 제3자에게 손해가 발생한 경우 피해자인 제3자가 가지는 불법행위에 기한 손해배상채권도 포함되는 것으로 봄이 상당하다. 왜냐하면, 신탁자 또는 수탁자의 고유재산으로부터 신탁재산의 독립성을 보장하려는 것이 신탁법의 고유한 목적임을 감안한다 하더라도, 오늘날 수탁자의 사무가 전통적인 영역인 단순한 재산 관리의 수준을 넘어서서 활발한 대외적인 활동을 수반하기에 이른 만큼 그에 상응하여 피해자에 대한 보호방안의 필요성을 외면하기 어렵고, 다른 한편으로 대리인이나 고용인이 그 자신의 일반적인 권한 내에서 행동한 경우 본인이나 사용자에게 책임을 귀속시킬 수 있듯이 그 자신의 일반적인 권한 내에서 행동하는 수탁자는 비록 신탁자 개인에게 책임을 귀속시킬 수는 없다고 하더라도 신탁재산에 대해서는 책임을 귀속시킬 수 있다고 보는 것이 공평에 부합한다고 할 것이기 때문이다. 그리고 이러한 이유에서 피해자인 제3자로 하여금 신탁재산에 대한 강제집행을 할 수 있도록 허용하는 것이므로, 신탁업무를 수행하는 수탁자의 통상적인 사업활동상의 행위로 인하여 제3자에게 손해가 발생한 경우인 이상, 신탁재산에 속하는 공작물의 숨은 하자에서 생기는 불법행위에 기한 손해배상채권이나 신탁사무의 처리로서 매각한 신탁재산의 숨은 하자에 대한 담보책임과 같이 신탁재산 자체에서 연유하는 권리와 대비하여 원심이 지적하는 바와 같은 이른바 '신탁재산에 기인하지 않은 불법행위로 인한 손해배상채권' 중에서 그 불법행위로 증가된 신탁재산의 가치와 채권자의 손실 사이에 어떠한 대가적인 관련이 없는 경우라 할지라도 '신탁사무의 처리상 발생한 채권'에 해당하지 않는다고 보아 신탁재산에 대하여 강제집행이 허용되지 않는다고 할 수는 없다."

---

74) 이러한 근거는 다수 학설과 판례가 민법 제756조의 사용자책임의 근거로 제시하는 보상책임설의 내용이기도 하다.

3. 파산과 신탁재산

3.1. 신탁의 도산격리

신탁의 대표적인 특징 내지 장점으로 지적되는 것이 바로 도산격리다. 도산격리는 일반적으로 타인의 도산으로부터 영향을 받지 않는 것을 의미하는데,[75] 신탁의 도산격리는 일종의 포괄집행절차인 도산절차에서 신탁재산이 그 집행대상이 되지 않는다는 의미이다. 신탁재산의 독립성은 위탁자는 물론 수탁자의 도산시에도 관철되는바,[76] 신탁재산은 이들 절차에서 파산재단, 회생절차관리인이 관리 및 처분 권한을 갖는 채무자의 재산이나 개인회생재단을 구성하지 않는다(제24조).

3.2. 수탁자의 파산 등

3.2.1. 수탁자의 파산에 따른 법률관계

(1) 수탁자의 임무종료와 신탁재산관리인의 선임

수탁자가 파산선고를 받은 경우 그 임무는 종료한다(제12조 제1항 제3호). 이 경우 구신탁법 제11조 제2항은 파산관재인으로 하여금 신수탁자가 신탁사무를 처리할 수 있게 될 때까지 신탁재산을 보관하고 신탁사무 인계에 필요한 행위를 하도록 하였다. 구신탁법에서 신탁재산관리인은 법원이 수탁자의 사임이나 해임결정을 하는 때 선임을 할 수 있는 사항이어서(구신탁법 제16조), 수탁자 파산시에는 신수탁자가 선임될 때까지의 공백을 파산관재인으로 메울 필요가 있었다.

그러나 제18조 제1항 및 제2항은 수탁자의 파산선고시에 신수탁자가 선임되지 않거나 다른 수탁자가 존재하지 않는 때에는 필수적 신탁재산관리인을 선임하도록 한다. 그러므로 구신탁법에서와 같이 수탁자 파산 후 신수탁자 선임시까지 파산관재인에 대하여 신탁재산 및 신탁사무와 관련한 일반적인 의무를 규정할 필요가 없게 되었다. 법원이 파산관재인과 함께 신탁재산관리인을 선임하면 고유재산이 속하는 파산재단에 대하여는 파산관재인이 관리, 처분권한을 가지고(채무자회생법 제384조), 신탁재산에 대하여는 신탁재산관리인이 이를 보관하고 신탁사무를 인계하게 되는 것이다.[77] 그래서 제12조 제3항도 구신탁법 제11조 제2항과 그 규정방식을 달리하여, 파산선고로 임무가 종료한 수탁자로 하여금 파산관재인

---

75) 임채웅, 도산격리의 연구, 민사소송 제12권 1호(2008. 5), 424면.
76) 반면 수익권은 수익자의 책임재산을 이루며 수익자 파산시에 파산재단을 구성한다.
77) 이 경우 필수적 신탁재산관리인의 지위에 대하여는 제4장 II. 6.3.2. 참조.

에게 신탁재산에 관한 사항을 통지하도록 정하고 있을 뿐이다.

(2) 소송절차의 중단 여부 및 소송절차의 수계

파산으로 인하여 수탁자의 위탁임무가 종료하면 소송절차는 중단되고, 이 경우 신수탁자가 소송절차를 수계하여야 한다(민사소송법 제236조). 그 결과 수탁자는 상고를 제기할 권한이 없으며, 파산관재인도 신탁재산에 대한 임시적인 관리의무만을 부담하며 신탁재산에 대한 소송수행권을 포함한 관리처분권을 가지지 않으므로 상고할 수 없다.

대법원 2008. 9. 11.자 2006마272 결정은 구신탁법 제11조가 "파산관재인에게 신탁재산에 대한 임시적인 관리의무만을 부담시킨 것일 뿐 그로써 신탁재산에 대한 소송수행권을 포함한 관리처분권을 부여한 것으로는 볼 수 없으므로 위 규정만으로 소송수계신청인에게 수계적격이 있다고 볼 수 없고, 새로운 수탁자가 선임되지 아니한 상태에서 소송수계신청인이 파산관재업무의 일환으로 법원의 감독하에 신탁재산 정리업무를 처리하고 있다는 사정만으로도 역시 소송수계신청인에게 수계적격을 인정할 수 없다"고 보아 파산관재인의 소송수계신청을 받아들이지 않았다.

반면 소송대리인이 있는 경우에는 소송절차가 중단되지 않고(민사소송법 제238조), 소송대리권도 소멸하지 않는다(동법 제95조 제3호). 따라서 수탁자가 파산선고를 받아 임무가 종료하였으나 소송대리인이 있어서 소송절차가 중단되지 않는 경우에는 원칙적으로 소송수계의 문제가 발생하지 않는다. 소송대리인은 당사자 지위를 당연승계하는 신수탁자를 위하여 소송을 수행하게 되며, 그 사건의 판결은 신수탁자에 대하여 효력이 있다. 이때 신수탁자로 당사자의 표시를 정정하지 아니한 채 전수탁자를 그대로 당사자로 표시하여도 무방하며, 신탁재산에 대한 관리처분권이 없는 자를 신당사자로 잘못 표시하였다고 하더라도 그 표시가 전수탁자의 소송수계인 등 신탁재산에 대한 관리처분권을 승계한 자임을 나타내는 문구로 되어 있으면 잘못 표시된 당사자에 대하여는 판결의 효력이 미치지 않고 여전히 정당한 관리처분권을 가진 신수탁자에 대하여 판결의 효력이 미친다.[78]

(3) 신탁재산의 환취

파산선고는 채무자에 속하지 않는 재산을 파산재단으로부터 환취하는 권리에 영향을 미치지 않는다(채무자회생법 제407조). 그러므로 수탁자 파산시에 신탁재산관리인 또는 신수탁자는 환취권을 행사할 수 있다(동법 제407조의2 제1항). 그리고 신탁이 종료한 경우에는 제101

---

78) 대법원 2014. 12. 24. 선고 2012다74304 판결.

조에 따라 신탁재산이 귀속되는 자가 환취권을 행사한다(동법 제407조의2 제2항). 환취권이란 채무자에게 속하지 않는 재산을 파산재단으로부터 배제할 수 있는 절차법적 권리로서, 그 기초가 되는 권리는 물권뿐 아니라 계약상 목적물의 반환을 청구할 수 있는 권리도 포함된다.[79] 그러므로 신탁이 종료함으로써 신탁재산에 대한 반환청구권 내지 이전청구권을 가지는 수익자, 잔여재산수익자, 귀속권리자에게도 환취권이 인정되는 것이다.

그런데 누구에게 환취권을 수여할 것인가에 관하여 학설은 대립한다. 수익자 이익의 보호를 위하여 수익자에게 인정되어야 한다거나,[80] 수탁자의 파산으로 신탁관계가 종료하므로 위탁자 또는 수익자에게 인정되어야 한다거나,[81] 신수탁자 또는 귀속권리자에게 인정되어야 한다고 한다.[82] 하지만 수탁자의 파산으로 신탁관계가 당연히 종료하는 것은 아니며, 또 신탁존속 중에는 위탁자나 수익자는 원칙적으로 신탁재산에 대한 반환청구권을 가지지 않는다. 그러므로 법리상 위탁자나 수익자에게 환취권을 인정할 수는 없다. 다만 신탁이 종료한 경우에는 법정신탁이 발생하고 이 법정신탁의 신탁재산관리인 또는 신수탁자가 환취권을 행사할 수도 있지만, 종국적으로 재산이 귀속될 귀속권리자에게 환취권을 인정하는 것이 법률관계를 보다 간단히 할 수 있다.[83] 그러므로 채무자회생법의 정함에 따라서 신탁존속 중에는 신탁재산관리인이나 신수탁자, 신탁이 종료한 때에는 귀속권리자가 각각 환취권을 가진다고 할 것이다.

3.2.2. 수탁자에 대한 회생절차

수탁자에 대하여 회생절차가 개시된 경우 신탁상 이를 임무 종료사유로 정하고 있지 않는 한 수탁자의 임무가 당연히 종료하지는 않는다. 청산형 절차인 파산과 달리 재건형 절차인 회생은 사업의 재건과 영업의 계속을 통한 채무변제가 주된 목적이므로,[84] 수탁자에 대하여 회생절차가 개시된다고 해서 곧 그 임무가 종료하는 것은 아니다. 그러나 회생절차

---

79) 이연갑, 신탁법상 수탁자의 파산과 수익자의 보호, 245면.

80) 최동식, 116면은 파산관재인이 자기 점유하에 있는 재산을 환가하여 그 채권자를 위한 배당재원으로 삼게 될 우려가 있음을 근거로 한다. 그리고 이연갑, 신탁법상 수탁자의 파산과 수익자의 보호, 249면은 신탁행위에 특별한 정함이 없는 한 수익자에게는 수탁자에 대한 신탁재산의 인도청구권이 부여되지 않지만 수탁자가 파산한 경우에는 가장 이해관계가 크기 때문에 입법적으로 환취권을 인정할 필요가 있다고 한다.

81) 전병서, 도산법 제2판, 법문사, 2007, 291면 이하.

82) 이중기, 181면 이하.

83) 반면 임채웅, 수탁자가 파산한 경우의 신탁법률관계 연구, 사법 제6호(2008. 12), 128면은 환취권이 파산관재인을 상대로 재산에 관한 대외적인 권리를 행사할 수 있는 자에게 인정된다는 근거에서 위탁자나 수익자에게는 인정할 여지가 없고 이는 신탁이 종료한 경우에도 마찬가지라고 한다.

84) 서울중앙지방법원 파산부 실무연구회, 도산절차와 소송 및 집행절차, 박영사, 2011, 3면.

개시결정을 받은 채무자의 업무수행과 재산관리 및 처분 권한은 관리인에게 전속한다(채무
자회생법 제56조 제1항). 채무자의 업무에서 수탁자의 업무를 배제하는 별도의 규정이나 근거
는 없으므로, 이제 관리인이 수탁자로서의 업무를 수행하게 된다. 만약 수탁자에게 신탁재
산에 속한 재산의 관리 및 처분권을 남겨둔다면, 관리인이 업무수행 권한을 장악하기도 어
려울 것이기 때문이다.[85) 다만 이러한 결과는 위탁자의 의사 또는 수익자의 이익에 상반될
수 있으므로 신탁설정시에 수탁자에 대한 회생절차개시를 그 임무 종료사유로 정할 수 있
을 것이다.

　　관리인이 수탁자의 업무를 계속하는 한 신탁재산은 채무자의 재산과 분리, 독립한다.
따라서 이 경우 신탁재산의 환취는 문제되지 않는다. 그러나 신탁상 정함에 따라서 수탁자
에 대한 회생절차 개시로 신탁이 종료하거나 위탁자 및 수익자의 합의로 회생절차가 개시
된 수탁자를 해임하는 경우에는 신탁재산관리인이나 신수탁자가 관리인에 대하여 환취권을
행사할 수 있다(동법 제70조).

3.2.3. 수탁자에 대한 개인회생절차

　　수탁자에 대하여 개인회생절차가 개시된 경우 개시결정 당시 채무자의 모든 재산 및
개시결정 이전 발생한 원인으로 장래에 행사할 청구권과 절차 진행 중에 채무자가 취득한
재산은 개인회생재단에 속하고(채무자회생법 제580조 제1항), 채무자는 개인회생재단을 관리,
처분할 권한을 가진다(동법 제580조 제2항 본문). 회생절차와 마찬가지로 개인회생절차의 개시
는 수탁자의 임무 종료사유에 해당하지 않지만, 신탁상 이를 임무 종료사유로 정할 수 있음
은 물론이다. 또한 위탁자와 수익자는 합의에 의하여 수탁자를 해임할 수도 있다. 그러한
정함이나 해임이 없는 한 수탁자는 여전히 그 지위를 유지하며, 신탁재산은 수탁자의 개인
회생재단과 독립하여 존재하게 된다.

3.2.4. 도산절차에서 신탁채권자의 지위

(1) 신탁재산에 대한 관계

　　신탁재산은 수탁자의 고유재산으로부터 독립하므로 수탁자의 도산으로부터 영향을 받
지 않는다. 수탁자가 파산한 경우 신탁재산은 파산재단에 속하지 않으므로 신탁채권자는
신탁재산에 대하여 여전히 그 권리를 행사할 수 있다. 이때 그 상대방은 신탁재산을 보유하
고 있는 신탁재산관리인이며, 신수탁자가 선임된 때에는 신수탁자가 상대방이 된다.

---

85) 寺本昌廣, 逐條解說 新しい信託法, 商事法務, 2007, 196頁.

대법원 2010. 6. 24. 선고 2007다63997 판결은 A가 소외 회사로부터 수탁받은 이 사건 신탁사업을 수행하기 위하여 수급인인 정리회사와 사이에 신축공사 도급계약을 체결하였다가 발생한 지체상금 등 이 사건 정리채권은 신탁재산에 속하는 재산으로서 파산자 A의 파산재단에 포함되지 않는다고 전제한 다음, 파산자 A에 대하여 이 사건 신탁사무의 처리상 발생한 구상금채권을 가진 원고로서는 파산자 A의 파산관재인을 상대로 신탁재산에 속하는 이 사건 정리채권에 대한 가압류를 구할 수 있으므로 이 사건 배당이의를 구할 당사자적격을 갖는다고 판단한 원심이 정당하다고 보았다. 신탁채권자가 신탁재산에 대한 권리를 행사할 수 있음에는 의문이 없다. 다만 위 판결은 수탁자 파산시에 파산관재인이 신탁재산에 대한 임시적인 관리의무를 부담하는 구신탁법의 규정체계를 전제로 한 것으로, 현행법하에서는 신탁재산관리인 또는 신수탁자가 상대방이 된다.

(2) 파산재단에 대한 관계

가. 파산채권자의 지위

신탁재산이 수탁자의 고유재산에 대한 채권자들로부터 독립한다고 해서 수탁자의 고유재산마저 신탁채권자로부터 독립한 것은 아니다. 신탁채권자에 대하여 원칙적으로 수탁자의 고유재산도 책임재산이 된다. 따라서 수탁자가 파산한 경우 신탁채권자는 채권 전액에 대하여 파산채권자로서의 권리를 행사할 수 있다.

판례도 수탁자 파산시 파산재단에 대한 신탁채권자의 지위를 동일하게 판단하고 있다. 예컨대 대법원 2004. 10. 15. 선고 2004다31883, 31890 판결은 "수탁자가 수익자 이외의 제3자 중 신탁재산에 대하여 강제집행을 할 수 있는 채권자에 대하여 부담하는 채무에 관한 이행책임은 신탁재산의 한도 내로 제한되는 것이 아니라 수탁자의 고유재산에 대하여도 미치는 것으로 보아야 한다. 그리고 수탁자가 파산한 경우에 신탁재산은 수탁자의 고유재산이 된 것을 제외하고는 파산재단을 구성하지 않는 것이지만, 신탁사무의 처리상 발생한 채권을 가진 채권자는 파산선고 당시의 채권 전액에 관하여 파산재단에 대하여 파산채권자로서 권리를 행사할 수 있는 것"이라고 설시하였다.

대법원 2006. 11. 23. 선고 2004다3925 판결도 수탁자가 신탁사무를 처리하는 과정에서 수익자 이외의 제3자에게 채무를 부담하는 경우 그 이행책임은 신탁재산의 한도 내로 제한되는 것이 아니라 수탁자의 고유재산에 대하여도 미친다고 하면서, 신탁채권자는 수탁자가 파산할 경우 파산선고 당시의 채권 전액에 관하여 파산재단에 대해 파산채권자로서 권리를 행사할 수 있음을 분명히 하였다.

6

나. 권리의 행사

신탁채권자는 신탁재산 및 파산재단에 대하여 그 권리를 행사할 수 있지만, 이를 통해 이중으로 변제받을 수는 없다. 신탁재산과 파산재단 각각에 권리를 행사한 결과 먼저 파산 재단에서 배당을 받았다면 신탁재산에 대한 채권액도 그만큼 감액된다. 파산절차의 후속절 차인 면책절차에서 면책을 받은 채무자는 파산절차에 의한 배당을 제외하고는 파산채권자 에 대하여 채무 전부에 관하여 그 책임이 면제되는데(채무자회생법 제566조), 채무자의 채무 자체가 소멸하는 것은 아니고 채무자가 채무를 변제할 책임에서 벗어날 뿐이다.86) 그러므 로 파산재단으로부터 채권 전부의 만족을 얻지 못한 신탁채권자는 변제받지 못한 부분에 대하여 신탁재산으로부터 변제받을 수 있다.

반면 신탁재산으로부터 먼저 일부 변제를 받은 경우에는 도산법리에 의하여 파산채권액 이 감소되지 않는다.87) 다수의 채무자가 각각 채무 전부에 대한 이행의무가 있는 경우 그중 전부 또는 일부가 파산선고를 받은 때에는 채권자는 파산선고시에 가진 채권 전액에 관하여 각 파산재단에 대하여 파산채권자로서 권리를 행사할 수 있고(동법 제428조),88) 절차 개시후 전부의무자로부터 당해 채권의 일부를 변제받더라도 채권 전부가 소멸하지 않는 한 계속 위 신고채권 전액에 관하여 그 권리를 행사할 수 있다.89) 이러한 현존액주의는 책임재산의 집적에 의하여 하나의 책임재산으로 인한 위험을 분산하고자 하는 실체법의 취지가 파산절 차에도 반영된 것90) 또는 채권자의 보호를 위하여 다수당사자의 채권관계에서 변제 등에 대한 절대적 효력의 예외가 인정된 것으로 풀이된다.91) 그러므로 신탁채권자는 신탁재산으 로부터 일부를 변제받은 때에도 현존액주의에 기해 여전히 파산선고 당시의 채권 전액으로 파산절차에 참가할 수 있다.92)

---

86) 서울중앙지방법원 파산부 실무연구회, 도산절차와 소송 및 집행절차, 243면.
87) 同旨 임채웅, 수탁자가 파산한 경우의 신탁법률관계 연구, 125면 이하.
88) 채무자회생법 제126조 제1항 및 제582조 제2항은 각각 회생절차와 개인회생절차에서도 동일하게 정하고 있다.
89) 채무자회생법 제126조 제2항은 회생절차에서 이를 명시하고 있지만 파산절차와 개인회생절차에는 규정이 없다. 그러나 동일하게 취급하는 데 학설은 일치한다.
90) 김정만, 도산절차상 현존액주의-일부보증 및 물상보증을 중심으로-, 회생과 파산 Vol.1(2012), 282면.
91) 양형우, 다수당사자의 채권관계와 파산절차상 현존액주의, 민사법학 제44호(2009. 3), 259면 이하.
92) 대법원 2002. 12. 24. 선고 2002다24379 판결; 대법원 2003. 2. 26. 선고 2001다62114 판결.

3.3. 위탁자의 파산 등[93]

3.3.1. 위탁자의 파산에 따른 법률관계

신탁의 도산격리기능은 위탁자의 파산시에도 관철된다. 무엇보다 위탁자는 신탁을 통하여 신탁재산을 수탁자에게 이전하였기 때문에 위탁자가 파산선고를 받은 경우 신탁설정행위에 대하여 파산관재인이 부인권을 행사함으로써 신탁재산이 파산재단에 원상회복되지 않는 한 수탁자의 소유인 신탁재산은 파산재단에 속하지 않는다(채무자회생법 제382조 참조).

그러나 위탁자가 가진 수익권은 당연히 그의 일반재산으로서 파산재단에 속한다. 그리고 이러한 수익권에 대하여 질권 등을 취득한 채권자는 파산절차에 의하지 않고 별제권을 행사할 수 있으며, 그럼에도 불구하고 변제받지 못한 채권액에 대하여는 파산채권자로서 권리를 가진다(동법 제411조 내지 제413조). 이와 달리 위탁자가 신탁을 설정하면서 채권자를 우선수익자로 정하였다면, 위탁자와 수익자의 지위는 준별되고 우선수익권은 파산재단에 속한 재산이 아닌 수탁자 소유의 신탁재산으로부터의 수익을 내용으로 하기 때문에 위탁자의 파산으로부터 영향을 받지 않는다.

3.3.2. 위탁자에 대한 회생절차

위탁자에 대하여 회생절차가 개시된 경우 파산에서와 마찬가지로 신탁재산 자체는 회생절차의 관리인이 관리 및 처분 권한을 가지는 채무자의 재산을 구성하지 않는다. 그리고 회생채권이나 회생절차개시 전의 원인으로 생긴 채무자 외의 자에 대한 재산상의 청구권으로서 회생절차개시 당시 채무자의 재산상에 존재하는 유치권, 질권, 저당권, 양도담보권, 가등기담보권, 동산ㆍ채권 등의 담보에 관한 법률에 따른 담보권, 전세권, 우선특권으로 담보된 회생담보권(채무자회생법 제141조 제1항)은[94] 회생절차 내에서만 행사가 가능하다. 회생계획인가 결정이 있는 때에는 회생계획이나 법률규정에 의하여 인정된 권리를 제외하고는 채무자는 모든 회생채권과 회생담보권에 관하여 그 책임을 면하며, 주주ㆍ지분권자의 권리와 채무자의 재산상에 있던 모든 담보권은 소멸한다(동법 제251조). 그러나 회생계획은 회생

---

93) 이하는 최수정, 타인 채무의 담보를 위하여 신탁을 설정한 위탁자의 지위, 선진상사법률연구 통권 제101호 (2023. 1), 80면 이하에 의한다.

94) 동법 규정의 해석상 회생담보권은 유치권 등 담보권 자체가 아니라 그것에 의하여 담보되는 채권이나 청구권을 의미함이 분명하다. 하지만 종종 판례는 담보권을 일컬어 회생담보권이라고 부르기도 하는데, 대법원 2014. 4. 10. 선고 2013다61190 판결은 동산의 소유권유보부매매에 있어서 "매도인이 유보한 소유권은 담보권의 실질을 가지고 있으므로 담보목적의 양도와 마찬가지로 매수인에 대한 회생절차에서 회생담보권으로 취급함이 타당"하다고 한다. 그러나 법률규정과는 일치하지 않는 설시이다.

채권자 또는 회생담보권자가 회생절차가 개시된 채무자의 보증인 그 밖에 회생절차가 개시된 채무자와 함께 채무를 부담하는 자에 대하여 가지는 권리나 채무자 외의 자가 회생채권자 또는 회생담보권자를 위하여 제공한 담보에는 영향을 미치지 않는다(동법 제250조 제2항). 그래서 만약 부동산담보신탁상 우선수익권을 가진 채권자가 회생담보권자에 해당한다면 회생절차에 영향을 받지 않을 수 없게 되는데, 학설은 긍정설과 부정설이 대립한다.95) 그리고 판례는 부정설의 입장이다.

먼저 대법원 2001. 7. 13. 선고 2001다9267 판결은 부동산담보신탁을 설정하면서 채권자를 우선수익자로 정한 위탁자 겸 채무자에 대하여 회사정리절차가 개시된 사안에서, 채권자가 신탁부동산에 대하여 수익권을 가지게 된 원인이 비록 위탁자의 신탁행위로 말미암은 것이라도 그 수익권은 구회사정리법 제240조 제2항에서 정한 '정리회사 이외의 자가 정리채권자 또는 정리담보권자를 위하여 제공한 담보'에 해당하여 정리계획에 영향을 받지 않으므로, 채권자가 정리채권 신고기간 내에 신고하지 않아 정리계획에 변제의 대상으로 규정되지 않았더라도 아무런 영향이 없다고 하였다.96)

대법원 2002. 12. 26. 선고 2002다49484 판결은 위탁자와 수익자의 지위는 별개의 것이고, 특히 담보신탁이 아니라 분양형토지(개발)신탁의 경우 신탁계약시에 위탁자인 정리전 회사가 제3자를 수익자로 지정한 이상, 비록 채권담보의 목적이라고 하더라도 그 수익권은 신탁계약에 의하여 원시적으로 제3자에게 귀속하고 위탁자인 정리전 회사에게 귀속되어야 할 재산권을 제3자에게 담보목적으로 이전하였다고 볼 수는 없기 때문에 그 수익권은 정리절차개시 당시 회사 재산이라고 볼 수 없다고 하여 위 판결과 결론을 같이 하였다.

한편 대법원 2003. 5. 30. 선고 2003다18685 판결은 위탁자가 부동산관리신탁계약을 체결하고 수탁자에게 소유권이전등기를 한 다음 수탁자로 하여금 위탁자의 채권자를 위하여 신탁부동산에 근저당권설정등기를 하도록 한 사안에서, "채권자가 신탁부동산에 대하여

95) 남동희, 부동산신탁의 위탁자에 대한 회생절차의 실무상 쟁점, 사법 15호(2011. 3), 145면은 당사자들의 협상의 결과로 결정된 만큼 이러한 차별적 취급이 부당한 것은 아니라고 한다. 반면 윤진수, 담보신탁의 도산절연론 비판, 비교사법 제25권 2호(2018), 697면 이하는 회생절차상 채권자의 수익권은 회생담보권으로 규율되는 양도담보와 다르지 않기 때문에 도산절연을 부정하고 회생담보권으로 취급하여야 한다고 주장한다. 학설대립에 대한 소개는 이원삼, 담보신탁의 도산절연에 대한 고찰, 상사판례연구 제32집 제3권(2019), 248면 이하; 정순섭, 666면 이하.
96) '회사 이외의 자가 정리채권자 또는 정리담보권자를 위하여 제공한 담보'의 의미에 대하여 대법원 2003. 5. 30. 선고 2003다18685 판결 및 대법원 2017. 11. 23. 선고 2015다47327 판결은 정리채권자(회생채권자) 등이 회사(채무자)에 대한 채권을 피담보채권으로 하여 제3자의 재산상에 가지고 있는 담보물권 내지 담보권이라고 해석한다.

갖는 근저당권 등 담보권은 회사정리법 제240조 제2항에서 말하는 '정리회사 이외의 자가 정리채권자 또는 정리담보권자를 위하여 제공한 담보'에 해당하여 정리계획이 여기에 영향을 미칠 수 없다고 할 것일 뿐만 아니라 채권자가 정리채권 신고기간 내에 신고를 하지 아니함으로써 정리계획에 변제의 대상으로 규정되지 않았다 하더라도, 이로써 실권되는 권리는 채권자가 신탁자에 대하여 가지는 정리채권 또는 정리담보권에 한하고, 수탁자에 대하여 가지는 신탁부동산에 관한 담보권과 그 피담보채권에는 아무런 영향이 없다"고 하였다.

담보라고 하는 동일한 경제적 목적하에서도 당사자들이 신탁을 어떻게 설계하고 활용하는가에 따라서 위탁자에 대한 회생절차에서 신탁의 도산격리효는 다르게 나타날 수 있다. 회생절차 개시전 채무자가 신탁을 설정하면서 채권자를 우선수익자로 정하였다면, 수탁자 소유의 신탁재산이나 채권자의 우선수익권은 정리회사의 재산에 속하지 않기 때문에 이미 회생담보권의 개념과는 거리가 멀고, 따라서 우선수익자인 채권자가 회생담보권자가 될 수는 없다. 그러나 자익신탁을 설정한 후 수익권에 관하여 질권 또는 양도담보권을 설정해주었다면, 이는 채무자가 제공하였을 뿐만 아니라 채무자 재산에 속하는 수익권을 담보로 제공한 것이므로 회생계획에 영향을 받게 된다.[97] 위탁자와 수익자의 지위는 별개이며, 신탁설정시에 채권자를 우선수익자로 정하는 경우와 위탁자가 가진 수익권에 질권을 설정하거나 수익권을 양도담보로 제공하는 경우는 엄연히 우선수익권의 귀속주체가 다르다. 그러므로 판례의 결론은 정당하며, 회생담보권에 관한 명시적인 규정을 무시한 채 양자가 단순히 형식적인 차이에 지나지 않는다거나 실질적·경제적으로 다르지 않다고 단정해서는 안 될 것이다.

4. 수탁자의 사망 등과 신탁재산

4.1. 수탁자의 사망

신탁재산이 그 명의자인 수탁자의 고유재산과 분리, 독립한 법상태는 수탁자의 사망시에도 관철된다. 자연인인 수탁자가 사망한 경우 수탁자의 임무는 종료한다(제12조 제1항 제1호). 그리고 수탁자의 상속인은 수탁자의 재산에 관한 권리·의무를 포괄적으로 승계하지만(민법 제1005조), 포괄승계되는 권리·의무는 고유재산에 속한 것에 한하며 신탁재산은 수탁

---

97) 위 대법원 2002. 12. 26. 선고 2002다49484 판결도 방론으로 "신탁계약시에 위탁자인 정리전 회사가 자신을 수익자로 지정한 후 그 수익권을 담보목적으로 제3자에게 양도한 경우에는 그 수익권을 양도담보로 제공한 것으로서 정리절차개시 당시 회사 재산에 대한 담보권이 된다"고 설시하였다.

자의 상속인에게 승계되지 않는다. 그러므로 상속채권자나 상속인의 채권자는 신탁재산에 대하여 강제집행 등을 할 수 없다. 그럼에도 불구하고 강제집행 등이 행해지는 경우 위탁자, 수익자, 다른 공동수탁자는 제22조에 따라 이의 또는 불복을 할 수 있다. 다만 제3자에 대하여 신탁재산을 대항하기 위해서는 제4조에서 정한 공시방법을 갖추어야 한다.

한편 수탁자의 상속인이 신탁재산을 점유하거나 이전등기를 한 경우에는 다른 공동수탁자 또는 신수탁자는 신탁재산의 소유자로서 그 상속인에 대하여 신탁재산의 반환이나 원인무효등기의 말소를 청구할 수 있다. 그리고 수익자는 수익권을 피보전권리로 하여 수탁자의 권리를 대위행사할 수 있다. 상속채권자에 대하여 신탁재산임을 대항하기 위해서는 신탁재산의 공시방법을 갖추어야 하지만, 상속인에 대하여는 신탁재산의 대항요건은 필요하지 않다.98) 수탁자의 포괄승계인인 상속인은 제4조의 제3자에 해당하지 않기 때문이다. 상속인이 승계하는 재산의 범위는 수탁자의 고유재산에 한정되므로 대항요건이 필요하지 않다고 하더라도 상속인에게 불측의 손해를 주는 것은 아니며, 신탁재산과 수탁자의 상속인과의 관계에서는 신탁재산과 거래한 상대방의 보호가 아닌 신탁재산의 보호만이 문제된다는 점에서도 그러하다.

4.2. 수탁자의 이혼

협의이혼이나 재판상 이혼에서 일방은 다른 일방에 대하여 재산분할을 청구할 수 있다(민법 제839조의2 및 제843조). 그러나 신탁재산은 수탁자 사망시에 상속재산에 속하지 않는 것과 마찬가지로 수탁자 이혼시에 재산분할의 대상이 되지 않는다(제23조). 재산분할청구제도는 부부가 혼인 중에 공동으로 형성한 재산을 부부의 실질적인 공동재산으로 보고, 부부 각자에게 속해 있던 잠재적인 지분을 이혼시에 각각에게 귀속시키는 기능을 한다.99) 그러므로 분할의 대상이 되는 것은 수탁자의 고유재산이며, 비록 명의는 수탁자라도 그의 고유재산과 독립한 신탁재산은 포함되지 않는 것이다. 수탁자의 배우자는 신탁재산을 재산분할의 대상으로 할 수 없으며,100) 또한 재산분할청구권을 피보전권리로 하여 신탁재산에 대하여 가압류나 가처분도 할 수 없다.

---

98) 법무부, 200면.
99) 김상용, 가족법, 민사판례연구 XXXIII−2, 박영사, 2011, 571면.
100) 수탁자가 그의 배우자에 대하여 재산분할청구권을 행사하여 취득한 재산도 수탁자의 고유재산에 귀속할 뿐 신탁재산에 속하지 않음은 물론이다.

5. 상계금지[101]

5.1. 상계금지원칙과 그 근거

5.1.1. 의의

상계제도는 대립하는 채권·채무를 간이하게 결제하는 수단이 될 뿐 아니라 수동채권의 존재 자체가 자동채권에 대한 담보로 기능한다. 그리고 담보적 기능에 대한 당사자의 합리적인 기대는 법적으로 보호된다.[102] 상계가 가능하기 위해서는 상계적상에 있을 것이 요구되며, 그 전제로서 상계가 금지되지 않아야 한다. 채권의 성질이나 당사자의 의사표시에 의하여 상계가 금지되기도 하지만 법률규정에 의하여도 상계가 제한되는데,[103] 제25조도 그중 하나이다.

제25조 제1항은 신탁재산에 속하는 채권과 신탁재산에 속하지 않는 채무의 상계를 금지한다. 신탁재산에 속하는 채권과 신탁재산에 속하지 않는 채무는 모두 수탁자 동일인의 명의이므로, 특별히 신탁과 관련하여 상계를 금지하는 위 규정의 취지 내지 근거가 문제된다.

5.1.2. 근거

신탁재산은 신탁 관련 당사자로부터 독립하여 신탁목적의 구속을 받는다. 신탁재산은 법인격을 가지지 않기 때문에 수탁자에 의하여 소유되고 관리·처분되지만, 수탁자의 고유재산이나 수탁자가 관리하는 다른 신탁재산과는 별개의 것이다. 만약 신탁재산에 속하는 채권과 신탁재산에 속하지 않는 채무의 상계를 허용한다면, 신탁재산으로 수탁자의 고유재산에 속한 채무 또는 수탁자가 소유하는 다른 신탁재산에 속한 채무를 변제하는 결과가 된다. 이것이 신탁재산의 독립성을 해함에는 의문이 없다.

그리고 신탁재산과 관련한 법률의 해석이나 적용에 있어서 수탁자의 고유재산과 신탁재산은 마치 서로 다른 소유자에게 속하는 것으로 전제하는 것이 유용한데,[104] 상계의 경우에도 그러하다. 신탁재산에 속하는 채권과 신탁재산에 속하지 않는 채무는 각각 다른 재산에 귀속하기 때문에 '쌍방이 서로 대립하는 채권을 가질 것'이라고 하는 상계요건을 실질

---

101) 이하는 최수정, 신탁법상의 상계 —일본 신탁법 개정과정에서의 논의를 중심으로—, 중앙법학 제9집 제4호 (2007. 12), 119면 이하; 최수정, 상계금지원칙의 적용범위 —대법원 2007. 9. 20. 선고 2005다48956 판결 —, 서강법학연구 제9권 2호(2007. 12), 191면 이하를 토대로 한다.

102) 대법원 2003. 4. 11. 선고 2002다59481 판결 등.

103) 가령 민법 제496조, 제497조, 제498조.

104) 제28조는 바로 이러한 전제를 명시하고 있다.

적으로 충족하지 못하는 것이다. 하지만 신탁재산에 속하는 채권과 채무, 수탁자의 고유재산에 속하는 채권과 채무와 같이 동일한 재산에 속하는 채권과 채무는 각각 상계할 수 있다. 이 경우에도 상계표시는 수탁자 또는 그 상대방이 해야 하며, 위탁자가 수탁자에 대하여 운용지시권을 가진 경우에도 그 지시권의 행사에 따라 수탁자가 상계할 수 있지만 위탁자 스스로 상계표시를 할 수는 없다.[105)]

사실 상계는 동일한 당사자간에 대립하는 채권의 존재를 요건으로 하지만, 예외적으로 타인에 대한 채권으로 상계할 수 있을 뿐만 아니라(민법 제426조 제1항, 제445조 제1항, 제451조 제2항) 타인이 가지는 채권으로도 상계할 수 있다(민법 제418조 제2항, 제434조). 그러므로 채권과 채무가 서로 다른 재산에 귀속된다는 이유 하나로 상계금지원칙을 전적으로 설명할 수는 없는데, 수탁자의 이익향수금지 내지 충실의무의 위반이 또 다른 근거가 될 수 있다. 만약 수탁자가 신탁재산에 속하는 채권과 신탁재산에 속하지 않는 채무를 상계할 수 있다고 한다면, 신탁재산에 속한 채권으로써 수탁자 자신의 개인적인 채무를 변제하게 되고, 그 결과 수탁자는 신탁목적에 따라서 신탁재산을 관리하고 신탁재산의 이익을 최대한 도모해야 할 충실의무를 위반하게 되는 것이다. 그리고 수탁자가 신탁재산에 속하는 채권과 다른 신탁재산에 속하는 채무를 상계하는 때에도 각 신탁재산의 독립성을 침해하고 이익상반행위 내지 충실의무위반을 야기하게 된다.

판례도[106)] 상계금지원칙의 취지가 "수탁자가 신탁의 수탁자로서 상대방에 대하여 갖고 있는 채권은 상대방이 수탁자 개인에 대하여 갖고 있는 반대채권과 법형식상으로는 상계 가능한 대립관계에 있는 것처럼 보이지만, 이 경우 수탁자에 의한 상계를 허용하게 되면 수탁자 고유의 채무를 신탁재산으로 소멸시켜 수탁자가 신탁재산으로부터 이익을 향수하는 결과를 초래하므로, 이를 금지함으로써 신탁재산의 감소를 방지하고 수익자를 보호하기 위함"임을 분명히 하고 있다.

---

105) 대법원 2002. 11. 22. 선고 2001다49241 판결; 대법원 2002. 12. 26. 선고 2002다12734 판결. 특히 대법원 2008. 2. 28. 선고 2005다51334 판결은, 위탁회사가 투자자(수익자)들로부터 모은 자금 등을 신탁하여 수탁회사가 보관하고 있는 신탁재산은 수탁회사가 그 소유자가 되므로, 특별한 사정이 없는 한 신탁재산에 속한 채권을 자동채권으로 하는 상계권 역시 수탁회사가 행사해야 하고, 이 경우 수동채권은 수탁회사가 부담하는 채무여야 하되, 위탁회사는 선량한 관리자로서 신탁재산을 관리·운용할 책임이 있으나, 의결권 외의 권리는 수탁회사를 통하여 행사해야 하므로, 상계권에 관하여도 위탁회사가 수탁회사에 지시하여 수탁회사로 하여금 일정한 내용으로 상계권을 행사하게 할 수 있을 것이나, 스스로 신탁재산에 속한 채권에 관하여 상계권을 행사할 수는 없다고 하였다.

106) 대법원 2007. 9. 20. 선고 2005다48956 판결.

5.2. 신탁재산에 속하는 채권과 신탁재산에 속하지 않는 채무의 상계

5.2.1. 상계의 금지

제25조 제1항 본문에 따라 신탁재산에 속하는 채권(①)과 신탁재산에 속하지 않는 채무(②)의 상계는 금지된다(ⅰ). 이때 신탁재산에 속하는 채권으로는 신탁재산의 관리·처분으로부터 발생한 채권, 신탁재산의 멸실·훼손에 의하여 발생한 채권, 신탁재산인 부동산이 수용되었을 경우의 보상청구권 등을 들 수 있다. 그리고 신탁재산에 속하지 않는 채무에는 수탁자 개인의 채무는 물론 수탁자 명의의 다른 신탁재산에 속한 채무도 포함된다.[107] 신탁재산에 속하는 채권과 수탁자가 소유, 관리하는 다른 신탁재산에 속하는 채무의 상계도 각 신탁재산의 독립성을 해하고 신탁재산간의 이해충돌을 가져오기 때문에 허용되지 않는 것이다.

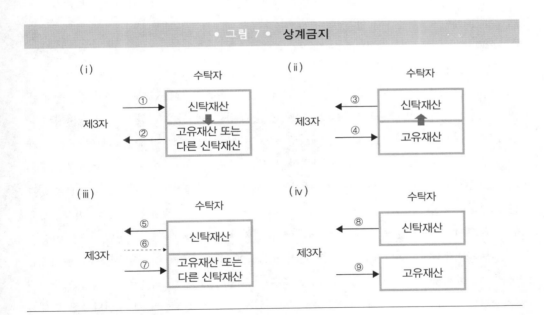

● 그림 7 ●   상계금지

(1) 수탁자에 의한 상계

신탁재산에 속하는 채권과 신탁재산에 속하지 않는 채무의 상계는 그것이 수탁자에 의

---

107) 대법원 2003. 1. 10. 선고 2002다12741 판결도 제3자에 대한 채권이 수탁자의 고유재산에 속한 것이 아니라 다른 신탁재산의 수탁자로서 갖는 것인 때에는 신탁재산의 독립의 원칙 및 구신탁법 제20조, 구증권투자신탁업법 제17조 제4항의 취지에 비추어 수익자가 가입한 신탁재산에 대한 수익증권환매청구권 등과 다른 신탁재산의 그 수익자에 대한 채권은 상계할 수 없다고 하여 수탁자의 상계항변을 배척하였다.

한 것이든 제3자에 의한 것이든 원칙적으로 허용되지 않는다.

전자의 경우 신탁재산의 보호 및 수탁자의 충실의무위반을 근거로 상계가 금지되지만, 상계를 허용하더라도 그러한 결과에 이르지 않는 때에는 예외적으로 수탁자에 의한 상계가 가능하다. 수탁자의 이익상반행위는 금지되지만 예외적으로 신탁상 정함이 있거나 수익자의 승인 내지 법원의 허가를 받은 때에는 가능하다(제34조 제2항). 그러므로 수탁자의 상계가 수익자에게 이익이 되는 것이 명백하거나 기타 정당한 사유가 있으면 수익자의 승인이나 법원의 허가를 얻어 상계를 할 수 있다. 신탁재산의 독립성이나 수탁자에게 부여된 의무는 결국 신탁재산을 보호함으로써 신탁을 설정한 위탁자의 의사에 상응하여 수익자의 이익을 도모하거나 신탁목적을 달성하기 위함이다. 신탁행위에서 허용하거나 수익자가 승인함에도 불구하고 모든 이익상반행위를 금지하는 것은 오히려 위탁자나 수익자의 의사에도 반한다. 그러므로 수탁자의 상계는 충실의무위반의 전형적인 경우라고 할 수 있지만, 위 요건을 충족하는 때에는 가능하다고 할 것이다.

(2) 제3자에 의한 상계

제3자는 신탁재산에 속하는 채권과 신탁재산에 속하지 않는 채무를 상계할 수 없다. 만약 제3자의 자력이 충분하지 못하다면, 상계를 통하여 제3자에 대한 채권이 수탁자의 고유재산 또는 다른 신탁재산에 대한 구상권으로 전환되는 편이 신탁재산에 보다 유리할 수 있을 것이다. 그러므로 신탁재산과 관련한 상계를 모두 금지하기보다는 일정한 경우 수탁자의 고유재산 또는 다른 신탁재산에 대한 자동채권과 신탁재산에 속하는 수동채권의 상계를 허용하는 방안도 고려해 볼 수 있다.[108] 그러나 그 객관적·일률적 기준을 정하는 것이 쉽지 않으며, 명시적인 규정이 없는 상태에서 해석만으로 그 예외를 인정할 수는 없다.

나아가 제3자는 신탁재산에 속한 채권의 행사에 대하여 자신이 수익자에 대해 가지는 채권으로 상계할 수 없다.[109] 신탁재산은 어디까지나 수탁자의 소유이며 수익자는 수익권을 향수할 뿐이다. 수익자에 대한 다른 일반채권자들과 비교해볼 때에도 신탁재산에 대하여 채무를 부담한다는 사실만으로 제3자로 하여금 우선적으로 변제를 받도록 하는 것은 타당하지 않다. 그러므로 제3자는 수익자에 대한 채권으로 신탁재산에 대한 채무와 상계할

---

108) 일본 신탁법 제22조 제2항은 이를 명시하고 있다.

109) 반면 四宮和夫, 188頁은 영미에서 형평법상의 상계(equitable set-off)와 달리 신탁재산에 대한 채무자가 수익자에 대하여 가지는 채권으로는 상계할 수 없다고 하면서도, 자익신탁의 경우 신탁은 수익자의 단순한 재산관리기구에 지나지 않기 때문에 채권자에 대한 관계에서는 수익자와 신탁재산을 일체로 보아서 청구와 급부의 간편 내지 소송순환의 회피를 위하여 채권자의 상계를 인정할 수 있다고 한다.

수 없다고 할 것이다.

5.2.2. 제3자의 보호

(1) 보호의 필요성

신탁재산은 수탁자에 의하여 소유, 관리되기 때문에, 경우에 따라서 제3자는 수탁자와의 관계에서 발생하는 채권, 채무가 실제로 신탁재산에 귀속하는 것인지 아니면 수탁자 개인에게 귀속하는 것인지를 알기 어렵고 또 그것이 직접적인 관심사도 아니다. 수탁자도 거래시에 일일이 명시하지 않으며, 이를 강제하는 것도 사실상 어렵다.[110] 그러므로 제3자가 수탁자와의 거래에서 발생한 채권의 귀속상태를 오인하고 상계를 하는 경우 그의 신뢰를 어디까지 보호할 것인지가 문제된다. 상계금지원칙을 관철한다면 제3자가 수동채권이 고유재산에 속한다고 생각하였지만 실은 신탁재산에 속하는 경우 또는 자동채권이 신탁재산에 대한 것이라고 생각하였지만 고유재산에 대한 것인 경우에도 제3자의 상계는 허용되지 않는데, 이때 제3자가 가지는 상계에 대한 기대가 법적으로 보호할 가치가 없다고 단언할 수는 없기 때문이다.

수탁자가 단서를 제공하는 등 거래외관에 비추어 제3자가 채권의 귀속에 대한 잘못된 인식을 가지게 되었고 이로부터 상계에 대한 기대가 형성되었다면, 이러한 선의·무과실의 제3자의 신뢰는 법적으로 보호되어야 한다. 신탁목적의 달성을 위하여는 신탁재산의 보호가 중요하지만, 거래의 안전을 일률적으로 희생시키는 것이 정당화될 만큼 다른 그 어떠한 법익에도 우선하는 가치라고는 할 수 없다. 그리고 만약 제3자를 희생하여 신탁재산의 보호를 도모한다면, 이는 수탁자와의 거래를 회피하는 원인이 되고, 결국에는 신탁재산 내지 수익자에게도 불이익을 초래하게 될 것이다. 그러므로 신탁재산의 보호와 선의·무과실의 제3자의 보호를 교량하여 예외적으로 상계를 허용할 필요가 있다. 그로 인한 불이익은 그와 같은 신뢰형성에 단초를 제공한 수탁자에 의하여 신탁재산에 귀속되지만, 수탁자에 대한 구상권의 행사나 주의의무위반으로 인한 손해배상청구권을 통하여 전보될 수 있다.

(2) 상계의 허용

제25조 제1항 단서는 위 근거에서 제3자의 상계를 허용한다.[111] 그런데 제25조 제1항

---

[110] 수탁자와 신탁재산의 관계는 대리와 전혀 다르기 때문에 민법상의 대리에 있어서 현명주의나 상사대리에 관한 특별규정(상법 제48조)도 유추적용될 수 없다. 다만 유한책임신탁의 경우에는 수탁자에게 그 뜻을 명시하고 서면으로 교부할 의무가 있다(제116조 제1항).

단서는 "양 채권·채무가 동일한 재산에 속하지 아니함에 대하여 제3자가 선의이며 과실이 없을 때에는 그러하지 아니하다"라고만 하고 상계의 주체를 명시하고 있지 않다. 그러나 위 규정은 상계에 대한 신뢰를 가진 제3자를 보호하고자 하는 것인 만큼 제3자가 선의·무과실이더라도 수탁자의 상계는 여전히 금지된다고 할 것이다.

5.3. 신탁재산에 속하지 않는 채권과 신탁재산에 속하는 채무의 상계
5.3.1. 상계 가능성
(1) 제25조 제2항의 규정방식

제25조 제2항 본문은 신탁재산에 속하는 채무에 대하여 신탁재산만으로 책임을 지는 경우 신탁재산에 속하지 않는 채권과 신탁재산에 속하는 채무의 상계를 금지한다(iv). 이는 그러한 책임제한이 없는 일반적인 신탁에서는 신탁재산에 속하지 않는 채권(④)과 신탁재산에 속하는 채무(③)의 상계가 허용되는 것을 원칙으로 하여(ii) 그 예외를 정한 것이다.

만약 신탁재산의 독립성을 엄격히 관철한다면 신탁재산에 속하지 않는 채권과 신탁재산에 속하는 채무의 상계도 금지된다고 해야 할지 모른다. 그러나 종래 학설은 신탁재산에 속하는 채무는 수탁자 개인이 부담해야 하는 것이므로 수탁자 개인이 갖는 채권과 상계할 수 있다거나,[112] 본래 상계가 불가능하지만 수탁자 개인의 채권포기와 신탁재산의 채무면제가 합체된 것으로 신탁재산에 불이익이 없다거나,[113] 신탁재산에 대하여 채무가 발생하면 원칙적으로 수탁자에게도 채무가 발생하여 수탁자는 연대채무자가 되므로 상계가 가능하다고 보았다.[114]

구신탁법하에서 판례도 원칙적으로 수탁자가 신탁재산에 속하지 않는 채권과 신탁재산에 속하는 채무를 상계할 수 있다고 보았다. 대법원 2007. 9. 20. 선고 2005다48956 판결

---

111) 이러한 예외적인 상계의 허용은 미국 신탁법 제2차 리스테이트먼트 §323의 태도와도 기본적으로 일치한다. 이 규정은 제3자의 상계에 있어서 자동채권과 수동채권의 성립시기의 선후에 상관없이 제3자가 수동채권이 신탁재산에 속한 것임을 알지 못한 때 상계를 허용한다(동조 제1항). 하지만 자동채권이 무상인 때에는 제3자가 선의일지라도 수동채권이 먼저 성립한 한에서는 상계할 수 없다(동조 제2항). 보호할만한 제3자의 신뢰를 보다 세분화하여 그 법률효과를 달리하고 있는 것이다.

112) 이재욱/이상호, 87면.

113) 홍유석, 113면.

114) 김성필, 신탁재산의 법률관계, 민사법학 제17호(1999), 한국민사법학회, 205면. 최동식, 120면은 四宮和夫, 187頁을 인용하면서, 원칙적으로 수탁자가 연대책임을 부담하므로 상계가 가능하지만 예외적으로 연대책임을 부담하지 않는 때에는 상계가 인정되지 않는다고 한다. 그리고 能見善久, 341頁 이하도 이 경우 수탁자가 연대채무자가 되기 때문에 수탁자의 채권과 채무를 상계할 수 있다고 한다. 그러나 신탁재산에 속하는 채무에 대하여 수탁자가 고유재산으로 책임을 진다는 사실만으로 곧 연대채무자라고 할 수는 없다.

은 수탁자 개인이 수익자에 대하여 가지는 고유의 채권을 자동채권으로 하여 수익자가 신탁종료시에 수탁자에 대하여 가지는 원본반환채권 내지 수익채권 등과 상계할 수 있다고 하면서 그 근거를 상세히 들었다. 첫째, 구신탁법 제20조가 금지한 상계의 유형, 즉 신탁재산에 속하는 채권과 신탁재산에 속하지 않는 채무의 상계에 해당하지 않는다. 둘째, 위와 같은 상계로 인하여 신탁재산의 감소가 초래되거나 초래될 위험이 전혀 없다. 셋째, 수익자는 상계로 소멸하는 원본반환채권 등과 대등액의 범위 내에서 자신의 채무를 면하는 경제적 이익을 향수하게 된다. 넷째, 신탁법상 수탁자는 자기의 고유재산으로 일단 신탁재산에 속하는 채무를 변제한 다음 그 비용을 신탁의 이익이 귀속하는 신탁재산 또는 수익자로부터 보상받을 수 있는 권리가 인정된다. 다섯째, 수탁자가 수익자와의 거래로 생긴 채권 등을 자동채권으로 하여 수익자의 수탁자에 대한 원본반환채권 등과 상계할 것을 기대하는 것이 거래통념상 법적으로 보호받을 가치가 없는 비합리적인 기대라고 볼 수 없다. 따라서 수탁자의 위와 같은 상계는 수익자의 반대채권과의 상계를 통한 채권회수를 둘러싸고 신탁재산에 속하는 채권과 수탁자 고유의 채권이 경합하는 관계에 있어 이익상반행위에 해당한다거나 일반 민법상의 권리남용에 해당한다는 등의 특별한 사정이 없는 한 적법·유효한 것으로서 허용된다는 것이다.

(2) 수탁자에 의한 상계

신탁재산의 독립성은 신탁재산 자체가 그 소유자 내지 명의자인 수탁자와 구별되는 별개의 법인격을 가진다는 의미는 아니다. 신탁재산의 독립성은 신탁재산을 독립적으로 취급함으로써 이를 보호하고 나아가 수익자의 보호 내지 신탁목적의 달성을 위한 것이다. 그러므로 상계를 허용하더라도 신탁재산의 보호에 문제가 없는 경우까지 일률적으로 상계금지원칙을 적용하는 것은 오히려 그 취지에 반한다. 그리고 수탁자가 고유재산에 속한 채권과 신탁재산에 속한 채무를 상계하는 경우에는 스스로 고유재산으로써 신탁채무를 변제한 것이므로 신탁재산에 불이익이 없다. 수탁자는 신탁재산에 대하여 비용상환청구권을 행사할 수 있고, 이 권리는 다른 권리자에 우선한다. 그리고 수탁자는 종국적으로 신탁이익이 귀속되는 수익자에 대하여도 비용상환 또는 상당한 담보의 제공을 구할 수 있다. 그러므로 수탁자의 이익은 물론 상계의 상대방인 제3자의 입장에서도 상계를 허용하는 데 문제가 없다. 다만 신탁재산에 속하지 않는 채권과 신탁재산에 속하는 채무라면 수탁자가 어떠한 경우에도 상계할 수 있는지는 구체적인 유형을 나누어 살펴볼 필요가 있다.

가. 수익채권의 경우

제3자가 수익자인 경우, 즉 신탁재산에 대한 채권이 수입채권(수입수익권)이나 원본채권 (원본수익권)인 때에는 그렇지 않은 경우와 구분하여 검토할 필요가 있다. 신탁은 위탁자와 수탁자의 신임관계를 기초로 하여 설정되지만, 수익자신탁은 수익자의 이익실현을 목적으로 하기 때문에 이후에는 수익자와 수탁자의 신임관계가 중심이 된다. 수탁자는 선량한 관리자의 주의로써 신탁재산을 신탁목적에 따라 충실히 관리하고 그로부터의 이익을 수익자에게 귀속시킬 의무를 부담한다. 그러므로 이러한 의무를 부담하는 수탁자가 수익자의 청구에 대하여 오히려 상계를 통해 고유재산에 속한 채권의 회수를 도모하는 것이 허용될 수 있는지가 문제된다.[115]

물론 수익자의 채권과 수익자에 대한 채권이 동종이 아닌 때에는 상계가 불가능하므로, 특정물인 신탁원본에 대한 수익채권에 대하여는 상계할 수 없다. 그러나 수익채권과 수탁자의 채권이 금전의 지급과 같이 동일한 급부를 내용으로 하는 한, 그리고 수익채무를 직접적으로 이행하지 않는 것이 신탁목적에 반하는 특단의 사정이 없는 한, 상계는 가능하다고 해야 한다. 수익자가 수익채권을 행사하여 현실적으로 급부를 받는 것은 아니지만 그에 상응하여 채무를 면하게 되므로 그 이익상황은 동일하게 평가할 수 있기 때문에 이 경우 수탁자의 상계를 곧 충실의무위반이라고 할 수는 없다.

서울고등법원 2012. 2. 2. 선고 2010나84835 판결[116]도 수익자와 수탁자 사이에 두 개의 신탁계약 중 하나의 신탁사업에 대한 수익채권과 다른 신탁사업에 대한 비용상환청구권을 상계하는 것은 두 개의 독립된 신탁사업에서 발생한 개별적인 채권을 상계하는 경우로 상계금지 또는 신탁재산독립의 원칙에 반하지 않으며, 비록 하나의 신탁사업에서는 수익이 발생하였더라도 다른 하나의 신탁사업에서는 손실이 발생하여 수익자로서는 비용상환의무가 있는 만큼 수탁자의 상계를 허용하는 것이 수익자에게 전혀 불리하다거나 그의 이익을 해치는 경우라고 볼 수도 없으므로 그와 같은 경우의 상계를 수탁자의 충실의무위반이라고 볼 수도 없다고 하였다.

더욱이 수탁자는 수익자에 대하여 신탁재산만으로 책임을 지기 때문에 제25조 제2항 본문이 적용되지만, 수탁자가 상계를 하는 때에는 이를 금지할 이유가 없다. 수탁자의 자발

---

115) 예컨대 能見善久, 58頁 이하는 수탁자가 수익채권의 이행청구에 대하여 이를 이행하기는커녕 상계에 의하여 자신의 채권회수를 도모하는 것은 이익상반행위로서 충실의무에 반한다고 본다.

116) 수탁자의 비용상환청구권이 문제된 대법원 2016. 3. 10. 선고 2012다25616 판결의 원심판결로, 상고심에서는 상계에 관한 쟁점은 다루어지지 않았다.

적인 의사표시에 의한 만큼 상계를 허용하더라도 수탁자에게 불측의 손해를 주는 것은 아니다.

나. 신탁재산에 속한 채권과 고유재산에 속한 채권의 경합

신탁재산에 속하지 않는 채권(⑦)과 신탁재산에 속하는 채무(⑤)의 상계가 가능하다고 하더라도, 신탁재산 또한 상대방에 대하여 채권(⑥)을 가진 경우의 상계에 대해서는 또 다른 관점에서의 판단이 필요하다(iii). 상계가 가지는 담보적 기능이라고 하는 관점에서 본다면, 제3자의 채권과 신탁재산의 채권이 상계적상에 있음에도 불구하고(⑤-⑥) 수탁자의 고유재산이 먼저 만족을 얻는 것은(⑤-⑦) 원래 신탁재산의 담보가 되는 제3자의 채권을 고유재산을 위하여 이용한 것이 되기 때문이다. 이는 제3자가 무자력인 때 더욱 분명해진다. 만약 신탁재산에 속하지 않는 채권과 신탁재산에 속하는 채무에 대하여 수탁자의 상계가 유효하다면 제3자의 무자력위험을 이제 신탁재산이 떠안게 될 것이다. 그러므로 신탁재산에 속한 채권과 고유재산에 속한 채권이 경합하는 경우(⑥-⑦) 수탁자가 고유재산에 속한 채권을 자동채권으로 하여 상계하는 것은 위와 같은 상황에서는 충실의무위반 내지 이익상반행위가 될 수 있다.[117] 신탁법은 이러한 의무위반행위의 효력을 당연히 무효로 만들지는 않지만[118] 수탁자는 그에 따른 책임을 면할 수 없다.

(3) 제3자에 의한 상계

제3자는 수탁자가 고유재산에 속한 채권을 행사하는 경우 신탁재산에 대한 채권을 가지고 상계할 수 있는가? 수탁자 스스로 고유재산을 가지고 신탁재산에 속한 채무를 변제하는 경우와 달리 제3자의 일방적인 의사표시에 의하여 동일한 결과를 실현하는 것이 가능한지가 문제될 수 있다. 그런데 신탁재산과의 거래는 수탁자를 통하여 이루어지고, 신탁재산에 속한 채무에 대하여 수탁자는 고유재산으로 변제한 뒤 신탁재산으로부터 상환을 받는다(제46조 제2항). 이처럼 수탁자의 재산은 신탁재산의 외연을 이루기 때문에, 비록 제3자의 상계표시에 의한 것이기는 하지만 수탁자에게 부당한 결과를 강제하는 것은 아니다. 또한 신탁재산의 독립성이라고 하는 관점에서도 신탁재산의 보호에 특별히 문제가 없는 만큼 상계

---

117) 대법원 2007. 9. 20. 선고 2005다48956 판결도 신탁재산에 속하지 않는 채권과 신탁재산에 속하는 채무의 상계는 가능하다고 하면서도, 수탁자의 상계는 "신탁재산에 속하는 채권과 수탁자 고유의 채권이 경합하는 관계에 있어 이익상반행위에 해당"하는 특별한 사정이 없는 한에서 허용된다고 단서를 달았다.

118) 의무위반행위의 효력에 관하여는 제7장 Ⅱ. 8.2. 참조.

가 가능하다고 해야 한다.

5.3.2. 상계의 금지

(1) 책임재산한정특약

제25조 제2항 본문은 신탁재산에 속하는 채무에 대하여 신탁재산만으로 책임을 지는 경우 신탁재산에 속하지 않는 채권(⑨)과 신탁재산에 속하는 채무(⑧)의 상계를 금지한다 (iv). 원칙적으로 수탁자는 신탁채권에 대하여 고유재산으로도 책임을 지지만, 책임재산한 정특약을 하거나 유한책임신탁을 설정한 때에는 그 책임이 신탁재산에 한정된다. 이 경우 상계를 허용하게 되면 수탁자의 고유재산으로 신탁채무를 변제한 것과 동일한 결과가 되고, 따라서 수탁자의 책임을 제한하는 취지가 무색해진다. 그래서 제25조 제2항 본문은 책임재산한정특약 및 유한책임신탁의 취지를 승인하고 그 실효성을 확보하기 위하여 상계를 금지한다.

다만 이러한 유형의 상계금지는 수탁자의 보호를 위한 것이다. 그러므로 만약 수탁자가 상계표시를 한다면, 이는 유한책임으로 인한 이익을 스스로 포기하는 의사표시로 해석된다. 그리고 상계를 허용하더라도 신탁재산이나 수익자에게 특별히 불이익을 주지는 않으므로 그 의사표시는 유효하다고 할 것이다. 제3자의 상계표시에 대하여 수탁자가 이를 승인하는 때에도 다르지 않다.

(2) 수익채권

신탁재산만으로 책임을 지는 신탁채권에는 신탁사무의 처리로서 수탁자와 제3자간의 거래에서 발생하는 채권 외에 수익채권도 포함된다. 수탁자는 수익자에 대하여 신탁재산만으로 책임을 지기 때문에(제38조), 수익자가 일방적인 의사표시에 의하여 수탁자의 유한책임을 무의미하게 만들 수 있어서는 안 될 것이다. 그러므로 이 경우 수익자의 상계는 금지된다.

(3) 제3자의 보호

신탁재산에 속하는 채무에 대한 책임이 신탁재산만으로 한정되는 경우 신탁재산에 속하지 않는 채권과 신탁재산에 속하는 채무의 상계는 금지되지만, 양 채권·채무가 동일한 재산에 속하지 않는다는 데 대하여 제3자가 선의·무과실이라면 제3자의 상계표시는 유효하다(제25조 제2항 단서). 제3자와 수탁자의 법률행위의 효과는 신탁재산에 귀속될 수도 있고 수탁자의 고유재산에 귀속될 수도 있지만, 신탁재산으로 책임이 한정되는 경우 수탁자는 통상 제3자에게 그러한 사실을 표시할 것이다.[119] 그렇지 않은 경우 제3자가 그러한 사실을 과실 없이 알지 못한 특별한 사정이 있다면 수탁자의 이익보다는 제3자의 상계에 대한 기대를 더 보호할 필요가 있다. 그래서 제25조 제2항 단서는 이러한 경우 제3자의 상계를 허용한다.

6. 혼동에 대한 특칙

6.1. 의의

서로 대립하는 두 개의 법률상의 지위 또는 자격이 동일인에게 귀속하는 것을 혼동이라고 한다.[120] 제3자의 권리의 목적이 되는 등 각각을 유지시켜야 할 별도의 근거가 있지 않은 한 양자 모두를 존속시키는 것은 무의미하므로 어느 하나 또는 양자를 소멸시키는 것이 혼동의 법리이다. 소유권과 다른 물권 또는 소유권 이외의 물권과 이를 목적으로 하는 다른 권리가 동일인에게 귀속된 때 원칙적으로 다른 물권 또는 권리는 소멸한다(민법 제191조). 그리고 채권과 채무가 동일인에게 귀속한 때에도 채권·채무는 소멸한다(동법 제507조). 다만 제3자의 권리의 목적이 된 때에도 이를 소멸한다고 한다면 제3자는 불측의 손해를 입게 되므로, 이 경우 그 물권, 권리 또는 채권은 소멸하지 않는다.

만약 위 법리를 신탁에도 그대로 적용한다면, 신탁재산과 고유재산 또는 서로 다른 신탁재산은 모두 수탁자의 명의로 되어 있기 때문에 서로 대립하는 권리는 모두 혼동에 의하여 소멸하게 될 것이다. 그러나 신탁재산은 수탁자의 명의이지만 수탁자의 고유재산과 독립하고 또한 수탁자 소유의 다른 신탁재산과도 독립한다. 그래서 제26조는 신탁재산에 대한 혼동의 특칙으로 혼동으로 인하여 권리가 소멸하지 않는 경우를 정하고 있다. 서로 대립하는 권리가 수탁자에게 속하는 때에도 실질적으로 신탁재산과 고유재산 또는 서로 다른 신탁재산에 속하는 때에는 각각 다른 소유자에게 속하는 것으로 보아 혼동을 인정하지 않는 것이다. 하지만 동일한 신탁재산 또는 고유재산에 서로 대립하는 권리가 귀속하는 때에는 혼동 일반법리가 여전히 적용되고, 따라서 이들 권리는 소멸한다.

---

119) 유한책임신탁의 경우에는 그러한 뜻을 명시하고 그 내용을 서면으로 교부하여야 하므로(제116조 제1항) 제3자의 선의·무과실이 인정되기는 어렵다.

120) 民法注解 Ⅳ, 박영사, 1992, 238면.

6.2. 소유권과 그 밖의 물권

동일한 물건에 대한 소유권과 그 밖의 물권이 각각 신탁재산과 고유재산 또는 서로 다른 신탁재산에 귀속하는 경우 그 물권은 혼동으로 소멸하지 않는다(제26조 제1호). 혼동으로 소멸하는 물권은 동산물권이든 부동산물권이든 제한이 없으나 점유권은 배제된다(민법 제191조).121) 그러므로 소유권 이외의 물권은 제한물권을 의미한다.

그런데 수탁자가 동일한 물건에 대하여 소유권과 제한물권을 취득함에 있어서는 이익상반행위금지에 대한 검토와 판단이 선행되어야 한다. 수탁자는 신탁재산에 관한 권리를 고유재산에 귀속시키거나 고유재산에 관한 권리를 신탁재산에 귀속시킬 수 없으며, 신탁재산에 관한 권리를 다른 신탁재산에 귀속시킬 수 없다(제34조 제1항 제1호 내지 제3호). 예컨대 신탁재산인 부동산에 대하여 수탁자의 고유재산이 전세권을 취득하는 것은 금지되고, 따라서 소유권과 전세권의 혼동 문제는 발생하지 않는다. 신탁법은 이익상반행위의 효력을 명시하고 있지 않지만 위와 같은 유형의 이익상반행위는 신탁에 대하여 무효이기 때문이다.122)

하지만 신탁상의 정함이 있거나 수익자의 승인 또는 법원의 허가가 있는 때에는 이익상반행위가 허용된다(제34조 제2항). 또한 수탁자는 상속 등 포괄승계에 의하여 신탁재산에 관한 권리를 취득할 수 있다(제34조 제3항). 그러므로 이 경우에는 제26조에 따라 제한물권은 혼동으로 소멸하지 않는다.

6.3. 소유권 이외의 물권과 이를 목적으로 하는 권리

소유권 외의 물권과 이를 목적으로 하는 권리가 각각 신탁재산과 고유재산 또는 서로 다른 신탁재산에 귀속하는 경우 그 권리는 혼동으로 소멸하지 않는다(제26조 제2호). 지상권저당권, 전세권저당권 등 소유권 외의 물권과 이를 목적으로 하는 권리는 모두 제한물권이다.123)

제한물권과 이를 목적으로 하는 제한물권이 각각 고유재산과 신탁재산 또는 서로 다른 신탁재산에 귀속할 수 있는지는 위에서 살펴본 것과 마찬가지로 먼저 이익상반행위금지의 관점에서 판단되어야 한다. 그리고 이들 권리가 각각 고유재산과 신탁재산 또는 서로 다른

---

121) 권리의 성질상 다른 권리와 양립할 수 있는 때에는 혼동의 법리가 적용되지 않기 때문에, 본권인 소유권과 점유권 사이에는 그 적용이 없다. 民法注解 Ⅳ, 박영사, 1992, 240면.

122) 이에 관한 상세는 제7장 Ⅱ. 8.2. 참조.

123) 법무부, 224면.

신탁재산에 유효하게 귀속하는 경우에는 신탁재산의 독립성에 기한 위 규정에 따라 혼동으로 소멸하지 않는다.

6.4. 채권과 채무

신탁재산에 대한 채무가 수탁자에게 귀속하거나 수탁자에 대한 채권이 신탁재산에 귀속하는 경우 각 채권과 채무는 혼동으로 소멸하지 않는다(제26조 제3호). 수탁자가 신탁재산에 대하여 채권을 취득하거나 채무를 부담하는 경우 외관상 동일인에게 채권과 채무가 귀속하므로 민법 제507조 본문에 의하면 양자는 소멸하는 것처럼 보인다. 그러나 각각 수탁자의 고유재산과 신탁재산에 속하는 때 또는 서로 다른 신탁재산에 속하는 때에는 실질적으로 그 귀속 재산이 다르다.124) 그리고 제34조 및 제36조는 수탁자의 이익상반행위 및 이익향수를 금지하지만 이미 그 예외를 인정하고 있으며, 수탁자의 의무위반으로 인한 손해배상청구권이나 수탁자의 비용상환청구권과 같이 수탁자의 고유재산이 신탁재산에 대하여 채무를 부담하거나 채권을 취득하는 경우를 명시하고 있다. 만약 각각의 채권과 채무가 혼동으로 소멸한다면 신탁재산의 독립성이 몰각되는 것은 물론, 이들 권리를 인정하는 것 자체도 무의미하게 된다. 그래서 제26조 제3호는 이들 채권과 채무는 혼동에 의하여 소멸하지 않음을 명시한 것이다.

다만 혼동의 문제는 수탁자가 신탁재산에 대한 채무를 취득하거나 신탁재산이 수탁자에 대한 채권을 취득하는 것이 이익상반행위로서 무효가 되지 않을 것이 전제된다.

7. 첨부에 대한 특칙

7.1. 의의

소유자가 다른 2개 이상의 물건이 결합하여 사회관념상 분리하는 것이 불가능하게 되거나 가공에 의하여 물건과 이에 가해진 노력이 결합하여 사회관념상 분리하는 것이 불가능하게 된 때, 이를 원상으로 회복하는 것이 물리적으로 가능하다고 하더라도 사회경제적으로는 대단히 불리하므로 복구를 허용하지 않고 하나의 물건으로 어느 누구의 소유에 귀속시키는 제도가 첨부이다.125) 소유자가 서로 다른 물건이 계약 등에 의하지 않고 하나의

---

124) 채권과 채무가 동일한 신탁재산 또는 고유재산에 속하는 때에는 혼동에 관한 일반법리가 적용되어 소멸함은 물론이다.

125) 民法注解 Ⅴ, 박영사, 1992, 491면.

물건으로 된 경우 그 경제적 가치를 보존하기 위하여 원상회복청구를 인정하기보다 일물일
권주의에 기초하여 그 물건에 대한 소유권의 귀속을 결정하는 것이다.126)

　　신탁재산과 고유재산 또는 서로 다른 신탁재산에 속하는 물건은 모두 수탁자의 명의이
므로, 동일인에게 속하는 이들 물건 사이에서 생성된 합성물, 혼화물, 가공물 또한 수탁자
에게 속하고 첨부의 문제는 발생하지 않는 것으로 보일 수 있다. 그러나 물건이 동일한 신
탁재산에 속하거나 모두 고유재산에 속하는 경우와 달리, 서로 다른 재산에 속하는 물건들
사이에 그 귀속을 정하고 그에 따른 이해관계를 조정할 필요성은 소유자가 각각 다른 경우
에서와 마찬가지이다. 그래서 제28조는 신탁재산의 독립성과 첨부제도의 취지에 비추어 첨
부에 관한 일반규정의 특칙을 정하고 있다. 즉, 신탁재산과 고유재산 또는 서로 다른 신탁
재산에 속한 물건은 비록 수탁자 1인의 소유이지만 각각 다른 소유자에게 속하는 것으로
보아 민법 제256조부터 제261조까지의 규정을 준용한다.

7.2. 부합

7.2.1. 부동산에의 부합

(1) 부합의 요건

　　부합은 소유자를 달리하는 수 개의 물건이 결합하여 하나의 물건으로 되는 것을 의미
한다.127) 부동산의 소유자는 그 부동산에 부합한 물건의 소유권을 취득한다(민법 제256조 본
문). 주물이 부동산이고 이에 부합하는 물건이 부동산인 때, 가령 건물의 증축 부분이 기존
건물에 부합한 것인지 여부는 증축 부분이 기존 건물에 부착된 물리적 구조 및 그 용도와
기능의 면에서 기존 건물과 독립한 경제적 효용을 가지고 거래상 별개의 소유권의 객체가
될 수 있는지의 여부, 증축하여 이를 소유하는 자의 의사 등을 종합하여 판단한다.128) 그리
고 부합하는 물건이 동산인 경우 그 동산을 훼손하거나 과다한 비용을 지출하지 않고서는
분리할 수 없을 정도로 부착, 합체되었는지 여부 및 그 물리적 구조, 용도와 기능면에서 기
존 부동산과는 독립한 경제적 효용을 가지고 거래상 별개의 소유권의 객체가 될 수 있는지
여부 등을 종합하여 판단한다.129)

　　그러나 타인의 권원에 의하여 부속된 물건의 소유권은 타인이 보유한다(동법 제256조 단

---

126) 新井誠, 347頁.
127) 民法注解 Ⅴ, 박영사, 1992, 492면.
128) 대법원 2002. 10. 25. 선고 2000다63110 판결; 대법원 2012. 4. 30.자 2011마1525 결정.
129) 대법원 2003. 5. 16. 선고 2003다14959, 14966 판결; 대법원 2009. 9. 24. 선고 2009다15602 판결.

서). 이때 권원은 지상권, 전세권, 임차권 등과 같이 타인의 부동산에 자기의 물건을 부속시켜서 그 부동산을 이용할 수 있는 권리를 뜻한다.[130] 하지만 부동산에 부합된 물건이 사실상 분리복구가 불가능하여 거래상 독립한 권리의 객체성을 상실하고 그 부동산과 일체를 이루는 부동산의 구성부분이 된 경우에는 타인이 권원에 의하여 부합시킨 때에도 그 물건의 소유권은 부동산의 소유자에게 귀속한다.[131]

(2) 효과

신탁재산에 속하는 물건과 고유재산에 속하는 물건 또는 서로 다른 신탁재산에 속하는 물건이 부합한 경우 부합한 물건의 소유권은 주물인 부동산이 속한 재산에 귀속된다. 예컨대 부동산이 신탁재산에 속한 경우 부합한 부동산 또는 동산의 소유권도 당해 신탁재산에 귀속하고, 부동산이 수탁자의 고유재산에 속한 경우 부합한 부동산 또는 동산의 소유권도 고유재산에 귀속한다.

부합으로 인하여 동산의 소유권이 소멸한 때 그 동산을 목적으로 한 제3자의 권리도 소멸한다. 이때 제3자의 권리는 유치권, 질권과 같은 물권뿐만 아니라 임차권과 같은 채권 등 그 동산의 사용, 수익에 영향을 미치는 모든 권리를 포함한다.[132] 그리고 부합으로 인하여 소유권을 잃는 손해를 받은 재산에는 소유권에 갈음하여 부당이득에 관한 규정에 따른 보상청구권이 귀속된다(민법 제261조). 다만 보상청구권이 인정되기 위하여는 민법 제261조의 요건 외에 부당이득법에 따른 요건이 모두 충족되어야 한다.[133]

그런데 수탁자는 신탁재산을 고유재산으로 하거나 신탁의 이익을 누리지 못한다. 그래서 수탁자가 부합에 의하여 신탁재산에 속한 물건의 소유권을 취득할 수 있는지가 문제된다.[134] 제28조는 가공의 경우 단서에서 특칙을 정한 외에 민법 규정을 준용한다고만 하고 별도의 정함을 두지 않았다. 그리고 부합의 원인은 인위적이든 자연적이든 불문하며 또 법률규정에 의하여 소유권의 귀속이 정해지기 때문에 제34조 제1항에서 정하는 신탁재산을 고유재산으로 하는 수탁자의 '행위'에 의한 것이라고 할 수 없고, 신탁재산이 물건의 소유권을 상실하는 것에 갈음하여 보상청구권을 가지게 되므로 신탁재산의 전체적인 가치에 변

---

130) 대법원 1989. 7. 11. 선고 88다카9067 판결.
131) 대법원 1985. 12. 24. 선고 84다카2428 판결; 대법원 2008. 5. 8. 선고 2007다36933, 36940 판결.
132) 民法注解 Ⅴ, 박영사, 1992, 509면.
133) 대법원 2009. 9. 24. 선고 2009다15602 판결.
134) 이러한 문제는 수탁자가 인수한 여러 신탁재산간의 부합에서도 발생하는데, 신탁재산이 고유재산에 부합한 경우에 대한 설명은 이 경우에도 동일하게 적용된다.

동이 없는 것으로 보일 수 있다. 그러나 수탁자가 고유재산인 부동산에 부합한 신탁재산을 취득하는 경우 신탁재산에 발생하는 보상청구권은 일반 채권에 지나지 않는다. 그 채권이 수탁자의 다른 채권자에 대하여 우선하거나 우선변제권이 인정되는 것도 아니고, 고유재산이 채무초과 상태인 때에는 실현가능성도 낮다. 그래서 신탁재산의 확보 및 수익자의 보호가 문제된다.

해석론으로서는 다음과 같은 해결방안을 생각해볼 수 있다. 먼저 첨부에 의하여 생긴 물건을 하나의 물건으로 존속시키면서 그 복구를 허용하지 않는 것은 첨부의 중심적 효과에 관한 규정으로 강행규정이다.[135] 그러므로 신탁상 정함에 의하여 수탁자의 부동산에 신탁재산이 부합하는 것 자체를 배제할 수는 없다. 하지만 부합이 발생한 물건의 소유권 귀속에 관한 규정 및 당사자 사이의 이해관계를 조절하기 위한 규정은 임의규정이므로, 신탁상 그 소유권의 귀속에 관한 정함을 둘 수 있다. 예컨대 신탁재산과 고유재산에 속하는 물건이 부합하는 경우 그 소유권은 신탁재산에 귀속한다는 정함을 둔다면 신탁재산을 확보할 수 있다.

그러나 신탁상 그러한 정함이 없다면 제28조에 의하여 수탁자는 소유권을 취득할 것이지만, 수탁자의 선관의무 및 분별관리의무 위반에 대한 책임은 별개의 문제이다. 수탁자는 이러한 의무에 기하여 신탁재산이 고유재산에 부합하는 상황을 차단하였어야 함에도 불구하고 그 의무를 위반하였기 때문이다. 더욱이 분별관리의무를 다하지 못하여 신탁재산이 부합함으로써 신탁재산에 손해가 발생하였다면, 수탁자는 분별관리를 하였더라도 손해가 생겼으리라는 것을 증명하지 못하는 한 그 책임을 면하지 못한다(제44조). 이러한 구제수단은 부합에 따르는 보상청구권과 더불어 신탁재산을 보호하는 방안이 될 수 있다.

7.2.2. 동산간의 부합

부동산에의 부합을 판단하는 기준은 동산과 동산간의 부합에서도 유효하다. 동산과 동산이 결합하여 훼손하지 않으면 서로 분리할 수 없거나 그 분리에 과다한 비용이 드는 경우 소유권의 변동을 가져오는 부합이 발생한다. 신탁재산에 속하는 물건과 고유재산에 속하는 물건 또는 서로 다른 신탁재산에 속하는 물건이 부합한 경우 그 합성물의 소유권은 주된 동산이 귀속하는 재산에 속한다(민법 제257조 1문). 주종의 구분은 거래관념에 따른다. 물건의 성질이 일차적인 기준이 되며, 가격도 참고가 될 것이지만 가격만을 기준으로 구별하는 것은 적절하지 않다.[136] 그리고 부합한 동산의 주종을 구별할 수 없는 때에는 부합

---

135) 지원림, 631면.

당시 가액의 비율로 각 재산은 그 합성물을 공유한다(동법 제257조 2문).

그런데 주된 동산이 수탁자의 고유재산에 속하는 경우 고유재산이 합성물의 소유권을 취득하게 되는데, 이때 수탁자의 의무위반과 관련한 문제는 위 부동산에의 부합에서와 다르지 않다. 이와 더불어 동산간에 주종을 구별할 수 없어서 신탁재산과 고유재산이 합성물을 공유하게 되는 경우 공유관계에 기한 공유물의 사용, 수익이나 관리에 있어서 수탁자의 이익상반행위 내지 이익향수의 가능성은 더욱 커진다. 이때 공유물의 분할은 이러한 위험을 차단하기 위한 방안이 될 수 있다. 하지만 신탁재산과 고유재산의 공유라고 하더라도 수탁자가 합성물을 소유하는 관계로 공유물분할에 관한 법리를 적용함에 있어서 신탁의 특수성에 따른 해석이 필요하다.

먼저 공유물의 분할청구권자는 '공유자'이므로(민법 제268조 제1항) 수탁자만이 분할청구를 할 수 있다.137) 위탁자는 더 이상 신탁재산에 대한 소유권을 가지지 않으며, 수익자는 신탁재산으로부터 이익을 향수하지만 신탁재산 자체에 대한 소유자가 아니기 때문이다. 일부 학설은 수익자가 신탁재산에 대한 실질적 소유자로서 공유물분할협의에 있어 공유자로 볼 수 있다는 근거에서 수익자도 분할청구권을 가지며, 수탁자와 수익자가 협의분할을 할 수 있다고 한다.138) 그러나 수익자는 수탁자에 대한 수익권을 가진 자이지 신탁재산의 공유자가 아니기 때문에 법률규정에 반하는 해석이다. 수익자는 신탁존속 중 신탁재산의 이전을 청구할 수 없으며, 수익권을 경우에 따라서 때로는 물권으로 때로는 채권으로 취급하는 것도 부당하다. 그러므로 신탁상 정함에 따라서 위탁자나 수익자가 신탁사무에 대한 지시권의 행사로서 수탁자에게 공유물의 분할을 지시할 수는 있지만, 원칙적으로 수탁자가 자신의 권리와 의무범위에서 공유물의 분할을 청구하게 될 것이다.

그러나 공유물의 분할은 실질적으로 지분의 교환 또는 매매에 해당하므로 수탁자에 의한 공유물분할은 전형적인 이익상반행위가 된다. 그러므로 신탁상 정함이 있거나 별도로 수익자의 승인을 받지 않은 한 재판상 분할에 의하여야 한다. 재판상 분할의 원칙적인 모습은 현물분할이지만, 부합이라고 하는 법률규정에 의하여 공유관계가 발생하였으므로 현물분할은 불가능하다. 따라서 이 경우 공유물의 분할은 대금분할 또는 가격배상에 의할 것이다.139)

---

136) 民法注解 V, 박영사, 1992, 502면.
137) 수탁자 이외의 다른 공유자가 없는 경우에는 다른 공유자에 의한 분할청구나 공유자간의 협의에 의한 분할은 불가능하다.
138) 이중기, 191면.
139) 民法注解 V, 박영사, 1992, 503면.

7.3. 혼화

동산과 동산이 혼화하여 식별할 수 없는 경우 동산간의 부합에 관한 규정이 준용된다 (민법 제258조). 곡물, 금전과 같은 고형종류물이나 술, 기름과 같은 유동종류물이 대표적이다. 혼화는 물건이 다른 물건과 섞여 원물을 식별할 수 없게 된다는 점에서 부합과 구분되기도 하지만, 이 또한 부합의 일종이므로 그에 관한 규정을 준용하는 것이다.140) 따라서 혼화한 물건 사이에 주된 물건의 소유권이 속한 재산에 그 혼화물의 소유권이 귀속하고, 주종의 구별이 없을 때에는 각 재산이 혼화 당시의 각 물건의 가액 비율로 혼화물을 공유한다. 이때 발생하는 구체적인 법률관계와 문제는 부합에서와 동일하게 해석할 수 있다.

7.4. 가공

7.4.1. 의의

가공은 타인의 재료를 써서 또는 타인의 물건에 변경을 가하여 새로운 물건을 만드는 것이다. 단순한 수리에 지나지 않는지 아니면 새로운 물건이 만들어졌는지는 거래관념에 따라서 판단한다.141) 그리고 가공에 의하여 만들어진 물건은 원재료의 소유자에게 속한다 (민법 제259조 제1항 본문). 그러나 가공으로 인한 가액의 증가가 원재료의 가액보다 현저히 다액인 때에는 가공자의 소유가 되며(동법 제259조 제1항 단서), 이때 가공자가 제공한 재료의 가액은 가공으로 인한 증가액에 가산된다(동법 제259조 제2항).

사실 신탁재산이나 고유재산에 속한 동산을 수탁자가 가공한 경우에는 수탁자의 소유에 속한 물건에 가공이 행해졌으므로 그 소유권의 변동이 문제되지 않는 것으로 보일 수 있다. 또 제3자가 가공한 경우 일반적인 가공의 법리에 의하여 그 귀속을 판단할 수도 있을 것이다. 그러나 신탁재산과 고유재산 또는 각 신탁재산들은 독립할뿐더러, 신탁재산의 보호 내지 확보라고 하는 관점에서는 특별한 취급이 요구된다. 그래서 제28조는 가공의 일반 법리를 준용하면서도 별도의 정함을 두고 있다.

7.4.2. 가공물의 귀속

신탁재산 또는 고유재산에 속한 원재료에 수탁자 또는 제3자가 가공을 한 경우 그 가공물은 각각의 신탁재산 또는 고유재산에 귀속한다. 그러나 일반법리에 의하면 가공으로 인한 가액의 증가가 원재료의 가액보다 현저히 다액인 때에는 가공자인 수탁자 또는 제3자

---

140) 지원림, 636면.
141) 民法注解 V, 박영사, 1992, 506면.

가 가공물의 소유권을 취득하게 되므로 신탁재산의 보호가 문제된다.

첫째, 수탁자가 신탁재산에 속한 동산을 가공하여 그 가액의 증가가 원재료의 가액보다 현저한 때에도, 소유권의 귀속에 관한 규정은 임의규정인 만큼, 신탁상 가공물의 소유권은 신탁재산에 속한다고 정함으로써 신탁재산을 확보할 수 있다. 그러한 정함이 없는 경우에도 제28조 단서에 의하여 법원은 가공물을 신탁재산에 귀속시킬 수 있다. 수탁자는 원재료가 신탁재산에 속하는 사실에 대하여 악의임이 분명하며, 충실의무를 부담하는 수탁자가 가공에 의하여 신탁재산을 취득하는 것은 의무위반이 된다. 그러므로 이 경우 일단 수탁자가 가공물의 소유권을 취득하더라도 위탁자, 수탁자 또는 수익자는 가공물의 소유권을 신탁재산에 귀속시킬 것을 법원에 신청할 수 있으며(비송사건절차법 제44조의7 제1항), 이와 더불어 의무위반에 따르는 수탁자의 책임을 물을 수 있다.

둘째, 제3자가 신탁재산에 속한 동산을 가공하여 원재료의 가액보다 현저히 다액인 가공물이 만들어진 경우, 가공을 하는 원인된 법률관계가 있다면 당사자의 합의에 의하여 소유권을 신탁재산에 귀속시킬 수 있다. 그렇지 않은 경우에도 제3자가 악의인 때에는 법원의 결정으로 가공물을 신탁재산에 귀속시킬 수 있다. 반면 제3자가 수탁자의 고유재산을 가공한 결과 가공물의 가액이 원재료의 가액보다 현저히 다액이 된 때에는 민법 제259조 제1항 단서에 따라 제3자가 그 소유권을 취득한다. 제28조는 단순히 "원재료의 소유자에게 귀속시킬 수 있다"고 하여 그 적용범위에 제3자가 고유재산에 속한 동산을 가공한 경우도 포함되는지가 문제될 수 있지만, 이 경우 신탁재산에 대한 것과 같은 특별한 취급은 필요하지 않다. 제28조의 표제가 '신탁재산'의 첨부일뿐더러 규정의 취지에 비추어 볼 때 원재료가 신탁재산에 속한 경우로 제한하여 해석할 것이다.

7.5. 제3자의 권리

첨부의 결과 소유권이 소멸한 물건을 목적으로 한 다른 권리도 소멸한다(민법 제260조 제1항). 물건을 목적으로 한 권리는 당해 물건이 더 이상 존재하지 않는 이상 소멸할 수밖에 없다. 다만 구물건의 소유자는 신물건의 소유자에 대하여 보상청구권을 가지므로, 제3자의 권리가 담보물권인 때에는 물상대위에 의하여 그 보상금 위에 존속한다. 일부 견해는 신탁재산에 대한 소유권이 소멸하는 경우 수익자의 수익권은 부당이득반환청구권에 존속한다고 한다.[142] 그러나 신탁존속 중 수익자는 신탁재산 전부는 물론 개별 신탁재산에 대하여도

---

142) 법무부, 237면.

물권을 가지지 않으며, 수익권의 내용에 따라서 수탁자에 대한 급부청구권 등을 가질 뿐이다.[143] 이는 수익권이 수입수익권인 경우는 물론 원본수익권인 경우에도 다르지 않다. 그러므로 수익자의 지위를 담보물권자와 동일하게 설명할 수는 없다. 구물건에 갈음하여 발생한 보상청구권 또한 신탁재산에 속하므로, 수익자는 이러한 신탁재산으로부터 수익권의 형태로 이익을 향수할 수 있다고 하면 충분하다.

만약 구물건의 소유자가 신물건의 단독소유자가 되었다면 이제 제3자의 권리는 그 신물건 위에 그리고 공유자가 되었다면 그 공유지분 위에 각각 존속한다(동법 제260조 제2항).

8. 신탁재산의 귀속 추정

8.1. 귀속 판단을 할 수 없는 경우

신탁재산과 고유재산 또는 서로 다른 신탁재산에 속한 물건간에 첨부가 문제되지는 않더라도, 이들 물건의 귀속을 구분할 수 없는 경우가 발생할 수 있다. 전자의 경우에는 다수의 물건이 법률상 분리가 불가능한 상태라면, 후자의 경우에는 다수의 물건이 외형적·물리적으로는 변별이 가능하지만 그 귀속이 불명료한 상태를 가리킨다.

그런데 수탁자는 신탁재산과 고유재산 또는 서로 다른 신탁재산에 속한 물건을 분별관리할 의무를 부담한다. 만약 수탁자가 이러한 의무를 위반하거나 그 밖의 사유로 인하여 일정한 물건이 어느 재산에 속한 것인지를 판별하기 어렵게 되었다면, 그 물건의 귀속을 결정할 기준이 필요하게 된다. 예컨대 신탁재산과 고유재산의 식별이 불가능한 경우 수탁자에 대하여 파산절차가 개시되면 신탁재산을 파산관재인으로부터 확보할 수 있는지, 판별불가능한 상태에 있는 재산의 일부 또는 전부가 멸실되면 그로 인한 손실은 어떻게 처리할 것인지 등의 문제가 발생한다. 구신탁법에서는 이에 관한 명시적인 규정이 없었으나, 제29조는 재산의 귀속관계를 명확하게 하기 위한 기준을 제시하고 있다.

8.2. 신탁재산과 고유재산간의 귀속

제29조 제1항은 신탁재산과 고유재산간에 귀속관계를 구분할 수 없는 경우 그 재산은 신탁재산에 속한 것으로 추정한다. 그러므로 추정을 깨뜨리고 그 재산이 자신의 고유재산에 속한다는 것을 주장하려는 수탁자에게 증명책임이 있다. 신탁재산은 수탁자가 소유, 관

---

143) 수익권의 성질에 관한 논의는 제4장 Ⅲ. 5.3. 참조.

리, 처분 등을 하기 때문에 다른 사람이 그 재산의 귀속에 관하여 증명을 하기는 어렵다.[144] 그리고 수탁자는 신탁재산으로부터 이익을 누릴 수 없으므로, 재산의 귀속이 불분명한 때에는 이를 신탁재산으로 추정함으로써 신탁재산을 보호하고 수탁자의 이익향수의 가능성을 차단할 수 있다. 또한 분별관리의무를 다하지 못한 수탁자에게 그로 인한 불이익을 부담시킨다는 점에서도 위 규정은 정당화될 수 있다.

8.3. 신탁재산간의 귀속

서로 다른 신탁재산간에 귀속관계를 구분할 수 없는 경우 그 재산을 어느 하나의 신탁재산에 귀속시키기는 어렵다. 그래서 제29조 제2항은 이 경우 그 재산은 각 신탁재산에 공동으로 귀속하며 그 비율은 균등한 것으로 추정한다. 따라서 어느 하나의 신탁재산에 귀속하거나 그 비율이 균등하지 않은 때에는 이를 주장하는 자에게 증명책임이 있다.

---

144) 법무부, 240면.

제7장
신탁사무의 처리

Ⅰ. 서설

수탁자가 소유하는 신탁재산을 중심으로 하여 그 재산적 이익은 수익자에게 귀속하고 수탁자는 이와 관련한 다양한 의무를 부담하는 법률관계가 신탁의 핵심이 된다. 제31조는 수탁자가 신탁재산의 귀속주체로서 신탁상 정한 바에 따라 신탁목적의 달성을 위하여 필요한 행위를 할 권한이 있음을 선언하고 있다. 신탁재산의 귀속주체로서 신탁목적을 달성하기 위한 신탁사무의 처리는 수탁자의 권한이자 더불어 의무로서의 성질을 가진다. 특히 수익자에 의하여 강제가능한 수탁자의 의무는 신탁의 개념에 있어서 본질적인 부분이며, 수탁자의 의무의 이행과 위반 그리고 그 효과에 관한 규율은 신탁법의 중요한 내용을 이룬다.

신탁법은 제32조 이하에서 수탁자의 의무 일반을 정하고 있다. 하지만 수탁자의 의무가 이에 한정되거나 모든 신탁관계에서 수탁자가 동일한 모습의 의무를 부담하는 것은 아니다. 신탁행위로 당해 신탁관계에서 요구되는 다양한 의무들을 정할 수 있다. 수탁자의 선관의무도 개별적인 신탁관계에서 구체화된 형태는 상이하며, 신탁상 수탁자에게 더욱 엄격한 의무를 요구하거나 이를 완화할 수도 있다. 그리고 그러한 개별 의무의 위반 효과도 신탁법 및 신탁상의 정함이나 구체적인 의무위반 양태에 따라서 차이가 있다.

신탁법은 수탁자의 임무위반(제16조 제3항) 또는 의무위반(제43조 제1항)이라는 개념을 사용하고 있으나, 양자의 경계가 명확한 것은 아니며 굳이 구분할 실익도 없다. 수탁자의 작위나 부작위가 임무위반 또는 의무위반에 해당하는지 여부는 당해 규정의 취지에 비추어 판단할 것이다. 그리고 신탁법은 '신탁의 목적을 위반'하는 것을 신탁위반이라고 지칭하면서(제75조) 때로 '신탁행위로 정한 사항을 위반'하는 경우(제77조)에 대해서도 규정하고 있다. 그런데 일반적으로 신탁위반(breach of trust)이란 신탁상 정한 바에 반하는 것을 의미하며,

신탁목적을 위반한 것에 한정되지 않는다. 신탁의 목적은 신탁행위로 정한 사항 중 핵심적인 내용이므로 어느 경우에나 신탁위반이라고 부를 수 있지만, 신탁상 정한 바를 위반하는 행위가 모두 신탁목적의 위반이 되는 것은 아니다. 그리고 수탁자는 신탁행위 및 신탁법의 정한 바에 따라서 신탁사무를 처리할 의무가 있으므로, 이에 반하는 행위는 의무위반이자 동시에 신탁위반이 된다.

외국의 학설과 판례는 신임의무(fiduciary duty)의 위반과 신탁위반을 구분하여 설명하기도 한다.[1] 예컨대 수탁자가 신탁재산을 주식에 투자할 권한이 있는 때 자신의 주식을 신탁에 매도하였다면, 이는 신탁상 정함에 따른 투자이므로 신탁위반이 아니며, 수탁자가 위반한 것은 신임의무라는 것이다. 신탁상 정한 바에 따른 행위도 위와 같이 이익충돌을 야기하는 때에는 신임의무의 위반을 야기하며, 이미 신탁위반이 있는 때에는 신임의무의 위반을 언급할 여지도 없다는 것이다. 그리고 이는 단순한 개념상의 구분에 그치지 않고 형평법상 구제수단과도 연결된다.

하지만 우리법은 법제도를 달리할 뿐만 아니라 신탁법은 의무위반 내지 신탁위반이 문제되는 경우에 그 요건과 효과를 명시하고 있다. 그러므로 양자를 엄밀히 구분해야 할 필요성이나 실익을 찾기 어렵다. 그러면 이하에서는 수탁자의 의무를 확인하고 그 위반에 따른 구체적인 효력과 효과에 대하여 살펴본다.

Ⅱ. 수탁자의 의무

1. 선관의무

1.1. 의의

수탁자의 주의의무로서 제32조는 선량한 관리자의 주의의무를 원칙으로 한다. 무상수치인에 대하여 자기재산과 동일한 주의의무가 인정되는 것(민법 제695조)과 달리 보수청구권이 없는 수탁자에 대하여는 선량한 관리자의 주의로 신탁사무를 처리할 것이 요구된다. 수탁자는 신임관계에 기하여 신탁재산을 소유하고 이를 관리, 처분 등을 하는 지위에 있기 때문에, 민법상 무상수임인에 대하여 선관의무가 인정되는 것(동법 제681조)과 마찬가지로 선

---

1) Penner, p.319 이하.

관의무를 부담하는 것이다. 선관의무는 거래상 일반적으로 평균인에게 요구되는 정도의 주의의무로 풀이되는데, 수탁자는 그 직업이나 지위 등에 따라 통상 요구되는 정도의 주의를 기울여 신탁사무를 처리하여야 한다.2) 선관의무의 개별적·구체적 내용은 신탁의 목적이나 정함, 그 밖의 신탁과 관련한 제반 사정에 따라 다를 수밖에 없다. 그리고 그 위반의 효과도 의무위반행위와 관련하여 개별적으로 판단하여야 한다.

예컨대 수탁자가 주의의무를 다하지 못하여 신탁재산이 멸실, 훼손된 경우 수탁자는 원상회복의무 내지 손해배상의무가 있다. 제3자에 의하여 신탁재산에 손해가 발생한 때 수탁자는 제3자에 대하여 손해배상을 청구하여야 함은 물론, 신탁과 관련한 분쟁에 대하여 적시에 소를 제기하거나 적합한 방어방법을 동원하는 등의 조치를 취하여야 한다.3) 수탁자가 적절한 권리행사나 신탁사무의 처리를 위하여 비용을 지출하는 것은 그 자체가 신탁위반은 아니며 오히려 수탁자의 권한이라고 할 수 있지만, 선관의무에 위반하여 필요 이상의 비용을 지출하였다면 그 범위에서 수탁자의 비용상환청구는 인정되지 않는다.4)

대법원 2006. 6. 9. 선고 2004다24557 판결은 수탁자의 선관의무의 내용을 구체적으로 설시하고 있다. "수탁자는 신탁의 본지에 따라 선량한 관리자의 주의로써 신탁재산을 관리 또는 처분하여야 하고, 이러한 주의의무는 민법상 위임에 있어서 수임인의 주의의무와 같은 개념으로 이해할 수 있으며, 따라서 토지신탁계약의 수탁자는 우선적으로 위탁자의 지시에 따라 사무처리를 하여야 하나, 그 지시에 따라 신탁사업을 추진하는 것이 신탁의 취지에 적합하지 않거나 경제성이 없는 것으로 판단되어 위탁자에게 불이익할 때에는 그러한 내용을 위탁자에게 알려주고 그 지시를 변경하도록 조언할 의무를 진다."

대법원 2018. 2. 28. 선고 2013다26425 판결에서는 A가 발행하는 신주인수권부사채의 인수를 목적으로 하는 특정금전신탁에서 수탁자가 사채원금의 조기상환을 청구하였으나 A가 이를 이행하지 않던 중 폐업하였는데, 수탁자는 신탁계약기간 중 신주인수권부사채 원리금 상환 재원의 확보나 그 진행상황에 대하여 아무런 점검을 하지 않았다. 그리고 A가 수탁자의 조기상환청구권의 행사에 따른 의무를 이행하지 않거나 사채만기일에 사채대금을

---

2) Trustee Act 2000 sec.1은 수탁자의 주의의무(duty of care)로서 수탁자가 특정한 지식이나 경험을 고려하여 상황에 맞는 상당한 주의를 기울이고 기술을 사용할 것을 요구한다. 그리고 UTC sec.804는 수탁자로 하여금 신탁의 목적, 신탁상의 정함, 그 밖의 사정들을 고려하여 신중한 사람으로서(prudent person) 신탁사무를 처리하도록 하고, 이 기준을 충족하기 위하여 상당한 관심과 기술, 주의를 기울일 것을 요구한다. 이러한 주의의무는 제32조의 선관의무와 다르지 않다.

3) UTC sec.811은 신탁에 속한 권리의 행사를 위하여 소를 제기하고 제기된 소에 대하여 방어를 위한 적절한 조치를 취할 것을 수탁자의 의무로 명시하고 있다.

4) 가령 대법원 2008. 3. 27. 선고 2006다7532, 7549 판결.

상환하지 않는 경우 B가 수탁자로부터 신주인수권부사채를 매입하기로 하는 내용의 사채매입약정을 체결하고도 B가 회생절차에 들어간 사실을 제때 확인하지 못함으로 해서 수탁자가 B에 대한 사채매입청구권을 회생채권으로 신고조차 하지 못하여 채무자회생법 제251조에 따라 그 권리를 상실하여 회생절차에서 전혀 변제받을 수 없게 되었다. 이러한 사실에 비추어 원심은 수탁자가 신탁재산을 관리하면서 지켜야 할 선관주의의무를 다하지 못하였다고 판단하였고, 위 판결도 이러한 원심의 판단이 정당하다고 보았다.

　　나아가 자본시장법 제102조는 제1항은 금융투자업자로서 신탁업자가 부담하는 선관의무를 거듭 명시하고 있다. 대법원 2019. 7. 11. 선고 2016다224626 판결에 따르면, 특정금전신탁은 위탁자가 신탁재산의 운용방법을 특정하는 금전신탁으로서 수탁자는 위탁자가 지정한 방법대로 자산을 운용하여야 하고, 그러한 운용의 결과 수익률의 변동에 따른 위험은 수탁자인 신탁업자가 신탁재산에 대하여 선관의무를 다하지 않은 등의 특별한 사정이 없는 한 수익자가 부담하여야 하는데, 이러한 특정금전신탁의 특성에 비추어 볼 때 특정금전신탁의 신탁업자가 위탁자가 지시한 바에 따라 가능한 범위 내에서 수집된 정보를 바탕으로 신탁재산의 최상의 이익에 합치된다는 믿음을 가지고 신중하게 신탁재산을 관리·운용하였다면 신탁업자는 위 규정에 따른 선관의무를 다하였다고 할 것이고, 설사 그 예측이 빗나가 신탁재산에 손실이 발생하였다고 하더라도 그것만으로 선관의무를 위반한 것이라고 할 수 없다.

1.2. 주의의무에 관한 신탁상의 정함

　　제32조는 임의규정이므로 신탁행위로 수탁자의 주의의무를 가중하거나 경감할 수 있으며(제32조 단서), 그것이 일차적인 기준이 된다. 위탁자는 신탁상 수탁자에게 일정한 의무를 부담시키거나 경감 내지 면제할 수 있는 것과 마찬가지로 주의의무에 대하여도 달리 정할 수 있는 것이다. 사적자치라고 하는 관점에서는 물론 개별적인 필요에 따라 유연한 신탁관계를 창설할 수 있도록 하는 것이 바람직하기 때문이다. 이때 신탁상 주의의무에 대한 정함, 특히 경감 또는 면제는 수탁자의 책임을 제한하는 정함과 성격상 구분된다. 수탁자의 의무가 경감 또는 면제된 경우에는 그 위반이 있을 수 없으므로 책임도 문제되지 않는 반면, 책임을 제한하는 정함은 수탁자의 의무위반을 전제로 하여 그 책임만을 한정하는 것에 지나지 않는다.5)

---

5) Penner, p.347.

예컨대 위탁자는 다른 공동수탁자가 신탁재산에 속하는 금전을 지급하는 데 대하여 주의를 기울이지 않아도 된다거나, 특정 신탁재산에 대하여는 일정 기간 관리하지 않거나 또는 수탁자 자신의 재산과 동일한 주의를 기울이는 것만으로 충분하다고 정할 수 있다. 이러한 의무의 경감 또는 면제는 수탁자의 권능을 확대하여 당해 신탁의 목적이나 특수한 상황에 유연하게 대처하여 신탁사무를 처리할 수 있도록 하는 기능을 한다.

하지만 수탁자의 주의의무를 경감할 수 있다고 하더라도 여기에는 한계가 있다. 수탁자가 신탁의 인수를 업으로 하는 신탁업자인 경우 자본시장법 제102조 제1항은 수탁자로 하여금 수익자에 대하여 선량한 관리자의 주의로써 신탁재산을 운용할 것을 명시하고 있으며, 이러한 의무는 경감되지 않는다. 그 밖의 경우에도 주의의무의 경감에는 내재적인 한계가 뒤따른다.[6] 신탁은 수탁자가 신임관계를 기초로 하여 재산을 소유, 관리, 처분 등을 하는 법률관계이다. 신탁은 수탁자의 수익자에 대한 최소한의 의무와 그 강제를 토대로 하기 때문에, 예컨대 선관의무를 아예 면제하였다면 이는 신탁의 본질에 반한다.[7] 수탁자의 주의의무의 경감이 과도하거나 또는 부적절한 것인지는 해당 신탁의 맥락에서만 판단될 수 있으며, 그러한 정함이 유효한지도 그 적용을 받는 수탁자의 행위가 신탁의 목적에 상응하고 또한 그 상황에서 타당한지 여부에 따라서 판단된다.[8] 만약 이러한 기준에 의할 때 주의의무의 경감이 과도하다면, 더 이상 신탁관계는 인정될 수 없다.[9] 위탁자의 신탁설정의사가 분명하다면 일부무효법리에 따라서 주의의무를 배제하는 신탁조항만을 무효로 볼 수 있지만, 그렇지 않은 경우에는 신탁이 아닌 증여와 같은 다른 법률관계를 인정하거나 당해 처분행위 자체를 무효로 취급할 것이다.

2. 충실의무

2.1. 의의

신탁은 위탁자와 수탁자의 신임관계(fiduciary relationship)에 기초하여 설정된다(제2조). 하지만 일단 신탁이 설정되면 이제 수탁자는 모든 신탁재산과 신탁사무의 처리에 있어서 수익자에 대하여 신임관계에 선다. 제33조는 수탁자로 하여금 수익자의 이익을 위하여 신

---

6) 최수정, 일본 신신탁법, 88면 참조.
7) 미국 UTC sec.105도 본 법의 성질이 기본적으로는 임의규정임을 강조하면서도((a)), 수탁자의 선관의무 및 신탁목적과 수익자의 이익에 따를 의무는 배제할 수 없음을 명시하고 있다((b) (2)).
8) Penner, p.346.
9) Penner, p.346.

탁사무를 처리할 것을 요구하는데, 이러한 충실의무(duty of royalty)는 신탁관계의 본래적 성질에 기초한 것이며10) 또한 수탁자의 가장 기본적인 의무라고 할 수 있다.11) 충실의무는 특별한 신뢰관계를 바탕으로 하여 타인을 위하여 사무를 처리하는 자가 재량(discretion)을 가지고 타인을 위한 판단(judgement)을 함에 있어서 요구되는 특별한 의무로서 타인의 이익을 위하여 행동할 것을 요구한다.12) 비록 수탁자와 수익자 사이에 계약관계가 없더라도 수익자에게 신탁재산으로부터의 이익을 귀속시키는 것은 수익자신탁의 궁극적인 목적이며, 충실의무는 이를 위하여 신탁재산 자체에 대한 소유와 그 관리, 처분 등에 관한 폭넓은 재량 및 권한을 가지는 수탁자를 규율하는 중요한 장치가 되는 것이다.

사실 신탁을 설정하는 목적은 수익자에게 신탁이익을 귀속시키기 위한 것일 수도 있고 다른 특정한 목적을 달성하기 위한 것일 수도 있으며, 이때 특정한 목적은 공익이나 사익 또는 양자의 성격을 모두 가질 수도 있다(제2조). 그리고 수익자가 존재하지 않는 목적신탁 이라고 해서 수탁자의 충실의무가 면제되는 것은 아니다. 그러므로 제33조의 충실의무는 수탁자가 수익자 내지 신탁목적만을 위하여 신탁사무를 처리해야 한다는 의미로 해석된다.

명문의 규정이 없던 구신탁법하에서도 판례는 충실의무를 수탁자가 신탁목적에 따라 신탁재산을 관리하고 신탁재산의 이익을 최대한 도모해야 할 의무로 정의하고, 수탁자의 신탁재산에 관한 권리취득을 제한한 구신탁법 제31조를 근거로 하여 선관의무와 구분되는 개념으로 충실의무를 인정하였다.13) 하지만 이익향수금지와 신탁재산에 대한 권리취득금지 는 충실의무의 한 유형에 지나지 않는다. 그래서 현행법은 선관의무 외에 수탁자의 충실의 무에 관한 일반규정을 신설하고, 충실의무의 개별적인 유형에 해당하는 규정들이 적용되지 않는 때에도 충실의무위반의 책임을 물을 수 있는 근거를 마련하고 있다.14)

영미에서 수탁자는 수익자와의 신임관계로부터 당연히 발생하는 신임의무(fiduciary duty)로서 충실의무를 부담하며, 이는 수탁자의 다양한 의무들로 보다 구체화되었다. 수탁자는 성의를 가지고 행동하여야 하며, 신탁으로부터 이익을 향수할 수 없으며, 자신의 의무와 이익이 충돌하는 상황을 초래하거나, 자신 또는 제3자의 이익을 위하여 행동해서도 안된다. 신탁법상 이익상반행위금지(no conflict rule), 자기거래금지(self dealing rule), 공평의무

---

10) 가령 미국 신탁법 제3차 리스테이트먼트 §2는 신탁재산을 보유하는 수탁자가 수익자나 자선목적을 위하여 사무를 처리할 의무를 부담하는 '신임관계'를 신탁이라고 정의한다.

11) UTC sec.802 cmt.

12) 최수정, 부동산담보신탁상 우선수익권의 행사에 따른 수탁자의 의무, 신탁연구 제2권 제2호(2020), 13면.

13) 대법원 2005. 12. 22. 선고 2003다55059 판결.

14) 법무부, 267면.

(duty of impartiality), 이익향수금지(no profit rule)도 바로 이러한 충실의무를 구체화한 것이다. 하지만 충실의무가 이에 국한되지 않음은 물론이다.

한편 수탁자는 충실의무로서 오직 수익자의 이익을 위하여(sole interest) 신탁사무를 처리하여야 하는지 아니면 최선의 이익을 위한 것(best interest)이면 충분한지가 문제될 수 있다. 예컨대 미국에서는 유일이익의 원칙이 가장 기본적인 신탁법 원칙으로 인식되고, 수탁자는 자신의 이익이 수익자의 이익과 충돌하거나 충돌할 수 있는 상황을 만드는 것이 금지된다.[15] 이 원칙은 수탁자가 신탁재산을 유용한 경우뿐만 아니라 신탁재산에 손해가 발생하지 않거나 심지어 이익을 가져다 준 경우에도 적용되므로 사유불문원칙(no further inquiry principle)으로 불린다. 그러나 유일이익원칙을 포함하는 충실의무의 근본적인 목적이 수익자의 최선의 이익을 증진하는 것이라는 관점에서, 비록 수탁자가 어느 정도의 이익을 얻었더라도, 수익자의 최선의 이익을 위하여 신중하게 이루어진 거래는 충실의무에 부합한다는 주장이 제기되었다.[16] 수탁자가 수익자의 최선의 이익하에 신중하게 거래하였음을 증명할 수 있다면 그 거래는 이익충돌이 있는 때에도 유효하며, 사유불문원칙보다는 거래의 장점에 주목하여야 한다는 것이다.

그러나 이에 대하여는 여전히 찬반론이 대립하며,[17] 우리법의 해석론으로서도 유일이익원칙 또는 최선이익원칙이 제시되고 있다.[18] 그런데 신탁법은 충실의무의 선언과 함께 이익상반행위를 포괄적으로 금지하고 있다. 그러므로 유일이익원칙이 적용되고, 수탁자는 수익자에 대하여 자신을 포함한 제3자의 이익이나 신탁목적의 달성 이외의 유인에 영향을 받지 않을 의무를 부담한다고 해석해야 한다. 이는 일종의 금지규정이므로, 수익자는 여타의 유인이 존재하였다는 사실만 증명하면 충분하다. 그리고 수탁자는 수익자의 배타적인 이득 이외의 유인을 가진 때에는 비록 자기거래가 없었더라도 충실의무위반에 따른 책임을 면할 수 없다. 따라서 개별적인 신탁에서 특정한 수요에 대처할 필요가 있거나 합리적이고 유연한 신탁사무의 처리가 요청된다면 신탁상 별도의 정함을 두어야 할 것이다.

---

15) UTC sec.802 (a) cmt.

16) Langbein, Questioning the trust law duty of loyalty: sole interest or est interest?, 114 Yale Law Journal 932(2005).

17) 이에 관한 소개는 노혁준, 차입형 토지신탁의 수탁자와 신탁재산간 거래, 증권법연구 제20권 제2호(2019), 131면 이하.

18) 정순섭, 380면.

2.2. 충실의무의 기능

신탁은 위탁자와 수탁자 사이의 신임관계에서 출발하지만(제2조) 신임관계에 기초한 충실의무는 수익자를 위한 것이다(제33조). 수익자신탁에서 신탁의 최종적인 목적은 신탁재산상의 이익을 수익자에게 귀속시키는 것이다. 그러므로 신탁상의 정함에 따라 신탁사무를 처리하는 수탁자에게 수익자의 이익을 위한 충실의무가 요구되는 것은 당연한 것이라고도 할 수 있다.

이러한 엄격한 의무는 그 연혁이나 제도의 취지에 기초한 것이지만, 오늘날 또 다른 의미에서 중요한 기능을 한다.[19] 근래 신탁제도는 종래와 같은 단순한 자산의 보호 내지 승계나 세제와 같은 영역에 국한되지 않고 하나의 자산관리수단과 투자자본의 유치 및 운용 등에 폭넓게 이용되고 있다. 그래서 과거에는 신탁재산의 소유자인 수탁자의 권능을 가급적 제한하는 데 주안을 두었다면, 오늘날에는 수탁자에게 넓은 권한 내지 재량을 허용하는 추세이다. 그리고 이에 상응하여 수익자의 보호를 위한 충실의무가 더욱 강조되고 있다.[20] 예컨대 위탁자는 전문적인 지식을 가진 수탁자와의 계약에 있어서 단순히 수탁자의 도덕성에만 의지할 수는 없다. 그렇다고 해서 위탁자가 계약의 구체적인 내용을 일일이 정하고 모니터링하는 것도 사실상 불가능에 가깝다. 혹여 가능하다고 하더라도 높은 비용이 들 수밖에 없는데, 이를 대체하는 것이 수탁자의 충실의무이다.[21] 수탁자의 충실의무는 위탁자와 수탁자간의 거래비용(transaction cost)은 물론 대리인비용(agency cost)을[22] 현저히 감소시키는 역할을 한다. 법규칙은 계약당사자들이 충분한 정보를 가지고 거래비용 없이 협상하였더라면 도달하였을 내용을 정함으로써 실제 정보가 부족하고 높은 거래비용이 발생할 수 있는 현실에서 계약상 이익을 증진하는데,[23] 충실의무가 바로 그 법규칙에 해당하는 것이다.

3. 신탁사무 처리의무

3.1. 신탁상 정함에 따른 사무처리

모든 수탁자는 신탁목적 및 신탁행위로 정한 바에 따라서 신탁사무를 처리할 의무가

---

19) 최수정, 신탁계약의 법적 성질, 민사법학 제45권 제1호(2009. 6), 490면 이하.

20) Sitkoff, An agency costs theory of trust law, 89 Cornell L.Rev. 634(2004).

21) Easterbrook/Fischel, Contract and fiduciary duty, 36 J. Law & Econ. 427(1993).

22) 회사에서의 대리인문제와 비교되는 신탁에서의 구체적인 대리인문제의 양상은 Sitkoff, An agency costs theory of trust law, p.638; Sterk, Trust protectors, agency cost, and fiduciary duty, 27 Cardozo L. Rev. 2761(2006).

23) Coase, The problem of social cost, 3 J. Law & Econ. 1(1960).

있다. 신탁상 수탁자로 지정된 것만으로 수탁자의 의무가 발생하는 것은 아니지만, 수탁자의 지위를 인수한 이상 이러한 의무를 부담하게 된다. 그러나 신탁상 정함에 따른 이행이 불가능하거나, 위법하거나, 공서에 반하는 때에는 그 이행이 강제되지 않는다. 만약 위탁자가 예상치 못한 사정으로 신탁의 목적과 신탁상의 정함이 충돌하게 되었다면, 수탁자는 선관의무에 기하여 신탁의 변경이나 종료를 구해야 할 것이다.[24]

수탁자가 신탁사무를 처리할 의무가 있음에도 불구하고 이를 해태한 때에는 당연히 의무위반이 된다. 그리고 수탁자의 사무처리가 신탁목적이나 신탁상의 정함에 따르지 않은 때에도 의무위반에 따른 책임이 발생한다. 이에 관하여는 신탁상 정함이나 신탁법 규정이 기준이 될 것이므로 아래 의무위반의 효과에 관한 부분에서 자세히 살펴본다.

3.2. 수탁자의 신탁사무 처리와 위임

3.2.1. 자기집행의무

수탁자는 신탁상 달리 정한 바가 없는 한 자신이 직접 신탁사무를 처리하는 것이 원칙이다.[25] 수탁자는 신탁설정시 위탁자와의 신임관계에 기하여 그리고 이후에는 수익자에 대하여 신임의무를 지는 자로서 스스로 신탁사무를 처리할 것이 기대된다. 신뢰관계를 전제로 하는 위임의 경우 수임인이 위임인의 승낙이나 부득이한 사유가 없으면 제3자로 하여금 자기에 갈음하여 위임사무를 처리하게 하지 못하는 것과(민법 제682조 제1항) 다르지 않다.

그런데 신탁사무의 위임이 금지된다고 하더라도 사자(使者)나 이행보조자를 이용하는 것까지 당연히 금지되는 것은 아니다. 일반적으로 채무자는 자기 채무의 이행을 위하여 이행보조자를 사용할 수 있다. 이때 이행보조자로서의 피용자는 일반적으로 채무자의 의사관여 아래 그 채무의 이행행위에 속하는 활동을 하는 사람으로, 반드시 채무자의 지시 또는 감독을 받는 관계에 있어야 하는 것은 아니며 채무자에 대하여 종속적인가 독립적인 지위에 있는가도 문제되지 않는다.[26] 그리고 이행보조자는 채무자의 의사에 의하여 채무자를 위하여 행동하게 된 자로서, 채무자의 채무를 이행하고 있다는 사실을 제3자가 알고 있어야 하는 것은 아니다.[27] 수탁자가 사용하는 이행보조자도 동일한 기준에 의하여 판단할 수 있다. 그리고 신탁사무의 처리를 위하여 사용한 이행보조자의 귀책사유로 인하여 의무위반

---

24) UTC sec.801 cmt.

25) 유럽신탁법원칙 art. V (4)도 법률이나 신탁상 다른 정함이 없는 한 수탁자가 직접 신탁사무를 처리할 것을 명하고 있다.

26) 대법원 1999. 4. 13. 선고 98다51077, 51084 판결; 대법원 2002. 7. 12. 선고 2001다44338 판결.

27) 지원림, 1125면.

이 발생한 경우에는 비록 수탁자가 귀책사유가 없는 때에도 그 책임을 면할 수 없다(민법 제391조).

3.2.2. 신탁사무의 위임

(1) 위임의 필요성

비록 수탁자는 자기집행의무를 부담하지만 신탁사무의 내용이나 처리방법에 따라서는 수탁자 자신이 아닌 제3자로 하여금 처리하도록 하는 것이 신탁의 적절한 운용과 수익자의 보호에 더 부합할 수 있다. 예컨대 특수한 내용의 투자나 개발사업은 전문가를 활용할 필요가 있고, 그 밖의 경우에도 굳이 수탁자가 처리하기보다는 제3자에게 위탁하는 편이 비용과 시간 면에서 효율적일 수 있다. 그래서 제42조는 예외적으로 일정한 요건하에 수탁자로 하여금 신탁사무를 위임할 수 있도록 한다. 그리고 자본시장법의 적용을 받는 신탁업자는 원칙적으로 업무위탁이 가능하다(자본시장법 제42조).

한편 UTC sec.807는 원칙적으로 신탁사무의 위임을 허용한다. 당해 신탁의 내용이나 구체적인 상황에 따라서 신탁사무를 위탁하는 것을 장려하고 또 그러한 수탁자를 보호하고자 하는 점에서 우리법과는 접근방식을 달리한다. 그리고 일본 신탁법 제28조는 신탁상 신탁사무의 위탁에 관한 정함이 없는 때에도 신탁목적에 비추어 상당한 때, 심지어 위탁을 금지하는 때에도 신탁의 목적에 비추어 부득이한 때에는 이를 허용하고 있어서 수익자의 동의를 요건으로 하는 우리법과는 차이가 있다.

(2) 요건

신탁상 신탁사무의 처리를 제3자에 위탁하도록 하거나 위탁을 허용하고 있는 때 수탁자가 신탁사무를 위탁할 수 있음에는 의문이 없다. 위임의 허용에 관한 정함은 명시적으로는 물론 묵시적으로도 가능하며, 이는 신탁상 정함에 관한 해석에 달린 문제이다. 반면 신탁상 신탁사무의 처리를 제3자에게 위탁할 수 없다고 정하였다면, 수탁자는 신탁사무를 위탁할 수 없으며, 그럼에도 불구하고 위탁한 때에는 이익이나 손해의 발생과 무관하게 그 자체로 신탁위반이 된다.

신탁상 신탁사무의 위임을 위한 요건이 정해진 때에는 그것이 일차적인 기준이 되지만(제42조 제1항 단서), 그러한 정함이 없는 때에는 제42조 제1항 본문에 의한다. 수탁자가 자기집행의무의 예외로서 신탁사무를 위탁하기 위해서는, 첫째, 정당한 사유가 있어야 한다. 정당한 사유란 객관적으로 신탁목적의 달성이나 수익자를 위하여 신탁사무를 위탁하는 것이 필요하고 또 적절한 경우를 의미한다.[28] 둘째, 수익자의 동의가 있어야 한다. 위임계약의 경우에는 수임인의 복임권이 제한되고 위임인의 승낙이 있는 때에는 예외적으로 허용되는데(민법 제682조 제1항), 신탁에서는 신탁행위의 당사자인 위탁자가 아니라 수익자의 동의가 필요하다. 신탁사무의 처리 및 그로 인한 재산적인 상태에 누구보다 중요한 이해관계를 가지는 자가 수익자이므로 신탁법은 수익자의 동의를 요건으로 한다.

(3) 수탁자의 책임

신탁사무의 위임이 신탁상 정함에 의한 것이든 아니면 제42조 제1항 본문의 요건에 따른 것이든, 수탁자는 자신에 갈음하여 신탁사무를 처리할 자를 선별하고, 신탁상 정함에 상응하여 위임관계를 규정하며, 이를 감독함에 있어서 적절한 주의를 기울여야 한다.[29] 이러한 주의의무를 다하지 못한 경우 수탁자는 수임인의 선임·감독에 대하여 책임을 지지만, 주의의무를 다한 한에서는 수임인의 고의나 과실로 신탁재산에 손해가 발생한 때에도 그에 대한 책임이 없다(제42조 제2항).

만약 수임인이 신탁상 지정되어 있거나 수익자가 수임인을 지정하였다면, 수탁자에게 수임인의 선임에 대한 책임을 물을 수는 없다. 그러나 이 경우에도 수임인에 대한 감독의무까지 면제되는 것은 아니다. 그리고 수탁자는 수임인이 부적임이거나 불성실함을 안 때에는 그 사실을 통지할 의무가 있으며, 이러한 통지의무의 해태로 신탁재산에 손해가 발생하였다면 수탁자는 그 책임을 면할 수 없다.

(4) 수임인의 책임

수탁자에 갈음하여 신탁사무를 처리하는 자는 수탁자의 수임인으로서 위임계약상의 주의의무를 기울여 위탁받은 신탁사무를 처리할 의무를 부담한다. 그리고 제42조 제3항은 이러한 수임인에 대하여 수탁자와 동일한 책임을 지운다. 이때 수임인이 부담하는 '수탁자와 동일한 책임'의 내용이나 범위는 그리 명확하지 않으나, 문리해석상 수임인은 수탁자와 마찬가지로 선관의무, 충실의무 등을 부담하며 그 위반에 대하여 신탁법상의 책임을 질 뿐 아니라, 그 책임재산의 범위는 신탁재산에 한정되지 않고 수임인의 고유재산에까지 미치게 될 것이다.

만약 수탁자는 수임인의 선임·감독에 관하여만 책임을 지고 수임인은 위임계약상의

---

28) 법무부, 342면.
29) UTC sec.807 (a).

책임만 진다면, 수탁자가 직접 신탁사무를 처리하는 경우와 비교할 때 책임의 공백이 생기고, 따라서 수익자의 보호가 문제될 수 있다. 그래서 제42조 제3항은 법정책적으로 수임인에게 수탁자와 동일한 무거운 책임을 묻는 것으로 보인다.

그런데 민법상 수임인에 갈음하여 사무를 처리하는 복수임인은 수임인에 의하여 선임되지만 위임인과의 관계에서는 수임인과 동일한 권리의무관계에 있다(민법 제682조 제2항, 제123조 제2항). 그러나 수임인은 수탁자와의 위임계약에 기하여 해당 업무를 위탁받은 것에 지나지 않으며 신탁계약상의 수탁자가 아니다. 수탁자와 위임계약을 체결하였다는 사실만으로 수임인에게 수탁자와 동일한 내용의 채무를 강제하고 그 위반에 따른 엄격한 책임을 묻는 것은 가혹하다.[30] 물론 신탁업자가 본질적 업무인 신탁계약의 체결, 해지업무, 신탁재산의 보관, 관리, 운용업무를 위탁하는 경우 위탁을 받는 자는 신탁업자로 제한되고(자본시장법 제42조 제4항, 동법 시행령 제47조 제1항 제6호), 전자에 대하여는 민법상의 사용자책임이 그리고 후자에 대하여는 업무상 책임이 인정되는 외에 자본시장법이 정한 절차와 조치가 따른다. 그러나 투자자의 보호를 위하여 특별법이 적용되는 영역이 아닌 신탁법의 일반규정으로서 위임계약상의 수임인에게 가중된 채무와 책임을 강제할 것은 아니다.

그리고 수임인은 이러한 법정책임을 이유로 신탁사무의 수임을 거절하거나 높은 보수를 요구할 것이므로, 적절한 신탁사무의 위탁이 곤란하게 되고 과도한 비용이 초래되어 결과적으로 수익자에게 그 불이익이 돌아가게 된다. 또한 신탁상 신탁사무의 위임을 허용하였거나 수익자가 동의하였다는 것은 수탁자가 아닌 수임인의 사무처리에 따른 이익을 누릴 뿐만 아니라 만약의 불이익도 감수하겠다는 의미로 해석할 수 있다. 따라서 신탁사무의 위임에 있어서 수임인의 책임은 수탁자가 위임계약에 기하여 처리하도록 하고, 수임인에게 전적으로 수탁자와 동일한 책임을 묻는 현행법에 대하여는 입법적인 재검토가 필요하다.[31] 종래 일본 구신탁법도 수임인에게 수탁자와 동일한 책임을 부담시켰으나, 동일한 책임의 내용에 대하여는 해석이 나뉘었고 그 범위도 명확하지 않을뿐더러, 제3자는 수탁자에 대하여 위임계약상의 책임을 부담하기 때문에 별도로 법정책임을 부과하는 것은 적절하지 않다는 근거에서 그 규정을 삭제한 것은 참고가 된다.

7

---

30) UTC sec.807는 신중한 수탁자의 주의의무에 비추어 위탁이 필요한 경우에는 위탁할 수 있도록 하고 별도로 수익자의 동의를 요구하지 않으며, 수임인에 대하여는 위임계약상의 책임만 묻는다.

31) 반면 정순섭, 424면은 수임인의 엄격한 책임을 긍정하면서 수임인이 수탁자와 같은 의무를 위반한 때 위탁자와 수익자에게 책임을 진다고 한다. 그러나 이 경우에도 수임인의 책임은 어디까지나 신탁재산에 대한 것이지 위탁자나 수익자는 아니다.

3.3. 신탁재산에 관한 의무

3.3.1. 신탁재산을 보호할 의무

수탁자가 신탁재산을 확보하고 보호할 의무는 신탁의 존재나 수탁자의 지위에 있어서 기본적인 것이다. 먼저 수탁자는 신탁재산을 위탁자로부터 이전받고 각 신탁재산에 상응하는 공시방법을 갖추어야 한다(제4조). 신수탁자는 전수탁자로부터 신탁재산을 적시에 이전받기 위한 적절한 조치를 취하여야 하며, 전수탁자나 공동수탁자가 행한 위반행위에 대하여 그 책임을 묻고 신탁재산을 확보하여야 한다(제52조).

수탁자는 신탁재산에 속하는 권리와 의무를 적법하게 행사하고 이행함으로써 신탁재산에 손해가 발생하지 않도록 해야 한다. 그 방법은 각 신탁재산에 속한 권리와 의무의 내용에 달려 있다. 상당한 기간 내에 권리를 행사함으로써 기간의 경과에 따른 권리의 소멸을 방지하고, 의무의 지체나 불이행에 따른 책임이 발생하지 않도록 해야 한다. 그리고 신탁재산인 물건의 성질에 상응하는 관리 및 보존을 통하여 멸실이나 훼손이 발생하지 않도록 해야 한다. 또한 신탁목적을 달성하기 위하여 신탁재산에 필요한 상태를 만들고 유지해야 한다.

3.3.2. 투자의무

(1) 신탁법의 해석

가. 금전의 관리방법

신탁에서는 신탁재산의 귀속주체(수탁자)와 그 관리 등으로부터 발생하는 위험의 귀속주체(수익자)가 분리된다. 그래서 수탁자에 의한 잘못된 관리나 사용 등으로부터 수익자를 보호하기 위하여 수탁자에게는 선관의무와 충실의무 같은 일련의 의무가 부과된다. 이와 더불어 제41조는 신탁상 달리 정한 바가 없는 한 수탁자로 하여금 신탁재산에 속한 금전을 국채, 지방채 및 특별법에 따라 설립된 법인의 사채의 응모·인수 또는 매입(제1호), 국채나 그 밖에 위 유가증권을 담보로 하는 대부(제2호), 은행예금 또는 우체국예금(제3호)으로 관리하도록 한다.[32] 신탁재산의 보호 내지 보존이라고 하는 관점에서 금전의 관리방법을 극히 보수적으

---

32) 자본시장법 제105조 제1항은 신탁업자가 신탁재산인 금전을 운용하는 방법으로 대통령령으로 정하는 증권의 매수, 장내파생상품 또는 장외파생상품의 매수, 대통령령으로 정하는 금융기관에의 예치, 금전채권의 매수, 대출, 어음의 매수, 실물자산의 매수, 무체재산권의 매수, 부동산의 매수 또는 개발, 그 밖에 신탁재산의 안전성·수익성 등을 고려하여 대통령령으로 정하는 방법을 법정하고 있다. 그리고 자본시장법 제106조는 부동산 내지 부동산 관련 권리만을 신탁재산으로 인수한 경우 그 재산의 운용에 따라 발생한 여유자금에 대하여 대통령령으로 정하는 금융기관에의 예치, 국채증권, 지방채증권 또는 특수채증권의 매수, 정부 또는 대통령령으로 정하는 금융기관이 지급을 보증한 증권의 매수, 그 밖에 신탁재산의 안정성·수익성 등을 저해하지 아니하는 방법으로서 대통령령으로 정하는 방법으로 그 운용방법을 제한한다.

로 정하고 있다.

이상에서와 같이 신탁상 투자권능 또는 투자의무에 대한 정함이 없는 한 수탁자는 신탁재산인 금전으로 그 밖의 투자는 할 수 없다. 그럼에도 불구하고 투자를 하였다면, 그로 인한 수익 여부와 무관하게 투자행위는 신탁위반이 된다. 그리고 수탁자가 금전을 금고에 그대로 보관만 한 경우에도, 신탁상 수탁자에게 그러한 재량권을 수여하는 등 별도의 정함이 없는 한, 이는 의무위반이 된다.[33] 법률상 금전은 당연히 이자를 발생시키기 때문이다. 수탁자가 인플레이션으로 인한 신탁재산의 실질적인 가치하락을 막기 위한 법률상의 최소한의 관리행위도 하지 않았다면 의무위반에 따른 책임을 면할 수 없다.

나. 투자의무의 인정 여부

수탁자는 수익자의 이익을 위하여 신탁사무를 처리해야 하므로 신탁재산의 투자에 관한 신탁상 정함이 없는 때에도 당해 신탁의 유형에 상응하는 가장 유리한 투자를 할 수 있는가? 수탁자의 신탁재산에 대한 의무는 단순히 재산의 소멸이나 감소를 방지하는 소극적인 것에 그치는지, 아니면 수익자의 최선의 이익을 고려하여 신탁재산의 가치나 그 효용이 극대화되는 적절한 방안을 강구할 보다 적극적인 의무도 있는지의 문제이다.

영국의 경우 과거에는 신탁상 투자와 관련한 정함이 없는 경우 수탁자는 법이 정한 목록에만 투자할 수 있었다(legal list approach).[34] 수탁자투자법(Trustee Investments Act 1961)은 안정적이면서도 어느 정도의 수익은 낼 수 있을 것으로 기대되는 내용을 정하였는데, 이는 비전문적인 수탁자를 염두에 둔 것이었다. 반면 이를 대체한 수탁자법(Trustee Act 2000)은 신중한 투자자원칙(prudent investor approach)을 채택하였다. 즉, 신탁상 투자에 관한 정함이 없는 경우 수탁자는 폭넓은 투자권능을 가지지만 그 권능을 신중하게 행사할 주의의무를 진다. 법적으로 특정 종류의 투자를 하는 것이 금지되지는 않더라도 수탁자가 신중한 투자자라면 하였을 투자를 하지 않은 경우에는 의무위반이 되는 것이다.

미국의 경우 19세기 초에 Harvard College v. Amory[35] 사건에서 법정목록이 아닌 신중한 사람의 원칙(prudent man rule)을 채택하였고, 20세기 중반까지 대부분의 주가 종래의 법정목록을 폐기하고 이 원칙을 수용하였다. 그런데 신탁법 제2차 리스테이트먼트는 일반

---

33) Adamson v Reid (1880) 6 VLR(E) 164.
34) 1720년 남해회사 거품 사태(south sea bubble) 이후 영국 법원은 법원이 정한 목록(court list)에 있는 투자만 할 수 있도록 하였는데, 국채와 1번 저당권이 전형적이었다. 그리고 그 목록은 이후 입법에 반영되었다.
35) 9 Pick. (26 Mass.) 446,461 (1830).

적으로 국공채나 토지에 대한 1번 저당권 또는 회사채에 투자하는 것이 적절하며, 투기주
나 증권의 신용매입, 할인된 사채의 매입은 부적절할뿐더러,36) 신탁상 특정한 증권에 투자
할 수 있다고 하더라도 그러한 종류의 증권에 대한 모든 투자가 정당화되지는 않는다고 보
았다.37) 더욱이 수탁자의 투자에 대한 사법적 심사는 사후적으로 이루어지며, 법원도 포트
폴리오 전반의 맥락에서가 아니라 개개의 투자에 대하여 신중성 여부를 평가하였기 때문
에, 수탁자는 결과적으로 투자와 관련한 책임을 면하기 어려웠다. 법원이 신중한 사람의 원
칙하에서도 비교적 넓은 범위에서 투자를 안전하다거나 또는 투기적이라고 선을 그었고 각
각의 투자를 개별적으로 평가한 까닭에 실질적으로 안전한 투자로 정해진 부분에 대한 투
자만이 수탁자가 그 책임을 면할 수 있는 방법이었다.

　　20세기 후반에 들어 현대적인 포트폴리오 이론이 수용되면서 종래 신중한 사람의 원칙에
대한 개정 요청이 커졌다. 그리고 결정적으로는 신탁법 제3차 리스테이트먼트가 신중한 투자
에 관한 규정을 명시하고 또 신중한 투자자에 관한 표준법(Uniform Prudent Investor Act)38)이
발효되면서 현대의 신중한 투자자 원칙이 거의 모든 주에서 받아들여지게 되었다. 신중한
투자자의 원칙은 투자의 종류에 대한 모든 제한을 철폐한 점, 투자의 다양화가 비용효율이
높은 방법으로 이루어질 수 있는 한 수탁자에게 다양화할 의무를 명시적으로 정한 점,39)
수탁자의 투자결정을 개별적으로가 아니라 포트폴리오 전체의 맥락에서 그리고 전반적인
투자전략의 한 부분으로 평가할 것을 요구한 점 그리고 수탁자가 신탁목적에 비추어 포트
폴리오를 수익자의 위험감수성향에 부합하도록 한 점에 특징이 있다.

　　신탁재산의 관리방법에 관하여 신탁상 정함이 없는 경우 수탁자에게 일반적으로 투자
권능 내지 투자의무를 인정하고 투자시에 요구되는 일련의 기준들을 정하면서 그 위반에
대한 엄격한 책임을 물을 것인지, 아니면 관리방법을 법에서 정한 방법으로만 한정하고 이
에 반하지 않는 한 신탁위반이나 그 책임이 없다고 할 것인지는 법정책적인 판단의 문제라
고 할 수 있다. 그리고 신탁법은 종래와 마찬가지로 후자의 입장을 견지하고 있다. 하지만
위 입법경향은 앞으로 신탁법의 규율방식에 대한 방향을 제시한다는 점에서 의미가 있다.
그리고 신탁상 투자에 관한 정함이 있는 때 이와 관련한 수탁자의 구체적인 의무내용 내지
기준을 보여준다는 점에서도 유용하다.

---

36) 신탁법 제2차 리스테이트먼트 §227 cmt.f.
37) 신탁법 제2차 리스테이트먼트 §227 cmt.v.
38) Uniform Law Commission에 의하여 1994년 공표되었고, 모든 주들이 이를 채택하면서 신탁재산의 투자에
　　대한 획기적인 변화를 가져왔다.
39) UPIA §3; Prudent Investor Rule §227 (b).

(2) 투자의무의 기준

신탁상의 정함에 따라 수탁자가 투자를 하는 경우에는 그러한 정함이 일차적인 기준이 되지만, 투자의무의 이행에 있어서는 기본적으로 두 가지 측면에서 그 기준이 문제된다. 첫째, 수탁자는 신탁재산의 투자에 있어서 서로 다른 종류의 수익자간에 공평(even-handed-ness)을 기해야 한다.[40] 신탁재산에 대한 원본수익자와 수입수익자가 있는 경우 수탁자의 투자 여부는 경우에 따라서 원본수익자 또는 수입수익자 일방에게 유리하고 타방에게 불리할 수 있다. 예컨대 Re Mulligan[41] 사건에서는 유언신탁이 설정되었고, 그 배우자가 공동수탁자이면서 동시에 생애권자(수입수익자)로 그리고 조카들이 잔여권자(원본수익자)로 지정되었다. 수탁자는 신탁원본인 부동산을 매각한 대금을 확정이부증권(fixed interest securities)에 투자하였고, 이는 수입수익자가 사망할 때까지 25년간 유지되었다. 하지만 그 사이에 인플레이션으로 원본 가치가 1/14 이하로 감소하자 잔여권자는 수탁자가 포트폴리오를 다양화함으로써 수입수익자와 원본수익자를 공평하게 취급할 의무를 위반하였다는 이유로 소를 제기하였고, 법원도 원고의 청구를 인용하였다. 따라서 수탁자는 신탁재산의 투자에 있어서 각 수익자에게 공평하게 그 이익이 돌아갈 수 있는 방안을 강구해야 하는 것이다.

둘째, 수탁자는 위험으로부터 신탁재산을 보전하면서도 수익을 확보해야 한다. 신탁상 투자에 관한 정함이 있는 경우에도, 그것이 수탁자의 재량에 달린 것이 아닌 한, 투자를 전혀 하지 않았다면 이는 신탁위반이 된다. 그리고 법률이나 신탁상 정함과 다른 방법으로 투자를 한 때에도 신탁위반이 되며, 신탁이 정한 범위내라고 하더라도 상당한 주의와 기술을 다하지 않은 때에는 역시 신탁위반이 된다. 수탁자는 신탁재산의 보호와 수익률이라고 하는 때로 상반된 요청을 만족시키기 위하여 위험을 분산할 수 있는 최적의 포트폴리오를 모색하거나 전문가의 조언을 구하는 등의 의무를 부담한다.[42] 이러한 의무의 내용에 대하여는 위 영국이나 미국에서의 신중한 투자자의 원칙이 유용한 기준이 될 수 있다.

수탁자가 이상의 의무를 위반하여 신탁재산에 손해가 발생한 경우 신탁상 그리고 신탁법상의 책임을 지지만(제43조) 수탁자가 그 의무를 준수하였음에도 불구하고 신탁재산에 손

---

40) 수탁자의 공평의무에 관하여는 아래 II. 5. 참조.

41) [1998] 1 NZLR 481.

42) 미국에서도 가령 In re Estate of Janes (90 N.Y.2d 41,681 N.E.2d 332,659 N.Y.S.2d 165, 1997 N.Y.) 사건에서는 수탁자가 신탁재산의 71%를 Kodak(배당률 1.06%)에 투자하였는데, 1970년대에 Kodak의 주가가 위탁자 사망 당시의 가치에서 2/3 하락하였다. 그런데 은행은 위탁자와 그 배우자 모두 Kodak을 선호하였다는 비공식적인 언명만 믿고 다양화하려는 노력을 하지 않았다. 법원은 수탁자가 전체적인 포트폴리오의 관점에서 Kodak에 대한 투자를 검토하지 않았다는 근거에서 의무위반을 인정하였다.

해가 발생한 경우에는 그로 인한 손실은 수익자에게 돌아간다. 특히 신탁업자는 신탁재산에 대한 손실보전이나 이익보장이 금지된다(자본시장법 시행령 제104조 제1항 본문).[43]

대법원 2007. 11. 29. 선고 2005다64552 판결은 "특정금전신탁은 위탁자가 지정한 운용방법에 따른 자산운용에 의하여 그 수익률이 변동함으로써 항상 위험이 따르고, 그 위험은 신탁회사가 신탁재산에 대하여 선량한 관리자로서의 주의의무를 다하지 아니하였다는 등의 특별한 사정이 없는 한 수익자가 부담하여야 하므로, 그 신탁재산의 운용 결과에 대한 손익은 모두 수익자에게 귀속되는 자기책임주의와 실적배당주의를 그 본질로 하고, 만일 지정된 운영방법에 따른 자산운용에 의하여 손실이 발생하였음에도 불구하고 원본의 보전이나 일정한 이익이 보족된다면, 수익자는 항상 지정된 운용방법에 따른 자산운용에 수반하는 위험은 회피하고 이익만을 취득하게 되어 위와 같은 자기책임주의 및 실적배당주의에 반하는 것은 물론 개별 수익보장을 위하여 신탁회사의 고유재산이나 영업이익에서 손실을 보전하는 것을 강요하게 되므로 신탁회사의 재정을 불실하게 만들고 다른 거래 상대방을 불이익하게 한다"는 근거에서, 특정금전신탁에 관한 원본 보전이나 이익 보족의 약정을 모두 무효라고 하였다. 그러므로 신탁회사는 신탁재산의 운용실적에 따라 반환하는 것으로 충분하다(자본시장법 시행령 제104조 제3항).

한편 근래에는 1980년대 전면에 등장한 사회적 책임 투자(Socially Responsible Investing)의 연장선상 내지 리브랜딩이라고 할 수 있는 ESG 투자가 강조되고 있다.[44] ESG 투자는 기업의 제품이나 거래의 환경적, 사회적인 영향 또는 기업의 지배구조를 강조하는 투자전략에 대한 포괄적인 개념으로 수탁자의 충실의무와 관련하여 중요한 의미를 가진다. 수탁자는 수익자의 이익을 위해서만 신탁사무를 처리하여야 한다는 유일이익원칙에 비추어볼 때, 신탁목적이나 신탁상의 정함 또는 수익자의 승낙이 없는 한, 수탁자가 ESG 요소들을 고려해야 할 도덕적, 윤리적 이유에서 혹은 제3자의 이익을 위하여 한 ESG 투자 결정은 의무위반이 된다. 신탁재산의 투자에 있어서 사회적, 정치적 사안에 관한 자신의 주관적 신념이나 부가적인 이익 등에 기반한 수탁자의 결정은 금지되기 때문이다.

다만 ESG 투자가 위험조정수익(risk adjusted returns)을 증가시키고 투자자에게도 직접적인 이익을 수여한다면 이를 근거로 한 투자는 충실의무에 부합할 것이다. 신중한 투자자 원

43) 다만 자본시장법 시행령 제104조 제1항 단서는 예외적으로 연금이나 퇴직금의 지급을 목적으로 하는 신탁에 대하여 일정 경우 손실보전이나 이익보장을 허용한다.

44) Schanzenbach/Sitkoff, Reconciling Fiduciary Duty and Social Conscience: The Law and Economics of ESG Investing by a Trustee, 72 Stanford Law Review 388(2020).

칙하에 투자의 다각화, 합리적인 비용이익분석에 따라 투자전략의 일환으로 이루어지는 ESG 투자는 허용된다고 하더라도, 이 경우에도 환경의 변화에 따라서 지속적으로 ESG 요소 및 투자전략에 대한 검토, 조정이 필요하다. 더욱이 과연 어디까지 ESG 요소에 포섭될 수 있는지, 각각의 요소가 상이한 때 무엇을 기준으로 결정해야 할 것인지와 같이[45] 여전히 불확실한 사항들이 산재한 상태에서 충실의무위반을 염두에 두는 한 수탁자는 ESG 투자에 신중하여야 할 것이다.

3.3.3. 분별관리의무

(1) 의의

수탁자는 신탁재산의 소유자이지만, 신탁재산은 수탁자의 고유재산이나 수탁자가 인수한 그 밖의 신탁재산과 구분되는 독립성을 가진다. 신탁재산이 신탁의 구속을 받는 일종의 특별재산으로 그 특수성이 인정된다고 하더라도, 외관상 수탁자의 고유재산이나 수탁자가 소유한 다른 신탁재산과의 구분이 어렵다. 그러므로 이를 외부에 표시함으로써 신탁재산을 보호하고 또 수탁자와 거래하는 상대방이 불측의 손해를 입지 않도록 할 필요가 있다. 이를 위해 신탁법은 개별 신탁재산의 취득방법과는 별개로 신탁재산임을 공시하도록 하고, 이를 강제하는 수단으로 공시를 제3자에 대한 대항요건으로 정하고 있다(제4조). 신탁재산의 공시가 이루어지지 않은 경우에도 그 재산권은 여전히 신탁재산에 속하지만, 제3자에게 대항할 수 없는 결과 신탁재산으로서의 보호를 받을 수 없게 되는 것이다. 이때 등기나 등록을 통하여 공시될 수 없는 재산권의 경우에는 분별관리가 중요한 공시방법이 된다(제4조 제2항).

한편 신탁재산이 수탁자의 고유재산 내지 다른 신탁재산과 분별하여 관리되지 않는 경우 수탁자가 혼합된 재산을 유용하거나 제대로 관리하지 못할 위험이 크고, 당해 신탁재산에 대한 수익자의 감독도 용이하지 않게 된다.[46] 그래서 수탁자에게는 신탁재산을 고유재산 및 다른 신탁재산과 분별하여 관리하고 신탁재산임을 표시할 의무가 인정된다(제37조 제1항 및 제2항). 이러한 분별관리의무는 공시수단으로서 거래안전을 보호하고 신탁재산의 독립성을 관철하기 위한 수단이 되며, 동시에 신탁재산에 대한 신탁사무 처리의 적정성을 확보함으로써 수익자를 보호하기 위한 중요한 방법이 된다. 그런데 일부 견해는 분별관리의무

---

45) 가령 석유가 환경친화적이지 않다고 해서 천연가스나 다른 종류의 석유연료 혹은 원자력은 환경친화적인지 또 강력한 환경친화적 기업이지만 지배구조가 취약한 경우에는 이들 요소들을 어떻게 평가할 것인지가 문제되고, 이에 관한 합의는 아직 이루어져 있지 않다.

46) 이연갑, 신탁법상 수탁자의 파산과 수익자의 보호, 민사법학 제45-1호(2009. 6), 245면은 이러한 이유로 분별관리의무는 거래안전뿐만 아니라 수익자의 이익을 위한 규정이라고 한다.

의 기능으로 선의취득의 저지 기능을 든다.[47] 그러나 선의취득은 무권리자의 처분행위를 전제로 하는데, 수탁자는 신탁재산의 온전한 소유자이다. 수탁자와 거래한 제3자는 비록 수탁자의 행위가 신탁목적에 반하더라도 유효하게 소유권을 취득하며, 수익자취소권의 행사에 따라서 그 재산이 신탁재산에 회복되는 것과 별개로, 선의취득 자체는 문제되지 않는다고 해야 한다.

(2) 분별관리의 방법
가. 신탁재산에 상응하는 분별관리방법

신탁재산을 분별관리하는 방법에 관하여 신탁상 정함이 있는 때에는 그에 의할 것이다. 그러한 정함이 없는 경우에는 일반적으로 수탁자의 고유재산이나 다른 신탁재산과 물리적·외형적으로 분리된 상태에서 보관하고 특정 신탁재산임을 표시해야 한다.[48] 그러나 분별관리방법은 이에 한정되지 않으며, 분별관리를 요구하는 취지에 비추어 개별적인 신탁재산의 종류에 상응하는 방법에 의하여야 할 것이다. 예컨대 건축 중인 건물에 대하여는 명인방법을 통하여 신탁재산임을 표시하고, 등기·등록을 할 수 없는 동산에 대하여는 물리적으로 분리하고 신탁재산의 표식을 부착하거나, 개개의 동산을 식별하기 위한 표식을 부착하는 것이 불가능하거나 적절하지 않은 때에는 보관 장소나 장부상의 기재를 통하여 어떤 신탁재산에 속하는지를 특정할 수 있다.[49]

하지만 위와 같은 방법에 의할 수 없는 신탁재산의 경우, 특히 금전이나 그 밖의 대체물인 경우에 제37조 제3항은 그 계산을 명확히 하는 방법으로 분별관리할 수 있도록 한다.[50] 금전은 가치를 표창하는 비개성적인 재화이므로 물리적으로 분별관리하는 것이 곤란하고 또한 무의미하기 때문이다.[51] 이러한 분별관리방법은 수탁자가 신탁사무와 관련한 장부 등의 서류를 갖추고 그 사무의 처리와 계산을 명백히 할 의무(제39조 제1항)와도 연결된다. 즉, 금전은 신탁장부상의 계산관리에 의할 수 있다. 채권의 경우에도 그 성질상 물리적

---

[47] 법무부, 307면.

[48] 미국 신탁법 제2차 리스테이트먼트 §179 및 UTC sec.810 (b)도 수탁자의 분별관리의무를 명시하고 있는데, 수탁자의 고유재산과 신탁재산을 혼합하지(mingle) 않을 의무와 신탁재산임을 표시할(earmark) 의무는 밀접히 연결되어 있다.

[49] 小野傑/深山雅也, 新しい信託法解説, 三省堂, 2007, 97頁.

[50] 다만 신탁업자가 유동화자산을 관리·운용함에 있어서는 위 규정에도 불구하고 신탁재산에 속하는 금전을 고유재산 또는 다른 신탁재산에 속하는 금전과 구별하여 관리해야 하는데(자산유동화법 제16조 제3항), 이는 물리적 분별을 요구하는 것으로 해석된다.

[51] 四宮和夫, 222頁.

인 분별이라고 하는 것이 불가능하므로 금전과 마찬가지로 신탁재산목록 또는 관련 장부 등을 통하여 신탁재산임을 표시할 수 있다.

학설에 따라서는 금전의 경우 계산을 명확히 하는 방법이 분별관리의무의 예외에 해당한다고 설명한다.[52] 그러나 분별관리방법이 물리적 분별에 한정되는 것은 아니며, 등기할 수 있는 부동산이나 무형의 신탁채권에 대하여 물리적 분별이 없다고 해서 분별관리의무의 예외라고 하지는 않는다. 계산상의 분별은 금전이라고 하는 신탁재산의 특성에 상응하는 분별관리방법일 뿐이다. 신탁재산이 금전이라고 해서 결코 분별관리의무의 예외가 될 수는 없는 것이다.[53]

나. 합동운용

실무적으로는 고유재산과 신탁재산 또는 신탁재산과 신탁재산을 합동하여 운용하는 소위 합동운용의 경우 분별관리의무의 위반 여부가 문제된다. 신탁재산의 분별관리방법은 일차적으로 신탁상의 정함에 의하므로 합동운용이 신탁상의 정함 및 수탁자의 권한으로 신탁목적의 달성을 위하여 필요한 행위에 해당하는지(제31조)가 기준이 된다. 먼저 신탁상 합동운용을 금지하고 있음에도 불구하고 합동운용을 하였다면 그것 자체가 신탁위반이 된다. 신탁상 별도의 정함이 없는 경우에는 합동운용이 수탁자의 권한에 해당하는지를 판단하고, 이를 긍정할 수 있는 경우에는 그 계산을 명확히 하는 방법에 의하였는지를 평가해야 한다. 합동운용은 규모의 경제를 가져오고 리스크의 평준화를 꾀한다는 점에서 수익자에게 이익이 될 것이므로 합동운용 자체가 일률적으로 권한위반에 해당한다고 하기는 어렵기 때문이다.[54]

합동운용에 있어서 합동운용되는 재산이 신탁재산과 고유재산인지 신탁재산과 신탁재산인지에 따라서 평가기준을 달리할 것인지도 문제될 수 있다. 일본에서는 신탁재산인 금전과 고유재산인 금전을 합동운용하는 것은 양자의 주의의무의 정도에 차이가 있다는 근거에서 부정적인 견해도 있다.[55] 그러나 위 요건을 충족하는 경우에는 합동운용되는 재산에

---

52) 가령 윤경, 신탁재산관리방법 변경의 요건과 그 한계, 대법원판례해설 제44호(2004), 18면; 법무부, 309면.

53) 구신탁법 제30조는 분별관리의무를 정하면서 그 단서에서 금전에 대하여는 계산을 명확히 함으로써 족하다고 정하였으나, 현행법 제37조 제3항은 "그 계산을 명확히 하는 방법으로 분별하여 관리할 수 있"음을 명확히 한 점에서도 그러하다. 또한 일본 신탁법 제34조도 각 신탁재산에 상응하는 분별관리방법을 정하면서 금전에 대하여는 계산을 분명히 하는 방법에 의하도록 할 뿐 이를 결코 분별관리의무의 예외로 정하고 있지 않다.

54) 최수정, 일본 신신탁법, 84면.

55) 田中實, 信託法入門, 有斐閣, 1992, 113頁; 新井誠, 275頁.

수탁자의 고유재산이 포함되었다는 사실만으로 평가를 달리 할 것은 아니며, 실무적으로 이를 금지하는 것도 적절하지 않다. 이 경우에는 분별관리의무가 아니라 충실의무의 관점에서 평가가 필요할 뿐이다. 그리고 고유재산과 신탁재산을 합동운용하더라도 일률적으로 충실의무위반이라고 할 수는 없다. 예컨대 수탁자의 고유계정에서 거액을 거래하기 때문에 거래수수료가 낮아진 경우 소액의 신탁계정 거래를 이에 포함시켜 합동운용하는 것을 전적으로 충실의무위반 내지 이익상반행위로 취급하는 것은 적절하지 않다.

한편 자본시장법은 2인 이상의 투자자로부터 모은 금전 등을 투자자로부터 일상적인 운용지시를 받지 않으면서 재산적 가치가 있는 투자대상자산을 취득·처분, 그 밖의 방법으로 운용하고 그 결과를 투자자에게 배분하여 귀속시키는 것을 집합투자로 정의한다(자본시장법 제6조 제5항 본문). 그러므로 신탁업자가 합동운용을 할 경우 집합투자업 인가가 있어야 하지만, 불특정금전신탁은 간접투자신탁 운용업법 당시부터 신규설정이 금지되었고, 특정금전신탁은 합동운용이 금지된다(동법 시행령 109조 제3항 제5호). 다만 종합재산신탁(동법 제103조 제2항)으로서 금전의 수탁비율이 100분의 40 이하인 경우 또는 신탁재산의 운용에 의하여 발생한 수익금의 운용 또는 신탁의 해지나 환매에 따라 나머지 신탁재산을 운용하기 위하여 불가피한 경우로서 신탁업자가 신탁재산을 효율적으로 운용하기 위하여 수탁한 금전을 공동으로 운용하는 경우는 집합투자에서 제외된다(동법 제6조 제5항 제3호 및 동법 시행령 제6조 제4항 제2호). 그리고 동법 시행령 제6조 제4항 제2호에 해당하는 경우, 다른 투자매매업자 또는 투자중개업자와 합병하는 등 금융위원회가 정하여 고시하는 요건을 갖춘 신탁업자가 예외적으로 손실의 보전이나 이익의 보장을 한(동법 시행령 제104조 제1항 단서) 신탁재산(그 요건을 갖춘 날부터 3년 이내에 설정한 신탁의 신탁재산으로 한정한다)을 운용하는 경우에는 예외적으로 합동운용이 허용된다(동법 시행령 109조 제3항 제5호). 그래서 신탁업자의 합동운용은 실제 매우 제한적이다.

4. 이익에 반하는 행위의 금지

4.1. 의의

수탁자는 수익자56)의 이익과 상반되는 행위를 해서는 안 된다. 충실의무가 전통적으로

---

56) 물론 목적신탁에서는 수탁자 개인과 신탁의 이익상반이 문제된다. 하지만 전통적으로 이익상반행위는 수익자신탁을 중심으로 논의가 전개되어 왔으므로, 이하에서도 이익상반의 대상으로서 수익자 개념을 사용하여 설명하기로 한다.

자기거래(self dealing)와 관련하여 수탁자가 자신의 이익을 수익자의 이익에 우선하려는 시도를 차단하기 위해 적용되었던 사실에서도 드러나는 것처럼,[57] 그 주된 내용은 이익상반행위의 금지이다. 수탁자는 오직 수익자의 이익을 위하여 행동해야 하므로, 수익자의 이익과 수탁자 자신 또는 제3자의 이익이 충돌하거나 충돌하는 상황을 초래하는 행위는 금지된다.

이익상반행위금지에는 한 사람이 동일한 거래에서 상반된 두 가지의 이익을 위하여 또는 두 당사자의 지위에서 공평하게 행동할 것을 기대하기 어렵다고 하는 인간의 일반적인 심성에 대한 고려가 깔려있다.[58] 이 경우 의식적으로든 무의식적으로든 일방당사자에게 유리하고 타방당사자에게 불리하게 판단하게 되는데, 특히 그 일방이 수탁자 개인인 경우 수탁자는 자신에게 유리하게 행동할 수밖에 없다. 그리고 이를 허용하게 되면 나중에 수탁자의 행위에 대한 적절한 구제수단을 동원하기도 쉽지 않다. 신탁재산의 귀속주체인 수탁자에 의하여 전적으로 사무가 처리되는 상황에서 수익자가 이익충돌 내지 수탁자의 이익향수 등을 확인하고 증명하는 것이 사실상 어렵기 때문이다. 그래서 수탁자의 충실의무는 수탁자로 하여금 현재 및 장래에 신탁의 이익에 반하는 거래를 아예 회피하도록 만든다는 점에서 사전적 차단 내지 예방장치가 된다.[59]

헌법재판소 2018. 3. 29. 선고 2016헌바468 결정은 이익상반행위금지에 관한 구신탁법 제31조 및 구신탁업법 제2조가 신탁회사 및 신탁업자의 영업의 자유 등을 침해하여 헌법에 위반되는지에 관하여 이를 부정하였다. 그리고 "신탁의 효력으로 신탁재산의 소유권이 수탁자에게 이전되는 결과 신탁회사 및 신탁업자는 대내외적으로 신탁재산에 대한 관리권을 갖기 때문에, 수익자의 이익과 수탁자의 이익이 충돌하는 경우 수탁자는 자신의 권한을 남용하여 수익자의 이익을 희생하고 자신의 이익을 도모할 유인이 있다. 수탁자가 신탁재산을 자신에게 임의매각하거나, 경매절차에서 매각허가결정을 받아 취득하는 등 신탁재산을 고유재산에 귀속시키거나 또는 신탁재산에 대하여 저당권을 비롯한 담보물권, 임차권 등의 권리를 취득하는 것은 수탁자와 수익자의 이익이 충돌하는 대표적인 경우로, 이를 사전적으로 금지하여 수탁자의 권한남용을 막고 수익자를 보호하여야 할 필요성이 크다"는 점을 근거를 들었는데, 이러한 설시는 이익상반행위금지의 목적 내지 기능을 잘 보여준다.

이익상반은 전통적으로 이익충돌금지원칙(no conflict rule)과 이익향수금지원칙(no profit

---

57) Bogert/Bogert/Hess, §543.

58) Bogert/Bogert/Hess, §543.

59) 이중기, 충실의무법 ─신뢰에 대한 법적 보호, 삼우사, 2016, 21면은 신뢰와 신임의 보호를 위한 충실의무 법리에서 근간을 이루는 두 가지 대원칙은 이익충돌의 금지원칙과 이익향유의 금지원칙으로, 양자는 사전적 경고로서 작동하고 동시에 사후적인 구제 측면에서 작동한다고 한다.

rule)으로 대변된다. 전자가 수탁자와 수익자 사이의 이익충돌을 금지하는 것이라면, 후자는 수탁자의 지위에서 이익을 얻는 것을 금지한다. 전자는 이익이 충돌하거나 충돌할 가능성이 존재하는 상황에서 수익자의 이익만을 도모해야 할 수탁자가 자신의 이익에 의하여 좌우되는 것을 배제하기 위한 것이다. 후자는 수탁자의 지위에서 혹은 그 지위를 통하여 얻은 기회나 지식을 이용해 이익을 얻지 못하게 함으로써 수탁자의 지위를 자신의 이익을 위하여 남용하는 것을 배제하기 위한 것이다.[60] 그러므로 이익상반행위의 금지는 이익충돌의 가능성이 객관적으로 존재할 것을 요건으로 하며, 실제로 신탁이나 수익자에게 불이익이 발생하였는지를 묻지 않는다.[61] 소위 사유불문원칙하에서 수탁자가 신의칙에 따랐다거나, 거래조건이 공정하였다거나 혹은 그 거래에서 실제로 이익을 얻은 바가 없다고 하더라도 이러한 사실은 의무위반에 영향을 미치지 않는다.[62] 물론 수익자에게 손해가 없다면 수익자가 수탁자의 행위를 문제삼지 않을 수 있지만, 그것은 어디까지나 수익자의 판단과 선택에 달린 문제이다.

이익상반행위가 금지됨에 따라 수탁자는 자신이나 제3자의 이익과 수익자의 이익이 충돌하거나 충돌할 수 있는 상황을 초래해서는 안 되며, 자신이나 제3자의 이익과 수익자의 이익이 상반될 수 있는 거래를 해서도 안 된다. 수탁자의 지위를 인수하는 과정이나 수탁자로 선임된 이후에 자신의 이익과 수익자의 이익이 상반됨을 발견한 경우에는 수탁자는 그 지위를 인수하지 않거나, 사임을 하거나 또는 충돌하는 이해를 제거하여야 한다.[63] 이익이 충돌하는 상황 자체를 방지할 수는 없더라도 즉시 이를 제거할 수는 있기 때문이다.

구신탁법 제31조 제1항은 수탁자가 신탁재산을 고유재산으로 하거나 이에 관하여 권리를 취득하는 행위만을 금지하였으나, 이익상반행위가 이에 제한되지 않음은 물론이다. 대법원 2007. 11. 29. 선고 2005다64552 판결도 "누구의 명의로 하든지 신탁재산을 고유재산으로 하거나 이에 관하여 권리를 취득하지 못할 뿐만 아니라, 고유재산을 신탁재산이 취득하도록 하는 것도 허용되지 아니한다"고 설시하여 구신탁법하에서도 이미 고유재산을 신탁재산으로 하는 경우를 법적으로 동일하게 평가하였다. 그래서 현행법은 금지되는 이익상

---

60) 이러한 양자간의 공식은 Chan v Zacharia (1984) 154 CLR 178, 198에서 선언된 이후에, Don King Productions Inc v Warren [2000] Ch 291; Ultraframe UK Ltd v Fielding [2005] EWHC 1638 (Ch); [2005] All ER (D) 397 [1305] 등에서 계속 언급되고 있다.

61) 대법원 2009. 1. 30. 선고 2006다62461 판결도 신탁회사가 행한 신탁재산과 고유재산간의 거래가 수익자에게 이익이 된다는 사정만으로는 그와 같은 거래를 유효하다고 볼 수는 없다고 하였다.

62) Haley/McMurtry, p.453; 미국 신탁법 제3차 리스테이트먼트 §78 cmt.

63) Cal. prob. Code §16005도 충돌하는 이익을 제거하거나 사임할 의무가 있음을 명시하고 있다.

반행위의 유형을 명시하고, 나아가 그 밖에 수익자의 이익에 반하는 행위도 포괄적으로 금지한다. 또한 자본시장법은 신탁업자에 대하여 불건전 영업행위로서 금지되는 이익상반행위의 유형을 보다 구체화하고 그 예외도 엄격하게 정하고 있다.[64]

4.2. 금지되는 이익상반행위

4.2.1. 수탁자와 수익자간의 이익상반

이익상반행위금지는 수탁자의 개인적인 이익과 수익자의 이익이 상반될 가능성이 있는 다양한 거래행위를 금지한다(제34조 제1항 제1호 및 제2호). 수탁자는 신탁재산을 고유재산으로 하거나 신탁재산에 관한 권리를 고유재산에 귀속시키는 행위, 고유재산을 신탁재산으로 하거나 고유재산에 관한 권리를 신탁재산에 귀속시키는 행위를 해서는 안 된다.

예컨대 수탁자가 고유재산에 속한 부동산을 신탁에 매도하는 경우 수탁자는 고유재산의 귀속주체이자 동시에 신탁재산의 귀속주체이므로 자기 소유의 부동산을 스스로 매도·매수하는 모습이 된다. 이러한 소위 자기거래(self dealing)에서는 수탁자가 자신에게 보다 유리한 가격으로 매도를 하고 그 결과 수익자에게 손해를 줄 위험이 항상 내재되어 있다. 이는 신탁재산이나 신탁재산에 관한 권리를 고유재산으로 귀속시키는 때에도 다르지 않다. 그래서 신탁재산을 고유재산에 매각하거나 신탁재산에 대하여 수탁자가 담보권 등을 취득하는 행위, 반대로 고유재산을 신탁재산에 매각하거나 고유재산에 대하여 신탁재산이 담보권 등을 취득하는 행위와 같은 자기거래는 모두 이익상반행위로서 금지된다.

---

64) 자본시장법 제108조(불건전 영업행위의 금지) 신탁업자는 다음 각 호의 어느 하나에 해당하는 행위를 하여서는 아니 된다. 다만 수익자 보호 및 건전한 거래질서를 해할 우려가 없는 경우로서 대통령령으로 정하는 경우에는 이를 할 수 있다.
　1. 신탁재산을 운용함에 있어서 금융투자상품, 그 밖의 투자대상자산의 가격에 중대한 영향을 미칠 수 있는 매수 또는 매도 의사를 결정한 후 이를 실행하기 전에 그 금융투자상품, 그 밖의 투자대상자산을 자기의 계산으로 매수 또는 매도하거나 제삼자에게 매수 또는 매도를 권유하는 행위
　2. 자기 또는 관계인수인이 인수한 증권을 신탁재산으로 매수하는 행위
　3. 자기 또는 관계인수인이 대통령령으로 정하는 인수업무를 담당한 법인의 특정증권등(제172조 제1항의 특정증권 등을 말한다. 이하 이 호에서 같다)에 대하여 인위적인 시세(제176조 제2항 제1호의 시세를 말한다)를 형성시키기 위하여 신탁재산으로 그 특정증권 등을 매매하는 행위
　4. 특정 신탁재산의 이익을 해하면서 자기 또는 제삼자의 이익을 도모하는 행위
　5. 신탁재산으로 그 신탁업자가 운용하는 다른 신탁재산, 집합투자재산 또는 투자일임재산과 거래하는 행위
　6. 신탁재산으로 신탁업자 또는 그 이해관계인의 고유재산과 거래하는 행위
　7. 수익자의 동의 없이 신탁재산으로 신탁업자 또는 그 이해관계인이 발행한 증권에 투자하는 행위
　8. 투자운용인력이 아닌 자에게 신탁재산을 운용하게 하는 행위
　9. 그 밖에 수익자 보호 또는 건전한 거래질서를 해할 우려가 있는 행위로서 대통령령으로 정하는 행위

4.2.2. 신탁간의 이익상반

수탁자가 소유하는 각 신탁재산간의 거래는 이익상반행위로서 금지된다(제34조 제1항 제3호). 수탁자가 인수한 각각의 신탁에 대하여 수탁자는 충실의무를 부담한다. 그러므로 어느 하나의 신탁재산 내지 그에 관한 권리를 다른 신탁재산에 귀속시키기는 경우 양자의 이익을 똑같이 우선하기는 어려우며, 일방의 이익을 우선하게 되면 타방에 대하여는 충실의무 위반이 된다. 수탁자가 인수한 신탁재산간의 거래에 있어서도 자기거래가 이루어지고, 따라서 각 신탁 사이의 이익이 충돌할 위험이 있는 것이다. 그래서 신탁법은 이러한 유형도 이익상반행위로서 금지한다.65)

4.2.3. 신탁재산의 거래에서 제3자의 대리

신탁재산과 관련한 행위에서 수탁자가 제3자를 대리하는 것은 금지된다(제34조 제1항 제4호). 대리행위의 효력은 본인인 제3자에게 귀속하는데, 이 경우 수탁자로서의 의무와 제3자의 대리인으로서의 의무가 충돌한다. 신탁의 관점에서는 이익상반행위의 상대방이 다른 신탁이든 제3자이든 차이가 없으며, 실제 이익충돌이 발생할 수 있는 상황에서 수탁자가 혼자서 거래한 자기거래에 지나지 않는다. 그래서 신탁법은 이를 이익상반행위로서 금지한다.

4.2.4. 그 밖에 수익자의 이익에 반하는 행위

이상의 대표적인 이익상반행위 외에도 제34조 제1항 제5호는 수익자의 이익에 반하는 행위를 모두 금지한다. 이익상반행위의 유형이 다양하므로 이를 망라적으로 법률에서 열거하는 것이 어렵기 때문에 포괄적인 규정을 통하여 이익충돌이 발생할 수 있는 모든 경우를 금지하고자 하는 것이다.

예컨대 수탁자가 고유재산에 속한 채무를 담보하기 위하여 채권자에게 신탁재산에 대한 담보권을 설정해주는 것과 같이 수탁자 개인의 이익과 신탁의 이익이 충돌함으로써 수익자에게 불이익을 줄 수 있는 행위는 이익상반행위로서 금지된다. 수탁자가 자신의 배우자, 자녀, 형제자매와 같이 소위 특수관계인과 신탁재산 관련 거래를 하는 경우에도, 이를 정당화할 수 있는 특단의 사정이 없는 한, 이익상반행위가 될 수 있다.66) 수탁자는 누구의

---

65) 신탁재산과 고유재산간의 거래와 달리 미국 신탁법 제2차 리스테이트먼트 §170 cmt.r과 UTC sec.802 (h) (3)은 수탁자의 충실의무를 규정하면서도 수탁자가 소유, 관리하는 신탁재산간의 거래 자체는 금지하지 않는다.
66) UTC sec.802 (c)는 이들과의 거래를 이익충돌행위로 추정한다.

명의로도 이익상반행위를 하지 못하며, 수익자와 제3자의 이익이 충돌하는 경우 제3자의 이익을 우선하는 행위 역시 이익상반행위가 된다.

나아가 수탁자의 지위에서 취득한 정보나 기회를 이용하여 자신의 이익을 꾀하는 행위도 이익상반행위가 될 수 있으며, 동시에 이익향수금지원칙에도 반한다. 소위 기회유용금지원칙(corporate opportunity doctrine)은 수탁자가 일정한 사업이나 거래를 하는 것을 금지한다.[67] 예컨대 수탁자는 신탁과 경쟁관계에 있는 사업을 시작하거나 신탁이 투자할 곳에 자신이 투자를 해서는 안 된다. 수탁자는 수익자의 최선의 이익을 위하여 신탁사무를 처리해야 하므로, 자신이 보호해야 할 수익자의 이익과 충돌하거나 충돌할 수 있는 행위는 허용되지 않는 것이다.[68] 기회유용이나 경업행위 여부를 판단함에 있어서는 당해 사업의 내용이나 범위, 수탁자의 사업의 개시와 수탁자 지위의 인수 시점 또는 종료 시점의 선후, 위탁자의 승인 등 여러 요소들이 고려된다.[69]

4.3. 이익상반행위가 허용되는 경우

4.3.1. 신탁상의 정함

이익상반행위금지 내지 자기거래금지는 수탁자가 자신의 이익과 의무가 충돌하는 상황을 초래해서는 안 된다는 것이므로, 수탁자가 아니라 위탁자, 즉 신탁행위에 의하여 그러한 상황이 야기된 때에는 위 원칙이 적용되지 않는다(제34조 제2항 제1호). 이익상반행위를 허용하는 신탁상의 정함은 수탁자에게 금지된 행위를 예외적으로 허용하는 것이므로 명시적이어야 하며, 또한 엄격히 해석하여야 한다.[70]

하지만 이익상반행위가 허용된다고 해서 선관의무까지 면제되는 것은 아니다. 그러므로 가령 신탁상 정함에 따라서 신탁재산에 속한 부동산을 수탁자의 고유재산이 매수하는 경우에도 매매가격이 상당하지 않다면, 비록 이익상반행위에는 해당하지 않더라도, 수탁자는 선관의무위반에 따른 책임을 면할 수 없다.

4.3.2. 수익자의 승인

이익상반행위의 금지는 수익자의 보호를 목적으로 하므로 수익자가 승인한 때에는 이

---

67) 신탁법 제2차 리스테이트먼트 §170 cmt.k; UTC sec.802 (e).

68) Re Thomson [1930] 1 Ch 203; Balston Ltd v Headline Filters Ltd [1990] F.S.R. 385.

69) Haley/McMurtry, p.456 이하 참조.

70) Penner, p.424.

를 금지할 이유가 없다(제34조 제2항 제2호). 예컨대 여러 가지 사정에 비추어 고유재산과 신탁재산간의 거래라고 하더라도 신탁재산에 유리하거나, 신탁재산간의 거래이지만 신탁재산 상호간에 이익이 되는 거래라면, 이를 형식적으로 이익상반행위로 파악하여 모두 금지하는 것이 오히려 규정의 취지에 반하여 수익자의 이익을 해할 수 있다. 그래서 신탁법은 이익상반행위를 일괄적으로 금지하기보다는 수익자의 승인을 얻어 그와 같은 행위도 할 수 있음을 분명히 함으로써 신탁사무를 보다 합리적으로 처리할 수 있도록 한다.

수익자가 이익상반행위를 승인하기 위해서는 그 승인 여부를 판단할 수 있는 정보가 먼저 제공되어야 할 것이다. 그래서 제34조 제2항 제2호는 수탁자로 하여금 수익자에게 그 행위에 관련된 사실을 고지하도록 한다. 그리고 수익자가 다수 있는 때에는 신탁상 별도의 정함이 없는 한 수익자 전부의 승인을 받아야 할 것이다. 문제가 된 이익상반행위가 일부 수익자에게는 이익이 되지만 다른 일부 수익자에게는 불이익을 가져오는 경우 이익을 받는 수익자의 승인만으로 당해 행위가 허용된다고 하는 것은 예외적으로 이익상반행위를 허용하는 규정의 취지에 반할 뿐만 아니라 수탁자의 공평의무에도 반하기 때문이다.

4.3.3. 법원의 허가

법원의 허가를 받은 때에는 이익상반행위가 허용된다(제34조 제2항 제3호). 다수의 수익자가 존재하는 경우 수익자 전부의 승인을 받기가 용이하지 않거나, 상황에 따라서 신속히 거래가 이루어져야 하거나, 수익자의 이익을 위한 것이 분명함에도 불구하고 혹시 의무위반의 문제가 제기될 것이 염려되는 경우 등에서 수탁자는 법원의 허가를 받아 거래를 할 수 있다. 수탁자는 법원의 허가를 신청함에 있어서 그 사유를 소명하여야 하며(비송사건절차법 제44조의8 제1항), 신청과 동시에 수익자에게 그 사실을 통지하여야 한다(제34조 제2항 단서).

법원은 이익상반행위에 해당하더라도 신탁목적의 달성을 위하여 필요한지, 수익자의 이익을 해하지 않는지, 당해 행위가 신탁재산에 어떠한 영향을 미치는지와 같은 제반 사정을 고려하여 그 허가 여부를 판단하여야 한다. 이때 법원은 다른 수탁자 또는 신탁재산관리인 및 수익자의 의견을 들어야 하며, 그 재판은 이유를 붙인 결정으로써 하고, 이를 다른 수탁자와 수익자에게 고지하여야 한다(비송사건절차법 제44조의8 제2항 내지 제4항).

4.3.4. 포괄승계 등

수탁자는 상속 등 그의 의사에 기하지 않은 경우에는 신탁재산에 관한 권리를 포괄적으로 승계할 수 있다(제34조 제3항 1문). 이 경우 그 권리는 혼동으로 소멸하지 않는다(제34조

제3항 2문).

그 밖에 법률이 허용하는 경우에도 수탁자는 이익상반행위를 할 수 있다. 자본시장법상 신탁업자에 대하여는 원칙적으로 제34조 제2항의 적용이 배제되지만(동법 제104조 제1항), 예외적으로 신탁행위에 따라 수익자에 대하여 부담하는 채무를 이행하기 위하여 필요한 경우 또는 손실이 보전되거나 이익이 보장되는 신탁계약에서 신탁계약의 해지, 그 밖에 수익자 보호를 위하여 불가피한 경우에는[71] 각각 신탁상 정한 바에 따라서 고유재산이 신탁재산을 취득할 수 있다(동법 제104조 제2항).

5. 공평의무

5.1. 의의

수익자가 다수인 경우 수탁자는 각 수익자를 위하여 공평하게 신탁사무를 처리하여야 한다(제35조). 수탁자는 각 수익자에 대하여 충실의무를 부담하며, 신탁상 달리 정한 바가 없는 한 그 의무들에 차등이 있을 수 없으므로 모든 수익자에 대하여 공평의무(duty of impartiality)를 부담한다. 수탁자의 다수 수익자에 대한 각 충실의무 사이의 긴장관계를 규율하는 것이 바로 공평의무라고 할 수 있다. 수탁자는 수익권이 동시에 발생하는 것이든 순차적인 것이든, 원본수익권이든 수입수익권이든, 현재의 것이든 장래의 것이든 차등을 두어서는 안 되는 것이다. 이러한 의무는 수탁자가 인수한 다수의 신탁들의 각 수익자에 대하여도 적용되기 때문에, 수탁자는 특정 신탁에 유리하고 다른 신탁에 불리하지 않도록 신탁사무를 처리하여야 한다.[72]

공평의무는 수익급부와 관련한 수탁자의 판단 등 신탁사무의 처리에 관한 모든 사항에서 작동한다. 공평의무는 특히 수탁자에게 재량권이 인정된 경우 중요한 기능을 하는데, 재량권의 행사는 모든 수익자에게 공정하고 합리적이어야 한다. 하지만 수탁자가 공평의무를 부담한다고 해서 모든 수익자가 동일한 신탁급부를 받아야 한다는 의미는 결코 아니다. 우선수익권의 경우에는 신탁상 정함에 따라서 우선적으로 급부가 이루어져야 하는 것처럼 수익급부는 수익권의 내용에 따른다. 공평의무는 모든 수익자를 획일적으로 동일하게 취급할

---

71) 동법 시행령 제105조는 신탁계약기간이 종료되기까지의 남은 기간이 3개월 이내이고(제1호), 신탁재산을 고유재산으로 취득하는 방법 외에 신탁재산의 처분이 곤란하여야 하며(제2호), 취득가액이 공정할 것(제3호)을 요건으로 하여 금융위원회가 인정한 경우로 한정한다.

72) 이중기/이영경, 361면.

것을 요구하는 것(duty of equal treatment)이 아니라 수탁자가 근거 없이 다른 수익자의 손실로 특정 수익자나 수익자 집단에게 이익을 주는 것을 금지하는 것(duty of impartiality)으로,73) 신탁의 목적 및 정함에 비추어 수익자들을 형평에 맞게 취급할 의무를 가리킨다.74)

5.2. 법적 성질75)

공평의무의 성질에 대하여 학설은 선관의무 또는 충실의무의 하나로 설명하거나, 충실의무 자체도 선관의무에 포함시키는 등 견해가 대립한다. 그런데 구신탁법이 선관의무만을 정하고 있었기 때문에 공평의무도 이에 포함된다고 볼 여지가 없지 않았으나, 당시에도 이미 대법원 2005. 12. 22. 선고 2003다55059 판결은 수탁자가 신탁목적에 따라 신탁재산을 관리하고 신탁재산의 이익을 최대한 도모하여야 할 의무로 수탁자의 충실의무를 정의하면서, 수탁자의 신탁재산에 관한 권리취득을 제한한 구신탁법 제31조를 근거로 들었다. 더욱이 현행 신탁법은 선관의무와 별개로 충실의무를 명시하고 있으며, 그 전형적인 유형인 이익상반행위금지와 이익향수금지 사이에 공평의무를 위치시키고 있다. 이러한 신탁법의 체계에 비추어본다면 공평의무를 단순히 선관의무로 분류할 수는 없다. 가령 미국 제3차 신탁법 리스테이트먼트 §79는 공평의무를 명시하고 있는데, 그 공식주석은 이를 충실의무의 확장으로 설명한다. UTC도 충실의무(sec.802)에 이어 공평의무를 명시하고 있으며(sec.803), 그 공식주석 또한 공평의무가 충실의무의 중요한 양태라고 본다. 그러므로 신탁법상 공평의무는 일반적인 선관의무가 아니라 충실의무의 하나로 성질규정하는 것이 체계정합적이다.

사실 선관의무와 충실의무의 경계가 그리 명확하지 않고 때로 중첩되는 상황에서 공평의무의 성질을 해명할 실익이 무엇인지 의문이 제기될 수 있다. 그런데 수탁자의 위반행위가 신탁위반인지 아니면 신임의무 내지 충실의무위반인지에 따라서 형평법상의 구제수단과 같은 효과상의 차이가 있는 법제에서와 달리, 우리법상 각 의무위반에 따른 효과는 신탁행위와 신탁법의 규정에 따른다. 그리고 제43조 제3항은 충실의무위반 및 분별관리의무위반에 대하여 선관의무위반에서와는 다른 특수한 효과를 정하고 있다. 여타의 충실의무위반과 마찬가지로 공평의무위반에 대하여는 이득반환청구권을 수여함으로써 단순한 선관의무위반과는 차별화하고 있는 것이다. 그러므로 수탁자의 의무위반이 있는 경우 이득반환청구권이라고 하는 구제수단의 발생 여부를 판단함에 있어서도 위반의무의 성질규정은 의미를 가

---

73) Hudson, p.327.

74) UTC sec.803 cmt.

75) 이하의 서술은 최수정, 부동산담보신탁상 우선수익권의 행사에 따른 수탁자의 의무, 14면 이하에 의한다.

진다. 물론 수탁자가 공평의무를 위반한 때에도 이와 더불어 선관의무나 신탁상 정함에 반하는 행위로 신탁재산에 손해를 야기하였다면 그에 따른 책임이 전면에서 문제될 것이다. 그러나 불공평한 취급을 받은 수익자의 입장에서는 여전히 수탁자에 대하여 공평한 급부에 대한 청구권이나 이득반환청구권과 같은 구제수단 외에 초과이익을 받은 수익자에 대하여 부당이득반환청구권을 선택적으로 행사할 수 있다는 점에서 공평의무 및 그 위반의 판단은 유의미하다.

5.3. 공평의무의 내용

5.3.1. 원본수익자와 수입수익자의 관계

(1) 문제제기

수탁자의 공평의무는 개별 수익자 사이에서뿐만 아니라 수익자집단(classes of benefi-ciaries) 사이에서도 요구된다. 전자의 경우 공평의무는 특정 개별 수익자에게 특혜를 주거나 불이익을 주지 않는 것이며, 동일한 내용의 수익권을 가지는 모든 수익자를 동일하게 취급하는 것이다. 후자의 경우 공평의무는 상이한 수익자 집단 사이에 차별을 두지 않는 것이다. 수탁자는 서로 다른 수익자 집단에 영향을 미칠 수 있는 결정이나 사무를 처리함에 있어서 공평하게 행동하여야 한다.

공평의무와 관련한 문제는 전형적으로 원본수익자와 수입수익자 사이에서 발생한다. 수탁자가 수입수익자를 위하여 단기적으로 신탁재산을 투자하고 배분하는 데에만 집중하게 되면 신탁원본이 감소하여 원본수익자에게 손해를 줄 수 있다. 반면 신탁원본의 보존 내지 증가만을 추구하게 되면 수입수익자에게 돌아갈 수입이 감소할 수밖에 없다. 원본수익자와 수입수익자는 수탁자의 이익상반행위나 신탁목적에 반하는 처분행위와 같은 문제에 대하여 대체적으로 이해를 같이한다. 하지만 신탁재산의 구체적인 운용과 관련하여서는 그 이해가 반드시 일치하지는 않으며, 때로 대립한다. 예컨대 주식의 배당금은 수입에 해당하고 주가의 상승은 원본에 해당하는데, 배당을 많이 함으로 해서 주가상승이 더딘 주식에 투자하는지 아니면 배당을 적게 하고 주가상승이 큰 주식에 투자하는지에 따라서 각 수익자의 이해는 달라진다. 또 신탁재산에 추가적, 예외적인 이익이 발생한 경우 이를 수입으로 취급하여 수입수익자에게 급부할 것인지 아니면 원본에 적립하여 원본수익자에게 귀속시킬 것인지도 동일한 맥락에서 문제될 수 있다.

(2) 판단의 기준

일차적으로는 신탁상의 정함이 기준이 된다. 가령 위탁자가 수입수익자에게 지급될 수입을 신탁원본 가치의 일정 비율로 정한 경우, 수탁자의 신탁사무처리 여하에 따라 신탁재산 전체는 증가 또는 감소할 수 있지만 수입수익자는 일정 기간마다 평가된 신탁원본의 일정 비율만을 받게 될 것이다.76) 그러한 정함이 없는 경우에는 수탁자 스스로가 판단하게 되는데, 이때 공평의무는 중요한 기준이 된다.77)

사실 신탁원본이 다양하고 그에 따라 운용방법 및 수입도 상이할 수밖에 없어서 공평의무의 일률적인 기준을 찾기는 어렵다. 동일한 문제에 대하여 미국에서는 원본·수입에 관한 표준법(Uniform Fiduciary Income and Principal Act 2018)이 구체적인 경우 원본수익자와 수입수익자의 이해를 조정하기 위한 상세한 기준을 제시하고 있어(UFIPA art.4와 art.5) 참고가 된다.78) 예컨대 수탁자가 취득한 것이나 지출은 일차적으로는 신탁상 정함에 따르지만, 신탁이나 위 표준법에서 달리 정하고 있지 않은 경우에는 원본에 귀속시키도록 한다(UFIPA sec.201 (c)). 물론 원본에서 지출을 하면 그 당시에는 수입수익자가 상대적으로 유리할 수 있지만 그 이후에는 감소된 원본으로부터 발생하는 수입도 줄어들 것이며, 반면 수입을 원본에 귀속시키면 이후에는 증가된 원본으로부터 발생하는 수입도 증가할 것이고, 신탁종료 시에는 잔여권자에게도 유리하게 된다. 따라서 이러한 기준은 수탁자로 하여금 모든 수익자에게 합리적이고 공평하게 신탁사무를 처리할 것을 요구하는 원칙에 부합할 것이다.79) 그리고 신탁이나 위 표준법에서 달리 정하지 않는 한 수탁자는 공평의무에 부합하는 신탁사무의 처리를 위하여 법원의 승인을 받지 않고서도 원본과 수입을 조정할 수 있는 권한(power to adjust)을 가진다(UFIPA sec.203 (a)). 이는 종래의 원본과 수입이라고 하는 기본적인 구분을 유지하면서도 수탁자에게 공평의무의 이행을 위한 보다 강력한 조정권을 수여한 점에서 특기할 만하다.

---

76) 미국에서 절세목적으로 이용되는 charitable remainder unitrust가 바로 이러한 형태이다.

77) Dukeminier/Johanson/Lindgren/Sitkoff, p.828.

78) UFIPA는 Uniform Principal and Income Act를 지난 수십 년간 신탁의 설계와 이용에서의 변화를 반영하여 개정한 것이다. 존속기간이 장기간인 신탁이나 수탁자의 재량에 따라 원본과 수입이 교부되는 신탁이 증가하면서 전통적인 원본과 수입의 구분이 그 중요성을 덜하게 된 점을 고려하였고, 무엇보다 수탁자의 조정권을 확대하였다.

79) Uniform Principal and Income Act 2008 sec.103 cmt.

5.3.2. 부동산담보신탁에서 수익자들의 관계

신탁의 대표적인 활용형태라고 할 수 있는 부동산담보신탁의 경우 다수의 이해관계인들이 우선수익자, 수익자, 신탁채권자 등의 모습으로 존재하게 된다. 종래 수익자들 상호간에 공평의무가 본격적으로 다투어지지는 않았으나 공평의무의 관점에서 분석할 수 있는 사안과 단편적으로 공평의무를 언급한 판결도 있어서 이를 통해 공평의무의 내용과 기준을 확인해볼 수 있다.

먼저 대법원 2013. 6. 27. 선고 2012다79347 판결은 채무의 이행을 담보하기 위하여 다수의 부동산에 신탁이 설정되고 채권자들이 1순위 또는 2순위 우선수익자로 지정되었는데, 일부 부동산의 처분대금이 1순위 우선수익자 및 채무자인 귀속권리자에게 배분되자 다른 일부 부동산에 대한 2순위 우선수익자가 수탁자 및 1순위 우선수익자에 대하여 손해배상 및 부당이득의 반환을 청구한 사안이다.[80] 위 판결은 다수 부동산의 처분순서 및 처분대금의 변제충당금액에 따라서 2순위 우선수익자의 이해가 달라질 수 있어서 수탁자는 2순위 우선수익자의 이익을 고려하여야 할 의무가 있다고 볼 여지는 있다고 하면서도, 구체적인 사실관계에 비추어 2순위 우선수익자에 대한 관계에서 채무불이행이 된다고 단정하기는 어렵다고 하였다. 그리고 "채권자들을 선순위 또는 후순위 우선수익자로 한 담보신탁계약이 체결되어 있는 경우, 당사자 사이의 약정 등 특별한 사정이 없는 한, 선순위 우선수익자가 어느 부동산의 처분대금에서 자신의 채권을 회수함에 있어 각 부동산에 존재하는 후순위 우선수익자들 사이의 형평까지 고려하여야 할 제약을 받는다고 볼 근거는 없다. 그리고 설령 선순위 우선수익자가 특정 부동산에서 다액의 채권을 회수함으로써 후순위 우선수익자들 사이에서 불공평한 결과가 발생하였다고 하더라도, 그러한 사정만으로 선순위 우선수익자가 특정 후순위 우선수익자에 대한 관계에서 부당이득을 취하였다고 볼 수도 없다"는 근거에서 1순위 우선수익자의 부당이득반환의무도 인정하지 않았다.

위 판결은 수탁자의 공평의무를 명시적으로 설시하지 않았으나, 실은 그것이 주된 쟁점 중 하나이다. 수탁자는 각 수익자를 위하여 공평하게 신탁사무를 처리하여야 하지만, 이것이 서로 다른 순위 또는 내용의 수익자를 모두 동일하게 취급해야 한다는 의미는 아니다. 그리고 우선순위 수익자의 수익권행사에 대하여 수탁자가 후순위 수익자를 이유로 이를 거

---

80) 원심(서울고등법원 2012. 7. 27. 선고 2010나44516 판결)은 수탁자에 대하여 2순위 우선수익권이 침해되지 않도록 1순위 우선수익자에게 우선적으로 배분할 신의칙상의 보호의무의 위반 내지 채무불이행으로 인한 손해배상책임이 있다고 보았으나, 1순위 우선수익자에 대하여는 공동저당권에 관한 민법 제368조의 법리가 담보신탁에는 유추적용되지 않기 때문에 2순위 우선수익자에 대한 관계에서 부당이득반환의무가 없다고 보았다.

부하거나 제한할 권능은 없다. 또한 우선순위 수익자는 후순위 수익자의 이익을 고려해야할 의무가 없다. 우선순위 수익자가 수탁자와 공모하여 후순위 수익자를 해하는 행위를 하는 등의 특별한 사정이 있다면 그에 대한 불법행위책임을 물을 수 있지만, 일반적으로 우선순위 수익자에게 후순위 수익자의 이익을 배려할 의무를 부과할 근거는 없다. 공동저당권에 관한 민법 제368조를 담보물권이 아닌 담보신탁에서의 수익권에 대하여 적용 또는 유추적용하는 것도 해석의 범주를 넘는다. 따라서 위 사안에서 1순위 우선수익자의 권리행사는 적법하며, 그 결과 2순위 우선수익자가 손해를 입었더라도 수탁자의 충실의무나 공평의무의 위반에 따른 책임은 발생하지 않는다.

한편 부동산담보신탁에서 채무자를 포함한 다수의 위탁자가 이전한 신탁재산의 환가대금으로부터 채권자인 우선수익자에게 배분하는 수익금의 공제방법이 다투어진 대법원 2014. 2. 27. 선고 2011다59797 판결 역시 수탁자의 공평의무와 관련하여 중요한 의미를 가진다. 이 사건에서는 채무자 A가 부담하는 채무에 대하여 A와 채무자 아닌 B가 이를 담보하기 위하여 부동산담보신탁계약을 체결하고 각각 부동산을 수탁자에게 이전하였는데, 이후 A의 채무불이행으로 채권자인 우선수익자의 요청에 의하여 신탁재산이 공매되었다. 우선수익자가 수익채권을 행사하는 방식으로 채권의 만족을 얻은 상황에서, A가 수익자로서 받을 수익금에 대하여 다른 채권자가 이를 압류, 전부받자 수탁자가 그 대금을 공탁하였다. 그러자 B가 공탁금출급청구권자의 확인을 구함으로써 이들 수익자 상호간의 관계가 문제되었다. 압류채권자는 각 신탁재산의 환가대금에서 안분하여 우선수익자의 수익금을 공제하여야 하고, 그것이 수탁자의 공평의무에 부합한다고 주장하였다.

그러나 위 판결은 "자신의 채무를 담보하기 위하여 부동산을 신탁하는 위탁자는 그 신탁부동산의 처분대금이 채무의 변제에 충당된다는 것을 당연한 전제로 하는 반면, 다른 사람의 채무를 담보하기 위하여 부동산을 신탁하는 위탁자는 채무자가 신탁한 부동산의 처분대금으로 채무가 전부 변제된다면 자신이 신탁한 부동산이나 그에 갈음하는 물건은 그대로 반환된다는 것을 전제로 하여 신탁계약을 체결하였다고 봄이 당사자의 의사에 부합하는 점"을 근거로, 채무자가 신탁한 부동산의 처분대금에서 채권자에 대한 수익금을 공제하는 방식으로 대출금을 상환하여야 한다고 한 원심의 판단이 수탁자의 선관의무와 공평의무에 부합한다고 보았다.

공평의무하에서 수탁자는 동순위 수익자에게 동일한 급부를 하여야 할 것이다. 다만 공평의무는 획일적인 평등이 아니라 신탁목적이나 정함에 따라 수익자들을 형평에 맞게 취급할 것을 요구한다는 점에 비추어본다면 항상 동일한 급부가 강제된다고는 할 수 없다. 위 판결은 신탁상 명시적인 정함이 없더라도 신탁을 설정한 위탁자 겸 수익자의 의사를 근거로[81] 채무자인 수익자의 수익금에서 채권자에 대한 수익금을 먼저 충당함으로써 채무자 아닌 수익자에게 우선적으로 급부가 이루어져야 하고, 이것이 공평의무에 반하는 것이 아님을 확인한 점에서 의미가 있다.

6. 이익향수금지

6.1. 의의

수탁자는 다수 수익자 중 1인의 지위를 겸하지 않는 한 누구의 명의로도 신탁의 이익을 누리지 못한다(제36조). 수탁자의 이익향수금지는 이익상반행위금지와 더불어 충실의무의 주된 내용을 이루는 원칙으로, 이익향수의 상황을 사전적·절대적으로 금지하여 수탁자의 충실의무를 강화하고 신탁위반행위를 억제하기 위한 것이다.[82]

학설은 이익향수행위를 신탁재산에 영향을 주지 않으면서 수탁자가 그 지위를 이용하여 이익을 취득하는 행위로 한정하고, 신탁재산에 영향을 미치지 않는다는 점에서 이익상반행위와 구분하기도 한다.[83] 그러나 수탁자의 이익향수는 직접적으로나 간접적으로 신탁재산에 영향을 미친다. 수탁자가 누구의 명의로든 신탁 이익을 향수하는 것은 결국 수익자에게 귀속할 이익을 자신이 누리는 것이다. 이 경우 수탁자의 이익과 수익자의 이익은 충돌할 수밖에 없다.[84] 수익자에 대하여 충실의무를 부담하는 수탁자가 수익자의 이익에 반하는 행위를 하고 신탁이익을 향수하는 것이 금지됨은 물론이다. 그리고 수탁자의 지위에서 수령한 수수료나 뇌물도 충실의무의 분열을 초래하고 수탁자와 수익자의 이익충돌을 야기할 가능성이 있기 때문에 금지된다. 사실 제34조 제5호가 수익자의 이익에 반하는 행위를 포괄적으로 금지하고 있고, 제34조와 제36조의 위반에 따른 법률효과상의 차이도 없다. 그러므로 이익향수행위를 이익상반행위와 준별해야 할 실익은 크지 않다. 다만 수익자의 이

---

81) 이상주, 채무자와 그 외의 자가 각각 동일한 채권을 담보하기 위하여 담보신탁을 설정한 경우 신탁재산들의 처분대금에서의 채권충당의 방식, 대법원판례해설 제99호(2014), 149면 이하는 그 밖에 당사자의 의사를 추론하는 근거로서 채무자 아닌 수익자의 수익금에서 공제하는 경우 구상과 대위를 둘러싼 복잡한 문제가 제기되는 점, 수탁자에게 과도한 부담을 지우지 않는 점, 신탁원부를 통하여 공시되므로 이해관계인도 예측 가능하다는 점을 든다.

82) 법무부, 300면.

83) 안성포, 신탁법상 수탁자의 충실의무에 관한 고찰: 2009년 법무부 개정안을 중심으로, 상사판례연구 제22집 제4권(2009. 12), 108면.

84) Penner, p.418.

익에 반하는지 여부는 명확하지는 않으나 수탁자가 그 지위에 있음으로 해서 어떠한 형태로든 이익을 얻는 상황에서는 제36조가 그 고유한 의미를 가지게 된다.

6.2. 금지되는 이익

수탁자는 신탁재산 자체로부터 이익을 누릴 수 없을뿐더러, 수탁자의 지위에서 얻는 이익도 금지된다. 이때 수탁자의 적극재산이 증가하는 것은 물론 소극재산이 감소하는 것도 금지되는 이익에 포함되며, 그 이익이 수탁자 자신의 명의로 취득한 것인지 아니면 제3자 명의로 취득한 것인지는 문제되지 않는다.

만약 위 원칙을 엄격하게 적용한다면 수탁자의 지위에서 또는 이를 이용하여 얻은 모든 이익이 의무에 반하는 것이 되고, 그렇지 않다면 과연 어느 범위까지를 의무에 반하는 이익으로 판단할지 그 기준이 문제된다. 이익향수금지와 관련하여 특히 문제되는 것이 바로 부수적 이익(incidental profit)의 처리이다. 의무위반에 해당하는 전형적인 부수적 이익은 신탁사무를 특정 회사와 거래함으로 해서 수탁자가 받게 되는 수수료(commission)이다. 영국에서는 이러한 수수료가 수탁자의 지위를 이용하여 얻은 이익에 해당한다고 보고 이를 신탁에 반환하도록 한다.[85] 미국 UTC sec.1003 (a)는 신탁위반이 없는 때에도 신탁사무의 처리과정에서 발생한 이익을 반환하도록 하는데, 그 전형적인 예로 언급되는 것이 수수료와 보너스이다.[86] 그리고 수탁자는 신탁재산을 투자하는 회사의 주주로서 그 회사의 이사로 선임되는 것이 적절하거나 때로 필요한 경우가 있다. 영국에서는 이 경우 수탁자가 받는 이사로서의 보수(directors' fees)를 수탁자의 지위에 따르는 부수적 이익으로 보아 원칙적으로 신탁재산에 귀속시키도록 한다.[87] 우리법의 해석에서도 수수료나 이사의 보수는 수탁자가 신탁사무를 처리하는 과정에서 얻은 이익으로 제36조가 금지하는 이익에 해당한다고 할 수 있다.

6.3. 이익향수가 허용되는 경우

6.3.1. 수익자로서의 이익향수

수탁자가 다수 수익자[88] 중 1인인 경우에는 신탁이익을 향수할 수 있다. 수탁자가 단

---

85) Williams v Barton [1927] 2 Ch 9.

86) UTC sec.1003 (a) cmt.

87) Re Macadam [1946] Ch 73.

88) 제36조는 '공동수익자'라는 개념을 사용하고 있는데, 이러한 개념은 신탁법에서 유일하게 이곳에서만 발견된다. 제8조 제2항은 '여러 명의 수익자 중 일부'라고 하고, 제71조 이하는 '수익자가 여럿인 경우'에 대하

독 수익자라면, 이는 신탁이 아니라 증여 또는 그와 유사한 법률관계에 지나지 않는다. 그러나 수탁자와 수익자의 지위는 별개이므로 수탁자가 다수 수익자 중 1인이 되는 신탁은 유효하며, 수탁자가 수익자의 지위에서 신탁이익을 향수하는 것은 의무위반이 아니다. 다만 수탁자 자신을 포함한 다수 수익자 사이에 공평의무가 문제될 수 있을 뿐이다.

수탁자가 다수 수익자 중 1인의 지위를 가지는 것은 신탁상 수익자로 지정되거나 수익권을 양수한 경우이다. 전자의 경우 신탁설정시에 단독 수탁자가 다수 수익자 중 1인이 되는 것은 물론, 공동수탁자 1인이 다수 수익자 중 1인이 될 수도 있다. 또한 공동수탁자 전원이 다수 수익자 전원이 되는 것도 가능한데, 이 경우 다른 수탁자 겸 수익자에 의하여 상호 감독이 이루어질 수 있기 때문에 신탁의 효력은 부정되지 않는다.

후자의 경우에는 신탁재산에 관한 권리를 고유재산에 귀속시키는 이익상반행위로서 그 효력이 문제된다.[89] 가령 영국에서는 수탁자가 수익권을 양수하는 것 자체가 제한되지 않지만, 수탁자는 수익자로부터 수익권을 양수함에 있어서 자신의 지위를 이용하여 편익을 누려서는 안 되며, 수익자에게 관련한 모든 정보를 공개해야 하고, 그 거래는 공정해야 한다. 즉, 수탁자는 수익권과 관련한 거래에서 공정거래의무(fair dealing principle)를 부담하며, 이러한 의무를 다하였음을 증명하지 못하면 그 거래는 무효가 될 수 있다.[90] 공정거래의무는 제35조의 공평의무와는 다르고, 신탁법상 명시적인 규정도 없다. 하지만 이익상반행위도 수익자에게 관련 사실을 고지하고 승인을 받은 경우에는 예외적으로 허용되는 것에 비추어볼 때, 신탁상 별도의 규정이 없는 한 수탁자가 일부 수익자로부터 수익권을 양수함에 있어서 위 공정거래의무가 요구하는 바와 같이 관련 사실을 충분히 고지하고 공정하게 거래하였다면 당해 수익권의 양도는 유효하며 또 이익상반행위에도 해당하지 않는다고 할 것이다. 다만 단독 수탁자가 단독 수익자로부터 수익권 전부를 양수한 때에는 더 이상 신탁의 실질이 존재하지 않으므로 신탁으로서의 효력이 없다.

7

여 규정하고 있다. 공동수탁자의 경우 다수의 수탁자 사이에 특별한 법률관계가 발생하는 것과 달리, 수익자가 다수 존재한다고 해서 이들 사이에 당연히 그와 같은 특별한 법률관계가 발생하는 것은 아니기 때문에 공동수익자라고 하는 표현은 적절하지 않다. 위탁자가 다수인 때에도(가령 제10조 제2항) 굳이 이를 공동위탁자라고 부르지 않는 것과 같다. 구신탁법의 표현을 그대로 가져온 것으로 보이나, 개념의 혼동을 피하고 법률 규정내의 통일성을 위하여도 '여러 명의 수익자 중 1인'과 같이 개정하는 것이 타당하다.

89) 반면 자본시장법 제111조에 의하면 신탁업자는 일정한 방법에 따라 수익증권을 고유재산으로 매수할 수 있으며, 이 경우 제36조의 적용이 배제된다. 그런데 수익증권의 매수는 신탁재산에 관한 권리를 고유재산에 귀속시키는 것이다. 이는 제34조 제1항 제1호가 금지하는 이익상반행위에 해당하는 만큼 입법적으로는 제34조 및 제36조의 적용을 배제하는 것이 보다 명확하다.

90) Hudson, p.340; Underhill/Hayton, Law relating to trusts and trustees, 7.ed., 2007, p.817.

6.3.2. 비용상환 및 보수[91]

수탁자는 신탁사무의 처리와 관련하여 자신의 고유재산에서 지출한 비용(out of pocket expenses)에 대하여 상환청구권을 가진다(제46조). 그리고 수탁자는 신탁상 정함이 있거나 신탁업자인 경우 보수청구권을 가진다(제47조 제1항). 이러한 비용상환청구권이나 보수청구권의 행사에 따라 신탁재산이 고유재산으로 되는 경우, 제34조 제1항 제1호가 금지하는 이익상반행위 또는 제36조에서 금지하는 신탁이익의 향수가 문제될 수 있다. 그러나 이익향수 금지는 정당화되지 않은 이익의 향수를 금지하는 것이다.[92] 그러므로 신탁행위 내지 신탁법에 근거한 정당화된 이익으로서 비용의 상환 및 보수의 수령은 위 의무위반에 해당하지 않는다.

7. 정보제공, 설명 등의 의무

7.1. 의의

수탁자를 감독하는 역할은 일차적으로 수익자에게 있지만, 위탁자 또한 신탁행위의 당사자로서 신탁목적의 달성과 관련하여 수탁자의 신탁사무 처리에 무관할 수 없다. 그런데 수익자나 위탁자가 신탁재산 및 신탁사무의 처리에 대하여 아무런 정보가 없다면 그러한 감독권능을 행사할 수 없거나 적절하게 행사하기 어렵다. 그러므로 수탁자로 하여금 신탁사무의 처리와 관련하여 계산을 명확히 하고 그 서류를 수익자 등에게 제공하며 이와 관련한 설명을 하도록 할 필요가 있다. 그리고 수익자 등은 그에 상응하는 권리를 통해 수탁자를 감독하고 신탁위반시에 합당한 조치를 취할 수 있게 된다.

신탁법은 수탁자의 의무의 관점에서 신탁사무와 관련된 장부 등 서류를 작성, 보존, 비치할 의무를 명시하고(제39조),[93] 그에 상응하는 수익자 등의 권리로서 신탁사무의 처리와 계산에 관한 장부 등의 열람, 복사, 설명청구권을 정하고 있다(제40조). 그리고 장부 등의 작성, 보존, 비치의무는 수익자 등의 권리를 보호하기 위한 중요한 수단이 되기 때문에 이에 대한 수익자의 권리는 신탁행위로도 제한할 수 없도록 한다(제61조 제3호).

대법원 2008. 9. 25.자 2006마459 결정도 "신탁사무에 관한 서류의 열람청구권 등은

---

91) 이에 관한 내용은 수탁자의 권리에 관한 아래 제7장 Ⅲ.에서 상론한다.

92) Penner, p.414.

93) 미국 신탁법 제3차 리스테이트먼트 §83도 수탁자에게 신탁재산과 신탁사무의 처리에 관하여 명확하고 완전하고 정확한(clear, complete, and accurate) 장부와 기록을 유지할 의무가 있음을 명시하고 있다.

신탁계약상 각종 권리의무의 귀속주체 혹은 이해관계인에게 신탁사무의 처리에 관한 감독권의 보장을 통해 정당한 권리의 확보 및 의무부담의 적정을 도모하기 위한 것으로 특히 수익자의 이러한 감독권의 행사는 신탁계약의 목적인 수익권의 본질에 속하는 것이어서 합리적 이유 없이 이를 제한할 수 없는 것"임을 분명히 하였다.[94]

7.2. 수탁자의 의무 내용

7.2.1. 장부 등 서류의 작성 및 회계의무

수탁자는 신탁사무와 관련된 장부 및 그 밖의 서류를 갖추고 각 신탁에 관하여 그 사무의 처리와 계산을 명백히 할 의무가 있다(제39조 제1항). 특히 수탁자의 회계의무(duty to account)는 수익자와 위탁자가 신탁위반 여부를 발견하고 확인할 수 있는 기회를 제공한다는 점에서 중요한 의미를 가진다.

신탁사무와 관련된 장부 기타 서류는 재무제표와 그 부속명세서, 신탁재산의 운용내역서 기타 신탁사무의 처리와 관련한 서류를 가리킨다. 그리고 수탁자가 이들 장부나 서류를 작성함에 있어서는 수탁자의 자격이나 전문적인 지식, 신탁의 목적, 신탁재산의 종류, 거래관행 등 여러 가지 사정에 비추어 수익자 등이 신탁사무의 처리와 관련한 내용을 확인하고 그에 상응한 조치를 취할 수 있는 정도로 명확하고 정확하게 작성하여야 한다.

7.2.2. 재산목록의 작성

수탁자는 신탁재산의 목록을 작성할 의무가 있다. 신탁재산목록의 작성 시기는 신탁상 정함에 의할 것이나, 그러한 정함이 없는 때에는 신탁을 인수한 때와 매년 1회 일정한 시기

7

---

94) 이 사건에서는 자익신탁 형태의 부동산개발신탁계약이 체결되었는데, 수탁자는 정기적으로 신탁사업 수행과 관련한 재무제표를 송부해 오다가 사업 완료에 즈음하여 사업수지표를 보내면서 사업완료의 승인을 요청하였다. 위탁자 겸 수익자는 사업비 집행내역에 의문을 제기하고 제반 회계 관련 서류의 확인을 요구하였으나 수탁자가 적극적으로 응하지 않는다는 이유로 신탁법 및 신탁업법을 근거로 위 회계서류의 송부를 요구하는 내용의 가처분신청을 하였다. 원심법원은 신탁업법의 적용을 받는 수탁자는 신탁법에서 정한 재무제표 등 서류열람을 하도록 하거나 교부한 이상 위탁자 겸 수익자가 신탁법에 근거하여 회계서류의 제공을 구할 피보전권리 및 보전의 필요성에 대한 소명이 없다는 이유로 가처분신청을 기각하였다. 그러나 대법원은 신탁법이 정한 열람청구권의 행사가 신의칙에 반하는 권리의 남용에 해당한다고 하는 등의 특별한 사정이 없는 한 상대방이 이를 거부할 수 없고, 신탁업법은 이와 입법 목적이 상이하므로 신탁법상의 권리행사에 영향을 미칠 수 없다고 보았다. 다만 가처분신청으로서 위 회계서류를 '송부'할 것을 구하고 있으나, 이러한 신청취지는 신탁법에서 보장하는 '열람'청구권의 범위를 초과하는 것이고 제출된 소명자료만으로는 그러한 가처분신청을 인용할 수 있는 피보전권리와 그 보전의 필요성에 대한 소명이 있다고 볼 수 없다고 하였다.

에 작성한다(제39조 제2항).

7.2.3. 장부 등의 보존

수탁자는 위 장부, 재산목록 및 그 밖의 서류를 신탁기간 중은 물론 신탁이 종료한 후에도 일정 기간 동안 보존할 의무가 있다(제39조 제3항). 신탁의 재산목록과 그 부속 명세서, 재무제표와 그 부속 명세서 및 신탁재산의 운용 내역서는 신탁이 종료한 때부터 10년, 그 밖의 서류는 5년간 보존하여야 한다(신탁법 시행령 제3조 제1항). 그리고 신탁의 재산목록과 그 부속 명세서, 재무제표와 그 부속 명세서 및 신탁재산의 운용 내역서는 수탁자의 사무소·영업소 또는 유한책임신탁의 신탁사무처리지에 비치·보관하고, 그 밖의 서류는 수탁자의 사무소·영업소(수탁자를 위하여 해당 서류를 보관하는 자의 사무소·영업소를 포함한다) 또는 유한책임신탁의 신탁사무처리지에 보관한다(제39조 제4항 및 신탁법 시행령 제3조 제2항). 이 경우 마이크로필름의 형태로 보관하거나 전산정보처리조직에 의하여 보존할 수 있다.

7.3. 위탁자와 수익자의 열람·복사청구권 등
7.3.1. 청구권의 내용

위탁자나 수익자의 요구가 있는 때 수탁자는 신탁사무의 처리와 계산에 관한 장부 및 그 밖의 서류의 열람 또는 복사를 하도록 하고, 신탁사무의 처리와 계산에 관하여 설명할 의무가 있다(제40조 제1항). 그리고 신탁상 달리 정한 바가 없다면 그 비용은 수익자가 부담하여야 할 것이다.[95] 위탁자 등이 열람, 복사를 청구할 수 있는 대상인 신탁사무의 처리와 계산에 관한 장부 및 그 밖의 서류, 즉 신탁서류가 무엇을 의미하는지는 각 신탁에 따라서 차이가 있다. 제39조에서 정한 수탁자가 작성, 보존, 비치하여야 하는 서류에 상응하여 해석할 수 있으며, 위탁자 등이 수탁자의 감독을 위하여 신탁서류 등의 관련 정보에 일반적으로 접근가능하여야 한다는 취지에 비추어 그 범위를 판단할 것이다.

자본시장법 제113조 제1항은 수익자가 신탁업자에게 영업시간 중에 이유를 기재한 서면으로 그 수익자에 관련된 신탁재산에 관한 장부·서류의 열람이나 등본 또는 초본의 교부를 청구할 수 있도록 하고, 신탁업자는 정당한 사유가 없는 한 거절할 수 없도록 한다. 그리고 동법 시행령 제115조 제2항은 그 대상을 신탁재산 명세서(제1호), 재무제표 및 그 부속명세서(제2호), 신탁재산 운용내역서(제3호)로 법정하고 있다.

---

95) Haley/McMurtry, p.439.

7.3.2. 청구권의 한계

수탁자에 대한 감독의 가능성과 그 실효성을 확보하기 위하여 위탁자와 수익자에게 열람·복사청구권 등이 인정되지만 그 권리도 무제한 인정되는 것은 아니다. 먼저 수익자의 열람·복사청구권은 신탁행위에 의하여 제한될 수 없지만 설명청구권은 제한이 가능하다(제61조 제3호 참조). 그리고 수익자의 권리는 신탁서류에 한정된 것이므로 이에 해당하지 않는 정보에 대해서는 권리가 없다. 위탁자가 수탁자에게 신탁서류 중 일부를 비밀로 하도록 정한 때에도 수익자의 열람·복사청구는 가능하지만,[96] 예컨대 위탁자가 수탁자의 재량권행사와 관련하여 자신의 의사를 적은 메모(letter of wishes)를 전달한 경우에는 이를 신탁서류로 분류하기는 어려우므로 열람·복사청구권의 대상이 되지 않는다고 할 것이다.[97]

한편 모든 수익자는 신탁장부나 서류를 열람할 수 있으며, 수익자가 확정신탁 또는 재량신탁의 수익자인지, 현재 수익급부를 받고 있는지 여부는 상관이 없다. 그런데 다수의 수익자가 존재하거나 신탁재산을 합동운용하는 경우에 1인의 수익자에 의한 열람청구권 등의 행사로 다른 수익자에 관한 개인정보가 유출되거나 이익이 침해될 수 있으며, 다른 수익자에 대한 수탁자의 공평의무 위반도 문제될 수 있다. 이와 더불어 부적절하거나 과다한 권리행사로 수탁자의 신탁사무의 처리가 복잡하게 되고 필요 이상의 비용이 발생할 수 있다. 그러므로 수익자의 열람청구권 등이 신탁감독을 위한 기본적인 권리라고 하더라도 그 부적절한 행사에 대한 최소한의 한계는 필요할 것이다.

자본시장법 제113조 제1항은 정당한 사유가 있는 때 신탁업자는 수익자의 열람 또는 교부청구권을 거절할 수 있음을 명시하고 있다. 그 정당한 사유에 대하여 동법 시행령 제115조 제1항은 신탁재산의 운용내역 등이 포함된 장부·서류를 제공함으로써 제공받은 자가 그 정보를 거래 또는 업무에 이용하거나 타인에게 제공할 것이 뚜렷하게 염려되는 경우(제1호), 신탁재산의 운용내역 등이 포함된 장부·서류를 제공함으로써 다른 수익자에게 손해를 입힐 것이 명백히 인정되는 경우(제2호), 신탁계약이 해지된 신탁재산에 관한 장부·서

---

96) 이와 달리 영국에서는 신탁행위로 일정 또는 일반적인 신탁서류에 대한 수익자의 접근이 제한된 경우 수익자는 그러한 제한된 내용의 수익권밖에 가지지 못한 것으로 본다. 하지만 이 경우에도 신탁에 대한 일반적인 감독권을 가지는 법원이 그러한 정보에 접근할 수 있기 때문에 수탁자의 감독에 공백이 생기지는 않는다.

97) Re Londonderry's Settlement [1965] 2 WLR 229는 이를 수익자에게 공개할 필요가 없다고 판단하였는데, 그 메모가 수탁자의 재량권 행사에 관한 것이라는 점, 위탁자와 수탁자 사이에 이를 공개하지 않기로 하는 묵시적인 합의가 있었다는 점을 근거로 하였다. 그리고 경우에 따라서 이와 같은 자료를 공개하게 되면 가령 수익자가 가족구성원이고 일부 수익자의 희생하에 다른 일부 수익자가 이익을 얻게 되는 때에는 가족간의 반목이나 불화를 초래할 수 있다는 점도 고려되었다.

류로서 보존기한이 지나는 등의 사유로 인하여 수익자의 열람제공 요청에 응하는 것이 불가능한 경우(제3호)를 들고 있다. 하지만 자본시장법의 적용을 받지 않는 수탁자의 경우 신탁법에 명시적인 규정이 없으므로 권리남용과 같은 일반적인 원칙에 의거할 수밖에 없다.

7.4. 이해관계인의 열람·복사청구권

7.4.1. 이해관계인의 범위

위탁자와 수익자를 제외한 이해관계인은 신탁의 재산목록 등 신탁사무의 계산에 관한 장부 및 그 밖의 서류의 열람 또는 복사를 청구할 수 있다(제40조 제2항). 이때 이해관계인의 범위에 대하여 학설은 다른 공동수탁자나 신탁채권자를 든다.[98] 그러나 공동수탁자는 공동으로 신탁사무를 처리하는 자로서 신탁 관련한 장부를 함께 작성, 보존하여야 할 의무가 있다. 신탁행위로 직무분장을 정한 경우 해당 분장직무는 각 수탁자가 독자적으로 처리하더라도 기본적으로 다른 공동수탁자와 상호 협력할 의무가 있는 만큼,[99] 이에 기해 공동수탁자는 신탁 관련 장부의 열람·복사를 청구할 수 있다. 그러므로 공동수탁자가 굳이 이해관계인으로서 제40조 제2항을 근거로 열람·복사청구권을 행사하는 경우는 상정하기 어렵다.

그리고 일반적인 채권자와 달리 신탁채권자에 대하여만 이러한 특별한 권리를 인정할 필요가 있는지는 의문이다. 신탁채권자는 원칙적으로 신탁재산 외에 수탁자의 고유재산도 책임재산으로 한다는 점에서 여타의 채권자와 차이가 있지만, 이러한 사실이 신탁 관련 정보에 대한 접근권을 당연히 인정해야 하는 근거가 되지는 않는다. 무엇보다 열람·복사청구권은 수탁자에 대한 감독을 위한 중요한 수단이 된다는 관점에서 볼 때 위탁자나 수익자에 준하여 신탁채권자에게 열람·복사청구권을 수여할 이유는 찾기 어렵다. 이는 수익자의 채권자에 대하여도 마찬가지이다. 수익자의 채권자가 책임재산으로 고려하는 수익권이나 그 수익권이 발생하는 신탁의 내용은 일차적으로 그 채권자의 판단에 의하고 또 채무자인 수익자로부터 파악할 문제이다. 더욱이 수익권은 신탁등기를 통하여 공시되므로 별도로 신탁법이 수익자의 채권자에 대하여 열람·복사청구권을 인정해야 할 특별한 이유는 없다.

한편 학설에 따라서는 위탁자의 상속인이 이해관계인에 포함된다고 한다.[100] 구신탁법 제34조 제1항은 열람청구권 및 설명요구권의 주체로 위탁자와 나란히 그 상속인을 들었으나, 현행법은 상속인과 수익자의 이익이 충돌한다는 근거에서 열람·복사청구권 등의 주체에서

---

 98) 이중기, 364면; 광장신탁법연구회, 206면.

 99) 공동수탁자의 법률관계에 대하여는 제4장 Ⅱ. 8.3. 참조.

100) 정순섭, 431면.

상속인을 배제하였다.[101] 이러한 취지에 비추어본다면 상속인이 여전히 이해관계인으로서 열람·복사청구권을 가진다고 할 것인지, 어느 범위에서 열람, 복사가 허용된다고 할 것인지는 단정하기 어려우며, 이를 긍정하는 때에도 그 범위는 제한적일 수밖에 없을 것이다.

이상에서와 같이 제40조 제2항의 열람·복사청구권을 가지는 이해관계인이 과연 누구인지 그 범위를 확정하거나 이러한 권리를 특별히 수여할 근거를 발견하기는 어렵다. 그러므로 앞으로 이에 관한 실무상·이론상의 논의가 더 필요할 것으로 보인다.

7.4.2. 청구권의 한계

사실 신탁의 당사자가 아닌 제3자에게 신탁의 재산목록 등 신탁 관련 장부에 대한 접근권을 명시적으로 인정하는 근거도 의문이지만, 이를 인정함으로 해서 과도하게 신탁의 내부적인 자료들이 공개될 수 있다. 또한 제3자로 하여금 제한 없이 신탁서류에 접근할 수 있도록 한다면 신탁사무의 처리가 번잡하고 곤란하게 되고, 그로 인한 불이익은 수익자에게 돌아가게 될 것이다.

제40조 제2항은 이해관계인의 열람·복사청구권의 대상을 "신탁의 재산목록 등 신탁사무의 계산에 관한 장부 및 그 밖의 서류"로 규정하는데, 이는 동조 제1항이 정한 "신탁사무의 처리와 계산에 관한 장부 및 그 밖의 서류"와 다소 차이가 있다. 그래서 학설은 이러한 규정방식의 차이를 근거로 이해관계인의 청구권을 제한적으로 해석하여, 이해관계인은 신탁사무의 처리에 관한 서류는 볼 수 없고 신탁의 재산목록 등 신탁계산에 관한 서류에 대하여만 열람 등을 청구할 수 있다고 한다.[102] 그런데 신탁사무의 처리와 계산은 밀접한 관련이 있다. 그래서 양자 중 어디에 해당하는지가 명확하지 않거나 혹은 양자 모두에 해당하는 때에는 이를 둘러싸고 당사자들 사이에 분쟁이 발생할 여지가 있다.

이상의 문제점들을 고려할 때 입법적으로 이해관계인에게 열람·복사청구권을 인정하지 않거나, 그럼에도 불구하고 인정할만한 충분한 근거가 있다면 이해관계인의 범위를 한정하고 열람·복사청구권의 대상도 보다 특정, 제한하는 방안을 검토할 필요가 있다. 그것이 수탁자에게 장부 등의 작성·보존의무를 부여하고 위탁자와 수익자에게는 이에 상응하는 권리를 수여한 규정의 취지에 부합한다.

---

101) 법무부, 323면.
102) 법무부, 324면.

8. 의무위반의 효과

8.1. 효과 일반

수탁자가 신탁상 정한 바를 위반하거나 신탁법이 정한 의무에 반하는 행위를 한 경우[103] 신탁상 또는 신탁법상의 일정한 효과가 발생한다. 수탁자의 의무위반은 여러 상황에서 발생할 수 있는데, 이때 왜 수탁자가 신탁재산을 잘못 관리하거나 적절한 투자를 하지 않았는지, 혹은 의무를 위반한 이유가 수익자보다 수탁자 자신의 이익을 우선하였기 때문인지, 아니면 자질이 부족해서였는지는 문제되지 않는다. 그리고 신탁상 정한 바에 따른 경우에도 의무위반이 발생할 수 있다. 예컨대 신탁상 주식투자가 허용되지 않는 때에는 주식을 매입하는 자체가 이미 신탁위반이 된다. 그러나 신탁상 신탁재산을 주식에 투자하도록 정하고 있는 경우 수탁자가 자신이 보유하던 주식을 신탁재산에 매도한 행위는 이러한 정함에 따른 것이더라도 원칙적으로 충실의무위반 내지 이익상반행위가 된다.

신탁법은 수탁자의 의무를 규정하고 이어서 그 위반에 따르는 효과를 정하고 있다. 위반의 효과는 곧 위반행위를 한 수탁자에 대한 수익자 등의 권리 내지 구제수단을 의미한다. 신탁법은 수탁자의 의무위반으로 인하여 손해가 발생한 때 신탁재산의 원상회복청구를 원칙으로 하고 2차적으로 손해배상청구를 인정한다(제43조 제1항 및 제2항). 그리고 개별적인 의무의 위반에 따른 특수한 효과로서 이득의 반환(제43조 제3항) 및 책임의 가중(제44조)과 함께 법인인 수탁자의 책임에 있어서는 관여 이사 등의 연대책임(제45조)을 정하고 있다. 이와 더불어 수익자에게는 특별히 신탁위반행위에 대한 취소권(제75조)과 유지청구권(제77조)을 수여한다.

한편 제12장 제140조 이하는 신탁법의 규정에 위반하는 행위를 한 자에 대한 벌칙을 정하고 있다. 특히 제146조 제1항은 수탁자의 구체적인 의무위반행위를 열거하고 이에 과태료를 부과함으로써 적법한 의무이행을 강제하고 있다.

8.2. 의무위반행위의 효력[104]

수탁자가 의무에 위반한 행위를 한 경우, 가령 선관의무위반이 있는 때에는 그에 따른

---

103) 신탁법은 문제된 수탁자의 행위가 신탁상 정한 바의 위반인지 아니면 법률상의 의무위반인지에 따라서 그 효과를 달리 취급하고 있지 않다. 그러므로 이하에서 의무위반행위는 별도의 설명이 없는 한 양자를 포함하는 의미로 사용한다.

104) 이하는 최수정, 수탁자의 이익상반행위의 효력, 한양법학 제26권 제1집(2015. 2), 338면 이하를 토대로 한다.

손해배상이 그리고 신탁사무 처리의무 위반에 대하여는 의무의 강제 또는 위반에 따르는 손해배상이 주된 쟁점이 될 것이다. 이와 달리 이익상반행위의 경우에는 우선 당해 법률행위의 효력이 문제된다. 수탁자의 충실의무는 신임관계를 토대로 하는 신탁에 있어서 핵심적인 의무내용이며 또한 중요한 제도적 징표임에도 불구하고 그 위반행위의 효력에 관하여 신탁법은 명시적으로 정하지 않고 학설과 판례에 맡겨두었다.105) 그러므로 이하에서는 구신탁법에서의 논의와 외국법의 태도를 살펴보고, 신탁법의 규정방식, 다른 법률의 해석론 및 이익상반행위를 둘러싼 당사자들의 이해관계에 대한 분석을 토대로 이익상반행위의 유형에 따라 각각의 효력을 판단한다.

8.2.1. 종래의 논의

(1) 학설

구신탁법 제31조 제1항에 의하면 수탁자는 누구의 명의로도 신탁재산을 고유재산으로 하거나 이에 관한 권리를 취득하지 못하며, 예외적으로 수익자에게 이익이 되는 것이 명백하거나 정당한 이유가 있는 때 법원의 허가를 얻어 신탁재산을 고유재산으로 할 수 있었다. 학설은 위 규정을 강행규정으로 새기면서 그 위반행위의 효력을 무효로 보았다.106) 구신탁법 제31조 제1항의 규정방식에 비추어 금지에 대한 예외가 인정되기 위해서는 법원의 허가가 필요하므로 당사자의 합의에 의하여 이를 배제할 수 없다는 근거에서였다. 다만 신탁재산을 고유재산으로 하는 행위 또는 고유재산을 신탁재산으로 하는 행위와 같은 소위 직접적인 자기거래는 무효이지만 그 밖의 이익상반행위 내지 충실의무위반행위는 유효하고, 신탁의무위반행위로서 원상회복청구권이나 손해배상청구권을 발생시키며, 수익자취소권의 대상이 된다고 보았다.107) 이는 구신탁법 제31조 제1항이 이익상반이 문제되는 유형을 제한적으로 정하고 있었던 까닭에, 그 법적 성질에 대한 해석과도 맞물려서, 규정에 명시된 또는 그와 동일하게 평가되는 행위는 무효라고 하더라도 그 밖의 행위까지 모두 무효라고 하기는 어려웠기 때문으로 보인다.

이상의 해석론은 일본 구신탁법 규정의 해석으로부터 영향을 받은 것이다.108) 일본 구

---

105) 법무부, 270면.

106) 이중기, 289면; 최동식, 216면. 그리고 임채웅, 신탁법상 수탁자의 자조매각권 및 비용상환청구권에 관한 연구, 홍익법학 제10권 제2호(2009), 391면도 학설과 동일한 법원의 해석에 동의한다.

107) 이중기, 289면 이하; 최동식, 217면 이하.

108) 가령 안성포, 신탁법상 수탁자의 충실의무에 관한 고찰, 상사판례연구 제22집 제4권(2009), 90면 이하가 적고 있는 구신탁법 규정의 성질론은 모두 일본에서의 논의이다.

신탁법 제22조는 우리 구신탁법 제31조와 거의 동일하였고, 일본의 학설은 위반행위의 효력과 관련하여 동 규정의 성질을 둘러싸고 대립하였다. 동조 제1항 단서가 법원의 허가를 요구한다는 점에서 이를 강행규정으로 해석하는 견해[109]와 수익자의 동의가 있으면 가능하다는 점에서 임의규정으로 해석하는 견해[110]가 그것이다. 그리고 다수 견해인 전자는 위반행위의 효력을 무효로 보았다. 다만 동 규정에서 정한 유형 이외의 충실의무위반에 대하여는 무효가 아니라 단순한 신탁의무위반으로서 손해배상이나 수익자취소권의 대상이 되는 것으로 해석하였다.[111]

(2) 판례

대법원 2009. 1. 30. 선고 2006다62461 판결은 이익상반행위의 효력에 대하여 직접적으로 판단하였다. 이 사건에서는 위탁자이자 수익자인 원고와 수탁자인 피고 사이에 분양형 토지신탁계약이 체결되었다. 신탁회사인 수탁자는 각 신탁사업에 필요한 자금을 사업별로 조달하지 않고 신탁사업 전체를 기준으로 소요 예상자금을 미리 차입하여 고유계정에 보관하였다가 자금을 필요로 하는 개별 신탁사업의 신탁계정에 대여하면서 차입금리에 일정 금리를 가산하였다. 위 판결은 구신탁법 "제31조 제1항 본문에 의하면, 특별한 사정이 없는 한 누구의 명의로 하든지 신탁재산을 고유재산으로 하거나 이에 관하여 권리를 취득하지 못할 뿐만 아니라, 고유재산을 신탁재산이 취득하도록 하는 것도 허용되지 아니하고, 위 규정에 위반하여 이루어진 거래는 무효라"고 하였다. 나아가 금전신탁 이외의 신탁에 있어서 수탁자가 신탁회사인 경우에는 구신탁업법 제12조 제1항에 의하여 구신탁법 제31조 제1항 단서마저 그 적용이 배제되어 매우 엄격한 규제가 이루어진다는 점에서, "신탁회사가 행한 신탁재산과 고유재산 간의 거래가 수익자에게 이익이 된다는 사정만으로는 그와 같은 거래를 유효하다고 볼 수는 없다"는 근거를 들어 이 사건의 이자부 소비대차거래의 효력을 무효라고 판단하였다.[112]

이후 판례도 수탁자가 외부차입금을 고유계정에 보관하고 있다가 신탁계정에 대여하면서 그 이자로 조달이자에 이자를 가산하는 경우 이는 무효인 소비대차계약에 기한 것이며, 대여금을 비용으로 상환청구하는 경우에도 가산이자 부분은 정당하게 지급하거나 부담한

---

109) 四宮和夫, 234頁; 能見善久, 83頁.

110) 米倉明, 信託法22條1項本文の解釋について, 信託 第160號(1989), 信託協會, 4頁 이하.

111) 能見善久, 85頁.

112) 이 판결에 기하여 파기환송된 원심의 판단에 대하여 다시 원고와 피고가 각각 상고를 하였고, 이에 대한 대법원 2011. 6. 10. 선고 2011다18482 판결도 이익상반행위의 효력에 대하여 동일하게 설시하였다.

비용 내지 이자에 해당하지 않는다고 보아 상환청구를 인정하지 않았다.[113]

8.2.2. 입법례

(1) 영미의 경우

영미에서 충실의무를 위반한 행위는 일응 유효하며, 수익자에게 이를 무효로 만들거나 확정적으로 유효하게 할 수 있는 선택권을 수여함으로써 그 이익을 도모하고 있다. 영국의 경우 수익자의 청구에 의하여 이익상반행위의 효력이 부정될 수 있으며, 수익자는 이익상반행위가 오히려 이익이 된다면 확정적으로 그 효력을 인정할 수도 있다.[114] 그리고 어느 경우에든 발생한 손해에 대하여는 그 배상을 청구할 수 있다.[115]

미국에서도 자기거래 자체가 무효(void)인 것은 아니며 수익자의 선택에 의하여 무효가 될 수(voidable) 있을 뿐이다.[116] 신탁법 제3차 리스테이트먼트 §78는 수탁자의 충실의무를 정하고 있는데, 이에 위반한 행위의 효력을 명시하고 있지는 않으나 당해 위반행위가 당연무효는 아니며 수익자가 이를 확정적으로 유효로 하거나 무효로 만들 수 있다고 해석한다.[117] UTC sec.802도 수탁자의 충실의무를 정하고, 수탁자가 이에 위반하여 고유계정으로 신탁재산 관련한 거래를 하거나 이익충돌을 야기한 경우 이로부터 영향을 받은 수익자는 그 행위를 무효로 할 수 있음을 명시하고 있다.

(2) 일본의 경우

일본 신탁법은 의무위반행위의 유형에 따라서 그리고 제3자의 개재 여하에 따라서 그 효력을 차별화하고 있다. 일본 신탁법은 이익상반행위로서 신탁재산과 고유재산간의 거래인 자기거래(동법 제31조 제1항 제1호), 신탁재산간의 거래(동법 제31조 제1항 제2호), 신탁재산에

---

113) 대법원 2017. 6. 8. 선고 2016다230317, 230324 판결; 대법원 2017. 7. 11. 선고 2017다8395 판결; 대법원 2020. 11. 5. 선고 2017다7156 판결.

114) Hudson, p.338.

115) Hayton/Marshall, p.793.

116) In re Kilmer's Will, 61 N.Y.S.2d 51 (Sur. Ct. Broome County 1946); In re Estate of Rothko, 372 N.E.2d 291 (N.Y. 1977) 등.

117) General Comment. 종래 미국 신탁법 제2차 리스테이트먼트 §205에 의하면 신탁위반시 수탁자는 그로 인한 신탁재산의 손실이나 이익, 그러한 위반이 없었더라면 신탁재산에 발생하였을 이익에 대하여 책임이 있었다. 그리고 §206는 수탁자의 충실의무위반에 대하여 이러한 신탁위반시 수탁자의 책임에 대한 일반조항(§205)이 적용될 수 있음을 명시하였다. 따라서 수탁자가 충실의무를 위반한 경우 수익자는 선택권을 가지는데, 당해 위반행위가 유효함을 전제로 신탁재산에 발생한 손해의 배상을 청구하거나 위반행위의 효력을 무효로 하고 신탁재산의 반환을 청구할 수도 있었다.

대한 거래에서 수탁자가 제3자의 대리인이 되는 쌍방대리적 행위(동법 제31조 제1항 제3호), 간접거래(동법 제31조 제1항 제4호)를 명시하고 이를 원칙적으로 금지한다. 그럼에도 불구하고 이에 반하여 행해진 자기거래 및 신탁재산간의 거래행위는 무효이며(동법 제31조 제4항), 다만 수익자가 추인하는 때에는 행위시부터 유효하다(동법 제31조 제5항). 위 유형은 수탁자가 용이하게 할 수 있는 전형적인 충실의무위반행위로, 일본 신탁법은 이를 억제하기 위하여 그 효력을 무효로 한 것이다.118) 하지만 수탁자가 당해 재산을 제3자에게 처분 등을 한 때에는 제3자가 악의 또는 중과실 있는 선의인 때에만 수익자취소권에 의하여 취소될 수 있다(동법 제31조 제6항). 따라서 제3자가 중과실 없는 선의라면 그 거래는 유효하고, 신탁에 대한 수탁자의 책임만 문제된다.

쌍방대리적 행위나 간접거래의 경우에는 제3자가 악의 또는 중대한 과실 있는 선의인 때에 한해 수익자취소권이 인정된다(동법 제31조 제7항). 자기거래나 신탁재산간의 거래와 달리 쌍방대리적 행위와 간접거래는 신탁에 대한 관계에서나 제3자에 대한 관계에서 유효하며, 수익자취소권의 요건이 충족되는 한에서 취소될 수 있을 뿐이다. 제3자가 개재된 경우 이익상반행위의 효력에 대한 이러한 규율은 거래의 안전을 배려함과 동시에 이익상반행위가 권한위반의 극단적인 형태라고 하는 점에서 수탁자의 권한위반에 대한 규율(동법 제27조)과의 조화를 도모한 것이라고 평가된다.119)

한편 경합행위의 경우 수익자는 그 행위가 신탁재산을 위하여 행해진 것으로 볼 수 있다(동법 제32조 제4항). 경합행위 자체는 유효하고, 수익자에게는 자신의 선택에 좇아 그 행위의 효과를 신탁재산에 귀속시킬 수 있는 개입권이 인정되는 것이다.120) 입법자는 경합행위의 효과를 신탁재산에 귀속시킬 수 있도록 하는 것이 수익자의 구제에 적합하다고 보았다.121) 이때 개입권의 행사에 따라 고유재산에 속한 재산은 즉시 신탁재산의 일부가 된다. 수탁자는 고유재산이 취득한 것을 신탁재산에 이전하여야 할 것이나, 양자는 어차피 수탁자의 소유이므로 이러한 물권적인 효과를 인정한 것이다.122) 이 경우 제3자의 보호가 문제되는데, 동법 제32조 제4항 단서는 개입권 행사시에도 제3자의 권리를 해할 수 없음을 분명히 하였다. 그리고 여러 이익상반행위 유형들간의 한계 사례에 대하여는 향후 법원의 판

---

118) 寺本振透編集, 71頁.
119) 최수정, 일본 신신탁법, 77면.
120) 하지만 제3자의 이익을 해할 수 없으며(동법 제32조 제4항 단서), 행위시로부터 1년이 경과하면 수익자의 권리는 소멸한다(동법 제32조 제5항).
121) 信託法改正要綱試案 補足說明, 45頁.
122) 信託法改正要綱試案 補足說明, 112頁 참조.

단이나 학설에 맡겨두었다.[123]

8.2.3. 해석론
(1) 문제의 제기

종래 학설과 판례에서는 신탁법상 수탁자가 부담하는 다양한 의무들 중 이익상반행위의 특정 유형에 대하여만 그 효력이 논의되었다. 현행 신탁법의 해석에서도 이러한 종래의 논의에 비추어 현행법의 규정 형식 등 그 체계에 변화가 없는 점, 이익상반행위금지 위반은 수탁자의 의무 중 중대한 의무위반이므로 강행규정으로 해석해야 하는 점, 예외적으로 신탁행위나 법원의 허가 등을 통하여 허용되는 점을 근거로 제34조 제1항에 위반한 행위의 효력을 여전히 무효로 보는 견해가 있다.[124]

그러나 현행법은 분명히 그 규정방식을 달리한다. 제34조 제1항은 이익상반행위를 금지하지만, 동조 제2항은 당사자의 의사에 의한 허용가능성을 명시하고 있다. 그러므로 제34조를 더 이상 강행규정이라고 해석하기는 어렵다. 그리고 제34조 제1항은 이익상반이 발생할 수 있는 행위유형을 구체적으로 적시하고, 특히 동항 제5호는 그 밖에 수익자의 이익에 반하는 행위를 포괄적으로 금지한다. 그러므로 이익상반행위의 효력을 종래와 같이 규정의 성질이나 유형의 명시 여부를 기준으로 판단할 수는 없다.

그리고 외국법에서의 다양한 규율방식에 비추어볼 때 수탁자의 이익상반행위는 그 성질상 당연히 효력이 인정되거나 또는 부정되어야 하는 것은 아니다. 영미에서처럼 이익상반행위이더라도 일단 효력을 인정하면서 그 행위의 종국적인 운명을 수익자의 선택에 맡겨놓을 수 있으며, 일본에서처럼 입법적 결단에 따라서 위반행위의 효력을 각 유형별로 달리 정할 수도 있다.

사실 제34조 제1항은 수탁자로 하여금 누구의 명의로도 이익상반행위를 "하지 못한다"고만 하고 있어서, 그 위반행위의 효력을 유효 또는 무효 어느 쪽으로도 해석할 수 있는 여지를 남겨두고 있다. 수탁자에게 이익상반행위를 금지하는 것은 충실의무의 이행을 강제하고 신탁재산 및 수익자를 보호하기 위함이다. 만약 이러한 취지를 관철하기 위하여 모든 이익상반행위를 무효라고 한다면, 특히 제34조 제1항 제5호는 수익자의 이익에 반하는 행위를 포괄적으로 금지하므로 법률관계가 매우 불안정하게 되고, 거래안전을 해하며, 이를 둘러싼 분쟁을 야기하게 될 것이다. 이러한 극단적인 효력론은 규정의 본래적인 취지를 넘어

---

123) 寺本振透編集, 73頁.
124) 광장신탁법연구회, 184면.

선다. 그렇다고 해서 이익상반행위를 모두 유효하다고 한다면, 수탁자에게 충실의무를 부과하고 이익상반행위를 금지한 규정의 실효성 확보 내지 예방적 목적의 달성이 어려워진다. 그러므로 제34조의 규정방식에 비추어 신탁법의 체계 내에서 각 이익상반행위의 유형에 따른 효력의 차별화가 필요하다.

(2) 신탁재산과 고유재산간 또는 신탁재산간의 거래

가. 대내적 관계

신탁재산과 고유재산간의 거래는 이익상반행위의 전형이며, 수탁자가 인수한 여러 신탁재산간의 거래도 동일하게 취급할 수 있다. 신탁상 정함이나 수익자의 승인이 없는 한 이러한 이익상반행위의 효력은 신탁재산에 미치지 않는다고 하는 것이 위반행위에 대한 직접적이고도 강력한 구제수단이 된다. 따라서 제34조 제1항 제1호 내지 제3호에 해당하는 이익상반행위는 원칙적으로 신탁에 대해 무효라고 해야 한다. 무효인 계약에 기하여 급부가 이루어진 경우, 수탁자는 부당이득법상 악의의 수익자에 해당하므로 받은 이익에 이자를 붙여 반환하고 손해가 있으면 이를 배상하여야 한다(민법 제748조 제2항). 그리고 위탁자, 수익자, 공동수탁자 등은[125] 원상회복청구권, 손해배상청구권(제43조 제1항)을 행사할 수 있다.

이러한 유형의 이익상반행위를 무효로 하는 것은 신탁 내지 수익자의 보호를 위한 것이므로 수익자가 무효임을 알고 추인한 때에는 그 법률행위는 확정적으로 유효가 된다. 추인의 의사표시는 명시적으로나 묵시적으로 가능하며, 그 행위에 따른 법률관계를 충분히 이해하고 그럼에도 진의에 기하여 그 행위의 결과가 신탁에 귀속된다는 것을 승인한 것으로 볼 만한 사정이 있는 경우에는 묵시적으로 추인한 것으로 볼 수 있다.[126] 이때 추인할 수 있는 자는 신탁상 별도의 정함이 없는 한 수익자에 한정된다고 할 것이다. 원상회복청구권 등은 수익자 외에도 위탁자나 공동수탁자 등에게 인정되지만, 신탁상 정함이 없는 경우 이익상반행위를 승인할 수 있는 자는 수익자뿐이기 때문이다(제34조 제2항 제2호). 그리고 위탁자 등도 추인을 할 수 있다고 한다면 법률관계를 불필요하게 복잡하게 만들고 수익자의 이익에도 반할 수 있다.

그런데 신탁재산과 고유재산간의 거래가 무효라고 하더라도 신탁재산의 공시와 관련하여 제3자에게 대항할 수 없는 경우가 발생할 수 있다(제4조). 예컨대 신탁재산인 부동산을

---

125) 제43조 제1항은 위탁자, 수익자, 공동수탁자만을 정하고 있으나 신수탁자와 신탁재산관리인도 원상회복청구권, 손해배상청구권 등을 행사할 수 있다(제52조).

126) 대법원 2013. 11. 28. 선고 2010다91831 판결 참조.

고유재산에 매도하고 소유권이전등기를 하면서 신탁등기를 말소한 경우, 매매계약은 무효이므로 당해 부동산은 여전히 신탁재산에 속한다. 그러나 신탁재산의 공시가 없기 때문에 고유재산의 채권자가 강제집행을 하는 때 수익자 등은 제3자이의의 소를 제기할 수 없으며(제22조 제2항), 수탁자 개인이 파산한 경우에도 신수탁자나 신탁재산관리인은 환취권을 행사할 수 없다(채무자회생법 제407조의2 제1항).[127]

나. 제3자가 개재된 경우

신탁재산과 고유재산간 또는 신탁재산간에 수탁자의 이익상반행위를 무효라고 하더라도 이를 기초로 새로운 이해관계를 가지게 된 제3자가 등장하는 경우 그 법률관계가 문제된다. 예컨대 수탁자가 A 신탁에 속한 재산을 고유재산이나 B 신탁에 귀속시킨 뒤 이를 제3자에게 처분하였다면, 수탁자는 실제로 고유재산이나 B 신탁이 아닌 A 신탁의 재산을 제3자에게 처분한 것이다. 그러므로 수탁자가 신탁목적에 반하여 신탁재산을 처분하였고 상대방이 이에 대해 악의 또는 중과실 있는 선의라면, A 신탁의 수익자는 이러한 신탁위반행위를 취소할 수 있다(제75조). 따라서 수탁자의 처분행위는 수익자가 취소권을 행사하지 않는 한 유효하며, 또한 제척기간이 경과하면(제76조) 확정적으로 유효가 된다.

위 경우 신탁재산의 공시 결여로 인하여 제3자에게 대항할 수 없는지가 문제될 수 있다. 하지만 공시는 위탁자나 수탁자의 고유재산과 구별되는 신탁재산의 독립성을 관철하기 위한 법기술로서, 수익자취소권의 행사에 따른 원상회복을 차단하는 것은 아니다. 제75조 제1항의 해석상 취소의 상대방이 법률행위의 목적물이 신탁재산에 속한 점 그리고 그 법률행위가 신탁목적에 위반함을 알았거나 중대한 과실로 알지 못하였으면 충분하고, 신탁재산의 공시는 적극적 또는 소극적 요건이 아니다.[128] 그러므로 수익자취소권의 행사에 따른 신탁재산의 회복에는 장애가 없다.

그런데 제3자가 이익상반행위에 대해서는 악의이더라도 신탁목적위반에 대하여 선의·무중과실이라면 수익자취소권이 인정되지 않는다는 점에 유의할 필요가 있다.[129] 수탁자의 고유재산 또는 B 신탁과 거래한 제3자가 A 신탁의 신탁목적에 위반한 사실에 대하여 악의

---

127) 이와 달리 수탁자가 사망한 경우 신탁재산은 상속재산에 속하지 않는데, 상속채권자 등에게 신탁재산임을 대항하기 위하여는 신탁재산의 공시가 필요하지만 수탁자의 상속인은 제3자의 범위에 속하지 않기 때문에 공시가 없더라도 대항할 수 있다.

128) 이연갑, 공시원칙과 신탁법 개정안, 법학논총 제31집 제2호(2011. 8), 113면도 수익자취소권과 관련하여 제4조에서 정한 제3자에 신탁재산의 양수인은 포함되지 않는 것으로 해석한다.

129) 수익자취소권의 요건으로서 신탁목적 위반에 관하여는 아래 8.6.3. (1) 참조.

라면 통상은 이익상반행위에 대해서도 악의일 것이다. 하지만 이익상반행위에 대하여 악의라고 해서 A 신탁의 신탁목적위반에 대해서도 당연히 악의인 것은 아니므로, 개개의 사안에 따라서 당사자의 주관적인 요건을 별도로 판단할 필요가 있다.[130]

한편 고유재산을 신탁재산으로 한 뒤 이를 처분한 때에는 수탁자가 고유재산을 처분한 것에 지나지 않는다. 따라서 수익자취소권은 발생하지 않으며, 이익상반행위의 무효에 따른 부당이득 및 수탁자의 위반행위에 따른 원상회복, 손해배상 등이 문제될 뿐이다.

(3) 이익상반행위의 상대방이 제3자인 경우

수탁자가 제3자와 신탁재산에 대한 법률행위를 함에 있어서 그 대리인이 되거나(제34조 제1항 제4호), 수탁자 개인 또는 A 신탁에 속한 채무에 대하여 B 신탁의 재산을 담보로 제공하는 등의 소위 간접거래(제34조 제1항 제5호)를 한 경우에는 제3자가 이익상반행위의 상대방이 된다. 그러므로 대내적인 관계에서 이익상반행위의 효력을 기초로 제3자와의 법률관계를 각각 판단해야 하는 위 유형들과는 구분하여 살펴볼 필요가 있다.

가. 수탁자가 제3자를 대리하여 신탁과 거래한 경우

수탁자가 제3자의 대리인으로서 신탁과 거래한 경우 대리행위의 효력은 본인인 제3자에게 미치지만, 실제로는 이익충돌상황에서 수탁자가 혼자 거래를 한 것에 지나지 않는다. 그리고 구조적으로 볼 때 신탁의 관점에서는 이익상반행위의 상대방이 다른 신탁인지 아니면 제3자인지는 차이가 없다. 그렇다면 위 이익상반행위 유형에서와 동일한 근거에서 대리행위의 효력을 무효라고 할 것이다.

이때 본인인 제3자의 보호가 문제될 수 있다. 이사의 이익상반행위 효력에 관한 학설[131]과 판례[132]의 공식을 빌려 와, 이익상반행위가 대내적 관계에서는 무효이지만 대외적 관계에서는 상대방인 제3자의 악의가 증명되지 않는 한 유효라고 볼 수도 있을 것이다. 그

---

130) 가령 일본 신탁법 제27조는 수익자취소권의 요건으로 권한위반행위를 요구하기 때문에, 제3자가 이익상반한 행위에 대하여 악의 또는 중대한 과실 있는 선의라면 수익자는 취소권을 행사할 수 있다. 이처럼 수익자 내지 신탁재산의 보호를 위하여는 입법적으로 수탁자의 이익상반행위에 대한 악의 또는 중과실 있는 선의의 경우에도 수익자취소권을 인정함으로써 신탁재산을 회복할 수 있도록 하는 조치가 필요할 것이다.

131) 학설 대립은 정찬형, 상법강의요론 제12판, 박영사, 2013, 524면; 이철송, 상법강의 제13판, 박영사, 2012, 677면; 최기원, 상법학신론(상) 제19판, 박영사, 2011, 921면 이하; 권기범, 이사의 자기거래, 저스티스 제119호(2010. 10), 190면 이하; 천경훈, 개정상법상 자기거래 제한 규정의 해석론에 관한 연구, 저스티스 제131호(2012. 8), 64면 이하 참조.

132) 대법원 1984. 12. 11. 선고 84다카1591 판결; 대법원 1996. 5. 28. 선고 95다12101, 12118 판결 등.

러나 대리행위에 있어서 그 효력과 관련하여 악의 또는 과실 있는 선의가 문제된 경우에는 대리인을 표준으로 한다(민법 제116조 제1항). 그러므로 이익상반행위 여부에 대한 주관적인 요건은 수탁자를 기준으로 판단하게 되고, 따라서 그 행위는 역시 무효가 될 수밖에 없다. 그리고 수탁자의 대리행위로 인하여 본인이 불이익을 입게 되는 경우 본인은 수권행위의 기초된 법률관계에 기한 구제수단을 동원할 수 있다. 이러한 현상은 타인을 사용하는 법률관계 일반에서 나타나는 것이므로, 수탁자의 대리행위에서만 특별히 제3자의 보호 내지 거래안전에 문제가 발생한다고 할 수 없다.

반면 일본 신탁법 제31조 제7항은 이를 쌍방대리적 행위로 부르고, 그 효력이 유효함을 전제로 하여 본인인 제3자의 주관적인 요건에 따라서 수익자취소권의 대상이 될 수 있음을 정하고 있다. 쌍방대리도 절대적으로 무효인 것은 아니며, 본인의 추인이 있거나 법률이 허용하는 때에는 유효하다. 하지만 그러한 명시적인 규정이 없는 우리법의 해석에서는 일반적인 법리가 적용되어야 한다. 그리고 대리행위가 무효인 만큼 수익자취소권이 작동할 여지는 없다고 하겠다.

한편 수탁자의 대리행위는 무효이므로, 수탁자는 신탁사무로서 신탁재산과 제3자간에 부당이득법리에 따른 반환을 하여야 한다. 그리고 위탁자 등은 수탁자에 대하여 원상회복 등을 청구할 수 있다. 또한 수익자는 자신의 수익채권이나 원상회복청구권 등을 피보전권리로 하여, 위탁자 등은 원상회복청구권 등을 피보전권리로 하여 제3자에 대한 수탁자의 부당이득반환청구권을 대위행사할 수 있다.[133] 만약 신탁과 제3자의 거래가 무효임에도 불구하고 제3자가 그 목적물을 타인에게 처분하였다면, 이는 무권리자의 처분행위로서 그 상대방에 대하여 담보책임이 문제되며(민법 제570조), 경우에 따라서 선의취득이 가능할 뿐이다.

나. 간접거래

수탁자가 법률행위의 양 당사자가 되는 직접거래뿐만 아니라 수탁자가 신탁재산의 귀속주체로서 제3자와 거래를 하는 때에도 이익충돌의 가능성이 있는 한 간접거래로서 제34조 제1항 제5호에 의하여 금지된다. 그런데 이 경우에는 위 유형들에서와 같은 자기계약

---

[133] 판례는 채권자대위권의 전용범위를 확대해왔다. 채권자가 보전하려는 권리와 대위하여 행사하려는 채무자의 권리가 밀접하게 관련되어 있고, 채권자가 채무자의 권리를 대위하여 행사하지 않으면 자기 채권의 완전한 만족을 얻을 수 없게 될 위험이 있어 채무자의 권리를 대위하여 행사하는 것이 자기 채권의 현실적 이행을 유효·적절하게 확보하기 위하여 필요한 경우에는 채권자대위권의 행사가 채무자의 자유로운 재산관리행위에 대한 부당한 간섭이 된다는 등의 특별한 사정이 없는 한 채권자대위권이 인정된다(대법원 2001. 5. 8. 선고 99다38699 판결 등). 따라서 수탁자의 부당이득반환청구권 또한 피대위권리가 될 수 있다.

또는 쌍방대리적인 요소가 존재하지 않는다. 그리고 간접거래는 아주 다양한 형태로 이루어질 수 있어서 그 효력 여부는 거래안전에 훨씬 큰 영향을 미친다. 그러므로 포괄적인 범위에서 이익상반행위의 효력을 모두 무효라고 할 수는 없다.

물론 이사의 이익상반행위의 제3자에 대한 효력이 문제된 경우에 다수의 학설 및 판례는 제3자의 주관적인 요건에 따라서 그 효력을 달리 판단하며, 특히 판례에서 제3자와 관련하여 이사의 이익상반행위의 효력이 문제된 사안들도 간접거래에 관한 것이다.134) 하지만 상법에서와 달리 수탁자의 간접거래를 무효로 하지 않더라도 수익자는 취소권을 행사함으로써 신탁재산을 회복할 수 있다. 또한 간접거래를 통하여 수탁자나 제3자가 이익을 얻은 경우에는 신탁재산에 손해가 발생하였는지를 묻지 않고 위탁자 등은 이득반환청구권을 행사함으로써 그 이익을 신탁재산에 귀속시킬 수 있다(제43조 제3항). 그러므로 간접거래라는 사실만으로 모든 행위를 무효로 함으로써 신탁재산의 보호를 넘어서 지나치게 거래안전을 해하기보다는, 수탁자의 간접거래를 유효로 새기면서 위와 같은 구제수단들을 통하여 신탁재산을 보호하는 것이 타당하다.

(4) 경합행위 등

상법 제397조 및 제397조의2에서 금지하는 경업행위나 사업기회의 유용행위는 수탁자의 경우에도 금지된다. 이러한 행위는 제34조 제1항 제5호에서 정한 "그 밖에 수익자의 이익에 반하는 행위"에 포함된다. 예컨대 수탁자는 자신이나 제3자의 이익을 위하여 신탁이 추진하는 영업부류에 속한 거래를 하거나 신탁의 기회를 이용해서는 안 된다.

그럼에도 불구하고 수탁자가 경업행위를 하거나 사업기회를 유용한 경우 그 행위의 효력은 상법상 이사의 경업행위나 사업기회 유용행위에 대한 해석에서처럼, 그러나 수탁자의 자기거래 내지 쌍방대리적 행위와는 달리, 유효하다고 할 것이다. 수탁자의 자기거래행위가 직접 신탁재산에 그 효과를 귀속시키고자 한 것인 반면, 경업행위나 기회유용행위는 수탁자의 고유재산에 그 효과를 귀속시키고자 한 것이므로 거래 자체는 유효하다고 볼 수 있다.135) 또한 수탁자의 행위에 대하여 효력 문제를 야기하는 요소 내지 흠은 수탁자와 신탁

134) 대법원 1984. 12. 11. 선고 84다카1591 판결과 대법원 2014. 6. 26. 선고 2012다73530 판결은 서로 다른 두 회사의 대표이사가 일방 회사의 채무에 대하여 타방 회사를 대표하여 연대보증계약을 체결한 사안이며, 대법원 2004. 3. 25. 선고 2003다64688 판결에서는 이사가 자신의 연대보증채무에 대한 담보로 이사 본인 앞으로 발행된 회사 명의의 약속어음을 채권자에게 제공하였으며, 대법원 2005. 5. 27. 선고 2005다480 판결에서는 대표이사가 자신의 채무에 대하여 회사를 대표하여 연대보증을 하였다.
135) 일본 신탁법 제32조 제4항도 이러한 근거에서 경합행위를 유효한 것으로 취급하고, 수익자의 개입권행사에

사이에 존재하는 것이지 수탁자와 그 상대방 사이에 존재하는 것은 아니다. 그리고 이러한 유형의 위반행위에서 수익자의 주된 관심사는 위반행위의 억제와 더불어 위반행위로 발생한 이익의 반환 또는 손해의 전보인데, 특히 이득반환청구권은 이에 대한 유용한 구제수단이 된다. 따라서 수탁자의 경업행위나 기회유용행위의 효력은 유효하다고 하겠다.

8.3. 수탁자의 해임

위탁자와 수익자는 합의에 의하여 또는 법원에 수탁자의 해임청구를 통하여 수탁자를 해임할 수 있다(제16조 제1항 및 제3항).[136] 예컨대 신탁계약을 체결한 경우 수탁자의 의무위반으로 인하여 신탁사무의 적절한 처리나 신탁목적의 달성을 기대할 수 없다면 위탁자 등은 신탁은 존속시키면서도 해임을 통하여 당해 수탁자를 배제할 수 있다. 일반적인 계약의 경우 계약해제를 통하여 채무를 이행하지 않은 계약상대방과의 법률관계 자체를 해소하는 것과 대비된다.

그렇다면 신탁계약의 일방당사자인 위탁자는 타방당사자인 수탁자의 채무불이행을 이유로 신탁계약을 해제 또는 해지할 수 없는가? 만약 계약법리 일반에 따라서 신탁계약을 해제 또는 해지할 수 있다고 한다면, 신탁과 관련한 법률관계는 소급하여 또는 장래에 대하여 모두 소멸, 번복되어야 한다. 그러나 신탁계약이 체결되면 이에 따라 창출된 독립한 신탁재산을 둘러싸고 새로운 법률관계가 형성되며, 수탁자가 존재하지 않는 경우에도 신탁은 유효하게 존속한다. 신탁계약의 체결에 있어서는 위탁자와 특정 수탁자의 신임관계가 기초가 되지만, 일단 신탁이 설정되면 수탁자가 누구인지는 더 이상 신탁 자체의 효력을 좌우하는 결정적인 요소가 아니다. 그러므로 신탁법은 신탁을 더 이상 존속시킬 수 없거나 존속시킬 이유가 없는 경우를 신탁의 종료사유로 명시한(제98조) 외에 별도로 해제나 해지[137]에 대하여는 정하고 있지 않다. 또한 의무를 위반한 수탁자에 대한 구체적인 책임을 정함과 더불어 당해 수탁자를 신탁관계에서 배제할 수 있는 해임제도를 두고 있다. 물론 해임이 수탁자의 의무위반에 대하여만 적용되는 것은 아니지만, 의무를 위반한 수탁자에 대한 중요한 제재수단이 되는 것은 분명하다.

대법원 2002. 3. 26. 선고 2000다25989 판결은 분양형 토지개발신탁계약에 있어 수탁

의하여 부당한 이득을 제거, 조정하도록 한다. 寺本振透編集, 72頁.

136) 수탁자의 해임에 관한 상세는 제4장 Ⅱ. 5.1.4. 참조.

137) 제3조 제2항은 신탁선언에 의한 신탁설정시 위탁자가 신탁을 "해지"할 수 있는 권한을 유보할 수 없도록 하는데, 신탁선언은 단독행위이므로 계약의 해지와는 의미가 다르다. 이러한 입법적 오류에 대하여는 제5장 Ⅰ. 4.2.1. (3) 나 참조.

자의 채무불이행으로 인한 신탁계약의 해지에 관하여 명시적으로 판단하고 있다. 수탁자가 신탁사업과 무관한 용도로 사용되는 것을 알면서도 채권확보책도 없이 거액의 선급금을 지급하는 등 선량한 관리자의 주의의무를 위반하였고 수탁자의 대표이사 등이 배임 혐의로 구속된 후부터는 신탁사업의 수행도 사실상 불가능해진 사안에서, 원심은 수탁자의 귀책사유로 인한 이행불능을 이유로 신탁계약의 해지를 인정하였다. 그러나 위 판결은 "신탁의 목적을 달성할 수 없을 때에는 신탁이 절대적으로 종료하나, 그 목적의 달성이 가능하지만, 단지 수탁자의 배임행위 등으로 인하여 신뢰관계가 무너진 경우에는, 위탁자 등의 청구에 따라 법원이 수탁자를 해임하거나 또는 위탁자가 수탁자에 대하여 손해배상 등을 청구할 수 있을 뿐, 이행불능을 원인으로 하여 신탁계약을 해지할 수는 없다"고 보았다. 따라서 수탁자의 의무위반이 있는 경우 일반적인 계약법리는 후퇴하고 위탁자 등의 선택에 따라서 신탁법 특유의 구제수단이 작동한다고 해야 한다.

8.4. 원상회복, 손해배상

8.4.1. 책임의 구조와 성질

수탁자가 의무를 위반하여 신탁재산에 손해가 생긴 경우 위탁자, 수익자, 공동수탁자는 그 수탁자에 대하여 신탁재산의 원상회복, 손해배상을 청구할 수 있다(제43조 제1항). 수탁자의 의무위반으로 신탁재산이 변경된 경우에도 그 법적 효과는 다르지 않다(제43조 제2항). 수탁자가 부담하는 원상회복의무 및 손해배상의무의 성질에 대하여는 구신탁법하에서 견해가 일치하지 않았다. 일부는 손해배상책임은 채무불이행책임 혹은 불법행위책임이지만 원상회복책임은 신탁재산의 보전을 위하여 인정되는 특수한 법정책임이라고 하고,[138] 일부는 일본에서의 논의를 배경으로 수탁자의 원상회복 및 손해배상책임은 신탁 특유 책임으로서 채무불이행책임이나 불법행위책임과는 체계를 달리한다고 하였다.[139]

그런데 수탁자의 책임의 성질은 무엇보다 신탁의 구조하에서 파악되어야 한다. 신탁계약에 의하여 신탁이 설정된 경우 수탁자는 위탁자에 대하여 계약상의 채무를 부담하지만 또한 신탁법에서 정한 의무들도 부담하며, 양자는 때로 중첩되기도 한다. 신탁선언이나 유언신탁의 경우 수탁자는 수탁자의 지위를 인수함으로써 그에 따른 여러 의무를 부담하게 되는데, 이는 때로는 수익자에 대한 것이며 또 때로는 신탁재산에 대한 것이다. 그리고 원상회복은 신탁재산의 회복을 위한 것이며 손해배상도 신탁재산에 대하여 그 손해를 금전으

---

138) 이중기, 518면 및 530면.

139) 최동식, 257면.

로 전보하는 것이다. 그러므로 신탁법은 계약당사자인 위탁자나 충실의무의 상대방인 수익자뿐만 아니라 공동수탁자 등에 대하여도 원상회복청구권과 손해배상청구권을 인정하며, 또 그 내용은 청구권자에 대한 원상회복이나 손해배상이 아니라 신탁재산으로의 원상회복과 손해배상인 것이다. 따라서 수탁자의 의무위반에 따른 책임 일반을 특정한 채권자와 채무자 사이에서 발생하는 채무불이행책임과 동일하게 취급하기는 어렵다. 또한 불법행위책임은 위법한 행위를 한 자에 대하여 피해자가 입은 손해를 전보하게 하는 법정채권으로, 수탁자의 의무위반을 원인으로 하여 청구권자의 고유재산이 아닌 신탁재산에 발생한 손해에 대하여 책임을 묻는 것과는 차이가 있다. 물론 수탁자의 의무위반이 위탁자 등에게 불법행위책임을 야기할 수 있지만, 이는 제43조 제1항에서 정한 책임과는 별개이다. 그렇다면 제43조 제1항에서 정한 원상회복이나 손해배상책임은 수탁자의 의무를 강제하고 신탁재산을 보호함으로써 종국적으로 신탁의 목적을 달성하기 위하여 신탁법이 특별히 정한 책임이라고 하지 않을 수 없다.

한편 수탁자의 원상회복 및 손해배상의무의 법적 성질에 관한 논의는 그 권리의 존속기간과도 연결된다. 신탁법은 이들 권리의 행사에 시간적인 제한을 명시하고 있지 않으므로[140] 권리의 성질에 따라서 판단할 수밖에 없다. 만약 수탁자의 손해배상의무가 불법행위책임에 해당한다면, 민법 제766조의 단기소멸시효가 적용될 것이며, 민법 제765조에 의한 배상액의 경감청구도 가능할 것이다. 그러나 수탁자에 대한 손해배상청구권은 위에서 살펴본 것처럼 불법행위로 인한 손해배상청구권과는 그 성질을 달리한다. 그리고 신탁재산에 대한 물권은 수탁자에게 있기 때문에 청구권자들이 가지는 원상회복청구권은 채권적 청구권에 지나지 않는다. 따라서 수탁자에 대한 원상회복청구권 및 손해배상청구권은 일반적인 채권의 소멸시효에 관한 규정(민법 제162조 제1항)에 따라서 10년의 소멸시효에 걸린다고 할 것이다.

8.4.2. 청구의 당사자

(1) 청구권자의 범위

제43조 제1항은 원상회복이나 손해배상의 청구권자로 위탁자, 수익자 또는 공동수탁자를 들고 있다. 위탁자는 신탁을 설정한 이후 신탁재산으로부터 이익을 누리는 등의 직접적인 이해를 가지는 것은 아니지만, 신탁행위의 당사자로서 신탁목적의 달성에 관심이 없을

---

140) 반면 일본 신탁법 제43조 제1항은 신탁재산에 발생한 손실의 전보나 변경된 신탁재산의 원상회복을 청구할 수 있는 채권의 소멸시효를 채무불이행으로부터 발생하는 채권의 소멸시효에 의하도록 한다.

수 없다. 그리고 위탁자는 신탁종료시에 귀속권리자의 지위를 가지기도 한다(제101조 제2항). 특히 목적신탁에서 위탁자는 수탁자에 대한 감독에서 중요한 역할을 한다. 그래서 신탁법은 위탁자에게 원상회복이나 손해배상의 청구권자의 지위를 인정하고 있다.

수익자는 신탁재산으로부터 이익을 향수하는 자로서 수탁자의 의무이행에 가장 큰 이해관계를 가진다. 그러므로 수탁자의 의무위반으로 신탁재산에 손해가 발생하였다면 수익자는 당연히 그에 대한 책임을 물을 수 있어야 한다. 수익자가 다수 있는 때에도 각 수익자는 단독으로 원상회복이나 손해배상을 청구할 수 있으며(제71조 제1항 단서, 제61조 제4호), 신탁행위로 달리 정할 수 없다(제71조 제3항 참조). 수익자가 특정되지 않거나 수탁자에 대한 감독을 할 수 없는 경우 또는 목적신탁의 경우에는 수익자에 갈음하여 신탁관리인이 선임된다. 신탁관리인은 신탁에 관하여 수익자와 동일한 지위를 가지므로(제68조 제2항), 신탁관리인도 의무를 위반한 수탁자에 대하여 원상회복이나 손해배상을 청구할 수 있다.

수탁자가 다수인 경우 다른 공동수탁자는 의무를 위반한 수탁자에 대하여 원상회복이나 손해배상을 청구할 수 있다. 공동수탁자 상호간에는 협력할 의무가 있지만, 동시에 감독하고 적절한 조치를 취할 의무도 있다(제51조 참조). 그러므로 의무위반에 관여하지 않고 또 의무위반행위를 저지하기 위하여 합리적인 조치를 취한 공동수탁자는 그 의무위반에 따른 책임을 지지 않는 한편, 위반행위를 한 수탁자에 대하여 원상회복이나 손해배상을 청구함으로써 신탁재산을 보호하여야 한다.

그 밖에 신수탁자나 신탁재산관리인도 제43조의 권리를 행사할 수 있다(제52조). 의무를 위반한 수탁자의 임무가 종료하는 경우 그에 갈음하여 선임된 신수탁자나 신탁재산관리인은 그 전수탁자에 대하여 원상회복이나 손해배상을 청구할 수 있는 것이다.

(2) 청구권의 행사

위탁자, 수익자 등은 제43조 제1항에 기하여 각자 그 권리를 행사할 수 있으며,141) 다수의 청구권자 사이의 합의나 다른 청구권자의 동의는 요구되지 않는다. 다수의 수익자가 존재하는 경우 전원의 합의에 의하거나 다수결에 의하도록 하는 신탁상의 정함은 효력이 없다. 또한 선순위 수익자의 결정에 따르도록 한 정함도 사실상 신탁법이 보장하는 수익자의 권리를 제한하는 것이 되므로(제61조 제4호 참조) 마찬가지로 효력이 없다고 해야 한다.

---

141) 이중기, 519면 및 531면은 청구권자가 신탁을 위하여 대위청구를 하는 것이라고 하지만, 신탁은 법인격이 없고 수익자를 제외한 다른 청구권자는 신탁에 대하여 피보전권리가 없기 때문에 대위는 문제되지 않는다. 즉, 각 청구권자는 제43조 제1항에 의하여 주어진 자신의 권리를 행사하는 것이다.

그런데 다수의 청구권자 사이에 견해가 나뉘는 경우의 처리에 대하여 구신탁법하에서는 그 규정방식과 관련하여 논의가 있었다. 종래 학설은 각 청구권자 사이에는 우열이 없기 때문에, 가령 수익자가 손해배상청구를 원하지 않는 때에도 위탁자가 손해배상청구를 하는 경우 이를 막을 수는 없지만[142] 원상회복의 경우에는 달리 취급하여 손해배상청구보다 우선한다거나,[143] 수익자의 의사가 우선한다고 보고 각 청구권자가 단독으로 청구할 수는 있지만 수익자의 동의를 요구하기도 하였다.[144]

그러나 제43조 제1항은 의무를 위반한 수탁자에 대한 구제수단으로 원상회복을 원칙으로 하고, 각 청구권자의 지위에 차등을 두지 않는다. 그리고 수익자가 신탁이익의 향수라고 하는 점에서 가장 큰 이해관계를 가지고 있기는 하지만 위탁자나 공동수탁자 등의 청구권 행사에 대하여 수익자의 동의를 요구할 법적 근거가 없는 만큼, 각 청구권자는 단독으로 그 권리를 행사할 수 있다고 해야 한다. 사실 수익자가 원상회복청구나 손해배상청구를 원하지 않는 상황에서 다른 청구권자가 굳이 그 의사에 반하여 수탁자의 책임을 묻는 경우는 매우 이례적이나, 결과적으로는 신탁재산에 이익이 되므로 이를 금지할 것은 아니다. 그리고 수익자의 이해관계도 서로 다를 수 있고 또 각 수익자는 단독으로 권리를 행사할 수 있기 때문에, 일부 수익자의 동의만을 얻도록 하는 것은 의미가 없으며 모든 수익자의 동의를 요구하는 것도 위 규정의 취지에 반한다. 만약 일부 수익자가 그에 따른 이익을 원하지 않는다면, 자신의 수익채권 또는 수익권을 포기하는 것으로 충분하다.

한편 청구권자는 수탁자에 대한 원상회복청구권이나 손해배상청구권을 포기하거나 수탁자의 채무를 면제할 수도 있다. 이때 그 의사표시는 명시적 또는 묵시적으로 할 수 있으며, 특히 후자의 경우 청구권자의 행위 내지 의사표시는 엄격하게 해석하여야 한다. 손해배상청구권의 묵시적 포기를 인정하기 위하여는 단순히 수익자 등이 거래 내용과 손실 발생 여부를 알고서도 수탁자에게 아무런 이의를 제기하지 않았다거나 의무위반으로 취득한 이익을 일부 지급받았다는 사정만으로는 부족하고, 수익자 등이 이의를 제기하지 않거나 이익을 일부 지급받은 동기나 경위 등 그러한 행위를 하게 된 전후 사정뿐만 아니라 그와 같은 행위를 함에 있어서 수익자 등이 수탁자에 대하여 손해배상청구권을 행사할 수 있음에도 불구하고 이를 포기한다는 점을 충분히 인식할 수 있는 상황에 있었는지, 수익자 등이 손해배상청구권을 포기할 만한 동기나 이유가 있었는지와 같은 여러 사정을 종합적으로 검

---

142) 이중기, 520면; 최동식, 265면.

143) 최동식, 266면.

144) 이중기, 533면.

토하여 신중하게 판단할 필요가 있다.145)

(3) 청구의 상대방

원상회복청구와 손해배상청구의 상대방은 의무를 위반한 수탁자이다. 수탁자가 다수인 경우 일부 수탁자의 의무위반에 대하여 다른 공동수탁자가 그 행위에 관여하지 않았고 그러한 의무위반행위를 저지하기 위한 합리적 조치를 취하였다면, 그 공동수탁자는 책임이 없다(제51조 제2항). 그리고 수탁자가 법인인 경우 의무위반행위에 관여한 이사와 그에 준하는 자는 법인과 연대하여 책임을 진다(제45조).

8.4.3. 요건

수탁자에 대한 원상회복청구 등은 수탁자의 의무위반, 신탁재산의 손해 또는 변경, 양자의 인과관계 및 수탁자의 귀책사유를 요건으로 한다. 첫째, 제43조 제1항은 수탁자가 위반한 의무가 무엇인가를 묻지 않는다. 신탁상의 정함에 반하는 것이든 신탁법에서 정한 의무에 반하는 것이든 수탁자가 이를 위반한 때에는 원상회복 등의 책임이 발생한다.

둘째, 신탁재산에 손해가 발생하여야 한다. 수탁자의 의무위반에도 불구하고 손해가 발생하지 않았다면 원상회복 등의 책임을 물을 수 없다. 이때 손해는 신탁재산에 발생한 비자발적 손실을 의미하며, 적극적인 손해뿐만 아니라 소극적 손해도 포함된다. 수탁자의 의무위반으로 신탁재산이 감소한 때는 물론 얻을 수 있었던 이익을 상실한 때에도 손해가 발생한 것이다. 그리고 신탁재산이 변경된 경우에도 손해가 발생한 것과 동일하게 취급된다(제43조 제2항). 신탁재산에 손해가 발생한 것도 넓은 의미에서는 변경이라고 할 수 있고, 신탁재산이 변경됨으로써 손해가 발생하기도 한다. 신탁재산이 변경된 경우에는 손해가 수반되지 않은 때에도 원상회복청구가 가능하다는 점에서 제43조 제2항은 고유한 의미를 가지며, 변경과 손해가 동시에 발생하였다면 청구권자는 어느 조항을 근거로 하든 수탁자의 책임을 물을 수 있다.

셋째, 의무위반과 손해의 발생 사이에 인과관계가 있어야 한다. 신탁재산의 가치가 감소하거나 혹은 기대하였던 이익을 얻지 못한 경우에도 수탁자의 의무위반이 없는 한 그 책임을 물을 수 없다.146) 예컨대 수탁자가 신탁상 정함에 반하여 신탁재산으로 투자를 하였다면 그 자체가 신탁위반이며, 그로 인하여 손실이 발생한 경우 손해배상책임을 물을 수 있

---

145) 대법원 2007. 11. 29. 선고 2005다64552 판결.
146) UTC sec.1003 (b).

다. 만약 위반행위로 이익이 발생하였다면, 이는 신탁재산과 관련하여 취득한 이익이므로 신탁재산에 속하고(제27조), 따라서 신탁재산에 손해는 발생하지 않았기 때문에 적어도 손해 배상은 문제되지 않는다.

넷째, 수탁자의 귀책사유가 있어야 한다. 제43조 제1항은 이를 명시하고 있지 않지만, 사법관계에서 책임을 발생시키는 요건으로서 귀책사유는 수탁자의 책임에 있어서도 마찬가지로 요구된다. 특히 제44조가 분별관리의무위반에 대하여 이러한 원칙의 예외로서 무과실책임을 명시하고 있는 것과 비교해볼 때에도, 원상회복청구나 손해배상청구에 있어서는 의무위반에 수탁자의 귀책사유가 요건이 된다고 할 것이다.

8.4.4. 원상회복

(1) 의의

수탁자의 의무위반으로 인한 신탁재산상의 손해나 변경에 대한 일차적인 구제수단은 원상회복청구권이다. 원상회복청구는 수탁자로 하여금 신탁재산을 의무위반 이전의 본래의 상태로 되돌려 놓도록 함으로써 신탁재산을 보호할 의무를 관철시킨다.[147] 예컨대 수탁자가 의무에 위반하여 신탁재산을 처분한 경우 그 원상회복은 신탁재산이었던 원물을 다시 취득하여 신탁재산에 편입시킴으로써 신탁재산을 원상으로 회복하는 것,[148] 즉 원물반환을 가리킨다. 그리고 수탁자가 신탁재산에 대한 점유를 상실한 경우에는 점유의 회복이, 신탁재산이 훼손 또는 변경된 때에는 그에 대한 수선이나 복구가 원상회복의 내용이 된다.

이러한 원상회복은 신탁을 설정한 위탁자의 의사에 상응할뿐더러 신탁목적의 달성을 위한 가장 적절한 구제수단이 된다. 특히 위탁자나 수익자가 본래의 신탁재산에 대하여 감정적인 가치를 가지는 경우 또는 신탁재산의 장래 가치의 증가가 기대되거나 내재적인 가치가 큰 경우에는 금전배상보다 신탁재산 자체를 회복하도록 할 필요가 있다. 금전배상에는 본래의 신탁재산에 내재한 감정가치가 반영되지 않으며, 장래 가치 내지 시장가격 이상의 가치가 실현될 수 없기 때문이다. 그러므로 원상회복은 의무를 위반한 수탁자의 일차적인 책임이며, 신탁상 정함에 따라 신탁목적을 달성할 수 있도록 하는 중요한 조치가 된다. 이는 채무불이행이나 불법행위로 인한 손해배상책임에 있어서 금전배상이 원칙이 되고 원상회복이 예외적인 것과 대비된다.

---

147) Hudson, p.784.
148) 대법원 2020. 9. 3. 선고 2017다269442 판결.

(2) 원상회복과 손해배상의 관계

구신탁법 제38조는 "손해배상 또는 신탁재산의 회복을 청구할 수 있다"고 하여 원상회복과 손해배상간의 우선순위를 명시하지 않았다. 그래서 학설상 양자의 관계와 관련하여, 특히 다수의 청구권자간에 서로 다른 권리를 행사하는 경우 그 우열의 문제가 제기되었다.[149] 그러나 제43조는 원상회복을 원칙적인 모습으로 명시하고 있어서 종래의 문제는 입법적으로 해결되었다. 이러한 입법태도는 원상회복을 일차적인 구제수단으로 하고 그것이 불가능한 때에만 금전으로 배상하게 하는 다른 입법례와도 일치한다.[150]

신탁법이 원상회복을 원칙으로 하지만, 원상회복과 손해배상의 선후관계가 강제적인 것인지, 원상회복이 가능한 경우에도 수익자 등은 손해배상을 청구할 수 있는지, 또 수탁자는 원상회복 대신 손해배상을 함으로써 그 의무를 다할 수 있는지의 문제는 남아 있다.[151] 생각건대 원상회복을 원칙으로 한 취지를 고려하더라도 이를 강행규정으로 새길 것은 아니다. 그러므로 원상회복이 가능한 때에도 청구권자가 손해배상을 청구하고 이에 따라 수탁자가 금전을 지급하였다면 그 효력을 인정할 수 있다. 그리고 손해배상청구에 대하여 수탁자가 원상회복을 하였다면, 신탁재산에 그 이상의 손해가 남아 있지 않은 한 손해배상청구는 받아들여질 수 없다. 반면 원상회복이 가능하고 청구권자가 원상회복을 청구함에도 불구하고 수탁자가 금전배상을 하였다면 이는 원래의 신탁재산이 금전으로 변경된 것이다. 그러므로 청구권자는 여전히 원상회복을 청구할 수 있다(제43조 제2항). 그리고 다수 수익자 중 일부가 원상회복청구를 하고 다른 일부가 손해배상청구를 하는 경우 수탁자는 원상회복을 함으로써 책임을 다할 수 있으며, 이로써 더 이상의 손해가 없는 한 손해배상책임은 면한다고 할 것이다.

(3) 원상회복의 방법

가. 원상회복의 상대방

수탁자가 원상회복을 해야 하는 상대방은 청구권자인 위탁자 등이 아니라 신탁재산이다. 수탁자에 대한 원상회복청구권은 신탁재산에 속하는 권리이지만 신탁재산은 권리주체가 될 수 없으며 신탁재산의 귀속주체는 어디까지나 수탁자이다. 그러므로 신탁설정자로서

---

149) 이에 관한 논의로는 이중기, 533면; 최동식, 265면 이하.

150) 역사적으로 형평법원은 의무를 위반한 수탁자에 대하여 손해배상이 아니라 신탁재산의 회복을 명하였다. 가령 Nocton v Lord Ashburton [1904] AC 932. 다른 입법례의 소개는 최수정, 수탁자의 원상회복의무와 손해배상의무 –신탁재산이 금전인 경우를 중심으로–, 비교사법 제28권 3호(2021), 291면 이하.

151) 최수정, 수탁자의 원상회복의무와 손해배상의무, 297면 이하.

위탁자, 신탁재산의 이익을 향수하는 수익자나 그에 갈음한 신탁관리인, 공동수탁자 또는 신수탁자나 신탁재산관리인이 각각 청구권자가 되어 수탁자로 하여금 신탁재산을 원상회복하도록 하는 것이다. 그래서 수탁자가 원상회복의무의 이행으로서 이탈된 신탁재산을 재취득한 경우에도 그것은 청구권자가 아닌 신탁재산에 편입된다.

나. 원상회복의 내용

원상회복의 내용은 손해가 발생한 신탁재산에 따라서 판단하여야 한다. 수탁자의 의무위반으로 신탁재산이 훼손된 경우 수탁자는 이를 보수, 유지하여야 하며, 신탁재산에 속한 개별 재산을 고유재산으로 보유하고 있는 경우 이를 신탁재산에 회복시켜야 한다. 그리고 부대체물이 신탁재산으로부터 이탈된 경우 수탁자는 당해 신탁재산을 회수하여 신탁재산에 복귀시켜야 하며, 대체물이 멸실되거나 이탈된 경우에는 동종, 동량, 동질의 것으로 회복할 수 있다. 예컨대 수탁자가 신탁재산인 주식을 의무에 위반하여 임의로 처분하였다면 동일한 주식을 동량 매입하여 신탁재산에 귀속시킴으로써 원상회복의무를 이행할 수 있다.

한편 판례는 수탁자가 의무에 위반하여 신탁재산인 금전을 지급함으로써 신탁재산에 손해가 발생한 때에도 이를 금전배상이 아닌 원상회복의 문제로 파악하고 있다. 대법원 2016. 6. 28. 선고 2012다44358, 44365 판결은 구신탁법이 정한 '손해배상 또는 신탁재산의 회복'이 청구권자에 대한 손해배상 또는 신탁재산의 원상회복이 아니라 금전배상액을 신탁재산에 편입하거나 원물을 재취득하여 신탁재산에 편입하는 것이라는 특수성을 들어, 이러한 손해배상 또는 원상회복의무는 편입의 대상이 금전인 경우라도 금전의 급부를 목적으로 하는 금전채무라고 할 수 없기 때문에 손해배상 또는 신탁재산의 원상회복을 원인으로 금전채무의 전부 또는 일부의 이행을 명하는 판결을 선고하는 경우 특별한 약정이 없는 한 민법과 소송촉진 등에 관한 특례법이 정한 이율에 의한 지연손해금의 지급을 명할 수 없다고 하였다.

대법원 2020. 9. 3. 선고 2017다269442 판결도 현행법상 '신탁재산의 원상회복'이 청구권자에게 신탁재산을 원상으로 회복한다는 뜻이 아니라 신탁재산이었던 원물을 다시 취득하여 신탁재산에 편입시킴으로써 신탁재산을 원상으로 회복한다는 의미이므로 그 편입 대상인 원물이 금전인 경우라도 단순히 금전의 급부를 목적으로 하는 금전채무와는 구별되므로, 신탁재산의 원상회복을 원인으로 금전채무의 전부 또는 일부의 이행을 명하는 판결을 선고할 경우에는 달리 특별한 약정이 없는 한 민법과 그 특별규정인 소송촉진 등에 관한 특례법 제3조 제1항에 정한 이율에 따른 지연손해금의 지급을 명할 수 없다고 하였다.

그러나 수탁자의 원상회복의무가 그 법적 성질에 있어서나 급부의 상대방에 있어서 일반법리와 차별화되지만, 이는 신탁의 특수한 구조가 수탁자의 책임에 반영된 것일 뿐이며 금전의 급부를 목적으로 하는 채무로서 금전채무의 일반적인 정의를 변질시키는 것은 아니다.[152] 특정물 또는 종류물로서 당해 물건의 인도를 내용으로 하는 것이 아니라 금전이 가지는 가치의 이전을 목적으로 하는 한 여타의 금전채무와 다르지 않으며, 금전은 당연히 이자를 발생시킨다(민법 제397조, 제548조 제2항 참조). 판례가 금액을 '원물'로 취급하고 이자 및 지연손해금의 지급을 인정하지 않은 것은 신탁법상 원상회복이 가지는 의미나 특수성에 대한 오해에서 비롯된 것으로, 수탁자의 의무의 강제와 신탁재산의 보호라는 취지에도 반한다. 다른 입법례도 수탁자가 의무에 위반하여 신탁금전을 지급한 경우 결코 그 금전 자체를 반환되어야 할 원물로 보지 않으며, 신탁재산에 발생한 손실에 대한 보상 내지 배상의 문제로 처리한다. 수탁자가 의무위반으로 신탁금전을 지급함으로써 발생한 손해의 전보는 어디까지나 손해배상에 의하며, 여기에는 당연히 이자 및 지연이자가 포함된다고 해야 한다.

8.4.5. 손해배상
(1) 2차적인 구제수단으로서의 손해배상

수탁자의 의무위반으로 신탁재산에 손해가 발생하거나 신탁재산이 변경된 경우 원상회복이 불가능한 때에는 손해배상에 의한다(제43조 제1항 단서). 물리적으로 원상회복이 불가능한 경우는 물론, 물리적으로는 가능하더라도 그것이 현저히 곤란하거나 과다한 비용이 드는 경우, 그 밖에 원상회복이 적절하지 않은 특별한 사정이 있는 경우에도 법적으로는 원상회복의 불능으로 평가된다.

그런데 손해배상청구권은 원상회복이 불능인 때에만 인정되는 것은 아니다. 통상 원상회복을 통하여 신탁재산에 발생한 손해는 전보되겠지만, 그럼에도 불구하고 남은 손해에 대하여는 그 배상을 청구할 수 있다.

(2) 손해배상의 방법
가. 손해배상의 상대방

수탁자가 손해배상을 해야 하는 상대방은 청구권자인 위탁자 등이 아니라 신탁재산임은 원상회복에서와 같다. 손해배상의무의 이행으로서 수탁자의 고유재산에서 신탁재산으로 손해배상액만큼의 금전이 이전된다.

---

152) 판례에 대한 상세한 분석과 비판은 최수정, 수탁자의 원상회복의무와 손해배상의무, 287면 이하 참조.

나. 손해배상의 범위

손해배상의 범위는 일반적인 손해배상법리에 의한다. 즉, 의무위반과 상당인과관계 있는 손해를 한도로 하여 이를 금전으로 전보하는 것이다. 대법원 2007. 11. 29. 선고 2005다64552 판결도 신탁회사가 지정된 운용방법을 위반하고 자기거래 금지의무에 위반하여 신탁재산에 귀속된 자산을 신탁회사의 고유재산으로 귀속시키고 대신 신탁회사의 고유재산에 속한 자산을 신탁재산에 귀속시킨 경우 신탁회사가 배상해야 할 손해의 범위는 신탁회사의 선관의무 위반 및 자기거래 금지의무 위반과 상당인과관계 있는 손해에 한한다고 하였다.

만약 수탁자가 행한 서로 다른 두 개의 위반행위 중 하나는 신탁재산에 손실을 야기하였지만 다른 하나는 이익을 주었다면, 위탁자 등은 손실을 초래한 의무위반행위에 대하여만 배상책임을 물을 수 있다.[153] 반면 수탁자는 손해를 이득에서 공제하거나 전체적·결과적으로 손해가 없다고 주장함으로써 자신의 책임을 면할 수 없다.[154]

8.4.6. 책임의 가중

의무위반행위로 인한 손해배상책임은 일반적인 손해배상법에 의하므로 수탁자의 귀책사유를 전제로 한다. 그러므로 수탁자는 귀책사유 없는 손해에 대하여는 책임이 없다. 그러나 수탁자가 분별관리의무를 위반하여 신탁재산에 손실이 생긴 경우 수탁자는 분별하여 관리하였더라도 손실이 생겼으리라는 것을 증명하지 못하면 그 책임을 면하지 못한다(제44조). 분별관리는 수탁자의 의무 중 신탁재산의 독립성을 관철하고 신탁재산의 대항력을 부여하기 위한 중요한 조치이다. 그래서 제44조는 분별관리의무를 강제하기 위하여 의무를 위반한 수탁자에 대해 그 책임을 가중하여 신탁재산의 손실이 불가항력이었다거나 분별관리의무위반과 손실 사이에 인과관계가 없음을 증명하지 못하는 한 그 책임을 면할 수 없도록 한다.

8.5. 이득의 반환

8.5.1. 규율의 필요성

수탁자의 의무위반으로 인한 손해배상은 신탁재산에 발생한 손해를 전제로 한다. 그런

---

153) Penner, p.334.

154) Haley/McMurtry, p.565. 미국의 판례도 동일하다. 가령 In re Estate of Stowell, 595 A. 2d 1022 (Maine 1991).

데 수탁자가 수익자의 이익과 충돌되는 행위를 하거나 수탁자의 지위를 이용하여 이익을 얻었으나 신탁재산에는 손해가 발생하지 않은 경우들도 있다. 예컨대 수탁자가 신탁재산에 저당권을 설정하고 대출을 받아 개인적으로 투자를 하였는데 그로부터 큰 수익이 나자 대출금을 변제하고 저당권을 말소하거나, 수탁자의 지위에서 얻은 정보를 이용하여 자신이나 제3자에게 이익을 준 경우이다. 이때 이익향수 내지 이익상반행위를 한 수탁자에게 신탁재산 자체에 손해가 없다고 해서 그 이익을 보유하도록 하는 것은 타당하지 않으며, 충실의무를 부담하는 수탁자의 지위와도 모순된다. 또한 수탁자가 이익상반행위를 하더라도 신탁재산에 손해 없이 이익을 얻거나 손해 이상의 이익을 얻을 수 있다고 한다면, 이는 의무위반에 대한 강렬하고 위험한 동기를 제공하게 될 것이다.

하지만 손해배상법은 손해의 전보 및 손해의 공평한 분배를 목적으로 하며, 손해배상청구권은 현실적으로 손해가 발생한 때 성립하고 또한 그 손해를 한도로 한다.155) 그러므로 신탁재산에 손해가 없는 한 수탁자가 얻은 이득을 손해배상으로 청구할 수 없다. 그리고 법률상 원인 없는 이득이 있다고 하더라도 그로 인하여 타인에게 손해가 발생한 것이 아니라면 부당이득반환청구가 인정되지 않는다.156) 부당이득의 반환범위에 관하여 학설은 대립하지만,157) 판례는 손실자의 손해와 수익자의 이익 양자에 의하여 이를 제한하고 있다.158) 즉, 손해와 이익을 비교하여 작은 것을 한도로 하기 때문에, 손실자가 입은 손해가 없거나 수익자의 이득보다 더 작은 경우 수익자가 반환해야 할 이득은 없거나 손해의 범위로 한정된다.

나아가 부당이득법상 수익자의 행위가 개입되어 얻어진 이른바 운용이익의 경우 그 반환범위에 관하여 학설은 일치하지 않는다.159) 판례는 수익자가 반환해야 할 이득의 범위는 손실자가 입은 손해의 범위에 한정되고, 손실자의 손해는 사회통념상 손실자가 당해 재산으로부터 통상 수익할 수 있을 것으로 예상되는 이익 상당이며, 운용이익은 사회통념상 수익자의 행위가 개입되지 않았더라도 부당이득된 재산으로부터 손실자가 통상 취득하였으리라고 생각되는 범위 내에서는 반환해야 할 이득의 범위에 포함된다고 본다.160) 이러한 기

---

155) 대법원 1998. 4. 24. 선고 97다28568 판결; 대법원 2003. 4. 8. 선고 2000다53038 판결 등.

156) 대법원 2011. 7. 28. 선고 2009다100418 판결.

157) 손실한도설과 이득전부반환설로 대별되는데, 송덕수, 신민법강의 제8판, 박영사, 2015, 1602면 이하 참조.

158) 대법원 1982. 5. 25. 선고 81다카1061 판결; 대법원 2008. 1. 18. 선고 2005다34711 판결 등.

159) 김형배, 사무관리·부당이득, 박영사, 2003, 213면 이하; 民法注解 XVII, 박영사, 2005, 559면.

160) 대법원 1995. 5. 12. 선고 94다25551 판결; 대법원 2006. 9. 8. 선고 2006다26328, 26335 판결; 대법원 2008. 1. 18. 선고 2005다34711 판결.

준에 의한다면, 수탁자가 의무위반으로 인하여 통상 신탁재산에 발생하였으리라고 판단되는 범위 이상의 이익을 얻은 때에는 이를 신탁재산에 반환할 의무가 없다. 그 결과 손해 내지 손실을 한도로 하는 손해배상법이나 부당이득법 일반에 의하여는 수탁자가 충실의무위반으로 얻은 이익 전부를 박탈하고 위반행위를 억제할 수 없다.

그래서 신탁법은 제43조 제3항을 신설하여, 비록 신탁재산에 손해가 발생하지 않았더라도 위반행위로 인하여 얻은 이득 전부를 신탁재산에 반환하도록 한다. 충실의무위반에 대하여 이득반환의무를 정한 것은 수탁자가 수익자의 이익 내지 신탁목적의 달성을 위해 신탁사무를 처리하여야 함에도 불구하고 신탁재산의 귀속주체라고 하는 지위를 이용하여 이익을 꾀하였기 때문이다. 이와 더불어 분별관리는 신탁재산의 확보와 보호를 위한 중요한 조치이며, 이를 위반하여 이익을 얻을 가능성도 크다. 따라서 위의 의무위반으로 인한 이익을 박탈함으로써 수탁자가 의무위반으로부터 이익을 얻을 수 있는 가능성을 차단하고, 이러한 예방적 조치를 통하여 그 의무를 강제하고자 하는 것이다.[161]

8.5.2. 종래의 논의

구신탁법에는 수탁자가 의무위반으로 얻은 이익을 반환하도록 하는 규정이 없었다. 그러나 해석론으로 이익반환책임을 인정하려는 시도가 있었다. 일부 견해는 이익억지 혹은 신탁재산의 회복이라고 하는 근거에서 상법 제17조 제2항을 유추적용하여 수탁자의 신탁위반, 수탁자나 제3자의 이익 그리고 양자의 인과관계를 요건으로 이익반환책임이 성립한다고 하였다.[162] 그러나 일반법리와는 다른 반환의무를 명문의 규정 없이 인정하기는 어려우며, 각 법률관계에서의 요건과 효과를 해석론에만 의지할 수 없을뿐더러, 상법의 규정을 신탁관계 일반에 유추하는 것도 해석론의 범주를 넘어선다.

또 다른 견해는 신탁재산을 이용하여 얻은 이득에 대하여는 침해부당이득반환청구권을, 그 밖의 이득에 대하여는 구신탁법 제19조의 물상대위법리를 적용하여 이득 전부의 반환을 구할 수 있다고 하였다.[163] 전자의 경우 침해부당이득의 법리에 의하면 배타적 이익의 내용이 타인에게 귀속한 때 타인이 그 이익을 이용하여 얻은 수익과 상관없이 이용에 대한 객관적 대가를 부당이득으로 반환해야 하지만, 수탁자는 신탁이익을 향수하지 못하기

---

161) 미국 부당이득법 제3차 리스테이트먼트 §43 cmt.b.

162) 이중기, 537면 이하.

163) 이연갑, 신탁법상 신탁의 구조와 수익자 보호에 관한 비교법적 연구, 서울대학교박사학위논문, 2009, 231면 이하 참조.

때문에 신탁재산을 이용하여 얻은 이득 전부를 반환해야 한다고 한다. 후자의 경우에는 수탁자가 이득을 취득하는 순간 신탁재산이 되므로 그 이득 전부를 신탁재산으로 관리, 편입하여야 한다고 한다.

그러나 부당이득에 있어서 유형론에 따른 침해부당이득을 인정할 것인지에 대하여는 견해가 대립하며, 이를 인정하는 때에도 수탁자의 경우에만 그 반환범위를 달리해야 할 명시적인 근거가 없다. 그리고 신탁재산의 범위에 관한 규정에 의할 경우 수탁자가 취득한 이득은 이미 신탁재산에 포함되므로, 위탁자 등이 원상회복을 청구하면 충분하며 별도의 이득반환청구권을 인정할 근거나 필요는 없게 된다. 또한 수탁자의 의무위반으로 제3자가 이득을 얻은 경우에는 수탁자에 대하여 부당이득의 반환을 구할 수 없다. 따라서 어떠한 견해에 의하더라도 해석론으로써 수탁자의 충실의무위반 내지 이익상반행위로 발생한 이익 전부를 신탁재산으로 회복시키는 데에는 어려움이 있었다.164)

8.5.3. 다른 법규정과의 비교

(1) 입법례

영미법에서도 형평법의 원칙은 수탁자와 같이 신임의무를 지는 자가 이익충돌상황에서 허용되지 않는 이익을 얻은 경우에 이를 신탁재산에 토해 내도록(disgorge) 한다. 이는 신탁재산에 발생한 손해의 배상과는 다른 개념으로, 수익자에게 별도의 이익을 수여하기 위함이 아니라 수탁자가 이익충돌상황을 야기하고 이익을 얻는 것을 방지하는 것을 목적으로 한다.165) 누구도 자신의 잘못된 행동으로 이익을 얻어서는 안 된다고 하는 형평법원리의 적용에 따른 결과이다. 미국 UTC sec.1002 (a)도 신탁위반으로 인한 신탁재산의 손해를 배상하거나 위반행위로 얻은 이득을 반환하도록 하고, 부당이득법 제3차 리스테이트먼트

---

164) 그 밖에 일본에서는 종래 준사무관리이론에 의하여 수탁자가 얻은 이익을 반환시키고자 하는 주장도 있었다(能見善久, 144頁). 그러나 우리법상 준사무관리의 개념을 인정할 것인지에 대하여는 견해가 대립하는데(民法注解 XVII, 박영사, 2005, 93면 이하 참조), 무단으로 타인의 사무를 관리한 데 대하여 사무관리법리를 적용하는 것은 애초의 제도적 취지에 상응하지 않으며, 이를 전제로 한 특별법 규정들과의 관계에서도 준사무관리를 인정하는 것은 타당하지 않다. 무엇보다 수탁자의 이익상반행위는 '타인의 사무임을 알면서도 자기의 것으로 하려는 의사로 처리한 경우'에 해당하지 않기 때문에 이득반환의 근거로서 준사무관리라고 하는 개념을 가져올 수 없음은 분명하다.

165) Penner, p.432는 이러한 준징벌적(quasi-punitive) 성격 때문에 수익자가 그 이익에 대한 권리를 가지는 것이 타당한지 오히려 국가에 그 권리를 귀속시켜야 하는 것은 아닌지에 대한 논의가 있지만, 사권(私權)이라고 하는 측면에서는 수탁자의 위반행위를 당한 것은 수익자라는 점 그리고 비록 수익자가 손해를 입은 것은 아니지만 이익반환에 대한 동기가 주어진다면 기꺼이 이를 청구할 것이라는 점에서 수익자가 청구권자가 되어야 한다고 본다.

§43도 신임의무의 위반으로 이익을 얻은 자에게 그 이익의 반환을 명하고 있다.

일본 신탁법은 동일한 취지에서 그러나 규정방식을 달리하여 이득반환을 정하고 있다. 일본 신탁법 제32조에 의하면 경합행위는 금지되며(동조 제1항), 그 위반행위에 대하여는 수익자가 신탁재산을 위하여 행해진 것으로 볼 수 있고(동조 제4항), 이 권리는 행위시부터 1년이 경과한 때 소멸한다(동조 제5항). 경합행위가 유효한 것을 전제로 하여 수익자의 선택에 따라 경합행위의 효과를 신탁재산에 귀속시킬 수 있는 개입권을 인정한 것이다.166) 이와 달리 일본 신탁법 제40조 제3항은 충실의무 및 이익상반행위에 위반하여 수탁자나 그 이해관계인이 얻은 이익과 같은 금액의 손실이 신탁재산에 발생한 것으로 추정한다. 일본 신탁법 개정과정에서도 영미에서와 같은 이득반환을 규정할 것인가에 관한 논의가 있었고, 견해는 나뉘었다. 하지만 이익향수행위의 금지를 충실의무의 하나로 명시함으로써 소위 위축효과를 기대할 수 있고 또 이득반환이 문제되는 장면에서는 다른 제도에 의한 해결도 가능하다는 이유에서 명시적인 규정을 두지 않았다.167) 하지만 무엇보다 민법 일반원칙과 상이한 규정을 신설하는 데 대한 부담이 컸던 것으로 보인다. 이질적인 규정을 신설하기보다는 기존 손해배상법리 내에서 이득을 제거할 수 있는 방법을 선택한 것이다. 그 결과 이익상반행위는 무효이며(동법 제31조 제4항), 수탁자나 그 이해관계인이 얻은 이익은 신탁재산의 손해로 추정되어 수탁자는 반증이 없는 한 그 책임을 면할 수 없다.

(2) 특별법의 규정방식

사실 동일한 취지 내지 규율의 필요성을 법기술적으로 어떻게 반영할 것인가는 입법적 선택의 문제라고 할 수 있다. 가령 지적재산권 관련한 규정들은 이득반환을 직접적으로 규정하지 않고 일반법리의 범주에서 해결하고 있다. 특허법 제128조 제4항은 특허권 또는 전용실시권의 침해에 대한 손해배상에 있어서 이를 침해한 자가 침해행위로 인하여 얻은 이익액을 손해액으로 추정한다. 저작권법 제125조 제1항도 저작재산권자 등이 그 권리를 침해한 자에 대하여 손해배상을 청구하는 경우 그가 침해행위에 의하여 받은 이익액을 손해액으로 추정한다. 특허권 등은 침해가 상대적으로 용이한 반면 권리자의 손해발생 여부 및 그 금액의 증명은 어렵기 때문에, 침해행위로 발생한 이익액을 손해액으로 추정하여 이를 배상하도록 함으로써 위반행위에 대한 유인을 차단하고 이로써 권리자를 보호하고자 하는

---

166) 小野傑/深山雅也, 新しい信託法解說, 188頁은 이러한 개입권이 수익자의 구제에 도움이 되고 또한 신탁으로서는 거래효과의 귀속주체가 수탁자이므로 수익자의 청구에 대하여 물권적 효과를 인정할 수 있다고 설명한다.

167) 小野傑/深山雅也, 新しい信託法解說, 191頁 이하.

것이다. 이처럼 손해배상법을 전제로 하여 이익을 손해로 추정하는 방식은 손해와 무관하게 이익 자체의 반환을 명하는 신탁법과는 차이가 있다.

　상법 제397조의2는 이사의 회사기회 유용을 금지하고, 그 위반으로 발생한 이익을 손해로 추정함으로써 위와 동일한 규율방식을 취하고 있다. 입법적으로는 이사와 같이 충실의무를 부담하는 수탁자의 의무위반에 대하여도 그로 인한 이익을 손해로 추정하는 방식을 고려해볼 수 있다. 이는 민법 일반법리에 상응하는 장점이 있는 반면, 어디까지나 추정에 지나지 않기 때문에 수탁자가 신탁재산에 손해가 발생하지 않았다거나 손해가 이익보다 작다는 사실을 증명하는 때에는 그 이익 전부를 박탈할 수 없어서 본래의 취지를 살릴 수 없는 단점이 있다.

　이와 달리 상법 제397조 제2항은 이사회의 승인 없이 이사가 경업금지에 반하여 거래를 한 경우 회사에 개입권을 인정한다.[168] 회사는 위 거래가 이사의 계산으로 한 때에는 회사의 계산으로 볼 수 있고 제3자의 계산으로 한 때에는 이사에 대하여 이득의 양도를 청구할 수 있다. 이러한 개입권은 손해액의 증명 곤란을 덜고 고객관계의 유지를 고려한 것이라고 설명된다.[169] 개입권은 회사의 일방적인 의사표시에 의하여 권리관계에 변동을 가져오는 형성권으로,[170] 거래가 있은 날부터 1년이 경과하면 소멸한다(상법 제397조 제3항). 그리고 제3자의 계산으로 한 경우 이사에 대한 이득양도청구는 제3자가 취득한 이득이 아니라 그로 인하여 이사가 얻은 이익을 대상으로 한다. 그러므로 의무위반으로 발생한 이득 전부의 제거를 위하여 청구권의 하나로서 위탁자 등에게 인정되는 수탁자에 대한 이득반환청구권과는 차이가 있다.[171]

　반면 구증권거래법 및 이를 통합한 자본시장법은 신탁법과 유사한 법기술을 채택하였다. 자본시장법 제172조는 임직원 등이 소위 내부자거래를 통하여 얻은 이익에 대해 직접 해당 법인에게 반환청구권을 수여한다. 이러한 단기매매차익반환제도는 미공개 내부정보를 이용하여 해당 주권상장법인의 특정 주권 등을 거래하는 행위를 간접적으로 규제하는데, 내부자가 속한 법인의 차익반환청구를 내용으로 하지만 본래의 취지는 법인의 이익 보호라

---

168) 상업사용인의 경우에도 동일하다(상법 제17조 제2항).

169) 최기원, 상법학신론(상) 제19판, 박영사, 2011, 915면.

170) 이철송, 상법강의 제13판, 박영사, 2012, 668면.

171) 학설은 이러한 수탁자의 책임을 disgorgement의 번역어로 토출책임이라고 부른다. 가령 이계정, 부당이득에 있어서 이득토출책임의 법리와 그 시사점, 저스티스 제169호(2018. 12), 37면; 송지민, 영미법상 수탁자의 이득토출책임(disgorgement)의 의의 및 법적 성질에 관한 연구, 신탁연구 제3권 제1호(2021), 127면. 그러나 본서에서는 신탁법의 용례에 따라서 이득반환청구권이라고 부르기로 한다.

기보다는 내부자거래의 상대방인 일반 투자자의 보호에 있다.[172] 그러므로 의무위반으로 얻은 이득을 박탈함으로써 수탁자의 의무를 강제하고 종국적으로 신탁재산 내지 수익자를 보호하고자 하는 이득반환청구권의 취지와는 차이가 있다.

이상에서와 같이 외국법은 물론 우리법 체계 내에서도 권리자에 대한 침해의 제거 및 배상 내지 충실의무를 부담하는 자의 의무위반 억제와 그 가능성의 차단을 위한 구체적인 법기술은 상이하다. 그리고 누구의 계산으로 행해진 것이든 충실의무를 위반한 수탁자에 대하여 일반적인 청구권으로서 이득반환청구권을 행사할 수 있도록 명시한 제43조 제3항은 매우 특별하며 또한 획기적인 규정임은 분명하다.

8.5.4. 법적 성질

제43조 제3항의 이득반환청구권은 그 기초에서 부당이득, 특히 침해부당이득[173]에 닿아 있다. 수탁자는 수익자 또는 신탁 이익을 위하여 신탁사무를 처리하여야 하므로 이러한 의무에 위반한 행위는 수탁자가 권한 없이 한 행위가 되고, 그로부터 취득한 이득은 법률상 원인 없는 이득이 된다. 따라서 수탁자의 위반행위에 대하여는 두 가지 관점에서 상이한 구제수단이 인정될 수 있는데, 의무(duty)라고 하는 관점에서는 원상회복청구권이나 손해배상청구권으로 그리고 무권한(disability)이라고 하는 관점에서는 이득반환청구권으로 연결된다. 신탁법은 수탁자에게 요구되는 충실의무의 이행을 강제하고 그 위반을 방지하기 위하여 후자의 관점에서 그리고 신탁법상 인정되는 특수한 권리로서 이득반환청구권을 규정하고 있는 것이다.

신탁재산에 대한 물권은 수탁자에게 있으므로 위탁자 등에게 인정되는 이득반환청구권은 신탁법상 인정되는 채권적 청구권이다. 그러므로 일방적인 의사표시에 의하여 권리관계에 변동을 가져오는 형성권인 상법상의 개입권과 다르다. 그리고 일반적인 부당이득반환청구권과도 여러 가지 점에서 차이가 있다. 이득반환청구권은 이익상반행위 등으로 인하여 수탁자 또는 제3자에게 발생한 이득 자체를 반환하도록 하기 때문에 그 반환범위가 상이하다. 그리고 신탁은 법인격이 없기 때문에 위탁자 등이 청구권자가 되며, 그 내용은 수탁자

---

172) 한국증권법학회, 자본시장법[주석서 I], 박영사, 2009, 818면. 이와 더불어 정찬형편, 주석금융법(III), 한국사법행정학회, 2013, 401면은 증권시장의 건전성을 수호하고, 주권발행회사를 보호하며, 중요 정보의 조기 공시 촉진을 통한 증권시장의 효율성을 제고하기 위함이라고 한다.

173) 침해부당이득은 기본적으로 재화의 보호라고 하는 관점에서 타인의 재화를 권한 없이 사용, 소비, 처분한 경우 재화의 소유자에게 주어지는 법적 구제수단으로서 불법행위법을 보충하는 것이다. 民法注解 XVII, 박영사, 2005, 243면.

로 하여금 청구권자가 아닌 신탁재산에 이득을 반환하도록 한다는 점에서도 구분된다.

8.5.5. 요건

(1) 의무위반

수탁자의 이득반환의무는 이익상반행위금지, 공평의무, 이익향수금지를 포함하는 충실의무위반 외에 분별관리의무의 위반을 요건으로 한다(제43조 제3항). 사실 어떠한 의무위반에 대하여 이득반환의무를 명할 것인가는 입법례마다 차이를 보인다. 가령 영국에서는 이익충돌행위를 중심으로 하는 충실의무위반이 전형적이다. 미국 UTC sec.1001 (a)는 수탁자가 수익자에 대하여 부담하는 의무위반을 신탁위반으로 정의하고, UTC sec.1002 (a)(2)는 이러한 신탁위반의 효과로서 이득반환을 규정한다.

이와 달리 신탁법은 이익상반행위금지, 공평의무, 이익향수금지 및 그 밖의 충실의무위반과 더불어 분별관리의무를 위반한 때에도 이득반환의무를 인정한다. 수탁자가 신탁과 관련하여 의무에 반하여 이익을 얻는 경우는 이익상반행위를 중심으로 하는 충실의무위반이 주가 될 것이다. 예컨대 신탁재산을 유용하여 수탁자 자신의 사업이나 거래에 투입하였다면, 수탁자는 위 규정에 따라 그로부터 발생한 이득을 반환하여야 한다. 그리고 신탁법은 신탁재산이 분별관리되지 못하는 경우 신탁재산에 손실이 발생하거나 수탁자 자신의 이익을 도모할 위험이 크다는 점에서 분별관리의무위반에 대하여도 이득반환의무를 인정하고 있다.

(2) 이득의 발생

수탁자에 대한 이득반환청구는 위반행위로 인한 이득의 발생을 요건으로 한다. 그리고 이 이득은 신탁재산에 그에 상응하는 손해가 발생하였는지를 묻지 않는다(제43조 제3항). 일반적인 부당이득반환법리에 의하면 부당이득반환청구권이 발생하기 위해서는 손실이 있어야 하지만,[174] 수탁자에 대한 이득반환청구권은 그 특칙으로서 신탁재산에 손해가 없는 때에도 인정되는 것이다.

그런데 신탁재산과 관련하여 수탁자가 취득한 것은 신탁재산이 되며(제27조), 신탁재산과 고유재산간에 귀속관계를 구분할 수 없는 경우 그 재산은 신탁재산으로 추정된다(제29조 제1항). 그리고 신탁재산의 관리, 처분 등으로 발생한 이득은 이미 신탁재산에 속하기 때문

---

174) 판례도 법률상 원인 없는 이득이 있다 하더라도 그로 인하여 타인에게 손해가 발생한 것이 아니라면 그 타인은 부당이득반환청구권자가 될 수 없다고 한다. 가령 대법원 2011. 7. 28. 선고 2009다100418 판결.

에 적어도 이득반환청구권은 문제되지 않는다. 만약 수탁자가 신탁재산을 고유재산에 귀속시켰다면 일차적으로는 원상회복청구권에 의할 것이다.[175] 그러므로 이득반환청구권이 문제되는 것은 수탁자의 위반행위로 인하여 신탁재산의 범위에 포섭되지 않는 이득이 발생한 경우이다. 예컨대 수탁자가 신탁사무의 처리와 관련하여 뇌물을 받거나 은밀한 커미션을 받은 때 이득반환청구권에 의하여 그 이득을 신탁재산에 귀속시킬 수 있다.[176]

이득반환청구권은 위반행위로 인한 이득이 수탁자뿐만 아니라 제3자에게 발생한 때에도 인정된다. 수탁자는 누구의 명의로도 이익상반행위나 이익향수를 할 수 없다. 그러므로 수탁자가 이익충돌상황에서 신탁재산에 귀속할 이익을 제3자를 통하여 수익한 때에도 수탁자가 직접 이득을 취득한 경우와 동일하게 평가할 수 있다. 그리고 제3자가 이득을 얻은 경우를 포함시킴으로써 수탁자가 제3자에게 이익을 수여하기 위하여 충실의무에 위반하는 행위를 하는 것을 억제할 수 있다.[177] 예컨대 수탁자의 지위에서 취득한 정보를 이용하여 자신이 이득을 얻은 경우는 물론, 이를 제3자에게 제공하여 이득을 얻게 한 때에도 마찬가지로 이득반환청구가 가능하다.

(3) 인과관계

수탁자의 충실의무 등의 위반과 고유재산 또는 제3자에게 발생한 이득 사이에 인과관계가 있어야 한다. 비록 위반행위와 이득이 각각 존재하더라도 양자의 인과관계가 인정되지 않는다면 이득반환청구권은 인정되지 않는다.

(4) 귀책사유 요부

수탁자의 의무위반으로 인한 원상회복청구권이나 손해배상청구권과 달리 이득반환청구권은 그 법적 성질이나 취지에 비추어 수탁자의 귀책사유를 요건으로 하지 않는다고 할 것이다. 물론 충실의무 내지 분별관리의무를 위반하여 이득을 얻은 수탁자는 고의나 과실

---

175) 이와 달리 미국에서는 수탁자가 이득과 손해에 대하여 책임이 있고, 청구권자는 결과적으로 가장 유리한 구제수단을 선택할 수 있다. 가령 수탁자가 신탁재산 중 10만 달러를 가지고 부동산을 자신의 명의로 구입한 경우, 신탁은 그 부동산에 대하여(의제신탁으로서) 또는 부동산에 대한 형평법상의 선취특권에 의하여 담보되는 10만 달러 및 그 이자에 대하여 선택적인 권리를 가진다. 법원은 부동산 가격이 결정된 후 수익자의 선택에 따른 반환을 명하게 된다. 만약 부동산이 현재 12만 달러의 가치가 있다면 신탁은 그 부동산을 취득할 것이며, 부동산이 8만 달러의 가치가 있다면 후자에 의할 것이다(부당이득법 제3차 리스테이트먼트 §51 cmt.j).

176) 부당이득법 제3차 리스테이트먼트 §43 cmt.d.

177) 법무부, 신탁법 개정 공청회 자료집, 2009. 9. 25, 58면.

이 있는 경우가 일반적일 것이다. 하지만 그렇지 않은 경우에도 수탁자는 귀책사유가 없음을 주장하여 이득반환책임을 면할 수 없다.

8.5.6. 행사

(1) 청구권자

제43조 제3항은 이득반환청구권자를 명시하고 있지 않으나, 제43조 제1항은 원상회복청구권 및 손해배상청구권의 주체로 위탁자, 수익자, 공동수탁자를 들고 있다. 그리고 제52조는 신수탁자와 신탁재산관리인에게도 제43조의 권리를 수여한다. 그러므로 이득반환청구권자는 그 범위를 제한하는 별도의 규정이 없는 만큼 원상회복청구권자 및 손해배상청구권자와 동일하다고 새겨야 한다.

이득반환청구권자는 수탁자의 의무위반 및 그로 인하여 수탁자 또는 제3자가 얻은 이득에 대한 주장, 증명책임을 지며, 이를 청구권자 자신이 아닌 신탁재산에 반환할 것을 청구하여야 한다. 위탁자가 신탁재산을 보유할 근거는 없으며, 수익자도 수익권의 내용에 따른 급부가 아니라면 신탁재산 자체에 대한 권리를 갖지 않기 때문이다. 공동수탁자나 신수탁자는 자신에게 이득을 반환할 것을 청구하게 되지만, 이 경우에도 이득은 이들의 고유재산이 아닌 신탁재산에 반환되어야 한다. 이때 이득반환청구권의 행사 기간에 대하여 신탁법은 별도의 규정을 두고 있지 않으므로 일반적인 채권의 소멸시효가 적용된다고 할 것이다.

(2) 청구의 상대방

이득반환청구권의 상대방은 위반행위를 한 수탁자이다. 수탁자가 이득을 얻은 경우는 물론이고 제3자가 이득을 얻은 때에도 청구권의 상대방은 수탁자이다. 수익자는 제75조에 따라서 제3자에 대하여 수익자취소권을 행사할 수 있지만, 그 외에 제3자에게 직접 이득반환을 청구할 법적 근거는 없다. 위탁자나 공동수탁자의 경우에도 일반법리에 의할 때 제3자에게 그가 얻은 이득을 신탁재산에 반환하도록 할 권원이 없다. 학설에 따라서는 제3자에게 이득을 보유할 수 있는 기회를 제공하는 결과가 되어 부당하다는 근거에서 입법적으로는 제3자와 수탁자의 연대책임을 법정할 필요가 있다고 한다.[178] 그러나 이득반환청구권은 수탁자의 충실의무 등의 위반에 대한 예방과 제재라고 하는 취지에 근거한 것이므로 수탁자에 대한 청구로 충분하다. 만약 제3자에 대하여도 이득반환을 청구할 수 있도록 한다

---

178) 오영걸, 신탁법 2판, 홍문사, 2023, 262면.

면 그 근거가 문제될 뿐 아니라, 제3자의 선의·악의에 따른 법률관계나 구상관계를 지나치게 복잡하게 만들고, 거래안전을 해하게 될 것이다.[179] 그러므로 충실의무 등의 위반으로 발생한 이득의 반환은 수탁자를 상대방으로 하고, 수탁자와 제3자의 관계는 그들간의 법률관계에 의하도록 하는 것이 타당하다.

(3) 반환범위

가. 입법례

수탁자는 위반행위로 인하여 자신이나 제3자가 얻은 이득 전부를 반환하여야 한다. 그런데 반환의 대상이 되는 이득 전부가 과연 어느 범위까지인지는 여전히 해석의 문제로 남아 있다. 위반행위를 한 수탁자로 하여금 얼마만큼의 이득을 반환하도록 할 것인가는 사실 법정책적 문제이기도 하다.[180] 만약 "이득 전부"라고 하는 문구에 충실하게 위반행위와 사실적·자연적 인과관계가 있는 모든 이득을 반환하도록 한다면, 이것은 규정의 취지를 감안하더라도 수탁자에게 가혹할 수 있다. 가령 영국에서는 신임의무위반으로 인하여 얻은 이득에 대하여 의제신탁(constructive trust)을 인정하고, 수탁자로 하여금 애초에 얻은 이득 전부를 반환하도록 한다.[181] 수탁자가 선의인 경우에도 그 지위를 이용하여 이득을 얻었고 이에 대해 수익자가 승낙한 바가 없다는 사실이 달라지지는 않기 때문에, 의제신탁의 수탁자로서 그가 얻은 이득을 반환하도록 한다. 하지만 이 경우에도 법원은 상당한 재량권을 가지고 수탁자가 들인 시간이나 노력에 대하여는 이를 반환범위에서 공제하고 있다.[182]

한편 미국에서는 수탁자의 위반행위와 인과관계가 있는 순이익(net profit)을 반환하도록 하고, 수탁자가 위반행위로 얻은 이득을 제거하되 가능한 한 징벌이 되지 않도록 한다.[183] 이득반환청구권은 손해배상과는 서로 다른 근거에 기한 것이며, 신탁재산에 추가적인 이익을 수여하는 권리가 아니라 위반행위로부터 발생한 이익을 제거하는 데 목적이 있다. 그러므로 반환의 대상이 되는 이득은 위반행위로 인한 수탁자 재산의 순증가분(net gain)이 된

---

179) 법무부, 358면 참조.

180) Burrows, The Law of Restitution, 3.ed., Oxford, 2011, p.688.

181) Lister v Stubbs (1890) 45 Ch D 1은 이를 인정하지 않았으나, A−G of Hong Kong v Reid [1994] a AC 324는 의제신탁을 정면에서 인정하였고, 이후 Daraydon Holdings Ltd v Solland International Ltd [2004] EWHC 622 (Ch), [2005] Ch 119에서도 이러한 입장은 유지되고 있다. 반면 이러한 판례의 태도에 대하여 학설은 대립하는데, 상세는 Burrows, The Law of Restitution, 3.ed., Oxford, 2011, p.685 이하 참조.

182) Boardman v Phipps [1967] 2 AC 46.

183) 부당이득법 제3차 리스테이트먼트 §51 (4).

다.184) 따라서 이득을 취득하는 과정에서 소요된 비용이나 당해 이득발생에 대한 수탁자의 보수는 공제된다. 그러나 이득반환청구 당시 수탁자에게 현존하는 이익이 없다는 항변은 인정되지 않는다.

나. 반환할 이득의 범위

신탁법이 수탁자에 대한 이득반환청구권을 인정한 취지, 즉 충실의무 등을 위반하여 취득한 이익을 박탈한다는 점에 비추어볼 때 수탁자는 위반행위로 인하여 수탁자 자신이나 제3자가 취득한 이득 자체를 반환하여야 한다. 애초의 이득으로부터 발생한 과실이나 수탁자가 자신의 특별한 노력 등으로 얻은 소위 운용이익도 모두 반환할 이득의 범위에 포함된다. 그리고 이득반환청구권 행사시에 이익이 현존하지 않는 때에도 수탁자는 반환의무를 면할 수 없다고 할 것이다.

하지만 이득반환청구권이 이러한 범위를 넘어서 수탁자에 대한 사적인 징벌이 되어서는 안 되며, 그에 상응하는 이익을 신탁재산에 수여할 근거도 없다. 따라서 반환할 이득을 산정함에 있어서 수탁자가 투하한 비용은 공제되어야 한다. 판례는 일반적인 부당이득반환에 있어서 수익자가 지출한 비용 내지 투하한 자본을 공제하고 있는데, 수탁자의 이득반환에 있어서도 동일하게 판단할 수 있다.185)

(4) 원상회복 · 손해배상청구권과의 관계

이득반환청구권은 신탁재산에 손해가 발생하였는지를 묻지 않기 때문에 "신탁재산에 손해가 생기지 아니하였더라도" 이득반환청구권을 행사할 수 있다. 그렇다면 손해가 발생한 경우 위탁자 등은 원상회복 · 손해배상청구권과 이득반환청구권을 함께 행사할 수 있는지 아니면 선택적으로만 행사가능한지 그리고 각 범위는 어디까지인지 이들 권리의 관계가 문제된다.

(i) 일반적으로 수탁자가 의무위반으로 이득을 얻었다면 신탁재산에는 그에 상응하는

---

184) 부당이득법 제3차 리스테이트먼트 §51 cmt.e.

185) 대법원 1995. 5. 12. 선고 94다25551 판결 및 대법원 2011. 6. 10. 선고 2010다40239 판결은 법률상 원인 없는 이득을 얻기 위하여 지출한 비용은 수익자가 반환해야 할 이득의 범위에서 공제되어야 한다고 하고, 대법원 2006. 9. 8. 선고 2006다26328, 26335 판결도 매매계약의 해제로 인하여 매수인이 반환해야 할 목적물의 사용이익을 산정함에 있어서 매수인이 목적물을 사용하여 취득한 순수입에는 목적물 자체의 사용이익뿐만 아니라 목적물의 수리비 등 매수인이 투입한 현금자본의 기여도 포함되어 있으므로 매수인의 순수입에서 현금자본의 투입비율을 고려하지 않고 단순히 현금자본에 해당하는 금액을 공제하는 방식으로 목적물의 사용이익을 산정할 수 없다고 하였다.

만큼의 손해가 발생할 것이다. 그러므로 각각의 요건하에서 원상회복·손해배상청구권과 이득반환청구권이 발생하고, 양자는 청구권경합의 관계에 있다. 위탁자 등은 선택에 따라 어느 권리든 행사할 수 있지만, 양자를 모두 행사하여 이중으로 만족을 얻을 수는 없다.[186] 손해배상은 손해의 전보를 목적으로 하며 이득반환은 위반행위로 얻은 이득을 박탈하는 데 목적이 있지만, 하나의 손해와 그에 대응하는 이득에 대하여 배상과 반환을 중복하여 명할 이유는 없기 때문이다. 손해배상을 통하여 수탁자에게 발생한 이득이 제거될 것이며, 이득 반환에 의하여 신탁재산에 발생한 손해가 전보될 것이다. 그러므로 어느 하나의 권리를 행사함으로써 목적을 달성하면 그 범위에서 다른 권리는 소멸한다.

(ⅱ) 수탁자의 이득보다 신탁재산에 발생한 손해가 더 큰 경우에는 손해배상을 통하여 손해가 전보되고 또한 이득도 제거된다. 이 경우 이득반환청구권을 행사하고 이로써 전보 되지 않는 손해에 대하여 손해배상청구권을 행사하는 것이 가능하더라도, 이처럼 각각을 별도로 청구하는 것은 오히려 예외적일 것이다. 수탁자나 제3자에게 이득이 발생한 사실과 그 액수를 주장, 증명하기보다는 수탁자에 대한 신탁사무의 처리와 관련한 서류열람, 설명 청구 등(제40조)을 통하여 신탁재산 자체의 손해를 증명하는 것이 상대적으로 용이하기 때 문이다.

(ⅲ) 손해보다 이득이 더 큰 경우에는 이득반환청구권을 행사함으로써 이득의 제거와 손해의 전보라고 하는 목적을 함께 달성할 수 있다. 이 경우에도 손해배상청구와 함께 그 초과부분의 이득에 대한 반환청구를 금지할 이유는 없을 것이다. 손해배상에 의하여 전보 되는 부분을 초과하는 이득의 반환을 동일한 손해에 대한 이중배상으로 보기는 어렵기 때 문이다. 또한 수탁자의 충실의무위반 등으로 발생한 이득을 제거함으로써 의무위반에 대한 유인을 제거하고 의무의 이행을 강제하고자 하는 취지를 관철한다는 점에서도 초과부분에 대한 이득반환청구를 인정할 수 있다.

(ⅳ) 이상에서와 달리 손해에 상응하는 이득이 아닌 경우에는 원상회복·손해배상청구 권과 이득반환청구권이 병존할 수 있다.[187] 예컨대 수탁자가 의무에 위반하여 신탁재산을 처분하면서 사례금을 받은 경우 위탁자 등은 신탁재산의 원상회복·손해배상청구권과 함께 수탁자가 수령한 금지된 이익(사례금)을 신탁재산에 반환할 것을 청구할 수 있다.

---

186) Haley/McMurtry, p.556; Hudson, p.804. 영국의 판례도 동일하다. 가령 Tang Man Sit (Personal Representatives) v Capacious Investments Ltd. [1996] 1 All ER 193.

187) 오영걸, 신탁법 2판, 2023, 홍문사, 260면 이하.

8.6. 신탁위반행위의 취소[188)

8.6.1. 의의

수탁자는 신탁목적의 달성을 위하여 필요한 모든 행위를 할 권한이 있으며(제31조), 신탁목적에 반하여 신탁재산과 관련한 법률행위를 한 때에도 그 행위는 유효하지만 수익자는 이를 취소할 수 있다(제75조 제1항). 신탁위반행위의 취소는 신탁재산의 소유자인 수탁자의 유효한 행위를 취소할 수 있도록 한다는 점에서 수익자의 보호를 목적으로 한다. 수익자취소권은 수익자의 보호를 위하여 인정된 고유한 권리로서 신탁행위로도 제한할 수 없다(제61조 제6호). 하지만 신탁법은 일정한 요건과 제한된 기간 내에서만 행사할 수 있도록 함으로써(제76조) 거래안전도 배려하고 있다.

신탁법은 수익자의 권리와 의무에 관한 제5장에서 수익자취소권을 정하고 있다. 그래서 수익자취소권은 규정체계상 수익자의 권리 중 하나로 분류되지만, 수탁자의 위반행위에 대한 구제수단으로서의 성격 또한 가진다. 물론 수탁자의 위반행위가 있는 경우 수익자는 원상회복이나 손해배상을 청구할 수 있다. 하지만 이러한 구제수단은 수탁자가 원상회복을 할 수 없거나 할 수 있음에도 불구하고 하지 않는 때 또는 수탁자의 자력이 부족하거나 처분된 신탁재산 자체가 유의미한 때에는 한계가 있다. 이 경우 수익자는 취소권의 행사를 통하여 일탈된 신탁재산 자체를 회복할 수 있고, 바로 이러한 점에서 수익자취소권은 다른 제도와 구분되는 중요한 역할을 한다.

8.6.2. 다른 취소권과의 비교

신탁법은 수익자취소권 외에 사해신탁취소권을 정하고 있는데, 양자는 여러 면에서 차이가 있다. 사해신탁취소권은 위탁자의 채권자가 가지는 권리인 반면, 수익자취소권은 수익자의 지위에 수반하는 권리이다. 수익자도 수탁자에 대하여 채권자의 지위를 가지므로 넓은 의미에서는 수익자취소권이나 사해신탁취소권이나 모두 채권자취소권의 범주에 속한다고 할지 모른다. 그러나 수익자취소권은 책임재산의 보전을 위한 제도가 아니다. 그러므로 사해행위, 즉 수탁자의 무자력을 요건으로 하지 않으며, 수익자가 수익자취소권을 행사함에 있어 피보전채권을 한도로 하는 제한도 없다는 점에서 이들 채권자취소권과는 기본적으로 차이가 있다.

한편 채권지취소권이나 사해신탁취소권과 달리 수익자취소권의 행사방식에 대한 제한은 없기 때문에 수익자는 재판상 또는 재판외에서 수익자취소권을 행사할 수 있다. 그리고

---

188) 이하는 최수정, 수익자취소권 재고, 법조 63권 6호(2014), 2면 이하를 수정, 보완하였다.

채권자취소권 등과 달리 별도의 단기 제척기간이 적용된다(제76조).

8.6.3. 요건

(1) 신탁목적에 위반한 행위

수익자취소권은 신탁목적에 위반한 행위를 대상으로 한다. 수탁자의 행위가 신탁목적에 위반한 것인지 여부는 신탁의 해석으로부터 판단된다. 구신탁법 제52조는 신탁의 "본지"에 위반할 것을 요건으로 하였으나, 신탁의 본지가 무엇을 의미하는지는 명확하지 않았다. 반면 신탁의 목적은 위탁자가 당해 신탁을 통하여 이루고자 의욕한 바로서, 그 밖의 신탁법 규정에서 나타나는 신탁목적과 동일한 의미이다. 예컨대 제2조가 신탁을 정의함에 있어서 신탁목적, 제3조 제1항 제3호 신탁선언의 요건으로서 신탁목적, 제31조에서 수탁자의 권한범위와 관련한 신탁목적의 달성, 제89조 제1항에서 수익권매수청구권이 발생하는 신탁변경 사항으로서의 신탁의 목적, 제98조 제1호에서 신탁종료사유로서 신탁목적의 달성 또는 달성불능이 그것이다. 따라서 수탁자의 의무위반이 있는 때에도 그것이 신탁목적의 위반에 이르지 않았다면 수익자는 당해 행위를 취소할 수 없다.

그런데 수탁자의 의무위반은 어떠한 의미에서도 신탁목적과 연결될 수 있다. 그러므로 신탁목적위반이라고 하는 요건을 엄격하게 해석하는지 아니면 너그럽게 해석하여 의무위반 행위의 상당 부분을 다 포섭하는지에 따라서 제75조의 적용범위는 달라진다. 요건을 엄격하게 해석하여 목적과 직접 관련된 행위만을 대상으로 한다면 수익자의 보호가 미흡해질 수 있고, 반대로 넓게 해석한다면 거래의 안전을 해하게 된다. 신탁마다 목적이 상이하고 이를 실현하는 방법이나 수탁자의 신탁위반 양태도 다양할 것이므로, 신탁목적에 위반한 행위 여부를 판단하는 일의적인 기준을 제시하기는 어려우며 또한 타당하지도 않다. 제도의 취지와 당사자의 이익균형이라고 하는 관점에서 개별적으로 평가할 수밖에 없다. 다만 다른 규정에서는 의무위반을 요건으로 한 것과 달리 제75조가 신탁목적의 위반을 요건으로 한 취지에 비추어 그리고 취소로 인한 효과와 이에 따른 거래의 안전을 고려한다면, 그 적용범위를 폭넓게 확대해서는 안 될 것이다.

종래 판례에서는 주로 위탁자의 채권자에 의한 채권자취소권이 쟁점이 되었고 수익자취소권 자체가 다툼이 된 경우는 매우 드물다. 그중 서울고등법원 2002. 5. 30. 선고 2000나47738 판결은 자익형의 분양형토지신탁에서 사업비용의 상당 부분을 차입한 수탁자가 IMF로 자금난을 겪게 되자 시공자와 신탁재산의 매매 및 사업권양도계약을 체결한 사안에서 원고인 수익자의 취소권의 당부를 판단하였다. 수탁자의 처분행위가 구신탁법 제52조에

7

서 정한 신탁의 본지에 반하는지 여부와 관련하여, 위 판결은 수탁자가 신탁업무처리로 인한 손실을 최소화하기 위하여 신탁재산을 건설회사에 매도하여 그 잔여공사가 이루어질 수 있도록 한 것은 궁극적으로는 원고에게도 이익이 되는 행위이므로 수탁자가 신탁재산을 신탁계약 과정에 참여한 시공자에게 양도하였다는 사정만으로 위 매도행위 자체가 신탁의 본지에 반하는 신탁재산의 처분이라거나 반사회질서의 법률행위라고 볼 수는 없다고 하였다.189)

수익자신탁에서 수익자의 이익은 가장 중요한 신탁목적이므로, 수탁자의 행위가 신탁목적 위반인지 여부를 판단함에 있어서 수익자의 이익은 중요한 기준이 된다. 위 판결은 이를 확인한 점에서 의미가 있다. 그런데 다수의 수익자가 존재하고 그 수익권의 구조가 상이한 경우 신탁위반행위가 일부 수익자에게는 불이익이 되더라도 다른 일부 수익자에게는 이익이 될 수 있다. 수익자취소권은 각 수익자가 개별적으로 행사할 수 있고(제71조 제1항 단서) 취소의 효과는 다른 수익자에게도 미치기 때문에(제75조 제2항), 취소수익자의 이익만을 가지고 신탁목적위반 여부를 판단한다면 부당한 결과에 이를 수 있다. 그러므로 신탁목적위반 여부를 판단함에 있어 수익자의 이익을 기준으로 할 때에는 신탁을 설정한 위탁자의 의사 내지 신탁상의 정함, 수익권의 구조나 수익자 전체의 이익상황 등 제반 사정이 함께 고려되어야 한다.

(2) 신탁재산에 관한 법률행위

신탁위반행위의 취소는 신탁재산에 관한 법률행위를 요건으로 한다. 사실행위는 취소의 대상이 되지 않으며, 소송행위도 본 규정의 취지를 넘어 소송법 법리에 반하므로 해당되지 않는다.190)

구신탁법 제52조는 신탁재산의 처분행위를 취소대상으로 하였다. 그래서 처분행위가 아닌 경우, 예컨대 신탁목적에 반하여 거액의 차입을 한 경우와 같은 채무부담행위는 취소가 불가능하였다. 하지만 신탁위반행위로서 취소의 대상이 되는 행위가 많은 경우 처분행위라고 하더라도 반드시 이에 제한될 이유는 없다. 그래서 현행법은 신탁재산에 관한 법률행위로 그 요건을 확대하였고, 따라서 위와 같은 채무부담행위도 취소가 가능하다. 이때 신탁재산과 관련한 법률행위이면 충분하고, 그것이 유상인지 무상인지는 문제되지 않는다.

---

189) 그러나 이 사건에서는 신탁의 본지에 반하는 처분이라고 하더라도 이미 제척기간을 도과하였기 때문에 소는 부적법 각하될 수밖에 없었다.

190) 법무부, 595면.

(3) 상대방 또는 전득자의 악의, 중과실 있는 선의

수익자가 신탁위반행위를 취소하기 위하여는 상대방이나 전득자가 그 법률행위 당시 수탁자의 신탁목적위반 사실을 알았거나 중대한 과실로 알지 못하였어야 한다. 수탁자에 대하여는 신탁목적위반이라고 하는 객관적인 요건만 요구되는 반면, 상대방 또는 전득자에 대하여는 주관적인 요건이 필요하다. 수탁자는 신탁재산의 귀속주체이므로 신탁재산과 관련하여 행한 법률행위는 유효하다. 그러므로 그 법률행위가 신탁목적에 위반한 경우 그 효력을 부정하기 위해서는 상대방 또는 전득자의 신탁위반행위에 대한 인식, 즉 비난가능성이 요구되는 것이다.

상대방이나 전득자의 주관적 요건을 판단하는 시점은 법률행위시이다. 즉 상대방의 경우에는 수탁자와의 법률행위 시점, 전득자의 경우에는 상대방 또는 전득자와의 법률행위 시점이 된다.

학설에 따라서는 신탁의 존재에 관한 인식 여부가 문제되며, 처분이 신탁목적 또는 법적 의무에 위반되는 것임을 인식하고 있었느냐를 묻는 것은 아니라고 한다.[191] 그러나 이는 법률규정에 반하는 해석이다. 구신탁법 제52조 제2항도 "상대방과 전득자가 그 처분이 신탁의 본지에 위반하는 사실을 안 때 또는 중대한 과실로 알지 못한 때"라고 하여 단순한 신탁의 존재가 아니라 신탁의 본지에 위반함을 알았거나 중대한 과실로 알지 못하였을 것을 요구하였고, 이는 현행법의 규정방식 및 그 해석에서도 그대로 유지된다. 즉, 선의·악의의 대상은 수탁자가 신탁목적을 위반한 사실이며, 단순히 신탁의 존재 또는 신탁과 거래하는 것을 안 것만으로는 악의라고 할 수 없다. 신탁과 거래한다는 사실을 알았거나 알 수 있었다고 해서 제3자가 쉽게 접근하기 어려운 신탁목적에 위반하였다는 이유로 당해 행위를 취소할 수 있다고 한다면, 이는 제3자의 지위를 지나치게 불안하게 만든다. 제3자가 신탁목적을 확인하고 그에 위반하는지 여부를 일일이 판단하도록 하는 것은 높은 거래비용을 발생시키고, 신탁과의 거래를 꺼리게 만들며, 신탁사무의 처리를 곤란하게 하여 결국 수익자에게 그 불이익이 돌아가게 될 것이다. 그러므로 수탁자와 거래한 상대방이나 전득자가 법률행위 당시 신탁목적에 위반한 행위임을 알았거나 조금만 주의를 기울였더라면 알 수 있었음에도 불구하고 알지 못한 때에만 수익자는 그 행위를 취소할 수 있다고 해야 한다. 그리고 제75조 제1항의 규정방식에 비추어볼 때 상대방이나 전득자의 악의 또는 중과실 있는 선의에 대한 증명책임은 수익자에게 있다.[192]

---

191) 김진우, 공익신탁법리와 법정책적 제언-공익재단법인제도와의 비교를 통하여-, 비교사법 제8권 1호 (2001. 6), 103면 각주 76.

8.6.4. 행사

(1) 수익자의 취소권 행사

신탁위반행위에 대한 취소권은 수익자의 권리이다. 수탁자의 의무위반행위에 대한 원상회복청구권자 또는 손해배상청구권자는 위탁자, 수익자, 공동수탁자 등이 될 수 있으나, 취소권자는 수익자에 한정된다. 다만 수익자가 특정되지 않거나 존재하지 않는 때에는 신탁관리인이 수익자의 이익을 대변하는 자로서 수익자취소권을 행사할 수 있다(제68조 제1항 및 제2항).

제75조 제1항은 취소권의 행사를 재판상 행사에 한정하지 않으므로, 수익자는 재판상 또는 재판외에서 취소권을 행사할 수 있다.

그리고 수익자취소권에는 단기제척기간이 적용된다. 수익자는 취소의 원인이 있음을 안 날부터 3개월, 법률행위가 있은 날부터 1년 내에 취소권을 행사하여야 한다(제76조). 이러한 제척기간은 사해신탁취소권 내지 일반적인 채권자취소권에서 제척기간이 각각 1년, 5년인 것(제8조 제1항, 민법 제406조 제2항)과 비교할 때 훨씬 단기간이다. 사해신탁취소권이나 채권자취소권은 재판상 행사하여야 하지만 수익자취소권은 재판외에서 일방적인 의사표시만으로도 행사할 수 있고 또 취소권의 행사가 거래에 미치는 영향이 크다는 점을 고려하여 그 기간을 단축한 것으로 보인다.

기산점이 되는 "취소의 원인이 있음을 안 날"이란 수탁자가 신탁의 목적을 위반하여 신탁재산에 관한 법률행위를 하였다는 사실을 수익자가 알게 된 날을 의미한다. 일반적인 채권자취소권의 경우에는 채무자의 사해행위 및 사해의사가 요건이 되고, 이들 각각의 내용을 안 날이 기산점이 된다.[193] 그러나 수익자취소권의 경우에는 수탁자의 신탁위반행위라고 하는 객관적 요건만 요구되기 때문에, 기산점도 수익자가 신탁위반행위가 있음을 알게 된 것으로 충분하다.

(2) 상대방 또는 전득자에 대한 취소권 행사

수익자는 수탁자의 상대방 또는 전득자에 대하여 신탁위반행위를 취소할 수 있다. 그런데 구신탁법하에서 학설은 일본에서의 논의에 따라 취소의 의사표시의 상대방이 수탁자라는 설, 수탁자와 수탁자의 상대방이라고 하는 설, 수탁자의 상대방 또는 전득자라고 하는 설이 있으나, 수탁자와 수탁자의 상대방이라고 하는 설이 일반적이라고 하였다.[194] 그러나

192) 김성필, 신탁재산의 법률관계, 민사법학 제17호(1999), 217면; 임채웅, 160면.
193) 대법원 2003. 7. 11. 선고 2003다19435 판결; 대법원 2006. 7. 4. 선고 2004다61280 판결.

구신탁법 제52조 제1항은 "상대방 또는 전득자에 대하여 그 처분을 취소할 수 있다"고 규정하여 수익자취소권이 상대방 또는 전득자를 상대로 하는 권리임을 분명히 하였다. 현행 제75조 제1항이 구신탁법 제52조 제1항 및 제2항을 포괄하여 신탁재산의 공시방법에 따른 차이를 두지 않고 규정하는 과정에서 "상대방이나 전득자"가 문장구조상 단순히 주관적 요건의 주체로 표현되기는 하였으나, 그 입법취지가 달라진 것은 아니다. 그리고 수익자취소권이 신탁위반행위를 취소하고 신탁재산을 회복하여 수익자를 보호하기 위한 제도라고 하는 취지에 비추어본다면 이를 실현할 수 있는 자를 상대로 취소권을 행사하도록 할 것이다. 그러기 위해서는 위 주관적 요건을 충족하는 자를 상대로 수익자는 선택적으로 취소권을 행사할 수 있다고 해야 한다.

한편 학설은 수익자가 수탁자의 상대방에 대하여 취소권을 행사하기 위해서는 상대방이 수탁자의 신탁위반사실을 알았거나 중대한 과실로 알지 못했으면 그것으로 충분하지만, 전득자를 상대로 취소하기 위해서는 상대방의 악의나 중과실과 더불어 전득자의 악의나 중과실도 필요하다고 한다.[195] 그러나 취소되는 행위는 신탁위반행위이지 상대방과 전득자 또는 전득자들 사이의 행위가 아니다. 그리고 전득자가 악의라도 상대방이 선의인 때에는 신탁위반행위를 취소할 수 없다는 해석은 수익자의 이익을 희생하면서까지 악의의 전득자를 보호한다는 점에서 타당하지 않다. 나아가 선의의 상대방을 개입시키면 신탁위반행위를 확정적으로 유효하게 만들 수 있어서 신탁위반행위를 조장할 우려도 없지 않다. 그러므로 수익자가 전득자에 대하여 취소권을 행사함에 있어서는 전득자의 주관적 요건만으로 충분하다고 해야 한다.[196]

8.6.5. 효과
(1) 취소의 효과
제75조 제1항은 신탁위반행위의 취소 요건만을 규정하고 있으며, 제75조 제2항이 다수 수익자 사이에 취소의 효력이 미친다는 점을 명시한 외에 취소에 따른 구체적인 효과에 대

---

194) 임채웅, 161면.

195) 김성필, 신탁재산의 법률관계, 216면. 이중기/이영경, 657면 이하도 전득자에 대한 청구시에 상대방 및 전득자의 주관적 요건이 모두 충족될 것을 요건으로 제시하면서, 중간에 매개된 전득자가 '선의취득'한 경우에는 그 후 전득자에 대하여는 취소권을 행사할 수 없다고 한다. 그러나 수익자취소권은 어디까지나 유효한 법률행위를 취소하는 것이므로 무권리자의 처분행위시에 문제되는 선의취득을 언급하는 것은 부당하다.

196) 전득자에 대한 채권자취소권의 경우에도 판례는 전득자의 악의를 판단함에 있어 전득자가 전득행위 당시 채무자와 수익자 사이의 법률행위의 사해성에 대한 인식 여부만이 문제삼고 수익자의 주관적 요건은 묻지 않는다. 가령 대법원 2012. 8. 17. 선고 2010다87672 판결.

하여는 정함이 없다. 따라서 취소의 효과는 전적으로 해석론에 맡겨져 있다.

　먼저 취소에 의하여 신탁위반행위는 효력을 잃고, 이제 상대방이나 전득자는 원상회복 의무를 부담한다. 이때 취소의 효력이 취소 당사자 사이에만 미치는지 아니면 관련 법률행위 당사자 전부에 미치는지가 문제된다. 학설은 수익자취소권이 신탁재산의 원상회복을 목적으로 하는 제도이므로 채권자취소권과 같이 상대적 무효설에 따라 취소권을 행사한 당사자 사이에서만 취소의 효과가 생기는 것은 아니라고 한다.197) 사실 제75조 규정만 보면 어느 쪽으로도 해석할 여지는 있으며, 취소에 절대적 효력을 인정하는 것이 수익자취소권을 통한 신탁재산의 확보라고 하는 취지에 보다 부합하는 것으로도 보인다. 그러나 신탁법의 해석상 수익자취소권의 효과로서 절대적 무효를 인정하는 것은 다음과 같은 근거에서 타당하지 않다.

　첫째, 취소권 행사의 효력을 절대적으로 무효로 하는 경우에는 수익자보호라고 하는 애초의 취지를 넘어서 지나치게 거래안전을 해하게 된다. 제75조 제1항은 '취소'만을 정하고 있으나, 취소로 인하여 이전된 재산을 반환받고 부담한 채무나 책임을 면하는 등 신탁재산의 확보가 취소권의 본래적인 기능 내지 목적이라는 점에는 의문이 없다. 신탁위반행위의 취소는 신탁재산과 관련한 모든 법률관계를 번복하기 위함이 아니라 신탁재산의 회복을 위한 제도이다. 수익자취소권을 신탁위반행위의 당사자인 수탁자와 그 상대방이 아니라, 실질적으로 신탁재산의 회복을 도모할 수 있는 상대방 또는 전득자에 대하여 행사하도록 한 것도 그러한 이유에서이다. 이러한 관점에서만 본다면 수익자취소권은 채권자취소권과 그 기능이 유사하다.

　판례는 채권자취소권에 있어서 취소채권자와 수익자 그리고 제3자의 이익을 조정하기 위하여 상대적 효력만을 인정하는데,198) 동일한 취지에서 수익자취소권의 효과를 판단할 수 있다. 물론 채권자취소권과 수익자취소권은 별개의 제도이므로 당연히 채권자취소권의 취지 및 법리가 유추적용되는 것은 아니다.199) 그러나 상대적 효력설에 의하여 신탁재산을 회복함으로써 수익자취소권이 그 효용을 다할 수 있다면 굳이 다른 법률행위에 영향을 미칠 필요성이나 정당성은 찾을 수 없다. 수익자의 이익과 함께 거래안전도 도모하기 위해서는 취소의 효과를 상대적으로 해석하는 것이 합리적이다.

---

197) 이연갑, 신탁법상 수익자의 지위, 민사판례연구 XXX, 박영사, 2008, 955면.
198) 대법원 2005. 11. 10. 선고 2004다49532 판결; 대법원 2009. 6. 11. 선고 2008다7109 판결.
199) 이연갑, 신탁법상 수익자의 지위, 951면도 수익자취소권 규정의 취지를 채권자취소권과 같은 것으로 이해하고 채권자취소권에 관한 법리를 유추적용하는 것은 타당하지 않다고 한다.

둘째, 제75조 제1항은 악의 또는 중대한 과실 있는 선의의 상대방이나 전득자를 취소표시의 상대방으로 정하고 있는데, 이는 기본적으로 선의자에 대한 배려 내지 보호를 전제로 한다. 그런데 만약 취소의 효력을 절대적인 것으로 본다면, 선의자도 취소에 의하여 영향을 받을 수밖에 없다. 이는 악의 또는 중과실 있는 선의자만을 취소표시의 상대방으로 정한 규정의 취지를 무색하게 만든다. 예컨대 수탁자가 신탁재산인 부동산을 신탁목적에 반하여 악의의 A에게 양도하고, A가 이를 다시 선의의 B에게 양도하였다고 하자. 수익자가 A를 상대로 신탁위반행위를 취소한 경우, 취소가 절대적인 효력을 가진다면 B는 무권리자인 A로부터 부동산을 양수한 것이 된다. 등기에는 공신력이 인정되지 않고 부동산의 선의취득도 인정되지 않기 때문에 B는 부동산의 소유권을 잃게 된다. 만약 A가 선의이고 B 악의라면, 수익자가 B에 대하여 취소권을 행사한 때 B가 부동산을 수탁자에게 반환함에 따라서 선의인 A는 이제 B에 대하여 담보책임을 지게 될 것이다. 이는 신탁재산의 반환이라고 하는 원래의 목적을 넘어서 선의자의 희생을 강요하는 것이 된다.

반면 상대적 효력설에 의하면 수익자와 상대방 또는 수익자와 전득자 사이에서만 취소의 효력이 발생하므로 다른 당사자는 영향을 받지 않는다. 위 예에서 수익자가 악의의 A에 대하여 수익자취소권을 행사한 경우 취소는 수익자와 A 사이에서만 효력이 있기 때문에 B는 부동산의 소유권을 그대로 보유할 수 있으며, A는 가액반환의무를 지게 된다. 악의의 B에 대하여 수익자취소권을 행사한 경우에도 선의의 A의 지위에는 영향이 없으며, 부동산을 수탁자에게 반환한 B는 수탁자에 대하여 부당이득반환을 청구할 수 있을 뿐이다. 수익자취소권이 채권자취소권과 다른 제도라는 이유만으로 취소의 효력을 절대적 무효로 새기고 위와 같은 결과를 묵과하거나, 수익자취소권의 행사에 따르는 불가피한 효과로만 치부해서는 안 될 것이다. 신탁재산의 회복을 가능하게 하면서도 가능한 한 거래안전의 위협은 최소화할 수 있는 해석론을 모색해야 하며, 그것이 악의 또는 중대한 과실 있는 선의자에 대하여 취소권을 허용한 제75조 제1항의 취지에도 부합한다.

셋째, 수익자취소권에 절대적 효력을 인정하고 수탁자로 하여금 반환청구(민법 제213조) 및 일반적인 부당이득반환법리에 따라 신탁재산을 회복하도록 하는 경우와 상대적 효력설에 따라 수익자와 상대방 또는 수익자와 전득자 사이에서만 취소의 효력이 미치도록 하고 원상회복을 하도록 하는 경우 양자의 반환범위는 달라질 수 있다. 수익자가 중과실 있는 선의의 상대방에 대하여 취소를 한 경우, 전자에 의하면 선의에 있어서 과실 유무는 문제되지 않기 때문에 상대방은 이익이 현존하는 한도에서 부당이득반환의무를 진다(민법 제748조 제1항). 반면 후자에 의하면 상대방은 이익의 현존 여부와 무관하게 받은 이익 전부를 반환하여야 한다. 그렇다면 취소표시의 상대방 또는 전득자에 대하여 신탁재산의 원상회복을 명하는 후자의 입장이 신탁재산의 회복이라고 하는 수익자취소권의 취지에 보다 부합한다고 하지 않을 수 없다.

넷째, 민법 제406조는 취소의 효과가 미치는 파장을 고려하여 채권자취소권을 재판상으로만 행사할 수 있도록 하고, 판례와 다수의 견해는 상대적 효력만을 인정한다. 반면 수익자취소권은 유효한 행위의 효력을 번복한다는 점에서 채권자취소권과 다르지 않지만, 재판외에서의 일방적인 의사표시만으로도 행사가능하다. 그러므로 이러한 의사표시에 대하여 모든 관련 당사자에게 취소의 효력이 미치는 절대적 효력을 인정하는 것은 채권자취소권의 효과와 비교해볼 때에도 과도하다. 수익자의 보호는 아무리 강조해도 지나치지 않지만, 그것이 관련 당사자들의 이해를 전혀 고려하지 않는다거나 법률관계를 불필요하게 불안정하게 만드는 것까지 정당화하지는 않는다.

다섯째, 다수의 수익자가 존재하는 경우 제75조 제2항에 의하여 1인의 취소는 다른 수익자에게도 효력이 있다. 만약 취소의 효력이 절대적이라면, 이는 당연한 것이며 별도로 정할 필요가 없다. 그러므로 위 규정은 취소의 효력이 상대적임을 전제로 하여 그 특칙을 둔 것이라고 해석해야 한다. 수익자취소권에 관한 실질적인 규율이 극히 미비한 상황에서 그나마 존재하는 규정을 굳이 단순한 확인규정으로 볼 이유는 없기 때문이다. 그리고 일부 수익자의 취소가 취소 당사자 사이에서만 효력이 발생한다고 한다면 법률관계가 지나치게 복잡해진다. 그래서 제75조 제2항은 취소가 상대적 효력을 가짐에도 불구하고 수익자 사이에서는 절대적인 효력이 발생한다는 점을 명시하였다고 할 것이다.

그런데 원본수익자와 수입수익자가 존재하거나 그 밖에 수익권을 다각적으로 설계한 경우 각 수익자의 이해관계는 상이할 수 있다. 신탁목적에 반하는 수탁자의 행위도 개별 수익자의 입장에 따라서는 이익이 될 수 있고, 그 경우 해당 수익자는 신탁위반행위의 효력이 유지되기를 원할 것이다. 다수 수익자가 존재하는 경우 그 의사결정은 신탁행위로 정한 바에 의하고, 그러한 정함이 없는 때에는 전원일치에 의한다(제71조 제1항 본문 및 제3항). 그럼에도 불구하고 수익자취소권은 각 수익자가 개별적으로 행사할 수 있으며(제71조 제1항 단서, 제61조 제6호), 일부 수익자의 취소는 모든 수익자에게 효력을 미친다. 그 결과 취소권을 행사하는 수익자의 이익이 사실상 우선하게 된다. 그래서 수익자의 보호라고 하는 취지를 존중하면서도 다수 수익자의 이해를 적절히 조정하기 위한 입법적인 장치가 요구된다.[200]

---

200) 이러한 문제는 일본 신탁법의 해석에서도 동일하게 발생하는데, 能見善久, 158頁은 다수결원리를 도입하는 등 다수 수익자 사이의 이해조정이 필요하다고 한다.

(2) 원상회복

수익자취소권은 신탁위반행위의 취소를 통하여 신탁재산을 회복하기 위한 것이다. 그런데 수익자가 신탁위반행위를 취소하는 경우 절대적 효력설에 따르면 취소의 효력이 수탁자에게도 미치므로 수탁자는 이제 신탁사무의 하나로서 신탁재산의 반환을 구하고 또 자신이 수령한 반대급부를 반환하게 될 것이다.[201] 그러나 상대적 효력설에 의하면 수탁자는 취소표시의 상대방이 아니고 기판력도 미치지 않으며, 취소상대방은 수익자에 대한 관계에서 수탁자에게 원상회복할 의무를 부담하게 된다. 그러면 후자의 관점에서 수익자가 상대방에 대해 취소권을 행사한 경우와 전득자에 대해 행사한 경우를 나누어 살펴본다.

가. 상대방에 대한 취소

예컨대 수탁자가 신탁목적에 반하여 고유재산에 속한 채무를 담보하기 위해 신탁재산인 부동산에 근저당권을 설정해준 경우, 수익자는 채권자가 악의 또는 중과실 있는 선의라면 채권자를 상대로 근저당권설정행위를 취소하고 원상회복으로서 근저당권등기의 말소를 구할 수 있다. 만약 수탁자가 신탁재산인 부동산을 매도하였고 매수인이 악의 또는 중과실 있는 선의라면, 수익자의 매매계약 취소에 따라 매수인은 이제 원상회복으로서 부동산의 소유권을 수탁자에게 이전할 의무가 있으며, 수탁자에 대하여 매매대금 상당의 부당이득반환청구를 할 수 있다. 부동산의 매매대금은 신탁재산에 속하므로(제27조) 부당이득반환채무도 신탁재산에 속하는 채무가 된다. 만약 신탁목적에 반하여 수탁자가 거액의 차입을 하였다면, 수익자가 채무부담행위를 취소함에 따라 상대방은 계약상의 채권을 상실하지만 수탁자에 대하여 법률상 원인 없이 수령한 대출금의 반환을 청구할 수 있다. 이 과정에서 수탁자가 매매대금이나 차입금을 자신의 고유재산과 혼화 또는 사용하거나 신탁재산에 손해를 가하였다면, 수탁자는 신탁에 대하여 그 손해를 배상할 의무가 있다(제43조, 제44조).

악의의 상대방이 신탁재산을 선의·무과실의 전득자에게 처분한 경우에도 수익자는 상대방에 대하여만 취소 및 원상회복을 청구할 수 있다. 이때 상대방과 전득자 사이의 법률행위는 유효하며, 상대방은 수익자에 대한 관계에서 원상회복의무를 진다. 그리고 원상회복으로서 원물반환이 불가능한 경우에는 그 가액반환을 하여야 한다.

---

201) 四宮和夫, 258頁.

나. 전득자에 대한 취소

수탁자가 신탁목적에 반하여 신탁재산을 처분하고 그 상대방으로부터 악의 또는 중과
실 있는 선의의 전득자가 이를 양수한 경우, 수익자는 전득자에 대하여 수탁자의 처분행위
의 취소와 원상회복을 청구할 수 있다. 이는 신탁재산이 전전양도된 경우에도 마찬가지이
다. 이때 수익자와 전득자 사이에서 취소되는 것은 수탁자와 상대방 사이의 신탁위반행위
이며, 상대방과 전득자 또는 전득자와 전득자 사이의 법률행위는 유효하다. 그리고 취소의
효과도 수익자와 전득자 사이에만 미친다. 따라서 전득자는 원인된 행위가 효력을 잃은 만
큼 신탁재산을 수탁자에게 반환하여야 하며, 이로 인하여 이득을 얻은 수탁자에 대하여 부
당이득반환을 구할 수 있을 뿐이다.

다. 상대방 및 전득자에 대한 취소

상대방과 전득자가 모두 악의 또는 중과실 있는 선의인 경우 수익자는 그중 일부 또는
전부에 대하여 취소권을 행사를 할 수 있다. 예컨대 수탁자로부터 부동산을 매수한 상대방
이 제3자에 대하여 저당권을 설정해준 경우, 매수인과 저당권자 모두 악의 또는 중과실 있
는 선의라면 수익자는 양자를 상대로 신탁위반행위인 매매계약을 취소하고 저당권의 부담
이 없는 상태의 부동산을 신탁재산에 회복할 수 있다. 일반적으로 수익자는 신탁재산의 회
복을 위하여 신탁재산을 보유하고 있는 자에게 취소표시를 할 것이지만, 누구를 상대로 할
것인가는 어디까지나 수익자의 선택에 달린 문제이다.

8.6.6. 영미법상 추급권과의 비교

(1) 영미법상의 추급권

신탁법상의 수익자취소권은 종종 영미법상의 추급권과 비교된다. 영미에서는 수탁자의
신탁위반으로 신탁재산이 일탈된 경우 수익자는 당해 신탁재산 또는 추급가능한 대금
(proceeds)을 회복하기 위하여 그 재산의 이동을 추적할 수 있다. 개념상으로는 전전양도된
신탁재산 자체를 따라가는 과정(following)과 원래의 신탁재산의 대상(substitute)을 확보하는
과정(tracing)이 구분된다.[202] 그리고 역사적으로는 보통법상의 추급권과 형평법상의 추급권
에 대하여 다른 원칙이 적용되었다. 원래의 신탁재산이 존재하는 경우 수익자는 이를 회복
하기 위하여 보통법상의 추적권(following claim)을 행사할 수 있다. 하지만 그 재산이 제3자
에게 이전되고 수익자가 물권을 가지지 않는 다른 재산으로 대체된 경우에는 수익자는 보

---

202) 예컨대 Foskett v McKeown [2001] 1 AC 102, 127.

통법상의 추급권(tracing claim)을 행사하거나, 원래의 재산의 대상에 대한 권원을 주장하여 형평법상의 추급권을 행사할 수 있다. 그런데 보통법상의 추급권은 원래의 신탁재산이나 그 대상이 다른 모든 재산과 분리되어 있는 때에만 제한적으로 인정되기 때문에, 원래의 재산이나 대상이 다른 재산과 혼화된 경우에는 수익자는 형평법상의 추급권만 행사할 수 있다. 그리고 형평법상의 추급권을 행사하기 위해서는 청구권자가 당해 재산에 대하여 형평법상의 물권을 이전에 가지고 있었을 것이 요구된다. 하지만 이러한 분리된 규율체계는 특히 1990년대에 논쟁의 대상이 되었으며, 2000년대에는 단일한 물권적 청구권에 대한 규율을 요구하는 주장과 판례가 확대되고 있다.[203]

사실 추급(tracing) 자체는 수익자가 자신의 권리를 행사하기 위하여 재산을 특정하는 과정에 지나지 않으며, 어떤 형태의 구제수단이 인정되는가는 별개의 문제이다. 추급권과 관련한 실제 구제수단으로는 전형적으로 의제신탁, 형평법상의 선취특권, 복귀신탁, 대위를 들 수 있다.[204] 수익자는 일탈된 신탁재산이나 그 대상 또는 다른 재산에 혼화된 신탁재산을 증명하는 경우 그에 관한 물권적인 권리(proprietary claim)를 주장할 수 있다.[205] 예컨대 수탁자가 신탁위반행위로서 신탁재산을 처분한 경우, 수익자는 그 대금이나 그것으로 취득한 재산에 대하여 형평법상의 소유권을 주장할 수 있다. 수익자는 신탁위반을 이유로 그 대금에 대하여 형평법상의 선취특권(equitable lien)이 붙은 채권적 청구권을 행사할 수도 있으며, 양자 중 어떠한 권리를 행사할 것인지는 수익자의 선택에 달려 있다. 하지만 물권적 청구권은 특히 피고가 파산한 경우 다른 채권자에 대하여 우선권을 가지며, 원래의 신탁재산으로부터 발생한 가치증가분과 과실에 대하여도 권리를 주장할 수 있다는 점에서 이점이 있다.[206]

(2) 우리법과의 차이점

학설은 종래 수익권의 성질과도 관련하여 수익자가 가지는 신탁위반처분의 취소권은 수익권의 물권적 측면의 발현이라거나,[207] 수익자취소권이 물권적 반환청구권의 성질을 가진다고 설명하였다.[208] 그러나 영미법상의 추급권은 수익자가 가지는 형평법상의 소유권을

---

203) 논의과정은 Haley/McMurtry, p.578 이하; 특히 Birks, The necessity of a unitary law of tracing, Making commercial Law -Essays in Hounour of Roy Goode, Oxford: Clarendon Press, 1997, p.257 참조.

204) Hudson, p.807.

205) Haley/McMurtry, p.576.

206) Haley/McMurtry, p.576 이하.

207) 최동식, 329면.

208) 이중기, 569면.

전제로 하는 반면, 신탁법상 수익자는 신탁재산 자체에 대하여 물권을 가지지 않는다. 신탁재산의 귀속주체는 어디까지나 수탁자이며, 수익자는 수익권의 확보를 위하여 일정한 요건하에 신탁위반행위를 취소할 수 있을 뿐이다.209) 수익자가 신탁위반행위를 취소할 수 있다고 해서 일탈된 신탁재산 또는 그 대상에 대하여 애초부터 가지고 있지 않았던 물권을 새삼 가지게 되는 것도 아니다. 만약 수익자가 물권자라면 물권에 기한 반환청구로 충분하기 때문에 별도의 취소와 같은 장치는 필요하지 않다. 그러므로 신탁법이 수익자에게 취소권을 인정하는 것만을 가지고 물권으로서의 수익권 또는 물권적 청구권으로서의 취소권을 이야기하는 것은 타당하지 않다.

한편 수익자의 취소권 행사에 따라 신탁위반행위의 효력이 절대적으로 무효가 된다고 보는 견해는 그 근거로 수익자취소권이 영미법상의 추급권과 그 기본적인 취지 및 이론적 근거를 같이 한다는 점을 든다.210) 그러나 앞서 살펴본 것처럼 양자는 서로 다른 법제하에서 그 법적 성질을 달리하는 제도이다. 동일한 취지를 실현하는 법기술이라도 각 법체계내에서 그 요건과 효과를 새겨야 함은 물론이다. 별도의 입법적인 조치가 뒷받침되지 않는 한 제75조 제1항이 "취소할 수 있다"고 규정한 것만을 가지고 영미법상의 추급권과 같은 우리 법상 낯선 효과를 원용하는 것은 적절하지 않다.

8.7. 유지청구

8.7.1. 의의

수탁자의 의무위반 또는 신탁위반에 대한 원상회복청구권이나 손해배상청구권, 이득반환청구권, 수익자취소권과 같은 구제수단은 사후적인 것이다. 그래서 현재의 위반행위를 방치하는 경우 원상회복이 불가능하고 수탁자의 자력도 충분하지 않아 손해배상이 실효성을 거두기 어려운 때 또는 수탁자와 거래하는 상대방이나 전득자가 선의, 무과실인 때에는 위와 같은 권리는 신탁재산의 보호에 미흡할 수밖에 없다. 보다 실효성 있는 신탁재산의 보호를 위해서는 수탁자가 현재 법령이나 신탁상의 정함에 반하는 행위를 하고 있거나 위반할 염려가 있는 때 이를 저지할 수 있는 사전적인 구제수단이 필요하다.

종래 학설은 해석론으로서 수익자에게 유지청구권 내지 금지청구권을 인정하면서, 수익자가 채권자로서 수탁자에게 이행청구권을 가지는 것과 마찬가지로 의무위반행위에 대하여 금지청구를 할 수 있다고 하였다.211) 그러나 모든 채권관계에서 채권자가 유지청구권을

---

209) 채권자에게 사해행위취소권이 인정된다고 해서 사해행위의 목적이 된 재산에 채권자가 물권을 가진다고는 하지 않으며 또 그렇게 보아야 할 이유도 없는 것과 마찬가지이다.

210) 온주 신탁법, 2021, 제75조.

가지는 것은 아니며, 명문의 규정 없이 수익권의 성질로부터 당연히 유지청구권이 인정된다고 하기도 어렵다.[212] 그래서 신탁법은 상법 제402조의 유지청구권을 참조하여 제77조를 신설함으로써 수익자의 유지청구권의 법적 근거를 마련하였다. 유지청구권을 통하여 현재 진행 중이거나 장래 발생할 위반행위를 차단하고 신탁재산에 발생할 수 있는 회복불가능한 손해를 방지하여 신탁재산을 효율적으로 보호하고자 하는 것이다.

8.7.2. 요건

첫째, 수탁자가 법령 또는 신탁행위로 정한 사항을 위반하거나 위반할 우려가 있어야 한다. 그 행위가 유효인지 또는 무효인지는 요건이 아니다. 유지청구권은 위반행위가 유효한 경우에는 그 법률행위 자체를 그리고 무효인 경우에는 그 이행행위를 금지하는 데 의미가 있다.[213]

둘째, 수탁자의 위반행위로 신탁재산에 회복할 수 없는 손해가 발생할 우려가 있어야 한다. 회복할 수 없는 손해발생의 우려를 요건으로 하는 것은 수탁자와 수익자 사이의 특수한 관계에 대한 고려를 바탕으로 신탁사무의 원활한 처리를 위하여 유지청구권을 일정 범위에서 제한하기 위함이다. 수탁자는 수익자에 대하여 선관의무 및 충실의무를 부담하며, 수익자도 수탁자를 신뢰하여 신탁사무의 적절한 처리를 기대한다. 이러한 양자 사이의 신뢰관계 내지는 신임관계에 비추어볼 때 수탁자의 위반행위가 있거나 위반할 우려가 있을 때마다 그리고 그것이 신탁재산에 미치는 효과와 상관없이 언제든 수익자가 유지청구를 할 수 있도록 하는 것은 매우 부적절하다. 빈번한 유지청구로 인하여 신탁사무의 원활한 처리가 곤란해지고 신탁목적의 달성이 어려워질 수 있다. 또한 이로 인하여 다수 수익자 중 일부 수익자가 불이익을 입을 수 있다. 그래서 신탁재산의 보호를 위하여 유지청구권을 인정하더라도 그 범위는 합리적인 범위로 제한할 필요가 있는데, 신탁재산에 대한 회복할 수 없는 손해는 바로 그러한 제한의 기준이 된다.

회복할 수 없는 손해의 발생 여부는 신탁의 목적이나 신탁재산의 내용, 수탁자의 위반행위의 형태 등에 비추어 사회통념에 따라서 판단할 것이다. 그리고 회복이 불가능한 경우뿐만 아니라 회복을 위한 비용이나 절차 등으로 인하여 회복이 곤란하거나 상당한

---

211) 가령 최동식, 327면.
212) 판례는 예컨대 소유자 또는 점유자에 대하여 소유권 또는 점유권에 기한 물권적 청구권의 행사로서 소음피해의 제거나 예방을 위한 유지청구권을 인정한다(대법원 1999. 7. 27. 선고 98다47528 판결; 대법원 2007. 6. 15. 선고 2004다37904, 37911 판결 등). 그러나 수익자를 이러한 소유자나 점유자와 동일하게 볼 수는 없다.
213) 법무부, 607면.

시일이 요구되는 때에도 회복할 수 없는 경우에 해당하는 것으로 보아 유지청구권을 인정할 수 있다.214) 다수의 수익자가 존재하는 경우 수탁자의 위반행위가 일부 수익자에게 위와 같은 손해를 발생시킬 우려가 있는 때에도 당해 수익자는 유지청구권을 행사할 수 있다(제77조 제2항).

8.7.3. 행사

유지청구권은 수익자의 권리이다. 수익자는 신탁행위의 당사자는 아니지만, 신탁재산으로부터 이익을 향수하는 자로서 신탁재산의 보호에 일차적인 이해관계를 가진다. 그래서 신탁법은 원상회복청구권 등과 달리 유지청구권은 수익자에게만 인정한다. 수익자의 유지청구권은 신탁행위로도 제한할 수 없으며(제61조 제7호), 다수의 수익자가 존재하는 경우에도 각 수익자는 개별적으로 유지청구권을 행사할 수 있다(제71조 제1항 단서).

수익자가 유지청구권을 행사하는 방법에는 제한이 없으며, 재판상 또는 재판외에서 행사할 수 있다. 재판상 행사하는 경우에는 그 실효성을 확보하기 위하여 유지청구권을 피보전권리로 하는 민사집행법상의 가처분도 함께 이루어질 것이다.

[표 2] 수탁자의 의무위반에 따른 구제수단

근거규정	요건	효과
제16조 제3항	수탁자가 임무 위반행위를 한 경우	위탁자, 수익자의 해임청구권
제43조 제1항	수탁자의 의무위반으로 신탁재산에 손해가 발생한 경우	위탁자, 수익자, 공동수탁자 등의 원상회복·손해배상청구권
제43조 제2항	수탁자의 의무위반으로 신탁재산이 변경된 경우	위탁자, 수익자, 공동수탁자 등의 원상회복·손해배상청구권
제43조 제3항	제33조 내지 제37조의 의무를 위반한 경우	위탁자, 수익자, 공동수탁자 등의 이득반환청구권
제44조	분별관리의무를 위반한 경우	수탁자의 무과실책임
제45조	법인인 수탁자가 제43조, 제44조의 책임을 지는 경우	법인과 당해 의무위반행위 관여 이사 등의 연대책임
제51조 제2항	일부 수탁자의 의무위반행위에 대하여 다른 수탁자가 이를 저지하기 위한 합리적 조치를 취하지 않은 경우	다른 수탁자의 연대책임
제75조 제1항	신탁위반 법률행위시 상대방, 전득자가 악의, 중과실 있는 선의인 경우	수익자의 취소권
제77조	법령·신탁을 위반하거나 위반할 우려가 있고 신탁재산에 손해발생의 우려가 있는 경우	수익자의 유지청구권

---

214) 법무부, 607면.

9. 수탁자의 책임제한

9.1. 수익채권에 대한 유한책임

수탁자가 수탁자의 지위에서 또는 의무위반 등으로 인하여 책임을 지는 경우에도 그 책임은 일정한 요건하에 감경 또는 면제될 수 있다. 신탁사무의 처리와 관련한 수탁자의 책임제한은 수익자, 신탁 그리고 제3자에 대한 책임으로 각각 나누어 살펴볼 필요가 있다.

먼저 수익자에 대한 책임제한과 관련하여 제38조는 수탁자가 신탁행위로 인하여 수익자에게 부담하는 채무에 대하여 신탁재산만으로 책임을 진다는 점을 명시하고 있다. 이는 수탁자의 물적 유한책임을 규정한 것으로, 신탁의 설정 및 신탁사무의 처리과정에서 발생한 실질적·경제적 이해는 모두 신탁재산에 귀속하고 수익자는 그 신탁재산으로부터 이익을 향수하는 자이다. 이러한 수익권의 성격상 수탁자는 신탁재산만으로 수익급부를 행하면 충분한 것이다. 물론 수탁자의 의무위반을 이유로 수익자가 손해배상청구를 하는 경우 수탁자는 고유재산으로 배상을 해야 하지만, 이는 신탁에 대한 책임이지 수익급부는 아니다.

9.2. 면책약관

9.2.1. 의의

수탁자의 신탁위반 내지 의무위반이 문제된 경우 수탁자로서는 당해 행위가 신탁상 허용된 것이라거나, 위탁자 또는 수익자의 승낙을 얻었다거나, 다른 공동수탁자의 위반행위에 대한 면책을 주장하게 될 것이다. 그리고 의무위반이 있더라도 손해와의 인과관계를 부정하거나 권리행사기간의 도과를 주장하는 등 책임을 발생시키는 요건의 흠결을 주장함으로써 책임을 면할 수도 있다. 이와 더불어 요건이 충족되는 때에도 수탁자는 자신의 책임을 감소시키거나 배제하는 장치로서 면책조항(exemption clauses)을 고려하게 된다.

사실 수탁자의 의무를 강제하고 그 위반에 대한 책임을 묻는 것은 중요하지만, 합리적으로 정직하게 사무를 집행한 수탁자의 보호도 외면할 수 없는 문제이다. 19세기에 영국에서는 Lord Cottenham LC가 수탁자의 지위를 두 번이나 맡는 사람은 정신병원에나 있을법하다고까지 한 것을 보면,[215] 당시 수탁자의 지위라는 것이 대부분 보수도 없으면서 부담은 크고, 이타적인 행위임에도 불구하고 위반에 따른 책임은 매우 엄격하였음을 알 수 있다. 그래서 영국에서는 입법적으로 수탁자의 책임을 제한할 수 있는 권능을 법원에 수여하

---

215) Stebbings, The Private Trustee in Victorian England, Cambridge University Press, 2002, p.26.

려는 시도가 있었다.216) 그리고 신탁상 수탁자의 신탁위반에 대하여 책임을 제한하는 정함을 두는 것 또한 그 대안으로 제시되었다.

영국의 경우 면책조항의 효력은 일반적으로 인정되어왔다.217) 예컨대 면책조항의 효력 및 범위와 관련하여 Armitage v Nurse218) 사건에서는 신탁상의 손해가 수탁자의 사기 (actual fraud)에 의한 것이 아닌 한 어떠한 경우에도 그에 대한 책임을 묻지 않는다는 면책조항의 효력이 문제되었다. 법원은 이 면책조항의 효력을 인정하여 수탁자가 나태하거나 부주의하거나 심지어 고의가 있었다 하더라도 면책된다고 판단하였다. 그러나 근자에 영국에서는 수익자보호의 관점에서 면책조항의 해석에 관한 종래 판례에 대하여 비판이 제기되었다. 특히 Law Commission은 전문적인 수탁자가 자신의 부주의로 야기된 신탁위반에 대하여 책임을 회피하는 것은 타당하지 않으므로 전문적인 수탁자에게는 이러한 면책이 인정되어서는 안 된다는 점을 지적하기도 하였다.219) 다만 이후 Law Commission은 다소 그 입장을 수정, 완화하여 보수를 받는 수탁자가 위탁자로 하여금 면책조항을 포함시키도록 한 경우에는 위탁자가 그 조항의 의미와 효과를 이해할 수 있도록 적절한 조치를 취할 것을 제안하고 있다.220)

9.2.2. 효력

위탁자는 신탁상 정함을 통하여 수탁자에게 일정한 의무를 면제하거나 특정 행위를 허용할 수 있으며, 수탁자가 이에 따라 신탁사무를 처리하는 한 신탁위반 내지 의무위반은 문제되지 않는다. 그리고 신탁위반이 문제되는 경우에도 신탁상 정함에 따라서 수탁자의 책임이 제한되거나 면제될 수 있다. 신탁행위가 단독행위인 경우는 물론 계약인 경우에도 법률행위자유의 원칙에 따라 신탁계약상의 면책조항은 일반적으로 유효하다고 할 것이다. 하지만 수탁자가 면책조항을 통하여 자신의 어떠한 행위에 대해서도 그 책임을 면할 수 있다고 보아서는 안 된다. 수탁자의 지위가 강할수록 면책범위도 넓어지게 되고, 그에 상응하여

---

216) Trustee Act 1925 sec.61는 신탁위반으로 수탁자의 책임이 문제된 상황에서 수탁자가 정직하고 합리적으로 행동하였고, 신탁위반이나 법원의 지시를 요청하지 않은 점에 대하여 면책되도록 하는 것이 공평하다고 판단되는 때에는 법원으로 하여금 그 책임의 일부 또는 전부를 면할 수 있도록 하였다. 면책 여부는 법원의 재량에 달린 사항으로, 법원은 특히 보수를 받는 수탁자에 대하여는 면책을 인정하는 데 소극적이지만 특별한 사정이 있는 때에는 허용하기도 한다. Hayton/Marshall, p.830.

217) Hudson, p.800.

218) [1997] 2 All ER 705.

219) Trustee Exemption Clauses (2003) Law Commission Consultation Paper No.171.

220) Trustee Exemption Clauses (2006) Law Commission Consultation Paper No.301 para.6.65.

신탁재산 및 수익자의 보호가 취약해질 위험이 있기 때문이다. 그리고 신탁업자와 같이 전문적인 수탁자가 신탁계약상의 면책조항을 통하여 얼마든지 자신의 부주의, 심지어 고의로 야기한 손해에 대하여도 면책을 주장할 수 있도록 하는 것은 타당하지 않다.

신탁계약상 면책조항이 계약내용에 포섭되기 위해서는 이에 관한 위탁자와 수탁자의 유효한 합의가 있어야 함은 물론이다. 그리고 그러한 정함은 명백하고 모호하지 않아야 한다.[221] 면책조항에 관하여 다툼이 있는 때에는 수탁자에게 유리하지 않게 해석하여야 한다.[222] 이는 계약조항의 해석이라고 하는 관점에서뿐만 아니라 수익자의 보호라고 하는 관점에서도 요구되는 바이다. 그리고 수탁자의 고의나 중대한 과실로 인한 책임을 면제하거나 제한하는 면책조항은 반사회질서행위로서 무효이다.[223] 무엇보다 엄격한 의무를 부담하는 수탁자가 어떠한 위반행위에 대하여도 그 책임이 면제되거나 제한될 수 있다는 것은 신탁의 본질에도 반한다.

약관법이 적용되는 경우에는 사업자, 이행보조자 또는 피고용자의 고의 또는 중대한 과실로 인한 법률상의 책임을 배제하는 면책조항(동법 제7조 제1호), 상당한 이유 없이 사업자의 손해배상의 범위를 제한하거나 사업자가 부담하여야 할 위험을 고객에게 떠넘기는 조항(동법 제7조 제2호)은 모두 무효이다. 반면 약관에 의하여 경과실에 대한 면책을 정하는 것은 원칙적으로 허용되지만, 경과실에 대한 면책이라도 신의칙에 반하는 것으로 평가되는 경우에는 동법 제6조에 따라 그 면책약관은 무효가 될 수 있다.[224]

9.3. 책임재산한정특약

9.3.1. 의의

수탁자의 책임제한의 문제는 신탁에 대한 관계에서뿐만 아니라 제3자에 대한 관계에서도 발생한다. 먼저 신탁재산은 법인격을 갖지 않기 때문에 별도의 정함이 없는 한 신탁재산의 귀속주체인 수탁자가 계약상, 법률상의 채무에 대하여 신탁재산은 물론 자신의 고유재산으로도 책임을 진다.[225] 학설은 수탁자의 신탁채권자에 대한 무한책임의 근거로 수탁자가 신탁재산의 소유자로서 대외적인 행위를 하는 점, 신탁이 수탁자의 신용이나 명성을 이

---

221) Bonham v Blake Lapthorn Linell [2006] EWHC 2513 (Ch) 177.
222) Haley/McMurty, p.433.
223) 대법원 1983. 3. 22. 선고 82다카1533 전원합의체 판결.
224) 손지열, 약관에 대한 내용통제, 민사재판의 제문제 제10권, 민사실무연구회, 2000, 636면.
225) 이연갑, 수탁자의 보상청구권과 충실의무, 민사판례연구 XXX, 박영사, 2008, 278면.

용하는 제도인 점, 수탁자의 비용상환청구권은 수탁자가 신탁사무의 처리로서 제3자에 대하여 책임을 진 경우 그 보상을 위한 근거라는 점을 들거나,226) 수익자의 보호와 거래상 대방의 보호를 들기도 한다.227) 판례도 수익자 이외의 신탁채권자에 대한 수탁자의 책임은 신탁재산을 한도로 제한되는 것이 아니라 수탁자의 고유재산에도 미친다는 점을 분명히 하고 있다.228)

　　그러나 그것은 종국적으로 신탁재산에 귀속할 소극재산이므로, 수탁자는 고유재산으로 부담한 비용에 관하여 신탁에 구상권을 행사할 수 있다(제46조). 그런데 구상권을 행사하더라도 신탁재산이 충분하지 않다면 그로 인한 불이익은 수탁자에게 돌아갈 수밖에 없다.229) 보수를 받지 않는 수탁자가 엄격한 의무하에 신탁사무를 처리하고서도 그로 인한 불이익을 떠안게 되거나, 보수를 받는 수탁자라도 신탁사무가 갈수록 복잡화·전문화되고 또 사회적·경제적 환경에 따라서 신탁재산 중 적극재산보다 소극재산이 더 많아질 위험이 있다면, 수탁자로서는 이를 회피할 수 있는 방안을 모색하지 않을 수 없다. 그리고 그 방안의 하나가 책임재산한정특약이다.

　　한편 수탁자의 무한책임은 실제 신탁사무의 처리에 있어서 수탁자를 극히 보수적으로 만들 것이며, 채권자가 신탁재산과 거래하고 있음을 알고 있는 경우 수탁자에게 가혹한 결과를 초래할 수 있다. 또한 신탁채권자와 수탁자 개인에 대한 채권자로서도 각각 신탁재산의 지불능력 및 수탁자의 고유재산의 상태를 계속 모니터링하는 것이 용이하지 않다. 그래서 수탁자의 지위에서 부담하게 된 채무에 대하여는 그 이행책임을 고유재산에까지 확대하지 않는 것이 효율적일 수 있고, 이는 책임재산한정특약의 유력한 동기가 된다. 책임재산한정특약을 통하여 수탁자는 고유재산으로 책임을 져야 하는 부담을 덜 수 있고, 신탁채권자로서도 그 책임재산의 범위를 명확하게 인식할 수 있다.

　　가령 미국 UTC는 계약상 달리 정한 바가 없는 한 수탁자가 자신의 권한범위 내에서 신탁사무의 처리로서 체결한 계약에 대하여는 계약상 수탁자의 지위를 밝힌 경우 고유재산으로 책임을 지지 않도록 한다(UTC는 sec.1010 (a)). 수탁자는 자신의 권한 내에서 체결한 계약에 대하여는 그것이 의무위반에 해당하지 않는 한 신탁재산만으로 책임을 지는 것이 원칙이다.230) 그러나 원칙을 달리 하는 우리법하에서 수탁자는 상대방과의 특약에 의하여 비로

---

226) 정순섭, 신탁재산과 채무의 귀속주체에 관한 시론, 인천법학논총 제7집(2004. 12), 157면 이하.

227) 이중기, 387면.

228) 대법원 2004. 10. 15. 선고 2004다31883, 31890 판결; 대법원 2006. 11. 23. 선고 2004다3925 판결; 대법원 2010. 6. 24. 선고 2007다63997 판결.

229) 新井誠, 384頁은 이를 가리켜 신탁채무에 대하여 수탁자가 신용보완을 하는 것과 같다고 한다.

소 책임재산을 한정할 수 있다. 물론 이러한 특약이 수탁자의 신탁위반에 대한 책임까지 면하게 하는 것은 아니다. 신탁에 대한 수탁자의 의무위반과 관련한 면책특약과 수탁자가 신탁채무에 대한 책임재산의 범위를 신탁재산으로 한정하는 특약은 개념상 구분되어야 한다.

9.3.2. 효력

수탁자는 거래상대방과의 합의에 의하여 책임을 신탁재산으로 한정하는 특약을 할 수 있으며, 계약자유원칙에 따라 이러한 책임재산한정특약은 유효하다고 할 것이다. 제25조 제2항에서 "신탁재산에 속하는 채무에 대한 책임이 신탁재산만으로 한정되는 경우"도 이를 전제로 한다.

책임재산한정특약의 경우 수탁자 개인의 신용 내지 고유재산을 기대한 거래상대방의 보호가 문제될 수 있다. 하지만 특약을 하는 과정에서 이미 상대방이 그러한 사실을 알고 동의를 한 만큼, 상대방에게 특별히 부당하다거나 불측의 손해를 강제하는 것은 아니라고 해야 한다.

그러나 책임재산한정특약은 수탁자와 거래상대방 사이의 합의에 의하는 것이기 때문에 당사자의 역학관계나 협상능력에 따라서 특약 여부 및 그 내용이 결정된다. 그리고 책임재산한정특약은 그야말로 그러한 특약이 가능한 수탁자와 상대방의 계약관계를 전제로 하기 때문에 특약의 당사자 사이에서만 효력이 있으며, 수탁자가 행한 불법행위에 대하여는 적용이 없다. 유한책임신탁의 경우 수탁자가 고의·과실에 의한 위법행위로 제3자에게 손해를 입힌 때에는 유한책임신탁임에도 불구하고 고유재산으로 책임을 지는데(제118조 제1항 제2호), 이는 거래상대방과의 합의에 의하여 책임재산한정특약을 한 경우에도 다르지 않다고 해야 한다. 그리고 거래상대방에 대하여 불법행위가 되지 않는다면, 수탁자의 행위가 신탁위반이 되는 때에도 그 행위의 효력이 신탁재산에 미치는 만큼 책임재산한정특약은 적용된다고 할 것이다.[231]

9.4. 유한책임신탁

9.4.1. 의의

수탁자는 신탁사무의 처리로부터 발생한 채무에 대하여 원칙적으로 고유재산으로도 책임을 진다. 다만 수익자에 대하여는 신탁재산을 한도로 책임을 지고(제38조), 신탁거래에 있

---

230) UTC sec.1010 (a) cmt.

231) 이 경우 수탁자가 신탁에 대하여 고유재산으로 책임을 지는 것은 별개의 문제이다.

어서도 책임재산한정특약을 통하여 유한책임을 질 수 있다. 그러나 책임재산한정특약은 그 상대방과의 사이에서만 효력을 가지기 때문에 수탁자는 그 밖의 신탁채권자에 대하여 여전히 고유재산으로도 책임을 진다. 그리고 거래시 매번 상대방과 책임재산한정특약을 하는 것은 번거로울뿐더러 거래비용을 증가시킨다. 또한 채권자별로 책임재산한정의 유무나 그 범위가 달라져서 획일적인 업무처리가 필요한 영업신탁에는 적합하지 않은 점이 있다.[232] 그래서 신탁법은 개별적인 특약 없이도 수탁자가 신탁채권자에 대하여 신탁재산만으로 책임을 지는 유한책임신탁제도를 신설하였다.

최근 수탁자의 신용보다는 신탁재산의 가치가 더 중요한 경우가 있고, 수탁자가 신탁재산의 운용과 관련하여 과거에 비해 거액의 대외적 책임을 부담하는 경우가 증가하여 수탁자가 신탁의 인수를 꺼리게 되는 요인이 되고, 신탁에 따라서는 신탁재산을 초과하는 손실이 발생할 수 있는 위험이 있어 수탁자의 무한책임을 제한할 필요성이 제기되었다.[233] 이에 대해서는 신탁채권자의 이익을 해할 수 있다는 점에서 반론도 없지 않았다.[234] 그러나 수탁자가 신탁재산을 이용하여 자신의 이익을 도모하는 것이 아니고, 신탁재산에 대한 고유의 이해를 갖는 것도 아니며, 수탁자가 신탁채권자에 대하여 무한책임을 지는 경우에도 최종적으로는 신탁재산에 구상할 수 있다. 그러므로 신탁채권이 신탁재산만을 책임재산으로 하더라도 수탁자를 지나치게 유리하게 만든다고는 할 수 없다. 또한 수탁자 개인의 채권자는 신탁재산에 대하여 강제집행을 할 수 없는 것과 마찬가지로, 신탁채권자에 대해서도 수탁자가 신탁재산만으로 책임을 부담한다고 해서 신탁채권자의 이익을 과도하게 해하는 것은 아니다.[235] 그래서 신탁법은 유한책임신탁을 명시하면서 채권자보호를 위한 조치들도 함께 제도화하였다.

유한책임신탁은 앞으로 수탁자가 신탁의 인수에 따른 위험을 부담하는 것이 곤란할 경우에 활용될 것으로 전망된다.[236] 예컨대 부동산관리신탁 등에서 부동산의 소유자로서 수탁자의 무과실책임이 문제되는 경우와 같이 신탁재산 자체로부터 위험이 발생하는 경우 또는 해외재산이나 가치변동이 심한 자산의 보유·투자나 사업과 같이 신탁재산의 위험에 대한 지배가 용이하지 않은 경우에 회사와는 또 다른 형태로서 유한책임신탁의 구조는 유용

232) 김태진, 유한책임신탁에 대한 검토와 신탁법 개정을 위한 시사점, 중앙법학 제11집 제3호(2009), 298면.
233) 법무부, 824면 이하.
234) 법무부, 824면 참조.
235) 일본 신탁법이 한정책임신탁제도를 도입하는 과정에서 그 근거로 제시되었던 바이다. 최수정, 일본 신신탁법, 210면 이하.
236) 정순섭/노혁준, 30면 이하.

할 것이다.

9.4.2. 유한책임신탁의 설정

(1) 신탁상의 정함

신탁행위로 유한책임신탁을 설정할 수 있다. 위탁자는 수탁자와의 신탁계약에서 또는 신탁선언이나 유언에서 유한책임신탁에 관한 정함을 둘 수 있으며, 이 경우 제114조 제2항의 사항을 정하여야 한다.

첫째, 유한책임신탁의 목적을 정하여야 한다(제1호). 유한책임신탁의 목적을 다른 유형의 신탁과 비교하여 더욱 엄격하게 해석해야 할 이유는 없으므로, 다소 개괄적이더라도 가능하다고 할 것이다.

둘째, 유한책임신탁의 명칭을 정하여야 한다(제2호). 유한책임신탁에서는 책임재산이 신탁재산으로 한정되기 때문에 신탁과 거래하는 상대방을 보호하기 위하여 그러한 내용을 표시할 필요가 있다. 그래서 제115조 제1항은 신탁의 명칭을 정함에 있어서 반드시 "유한책임신탁"이라는 문자를 사용하도록 한다. 그리고 이에 상응하여 유한책임신탁이 아닌 신탁은 명칭에 유한책임신탁 내지 이와 유사한 문자를 사용하는 것이 금지된다(제115조 제2항). 나아가 누구든 부정한 목적으로 다른 유한책임신탁으로 오인할 수 있는 명칭을 사용해서는 안 된다(제115조 제3항). 부정한 목적으로 타인이 쌓은 신용과 사회적 지명도를 악용하여 마치 다른 유한책임신탁으로 오인하도록 함으로써 거래상의 손실을 줄 수 있는 부작용을 방지하기 위함이다.[237] 이러한 부정사용에 대하여는 그로 인해 이익이 침해되거나 침해될 우려가 있는 유한책임신탁의 수탁자가 그 명칭 사용의 정지 또는 예방을 청구할 수 있다(제115조 제4항).

셋째, 위탁자 및 수탁자의 성명 또는 명칭 및 주소를 정하여야 한다(제3호).

넷째, 유한책임신탁의 신탁사무를 처리하는 주된 사무소, 즉 신탁사무처리지를 정하여야 한다(제4호).

다섯째, 신탁재산의 관리 또는 처분 등의 방법을 정하여야 한다(제5호). 이는 유한책임신탁과 거래하는 상대방의 예측가능성을 확보하기 위함이므로, 어떠한 종류의 자산 및 거래에 신탁재산을 운용할 것인지와 운용상 어떠한 위험이 발생하는지 등을 어느 정도 알 수 있을 정도로 정하여야 한다.[238]

---

237) 법무부, 833면.
238) 정순섭/노혁준, 37면.

여섯째, 그 밖에 필요한 사항으로서 대통령령으로 정하는 사항을 정하여야 한다(제6호). 신탁법 시행령 제13조는 신탁의 사업연도를 들고 있다.

(2) 등기

가. 설정등기

당사자의 권리를 제한하거나 의무를 한정하는 경우 그러한 거래형태 또는 법형식을 제공하는 측에서는 이용이 용이한 반면, 채권자 등 관련 당사자로서는 그러한 제한이 인식가능하지 않는 한 불측의 손해를 입을 수 있다. 거래안전을 위해서나 제3자를 거래에 유인하기 위해서는 이러한 불측의 손해를 피할 수 있는 수단이 제공될 필요가 있다. 그래서 신탁법은 유한책임신탁을 공시하도록 하고, 이를 강제하기 위하여 등기를 유한책임신탁의 효력요건으로 정하고 있다(제114조 제1항 단서). 신탁법상 신탁재산의 등기는 대항요건인 반면,239) 유한책임신탁의 등기는 당해 신탁의 효력발생요건이다.

유한책임신탁의 등기에 관한 사무는 신탁사무처리지를 관할하는 지방법원, 그 지원 또는 등기소를 관할 등기소로 하며, 해당 등기소는 유한책임신탁등기부를 편성하여 관리한다(제124조). 등기의 신청은 법령에 다른 정함이 없는 한 수탁자 또는 신탁재산관리인의 신청이나 관공서의 촉탁에 의한다(제125조). 유한책임신탁등기는 유한책임신탁의 목적(제126조 제1항 제1호), 유한책임신탁의 명칭(제2호), 수탁자의 성명 또는 명칭 및 주소(제3항), 신탁재산관리인이 있는 경우 신탁재산관리인의 성명 또는 명칭 및 주소(제4항), 신탁사무처리지(제5항), 그 밖에 대통령령으로 정하는 사항(제6항)을 등기하여야 하고,240) 유한책임신탁을 설정한 때부터 2주 내에 등기하여야 한다(제126조 제2항). 등기신청서에는 유한책임신탁을 설정한 신탁행위를 증명하는 서면, 수탁자가 법인인 경우에는 그 법인의 상업등기법 제15조에 따른 등기사항증명서, 제117조 제2항에 따라 외부의 감사인을 두어야 하는 경우에는 그 선임 및 취임승낙을 증명하는 서면, 감사인이 법인인 경우에는 그 법인의 상업등기법 제15조에 따른 등기사항증명서를 첨부하여야 한다(제126조 제3항). 유한책임신탁등기의 절차는 유한책임신탁등기규칙241)에 의한다. 그 밖에 유한책임신탁등기의 등기절차 및 사무에 관하여는 상업

---

239) 부동산등기법 제81조 제1항 제12호는 신탁등기에 있어서 유한책임신탁인 경우에는 신탁원부에 그 뜻을 기록하도록 한다.

240) 이때 "대통령령으로 정하는 사항"은 신탁행위로 정한 종료 사유가 있는 경우 그 종료 사유를 말한다(신탁법 시행령 제16조).

241) 규칙 제2560-4호, 2014. 10. 2. 그리고 동 규칙에 따른 절차에는 유한책임신탁등기 업무처리지침[등기예규 제1700호]가 적용된다.

등기법의 예에 따른다(제131조).

나. 변경등기

신탁설정 이후에 등기사항에 변경이 있는 때에는 변경등기를 하여야 한다. 신탁사무처리지를 제외한 그 밖의 등기사항이 변경된 때에는 2주 내에 변경등기를 하여야 한다(제127조 제1항). 신탁사무처리지에 변경이 있는 경우에는 동일한 등기소의 관할구역 내에서라면 2주 내에 신탁사무처리지의 변경등기만 하면 되고, 그렇지 않은 때에는 종전 신탁사무처리지에서의 변경등기와 새로운 신탁사무처리지에서의 등기도 함께 하여야 한다(제127조 제2항). 그리고 변경등기를 신청할 때에는 신청서에 해당 등기사항의 변경을 증명하는 서면을 첨부하여야 한다(제127조 제4항).

등기사항의 변경에 대하여 변경등기를 하지 않은 때에는 선의의 제3자에게 대항하지 못한다(제127조 제3항 본문). 유한책임신탁의 설정등기와 달리 변경등기에 대하여는 대항력만 인정되는데, 등기 이전에는 외관주의에 따라 거래안전을 위하여 제3자를 보호하고, 등기 이후에는 제3자의 악의를 의제하여 유한책임신탁제도의 취지를 확보하고자 하는 것이다.[242] 다만 등기 이후라도 제3자가 정당한 사유로 이를 알지 못한 경우에는 마찬가지로 대항하지 못한다(제127조 제3항 단서).

다. 합병등기, 분할등기

유한책임신탁이 합병하거나 분할한 후에도 유한책임신탁을 유지하는 경우에는 등기가 요구된다. 이 경우 등기에 관하여는 제126조부터 제128조까지의 규정이 준용된다(제129조).

9.4.3. 효과

(1) 수탁자의 의무

가. 명시·교부의무

신탁상 정함이나 신탁법에 의하여 수탁자는 여러 의무를 부담하지만, 유한책임신탁의 경우 신탁법은 신탁채권자의 보호를 위하여 별도의 의무를 부과하고 있다. 먼저 유한책임신탁은 등기가 효력요건이므로, 당해 신탁과 거래하는 자는 등기부를 통하여 이러한 사실을 확인할 수 있다. 그러나 상대방이 항상 등기를 확인하거나 그러한 사실을 알 수 있는 것

---

242) 광장신탁법연구회, 426면.

은 아니므로, 신탁법은 상대방의 보호를 위한 또 다른 장치로서 수탁자의 명시·교부의무를 정하고 있다. 따라서 수탁자는 거래상대방에게 유한책임신탁이라는 뜻을 명시하고, 그 내용을 서면으로 교부하여야 한다(제116조 제1항).

수탁자가 명시·교부의무를 위반한 경우 거래상대방은 그 법률행위를 한 날부터 3개월 내에 이를 취소할 수 있다(제116조 제2항).[243] 취소권 행사기간의 기산점은 유한책임신탁임을 안 날이 아니라 법률행위를 한 날이다. 유한책임신탁이 등기를 통하여 공시되고 있으며 거래관계의 조속한 확정이 요구된다는 점에서 상대방에게 취소권을 인정하되 그 기산점을 주관적 기준이 아닌 법률행위 시점이라고 하는 객관적인 기준에 의한 것이다.

나. 회계서류 작성의무 등

수탁자는 신탁사무와 관련된 장부 및 그 밖의 서류를 갖추고 그 사무의 처리와 계산을 명백히 할 의무가 있다(제39조 제1항). 그런데 유한책임신탁에서는 신탁채권자에 대하여 신탁재산만 책임재산이 되므로 신탁채권자에 대한 변제자력을 명확히 산정하고 또 변제를 위하여 일정 수준으로 순자산을 유지하도록 할 필요가 있다. 그리고 신탁재산에 대한 적절한 외부 평가가 이루어져야 한다.[244] 그래서 유한책임신탁의 수탁자에게는 이와 관련한 의무가 부가된다. 먼저 수탁자는 제117조 제1항이 정한 회계서류를 작성할 의무가 있다. 수탁자는 대차대조표(제1호), 손익계산서(제2호), 이익잉여금처분계산서나 결손금처리계산서(제3호), 그 밖에 대통령령으로 정하는 회계서류(제4호)[245]를 작성하여야 한다.

그리고 신탁재산이 일정 규모 이상인 수익증권발행 유한책임신탁의 경우에는 회계서류 작성의무와 함께 외부감사인으로부터 회계감사를 받을 것이 요구된다. 유한책임신탁이 수익증권발행신탁으로서 직전 사업연도 말의 신탁재산의 자산총액이 100억 원 이상이거나(신탁법 시행령 제14조 제2항 제1호) 부채총액이 70억 원 이상이고 자산총액이 70억 원 이상인 경우(신탁법 시행령 제14조 제2항 제2호) 주식회사 등의 외부감사에 관한 법률의 예에 따라서 감사를 받아야 한다(제117조 제2항). 수익증권발행은 권리의 유통을 도모하기 위한 것이므로, 당

---

243) 이와 달리 일본 신탁법 제219조는 수탁자에게 명시의무를 부여하고, 이를 위반한 때에는 당해 거래상대방에 대하여 대항할 수 없도록 한다.

244) 법무부, 838면.

245) 신탁법 시행령 제14조(유한책임신탁의 회계서류 등) ① 법 제117조 제1항 제4호에서 "대통령령으로 정하는 회계서류"란 다음 각 호의 서류를 말한다.
   1. 자본변동표
   2. 신탁의 재산목록과 그 부속 명세서
   3. 법 제78조 제1항에 따라 수익증권을 발행하는 경우에는 수익증권기준가격 계산서

해 신탁의 수익자의 개성은 희박하고 수익자에 의한 수탁자의 감독도 기대하기 어려운 것이 사실이다. 그래서 신탁법은 외부감사인으로 하여금 회계감사를 실시하도록 하여 수탁자에 대한 감독을 확보하고자 하는 것이다.[246]

한편 등기를 통한 유한책임신탁의 공시는 신탁과 거래하는 제3자의 보호에 있어서 중요한 의미를 가진다. 그러므로 수탁자는 유한책임신탁과 관련한 등기를 함에 있어서 해당 사실을 정확하게 기재하여야 한다. 그럼에도 불구하고 등기가 사실과 다르게 된 경우 이를 신뢰한 제3자의 보호가 문제된다. 상업등기의 경우 공신력이 인정되지 않는 결과, 이를 신뢰한 제3자의 보호를 위하여 상법 제39조는 고의나 과실로 사실과 상이한 사항을 등기한 자는 이를 가지고 선의의 제3자에게 대항하지 못하도록 한다. 신탁법도 동일한 맥락에서 수탁자는 고의나 과실로 유한책임신탁의 등기가 사실과 다르게 된 경우 그 등기와 다른 사실로 선의의 제3자에게 대항하지 못하도록 한다(제130조).

(2) 수탁자의 책임

가. 제3자에 대한 책임범위

유한책임신탁의 성질상 수탁자는 신탁채권자에 대하여 신탁재산만으로 그 채무를 변제할 책임을 진다. 그러나 제118조 제1항은 유한책임신탁임에도 불구하고 예외적으로 수탁자가 고유재산으로도 책임을 지는 경우를 명시하고 있다.

(i) 수탁자가 고의 또는 중대한 과실로 그 임무를 게을리한 경우 수탁자는 제3자에게 그로 인한 손해를 배상할 책임이 있다(제118조 제1항 제1호). 수탁자의 고의나 중과실로 인한 임무의 해태는 일차적으로 신탁에 대한 관계에서 의무위반에 따른 책임을 야기한다. 그리고 제3자에 대한 책임은 위 요건이 충족된 때 비로소 발생한다. 만약 수탁자의 고의나 중과실의 임무해태가 있는 때에도 제3자에 대해서는 귀책사유가 없거나 손해가 발생하지 않았다면 위 규정에 의한 손해배상책임은 문제되지 않는다. 이처럼 수탁자의 신탁에 대한 책임과 제3자에 대한 책임은 별개이지만, 신탁법은 유한책임신탁의 채권자보호를 위하여 특별히 수탁자에게 법정책임을 정하고 있다.[247] 이는 상법 제401조 제1항이 고의나 중과실로 임무를 게을리한 이사에 대하여 손해배상책임을 묻는 것과 유사하다. 상법은 회사가 배상능력이 없는 경우 회사의 채권자와 거래상대방을 보호하기 위하여 경영자의 개인 재산을 회사의 책임재산으로 편입하기 위하여 이사의 제3자에 대한 책임을 규정하고 있는데, 이러

---

246) 최수정, 일본 신신탁법, 220면.
247) 법무부, 847면.

한 취지는 유한책임신탁에서의 수탁자에 대하여도 동일하게 적용될 수 있다.[248]

그러나 제118조 제1항 제1호는 고의 또는 중과실을 요건으로 하므로, 수탁자가 경과실로 그 임무를 게을리한 때에는 책임재산이 여전히 신탁재산으로 한정된다.

(ii) 수탁자가 신탁사무를 처리하는 과정에서 제3자에게 불법행위를 한 경우 그로 인한 손해배상채무는 신탁재산에 속하는 채무가 되고, 따라서 일반적인 신탁에서 수탁자는 신탁재산과 고유재산으로 책임을 진다.[249] 유한책임신탁에서도 수탁자가 고의 또는 과실로 위법행위를 한 경우 그로 인하여 제3자에게 발생한 손해에 대한 책임은 신탁재산에 한정되지 않는다(제118조 제1항 제2호). 유한책임신탁에 있어서 수탁자의 고의나 과실로 인한 채무불이행책임에 대하여는 그 상대방이 책임이 제한된다는 사실을 예견할 수 있지만, 고의나 과실로 인한 불법행위책임의 경우에는 그러하지 않기 때문이다.

물론 일반적인 불법행위책임에서도 채권자가 채무자의 책임재산의 범위를 일일이 고려하지 않거나 채무자의 책임재산이 채권을 만족시키기에 부족한 경우들이 얼마든지 있을 수 있다. 그리고 채권자로 하여금 수탁자의 고유재산에 책임을 물을 수 있도록 한 경우와 채권자가 신탁재산에 책임을 묻고 수탁자는 신탁재산에 그 손해를 배상하는 경우를 단순비교하여 양자는 결과적으로 동일한 재산상태에 놓이게 된다고 할지 모른다. 그러나 수탁자가 불법행위에 대하여 고유재산으로 책임을 지지 않는다고 한다면 훨씬 모험적인 행위를 할 위험이 커지는데, 그로 인하여 손해를 입은 자에 대해 제한된 범위에서만 책임진다고 하는 것은 합리적이지 않다.[250] 그리고 불법행위로 인한 손해배상채권자에게 신탁재산이나 고유재산 어디에든 책임을 물을 수 있도록 함으로써, 특히 신탁재산이 부족한 경우 고유재산으로부터 채권의 만족을 얻을 수 있도록 하여 채권자의 선택가능성을 확대하고 그 권리실현을 보장할 수 있다.

신탁사무처리에 대하여 원칙적으로 유한책임을 인정하는 미국 UTC 경우 수탁자가 신탁사무를 처리하는 과정에서 행한 불법행위와 더불어 신탁재산의 소유로부터 발생하는 채무에 대하여는 수탁자에게 귀책사유가 있는 한 고유재산으로 책임을 지도록 한 것도(UTC sec.1010 (b)) 동일한 취지라고 할 것이다.

하지만 위 규정은 고의나 과실로 인한 불법행위책임을 요건으로 하기 때문에 귀책사유

---

248) 정순섭/노혁준, 50면 이하.

249) 신탁사무 처리 중의 불법행위로 인한 채권도 신탁재산에 대한 강제집행 등이 가능한 '신탁사무의 처리상 발생한 권리'에 해당하는데, 상세는 제6장 Ⅳ. 2.2.2. (2) 참조.

250) 寺本振透編集, 256頁.

를 요하지 않는 불법행위책임의 경우에는 적용이 없다. 수탁자가 토양오염에 대한 책임을 지는 경우나 공작물 등의 소유자로서 책임을 지는 소위 무과실 법정책임의 경우에는 수탁자에게 고의나 과실이 있지 않는 한 신탁재산만이 그 책임을 진다.[251] 그리고 제118조 제1항 제1호 및 제2호는 그 요건을 달리 정하고 있지만, 수탁자가 고의나 중과실로 그 임무를 해태하여 제3자에게 유책하게 위법행위를 한 경우에는 양자가 경합한다. 하지만 어느 규정에 의하든 고유재산으로 책임이 확대되는 효과면에서는 차이가 없다.

(iii) 수탁자가 대차대조표 등 회계서류에 기재 또는 기록해야 할 중요한 사항에 관하여 사실과 다른 기재 또는 기록을 하거나(제118조 제1항 제3호) 사실과 다른 등기 또는 공고를 한 경우에는(동항 제4호) 제3자가 입은 손해에 대하여 고유재산으로 배상할 책임이 있다. 회계서류의 기재나 등기 또는 공고는 특히 유한책임신탁에서 거래상대방을 포함한 거래안전에 중요한 의미를 가진다. 그래서 이를 사실과 달리 기재 또는 기록을 하거나 등기 또는 공고를 한 때에는 유한책임신탁임에도 불구하고 수탁자로 하여금 고유재산으로 책임을 지도록 한다.[252] 다만 수탁자가 주의의무를 다하였음을 증명한 때에는 면책될 수 있다(제118조 제1항 단서).

그리고 제3자에 대하여 고유재산으로 책임을 지는 수탁자가 다수인 경우에는 이들 수탁자는 연대하여 그 책임을 진다(제118조 제2항).

나. 고유재산에 대한 강제집행 등의 금지

유한책임신탁에서는 신탁채권자에 대한 책임이 신탁재산에 한정되므로 신탁채권에 기하여 수탁자의 고유재산에 대한 강제집행 등이나 국세 등 체납처분을 할 수 없다(제119조 제1항 본문). 그러나 유한책임신탁에서도 예외적으로 수탁자는 고유재산으로 손해배상책임을 질 수 있는데(제118조), 이 경우 고유재산에 대한 강제집행 등이 가능함은 물론이다(제119조 제1항 단서). 위 예외에 해당하지 않음에도 불구하고 신탁채권자가 수탁자의 고유재산에 대하여 강제집행 등을 하는 때에는 민사집행법 제48조의 예에 따라 이의를 제기할 수 있다(제119조 제2항). 그리고 국세 등 체납처분이 있는 때에는 국세 등 체납처분에 대한 불복절차의 예에 따라 이의를 제기할 수 있다(제119조 제3항), 이때 강제집행 등의 대상이 된 재산이 고유재산에 속한 것임을 증명할 책임은 수탁자에게 있다.

7

---

251) 특별법 등에서 법률상 과실이 추정되고 무과실 증명에 의하여 면책될 수 있는 것으로 규정하고 있더라도 사실상 반증이 불가능한 경우의 처리에 대한 일본에서의 논의는 정순섭/노혁준, 49면 이하 참조.

252) 법무부, 848면.

한편 신탁재산에 속하는 채무와 신탁재산에 속하지 않는 채권은 상계할 수 있지만, 전자가 유한책임신탁에 속한 경우에는 상계가 원칙적으로 금지된다(제25조 제2항 본문). 신탁채권자에 대하여 신탁재산만으로 책임을 지는 유한책임신탁의 취지에 반하기 때문이다.[253] 하지만 양 채권·채무가 동일한 재산에 속하지 않는다는 점에 대하여 제3자가 선의·무과실인 경우에는 제3자가 유효하게 상계할 수 있다(제25조 제2항 단서). 그리고 유한책임신탁임에도 불구하고 수탁자가 고유재산으로 신탁채무를 이행하는 것을 금지할 이유는 없으므로, 수탁자가 상계하는 것도 가능하다고 해야 한다.

다. 신탁변경의 경우

（ⅰ） 신탁의 변경을 통하여 기존의 일반적인 형태의 신탁을 유한책임신탁으로 만들 수 있다. 신탁설정시에 유한책임신탁에 대한 정함이 있는 때에만 성립한다고 제한적으로 해석할 이유는 없기 때문이다. 이때 제3자에 대한 책임범위가 문제되는데, 신탁변경은 제3자의 정당한 이익을 해하지 못하므로(제88조 제2항) 신탁변경 이전의 신탁채권자에 대하여는 책임재산의 한정을 주장할 수 없다고 해야 한다. 수탁자는 신탁변경 이전의 채권자에 대하여는 고유재산으로도 책임을 지고, 신탁변경에 따른 유한책임신탁의 등기를 한 이후 거래한 채권자에 대하여는 신탁재산만으로 책임을 지는 것이다. 반면 유한책임신탁을 일반적인 형태의 신탁으로 변경한 경우에는 변경 이전의 채권자에게 책임재산의 확대라고 하는 불측의 이익을 줄 이유가 없으므로 수탁자는 여전히 신탁재산만으로 책임을 지고, 변경 이후 신탁채권자에 대하여는 고유재산으로도 책임을 진다고 할 것이다.

（ⅱ） 유한책임신탁이 합병된 경우 합병 전의 신탁재산에 속한 권리·의무는 합병 후의 신탁재산에 승계되는데(제93조),[254] 이때 종래 신탁채권자에 대한 책임재산의 범위가 문제된다. 유한책임신탁의 거래상대방은 그 책임재산이 한정되는 것을 전제로 하여 채권을 취득하였으므로 합병 이후에 고유재산에까지 그 책임재산의 범위를 확대할 근거는 없다. 따라서 유한책임신탁에 속하는 채무에 대하여는 합병 후에도 합병 후 신탁의 신탁재산만으로 책임을 진다(제122조).

유한책임신탁의 분할에 있어서도 합병과 동일하게 해석할 수 있다.[255] 신탁의 분할에 있어서는 분할되는 신탁재산에 속한 권리·의무는 분할계획서 또는 분할합병계획서에 따라

---

253) 이러한 유형의 상계에 관하여는 제6장 Ⅳ. 5.3. 참조.
254) 신탁의 합병에 대해서는 제8장 Ⅳ. 2. 참조.
255) 신탁의 분할에 대해서는 제8장 Ⅳ. 3. 참조.

서 분할 후 신설신탁이나 분할합병신탁에 승계되며(제97조 제1항), 수탁자는 분할하는 신탁재산의 채권자에게 분할된 신탁과 분할 후의 신설신탁 또는 분할합병신탁의 신탁재산으로 변제할 책임이 있다(제97조 제2항). 그런데 신탁분할에 의하여 책임재산의 범위가 고유재산에까지 확대된다고 할 근거는 없다. 그러므로 신탁분할에 있어서도 그 책임재산의 범위는 동일하다고 해야 한다. 즉, 수탁자는 분할하는 신탁재산의 채권자에게 분할된 신탁과 분할 후의 신설신탁 또는 분할합병신탁의 신탁재산만으로 책임을 진다(제123조). 그리고 이들 양자는 연대하여 책임을 진다.256)

(3) 수익자에 대한 급부의 제한

가. 급부제한의 취지 및 기준

일반적인 신탁의 경우 수탁자가 신탁상의 정함에 따라 수익급부를 함에 있어서 특별한 제한은 없다. 그런데 유한책임신탁의 경우 수익자를 포함한 신탁채권자의 책임재산은 신탁재산으로 한정된다. 그리고 수익자는 신탁재산으로부터 이익을 향수하는 지위에 있지만 신탁채권자보다 우선할 수 없다. 만약 수탁자가 신탁사무의 처리로서 거액을 차입한 후에 이를 모두 수익자에게 지급할 수 있다면, 신탁채권자의 희생하에 수익자만 이익을 얻는 결과가 된다. 수익자신탁에서 수익자의 보호는 중요한 정책이지만 그것이 신탁채권자의 희생을 강요하는 것이 되어서는 안 된다. 그리고 유한책임신탁이 구조적으로 그러한 비정상적인 목적을 위한 도구로 이용될 위험이 있다면 이를 차단함으로써 제도적 신용을 도모할 필요도 있다. 유한책임신탁에서와 같이 책임재산이 한정되는 경우에는 신탁채권자의 보호를 위하여 수익자에 대한 급부를 일정 범위에서 제한함으로써 신탁채권자의 책임재산이 되는 신탁재산을 확보할 것이 요구된다. 그래서 제120조 제1항은 유한책임신탁의 수탁자는 수익자에게 신탁재산에서 급부가 가능한 한도를 초과하여 급부할 수 없음을 명시하고 있다.

유한책임신탁의 신탁재산으로부터 수익자에게 급부가 가능한 한도는 급부를 할 날이 속하는 사업연도의 직전 사업연도 말일의 순자산액에서 신탁행위로 정한 유보액과 급부를 할 날이 속하는 사업연도에 이미 급부한 신탁재산의 가액을 공제한 금액을 말한다(제120조 제2항 및 신탁법 시행령 제15조 제1항).257) 주식회사의 경우와 마찬가지로 총자산에서 부채를 공제한 잔액인 순자산액이 급부 가능한 한도를 산정하는 기초가 되는 것이다.258)

---

256) 법무부, 863면.

257) 유한책임신탁의 수익권이 그 유한책임신탁의 신탁재산에 속하게 된 경우에는 그 수익권은 해당 유한책임신탁의 순자산으로 계산하지 않는다(신탁법 시행령 제15조 제2항).

나. 초과급부에 따른 법률관계

수탁자는 신탁재산으로부터 급부가능한 한도에서만 수익자에게 급부할 수 있음에도 불구하고 이러한 제한을 초과하여 급부한 때 그에 따른 법률관계가 문제된다. 제121조 제1항은 수탁자와 급부를 받은 수익자로 하여금 연대하여 그 초과된 부분을 신탁재산에 전보하도록 한다.

(i) 위 규정은 책임의 주체와 그 내용만 정하고 이러한 책임을 물을 수 있는 당사자에 관하여는 명시하고 있지 않다. 견해에 따라서는 명문의 규정이 없는 이상 신탁채권자의 청구권을 부정할 수밖에 없으며, 채무초과 상태에서 수익자에게 급부를 하였다면 신탁채권자는 채권자취소권을 행사할 수 있다고 한다.[259] 그러나 수익자에 대한 급부제한의 취지에 비추어 볼 때 일차적인 이해관계를 가지는 신탁채권자에게 청구권이 인정되어야 한다. 그리고 공동수탁자가 존재하는 때에는 신탁사무의 하나로서 청구권을 행사할 수 있으며, 다른 수익자도 신탁에 대한 감독권능을 가진 만큼 청구권을 행사할 수 있다고 할 것이다. 이 때 초과급부를 한 수탁자나 이를 받은 수익자라고 해서 청구권을 배제해야 하는지는 명확하지 않으며, 위탁자가 청구권을 행사할 수 없다고 할 것인지에 대하여도 의문이 제기될 수 있다. 그러므로 입법적으로 청구권자를 명시하는 것이 바람직하며, 위 규정의 취지에 비추어 그 범위는 신탁채권자, 수탁자, 수익자라고 할 것이다.

(ii) 수탁자가 급부가능한 한도를 초과하여 수익자에게 급부한 때에도 수탁자가 주의를 게을리하지 않았음을 증명한 경우에는 면책된다(제121조 제1항 단서). 이러한 면책가능성은 제121조 제1항 본문에 대한 단서의 형식을 취하므로, 초과급부의 전보와 관련하여 청구를 받은 수탁자는 물론 수익자도 수탁자의 무과실을 주장, 증명함으로써 그 책임을 면할 수 있다고 할 것이다. 그 결과 수익자는 급부가능한 한도를 초과하여 급부받은 부분을 적법하게 보유할 수 있게 된다.

(iii) 면책사유가 없는 한 수탁자와 수익자는 급부가능한 한도를 초과한 부분을 신탁재산에 반환하여야 한다. 초과급부에 대한 전보책임은 신탁재산의 확보를 위하여 그 초과 부분을 신탁재산에 되돌리기 위한 것이므로, 당연히 수익자에게 지급된 초과부분의 반환이 중심이 된다. 하지만 신탁법은 수탁자와의 연대책임을 정함으로써 신탁재산의 확보 내지 신탁채권자의 보호를 도모하고 있다. 따라서 청구권자는 수탁자나 수익자에 대하여 또는 동시나 순차로 이들 양자에 대하여 초과된 급부의 일부 또는 전부의 반환을 청구할 수 있

---

258) 법무부, 854면.
259) 정순섭/노혁준, 55면.

다. 그리고 청구의 내용은 수탁자 또는 수익자로 하여금 초과 급부를 신탁재산에 반환하도록 하는 것이다.

초과급부의 전보책임에 있어서 선의의 수익자에게도 동일한 책임이 발생하는지, 즉 청구권자는 선의의 수익자에게도 초과급부의 반환청구를 할 수 있는지 여부와 그 범위가 문제될 수 있다. 이에 관련하여서는 주식회사의 배당가능이익이 없음에도 불구하고 이루어진 위법배당의 효과 및 반환청구에 대한 논의가 참고가 된다.[260) 학설상 선의의 주주에게는 반환청구를 할 수 없다는 견해와 상법상 위법배당은 당연 무효이고 주주의 선의·악의를 묻지 않고 반환청구를 할 수 있다는 견해가 나뉘는데, 다수의 견해는 후자의 입장을 취한다. 이에 따라 유한책임신탁에서도 수익자의 선의·악의를 불문하고 청구가 가능하며, 그 범위는 위법하게 지급된 현물 또는 금액 전부라고 해석하는 견해도 있다.[261)

사실 수익자는 자신의 수익권에 기하여 급부를 받았기 때문에 법률상 원인 있는 이득을 얻은 것이지만, 신탁채권자의 보호를 위하여 신탁상 급부가 제한되는 결과 그 초과부분의 반환에 대한 법정책임을 진다. 제121조 제1항은 수익자의 주관적인 요건에 따라 달리 정하고 있지 않으며, 규정의 취지를 관철한다는 점에서도 수익자의 주관적인 요건에 따라 책임 여부나 그 범위를 달리할 것은 아니다. 그러므로 선의의 수익자도 전보책임이 있으며, 그 범위는 초과된 부분이라고 해야 한다.

(ⅳ) 수탁자가 초과부분을 신탁재산에 전보한 때에는 수익자에 대하여 구상할 수 있다. 수탁자는 연대채무자로서 자신의 채무를 이행한 것이지만, 그 실질은 수익자가 받은 초과급부를 반환한 것이기 때문이다. 하지만 신탁재산의 상황에 대하여 잘 알지 못한 채 수동적으로 급부를 수령하였을 뿐인 수익자가 오히려 주의의무를 해태하여 급부한 수탁자에게 구상의무를 부담한다는 것은 가혹할 수 있다. 그래서 제121조 제2항은 초과급부를 받은 수익자가 급부를 받을 당시에 그것이 급부가능한 한도를 초과한다는 사실을 알지 못한 때에는 수탁자가 구상권을 행사할 수 없도록 한다.

그런데 신탁채권자가 수익자를 상대로 전보책임을 물은 때에는 선의의 수익자도 초과급부를 신탁재산에 반환하여야 하지만, 수탁자를 상대로 전보책임을 물은 때에는 수탁자가 선의의 수익자에게 구상할 수 없기 때문에 수익자는 초과급부를 그대로 보유하게 된다. 신탁채권자가 누구를 상대로 전보책임을 묻는지 그 우연한 사정에 의하여 수탁자와 수익자는 서로 다른 이익상태에 놓이게 되는 것이다. 그러므로 수탁자로서는 만약의 경우 제출될 수

---

260) 김태진, 유한책임신탁에 대한 검토와 신탁법 개정을 위한 시사점, 319면 이하.
261) 김태진, 유한책임신탁에 대한 검토와 신탁법 개정을 위한 시사점, 320면.

있는 수익자의 선의의 항변을 차단하기 위해서도 수익자에게 신탁재산에 관한 정보를 정확히 제공할 필요가 있을 것이다.

9.4.4. 청산

(1) 청산절차의 개시

유한책임신탁이 종료한 경우에는 먼저 2주 내에 종료등기를 하여야 한다(제128조 제1항).[262] 그리고 유한책임신탁의 종료등기를 신청할 때에는 신청서에 종료사유의 발생을 증명하는 서면을 첨부하여야 한다(제128조 제2항).

유한책임신탁이 종료한 경우에는 신탁을 청산하여야 한다(제132조 제1항 본문). 일반적인 신탁에서는 청산절차가 선택사항이지만(제104조), 유한책임신탁에서는 신탁이 종료한 때 거쳐야 하는 의무적인 절차이다. 유한책임신탁에서는 신탁재산만이 신탁채권자에 대한 책임재산이 되기 때문에, 신탁이 종료하는 경우에 신탁채권자 등 이해관계인을 보호하고 관련 법률관계를 명확하게 하기 위하여 청산절차를 거치도록 한 것이다.[263] 그러므로 이에 관한 규정은 그 성질상 강행규정이라고 해야 한다.

청산절차가 개시되는 유한책임신탁의 종료원인은 일반적인 신탁에서와 다르지 않다.[264] 다만 합병의 경우에는(제98조 제2호) 합병되는 신탁의 모든 권리·의무가 합병신탁에 포괄승계되기 때문에 별도의 청산절차는 필요하지 않다. 그리고 유한책임신탁재산에 대한 파산선고가 있는 때에도(제98조 제3호) 채무자회생법에 따라서 파산절차가 진행되므로 청산절차는 요구되지 않는다(제132조 제1항 단서).

(2) 청산절차

가. 법정신탁의 발생

제132조 제2항은 청산이 완료될 때까지 유한책임신탁은 청산의 목적범위 내에서 존속하는 것으로 본다. 일반적인 신탁에서도 신탁의 종료원인이 발생한 때 신탁을 둘러싼 모든 법률관계가 소멸하는 것은 아니며 수탁자가 신탁사무를 종결하고 잔여재산을 귀속권리자에게 이전하는 등 사후절차가 수반된다. 신탁법은 이러한 법률관계를 신탁으로 의제하는데(제

---

262) 이는 유한책임신탁의 취지를 폐지하는 변경이 있는 경우에도 동일하다(제128조 제1항). 그리고 유한책임신탁의 종료등기를 하는 때에는 수탁자에 관한 등기를 말소하는 표시를 하여야 한다(유한책임신탁등기규칙 제6조).

263) 법무부, 883면.

264) 신탁의 종료 원인은 제9장 Ⅱ. 참조.

101조 제4항), 유한책임신탁의 경우에도 다르지 않다. 특히 유한책임신탁에 있어서는 청산절차가 강제되는바, 신탁법은 신탁재산에 속한 채권의 추심, 채무의 변제와 잔여재산의 인도, 최종계산시까지의 법률관계를 신탁으로 구성하고, 수탁자에게 그 의무에 상응하여 일련의 절차를 진행하도록 함으로써 당사자들의 이익을 보호하고자 한다. 신탁행위에 의한 신탁과 법정신탁으로서의 청산절차는 그 성질과 취지를 달리하지만, 수탁자 또는 수익자의 권리·의무 등에 관한 신탁상의 정함은 청산의 취지에 반하지 않는 한 효력을 가진다고 할 것이다.[265]

나. 청산수탁자의 선임

유한책임신탁이 종료한 경우 청산을 목적으로 하는 법정신탁의 수탁자, 즉 청산수탁자는 신탁행위에서 정한 바에 의한다. 그러한 정함이 없는 때에는 종료 당시의 수탁자 또는 신탁재산관리인이 청산수탁자가 된다(제133조 제1항 본문). 하지만 위탁자가 집행면탈 등 부정한 목적으로 신탁선언에 의하여 유한책임신탁을 설정함으로써 제3조 제3항에 따라 신탁이 종료된 경우에는 위탁자 겸 수탁자에게 계속해서 청산업무를 맡기는 것은 적절하지 않다. 그래서 이 경우에는 법원이 수익자, 신탁채권자 또는 검사의 청구에 의하거나 직권으로 청산수탁자를 선임하여야 한다(제133조 제1항 단서). 법원이 청산수탁자를 선임하면 전수탁자의 임무는 종료하며(제133조 제2항), 청산수탁자에 대한 보수에 관하여는 법원이 신수탁자를 선임한 경우에 따른다(제133조 제3항 및 제21조 제4항).

다. 청산수탁자의 직무와 권한

청산수탁자는 청산수탁자가 된 때부터 2주 내에 청산수탁자의 성명 또는 명칭 및 주소를 등기하여야 한다(제133조 제7항). 그리고 유한책임신탁이 종료한 경우 법정신탁은 청산의 목적범위 내에서 존속하므로 청산수탁자의 직무도 이를 내용으로 한다.

(i) 청산수탁자는 현존사무를 종결하여야 한다(제133조 제4항 제1호). 청산수탁자는 신탁 종료시에 아직 처리하지 않았거나 처리 중인 사무를 완료해야 하며, 새로운 신탁사업을 시작하거나 적극적인 투자 등을 할 수 없다.

(ii) 청산수탁자는 신탁재산에 속한 채권을 추심하고 신탁채권에 대한 변제를 하여야 한다(제133조 제4항 제2호). 신탁채권자에게 채무를 변제함에 있어서는 신탁채권자의 보호를

---

265) 최수정, 일본 신신탁법, 189면.

위한 별도의 절차가 요구된다. 먼저 청산수탁자는 취임한 후 지체 없이 신탁채권자에게 2개월 이상의 일정한 기간 내에 그 채권을 신고할 것과 그 기간 내에 신고하지 않으면 청산에서 제외된다는 뜻을 일반일간신문에 공고하는 방법으로, 수탁자가 법인인 경우에는 그 법인의 공고방법으로 최고하여야 한다(제134조 제1항). 신탁채권자가 위 신고기간 내에 그 채권을 신고하지 않으면 그 채권은 청산에서 제외되며, 청산에서 제외된 채권자는 분배되지 않은 잔여재산으로부터만 변제를 받을 수 있다(제137조). 그리고 청산수탁자는 자신이 알고 있는 채권자에 대하여 개별적으로 그 채권의 신고를 최고하여야 하며, 그 채권자가 신고하지 않은 때에도 청산에서 제외하지 못한다(제134조 제2항).

청산수탁자는 위 신고기간 내에는 신탁채권자에게 변제하지 못한다(제135조 제1항 본문). 신고기간이 만료한 후에 모든 신탁채권자에게 공평한 변제를 하기 위한 절차이므로 그 기간내의 변제는 금지되는 것이다. 그러나 이 규정이 그 기간 내에 변제기가 도래한 채무의 이행지체책임을 면제하는 것은 아니므로(제135조 제1항 단서) 청산수탁자는 지체에 따른 손해배상책임을 면할 수 없다. 다만 신고기간 내에도 예외적으로 소액의 채권, 담보가 있는 신탁채권, 그 밖에 변제로 인하여 다른 채권자를 해할 우려가 없는 채권에 대하여는 법원의 허가를 받아 변제할 수 있다(제135조 제2항).[266)]

청산절차에서 신탁채권자에 대한 변제에 있어 청산수탁자는 채무의 변제기가 도래하지 않은 때에도 변제할 수 있다(제136조 제1항). 청산수탁자는 기한의 이익을 포기할 수 있으며, 신탁채권자가 기한의 이익을 가지는 경우에도 청산사무의 신속한 종결을 위하여 변제기 전의 변제가 허용되는 것이다. 변제기 전의 채무를 변제함에 있어서는 이자 없는 채권의 경우 변제기에 이르기까지의 법정이자를 가산하여 그 채권액이 될 금액을 변제하여야 한다(제136조 제2항). 즉, 채권액에서 변제시부터 변제기까지의 법정이자에 상당하는 중간이자를 공제한 금액을 변제하여야 한다. 이자 있는 채권의 경우에는 변제시까지의 약정이율에 따른 이자를 지급하면 될 것이나, 약정이율이 법정이율에 미치지 못하는 때에는 변제시부터 변제기까지의 법정이율에 의한 중간이자를 공제한 금액을 변제하여야 한다(제136조 제3항). 만약 신탁채권이 조건부채권이나 존속기간이 불확정한 채권 등과 같이 가액이 불확정한 채권이라면, 법원이 선임한 감정인의 평가에 따라 정해진 금액을 변제하여야 한다(제136조 제4항).[267)]

---

266) 그 허가신청을 각하하는 재판에는 반드시 이유를 붙여야 하며(제135조 제3항), 변제를 허가하는 재판에 대하여는 불복할 수 없다(제135조 제4항).

267) 감정인의 선임절차에 드는 비용과 감정인의 소환 및 심문 비용은 청산수탁자가 부담한다(비송사건절차법 제44조의22 제2항).

(ⅲ) 청산수탁자는 잔여재산의 급부를 제외한 수익채권에 대한 변제를 하여야 한다(제133조 제4항 제3호). 수익채권은 신탁채권에 우선할 수 없으므로(제62조) 신탁채권이 변제된 이후에 수익채권을 변제하여야 한다. 다만 신탁채권자가 자신의 채권보다 수익채권이 우선하는 것으로 약정하였다면 이러한 합의는 존중되어야 할 것이다.[268]

(ⅳ) 청산수탁자는 신탁재산을 환가처분할 수 있다(제133조 제4항 제5호). 청산수탁자는 채무의 변제 등 신탁사무의 종결을 위하여 필요한 경우 신탁재산을 처분할 수 있다. 가령 신탁재산의 관리를 목적으로 하는 관리신탁이라도 청산절차에서 채무의 변제를 위하여 신탁재산의 처분이 필요한 때에는 신탁상 별도의 정함이 없는 한 이를 처분할 수 있다고 할 것이다.[269] 이때 처분의 방법에는 별도의 제한이 없으며,[270] 처분대가는 신탁재산에 속하고, 신탁채권자의 책임재산이 된다.

(ⅴ) 유한책임신탁의 청산에 있어서 신탁재산이 채무를 완제하기에 부족한 것이 분명하게 된 경우 청산수탁자는 즉시 신탁재산에 대하여 파산신청을 하여야 한다(제138조).[271] 적극재산으로 신탁채무를 모두 변제할 수 없음이 분명하게 되었다면 파산절차를 통하여 각 채권자가 공평하게 변제를 받을 수 있도록 할 필요가 있는 것이다. 유한책임신탁재산에 대하여 파산선고가 있게 되면 이에 속하는 모든 재산은 파산재단에 속하고(채무자회생법 제578조의12), 이제 신탁재산은 파산관재인에 의하여 환가되고 파산배당의 기초가 된다.

(ⅵ) 잔여재산을 그 권리자에게 급부하여야 한다(제133조 제4항 제4호). 신탁이 종료하는 경우 신탁재산은 신탁상의 정함이나 신탁법에 따라서 수익자나 귀속권리자에게 귀속된다(제101조). 그러므로 청산수탁자는 신탁채권자와 수익자에 대하여 채무를 변제하고 남은 신탁재산을 이제 그 권리자에게 이전하여야 한다. 잔여재산의 급부는 청산수탁자의 직무 중 하나이지만, 신탁채권 및 수익채권에 대한 변제가 이루어진 이후가 아니면 할 수 없다(제133조 제5항). 아직 이들 채권에 대한 변제가 이루어지지 않은 상태에서는 잔여재산 내지 귀속권리자 등의 권리 내용을 확정할 수 없기 때문이다.

(ⅶ) 청산수탁자는 신탁행위로 달리 정한 바가 없는 한 이상의 각 직무를 수행하기 위

---

268) 이러한 취지는 유한책임신탁재산의 파산에서도 관철되는데, 채무자회생법 제578조의16이 이를 명시하고 있다.

269) 최수정, 일본 신신탁법, 191면.

270) 법무부, 890면.

271) 채무자회생법은 유한책임신탁재산으로 지급을 할 수 없는 경우와 유한책임신탁재산으로 신탁채권자 또는 수익자에 대한 채무를 전부 변제할 수 없는 경우를 파산원인으로 들고(동법 제578조의4 제1항 및 제3항), 파산신청권자로 청산수탁자 외에 신탁채권자, 수익자, 수탁자, 신탁재산관리인을 정하고 있다(동법 제578조의3 제1항).

하여 필요한 모든 행위를 할 수 있다(제133조 제6항). 유한책임신탁이 종료하기 전의 수탁자
가 신탁재산의 관리, 처분 등 신탁목적의 달성을 위하여 필요한 모든 행위를 할 권한을 갖
는(제31조) 반면, 청산수탁자는 청산목적을 위하여 필요한 일체의 행위를 할 권한을 가진다.
이는 유한책임신탁이 종료한 경우 청산완료시까지 청산의 목적범위 내에서 신탁관계가 의
제되는 것에 상응한 것이다.

(3) 청산의 종결
청산수탁자가 자신의 권한하에서 제133조 제4항이 정한 직무를 완료하면 청산은 종결
된다. 유한책임신탁의 청산이 종결되면 청산수탁자는 제103조에 따라 최종의 계산을 하여
수익자 및 귀속권리자의 승인을 받아야 하며, 승인을 받은 때부터 2주 내에 종결의 등기를
해야 한다(제139조). 청산종결의 등기는 유한책임신탁등기기록 중 기타사항란에 하며, 이를
등기한 때에는 그 등기기록을 폐쇄하여야 한다(유한책임신탁등기규칙 제7조 제3호).

Ⅲ. 수탁자의 권리

1. 비용상환청구권

1.1. 신탁재산으로부터의 상환
1.1.1. 의의
(1) 신탁재산으로부터의 비용지출
신탁은 수탁자의 인격을 통하여 작동한다.[272] 신탁은 법인격이 없기 때문에 신탁재산
은 수탁자에게 귀속하며, 신탁재산과 관련한 법률행위는 수탁자의 이름으로 행해지고, 그
로 인한 권리와 의무의 주체는 수탁자가 되는 것이다. 예컨대 신탁재산에 대한 조세나 공과
금은 수탁자에게 부과되고, 신탁사무의 처리와 관련한 계약에서는 수탁자가 당사자가 되며,
신탁재산인 공작물의 설치, 보존의 하자로 타인에게 손해가 발생한 경우 수탁자는 귀책사
유가 없는 때에도 손해배상책임을 진다(민법 제758조 제1항).
한편 수탁자가 신탁사무로서 취득하는 권리는 신탁재산에 속한다. 그리고 수탁자가 신

---

272) Hudson, p.318.

탁사무를 처리하는 과정에서 비용을 지출하거나 채무를 부담하는 경우에도 그것은 실질적으로 신탁재산에 속하는 소극재산에 지나지 않는다. 수탁자는 신탁목적을 달성하기 위한 장치에 지나지 않기 때문에, 신탁재산이나 신탁사무의 처리로부터 직접 이익을 얻을 수 없는 것과 마찬가지로 채무나 책임도 신탁목적에 구속된 신탁재산이 부담하여야 한다. 제46조 제1항도 신탁상 별도의 정함이 없는 한 수탁자가 신탁재산에서 비용을 지출할 수 있음을 분명히 하고 있다. 그리고 미국 UTC sec.816 (15)는 신탁사무처리를 위하여 발생한 비용을 신탁재산에서 지출하는 것을 수탁자의 권한의 하나로 규정하고 있다.

대법원 2016. 1. 14. 선고 2013다47651 판결은 신탁재산에서 지출된 비용이 정당한 것인지 아니면 선관의무를 위반한 것으로 수탁자가 그 비용을 신탁재산으로 회복하여야 하는지를 자세히 판단하고 있다. 이 사건 자익신탁형 토지신탁에서는 신탁재산과 관련한 제 비용 및 수탁자가 신탁사무 처리과정에서 과실 없이 받은 손해를 비용으로 간주하여 신탁재산에서 지급하도록 약정하였는데, 시공사가 사업계획변경승인 없이 건축한 부분이 문제되어 사업주체인 수탁자가 아파트의 구분소유자에 대하여 지급한 하자보수금은 신탁비용으로 신탁재산에서 지출한 것은 정당하다고 보았다. 그리고 위 미승인 건축으로 인하여 수탁자가 주택건설사업등록말소처분을 받자 말소처분 취소소송을 제기하여 승소판결을 받았고, 이에 대하여 다시 주택건설사업 영업정지처분이 내려지자 이에 불복하여 취소소송을 제기하였으나 청구기각 판결을 받은 데 대하여는, 사업계획변경승인 절차의 이행 여부 등과 관련하여 주택건설사업계획의 시행주체인 수탁자에게 부과된 행정처분을 다투기 위한 소송비용은 신탁계약에 따른 신탁사무를 처리하는 과정에서 발생한 것이므로 그 비용 지출에 수탁자의 과실이 없다면 신탁계약상의 손해에 해당하여 비용으로 간주하여 신탁재산에서 지급할 수 있다고 전제하고, 각 행정소송을 제기하게 된 목적 내지 경위, 소송의 결과 등을 종합하여 영업정지처분 취소소송비용은 수탁자의 과실로 인한 것으로 볼 수 있으나 말소처분 취소소송비용은 수탁자가 신탁사무의 처리를 위하여 과실 없이 정당하게 지출한 것이라고 각각 판단하였다.

그리고 대법원 2016. 3. 24. 선고 2013다15654 판결은 부동산처분신탁에서 우선수익자가 요청한 방법에 따라 수탁자가 신탁부동산인 아파트를 분양하고 수분양자로부터 받은 대금으로 신탁설정 이전에 설정된 근저당권의 피담보채무를 변제하여 근저당권을 말소하거나 수분양자에게 소유권을 이전해주기 위하여 그 토지를 매수하는 데 소요된 비용은 정당한 사무처리비용에 해당한다고 보았다.

7

(2) 신탁재산으로부터의 비용상환

수탁자가 신탁사무처리과정에서 부담한 비용은 어디까지나 신탁재산에 속하는 것이므로 신탁재산이 수탁자에게 이를 상환하여야 함은 신탁 내지 수탁자 지위의 본질에 비추어 명백하다.[273] 그래서 제46조 제2항은 그러한 비용을 고유재산에서 지출한 수탁자에 대하여 신탁에 대한 구상권, 즉 비용상환청구권을 인정한다. 이는 수탁자가 신탁사무의 처리를 위하여 자기의 과실 없이 채무를 부담하거나 손해를 입은 경우에도 동일하다(제46조 제3항).

대법원 2005. 12. 22. 선고 2003다55059 판결은 이러한 "신탁재산에 관한 조세, 공과, 기타 신탁사무를 처리하기 위한 비용은 신탁재산의 명의자이자 관리자인 수탁자가 제3자에 대하여 부담하게 되는바, 수탁자로서는 위와 같은 채무를 신탁재산으로 변제할 수도 있고, 자신의 고유재산에 속하는 금전으로 변제할 수도 있는데, 신탁사무가 정당하게 행해진 한 위와 같은 비용은 실질적으로 신탁재산의 채무이기 때문에 자신의 고유재산으로써 이를 변제한 수탁자는 신탁재산으로부터 보상을 받을 수 있어야 할 것"이라는 근거에서, 수탁자의 비용상환청구권을 "수탁자가 신탁사무의 처리에 있어서 정당하게 부담하게 되는 비용 또는 과실 없이 입게 된 손해에 관하여 신탁재산 또는 수익자에 대해 보상을 청구할 수 있는 권리"라고 정의한다.

신탁상 발생한 비용의 배분, 즉 신탁채권자에 대한 수탁자의 책임과 신탁재산에 대한 구상에 따른 최종적인 비용부담의 확정은 수탁자의 거래상대방은 물론 위탁자나 수익자와 같은 신탁관계인에게도 중요한 의미를 가진다.[274] 그래서 신탁행위로 이러한 비용의 부담이나 상환에 관한 정함을 둘 수 있으며, 부동산개발신탁과 같이 수탁자가 신탁사업을 위하여 대규모의 자금을 조달하고 비용을 지출하는 경우에는 비용의 지출 및 상환과 관련한 정함을 두는 것이 오히려 일반적이다. 신탁법상 비용상환청구권에 관한 규정은 그러한 정함을 마련하는 경우나 정함이 없는 경우 비용의 배분에 있어서 중요한 기준이 된다.

1.1.2. 법적 성질

비용상환청구권의 법적 성질에 대하여 학설은 신탁재산 및 고유재산의 소유자의 지위를 겸하는 수탁자가 각 재산의 소유자의 지위에서 가지는 구상청구권, 즉 채권으로 해석한다.[275] 위 대법원 2005. 12. 22. 선고 2003다55059 판결도 수탁자의 신탁재산에 대한 비

---

273) US v Swope, 16 F. 2d 215 (C.C.A. 8th Cir. 1926).

274) 상세한 분석은 최수정, 신탁상 발생한 비용의 배분 —서울고등법원 2012. 2. 2. 선고 2010나84835 판결을 계기로—, 비교사법 제19권 2호(2012), 657면 이하 참조. 이하 일반론은 위 논문에 따른다.

용상환청구권이 수탁자의 고유재산에 속한 청구권임을 분명히 하였다. 그리고 비용상환청구권을 일신전속적이라거나 법률상 양도가 금지되는 것으로 새겨야 할 근거는 없다. 그러므로 원칙적으로 양도성과 상속성을 가지며, 위 판결의 사안처럼 질권을 설정하는 등 담보로 제공하는 것도 가능하다.

1.1.3. 요건

(1) 고유재산에서 지출한 비용

신탁상 별도의 정함이 없는 한 수탁자는 신탁사무의 처리에 관하여 필요한 비용을 먼저 신탁재산에서 지출할 수 있다(제46조 제1항). 만약 수탁자가 고유재산에서 비용을 지출하였다면, 이를 신탁재산으로부터 상환받을 수 있다(제46조 제2항).

상환청구를 할 수 있는 비용은 신탁사무의 처리에 관하여 필요한 비용이어야 한다.[276] 그리고 필요한 비용이라고 하더라도 그것은 합리적인 범위 내에서 지출된 것이어야 한다.[277] 수탁자가 선량한 관리자의 주의로써 정당하게 지출한 비용,[278] 즉 신탁위반 내지 의무위반에 해당하지 않는 정당한 비용(authorized expenses)이어야 한다. 예컨대 신탁재산에 부과된 조세나 공과금, 신탁재산의 보존·개량을 위한 비용, 토지 등의 매매에 따른 수수료, 신탁사무의 처리를 위하여 고용계약이나 위임계약을 체결한 때 그 보수 등이 이에 해당한다.[279] 수탁자가 선량한 관리자의 주의를 위반하여 신탁비용을 지출한 때에는 과실로 인하여 확대된 비용은 신탁비용의 지출 또는 부담에 정당한 사유가 없는 경우에 해당하므로, 수탁자는 그 비용의 상환을 청구할 수 없다.[280]

상환청구의 대상이 되는 비용인지를 판단함에 있어서 실제 신탁재산에 이익이 발생하였는지는 묻지 않는다. 그리고 비용 지출 당시에 필요하다고 인정되면 충분하고, 사후적으로 불필요한 것이 되었더라도 무방하다. 비용상환청구권은 비용지출 시점에서 발생하며, 또한 채권자대위권의 대상이 될 수 있다.

7

---

275) 이연갑, 수탁자의 보상청구권과 충실의무, 281면. 반면 일본에서는 구상금채권이라거나, 신탁재산 자체로부터 보상액을 공제받는 형성권이라거나 또 수탁자의 재임기간 중에는 형성권이지만 임무종료 이후에는 청구권이라고 하는 견해가 대립하였다.

276) 이때 "필요한 비용"을 민법상 비용상환청구권에 있어서의 구분인 필요비, 유익비, 사치비에서의 필요비로 제한적으로 해석할 필요는 없을 것이다.

277) 이연갑, 수탁자의 보상청구권과 충실의무, 288면.

278) 대법원 2009. 1. 30. 선고 2006다62461 판결 등.

279) 법무부, 379면.

280) 대법원 2006. 6. 9. 선고 2004다24557 판결.

신탁사무처리를 위한 정당하고 합리적인 범위에 해당하지 않는 비용은 수탁자의 고유재산에 속한다. 다만 이러한 비용에 대한 상환청구는 인정되지 않더라도 그로 인하여 신탁재산에 이익이 생겼다면 일반적인 부당이득법리에 따른 반환청구는 가능하다고 할 것이다. 미국 신탁법 제2차 리스테이트먼트 §245 및 UTC sec.709 (a)(2)는 정당한 범위 내의 비용이 아니더라도 그것이 신탁에 이익을 준 한에서는 반환청구가 가능하다고 본다. 이는 결코 수탁자의 권한 범위를 넘은 행위를 정당화하는 것은 아니며, 신탁재산으로부터 부당이득을 제거하기 위함이다. 그리고 그 취지는 우리법의 해석에서도 유효하다고 할 것이다.

(2) 수탁자에게 발생한 채무나 손해

수탁자가 신탁사무의 처리를 위하여 과실 없이 채무를 부담하거나 손해를 입은 경우 제46조 제3항은 동조 제1항 및 제2항에 의하도록 한다. 따라서 수탁자는 신탁재산에서 채무를 이행할 수 있으며, 고유재산에서 이행을 하거나 고유재산이 손해를 입은 경우에는 신탁재산으로부터 상환 또는 보상을 받을 수 있다. 그런데 신탁사무의 처리과정에서 수탁자가 부담하게 된 채무는 신탁재산에 속하는 채무이다. 그러므로 그 채무의 변제는 신탁재산에서 이루어져야 하며, 수탁자가 고유재산으로 변제하였다면 신탁재산에 대하여 상환청구를 할 수 있어야 한다. 그리고 신탁사무를 처리함에 있어 수탁자가 자신의 과실로 인하여 손해를 입었다면 수탁자가 이를 감수하여야 함은 물론이다. 하지만 수탁자가 과실 없이 손해를 입었다면 그러한 불이익은 신탁사무의 처리에 따른 이익이 종국적으로 귀속되는 신탁재산에 돌아가는 것이 타당하다. 그리고 당해 사무처리가 실제로 신탁에 이익을 가져왔는지는 요건이 아니므로, 신탁에 이익이 발생하지 않은 때에도 수탁자는 신탁재산으로부터 손해를 보상받을 수 있다.

이러한 규정방식은 수임인이 위임사무의 처리에 필요한 채무를 부담한 때 위임인에 대하여 자신에 갈음하여 변제하도록 하거나(민법 제688조 제2항), 위임사무의 처리를 위하여 과실 없이 손해를 받은 때 위임인에게 그 배상을 청구할 수 있는 것(동법 제688조 제3항)과 유사하다.281) 다만 신탁에서는 위임인과 같은 별도의 법인격이 존재하지 않으며 수탁자 자신이 바로 신탁재산의 귀속주체이다. 그러므로 수탁자는 직접 신탁재산에서 채무를 변제할 수

---

281) 수탁자가 신탁재산에서 비용을 지출하는 제46조 제1항은 수임인의 대변제청구권에 관한 민법 제688조 제2항에 그리고 수탁자의 비용상환청구권에 관한 제46조 제2항은 수임인의 사후적인 비용상환청구권에 관한 민법 제688조 제1항에 상응하고, 수탁자의 신탁재산에 대한 손해배상청구권은 수임인의 손해배상청구권에 관한 민법 제688조 제3항에 해당하는 것으로 볼 수 있다.

있고, 고유재산에서 변제를 하거나 손해가 발생한 때에는 고유재산이 신탁재산에 대하여 비용의 상환 또는 손해의 보상을 청구하는 형태가 되는 것이다.

그런데 위 관점에서 본다면 수탁자와 신탁재산 사이에서 제46조 제3항이 규정한 "채무"는 별다른 의미를 갖지 못한다. 채무도 넓은 의미에서는 비용이라고 할 수 있고, 비용도 이를 발생시키는 채권채무관계에 근거한 것이므로 동일한 내용을 표현만 달리하여 거듭 규정할 이유는 없기 때문이다. 이에 대하여는 수탁자가 고유재산에서 채무를 변제한 후 그 비용을 신탁재산으로부터 상환받는 복잡한 구상절차를 거칠 필요가 없도록 민법 제688조 제2항과 같이 신탁재산으로부터 채무를 변제받을 수 있도록 한 것이라는 설명이 있다.[282] 그러나 이는 이미 제46조 제1항의 적용범위에 포섭된다. 오히려 위 규정방식은 규정의 중복에 해당하고, 양자의 구분과 관련한 혼란을 야기할 수 있다. 구신탁법 제42조가 비용과 이자, 손해만을 규정하였으며, 가령 일본 신탁법도 수탁자의 비용상환청구권과 관련하여 비용이나 손해만 언급하고 있는 점을 보아도 그러하다.

한편 제46조 제3항은 "과실 없이 채무를 부담하거나 손해를 입은 경우"라고 하여 채무나 손해가 수탁자의 과실 없이 발생할 것을 요건으로 한다. 이때 과실은 수탁자에게 요구되는 선관의무의 위반을 가리키는 것으로, 과실 없이 부담한 채무는 제46조 제1항 및 제2항의 "필요한 비용"과 동일하게 해석할 수 있다. 예컨대 수탁자가 불법행위로 인한 손해배상책임을 지게 된 때에도 만약 그 책임이 신탁사무를 처리하는 과정에서 수탁자가 주의의무를 다하였음에도 불구하고 발생한 것이라면 신탁재산으로 그 채무를 이행할 수 있음은 물론, 고유재산으로 이행하였다면 신탁재산으로부터 상환받을 수 있다. 수탁자가 손해를 입은 경우에도 그 손해는 신탁사무를 처리하는 과정에서 역시 주의의무를 다하였음에도 발생한 손해를 의미한다는 점에 의문이 없을 것이다.

다른 한편 수탁자가 신탁사무를 처리함에 있어서 제3자의 고의, 과실로 입은 손해에 대하여도 신탁재산으로부터 보상을 받을 수 있는지에 관하여는 명시적인 규정이 없다. 생각건대 제46조 제3항은 수탁자에게 발생한 손해가 수탁자의 과실이 없을 것을 요건으로 할 뿐 그 손해를 발생시킨 제3자의 고의, 과실은 묻지 않는다. 그리고 위임계약의 경우 수임인이 손해에 관하여 무과실이라면 제3자에 대하여 손해배상청구를 할 수 있는 때에도 위임인에 대한 배상청구를 인정한다.[283] 가령 일본 신탁법 제53조 제1항 제2호는 이를 명시하고 있지만, 이러한 확인적인 규정이 없는 우리법에서도 위 근거에 비추어 마찬가지로 수탁자

---

282) 법무부, 383면.
283) 지원림, 1620면.

는 신탁재산에서 보상을 받을 수 있다고 할 것이다.

1.1.4. 비용상환청구권의 행사

(1) 권리행사의 전제 요건

수탁자가 비용상환청구권을 행사하기 위해서는 제43조 및 제44조에 따른 원상회복의무 등을 먼저 이행하여야 한다(제49조). 의무위반에 따른 책임을 다하지 않은 수탁자가 자신의 권리부터 행사하는 것은 무엇보다 충실의무에 반한다. 그리고 수탁자의 원상회복의무 등을 권리행사의 전제로 삼음으로써 수탁자의 책임을 다하도록 강제할 수 있다. 그래서 신탁법은 수탁자의 원상회복의무 등의 이행을 권리행사의 요건으로 명시하고 있다.

(2) 비용 등의 상환 범위

수탁자가 상환청구를 할 수 있는 범위는 신탁사무를 처리하면서 정당하게 지출하거나 부담한 비용 및 과실 없이 입은 손해이다. 그리고 수탁자가 정당하게 지출한 비용에 대하여는 지출한 날 이후의 이자도 포함된다(제46조 제2항).[284] 이자의 경우 신탁행위로 정한 이율이 있으면 그 기준에 의하며, 그러한 정함이 없는 때에는 법정이율에 의한다.

그러나 수탁자가 선량한 관리자의 주의를 위반하여 신탁비용을 지출한 경우에는 과실로 인하여 확대된 비용은 신탁비용의 지출 또는 부담에 정당한 사유가 없는 경우에 해당하므로 수탁자는 비용상환청구를 할 수 없다. 대법원 2006. 6. 9. 선고 2004다24557 판결이 분양형 토지신탁계약이 체결된 사안에서 일반론으로 설시한 이래 위 법리는 비용상환청구의 범위를 결정하는 판례로서 확립되었다. 예컨대 대법원 2008. 3. 27. 선고 2006다7532, 7549 판결은 수탁자가 지출한 비용 중 직접 이 사건 신탁사업에 투입된 금액의 8배에 가까운 금액을 차용하고 그 이자를 지출한 부분을 전부 신탁비용으로 인정한 원심을 파기하면서 위 법리를 들었다.

종래 실무에서는 수탁자가 신탁사업에 소요되는 자금을 미리 자신의 신용을 바탕으로 유리한 조건하에 차입하여 이를 고유계정에 보관하고 있다가 신탁계정에 대여하면서 조달이자에 이자를 가산하였는데, 판례는[285] 이러한 소비대차계약이 이익상반행위로서 무효라

---

[284] 수임인이 위임사무처리에 관하여 필요비를 지출한 때 위임인에 대하여 지출한 날 이후의 이자를 청구할 수 있는 것과 동일하다(민법 제688조 제1항).

[285] 대법원 2011. 6. 10. 선고 2011다18482 판결; 대법원 2017. 6. 8. 선고 2016다230317, 230324 판결; 대법원 2017. 7. 11. 선고 2017다8395 판결; 대법원 2020. 11. 5. 선고 2017다7156 판결 등.

고 판단하면서, 이를 비용상환청구권의 행사로 보는 경우에도 가산이자는 신탁사무의 처리를 위하여 실제로 정당하게 지급하거나 부담한 비용 내지 이자 등에 해당하지 않는다고 보았다. 그리고 수탁자가 자기 자금을 신탁계정에 대여함에 있어서 신탁사무의 처리를 위하여 어떤 비용을 실제로 정당하게 지급하거나 부담하게 되었는지를 주장·증명할 책임이 있다고 하였다.

한편 대법원 2018. 2. 28. 선고 2013다26425 판결은 수탁자가 신탁재산의 관리와 관련하여 회생절차가 개시된 사실을 알지 못하여 회생채권으로 신고조차 하지 못함으로써 그 권리를 상실한 사안에서, 그 과정에서 관리인을 상대로 소를 제기하면서 지출한 법률비용은 정당한 사유가 없기 때문에 상환을 청구할 수 없고, 수탁자가 받은 법률비용은 부당이득으로서 반환하여야 한다고 하였다.

(3) 비용 등의 상환 방법
가. 금전의 지급

수탁자의 비용상환청구권은 신탁재산에 대한 것이지만 신탁재산의 귀속주체 역시 수탁자이므로, 수탁자는 신탁재산인 금전을 고유재산으로 이전함으로써 비용을 상환받을 수 있다. 제34조 제1항 제1호는 신탁재산을 고유재산으로 하는 행위를 금지하지만, 제46조의 비용상환청구권의 행사는 그 예외가 된다. 그리고 수탁자는 다른 공동수탁자가 있는 경우에는 공동수탁자에 대하여, 신수탁자가 선임된 경우에는 신수탁자에 대하여 비용상환청구권을 행사할 수 있다.

비용상환청구권은 수탁자의 고유재산에 속한 권리이므로 수탁자의 지위를 상실한 때에도 소멸하지 않는다. 수탁자의 지위에 있는 때에는 신탁재산의 관리인이 수탁자 자신이므로 신탁재산에 대하여 비용상환청구권을 강제집행과 같은 방법으로는 행사할 수는 없다. 하지만 수탁자의 임무가 종료한 후에는 신수탁자를 상대로 신탁재산에 대한 강제집행을 할 수 있으며,[286] 비용상환청구권을 피담보채권으로 하여 신탁재산을 유치할 수 있다(제54조 제2항).[287] 또한 비용상환청구권을 확보하기 위하여 수탁자는 신탁채권자를 대위할 수 있다. 수탁자가 신탁재산에 관한 권리를 고유재산에 귀속시키는 행위는 이익상반행위로서 금지되지만, 변제자대위는 법률규정에 의한 채권 및 이에 부속한 권리의 이전이다. 그러므로 신탁재산에 속하는 채무를 변제한 수탁자에게 비용상환청구권이 인정되는 것에 상응하여, 변제

---

286) 대법원 2005. 12. 22. 선고 2003다55059 판결.

287) 이 경우 유치권의 특수성에 대하여는 아래 1.4. 참조.

자대위 법리에 의하여 수탁자에게 신탁채권자의 권리가 이전되는 것 또한 유효하다고 할 것이다.

나. 자조매각권

수탁자는 비용상환청구권의 행사로서 신탁재산을 매각하여 그 대금으로부터 비용을 상환받을 수 있다(제48조 제2항 본문). 수탁자의 자조매각권은 수탁자가 신탁재산의 명의인으로서 관리처분권을 가지는 데 근거한 것으로, 자조매각권을 행사함에 있어 수탁자는 신탁재산관리인으로서 신탁의 목적에 따라 신탁재산을 처분할 의무가 있다. 그러므로 수탁자가 비용상환청구권에 대하여 자신의 채권자에게 질권을 설정해준 경우에는 질권자가 신탁재산에 대하여 직접 자조매각권을 행사하는 것은 허용되지 않는다.[288] 그리고 신탁재산의 매각으로 신탁목적을 달성할 수 없게 되거나 그 밖의 상당한 이유가 있는 경우에는 수탁자에 대하여도 자조매각권이 인정되지 않는다(제48조 제2항 단서).

한편 수탁자는 신탁계약상 자조매각권에 관한 정함을 둠으로써(약정자조매각권) 신탁재산에 관한 비용 등의 회수에 편의를 도모할 수 있다. 판례는 신탁이 존속하는 동안이나 종료한 이후에 신탁재산에 관한 비용 등을 수익자에게 청구하였으나 수익자가 이를 지급하지 않을 경우에는 수탁자가 신탁재산을 처분하여 그 대금으로 신탁재산에 관한 비용 등의 변제에 충당할 수 있도록 하는 신탁계약상의 규정을 수탁자에게 자조매각권을 부여하는 특약으로 해석한다.[289] 이 경우 수익자는 수탁자가 자조매각권을 행사하여 신탁재산을 처분하기 전에 비용을 지급하고 신탁재산에 관한 소유권이전등기절차의 이행을 구할 수 있다.

약정자조매각권의 효력은 수탁자가 파산한 경우에도 다르지 않다. 파산자가 파산선고 시에 가진 모든 재산은 파산재단을 구성하고 그 파산재단을 관리 및 처분할 권리는 파산관재인에게 속하므로 파산관재인은 파산선고를 받은 수탁자의 포괄승계인과 같은 지위에 있고, 비록 신탁재산은 파산재단에 속하지 않지만 신탁재산에 관한 약정자조매각권과 비용상환청구권은 파산재단에 속한다. 따라서 파산관재인은 신탁재산에 대하여 관리처분권이 있는지 여부와 상관없이 파산선고 당시 수탁자가 가지고 있던 약정자조매각권을 행사하여 신탁재산을 매각하고 그 대금으로 비용상환청구권의 변제에 충당할 수 있다.[290]

---

288) 대법원 2005. 12. 22. 선고 2003다55059 판결.
289) 대법원 2009. 1. 30. 선고 2006다62461 판결 등.
290) 대법원 2013. 10. 31. 선고 2012다110859 판결.

다. 대물변제

수탁자는 비용상환청구권의 행사로서 신탁재산에 속하는 금전을 고유재산으로 이전하는 대신 신탁재산에 속하는 물건을 고유재산에 귀속시킬 수 있는지, 즉 대물변제의 가부가 문제된다. 학설은 대물변제가 수익자에게 불리하지 않은 경우 임의매각이나 대물변제나 차이가 없기 때문에 시장가격에 따른 평가과정을 거친다면 허용된다고 보기도 한다.[291] 그러나 대물변제가 수익자에게 불리한지 여부에 대한 판단이나 시장가격에 따른 평가는 전적으로 수탁자에 의하여 이루어지기 때문에 그러한 판단이나 평가의 적정성이 문제될 수밖에 없다. 사후적으로 충실의무 위반에 따른 책임을 물을 수 있다고 하더라도, 별도의 정함이 없는 한 수탁자가 임의로 대물변제를 할 수 없다고 하는 것이 신탁재산 및 수익자의 보호와 이를 둘러싼 분쟁의 방지를 위한 방안이 될 것이다.[292] 그리고 대물변제가 허용되지 않는다고 하더라도 수탁자는 자조매각권을 행사할 수 있으므로 특별히 수탁자에게 불이익한 것은 아니다.

라. 사전구상권

위임계약의 경우 수임인은 위임사무의 처리에 필요한 비용에 대하여 위임인에게 그 선급을 청구할 수 있다(민법 제687조). 그런데 제46조 제2항의 비용상환청구권은 신탁재산에서 지출되어야 할 비용을 수탁자가 고유재산에서 지출한 이후에 행사하는 사후구상권이다. 물론 수탁자는 신탁사무의 처리에 관하여 필요한 비용을 신탁재산에서 직접 지출할 수 있지만, 이는 구상의 문제는 아니다. 그리고 그 비용이 신탁재산으로부터 수탁자의 고유재산으로 이전된 후에 지출되지도 않는다. 가령 일본 신탁법은 신탁상 다른 정함이 없는 한 수탁자에게 사전구상권을 인정하는데(동법 제48조 제2항 및 제49조 제1항), 이와 같은 명시적인 규정이 없는 우리법의 해석에서도 수탁자는 신탁사무의 처리에 소요될 비용을 신탁재산으로부터 미리 지급을 받을 수 있는가? 학설은 사전구상권이 충실의무, 자기거래금지원칙 및 이익향수금지원칙의 취지에 반할 우려가 있고, 사전구상권이 인정되면 수탁자는 항상 사전구상권만 이용하게 될 것이며, 필요한 경우에는 신탁행위로 사전구상권을 허용할 수 있다는 근거에서 사후구상권만 인정된다고 한다.[293]

구신탁법과 달리 제46조 제1항은 신탁재산에서 비용을 지출할 수 있음을 분명히 하고

---

291) 이중기, 396면.

292) 能見善久, 202頁.

293) 이중기, 404면; 문형배, 토지신탁상 수탁자의 손해배상의무와 보상청구권, 판례연구 19집(2008), 161면.

있다. 그러므로 위임에서의 비용선급청구권과 같은 사전구상권을 일반적으로 인정할 필요
성이나 근거는 희박하다. 물론 신탁재산이 부동산처럼 유동성이 낮은 때 비용의 선급이 문
제될 수 있지만, 이러한 경우에는 신탁상 비용선급 내지 사전구상에 관한 정함을 두는 것이
일반적이다. 그렇지 않은 경우에도 수익자의 승인을 받은 때에는(제34조 제2항 제2호) 사전구상
이 가능하다.294) 그러므로 신탁상 별도의 정함이 있거나 수익자가 승인하지 않은 한 사전구
상권은 인정되지 않는다고 하겠다.

(4) 충당

수탁자가 신탁재산으로부터 비용을 상환받는 경우 신탁재산 중 어느 부분으로 충당할
것인지가 문제된다. 사실 비용의 분담 내지 충당이라고 하는 문제는 비용상환청구 단계에
서뿐만 아니라 신탁재산에서 비용을 지출하는 때에도 발생한다. 수탁자는 공평의무를 부담
하는데(제35조), 원본 또는 수입 중 어디에서 지출 또는 충당하는지에 따라서 원본수익자와
수입수익자 각자의 지위나 수익권의 가치가 달라진다. 물론 신탁상 정함이 있는 경우 이것
이 일차적인 기준이 된다. 그러나 그러한 정함이 없는 때에는 신탁의 목적에 비추어 그리고
신탁재산 운용의 전반적인 포트폴리오를 고려하여 원본수익자와 수입수익자에게 공평하게
비용이 배분되도록 해야 할 것이다.

가령 미국의 원본·수입에 관한 표준법(UFIPA)은 이와 관련한 일련의 기준을 제시하고
있다. 동법 sec.501은 원칙적으로 수입에서 충당하는 비용으로 (1) 수탁자 등의 보수의
1/2, 회계, 사법 또는 준사법 절차 등에 대한 비용의 1/2, (2) 수탁자가 수입에서 지출하는
것이 수익자에게 이익이 된다고 판단한 때에는 위 비용의 잔액, (3) 신탁재산의 보존, 관리
및 수입의 배분 등과 관련한 통상적인 비용, (4) 신탁재산과 관련한 보험료를 든다. 그리고
sec.502 (a)는 원본에서 충당하는 비용으로 보수의 나머지 잔액, 원본을 기초로 산정된 수
탁자의 상환청구, 재산의 처분을 위한 비용, 원본에 속하는 채무의 이행, 신탁의 해석 또는
신탁재산의 보호를 포함하여 주로 원본과 관련한 절차에서 발생하는 비용, 신탁이 소유자
이고 수익자인 보험에서 수입에서 지출되지 않은 보험료, 상속세나 양도세, 환경 관련한 비
용을 열거하고 있다. 이러한 기준은 충당에 관한 신탁상의 정함을 두는 경우나 우리법의 해
석에 있어서도 참고가 될 수 있다.

---

294) 이는 신탁재산을 고유재산으로 하는 데 대한 수익자의 승인을 의미하며, 아래에서 살펴볼 수익자에 대한
　　상환청구와는 다르다.

1.2. 수익자로부터의 상환

1.2.1. 인정 근거

(1) 입법례

수탁자가 신탁재산으로부터 비용을 상환받게 되면 그에 상응하여 수익자에게 돌아갈 신탁이익은 감소할 수밖에 없다. 하지만 이러한 경제적인 효과가 발생한다는 사실과 수탁자가 직접 수익자에 대한 비용상환청구권을 가지는 것은 별개의 문제이다. 신탁재산에 대한 상환청구와 달리 수익자에 대한 상환청구는 신탁의 성질상 당연히 도출되는 것은 아니기 때문이다.

가. 영국

영국의 경우 수탁자는 신탁재산에 대하여 선취특권(equitable lien)에 의하여 담보되는 상환청구권을 가진다. 이러한 권리는 채권자대위권의 대상이 되기도 하지만, 어디까지나 신탁재산이 비용 등을 상환할 수 있는 경우에 한정된다.[295] 수탁자가 신탁재산으로부터 상환을 받지 못한 부분을 수익자에게 청구할 수 있는지에 관하여는 견해가 나뉜다. 영국의 판례는 자익신탁에서 상환청구권에 관한 합의하에 수탁자가 신탁을 인수하였거나, 행위능력을 가진 수익자가 신탁이익의 전부를 향수하는 경우 수익자에 대한 상환청구권을 인정해 왔다.[296]

그러나 이를 예외적인 것으로 보는 견해는 신탁이 회사와 같이 법인격을 가지지는 않지만 주주와 수익자는 제한된 책임을 부담한다는 점에서 유사하다고 보아 원칙적으로 수익자에 대한 상환청구권을 부정한다.[297] 반면 위 판례의 입장을 원칙적인 모습으로 보는 견해는 신탁재산이 충분하지 않은 경우 수탁자는 수익자로부터 보상을 받을 수 있고, 이때 자익신탁인지 아니면 타익신탁인지는 문제되지 않는다고 한다.[298] 그 근거는 수익자가 신탁으로부터 이익을 향수할 기회를 가졌다는 점 그리고 이익뿐만 아니라 손실의 가능성에 대하여도 알면서 수익권을 취득했다는 점이다. 그러므로 신탁재산이 부족한 경우에도 형평상 수익자는 수탁자를 그 책임으로부터 보호해야 한다고 한다. 이러한 법리는 수탁자가 신탁

---

295) Hayton/Marshall, p.779.

296) Hardoon v Belilio [1901] AC 118은 상환에 관한 계약이 없었으므로 수익자는 상환의무가 없다고 한 하급심을 파기하면서 수탁자의 이러한 권리는 이미 확고한 것이라고 판단하였으며, 이러한 입장은 이후 Balkin v Peck (1998) 1 I.T.E.L.R. 717, (1998) 43 N.S.W.L.R. 766 등에서도 유지되고 있다.

297) Penner, p.34.

298) Bogert/Bogert/Hess, §718.

상 적법하게 차입한 금액이 신탁사업의 실패 등으로 적극재산을 초과하는 경우 수탁자에게 매우 유용하다.[299] 다만 수익자가 다수 존재하는 경우 각 수익자는 자신의 수익비율에 상응하여 비용상환의무를 부담하며, 1인의 수익자가 지급불능상태가 된 경우 그 부분은 다른 수익자가 아닌 수탁자에게 돌아가는 것으로 해석되고 있다.[300]

나. 미국

미국의 경우 수탁자가 자신의 권능하에서 적법하게 지출한 비용에 대하여 신탁재산으로부터 상환받을 수 있음은 분명하다(UTC sec.709). 수탁자는 또한 수익자에게 수익급부를 하기 전에 이로부터 적절하게 발생한 비용을 공제할 수 있다.[301] 그런데 수익자와의 계약에 의하여 수탁자가 수익자로부터 비용상환을 받을 수 있음에는 의문이 없지만, 그렇지 않은 경우에도 상환청구가 가능한지는 그리 명확하지 않다. 신탁법 제2차 리스테이트먼트 §249에 의하면, 수탁자와 수익자간에 수익자가 상환하기로 하는 계약이 없는 한, 신탁재산으로부터 수탁자가 비용 등을 충분히 상환받지 못한 때에도 수익자에 대하여는 상환청구를 할 수 없다(제1항). 다만 수탁자가 신탁재산으로부터 비용을 상환받을 수 있었음에도 불구하고 먼저 신탁재산을 수익자에게 이전하였다면, 그 범위에서는 수익자에 대한 상환청구가 가능하다(제2항). 하지만 이 경우에도 수탁자가 비용상환청구권을 포기하거나 수익자의 지위가 변경되어 비용상환을 강제하는 것이 형평에 반하는 때에는 상환청구가 인정되지 않는다.

그러나 원칙적으로 영국 판례의 태도가 정당하며, 미국 법원도 특히 사업신탁과 관련하여 수탁자가 계약상 채무를 부담하였으나 신탁재산으로부터 상환을 받을 수 없는 때에는 수익자에 대한 상환청구를 인정해야 한다는 지적이 유력하다.[302] 이에 따르면 회사의 경우 주주는 출자액을 넘어서 책임을 지지 않지만 신탁에는 이러한 법기술이 적용되지 않는다는 것이다. 또한 사업신탁이 아닌 경우에도 수탁자는 대리인과 유사한 지위에 있고 신탁거래로 인하여 개인적으로 수익할 수 없으며 해서도 안 되기 때문에, 수탁자가 불이익을 입어서는 안 된다고 한다.[303] 오히려 신탁이익을 받는 수익자가 신탁재산의 상황 등을 조사하여

---

299) Hayton/Marshall, p.779.

300) J.W.Broomhead (Vic.) Pty. Ltd(in liq.) v. J.W. Broomhead Pty. Ltd [1985] V.R. 891.

301) 신탁법 제3차 리스테이트먼트 §38 cmt.b.

302) Bogert/Bogert/Hess, §718.

303) 그 밖에 미국 판례는 사업을 통한 이익추구를 목적으로 신탁선언에 의하여 신탁을 설정하고 투자자에게 수익증권을 발행하는 사업신탁이나 수탁자가 신탁재산을 보유하지만 실제로는 수익자가 신탁재산에 대한 실질적인 지배권을 가지고 신탁사무에서 주도적인 역할을 하는 소위 일리노이형 토지신탁의 경우, 신탁과

수탁자가 적법하게 신탁사무를 처리하는 과정에서 체결한 계약이나 다른 유사한 부담으로부터 발생하는 모든 비용이 충당될 수 있는지를 확인해야 한다. 수익자가 신탁이익을 향수함에 있어서는 신탁사무의 적절한 처리로부터 발생하는 모든 비용 내지 손실로부터 수탁자가 보호된다는 데 대한 수익자의 동의가 전제된다고 본다. 만약 최종적으로 수탁자 또는 수익자 중 누군가에게 비용을 부담시켜야 한다면, 그것은 타인을 위하여 정당하게 행동한 단순한 대표자에 지나지 않는 수탁자가 아니라, 신탁재산의 실질적인 소유자라고 할 수 있는 수익자라는 것이다.

다. 일본

일본의 경우 종래 신탁의 기본구조에 대한 견해대립은 수익자에 대한 비용상환청구권의 인정 여부에서도 반복되었다. 그러나 현행 일본 신탁법은 구신탁법과 달리 신탁재산이 아닌 수익자에 대한 비용상환청구권을 원칙적으로 허용하지 않는다. 수탁자는 신탁재산으로부터 비용을 충당하거나 상환받을 수 있으며(일본 신탁법 제49조 내지 제50조), 신탁재산이 부족한 경우에는 위탁자 및 수익자에게 그 사실을 통지하여야 하고, 상당한 기간이 지나도 위탁자나 수익자로부터 비용 등을 상환받지 못한 때에는 신탁을 종료시킬 수 있다(동법 제52조 제1항).

하지만 수탁자는 수익자와의 합의에 의하여 당해 수익자로부터 비용 등의 상환을 받을 수 있다(동법 제48조 제5항).[304] 이러한 합의는 위탁자와 수탁자 사이에 체결되는 신탁계약 자체는 아니며, 그와 별도로 체결되는 것으로 신탁계약에 종된 것이다. 다만 자익신탁의 경우에는 통상 위탁자 겸 수익자와 수탁자 사이에 신탁계약 체결시에 그에 관한 합의가 이루어질 것이다. 그리고 비용상환의무를 부담하는 수익자는 무한책임을 지기 때문에 수탁자는 합의에 앞서 그 내용에 대하여 수익자에게 충분히 설명하고 동의를 구할 필요가 있으며,[305] 일본 신탁업법 제29조의3은 비용 등의 상환범위와 관련한 신탁회사의 설명의무를 명시하고 있다.

7

나란히 대리관계의 존재를 인정하면서 수탁자－대리인의 행위에 대하여 수익자－본인이 책임을 진다고 하는 법리를 만들어왔다. 이에 대한 미국 판례와 학설의 소개는 星野豊, 「信託關係」における「受益者」の 責任(2), NBL No.674(1999. 10), 47頁 이하.

304) 이 규정은 손해배상 및 보수를 받을 권리에도 준용된다(동법 제53조 제2항, 제54조 제4항).

305) 최수정, 일본 신신탁법, 69면.

(2) 신탁법의 규정방식

구신탁법 제42조 제2항은 수탁자로 하여금 특정, 현존하는 수익자에 대하여 비용, 손해의 보상 또는 상당한 담보의 제공을 청구할 수 있도록 하였다. 여러 입법례와는 대조적으로 위 규정은 원칙적으로 수익자에 대한 비용상환청구권을 인정하였다. 학설에 따라서는 수익권의 취득이 무상인 때에는 비용상환청구를 인정하더라도 부당하지 않으나 유상인 때에는 수익자에게 추가적으로 책임을 부담하려는 의사가 없기 때문에 부당하다고 한다.306) 그러나 수익권 취득의 원인행위의 성질이 수탁자의 비용상환청구권의 허용 여부와 당연히 연결되는 것은 아니다. 오히려 앞서 살펴본 영국 판례나 미국에서의 유력한 견해의 논거들이 참고가 된다. 그리고 신탁관계에서 위탁자는 재산을 출연하고 그 목적을 설정함으로써 존재의의를 다한 것이고, 신탁재산으로부터 실제 이익을 향수하는 자는 수익자이다. 그러므로 수탁자가 신탁목적에 따라 신탁사무를 처리하는 과정에서 비용이나 손실이 발생하였다면, 그것은 이미 재산을 수탁자에게 이전한 위탁자나 사무처리자에 지나지 않는 수탁자가 아니라, 신탁재산으로부터 이익을 누리는 수익자가 부담하는 것이 형평의 관점에도 합치한다.307)

한편 현행 제46조 제4항은 수익자에 대한 비용상환청구권을 허용하면서도 구신탁법과 달리 그 범위를 제한하고 있다. 수익자는 신탁재산으로부터 이익을 취득하는 자이므로 신탁재산과 관련한 비용 등을 부담하는 것이 공평한 점, 수탁자에게 보수청구권이 원칙적으로 인정되지 않는 점, 영업신탁에서는 수익자에 대한 비용상환청구권을 배제할 수 있는 점을 고려하여 종래와 같이 수익자에 대한 비용상환청구권을 인정한 것이다.308) 다만 수익자의 보호를 위하여 수탁자가 신탁재산으로부터 상환을 받을 수 없는 때의 보충적인 권리로 규정하고, 또 그 범위도 수익자가 얻은 이익범위로 한정하고 있다. 그러므로 이하에서는 비용상환청구권이 발생하는 일반적인 요건 외에 수익자에 대하여 이를 행사하기 위한 별도의 요건을 살펴보아야 한다.

1.2.2. 요건
(1) 비용 등의 발생

수탁자가 수익자에 대하여 비용상환청구권을 행사하기 위해서는 신탁사무의 처리에 필

---

306) 이중기, 401면 이하; 최동식, 280면 이하.
307) 四宮和夫, 293頁은 수탁자의 상환청구권을 수임인의 비용상환청구권처럼 사무처리관계의 특징인 '결과의 이전'의 신탁적 변용이라고 부른다.
308) 법무부, 385면.

요한 비용이 발생하거나(제46조 제4항) 자신의 과실 없이 손해를 입을 것이 요구된다(제46조 제5항). 이때 비용과 손해는 신탁재산에 대한 비용상환청구권의 요건과 다르지 않다.

그런데 신탁재산에 대한 상환청구와 달리 수익자에 대한 상환청구에 있어서는 '채무'에 대한 정함이 없다. 학설은 수탁자가 채무를 부담할 뿐 구체적인 비용이 발생하지 않은 때에는 수익자에게 채무액을 청구하는 것이 부당하기 때문에 허용되지 않는다거나,[309] 수익자에 대한 비용상환청구권이 보충적이기 때문에 실제로 지출이 발생하지 않은 채무부담에 대하여는 비용상환청구권을 인정하지 않은 것이라고 한다.[310]

생각건대 신탁법상 수탁자에게는 사전구상권이 인정되지 않는 점, 수익자에 대한 비용상환청구권은 사후구상권의 성질을 가지며 또한 신탁재산에 대한 상환청구권에 대하여 보충적인 성질을 가지는 점에 비추어, 수탁자는 고유재산에서 기지출 비용에 대해서만 수익자에게 상환청구권을 행사할 수 있고, 수익자로 하여금 신탁채무를 변제하도록 하거나 수익자에게 변제할 금액을 청구하여 그 채무를 이행할 수는 없다고 해야 한다.[311]

그러나 수탁자는 수익자와의 별도의 합의나 신탁상 정한 바에 따라서 수익자에게 신탁채무에 대한 비용상환청구권을 행사할 수 있음은 물론이다. 대법원 2009. 1. 30. 선고 2006다62461 판결도 신탁계약에서 수탁자의 수익자에 대한 비용상환청구권 및 자조매각권을 정한 사안에서, 신탁종료 후 신탁재산에 속하는 금전이 차입금 및 그 이자의 상환 등 신탁사무의 처리에 필요한 제비용 및 수탁자의 대금지급 등에 충당하기에 부족하다면 위 약정에 기초하여 수익자에게 비용을 청구할 수 있으며, 차입금 및 그 이자 채무 등을 수탁자의 고유재산으로 변제한 후에야 비로소 그 비용의 지급을 청구할 수 있다고 볼 것은 아니라고 하였다.

(2) 신탁재산이 비용 등을 충당하기에 부족하거나 부족할 우려가 있을 것

수탁자의 수익자에 대한 비용상환청구는 보충적인 권리이다. 수탁자는 일차적으로 신탁재산으로부터 비용의 상환 또는 손해의 전보를 받을 수 있으며, 신탁재산이 비용 등을 충당하기에 부족하거나 부족하게 될 우려가 있을 때 비로소 수익자에 대하여 상환을 청구할 수 있다. 그런데 제46조 제4항은 신탁재산이 비용충당에 "부족하게 될 우려가 있을 때" 그

---

309) 법무부, 385면.
310) 광장신탁법연구회, 230면.
311) 이러한 점에서 제46조 제3항이 '채무'를 정한 것은 그것이 신탁재산에 대한 상환청구에서 특별히 문제되기 때문이 아니라, 수익자에 대한 상환청구에서 채무를 제외하기 위한 입법기술로 볼 수 있다.

리고 동조 제5항은 손해의 전보에 있어서 신탁재산이 "부족할 때"로 각각 정하고 있어서, 양자가 요건을 달리하는 것으로 보인다. 그러나 신탁재산이 비용충당에 '부족한 경우'에 더더욱 수익자에 대한 비용상환청구권이 인정되어야 하며, 양자의 요건을 달리 할 특별한 이유는 찾기 어렵다. 그러므로 위 규정의 취지에 비추어 수익자에 대한 비용상환청구권은 신탁재산이 비용 등을 충당하기에 부족하거나 부족할 우려가 있을 것을 요건으로 한다고 해석해야 하며, 입법적으로는 양 규정의 정비가 필요하다.

신탁재산 중 소극재산이 적극재산을 초과하는 경우는 물론, 신탁재산이 부동산과 같이 비록 그 가액은 비용을 초과하더라도 유동성이 부족한 경우에는 수익자에 대한 비용상환청구권이 인정된다.[312] 이러한 경우에는 신탁설정시에 비용의 충당에 관한 정함을 두는 것이 일반적일 것이다. 하지만 그러한 정함이 없는 경우에도 위 규정에 의한 상환청구가 가능하며, 이는 신탁이 종료한 때에도 다르지 않다.

1.2.3. 비용상환청구권의 행사

(1) 청구의 상대방

가. 특정·현존 수익자

수익자에 대한 비용상환청구권은 당연히 특정된 현존 수익자를 상대방으로 한다. 그러므로 수익자가 특정되지 않거나 존재하지 않는 경우에는 비용상환청구권을 행사할 수 없다(제46조 제4항 단서). 수익자가 존재하지 않는 목적신탁의 경우 수탁자는 신탁재산으로부터만 비용을 상환받을 수 있다. 하지만 수익자가 존재하지 않거나 특정되지 않더라도 신탁관리인이 선임되었다면(제67조 제1항), 수탁자는 신탁관리인에 대하여 상환청구를 할 수 있다. 그것이 신탁상 발생한 비용을 수익자에게 귀속시키는 취지에 상응하기 때문이다. 다만 신탁관리인이 선임되지 않은 경우와 비교하여 불균형이 문제될 수 있으나, 신탁관리인은 수익자의 보호를 위한 존재로서 수익자와 동일한 지위를 가진다(제68조 제2항). 이러한 신탁관리인의 감독을 받는 수탁자가 신탁관리인을 상대로 고유재산에서 지출한 비용을 구상하는 것이 특별히 부당하다고는 할 수 없다.

한편 특정·현존하는 수익자가 존재하는 경우에도 수익증권발행신탁에서는 원칙적으로 수익자에 대한 비용상환청구권이 인정되지 않는다(제85조 제7항). 유통성을 전제로 하는 수익증권발행신탁에서는 수익자가 증권의 범위에서만 한정된 책임을 지는 것으로 기대하는

---

312) 법무부, 386면.

것이 일반적이기 때문이다. 하지만 신탁상 비용상환의무에 관하여 달리 정하는 것은 가능하다. 이 경우 그러한 내용은 수익증권에 기재되어야 하며(제78조 제5항 제5호), 그렇지 않은 한 수익자에 대하여는 비용의 상환을 청구할 수 없다.

나. 수익권을 포기한 경우

수익자에게는 원칙적으로 수익권 포기의 자유가 있으며 수익권 포기에는 소급효가 있다(제57조). 그러므로 수익권을 포기한 자는 애초에 수익자의 지위를 갖지 않으므로 그에 대한 비용상환청구권도 인정되지 않는다(제46조 제4항 단서).

구신탁법 제51조 제3항은 수익권을 포기할 수 있다고만 하고 그 효과에 대하여는 규정하지 않았다. 그래서 수익자가 수익권을 포기한 경우 수탁자의 비용상환청구권의 운명과 그 효력이 문제되었다.[313] 종래 이와 유사한 규정을 두었던 일본 구신탁법에 대하여 일부 견해는 타익신탁에서 수익권의 포기는 인정되지만 장래효만 발생하며 수익자는 기발생한 구상의무에 상응하는 이익을 이미 향수한 것이므로 포기 이전에 발생한 구상의무에 대하여는 면책될 수 없다고 보았다.[314] 이러한 견해는 특히 신탁사무의 처리로부터 발생하는 비용이 적극재산을 초과하는 경우에 그 경제적 불이익을 수탁자와 수익자 사이에서 배분함으로써 당사자들의 이해를 조정하려는 시도였을 것이다. 하지만 우리 구신탁법의 해석에서도 수익권의 포기에 장래효만을 인정할 근거는 없었고, 현행법 제57조 제2항 본문은 수익권의 포기에 대하여 소급효를 명시하고 있다. 그리고 수익자가 기발생한 구상의무에 상응하는 이익을 향수하였는지 여부는 사실인정의 문제로, 수익권의 포기 이전에 당연히 이익을 향수하였다고 추론할 수는 없다. 그리고 이를 확정하는 것 또한 용이하지 않다. 무엇보다 수익권의 포기를 인정하는 취지에 비추어 볼 때 이미 신탁이익을 향수하는 등 수익권을 승인하였다면 더 이상 포기할 수 없다고 해야 할 것이다.

한편 수익자가 수익권의 내용을 충분히 알고 있는지 여부에 따라서 수익권 포기시에 수익자의 상환의무의 범위를 달리 판단하는 견해도 있었다.[315] 수익자가 수익권의 내용을 충분히 알 수 없었다면 신탁이익을 향수하였더라도 그 이익을 그대로 보유하고 기존에 발생한 신탁사무에 대하여도 책임은 면제되는 반면, 충분히 이해하고 있었다면 면책되지 않는다는 것이다. 그러나 어느 범위까지 알고 있어야 과연 '충분히' 알고 있었다고 할 수 있

7

---

313) 수익권의 포기와 그 제한에 관하여는 제4장 Ⅲ 5.5.2. 참조.

314) 新井誠, 318頁.

315) 이근영, 신탁법상 수익자의 수익권의 의의와 수익권포기, 민사법학 제30호(2005), 204면.

을지 그리고 그 시점은 어떻게 되는지가 명확하지 않다. 이러한 주장은 해석론의 한계를 넘는 것이며, 수익자의 주관적인 요소에 따라서 법률관계를 불안하게 만들고 당사자간에 이를 둘러싼 분쟁의 소지를 남긴다는 점에서 법정책적으로도 타당하지 않다.

위 견해들은 수익권의 포기 자체는 제한 없이 인정하면서도 일정한 비용을 수익자에게 분담시키기 위하여 포기의 소급효를 제한하거나 또 다른 요건을 부가하였다. 그러나 그 기준이나 근거는 명확하지 않으며, 오히려 수익자로 하여금 신탁수익만 취하고 손실은 회피하려는 유인을 제공한다는 점에서 바람직하지 않다. 또한 현행법 규정과도 괴리가 있는 만큼 해석론으로 받아들이기는 어렵다.

그런데 대법원 2016. 3. 10. 선고 2012다25616 판결은 구신탁법 제51조 제3항이 수익권의 포기를 인정하는 취지에 비추어 자익신탁의 경우 위탁자 겸 수익자는 수익권 포기가 제한된다고 보아 비용상환의무를 면할 수 없다고 하였다. 위탁자는 스스로 신탁관계를 형성하고 신탁설정 단계에서 자신을 수익자로 지정함으로써 그로부터 이익을 수취하려는 자이므로 그 신탁의 결과 발생하는 이익뿐만 아니라 손실도 부담하는 것이 타당하다. 그리고 위 법리는 현행법의 해석에서도 다르지 않다. 결국 수익자가 이미 수익권을 승인하거나 자익신탁에서의 위탁자 겸 수익자로서 수익권의 포기가 제한되는 경우가 아니라면 수익자의 수익권 포기는 유효하고, 이제 수익권을 포기한 자는 더 이상 수익자의 지위를 갖지 않으므로 그에 대한 비용상환청구도 인정되지 않는다고 할 것이다.

한편 제57조 제2항 단서는 수익권 포기의 소급효를 제한하여 제3자의 권리를 해하지 못하도록 하는데, 수탁자가 이러한 제3자에 해당되는지 여부가 문제될 수 있다. 그러나 수탁자는 수익권행사의 상대방이므로 '제3자'라고 할 수 없으며, 제3자는 수익권에 기초하여 새로운 이해관계를 맺은 자를 의미하는 것으로 새겨야 한다. 나아가 포기한 수익권은 신탁재산이나 다른 수익자에게 돌아갈 것이므로 수탁자는 이로부터 비용을 상환받을 수 있다.316) 그러므로 수익권을 포기한 자에 대한 비용상환청구가 인정되지 않는다고 하더라도 특별히 수탁자에게 불이익을 강요하는 것은 아니다.

(2) 상환범위
가. 수익의 한도
수탁자는 수익자에 대하여 그가 얻은 이익을 한도로 상환을 청구하거나 그에 상당하는

---

316) 수익권의 포기에는 소급효가 있기 때문에 수익자는 이미 받은 이익을 법률상 원인 없는 이득으로 신탁재산에 반환하여야 한다. 그러므로 이익만 누리고 비용은 회피하는 문제도 발생하지 않는다.

담보의 제공을 요구할 수 있다. 그러므로 수익자가 수익한 범위를 초과하여 비용이 발생하였다면 그 초과부분에 대하여 수익자는 상환의무가 없다. 이처럼 수익자의 상환범위를 한정한 것은 수익자가 신탁이익을 넘는 비용에 대하여도 책임을 진다면 가혹한 결과가 초래될 수 있다는 점을 고려한 것이다.[317] 그 결과 신탁상 별도의 정함이 없는 한 그로 인한 경제적인 손실은 수탁자에게 돌아가게 된다. 그러므로 수탁자로서는 신탁계약시에 만약의 경우 발생할 수 있는 비용 등의 상환을 위한 정함이나 책임재산한정특약과 같은 별도의 조치를 강구할 필요가 있다.

나. 비용상환청구권의 제한

판례는 종래 수탁자의 의무위반이 없는 때에도 일정한 경우 수익자에 대한 비용상환청구권을 제한하였다. 대법원 2006. 6. 9. 선고 2004다24557 판결은 IMF로 인하여 대규모의 손실이 발생하자 이에 대하여 수탁자가 수익자에게 비용상환청구권을 행사한 사안이다. 위 판결은 "토지개발신탁에 있어서는 장기간에 걸쳐 사업이 진행되고 부동산 경기를 예측한다는 것이 쉽지 않은 일이어서 경우에 따라 대규모의 손실이 발생할 수 있는 것인데, 수탁자가 부동산신탁을 업으로 하는 전문가로서 보수를 지급받기로 한 후 전문지식에 기초한 재량을 갖고 신탁사업을 수행하다가 당사자들이 예측하지 못한 경제상황의 변화로 신탁사업의 목적을 달성하지 못한 채 신탁계약이 중도에 종료되고, 이로 인하여 위탁자는 막대한 신탁비용채무를 부담하는 손실을 입게 된 사정이 인정된다면, 신탁비용의 지출 또는 부담에서의 수탁자의 과실과 함께 이러한 사정까지도 고려하여 신의칙과 손해의 분담이라는 관점에서 상당하다고 인정되는 한도로 수탁자의 비용상환청구권의 행사를 제한할 수 있다"고 보았다. 이후 대법원 2008. 3. 27. 선고 2006다7532, 7549 판결 및 대법원 2016. 3. 10. 선고 2012다25616 판결도 동일한 설시를 하고 있다.

위 판결은 구신탁법이 수익자에 대한 비용상환청구권에 별도의 제한을 두지 않은 상황에서 그리고 신탁사업에서 발생한 막대한 손실을 전적으로 수익자에게 부담시키는 것이 가혹하다는 판단에서 이를 수탁자와 수익자간에 배분하였을 것이다. 그러나 현행법에서는 수익자가 신탁재산으로부터 수익한 것 이상의 비용을 부담하지는 않기 때문에, 수익자의 보호를 위하여 신의칙과 손해의 분담이라고 하는 근거를 들어 거듭 수탁자의 비용상환청구권을 제한하는 것은 설득력이 없다. 따라서 현행법하에서 위 판결의 법리가 적용될 수 있는

---

317) 법무부, 386면 참조.

사안은 매우 제한적일 수밖에 없다.

한편 비용상환청구권의 제한에 따른 불이익은 결국 수탁자에게 돌아가는데, 때로는 무상으로 또 때로는 일정한 보수만을 받고 신탁사무를 처리하는 수탁자에게 신탁상의 손실을 종국적으로 부담시키는 것은 정당하지 않다. 물론 신탁상 비용부담에 관한 정함에 따라서 분담할 수 있지만, 그렇지 않은 경우에도 적극재산을 초과하는 과도한 비용이나 손실이 발생하게 된다면 신탁을 적절한 시점에서 종료시키는 것이 바람직하다. 예컨대 일본 신탁법은 신탁재산이 비용 등을 충당하기에 부족한 때에는 수탁자로 하여금 위탁자와 수익자에게 그러한 사실을 통지하도록 하고, 그럼에도 불구하고 위탁자나 수익자로부터 비용 등을 지급받을 수 없다면 신탁을 종료시킬 수 있도록 한다(동법 제52조). 이러한 입법태도는 우리법의 개정에도 참고가 될 수 있다.

1.3. 우선변제권

수탁자가 신탁재산에 대하여 가지는 비용상환청구권은 신탁채권에 해당한다. 신탁채권은 수익채권에 우선하지만(제62조), 수탁자의 채권과 다른 신탁채권 사이의 우열이 논리적으로 당연히 판단되는 것은 아니다. 그런데 제48조는 수탁자의 비용상환청구권에 대하여 우선변제권 등을 인정함으로써 그 권리를 보장하고 있다. 구신탁법 제42조 제1항은 수탁자의 신탁재산과 관련한 비용의 상환 또는 신탁사무 처리에서 받은 손해의 보상에 있어서 신탁재산을 매각하여 다른 권리자에 우선하여 그 권리를 행사할 수 있도록 하였다. 그러나 수탁자가 가지는 우선변제권의 내용이나 그 한계가 명확하지 않았다. 그래서 제48조는 이를 보다 구체적으로 그러나 이전과는 다른 방식으로 규정하고 있다.

1.3.1. 자조매각권

(1) 의의

수탁자는 신탁재산을 매각하여 그 대금으로 비용상환청구권에 기한 채권의 변제에 충당할 수 있다(제48조 제2항). 그리고 판례[318]나 학설[319]은 이를 자조매각권이라고 부른다. 예컨대 대법원 2009. 1. 30. 선고 2006다62461 판결은 신탁계약상 "수탁자가 신탁종료 후 비용보상 등을 받기 위하여 신탁재산에 대하여 자조매각권을 행사할 수 있다 하더라도 그와 같은 사정만으로 신탁재산의 귀속권리자로 지정된 수익자의 신탁재산에 대한 소유권이

---

318) 대법원 2011. 6. 10. 선고 2011다18482 판결; 대법원 2013. 10. 31. 선고 2012다110859 판결 등.
319) 가령 이중기, 395면 이하.

전등기청구권이 부존재하거나 소멸한다고 볼 수는 없고, 수익자는 수탁자가 신탁재산에 대한 자조매각권을 행사하여 이를 처분하기 전에 수탁자에게 비용 등을 지급하고 신탁재산에 관한 소유권이전등기절차의 이행을 구할 수 있다"고 하였다.

사실 신탁법은 자조매각권이라고 하는 용어를 사용하고 있지 않으며, 민법 제490조는 자조매각금의 공탁이라는 표제하에 변제 목적물이 공탁에 적당하지 않은 등의 사유가 있는 때 변제자는 법원의 허가를 얻어 이를 경매하거나 시가로 방매하여 그 대금을 공탁할 수 있다고 규정한다. 그리고 상법 제67조는 매도인의 공탁 및 경매권을 정하고 있으며, 위탁매매인(동법 제109조), 운송인(동법 제142조 내지 제145조, 제149조 제2항) 및 창고업자(동법 제165조)의 경우에도 동일하다. 이와 같은 매도인 등이 가지는 경매권을 자조매각권이라고 하는데, 민법상의 경매요건(민법 제490조)을 필요로 하지 않으며, 가능한 경우 최고 및 경매 후 통지 발송만으로 충분하다고 해석된다. 그래서 일부 학설은 특정물의 인도의무를 부담하는 자가 그 인도의무를 면하기 위하여 물건을 금전으로 환가하는 것을 목적으로 경매를 신청하는 경우를 자조매각이라고 정의한다.[320]

그러나 제48조 제2항은 수탁자가 신탁재산을 매각할 수 있다고만 정하고 있기 때문에 자조매각의 방식이 경매에 한정되는 것은 아니다. 수탁자는 비용 등을 상환받기 위하여 신탁재산을 임의매각이나 경매를 통하여 환가할 수 있으며, 이러한 권능을 자조매각권으로 해석하면 충분하다. 사실 동일한 용어를 민법, 상법 그리고 신탁법에서 각각 다르게 사용하는 것이나, 수탁자의 이러한 권능을 자조매각권이라고 불러야 하는 것인지에 대하여는 의문이 없지 않다. 하지만 이하에서는 종래의 용례에 따라서 제48조 제2항의 범위에서 수탁자가 가지는 권능을 자조매각권이라고 부르기로 한다. 그리고 자조매각권에 관한 제48조 규정을 강행규정이라고 보아야 할 근거는 없으므로 신탁상 자조매각권에 관한 정함을 둘 수 있으며, 이러한 정함이 해석상 일차적인 기준이 된다.[321]

(2) 행사

가. 주의의무

신탁재산이 금전인 경우에는 비용상환청구권의 행사에 따라서 이를 수탁자의 고유재산으로 이전하면 되고, 별도로 자조매각권을 문제삼을 필요는 없다. 하지만 그 밖의 재산은 이를 매각하여 현금화할 필요가 있는데, 이 경우에도 수탁자는 신탁상 요구되는 주의의무

---

320) 임채웅, 273면.
321) 광장신탁법연구회, 238면.

를 다하여야 한다. 대법원 2005. 12. 22. 선고 2003다55059 판결도 "수탁자가 자조매각권을 행사함에 있어서는 신탁재산의 관리인으로서 신탁의 목적에 따라 신탁재산을 처분하여야 하는 제한이 따"른다는 점을 분명히 하고 있다.

나. 제한

수탁자의 자조매각권은 일정한 경우 제한될 수 있다. 먼저 신탁재산의 매각으로 신탁의 목적을 달성할 수 없게 되거나 그 밖의 상당한 이유가 있는 경우 그러하다. 만약 신탁재산을 매각함으로써 신탁목적을 달성할 수 없게 된다면 신탁은 종료하게 된다(제98조 제1호). 그러므로 이러한 경우에는 신탁이 존속하는 한 수탁자는 신탁재산을 매각할 수 없다.

한편 신탁상 정한 바에 따라서 수탁자가 신탁종료 이후에 비용상환의 방법으로 자조매각권을 행사할 수 있는 때에도 귀속권리자인 수익자는 수탁자가 자조매각권을 행사하여 신탁재산을 처분하기 전에 수탁자에게 비용 등을 지급하고 신탁재산의 이전을 청구할 수 있다. 그리고 수익자가 수탁자에 대하여 비용상환의무 등을 아직 이행하지 않은 상태라도 신탁재산에 대한 소유권이전등기청구권을 보전하기 위하여 그 신탁재산에 대한 처분금지가처분을 신청할 피보전권리가 있으며, 나아가 수탁자가 채무변제를 받고서도 신탁재산을 처분하는 것을 방지할 필요가 있는 경우 등에는 그러한 목적을 달성하기 위하여 필요한 범위 내에서 보전의 필요성도 인정된다.[322]

다른 한편 수탁자의 비용상환청구권은 고유재산에 속한 권리로서 양도성이 있고, 이를 담보로 제공할 수도 있다. 그런데 자조매각권은 수탁자가 신탁재산의 명의인으로서 관리처분권을 가지는 데 근거한 것이고, 수탁자가 자조매각권을 행사함에 있어서는 신탁재산의 관리인으로서 신탁의 목적에 따라 신탁재산을 처분하여야 하는 제한이 따른다. 그러므로 그러한 지위에 있지 않은 비용상환청구권의 질권자는 자조매각권을 직접 행사할 수 없다.[323]

---

322) 대법원 2009. 1. 30. 선고 2006다60991 판결. 그러나 이 판결은 신탁종료일로부터 상당한 기간이 경과하였고, 수익자는 비용 및 보수를 변제할 만한 자력이 있는지에 대한 소명이 없고, 이미 신탁재산의 가액을 초과한 신탁 관련 채무를 부담하고 있을 가능성이 있는 수익자가 수탁자에게 그 채무 전액을 상당한 기간 내에 임의로 상환하고 신탁재산의 소유권을 이전받을 것으로 기대하기 어렵고, 이러한 상황에서 수익자의 처분금지가처분신청을 인용한다면 수탁자의 신탁재산에 대한 정당한 자조매각권 행사까지도 곤란해져 신탁 관련 채무의 조속한 정산에 지장을 초래할 뿐만 아니라, 차입금 등 신탁 관련 채무에 대한 이자나 지연손해금 및 각종 비용 등의 지속적인 증가로 양자에게 불이익한 결과를 초래할 수 있는 점 등에 비추어 결과적으로는 보전의 필요성을 부정하였다.

323) 대법원 2005. 12. 22. 선고 2003다55059 판결.

(3) 효과

구신탁법 제42조는 수탁자로 하여금 "신탁재산을 매각하여 다른 권리자에 우선하여 그 권리를 행사할 수 있"도록 함으로써 수탁자의 우선권을 명시하였다. 그러나 현행법 제48조 제2항은 신탁재산의 매각대금을 비용상환청구권에 기한 채권의 변제에 충당할 수 있다고만 하고, 종래와 같은 수탁자의 우선적인 지위는 인정하지 않는다. 하지만 수탁자가 자신이 보유하는 신탁재산을 적절한 시기에 임의매각하여 이로부터 비용 등을 상환받을 수 있는 권리 자체는 여타의 신탁채권자에게는 인정되지 않는 특별한 권리임은 부정할 수 없다.

1.3.2. 집행절차 등에서의 우선변제권

(1) 필요비 또는 유익비에 대한 상환청구권

수탁자는 신탁재산에 대한 집행절차 등에서 신탁의 목적에 따라 신탁재산의 보존, 개량을 위하여 지출한 필요비나 유익비에 대하여 우선변제를 받을 수 있다(제48조 제1항). 일반적으로 필요비란 물건의 보존·관리를 위하여 지출하는 비용을 가리키며, 보존비, 수리비, 동물의 사육비, 공조공과 등이 포함된다.[324] 그리고 유익비란 물건의 개량 기타 그 효용의 적극적인 증진을 위하여 지출한 비용[325] 내지 물건의 객관적 가치를 증가시키기 위하여 투입한 비용을 의미한다.[326] 그래서 우선변제권이 인정되는 이러한 비용이 수탁자가 상환청구를 할 수 있는 '신탁사무의 처리에 필요한 비용'의 범위와 반드시 일치하는지는 명확하지 않으나, 신탁법은 신탁사무의 처리에 필요한 비용 중에서도 당해 신탁재산의 객관적인 가치증대에 기여하여 공익적인 성격을 가지는 필요비 및 유익비에 대하여는 우선권을 인정한다.[327]

(2) 집행절차 등의 개시

수탁자의 우선변제권은 신탁재산에 대한 민사집행절차 또는 국세징수법에 따른 공매절차에서 인정된다. 그런데 신탁법은 수탁자의 비용상환청구권에 기한 경매청구권을 명시하고 있지 않으며, 집행 관련 법령상 수탁자 자신이 소유하는 신탁재산에 대하여는 강제집행을 할 수 없다. 대법원 2005. 12. 22. 선고 2003다55059 판결도 수탁자의 임무가 종료한

324) 民法注解 IV, 박영사, 1992, 424면.
325) 民法注解 IV, 박영사, 1992, 428면.
326) 대법원 1980. 10. 14. 선고 80다1851, 1852 판결; 대법원 2014. 3. 27. 선고 2011다101209 판결 등.
327) 법무부, 407면.

후에는 신수탁자를 상대로 보상청구권을 행사하여 신탁재산에 대한 강제집행을 할 수 있지만, 수탁자가 재임 중에는 신탁재산의 관리인이 수탁자 자신이기 때문에 신탁재산에 대하여 비용상환청구권을 강제집행과 같은 방법으로는 행사할 수 없다고 설시하였다. 그러므로 다른 신탁채권자가 신청한 집행절차에 참가하여 배당요구를 할 수 있을 뿐이다.[328] 그러나 수탁자의 임무가 종료한 때에는 신탁재산관리인이나 신수탁자, 공동수탁자에 대하여 비용상환청구권을 행사할 수 있으며, 또한 신탁재산에 대한 강제집행도 가능하다.

(3) 우선변제
가. 의의 및 종래의 학설

수탁자는 필요비와 유익비에 대하여 수익자나 그 밖의 채권자보다 우선하여 변제받을 수 있다. 신탁채권은 수익채권에 우선하므로(제62조), 비용상환청구권이라고 하는 신탁채권을 가진 수탁자가 수익자보다 우선변제를 받을 수 있음은 분명하다. 하지만 제48조 제1항에서 수탁자와 그 밖의 신탁채권자간의 우열은 그리 명확하지 않다.

구신탁법 제42조는 수탁자가 신탁재산을 매각하여 다른 권리자에게 우선하여 비용이나 손해를 보상받을 수 있다고 정하였고, 이때 우선권의 효력에 대하여 학설은 나뉘었다. 단순히 신탁채권자보다 우선적으로 신탁재산에서 변제를 받을 수 있다거나,[329] 비용이나 손해가 본래 신탁재산이 부담해야 할 것이고 수탁자가 신탁재산의 관리자임을 고려하여 신탁법이 수탁자에게 간이한 환가방법을 인정하는 것이라는 점에서 특수한 담보권이라거나,[330] 일반 채권자의 권리보다는 우선하지만 다른 담보권자의 권리보다는 후순위라거나,[331] 채권자의 유형을 구분하여 일반 채권자보다는 우선하고, 신탁 전의 원인으로 발생한 권리를 갖는 자보다는 우선하지 않지만, 그중 신탁재산에 대하여 신탁설정 전에 저당권설정등기를 하거나 대항력 있는 임차권을 가지는 자는 우선권의 영향을 받지 않으며, 신탁설정 후 수

---

328) 임채웅, 270면은 대법원 2003. 5. 16. 선고 2003다11134 판결이 구신탁법 제42조가 "수탁자의 비용 및 손실보상청구권을 확보하여 주기 위하여 수탁자에게 다른 채권자들보다 우선권을 인정하는 취지일 뿐, 수탁자의 비용이나 손실을 보상받음에 있어 반드시 강제집행의 방법만을 사용하도록 강제하는 규정이 아니"라고 설시한 것은 비용상환청구권의 행사방법이 임의매각 외에 강제집행의 방법으로도 가능함을 보여주는 것이라고 한다. 또한 279면 이하는 절차법적으로 수탁자 자신을 상대로 한 집행이 가능함을 주장하면서도, 그것이 해석론으로 가능한지 입법이 필요한지에 대하여는 유보를 하고 있다. 사실 수탁자로서는 자조매각권이 인정되는 만큼 실제 자신을 상대로 한 집행권원을 얻어 강제집행을 할 실익은 없을 것이며, 단순히 집행절차상 불가능하지는 않다고 하는 설명만으로 실무상 수탁자가 강제집행에 나아가기도 어려울 것이다.

329) 최동식, 286면.

330) 이재욱/이상호, 166면 이하.

331) 임채웅, 269면.

탁자 자신이 설정해준 담보권의 담보권자에 대하여는 우선권을 주장할 수 없다고 하였다.[332]

그런데 수탁자가 우선변제를 받을 수 있다고 해서 이를 법률상 특정한 물건의 환가가치로부터 우선변제를 받을 수 있는 담보권 내지 담보물권이라고 부를 수는 없으며, 이는 물권법정주의에도 반한다. 그리고 담보권자를 제외한 권리자에 대하여만 우선한다면 수탁자의 비용상환청구권에 우선변제효를 인정한 규정의 취지를 충분히 살릴 수 없을 것이다. 또한 신탁 전 원인으로 발생한 권리를 갖는 자는 저당권자나 대항력 있는 임차권과 같이 신탁재산 자체에 대한 담보권이나 대항력을 취득한 자를 의미하기 때문에, 막연히 신탁 전 원인으로 발생한 권리를 갖는 자보다 우선하지만 이들 저당권자나 임차권자보다는 후순위라고 하는 것은 모순이다.

나. 효력

저당물의 제3취득자가 그 부동산의 보존, 개량을 위하여 필요비나 유익비를 지출한 때에는 민법 제203조 제1항 및 제2항에 따라 저당물의 경매대가에서 우선상환을 받을 수 있다(민법 제367조). 제3취득자가 저당물에 관한 필요비 또는 유익비를 지출하여 저당물의 가치가 유지, 증가된 경우 매각대금 중 그로 인한 부분은 일종의 공익비용으로 보아 제3취득자가 경매대가에서 우선상환을 받을 수 있도록 한 것이다.[333] 이러한 취지는 수탁자의 비용상환청구권에 있어서도 다르지 않다. 수탁자는 신탁재산 자체의 가치보존 및 증가에 소요된 필요비와 유익비에 대하여 제46조 제2항에 따른 상환청구권을 가지고, 또 이를 기초로 임무가 종료한 때에는 신탁재산을 유치할 수도 있다. 그럼에도 불구하고 제48조 제1항은 수탁자에게 우선변제권을 수여함으로써 비용의 신속한 상환을 보장하고 있기 때문이다. 따라서 수탁자의 상환청구권은 집행절차 비용 이외의 모든 우선변제권보다 우선한다고 해야 한다.[334]

1.4. 전수탁자의 비용상환청구권

수탁자는 자신의 고유재산에서 지출한 비용 등을 신탁재산에서 상환받을 수 있으며, 이를 확보하기 위한 우선변제권 및 자조매각권이 인정된다. 그런데 이러한 권리는 '수탁자'

---

332) 이중기, 398면.
333) 지원림, 822면.
334) 법무부, 409면 이하.

의 지위에서 인정되는 권리이므로, 임무가 종료한 때에도 동일한 권리를 행사할 수 있는지가 문제된다.

먼저 제46조에 따른 비용상환청구권은 전수탁자의 고유재산에 속하는 권리이므로, 수탁자로서의 임무가 종료하더라도 비용상환청구권 자체는 존속한다. 그러므로 전수탁자는 신수탁자 등을 상대로 비용상환청구권을 행사할 수 있음은 물론, 비용상환청구권이 제22조 제1항 단서에서 정한 신탁사무의 처리상 발생한 권리에 해당하는 만큼 집행권원을 얻어 신탁재산에 대하여 강제집행을 할 수 있다. 그런데 이러한 절차는 사실 전수탁자가 신탁채권자로서 그 권리를 실현하는 데 지나지 않는다. 신탁법은 이와 더불어 일정한 범위에서 전수탁자의 우선변제권을 규정하고 있다(제54조).

1.4.1. 우선변제권

제54조 제1항은 전수탁자의 비용상환청구권에 관하여 제48조 제1항 및 제49조를 준용한다. 그러므로 전수탁자는 신탁재산에 대한 민사집행절차나 공매절차에서 신탁재산의 보존, 개량을 위하여 지출한 필요비 또는 유익비에 대하여 우선변제를 받을 수 있다. 이처럼 전수탁자의 비용상환청구권에 대하여 우선변제권을 인정하는 것은 제48조 제1항의 우선변제권이 수탁자의 지위 때문에 인정되는 것이 아니라 신탁재산에서 지출하였어야 할 비용을 부담한 수탁자의 구상권에 대한 기대와 이익을 보호하기 위하여 인정되는 권한이라는 점, 그리고 그 권리의 성질이 수탁자의 임무 종료라는 사정만으로 변한다고 보기는 어렵다는 점에 근거한다.335) 전수탁자의 고유재산에서 지출된 필요비나 유익비로 인하여 신탁재산의 가치가 보존, 증대되었다면, 그로 인한 이익은 신탁재산에 대한 집행절차에서 전수탁자에게 우선적으로 귀속하며, 이는 수탁자의 지위를 유지하고 있는지 여부와는 상관이 없는 것이다. 다만 전수탁자가 우선변제권을 행사하기 위해서는 원상회복의무 및 손해배상의무를 선이행하여야 한다(제54조 제1항에 의해 준용되는 제49조).

1.4.2. 유치권
(1) 요건

수탁자가 변경되면 전수탁자는 신수탁자 등에게 신탁사무를 인계하고 신탁재산을 이전하여야 한다. 이때 전수탁자는 비용상환청구권에 기하여 신탁재산을 유치할 수 있다(제54조 제2항). 그런데 전수탁자가 가지는 유치권은 그 요건에 있어서 일반적인 민사유치권(민법 제

---

335) 법무부, 450면.

320조)과는 차이가 있다.

첫째, 공동수탁자 중 1인의 임무가 종료한 때 신탁재산은 '당연히' 다른 수탁자에게 귀속하지만(제50조 제2항), 그 밖의 경우 수탁자의 지위에 있는 동안은 물론 그 임무가 종료한 때에도 신탁재산은 신탁재산관리인이나 신수탁자에게 이전되기까지는 전수탁자의 소유이다. 신탁재산이 고유재산과 독립한 점에서 '타인'의 물건으로 취급할 수 있는지가 문제되지만, 소유권에 대한 판단은 재화의 귀속에 관한 일반법리에 따라야 하므로 여전히 전수탁자가 소유자라고 할 것이다. 그러므로 타물권인 민법상의 유치권이 인정될 여지는 없다. 그러나 전수탁자는 제54조 제2항에 의하여 이 경우에도 채권을 변제받을 때까지 신탁재산을 계속 점유하고 인도를 거절할 수 있다.

둘째, 전수탁자의 유치권은 신탁사무의 처리에 관하여 필요한 비용을 고유재산에서 지출하거나 신탁사무의 처리를 위하여 과실 없이 손해를 입은 경우 발생하는 비용상환청구권을 담보하기 위한 것이다. 유치권의 목적물은 전수탁자가 점유하고 있는 신탁재산인데, 비용상환청구권이 당해 신탁재산에 '관하여' 생길 것을 요구하지 않는다. 민사유치권에서와 같은 피담보채권과 유치물간의 견련관계는 요구되지 않으며, 비용상환청구권에 기하여 신탁재산을 점유하는 것으로 충분하다.336)

(2) 효과

전수탁자가 신탁재산을 유치하는 때에도 유치권 일반에서와 같은 효과가 인정되는지에 대하여는 견해가 대립한다. 민사유치권에 대한 특별법상의 권리이므로 민사유치권에서와 같은 경매권, 간이변제충당권 등이 인정된다는 견해와 이 규정은 민사유치권과 같은 담보물권을 인정한 것이 아니라 채권을 변제받을 때까지 신탁재산의 인도를 거절할 수 있는 권한을 부여한 것에 지나지 않는다는 견해가 그것이다.337) 이러한 견해대립에 대하여는 유치권에 기한 전수탁자의 경매권, 간이변제충당권을 인정하면 수탁자의 비용상환청구권에 기한 경매신청권, 자조매각권을 인정하지 않는 개정 신탁법의 취지에 반할 소지가 있고, 간이변제충당으로 인하여 현재 계속되고 있는 신탁계약이 종료될 수 있다는 근거에서 후자가 타당하다는 주장도 있다.338)

---

336) 견련관계를 요건으로 하지 않는다는 점에서 상사유치권(상법 제58조)과 유사한 점이 있지만, 전수탁자의 유치권은 상사유치권과 같이 상인간의 상행위로 인한 채권을 피담보채권으로 하지 않는다는 점에서 또한 양자는 구분된다.

337) 법무부, 451면.

338) 광장신탁법연구회, 252면. 그러나 수탁자의 자조매각권은 비록 우선변제적 효력은 없다고 하더라도 현행법

생각건대 제54조 제2항이 전수탁자에게 신탁재산을 유치할 수 있는 권리를 수여한다고
해서 그 효과를 민법상의 유치권과 동일하게 새겨야 하는지는 의문이다. 먼저 일반적인 유
치권의 취지와 제54조 제2항의 취지가 동일하지 않음은 물론, 그 요건도 차이가 있다. 그리
고 전수탁자의 경매나 간이변제충당을 일반적으로 인정한다면 이로 인하여 신탁목적을 달
성할 수 없게 될 위험이 있다. 애초에 신탁재산의 매각이 가능하다면 전수탁자는 임무종료
전에 자조매각권을 행사하여 비용을 상환받을 수 있다. 그러므로 제54조는 전수탁자에게
민법상의 유치권과는 다른 요건하에 동일한 효과를 인정한 것이라기보다는, 신탁재산에 대
한 인도거절권능을 수여함으로써 전수탁자의 비용상환청구권을 보장해주려는 것 이상은 아
니라고 해야 한다.

2. 보수청구권

2.1. 의의

수탁자는 신탁상 정함이 있는 경우에만 보수를 받을 수 있으며, 예외적으로 신탁을 영
업으로 하는 수탁자는 그러한 정함이 없는 때에도 보수를 받을 수 있다(제47조 제1항). 신탁
사무 처리과정에서 적법하게 발생한 비용에 대하여 수탁자에게 상환청구권을 인정하는 것
과 달리, 원칙적으로 수탁자의 보수청구권은 인정되지 않는 것이다. 전통적으로 수탁자는
자발적으로 그 지위를 인수하기 때문에 보수에 상관하지 않으며 수익자와 자신의 이익 사
이에 이익충돌도 야기하지 않을 것이라는 전제하에,[339] 오히려 보수를 인정한다면 신탁재
산에 부담을 주고 그 가치를 감소시킬 수 있으며, 무엇보다 보수를 많이 받고자 하는 수탁
자 개인의 이익이 수익자에 대한 충실의무보다 앞서게 될 것이라고 보았기 때문이다.[340]

그러나 엄격한 의무와 부담을 지는 수탁자에게 보수마저 지급되지 않는다면 실제로 수
탁자의 지위를 인수하려는 자를 찾기 어려울 것이다. 그리고 오늘날 많은 경우 신탁업자가
수탁자가 되고,[341] 그렇지 않은 경우에도 신탁행위로 보수에 관한 명시적인 정함을 두는
것이 일반적이다. 그러므로 수탁자에게 보수가 지급되지 않는 경우가 실제로는 예외적이라

에서 여전히 인정되고 있으며, 전수탁자는 신탁채권자로서 신탁재산을 경매할 수 있기 때문에 이러한 논거
는 적절하지 않은 것으로 보인다.

339) Hudson, p.344.

340) Underhill/Hayton, p.795; Haley/McMurtry, p.446.

341) 신탁업자가 위탁자와 신탁계약을 체결하는 경우 자본시장법 제109조 제8호는 위탁자에게 교부하는 계약서
류에 신탁업자가 받을 보수에 관한 사항을 기재하도록 한다.

고 할 수 있다.

영국에서도 종래 별도의 정함이 없는 한 수탁자에게는 보수청구권이 없었으나, Trustee Act 2000 sec.29는 신탁상 보수에 관한 정함이 없는 때에도 전문적인 수탁자 또는 신탁회사는 신탁재산으로부터 상당한 보수를 받을 수 있다고 규정함으로써 원칙을 변경하였다. 그리고 미국 UTC sec.709도 신탁상 보수에 관한 정함이 없는 때에도 원칙적으로 상당한 보수를 인정하고 있다. 그럼에도 불구하고 제47조 제1항의 원칙은 수탁자의 지위에 따르는 충실의무의 또 다른 표현이라는 점에서 그 현대적 의미를 찾을 수 있다.342)

2.2. 보수청구권의 발생
2.2.1. 보수청구권의 상대방

수탁자가 보수를 받는 경우 보수청구권의 상대방 및 그 내용은 일차적으로 신탁상의 정함에 따른다. 신탁계약을 체결하는 경우 위탁자는 계약당사자로서 보수의 지급을 약정할 수 있음은 물론, 신탁재산으로부터 보수를 지급할 것을 정할 수도 있다. 그리고 신탁상 수익자가 보수를 지급하기로 하는 정함이 있다면 이는 수익권에 부담이 있는 경우로서, 수익자가 수익권을 포기하지 않은 한 수탁자는 수익자에게 보수의 지급을 청구할 수 있다.343) 신탁계약과 별개로 수탁자와 수익자의 합의에 의하여 수익자가 보수지급채무를 인수하는 것도 가능하다. 만약 신탁상 수탁자에게 보수가 지급될 것만을 정하고 그 보수청구권의 상대방에 대하여는 정함이 없다면, 수탁자의 보수도 넓은 의미에서 신탁비용이라고 할 수 있으므로 신탁재산에서 지급되어야 할 것이다.

2.2.2. 보수의 산정 및 조정

보수의 금액이나 그 산정방법 또한 신탁상 정함에 의한다. 그러나 그러한 정함이 없는 때에는 수탁자는 신탁사무의 성질과 내용에 비추어 적당한 금액의 보수를 지급받을 수 있다(제47조 제2항). 즉, 수탁자는 신탁재산으로부터 얼마만큼의 보수를 어떻게 지급받을 것인지를 직접 결정할 수 있다. 이때 수탁자는 선관의무 및 충실의무에 기초하여 적정수준의 보수 금액을 산정하여야 한다. 그리고 적당한 금액 또는 산정방법 여부를 판단함에 있어서는 거래관행이나 타인이 유사한 업무를 행한 때 지급되는 보수 수준 이외에도, 수탁자의 기술,

---

342) Hudson, p.344.
343) 수익증권발행신탁의 경우 원칙적으로 수익자에 대한 보수청구권은 인정되지 않으나, 신탁행위로 달리 정한 경우에는 가능하며(제85조 제7항), 수익증권에 이러한 내용을 기재하여야 한다(제78조 제5항 제5호).

경험, 능력, 신탁사무의 난이도나 위험 및 그 처리에 소요되는 시간과 성과, 신탁재산의 종류나 성질 등 다양한 요소들이 고려되어야 한다.344)

가령 일본 신탁법 제54조 제3항은 신탁상 보수 금액이나 산정방법에 관한 정함이 없는 경우 수탁자가 신탁재산에서 보수를 받기 위하여는 수익자에게 보수 금액 및 그 산정근거를 통지하도록 한다. 보수의 적정성을 확보하고 수익자를 보호하기 위한 장치이다. 이러한 규정이 없는 우리법의 해석에서는 신탁상 정함이 없는 한 수익자 등은 수탁자가 과도한 보수를 정한 경우 사후적으로 의무위반에 따른 손해배상을 청구할 수 있을 뿐이다.

한편 신탁상 보수 금액이나 그 산정방법에 관한 정함이 있는 때에도 그것이 사후적으로 신탁사무의 성질 및 내용에 비추어 적당하지 않게 되었다면 이를 조정할 필요가 있다. 신탁설정시에 고려되었던 수탁자의 의무가 현저하게 달라졌거나 애초에 산정된 보수가 부당히 높거나 낮아졌다면, 이를 현재의 의무내용에 비추어 또는 적절한 수준으로 보수를 재산정하여 지급하는 것이 타당하다. 보수의 조정과 관련한 신탁상 정함이 있는 때에는 이것이 일차적인 기준이 되지만, 그러한 정함이 없는 때에도 위탁자, 수익자, 수탁자의 청구에 의하여 법원은 수탁자의 보수를 증감할 수 있다(제47조 제3항). 다만 비송사건절차법은 신수탁자의 보수를 정하는 재판의 경우 그 절차에 대하여 신탁재산관리인의 보수 결정에 관한 동법 제44조의2를 준용할 뿐(동법 제44조의6) 수탁자의 보수변경에 관하여는 규정하고 있지 않아 규율에 공백에 있다.

2.3. 보수청구권의 행사

2.3.1. 권리행사의 전제

수탁자가 보수청구권을 행사하기 위해서는 제43조 및 제44조에 따른 원상회복의무 등을 선이행하여야 한다. 수탁자로서의 의무위반에 따른 책임을 다하지 않은 수탁자가 자신의 권리부터 먼저 행사하는 것은 충실의무에 반하는 것이다. 그리고 보수청구권의 행사에 있어서 원상회복의무 등의 이행을 그 전제로 삼음으로써 수탁자가 그 책임을 다하도록 강제할 수 있다.345)

2.3.2. 신탁재산에 대한 보수청구

신탁상의 정함에 따라서 수탁자가 신탁재산으로부터 보수를 받는 경우에는, 신탁상 달

---

344) 신탁법 제3차 리스테이트먼트 §38 cmt.c.
345) 신탁종료시 수탁자의 보수청구권 행사와 관련한 종래 판례와 제49조의 해석에 대하여는 제9장 Ⅲ. 4.3.2. (1).

리 정한 바가 없는 한, 비용상환청구권에 관한 규정이 준용된다(제47조 제4항). 따라서 수탁자는 신탁재산이 보수를 충당하기에 부족하거나 부족하게 될 우려가 있는 때 수익자에게 그가 얻은 이익의 범위에서 보수를 청구하거나 그에 상당하는 담보의 제공을 요구할 수 있다. 이때 수익자는 특정·현존하여야 하며 수익권을 포기하지 않아야 한다.

2.3.3. 자조매각권

구신탁법 제43조는 동법 제42조를 준용함으로써 수탁자의 보수청구권에 대하여도 우선변제권을 인정하였다. 그러나 수탁자의 보수는 수탁업무의 수행에 따른 대가 내지 신탁영업상의 이익에 불과하기 때문에 이를 다른 채권자보다 우선하여 변제받도록 할 필요가 없다는 비판이 있었다.[346]

그래서 현행법은 비용상환청구권과 달리 민사집행절차 등에서 보수청구권에 대한 우선변제권을 인정하지 않고,[347] 보수청구권에 기한 자조매각권만 인정하고 있다(제48조 제2항). 그러므로 수탁자는 신탁재산을 매각하여 보수청구권에 기한 채권의 변제에 충당할 수 있으나, 신탁재산의 매각으로 인하여 신탁목적을 달성할 수 없게 되거나 그 밖의 상당한 이유가 있는 때에는 허용되지 않는다. 그리고 수탁자의 임무가 종료한 경우에는 자조매각권을 행사할 수 없으며, 비용상환청구권과 달리 보수청구권에 기하여는 신탁재산을 유치할 수 없다. 전수탁자 또한 보수청구권에 관하여 일반적인 신탁채권자로서의 지위를 가질 뿐이다.

2.3.4. 보수청구권의 제한

신탁상 수탁자의 보수에 대한 약정이 있는 경우 신탁사무를 완료한 수탁자는 원칙적으로 약정된 보수액 전부를 청구할 수 있다. 다만 판례는 종래 변호사의 보수에 대하여 약정된 보수액이 부당하게 과다하여 신의성실의 원칙이나 형평의 원칙에 반한다고 볼 만한 특별한 사정이 있는 경우에는 예외적으로 상당하다고 인정되는 범위 내의 보수액만을 청구할 수 있다는 법리를 가져와 수탁자의 보수청구권 또한 제한될 수 있다고 한다.[348] 신탁사무

---

346) 최동식, 291면; 이중기, 406면.

347) 반면 오영표, 신신탁법 시행에 따른 자본시장법상의 법적 쟁점 ―신탁법과 자본시장법의 조화로운 공존을 모색하며―, "신탁법의 현황과 과제" 세미나 자료집((사)은행법학회/전남대학교법학연구소 신탁산업법센터 공동주최 특별정책세미나), 2012. 5. 4., 144면은 자본시장법상 신탁업자는 신탁업을 통하여 보수를 받는 것을 회사 설립의 목적으로 하는 금융기관이라는 점, 우선변제권을 보장하더라도 신탁채권자에게 불측의 손해를 유발하지 않는다는 점을 근거로 자본시장법상 신탁업자의 보수청구권에 대한 우선변제권을 주장한다.

348) 대법원 2006. 6. 9. 선고 2004다24557 판결; 대법원 2015. 9. 10. 선고 2013다6872 판결; 대법원 2018. 2. 28. 선고 2013다26425 판결.

처리의 내용 및 경과, 신탁기간, 중단된 신탁사무로 인하여 발생하는 위탁자의 손실, 기타 사정들을 고려하여 약정된 보수액이 부당하게 과다하여 신의성실의 원칙이나 형평의 원칙에 반한다고 볼 만한 특별한 사정이 있는 경우에는 예외적으로 상당하다고 인정되는 범위의 보수액만 청구할 수 있다는 것이다.

제8장
신탁의 변경

I. 신탁변경 일반

1. 신탁변경의 필요성

신탁은 단기간 혹은 일회적인 목적을 위하여 설정될 수 있지만 많은 경우에는 장기간에 걸쳐 그 법률관계가 계속될 것이다. 그러므로 그 과정에서 위탁자가 전제한 사실이나 법률관계가 변동될 수 있으며, 신탁목적의 달성이나 보다 효율적인 신탁사무의 처리를 위하여 또는 구체적인 사정에 따라서 애초에 설계한 내용을 변경할 필요성은 언제든 발생할 수 있다. 이러한 상황에 신탁이 유연하고 신속하게 대응할 수 없다면 위탁자가 의도한 목적을 달성할 수 없고, 수익자의 이익도 도모할 수 없게 될 것이다. 만약 신탁의 변경이 인정되지 않는다면 기존의 신탁을 종료시키고 새로운 신탁을 설정해야 하는데, 이것이 바람직하지 않음은 물론이다.

구신탁법 제36조는 신탁행위시 예견하지 못한 특별한 사정으로 신탁재산의 관리방법이 수익자의 이익에 적합하지 않게 된 때 위탁자 등에게 신탁의 변경을 법원에 청구할 수 있도록 함으로써 신탁의 변경을 매우 제한적으로만 인정하였다. 그러나 신탁을 변경할 필요성은 비단 신탁행위시에 예견하지 못한 특별한 사정의 발생이나 신탁재산의 관리방법에 국한되지 않는다. 또한 신탁의 변경방법을 법원의 판단에 의하지 않으면 안 된다고 할 이유도 없다.

그런데 신탁이 변경되는 경우 위탁자, 수익자, 수탁자는 물론 신탁채권자도 직접적으로나 간접적으로 영향을 받게 된다. 그러므로 신탁상 신탁변경에 관한 정함이 없는 경우 신탁변경에 관한 신탁법의 규율이 필요하며, 신탁상 정함이 있는 때에도 관련 당사자의 이해관계를 조정하기 위한 부가적인 기준이 필요하게 된다.

2. 입법례[1]

2.1. 영국

영국의 선구적 판례인 Saunders v. Vautier[2] 사건은 위탁자의 의사에도 불구하고 행위능력이 있는 모든 수익자들이 합의한다면 신탁을 종료시키고 신탁재산의 배분을 청구할 수 있다고 선언하였다. 이후 영국 법원이 신탁을 변경하거나 종료하는 데에는 별다른 장애가 없었지만, Trustee Act 1925가 제정된 이후로는 당해 법률규정이 적용되는 범위에서 법원은 신탁변경에 소극적이었다.[3] 그러나 Variation of Trusts Act 1958의 제정을 전후로 하여 당해 법률과 판례는 보다 넓은 범위에서 법원이 신탁의 변경이나 종료에 대한 권능을 가짐을 분명히 하였다. 위탁자의 사망 후에는 신탁재산이 사실상 수익자의 재산이라고 보고 수익자에게 위탁자의 의사를 번복할 수 있는 권능을 승인한 것으로 해석된다.[4]

2.2. 미국

미국이 영국의 절대적 영향하에 있던 시대에는 판례가 위탁자의 의사에도 불구하고 비교적 용이하게 신탁의 변경이나 종료를 인정하였으나, 선구적 판례인 Claflin v. Claflin[5] 사건 이후로는 영국과 입장을 달리 하게 되었다. 사실 이 사건에서 법원은 위탁자의 의사가 실정법이나 공서에 반하지 않는 한 그대로 실현되어야 한다고 판단하였을 뿐이다. 하지만 이후 신탁의 종료나 변경이 위탁자의 주된 목적에 반한다면 모든 수익자들이 합의하더라도 정해진 시점 이전에는 신탁을 종료할 수 없다는 Claflin 원칙으로 발전하였다.

미국 UTC에 의하면 위탁자가 예견하지 못한 상황으로 인하여 신탁목적의 달성을 위해서는 신탁의 변경이나 종료가 필요한 때 법원은 신탁을 변경 또는 종료할 수 있다(sec.412 (a)). 그리고 수익자신탁 중 철회불가능신탁(noncharitable irrevocable trust)에서도 위탁자와 모

---

1) 이하는 최수정, 수익자변경을 통해서 본 신탁계약의 특질, 민사판례연구 XXXI, 박영사, 2009, 709면 이하를 수정, 보완하였다.

2) 41 Eng. Rep.482 (1841).

3) R.Chester, Modification and Termination of Trusts in the 21st Century: The Uniform Trust Code leads a Quiet Revolution, 35 Real property, Probate and Trust Journal 711(Winter 2001).

4) Goulding v. James. 2 All ER 239 (CA 1997).

5) 149 Mass. 19. 20. N.E. 454 (1889).

든 수익자의 합의가 있으면 그 변경이나 종료가 신탁의 주된 목적과 상응하지 않는 때에도 신탁변경이 가능하다(sec.411 (a)). 법원이 신탁의 주된 목적을 달성하기 위하여 신탁을 계속할 필요가 없다고 판단하는 때에는 모든 수익자의 합의만 있으면 신탁을 종료할 수 있고, 또한 법원이 신탁의 주된 목적과 신탁변경이 상응한다고 판단하는 때에는 모든 수익자의 합의에 의하여 신탁을 변경할 수 있다(sec.411 (b)). 그러므로 심지어 수탁자가 반대하는 경우에도 위 요건이 충족되면 신탁변경이 가능하다.[6]

이러한 UTC의 태도는 신탁법 제3차 리스테이트먼트의 연장선상에 있다. 제3차 리스테이트먼트 §63는 위탁자가 신탁상 정함에 따라서 철회권 또는 변경권을 갖는다고 선언하고(제1항), 명시적으로 그러한 권리를 정하지 않은 때에는 해석의 문제로 처리하고 있다(제2항). 그리고 이에 관한 주석은(cmt. c) 변경권을 유보하지 않은 경우를 두 가지로 분류하면서, 위탁자가 신탁상 아무런 이익도 보유하지 않은 때에는 신탁을 변경할 수 없지만 이익을 보유한 때에는 변경가능하다고 추정한다. 이러한 추정은 위탁자의 가정적인 의사를 실현할 뿐만 아니라 위탁자가 아마도 염두에 두었거나 두었어야 했을 관심사 또는 관련 세금목적을 보호하려는 것이라고 한다. 신탁변경에 대한 제3차 리스테이트먼트의 태도는 신탁상 철회권이나 변경권을 유보하지 않은 한 신탁을 철회 또는 변경할 수 없다고 규정한 제2차 리스테이트먼트 §330 및 §331와 상반된다. 이와 더불어 제3차 리스테이트먼트 §65는 모든 수익자가 동의하면 신탁을 변경, 종료할 수 있지만(제1항), 신탁의 변경이나 종료가 신탁의 주된 목적과 상응하지 않는 때에는 위탁자의 동의가 있거나 또는 그의 사망시에는 법원의 허가가 있는 때 신탁을 변경 또는 종료할 수 있도록 한다(제2항).

한편 UTC sec.602 (a)는 신탁이 철회불가능하고 변경불가능하다는 전통적·일반적인 보통법원칙을 거부하고, 신탁상 명시적으로 철회불가능하다고 정하고 있지 않는 한 위탁자는 신탁을 철회 또는 변경할 수 있음을 명시하고 있다. 하지만 이러한 UTC의 입장변경은 사실상 실무에는 별다른 영향을 미치지 못하였다. 실제로 전문가에 의하여 작성된 신탁계약서에는 이에 관한 명시적인 규정이 포함되어 있으며, 2000년 8월 UTC가 공표되기 전에도 이미 동일한 내용이 몇몇 주에서 입법화되어 있었기 때문이다.[7]

6) Dukemlnler/Johanson/Lindgren/Sitkoff. p.572.
7) Langbein, The Uniform Trust Code: Codification of the Law of Trusts in the United States, 15 Trust Law International 66,70(No.2, 2001).

2.3. 일본

우리 구신탁법 제36조와 마찬가지로 일본 구신탁법은 신탁재산관리방법의 변경만을 정하고 있었다. 그러나 장기간에 걸친 상황변화에 신탁이 유연하고 신속하게 적응함으로써 위탁자가 의도한 바를 달성하고 수익자의 이익을 도모하기 위하여 이미 학설이나 실무에서는 위탁자, 수탁자, 수익자의 합의가 있으면 신탁변경이 가능하다고 해석하였다. 그리고 현행 일본 신탁법은 이러한 입장을 적극적으로 수용하여 보다 용이하게 신탁을 변경할 수 있도록 하고 있다.

일본 신탁법 제149조 제1항은 원칙적으로 위탁자, 수탁자, 수익자의 합의에 의하여 신탁을 변경할 수 있도록 하지만, 그 예외 또한 명시하고 있다. 신탁상 다른 정함이 없는 한 신탁목적에 반하지 않음이 명백한 때에는 수탁자와 수익자의 합의에 의할 수 있고, 이 경우 수탁자는 위탁자에게 지체 없이 변경후의 신탁행위의 내용을 통지하여야 한다(동법 제149조 제2항 제1호). 신탁목적에 반하지 않고 수익자의 이익에 적합함이 명백한 때에는 수탁자의 서면이나 전자적 기록에 의한 의사표시에 의할 수 있고, 이 경우 수탁자는 위탁자 및 수익자에게 지체 없이 변경후의 신탁행위의 내용을 통지하여야 한다(동법 제149조 제2항 제2호). 또한 수탁자의 이익을 해하지 않음이 명백한 때에는 위탁자 및 수익자의 수탁자에 대한 의사표시로 할 수 있다(동법 제149조 제3항 제1호). 신탁목적에 반하지 않으며 수익자의 이익도 해하지 않음이 명백한 때에는 수익자의 수탁자에 대한 의사표시로 할 수 있으며, 이 경우 수탁자는 위탁자에게 지체 없이 변경후의 신탁행위의 내용을 통지하여야 한다(동법 제149조 제3항 제2호).[8)]

3. 신탁법의 규정방식

3.1. 규율범위

신탁의 변경은 넓은 의미에서 신탁의 각 요소들이 변동되는 것을 가리킨다. 신탁목적에서부터 신탁재산의 관리방법이나 내용 또는 신탁당사자의 변경, 신탁의 합병이나 분할, 분할합병, 나아가 신탁의 종료까지 모두 신탁의 변경이라고 할 수 있다.[9)] 그런데 신탁변경

---

8) 그러나 樋口範雄, 信託契約－信託と變更の場面に表わた問題點, NBL No.812(2005. 7), 金融財政事情硏究會, 56면은 신탁목적 내지 이익을 의사와 동일시하면서 편의를 이유로 신탁계약의 당사자가 신탁변경에 개입할 권리를 박탈하는 것에 대하여 의문을 제기한다.

9) 가령 이중기/이영경, 684면 이하는 能見善久, 239면의 분류방식을 따라서 신탁변경을 (ⅰ) 신탁목적 및 내용의 변경, (ⅱ) 재산관리방법의 변경, (ⅲ) 당사자의 변경, (ⅳ) 신탁의 합병, 분할로 분류하기도 한다. 그러나

에 관한 제88조 이하는 당사자의 합의나 법원에 의한 신탁변경의 가능성을 명시한 외에 신탁의 합병, 분할, 분할합병에 대하여만 규정하고 있다. 신탁의 변경에 해당하는 위탁자 지위의 이전(제10조), 수탁자의 임무종료(제12조 이하) 및 신수탁자의 선임(제21조), 수익권의 양도(제64조 이하)나 신탁의 종료(제98조 이하)에 관하여는 신탁법상 별도의 규정들이 존재한다. 그런데 이들 규정방식이 신탁변경 일반에 관한 제88조와 반드시 일치하는 것은 아니기 때문에 이들 규정 사이의 관계가 문제될 수 있다. 하지만 신탁법의 규정체계에 비추어볼 때 위 각 규정들은 신탁변경에 관한 일반조항의 특칙이므로 우선적으로 적용된다고 해야 한다. 즉, 신탁의 변경에 관한 제7장은 위 특별 규정에 의하여 규율되는 범위 외에서 신탁의 각 요소들이 변경되는 경우에 적용되는 것이다.

3.2. 신탁상의 정함에 따른 변경

신탁설정시에 많은 사항들을 고려하고 예측하여 설계를 하더라도 장기간의 법률관계에서는 사정의 변경에 따라 신탁을 변경할 필요가 있게 된다. 이를 위하여 신탁설정시에 신탁의 변경권자, 변경내용, 그 범위와 절차 등 신탁변경과 관련한 정함을 둘 수 있으며, 이러한 정함이 신탁변경에 있어서 일차적인 기준이 된다. 그리고 이러한 형태의 신탁변경은 이미 신탁법의 개별 규정에 반영되어 있다.

예컨대 제3조 제2항은 신탁선언 이외의 방식에 의하여 설정된 신탁에서는 신탁을 종료시킬 수 있는 권한을 유보할 수 있음을 예정하고 있는데, 이러한 정함은 일종의 신탁변경권의 유보라고 할 수 있다. 제58조는 신탁상 수익자지정권자나 수익자변경권자를 정할 수 있음을 명시하고 있고, 이 또한 신탁변경권의 유보에 해당한다. 그리고 확정신탁에서 신탁관계인에게 신탁변경권을 유보할 수 있지만, 재량신탁을 이용할 수도 있다. 위탁자는 재량신탁을 설정함으로써 잠재적인 수익자 중에서 누구에게 구체적으로 얼마만큼의 재산적 이익을 귀속시킬 것인지에 대한 재량권을 수탁자에게 수여할 수 있는 것이다. 하지만 신탁상 정함이 없는 때에는 신탁변경에 관한 신탁법 일반 규정에 따라서 신탁을 변경할 수 있다.

8

그 분류방식에 따라서 법적인 차이가 있는 것은 아니다.

Ⅱ. 당사자의 합의에 의한 신탁변경

1. 요건

신탁을 설정한 위탁자, 신탁을 인수한 수탁자 그리고 신탁상 이익을 향수하는 수익자가 신탁의 변경에 합의하였다면 이를 금지할 이유가 없으며, 오히려 이러한 합의는 존중되어야 한다. 구신탁법은 제한된 요건하에 법원에 의한 신탁변경만을 정하고 있어서 당사자 사이의 합의에 의한 신탁변경도 가능한지가 명확하지 않았다. 학설은 모든 당사자들이 합의하였다면 반대하는 자가 없기 때문에 신탁사무의 처리에 문제가 없다고 해석하기도 하였다.[10) 그러나 이는 사실의 문제에 지나지 않는다. 추후라도 합의에 의한 신탁변경이 법적으로 허용되는지 여부가 문제될 수 있고, 또 이에 관한 명시적인 근거규정이 없다면 당사자들이 신탁변경에 관한 합의를 통하여 변화된 상황이나 수요에 적극적으로 대처하기 어려울 것이다. 그래서 제88조 제1항은 신탁상 달리 정함이 없는 한 위탁자, 수탁자, 수익자 사이의 합의에 의하여 신탁을 변경할 수 있음을 명시하고 있다.

1.1. 사정의 변경 여부

합의에 의한 신탁변경에 있어서는 신탁설정시에 예견하지 못한 특별한 사정이 있을 것을 요건으로 하지 않는다. 신탁변경에 대한 동기나 필요성은 다양한 상황에서 발생할 수 있다. 특별한 사정이 발생한 경우는 물론 그렇지 않은 때에도 당사자들 사이에 합의만 이루어지면 신탁을 변경할 수 있다.

1.2. 당사자의 합의

1.2.1. 3당사자의 합의

위탁자, 수탁자, 수익자 사이의 합의가 필요하다. 이들 당사자의 합의에 의한 변경가능성을 명시하지 않은 구신탁법하에서도 학설은 신탁상 변경권이 유보되지 않은 때에도 위탁자, 수탁자, 수익자의 합의를 통하여 신탁을 변경할 수 있다고 해석하였다.[11) 그리고 대법원 2007. 5. 31. 선고 2007다13312 판결은 위탁자 겸 수익자가 제3자와의 합의를 통하여

---

10) 이중기, 642면.
11) 홍유석, 142면; 장형룡, 신탁법개론, 육법사, 1991, 146면.

제3자를 수익자로 변경한 사안에서, "수익자는 신탁이익을 향수할 권리를 포함하여 신탁법상의 여러 가지 권리, 의무를 갖게 되므로, 이러한 지위에 있게 되는 수익자를 정하는 것은 위탁자와 수탁자간의 신탁계약 내용의 중요한 요소에 해당한다 할 것이어서, 수익자의 변경에는 계약당사자인 위탁자와 수탁자의 합의가 있어야 하고, 미리 신탁계약에서 위탁자에게 일방적인 변경권을 부여하는 취지의 특약을 하지 않은 한 수탁자의 동의 없이 위탁자가 일방적으로 수익자를 변경할 수는 없다"고 하였다.

(1) 위탁자가 존재하지 않는 경우

신탁을 설정한 위탁자가 사망하여 존재하지 않게 되었다면 3당사자의 합의를 통한 신탁변경은 불가능하다. 이 경우에도 위탁자의 상속인이 위탁자의 지위를 승계하므로 그 상속인이 수탁자 및 수익자와의 합의를 통하여 신탁을 변경할 수 있는지가 문제된다. 그러나 통상 위탁자의 상속인은 수익자와 이해가 상반될 것이다. 그러므로 신탁상 달리 정한 바가 없는 한 그리고 수익자의 보호를 위해서도 위탁자에 갈음하여 그 상속인을 합의의 당사자로 인정할 수는 없다. 구신탁법 제36조는 신탁재산관리방법의 변경의 청구권자로 위탁자의 상속인을 정하고 있었으나 현행 제88조 제3항은 이를 삭제하였는데, 이 또한 위탁자의 상속인은 수익자 및 신탁과 이해관계를 달리할 수 있다는 점을 고려한 것이다.[12]

그러면 위탁자가 존재하지 않는 경우에는 수익자와 수탁자의 합의만으로 신탁을 변경할 수 있는가? 신탁의 종료에 있어서 제99조 제1항은 위탁자와 수익자의 합의에 의하여 언제든 신탁을 종료시킬 수 있도록 하면서도 위탁자가 존재하지 않는 경우에는 허용하지 않는다. 견해에 따라서는 신탁변경에 대하여는 이러한 조항이 없기 때문에 위탁자가 사망한 경우에는 신탁목적에의 부합 여부를 불문하고 수탁자와 수익자의 합의만으로 신탁을 변경할 수 있다고 한다.[13] 그러나 제88조 제1항이 3당사자의 합의를 요구하고 있음에도 불구하고 그중 일부만의 합의를 금지하는 규정이 없다고 해서 이를 가능하다고 해석할 것은 아니다. 그리고 넓은 의미에서 신탁변경에 해당하는 신탁종료의 경우 위탁자가 존재하지 않는 때 합의에 의한 종료를 허용하지 않는 만큼 신탁변경도 허용되지 않는다고 하는 것이 보다 체계적인 해석이 될 것이다.

하지만 위탁자가 존재하지 않는 때에도 신탁을 변경할 필요가 있는 상황은 얼마든지 발생할 수 있다. 이 경우에는 제88조 제3항에 따라 수익자나 수탁자는 법원에 신탁의 변경

---

12) 법무부, 678면.
13) 정순섭/노혁준, 283면.

을 청구할 수 있다. 그러므로 이 또한 수익자와 수탁자의 합의만으로 신탁을 변경하도록 할 근거는 되지 못한다.

(2) 수익자가 존재하지 않는 경우

신탁을 변경하고자 하는 시점에서 수익자가 특정되지 않거나 존재하지 않을 수 있다. 이 경우에도 신탁상의 정함이나 법원에 의하여 선임된 신탁관리인이 존재한다면 위탁자 및 수탁자는 신탁관리인과 합의하여 신탁을 변경할 수 있다. 신탁관리인은 수익자의 보호를 위한 존재로서 신탁이익의 향수를 제외하고 수익자와 동일한 지위를 가진다(제68조 제2항). 그러므로 신탁관리인은 수익자에 갈음하여 다른 신탁당사자와 합의하여 신탁을 변경할 수 있다고 할 것이다.14)

(3) 다수의 수익자가 존재하는 경우

수익자가 여럿인 경우 신탁상 달리 정한 바가 없는 한 수익자의 의사결정은 전원의 동의에 의한다(제71조 제1항 본문). 만약 수익자집회가 있다면, 그 결의는 신탁변경의 내용에 따라서 특별결의 또는 보통결의에 의한다. 수탁자의 해임, 신탁목적의 변경, 수익채권 내용의 변경, 그 밖에 중요한 신탁의 변경, 신탁의 합병·분할·분할합병 계획서의 승인, 신탁의 종료, 신탁종료시 계산의 승인에 관한 결의는 의결권의 과반수에 해당하는 수익자가 출석하고 출석한 수익자의 의결권의 2/3 이상으로 한다(제74조 제2항 제2호). 그 밖의 사항에 관한 결의는 의결권의 과반수에 해당하는 수익자가 출석하고 출석한 수익자의 의결권의 과반수로써 한다(제74조 제1항).

1.2.2. 일부 당사자의 합의에 의한 신탁변경 가능성

신탁은 이를 설정한 위탁자의 의사를 실현하기 위한 제도이고 수익자신탁의 경우 신탁으로부터의 이익을 향수하는 자가 수익자이므로, 이들 위탁자 및 수익자 그리고 신탁을 인수한 수탁자의 합의에 의하여 신탁을 변경할 수 있음은 당연하다. 그리고 신탁상 일정 사항에 관하여 변경권자를 지정하거나 일부 당사자의 합의로 변경할 수 있도록 하는 정함

---

14) 수익자가 존재하는 경우에도 미성년자나 피성년후견인 또는 피한정후견인과 같은 제한능력자라면, 그 법정 대리인이 권한 범위 내에서 합의의 주체가 된다. 그런데 이러한 제한능력자인 수익자를 위하여 선임된 신탁 관리인이 존재하는 경우에는 법정대리인과 신탁관리인 중 누구와 합의해야 하는지가 문제될 수 있다. 양자 의 관계에 대해서는 제4장 Ⅲ. 6.3.1. (1) 참조.

이 있는 때에는 그에 따라 일부 당사자에 의한 신탁변경도 가능하다. 하지만 그러한 정함이 없는 경우에도 해석상 일부 당사자의 합의만으로 신탁변경이 가능하다고 할 것인가?

구신탁법하에서 일부 학설은 수탁자는 수익자의 동의를 받아 급부에 관한 신탁조항을 변경할 수 있고, 다수의 수익자 전부가 합의하면 수탁자나 위탁자가 반대하더라도 신탁해지를 청구할 수 있으므로 신탁변경도 청구가능하다고 주장하였다.[15] 그러나 구신탁법에서 수탁자나 위탁자의 반대에도 불구하고 수익자의 합의로써 신탁을 해지하기 위해서는 또 다른 요건들이 충족된 한에서 법원의 명령이 필요하였으며(구신탁법 제57조 참조), 현행법에서도 법원의 명령이 요구된다(제100조). 그러므로 이는 당사자의 합의에 의한 신탁변경이라기보다는 법원에 의한 신탁변경으로 분류되어야 한다.

그리고 신탁을 설정한 위탁자가 신탁관계에서 사라지는 영미 신탁법에서와 달리, 우리법에서 위탁자는 계약당사자 내지 신탁선언의 주체로 여전히 남아 있다. 그리고 위에서 살펴본 것처럼 영미에서는 위탁자의 의사실현을 일차적인 목적으로 하지만 수익자의 이익실현을 우선하여 신탁변경을 허용하기도 한다. 그러나 이 경우에도 신탁상 정함이 없는 한 수탁자가 개입할 여지는 없으며, 수탁자를 이해관계인으로 보지 않는다. 일본에서는 위탁자, 수익자, 수탁자 중 일부의 합의만으로 신탁을 변경할 수 있도록 하지만, 이는 어디까지나 신탁법 규정에 근거한 것이다. 따라서 제88조 제1항이 합의에 의한 신탁변경을 3당사자의 합의에 의하도록 명시하고 있는 이상 일부 당사자의 합의만으로 신탁을 변경할 수는 없다고 해야 한다. 우리법의 해석상 수익급부에 관하여는 어디까지나 위탁자가 정한 바가 기준이 되어야 하며, 수익자가 수익권을 포기하거나 수익급부채무를 면제하는 것과는 별개로, 수탁자가 수익자와의 합의에 의하여 수익급부에 관한 신탁조항을 변경할 수는 없다고 할 것이다.

다만 특정한 신탁변경에 있어서는 일부 당사자의 합의만으로 변경을 할 수 있도록 하는 것이 오히려 합리적일 수 있다. 가령 신탁목적에 반하지 않음이 명백한 때에는 수탁자와 수익자의 합의에 의하도록 하거나, 신탁의 목적 및 수탁자의 이익을 해하지 않음이 명백한 사항에 대해서는 위탁자와 수익자의 합의만으로 신탁을 변경할 수 있도록 한다면,[16] 굳이

---

15) 이중기, 642면 이하.

16) 대법원 2007. 5. 31. 선고 2007다13312 판결의 사안에서와 같은 수익자의 변경이 여기에 해당한다. 수익자가 누구인가는 위탁자나 수익자에게 극히 중요한 문제인 반면, 신탁상 정함에 따라서 신탁사무를 처리할 뿐인 수탁자에게는 그러하지 않다. 수익자가 변경됨으로 해서 사무처리가 번잡해질 수 있다고 하더라도 이는 수익자변경에 대한 위탁자나 수익자의 이해에 비하면 사소한 것이며, 그 비용은 신탁재산으로부터 충당된다. 수탁자는 수익자변경에 따르는 부담이 견딜 수 없는 정도라면 위탁자와 수익자의 승낙을 얻거나, 승낙

3당사자의 합의를 구하는 절차나 시간을 들이지 않아도 되고 혹시 일부 당사자가 합의를 해주지 않는 때 법원에 신탁의 변경을 청구해야 하는 부담도 덜 수 있어서 당사자들의 구체적인 필요나 상황에 유연하고 신속하게 대처할 수 있다. 그러므로 입법적으로는 일부 당사자의 합의만으로도 신탁변경이 가능한 유형과 그 요건을 명시하는 방안에 대한 검토가 필요하다. 그리고 그 해석은 3당사자의 합의에 의한 변경의 예외인 만큼 엄격해야 할 것이다.

1.3. 변경 사항

변경하는 신탁의 내용에 특별한 제한은 없다. 구신탁법은 신탁재산의 관리방법의 변경에 대하여만 규정하였으나, 제88조 제1항에서는 그러한 변경 대상에 대한 제한을 정하고 있지 않다. 더욱이 제89조 제1항은 신탁목적도 변경할 수 있음을 명시하고 있다. 그러므로 3당사자의 합의가 있으면 신탁목적을 포함한 제반 사항을 변경할 수 있다.

2. 한계

2.1. 신탁상 정함에 따른 한계

신탁상 변경할 수 있는 사항 및 변경방법에 관한 정함이 있으면 그에 따른다. 가령 위탁자가 수탁자와 수익자 양자의 합의에 의하여 신탁을 변경할 수 있도록 하면서도 일정 사항에 대하여는 변경을 금지하였다면, 이는 신탁변경에 대한 제한이 된다. 이 경우 변경이 금지된 사항을 위탁자 자신을 포함한 3당사자의 합의로도 변경할 수 없는지가 문제된다. 변경을 금지한 위탁자의 의사는 준수되어야 하지만, 위탁자 자신도 변경을 의욕한다면 그리고 만약 변경할 수 없다고 한다면 신탁을 종료시키고 새로운 신탁을 설정하지 않으면 안되는 결과를 고려할 때, 변경금지조항 자체를 3당사자의 합의에 의하여 변경함으로써 변경가능성을 확보할 수 있다고 할 것이다.

2.2. 제3자의 보호를 위한 한계

3당사자의 합의에 의하여 신탁을 변경하는 때에도 제3자의 정당한 이익은 해하지 못한다(제88조 제2항). 당사자의 합의에 의하여 신탁을 변경할 수 있다고 하더라도, 신탁과 관련하여 이해관계를 가지게 된 제3자가 존재하는 경우 그 이익이 보호되어야 함은 물론이다.

을 얻을 수 없는 때에는 법원의 허가를 얻어 사임할 수 있다(제14조 제1항 및 제2항). 이와 달리 수탁자의 동의가 없기 때문에 수익자를 변경할 수 없다고 한다면 결국 위탁자는 신탁을 종료하고 다시금 신탁을 설정하지 않으면 안 되는데, 이러한 결과가 비효율적이며 바람직하지 않음은 물론이다.

예컨대 수익권에 질권이 설정된 경우 질권자의 동의 없이 이 수익권에 우선하는 수익권을 창설하거나[17] 수익권의 내용을 변경할 수 없다.

2.3. 신탁유형 변경의 한계

목적신탁을 수익자신탁으로 변경하거나 수익자신탁을 목적신탁으로 변경하는 것은 허용되지 않는다(제88조 제4항). 양자는 그 설정방법이나 관리 감독 관계가 상이하고, 이를 허용하는 경우 신탁이 집행면탈의 목적으로 악용될 우려가 있기 때문이다.[18] 그리고 수익증권발행신탁을 수익증권발행신탁이 아닌 신탁으로 또는 수익증권발행신탁이 아닌 신탁을 수익증권발행신탁으로 변경할 수 없다(제78조 제7항). 수익증권발행을 둘러싼 법률관계가 복잡해지는 것을 막기 위함이다.[19] 그러나 유한책임신탁의 경우에는 이러한 금지규정이 없고, 제128조 제1항도 유한책임신탁의 취지를 폐지하는 변경을 예정하고 있는 만큼, 일반적인 신탁에서 유한책임신탁으로 또는 그 반대로의 변경은 제한되지 않는다.[20]

2.4. 신탁내용 변경의 한계

당사자의 합의에 의하여 신탁을 변경하는 경우에도 신탁법의 취지나 신탁의 본질에 반하는 내용의 변경은 허용되지 않는다. 그리고 신탁을 유효하게 설정할 수 없는 내용은 신탁변경의 경우에도 허용되지 않는다. 예컨대 신탁변경을 통하여 수익자신탁에서 수익자를 확정할 수 없게 되거나, 신탁의 목적이 선량한 풍속 기타 사회질서에 반하게 되거나 위법 또는 불능이 된다면 이러한 신탁변경은 효력이 없다. 또한 수탁자의 선관의무 자체를 배제하거나 수탁자를 단독 수익자로 하는 변경도 신탁변경으로서 효력이 인정되지 않는다.

그런데 대법원 2003. 1. 27.자 2000마2997 결정은 "위탁자가 수탁자의 신탁재산에 대한 처분·관리권을 공동행사하거나 수탁자가 단독으로 처분·관리를 할 수 없도록 실질적인 제한을 가하는 것은 신탁법의 취지나 신탁의 본질에 반하는 것이므로" 이러한 내용의 관리방법 변경은 할 수 없다고 하였다. 위 판결은 그 근거로 "신탁의 효력으로서 신탁재산의 소유권이 수탁자에게 이전되는 결과 수탁자는 대내외적으로 신탁재산에 대한 관리권을 갖는 것이고, 다만 수탁자는 신탁의 목적 범위 내에서 신탁계약에 정하여진 바에 따라 신탁

8

---

17) 법무부, 신탁법개정 특별분과위원회 회의록(Ⅱ), 2010, 1664면.
18) 법무부, 680면.
19) 법무부, 650면.
20) 정순섭/노혁준, 285면.

재산을 관리하여야 하는 제한을 부담함에 불과하므로, 신탁재산에 관하여는 수탁자만이 배타적인 처분·관리권을 갖는다"는 점을 들었다.

그러나 수탁자가 신탁재산에 대한 처분권을 가진다고 하더라도 그러한 처분권을 행사함에 있어서는 신탁상의 정함에 따른 구속을 받는다. 위탁자의 승인을 얻도록 하거나 일정한 절차에 의하도록 한 경우에도 처분권자는 여전히 수탁자이며 위탁자가 될 수는 없다. 그러므로 수탁자의 신탁재산에 대한 관리, 처분권을 제한한다는 사실만으로 신탁의 본질에 반한다거나 그러한 신탁변경이 무효라고 해서는 안 될 것이다. 다만 수탁자가 유일한 수익자가 되는 등 신탁의 기본적인 구조에 반하거나, 단순히 수탁자의 명의만을 빌릴 뿐 신탁의 법률효과를 의욕하지 않았다면 더 이상 신탁으로 인정될 수 없음은 물론이다.

Ⅲ. 법원에 의한 변경

1. 요건

1.1. 신탁행위 당시 예견하지 못한 특별한 사정의 발생

3당사자가 합의할 수 없거나 합의가 이루어지지 않는 경우에도 신탁행위 당시에 예견하지 못한 특별한 사정이 발생한 때에는 법원에 의한 신탁변경이 가능하다. 이는 사정변경의 원칙을 반영한 것이다. 신탁을 설정할 때 예견하지 못하였던 사정변경이 발생하였음에도 불구하고 신탁의 기존 내용을 고집한다면, 신탁재산에 중대하고 회복하기 어려운 결과가 발생하게 되고[21] 또 신의칙 및 공평의 원칙에도 반하기 때문이다.

예견의 주체에 대하여는 제한이 없으므로 신탁행위의 당사자인 위탁자와 수탁자 또는 그 일방이 예견하지 못하였어도 요건을 충족한다. 다만 제88조 제3항은 신탁변경의 청구권자로 수익자를 들고 있어서, 수익자가 예견하지 못한 사정이 발생한 때에도 신탁변경을 청구할 수 있는지가 문제된다. 하지만 수익자는 신탁행위의 당사자가 아니며 신탁상 정함에 따라서 신탁이익을 향수할 뿐이다. 수익자가 예견하지 못한 사항과 관련하여서는 수익권을 포기하거나, 위탁자와 수익자 사이의 대가관계에서 해결할 수 있다. 수익자의 보호라고 하는 관점에서 신탁변경 청구권자에 수익자가 포함된다고 해서 예견의 주체로 당연히 수익자

---

21) 윤경, 신탁재산관리방법 변경의 요건과 그 한계, 대법원판례해설 제44호(2004), 25면.

가 포함된다고 해석할 것은 아니다.

예견하지 못한 특별한 사정이란 당사자 개인에게 발생한 주관적 사정과 신탁재산에 관하여 발생한 객관적 사정을 모두 포함한다.[22] 그리고 일정한 사정이 과연 신탁변경을 요하는 특별한 사정에 해당하는지는 위 취지에 비추어 법원이 판단하게 될 것이다. 그러나 가령 신탁상 정해진 신탁재산의 관리방법 자체가 적합하지 않게 된 것이 아니라 수탁자가 정해진 관리방법에 위반하여 재산을 관리한 결과 수익자의 이익이 침해되거나 침해될 우려가 생긴 것에 불과한 경우는 '예견하지 못한 특별한 사정'에 해당하지 않는다.[23] 이때는 수탁자의 의무위반에 따른 책임이 문제될 뿐이다. 그리고 특별한 사정의 발생으로 신탁재산의 관리방법이 곧 수익자의 이익에 적합하지 않게 될 것을 요건으로 하지 않는다. 구신탁법 제36조는 신탁행위 당시에 예견하지 못한 특별한 사정으로 신탁재산의 관리방법이 수익자의 이익에 적합하지 않게 된 경우를 요건으로 정하였으나, 현행 제88조 제3항은 이러한 제한을 두고 있지 않다. 다만 위와 같은 사정은 법원이 신탁의 변경이 요구되는 특별한 사정인지를 판단함에 있어 고려될 것이다.

1.2. 청구권자의 청구

위탁자, 수익자 또는 수탁자는 신탁의 변경을 법원에 청구할 수 있다.[24] 구신탁법에서는 위탁자의 상속인도 포함되었으나, 통상 위탁자의 상속인은 수익자와 이해를 달리한다. 그래서 제88조 제3항은 청구권자에서 위탁자의 상속인을 배제하였다. 견해에 따라서는 제10조 제3항의 반대해석상 위탁자의 상속인이 당연히 위탁자의 지위를 승계하므로 별도로 규정할 필요가 없다고 보아 상속인의 변경청구를 인정하기도 한다.[25] 그러나 이는 신탁법의 개정을 통하여 청구권자의 범위에서 상속인을 제외한 취지에 반한다.

---

22) 윤경, 신탁재산관리방법 변경의 요건과 그 한계, 25면.
23) 대법원 2003. 1. 27.자 2000마2997 결정.
24) 비송사건절차법 제44조의14(신탁변경의 재판) ①「신탁법」제88조 제3항에 따른 신탁변경의 재판은 서면으로 신청하여야 한다.
   ② 제1항에 따른 신청에 대한 재판을 하는 경우 법원은 위탁자, 수탁자 및 수익자의 의견을 들어야 한다.
   ③ 제1항에 따른 신청에 대한 재판은 이유를 붙인 결정으로써 하여야 한다.
   ④ 제1항에 따른 신청에 대한 재판은 위탁자, 수탁자 및 수익자에게 고지하여야 한다.
   ⑤ 제1항에 따른 신청에 대한 재판에 대해서는 위탁자, 수탁자 또는 수익자가 즉시항고를 할 수 있다. 이 경우 즉시항고는 집행정지의 효력이 있다.
25) 광장신탁법연구회, 351면.

1.3. 변경 사항

법원에 신탁변경을 청구함에 있어서 그 변경 사항에 대한 제한은 없다. 이는 당사자의 합의에 의한 변경에서와 다르지 않다. 다만 신탁목적의 변경과 같이 중요한 사항에 대해서도 변경청구가 가능한지가 문제될 수 있지만, 이상의 요건이 충족되는 한 그 변경이 신탁목적에 관한 것이라고 해서 청구 자체가 허용되지 않는다고 해석할 근거는 없다. 청구의 당부에 대한 판단은 법원의 몫이다. 법원은 제88조가 신탁변경을 허용하는 취지에 비추어 신탁행위 당시에 예견하지 못한 특별한 사정의 발생 여부 및 그것이 종래 신탁목적에 미치는 영향, 이를 둘러싼 당사자들의 이해관계 등 제반사정을 고려하여 신탁목적의 변경 여부를 결정하게 된다.

2. 효과

2.1. 효과 일반

신탁상 정한 바에 따른 변경의 효과는 역시 신탁상의 정함에 의한다. 3당사자의 합의에 의하여 신탁을 변경한 때에는 그 합의에 따라서 그리고 특별한 정함이 없는 때에는 합의시에 그 효력이 발생한다. 법원에 의한 신탁변경은 이유를 붙인 결정으로 하며(비송사건절차법 제44조의14 제3항), 그 결정은 고지시에 효력이 발생한다(민사소송법 제221조 제1항).

신탁변경의 내용이 신탁재산에 관한 것인 때에는 수탁자는 이를 공시함으로써 대항요건을 갖추어야 하며, 특히 부동산의 경우에는 권리의 설정등기, 보존등기, 이전등기 또는 변경등기와 더불어 신탁등기를 하여야 한다(부동산등기법 제82조 제1항).

그런데 신탁이 변경되면 수익자를 비롯한 신탁채권자 등 여러 이해관계인이 영향을 받게 되므로 이러한 이해관계인의 보호가 문제된다. 그래서 제88조 제2항은 제3자의 정당한 이익을 해하지 못하도록 하고, 제89조는 반대수익자에게 수익권매수청구권을 수여하고 있다.

2.2. 수익권매수청구권

2.2.1. 의의

신탁법은 다수의 수익자가 존재하는 것을 예정하고 있다. 그런데 신탁상 다수의 수익자의 의사결정을 만장일치가 아닌 다수결에 의하도록 하거나 수익자집회의 결의에 의하는 경우 신탁변경이 자신의 의사에 반하더라도 이에 따를 수밖에 없는 수익자가 발생한다. 또한 신탁변경권이 수익자 아닌 자에게 있는 경우에도 수익자는 자신의 의사와 무관하게 신탁변경권의 행사에 따른 결과에 구속된다. 이처럼 신탁변경은 그 성질상 수익자에게 중대한 영향을 미칠 수 있기 때문에 이에 반대하는 수익자에게는 수익권에 대한 대가를 지급받고 신탁으로부터 이탈할 수 있는 기회를 제공할 필요가 있는데,[26] 그것이 바로 수익권매수청구권이다.

수익권매수청구권은 '청구권'으로 규정되어 있으나, 그 법적 성질은 단순한 청구권이 아니라 형성권이라고 해야 한다. 수익권매수청구권을 인정하는 취지 및 제89조 제2항이 수익권매수청구권의 행사로서 매매계약이 성립함을 전제로 하여 그 대금지급의 기한을 정한 것에 비추어볼 때 수탁자는 반대수익자의 수익권매수청구에 대하여 그 매매계약을 체결할 것인지에 대한 선택권을 가지지 않기 때문이다. 그러므로 수익자의 권리행사에 따라서 수익권에 대한 매매계약이 성립하는 것이다.

2.2.2. 요건

수익권매수청구권이 인정되는 신탁변경은 신탁의 목적, 수익채권의 내용 그리고 신탁행위로 수익권매수청구권을 인정한 사항에 관한 것이어야 한다(제89조 제1항). 만약 모든 신탁변경에 대하여 수익권매수청구권을 허용한다면, 신탁변경 자체가 실질적으로 어렵게 될 것이다. 그리고 신탁변경에 반대하는 수익자는 수익권을 포기함으로써 신탁관계에서 벗어날 수 있다. 그래서 제89조 제1항은 신탁목적이나 수익채권의 내용과 같이 수익자에게 직접적인 영향을 미치는 중대한 사항에 관하여 그리고 신탁상 정한 사항에 관하여만 제한적으로 수익권매수청구권을 인정한다.

신탁변경에 반대하는 수익자는 많은 경우 신탁변경으로 인하여 손해를 입을 염려가 있거나 실제로 손해를 입을 것이지만, 이것이 수익권매수청구권의 요건은 아니다.[27] 그러므로 신탁변경에 따르는 손해 여부와 상관없이 위 사항에 관한 신탁변경에 반대하는 수익자는 수익권매수청구권을 행사할 수 있다.

8

---

26) 최수정, 일본 신신탁법, 135면.

27) 반면 일본 신탁법은 수익권취득청구권을 신탁변경이 아닌 수익권에 관한 절에서 규정하면서, 신탁목적의 변경이나 수익권양도의 제한에 관한 신탁변경이 있는 때에는 이로 인하여 손해를 입을 우려가 있을 것을 요구하지 않으나(동법 제103조 제1항 단서), 그 밖의 중요한 신탁변경의 경우에는 손해를 입을 우려가 있을 것을 요건으로 한다(동법 제103조 제1항 본문 및 제2항).

2.2.3. 절차
(1) 수익권매수청구권의 행사

신탁변경에 반대하는 수익자는 신탁변경이 있은 날부터 20일 이내에 수탁자에게 서면으로 수익권의 매수를 청구하여야 한다(제89조 제1항).

(2) 매수가액의 결정

수익자가 수익권매수청구권을 행사하는 경우 이제 그 매수가액이 결정되어야 한다. 가액의 결정은 먼저 매매계약의 당사자인 수탁자와 수익자 사이의 협의에 의한다(제89조 제3항). 그러나 수탁자가 수익권매수청구를 받은 날부터 30일 이내에 협의가 이루어지지 않으면, 수탁자나 수익권매수청구권을 행사한 수익자는 법원에 매수가액의 결정을 청구할 수 있다(제89조 제4항). 법원은 수익권의 매수가액을 결정함에 있어서 수탁자와 매수청구를 한 수익자의 의견을 들어야 하며(비송사건절차법 제44조의15 제2항),[28] 신탁의 재산상태나 그 밖의 사정을 고려하여 공정한 가액으로 산정하여야 한다(제89조 제5항).

2.2.4. 효과
(1) 대금의 지급

수익자의 수익권매수청구권 행사에 따라 수익권에 대한 매매계약이 체결된다. 그러므로 수탁자는 매매대금을 지급할 채무를 부담하는데, 수익권매수청구를 받은 날부터 2개월 내에 그 대금을 지급하여야 한다(제89조 제2항). 수탁자가 위 기간을 도과한 경우에는 대금지급채무는 이행지체에 빠지고, 그에 따른 채무불이행책임이 발생한다. 만약 30일의 협의기간 내에 협의가 이루어졌음에도 불구하고 이행지체가 되었다면, 수탁자는 협의된 가액에 위 기간만료일 다음 날부터의 지연이자를 더하여 지급하여야 한다. 법원이 매수가액을 결정하는 경우에는 위 기간을 도과하기 쉬운데, 이 경우에도 결정된 매수가액에 기간만료일 다음 날부터의 지연이자를 더하여 지급하여야 한다(제89조 제6항).

---

28) 비송사건절차법 제44조의15(수익권 매수가액의 결정) ① 「신탁법」 제89조 제4항, 제91조 제3항 또는 제95조 제3항에 따른 매수가액 결정의 청구는 서면으로 하여야 한다.
② 제1항에 따른 청구에 대한 재판을 하는 경우 법원은 수탁자와 매수청구를 한 수익자의 의견을 들어야 한다.
③ 제1항에 따른 청구에 대한 재판은 이유를 붙인 결정으로써 하여야 한다.
④ 제1항에 따른 청구에 대한 재판은 수탁자와 매수청구를 한 수익자에게 고지하여야 한다.
⑤ 제1항에 따른 청구에 대한 재판에 대해서는 수탁자 또는 매수청구를 한 수익자가 즉시항고를 할 수 있다. 이 경우 즉시항고는 집행정지의 효력이 있다.

수익권매수청구권의 행사에 따른 수익권의 대금채무는 신탁재산에 속한 채무이다. 그러나 여타의 신탁채권자와 달리, 신탁행위나 신탁변경의 합의로 달리 정하지 않은 한, 수탁자는 대금채무에 대하여 신탁재산만으로 책임을 진다(제89조 제7항). 일반적으로 신탁재산에 속한 채무에 대하여 수탁자는 자신의 고유재산으로도 책임을 진다. 하지만 수탁자는 수익채권에 대하여 유한책임을 지고(제38조), 매수한 수익권은 신탁재산에 환원된다. 그러므로 신탁법은 수익권의 대금에 대하여 수탁자에게 원칙적으로 유한책임만을 부담하도록 한 것이다.

그런데 수익권의 대금을 지급함에 있어서 신탁재산의 환가가 어려운 경우나 신탁재산의 감소로 신탁목적을 달성하기 어려운 경우에는 특정 수익자의 수익권매수청구권의 행사로 다른 수익자나 신탁에 불측의 손해를 줄 위험이 있다. 그러므로 이러한 사태를 방지하기 위해서는 신탁변경시에 일정 수 이상의 수익권매수청구가 있는 때에는 신탁변경의 효력을 부정하거나 이를 신탁종료사유로 정하는 등의 정함을 둘 필요가 있을 것이다.[29]

(2) 수익권의 운명

반대수익자의 수익권매수청구에 따라서 수탁자가 그 대금을 지급하고 수익권을 매수한 경우 당해 수익권의 운명이 문제된다. 수익권을 매수한 수탁자가 수익자가 되는 것인지, 아니면 수익권이 소멸하는지 또는 그 밖의 효력을 인정할 것인지의 문제이다.

일반적으로 수탁자가 수익권을 취득함으로써 수익자의 지위를 겸할 수 있다고 하더라도, 반대수익자의 수익권매수청구에 따라서 매수한 수익권은 수탁자의 고유재산이 아닌 신탁재산으로 취득한 것이다. 그러므로 이 경우 수탁자가 수익자가 될 수는 없다. 무엇보다 수탁자가 수익권을 매수하는 형식을 취하지만 실질적으로는 신탁재산으로부터 발생하는 이익이 수익권의 형태로 분리되었다가 다시금 신탁재산으로 회복되는 것에 지나지 않는다. 그러므로 수탁자가 매수한 수익권은 소멸한다(제89조 제8항 본문). 다만 신탁행위나 신탁변경의 합의로 달리 정한 경우에는 그에 따른다(제89조 제8항 단서).

8

---

29) 최수정, 일본 신신탁법, 137면.

Ⅳ. 신탁의 합병, 분할, 분할합병

1. 의의

신탁의 합병, 분할, 분할합병도 넓은 의미에서는 신탁의 변경에 속한다. 구신탁법은 신탁의 변경에 대하여 매우 제한적으로만 규정하였으며, 신탁의 합병 등과 같은 형태의 신탁변경에 대한 규율도 없었다. 신탁의 합병, 분할, 분할합병과 같은 변경이 가능한지 여부 및 그 효과에 대하여는 명확한 기준이 없는 상태였기 때문에, 위와 같은 신탁의 변경을 위해서는 기존 신탁을 종료하고 구체적인 유형에 상응하는 신탁을 다시 설정해야 했다.

그러나 신탁재산의 운용에 있어서 합병을 통하여 규모의 경제를 실현하거나, 합병 또는 분할을 통하여 그 밖의 현실적, 경제적 필요에 따라 신탁재산을 운용할 수요는 언제든 발생할 수 있다. 제88조가 신탁변경을 일반적으로 허용하는 것에 비추어볼 때에도 신탁의 합병, 분할, 분할합병과 같은 변경을 금지할 이유는 없다. 그리고 기존 신탁을 종료시키고 새로 설정하도록 하기보다는 직접 합병, 분할, 분할합병의 형태로 변경할 수 있도록 하는 것이 효율적이다. 그런데 이러한 형태의 신탁변경에서는 수익자의 보호와 더불어 신탁채권자의 보호가 특히 문제된다. 그러므로 신탁의 합병, 분할, 분할합병에 관한 근거규정을 둠으로써 이러한 신탁변경이 가능함을 명시하고, 그 절차와 이해당사자의 보호를 위한 기준을 제시할 필요가 있다. 제90조 이하는 위와 같은 취지에서 신탁의 합병, 분할, 분할합병에 있어 그 절차를 명확히 하고 효율적인 신탁재산의 운용을 위한 수단을 제공함과 동시에 관계 당사자의 이해를 적절히 조정하고자 한다.

한편 신탁의 합병 또는 분할은 수탁자의 합병 또는 분할과 개념상 구분하여야 한다. 전자는 수탁자가 동일한 상태에서 신탁재산이 병합 또는 분리되는 것인 반면, 후자는 수탁자인 법인이 합병 또는 분할되는 것이기 때문이다. 수탁자가 합병 또는 분할되면 신탁은 동일성을 유지한 채로 합병된 수탁자에게 승계되거나 분할에 의하여 지정된 수탁자에게 승계된다(제12조 제5항).

2. 신탁의 합병

2.1. 의의

신탁의 합병이란 수탁자가 동일한 여러 개의 신탁을 하나의 신탁으로 만드는 것을 가리킨다(제90조). 신탁의 합병은 수탁자의 수익자에 대한 통지 등 신탁사무 처리의 편의성, 신탁재산의 관리와 운용에 있어서 규모의 경제 실현, 수탁자의 보수와 세금 절감 등 현실적·경제적 필요성에 기초한다.30) 사실 신탁재산이 동종인 경우에는 소위 합동운용에 의해서도 동일한 효과를 얻을 수 있다. 그러나 신탁의 합병에 있어서는 신탁재산의 규모가 커질 뿐만 아니라, 구성재산이 서로 상이한 때에도 단순한 합동운용으로는 어려운 보다 자유로운 운용이나 투자가 가능하게 된다.31)

회사합병의 경우에는 대상 회사 중 한 회사만 존속하고 다른 회사는 소멸하는 흡수합병이나 대상 회사가 모두 소멸하고 새로운 회사를 설립하는 신설합병이 가능하다(상법 제174조 및 제175조). 회사의 신설합병은 새로운 법인격을 창출하는 것이므로, 수탁자가 동일한 신탁재산이 병합하는 형태로 수탁자가 달라지지 않는 신탁의 합병은 흡수합병에 해당한다. 만약 수탁자를 달리한다면, 이는 수탁자의 변경에 해당하고 신탁의 합병은 아니다. 가령 일본 신탁법 제2조 제10항은 우리법상 신탁의 합병에 해당하는 신탁의 병합을 "수탁자가 동일한 둘 이상의 신탁의 신탁재산 전부를 하나의 새로운 신탁의 신탁재산으로 하는 것"이라고 정의한다. 그리고 이러한 표현에 기초하여 일본 신탁법은 신설합병의 형태만을 인정한다고 보는 견해도 있다.32) 그러나 수탁자가 동일하기 때문에 회사의 신설합병과는 차원을 달리하며, 신탁의 합병에 의하여 그 내용이 달라지는 결과만을 가지고 이를 신설합병이라고 부르는 것은 타당하지 않다. 우리법에서나 일본 신탁법에서나 신탁의 합병은 모두 흡수합병에 해당한다고 할 것이다.

30) 법무부, 695면.
31) 能見善久, 249면.
32) 법무부, 696면.

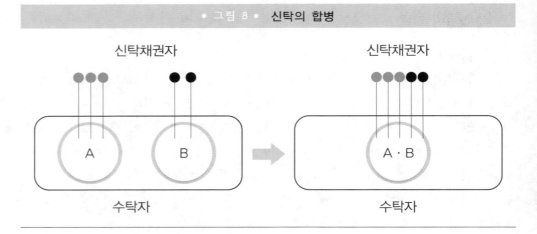

• 그림 8 • **신탁의 합병**

2.2. 요건

2.2.1. 신탁합병의 결정

신탁을 합병함에 있어서 신탁상의 정함이 있는 때에는 이에 따라 합병이 개시된다. 그러한 정함이 없는 경우 제90조 이하는 신탁합병의 개시사유에 관하여 명시하고 있지 않다. 그리고 제91조는 수탁자의 관점에서 규정하고 있어서 신탁합병이 수탁자의 의사결정에 따라 이루어지는 것처럼 보인다. 하지만 신탁합병도 신탁의 변경에 해당하므로 위탁자, 수탁자, 수익자 3당사자의 합의가 필요하다.[33] 다만 전문적인 지식을 가지고 신탁합병을 추진하는 자는 통상 신탁사무를 처리하는 수탁자이므로, 제91조는 수탁자가 합병계획서를 작성하여(제1항) 각 신탁의 위탁자와 수익자로부터 승인을 받는 방식으로 규정하고 있을 뿐이다(제2항).

2.2.2. 수탁자의 동일성

신탁의 합병은 동일한 수탁자가 인수한 다수의 신탁을 하나의 신탁으로 만드는 것이므로(제90조) 대상이 된 신탁의 수탁자가 동일해야 한다. 그러므로 수탁자가 다른 신탁들을 한 개의 신탁으로 하려면 먼저 수탁자변경절차를 거쳐야 한다. 가령 수탁자 T1이 인수한 신탁 A와 수탁자 T2가 인수한 신탁 B를 합병하기 위하여는 신탁 A의 수탁자 T1의 임무를 종료시키고 신수탁자 T2를 선임한 후 신탁법상의 합병절차를 따르면 된다. 또는 신탁 A에서는

---

33) 가령 일본 신탁법은 신탁변경에 관한 규정과 별도로 신탁의 병합요건으로 당사자의 합의 등에 관하여 유사한 내용을 정하고 있다(동법 제151조).

T2를 공동수탁자로 선임하고 신탁 B에서는 T1을 공동수탁자로 선임하여 역시 합병절차를
진행할 수 있을 것이다.

2.3. 절차

2.3.1. 합병계획서의 작성

　신탁의 합병은 관련 당사자에게 중대한 영향을 미친다. 그러므로 신탁법은 수탁자로
하여금 법정사항이 기재된 합병계획서를 작성하도록 하여(제91조 제1항) 당사자들이 그 내용
을 알고 또 이를 토대로 승인 또는 이의 여부를 판단할 수 있도록 한다.

　합병계획서에는 신탁합병의 취지를 기재하여야 한다(제1호). 그리고 서로 다른 신탁이
합병됨으로 해서 각각의 내용에 변동이 있을 수 있으므로, 신탁합병 후의 신탁행위의 내용
을 분명히 해야 한다(제2호). 특히 수익권에 관한 사항은 중요한 의미를 가지므로, 신탁행위
로 정한 수익권의 내용에 변동이 있는 경우에는 그 내용뿐만 아니라 변경이유도 명시해야
한다(제3호). 신탁간의 차이로 인하여 합병시에 기술적 곤란함 등의 이유로 수익자의 수익권
이 변동된 경우 합병 후 신탁에서의 수익권과 합병 전 신탁에서의 수익권을 비교하여 수익
자가 어떠한 이익이나 손실을 받게 되는지 명확하게 기재하여 수익자가 합병의 승인 여부
를 결정하는 데 참고할 수 있도록 한 것이다.[34] 이와 더불어 신탁합병시 수익자에게 금전과
그 밖의 재산을 교부하는 경우에는 그 재산의 내용과 가액을 기재하여야 한다(제4호). 상법
상의 합병교부금과 마찬가지로 신탁의 합병비율을 조정하기 위하여 수익자에게 재산을 교부
하는 때에는 수익자가 합병 후 신탁의 재산상태를 예상하고 정당한 대가를 지급받을 수 있
는지를 알 수 있도록 교부할 재산의 내용과 가액을 기재하여야 하는 것이다.[35] 또한 신탁합
병의 효력이 언제 발생하는지에 따라서 관련 당사자의 이해가 달라질 수 있으므로 신탁합
병의 효력발생일을 기재하여야 한다(제5호). 그 밖에도 수탁자는 대통령령으로 정하는 사항
(제6호)을 합병계획서에 명시하여야 한다.[36] 이러한 사항은 필수적 기재사항이다.[37]

---

34) 최수정, 일본 신신탁법, 170면.

35) 법무부, 700면.

36) 신탁법 시행령 제9조(합병계획서의 기재사항) 법 제91조 제1항 제6호에서 "대통령령으로 정하는 사항"이란
　　다음 각 호의 사항을 말한다.
　　1. 합병할 각 신탁의 위탁자의 성명 또는 명칭 및 주소
　　2. 합병할 각 신탁의 수탁자의 성명 또는 명칭 및 주소
　　3. 합병할 각 신탁의 신탁행위의 내용 및 설정일
　　4. 합병할 각 신탁의 신탁재산의 목록 및 내용
　　5. 합병할 각 신탁이 유한책임신탁인 경우에는 그 명칭 및 신탁사무처리지

8

2.3.2. 합병계획서의 승인

신탁상 다른 정함이 없는 한 수탁자는 각 신탁별로 위탁자와 수익자로부터 합병계획서의 승인을 받아야 한다. 신탁의 합병은 애초에 각 위탁자가 의도한 신탁목적에 영향을 미치고 수익권에도 직간접적으로 변동을 가져오게 될 것이다. 그래서 신탁법은 이들 신탁관계인의 법적 지위에 영향을 미친다는 점에서 수탁자로 하여금 반드시 이들의 승인을 받도록 한 것이며,38) 신탁의 변경에 대하여 3당사자의 합의를 요구하는 것과도 일맥상통한다. 이러한 취지에 비추어볼 때 신탁합병의 요건은 엄격히 해석해야 하며, 신탁상 정함이 없는 한 일부 당사자의 합의 내지 승인만으로 신탁을 합병할 수는 없다고 할 것이다. 따라서 신탁효력발생시에 위탁자가 존재하지 않는 유언신탁은 물론39) 신탁관계인 중 1인이 존재하지 않거나 승인하지 않는 경우에도 신탁을 합병할 필요가 있게 되는 경우를 대비한다면, 신탁설정시에 이에 관한 정함을 둘 필요가 있다.

2.4. 반대수익자의 보호를 위한 조치

수익자가 1인인 때에는 그 수익자가 승인을 하지 않는 한 신탁합병은 이루어질 수 없다. 그리고 수익자가 다수인 때에도 수익자 전원이 동의하지 않는 경우에는 역시 신탁합병이 불가능하다. 그러나 신탁상 정함에 따라 다수결에 의하거나 수익자집회에서 특별결의에 의하는 때에는(제74조 제2항 제3호) 소수의 반대수익자가 존재하게 된다. 이 경우 수익자가 합병 내지 합병계획서에 승인할 것인지 여부에 대한 선택권을 실질적으로 보장하고 승인을 거부한 수익자를 보호할 필요가 있다. 그래서 신탁법은 신탁변경에 있어서 반대수익자에게 인정되는 수익권매수청구권을 이 경우에도 인정한다(제91조 제3항).40)

합병계획서를 승인하지 않은 수익자는 합병계획서의 승인이 있은 날부터 20일 내에 수탁자에게 수익권의 매수를 서면으로 청구할 수 있다. 수익권매수청구권의 행사에 따라 수익권에 대한 매매계약이 성립하며, 그 대금은 수탁자와 수익자의 협의로 결정한다. 만약 수탁자가 매수청구를 받은 날부터 30일 내에 협의가 이루어지지 않으면, 수탁자나 당해 수익자는 법원에 매수가액의 결정을 청구할 수 있다. 수탁자는 수익권매수청구를 받은 날부터

---

37) 법무부, 699면.

38) 법무부, 700면.

39) 유언신탁 자체가 많이 이용되지 않고 있어서 신탁합병에 대한 필요성도 크지 않다고 하더라도, 실제 이를 어떻게 운용할 것인가는 별개의 문제이다. 그러므로 합병을 포함한 신탁변경을 대비하여 협의의 방법 등에 대한 정함을 두는 것이 바람직할 것이다.

40) 수익권매수청구권에 관한 상세는 위 Ⅲ. 2.2. 참조.

2개월 내에 대금을 지급하여야 하므로 이를 도과한 때에는 지체책임을 진다. 이때 수탁자의 대금채무에 대하여는 신탁재산만 책임을 지며 수탁자의 고유재산은 제외된다. 그리고 수탁자가 취득한 수익권은 신탁행위로 달리 정하지 않은 한 소멸한다.

2.5. 신탁채권자의 보호를 위한 절차
2.5.1. 신탁채권자 보호의 필요성

신탁재산이 채무초과 상태가 아니라면, 더욱이 수탁자가 무한책임을 지는 만큼, 신탁의 합병으로 인하여 각 신탁채권자가 손해를 입는 경우는 거의 없을 것이다. 만약 신탁합병으로 인하여 채권의 만족이 어렵게 될 염려가 있다면, 채권자는 일반적인 채권자취소권에 의하여 신탁의 합병을 취소하고 책임재산을 확보할 수 있다.[41] 그래서 신탁법은 신탁의 합병에 있어서 위탁자, 수탁자, 수익자의 합의 외에 신탁채권자의 승인 내지 동의를 요건으로 하지 않는다.

하지만 신탁채권자의 입장에서는 책임재산인 신탁재산이 합병에 의하여 변동되는 만큼 영향을 받지 않을 수 없다. 특히 책임재산이 신탁재산으로 한정된 경우에는 신탁채권자는 보다 직접적인 영향을 받게 되며, 합병되는 어느 신탁의 운용상황이 좋지 않은 경우 다른 신탁의 채권자는 불측의 손해를 입을 수 있다. 그래서 제92조는 신탁합병에 있어서 채권자의 보호를 위하여 채권자에게 이의를 제기할 수 있는 절차를 보장하고 있다.

2.5.2. 합병계획서 등의 공고

수탁자는 신탁의 합병계획서의 승인을 받은 날부터 2주 내에 합병계획서, 채권자가 일정한 기간 내에 이의를 제출할 수 있다는 취지, 그 밖에 대통령령으로 정하는 사항을[42] 일반일간신문에 공고하여야 한다(제92조 제1항). 수탁자가 법인인 경우에는 해당 법인의 공고방법에 따른다. 이와 더불어 수탁자는 자신이 알고 있는 신탁채권자에게 개별적으로 이를 최고하여야 한다. 그리고 채권자가 일정한 기간 내에 이의를 제출할 수 있다는 취지를 공고 또는 최고함에 있어서 일정한 기간은 1개월 이상이어야 한다.

---

41) 能見善久, 250면 이하.
42) 신탁법 시행령 제10조(합병의 공고·최고 사항) 법 제92조 제1항 제3호에서 "대통령령으로 정하는 사항"이란 합병 후 신탁채무의 이행 계획을 말한다.

2.5.3. 신탁채권자의 이의

신탁합병시에 공고 또는 최고된 기간 내에 신탁채권자는 이의를 제출할 수 있으며, 그 방식에는 제한이 없다. 이때 신탁채권자에 수익자는 포함되지 않는다. 수익자는 이미 합병 여부에 대한 의사결정에 참여하였고 합병계획서의 승인 주체로서 그 의사를 표명하였으며, 수익자의 보호는 수익권매수청구권의 행사에 의하여 보장되기 때문이다. 그리고 제91조 제3항이 승인을 하지 않은 수익자에게 수익권매수청구권을 인정하면서, 이와 별도로 제92조에서 신탁채권자의 보호를 위한 절차를 정하고 있는 규정체계에 비추어보아도 그러하다.

신탁채권자가 그 기간 내에 이의를 제출하지 않으면 그 채권자는 합병을 승인한 것으로 간주된다(제92조 제2항). 반면 신탁채권자가 이의를 제출한 경우 수탁자는 그 채권자에게 변제하거나, 적당한 담보를 제공하거나, 이를 목적으로 적당한 담보를 신탁회사에 신탁하여야 한다(제92조 제3항 본문). 다만 신탁합병으로 채권자를 해칠 우려가 없는 경우에는 수탁자는 채권자에 대한 변제나 담보제공 등의 의무가 없다(제92조 제3항 단서). 만약 이러한 예외 규정이 없다면 신탁채권자는 임의로 이의제기를 할 수 있게 되고, 이는 신탁합병에 대한 부담으로 작용할 것이다. 그 결과 제도 본래의 기능을 약화시킬 수 있기 때문에 채권자의 재량권을 합리적인 범위에서 제한할 필요가 있는 것이다.[43]

2.6. 효과

2.6.1. 신탁합병의 시점

신탁합병의 효력발생 시점은 수탁자가 합병계획서를 작성하여 위탁자와 수익자의 승인을 받은 이상 합병계획서에 기재된 효력발생일이라고 할 것이다(제91조 제1항 제5호). 이와 달리 수탁자가 제출한 합병계획서를 위탁자 및 수익자가 승인한 시점에서 효력이 발생한다고 보는 견해도 있을 수 있으나, 승인 외에 채권자보호절차까지 마무리되어야 비로소 효과가 발생한다는 견해도 있다.[44] 신탁채권자의 보호에 허점이 발생하는 점, 회사합병시에는 합병등기시에 첨부서류로서 채권자보호절차를 밟았음을 증명하는 서면을 제출하여야 하는 점, 만약 채권자보호절차를 결여하면 이것이 합병의 무효사유가 된다는 점을 근거로 든다.

물론 회사의 합병은 그 등기를 한 때 효력이 생기고(상법 제234조) 등기시에는 위와 같은 서면제출이 요구되므로, 회사합병에 관한 이들 규정체계하에서는 위와 같은 해석이 가능하다. 그러나 신탁합병에 있어서는 합병등기와 같은 절차가 없으며,[45] 채권자보호절차를 마

---

43) 법무부, 707면.
44) 정순섭/노혁준, 303면.

런한 것이 곧 합병의 효력발생시점으로 연결되는 것도 아니다. 일반적인 신탁변경에 있어서도 경우에 따라 신탁변경이 신탁채권자의 이해에 큰 영향을 미칠 수 있지만, 신탁채권자의 승인이나 이들의 보호를 위한 절차를 마무리해야 신탁변경의 효력이 발생한다고 할 근거는 없다. 더욱이 합병계획서에 신탁합병의 효력발생일이 필수적 기재사항으로 적시되어 있음에도 불구하고, 별도의 명시적인 규정 없이 신탁합병에 있어서만 일률적으로 신탁채권자의 보호절차 종료를 요건으로 할 수는 없다. 만약 이러한 절차가 모두 종료하여야 신탁합병의 효력이 발생한다면, 그 효력발생 시점이 불분명해지고 법률관계가 불안하게 될 염려가 있다. 언제 수탁자가 이의를 제출한 신탁채권자에게 변제를 하는 등 절차가 종료하였는지를 확정하고 또 확인하는 것이 항상 명확한 것은 아니며, 그로 인한 불필요한 거래비용이 발생하고, 이해관계인에게 불측의 손해를 줄 수 있기 때문이다. 또한 제92조 제3항 단서에서 정한 신탁합병이 채권자를 해칠 우려가 없는지 여부에 대한 다툼이 생기거나 변제 등이 지체되는 경우에는 신탁합병 자체가 적시에 이루어지기 어렵게 된다. 그러므로 합병의 효력발생시점은 합병계획서상의 효력발생일이라고 해야 한다. 그리고 만약 신탁합병에 있어서 절차적, 실체적 무효사유가 있다면, 무효확인의 소와 같은 일반 민사소송절차에 의하여 그 효력을 다툴 수 있다.[46)

2.6.2. 포괄승계

신탁이 합병되면 합병 전의 신탁재산에 속한 권리와 의무는 합병 후의 신탁재산에 존속한다(제93조). 회사의 합병에서와 마찬가지로 신탁에 관한 권리와 의무의 포괄승계가 이루어지는 것이다. 포괄승계의 경우 각각의 적극재산에 대하여 개별적으로 이전행위를 할 필요가 없으며, 채무에 대하여도 인수절차를 거칠 필요가 없다.[47) 그런데 재산의 귀속주체가 달라지는 회사합병과 달리 신탁합병에서는 그 귀속주체가 수탁자로 동일하기 때문에 이미 별도의 이전행위가 요구되지 않는다. 물론 그 실질에 있어서는 서로 다른 신탁재산에 속한

---

45) 신탁재산인 부동산에 대하여 신탁의 합병등기를 신청하는 경우에는 위탁자와 수익자로부터 합병계획서의 승인을 받았음을 증명하는 정보(인감증명 포함), 합병계획서의 공고 및 채권자보호절차를 거쳤음을 증명하는 정보를 첨부정보로서 제공하여야 한다(신탁등기사무처리에 관한 예규 [등기예규 제1726호] 2. 나.). 그러나 이러한 신탁등기는 신탁재산의 대항요건에 지나지 않으며 신탁합병 자체의 효력요건이 아니다. 그리고 부동산 이외의 재산에 대하여는 이러한 절차가 강제되지 않는다. 그러므로 신탁등기절차를 들어 회사합병에서와 동일한 해석을 할 수는 없다.

46) 상법 제236조는 회사합병의 무효는 별도의 소를 통해서만 가능하도록 하고 있으나, 신탁의 합병에 관하여는 그러한 제한이 없다.

47) 법무부, 710면.

권리와 의무일지라도, 합병 전의 각 신탁재산(A와 B)의 귀속주체도 수탁자이며 합병 후 신탁재산(A·B)의 귀속주체도 여전히 수탁자이다.[48] 그러므로 합병 후 신탁재산에 대한 공시를 통하여 대항요건을 갖추면 충분하다.

예컨대 A 신탁과 B 신탁을 A·B 신탁으로 합병하는 경우 A 신탁에 속한 부동산과 B 신탁에 속한 부동산을 모두 A·B 신탁의 부동산으로 공시하기 위하여는 A 신탁등기와 B 신탁등기를 말소하고 합병에 따른 A·B 신탁등기를 하여야 한다. 신탁의 합병등기를 신청함에 있어서는 위탁자와 수익자로부터 합병계획서의 승인을 받았음을 증명하는 정보, 합병계획서의 공고 및 채권자보호절차를 거쳤음을 증명하는 정보를 첨부정보로서 등기소에 제공해야 한다(신탁등기사무처리에 관한 예규 2. 나.).

한편 포괄승계가 이루어지는 때에도 합병 전 신탁이 유한책임신탁인 경우에는 그에 속한 채무에 대한 책임제한의 성질이 달라지지 않는다. 유한책임신탁에 속하는 채무에 대하여는 합병 후에도 합병 후 신탁의 신탁재산만 책임재산이 되며, 수탁자는 고유재산으로 책임을 지지 않는다(제122조). 합병 전 신탁의 채권자도 책임재산이 신탁재산에 한정되는 것을 예정하였으므로 합병에 의하여 특별히 불리해지는 것은 아니다.

3. 신탁의 분할 및 분할합병

3.1. 의의

신탁재산 중 일부를 분할하여 수탁자가 동일한 새로운 신탁의 신탁재산으로 할 수 있다(제94조 제1항). 그리고 신탁재산 중 일부를 분할하여 수탁자가 동일한 다른 신탁과 합병할 수 있으며(제94조 제2항), 전자를 분할 그리고 후자를 분할합병이라고 한다. 신탁의 분할이나 분할합병은 수익자간에 신탁에 관한 의견이 엇갈리거나 신탁재산을 보다 세분화, 전문화하여 운용할 필요가 있는 경우에 활용될 수 있다.[49]

신탁의 분할에 있어서 그 유형은 회사의 분할에 상응하여 여러 가지 유형이 있을 수 있지만, 신탁법은 분할 및 분할합병에 관하여만 정하고 있다. 그러나 여타의 방식으로 설계하는 것이 금지되는 것은 아니며, 신탁분할과 신탁합병이 몇 단계를 거쳐 이루어질 수도 있다. 우선 그 기초적인 유형으로서 신탁분할은 하나의 신탁(A)을 분리하여 다수의 신탁으로

---

48) 그러므로 부동산등기법 제82조의2 제1항이 신탁합병의 경우 신탁등기의 신청을 '권리변경등기'의 신청과 동시에 하도록 한 것은 의문이다.

49) 정순섭/노혁준, 304면.

만드는 것이며, 분할된 신탁(A1)과 분할 후의 신설신탁(A2) 또는 수탁자가 인수한 다른 신탁(B)과 합병한 분할합병신탁(A2·B)이 발생하게 된다. 후자의 경우 분할합병 절차가 없다면 분할절차와 합병절차를 각각 진행하여야 하는데, 중복되는 절차를 거듭 요구하기보다는 하나의 절차에 의하게 함으로써 절차적 효율을 도모할 수 있다.

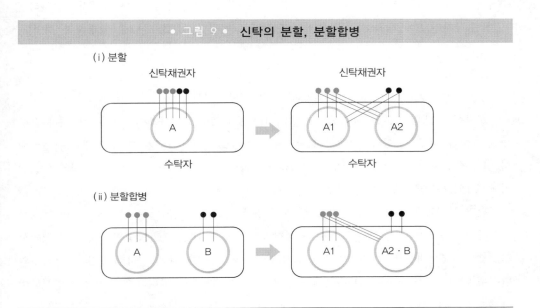

• 그림 9 • **신탁의 분할, 분할합병**

(i) 분할

(ii) 분할합병

3.2. 요건

3.2.1. 신탁의 분할 또는 분할합병의 결정

신탁의 분할 또는 분할합병에 있어서 신탁상 정함이 있는 때에는 이에 따라 분할 또는 분할합병이 개시된다. 그러한 정함이 없는 경우 분할 또는 분할합병의 결정은 신탁합병에서와 다르지 않다. 신탁의 분할 또는 분할합병에 대한 위탁자, 수탁자, 수익자 3당사자의 합의에 의한다. 이는 수탁자가 분할계획서 또는 분할합병계획서를 작성하여 각 신탁별로 위탁자와 수익자의 승인을 받는 방식으로 할 수 있다(제95조 제1항 및 제2항).

3.2.2. 수탁자의 동일성

신탁의 합병과 마찬가지로 신탁의 분할 및 분할합병에서는 수탁자가 동일하여야 한다. 수탁자가 인수한 신탁 A를 분할하여 역시 자신이 수탁자인 A1과 A2로 만들거나, A를 A1

과 A2로 분할하여 그 일부를 자신이 수탁자인 다른 신탁 B와 합병하여 A2·B를 만드는 것이다. 만약 분할한 신탁을 수탁자가 다른 신탁과 병합하고자 한다면, 신탁분할 후 수탁자변경절차를 거쳐서 신탁을 합병하는 방식에 의하여야 한다. 예컨대 수탁자 T1이 인수한 신탁 A를 분할하여 A1과 A2로 만든 후, A2의 수탁자를 T2로 변경한 뒤, 기존에 T2가 수탁자인 신탁 B를 A2와 합병하여 할 수 있다. 또는 A2의 공동수탁자로 T2를 선임하고 T2가 수탁자인 B에 대하여도 T1을 공동수탁자로 선임한 뒤 B와 A2를 합병하는 것이다.

3.3. 절차
3.3.1. 분할계획서 또는 분할합병계획서의 작성

신탁의 분할은 기존의 신탁재산이 분리되는 것이므로 신탁관계인은 물론 제3자에게 중대한 영향을 미칠 수 있다. 그래서 신탁법은 수탁자로 하여금 법정사항이 기재된 분할계획서 및 분할합병계획서를 작성하도록 하고(제95조 제1항), 위탁자 및 수익자가 그 내용을 알고 이를 토대로 승인 또는 이의 여부를 판단할 수 있도록 한다.

먼저 분할계획서 또는 분할합병계획서에는 신탁을 분할하거나 분할합병한다는 취지를 기재하여야 한다(제1호). 그리고 분할된 신탁과 신설신탁 내지 분할합병되는 신탁에 있어서 그 신탁행위의 내용을 개재하여야 한다(제2호). 특히 분할에 따른 신탁재산 및 신탁사무의 변경에 따라 수익권의 내용이 변경되는 경우에는 그 내용뿐만 아니라 변경이유도 명시하여야 한다(제3호). 또한 분할 또는 분할합병시 상법상의 분할교부금에 해당하는 금전 내지 그 밖의 재산을 수익자에게 교부하는 경우 그 재산의 내용과 가액을 기재하여야 한다(제4호). 이는 수익자가 신탁분할 및 분할합병의 승인 여부를 판단함에 있어서 중요한 요소가 된다. 그리고 신탁의 분할이나 분할합병의 효력이 언제 발생하는가에 따라서 관련 당사자의 이해가 달라질 수 있으므로, 신탁의 분할 또는 분할합병의 효력발생일을 기재하여야 한다(제5호).

한편 신탁의 합병과 달리 분할 또는 분할합병에 있어서는 분할되는 신탁재산 및 신탁채무의 내용과 그 가액을 기재하여야 한다(제6호). 각 신탁재산에 속한 권리와 의무가 합병 후 신탁에 포괄승계되는 신탁합병과 달리, 신탁의 분할에 있어서는 분할되는 신탁의 적극재산 및 소극재산이 분할 후 어느 신탁에 얼마만큼 귀속하는지에 대하여 별도의 정함이 필요하다. 특히 신탁채무의 경우에는 그것이 어떻게 분할되는지에 따라서 채권의 실효성 내지 경제적 가치가 좌우되기 때문에 신탁채권자에게는 중대한 관심사가 아닐 수 없다. 그러므로 분할되는 신탁재산, 특히 신탁채무의 내용과 그 가액을 분할계획서 또는 분할합병계획서에 명시할 것이 요구된다.

그런데 분할되는 신탁이 유한책임신탁인 경우 유한책임신탁에 속한 채무에 대하여는 신탁재산만으로 책임을 지는 것이므로, 신탁분할에 있어서도 이러한 성질은 유지된다. 유한책임신탁이 분할되어 그에 속한 채무가 신설신탁 또는 분할합병신탁에 이전하는 경우 그 채무에 대하여는 분할 후의 신설신탁 또는 분할합병신탁의 신탁재산만으로 책임을 진다(제123조). 그러므로 이러한 취지와 특정된 채무의 내용을 분할계획서 또는 분할합병계획서에 분명히 하여야 한다(제7호). 그 밖에 수탁자는 대통령령으로 정하는 사항을 기재하여야 한다(제8호).50) 그리고 이상의 내용은 필수적 기재사항이다.

3.3.2. 분할계획서 또는 분할합병계획서의 승인

신탁상 달리 정한 바가 없는 한 신탁분할에 있어서 수탁자는 당해 신탁의 위탁자와 수익자로부터 분할계획서의 승인을 받아야 하며, 분할합병에 있어서는 각각 분할되는 신탁 및 합병되는 신탁의 위탁자와 수익자로부터 분할합병계획서의 승인을 받아야 한다(제95조 제2항).

3.4. 반대수익자의 보호를 위한 조치

신탁합병과 달리 신탁분할에 있어서는 분할계획에 따라 수익자는 어느 하나의 신탁에 대하여 그 지위를 가지거나 양 신탁에 대하여 그 지위를 가질 수 있다(제97조 제1항 참조).51) 후자의 경우 분할계획서에서 수익권의 내용을 변경하지 않는 한 수익자는 신탁분할 전과 동일한 신탁재산의 범위에서 신탁이익을 향수하기 때문에 그 이익상태는 달라지지 않는다. 그러나 전자의 경우에는 어느 신탁에 대하여 수익권을 가지는가에 따라 수익자의 이해관계는 달라진다. 그래서 신탁분할에 대한 수익자의 승인은 중요한 의미를 가지며, 원칙적으로 수익자가 승인을 하지 않는 한 신탁의 분할 및 분할합병은 이루어질 수 없다.

그러나 다수 수익자의 의사결정을 만장일치에 의하는 경우와 달리 신탁상 정함에 따라 다수결에 의하거나 수익자집회에서 특별결의에 의하는 때에는(제74조 제2항 제3호) 소수의 반대수익자가 존재하게 된다. 이 경우 수익자가 분할계획서 또는 분할합병계획서에 승인할

---

50) 신탁법 시행령 제11조(분할계획서·분할합병계획서의 기재사항) 법 제95조 제1항 제8호에서 "대통령령으로 정하는 사항"이란 다음 각 호의 사항을 말한다.
  1. 분할된 신탁과 분할 후 신설신탁 또는 분할합병신탁의 위탁자의 성명 또는 명칭 및 주소
  2. 분할된 신탁과 분할 후 신설신탁 또는 분할합병신탁의 수탁자의 성명 또는 명칭 및 주소
  3. 분할된 신탁과 분할 후 신설신탁 또는 분할합병신탁이 유한책임신탁인 경우에는 그 명칭 및 신탁사무처리지

51) 예컨대 분할하는 신탁 A의 수익자 중 일부는 A1의 수익자가 되고 다른 일부는 A2의 수익자가 되거나, 모든 수익자가 A1 및 A2의 수익자가 되거나, 양자를 혼합하는 형태가 될 수도 있다.

것인지 여부에 대한 선택권을 실질적으로 보장하고 또한 승인을 거부한 수익자를 보호할 필요가 있다. 그래서 신탁법은 신탁변경에 있어서 일정한 경우 반대수익자에게 인정되는 수익권매수청구권을 신탁의 분할 및 분할합병에서도 인정한다(제95조 제3항 및 이에 따라 준용되는 제89조 제2항 내지 제8항). 그리고 그 수익권매수청구권의 행사와 효과는 신탁변경에 있어서와 같다.52)

3.5. 신탁채권자의 보호를 위한 절차

제96조는 신탁합병에서와 마찬가지로 신탁채권자의 보호를 위한 절차를 강제하고 있다. 신탁분할의 경우 특히 분할하는 신탁의 채권자는 당해 신탁이 어떻게 분리되고 병합되는가에 따라서 그 책임재산이 달라지기 때문에, 신탁채권자의 보호절차는 중요한 의미를 가진다.

제96조 제1항에 따라 수탁자는 신탁의 분할계획서 또는 분할합병계획서의 승인을 받은 날부터 2주 내에 분할계획서 또는 분할합병계획서(제1호), 채권자가 1개월 이상의 일정한 기간 내에 이의를 제출할 수 있다는 취지(제2호), 그 밖에 대통령령으로 정하는 사항을(제3호)53) 일반일간신문에 공고하여야 한다. 수탁자가 법인인 경우에는 그 법인의 공고방법에 따르며, 수탁자가 알고 있는 신탁채권자에게는 개별적으로 최고하여야 한다.

만약 채권자가 공고된 기간 내에 이의를 제출하지 않으면, 신탁의 분할 또는 분할합병을 승인한 것으로 간주된다(제96조 제2항). 반면 이의를 제출한 채권자가 있으면 수탁자는 그 채권자에게 변제하거나, 적당한 담보를 제공하거나, 이를 목적으로 적당한 담보를 신탁회사에 신탁하여야 한다(제96조 제3항 본문). 다만 신탁을 분할하거나 분할합병하는 것이 채권자를 해칠 우려가 없는 경우에는 예외가 인정된다(제96조 제3항 단서).54)

3.6. 효과

3.6.1. 신탁분할 및 분할합병의 시점

신탁합병에서와 마찬가지로 신탁분할 및 분할합병에 있어서도 그 효력발생시점이 문제된다. 이에 관한 여러 기준들이 고려될 수 있지만, 신탁합병에서와 동일한 근거에서 분할계

---

52) 위 Ⅲ. 2.2. 참조.
53) 신탁법 시행령 제12조(분할·분할합병의 공고·최고 사항) 법 제96조 제1항 제3호에서 "대통령령으로 정하는 사항"이란 분할 또는 분할합병 후 신탁채무의 이행 계획을 말한다.
54) 그 취지 등에 대하여는 신탁합병에 관한 위 Ⅳ. 2.5.3. 참조.

획서 또는 분할합병계획서에 기재된 그 효력발생일이 기준이 된다고 할 것이다.[55]

3.6.2. 신탁재산에 속한 권리와 의무의 귀속

신탁합병과 달리 신탁분할에 있어서 분할하는 신탁에 속한 권리와 의무가 분할 후에 잔존하는 분할된 신탁 및 신설신탁 또는 분할합병신탁에 각각 어떻게 귀속하는가는 분할계획서 또는 분할합병계획서에서 정한 바에 따른다(제97조 제1항). 신탁의 분할 및 분할합병에 있어서도 각 권리와 의무의 귀속주체는 여전히 수탁자이다. 그러므로 별도의 권리이전절차를 요하지 않으나, 신설신탁 및 분할합병신탁에 귀속하게 되는 권리에 대하여는 신탁등기 등 신탁재산의 공시를 통하여 대항요건을 갖출 필요가 있다.

그런데 채무의 경우에는 분리 후에 그것이 어느 신탁재산에 귀속하는가에 따라서 그 책임재산의 범위가 달라지기 때문에 신탁의 분리에 따르는 신탁채권자의 보호가 문제된다. 제97조 제2항은 수탁자로 하여금 분할하는 신탁의 채권자에게 분할된 신탁과 분할 후의 신설신탁 또는 분할합병신탁의 신탁재산으로 변제하도록 하여, 당해 신탁채무가 어느 신탁에 귀속하든 신탁채권자가 애초에 파악한 책임재산의 범위를 확보해주고자 한다. 신탁의 분할로 인하여 신탁간의 채무승계가 어떻게 이루어지는지와 상관없이 분할 전 신탁에 대한 신탁채권자가 분할로 인하여 책임재산이 감소되는 불이익을 입지 않게 하려는 것이다.[56]

예컨대 수탁자가 인수한 신탁 A를 분할하여 A1과 A2로 만드는 경우 신탁채권자에 대하여 분할 전에는 수탁자의 고유재산 및 A가 책임재산이었지만, 분할 후에는 수탁자의 고유재산 및 A1, A2가 책임재산이 된다(i). 따라서 전체적인 책임재산의 범위에는 변동이 없다. 그런데 A를 분할한 A2를 수탁자가 보유하던 신탁 B와 합병한 경우(A2·B) A의 신탁채권자에 대하여 분할 전에는 수탁자의 고유재산 및 A가 책임재산이었지만, 분할합병 후에는 수탁자의 고유재산, A1, A2·B가 책임재산이 된다(ii). 이때 B는 A의 신탁채권자가 애초에 책임재산으로 파악하지 않았던 부분으로, A의 신탁채권자 입장에서는 예기치 않았던 이익을 누릴 수 있게 된다. 이와 달리 B의 신탁채권자 입장에서는 책임재산에 A2가 추가되지만 채권자의 수도 그만큼 늘어나기 때문에, 책임재산이 실질적으로 증가하였는지 아니면 감소하였는지를 단편적으로 판단할 수 없다. 이는 신탁합병에 따른 일반적인 문제라고 하더라도, 분할하는 신탁의 신탁채권자에게 그가 파악한 책임재산 이외의 재산에 대해서까지 일

8

---

55) 이에 관하여는 위 Ⅳ. 2.6.1. 참조.
56) 법무부, 731면.

률적으로 책임을 물을 수 있도록 하는 것이 타당한지는 의문이다.[57]

[57) 정순섭/노혁준, 306면도 책임재산의 범위를 일률적으로 넓히는 것은 과도한 면이 있는바, 일반적으로 신탁을 분할할 때에는 이를 각기 분리된 신탁으로 영위하고자 하는 목적이 있을 것임에도 불구하고 항상 기존 신탁채권자들이 분할된 신탁재산에까지 강제집행을 할 수 있도록 하는 것은 신탁분할제도의 도입목적과 어울리지 않는 면이 있다고 지적한다.

제9장
신탁의 종료

I. 의의

　　신탁은 수탁자가 소유하는 신탁재산에 관한 사무의 처리를 통하여 수익자에게 신탁재산의 이익을 귀속시키거나 그 밖의 목적을 달성하기 위한 것이다. 그리고 이러한 법률관계는 일정한 사유가 발생한 때 종료한다. 신탁의 종료도 넓은 의미에서는 신탁변경에 해당하는 것이나, 통상 신탁변경은 신탁의 존속을 전제로 하여 그 내용이 변경되는 것을 의미하는 반면, 신탁의 종료는 신탁 자체가 존재하지 않게 된다는 점에서 개념상 구분된다. 신탁변경의 한 유형인 신탁합병의 경우 합병 전의 신탁은 더 이상 존재하지 않고 또 신탁분할의 경우에도 분할 전 신탁 자체는 존재하지 않는다. 하지만 이전 신탁을 둘러싼 법률관계는 합병신탁에 포괄승계되거나 분할 후 신설신탁이나 분할합병신탁에 이전되므로, 이를 별도로 신탁의 종료로 취급하지는 않는다.[1] 그리고 신탁의 종료는 유효하게 설정된 신탁이 소멸하는 것을 의미하기 때문에, 가령 제5조나 제6조에 의하여 신탁이 애초에 무효인 경우는 신탁의 종료에 해당하지 않는다.

　　신탁이나 신탁법에서 정한 종료원인이 발생한 경우 기존에 신탁재산을 중심으로 한 법률관계는 종결되어야 한다. 수탁자는 현재의 사무를 중지하고 신탁채권을 추심하거나 신탁채무를 변제한 후에 잔여재산을 권리자에게 이전하는 등의 절차를 밟게 될 것이다. 그러므로 엄밀한 의미에서 신탁의 종료는 이러한 일련의 청산을 위한 관계로의 전환을 의미한다. 그리고 그 과정에서 신탁관계인과 제3자의 다양한 이해관계가 상충할 수 있기 때문에, 신탁이 종료하는 원인과 그에 따른 법률관계에 대한 명확한 법적 기준이 요구된다.

---

[1] 이러한 관점에서 제98조 제2호가 신탁합병을 당연종료사유로 정한 문제점에 대하여는 아래 II. 1.2. 참조.

구신탁법은 신탁의 종료와 관련하여 종료 이외에 해지라고 하는 개념을 함께 사용하였다. 신탁행위로 정한 사유가 발생하거나 신탁목적의 달성 또는 달성불능시에 신탁은 종료하고(구신탁법 제55조), 신탁상 달리 정한 바가 없는 한 위탁자가 신탁이익 전부를 향수하는 때에는 언제든 해지할 수 있으며(동법 제56조), 수익자가 신탁이익 전부를 향수하는 때에는 일정한 요건하에 법원에 신탁의 해지를 청구할 수 있었다(동법 제57조). 그러나 신탁이 종료하는 원인은 위 정한 바에 한정되지 않는다. 그리고 신탁이 계약에 의해서만 설정되는 것은 아니므로 해지를 신탁 일반에 대한 종료사유로 정하는 것은 적절하지 않으며, 계약당사자 지위에 수반하는 해지권이 수익자에게도 인정된다는 점에서 계약의 해지에 관한 일반법리와는 괴리가 있었다.

그래서 현행법은 신탁이 종료하는 경우를 법정 종료사유의 발생으로 당연히 신탁이 종료하는 당연종료(제98조), 합의에 의한 종료(제99조) 그리고 법원의 명령에 의한 종료(제100조)로 분류하고, 그에 따른 구체적인 효과를 규정하고 있다.

Ⅱ. 신탁의 종료원인

1. 당연종료

1.1. 신탁의 목적달성 또는 달성불능

신탁은 그 목적을 달성하였거나 달성할 수 없게 된 때 종료한다(제98조 제1호). 신탁의 목적을 달성하였거나 달성할 수 없게 되었다면 더 이상 신탁을 존속시킬 이유가 없다. 그래서 구신탁법 제55조는 이를 종료사유로 정하였고, 현행법도 다르지 않다.

신탁목적의 달성 여부는 신탁상의 정함이나 신탁재산 및 신탁사무의 내용, 수익자의 이해 등 제반 사정을 고려하여 판단할 수 있다. 그리고 신탁의 목적을 달성할 수 없게 된 때란 신탁의 목적달성이 객관적으로 불가능하게 된 경우를 의미한다.[2] 예컨대 신탁재산의 사용, 수익을 목적으로 한 신탁에서 그 재산이 전부 멸실된 경우에는 신탁은 종료한다. 그리고 수익권이 일신전속적인 성질을 가지는 때 수익자가 사망하거나 수익자가 수익권을 포기함으로써 수익자가 존재하지 않게 된 경우에도 신탁은 존속할 수 없다. 단독 수익자의 지

---

2) 이재욱/이상호, 222면 이하; 최동식, 383면 이하.

위와 단독 수탁자의 지위가 동일인에게 귀속됨으로써 더 이상 신탁으로서의 실질을 인정할 수 없는 경우에도 마찬가지이다. 반면 당해 수탁자를 통해서는 신탁의 목적을 달성할 수 없더라도 객관적으로 신탁목적의 달성이 가능하다면 신탁은 종료하지 않는다.

대법원 2002. 3. 26. 선고 2000다25989 판결에서는 수탁자가 선관의무를 위반하여 공사선급금을 지급하는 등 배임행위를 함으로써 신뢰관계가 무너졌고 수탁자의 대표이사 등이 구속된 이후 신탁사업의 수행이 사실상 불가능하게 되자 위탁자 겸 수익자가 신탁을 해지하였다. 원심은 수탁자의 귀책사유로 인한 이행불능을 이유로 한 계약의 해지를 인정하고 수탁자에게 원상회복으로 신탁부동산에 관한 소유권이전등기를 명하였다. 그러나 위 판결은 신탁의 목적을 달성할 수 없을 때에는 신탁이 절대적으로 종료하더라도, 그 목적의 달성이 가능하지만 단지 수탁자의 배임행위 등으로 인하여 신뢰관계가 무너진 경우에는 위탁자 등의 청구에 따라 법원이 수탁자를 해임하거나 또는 위탁자가 수탁자에 대하여 손해배상 등을 청구할 수 있을 뿐, 이행불능을 원인으로 하여 신탁계약을 해지할 수는 없다고 하였다. 계약에 의하여 신탁이 설정되었더라도 신탁의 종료에 있어서는 계약 일반법리가 아닌 신탁법 특유의 법리가 적용되는 것이다.

1.2. 신탁이 합병된 경우

신탁법은 신탁의 합병을 당연종료사유로 정하고 있다(제98조 제2호). 합병되는 신탁의 입장에서는 합병으로 인하여 당해 신탁이 종료한다는 것이다.[3] 그러나 신탁의 분할에 있어서도 분할되는 신탁 자체는 더 이상 존재하지 않는데, 이를 별도의 종료사유로 정하고 있지 않으면서 합병만을 당연종료사유로 정할 이유는 없다. 무엇보다 신탁합병의 경우에는 합병되는 신탁의 법률관계가 포괄적으로 합병 후 신탁에 승계되므로 다른 유형의 신탁종료에서와 같은 일련의 청산절차가 필요하지 않다. 그러므로 신탁이 합병된 경우를 별도의 종료사유로 정하는 것은 적절하지 않으며, 입법적으로는 이를 삭제하는 것이 바람직하다.

1.3. 유한책임신탁에서 신탁재산에 대한 파산선고가 있은 경우

신탁재산은 위탁자나 수탁자의 재산과 구별되는 독립성을 가지지만, 신탁재산이 채무초과상태인 때에도 신탁재산에 대한 파산은 인정되지 않는다. 그러나 신탁법은 유한책임신탁의 파산을 인정하며, 그 절차는 채무자회생법에 의한다(동법 제578조의2 이하). 신탁채권자

---

3) 법무부, 737면.

에 대한 책임이 신탁재산으로 한정되는 유한책임신탁에서는 신탁재산이 지급불능이나 채무초과상태에 있게 되면 신탁을 존속시키더라도 신탁채권자나 수익자에게 이익이 되지 않는다. 이 경우에는 오히려 파산절차를 통하여 채권자 상호간의 이익을 공평하게 조정할 필요가 있는 것이다.

그런데 제138조에 의하면 청산중인 유한책임신탁의 신탁재산이 그 채무를 완제하기에 부족한 것이 분명하게 된 경우 청산수탁자는 즉시 파산신청을 하여야 하는데, 제98조 제3호는 제138조에 따라 파산선고가 있는 경우를 신탁의 당연종료사유로 정하고 있다. 유한책임신탁이 종료한 후 이루어지는 청산절차에서 파산선고를 받게 된 것이 다시 신탁의 종료사유로 규정된 것은 논리적 모순이며, 입법적인 오류이다. 채무자회생법 제578조의4는 파산원인으로서 유한책임신탁재산으로 지급할 수 없는 경우와(동조 제1항) 유한책임신탁재산으로 신탁채권자 또는 수익자에 대한 채무를 전부 변제할 수 없는 경우를 들고(동조 제3항), 수탁자가 신탁채권자 또는 수익자에 대하여 지급을 정지한 경우를 유한책임신탁재산으로 지급을 할 수 없는 것으로 추정한다(동조 제2항). 이러한 규정방식에 비추어볼 때에도 신탁의 종료사유에 관한 일반조항인 제98조 제3호는 '유한책임신탁에서 신탁재산에 대한 파산선고가 있은 경우'로 정하면 충분하다.[4] 그리고 이미 종료한 후 청산절차에서 이루어지는 파산신청 및 파산선고는 그 예외로 해석할 것이다.

1.4. 수탁자의 임무종료 후 신수탁자가 취임하지 않은 상태가 1년간 계속된 경우

신탁이 유효하게 설정되려면 신탁재산을 이전받아 신탁목적을 달성하기 위하여 사무를 처리할 주체가 반드시 필요한데, 이러한 지위에 있는 자가 바로 수탁자이다. 하지만 일단 신탁이 설정되면 신탁재산을 중심으로 한 법률관계가 형성되며, 수탁자의 지위가 필수불가결한 것은 아니다. 가령 수탁자의 사망은 수탁자의 임무종료사유가 될지언정 신탁의 종료사유가 되지는 않는 것이다.

그러나 신탁재산의 귀속주체가 없는 상태가 지속되어서는 안 되며, 임무가 종료한 수탁자에게 수탁자의 권리·의무를 인정하는 것은 어디까지나 신수탁자나 신탁재산관리인이 신탁사무를 처리할 수 있을 때까지의 경과적 조치에 지나지 않는다. 그리고 수탁자에 갈음하여 신탁재산을 임시적으로 관리하는 신탁재산관리인이 장기간 존재하는 것도 바람직하지 않다. 신수탁자가 취임하지 않은 상태가 장기간 계속된다면 신탁재산이 감소할 위험이 있

---

[4] 일본 신탁법 제163조 제1항도 신탁의 당연종료사유를 "신탁재산에 대하여 파산절차개시의 결정이 있은 때"로 정하고 있으며, 그것이 청산절차 중에 이루어진 것인지 여부를 묻지 않는다.

고, 그로 인하여 수익자에게 불이익이 돌아가거나 신탁목적의 달성이 곤란해질 수 있다. 이 경우 위탁자와 수익자는 합의에 의하여 신탁을 종료하거나 법원에 신탁의 종료를 청구함으로써 조기에 법률관계를 명확히 할 수도 있을 것이다. 이와 별도로 제98조 제4호는 수탁자의 임무가 종료된 후 1년 이내에 신수탁자가 취임하지 않은 것을 신탁의 당연종료사유로 정하고 있다. 이를 통하여 수탁자가 취임하지 않은 상태가 계속됨에 따라 신탁재산이 감소하는 것을 방지하고, 신수탁자의 선임을 간접적으로 강제할 수 있다.

1.5. 목적신탁에서 신탁관리인이 취임하지 않은 상태가 1년간 계속된 경우

신탁은 수익자에게 신탁이익을 귀속시키기 위해서뿐만 아니라 특정의 목적을 달성하기 위해도 설정된다. 이러한 목적신탁에서는 수탁자를 감독할 일차적인 지위에 있는 수익자가 존재하지 않는다. 그래서 제67조 제1항은 수익자가 존재하지 않는 목적신탁의 경우 신탁상의 정함에 따라서 또는 법원이 청구권자의 청구나 직권에 의하여 신탁관리인을 선임할 수 있도록 한다.

신탁관리인은 신탁목적의 달성을 위하여 자신의 명의로 수익자의 권리를 행사할 수 있는데(제68조 제1항 및 제2항), 이러한 신탁관리인이 취임하지 않은 상태가 지속되면 수탁자의 감독에 공백이 생기고 신탁목적의 달성 여부가 불투명해질 수 있다. 물론 법원이 일반적인 감독권을 가지지만 개개의 목적신탁을 적절히 감독할 것을 기대하기는 어렵다. 그래서 목적신탁의 경우 신탁관리인의 선임이 그 성립요건이나 효력요건이 아님에도 불구하고[5] 제98조 제5호는 신탁관리인이 취임하지 않은 상태가 1년간 계속된 경우에는 신탁을 종료시킨다. 그 결과 목적신탁에서 신탁관리인의 선임이 간접적으로 강제된다.

1.6. 신탁행위로 정한 종료사유가 발생한 경우

신탁관계에 있어서는 신탁행위로 정한 사항이 일차적인 기준이 되는데, 이는 신탁의 종료에 있어서도 다르지 않다. 신탁은 신탁계약이나 유언, 신탁선언에서 정한 종료사유가 발생하면 종료한다(제98조 제6항). 신탁설정시에 위탁자가 일정 기간의 경과나 어느 시점의 도래 또는 일정 사유의 발생을 기준으로 신탁을 종료시키고자 하였다면 그 의사는 존중되

---

[5] 목적신탁의 한 유형이라고 할 수 있는 공익신탁법상의 공익신탁의 경우 공익신탁법도 신탁관리인의 선임을 성립요건으로 명시하고 있지 않다. 그러나 공익신탁의 인가를 받기 위하여 제출하여야 하는 인가신청서에는 신탁관리인에 관한 사항을 기재하도록 하고 있으므로(동법 제3조 및 동법 시행령 제3조 제1항 제5호), 신탁관리인의 선임이 요건이 된다고 할 수 있다.

어야 한다. 따라서 그러한 사유가 발생한 경우 신탁은 당연히 종료한다.

2. 합의에 의한 종료

2.1. 위탁자와 수익자의 합의

2.1.1. 의의

신탁상 다른 정함이 없는 한(제99조 제4항) 위탁자와 수익자는 합의로 언제든 신탁을 종료할 수 있다(제99조 제1항 본문). 신탁을 설정한 위탁자와 신탁의 이익을 향수하는 수익자가 합의한 이상 신탁을 존속시킬 이유가 없기 때문이다. 그러므로 위탁자와 수익자는 신탁을 종료하는 것이 신탁의 중요한 목적과 일치하지 않는 때에도 합의에 의하여 신탁을 종료할 수 있다.[6] 하지만 위탁자와 수익자의 합의에 의한 신탁의 종료는 수익자신탁을 전제하는 것이므로 수익자가 존재하지 않는 목적신탁에는 적용이 없다.

한편 위탁자와 수익자가 합의에 의한 신탁을 종료함에 있어서 수탁자의 동의를 얻어야 하는지, 따라서 수탁자가 반대하는 경우에는 신탁을 종료할 수 없는지가 문제된다. 만약 신탁상 3당사자의 합의에 의하여 신탁을 종료하도록 하거나 수탁자의 동의를 얻도록 정하였다면, 그 정함이 기준이 됨은 물론이다. 그러나 그러한 정함이 없는 한 수탁자의 동의나 반대는 위탁자와 수익자의 합의에 의한 신탁의 종료에 영향을 미치지 않는다.

사실 수탁자도 신탁관계인의 하나로서 신탁재산을 소유하고 신탁사무를 처리하는 만큼 신탁의 존속이나 종료에 대한 이해를 가질 수 있다. 수탁자가 보수를 받는 경우, 특히 부동산신탁에서 수탁자가 대규모의 차입을 하고 사업을 추진하는 과정에서 위탁자와 수익자의 합의로 신탁이 종료하게 된다면 수탁자는 불측의 손해를 입을 수 있다. 그러나 신탁은 수익자의 이익을 위한 제도이고, 수탁자도 수익자의 이익을 위하여 신탁사무를 처리해야 한다. 수탁자가 부담한 비용 등은 신탁재산으로부터 상환받을 수 있으며, 정당한 이유 없이 수탁자에게 불리한 시기에 신탁을 종료함으로써 수탁자에게 발생한 손해에 대하여는 배상을 청구할 수 있다(제99조 제3항).[7] 그러므로 신탁상 달리 정한 바가 없는 한 수탁자의 동의는 요구되지 않으며, 위탁자와 수익자의 합의가 있으면 수탁자의 반대에도 불구하고 유효하게

---

6) UTC sec.411 (a).

7) 신탁사무의 위탁이라고 하는 점에서는 위탁자와 수탁자의 관계가 위임에 유사하다고 할 수 있는데, 민법 제689조도 위임계약의 상호해지의 자유를 인정하면서 다만 일방이 부득이한 사유 없이 상대방이 불리한 시기에 계약을 해지한 때에는 그 손해를 배상하도록 한다.

신탁을 종료할 수 있다.

2.1.2. 위탁자가 존재하지 않는 경우

위탁자가 존재하지 않는 경우에는 수익자는 위탁자와의 합의에 의하여 신탁을 종료하는 것이 불가능하다(제99조 제1항 단서). 다만 위탁자의 상속인이 있는 때에는 그 상속인이 위탁자의 지위를 포괄승계하는 만큼 수익자는 그 상속인과 합의하여 신탁을 종료할 수 있는지가 문제된다.

명시적인 규정이 없던 구신탁법하에서는 위탁자가 존재하지 않는 경우 위탁자의 상속인과 수익자의 합의로, 상속인이 없으면 수익자의 의사표시로 신탁의 종료를 허용하자는 견해가 있었다.[8] 그러나 통상 위탁자의 상속인과 수익자는 이해가 대립하기 때문에 상속인과 수익자의 합의를 요구하는 것은 타당하지 않다. 그리고 수익자의 의사표시만으로 신탁을 종료하도록 하는 것은 애초에 신탁을 설정한 위탁자의 의사에 반한다. 신탁이 수익자를 위한 제도라고 하지만, 수익자는 위탁자가 설계한 내용에 따라서 신탁이익을 향수할 뿐이다. 만약 위탁자가 존재하지 않는 경우 신탁을 종료할 필요가 있다면, 수익자는 법원에 신탁의 종료를 청구할 수 있다. 그러므로 위탁자가 존재하지 않는 때에는 적어도 제99조 제1항에 의한 신탁의 종료는 허용되지 않는다고 할 것이다.

2.1.3. 수익자의 합의에 의한 종료 가능성

신탁의 설정은 위탁자의 의사에 의하지만, 일단 신탁이 설정되면 수탁자와 수익자의 관계가 중심이 되며 신탁이익의 최정점에 수익자가 있게 된다. 그렇다면 신탁법의 해석상 수익자의 의사만으로 또는 다수의 수익자가 존재하는 때에는 그 수익자들의 합의에 의하여 신탁을 종료하고 수탁자에 대하여 신탁재산의 이전을 청구할 수 있는가?

(1) 입법례

영국의 경우 이러한 논의에서 Saunders v Vautier[9] 사건은 중요한 의미를 가진다. 이 사건에서 유언자는 Vautier를 위하여 2천파운드의 동인도회사 주식을 신탁하면서 수탁자로 하여금 Vautier가 25세가 될 때까지 그 배당금을 적립한 뒤 원본과 배당금을 Vautier에게 지급하도록 정하였다. 그러나 Vautier는 21세로 성년이 되자 수탁자를 상대로 신탁재산 전

---

8) 이중기, 677면.
9) [1841] 4 Beav 115.

부의 이전을 청구하였다. 이에 대해 법원은 신탁상의 정함을 통하여 표명된 위탁자의 의사보다 수익권이 우선한다고 판단하였다. 이후 이러한 법리는, 수익권에 붙은 조건 등으로 인하여 수익권을 잃을 염려가 없는 한, 완전한 행위능력이 있는 수익자는 1인인 때에는 단독으로 그리고 다수인 때에는 합의에 의하여 신탁을 종료시키고 신탁재산의 이전을 청구할수 있다고 하는 Saunders v Vautier 원칙으로 불리게 되었다.

위 원칙은 위탁자의 신탁설정의사 내지 재산처분의 자유에 대한 중대한 제한이 되는 것이 사실이다. 하지만 위 원칙에 대하여는 위탁자가 신탁을 자유롭게 설정할 수 있다고 하더라도 완전한 행위능력을 가진 수익자는 재산에 대한 권리를 포함하여 자신의 일을 스스로 처리할 수 있어야 한다는 근거가 제시된다. 신탁법은 위탁자가 수익자를 어린아이처럼 다루도록 해서는 안 되며, 재산적 이익을 이전받은 자가 양도인의 희망과 달리 사용하더라도 이는 재산이전에 따르는 일상적인 위험일 뿐이라고 본다. 이와 더불어 보통법과 형평법의 구분도 그 근거로 작동하는데, 수익자는 신탁재산에 대한 형평법상의 권리자로서 수탁자에 대한 권리를 가지고 이를 강제할 수 있다. 수익자는 수탁자를 통하여 신탁재산을 온전히 지배하는 자라는 것이다. 그러므로 수익자는 신탁을 종료시키고 수탁자에 대하여 신탁재산에 대한 보통법상의 권원을 이전하도록 청구할 수 있다고 본다.

반면 미국에서는 위탁자의 의사를 보다 우위에 두는 것으로 보인다. 제3차 리스테이트먼트 §64 (1)은 수탁자나 수익자는 신탁상 정함이 있는 경우에만 신탁을 종료할 권능이 있다고 한다. 그리고 §65는 수익자가 합의하면 신탁을 종료할 수 있지만, 이 경우에도 신탁의 종료가 신탁의 주된 목적과 상응하지 않는 때에는 위탁자가 동의하지 않는 한 종료할 수 없도록 한다. UTC sec.411 (b)에 의하면 모든 수익자가 합의한 경우 법원이 신탁의 존속이 신탁의 중요한 목적을 달성함에 필요한 것이 아니라고 판단되면 신탁을 종료할 수 있다. 이는 앞서 살펴본 Claflin 원칙을 명문화한 것으로,[10] 위탁자의 동의는 요구되지 않으며 수탁자가 반대하더라도 상관이 없다.[11] 그러나 영국에서처럼 수익자의 합의만으로 신탁을 종료하는 것이 아니라, 법원이 위탁자가 설정한 신탁의 주된 목적을 실현하기 위하여 신탁을 존속시킬 필요가 있는지 아니면 신탁이 더 이상 그러한 목적에 기여할 수 없는지를 심판한다는 점에서 기본적인 차이가 있다.

---

10) 상세는 제8장 Ⅰ. 2.2. 참조
11) cmt.

(2) 우리법의 해석

제99조는 합의에 의하여 신탁을 종료할 수 있는 유형으로 2가지를 예정하고 있다. 위탁자와 수익자의 합의(동조 제1항), 위탁자가 신탁이익의 전부를 누리는 경우 위탁자의 의사표시가(동조 제2항) 그것이다. 그러므로 신탁상 달리 정한 바가 없는 한 위탁자의 의사에 반하여 수탁자와 수익자의 합의로 또는 수익자간의 합의만으로 신탁을 종료할 수는 없다. 신탁에 있어서 수익자의 보호는 중요한 정책이지만, 수익자의 의사가 위탁자의 의사에 우선하는가는 논리적으로 당연히 판단되는 것은 아니다. 이는 영국과 미국이 신탁의 변경이나 종료에 있어서 서로 다른 태도를 보이는 데서도 확인할 수 있다. 입법론으로서 수익자의 합의만으로 신탁을 종료할 수 있도록 할 것인가에 대하여는 앞으로 논의가 필요하겠지만, 현행법의 해석론으로서는 허용되지 않는다고 할 것이다.

2.2. 위탁자가 유일한 수익자인 경우

위탁자가 신탁이익의 전부를 누리는 신탁은 위탁자 겸 수익자 또는 그 상속인이 언제든지 종료할 수 있다(제99조 제2항). 위탁자이자 유일한 수익자가 더 이상 신탁의 존속을 원하지 않는 한 신탁을 존속시킬 이유가 없기 때문이다. 구신탁법 제56조는 위탁자가 신탁이익의 전부를 향수하는 경우 위탁자 또는 그 상속인은 언제든 신탁을 해지할 수 있다고 정하였고, 현행법도 이와 다르지 않다.

그러나 위탁자 겸 수익자가 임의로 신탁을 종료할 수 없다거나 수탁자의 동의를 받도록 하는 등 신탁상 위탁자 겸 수익자의 종료 권한을 제한하는 것은 가능하다(제99조 제4항). 대법원 2002. 3. 26. 선고 2000다25989 판결은 위탁자가 수익자의 지위를 겸하는 유형의 신탁계약에서 '신탁수익에서 손실이 잔존하는 경우에는 신탁계약을 해지할 수 없지만 부득이한 사유가 있는 경우 수익자는 수탁자와 협의하여 그 손실을 상환한 후 신탁계약을 해지할 수 있다'고 정한 것에 대하여, 이 규정은 위탁자가 수탁자의 귀책사유 없이 위탁자측의 사정에 의하여 신탁계약을 해지하고자 하는 경우에 임의해지권을 제한하고자 하는 취지라고 해석하였다.

대법원 2003. 8. 19. 선고 2001다47467 판결은 피고 조합의 조합원들이 재건축을 목적으로 비법인사단인 피고 조합을 설립하여 이 사건 대지 등에 관한 공유지분을 신탁한 사안에서, 이러한 신탁은 위탁자 자신이 수익자가 되는 이른바 자익신탁으로서 특별한 사정이 없는 한 "위탁자가 신탁이익의 전부를 향수하는 신탁"에 해당하므로 구신탁법 제56조에 의하여 원칙적으로 위탁자가 언제든지 해지할 수 있으며, 다만 신탁행위로 위탁자 겸 수익자의 신탁종료 권능을 제한할 수 있다고 하였다.

그리고 대법원 2009. 3. 26. 선고 2008다30048 판결도 재건축조합의 조합원들이 재건축을 목적으로 재건축조합을 설립하여 대지 등에 관한 공유지분을 재건축조합에게 신탁한 사안에서, 원칙적으로 위탁자가 언제든지 해지할 수 있지만 신탁계약의 당사자는 그와 달리 정할 수 있음을 분명히 하였다. 이 사건에서는 재건축조합인 원고와 그 조합원들 사이에 체결된 부동산신탁계약에서 "위탁자 겸 수익자는 재건축사업 승인 이전까지는 수탁자와 합의에 의하여, 사업계획승인 이후에는 관계 법령의 허용 범위 내에서 본 신탁계약을 해지 또는 변경할 수 있다"라고 규정한 것의 해석이 문제되었는데, 위 판결은 그와 같은 약정이 이루어진 동기와 경위, 약정에 의하여 달성하려는 목적 등을 종합적으로 고려하여 위 약정은 위탁자의 임의해지권을 제한하기 위한 특약이라고 보았다.

한편 위탁자 겸 수익자나 그 상속인은 언제든 신탁을 종료할 수 있지만, 정당한 이유 없이 수탁자에게 불리한 시기에 신탁을 종료함으로 해서 수탁자가 손해를 입은 때에는 그 손해에 대한 배상책임을 진다(제99조 제3항).

3. 법원의 명령에 의한 종료

3.1. 부정한 목적의 신탁선언

위탁자가 집행의 면탈이나 그 밖의 부정한 목적으로 신탁선언에 의하여 신탁을 설정한 경우 이해관계인은 법원에 신탁의 종료를 청구할 수 있다(제3조 제3항).[12] 법원이 이에 대한 재판을 하는 경우 수탁자의 의견을 들어야 하며(비송사건절차법 제40조 제1항), 이유를 붙인 결정으로써 하여야 한다(동조 제2항). 그리고 이 재판은 수탁자와 수익자에게 고지하여야 하며(동조 제3항), 청구를 인용하는 재판에 대하여는 수탁자 또는 수익자가 즉시항고를 할 수 있고, 이 경우 즉시항고는 집행정지의 효력이 있다(동조 제4항). 반면 청구를 기각하는 재판에 대하여는 그 청구를 한 자가 즉시항고를 할 수 있다(동조 제5항).

3.2. 사정변경

3.2.1. 의의

신탁설정시에 예견하지 못한 사정이 발생하였음에도 불구하고 신탁법이 정한 당연종료

---

12) 신탁설정방법으로서 신탁선언에 대하여는 제5장 Ⅰ. 4. 참조.

사유에 해당하지 않거나 당사자의 합의가 없다고 해서 신탁을 존속시킨다면, 수익자를 위한 신탁이 오히려 수익자의 불이익을 강제하는 결과가 될 수 있다. 그래서 신탁법은 사정변경이 있는 때 일정한 요건하에 법원의 명령에 따라 신탁을 종료할 수 있도록 한다(제100조). 이를 통해 구체적인 상황이나 수요에 적응하는 신탁의 유연성을 확보할 수 있다. 그런데 이 경우에는 신탁을 설정한 위탁자의 의사에 반하여서도 신탁이 종료될 수 있고 때로는 수탁자의 주도에 의하여 신탁이 종료될 수도 있는 만큼, 그 요건은 엄격히 판단되어야 할 것이다.

3.2.2. 요건

구신탁법 제57조는 수익자가 신탁이익의 전부를 향수할 것, 신탁재산으로써가 아니면 그 채무를 완제할 수 없거나 기타 정당한 사유가 있을 것을 요건으로 하여 수익자 또는 이해관계인의 청구에 의하여 법원이 신탁의 해지를 명할 수 있도록 하였다. 그러나 그 요건과 청구권자의 범위가 그리 명확하지 않을뿐더러, 법원이 신탁의 종료에 대한 당부를 심판하는 만큼 신탁의 유형이나 요건을 제한적으로 규정할 필요도 없다. 그래서 제100조는 신탁의 유형에 상관없이 신탁 일반에 대하여 법원의 명령에 의한 종료가 가능하도록 하고, 청구권자의 범위도 명시하고 있다.

(1) 신탁행위 당시 예측하지 못한 특별한 사정의 발생

먼저 신탁행위 당시에 예측하지 못한 특별한 사정이 발생하여야 한다. 예견의 주체에 대하여는 제한이 없으므로 신탁행위의 양 당사자 또는 그 일방이 예견하지 못한 때에도 요건을 충족한다. 다만 제100조는 청구권자로 수익자를 들고 있어서, 수익자가 예측하지 못한 사정이 발생한 때에도 신탁의 종료를 청구할 수 있는지가 문제된다. 그러나 수익자는 신탁행위의 당사자가 아니며 신탁상 정함에 따라서 신탁이익을 향수할 뿐이다. 수익자가 예견하지 못한 사항과 관련하여서는 수익권을 포기하거나, 위탁자와 수익자 사이의 대가관계에서 해결할 수 있다. 그러므로 수익자의 보호라고 하는 관점에서 제100조가 청구권자에 수익자를 포함시키고 있더라도, 이러한 사실만으로 예측하지 못한 주체에 당연히 수익자가 포함된다고 할 것은 아니다.

예견하지 못한 특별한 사정이란 당사자 개인에게 발생한 주관적 사정과 신탁재산에 관하여 발생한 객관적 사정을 모두 포함한다.[13] 그리고 그 사정이 과연 신탁의 종료를 요하

---

13) 법무부, 755면.

는 것인지는 규정의 취지에 비추어 법원이 판단하게 될 것이다.

(2) 수익자의 이익에 적합함이 명백할 것

신탁을 종료하는 것이 수익자의 이익에 적합함이 명백하여야 한다. 법원에 의한 신탁
변경의 경우에는 신탁행위 당시에 예견하지 못한 특별한 사정의 발생만으로 충분하지만(제
88조 제3항), 신탁 자체를 종료시키는 단계에서는 이에 더하여 수익자의 이익에 적합함이 명
백할 것이 요구된다. 신탁설정시에 예상하지 못한 특별한 사정의 발생으로 이제 신탁을 존
속시키는 것이 수익자의 이익에 반하게 되었다면, 수익자를 위한 제도라고 하는 신탁의 취
지에 비추어볼 때 여타의 신탁 종료사유가 없는 때에도 법원을 통하여 신탁을 종료하는 것
이 타당하기 때문이다.

그런데 합의에 의한 신탁의 종료에서와 마찬가지로 이 요건은 수익자신탁을 전제로 한
다. 그러므로 수익자가 존재하지 않는 목적신탁에서 신탁행위 당시에 예측하지 못한 특별
한 사정이 발생한 경우 법원에 의한 신탁의 종료가 가능한지에 대하여 의문이 제기될 수
있다. 사실 특별한 사정으로 인하여 목적신탁의 종료가 문제되는 많은 경우는 신탁의 목적
을 달성하였거나 달성할 수 없게 되는 때일 것이다. 하지만 이러한 당연종료사유에 해당하
지 않는 예외적인 상황에서는 신탁상 정함이 없는 한 그리고 제100조가 아니라 제105조에
서 정한 법원의 감독권능에 기하여 "그 밖에 필요한 처분"으로서 이해관계인이 신탁의 종
료를 청구할 수 있다고 할 것이다. 다만 제105조가 법원의 일반적인 감독권능을 정한 것이
고 또 청구권자에 해당하는 이해관계인의 범위가 불명확할 수 있기 때문에, 입법적으로는
목적신탁의 종료에 관한 명확한 규정을 마련할 필요가 있다.

가령 일본 신탁법은 수익자신탁을 전제로 하여 규정하면서도 목적신탁에 관한 별도의
규정을 두고 있다. 특별한 사정에 의한 신탁의 종료를 명하는 재판에 있어서 "신탁행위 당
시에 예견하지 못한 특별한 사정에 의하여 신탁을 종료하는 것이 신탁목적 및 신탁재산의
상황과 그 외의 사정에 비추어 수익자의 이익에 적합함이 명백할" 것이라고 하는 요건 중,
"수익자의 이익에 적합함"을 "상당함"으로 바꿔 정하고 있다(동법 제261조 제1항). 그러므로
목적신탁에서 신탁설정시에 예견하지 못한 특별한 사정이 발생한 경우, 그것이 당연종료사
유에 해당하거나 신탁상 정함에 따라 규율되지 않는 때에도, 위 규정을 근거로 하여 법원에
의한 신탁의 종료가 가능하게 된다. 이러한 규정방식은 목적신탁에 대한 세심한 입법적인
배려라고 하는 관점에서 참고가 될 수 있다.

3.2.3. 청구권자의 청구

위 요건이 충족되는 경우 위탁자, 수탁자 또는 수익자는 법원에 신탁의 종료를 청구할 수 있다. 구신탁법은 법원의 해지명령 신청권자를 수익자 또는 이해관계인으로 정하였다. 그러나 신탁행위의 당사자이자 신탁의 존속 여부에 일차적인 이해를 가지는 위탁자와 수익자, 수탁자 이외에 제3자가 신탁의 존속 여부를 직접 문제삼도록 하는 것은 타당하지 않다. 그래서 제100조는 구신탁법과 달리 그 범위를 제한적으로 규정하고 있다.[14]

3.2.4. 법원의 결정

청구권자의 청구가 있는 경우 법원은 신탁의 종료를 명하는 재판을 함에 있어서 위탁자, 수탁자 및 수익자의 의견을 들어야 한다(비송사건절차법 제44조의16 제1항). 그리고 그 청구에 대한 재판은 이유를 붙인 결정으로 하여야 하며(동조 제2항), 위탁자, 수탁자 및 수익자에게 고지하여야 한다(동조 제3항). 위탁자, 수탁자 또는 수익자는 즉시항고를 할 수 있으며, 즉시항고는 집행정지의 효력이 있다(동조 제4항).

Ⅲ. 종료에 따른 법률관계

1. 개설

신탁의 종료원인이 발생한 경우에도 그 시점에서 신탁을 둘러싼 모든 법률관계가 소멸하는 것은 아니며 기존의 법률관계를 종결하기 위한 절차가 필요하다. 법인의 경우 해산사유 등이 발생하는 때 즉시 소멸하는 것이 아니라 당해 법인은 본래의 목적을 달성하기 위한 적극적인 활동을 중지하고 청산절차에 들어가게 되고, 그 절차가 끝나 청산종결등기를 함으로써 비로소 소멸하는 것과 유사하다(민법 제77조 이하 참조). 신탁의 경우에는 신탁재산에 별도의 법인격이 인정되는 것은 아니므로 법인의 해산 및 청산에서와 같이 권리능력을 소멸시키는 과정은 필요하지 않다. 하지만 신탁이 종료됨에 따라 수탁자는 기존의 신탁사무를 중단하고, 신탁재산에 속한 채권을 행사하거나 채무를 변제하는 등의 절차를 거쳐 남

---

14) 이 경우 위탁자의 채권자나 수익자의 채권자와 같은 제3자는 일반적인 권리보호제도 내지 사해신탁 등 이해관계인을 보호하는 제도에 의하여 보호될 수 있다. 법무부, 754면.

9

은 신탁재산을 그 권리자에게 이전함으로써 신탁을 종결하여야 한다. 이는 신탁재산에 직접적인 이해를 가지는 수익자뿐만 아니라 당해 신탁과 거래한 제3자에게도 중요한 의미를 가진다. 그래서 제101조 이하는 신탁의 종료원인이 발생한 때 실질적으로 신탁과 관련한 법률관계가 완전히 마무리되기까지 일련의 절차에 대하여 정하고 있다.

일반적인 신탁의 경우 (i) 신탁의 종료원인이 발생하면, (ii) 수탁자는 신탁사무를 종결하고, (iii) 신탁사무에 관한 최종 계산을 하고 승인을 받아, (iv) 잔여재산을 그 권리자에게 귀속시키게 된다.15) 이와 달리 유한책임신탁이 종료한 경우에는 합병이나 파산에 의한 종료가 아닌 한 청산절차를 거쳐야 한다(제132조 제1항). 유한책임신탁에서는 신탁채권자에 대하여 수탁자가 신탁재산만으로 책임을 지기 때문에 신탁의 종료에 따른 신탁채권자의 이해관계를 보호하고 법률관계를 명확히 하기 위하여 청산절차를 의무화한 것이다.16) 하지만 유한책임신탁이 아닌 때에도 이러한 수요는 얼마든지 있을 수 있다. 그래서 제104조는 신탁상의 정함 또는 위탁자와 수익자의 합의로 청산절차를 거칠 수 있도록 하고, 이 경우 청산절차는 유한책임신탁의 청산절차에 의하도록 한다.

2. 신탁종료 후 법률관계의 성질 결정

2.1. 법정신탁

신탁의 종료원인 발생 이후 모든 관련 법률관계가 종결될 때까지 일련의 절차에 있어서 관련 당사자들의 법률관계는 어떠한 법리에 의하여 규율되는가? 신탁의 종료원인이 발생하였으므로 '신탁'은 더 이상 존재하지 않고, 기존의 사무를 종결하고 잔여재산을 배분하는 등의 계약상 또는 법률상의 채권, 채무만 남는다고 할 것인지 아니면 원래의 신탁의 연장 또는 새로운 신탁관계로 파악할 수 있는지의 문제이다.

예컨대 일반적인 계약관계가 종료하는 경우에는 계약에 기한 반환청구권 또는 해제·해지의 법리나 일반적인 부당이득법리가 작동하게 된다. 그러므로 만약 신탁계약이 종료한 경우 신탁의 실질 또한 소멸한다면, 그 이후의 법률관계는 계약법리 내지 그 사후효로서 부당이득법리에 의하게 되고, 신탁재산의 독립성 내지 도산격리기능과 같은 신탁의 특수한 효과들은 인정될 여지가 없다. 또한 귀속권리자는 수탁자에 대하여 단순한 채권적 청구권만을 가지고, 신탁법상 수탁자의 의무를 강제하거나 그 위반에 대한 엄격한 책임도 당연히

---

15) 법무부, 759면.
16) 법무부, 883면.

물을 수 없다. 그러나 이러한 결과는 위탁자가 신탁이라고 하는 제도를 통하여 재산을 처분, 귀속시키고자 한 의사의 관철이라고 하는 점이나 귀속권리자의 보호라고 하는 점에 부합하지 않는다.

그래서 제101조 제4항은 신탁이 종료하더라도 신탁재산이 귀속될 자에게 이전될 때까지는 그 신탁이 존속하는 것으로 의제한다. 다만 당연종료사유의 발생으로 신탁이 종료함에 있어서 신탁이 합병된 경우 및 유한책임신탁이 파산한 경우에는 이러한 법정신탁이 발생하지 않는다(제101조 제1항 본문). 전자의 경우에는 신탁재산이 합병 후 신탁에 포괄적으로 이전되고, 후자의 경우에는 파산절차에서 그 법률관계가 종결되기 때문이다. 하지만 그 밖의 경우에 있어서는 위탁자의 의사표시에 따른 신탁은 종료하더라도 이후 신탁재산을 중심으로 한 법률관계가 종결될 때까지는 위 규정에 의한 법정신탁이 존속한다. 그리고 법정신탁은 이와 같은 목적을 위한 것인 만큼 수탁자의 권한 및 의무도 이에 한정된다. 즉, 수탁자는 신탁을 종결시키기 위한 범위에서 필요한 모든 행위를 할 권한이 있으며, 선관의무와 충실의무하에서 신탁사무에 관한 계산 및 잔여재산의 이전 등 관련 사무를 처리하여야 할 의무를 부담한다. 신탁의 종료원인이 발생하면 수탁자는 그때까지 신탁목적의 달성을 위한 관리, 처분을 중지하고 신탁재산을 수익자나 귀속권리자에게 인도할 의무가 발생하는 점에서 그 직무내용에 변화가 생기는 것이다.

대법원 2002. 3. 26. 선고 2000다25989 판결도 구신탁법 제61조 본문이 신탁의 존속을 간주한 것에 대하여 "신탁이 종료하여도 그 잔여재산을 귀속권리자에게 완전히 이전시킬 때까지 상당한 시일이 걸리므로, 귀속권리자의 권리를 보호하고 신탁의 나머지 업무를 마치도록 하기 위한 것에 불과하고, 특히 귀속권리자가 위탁자 또는 그 상속인일 때에는 수탁자는 위탁자 또는 그 상속인이나 이들이 지시하는 자에게 남은 재산을 이전하거나 대항요건 등을 갖추도록 하는 직무권한만 갖는다 할 것이므로, 위 법조항에서 존속하는 것으로 간주되는 신탁은 그 목적에 한정하는 법정신탁이라"고 하였다.

그런데 법정신탁의 근거규정인 제101조 제4항은 신탁재산이 동조 제1항부터 제3항까지의 규정에 따라 귀속될 자에게 이전될 때까지 그 신탁이 존속하는 것으로 본다. 그러므로 이 규정의 해석 및 제5항의 규정체계에 비추어 볼 때 잔여재산이 국가에 귀속하는 경우에는 법정신탁이 발생하지 않는 것으로 해석될 수 있다. 그러나 위에서 살펴본 것처럼 신탁선언에 의한 신탁이 종료하는 경우에는 잔여재산이 이미 위탁자에게 귀속된 상태이므로 법정신탁을 인정할 여지가 없는 반면, 여타의 귀속권리자 등에게 잔여재산이 귀속하는 경우와 마찬가지로 국가에 잔여재산이 이전될 때까지는 수탁자의 의무를 강제하고 그 재산을 보호하기 위하

여 법정신탁을 인정할 필요가 있을 것이다.[17]

2.2. 복귀신탁과의 구분

2.2.1. 복귀신탁의 개념

복귀신탁(resulting trust)의 개념은 신탁법의 역사에 대한 이해를 전제로 한다.[18] 신탁의 원형이라고 할 수 있는 use는 전형적으로 위탁자가 장래에 지시를 할 것이라고 하는 내용 이외에 명시적인 정함 없이 설정되었다. 그래서 그동안은 양수인(feoffee)이 비록 보통법상의 권원을 가졌지만 자기 자신을 위하여 그 재산을 사용할 수 없었으며, 많은 경우 위탁자는 use를 설정하기 이전과 마찬가지로 토지를 점유하고 수익하였다. 양수인은 보통법상의 권원만을 넘겨받았고 위탁자가 장차 지시를 내릴 때까지 단순히 그 권원을 보유하였던 것이다. 오늘날 신탁에서도 수탁자가 일정 기간 위탁자를 위하여 그리고 그 이후에는 위탁자가 지정하는 자를 위하여 신탁재산을 소유하는 형태가 가능하지만, 전형적인 것이라고는 할 수 없다. 그러나 14세기에서 16세기에 영국에서는 이러한 형태가 가장 보편적이었다. 당시에는 영국의 토지 상당 부분이 이러한 use 형태로 보유되었고, 형평법은 이를 토지가 양도되는 기본적인 모습으로 추정하기에 이르렀다. 그래서 토지의 양도에 있어서 실제 거래내용을 결정할 증거가 불충분한 경우 형평법은 양수인이 양도인을 위하여 토지를 보유한다고 추정하였으며, 이를 추정적 복귀신탁(presumed resulting trust)이라고 부른다. 이러한 맥락에서 복귀(resulting)는 회복 또는 되돌아가는 것을 의미하는데, 그 재산적 이익은 양도인에게 되돌아갈 것이기 때문이다.

복귀신탁은 일반적으로 두 가지 유형으로 분류되는데, 또 다른 유형이 자동 복귀신탁(automatic resulting trust)이다. 자동 복귀신탁은 추정적 복귀신탁과 마찬가지로 역사상 일반적으로 인정된 형태였다.[19] 수탁자에게 양도된 재산 또는 그에 대한 수익권의 일부나 전부가 처분될 수 없는 때 자동 복귀신탁이 발생한다. 처분할 수 없게 된 것은 애초에 이를 양도한 위탁자가 다시금 보유하여야 한다는 이론적인 근거에서이다. 가령 위탁자가 토지를

---

17) 이를 위해서는 입법적으로 현행 제101조 제4항과 제5항의 위치를 바꾸고, 현행 제4항의 내용에서 "제1항부터 제3항까지의 규정에 따라"를 삭제할 필요가 있다.

18) 복귀신탁의 연원에 관한 설명은 Mee, Automatic Resulting Trusts: Retention, Restitution, or Reposing Trust?, Constructive and Resulting Trusts(Mitchell ed., Oxford: Hart), 2010, p.207 이하; Penner, p.130 이하에 의한다.

19) 이러한 분류는 현재까지도 유지되는데, 가령 Westdeutsche Landesbank Girozentrale v Islington London Borough Council [1966] AC 669에서 Lord Browne-Wilkinson은 복귀신탁이 발생하는 두 가지 유형별 상황을 제시하고 있다.

신탁하면서 B가 생존한 동안에는 B에게 그리고 그 이후는 B의 자녀에게 균등하게 배분할 것을 정하였다고 하자. 그런데 B가 자녀 없이 사망하였다면, 이제 그 재산적 이익은 위탁자에게 되돌아가게 된다. 수탁자는 그 토지를 위탁자 혹은 그 상속인을 위하여 보유하게 되는 것이다.

자동 복귀신탁은 예정하였던 처분이 이루어지지 않음으로 해서 자동적으로 발생하며, 당사자의 의사나 추정이 개재되지 않는다. 추정적 복귀신탁에서는 추정이 깨지지 않는 한 양수인은 수탁자로서 양도인을 위하여 신탁재산을 보유한다. 반면 자동 복귀신탁에서는 수탁자가 여전히 수탁자의 지위를 가지며, 애초에 위탁자가 의도하였던 처분이 이루어질 수 없게 됨에 따라 이제 누구를 위하여 신탁재산을 보유하는지만 문제가 된다. 하지만 추정적 복귀신탁이나 자동 복귀신탁은 모두 일종의 수동신탁(bare trust)으로 취급되며, 보통법상의 권원을 가진 수탁자는 본질적으로 하나의 의무를 부담한다. 즉, 복귀신탁의 수익자 혹은 그 상속인을 위하여 재산을 보유하는 것이다.

2.2.2. 신탁법상 복귀신탁의 인정 여부

학설은 법정신탁과 별개로 영미법에서 인정되는 복귀신탁의 개념을 언급하는데, 우리 신탁법에서도 복귀신탁을 인정할 수 있는지에 대하여는 견해가 나뉜다. 일부 학설은 신탁 종료시에 복귀신탁의 발생을 인정한다. 먼저 위탁자를 단독 수익자로 볼 수 있는 경우의 하나로 수익을 일정 기간 또는 생전에 위탁자에게 지급하는 것으로 정하고 원본에 관하여 아무런 정함이 없는 경우를 들면서, 이때 복귀신탁에 의하여 원본이 위탁자에게 이전한다고 한다.[20] 그러나 제101조 제1항에 의하여 신탁재산은 수익자 또는 귀속권리자에게 귀속하고, 동조 제4항에 의하여 이를 위한 법정신탁이 발생한다. 그러므로 위 경우만을 위하여 별도로 복귀신탁이라고 하는 개념을 가져올 필요는 없다.

다른 일부 학설은 신탁설정을 의도하였으나 그 시도가 불발된 경우 귀속권리자를 위한 신탁을 유추하여 복귀신탁을 인정할 수 있다고 한다.[21] 이 견해는 공서위반 사항을 목적으로 하거나 불법 또는 불능인 목적의 신탁, 탈법목적 또는 소송목적의 신탁으로서 신탁이 무효가 되는 경우 신탁을 설정하고자 한 자에 대한 비난가능성이 없다면 이를 위한 복귀신탁이 인정된다고 한다. 그러나 무효인 법률행위에 있어서 '비난가능성'이 별도의 신탁을 발생시키는 요건이 될 수는 없을 것이다.

---

20) 최동식, 324면.
21) 이중기, 64면 이하.

9

그리고 위 견해는 수탁자에게 불법원인이 있거나 목적달성 불능 또는 수익자 지정의 실패와 같이 신탁설정이 불발된 경우 법정신탁 규정을 유추하여 복귀신탁을 인정할 수 있다고 한다. 출연재산을 설정자에게 회복시켜야 하는 상황은 신탁종료시 신탁재산을 귀속권리자에게 반환해야 하는 상황과 매우 흡사하고, 신탁설정의 시도가 불발되더라도 이미 신탁의 다면적인 관계를 전제로 한 재산적 관계가 형성되므로 이를 신탁법리로 해결하는 것이 효율적이라는 근거에서이다. 그러나 목적달성 불능이나 수익자 지정의 실패는 신탁의 종료사유에 해당하고, 따라서 법정신탁이 발생하므로 별도로 복귀신탁을 논할 필요는 없다. 그 밖에 신탁행위가 무효여서 신탁으로서의 효과가 애초에 인정될 수 없는 경우에도 이를 유효하게 신탁이 설정되어 신탁재산을 중심으로 한 법률관계가 형성된 후 신탁이 장래에 향하여 소멸하는 신탁의 종료와 동일하게 취급할 수 있는지는 의문이다. 신탁이 무효이므로 신탁으로서의 아무런 법률효과도 발생하지 않는 상황에서 그 반환관계에 대하여 갑자기 신탁법리를 인정할 근거는 없기 때문이다. 그리고 신탁의 설정시도가 불발된 경우 그 법률관계를 신탁으로 규율하는 것이 효율적이라고 단정할 수도 없다.

무엇보다 법정신탁은 수탁자가 유효하게 '소유'한 재산을 귀속권리자 등에게 귀속시키는 법률관계인데, 신탁이 아예 설정되지 못한 때에는 양수인이 신탁재산을 취득한 바가 없다. 신탁이 무효라면 이를 위하여 이전된 재산은 처음부터 양도인에게 귀속한 것이므로 양도인은 물권적 청구권을 행사하여 그 재산을 반환받을 수 있다. 물론 이전된 재산이 금전인 때에는 양수인이 이를 취득하고 양도인은 부당이득반환청구권을 가질 뿐이므로, 양도인에게 신탁상 수익자의 지위를 인정하는 것과 비교하여 그 보호가 미흡하다는 지적이 있을 수 있다. 하지만 이는 금전의 특성에 따르는 효과이며, 비단 신탁이 무효인 때에만 문제되는 것은 아니다. 나아가 영미에서와 같은 배경이나 명시적인 기준 없이 법률행위의 무효에 따른 부당이득법리 일반을 대폭적으로 수정하는 복귀신탁의 개념을 폭넓게 인정하는 것은 이론상의 부정합과 법률관계의 혼란을 초래하게 될 것이다.

그래서 또 다른 학설은 신탁설정의 의도로 재산을 양도하였지만 어떤 이유로 그 신탁이 효력을 갖지 못한 경우나 재산의 보통법상의 권리가 이전되었지만 이전의 조항이나 수반하는 정황에 비추어 양수인에게 보통법상의 권한과 함께 실질상의 이익을 부여하는 의도가 없는 것으로 추정되는 경우에는 양수인을 수탁자, 양도인이나 그 상속인을 수익자로 하여 인정되는 것이 복귀신탁이라고 설명하면서, 이는 매우 특별한 개념이므로 우리나라에 그대로 도입하는 것은 무리가 있다고 본다.[22]

그렇다면 입법론으로서 법정신탁의 범위를 확대할 것인지, 그래서 신탁의 무효에 해당하는 일정한 유형에 대하여도 신탁관계를 인정할 것인지에 대한 논의는 별론으로 하더라도, 현행 신탁법의 해석론으로서 법정신탁과 별개로 복귀신탁의 개념을 인정하기는 어렵다고 하겠다.

2.3. 의제신탁과의 구분

2.3.1. 의제신탁의 개념

영국에서 의제신탁(constructive trust)은 위탁자의 의사표시에 의해서가 아니라 법적으로 인정되는 신탁(trusts that arise by operation of law)이다. 다양한 유형의 의제신탁이 존재하지만 이들 개개의 유형을 하나의 범주로 묶을 수 있는 보편적인 요소는 발견하기 어렵다.[23] 이러한 사실은 의제신탁에 대한 이해를 어렵게 하는 원인이 된다. 그리고 영국의 판례는 복귀신탁과 의제신탁을 구분할 필요가 없다고 하여 양 개념을 함께 사용하기도 한다.[24] 그러나 복귀신탁은 기본적으로 소유자의 추정된 의사에 기초하여 그 효력을 부여한다. 재산이 양도된 경우 양도인이 그 재산에 대한 모든 이익을 단념하였다는 의사를 증명할 수 없다면, 양수인은 자신을 위하여 그 재산을 보유할 수 없으며 양도인을 위한 신탁으로 이를 보유하게 되는 것이다. 반면 의제신탁은 (의제신탁에서 수탁자가 되는) 일정한 자의 행위에 대한 결과로서 법원이 인정하는 것이다.

의제신탁은 크게 3가지 유형으로 나눌 수 있는데,[25] 첫째는 법에 의하여 권리가 이전되는 결과를 기대하는 경우로 권리의 양도가 효력이 발생할 때까지 양수인을 위하여 권리자가 그 권리를 보유하는 것으로 간주한다. 가령 권리자가 권리이전을 위하여 필요한 모든 행위를 한 때 양수인이 소유자로 등록됨으로써 실질적으로 권리를 취득할 때까지 권리자는 이를 양수인을 위하여 신탁상 보유하게 된다(Re Rose 원칙).[26] 둘째는 신탁위반이 있는 때 수익자의 형평법상의 우선적인 권리(equitable proprietary right)를 보존하기 위한 경우이다. 가령 수탁자가 신탁위반으로 신탁재산을 처분한 경우 양수인이 선의유상취득에 해당하지 않는 한 수익자는 그 양수인을 수탁자로 하여 당해 신탁재산에 대하여 수익권을 행사할

---

22) 임채웅, 39면 이하.

23) 의제신탁의 개념 및 개별 유형에 대한 소개는 오영걸, 의제신탁의 이해, 비교사법 제18권 4호(2011. 12), 1266면 이하 참조.

24) Gissing v Gissing [1971] AC 886 at 905, per Lord Diplock; Tinsley v Milligan [1993] 3 All ER 65 at 86-87, per Lord Browne-Wilkinson.

25) 이하는 Penner, p.108 이하의 유형론에 의한다.

26) Re Rose [1952] Ch 499.

수 있다. 셋째는 과거의 거래나 권리자와의 관계를 기초로 하여 타인의 재산으로부터 이익을 얻게 되는 경우이다. 가령 부부 사이에 그들이 살고 있는 토지의 소유권을 나누기로 합의한 바가 있다면, 비록 법적인 권원이 일방의 단독 명의로 되어 있더라도 타방은 의제신탁하에 그 재산에 대한 형평법상의 권리를 취득하게 되는 것이다. 하지만 이러한 대략의 유형하에서도 세부적으로 다양한 사례들이 포섭될 수 있고 또한 그 범주에 대해서도 다툼이 있다.

2.3.2. 신탁법상 의제신탁의 인정 여부

영미에서 의제신탁의 개념은 법원이 개별적인 사안에서 타당한 해법을 찾는 근거로서 의제된 신탁관계이며, 그 개념과 적용범위에 대하여는 여전히 논란이 있다. 이러한 의제신탁은 신탁에 대한 역사적·제도적 이해의 폭을 넓힐 수 있는 비교법적으로 흥미로운 주제라고 할 수 있다. 하지만 법적 배경을 달리 하는 우리법의 해석에 있어서 의제신탁이 불가결한 개념은 아니며, 오히려 영미에서의 복잡한 논의와 맞물려 혼란을 가져올 수 있다. 그러므로 현재 우리법에서 의제신탁은 인정되지 않는다고 하는 것이 타당하다.

3. 신탁종료에 의한 계산과 승인

3.1. 신탁사무의 종결, 계산, 승인

3.1.1. 수탁자의 지위

신탁의 종료원인이 발생한 경우 신탁행위로 달리 정한 바가 없는 한 기존 수탁자가 법정신탁의 수탁자가 된다. 그러나 수탁자의 임무종료 후 신수탁자가 취임하지 않은 상태가 1년간 계속됨으로써 신탁이 종료한 경우에는 통상 신탁재산관리인이 법정신탁에서 수탁자의 지위에 있게 될 것이다. 신탁재산관리인은 선임된 목적범위에서 수탁자와 동일한 권리, 의무가 있으며, 신수탁자를 선임하지 않아 신탁이 종료한 상황에서 법정신탁을 위한 신수탁자의 선임을 기대하기는 사실상 어렵기 때문이다. 다만 신탁재산관리인도 존재하지 않는 예외적인 경우라면 신탁의 종료에 따른 업무처리가 문제되는 한 이를 위한 신탁재산관리인 또는 신수탁자의 선임은 불가피하다.

신탁재산을 이전할 때까지 수탁자는 신탁사무의 종결과 최종의 계산을 목적으로 하는 귀속권리자 등을 위한 법정신탁의 수탁자로서, 그와 같은 목적 범위 내에서 신탁재산을 계속 관리할 권한을 가지고 의무를 부담한다.[27)]

3.1.2. 현존 사무의 종결과 계산

신탁이 종료하면 수탁자는 현존사무를 종결하고 지체 없이 신탁사무에 관한 최종 계산을 하여야 한다. 신탁 존속 중 수탁자는 장부 등을 갖추고 사무의 처리와 계산을 명백히 하여야 하고(제39조 제1항), 신탁이 종료하면 그 최종 계산을 하여야 하는 것이다. 즉 수탁자는 신탁재산의 현황 및 수지계산을 명확히 해야 한다.[28] 신탁사무에 관한 계산은 아래에서 살펴볼 청산과는 구분되는 개념으로, 신탁법은 신탁종료시 수탁자의 청산의무를 강제하고 있지 않다.[29] 그러므로 신탁행위 또는 위탁자와 수익자의 합의로 청산절차를 정하지 않은 한 수탁자는 청산의무가 없다. 예컨대 수탁자가 신탁재산에 관하여 쌍무계약을 체결한 경우 아직 이행을 완료하지 않은 때에는 그 계약을 귀속권리자에게 인수시킬 수 있으며, 신탁이 종료하였다고 해서 반드시 계약을 해지하는 등 이를 청산하여야 하는 것은 아니다.[30]

3.1.3. 계산의 승인

수탁자는 최종 계산을 한 후 수익자 및 귀속권리자의 승인을 받아야 한다(제103조 제1항). 그리고 수익자와 귀속권리자에 의한 승인이 있는 경우 수탁자의 수익자와 귀속권리자에 대한 책임은 면제된 것으로 본다(제103조 제2항 본문). 따라서 이제 수익자와 귀속권리자는 수탁자에 대하여 최종 계산의 내용과 다른 내용을 주장하여 최종 계산에 따른 것 이외의 권리의 이전이나 금전의 지급, 그 밖의 재산상의 책임을 물을 수 없다.[31]

수탁자의 면책은 최종 계산 및 그에 대한 승인을 전제로 한 것이다. 그러므로 승인 후에 수탁자의 의무위반이 밝혀지거나 계산과 다른 사실이 확인된 경우에는 수탁자의 책임은 면제되지 않는다.[32] 그리고 수탁자가 신탁재산에 손해를 가하는 등 직무수행에 부정행위가 있었던 경우에도 면책되지 않는다(제103조 제2항 단서). 수탁자의 부정행위는 제55조 제2항에서 수탁자 변경시 전수탁자 등이 면책되는 예외로서 규정된 부정행위와 동일한 개념이다. 최종 계산에 관한 부정행위는 물론 최종 계산시점까지의 불법행위나 의무위반행위로서 수익자와 귀속권리자에게 공개되지 않은 것을 포함한다.[33]

27) 대법원 2012. 7. 12. 선고 2010다1272 판결.
28) 최동식, 397면.
29) 반면 일본 신탁법 제175조는 신탁이 종료한 때에는 신탁법이 정한 바에 따라 청산을 하도록 하고, 동법 제176조는 청산이 완료될 때까지 원래의 신탁이 존속하는 것으로 의제한다.
30) 대법원 2012. 7. 12. 선고 2010다1272 판결.
31) 대법원 2007. 9. 7. 선고 2005다9685 판결.
32) 법무부, 781면.

대법원 2003. 1. 10. 선고 2002다50415 판결에서는 신탁계약상 수탁자인 피고가 신탁
부동산의 임대, 분양업무를 수행한 데 대하여 보수를 지급하기로 정하였고, 피고가 실제 그
업무를 하지 않았음에도 불구하고 신탁재산에서 보수를 수령하자 위탁자 겸 수익자인 원고
가 이를 다투었는데, 이후 원고가 신탁계약을 해지하면서 피고에게 보수에 관한 내용의 기
재가 없는 부동산신탁 계산승인서를 교부하였다. 원고는 신탁수익금의 지급을 청구하면서
피고가 이미 신탁재산에서 지급받은 보수의 반환을 구하였는데, 원심은 원고가 분양업무보
수금에 대하여 항의를 하면서 반환을 요구한 점, 원고가 자금사정으로 신탁계약을 해지하
게 된 경위, 부동산신탁 계산승인서의 기재내용에 비추어 계산승인서를 교부하였다는 사실
만으로는 피고가 주장하는 것처럼 피고가 보수를 신탁재산에서 수령해 가는 것으로 정산이
이루어졌다고 단정할 수 없다고 보아 피고의 주장을 배척하였다.

그러나 위 판결은 구신탁법 제63조, 제50조 제2항에 의하여 신탁이 종료한 경우 수탁
자는 신탁사무의 최종 계산을 하여 수익자의 승인을 얻어야 하고, 수익자가 계산을 승인한
때에는 수탁자의 수익자에 대한 책임은 면제되는 것으로 간주되므로, 수탁자가 한 신탁사
무의 최종 계산을 승인한 위탁자는 수탁자에 대하여 최종 계산의 내용과 다른 내용을 주장
하여 최종 계산에 따른 것 외의 권리의 이전이나 금전의 지급 그 밖의 재산상의 책임을 물
을 수 없다는 근거에서 원심을 파기, 환송하였다.

한편 수익자나 귀속권리자가 적극적으로 승인을 하지 않거나 승인할 것을 기대하기 어
려운 경우도 있다. 이 경우에도 계속해서 수탁자로 하여금 책임을 지도록 하는 것은 타당하
지 않다. 그래서 제103조 제3항은 수익자나 귀속권리자가 계산승인을 요구받은 때부터 1개
월 내에 이의를 제기하지 않는 때에는 그 계산에 대한 승인이 있는 것으로 간주하여 수탁
자를 면책시키고 있다.

3.2. 신탁의 청산

신탁행위 또는 위탁자와 수익자의 합의에 의하여 신탁종료시에 청산절차를 거치도록
정할 수 있다. 원칙적으로 수탁자는 신탁을 청산할 의무가 없지만 위와 같은 정함이나 합의
가 있으면 청산을 하여야 하며, 그 절차에 대해서는 유한책임신탁의 청산에 관한 제132조
제2항, 제133조 제1항부터 제6항까지 및 제134조부터 제137조까지의 규정이 준용된다(제
104조).[34]

---

33) 법무부, 782면.
34) 유한책임신탁에서의 청산절차는 제7장 Ⅱ. 9.4.4. 참조.

신탁행위로 달리 정한 바가 없는 한 신탁의 청산에 있어서는 신탁종료 당시의 수탁자 또는 신탁재산관리인이 청산수탁자가 된다. 다만 제3조 제3항에 따라 종료한 경우에는 법원이 청산수탁자를 선임한다(제133조 제1항 단서). 현존사무의 종결, 신탁재산에 속한 채권의 추심 및 신탁채권에 대한 변제, 잔여재산의 급부를 내용으로 한 수익채권 이외의 수익채권에 대한 변제, 잔여재산의 급부, 재산의 환가처분이 청산수탁자의 직무에 해당하며(제133조 제4항), 신탁행위로 달리 정하지 않은 한 청산수탁자는 위 직무를 수행하기 위하여 필요한 모든 행위를 할 수 있다(제133조 제6항). 이때 청산수탁자는 신탁채무의 변제와 수익채권에 대한 변제를 하지 않으면 잔여재산을 급부할 수 없다(제133조 제5항). 귀속권리자 등은 잔여재산에 대하여 권리를 가지는데, 신탁에 속한 채무가 변제되지 않으면 귀속권리자 등의 권리를 확정할 수 없기 때문이다.

청산수탁자는 취임한 후 지체 없이 신탁채권자에게 일정한 기간 내에 그 채권을 신고할 것과 그 기간 내에 신고하지 않으면 청산에서 제외된다는 뜻을 일반일간신문에 공고하는 방법으로 최고하여야 하며, 그 기간은 2개월 이상이어야 한다(제134조 제1항). 신탁채권자가 위 신고기간 내에 채권을 신고하지 않으면 그 채권은 청산에서 제외되는데, 청산에서 제외된 채권자는 분배되지 않은 잔여재산에 대하여만 변제를 청구할 수 있다(제137조). 이와 별개로 청산수탁자가 알고 있는 채권자에 대해서는 청산수탁자가 개별적으로 채권의 신고를 최고하여야 하며, 그 채권자가 신고하지 않더라도 청산에서 제외하지 못한다(제134조 제2항).

수탁자는 위 신고기간 내에는 신탁채권자에게 변제하지 못하며, 이행지체가 된 때에는 그에 따른 손해배상책임을 면할 수 없다(제135조 제1항). 하지만 신고기간 내에도 소액의 채권, 담보가 있는 신탁채권, 그 밖에 변제로 인하여 다른 채권자를 해할 우려가 없는 채권에 대해서는 법원의 허가를 받아 변제할 수 있다(제135조 제2항). 그리고 청산수탁자가 채무를 변제함에 있어서는 변제기의 도래를 요건으로 하지 않는다(제136조 제1항). 기한의 이익은 채무자를 위한 것으로 추정되며(민법 제153조 제1항), 이를 포기할 수 있지만 상대방의 이익을 해하지 못한다(동법 제153조 제2항). 물론 신탁채권자가 기한의 이익을 가질 수 있지만, 청산사무의 신속한 종결을 위하여 청산수탁자로 하여금 변제를 할 수 있도록 한 것이다. 이 경우 청산수탁자는 이자 없는 채권이라면 변제기에 이르기까지의 법정이자를 가산하여 그 채권액이 될 금액을 변제하여야 하며(제136조 제2항), 이자부채권이라면 그 이율이 법정이율보다 낮은 때에도 동일하다(제136조 제3항). 만약 그 채권이 조건부이거나, 존속기간이 불확정하거나, 그 밖에 가액이 불확정하다면, 청산수탁자는 법원이 선임한 감정인의 평가에 따라 변제하여야 한다(제136조 제4항).

9

4. 잔여재산의 귀속

4.1. 잔여재산에 대한 권리자

4.1.1. 종래의 논의

신탁법은 신탁이 종료된 경우 잔여재산의 귀속과 관련하여 수익자, 잔여재산수익자, 귀속권리자의 개념을 사용하고 있다. 제101조 제1항은 신탁행위로 잔여재산이 귀속될 귀속권리자를 정한 경우에는 그 귀속권리자에게, 그 밖의 경우에는 수익자(잔여재산수익자를 정한 경우에는 그 잔여재산수익자)에게 귀속시킨다. 그러므로 신탁의 잔여재산이 귀속될 수익자, 잔여재산수익자, 귀속권리자의 개념을 구분할 필요가 있으며, 위 규정방식을 이해하기 위해서는 종래의 논의를 먼저 살펴보는 것이 유용하다.

(1) 구신탁법의 규정방식

구신탁법에서는 별도의 정함이 없는 한 위탁자가 신탁이익의 전부를 향수하는 경우 위탁자나 그 상속인은 언제든 신탁을 해지할 수 있고(구신탁법 제56조), 수익자가 신탁이익 전부를 향수하는 경우 법원의 명령에 의하여 신탁이 해지될 수 있었다(동법 제57조). 그리고 이 경우 신탁재산은 수익자에게 귀속하였다(동법 제59조). 그 밖의 사유로 신탁이 종료된 경우에는 귀속권리자가 정해진 때에는 그 귀속권리자에게, 그러한 정함이 없는 때에는 위탁자 또는 그 상속인에게 신탁재산이 귀속하였다(동법 제60조).

위 규정의 해석에 있어 일부 견해는 타익신탁은 수익자가 신탁재산의 원본까지 향수할 것을 의도한 것이고, 더욱이 수익자가 원본수익권을 유상으로 취득하였다면 신탁종료시에 위탁자에게 잔여재산이 귀속하는 것은 합리적이지 않다고 비판하였다.[35] 그리고 구신탁법 제59조 내지 제61조의 상호관계에 대하여 의문을 제기하는 견해는 구신탁법 제60조를 자익신탁과 타익신탁에서 수익자가 수입수익권만을 가지는 형태에 한정적으로 적용하고자 하였다.[36]

(2) 일본 신탁법에서의 논의

구신탁법에서 잔여재산을 귀속시키는 방식은 종래 일본 구신탁법에서의 그것과 다르지 않았다. 그런데 일본에서는 귀속권리자의 개념이 명확하지 않다는 지적이 있었고, 귀속권

---

35) 이중기, 705면.
36) 최동식, 401면.

리자가 신탁의 종료사유 발생 전에도 수익자로서 권리를 행사할 수 있는지에 대하여 견해가 대립하였다.[37] 일부 학설은 신탁상 신탁종료사유 발생시 잔존하는 신탁재산이 귀속하는 것으로 정해진 자가 귀속권리자이며(지정귀속권리자), 아직 급부를 받지 않은 원본수익자, 급부를 받을 권리가 아직 남은 수입수익자, 잔여재산의 귀속권리자로 특히 지정된 자가 이에 해당한다고 보았다.[38] 귀속권리자는 위탁자의 의사에 기초하여 신탁의 이익을 향수하는 자라고 할 수 있으므로, 신탁종료 후 비로소 수익자가 된다고 볼 것이 아니라 당초부터 수익자로서 보호를 받는다는 것이다.[39]

반면 일부 견해는 귀속권리자가 일본 민법상 사용되는 개념으로, 귀속권리자는 공익법인이 해산한 후 잔여재산을 교부받게 되는 자를 가리키며 공익법인의 재산에 대하여 지분적인 권리를 가지는 것은 아니므로, 신탁법상의 귀속권리자도 신탁존속 중에는 수익자의 권리를 행사할 수 없지만 종료한 때에는 잔여재산이 귀속될 것에 대한 기대권을 가진다고 보아 수익자의 개념과 구별하였다.[40]

현행 일본 신탁법은 종래의 견해대립을 입법적으로 해결하기 위하여 잔여재산의 귀속과 관련하여 귀속권리자와 잔여재산수익자의 개념을 구분하고 있다. 전자는 신탁행위에서 잔여재산이 귀속하는 자로 지정된 자이며, 신탁존속 중 신탁이익을 향수하는 수익자에 대한 급부가 종료한 후에 남은 재산이 귀속될 자에 지나지 않는다. 그러므로 신탁종료사유 발생 후에 비로소 수익자로서의 권리와 의무를 가진다. 반면 후자는 신탁상 잔여재산의 급부를 내용으로 하는 수익채권에 관한 수익자로서, 신탁종료 전부터 수익자로서의 권리·의무를 가진다(일본 신탁법 제182조 제1항). 그리고 이들 귀속권리자 또는 잔여재산수익자에 대한 정함이 없거나 정함이 있음에도 불구하고 모두 그 권리를 포기한 때에는 위탁자 또는 상속인을 귀속권리자로 의제한다(동법 제182조 제2항). 그럼에도 불구하고 이러한 기준에 따라 잔여재산의 귀속이 정해지지 않은 경우에는 잔여재산을 청산수탁자에게 귀속시킨다(동법 제182조 제3항).

---

37) 信託法改正要綱試案 補足說明, 158頁.
38) 四宮和夫, 352頁.
39) 四宮和夫, 307頁은 다만 공익신탁에 있어서는 그 성질상 귀속권리자가 법정신탁의 단계에 이르지 않으면 수익자가 되지 않는다고 한다.
40) 能見善久, 268頁.

4.1.2. 수익자 또는 잔여재산수익자

(1) 수익자의 의의

제101조 제1항은 "신탁재산은 수익자(잔여재산수익자를 정한 경우에는 그 잔여재산수익자를 말한다)에게 귀속한다"고 하여 신탁재산의 귀속주체로서 잔여재산수익자를 포함하는 넓은 의미에서 수익자를 규정하고 있다. 그러므로 신탁종료시에 신탁재산이 귀속하는 주체로서 아래에서 살펴볼 잔여재산수익자와 구분되는 수익자의 의미 내지 범위에 대한 규명이 필요하다.

먼저 위 규정방식은 구신탁법에 대한 비판을 염두에 둔 것이다. 구신탁법 제60조가 귀속권리자에 대한 정함이 없을 때 위탁자나 그 상속인에게 신탁재산을 귀속시키도록 한 것은 수익자 보호의 관점에서 부당하므로 잔여재산은 원칙적으로 수익자에게 귀속한다는 것이다.[41] 그러나 구신탁법의 규정은 신탁이 종료한 때 그야말로 신탁원본을 포함한 잔여재산을 누구에게 귀속시키는지에 관하여 아무런 정함이 없는 경우를 예정한 것이라고 해야 한다. 신탁상 원본수익자가 정해져 있음에도 불구하고 '귀속권리자'에 대한 정함이 없다고 해서 신탁재산을 위탁자에게 귀속시키는 것은 위탁자의 의사에도 반하기 때문이다. 그리고 구신탁법 제59조가 신탁종료 후의 신탁재산을 수익자에게 귀속시킨 것은 자익신탁에서 위탁자 겸 수익자가 신탁이익의 전부를 향수하고(동법 제56조) 또 타익신탁에서 수익자가 신탁이익 전부를 향수하기(동법 제57조) 때문이다. 그러므로 이를 일반화하여 신탁종료시에는 신탁상 수익자에게 신탁재산이 귀속한다고 단언할 수는 없다. 예컨대 신탁상 일정 기간 신탁재산으로부터의 이익을 향수하는 수입수익자에 대한 정함만 있다면 신탁종료시에 신탁재산은 그 수입수익자가 아니라 애초에 신탁을 설정한 위탁자에게 돌아간다고 하는 것이 의사표시의 해석상 자연스럽다.

그렇다면 현행법의 해석에 있어서 신탁이 종료한 경우 신탁재산의 귀속주체로서 잔여재산수익자 아닌 수익자가 고유한 의미를 가지는 경우는 언제인가? 예컨대 신탁계약상 신탁재산으로부터 발생하는 이익은 B1이 생존한 동안에는 B1에게 귀속시키고, B1이 사망한 때에는 신탁재산을 B2에게 귀속시키는 것으로 정하였다고 하자. 이 경우 B1은 수입수익자로서 생존 중 신탁이익을 향수하고, B1이 사망하면 B2가 원본수익자로서 신탁재산을 취득한다. 만약 위탁자이자 유일한 수익자가 신탁을 종료하였다면, 이미 그 요건에서도 드러나는 것처럼 신탁재산은 위탁자 겸 수익자에게 귀속될 것이다.

그런데 이상의 경우 원본수익자 또는 수익자는 사실 아래에서 살펴볼 잔여재산수익자

---

41) 법무부, 760면.

와 다르지 않다. 신탁의 잔여재산이 신탁원본만 있는 것은 아니며, 원본과 수입의 구분이 항상 명백한 것도 아니기 때문이다. 그리고 수익자와 잔여재산수익자 중 어디에 해당하는가에 따른 법률효과상의 차이는 없다. 신탁종료시에 잔여재산이 귀속되는 주체로서 잔여재산수익자와 구분되는 수익자의 개념이 별도로 문제되는 경우는 상정하기 어렵고, 제101조 제1항과 같은 규정방식은 오히려 잔여재산수익자 아닌 수익자 개념의 효용에 대한 의문을 야기하거나 양자의 구분에 대한 불필요한 논의를 제기할 수 있다. 그러므로 입법적으로는 잔여재산수익자와 귀속권리자만을 정하는 것으로 충분할 것이다.

(2) 잔여재산수익자

영국의 경우 신탁재산으로부터 발생하는 이익은 B1이 생존한 동안에는 B1에게 그리고 B1이 사망한 때에는 신탁재산을 B2에게 귀속시키는 것으로 정하였다면, B2는 원본수익자로서 장래권인 잔여권(remainder)을 가진다. 우리법은 잔여권 내지 잔여권자(remainderman)라고 하는 개념을 사용하지 않지만, 그 의미상 잔여재산수익권 내지 잔여재산수익자가 이에 해당한다. 그리고 잔여재산수익자의 개념은 일본 신탁법에서의 그것과도 동일하다.

잔여재산수익자는 신탁상 잔여재산의 수익자로 지정된 자이며, 신탁이 종료하기 이전부터 수익자로서 권리·의무를 가지는 점에서 신탁의 종료사유가 발생한 후에만 수익자로서의 권리·의무를 가지는 귀속권리자와 구분된다.[42] 예컨대 신탁상 B1이 생존한 동안에는 B1이 신탁재산으로부터 발생하는 수입을, B1이 사망한 때에는 B2가 수입을 그리고 B2가 사망한 후에는 B3가 잔여재산을 취득하는 것으로 정하였다고 하자. B3는 잔여재산수익자가 될 수도 있고 귀속권리자가 될 수도 있다. B3가 잔여재산수익자라면 신탁존속 중에도 수익자의 지위에서 잔여재산의 취득 이외의 권리를 행사할 수 있는 반면, 귀속권리자에 해당한다면 신탁존속 중에는 수익자의 지위를 갖지 않기 때문에 그에 따르는 권리도 행사할 수 없다. B3가 어떠한 지위를 가지는가는 위탁자가 신탁의 잔여재산을 B3에게 귀속시킴에 있어서 신탁존속 중에도 수익자로서의 지위를 인정하고자 하였는지에 대한 의사해석에 달려있다.

4.1.3. 귀속권리자

신탁종료시에 잔여재산이 귀속하는 주체로서 제101조 제1항은 귀속권리자를 정하고

9

---

42) 안성포, 신탁의 종료, 변경, 합병 및 분할, 선진상사법률연구 제48호(2009. 10), 107면.

있다. 신탁상 위탁자가 귀속권리자를 지정한 경우 귀속권리자는 수익의 의사표시 없이도 신탁종료시에 수익자의 지위를 취득하며, 일반적인 수익자와 마찬가지로 이를 포기할 수도 있다. 귀속권리자는 신탁이 종료하면 잔여재산을 취득하게 되는 점에서 잔여재산수익자와 다르지 않지만, 신탁존속 중에는 수익자의 지위를 갖지 않으며 신탁종료 후에 발생하는 법정신탁의 수익자가 될 뿐이다.43) 그러므로 위탁자는 신탁설정시에 신탁재산을 종국적으로 누구에게 귀속시킬 것인지를 결정함에 있어서 신탁존속 중에도 수익자로서의 지위를 인정할 것인지 여부에 따라 잔여재산수익자 또는 귀속권리자로 지정할 수 있다.

귀속권리자의 자격에 대하여는 별도의 제한이 없기 때문에 위탁자 자신이나 제3자를 귀속권리자로 지정할 수 있다. 신탁존속 중의 수익자를 귀속권리자로 지정할 수 있지만, 이 경우에는 수익자를 잔여재산수익자로 정한 것과 법률효과상 차이가 없다. 그리고 수탁자가 귀속권리자가 될 수 있는지에 대하여는 이익향수금지원칙과의 관계에서 의문이 제기될 수 있다. 그러나 이를 인정하더라도 귀속권리자는 신탁존속 중에는 수익자의 지위를 가질 수 없고, 신탁이 이미 종료한 상태에서 신탁상 정한 바에 따라 수탁자가 소유한 신탁재산이 고유재산으로 이전되는 것에 지나지 않기 때문에 이익향수금지의 원칙에 반하지 않는다고 해야 한다.

4.1.4. 위탁자

(1) 제101조 제2항

위탁자는 제3자를 신탁상 잔여재산수익자나 귀속권리자로 지정할 수 있지만 그 지위를 강제할 수는 없다. 그러므로 잔여재산수익자 등에게는 권리를 포기할 수 있는 기회가 주어져야 한다. 잔여재산수익자는 수익권의 포기에 관한 일반 규정에 따라서, 귀속권리자도 신탁종료시에 수익의 의사표시 없이 당연히 수익권을 취득하므로 위 규정에 따라서 각각 그 권리를 포기할 수 있다. 하지만 이 경우 잔여재산의 귀속이 문제된다. 제101조 제2항은 잔여재산수익자 등으로 지정된 자가 그 권리를 포기한 경우 잔여재산은 위탁자에게 그리고 위탁자가 사망한 때에는 그 상속인에게 귀속하는 것으로 정하고 있다. 신탁이 종료한 경우 잔여재산을 귀속시키고자 한 잔여재산수익자 등이 그 권리를 포기하였다면, 이제 잔여재산은 이를 출연한 위탁자나 그 상속인에게 돌아가는 것이 자연스럽다.

한편 위탁자 자신이 잔여재산수익자 등이거나 제3자인 잔여재산수익자 등이 그 권리를

---

43) 잔여재산수익자와 구분되는 귀속권리자의 개념을 인정할 필요가 있는지에 대하여 의문이 제기될 수 있지만, 신탁종료시 잔여재산을 귀속시키는 다양한 선택지를 제공한다는 점에서 입법적 선택을 존중할 수 있다.

포기한 경우 이제 위탁자도 그 권리를 포기할 수 있는지, 그렇다면 잔여재산은 과연 누구에게 귀속하는지가 문제된다. 일본 신탁법 제183조 제3항은 귀속권리자에게 포기권을 인정하면서도 예외적으로 신탁행위의 당사자가 귀속권리자로 지정된 때에는 포기할 수 없도록 한다. 위탁자가 귀속권리자인 때에는 위탁자 자신이 일정한 목적의 달성을 위하여 재산을 출연하였고 잔여재산은 바로 그 재산의 나머지라는 점에서 포기를 인정하지 않은 것이다.[44] 그러나 우리법은 이러한 제한을 명시하고 있지 않으며, 일반적으로 권리자는 자신의 권리가 제3자의 권리의 목적이 되는 등의 사정이 없는 한 자유롭게 이를 포기할 수 있다. 또한 신탁이 종료하면 잔여재산수익자 등을 수익자로 하는 법정신탁이 발생하고, 수익권은 포기할 수 있음이 원칙이다(제57조 제1항). 그래서 위탁자도 잔여재산에 대한 권리를 포기할 수 있는 것으로 보인다.

그러나 위탁자가 잔여재산에 대한 권리를 포기하는 것이 문제되는 것은 소극재산이 적극재산을 초과하는 경우이다. 만약 잔여재산이 적극재산만으로 이루어졌다면 제101조 제5항에 따라 최종적으로 잔여재산을 국가에 귀속시킬 수도 있을 것이다. 그러나 소극재산만 남은 때에는 동일하게 처리하기 어렵고, 잔여재산이 적극재산인지 아니면 소극재산인지에 따라서 포기 여부를 달리 판단할 수도 없다. 유한책임신탁에서는 신탁재산에 대한 파산절차를 통하여 해결할 수 있지만, 수탁자가 무한책임을 지는 일반적인 신탁에서는 수탁자가 그 비용을 떠안는 결과가 될 것이다. 그러므로 일차적으로는 이러한 경우를 대비하여 신탁상 소극재산의 배분에 관한 정함을 둘 필요가 있다.

그리고 신탁상의 정함이 없는 경우에도 제101조 제2항의 해석상 위탁자 등은 잔여재산에 대한 권리를 포기할 수 없다고 해석해야 한다. 위 규정은 신탁상 지정된 잔여재산에 대한 권리자가 그 권리를 포기한 경우 종국적으로 이를 귀속시키기 위한 기준이라고 할 것이며, 이러한 취지에 비추어 본다면 위탁자 등의 포기권은 제한되어야 할 것이기 때문이다. 물론 제101조 제5항은 동조 제2항에 따라 잔여재산의 귀속이 정해지지 않는 경우를 예정하고 있지만, 이는 위탁자 등이 포기를 한 경우가 아니라 수탁자가 선관의무를 다하여도 잔여재산에 대한 권리자를 찾을 수 없는 경우를 의미한다고 해야 한다.[45] 따라서 위탁자나 그 상속인이 존재하는 한 잔여재산은 그것이 적극재산이든 소극재산이든 최종적으로 이들에게 귀속시키는 것이 타당하며, 수탁자나 국가에 전가시킬 수 있도록 해서는 안 된다. 나아가

9

---

44) 信託法改正要綱試案 補足說明, 159頁.
45) 제101조 제5항의 문제점에 비추어볼 때에도 그 요건을 확대해석해서는 안 될 것이다. 이에 관하여는 아래 4.1.5. 참조.

입법적으로는 잔여재산에 대한 위탁자의 권리포기를 제한하는 규정을 둘 필요가 있을 것이다.

(2) 제101조 제2항의 유추적용

제101조 제2항은 잔여재산에 대한 권리자가 그 권리를 포기할 것을 요건으로 하며, 애초에 신탁상 지정된 권리자가 없는 경우에 대하여는 아무런 정함이 없다. 이는 입법적인 흠결이 아닐 수 없다. 제101조 제1항이 '수익자'라고 정하고 있다고 해서 이 경우 수입수익자에게 잔여재산을 귀속시키는 것은 위탁자의 의사에 분명히 반한다. 오히려 잔여재산수익자 등이 그 권리를 포기한 경우와 마찬가지로 위탁자 또는 그 상속인에게 귀속시키는 것이 타당하다. 그리고 구신탁법 제60조는 이 경우 신탁재산이 위탁자 또는 그 상속인에게 귀속한다고 명시하였는데,[46] 현행법이 그 입법태도를 변경하였다거나 이와 달리 해석해야 한다고 볼 이유는 없다. 따라서 잔여재산수익자 등에 대한 정함이 없는 때에는 제101조 제2항을 유추적용하여 잔여재산이 위탁자와 그 상속인에게 귀속한다고 할 것이다.

(3) 제101조 제3항

위탁자가 집행의 면탈이나 그 밖의 부정한 목적으로 신탁선언에 의하여 신탁을 설정함으로써 이해관계인의 청구에 따라 법원이 신탁의 종료를 명한 경우(제3조 제3항) 신탁재산은 위탁자에게 귀속한다(제101조 제3항). 만약 이 경우에도 신탁종료에 따른 잔여재산의 귀속 일반에 관한 제101조 제1항이 적용되어 잔여재산수익자나 귀속권리자에게 신탁재산이 귀속한다면, 신탁을 종료시켜 위탁자의 책임재산을 확보하고자 한 취지가 무색하게 된다. 그래서 제101조 제3항은 그 특칙으로서 신탁상의 정함에도 불구하고 잔여재산이 위탁자에게 귀속하는 것으로 정하고 있다.

4.1.5. 국가

(1) 제101조 제5항의 취지

신탁상 잔여재산수익자 또는 귀속권리자가 지정되지 않았거나 지정된 자가 그 권리를 포기한 때에는 위탁자나 그 상속인에게 잔여재산이 귀속하지만, 위탁자 및 그 상속인조차

---

46) 일본 신탁법 제182조 제2항은 신탁상 잔여재산수익자 등으로 지정된 자가 모두 그 권리를 포기한 경우와 마찬가지로 잔여재산수익자 등에 관한 정함이 없는 경우에도 위탁자 또는 그 상속인을 귀속권리자로 하는 정함이 있는 것으로 간주한다.

존재하지 않거나 수탁자가 과실 없이 그 존재를 알 수 없는 때에는 잔여재산의 귀속이 문제된다. 제101조 제1항 및 제2항의 기준에 따라서 또는 제101조 제2항을 유추적용하여도 잔여재산의 귀속을 정할 수 없다면 이제 잔여재산은 국가에 귀속된다(제101조 제5항).

학설에 따라서는 수탁자가 명의권과 관리권을 가지고 있기 때문에 잔여재산에 대하여는 권리자가 없는 재산과 달리 취급해야 한다는 근거에서 수탁자가 잔여재산을 취득한다고 한다.47) 그리고 일본 신탁법 제182조 제3항도 청산수탁자에게 잔여재산이 귀속하는 것으로 정하고 있다.48) 그러나 위탁자는 애초에 수탁자가 신탁재산으로부터의 이익을 향수할 것을 예정하거나 의욕한 바가 없다. 수탁자는 신탁목적을 달성하기 위한 수단에 지나지 않으며, 오히려 잔여재산을 그 권리자에게 이전하여야 할 의무를 부담하는 자이다. 그래서 제101조 제5항은 상속인이 없는 재산에 관한 민법 규정을 참고하여 잔여재산은 수탁자가 아닌 국가에 귀속하는 것으로 정하고 있다.49)

(2) 문제점

잔여재산의 최종적인 귀속을 결정함에 있어서 잔여재산이 적극재산인 때에는 사실 현재의 명의자인 수탁자에게 귀속시키든 아니면 국가에 귀속시키든 입법적 선택의 문제로 볼 수 있다. 그러나 이러한 선택이 잔여재산이 소극재산만으로 이루어진 때에도 관철될 수 있는지 그리고 그 결과가 타당한지에 대하여는 검토가 필요하다. 신탁존속 중에 신탁채권에 대하여 수탁자가 고유재산으로 채무를 변제하면 수익자에 대하여 비용상환청구권을 행사할 수 있지만 그 범위는 수익자가 얻은 이익으로 한정되고, 수익자가 수익권을 포기한 때에는 그 권리를 행사할 수 없다. 따라서 그로 인한 불이익을 수탁자가 부담하게 된다. 하지만 신탁종료시에 수탁자의 고유재산에 속한 비용상환청구권을 포함하여 여타의 신탁재산에 대한 채권만 잔존한 경우 이러한 잔여재산을 최종적으로 국가에게 귀속시킴으로써 신탁채무를 국가가 부담하는 결과가 되어서는 안 된다. 그렇다고 해서 적극재산만 국가에 귀속시키고 소극재산은 수탁자에게 부담시키는 것도 타당하지 않다.

무엇보다 잔여재산을 국가에 귀속시키는 제101조 제5항은 권리자가 없는 상속재산을 국고에 귀속시키는 규정을 참조한 것이지만, 잔여재산의 귀속과는 그 전제가 상이하고 절

---

47) 이중기, 706면.

48) 일본에서도 종래 잔여재산이 수탁자의 고유재산에 귀속된다는 견해와 무주물이 된다는 견해가 있었으나, 신탁재산이 수탁자의 소유에 속하므로 귀속권리자가 없더라도 당연히 무주물이 된다고 해석하기는 어렵다고 보아 현행법은 수탁자의 고유재산에 속하는 것으로 규정하였다. 信託法改正要綱試案 補足說明, 158頁.

49) 법무부, 764면.

차가 불투명하다.[50] 상속재산의 경우 상속인의 존부가 분명하지 않은 때에는 상속재산관리인의 선임을 통하여 상속재산을 관리하고 청산하는 절차를 거친다. 법원은 상속재산관리인의 선임을 공고하고(민법 제1053조 제1항), 상속재산관리인은 청산공고를 하여야 하며(동법 제1056조 제1항), 한정승인의 경우와 동일한 방법으로 상속채무를 변제하여야 한다(동법 제1056조 제2항). 이후 상속인수색의 공고를 하지만(동법 제1057조), 잔여상속재산이 전혀 없거나 소극재산만 남게 된 경우에는 상속인수색공고를 할 필요가 없다.[51] 그리고 상속재산이 국가에 귀속됨에 있어서도 그 성질은 원시취득으로, 국가는 오직 청산 후의 잔여재산을 취득할 뿐 그에 따르는 의무는 부담하지 않는다.[52] 또한 상속재산이 국가에 귀속된 후에는 그 상속재산으로 변제를 받지 못한 상속채권자나 수유자도 국가에 대하여 그 변제를 청구하지 못한다(동법 제1059조). 이러한 일련의 절차나 효과를 전제하지 않고 신탁의 청산도 원칙적으로 요구되지 않는 상황에서 잔여재산의 귀속이 정해지지 않았다는 이유만으로 제101조 제5항에 기하여 잔여재산을 국가에 귀속시킬 수는 없다. 이는 해석론의 한계를 넘는다.

생각건대 신탁채무에 대하여 무한책임을 지는 수탁자가 그 귀속이 정해지지 않은 잔여재산을 취득할 수 있다고 하는 것이 합리적이다. 그리고 수탁자는 이미 신탁재산으로 잔여재산을 보유하고 있으므로, 그것이 적극재산인지 아니면 소극재산인지를 묻지 않고 상속재산에서와 같은 별도의 절차 없이 최종적으로 고유재산에 귀속시키는 것이 절차적으로도 간명하다. 이미 신탁이 종료한 상태에서 잔여재산의 귀속만을 결정하는 것이므로 수탁자의 이익향수금지원칙에 반하는 것도 아니다. 따라서 제101조 제5항의 입법적 선택은 재고되어야 한다.

4.2. 잔여재산의 귀속방법

4.2.1. 당연 귀속 여부

신탁이 종료하면 신탁재산이 잔여재산수익자 등 그 권리자에게 이전될 때까지 법정신탁이 발생하고, 잔여재산수익자 등은 법정신탁의 수익자가 된다(제101조 제4항). 그런데 신탁의 종료로 인하여 신탁재산이 수탁자에게서 잔여재산수익자 등에게 당연히 이전된다면 이를 목적으로 하는 법정신탁을 인정할 근거가 희박해진다. 그리고 신탁의 종료시점이 대내

---

50) 법무부, 764면은 국고귀속 절차에 대하여 민법 제1053조 이하를 유추적용한다고 하지만, 명시적인 규정 없이 어느 범위에서 얼마만큼을 유추적용할 수 있는지 불명확하며, 유추적용의 한계를 넘는다.

51) 박병호, 가족법, 한국방송대학교출판부, 1999, 416면.

52) 박병호, 가족법, 422면.

외적으로 항상 명확한 것은 아니기 때문에 재산의 귀속 또한 불분명하게 될 것이다. 그러므로 법정신탁에서 잔여재산수익자 등은 수익권의 형태로 신탁재산에 대한 이익을 보유할 뿐이며, 수익권의 행사로서 신탁재산을 이전받은 때 비로소 그 귀속주체가 된다고 해야 한다.

대법원 1991. 8. 13. 선고 91다12608 판결은 신탁의 종료사유가 발생하더라도 수탁자가 수익자나 위탁자에게 목적부동산의 소유권을 이전할 의무를 부담하는 것에 불과하고, 당연히 목적부동산의 소유권이 수익자나 위탁자에게 복귀된다고 볼 수 없으며, 이는 부동산물권변동에 관하여 등기를 대항요건으로 하고 있던 구민법 시행 당시에 신탁기간이 만료되었다거나 수탁자 명의의 등기부가 멸실되어 그 회복등기기간이 경과하였더라도 마찬가지라고 하였다.

대법원 1994. 10. 14. 선고 93다62119 판결도 위 판결을 인용하면서, 부동산신탁에 있어서 수탁자 앞으로 소유권이전등기를 마치게 되면 대내외적으로 소유권이 수탁자에게 완전히 이전되고, 위탁자와의 내부관계에 있어서 소유권이 위탁자에게 유보되어 있는 것은 아니므로, 신탁의 종료사유가 발생하더라도 수탁자가 신탁재산의 귀속권리자인 수익자나 위탁자 등에게 목적부동산의 소유권 등 신탁재산을 이전할 의무를 부담하게 될 뿐 신탁재산이 수익자나 위탁자 등에게 당연히 복귀되거나 승계된다고 할 수 없다고 하였다.

이후 대법원 2012. 7. 12. 선고 2010다1272 판결 또한 원고의 청구로 신탁계약이 해지된 사안에서 수탁자인 피고는 원고에게 원고의 음악저작물에 대한 저작재산권 등 신탁재산을 이전할 의무를 부담하게 될 뿐 신탁재산이 원고에게 당연히 복귀되거나 승계되는 것은 아니고, 저작권을 이전할 때까지는 피고가 원고를 위한 법정신탁의 수탁자로서 신탁사무의 종결과 최종 계산의 목적 범위 내에서 원고의 음악저작물에 관한 저작재산권을 계속 관리할 권한과 의무를 부담하며, 원고는 신탁수익권의 형태로서 잔여재산에 대한 권리를 보유하게 될 뿐이라는 점을 거듭 확인하였다.

4.2.2. 재산의 유형에 따른 귀속방법

(1) 부동산

수탁자는 각 신탁재산의 유형에 따른 권리의 이전방식을 통하여 잔여재산을 그 권리자에게 이전해야 한다. 먼저 수탁자는 자기 명의의 신탁부동산에 대하여 잔여재산수익자 등에게 소유권이전등기를 하여야 한다. 잔여재산수익자 등이 위탁자인 경우에는 수탁자의 소유권이전등기를 말소하는 방법에 의하더라도 위탁자는 수탁자의 소유권에 기하여 다시 소유권을 취득할 수 있다.53) 이때 신탁재산의 공시를 위하여 행해진 신탁등기도 말소되어야 한다. 수탁자는 이전등기나 말소등기 신청과 동시에 신탁등기의 말소신청을 하여야 하는데 (부동산등기법 제87조 제2항), 신탁등기의 말소등기는 수탁자가 단독으로 신청할 수 있다(동법 제87조 제3항).

(2) 동산

동산의 경우 그 소유권을 이전하기 위해서는 인도가 필요하다. 인도는 현실인도, 간이 인도, 점유개정 또는 목적물반환청구권의 양도방식에 의한다(민법 제188조 내지 제190조). 자동 차나 선박과 같이 등기나 등록에 의하여 공시되는 동산에 대해서는 이러한 등기나 등록을 통하여 권리를 이전하여야 한다. 선하증권, 화물상환증, 창고증권에 의하여 표창되는 동산 의 경우에는 증권을 인도하여야 한다.

(3) 채권

수탁자가 보유한 신탁채권을 잔여재산수익자 등에게 이전하기 위해서는 채권양도방식 에 의한다. 지시채권은 배서, 교부에 의하여(민법 제508조), 무기명채권이나 지명소지인출급 채권은 교부에 의하여(동법 제523조 및 제525조) 그리고 지명채권은 양도의 의사표시만으로 효 력이 발생하지만 이와 더불어 대항요건도 구비하여야 한다(동법 제450조).

대법원 1994. 10. 14. 선고 93다62119 판결에서는 신탁재산인 건물에 대하여 수탁자 인 원고 앞으로 이전등기가 되었다가 이후 신탁이 해지되어 승계참가인 명의로 이전등기가 되었는데, 원고가 자신이 소유한 동안 건물을 점유한 피고들에 대하여 부당이득반환을 청 구하였다. 원심은 원고가 수탁자로서 소유권을 보유하고 있었던 동안 발생한 부당이득반환 채권은 신탁해지로 인하여 승계참가인에게 귀속되었다고 보고 원고 명의로 소유권이전등기 가 경료된 때부터 그 명도완료시까지의 점유사용으로 인한 차임상당의 이익을 부당이득으 로 반환해야 한다고 보았다.

그러나 위 판결은 신탁이 종료한 경우 소유권의 귀속에 관한 일반론을 설시하면서, 이 사건 "건물이 원고에게 신탁된 것이라면 신탁등기가 된 때부터 신탁이 해지되어 승계참가 인 명의로 이전등기가 될 때까지는 이 사건 건물의 소유권은 대내외적으로 원고에게 완전 히 귀속되었다 할 것이고, 따라서 그동안에 피고들이 법률상 원인 없이 이 사건 건물을 점 유함으로 인하여 부담하게 되는 임료 상당의 부당이득반환채무에 대한 청구권은 원고가 이

---

53) 대법원 2006. 9. 22. 선고 2004다50235 판결.

를 갖는 것이고, 그 후 신탁이 해지되었다 하더라도 이미 발생한 부당이득반환청구채권은 원고가 신탁재산의 관리로 얻은 재산으로서 신탁재산에 속하는 것이므로 당연히 위탁자의 상속인인 승계참가인에게 승계된다고는 할 수 없고, 수탁자인 원고로서는 신탁계약의 본래 목적에 따라 잔여신탁재산으로서 이를 귀속권리자인 승계참가인에게 양도하여 대항요건을 갖추는 등의 이전절차를 취하여야 할 의무를 부담하는 데 지나지 아니하므로 원고가 이러한 이전절차를 밟지 아니하였다면 승계참가인이 피고들에 대하여 그 부당이득반환청구채권을 행사할 수 없다"고 보아 원심을 파기, 환송하였다.

(4) 채무

수탁자는 원칙적으로 청산의무가 없기 때문에 잔여재산에 속한 채무를 잔여재산수익자 등에게 이전할 수 있다. 수탁자는 신탁채권자에 대하여 고유재산으로도 책임을 지므로, 잔여재산수익자 등의 채무인수는 중첩적 채무인수 내지 병존적 채무인수에 해당한다. 신탁채권자는 신탁이 종료한 때에도 여전히 수탁자에 대하여 채무의 이행을 청구할 수 있으며, 잔여재산수익자 등에 대해서도 이행을 청구할 수 있는 것이다. 중첩적 채무인수는 많은 경우 채권자, 채무자인 수탁자, 인수인인 잔여재산수익자 등의 3자간계약에 의할 것이다. 그러나 면책적 채무인수와 달리 유효한 채무인수를 위하여 반드시 채권자의 개입이 필요한 것은 아니므로 수탁자와 수익자 사이의 의사표시에 의할 수 있다.

이에 대해서는 수탁자가 채무를 면하는 면책적 채무인수는 불가능한지 의문이 제기될 수 있다. 면책적 채무인수의 경우에는 3자간계약에 의하거나(민법 제453조 제1항) 채무자와 인수인 사이의 계약에 의하더라도 채권자의 승낙이 있어야 효력이 발생한다(동법 제454조 제1항). 이는 채무인수에 중대한 이해관계를 가지는 채권자를 보호하기 위함이다. 그러므로 잔여재산인 신탁채무를 이전함에 있어서 신탁채권자, 수탁자, 수익자가 면책적 채무인수에 합의하거나 수탁자와 수익자의 합의에 대하여 신탁채권자가 승낙하였다면 그 효력을 부정할 이유는 없을 것이다.

나아가 수탁자와 제3자간의 계약상 지위를 수익자에게 이전할 수 있는지도 문제되지만, 채권양도 및 채무인수가 가능한 한 이를 부정할 것은 아니다. 대법원 2005. 4. 15. 선고 2004다24878 판결은 신탁종료와 동시에 신탁에 기한 수탁자의 모든 행위 및 권리·의무는 위탁자에게 포괄승계되고 신탁채권자에 대한 권리·의무도 위탁자가 승계한다는 취지의 약정에 대하여 이를 신탁계약의 해지 또는 종료를 정지조건으로 하여 분양계약상의 분양자지위를 소외인에게 이전하기로 하는 내용의 계약인수로 해석하고, 이러한 승계약정이 민법

9

제103조 또는 약관법에 위반하여 무효라고 하기는 어렵기 때문에 분양계약으로 인한 원고와 피고의 모든 채권채무관계가 신탁의 종료와 동시에 소외인에게 면책적으로 이전되었다고 본 원심의 판단은 정당하다고 하였다. 다만 이러한 계약인수약정 자체의 효력은 인정된다고 하더라도, 그에 따라서 수탁자가 유효하게 계약관계에서 탈퇴하고 수익자가 계약관계의 당사자가 되기 위해서는 수탁자, 수익자, 잔류당사자 3자간의 합의가 있거나 수탁자와 수익자의 합의에 대한 잔류당사자의 동의 내지 승낙이 필요하다.[54)

4.3. 잔여재산의 귀속을 둘러싼 법률관계

4.3.1. 잔여재산수익자 등의 권리와 의무

(1) 잔여재산에 대한 급부청구권

신탁이 종료하면 잔여재산수익자 등 잔여재산에 대한 권리자는 법정신탁의 수익자로서 권리를 가지고 의무를 부담하며, 이에 관하여는 수익자의 권리와 의무에 관한 규정이 기준이 된다. 특히 수탁자에 대하여 잔여재산수익자 등이 신탁재산의 이전을 구하는 권리와 비용의 상환의무가 중요한 의미를 가진다.

잔여재산수익자 등이 가지는 신탁재산의 이전청구권은 신탁존속 중의 수익채권과 마찬가지로 채권에 해당하고, 따라서 소멸시효는 채권의 예에 따른다(제63조 제1항). 그런데 귀속권리자의 경우에는 신탁이 종료된 때 비로소 그리고 수익의 의사표시 없이 당연히 잔여재산에 대한 급부청구권을 취득한다. 그러므로 귀속권리자로 지정된 자가 수익권을 취득한 사실을 알지 못한 경우도 있을 것이므로 이 경우 수탁자는 지체 없이 귀속권리자에게 그 사실을 통지하여야 한다(제56조 제2항 본문 참조). 그리고 소멸시효의 기산점은 귀속권리자가 권리를 행사할 수 있는 시점부터 진행하며(민법 제166조 제1항), 10년간 행사하지 않으면 시효로 소멸한다(동법 제162조 제1항).

대법원 2014. 1. 16. 선고 2012다101626 판결은 "의용 신탁법 제63조 본문은 신탁이 종료한 경우에 신탁재산이 그 귀속권리자에게 이전할 때까지는 신탁은 존속하는 것으로 간주한다고 규정하고 있는데, 이 규정은 신탁이 종료하여도 그 잔여재산을 귀속권리자에게 완전히 이전시킬 때까지 상당한 시일이 걸리므로, 귀속권리자의 권리를 보호하고 수탁자가 신탁의 나머지 업무를 마치도록 하기 위한 것에 불과하므로, 위 조항에 의하여 존속하는 것

---

54) 판례는 계약자유원칙에 기하여 계약인수를 인정하며, 양도인과 양수인 및 잔류당사자의 합의에 의한 3면계약에 의하는 것이 통상적이지만 관계당사자 3인 중 2인의 합의가 선행된 경우에는 나머지 당사자가 이를 동의 내지 승낙하여야 그 효력이 생긴다고 한다. 대법원 1992. 3. 13. 선고 91다32534 판결; 대법원 2007. 9. 6. 선고 2007다31990 판결; 대법원 2012. 5. 24. 선고 2009다88303 판결 등.

으로 간주되는 신탁은 그 목적에 한정하는 법정신탁"이라는 점을 다시금 확인하였다. 그리고 "법정신탁은 어디까지나 신탁관계의 종료를 전제로 하는 것이므로 법정신탁관계가 존속한다고 하여 원래의 신탁관계가 종료되지 않는 것으로 볼 수는 없"고, "귀속권리자를 위하여 신탁재산을 관리하고 이전하는 것을 목적으로 하는 법정신탁관계의 존재가 귀속권리자의 수탁자에 대한 권리행사에 장애가 될 수도 없다"는 전제에서, "귀속권리자는 특별한 사정이 없는 한 신탁이 종료하면 바로 수탁자에 대하여 신탁행위의 내용에 따라 잔여 신탁재산을 반환할 것을 청구할 수 있다고 할 것이므로, 귀속권리자의 신탁재산반환청구권은 특별한 사정이 없는 한 원래의 신탁이 종료한 때로부터 이를 10년간 행사하지 아니하면 시효로 소멸한다"고 하였다.

(2) 비용 및 보수지급의무

잔여재산수익자 등은 수탁자에 대하여 비용을 상환해야 하며 보수에 관한 정함이 있는 때에는 이를 지급할 의무가 있다. 그리고 판례는 잔여재산수익자 등이 가지는 잔여재산의 이전청구권과 수탁자의 비용상환청구권 등이 동시이행관계에 있다고 본다.

그 근거에 대하여 대법원 2006. 6. 9. 선고 2004다24557 판결은 첫째, 양자가 모두 신탁관계에서 발생한 채무인 점, 둘째, 수탁자가 신탁종료 전에는 비용 및 보수청구권에 관하여 신탁재산을 매각하여 그 매각대금으로 다른 권리자에 우선하여 변제에 충당할 수 있고, 신탁종료 후에는 신탁재산이 수익자 등에게 귀속한 후라도 비용보상청구권 또는 보수청구권에 기하여 신탁재산에 대하여 강제집행을 하거나 경매를 할 수 있고 이를 위해 신탁재산을 유치할 수 있는 점, 셋째, 신탁비용 및 신탁보수 지급의무는 적어도 신탁관계를 청산하는 신탁재산의 반환시까지는 변제됨이 형평에 맞는다는 점을 든다. 따라서 위탁자 또는 수익자가 부담하는 신탁비용 및 신탁보수 지급의무와 신탁종료시에 수탁자가 신탁재산의 귀속권리자에 대하여 부담하는 신탁재산을 이전할 의무는 동시이행의 관계에 있다고 해석함이 공평의 관념 및 신의칙에 부합한다는 것이다.

그리고 대법원 2008. 3. 27. 선고 2006다7532, 7549 판결도 양자는 이행상 견련관계에 있다고 인정되고, 특별한 사정이 없는 한 동시이행의 관계에 있다고 해석함이 공평의 관념 및 신의칙에 부합한다는 점을 거듭 분명히 하였다.

이러한 판례의 태도에 대하여는 신탁보수 및 비용상환의무가 선이행되어야 한다는 반론도 있다.[55] 신탁종료시 수탁자는 보수 및 비용상환청구권에 대하여 다른 권리자에 우선

---

55) 문형배, 토지신탁상 수탁자의 손해배상의무와 보상청구권, 판례연구 제19집(2008. 2), 부산판례연구회, 171면 이하.

하여 변제받을 수 있고, 위탁자 내지 귀속권리자에 대한 관계에서도 신탁재산으로 신탁채무를 변제한 후에 남은 재산을 귀속권리자에게 인도하는 것이 일반적이며, 수탁자는 신탁재산 중에 변제할 금전이 없으면 신탁재산을 매각하여 그 대금으로 변제를 할 수 있기 때문에 수탁자의 신탁재산반환의무와 위탁자 또는 수익자의 비용상환의무간에 동시이행관계를 인정하는 것은 부당하다고 한다.

사실 양 채무 사이의 이행상의 견련관계를 인정하면서 위 판결이 제시한 근거는 비용상환의무가 선이행되어야 하는 근거가 되기도 한다. 그리고 잔여재산수익자 등은 그 지위에 비추어볼 때 비용상환의무 등을 포함한 신탁채무를 변제하고 남은 잔여재산에 대하여 수익권을 향수한다고 할 것이다. 무엇보다 제102조는 제54조를 준용하는바, 수탁자는 수익자나 그 밖의 채권자보다 우선하여 비용을 상환받을 수 있고(제54조 제1항에 의하여 준용되는 제48조 제1항), 비용상환청구권에 기하여 잔여재산을 유치할 수 있다(제54조 제2항). 그러므로 현행법의 해석상 잔여재산을 이전받고자 하는 잔여재산수익자 등은 비용상환의무를 선이행하지 않을 수 없으며, 동시이행관계를 인정한 판례의 태도는 이론적으로는 수긍하기 어렵다.

(3) 신탁재산의 책임

신탁존속 중 신탁재산에 대한 강제집행 등의 절차 또는 국세 등 체납처분의 절차가 개시된 경우 그 절차는 당해 신탁재산이 귀속된 잔여재산수익자 등에 대하여 속행할 수 있다(제102조, 제53조 제3항). 이때 잔여재산수익자 등에 대한 집행권원을 취득할 필요는 없다.[56] 그리고 신탁종료 후 잔여재산 귀속 전에 발생한 신탁채권에 기하여 강제집행 등이 개시된 경우에도 동일하게 해석할 것이다.

반면 강제집행 등의 절차가 개시되지 않은 상태에서 신탁재산이 잔여재산수익자 등에게 귀속되었다면, 당해 재산은 더 이상 채무자인 수탁자의 책임재산을 이루지 않기 때문에 신탁채권자는 이에 대하여 강제집행을 할 수 없다. 신탁채권자가 잔여재산수익자 등을 상대로 집행권원을 취득할 수 있는가는 신탁채무의 인수와 관련하여 별도로 판단하여야 하며, 적극재산만 이전된 상태에서는 신탁채권자는 강제집행을 할 수 없는 것이다. 하지만 담보권실행을 위한 경매의 경우에는 신탁재산이 물적 책임을 지는 것이고, 신탁의 청산이 강제되지 않는 상황에서 잔여재산수익자 등은 담보권의 부담이 있는 신탁재산을 이전받음으로써 물상보증인의 지위에 있게 된다. 그러므로 잔여재산수익자 등이 그 재산을 취득하기 이전에 담보권이 실행되지 않았더라도 이후에 담보권자가 담보권에 기한 경매를 하는 데에

---

56) 법무부, 776면.

는 장애가 없다.

4.3.2. 수탁자의 권리와 의무

(1) 비용상환청구권 등

수탁자는 원칙적으로 신탁재산의 관리, 처분 등을 하고 신탁목적의 달성을 위하여 필요한 모든 행위를 할 권한이 있다(제31조). 이와 달리 신탁종료 후 법정신탁에서는, 법정신탁을 인정하는 취지에 비추어볼 때, 수탁자는 현재 업무를 종결하고 잔여 신탁재산을 그 권리자에게 이전하는 데 한정된 권한을 가진다. 그리고 이를 근거로 잔존 사무의 처리와 관련하여 필요한 비용을 신탁재산에서 지출할 수 있으며, 보수에 관하여 정함이 있는 때에는 보수청구권도 가진다. 만약 수탁자가 잔존사무의 처리를 위하여 필요한 비용을 고유재산에서 지출하였다면 잔여재산으로부터 이를 상환받을 수 있으며, 잔존사무의 처리를 위하여 수탁자의 과실 없이 채무를 부담하거나 손해를 입은 때에도 동일하다. 이와 더불어 수탁자는 신탁재산이 비용을 충당하기에 부족하게 될 우려가 있을 때에는 법정신탁상의 수익자에 대하여 그가 얻은 이익 범위에서 비용을 청구하거나 그에 상당하는 담보의 제공을 요구할 수 있다. 이 경우에도 비용은 법정신탁 기간 중 그 목적달성에 필요한 비용에 한정된다. 그러므로 신탁존속 중의 수익자와 법정신탁의 수익자가 다른 때에는 비용상환청구권 등의 상대방 및 비용의 범위를 각각 확정할 필요가 있다.

대법원 2002. 3. 26. 선고 2000다25989 판결은 신탁종료 후 법정신탁에서 수탁자가 가지는 비용상환청구권의 범위를 판단하였다. 먼저 신탁이 종료한 경우에 신탁법이 신탁의 존속을 간주하는 것은 신탁이 종료하여도 그 잔여재산을 귀속권리자에게 완전히 이전시킬 때까지 상당한 시일이 걸리므로 귀속권리자의 권리를 보호하고 신탁의 나머지 업무를 마치도록 하기 위한 것에 불과하고, 특히 귀속권리자가 위탁자 또는 그 상속인일 때에는 수탁자는 위탁자 또는 그 상속인이나 이들이 지시하는 자에게 남은 재산을 이전하거나 대항요건 등을 갖추도록 하는 직무권한만 갖는다 할 것이므로, 위 법조항에서 존속하는 것으로 간주되는 신탁은 그 목적에 한정하는 법정신탁이라는 점을 명확히 하였다. 따라서 그 신탁목적 달성에 필요한 비용만이 그 법정신탁 기간 중의 비용으로서 귀속권리자가 상환해야 한다는 근거에서, 원래의 신탁기간 중에 발생한 비용의 대출이자 등 금융비용은 법률에 의하여 존속이 간주되는 법정신탁의 목적달성에 필요한 비용이라고 볼 수 없다고 하였다.

한편 신탁존속 중에는 수탁자가 비용상환청구권 등을 행사하려면 제43조 및 제44조에 따른 원상회복의무 등을 먼저 이행하여야 한다(제49조). 그러므로 신탁이 종료한 때 수탁자가 비용상환청구권 등을 행사하기 위하여도 동일한 요건이 필요한지가 문제된다. 종래 대법원 2007. 9. 7. 선고 2005다9685 판결은 신탁이 종료한 경우 위탁자 또는 수익자의 수탁자에 대한 보수 또는 비용상환의무와 수탁자의 신탁재산의 이전의무가 동시이행의 관계에 있게 되는 점 등을 고려하여, 제49조에 해당하는 구신탁법 제44조의 규정은 "신탁계약이 목적 달성에 이르거나 중도에 해지되지 아니한 채 그대로 유지되는 동안에 수탁자가 비용 또는 손해의 보상이나 보수를 청구하기 위한 요건을 규정하고 있는 것으로 보아야 할 것이고, 이를 신탁이 종료한 경우에까지 적용되는 것으로 볼 것은 아니"라고 하였다.

　　그러나 신탁의 종료로 인한 법정신탁에 있어서도 수탁자의 권리와 의무에 대하여는 그 성질이 허용하는 한 신탁존속 중의 수탁자의 권리와 의무에 관한 일반규정이 적용된다고 할 것이다. 더욱이 제102조는 신탁의 종료로 신탁재산이 수익자 등에게 귀속한 경우 제54조를 준용하고, 제54조 제1항은 제49조를 준용한다. 그러므로 수탁자가 비용상환청구권 등을 행사하기 위해서는 원상회복의무 등을 선이행하여야 한다. 구신탁법 제62조는 동법 제27조와 제49조를 준용할 뿐 권리행사의 요건에 관한 동법 제44조는 준용하지 않았기 때문에 위 판결과 같이 해석할 여지가 있었다. 그러나 현행법에서는 신탁이 종료한 때에도 제49조가 준용되는 만큼 수탁자는 신탁이 종료한 때, 나아가 잔여재산이 수익자에게 귀속한 때에도, 비용상환청구권 등을 행사하기 위해서는 원상회복의무 등을 선이행하여야 하는 것이다.

(2) 잔여재산의 이전의무

　　법정신탁이 신탁종료시 잔여재산을 그 권리자에게 귀속시킬 것을 확보하기 위한 것인 만큼 수탁자가 잔여재산수익자 등에게 잔여재산을 이전할 의무는 중요한 의미를 가진다. 그리고 수익채권에 관하여 수탁자는 잔여재산만으로 책임을 진다.

　　대법원 2014. 12. 24. 선고 2014다207245, 207252 판결에서는 위탁자와 수탁자 사이에 신탁계약이 해지 또는 종료되었을 때 수탁자가 최종 계산을 거쳐 수익자에게 신탁재산을 교부한 후 잔여재산이 있는 경우 이를 위탁자에게 반환하기로 약정한 사안에서 수탁자가 한 변제공탁의 효력이 문제되었다. 위 판결은 수탁자는 그 절차에 따라 수익자에게 신탁재산을 교부하고 남은 재산이 있으면 이를 위탁자에게 반환하면 된다고 전제하고, 신탁재산을 수령할 권한이 있는 수익자인지 여부에 관한 다툼이 있는 경우 그 사람이 정당한 수익자인지 여부에 따라 신탁재산을 수익자 또는 위탁자 중 누구에게 지급하여야 하는지가 결정되는데, 만일 수탁자가 선량한 관리자의 주의를 다하여도 수익자라고 주장하는 자와 위탁자 중 누구에게 신탁재산을 지급하여야 하는지 알 수 없다면 '과실 없이 채권자를 알 수 없는 경우'에 해당하므로, 수탁자는 민법 제487조 후단의 채권자 불확지를 원인으로 하여 신탁재산을 변제공탁함으로써 그 의무를 면할 수 있다고 보았다.

제10장
신탁의 활용

I. 재산의 승계를 위한 신탁[1]

1. 상속법과 신탁

1.1. 재산의 승계를 위한 민법상의 제도

사람은 누구나 살아있는 동안 자신의 재산을 사용, 수익, 처분할 수 있으며(민법 제211조), 그 연장선상에서 사후의 재산의 귀속도 정할 수 있다. 상속법은 사망한 자의 재산권 내지 재산법상 지위의 계속을 규율하며, 사적 소유관계의 계속을 가능하게 한다. 상속법은 사적자치에 기초하여 유언에 의한 재산의 자유로운 처분을 보장하며, 이에 대한 제한은 유류분제도뿐이다. 유류분을 통하여 법정상속인인 혈족상속인과 배우자에게 상속재산 중 일정 부분을 확보해 줌으로써 개인의 자유와 가족의 유지라고 하는 서로 대립하는 가치를 동시에 반영하고 있다.

그런데 유언을 통하여 특정인에게 상속재산의 일정 부분을 귀속시키기 위해서는 그 특정인, 즉 수유자에게 일정한 자격이 요구된다. 상속인과 마찬가지로 수유자는 유언자 사망 시에 적어도 태아이거나(민법 제1064조, 제1000조 제3항) 생존하고 있어야 하고,[2] 결격자가 아니어야 한다(동법 제1064조, 제1004조). 그리고 그 효과로서 유언의 효력이 발생하는 때 물권 또는 채권의 형태로 상속재산이 수유자에게 직접 귀속하며, 수유자의 사정에 따라서 재산적 이익이 다양한 방식으로 설계될 여지는 없다. 물론 부담부유증에 의하여 수유자에게 일정한

---

1) 이하는 최수정, 개정신탁법상의 재산승계제도 −유언대용신탁과 수익자연속신탁을 중심으로−, 법학논총 제31집 제2호(2011. 8), 65면 이하를 토대로 수정, 보완하였다.

2) 유증의 경우 상속과 달리 법인도 유언자 사망시 존재하고 있는 한 수유자가 될 수 있다.

부담을 지울 수는 있지만 유언자의 의사나 수유자의 상황 등 제반 사정을 반영하는 데에는 한계가 있다.

한편 사인증여는 증여자의 사망으로 효력이 발생한다는 점에서 유증과 유사하고, 유증에 관한 규정이 준용된다(동법 제562조).3) 그러나 사인증여는 증여자와 수증자 사이의 합의에 의하여 성립하는 계약이다. 그러므로 수증자는 계약당사자로서 유효하게 계약을 체결할 수 있는 자격 내지 요건을 갖추어야 한다. 그리고 계약에서 당사자의 수요에 상응하는 다양한 정함을 둘 수 있지만, 그 내용이 계약체결 이후, 특히 증여자 사망 이후의 사정들까지 고려하기는 어렵다.

유언이 존재하지 않거나 효력이 없는 경우에는 법정상속에 의한다. 법정상속제도는 종래 유언이 많이 행해지지 않았던 때 중요한 의미를 가졌을 뿐만 아니라, 유언이 증가하는 상황에서도 유언에 의한 재산처분에 있어 유용한 기준이 된다. 그런데 법정상속에 있어서는 민법이 정한 상속순위에(동법 제1000조) 따라서 법정상속분이(동법 제1009조) 귀속된다. 법정상속인은 법률상의 지위에 기하여 상속을 받으며, 상속결격사유가 없는 한 피상속인의 호불호나 대립관계 또는 요보호 여부나 그 정도는 고려되지 않는다.

1.2. 신탁의 유용성

유증이나 법정상속에서의 단편적인 재산승계형태와 대비되는 법제도가 신탁이다. 신탁은 연혁적으로 상속과 깊은 관련이 있으며,4) 시간적·공간적 배경을 달리하는 현대에도 신탁의 기능 내지 특질은 재산승계를 위한 법제도로서 여전히 의미를 가진다.

신탁을 통하여 위탁자는 자신의 사망 후에 재산의 승계를 적극적으로 설계할 수 있다. 신탁은 단순한 유증이나 사인증여계약에 의해서는 불가능한 보다 다양한 재산승계를 가능하게 한다는 점에서 주목할 만하다. 유언으로도 신탁을 설정할 수 있지만(제3조 제1항 제2호), 유언에 갈음하는 생전신탁(inter vivos trust)은 위탁자 생전에 재산의 관리, 운용 등을 위해서는 물론 재산승계를 위해서도 유용한 수단이 된다. 이러한 신탁은 특히 고령사회에서 고령자의 생존 동안 그 자산을 안전하게 유지, 관리, 수익하고 사망시에는 신탁상 정해진 바에

---

3) 다만 단독행위인 유증과 사인증여계약은 그 성질에서 차이가 있기 때문에 단독행위임을 전제로 하는 규정은 준용되지 않는다. 특히 유언의 방식에 관한 제1065조 내지 제1072조는 준용되지 않는다. 대법원 1996. 4. 12. 선고 94다37714, 37721 판결 및 대법원 2001. 9. 14. 선고 2000다66430 판결도 유증의 방식에 관한 민법 제1065조 내지 제1072조는 그것이 단독행위임을 전제로 하는 것이어서 계약인 사인증여에는 적용되지 않는다고 보았다.

4) 신탁의 연원에 관하여는 제1장 Ⅱ. 참조. 특히 상속과의 관련성은 최수정, 신탁제도를 통한 고령자의 보호와 지원, 136면 이하 참조.

따라 재산을 승계시킴으로써 유산을 둘러싼 분쟁을 줄일 수 있다. 그리고 상속인이 제한능력자이거나 장애가 있는 때에는 상속이나 유증을 받더라도 그 재산을 유지하기 어려운데, 신탁을 통하여 그 재산을 보존하고 상속인의 생활을 보장할 수 있다. 또한 유증이나 상속이 개시될 무렵 예견하지 못한 사정들이 얼마든지 발생할 수 있는데, 이 경우에도 신탁을 통하여 탄력적으로 대응할 수 있다는 점에서 재산승계를 위한 제도로서 신탁은 많은 장점을 가진다.

사실 신탁법에 세부적인 규정이 없더라도 그 제도적 특질에 비추어 재산승계를 위한 신탁설정은 얼마든지 가능하다. 그리고 신탁법은 재산승계를 위한 신탁과 관련하여 두 개의 특별규정을 두었다. 생전신탁에 의하여 유증과 동일한 효과를 얻을 수 있는 유언대용신탁에서의 수익자변경권과 수익자연속신탁의 효력 인정이 그것이다. 그런데 상속에 관하여는 민법이 일반적·포괄적으로 규정하고 있고, 여러 강행규정들도 존재한다. 그러므로 신탁을 이용하여 재산승계를 설계하거나 위 규정을 해석함에 있어서도 양자의 관계를 염두에 두어야 한다. 만약 신탁상의 정함이 민법이 허용하지 않는 결과를 도모하는 등 상속제도의 근간을 잠탈하게 된다면, 신탁 자체의 효력 또는 당해 신탁조항의 효력이 부정될 수 있기 때문이다.

2. 유언대용신탁

2.1. 의의

유증은 유언이라고 하는 단독행위에 의하여 재산상의 이익을 수유자에게 무상으로 귀속시키는 것을 말한다. 유언은 요식행위로서 민법에서 정한 방식을 갖추어야 하며(민법 제1060조 및 제1065조 이하), 종의처분(終意處分)으로서 유언철회의 자유가 있다(동법 제1108조). 그런데 유언이 아닌 신탁계약을 통해서도[5] 수익권의 내용과 귀속을 어떻게 설계하는가에 따라서 유증과 동일한 효과를 얻을 수 있다. 예컨대 위탁자가 생존 동안에는 자신이 수입수익권을 가지고, 사망시에는 제3자에게 원본수익권을 귀속시키는 것이다. 이처럼 유언신탁과 구분되는[6] 그리고 유증이나 사인증여와 유사한 기능을 수행하는 생전신탁으로서 유언대용

---

5) 유언대용신탁을 신탁계약이 아닌 신탁선언에 의하여 설정하는 것도 가능하다. 이 경우 위탁자는 제3자를 공동수탁자로 정하거나, 위탁자가 제한능력자가 되거나 사망하는 경우 등을 대비하여 신수탁자에 대한 정함을 두어야 한다. 그런데 현재 신탁선언에 의한 신탁설정 자체가 드물고, 이를 유언대용으로 활용하기 위해서는 여러 경우들을 대비한 상세한 정함이 필요하기 때문에 실제 활용에는 한계가 있다. 그러므로 이하에서는 신탁계약에 의한 유언대용신탁만을 논의의 대상으로 한다.

6) 유언신탁에서도 위탁자 사망시에 제3자가 수익권을 취득하지만, 유언에 의하여 설정되고 신탁 자체가 위탁

신탁이라고 하기 위해서는 신탁재산으로부터의 이익이 위탁자의 사망으로 인하여 제3자에게 귀속될 것이 요구된다. 제3자가 위탁자의 사망으로 인하여 수익자가 되거나, 위탁자 생전에 수익자로 지정되더라도 수익급부는 위탁자 사망 이후에 비로소 이루어지는 구조를 가지는 것이다.[7]

2.2. 위탁자의 수익자변경권[8]

유언대용신탁과 유증은 비록 법형식에서 차이가 있지만 그 실질적 기능은 다르지 않다. 그리고 위탁자도 신탁을 통하여 사후의 재산관계를 설계함에 있어 유언자가 언제든 유언의 전부나 일부를 철회할 수 있는 것과(민법 제1108조) 마찬가지로 수익자를 변경할 수 있다고 생각하는 것이 일반적이다. 유증에 갈음하여 신탁을 설정한 경우에도 누구에게 신탁재산으로부터의 이익을 종국적으로 귀속시킬 것인가에 대한 위탁자의 결정은 존중되어야 한다. 그래서 신탁법은 신탁행위로 수익자를 지정하거나 변경할 수 있는 권한을 갖는 자를 정할 수 있음을 명시한(제58조)[9] 외에, 신탁계약상 위탁자가 수익자변경권을 유보하지 않은 때에도 원칙적으로 이러한 권리를 가진다는 점을 분명히 하고 있다(제59조).

2.3. 수익권의 행사

유언대용신탁은 위탁자 생전에 효력이 발생한다. 수익자가 될 자로 지정된 자가 위탁자 사망시에 수익권을 취득하는 경우에는(제59조 제1항 제1호) 위탁자 생전에 그 수익권을 행사할 여지는 없다. 그러나 수익자가 위탁자의 사망 이후에 신탁재산으로부터 급부를 받는 경우에는(제59조 제1항 제2호),[10] 비록 위탁자 생존 중에 수익급부를 받지는 못하더라도, 신탁상 수익자로서 지위를 가지기 때문에 그 밖의 수익자의 권능들을 행사할 수 있다. 그런데 위탁자가 생존한 동안에 수익자가 수탁자에 대한 감독기능 등 그 권능을 행사할 수 있다고

자의 사망으로 효력이 발생하므로 '유언대용'은 아니다.

7) 재산승계를 위해 생전신탁을 설정하는 경우 수익자와 수익권은 보다 다양하게 설계될 수 있지만, 이하에서는 제59조의 유형을 중심으로 살펴본다.

8) 위탁자의 수익자변경에 관한 상세는 제4장 Ⅲ. 3.4. 참조.

9) 자본시장법 제109조는 신탁업자가 신탁계약시 위탁자에게 교부하는 계약서에 수익자의 지정 및 변경에 관한 사항을 기재하도록 하고 있다.

10) 법무부, 488면은 이 경우 위탁자의 생전부터 달리 수익자가 있는 것은 아니고 사후수익자가 유일한 수익자이지만 신탁재산에 관한 급부청구권은 위탁자의 사망 이후에만 행사할 수 있다고 한다. 그러나 이러한 유형의 신탁이라고 해서 사후수익자가 유일한 수익자여야 할 근거는 어디에도 없다. 더욱이 제59조 제2항은 위탁자 사망시까지 원칙적으로 위 수익자의 수익권 행사를 제한하고 있다. 위 견해에 의하면 수탁자를 감독하는 등 수익권을 행사할 자가 없게 되는데, 이러한 결과가 부당함은 물론이다.

한다면, 이는 통상 위탁자의 의사에 반하고 또 위탁자와 수익자 사이의 이해조정이라고 하는 어려운 문제를 야기할 것이다.[11] 예컨대 위탁자가 신탁계약을 변경하거나 신탁을 종료하고자 하는 경우 수익자의 동의가 필요한데(제88조 제1항 및 제99조 제1항), 유언대용신탁에서도 이를 강제하는 것은 위탁자의 의사에 합치하지 않는다. 그래서 제59조 제2항 본문은 위와 같은 유형의 유언대용신탁에서는 수익자로 하여금 위탁자가 사망할 때까지 수익자로서의 권리를 행사하지 못하도록 한다.

수익자의 수익권 행사가 제한된 결과 수탁자에 대한 감독이 문제될 수 있지만, 이러한 경우에는 통상 위탁자가 그러한 역할을 할 수 있다.[12] 그리고 신탁상 위탁자가 수탁자의 감독 등을 위하여 수익자에게 일정한 권능의 행사를 허용하였다면 그러한 정함에 따른다(제59조 제2항 단서).

3. 수익자연속신탁

3.1. 의의

신탁을 정의하는 제2조에서 정한 "수익자"는 1인이거나 다수일 수 있고, 동시에 존재하거나 순차적으로 존재할 수 있다. 그리고 신탁설정시에 현존하지 않을 수도 있으며 반드시 특정되어 있어야 하는 것도 아니다(제67조 제1항). 그러므로 재산승계수단으로 신탁을 설정함에 있어서 위탁자는 다수의 수익자들이 순차적으로 수익권을 취득하도록 설계할 수 있다.

신탁재산에 대한 수익권은 위탁자의 의사에 따라서 다각화되는데, 그 대표적인 유형으로 수입수익권과 원본수익권의 구분을 들 수 있다. 수입수익자와 원본수익자가 존재하는 경우 각 수익권은 연속하게 된다. 이러한 연속적인 수익권(successive interests)은 동일한 신탁재산에 대한 수익권이 순차적으로 발생하는 것으로, 통상은 이전 수익자의 사망에 의하여 연속되지만 이에 국한된 것은 아니다.[13] 예컨대 A에게는 그가 20세가 될 때까지 그리고 이후 B에게는 10년간 수입수익권을, 그 후에는 C에게 원본수익권을 수여할 수 있다. 혹은 A에게는 그의 생존 동안 그리고 A 사망시에는 B에게 수입수익권을, B 사망시에는 C에게 원본수익권을 각각 수여할 수도 있다. 이러한 유형의 신탁은 전통적으로 영국에서 그 고

---

11) 최수정, 일본 신신탁법, 141면.
12) 법무부, 471면.
13) Penner, p.79 이하.

유한 토지소유제도와 결합하여 가산(家産), 특히 토지를 후대에까지 보존하는 중요한 제도로 기능하였다.[14]

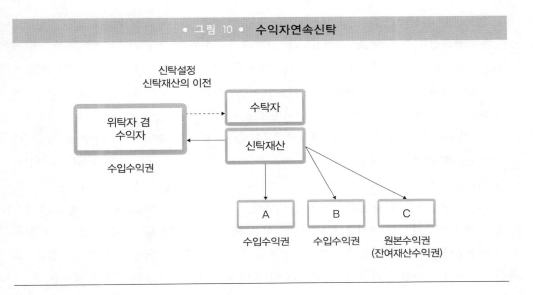

● 그림 10 ● 수익자연속신탁

3.2. 수익자연속신탁의 효력

3.2.1. 민법과의 관계

수익권의 순차적인 취득이 수익자의 사망을 원인으로 하는 경우 민법상 유증과의 관계에서 그 효력이 문제될 수 있다. 예컨대 A가 유언으로 B에게 X 부동산을 증여하면서 B의 사망시에는 C, C의 사망시에는 D에게 각각 X를 귀속시키도록 하였다면, 이러한 유언은 효력이 없다. 수유자 B가 취득한 X는 B의 사망시에 그의 수유자 또는 상속인에게 이전되어야 하는데, A가 이를 타인에게 귀속시키도록 하는 것은 민법이 정한 재산승계질서를 왜곡하는 것이 되기 때문이다. 그리고 위 유언의 효력을 인정한다면 B는 X의 소유권을 취득하였음에도 불구하고 그 권리가 생존한 동안만 인정되는 결과가 된다. 그러나 이러한 내용의 소유권은 물권법정주의를 취하는 우리 민법에서는 허용되지 않는다.[15] 이처럼 수유자가 연속되는 유증이 무효라고 한다면, 권리의 귀속이 연속된다는 점에서 유사한 수익자연속신탁도 무효가 아닌지 의문이 제기될 수 있다.

---

14) Penner, p.79.

15) 상세는 최수정, 신탁제도를 통한 고령자의 보호와 지원, 158면 이하.

　　종래 일본에서는 이러한 수유자연속의 유증은 무효라고 하는 견해가 지배적이었고, 실질적으로 동일한 효과를 도모하는 수익자연속신탁도 무효가 아닌지에 대하여 견해가 대립하였다.16) 그래서 일본 신탁법 제91조는 수익자의 사망에 의하여 다른 자가 새로이 수익권을 취득하는 취지의 정함이 있는 신탁, 즉 수익자연속신탁의 유효성을 명문으로 인정함으로써 학설대립을 입법적으로 해결하였다. 그러나 지나치게 장기간에 걸쳐 신탁재산을 구속하는 것은 위탁자에 의한 처분금지재산을 만들어낸다는 근거에서 그 기간에 제한을 두었다. 즉 수익자연속신탁은 신탁설정시부터 30년을 경과한 때 현존하는 수익자의 수익권이 존속하는 동안 또는 그 수익자의 사망시까지만 효력이 있다.

　　우리법에서도 동일한 문제가 제기될 수 있으나, 제2조는 수익자의 다양한 존재형식에 대한 제한을 정하고 있지 않으며, 무엇보다 수익자연속신탁과 수유자연속유증은 그 실질에서 차이가 있다. 연속하는 수익자는 신탁재산의 소유권이 아닌 수입수익권을 순차적으로 취득하는 것이며, 신탁재산의 소유자는 여전히 수탁자이다. 그러므로 유증의 목적인 재산권 자체가 일련의 수유자에게 순차적으로 이전되는 것과는 다르다. 만약 신탁재산의 원본이 이전된다면 이제 신탁은 종료하고, 더 이상 연속하는 수익자가 등장할 여지는 없다. 그리고 수익자의 사망에 의하여 수입수익권이 소멸하는 것은 신탁상 수익자가 향수할 수 있는 권리의 내용에 따른 것으로, 이는 물적 지배질서나 상속법에 반하는 것이 아니다. 오히려 수익자연속신탁을 통하여 일회적, 종국적인 유증과 달리 다양한 구조의 수익권과 그 귀속방식을 설계할 수 있다. 그러므로 수익자연속신탁에서 권리자가 연속되는 외형만을 가지고 수유자연속유증과 그 효력을 동일하게 취급하는 것은 타당하지 않으며, 양자는 각각의 법리에 따라서 그 효력과 효과를 판단하면 충분하다.17)

3.2.2. 신탁법의 해석

　　이상에서와 같이 현행법의 해석에 있어서도 수익자연속신탁은 유효하다. 그럼에도 불구하고 종래 이에 관한 논의가 없는 상황에서 재산승계수단으로 수익자연속신탁을 활용함에 있어 그 효력이 민법과의 관계에서 충분히 문제될 수 있다는 점에서 그리고 수익자연속신탁을 활용할 수 있는 법적 근거를 제공한다는 점에서, 제60조는 그 효력을 명문으로 인정하였다. 그러나 위 규정은 수익자연속신탁의 효력을 인정하였을 뿐 그 존속기간이나 유류분과의 관계 등 구체적 효과와 쟁점에 관하여는 해석에 맡겨 두었다.

---

16) 최수정, 일본 신신탁법, 199면 참조.
17) 최수정, 신탁제도를 통한 고령자의 보호와 지원, 164면 이하.

(1) 수익자연속신탁의 존속기간

후대에 재산승계 방식을 정하기 위하여 신탁을 설정하는 경우 그 신탁은 오랜 기간 존속할 수밖에 없을 것이다. 이때 그 기간에는 제한이 없는 것인지, 수십 년 혹은 심지어 영구적으로도 가능한 것인지가 문제된다.[18] 신탁법은 신탁의 일반적인 존속기간은 물론 수익자연속신탁의 존속기간에 대하여도 명시적인 규정을 두고 있지 않다. 그러므로 신탁의 존속기간은 일차적으로 신탁상의 정함에 의한다. 다만 종래 영구불확정금지원칙의 취지에 비추어보거나 지나치게 장기간 신탁의 구속을 받는 재산을 창출함으로써 재화의 유통을 차단하고 그 귀속을 불명확하게 하는 법률행위의 효력은 부정될 수 있다는 점에서 존속기간이 수백 년 혹은 영구적인 신탁은, 특히 사익신탁의 경우에는 그 효력이 없다고 할 것이다. 이때 상당한 기간을 초과하는 부분만 무효라고 볼 것이지만, 그로 인하여 신탁의 목적을 달성할 수 없는 등의 사정이 있는 때에는 신탁 전부가 무효가 된다고 해야 한다.

(2) 연속하는 수익자의 부재

수익자연속신탁에서 연속하는 수익자가 존재하지 않게 된 경우 신탁의 효력이 문제된다. 연속하는 수익자의 부재는 신탁의 목적을 달성할 수 없는 경우에 해당하므로 신탁은 종료하고(제98조 제1호), 귀속권리자를 위한 법정신탁이 존속하게 된다. 신탁재산을 종국적으로 누구에게 귀속시키는가는 위탁자의 결정에 달린 문제이지만, 장기간에 걸친 수익자연속신탁의 경우 위탁자가 사전에 귀속권리자를 정해놓기는 어려울 것이다. 그리고 신탁상 귀속권리자로 지정된 자가 그 권리를 포기한 때 신탁재산은 위탁자나 그 상속인에게 귀속하는데(제101조 제2항), 이 경우에도 위탁자가 이미 사망하고 수차례 상속이 이루어졌다면 수탁자로서는 귀속권리자를 찾아내는 데 현실적으로 어려움이 있다.

신탁법은 이러한 경우를 대비한 별도의 정함을 두고 있지 않다. 그렇다고 해서 직전 수익자의 상속인에게 신탁재산을 귀속시키는 방법은 후속 수익자가 존재하지 않는다는 우연한 사정으로 인한 예기치 않은 이득을 수여하는 것이 되어 정당한 기준이 될 수 없다. 위탁자의 의사를 추정할만한 그 밖의 기준을 찾기 쉽지 않은 만큼 신탁종료에 관한 일반 규정에 의할 수밖에 없다. 그 결과 수탁자로서는 귀속권리자를 확인하는 데 따르는 업무부담이 가중될 위험이 있다.[19]

---

18) 신탁의 존속기간에 관한 일반적인 논의는 제5장 II. 4. 참조.

19) 법무부, 495면.

4. 유류분제도와 신탁

4.1. 유류분제도의 의의

민법은 피상속인에게 유언에 의한 재산처분의 자유를 인정함과 동시에 법정상속인에게는 상속재산의 일정 부분을 보장함으로써 양자의 이해를 조정하고 있다. 피상속인은 얼마든지 자신의 재산을 처분할 수 있지만, 유류분권리자는 법정상속분 중 일정 비율에 해당하는 유류분에 미치지 못하는 부분에 대하여 그 반환을 청구할 수 있는 것이다(민법 제1115조).

유류분권리자의 이러한 권리는 위탁자가 신탁을 설정한 경우에도 마찬가지로 보장된다. 유류분제도는 피상속인의 재산처분의 자유와 법정상속인의 이익을 조정하기 위한 입법적 결단이므로, 상속개시 후 유류분권리자가 그 권리를 포기할 수 있지만 당사자간의 합의에 의하여 변경하거나 배제할 수는 없다.[20] 그래서 위탁자가 목적신탁을 설정한 경우는 물론, 수익자신탁을 설정하여 위탁자 재산의 전부나 일부가 신탁재산으로 수탁자에게 이전되고 그로부터 발생하는 이익이 수익자에게 귀속되는 과정에서 유류분제도는 중요한 제한이 된다. 그러나 신탁법은 이에 관한 별도의 규정을 두고 있지 않다. 그러므로 신탁의 설정과 수익권의 귀속에 따른 유류분의 침해 여부 및 그 효과는 신탁의 특질에 대한 고려하에 상속법의 해석에 의하여야 한다.

4.2. 양자의 관계[21]

4.2.1. 학설

(1) 학설의 대립

유류분의 계산 및 그 침해에 따른 반환청구권의 성질과 행사에 관하여는 견해가 대립한다.[22] 유류분제도에 대한 이러한 일반적인 논의 외에도 신탁과 관련해서는 유류분의 계산에서 기초재산에 산입되는 것이 수탁자에게 귀속된 신탁재산인지 아니면 수익권인지, 유류분반환청구의 상대방은 수탁자인지 아니면 수익자인지, 수익자가 연속된 경우 누구를 상대로 해야 하는지, 수입수익자와 원본수익자 중 누가 반환의무자가 되고, 무엇을 반환해야

---

20) 최수정, 상속수단으로서의 신탁, 민사법학 제34호(2006), 595면.

21) 이하는 최수정, 유언대용신탁과 유류분의 관계 ―한국과 일본의 하급심판결에 대한 비교검토를 통하여―, 인권과 정의 제493호(2020. 11), 177면 이하; 최수정, 유언대용신탁을 통한 기부의 실현과 확장, 신탁연구 제5권 제1호(2023), 155면 이하에 의한다.

22) 상세한 소개는 윤진수, 유류분반환청구권의 성질과 양수인에 대한 유류분반환청구 ―대법원 2015. 11. 12. 선고 2010다104768 판결―, 법학논총 제36권 제2호(2016), 122면 이하.

하는지와 같은 일련의 문제들이 제기된다. 그리고 그 해석은 견해마다 차이를 보인다.

먼저 유언대용신탁에 유류분제도의 적용이 있는지에 대하여 학설은 대체로 이를 긍정한다. 그러나 부정하는 견해는 생명보험금에 관한 판례를 들어 사후수익자는 상속의 효력이 아닌 신탁계약의 효력에 의하여 수익권을 받는 것이므로 이는 상속재산이 아니라 상속인의 고유재산이고, 피상속인은 사후수익권을 보유한 적이 없으며, 사후수익자가 받은 신탁수익은 수탁자가 신탁계약에 따라 분배한 것이기 때문에 민법 제1008조가 정한 증여나 유증에 해당하지 않는다고 한다.[23]

반면 다수의 견해는 유류분제도의 적용을 긍정한다. 하지만 유언대용신탁이 설정된 경우 유류분 산정의 기초재산에 산입되는 것이 신탁재산인지 아니면 수익권인지에 대하여는 다시 견해가 나뉜다. 전자의 경우 학설은 수탁자에게 신탁재산의 소유권이 이전된 것이 민법 제1114조에서 정한 증여에 해당한다거나,[24] 유언대용신탁의 위탁자는 언제라도 수익자를 변경하거나 신탁을 종료한 후 신탁재산을 위탁자 명의로 복귀시킬 수 있어 실질적으로 신탁재산을 지배하고 있으므로 신탁재산이 기초재산이 된다고 한다.[25] 후자의 경우에는 수익자에 대한 수익권의 사인증여로 보아 수익권의 가치만큼을 기초재산에 가산한다고 한다.[26] 그리고 이에 상응하여 양 견해는 유류분반환청구의 상대방 및 목적물에 대하여도 차이를 보이는데, 전자에 의한다면 수탁자를 상대로 신탁재산의 반환을 구하여야 할 것이며, 후자에 의한다면 수익자를 상대로 수익권의 반환을 구하게 될 것이다.

(2) 학설에 대한 검토

유류분제도는 피상속인의 재산처분의 자유 내지 그 의사의 한계를 법정한 것으로 헌법상 보장되는 상속제도의 중요한 부분을 차지한다.[27] 특히 유언대용신탁은 위탁자의 의사에

23) 김상훈, 신탁제도를 통한 재산승계 −유언대용신탁의 상속재산성, 특별수익성, 유류분과의 관계−, 최근 국내외 신탁실무의 동향(2019 한국신탁학회 춘계학술대회), 2019, 64면 이하.
24) 광장신탁법연구회, 267면; 이근영, 수익자연속신탁에 관한 고찰, 재산법연구 제27권 제3호(2011), 148면 이하; 이화연, 재산승계수단으로서의 신탁과 상속 −신탁의 재산승계수단으로서의 활용가능성과 유류분 반환의 문제를 중심으로−, 사법논집 제65집(2017), 497면.
25) 정소민, 신탁을 통한 재산승계과 유류분반환청구권, 한양법학 제28권 제2집(2017), 226면 이하.
26) 임채웅, 신탁과 유류분에 관한 연구, 사법 제41호(2017), 141면; 최준규, 유류분과 신탁, 사법 제34호(2015), 236면 이하; 이계정, 신탁의 기본 법리에 관한 연구 −본질과 독립재산성, 경인문화사, 2017, 277면 이하; 엄복현, 신탁제도와 유류분반환청구권과의 관계, 가족법연구 제32권 3호(2018), 176면 이하; 정구태, 신탁제도를 통한 재산승계 −유류분과의 관계를 중심으로−, 인문사회21 9권 1호(2018), 661면 이하.
27) 헌법재판소 2013. 12. 26. 선고 2012헌바467 결정.

따라 그의 재산을 승계시킨다는 점에서 유증이나 사인증여와 동일한 기능을 한다. 그러므로 신탁이 이를 회피하는 수단으로 정당화될 수는 없으며, 피상속인의 의사에 기초한 재산 승계를 규율하는 민법의 준칙이 신탁에도 동일하게 적용된다. 신탁법 개정시에도 유언대용신탁의 경우 유류분제도와의 충돌이 문제되었지만, 이에 관한 명시적인 규정을 두지 않은 것은 유류분제도가 적용되지 않기 때문이 아니라 해석론에 맡겨둔 것일 뿐이다.[28]

무엇보다 신탁과 유류분제도의 관계에 대한 접근은 신탁의 구조와 특질을 전제로 하지 않으면 안 된다. 신탁은 수탁자에게 이전된 신탁재산을 중심으로 하는 법률관계이며, 그중 수익자신탁은 수익자가 신탁상 정해진 바에 따라서 위탁자는 물론 수탁자의 고유재산과 독립한 신탁재산으로부터 이익을 향수하는 것을 목적으로 한다. 수익자는 비록 수탁자가 소유한 신탁재산으로부터 이익을 얻지만, 그 이익은 수탁자에게서 비롯된 것이 아니라 위탁자의 신탁행위에 근거한다. 수익자는 그의 의사나 위탁자와의 법률행위의 존부와 무관하게 신탁상 정함에 따라서 당연히 수익권을 취득하는 것이다(제56조 제1항). 그러므로 증여의 경우 그 목적재산 자체가 증여자에게서 직접 수증자에게 이전되고, 유증의 경우 수유자가 상속재산에서 그 목적물을 이전받게 되는 것과는 차이가 있다. 증여나 유증과 같이 피상속인의 재산 자체가 일회적으로 특정인에게 귀속되는 것을 전제로 한 유류분 관련 규정들을 재산의 귀속과 그로부터의 이익향수가 분리되고 이익의 향수 시점과 방법이 현재와 장래에 걸쳐 다양하게 설계되는 신탁에 그대로 적용하기 어려운 것도 바로 그러한 이유에서이다. 신탁과 유류분제도의 관계에 대한 해석론은 결국 이러한 신탁의 제도적 특성을 유류분제도에서의 증여나 유증과 같은 요소개념에 어떻게 포섭하는가의 문제이다.

생각건대 생명보험금의 상속재산성과 특별수익성을 부정하는 입장에서 신탁의 특질을 도외시한 채 증여와 유증의 개념을 형식적으로 파악하여 유류분제도가 신탁에 적용되지 않는다고 단정해서는 안 된다.[29] 상속인의 특별수익은 엄격하게 증여나 유증이라고 하는 법형식에 제한되지 않으며, 사용대차, 채무면제, 시가보다 현저히 낮은 금액의 매매계약 등도 무상행위로서 상속인간의 공평을 해하는 때에는 특별수익에 포함된다.[30] 상속인이 피상속인의 의사에 따라 그가 이전한 신탁재산에 대한 수익권을 취득하였다면, 이것이 특별수익

---

28) 법무부, 489면.

29) 일본에서도 생명보험금은 원칙적으로 상속재산이 아니고 유류분의 규율도 받지 않지만 신탁의 경우에는 신탁재산과 수익권의 관련성이 매우 강하고 보험료와 보험금의 관계와 같이 희박한 관계가 아니기 때문에 민법의 유류분 규정이 적용된다는 데 다툼이 없다. 東京辯護士會辯護士硏修センター運營委員會, 民事信託の基礎と實務, ぎょうえいい, 2019, 123頁.

30) 주해상속법 제1권, 박영사, 2019, 192면.

에 해당함에는 의문이 없을 것이다. 수탁자는 자신의 고유재산에서 수익급부를 한 것이 아니라 위탁자가 이전한 신탁재산을 신탁사무의 처리로서 수익자에게 이전한 것에 지나지 않는다.

사실 유언대용신탁에서 위탁자 사망시 신탁재산은 수탁자의 소유이므로 민법 제1113조가 정한 "피상속인의 상속개시시에 있어서 가진 재산"에는 포함되지 않는다. 그리고 유류분 산정시에 가산되는 "증여재산"은 상속개시 전에 체결된 증여계약에 따라 이미 이행되어 수증자에게 이전된 재산을 가리킨다.[31] 유언대용신탁에서 수익자는 위탁자 사망시에 비로소 수익권을 취득하거나 수익급부를 받게 되므로 수익권은 위 증여재산이라고 할 수 없다. 그러나 신탁재산 및 사후수익권이 위 상속재산 및 증여재산에 해당하지 않는다고 해서 유언대용신탁에 곧 유류분제도의 적용이 없다고 해서는 안 된다. 위탁자가 출연한 신탁재산으로부터의 이익은 위탁자의 사망을 계기로 수익자에게 수익권의 형태로 이전되는데, 이러한 재산귀속관계는 유증과 다르지 않기 때문이다. 생전신탁 중에서 이러한 구조의 신탁을 특별히 '유언대용'신탁이라고 부르는 이유도 바로 여기에 있다. 그리고 제59조 제1항은 여타의 신탁과 달리 유언대용신탁에 대하여는 위탁자에게 수익자변경권을 인정하며, 오히려 이를 박탈하고자 하는 경우에는 별도로 신탁상 정함을 두도록 한다. 유언에 대하여 철회의 자유가 보장되는 만큼(민법 제1108조) 이와 동일한 기능을 수행하는 유언대용신탁에 대하여도 위탁자가 자유롭게 그리고 그의 최종적인 의사에 따라 수익자를 정할 수 있도록 한 것이다.[32] 따라서 유언대용신탁에서 사후수익권은 수익자에 대한 유증으로 취급할 수 있다. 수익자와 별도의 법률관계가 전제된 때에는 사인증여에 준하지만, 사인증여에 대하여는 유증에 관한 규정이 준용되므로(동법 제562조) 그 효과에서 다르지 않다.

4.2.2. 판례

신탁과 유류분제도의 관계에 대한 '판례'는 아직 없다. 다만 유언대용신탁에서 유류분이 다투어진 수원지방법원 성남지원 2020. 1. 10. 선고 2017가합408489 판결 및 그 항소심인 수원고등법원 2020. 10. 15. 선고 2020나11380 판결이 참고가 된다. 이 사건에서는 피상속인이 자신을 생전수익자로, 공동상속인 중 1인인 피고를 사후수익자로 하여 금전과

---

31) 대법원 1996. 8. 20. 선고 96다13682 판결; 대법원 2012. 12. 13. 선고 2010다78722 판결.
32) 유증은 유언자 사망시까지 효력이 발생하지 않기 때문에 거래의 안전이나 상대방의 신뢰에 대한 고려 없이 철회의 자유가 인정되지만, 유언대용신탁은 생전신탁으로 이미 그 효력이 발생하기 때문에 유언에 관한 규정을 유추적용하는 데에는 한계가 있다. 그래서 신탁법 제59조는 위탁자의 수익자변경권을 명시한 것이다.

부동산을 신탁하였고, 피상속인 사망후 피고가 수익권의 행사로 신탁금전을 인출하고 신탁부동산에 대하여 소유권이전등기를 마치자 다른 공동상속인인 원고가 위 신탁재산의 증여에 따라 유류분부족액이 발생하였다고 주장하면서 그 반환을 청구하였다.

1심 법원은 신탁재산이 상속개시 후에 피고에게 이전되었으므로 생전증여에 해당하지 않고, 신탁재산의 수탁자에 대한 이전은 성질상 무상이전으로 유류분 산정의 기초재산에 산입되는 증여에 포함될 수 있지만 상속개시 시점보다 1년 전에 이전되었고 수탁자가 악의라고 볼 증거가 없어 유류분 산정의 기초가 될 수 없다고 판단하였다. 그래서 상속재산에 속하는 적극재산 및 원고와 피고들에 대한 특별수익액을 기초재산으로 삼아 원고의 유류분을 계산했을 때 부족분이 발생하지 않았다는 근거에서 원고의 청구를 기각하였다.

원고는 신탁재산이 증여 또는 유증재산으로 유류분 산정의 기초재산에 포함되어야 한다고 주장하며 항소하였다. 그리고 항소심 법원은 "이 사건 신탁재산이 유류분 산정의 기초가 되는 재산에 포함되는지 여부와 무관하게 어떠한 경우라도 원고들의 유류분 부족액이 발생하지 않으므로, 이 사건에서는 유류분 산정의 기초가 되는 재산에 이 사건 신탁재산이 포함되는지 여부를 따로 판단하지 않는다"고 하여 원고의 항소를 기각하였고, 확정되었다.

신탁재산은 비록 수탁자에게 귀속되지만 그의 고유재산과는 독립한 재산이며, 수익자신탁에서 신탁재산으로부터의 이익은 수익권의 형태로 수익자에게 귀속된다. 증여의 경우 그 목적인 물건이나 권리 자체가 직접 수증자에게 이전되는 것과 달리, 신탁에서는 그 전환기능에 의하여 재산권의 성상이 변형되고 시간적인 분절을 거치게 된다. 그러므로 신탁의 구조상 신탁재산으로부터 이익을 향수할 수 없는 수탁자에 대한 신탁재산의 이전 자체는 기초재산에 산입되는 '증여'에 해당하지 않는다고 해야 한다. 그리고 신탁설정에 의하여 신탁재산 자체는 수탁자에게 이전되지만 수익자는 위탁자에 의하여 그리고 그가 출연한 신탁재산에 대한 수익권을 취득한다. 피상속인의 신탁설정에 따라 수익자는 수익권을 취득하고 신탁재산으로부터의 이익은 피상속인의 사망을 원인으로 하여 그리고 피상속인으로부터 수익자에게 이전된다. 이러한 재산적 이익의 귀속과정은 유증 또는 사인증여와 유사하다. 그렇다면 유류분 산정시에도 신탁재산 자체가 아닌 수익권이 기초재산에 산입되어야 한다.

원고는 정작 피고의 수익권에 대하여는 다투지 않았고 법원도 이에 관하여 판단하지 않았다. 1심 법원이 수탁자에 대한 신탁재산의 이전을 증여로 보고 민법 제1114조에 따라 신탁재산이 기초자산에 산입되는지 여부를 판단한 것은 타당하지 않다. 항소심 법원은 당사자의 주장처럼 신탁재산을 기초재산에 산입하는지 여부에 따라서 유류분의 침해 여부가 달라지지 않는다고 하여 판단을 유보하였으므로 '판례'로서 의미를 가질 수 없다. 그러므로 위 판결을 들어 섣불리 유언대용신탁에 유류분제도의 적용이 없다거나 신탁재산이 증여재산으로 기초재산에 산입된다고 단정해서는 안 된다. 그러면 이상의 관점에 따라서 유류분의 계산과 그 침해에 따른 반환청구권의 행사를 살펴본다.

4.3. 유류분의 침해

신탁설정으로 피상속인의 재산이 감소하였다는 사실만으로 유류분의 침해가 있거나 유류분반환청구권이 인정되는 것은 아니다. 일정 범위의 증여 및 유증으로 유류분에 부족이 생긴 때 그 부족한 한도에서 반환청구권이 발생할 뿐이며(민법 제1115조 제1항), 유류분반환청구권의 행사 여부는 유류분권리자의 자유에 속한다. 그리고 유류분권리자가 상속개시와 반환해야 할 증여나 유증을 안 때로부터 1년, 상속개시시로부터 10년이 경과한 때에는 유류분반환청구권의 소멸시효가 완성되므로(동법 제1117조) 유류분권리자는 더 이상 반환청구를 할 수 없다.

4.3.1. 유류분의 산정방식

유류분의 침해를 판단하기 위해서는 먼저 유류분이 확정되어야 한다. 유류분은 상속개시시에 피상속인이 가진 재산의 가액에 증여재산의 가액을[33] 더하고 채무 전액을 공제한(민법 제1113조) 금액을 기초재산으로 하여 산정한다. 여기에 유류분율(동법 제1112조)을 곱하면 각 유류분권리자의 유류분이 나오고, 유류분권리자가 상속에 의하여 실제 취득한 재산액이 이 유류분액에 미치지 못하는 때 유류분의 침해가 있게 된다. 즉 유류분부족액은 기초재산액(적극상속재산액＋증여액－상속채무액) × 유류분율 － 유류분권리자의 특별수익액(유류분권리자의 수증액＋수유액) － 순상속재산액(유류분권리자가 상속에 따라 얻게 되는 재산액－상속채무부담액)의 공식에 의한다.

4.3.2. 기초재산의 산정

생전신탁의 경우 피상속인의 재산은 이미 수탁자에게 이전되었고, 이와 같은 신탁재산은 위탁자인 피상속인은 물론 수탁자의 고유재산과도 구분되는 독립성을 가진다. 그러므로 신탁재산 자체는 피상속인이 상속개시시에 가지고 있던 재산의 가액에는(민법 제1113조 제1

---

[33] 증여재산의 시가는 상속개시 당시를 기준으로 산정한다(대법원 1996. 2. 9. 선고 95다17885 판결). 그리고 증여받은 재산이 금전인 때에는 상속개시 당시의 화폐가치로 환산하여 이를 증여재산의 가액으로 보는데, 증여시부터 상속개시시까지의 물가변동률을 반영하여 산정한다(대법원 2009. 7. 23. 선고 2006다28126 판결).

항) 포함되지 않는다.34) 이와 달리 유언신탁은 유언 효력발생시에 비로소 효력이 발생하므로 신탁재산은 아직 피상속인의 재산에 포함되어 있다. 따라서 신탁재산을 기초재산에 산입하기 위한 별도의 검토는 필요하지 않다. 유증의 경우 유증가액을 기초재산에 별도로 산입할 필요가 없는 것과 마찬가지이다.

상속개시전 1년간 행한 증여는 기초재산에 산입되고,35) 유류분권리자에게 손해가 될 것을 알고서 한 증여도 기한의 제한 없이 기초재산에 산입된다(동법 제1114조). 따라서 피상속인이 상속개시 전 1년간 신탁을 설정하면서 제3자에게 무상으로 수익권을 수여한 경우는 물론, 유류분권리자에게 손해가 될 것을 알고서도 무상으로 수익권을 수여한 때에는 그 기간에 제한 없이 기초재산에 수익권을 산입하여야 한다. 그리고 판례36)는 상속인의 특별수익을 상속분의 선급으로 보아 공동상속인들 사이의 공평이라고 하는 관점에서 기간의 제한 없이 모두 기초재산에 산입한다(동법 제1118조, 제1008조 참조). 그러므로 상속인이 수익자인 경우 그 수익권은 특별수익으로서 모두 기초재산에 산입된다.

그런데 일반적인 유증이나 사인증여의 경우 그 목적물은 '상속개시시에 가진 재산'에 당연히 포함되지만, 유언대용신탁에서 사후수익권은 수탁자가 소유한 신탁재산에 대한 것이므로 피상속인이 가진 재산에 남아 있지 않다. 그러므로 여타의 유증목적물과 달리 사후수익권은 그 가액평가를 통하여 기초재산에 산입하여야 한다.37) 수익권의 형태로 그 재산적 이익을 다각적으로 귀속시키는 신탁의 특질을 유류분제도에 반영, 적용하는 절차라고 할 수 있다.

한편 위탁자 생전에 목적신탁을 설정한 경우에는 수익자신탁과 같은 특수한 취급은 필요하지 않다. 신탁재산으로부터의 이익이 수익자에게 귀속되는 수익자신탁과 달리 신탁목적의 달성을 위하여 신탁재산이 수탁자에게 귀속될 뿐이기 때문이다. 그리고 기초재산에 산입되는 증여는 전형계약으로서의 증여 외에 법인 설립을 위한 출연행위 등 모든 무상처분을 포함한다. 따라서 목적신탁의 설정으로 신탁재산이 수탁자에게 이전됨으로 해서 유류분의 침해가 발생하였다면 이를 수탁자에 대한 증여로 취급하여 신탁재산을 기초재산에 산입하여야 할 것이다.

---

34) 다만 피상속인이 생전에 수익자의 지위를 겸한 때 아직 이행되지 않은 수익채권은 기초재산에 산입된다.

35) 증여계약이 행해진 때를 기준으로 하며 실제 이행이 언제 있었는가는 문제되지 않는다. 윤진수, 유류분 침해액의 산정방법, 서울대학교 법학 제48권 3호(2007), 257면.

36) 대법원 1995. 6. 30. 선고 93다11715 판결; 대법원 1996. 2. 9. 선고 95다17885 판결.

37) 수익권의 평가에 대한 상세는 최수정, 유언대용신탁과 유류분의 관계 ―한국과 일본의 하급심판결에 대한 비교검토를 통하여―, 183면 이하.

4.3.3. 유류분과 그 부족액

유류분의 침해 여부는 위에서 산정한 기초재산에 유류분율을 곱한 액수와 유류분권리자가 실제 얻은 상속이익, 즉 순상속재산액과 특별수익인 증여액 및 유증액을 합한 액수를 비교하여 판단한다. 유언대용신탁이나 수익자연속신탁에서 유류분권리자가 수익자로 지정되었다면, 유류분권리자의 상속이익에는 당해 수익권이 특별수익으로 포함된다. 또한 잔여재산수익자 등이 그 권리를 포기하거나 신탁상 이러한 잔여재산수익자 등이 정해져 있지 않은 경우에는 유류분권리자가 귀속권리자가 될 것이므로(제101조 제2항), 이러한 장래의 권리도 상속이익에 포함된다. 이때 장래 취득하게 될 수익권 내지 그 가액은 감정인의 평가에 의하여 정한다(민법 제1113조 제2항).

4.4. 유류분의 반환

4.4.1. 당사자

유류분반환청구의 상대방은 반환청구의 대상이 되는 증여나 유증의 수증자 또는 수유자, 그 포괄승계인이다. 수익자신탁에서 유류분을 침해하는 것은 수익권이고 유류분 산정의 기초재산액에 그 가액이 산입된 만큼 유류분반환청구의 상대방도 수익자가 된다.[38] 예컨대 S가 신탁을 설정하면서 생전에는 신탁재산으로부터의 수입에 대하여 자신을 수익자로 정하고 사후에는 신탁원본을 B1과 B2에게 귀속시키도록 정하였다면, 유류분권리자가 B1과 B2를 상대로 각 수익권의 가액에 비례하여 반환청구권을 행사하는 데에는 어려움이 없을 것이다. 하지만 유언대용신탁은 물론 유언신탁에서도 수익자가 연속되고 수익권의 내용이 다양하게 설계된 경우 유류분권리자로서는 단기소멸시효가 완성되기 이전에 누구를 상대로 얼마만큼을 반환청구할 수 있는지를 파악하는 것이 결코 용이하지 않다.[39] 또한 아직 현존하지 않거나 확정되지 않은 수익자를 어떻게 취급할 것인지, 제3자에게 수익자변경권을 수여한 경우 이러한 요소들을 어떻게 반영할 것인지도 문제된다.

사실 유언신탁이나 유언대용신탁에서 수익자와 수익권의 내용이 연속적, 다각적인 때에는 수익자에 대한 청구 자체가 어려운 경우들이 얼마든지 발생할 수 있다.[40] 그럼에도

---

38) 이와 달리 목적신탁에서는 수탁자에 대한 신탁재산의 이전이 증여로 취급되므로 유류분반환청구의 상대방도 수탁자가 된다.

39) 그래서 일본 신탁법의 입법자는 수익자연속신탁에서 유류분의 침해 여부를 판단함에 있어 위탁자가 사망하고 제1차 수익자가 수익권을 취득하는 단계에서만 유류분을 고려하고, 위탁자 사망시 제1차 수익자가 수익권으로써 취득하는 상속재산 및 제2차 수익자가 조건부 수익권으로써 취득할 상속재산을 유류분 산정의 기초로 삼으며, 유류분을 침해하는 위탁자의 처분행위를 취소하는 것이므로 수탁자가 그 상대방이 된다고 보았다. 최수정, 일본 신신탁법, 201면 참조.

불구하고 수익자만을 상대로 유류분반환청구를 해야 한다는 주장[41]에 따른다면 유류분반환청구가 유명무실하게 될 위험이 있다. 유류분의 확보와 유류분반환청구권의 실효성이라고 하는 관점에서 그리고 현존하지 않거나 특정되지 않은 수익자에 대한 유류분반환청구는 수익권의 반환 형태로 이루어지기 때문에 수탁자가 개재되지 않을 수 없다는 점에서도 이 경우 수탁자를 상대로 한 유류분반환청구를 허용할 필요가 있다. 즉 신탁재산으로부터 이익을 향수하는 자는 수익자이므로 유류분반환청구의 상대방도 원칙적으로 수익자이지만, 수익자가 존재하지 않거나 확정할 수 없는 경우와 같이 수익자에 대한 반환청구를 기대하기 어려운 때에는 수탁자를 상대로 반환청구를 할 수 있다고 해야 한다.

4.4.2. 반환방법

유류분반환청구에 있어서 그 반환대상이 원물인지 아니면 가액인지에 대하여는 유류분반환청구권의 성질과도 관련하여 견해가 나뉘는데,[42] 다수의 견해는 원물반환을 원칙으로 한다.[43] 판례도 반환의무자는 통상적으로 증여 또는 유증 재산 그 자체를 반환해야 하지만 원물반환이 불가능한 경우에는 그 가액 상당액을 반환할 수밖에 없고, 가액산정의 기준시점은 사실심변론종결시가 된다고 한다.[44]

이상의 다수 견해와 판례의 입장 그리고 민법 제1115조 제1항의 해석에 비추어 본다면 유류분에 부족을 초래한 유증이나 증여의 목적인 재산 자체가 반환의 대상이 되고, 따라서 수익자에 대한 유류분반환청구에서도 원칙적으로 원물반환으로서 수익권이 반환되어야 한다. 만약 수익자가 수익권을 행사하여 이미 신탁재산을 이전받았다면 이제 수익자에 대한 수익권 자체의 반환청구는 불가능하다. 하지만 그렇다고 해서 가액반환에 의하여야 하는

---

40) 신탁관리인이 선임되었다면 그를 상대로 청구할 수 있음은 물론이지만, 그렇지 않은 경우 유류분권리자로 하여금 유류분반환청구권이 시효소멸하기 이전에 신탁관리인 선임청구를 한 뒤 선임된 신탁관리인을 상대로 청구하도록 하는 것은 사실상 유류분반환청구를 봉쇄하는 것과 다르지 않다.

41) 임채웅, 유언신탁 및 유언대용신탁의 연구, 인권과 정의 제397호(2009. 9), 140면.

42) 유류분반환청구의 대상에 대한 학설대립은 김형석, 유류분의 반환과 부당이득, 민사판례연구 XXIX, 박영사, 2007, 156면 이하 참조.

43) 학설에 따라서는 원물반환이 가능한 때에도 가액반환이 합리적이라면 가액반환에 의한다거나(주해상속법 제2권, 박영사, 2019, 991면 이하) 반환의무자인 수유자는 원물반환에 갈음하여 그 가액을 변상할 수 있다고 한다(곽윤직, 상속법 개정판, 박영사, 2004, 296면). 당사자들이 협의하거나 유류분권리자의 가액반환청구에 대하여 반환의무자가 이를 다투지 않은 경우 가액반환에 의할 수 있음은 물론이지만, 유류분권리자가 원물반환을 청구함에도 불구하고 법원이 가액반환을 명하는 것은 처분권주의에 반한다. 그리고 개정 전 일본 민법 제1041조 제1항에서와 같은 가액변상권을 명시하고 있지 않는 우리 민법의 해석론으로 이를 인정하기는 어렵다. 입법론으로서 가액반환원칙은 타당하지만 적어도 해석론으로서는 원물반환이 원칙이다.

44) 대법원 2005. 6. 23. 선고 2004다51887 판결.

것은 아니다. 수익권의 실현에 따라 취득한 신탁재산은 수익권에 갈음하는 이익이므로 유류분권리자는 그 반환을 청구할 수 있다.[45] 그리고 유류분에 부족한 범위에서 수익권 또는 신탁재산의 일부를 반환받게 되는 경우 유류분권리자는 수익권을 준공유하게 되며, 신탁재산인 부동산이나 동산을 공유하게 된다. 그러나 수익자가 수익권 또는 수익권의 행사로 취득한 신탁재산을 선의의 제3자에게 양도하였다면 이제 원물반환이 아닌 가액반환에 의하여야 한다.

견해에 따라서는 예외적으로 수탁자를 상대로 유류분반환청구를 하는 경우에는 원물반환으로서 신탁재산이 반환되어야 한다고 한다.[46] 그러나 유언대용신탁과 같은 수익자신탁에서 유류분의 침해는 수익권의 수여임에도 불구하고 수익자와 신탁관리인의 부재로 인하여 예외적으로 수탁자가 그 상대방이 된다고 해서 반환대상이 성질을 달리하는 신탁재산으로 변경될 이유는 없다. 원물반환으로서 신탁재산을 반환해야 한다는 것은 곧 수탁자에 대한 신탁재산의 이전을 유류분침해행위로 보는 것이고, 신탁재산을 반환하는 경우 다른 수익자의 보호도 문제가 된다. 수익권을 가지지 않은 수탁자에게 수익권의 반환을 청구할 수 있는지에 의문이 제기될 수 있으나, 이때 수탁자는 유류분반환청구권의 실효성 확보를 위하여 그리고 수익자에 대하여 충실의무를 부담하는 자의 지위에서 그에 갈음하여 반환청구의 상대방이 된 것뿐이다. 그리고 수탁자는 유류분권리자에 대하여 반환된 수익권에 상당하는 수익급부를[47] 그리고 수익자가 존재하게 된 때에는 그에게 나머지 수익권에 대한 수익급부를 각각 하면 되는 것이다. 만약 수익자의 등장이 먼 미래여서 유류분권리자가 수익권의 실현을 기대할 수 없는 등의 특별한 사정이 있다면, 원물반환이 불가능하거나 현저히 곤란한 경우에 해당하므로 가액반환에 의한다. 다만 수익권의 반환이나 가액반환으로 인하여 신탁목적을 달성할 수 없게 되는 때에는 신탁은 종료한다.

한편 유류분반환에 있어서 과실반환 여부와 그 범위에 대하여는 견해가 대립하고, 판례는 점유자·회복자의 관계에 대한 법리에 비추어 선의의 반환의무자는 목적물의 사용이익 중 유류분권리자에게 귀속되었어야 할 부분을 반환할 의무가 없다고 한다.[48] 이러한 논

---

45) 유류분반환청구권의 성질을 형성권으로 새기고 증여나 유증이 소급하여 효력을 상실한다고 보는 판례나 학설에 의할 경우 그 반환은 부당이득법리에 의하는데, 부당이득반환의무자가 당초에 취득한 구체적 대상에 갈음하여 취득한 대위물도 반환하여야 할 목적물이 된다. 유류분반환청구권의 성질을 청구권으로 새기는 학설에 의할 때에도 본래의 급부에 갈음하는 대상을 청구할 수 있다는 점에서는 동일한 결과에 이른다.
46) 이계정, 신탁의 기본 법리에 관한 연구 －본질과 독립재산성, 경인문화사, 2017, 328면 이하.
47) 수익급부의 내용이 신탁재산의 이전이라면 이때 비로소 신탁재산이 유류분권리자에게 이전된다.
48) 대법원 2013. 3. 14. 선고 2010다42624, 42631 판결.

의에 비추어 원본과 그로부터의 과실에 해당하는 수입이 분리된 신탁에 있어서 유류분권리자는 원본수익자에 대하여만 유류분반환을 청구할 수 있는지, 그렇지 않다면 수입수익자에 대한 반환청구시 그 주관적 요건은 누구를 기준으로 할 것인지가 문제될 수 있다. 그러나 유류분반환청구시까지 발생한 과실의 반환 여부와 유류분반환청구의 대상 내지 상대방의 결정은 별개의 문제이다. 그리고 유류분 산정의 기초재산에 이들 수익권의 가액이 모두 반영된 만큼 반환청구에 있어서 수입수익권만을 배제할 이유는 없을 것이다. 통상의 유증에 있어서는 유증목적물과 그 과실이 동일인에게 귀속되고, 유류분권리자는 수유자로부터 목적물을 반환받음으로써 이후 그 과실도 취득하게 되는데, 만약 원본수익자에 대하여만 반환청구를 할 수 있다고 한다면 유류분권리자는 그 과실을 수취할 기회를 상실하게 된다. 그러므로 유류분권리자는 유류분 부족액에 대하여 동순위의 수익자들에게 각자 취득한 수익권의 가액에 비례하여 그 반환을 청구할 수 있다고 할 것이다.[49]

Ⅱ. 성년후견제도와 신탁[50]

1. 의의

종래의 행위무능력제도를 대체하는 제도로서 2013년 7월부터 성년후견제도가 시행되고 있다. 성년후견제도는 질병, 장애, 노령 등으로 인한 정신적 제약으로 재산이나 신상에 관한 사무를 처리할 능력이 부족한 사람의 의사결정이나 사무처리를 돕는 법적 지원장치라고 할 수 있다.[51] 종래의 행위무능력제도에 대하여는 무엇보다 한정치산자와 금치산자의 행위능력을 일률적으로 박탈함으로써 자기결정권을 침해하고 잔존능력을 부인하는 결과를 가져온 점, 한정치산과 금치산 선고를 받은 사실이 가족관계등록부에 기재되는 데 대한 낙인이라는 인식과 법률상 일정한 자격을 박탈당하는 데 대한 사회적 격리라고 하는 평가가

---

49) 종래 본서는 선의의 반환의무자에 대하여 과실수취권을 인정하지 않는 판례에 의하는 한 수입수익자에 대한 반환청구는 인정되지 않는다고 보았으나, 이상의 근거에서 견해를 변경한다.

50) 이하는 최수정, 고령사회에서 성년후견제도와 신탁 −신탁의 기능과 활용을 중심으로−, 법조 64권 3호 (2015), 39면 이하를 수정, 보완하였다.

51) 구상엽, 개정민법상 성년후견제도에 대한 연구 −입법 배경, 입법자의 의사 및 향후 과제를 중심으로−, 서울대학교 박사학위논문(2012), 31면 이하.

있었던 점, 후견인의 범위가 한정되어 적절한 후견인이 선임될 수 없고 후견인을 감독하는 기관인 친족회가 유명무실한 점 등이 문제로 지적되어 왔다.[52] 그래서 요보호 성년의 인간 존엄에 비추어 그의 의사와 능력을 가능한 한 적극적으로 고려하면서 효율적인 보호를 제공하는 것을 목적으로 성년후견제도가 도입되었다.[53]

한편 신탁법상의 신탁은 민법상의 다른 제도들과 확연히 구분되는 특징을 가진다. 신탁제도는 연혁상 국가의 규제에서 벗어나 사회적·경제적 수요에 상응하는 법률관계의 창출을 모색하는 과정에서 발달한 만큼, 신뢰와 자유를 근간으로 하며 유연성과 상황변화에 대한 적응력을 특징으로 한다.[54] 위탁자와 수탁자는 신임관계를 바탕으로 자유롭게 신탁을 설계할 수 있으며, 이를 통해 장래의 상황에 탄력적으로 대응할 수 있다. 신탁은 재산권에 내재된 여러 가지 기능들을 분리하여 그 수익과 관리의 효용을 극대화시키는 제도이다. 그러므로 요보호자의 재산 관리, 처분, 수익 내지 그 승계와 관련하여 신탁이 가지는 이러한 기능에 주목하게 된다. 특히 요보호자의 자율과 보호라고 하는 관점에서 신탁이 가지는 제도적 특징들을 적극 이용하고 민법상의 제도들과 유기적으로 연결하는 경우 보다 효과적으로 요보호자의 의사를 실현하고 그 재산을 보호할 수 있게 될 것이다. 이하에서는 성년후견제도의 기본적인 구조하에 후견보완(incapacity planning)이라고 하는 관점에서 신탁이 기능할 수 있는 범위를 확인하고 그 활용방안을 살펴본다.

2. 성년후견제도의 구조와 문제점

민법은 요보호자의 상태나 필요에 따라 선택할 수 있는 여러 유형의 후견제도를 마련하고 있다. 지속적·포괄적 보호제도로서 성년후견과 한정후견, 일회적·특정적 보호제도로서 특정후견, 계약에 의한 후견이 그것이다.[55] 각 유형의 성년후견제도 자체에 대한 법해석상 또는 제도운영상의 의문들이 제기될 수 있지만, 이하에서는 성년후견제도를 이용할 수 있는 공통적인 요건 및 각 성년후견제도의 이용에 있어서 요보호자의 재산관리, 운용, 처분 등과 관련하여 야기될 수 있는 문제를 중점적으로 살펴보고, 이를 통해 신탁제도가 기능할 수 있는 영역을 확인해 본다.

---

52) 윤진수/현소혜, 2013년 개정 민법 해설, 법무부, 2013, 18면 이하.
53) 제철웅, 성년후견제도의 개정방향, 민사법학 제42호(2008. 9), 136면 이하.
54) 최수정, 신탁제도를 통한 고령자의 보호와 지원, 86면.
55) 김형석, 민법 개정안에 따른 성년후견법제, 가족법연구 제24권 제2호(2010), 116면.

2.1. 성년후견제도의 요건 관련

성년후견제도는 질병, 장애, 노령, 그 밖의 사유로 인한 정신적 제약을 요건으로 한다 (민법 제9조 제1항, 제12조 제1항, 제14조의2 제1항, 제959조의14 제1항). 그래서 질병, 장애, 노령, 그 밖의 사유로 신체적 제약이 있는 때에도 성년후견제도를 이용할 수 있는지가 문제된다. 신체적 제약으로 정신적 제약이 초래되었다면 위 요건을 충족할 수 있다. 하지만 신체적 제약 만으로도 성년후견제도를 이용할 수 있는지에 대하여는 이를 부정하는 견해와56) 긍정하는 견해가 대립한다.57) 그런데 법률규정이 "정신적 제약"을 명시하고 있을 뿐만 아니라, 종래 행위무능력제도에서도 민법 입법자는 신체적 제약에 대하여 한정치산을 인정하지 않았으 며, 또 그러한 취지가 현행법에서 번복되었다고 볼 근거는 없다. 그러므로 입법론이 아닌 해석론으로서는 신체적 제약이 있는 것만으로는 성년후견제도를 이용할 수 있는 피후견인 의 요건을 충족할 수 없다고 할 것이다.

그러나 가령 고령자의 경우에는 신체적인 제약으로 인하여 재산의 소유, 관리 등에 어 려움을 겪을 수 있다. 이 경우에도 신체적 제약으로 정신적 제약이 초래되지 않은 한 법정 후견이든 임의후견이든 그 요건이 충족되지 않으므로 성년후견제도를 이용할 수 없다. 단 순히 고령으로 인하여 재산관리가 부담이 되는 때에도 그러하다. 물론 민법상의 일반적인 제도, 가령 위임이나 고용과 같은 계약을 체결할 수 있지만, 계약관계는 기본적으로 대등한 당사자를 전제로 하여 계약자유, 즉 자기결정, 자기책임이 작동하는 영역이다. 그렇기 때문 에 법률이 정한 후견인의 의무라든가 이를 감독하고 강제하기 위한 후견감독인 또는 법원 의 존재나 역할과 같은 성년후견제도의 체계나 장치를 기대할 수는 없다.

2.2. 법정후견의 운용 관련

2.2.1. 성년후견

성년후견의 경우 피성년후견인의 법률행위는 취소할 수 있다(민법 제10조 제1항). 예외적 으로 가정법원은 취소할 수 없는 범위를 정할 수 있고(동법 제10조 제2항),58) 일상생활에 필

---

56) 곽윤직/김재형, 민법총칙 제9판, 박영사, 2013, 112면 이하; 김주수/김상용, 민법총칙 제7판, 법문사, 2013, 132면; 송덕수, 신민법강의 제8판, 박영사, 2015, 113면; 윤진수/현소혜, 2013년 개정 민법 해설, 26면; 김 형석, 성년후견·한정후견의 개시심판과 특정후견의 심판, 서울대학교 법학 제55권 제1호(2014. 3), 445면.

57) 박인환, 새로운 성년후견제 도입을 위한 민법개정안의 검토, 가족법연구 제24권 제1호(2010), 43면; 백승 흠, 성년후견제도의 도입과 과제, 법학논총 제27집 제1호(2010), 31면.

58) 이는 후견등기부에 기재되고 등기사항증명서에 기재된다(후견등기에 관한 법률 제16조 및 제25조 제1항 제 5호 가목).

요하고 그 대가가 과도하지 않은 경우 취소가 제한될 뿐이다(동법 제10조 제4항). 그러므로 피성년후견인의 법률행위가 원칙적으로 취소가능한 범위에서 그 행위능력은 제한된다. 하지만 피성년후견인의 보호를 위하여 그 행위를 취소할 수 있다고 하더라도, 일단 재산이 처분되면 온전히 회복하기 어려운 경우가 생길 수 있기 때문에 이를 대비하기 위한 사전적인 조치가 필요하다.

성년후견인은 피성년후견인의 법정대리인이 되며(민법 제938조 제1항), 법원은 성년후견인의 법정대리권의 범위와 피성년후견인의 신상에 관하여 결정할 수 있는 권한의 범위를 결정, 변경할 수 있다(동법 제938조 제2항 내지 제4항). 종래 금치산제도에서와 달리 성년후견인은 피성년후견인에 대하여 포괄적인 대리권을 가지지 않으며 또한 포괄적인 신상보호권한이 인정되지 않는 것이다.59) 그러므로 법원이 성년후견인에게 피성년후견인의 재산에 관한 부분적인 대리권한을 수여하거나 취소할 수 없는 법률행위의 범위를 정한 경우(동법 제10조 제2항) 피성년후견인은 단독으로 유효하게 법률행위를 할 수 있기 때문에 이로 인한 재산의 보호가 문제된다.

법원은 피성년후견인의 의사를 존중하고 또 피성년후견인의 건강, 생활관계, 재산상황, 성년후견인이 될 사람의 직업과 경험, 피성년후견인과의 이해관계 유무 등 제반사정을 고려하여 성년후견인을 선임하여야 한다(동법 제936조 제4항). 그리고 성년후견인은 피성년후견인의 복리와 의사를 존중할 의무가 있다(동법 제947조). 하지만 전문적인 후견인이 아닌 한 성년후견인이 항상 피성년후견인의 재산을 최적의 포트폴리오로 관리할 수는 없다. 많은 경우 친족후견인이 선임되는 상황에서 오히려 친족후견인에 의한 피성년후견인 재산의 유용과 침탈이 문제된다.

그리고 후견인을 감독하는 후견감독인은 법원이 필요시에 직권이나 청구권자의 청구에 의하여 선임하게 된다. 후견감독인은 임의기관이기 때문에,60) 후견감독인이 선임되지 않은 경우에는 후견인이 피후견인의 재산관계에 중대한 영향을 미치는 민법 제950조 제1항 각호의 행위를 함에 있어서도 직접적인 제한은 없다.61)

나아가 민법 제954조는 법원이 직권 또는 청구권자의 청구에 의하여 후견사무를 감독할 수 있도록 한다. 그러므로 법원은 전문성과 공정성을 갖춘 자로 하여금 성년후견사무의

---

59) 제철웅, 요보호성인의 인권존중의 관점에서 본 새로운 성년후견제도, 민사법학 제56호(2011. 12), 287면은 이를 새로운 성년후견제도의 주요한 특징이라고 본다.
60) 법정후견과 달리 임의후견에서는 임의후견감독인이 필수기관으로서 임의후견인의 사무처리를 감독한다.
61) 민법 제950조 제1항은 "후견감독인이 있으면 그의 동의를 받아야 한다"고 하여, 후견감독인이 없는 경우에는 동의를 요하지 않음을 분명히 하고 있다.

실태나 피성년후견인의 재산상황을 조사하게 하거나 임시로 재산관리를 하게 할 수 있다(가사소송법 제45조의4 제1항). 하지만 통상은 청구권자의 청구가 있는 때 비로소 후견사무에 대하여 필요한 처분을 명하게 될 것이다. 그러므로 후견인에 대한 이러한 사후적인 감독의 한계 내지 적시의 충분한 감독 여부에 대해서는 의문이 제기될 수 밖에 없다.

2.2.2. 한정후견

성년후견에 있어서의 문제점은 한정후견에서도 마찬가지로 지적될 수 있다. 물론 한정후견개시의 심판만으로 피한정후견인의 행위능력이 제한되지는 않는다. 한정후견인이 선임되기는 하지만(민법 제959조의2), 민법 제938조 제1항이 준용되지 않으므로 한정후견인이 당연히 피한정후견인의 법정대리인이 되는 것은 아니다. 민법 제941조 내지 제944조가 준용되지 않으므로 한정후견인은 재산목록작성의무도 없다. 법원은 한정후견인에게 대리권을 수여할 수 있으며(동법 제959조의4 제1항), 한정후견인은 그 범위에서 피한정후견인을 대리한다(동법 제959조의6, 제949조).[62] 그리고 법원은 피한정후견인의 신상에 관하여 결정할 수 있는 권한의 범위를 정하거나(동법 제959조의4 제2항), 피한정후견인이 한정후견인의 동의를 받아야 하는 행위의 범위를 지정, 변경할 수 있다(동법 제13조 제1항 및 제2항).

그러므로 피한정후견인은 원칙적으로 의사능력이 있는 한 유효하게 법률행위를 할 수 있다.[63] 그리고 한정후견인의 동의가 필요한 행위를 피한정후견인이 그의 동의 없이 한 때 그 법률행위는 취소할 수 있는 행위가 된다(동법 제13조 제4항). 이처럼 한정후견에서도 피한정후견인의 법률행위가 유효하거나 또는 취소가 되는 경우 그의 재산보호의 필요성, 한정후견인에 의한 피한정후견인의 재산관리의 적절성 내지 효율성, 나아가 한정후견인의 감독이 문제된다.

2.2.3. 특정후견

성년후견이나 한정후견과 달리 특정후견은 정신적 제약이 다소 미약하거나, 일상생활에서는 통상적인 생활이 가능하지만 특정한 문제를 해결하기 위하여 개별적, 일시적, 일회

---

62) 제철웅, 요보호성인의 인권존중의 관점에서 본 새로운 성년후견제도, 290면은 한정후견인이 대리권 행사에 불가분적으로 결합된 영역과 사항에 한정하여 재산관리권이 있다고 해석한다.

63) 제철웅, 요보호성인의 인권존중의 관점에서 본 새로운 성년후견제도, 313면은 요보호성인의 의사를 존중하는 성년후견은 의사결정능력이 있는 한 스스로 그 의사표시를 하도록 하는 것이며, 요보호성인이 잔존능력으로써 사회활동에 참여하는 것이 의사결정능력의 쇠퇴를 막는 한 방법이기 때문에 복리와 의사존중이 상충하는 가치는 아니라고 한다. 하지만 이 경우에도 그에 따르는 재산보호의 문제는 여전히 남아 있다.

적인 보호조치를 필요로 하는 법적 수요에 대응하는 제도이다.[64] 특정후견의 심판에 있어서 법원은 본인의 의사에 반하지 않는 한(민법 제14조의2 제2항) 그리고 기간 또는 사무의 범위를 정하여(동법 제14조의2 제3항) 피특정후견인의 후원에 필요한 처분을 명하게 된다(동법 제959조의8). 이때 법원은 피특정후견인의 후원이나 대리를 위한 특정후견인을 선임할 수 있으며(동법 제959조의9), 필요한 경우 기간이나 범위를 정하여 특정후견인에게 대리권을 수여할 수 있다(동법 제959조의11).

하지만 특정후견심판이 있는 때에도 피특정후견인의 행위능력에는 영향이 없다.[65] 그러므로 의사능력이 있는 한 피특정후견인은 유효하게 법률행위를 할 수 있다. 그리고 특정후견인의 선임은 피특정후견인을 후원 내지 보호하기 위한 중요한 수단이 될 것이나, 이는 법원의 재량에 달린 문제이다. 그러므로 정신적 제약 상태에 있는 요보호자의 재산보호의 필요성은 특정후견심판이 있는 때에도 여전히 문제된다. 그리고 특정후견의 경우 기간과 범위가 제한되어 있고, 법원은 특정후견인의 대리권행사에 법원 또는 특정후견감독인의 동의를 받도록 함으로써 특정후견인을 감독할 수 있다.[66] 그러나 그러한 정함이 없는 경우 또는 그럼에도 불구하고 행해지는 특정후견인의 부적법한 행위에 대하여는, 비록 다른 후견제도에 비하여 상대적으로 가능성이 크지 않다고 하더라도, 대처방안을 마련할 필요가 있다.

2.3. 임의후견의 이용 관련

질병, 장애, 노령, 그 밖의 사유로 인한 정신적 제약으로 사무를 처리할 능력이 부족한 상황에 있거나 부족하게 될 상황에 대비하여 재산관리 및 신상보호에 관한 사무의 전부 또는 일부를 위탁하고 그 위탁사무에 관하여 대리권을 수여하는 내용의 계약이 후견계약이다(민법 제959조의14 제1항). 그리고 이러한 후견계약을 기초로 한 후견제도가 임의후견이다.

누구든 통상의 위임계약에 의해서도 재산과 관련한 사무의 처리를 위탁할 수 있다.[67]

---

64) 김형석, 민법 개정안에 따른 성년후견법제, 120면.

65) 김형석, 민법 개정안에 따른 성년후견법제, 121면; 박인환, 새로운 성년후견제 도입을 위한 민법개정안의 검토, 60면; 구상엽, 개정민법상 성년후견제도에 대한 연구 – 입법 배경, 입법자의 의사 및 향후 과제를 중심으로 –, 129면. 이러한 입법태도에 대한 비판으로는 이진기, 개정민법 규정으로 본 성년후견제도의 입법적 검토와 비판, 가족법연구 제26권 제2호(2012), 96면 이하.

66) 김형석, 민법 개정안에 따른 성년후견법제, 150면은 특정후견 사무가 특정되어 있고 법원이 감독할 여지가 크기 때문에 특정후견감독인을 선임할 필요도 드물다고 한다.

67) 일반적인 위임계약을 통하여 위임인의 재산관리뿐만 아니라 신상보호에 관한 사무처리도 위탁할 수 있는지에 대하여는 견해가 나뉜다. 김민중, 임의후견제도의 개혁, 법학연구 제27권(2008), 150면은 신상감호를 위

하지만 이는 양 당사자 사이의 계약관계에 지나지 않으며, 특히 위임인이 요보호 상태에 놓인 때에는 수임인의 사무처리와 관련하여 보고를 받거나(동법 제683조), 취득물의 인도를 청구하거나(동법 제684조), 금전의 소비에 대한 책임을 묻거나(동법 제685조) 또는 적시에 위임계약을 해지하는(동법 제689조) 등의 조치를 취하기 어렵다. 그럼에도 불구하고 이러한 계약은 법정후견에서의 유형에 구애되지 않고 요보호자의 의사와 구체적인 필요에 따라서 현재나 장래에 정신적 제약으로 사무를 처리할 수 없게 되는 상황에 대처할 수 있는 장점이 있다. 그래서 민법은 이를 성년후견제도로 포섭하면서 별도의 요건과 효과를 부여하여 요보호자의 보호를 도모하고 있다. 특히 고령으로 의사결정능력이 쇠퇴하는 경우 등을 미리 대비한다는 점에서 사적 자치가 초고령단계에서도 관철될 수 있어 그 의미가 크기 때문에 법정후견의 대안, 즉 후견대체수단으로 평가된다.[68]

그런데 민법 제959조의14 제1항은 이미 정신적 제약으로 사무를 처리할 능력이 부족한 상태에 있는 때에도 후견계약을 체결할 수 있음을 명시하고 있다. 그래서 그러한 상태에 있는 요보호자가 임의후견인이 될 자의 선정이나 후견계약의 내용을 제대로 파악하고 합리적인 결정을 할 수 있을지에 대하여는 당연히 의문이 제기된다.[69] 이와 더불어 대리에 의하여 후견계약을 체결할 수 있는지도 문제된다.

일부 견해는 후견계약이 신상에 관한 것으로 일신전속적인 성격을 가지기 때문에 임의대리인은 후견계약의 체결을 대리할 수 없다고 한다.[70] 반면 다른 견해는 후견계약이 본인의 재산 및 신상에 관한 사무의 상당 부분을 대상으로 하는 까닭에 본인에게 미치는 영향이 크기는 하지만 이러한 사정만으로 위임계약의 일종인 후견계약이 일신전속적이라고 하기는 어렵고, 대리에 의한 후견계약의 체결을 인정할 이익이 있다는 근거에서 대리가 가능하다고 본다.[71] 하지만 어느 견해에 의하든 본인이 비록 정신적인 제약이 있더라도 유효하게 행위할 수 있는 범위에서는 후견계약을 체결할 수 있을 것이다. 이처럼 요보호자의 잔존능력의 활용 내지 자기결정권의 존중이라고 하는 관점에서는 요보호자에 의한 후견계

탁할 수 있다고 보는 반면, 제철웅, 요보호성인의 인권존중의 관점에서 본 새로운 성년후견제도, 293면은 신상과 관련된 의사결정과 같은 일신전속적인 행위는 위탁할 수 없다고 한다.

68) 제철웅, 개정 민법상의 후견계약의 특징, 문제점 그리고 개선방향, 민사법학 제66호(2014. 3), 100면 이하.

69) 그래서 박인환, 개정민법상 임의후견제도의 쟁점과 과제, 가족법연구 제26권 제2호(2012), 201면은 본인이 후견계약 체결에 필요한 의사능력을 갖추었는지를 확인하는 절차규정과 공증인이 후견계약의 공정증서의 작성을 거절할 수 있는 근거규정을 마련할 필요가 있다고 한다.

70) 윤진수/현소혜, 2013 개정 민법 해설, 150면; 제철웅, 요보호성인의 인권존중의 관점에서 본 새로운 성년후견제도, 295면.

71) 김형석, 민법 개정안에 따른 성년후견법제, 152면 이하.

약의 체결을 인정할 수 있다고 하더라도, 그에 따른 재산의 보호에 대하여는 별도의 검토
가 필요하다.

한편 후견계약은 요식행위로서 공정증서에 의하여야 하고(동법 제959조의14 제2항), 임의
후견감독인을 필수기관으로 하며, 임의후견의 개시에 법원이 개입한다. 후견계약은 임의후
견감독인이 선임된 때 비로소 효력이 발생하는데(동법 제959조의14 제3항), 임의후견감독인은
등기된 후견계약과 본인의 사무처리 능력의 부족을 요건으로 하여 청구권자의 청구에 따라
법원이 선임한다(동법 제959조의15 제1항). 임의후견인은 본인과의 후견계약에 기하여 사무를
처리하기 때문에 법원이 일반적인 감독권을 행사하거나 직접 개입하는 것은 어렵고 또한
적절하지 않다. 그래서 임의후견인에 대한 감독기능을 임의후견감독인에게 맡기고 이를 통
하여 법원은 간접적으로 관여한다(동법 제959조의16). 이러한 일련의 방식과 절차는 본인에게
숙고의 기회를 주고, 분쟁을 대비하여 계약의 내용을 명확히 할 필요가 있으며, 임의후견의
개시를 공적으로 확인하고, 임의후견인을 감독함으로써 본인의 보호를 도모하기 위함이다.
하지만 그 취지와는 별개로 법정방식과 절차는 임의후견제도를 이용하는 데 부담으로 작용
할 수 있다.

더욱이 후견계약을 체결한 본인이 사무를 처리할 능력이 부족한 상태에 이르렀는지를
확정하고 청구권자의 청구에 의하여 후견감독인이 선임되기까지는 시간적인 간격이 발생할
수밖에 없다. 그러므로 후견계약을 체결하였음에도 불구하고 실제로 임의후견인에 의한 사
무가 개시될 때까지 그 재산의 보호에 공백이 생기게 된다. 이러한 상황에 대비하여 임의후
견인이 될 자와 별도의 위임계약을 체결하여 사무가 연속적으로 처리될 수 있도록 하는 방
안도 생각해볼 수 있다.[72] 그런데 위임계약은 당사자 일방의 사망이나 파산, 수임인에 대
한 성년후견개시 심판으로 종료하지만(동법 제690조), 위임인의 의사능력이나 행위능력이 상
실 또는 제한된 때에는 종료하지 않는다. 그래서 위임인이 요보호 상태에 놓인 때 수임인이
부적법하게 사무를 처리하거나 임의후견의 개시를 위한 임의후견감독인의 선임청구를 의도
적으로 지체하는 경우에는 본인의 보호가 문제된다.[73]

---

72) 일본의 학설은 임의후견계약을 세 가지 유형으로 분류하는데, 소위 즉효형, 장래형, 이행형이 그것이다(이
러한 분류방식에 대한 소개는 박인환, 개정민법상 임의후견제도의 쟁점과 과제, 219면 이하 참조). 그러나
즉효형이라고 하더라도 후견계약이 효력이 발생하기 위해서는 일본에서도 일정한 요건과 절차가 필요하기
때문에 계약의 체결로 '즉시' 효력이 발생하지는 않는다. 그리고 이행형은 장래형 후견계약에 더하여 체결
되는 별개의 위임계약을 염두에 둔 것이므로 엄밀히는 나머지 두 가지 유형과 동일한 차원에서의 분류라고
하기는 어렵다. 그러므로 이러한 분류나 그에 따른 각 유형상의 문제들을 우리법의 그것으로 당연히 가져오
는 것에는 동의하기 어렵다.

73) 그래서 일본에서는 민법상 위임인의 의사능력 상실을 위임종료 사유로 하거나 임의후견인에게 임의후견감

3. 성년후견제도의 보완 및 효과적 운용을 위한 신탁

3.1. 신탁의 구조와 기능

신탁은 위탁자가 신임관계에 기하여 수탁자에게 특정 재산을 처분하고 신탁목적의 달성을 위하여 필요한 행위를 하도록 하는 법률관계이다(제2조). 신탁재산은 수탁자에게 귀속하지만 수탁자의 고유재산과는 독립하며, 신탁재산으로부터의 이익은 수익자에게 귀속한다. 동일한 재산에 대하여 귀속과 수익이 분리되고, 그 수익을 귀속시키는 방법도 다양하게 설계될 수 있다. 이러한 신탁의 구조는 재산권의 실질을 유지하면서도 각각의 목적에 상응하여 재산권을 다른 형태로 전환하는 것을 가능하게 한다.[74] 이러한 신탁의 전환기능은 요보호자의 재산보호를 위한 유용한 장치가 될 수 있으며, 성년후견제도를 보완하거나 보다 효과적으로 운용할 수 있는 수단이 된다.

첫째, 요보호자가 재산을 적절히 관리할 수 없거나 그렇게 될 경우를 대비하여 또는 보다 전문적인 재산의 관리를 필요로 하는 경우 재산을 믿을 만한 개인 또는 법인에게 신탁하여 관리하도록 함으로써 요보호자의 재산관리능력이나 경제적 신용, 법인격을 수탁자의 그것으로 전환할 수 있다. 신탁은 별도의 정함이 없는 한 위탁자의 의사능력 상실이나 행위능력의 제한, 나아가 위탁자의 사망으로부터도 영향을 받지 않는다. 신탁이 설정되면 신탁목적의 구속을 받는 독립한 신탁재산이 발생하고, 이제 그 귀속주체인 수탁자에 의하여 계속적인 재산의 관리 등이 이루어지게 되는 것이다.

둘째, 신탁을 설정함으로써 요보호자가 소유권의 형태로 보유하던 재산적 이익은 수익권의 형태로 전환된다. 요보호자가 수익권을 가지는 경우에는 재산의 소유나 관리에 따르는 부담을 덜면서도 그에 상응하는 재산적 이익을 확보할 수 있다. 또한 수익자의 지정이나 변경, 수익권의 양도를 통하여 수탁자가 소유하는 신탁재산으로부터 발생하는 이익을 누구에게 언제 어떻게 귀속시킬 것인가를 자유롭게 설계할 수 있다. 신탁상 수익자는 이해관계의 최정점에 있는 자로서 신탁법은 수익자의 보호를 위한 다양한 장치를 두고 있다. 그리고 이러한 장치들은 수익자가 의사능력을 상실하거나 행위능력이 제한된 때에도 작동한다.

셋째, 재산권으로부터의 이익을 현재 누릴 수도 있지만 이를 장래 시점으로 전환할 수도 있다. 배우자와 자녀의 생활보장을 위하여 신탁계약을 체결하면서 위탁자가 생존 중에

독인의 선임청구를 의무화하는 입법방안이 제시되고 있다. 박인환, 개정민법상 임의후견제도의 쟁점과 과제, 221면.

74) 상세는 제2장 참조.

는 자신을 수익자로 하고, 성년후견의 개시와 같은 일정한 사유가 발생한 때에는 배우자를 수익자로 그리고 위탁자가 사망한 때에는 배우자와 자녀를 수익자로 지정하거나, 유언신탁을 설정하여 후손들의 교육과 생활 등을 장기간에 걸쳐 지원할 수 있다. 또한 신탁수익을 바로 배분하지 않고 수탁자로 하여금 전부 또는 일부를 적립하였다가 이를 원본에 합산하거나 새로운 재산에 투자하도록 함으로써 재산을 효과적으로 관리하고 신탁수익의 향수기간을 그때그때의 필요나 상황에 따라 유연하게 정할 수 있다.

　이하에서는 성년후견제도하에서 위 신탁기능들이 요보호자의 재산보호라고 하는 관점에서 어떻게 작동할 수 있는지를 구체적으로 살펴본다. 다만 아래 신탁의 활용방안들은 예시적인 것에 지나지 않는다. 개별적인 수요에 따라서 얼마든지 다각적으로 설계할 수 있으며, 이 또한 신탁제도가 가지는 장점의 하나이다.

3.2. 사전적 조치로서의 신탁

3.2.1. 재산의 보호와 관리를 위한 신탁

　정신적 제약으로 인하여 요보호 상태에 놓이게 된 자에 대해서는 청구권자의 청구에 의하여 각각 성년후견개시 심판, 한정후견개시 심판 또는 특정후견 심판이 있게 되고, 그 심판의 내용에 상응하는 보호가 주어진다. 그러므로 요보호 상태에 있더라도 후견이 개시되기 이전이나 혹은 후견이 개시되더라도 행위능력에 제한이 없다면, 요보호자는 의사능력이 있는 한 유효하게 법률행위를 할 수 있다. 그리고 이러한 경우 요보호자의 재산보호가 문제된다. 하지만 요보호자가 이를 대비하여 사전에 재산의 관리, 운용, 수익 등과 관련하여 신탁계약을 체결한다면 요보호자의 의사에 따라서 신탁재산에 대한 관리 등이 지속적으로 이루어질 수 있다. 요보호자의 재산을 단순히 보유, 유지할 뿐 아니라 수탁자의 전문적인 지식의 활용을 통하여 효과적인 재산의 관리, 수익을 기대할 수 있다.

　이와 더불어 법정후견제도의 이용을 위하여 심판절차를 거치는 과정에서 사적인 내용이 공개되는 것을 원하지 않는 경우에도 신탁은 하나의 대안이 된다. 미국에서 유언상속시에 요구되는 검인절차(probate)에서 매우 사적인 내용이 공개될 뿐 아니라 오랜 시간과 많은 비용이 소요되는 것을 회피하기 위하여 생전신탁이 적극 활용되고 있는 것을 보더라도 그러하다.[75]

　예컨대 부동산관리신탁을 설정하는 경우 요보호자는 수탁자로 하여금 부동산의 물리적

---

75) Dukeminier/Johanson/Lindgren/Sitkoff, p.317.

인 관리뿐만 아니라 신탁재산과 관련한 납세, 거래, 장부기재 등의 사무를 위탁할 수 있다. 이러한 관리신탁이 일차적으로는 위탁자의 부동산관리에 대한 부담을 덜어주지만, 그 밖에 후견적인 역할도 하게 된다. 신탁을 설정함으로써 신탁재산의 소유권은 수탁자에게 이전하므로, 이후 위탁자가 판단력이 감소하거나 상실하게 되더라도 당해 부동산을 경솔하게 처분하거나 사취를 당할 염려는 없다. 신탁재산은 위탁자의 소유가 아니며 또한 수탁자의 고유재산과도 독립하여 보호되기 때문이다. 물론 재산을 보전하기 위한 조치로서 처분금지가처분과 같은 제도도 있지만, 이는 구체적인 계쟁을 전제로 한 권리보전제도이지 요보호자의 경솔한 처분 등으로부터 재산을 계속적으로 보존하기 위한 제도는 아니다.

3.2.2. 위탁자가 수탁자의 지위를 겸하는 경우

신탁이 재산의 보호와 관리 등을 위한 유용한 제도라고 하더라도, 소유자가 타인에게 단순히 재산의 관리 등을 위탁하는 것을 넘어서 권리 자체를 이전하는 데에는 소극적일 수 있다. 그래서 위탁자가 신탁을 설정하더라도 당분간은 재산을 보유하면서 직접적·적극적으로 관리 등을 하고자 한다면, 신탁선언에 의하여 신탁을 설정함으로써 수탁자의 지위를 겸할 수 있다. 이 경우 위탁자는 신탁의 목적, 신탁재산, 수익자 등을 특정하고 공증인법에 따른 공정증서를 작성하여야 하며, 신탁을 임의로 종료시킬 수 있는 권한을 유보할 수 없다 (제3조 제2항).[76] 그리고 신탁선언에 의하여 신탁을 설정하는 경우 위탁자가 단독수탁자이면서 또한 유일한 수익자가 되는 형태는 인정되지 않는다. 이 경우에는 재산의 실질적인 처분행위가 없어 신탁으로서의 효력이 인정되지 않기 때문이다.

위탁자가 단독수탁자가 되는 때에는 정신적인 제약이 있거나 재산의 관리 등이 어려워질 경우를 대비하여 신수탁자의 선임에 관한 정함을 둘 필요가 있다. 다만 이 경우에는 전수탁자의 임무종료 시기가 불명확해지고, 따라서 신탁사무의 처리에 공백이 생길 수 있다. 그래서 위탁자가 수탁자의 지위를 겸하고자 하는 때에는 공동수탁자가 되는 형태가 유용하다. 이 경우 신탁의 설정은 위탁자가 수탁자가 되는 신탁선언 및 공동수탁자와의 신탁계약 양자에 의한다. 공동수탁자는 공동으로 신탁사무를 처리하지만, 신탁상 정함에 따라서 각 수탁자가 단독으로 신탁사무를 처리할 수 있다(제50조 제3항). 이후 위탁자가 수탁자로서의 사무처리가 어려워진 때에는 다른 수탁자로 하여금 계속해서 신탁사무를 처리하도록 하면 된다. 수탁자가 다수인 경우 1인의 임무가 종료하면 신탁재산은 당연히 다른 수탁자에게

---

76) 제3조 제2항의 해석에 관하여는 제5장 Ⅰ. 4.2.1. (3) 참조.

귀속되므로(제50조 제2항) 신탁재산에 대하여 중단 없는 관리가 가능해진다.

3.2.3. 수탁자에 대한 감독

신탁설정 후 위탁자가 의사능력을 상실하거나 행위능력이 제한된 때 수탁자에 대한 감독에 공백이 생기고, 따라서 수탁자에 의한 신탁사무의 부적절 또는 위법한 처리가 문제될 수 있다. 그러나 신탁에서 수탁자에 대한 일차적인 감독 기능은 수익자에게 있다. 요보호자가 위탁자와 수익자의 지위를 겸하는 때에도 이러한 경우를 대비하여 신탁상 신탁관리인을 지정할 수 있으며, 그러한 정함을 두지 않은 때에도 이해관계인의 청구에 의하여 신탁관리인이 선임될 수 있다(제67조 제2항). 신탁관리인은 신탁에 대하여 수익자와 동일한 지위에 있으며, 신탁이익의 향수를 제외한 수익자의 권리를 자신의 명의로 행사할 수 있다(제68조 제1항 및 제2항). 신탁관리인은 의사능력이 없거나 행위능력이 제한된 수익자에 갈음하여 수탁자에 대한 감독 기능을 수행하는 것이다. 견해에 따라서는 '신탁재산보호자'의 정함을 두는 실무가 적절하다고 평가하는데,[77] 굳이 새로운 개념을 창출할 필요 없이 신탁법이 예정하고 있는 신탁관리인에 대한 정함으로 새기면 충분하다.

그리고 기본적으로 신탁법상 수탁자에게 부여되는 엄격한 의무들은 수탁자에 대한 감독비용(monitoring cost)을 감소시키는 기능을 한다. 특히 충실의무는 신임관계에 기초하여 타인의 재산을 소유하고 관리, 운용, 처분 등을 하는 수탁자의 행위규준이 되며, 이에 상응하는 의무위반에 따른 책임은 의무의 이행을 강제하고 감시하는 역할을 한다. 이와 더불어 법원도 신탁사무에 대한 종국적인 감독권을 가진다(제105조).

3.3. 후견인에 의한 재산관리의 보완

민법은 재산후견인과 신상후견인을 제도적으로 구분하지 않는다.[78] 법원은 요보호자의 재산과 신상에 관한 모든 사정을 고려하여 하나 혹은 다수의 후견인을 둘 수 있다(민법 제930조 제2항, 제959조의3 제2항, 제959조의9 제2항). 후견계약을 체결하는 본인도 다수의 후견인을 두어 업무를 분장하거나, 1인의 후견인으로 하여금 양 영역의 업무를 모두 처리하게 할 수도 있다. 만약 요보호자가 성년후견 등이 개시되기 이전에 신탁을 설정하여 이미 수탁자에

---

77) 정순섭, 657면.

78) 반면 영국 정신능력법(Mental Capacity Act 2005)은 deputy for property affairs와 deputy for personal affairs, lasting power of attorney for property affairs와 lasting power of attorney for personal affairs를 구분한다.

의한 재산의 관리 등이 이루어지고 있다면, 법원은 피성년후견인의 의사에 따라서 재산관리가 계속되는 범위 이외의 부분에 대하여 후견인의 재산관리를 명하면 충분하다. 그것이 요보호자의 자기결정권의 존중이라고 하는 취지와 효율적인 재산관리에 부합한다.

요보호자가 기존에 신탁을 설정하지 않은 경우에도, 법원이 전문적인 재산관리 후견인을 별도로 선임하지 않는 한, 피후견인의 재산을 관리함에 있어서 대리권을 가진 후견인은 그 범위에서 신탁계약을 체결할 수 있다. 신탁을 통하여 피후견인의 재산을 안정적으로 보호, 관리, 수익하면서, 후견인은 피후견인의 신상에 관한 업무에 집중할 수 있다. 그러므로 신탁은 피후견인의 재산의 보호와 더불어 후견인의 부담을 덜 수 있는 방안이 된다.

3.4. 후견인의 감독과 부정행위 방지
3.4.1. 후견인에 대한 감독의 한계와 대안

신탁을 통하여 후견인의 감독 내지 부정행위의 방지를 도모할 수 있다. 물론 후견인에 대해서는 법원이 감독을 하며, 임의기관인 후견감독인에 의해서도 감독이 이루어질 수 있다. 그런데 성년후견제도 도입 이후 성년후견 관련 사건은 급증하고 있고, 우리나라의 인구구조상 그 증가폭은 더욱 확대될 것이다.[79] 하지만 전문적인 후견인의 공급이 아직 충분하지 못한 상황에서 친족후견인이 선임되는 경우가 많고, 이들에 의한 부정행위가 발생하기 쉽다.[80] 또한 법원에 의한 적절한 감독을 기대하기에도 현실적으로 한계가 있다.

이러한 사실은 이미 2000년에 성년후견제도를 시행한 일본에서도 확인된다. 일본의 경우 고령화의 진전에 따라 성년후견 사건이 급증하였는데, 성년후견제도 초기에는 피성년후견인의 친족을 후견인으로 선임하는 비율이 높았다.[81] 그리고 이에 비례하여 친족후견인을 포함한 후견인의 착복, 유용 건수 및 액수도 증가하였다.[82] 하지만 우리법과 마찬가지로

---

[79] 성년후견제도 시행 후 2년간 1,400여 건 이상의 접수가 있었고, 그중 성년후견 사건이 약 79.5%(1,131건), 한정후견 사건이 약 10.8%(154건), 특정후견 사건이 약 8.9%(126건), 임의후견 사건이 약 0.8%(12건)를 차지하였다(대한변협신문 제566호, 2015. 11. 16.). 그러던 것이 2020년 접수된 성년후견 사건이 8,180건, 한정후견 사건이 830건, 특정후견 사건이 917건, 임의후견 사건이 26건, 성년후견감독 사건이 3,492건, 한정후견감독 사건이 300건, 특정후견감독 사건이 663건, 임의후견감독 사건이 1건에 이르렀다(2021 사법연감).

[80] 제주지방법원 2017. 11. 8. 선고 2017고단284 판결은 후견인의 법률상 공적인 역할을 들어 친형인 성년후견인에 대하여 친족상도례를 적용하지 않고 횡령죄를 인정하였다. 친족후견인이 많은 비중을 차지하는 상황에서 친족상도례를 적용할 경우 위법행위를 한 후견인을 처벌하기가 어렵기 때문에 빈번히 발생하는 위법행위로부터 피후견인의 재산을 보호하고자 한 취지일 것이다.

[81] 淺香龍太/內田哲也, 後見制度支援信託の目的と運用, 金融法務事情 No.1939(2012. 2), 金融財政事情研究會, 31頁.

[82] 淺香龍太/內田哲也, 後見制度支援信託の目的と運用, 33頁에 따르면, 2010년 6월부터 2011년 6월까지

일본에서도 후견감독인은 임의기관에 지나지 않으며, 법원도 충분한 감독기능을 수행하는 데 한계에 부딪혔다. 성년후견 사건이 급증하면서 법원의 후견인 감독업무가 증가하였고 이것이 과도한 부담으로 작용한 까닭이다. 그래서 이에 대한 확실한 방지책을 마련하는 것이 중대한 과제로 떠올랐고,[83] 그 대책으로 2011년 2월 최고재판소 사무총국 가정국은 후견제도지원신탁을 도입하였다.

　후견제도지원신탁은 본인의 재산 중 주거 내지 요양시설에 대한 비용이나 일반 생활에 필요한 비용과 같은 통상적인 지출을 할 만큼의 금전은 예탁금 등으로 후견인의 관리하에 두고 통상 사용하지 않는 재산은 신탁은행 등에 신탁을 하는 제도이다.[84] 성년후견개시 또는 미성년후견인선임 신청이 있는 때[85] 법원은 후견제도지원신탁의 이용 여부를 검토하기 위하여 변호사나 사법서사 등 전문직 후견인을 선임할 수 있다. 전문직 후견인은 피후견인의 생활이나 재산상태 등을 파악하여 후견제도지원신탁을 이용하는 것이 적합한지를 검토하고, 이를 긍정할 수 있는 경우에는 신탁할 재산의 액수와 친족후견인이 일상적으로 지출하는 액수 등을 정하여 법원에 보고서를 제출한다. 법원은 보고서의 내용을 확인하여 후견제도지원신탁의 이용에 적합하다고 판단한 때 전문직 후견인에게 지시서를 발행하고, 전문직 후견인은 신탁은행 등에 지시서를 제출하고 신탁계약을 체결한다. 이후 전문직 후견인은 통상 사임을 하고,[86] 친족후견인 등에게 후견사무를 인계한다. 후견인이 예상과 다른 비용을 지출할 필요가 있는 때에는 법원으로부터 지시서를 받아 수탁자에게 제출하고 신탁재산으로부터 급부를 받을 수 있다. 신탁의 변경이나 종료시에도 역시 법원의 지시서가 요구된다. 비록 후견제도지원신탁의 이용범위가 한정되고 신탁재산도 금전만을 대상으로 하

　　13개월 동안 친족후견인 등의 부정행위가 판명된 사안이 239건, 피해 총액이 약 26억 3천만 엔이었다. 그래서 소송 등의 법적 절차나 복잡한 재산관리와 신상에 대한 배려를 위한 전문적인 지식이 요구되는 사안 및 적당한 친족을 찾기 어려운 사안 등에 대비하고, 친족후견인에 의한 부정행위를 회피함으로써 요보호자의 재산보호를 도모한다는 관점에서, 친족 이외의 전문직을 가진 제3자를 후견인으로 선임할 필요성이 커졌다. 이에 상응하여 제3자 후견인을 선임한 비율이 2000년에는 10%에 미치지 못하였으나 2010년에는 40%를 넘어섰다.

83) 赤沼康弘, 信託と成年後見制度, ジュリスト No.1450(2013. 2), 有斐閣, 29頁 이하.

84) 제도에 관한 개관은 寺本惠, 後見制度支援信託の槪要, 金融法務事情 No.1939(2012. 2), 金融財政事情硏究會, 43頁 이하에 의한다.

85) 일본의 후견제도에는 성년후견제도와 미성년후견제도가 있으며, 전자에는 법정후견제도인 후견, 보좌, 보조의 3가지 유형과 함께 임의후견제도가 있다. 이 중에서 후견제도지원신탁은 성년후견과 미성년후견에서만 이용가능하다.

86) 전문직 후견인이 사임하는 것은 비용 문제와 직결되며, 일본 신탁업법상의 자격요건이 구비되지 않는 전문직 후견인은 수탁자도 될 수 없기 때문이다.

지만, 종래 후견인에 대한 법원의 사후적인 감독이 가지는 한계를 극복하고 후견인에 의한 부정행위를 미연에 방지할 수 있다는 점에서 그리고 본인의 신상에 대한 배려는 해태하지 않으면서도 그 재산은 보다 폭넓게 보호할 수 있다는 점에서 새로운 선택지로 평가되고 있다.[87]

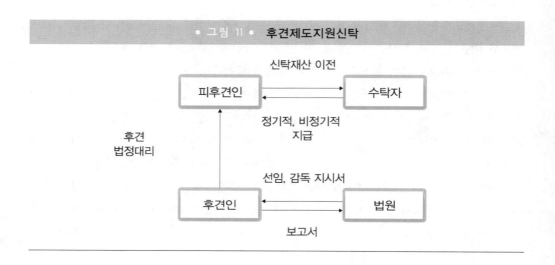

● 그림 11 ● **후견제도지원신탁**

3.4.2. 후견제도지원신탁

우리나라에서도 후견제도지원신탁을 포함한 성년후견제도를 설계할 수 있음은 물론, 개별적인 신탁계약에서 유사한 구조를 차용할 수 있다.[88] 예컨대 고령자가 정신적인 제약으로 성년후견심판을 받기 이전에 신탁계약을 체결하거나 성년후견심판을 받은 이후 성년후견인이 대리하여 신탁계약을 체결하면서 일상적인 생활에 필요한 비용을 제외한 나머지 재산을 신탁하고, 특별히 비용이 소요되는 사항에 대해서는 별도의 절차를 통해 수탁자로부터 지급받도록 하는 것이다. 또는 성년후견인에게 언제, 어떻게, 얼마만큼의 수익급부를 할 것인지에 대하여 수탁자에게 배분적 재량(dispositive discretion)을 수여할 수도 있다. 이러한 재량신탁[89]은 일반적으로 가족관계의 변화나 사회적, 경제적 변화를 반영하여 미처 예

---

87) 淺香龍太/內田哲也, 後見制度支援信託の目的と運用, 35頁 이하.

88) 서울가정법원 2017. 4. 17.자 2017느단50834 심판은 임시후견인이 피후견인을 대리하여 신탁은행과 특정금전신탁계약을 체결하는 것을 허가하였는데, 이 경우 신탁이 피후견인의 재산을 보존, 관리함은 물론 재산관리에 대한 후견인의 부담을 더는 방안이라는 데 의문이 없다.

89) 재량신탁에 관하여는 제3장 Ⅳ. 2. 참조.

견할 수 없었던 장래의 사태에 유연하게 대처할 수 있는 장점을 가진 제도로 인식되고 있다.[90] 그리고 재량신탁이 후견제도와 연결되는 경우에는 이에 더하여 후견인에 대한 감독 기능도 수행하게 될 것이다. 임의후견의 경우에도 일상적인 생활에 필요한 비용을 제외한 나머지 재산에 대하여 재량신탁을 설정하거나, 일반적인 신탁을 설정하면서 임의후견인이 신탁재산의 급부를 받을 때에는 후견감독인의 동의서를 요건으로 정함으로써 동일한 효과를 얻을 수 있다.

3.5. 후견계약의 대체 또는 연결로서의 신탁

자기결정권의 존중이라고 하는 관점에서는 법정후견보다 임의후견이 우선하고 법정후견은 보충적으로 인정되는 것이 바람직하다. 민법 제959조의20은 후견계약이 등기되어 있는 경우 법원은 본인의 이익을 위하여 특별히 필요할 때에만 법정후견의 심판을 할 수 있고(제1항), 법정후견이 개시된 상태에서도 본인의 이익을 위하여 특별히 필요한 때가 아니면 임의후견감독인을 선임하고 기존 법정후견에 대하여는 종료 심판을 하여야 한다고 규정한다(제2항). 이에 대하여 판례는 후견계약이 등기된 경우 사적 자치의 원칙에 따라 본인의 의사를 존중하여 후견계약을 우선하도록 하고, 예외적으로 본인의 이익을 위하여 특별히 필요할 때에 한하여 법정후견을 개시할 수 있도록 한 것으로 해석한다.[91]

그리고 신탁의 구조와 기능에 비추어볼 때 신탁은 임의후견을 대체할 수 있다. 다만 후견계약을 통해서는 재산관리 외에 신상보호에 관한 사무도 위탁할 수 있지만, 신탁은 신탁재산을 중심으로 한 법률관계인 만큼 온전히 후견계약을 대체할 수는 없다. 물론 재산과 신상의 문제가 전혀 별개라고 할 수는 없고, 요양시설에 입소하는 결정이나 의료계약과 같이 양 요소가 혼재한 경우도 있다. 하지만 전문적인 수탁자 내지 신탁업자와 신탁계약을 체결하는 경우 이러한 수탁자에 대하여 후견계약에서와 같은 신상보호에 관한 사무의 처리를 전적으로 기대하기는 어려운 것이 사실이다.

그럼에도 불구하고 위탁자는 신탁을 설정함으로써 적극적으로 재산을 관리할 수 있음은 물론, 후견계약과 연결하여 위탁자의 신상과 재산을 보다 효율적으로 보호할 수 있다. 예컨대 후견계약과 별개로 수탁자와 신탁계약을 체결하면서 위탁자 자신을 수익자로 지정하고, 자신의 판단능력이 저하되거나 행위능력이 제한된 때에는 자신과 배우자를, 자신과 배우자가 사망한 때에는 자녀를 수익자로 지정하는 것이다. 위탁자가 고령으로 정신적 제

---

90) 최수정, 신탁제도를 통한 고령자의 보호와 지원, 165면.
91) 대법원 2017. 6. 1.자 2017스515 결정; 대법원 2021. 7. 15.자 2020으547 결정.

약이 있게 될 때에는 그 배우자도 통상 고령자로서 유사한 상태에 있거나 있게 될 것이므로, 신탁은 이에 대한 지원이나 부양 수단으로 기능한다. 만약 자녀가 미성년자여서 상당기간 부양이 필요하거나 장애 등으로 지속적인 지원이 요구되는 때에도 그러하다.92) 이후 위탁자에 대하여 임의후견이 개시되면 후견계약상의 임의후견인이 신탁상 정한 바에 따라서 신탁재산으로부터의 수익이나 신탁원본을 교부받아 본인을 부양하고 그 재산을 관리하는 것이다. 이때 신탁사무에 대하여는 수익자 또는 신탁관리인이, 후견계약의 사무처리에 대하여는 임의후견감독인이 직접적으로 감독한다. 법원은 신탁사무에 대한 최종적인 감독을 그리고 임의후견감독인의 선임, 사무감독, 해임을 통해 임의후견인을 간접적으로 감독하게 된다.

나아가 위탁자는 신탁의 후견적 기능을 통하여 재산을 보호하고 그 이익을 향수할 수 있을 뿐만 아니라, 장래 재산의 승계까지 적극적으로 설계할 수 있다.93) 예컨대 위탁자가 자신의 생존중에는 자신을 수익자로 하고 사망시에는 배우자나 가족 또는 제3자를 수익자로 정함으로써 자신의 의사 및 장래의 구체적인 상황에 따라 재산적 이익을 다각적으로 귀속시킬 수 있다. 위탁자 사망시에는 신탁상 정함에 따라서 수익권의 형태로 재산이 승계되므로 유산을 둘러싼 분쟁을 예방할 수 있다. 특히 상속인이 행위능력에 제한이 있거나 요보호 상태에 있는 때에는 법정상속이나 유증에 의하여 재산을 상속받더라도 이를 유지하고 수익하기가 어렵지만, 신탁에 의하면 그 재산을 보호하고 계속적으로 수익할 수 있다.

신탁의 이러한 기능은 위임 등 다른 계약에서는 찾아볼 수 없다. 학설은 사후의 사무를 후견계약을 통해서는 위탁할 수 없다고 하면서도, 일본에서 법정후견의 경우 사후의 사무에 대한 위임에 관하여 치밀한 검토가 이루어지고 있는 것에 비추어 우리법상 임의후견에 대하여도 검토할 필요가 있다고 한다.94) 그러나 후견계약은 기본적으로 위임의 성질을 가

---

92) 이처럼 신탁은 위탁자 자신뿐만 아니라 제3자의 부양을 위한 수단으로서도 유용하다. 위탁자가 신탁을 설정하면서 자신이 부양해야 하는 미성년자 또는 장애인을 수익자로 지정하면, 위탁자의 행위능력 제한시 또는 사망시에도 수탁자가 지속적으로 신탁재산을 소유, 관리하면서 그로부터 발생한 수익을 지정된 수익자에게 지급하게 된다. 이로써 위탁자는 자신의 생존중은 물론 사후에도 요보호자를 경제적으로 지원하고 안정적으로 부양할 수 있다. 이와 관련하여 상속세 및 증여세법 제52조의2는 장애인이 증여받은 재산 전부를 자본시장법상의 신탁업자에게 신탁한 자익신탁 또는 장애인을 수익자로 하는 타익신탁에 대하여 최대 5억 원까지 증여세를 감면한다. 그런데 장애인특별부양신탁은 비과세를 통해 장애인을 지원하는 제도이지만, 거의 활용되지 못하고 있다. 현재 경제상황에서 최대 금액인 5억 원은 장애인의 생활지원에 충분하지 못할뿐더러, 수탁가능한 재산에도 한계가 있는 등 법률상의 한계 때문이다. 그래서 사회적 제도로서 특별수요신탁(special needs trust)의 도입이 필요하다.

93) 상세는 제10장 Ⅰ. 참조.

94) 백승흠, 개정민법의 후견계약제도와 과제 ―일본의 임의후견계약제도와 비교하여―, 원광법학 제28권 제4호(2012. 12), 54면.

지기 때문에 당사자의 사망에 의하여 종료한다(민법 제690조). 만약 사후의 사무도 처리할 수 있다고 한다면, 후견인은 누구의 대리인인지, 상속인의 대리인으로서 후견인의 사무처리의 효과가 상속인에게 귀속된다고 할 수 있는지 등 여러 문제가 제기될 것이다. 그러므로 후견계약은 계약당사자인 본인의 생존시에만 효력을 가진다고 해야 하며, 사망시의 재산관계는 유증이나 상속 또는 이에 갈음하는 신탁에 의하여 처리하는 것이 타당하다.

Ⅲ. 담보를 위한 신탁[95]

1. 담보신탁의 의의

신탁을 설정하는 목적은 다양하지만, 그중 채권의 담보를 위하여 설정하는 신탁을 담보신탁이라고 한다. 신탁법은 담보수단으로 위탁자가 수탁자에게 담보권을 설정하는 유형의 신탁(제2조)과 신탁의 합병, 분할, 분할합병시에 이의를 제출한 채권자에게 담보를 신탁하는 경우(제92조 제3항 및 제96조 제3항)를 예정하고 있다. 그러나 담보목적으로 신탁을 이용하는 형식에는 제한이 없으며, 신탁의 구조와 특질을 이용하여 개별적인 수요에 따라 얼마든지 유연하게 설계할 수 있다.

그런데 종래 학설이나 실무에서 담보신탁은 서로 다르게 정의되어 왔다. 일부 견해는 부동산신탁을 토지개발신탁, 관리신탁, 처분신탁, 담보신탁으로 구분하면서, 위탁자가 자신의 부동산을 신탁하고 발급받은 수익권증서를 금융기관에 담보로 제공하고 신탁회사는 위탁자의 채무불이행시에 부동산을 처분하여 금융기관에 변제해 주는 신탁을 담보신탁으로 정의한다.[96] 그러나 이 경우는 채무자인 위탁자 겸 수익자가 수익권을 담보로 제공한 것에 지나지 않기 때문에 특별히 신탁법리가 문제되는 것은 아니다.[97]

다른 견해는 채무자인 위탁자가 채권자인 수익자를 위하여 수탁자에게 부동산의 소유권을 이전하고 채무불이행시에 수탁자가 담보목적 부동산을 처분하여 그 매각대금으로 수

95) 이하는 최수정, 담보를 위한 신탁, 법조 62권 8호(2013), 5면 이하 및 최수정, 부동산담보신탁상 우선수익권의 성질과 우선수익권질권의 효력, 인권과 정의 제470호(2017. 12), 45면 이하를 수정, 보완하였다.

96) 최동식, 48면.

97) 임채웅, 담보신탁의 연구, 인권과 정의 제378호(2008. 2), 127면은 이 경우 신탁을 함으로써 담보제공의 효과가 발생하는 것은 아니라는 근거에서 이를 담보신탁의 범주에서 제외한다.

익자인 채권자에게 반환하는 방법의 신탁[98] 또는 채무자 소유의 부동산을 수탁자에게 신탁
하면 수탁자는 우선수익자인 채권자 및 보통수익자인 채무자를 위하여 신탁재산을 보관,
관리하고 채무불이행시에 신탁재산을 처분하는 형태라고 설명한다.[99] 하지만 이러한 정의
는 실무에서 활용되는 부동산담보신탁의 한 유형을 가리키는 것일 뿐이어서 담보신탁의 일
반적인 개념정의로는 적합하지 않다. 그리고 채무자가 위탁자로서 자신이 소유하는 부동산
을 신탁하는 경우만을 예정하고 있는데, 이러한 제한을 둘 근거도 없다. 채무자 아닌 제3자
도 담보신탁을 설정할 수 있으며, 이 경우 제3자는 타인의 채무를 담보하기 위하여 자신의
부동산을 제공한 자로서 물상보증인과 같은 지위를 가진다. 그리고 부동산의 소유자가 아
닌 채무자도 위탁자가 될 수 있다. 이 경우 신탁재산의 이전은 처분행위로서 처분권한이 있
어야 하므로, 소유자 등 처분권자로부터 처분수권이 요구될 뿐이다.

　　또 다른 견해는 담보신탁의 개념이 명확하지 않고 때로 혼란스럽다는 점에서 그 분류
기준을 달리한다. 담보와 관련된 모든 종류의 신탁을 최광의의 담보신탁, 신탁형식과 관계
없이 담보목적으로 채권자를 수익자로 정하는 타익신탁을 광의의 담보신탁, 그리고 오직
채권담보목적으로 채권자를 수익자로 정한 신탁을 협의의 담보신탁이라는 것이다.[100] 그런
데 신탁의 도산격리효에 주목하여 담보신탁 일반에 대한 정의를 시도한 점은 긍정적으로
평가할 수 있지만, 그와 같은 의도에 비추어볼 때 최광의의 분류가 필요한지 그리고 협의와
광의를 구분하는 실익이 무엇인지에 대한 의문은 남는다.

　　신탁법 개정 이후 신탁제도의 활용에서 가장 두드러진 분야가 바로 담보신탁이라고 할
수 있으며, 근래 신탁 관련한 법적 분쟁 또한 담보신탁, 특히 부동산담보신탁에 집중되고
있다. 부동산담보신탁에서는 채무자가 부동산을 수탁자에게 이전하면서 채권자를 우선수익
자로 정하고, 채무불이행시에는 신탁부동산을 처분하여 채권의 변제에 충당하고 나머지는
위탁자에게 반환하는 형태가 주를 이룬다. 판례도 이러한 법률관계를 전제하는 것으로 보
인다. 하지만 부동산을 대상으로 하는 담보목적의 신탁이 비단 위 유형에 한정되는 것은 아
니다. 신탁의 폭넓은 활용가능성을 고려할 때 학설이나 판례에서와 같이 담보를 위하여 신
탁이 활용되는 일부의 유형만을 각자 담보신탁이라고 정의한다면 다양한 유형을 포괄하기
어렵고, 오히려 혼란을 초래하고 정확한 법률관계를 파악하는 데 어려움을 야기할 수 있다.
그러므로 담보를 위하여 신탁제도가 이용되는 경우를 담보신탁이라고 정의하면 충분하

---

98) 김상용, 부동산담보신탁제도개발의 필요성과 법적 문제점 검토, 경영법률 제5집(1992), 663면; 고일광, 부
　　동산신탁에 관한 회생절차상 취급 －부동산담보신탁의 경우를 중심으로－, 사법 제9호(2009), 67면.

99) 이중기, 257면, 610면 이하.

100) 임채웅, 126면 이하.

다.[101) 보다 중요한 것은 신탁의 고유한 구조하에서 신탁행위의 해석을 통하여 당사자들의 법률관계를 분석하고 각각에 상응하는 효과를 수여하는 것이다. 특히 담보권의 신탁은 그 효과에 관한 규정이 없기 때문에 상세한 해석기준이 요구된다. 이하에서는 담보를 위하여 신탁이 활용되는 중요한 유형들을 전제로 각각의 법률효과를 살펴본다.

2. 채권자를 수익자로 하는 신탁

2.1. 신탁계약의 유형

담보목적으로 신탁을 이용하는 대표적인 방식은 타익신탁을 설정하면서 채권자를 우선수익자로 정하는 것이다. 판례에서 나타나는 신탁계약은 부동산담보신탁계약, 분양형토지개발신탁계약, 담보신탁용 부동산관리·처분신탁계약 등 사안에 따라 차이가 있고, 실무에서 부동산신탁은 토지신탁, 담보신탁, 처분신탁, 관리신탁으로 구분된다.[102) 그러나 신탁계약의 명칭이 담보신탁의 기본적인 구조나 그 법률관계와 직결되는 것은 아니다. 관리신탁이나 처분신탁을 설정하면서 채권의 담보를 위하여 채권자를 우선수익자로 정하였다면 이 또한 담보신탁의 하나로 취급할 수 있다.

채권자를 수익자로 하는 담보신탁은 그 구조에 따라서 다음과 같은 두 가지 유형으로 구분된다. 첫째, 채무자 또는 제3자가 신탁을 설정하면서 채권자를 우선수익자로 정하는 유형이다. 예컨대 부동산담보신탁계약을 체결하면서 채권자를 우선수익자로, 위탁자 자신을 수익자로, 신탁기간은 우선수익자의 채권소멸시로 각각 정하고 수탁자에게 부동산에 대한 소유권이전등기와 신탁등기를 마쳐주는 것이다.[103) 신탁존속 중 수탁자는 신탁법 및 신탁계약의 정함에 따라서 신탁재산을 소유, 관리 등을 한다. 위탁자 겸 수익자는 자신의 부동산을 수탁자에게 양도함으로써 소유권을 상실하지만, 수익권의 내용으로서 신탁종료시 잔여신탁재산을 반환받거나 신탁존속 중 신탁재산을 사용, 수익할 수 있다. 채권자는 신탁재산의 교환가치를 우선수익권을 통해 확보하고자 한 것이고 또 수익권의 내용은 신탁상 정함에 따르므로, 신탁계약상 위탁자 겸 수익자에게 수입수익권(income interest)을 허용하는 데에는 장애가 없다.[104) 이와 달리 채권자에게 수입수익권을 수여하고 그 부분만큼을 채무

---

101) 수익자는 채권의 담보를 위하여 자신의 수익권에 관하여 질권 또는 양도담보를 설정할 수 있지만, 이는 담보를 위하여 신탁을 설정하는 것이 아니므로 담보신탁의 개념과는 거리가 있다. 수익권질권과 수익권양도담보에 관하여는 제4장 Ⅲ. 5.7. 참조.

102) 정순섭/노혁준, 87면 이하.

103) 대법원 2008. 10. 27.자 2007마380 결정, 대법원 2009. 7. 9. 선고 2008다19034 판결 등.

변제에 충당하는 것으로 정하는 것도 가능하다.

만약 신탁기간의 만료, 신탁계약의 해지, 채무의 변제 등으로 신탁계약이 종료하는 경우 수탁자는 통상 위탁자에게 신탁재산의 귀속을 원인으로 하여 신탁재산을 이전한다. 반면 채무가 변제되지 않으면, 이제 채권자는 우선수익권을 행사하여 수탁자에게 신탁재산의 환가를 요구하고 그 대금으로부터 수익급부의 형태로 우선적으로 채권의 만족을 얻을 수 있다. 사실 채권자의 우선수익권은 수익급부의 순위가 다른 일반적인 수익자에 앞선다는 의미에서 실무상 우선수익권으로 불리지만, 그 성질은 여타의 수익권과 다르지 않다.

둘째, 채권자를 수탁자 겸 우선수익자로 정하는 유형이다. 대법원 2011. 5. 23.자 2009마1176 결정에서는 자금을 조달하기 위하여 위탁자가 신탁업자로부터 자금을 차용하면서 그에게 전 재산인 부동산을 신탁한 것이 사해신탁인지 여부가 쟁점이 되었다. 이 사건 신탁계약에 의하면 위탁자가 계속 당해 부동산을 운영하고 그로부터 발생하는 수익도 취득하며, 위탁자가 수탁자로부터 차용한 자금을 모두 변제하면 신탁계약이 종료하여 신탁재산은 위탁자에게 반환되고, 이를 변제하지 못하면 수탁자 겸 신탁원본 우선수익자인 채권자가 신탁재산을 처분하여 그 대금을 관련 비용 및 대여금에 우선 충당한 후 잔액을 위탁자에게 반환하게 된다. 수탁자는 원칙적으로 신탁이익을 향수할 수 없지만 다수 수익자 중 1인인 경우에는 가능하므로(제36조) 이러한 유형의 신탁도 유효하다. 위 사안에서는 위탁자가 수입수익권 및 잔여권을 가지고 채권자인 수탁자가 신탁원본 우선수익자로 지정된 점에서 첫번째 유형과 차이가 있지만, 수익자와 수탁자의 지위는 별개이므로 그 구조 자체가 전적으로 상이한 것은 아니다.

한편 채권자를 수익자로 하는 계약유형에는 포함되지 않지만, 담보목적으로 신탁이 활용되는 또 다른 예가 발견된다. 대법원 2003. 5. 30. 선고 2003다18685 판결에서는 위탁자가 자익신탁인 담보신탁용 부동산관리·처분신탁계약을 체결하면서 수탁자에게 신탁을 원인으로 한 소유권이전등기를 하였고, 신탁상 정함에 따라서 수탁자는 신탁부동산에 관하여 위탁자의 채권자를 위한 근저당권설정등기를 해 주었다. 채권자가 담보목적으로 직접 수익권을 취득하는 것이 아니라 신탁부동산에 관하여 근저당권을 취득하는 점에서 위 유형들과 구분된다. 하지만 신탁을 설정함으로써 위탁자나 수탁자와 독립한 신탁재산을 창출하고 이를 채권자를 위하여 담보로 제공한다는 점에서는 동일한 범주에 속한다.

---

104) 이중기, 담보신탁과 담보권신탁, 증권법연구 제14권 제2호(2013), 한국증권법학회, 663면은 담보신탁의 경우 담보목적으로 소유권 자체를 신탁하기 때문에 위탁자는 소유권에 기한 사용, 수익권을 상실하게 되고, 담보목적으로 과도한 권리가 이전됨으로 인한 사회적 손실이 발생한다고 한다. 그런데 위탁자는 소유권에 기한 사용, 수익에 갈음하여 수익권의 내용으로서 신탁재산을 사용, 수익할 수 있고, 이는 어디까지나 신탁상 정함에 달린 문제이다.

2.2. 담보기능

2.2.1. 다른 담보제도와의 대비

채무를 담보하기 위하여 채무자 또는 제3자가 채권자를 수익자로 하는 타익신탁을 설정하거나 자익신탁을 설정하면서 신탁재산에 채권자를 위한 담보물권을 설정하도록 한 경우, 채무자 또는 제3자 소유의 재산에 담보물권을 설정하거나 수익권을 담보로 제공하는 것과 비교되는 중요한 효과가 발생한다. 후자의 경우 이들 재산이나 수익권은 담보설정자의 책임재산을 이룬다. 그러므로 다른 채권자가 강제집행을 하는 경우 담보물권자는 본인의 의사와 무관하게 그리고 원하지 않는 시점에서 채권의 변제를 받지 않을 수 없고, 담보설정자에 대하여 회생절차가 개시된 경우 채권자의 담보권은 기간내에 회생담보권으로 신고되지 않으면 소멸하며 회생계획에 의하여 영향을 받는다.

그러나 전자의 경우 신탁재산은 위탁자의 재산과 분리되고 그 소유자인 수탁자의 고유재산과도 독립하므로(제22조 이하), 위탁자나 수탁자에 대하여 회생절차나 파산절차가 개시되는 때에도 수익자의 지위 또는 신탁재산에 대한 담보권은 영향을 받지 않는다.[105] 독립한 신탁재산에 대하여 담보권이나 수익권을 취득한 채권자는 담보제공자의 도산위험으로부터 절연된 보다 강력한 담보를 취득할 수 있는 것이다.

2.2.2. 담보신탁상 우선수익권의 법적 성질

(1) 학설

담보신탁상 우선수익권의 법적 성질에 관하여는 일종의 변칙담보로서 담보물권의 법리에 의한다는 견해와[106] 신탁상 권리로서 신탁법리에 의한다는 견해가[107] 나뉜다. 이하에서는 담보신탁상 우선수익권을 담보물권으로 보는 견해의 당부에 대한 검토를 통해 신탁상 권리로서 우선수익권의 성질을 확인해본다.

첫째, 수익권을 담보물권으로 보는 견해는 담보신탁이 신탁재산의 운용이라고 하는 신탁제도의 본질적인 특징이 결여되어 있고, 그 실질이 담보이므로 채권자가 취득하는 수익

---

105) 위탁자로부터의 도산절연효에 관하여는 제6장 Ⅳ. 3. 참조.

106) 김상용, 부동산담보신탁제도개발의 필요성과 법적 문제점 검토, 경영법률 제5집(1992), 666면 이하.

107) 임채웅, 담보신탁의 연구, 131면 이하. 한편 고일광, 부동산신탁에 관한 회생절차상 취급 —부동산담보신탁의 경우를 중심으로—, 사법 제9호(2009), 87면 이하는 '부동산담보신탁'의 법적 성질을 변칙담보로 파악하지 않고 신탁법 고유의 법리에 따라 해결하여도 무방하다고 하는데, 여기서 문제되는 것은 '우선수익권'의 성질이지 부동산담보신탁계약 자체의 성질은 아니기 때문에 위 문헌에서 '부동산담보신탁'은 우선수익권으로 바꿔 읽을 필요가 있다.

권은 일종의 변칙담보권인 담보수익권으로 담보물권의 통유성을 가지며 저당권에 관한 규정이 적용된다고 한다. 그러나 신탁의 본질이 신탁재산의 '운용'에만 있는 것은 아니며, 신탁재산의 관리, 처분, 개발, 기타 신탁목적의 달성을 위하여 필요한 모든 행위를 포괄한다. 그리고 담보를 목적으로 한다고 해서 당연히 '담보물권'이 되는 것은 아니다. 손해배상액의 예정이나 상계 등도 실제 채무의 이행을 담보하는 기능을 하지만, 이를 담보'물권'으로 취급하지는 않는다. 그러므로 수익권에 저당권에 관한 규정이 '적용'될 수 없으며, 따라서 담보물권의 통유성이 당연히 인정되는 것도 아니다. 또한 신탁재산이 동산인 때에는 저당권이 아닌 질권에 해당한다고 할 것인지, 목적물의 인도가 없는 질권은 효력이 없는데(민법 제330조) 이를 어떻게 설명할 수 있는지 의문이 아닐 수 없다.

둘째, 수익권을 담보물권으로 보는 견해는 신탁설정 전의 채권자가 신탁재산에 강제집행을 하는 경우 담보수익권이 변칙담보물권인 점 그리고 신탁원부에 공시가 된다는 점에서 일반채권자에 대한 우선변제권이 인정되고, 담보수익권을 담보물권으로 이해하지 않는다면 이러한 우선변제권은 인정되지 않는다고 한다. 그러나 채권자는 신탁상 정함에 따른 수익권의 내용으로서 신탁재산으로부터 우선적인 변제를 받을 수 있으며 그것으로 충분하다. 무엇보다 위탁자의 일반채권자는 신탁재산에 강제집행을 할 수 없으며, 신탁설정 전에 발생한 권리라도 저당권, 전세권, (가)압류와 같이 신탁재산 자체를 목적으로 한 권리로서 수탁자에게 이전된 후에도 여전히 당해 신탁재산에 부착된 권리가 아닌 한 신탁재산에 대한 강제집행은 허용되지 않는다.[108] 그러므로 수익권을 담보물권으로 취급하기 위하여 들고 있는 전제나 필요성은 타당하지 않다.

셋째, 수익권을 담보물권으로 보는 견해는 가등기담보법에 비추어 담보신탁에서도 채무자가 채무를 변제하고 목적물을 환수할 수 있는 일정한 유예기간을 허용하는 것이 타당하며, 만약 수탁자가 신탁목적물을 임의매각하여 수익자에게 청산을 하지 않는다면 수익자는 수탁자에게 청구하는 외에 직접 법원에 경매신청을 할 수 있다고 해야 하고, 그렇지 않으면 담보물권인 담보수익권의 실행방법이 특별히 없다고 한다. 그러나 양도담보의 경우에도 가등기담보법이 적용되는 범위에는 제한이 있는데(동법 제1조), 위 견해는 수익권에 대하여 저당권에 관한 규정의 적용을 주장하면서도 명시적인 규정 없이 양도담보법리 중 일부를 빌려오는 근거를 제시하지 않는다. 그리고 유예기간의 허여는 신탁상 정함에 따를 것이며, 만약 수탁자가 신탁재산인 부동산을 매각하지 않거나 매각 후에도 수익급부를 하지 않

---

108) 대법원 1987. 5. 12. 선고 86다545, 86다카2876 판결; 대법원 1996. 10. 15. 선고 96다17424 판결 참조.

는다면, 수익자는 수익권의 행사로서 수탁자에게 의무의 이행을 소구하고 이를 강제할 수 있다.

넷째, 수익권을 담보물권으로 보는 견해는 위탁자인 채무자가 파산선고를 받거나 회사 정리절차가 개시되더라도 담보신탁의 목적물의 소유권은 수탁자에게 있기 때문에 목적물은 파산재단에 속하지 않고 정리회사의 재산에 속하지 않으므로 수익자는 별제권을 행사할 필요가 없고, 담보수익권은 정리담보권으로 되지 않기 때문에 담보권의 실행에 지장이 없다고 한다. 이러한 효과는 채무자회생법의 해석상 판례도 인정하고 있는 것이며,[109] 신탁의 도산절연효과를 이용하고자 하는 채권자의 수요에도 부합한다. 하지만 위 견해는 수익권을 피담보채권에 부종하는 담보물권이라고 보는 만큼 오히려 정리담보권에 해당한다고 하는 것이 논리적으로도 일관될 것이나, 도산절차에서만은 왜 달리 취급하여야 하는지에 대하여 밝히고 있지 않다.

이상에서와 같이 담보신탁상 우선수익권을 담보물권으로 성질규정해야 할 필요성이나 근거는 찾기 어렵다. 신탁계약의 목적이 채권의 담보에 있고 채권자가 취득한 우선수익권의 경제적 기능이 담보라고 해서 우선수익권 자체가 당연히 혹은 논리필연적으로 담보물권이어야 하는 것은 아니다. 또한 채권자의 보호는 우선수익권을 담보물권으로 취급하지 않더라도 신탁행위로부터 도출할 수 있다. 우선수익권은 채권을 발생시키는 법률관계와는 별개인 신탁행위에 의하여 발생하며, 우선수익권의 내용은 신탁상 정함에 따른다. 그러므로 위탁자, 수익자, 수탁자의 법률관계 또한 신탁계약 및 신탁법의 해석에 의하여야 하며, 그것으로 충분하다.

(2) 판례

대법원 2017. 6. 22. 선고 2014다225809 전원합의체 판결에서는 부동산담보신탁상 우선수익권에 의하여 담보되는 대여금채권은 제외한 채 우선수익권에 관하여만 질권이 설정되었고, 이후 대여금채권이 전부되자 우선수익권 및 우선수익권질권의 운명이 문제되었다. 다수의견과 반대의견 모두 우선수익권은 담보물권이 아니라 그것에 의하여 담보되는 채권과는 별개인 신탁계약상의 권리라고 보았다. "특별한 사정이 없는 한 우선수익권은 경제적으로 금전채권에 대한 담보로 기능할 뿐 금전채권과는 독립한 신탁계약상의 별개의 권리가 된다. 따라서 이러한 우선수익권과 별도로 금전채권이 제3자에게 양도 또는 전부되었다고

---

109) 대법원 2001. 7. 13. 선고 2001다9267 판결; 대법원 2002. 12. 26. 선고 2002다49484 판결; 대법원 2003. 5. 30. 선고 2003다18685 판결.

하더라도 그러한 사정만으로 우선수익권이 금전채권에 수반하여 제3자에게 이전되는 것은 아니고, 금전채권과 우선수익권의 귀속이 달라졌다는 이유만으로 우선수익권이 소멸하는 것도 아니"라는 것이다. 위 판결은 종래 판결들에서[110] 단편적으로 혹은 묵시적으로 승인된 바를 일반법리로 명시하면서 확고한 판례의 지위를 수여한 데 의의가 있다.

우선수익권이 담보물권이 아닌 이상 담보물권의 부종성이나 수반성이 인정되지 않음은 물론이다. 따라서 채권이 아직 발생하지 않은 때에도 유효하게 부동산담보신탁을 설정할 수 있다. 수익자신탁에서 수익자의 확정가능성이라고 하는 효력요건은 장래 발생할 특정 채권의 채권자를 지정함으로써 충족되기 때문이다. 그리고 채권의 불성립, 무효, 취소에 있어서 우선수익권의 효력은 신탁상 정함에 따르며, 채권의 부존재 또는 실효로 당연히 우선수익권이 효력을 잃는 것은 아니다. 많은 경우 신탁의 존속기간의 정함에 따라서 또는 신탁의 목적달성불능으로 인하여 신탁이 종료함으로써 우선수익권도 소멸하게 될 것이다.[111] 그리고 채무가 변제된 경우 이를 담보하기 위한 우선수익권의 운명도 위와 다르지 않다.

그런데 위 판결의 다수의견과 같이 대여금채권과 우선수익권이 별개의 권리로서 처분가능하다고 할 때, 이제 채권만을 이전하거나 우선수익권만을 양도 또는 담보제공하는 경우들에서 각 권리의 효력과 당사자들의 지위에 대한 분석과 해명이 과제로 남는다. 부동산담보신탁상 우선수익권의 법적 성질은 관련 당사자들의 법률관계를 판단하기 위한 출발점이 될 뿐이다. 개개의 사안에서 신탁목적, 신탁상의 정함, 우선수익권의 담보로서의 기능, 당사자의 의사해석을 통하여 타당한 규율을 모색할 필요가 있다.[112]

2.3. 담보의 실행
2.3.1. 우선수익권의 행사와 신탁재산의 처분

채무자가 채무를 이행한 경우 신탁은 종료하고, 신탁상 정함에 따라서 신탁재산은 잔여재산수익자 또는 귀속권리자에게 귀속된다. 그러나 채무자의 채무불이행시 이제 채권자는 우선수익권을 행사하여 채권의 만족을 얻을 수 있다. 우선수익자는 수탁자로 하여금 신

---

110) 가령 대법원 2013. 6. 27. 선고 2012다79347 판결; 대법원 2014. 2. 27. 선고 2011다59797 판결; 대법원 2016. 5. 25.자 2014마1427 결정.

111) 한상곤, 부동산 담보신탁의 수익권에 관한 고찰, 경희법학 제49권 제1호(2014), 8면은 채권자가 부당이득으로 수익권을 반환할 의무만 발생하며 신탁행위 자체가 당연 무효가 되는 것은 아니라고 한다. 그러나 이는 채무자가 자신의 수익권을 담보목적으로 양도한 경우에 발생하는 법률효과에 지나지 않으며, 채권자를 수익자로 정한 부동산담보신탁에서는 신탁상 별도의 정함이 없는 한 문제되지 않는다.

112) 상세한 논의는 최수정, 부동산담보신탁상 우선수익권의 성질과 우선수익권질권의 효력, 53면 이하.

탁재산을 처분하도록 하고 그 환가대금으로부터 피담보채권액에 상당하는 수익급부를 받으며, 남는 금액이 있다면 신탁상 정함에 따라서 후순위 수익자 내지 위탁자 겸 수익자에게 돌아갈 것이다. 그리고 수탁자가 신탁부동산을 환가하는 방법은 공매나 수의계약 등 신탁상 정한 방식에 의한다.

채무자를 포함한 다수의 위탁자가 존재하는 경우 신탁재산의 처분에 있어서 누가 제공한 부동산을 먼저 환가하고 또 어느 대금에서 채권자에게 수익급부를 할 것인지가 문제된다. 물론 신탁상 정함이 일차적인 기준이 되지만, 그러한 정함이 없는 경우에는 당사자의 의사에 비추어 채무자가 제공한 부동산의 환가대금으로부터 우선수익자에 대한 수익급부가 이루어져야 할 것이다.

대법원 2013. 6. 27. 선고 2012다79347 판결은 채무자 소유의 수 개의 부동산에 관하여 채권자들을 선순위 또는 후순위 우선수익자로 하는 담보신탁계약이 체결된 사안이다. 원심은 수탁자가 신탁재산을 처분한 대금을 정산하는 과정에서 후순위 우선수익자인 원고의 채권변제 가능성이 침해될 위험성을 최소화하기 위한 노력을 할 신의칙상의 보호의무를 부담하는데, 이에 위반하여 우선수익금이 전혀 배당되지 못하는 손해가 발생하였으므로 수탁자는 원고에 대하여 그 손해를 배상할 책임이 있다고 판단하였다.

그러나 위 판결은 수 개의 신탁재산의 처분이 선순위 우선수익자에 의하여 이루어졌고 그 처분대금도 수탁자에게 입금된 바가 없으며 수탁자는 선순위 우선수익자의 요청에 의하여 신탁계약을 해지해 준 것에 불과한 점, 신탁계약상 수탁자가 원고의 이익을 고려하여 일부 선순위 우선수익자에게 처분대금이 배분되도록 하거나 신탁계약의 해지 요청을 거절할 의무가 있다고 보기 어려운 점을 들어 수탁자의 채무불이행책임을 부정하였다. 또한 당사자 사이의 약정 등 특별한 사정이 없는 한 선순위 우선수익자가 어느 부동산의 처분대금에서 자신의 채권을 회수함에 있어 각 부동산에 존재하는 후순위 우선수익자들 사이의 형평까지 고려해야 할 제약을 받는다고 볼 근거는 없으며, 설령 선순위 우선수익자가 특정 부동산에서 다액의 채권을 회수함으로써 후순위 우선수익자들 사이에서 불공평한 결과가 발생하였다고 하더라도 그러한 사정만으로 선순위 우선수익자가 특정 후순위 우선수익자에 대한 관계에서 부당이득을 한 것은 아니라고 판단하였다.

위 판결은 공동저당권이 설정된 경우와는 상이한 결과를 보여준다. 공동저당권자는 어느 저당목적물에 대하여 언제 권리를 행사할지를 선택할 수 있다. 그런데 공동저당권의 목적인 수 개의 부동산이 동시에 경매된 경우 공동저당권자는 어느 부동산의 경매대가로부터 배당을 받든 우선변제권이 충족되기만 하면 되지만, 각 부동산의 소유자나 차순위 담보권자 기타의 채권자는 어느 부동산의 경매대가가 공동저당권자에게 배당되는지에 관하여 중대한 이해를 가진다.[113] 그래서 민법 제368조는 공동저당권자의 실행선택권을 보장하면서도 각 부동산의 책임을 안분시킴으로써 관련 당사자 사이의 이해를 조절, 보호하고 있다. 그러나 신탁상 계층화된 수익권 사이에는 그러한 법리가 적용되지 않는다. 신탁수익권이 담보물권과는 그 법적 성질을 달리하기 때문이다. 따라서 위 판결에서와 같이 선순위 우선수익자는 임의로 수익권을 행사할 수 있고, 그 결과 후순위 우선수익자는 예상했던 만큼의 우선변제권을 확보하지 못할 위험이 있다. 서로 다른 수익권의 내용에 따른 효과로서 담보가치의 평가에 달린 문제이며, 이러한 결과만을 가지고 수탁자의 공평의무위반을 문제삼을 것도 아니다.

한편 대법원 2014. 2. 27. 선고 2011다59797, 59803 판결에서는 채무자 A와 채무자가 아닌 B 등이 A의 C에 대한 대출금 채무를 담보하기 위하여 자신들이 소유한 부동산들을 신탁하였고, 그 후 우선수익자인 C의 청구로 신탁부동산들이 처분되자 각 처분대금에서 C에게 배분할 수익금을 공제하는 방식이 문제되었다. 위 판결은 "자신의 채무를 담보하기 위하여 부동산을 신탁하는 위탁자는 그 신탁부동산의 처분대금이 채무의 변제에 충당된다는 것을 당연한 전제로 하는 반면, 다른 사람의 채무를 담보하기 위하여 부동산을 신탁하는 위탁자는 채무자가 신탁한 부동산의 처분대금으로 채무가 전부 변제된다면 자신이 신탁한 부동산이나 그에 갈음하는 물건은 그대로 반환된다는 것을 전제로 하여 신탁계약을 체결하였다고 봄이 당사자의 의사에 부합하는 점 등에 비추어", 우선 채무자 A가 신탁한 부동산의 처분대금에서 채권자 C에 대한 수익금을 공제하는 방식으로 대출금을 상환해야 한다고 보았다.

판례는 공동저당권의 목적물인 채무자 소유 부동산과 물상보증인 소유 부동산의 경매대가를 동시에 배당하는 경우 물상보증인이 변제자대위에 의하여 채무자 소유 부동산에 담보권을 행사할 수 있는 지위에 있다는 근거에서 민법 제368조는 적용되지 않는다고 본다.[114] 따라서 경매법원은 채무자 소유 부동산의 경매대가에서 공동저당권자에게 우선적으로 배당을 하고, 부족분에 한하여 물상보증인 소유 부동산의 경매대가에서 추가로 배당을 하게 된다. 위 판결도 채무자가 신탁한 부동산의 처분대금으로부터 우선적으로 수익급부를 하도록 한 결과는 동일하다. 그러나 이는 담보신탁상 우선수익권의 성질이 저당권과 같은 담보물권이기 때문이 아니라, 타인 채무의 담보를 위하여 신탁을 설정한 위탁자의 의사를

---

113) 대법원 2006. 10. 27. 선고 2005다14502 판결.
114) 대법원 2010. 4. 15. 선고 2008다41475 판결; 대법원 2016. 3. 10. 선고 2014다231965 판결.

근거로 한다는 점에서 기본적으로 차이가 있다.

2.3.2. 위탁자에 의한 신탁재산의 처분

위탁자는 채권의 담보를 위하여 신탁을 설정하면서 수탁자에게 부동산을 이전하였으므로 위탁자의 지위에서는 신탁부동산에 대한 권리를 가지지 않는다. 그리고 우선수익권에 의하여 담보되는 채무가 이행되지 않은 상태에서 위탁자가 신탁부동산 자체를 회복할 여지는 없을 것이다. 그러나 수탁자가 아닌 위탁자가 신탁부동산을 매각하고 우선수익자의 동의를 얻어 신탁계약을 해지한 뒤 신탁재산의 귀속을 원인으로 하여 신탁부동산을 이전받아 매수인에게 다시 이전하는 경우들이 드물지 않다.[115] 그리고 판례는 "부동산 담보신탁계약이 해지된 경우에는 '신탁재산 귀속'을 원인으로 위탁자에게 소유권이전등기를 한 다음 '분양계약'을 원인으로 매수인에게 소유권이전등기를 하는 것이 원칙"이라고 선언하기도 한다.[116]

그러나 우선수익자에 대한 채무가 변제되지 않은 상태에서 위탁자가 신탁부동산을 처분하는 것은 어디까지나 신탁부동산의 환가를 위함이다. 우선수익자의 입장에서는 신탁부동산의 환가대금으로부터 채권의 만족을 얻을 수 있다면 그 처분주체가 수탁자인지 아니면 위탁자인지는 관심사항이 아니다. 그리고 신탁계약에서 위탁자의 처분을 예정하고 있다면 이는 위탁자에 대한 처분수권에 해당하며, 위탁자는 처분권자로서 수탁자 소유의 신탁부동산을 유효하게 처분할 수 있다. 이 경우 처분행위의 당사자는 위탁자이지만 처분권을 수여한 수탁자는 그 처분에 따른 법률효과가 발생하도록 협력할 의무가 있기 때문에 처분행위의 상대방에게 신탁부동산의 소유권이 이전될 수 있도록 신탁계약을 해지하고 위탁자에게 소유권이전등기를 하거나 직접 그 상대방에게 소유권이전등기를 마쳐주게 된다. 그러므로 전자가 원칙이라고 단언할 근거는 없으며, 신탁부동산의 환가라고 하는 관점에서는 위탁자의 처분을 수탁자의 처분과 법적으로 달리 취급할 것도 아니다. 다만 위탁자가 신탁재산을 처분하는 방식에 있어서 우선수익자는 매수인으로부터 우선수익채권에 상당하는 매매대금

---

115) 이 과정에서 위탁자의 채권자는 자신의 채권을 확보하기 위하여 위탁자의 소유권이전등기청구권을 (가)압류하거나, 이를 피보전권리로 하여 신탁부동산에 대한 보전조치를 취하거나, 그럼에도 불구하고 수탁자가 제3자에게 신탁부동산에 대한 소유권이전등기를 마친 때 수탁자를 상대로 불법행위로 인한 손해배상을 청구하거나, 위탁자로부터 소유권이전등기를 받은 매수인을 상대로 사해행위의 취소를 구하는 것이다. 사해행위취소에 있어서 사해성 판단에 관한 상세는 최수정, 채무자의 신탁재산의 처분 등 일련의 행위에 대한 사해성 판단 -판례에 대한 비판적 검토를 통하여-, 서강법률논총 제11권 제1호(2022), 417면 이하.

116) 대법원 2022. 12. 15. 선고 2022다247750 판결.

을 직접 지급받거나 매매대금을 신탁계정으로 지급하도록 하는 등 위탁자의 무자력위험을 대비하는 방안을 함께 마련할 필요가 있을 것이다.

반면 위탁자가 우선수익자 등의 동의 없이 임의로 신탁계약을 해지하고 신탁부동산을 처분하였다면[117] 위탁자에게 신탁을 종료할 권한이 유보되었다는 등의 특별한 사정이 없는 한 신탁계약의 해지는 부적법한 것으로 효력이 없다. 그러므로 수탁자가 신탁부동산을 위탁자에게 이전한 것은 신탁상 정함에 반하는 신탁재산의 처분행위로 수탁자의 의무위반에 따른 책임이 주된 쟁점이 된다.[118] 우선수익자는 수탁자에 대하여 원상회복청구 또는 손해배상청구를 할 수 있으며(제43조 제1항), 수탁자의 행위는 우선수익자의 채권의 담보라고 하는 신탁목적에도 명백히 반하므로 위탁자나 그 매수인에 대하여 수익자취소권을 행사함으로써 신탁재산을 회복할 수 있다(제75조). 그리고 우선수익자는 원상회복된 신탁부동산의 환가대금 또는 신탁재산에 속한 손해배상금으로부터 수익급부를 받음으로써 채권의 만족을 얻을 수 있다.

3. 담보권신탁

3.1. 담보권신탁의 의의와 효용

3.1.1. 신탁법 규정

담보목적으로 신탁을 설정하면서 위탁자는 재산권 자체를 수탁자에게 이전하는 외에 수탁자에게 담보권을 설정해 줄 수도 있다. 후자를 담보권신탁이라고 부르며,[119] 이 경우 담보권이 신탁재산이 된다. 종래 담보권의 신탁이 구신탁법 제1조 제2항에서 정한 신탁재산의 이전, 기타 처분에 해당하는지 불분명하다는 해석이 있었다.[120] 그러나 처분행위의 개념에는 양도뿐만 아니라 담보권의 설정도 포함되기 때문에 구신탁법에서도 사실 담보권을 신탁할 수 있는 법적 근거는 존재하였다. 다만 담보권신탁의 구체적인 효력이나 효과에

---

117) 대법원 2021. 6. 10. 선고 2017다254891 판결의 사안. 동 판결의 당부에 관하여는 최수정, 채무자의 신탁재산의 처분 등 일련의 행위에 대한 사해성 판단 −판례에 대한 비판적 검토를 통하여−, 426면 이하 참조.

118) 수탁자의 처분행위는 비록 신탁상의 정함에 반하지만 그 행위의 효력이 당연히 부정되는 것은 아니므로 위탁자는 유효하게 신탁부동산의 소유권을 취득한다. 그리고 그 부동산은 위탁자의 책임재산을 이루고, 무자력인 위탁자가 이를 처분하였다면 그 채권자에 대한 관계에서 사해행위가 될 수 있다.

119) 담보권신탁 자체는 수탁자에게 담보권을 설정하는 경우와 채권자가 신탁을 설정하면서 자신이 취득한 담보권을 수탁자에게 이전하는 경우를 모두 포괄할 수 있지만, 제2조는 "담보권의 설정"을 명시하고 있으므로 이하에서도 설정적 담보권신탁을 중심으로 검토한다.

120) 법무부, 8면 이하.

관한 규정이 없었고, 무엇보다 부동산등기법과 민사집행법과 같은 관련 법률들이 담보권신탁을 알지 못하였다. 그래서 신탁법상 담보권신탁의 설정가능성은 인정할 수 있었지만 관련 규정이 정비되지 않는 한 실제로 그 활용을 기대할 수는 없었다.

현행법은 신탁을 정의함에 있어서 위탁자가 수탁자에게 담보권을 설정하는 방식이 가능함을 분명히 하고(제2조), 담보권신탁 관련 규정을 정비하였다. 담보권신탁을 설정하는 경우 채권자는 담보권의 효력을 유지한 채 별도의 이전등기 없이도 수익권을 양도하는 방법으로 사실상 담보권을 양도할 수 있어 법률관계가 간단해지고, 자산유동화수단으로 활용이 용이해지며, 수익권양도시 채권양도절차에 의하므로 담보권자와 채권자간의 분리는 일어나지 않아 저당권의 부종성에도 반하지 않는다는 취지에서 담보권신탁을 명시한 것이다.[121]

그런데 그 밖의 담보권신탁에 관한 상세한 요건과 효과에 관하여는 여전히 명시적으로 규정이 없다. 아직 관련한 논의가 충분하지 않은 상황에서 입법적으로 모든 문제를 해결하기에는 한계가 있기 때문에, 담보권신탁을 설정할 수 있는 법적 근거만 분명히 하고 구체적인 내용은 학설과 판례에 맡겨놓은 것이다. 종래에도 신탁법상 담보권신탁에 관한 명시적인 규정은 없었지만 담보권의 신탁 자체가 낯선 제도는 아니었다. 사채에 물상담보를 붙이는 경우 사채발행회사는 신탁업자와의 신탁계약에 의하여 담보권을 신탁해야 하는데, 이를 규율하는 것이 담보부사채신탁법이다. 담보부사채신탁법은 담보권신탁에 관한 상세한 규정을 두고 있고, 이러한 담보권신탁의 구조와 규율은 일반법인 신탁법에 의하여 담보권을 신탁하는 경우 참고가 된다. 물론 위 법률은 담보부사채발행에만 적용되는 것이고 명시적인 규정을 통해 민법 일반법리를 수정하고 있어서, 이들 내용을 신탁법의 해석으로 바로 가져올 수는 없다. 그러므로 관련 법률들에 비추어 담보권신탁의 효력과 설정방식, 신탁사무의 내용으로서 담보권의 실행 및 그 효과를 차례로 살펴볼 필요가 있다.

3.1.2. 담보권신탁의 유용성과 한계

영미에서 일반적으로 신탁은 다수의 채권자를 위한 유용한 담보수단으로 평가된다.[122] 모든 채권자를 위하여 독립한 수탁자가 담보를 보유하게 되면, 다수의 채권자가 담보권자가 되는 것에 비해 담보물의 관리나 담보권의 실행이 용이하다. 그리고 채권이 이전되는 경우 그 담보권은 수익권의 양도방식에 의하므로 채권자의 변경이 용이하며, 특히 양수인은 다른 채권자나 채무자의 개입 없이 양도인이 가진 수익권의 내용을 그대로 승계할 수 있다.

---

121) 법무부, 8면.

122) 가령 Underhill/Hayton, Law of Trusts and Trustee, 17.ed., LexisNexis Butterworths, 2007, p.53.

또한 담보되는 채권의 발생시점이나 내용, 변제기 등이 서로 다른 일련의 채권자들을 위한 담보수단으로서도 유용하다. 예컨대 프로젝트파이낸스에서 프로젝트 자산에 수탁자를 담보권자로 하는 신탁이 설정되면, 처음에 신용을 제공한 금융기관은 물론 후에 추가적으로 신용을 제공하는 금융기관도 동일한 수익권을 담보로 취득할 수 있다. 만약 신탁 방식에 의하지 않는다면, 이후에 발생하는 채권을 가지게 되는 채권자는 별도로 담보권을 취득하여야 하는데, 선순위 채권자들과의 관계에서 열후한 지위에 놓일 수 밖에 없다. 그리고 이러한 결과는 추가적인 신용을 수수하는 데 장애가 될 것이다.

실제 담보권신탁은 다수의 은행이 대주로 참여하는 신디케이티드론(syndicated loan)의 경우 또는 채권발행시 채권자가 금융기간 중 수시로 변경될 필요가 있는 경우에 채권과 함께 담보권을 이전하는 데 드는 시간과 비용, 불편을 줄이기 위하여 이용된다. 이와 더불어 근저당권을 준공유할 경우 지분등기가 인정되지 않으므로 일부 대주가 대출지분을 양도할 때 전체 근저당권에 대한 근저당권자의 변경등기가 필요하고, 변경등기를 위한 채권최고액은 모든 근저당권자의 총 채권최고액이므로 총액을 기준으로 등록세를 납부하는 불합리한 결과도 피할 수 있다.123)

반면 도산절연효는 신탁의 중요한 효과이자 특질인데, 담보를 위하여 재산권 자체를 신탁하는 경우와 달리 담보권신탁에서는 담보설정자의 도산위험으로부터 완전히 절연되지 못한다. 그래서 담보권신탁의 활용도에 대한 실무상의 의구심도 없지 않지만, 거래계의 다양한 수요에 상응하는 선택지를 제공한다는 점에서는 여전히 의미를 가진다고 할 것이다.

3.2. 담보권신탁의 설정

3.2.1. 신탁계약의 당사자

신탁은 계약 외에 유언이나 신탁선언에 의하여도 설정할 수 있다(제3조 제1항). 하지만 담보물권은 타물권이므로 신탁선언으로는 담보권신탁을 설정할 수 없다. 유언에 의하여 담보권신탁을 설정하는 것이 불가능하지는 않더라도 통상은 신탁계약에 의할 것이다. 그런데 담보권신탁에 있어서 수익권은 피담보채권을 담보하는 수단으로서 채권자의 채권실현의 가능성 내지 피담보채권의 경제적 가치를 결정하는 중요한 요소가 된다. 그래서 수익자로 지정된 자는 당연히 수익권을 취득하지만(제56조 제1항), 담보권신탁계약시에 채권자는 어떠한 방식으로든 관여를 하지 않을 수 없다. 일반적으로 신탁계약은 위탁자와 수탁자의 합의에

---

123) 김도경, 프로젝트 파이낸스의 자금조달문제 중 후순위대출과 담보확보에 관한 몇 가지 법적 문제점, 상사법연구 제24권 제2호(2005. 8), 380면.

의하지만, 담보권신탁계약은 위탁자, 수탁자, 채권자의 3면계약에 의하는 경우가 많을 것이다. 그리고 채권자가 신탁계약의 당사자 지위에 있지 않은 때에도 신탁설정시에 수익권의 내용이나 담보권의 실행 등과 관련하여 자신의 의사를 반영하도록 하거나 수탁자와 별도의 합의를 할 수도 있다.

하지만 채권자의 개입 없이 담보권신탁이 설정된 경우 그 효력이 문제된다. 채무자와 수탁자가 공모하여 담보권신탁을 설정하고 채무자가 수탁자에게 임의로 변제함으로써 채권자도 모르는 사이에 피담보채권과 수익권이 소멸할 위험이 있기 때문이다. 하지만 계약법 일반원칙에 비추어 볼 때 담보권신탁계약에서 계약당사자로서 채권자의 존재나 채권자의 개입을 계약의 성립요건 내지 효력요건으로 해석할 근거는 없다.124) 설령 채권자가 알지 못하는 시점에서 담보권신탁이 설정되더라도 수탁자는 지체 없이 수익자로 지정된 자에게 통지할 의무가 있기 때문에(제56조 제2항 1문), 채권자는 담보권신탁의 설정 사실과 수익권에 관하여 곧 알 수 있다. 그리고 그 내용이 적절하지 않다면 채권자는 수익권을 포기하고(제57조) 채무자로 하여금 다른 담보를 제공하도록 할 수 있으며, 담보제공의무를 이행하지 않는 채무자에 대하여는 기한이익의 상실에 따른(민법 제388조) 채무의 이행 또는 채무불이행에 따른 책임을 물을 수 있다. 반면 채무자가 채권자와 무관하게 담보권신탁을 설정하고 신탁상 통지시점 또한 달리 정한(제56조 제2항 2문) 매우 예외적이고 악의적인 경우라면, 이를 피담보채무에 대한 정당한 담보제공으로 평가할 수 없음은 물론이다.

한편 담보부사채신탁법은 수탁자의 자격을 제한하고 있는데, 자본시장법에 따른 신탁업자 또는 은행법에 따른 은행으로서 금융위원회에 등록을 하여야 한다(동법 제5조). 그리고 금융위원회는 수탁자의 신탁업무를 감독한다(동법 제7조 이하). 그러나 신탁법에는 담보권신탁의 수탁자에 대한 별도의 자격을 정하고 있지 않다. 그러므로 담보권신탁계약의 일방당사자인 수탁자에 대하여는 신탁법상의 수탁능력(제11조)과 수탁자자격(제13조)에 대한 일반규정이 적용된다.

---

124) 반면 金融法委員會, セキュリティ・トラスティの有效性に關する論点整理, 平成17年(2005)1月14日 (http:// www.flb.gr.jp/jdoc/publication22-j.pdf 2023. 6. 8. 최종방문), 5頁 이하는 3자계약이 바람직하며 적어도 채권자의 동의가 요건이 되어야 한다고 하고, 長谷川貞之, 擔保權信託の法理, 勁草書房, 2011, 36頁은 채권자의 이해관계 및 신탁상 수익자가 계약당사자에 필적하는 지위를 가진다는 점을 근거로 채권자의 합의 내지 계약적 관여를 계약의 유효요건으로 본다. 그러나 담보권의 취득과 그 내용에 대하여 일차적인 이해관계를 가지는 채권자는 담보권신탁계약시에 개입하지 않을 수 없다. 그러나 이러한 사실의 문제와 별개로 그리고 신탁법이 수익자 내지 수익권의 확보 및 보호를 위하여 수익자에게 여러 가지 권리와 권능을 수여한다고 해서 수익자가 곧 계약당사자의 지위를 취득하는 것은 아니다. 그러므로 법률상 별도의 정함이 없는 한 계약의 성립과 효력은 일반 법원칙에 의하여 판단하는 것이 타당하다.

3.2.2. 성립상의 부종성

(1) 담보물권의 부종성

담보권신탁에 있어서 담보권의 전형은 민법상의 담보물권이다. 그리고 담보물권의 통유성으로서 부종성은 담보물권이 그 성립, 존속, 소멸에 있어서 피담보채권을 전제로 하며 양자는 운명을 같이한다는 의미이다. 전형적인 가치권이라고 불리는 저당권의 경우 민법 제369조는 부종성이라는 표제하에 소멸상의 부종성만을 정하고 있지만, 부종성의 의미는 이에 한정되지 않는다. 민법 제356조는 저당권의 내용으로서 저당권자는 채무자 또는 제3자가 채무의 담보로 제공한 부동산에 대하여 우선변제권이 있음을 선언함으로써 저당권이 피담보채무의 존재를 전제로 함을 분명히 하고 있다. 그리고 근저당권에 관한 민법 제357조가 피담보채무 확정시까지 채무의 소멸이나 이전은 저당권에 영향을 미치지 않는다고 정한 것도 확정된 채무의 담보를 위한 일반적인 저당권의 경우에는 채무의 소멸이나 이전이 저당권에 영향을 미친다는 점을 보여준다. 민법 제361조도 저당권을 피담보채권과 분리하여 양도하거나 다른 채권의 담보로 제공하지 못하도록 함으로써 존속상의 부종성을 명시하고 있다.

그런데 담보권신탁에 있어서 수탁자에게 질권이나 저당권 등을 설정하는 경우 피담보채권과 담보물권의 분리가 발생하며, 채권자가 수익권을 유효하게 취득한다고 하더라도 피담보채권 또는 수익권을 양도하는 때에는 역시 양자의 분리가 문제된다. 그리고 이에 앞서 피담보채권 발생 전에 신탁계약을 체결하는 경우에는 피담보채권이 없는 담보물권만 존재하는 것이 되므로, 담보물권의 부종성이라고 하는 관점에서 역시 담보권신탁의 효력이 문제된다. 이하에서는 담보물권의 기본법리에 비추어 그리고 담보부사채신탁법상의 담보권신탁과의 비교를 통하여 위 논점들을 차례로 살펴본다.

(2) 피담보채권의 존재

담보물권은 피담보채권을 전제로 하며, 독일 민법의 토지채무(Grundschuld)[125]와 같이 피담보채권과 독립한 담보물권은 민법상 인정되지 않는다. 이러한 법리는 특정채권을 담보하는 저당권뿐만 아니라 근저당권의 경우에도 마찬가지이다. 근저당권은 계속적인 거래관계로부터 발생하는 다수의 불특정채권을 장래의 결산기에서 일정한 한도까지 담보하기 위하여 설정된다(민법 제357조). 이때 근저당권설정행위와는 별도로 근저당권의 피담보채권을

---

[125] 토지채무는 부종성이 없으며, 이에 관하여는 피담보채무를 전제하지 않는 범위에서 저당권(Hypothek)에 관한 규정이 준용된다(독일 민법 제1192조 제1항).

성립시키는 법률행위가 있어야 하며, 그 존부에 대한 증명책임은 그 존재를 주장하는 측에 있다.126) 그리고 이러한 법리는 담보목적으로 (근)저당권을 신탁하는 경우에도 관철된다. 즉 담보권신탁설정시에 피담보채권 내지 피담보채권이 발생하는 법률관계가 존재하여야 한다.127)

담보부사채신탁의 경우 통상 사채발행 전에 신탁을 설정하게 되므로 피담보채권이 없는 담보권의 효력이 문제될 수 있다. 그러나 담보부사채신탁법 제62조는 신탁계약에 의한 물상담보는 사채 성립 이전에도 효력이 있음을 명시함으로써 담보물권의 성립상의 부종성을 수정하였다. 사채발행에 있어서 현실적인 필요성이라고 하는 점과 신탁업자는 금융위원회에 등록된 자로서 그 업무에 관하여 금융위원회의 감독을 받는다는 점에서 성립상의 부종성을 엄격히 요구하지 않는다. 그러나 일반법인 신탁법의 해석에 있어서는 이러한 특별규정이 없는 한 민법법리가 적용되므로, 피담보채권이 존재하지 않는 담보권신탁은 효력이 없다고 해야 한다.

(3) 채권자와 담보권자의 분리

담보권신탁에 있어서 담보권을 취득하는 것은 채권자가 아닌 신탁계약의 상대방인 수탁자이다. 그러므로 채권자와 담보권자가 분리되고, 부종성의 관점에서 그 효력이 문제될 수 있다. 이에 관하여 학설은 대립하는데, 일부 견해는 담보권신탁에서 담보권자와 채권자가 분리되는 현상은 담보권의 부종성에 반한다고 한다.128) 반면 일부 견해는 담보권신탁은 부종성의 예외로서 입법을 전제로 인정되는 것이라거나,129) 형식적으로는 분리현상이 발생하지만 수탁자는 수익자를 위하여 담보권을 보유하기 때문에 실질적으로 동일인으로 파악할 수 있어서 민법 제361조를 잠탈하는 것은 아니라고 한다.130)

생각건대 담보권신탁의 효력은 우선 신탁법에서 그 근거를 찾을 수 있다. 제2조가 명시적으로 담보권의 설정을 규정하고 있음에도 불구하고 이를 무시한 채 그 효력을 부정할 수는 없다.

---

126) 대법원 2009. 12. 24. 선고 2009다72070 판결; 대법원 2011. 4. 28. 선고 2010다107408 판결.

127) 반면 임채웅, 신탁법연구2, 박영사, 2011, 48면은 피담보채권이 없는 담보권신탁도 가능하며, 피담보채권과 분리하여 수익권만 양도하는 경우 피담보채권이 없는 담보권신탁이 된다고 한다. 그러나 이는 법적 근거 없이 민법 일반법리를 변경하는 것으로서 해석론으로 수용하기 어렵다.

128) 오창석, 개정 신탁법이 신탁실무에 미치는 영향, BFL 제39호(2010. 1), 55면.

129) 임채웅, 신탁법연구2, 44면.

130) 법무부, 8면.

둘째, 신탁에서는 신탁재산의 귀속주체와 그로부터의 이익을 향수하는 주체가 분리되며, 어떠한 재산권도 신탁수익권이라고 하는 특수한 권리로 전환된다. 담보권신탁의 목적은 수익자인 채권자의 채권을 담보하기 위한 것이며, 비록 담보권은 채권자 아닌 수탁자에게 귀속되지만 이는 신탁의 구조에 기초한 것이다. 수탁자는 담보권으로부터 이익을 누릴 수 없으며 그 담보권은 어디까지나 수익권의 형태로 채권자의 채권을 담보한다. 그러므로 이러한 신탁의 구조와 재산권 전환기능을 간과하고 담보권자와 채권자가 분리된 외형만을 들어 담보권신탁을 부종성에 반한다고 해서는 안 된다.

셋째, 담보물권의 부종성에 의하여 채권과 그 담보물권은 귀속주체를 달리할 수 없지만, 판례는 예외적으로 채권자 아닌 제3자 명의의 저당권설정등기의 효력을 인정해왔다. 대법원 1995. 9. 26. 선고 94다33583 판결은 채권자 아닌 제3자 명의로 저당권등기를 하는 데 대하여 채권자와 채무자 및 제3자 사이에 합의가 있고, 제3자에게 그 채권이 실질적으로 귀속되었다고 볼 수 있는 특별한 사정이 있는 경우에는 제3자 명의의 저당권등기도 유효하다고 선언하였다. 이후 대법원 2001. 3. 15. 선고 99다48948 전원합의체 판결이나 대법원 2007. 1. 11. 선고 2006다50055 판결은 채권자와 채무자 및 제3자 사이에 합의가 있고, 채권양도, 제3자를 위한 계약, 불가분적 채권관계의 형성 등으로 채권이 제3자에게 실질적으로 귀속되었다고 볼 수 있는 특별한 사정이 있는 경우로 그 공식을 구체화하였다.

나아가 대법원 2000. 12. 12. 선고 2000다49879 판결은[131] 거래경위에 비추어 제3자의 저당권등기가 한낱 명목에 그치는 것이 아니라 그 제3자도 채무자로부터 유효하게 채권을 변제받을 수 있고 채무자도 채권자나 저당권 명의자인 제3자 중 누구에게든 채무를 유효하게 변제할 수 있는 관계, 즉 묵시적으로 채권자와 제3자가 불가분적 채권자의 관계에 있다고 볼 수 있는 경우에는 제3자 명의의 저당권설정등기도 유효하며, 이러한 법리는 담보가등기의 경우에도 마찬가지로 적용되고, 부동산실명법이 정하는 명의신탁약정의 금지에 위반되는 것도 아니라고 보았다.[132]

---

131) 대법원 2002. 12. 24. 선고 2002다50484 판결 및 대법원 2009. 11. 26. 선고 2008다64478, 64485, 64492 판결도 동일한 설시를 하고 있다.

132) 판례가 제시한 요건 중 제3자에게 채권이 실질적으로 귀속되었다고 볼 수 있는 경우란 결국 제3자가 채권자인 경우이다. 채권자 명의로 저당권설정등기가 된 것은 부종성의 관점에서 문제가 되지 않음에도 불구하고 판례가 위 요건하에 채권자 아닌 제3자 명의의 저당권의 효력을 인정한 것은 오히려 부종성의 경계를 불명확하게 만든다는 점에서 타당하지 않다. 그래서 판례의 태도에 대하여 부종성, 물권법정주의 및 부동산실명법의 관점에서 비판적인 견해가 제시되지만(윤홍근, 근저당권의 부종성의 한계, 민사판례연구 XXIV, 박영사, 2002, 66면 이하), 근저당권제도의 근간을 유지하면서도 거래의 필요에 상응하는 입법의 미비를 보완한 탄력적 법해석으로 평가하는 견해도 있다(이다우, 근저당권자 또는 채무자를 제3자로 한 근저당권

담보권신탁의 경우 채권이 담보권을 취득하는 수탁자에게 실질적으로 귀속되는 것은 아니기 때문에 위 판례공식과 정확히 일치하지는 않는다. 그러나 판례가 저당권의 성립상의 부종성을 견지하면서도 예외적으로 제3자 명의의 저당권의 효력을 인정한 유형들은 모두 피담보채권과 저당권의 결합이 인정되는 경우이다. 수탁자가 취득한 담보권은 전적으로 채권자의 채권을 담보하며, 채권자는 수익권의 형태로 담보가치를 지배한다. 담보권신탁은 채권자가 아닌 자에게 담보권을 설정하는 데 대한 당사자의 합의가 존재하고 또한 채권자에게 실질적으로 담보권이 귀속되었다고 볼 수 있는 특별한 사정이 있는 경우로서 위 판례법리와 기본적으로 그 취지를 같이하므로 그 효력 또한 인정할 수 있다.

반면 수탁자에게 저당권을 신탁하면서 채권자가 아닌 제3자를 수익자로 지정하였다면, 이러한 신탁계약의 효력은 인정될 수 없다. 위 기준에 따른 피담보채권과 담보권의 결합이 인정될 수 없기 때문에 부종성에 반하여 무효이다. 그리고 담보권신탁을 자익신탁의 형태로 설정하는 것도 우리법상 인정되지 않는 소유자저당을 설정하는 것과 같은 결과가 되기 때문에 역시 효력이 없다고 해야 한다.

3.2.3. 등기

(1) 저당권설정등기 등

담보권신탁이 저당권을 신탁재산으로 하는 경우 수탁자가 저당권을 취득하기 위하여는 등기를 하여야 한다(민법 제186조). 저당권설정등기는 채무자 또는 물상보증인인 위탁자와 수탁자가 공동으로 신청한다(부동산등기법 제23조 제1항). 담보부사채신탁법 제100조는 담보권설정등기에 있어서 신탁업자가 등기권리자가 됨을 명시하고 있다. 하지만 이러한 명시적인 규정이 없는 신탁법상 담보권신탁에 있어서도 저당권을 취득하는 자는 수탁자이므로 수탁자가 등기권리자가 된다.

등기부에는 채권액, 채무자, 변제기, 이자, 변제장소, 손해배상예정액 등을 기록하며, 근저당권인 때에는 채권최고액, 채무자, 존속기간 등을 기록한다(부동산등기법 제75조).[133] 근저당권설정등기시에 근저당권의 채권자 또는 채무자가 수인이라도 단일한 채권최고액만을 기록하고, 각 채권자 또는 채무자별로 채권최고액을 구분하여 기록하지 않는다(근저당권에 관

의 효력: 근저당권의 부종성 및 근저당권등기와 실체의 불일치에 관련하여, 판례와 실무, 인천지방법원, 2004, 77면; 남영찬, 근저당권의 피담보채권과 부종성, 민사재판의 제문제 제11권(2002), 176면 이하).

133) 담보부사채신탁법상 채권액은 사채총액만 기록할 수 있으며, 사채총액을 여러 차례에 나누어 발행하는 때에는 신청서에 사채의 총액, 사채의 총액을 여러 차례에 나누어 발행한다는 뜻의 표시와 사채 이율의 최고한도만을 기록한다(동법 제101조).

한 등기사무처리지침[등기예규 제1656호] 제2조 제1항). 채무자와 각 채권자 사이의 채권채무관계는 별개의 독립한 것이더라도 등기되는 피담보채권액은 다수 채권자의 채권액의 합 또는 그 채권최고액의 합이 되는 것이다. 실제 저당권은 수 개의 채권이나 채권의 일부를 담보하기 위하여 설정될 수 있으며, 수 개의 채권의 채권자가 다를 경우 다수의 채권자는 저당권을 준공유한다.134) 그러나 신디케이티드론과 같이 채권자가 다수인 경우에도 담보권신탁에서 수탁자는 단독으로 저당권을 취득하고, 다수의 채권자는 수익자의 지위를 취득할 뿐이다.

담보권신탁은 동산담보권이나 채권담보권, 지식재산담보권을 신탁재산으로 할 수 있다. 다만 동산담보권과 채권담보권의 경우 담보권설정자인 위탁자는 법인(상사법인, 민법법인, 특별법에 따른 법인, 외국법인을 말한다) 또는 부가가치세법에 따라 사업자등록을 한 사람으로 한정된다(동산채권담보법 제2조 제5호 단서). 그리고 동산담보권의 경우 수탁자는 담보등기부에 등기를 하여야 그 권리를 취득할 수 있다(동법 제7조 제1항).135) 채권담보권의 경우 수탁자는 위탁자와의 합의에 의하여 그 권리를 취득하지만 담보등기부에 등기를 하여야 제3채무자 외의 제3자에게 대항할 수 있고(동법 제35조 제1항), 제3채무자에게 대항하기 위하여는 통지나 승낙이 필요하다(동법 제35조 제2항). 지식재산담보권은 해당 지식재산권을 등록하는 공적 장부에 담보권을 등록할 수 있고(동법 제58조), 이때 그 지식재산권에 대한 질권을 등록한 것과 동일한 효력이 발생한다(동법 제59조 제1항).

(2) 신탁등기

저당권이 신탁재산에 속한 것임을 제3자에게 대항하기 위해서는 신탁등기를 하여야 하며(제4조),136) 신탁등기는 저당권설정등기신청과 동시에 하여야 한다(부동산등기법 제82조 제1항).137) 그런데 부동산등기법 제87조의2는 신탁등기에 있어 담보권신탁에 관한 특례를 정하면서, 위탁자가 자기 또는 제3자 소유의 부동산에 채권자가 아닌 수탁자를 저당권자로 하여 설정한 저당권을 신탁재산으로 하고 채권자를 수익자로 지정한 신탁을 담보권신탁으로 부른다.138) 위 규정은 채무자가 위탁자가 되는 것만을 예정하고 있는데, 제3자가 위탁

---

134) 지원림, 793면.

135) 이와 달리 동산질권의 경우에는 질물의 인도가 요건이 되고(민법 제330조), 권리질권은 그 권리의 양도방식에 의한다(동법 제346조).

136) 동산채권담보법에 따른 담보권의 경우 성립요건 또는 대항요건으로서의 등기, 등록 외에 신탁재산에 속한 것임을 대항하기 위한 별도의 신탁등기 또는 신탁등록에 대하여 동법은 규정하고 있지 않다.

137) 신탁등기에 관한 상세는 제6장 Ⅲ. 2.1.2. 참조.

138) 그리고 신탁등기사무처리에 관한 예규[등기예규 제1726호]는 "수탁자는 위탁자가 자기 또는 제3자 소유의

자가 되는 것을 금지할 이유는 없다. 그리고 수탁자는 채권자가 아님을 요건으로 하고 있어서, 예컨대 다수의 채권은행 중 하나가 담보관리은행(security agent)으로서 담보권을 취득하고 관리, 실행하는 구조는 인정되지 않는 것으로 보인다. 그러나 담보권신탁에서 수탁자의 범위를 이처럼 제한해야 할 필요성도 찾기 어렵다. 그러므로 위 규정방식에 대하여는 입법적인 조치가 필요하다.

한편 신탁등기는 신탁을 원인으로 하는 (근)저당권설정등기와 함께 1건의 신청정보로 일괄하여 신청한다. 신탁등기시에 위탁자, 수탁자, 수익자와 신탁목적, 신탁재산의 관리방법 등이 기재된 신탁원부를 작성하는데, 이는 등기기록의 일부가 된다(부동산등기법 제81조). 부동산등기법은 저당권자가 채권자임을 전제로 하므로 채권자를 별도로 표시할 것을 요구하지 않지만, 담보권신탁에 있어서 채권자는 신탁등기를 통하여 수익자로서 공시된다.[139]

수익자에 관한 사항이 변경된 경우 수탁자는 지체 없이 신탁원부 기록의 변경등기를 신청하여야 한다(부동산등기법 제86조). 피담보채권이 이전되는 경우에는 당연히 수익자의 변경이 뒤따르므로 변경등기가 필요하다. 그런데 수익권의 전전양도가 예정된 경우에는 수탁자의 업무부담이 가중되고 신속한 변경등기를 기대하기가 어렵다. 2013. 5. 28. 개정 이전의 부동산등기법은 수익자에 관하여 신탁원부에 기재되는 내용을 수익자의 성명 또는 명칭과 주소 또는 사무소 소재지로만 정하였으나, 현행법은 수익자를 지정하거나 변경할 방법을 정한 경우에는 그 방법을 기록하도록 한다(동법 제81조 제1항 제3호). 그러므로 신탁등기시에 피담보채권만을 특정하고 그 귀속주체를 수익자로 기재할 수 있는지, 그 결과 수익자가 변경된 때에도 별도로 변경등기를 하지 않아도 되는지 의문이 제기될 수 있다.[140]

사실 담보권신탁이 아닌 일반적인 수익자신탁에서도 신탁상 수익자를 특정할 수 있는 기준만을 정할 수 있는데, 이 경우 수익자의 성명 및 주소를 기재하도록 강제하는 것은 타당하지 않다. 그리고 신탁등기는 제3자에 대하여 신탁재산임을 대항하기 위한 것이며 수탁자에 대한 수익권의 행사와는 별개의 문제이다. 그러므로 신탁등기상 수익자에 관하여는

부동산에 채권자가 아닌 수탁자를 (근)저당권자로 하여 설정한 (근)저당권을 신탁재산으로 하고 채권자를 수익자로 지정한 담보권신탁등기를 신청할 수 있다"고 규정한다.

139) 피담보채권이 다수이고 각 피담보채권별로 부동산등기법 제75조에 따른 등기사항이 다른 경우에는 동조에 따른 등기사항을 각 채권별로 구분하여 신청정보의 내용으로 제공하여야 한다(신탁등기사무처리에 관한 예규[등기예규 제1726호]).

140) 가령 일본에서는 신탁된 담보권에 의하여 담보되는 피담보채권만을 특정하고 그 채권자를 수익자로 표시하면 변경등기를 할 필요가 없고(長谷川貞之, 擔保權信託の法理, 勁草書房, 2011, 18頁), 따라서 피담보채권양도시에 별도의 수익자변경절차를 생략할 수 있는 이점이 있다고 설명된다(藤原彰吾, セキュリティ・トラスト活用に向けての法的課題(上), 金融法務事情 No.1795(2007), 金融財政事情研究會, 32頁).

그 특정기준만을 공시하는 것도 허용할 필요가 있다. 하지만 부동산등기법 제81조 제2항은 수익자의 성명 및 주소를 기재하지 않을 수 있는 경우로 신탁관리인이 선임된 경우, 목적신탁, 수익증권발행신탁, 공익신탁법상의 공익신탁만을 규정하고 있다. 그 때문에 담보권신탁에서는 여전히 수익자의 성명 등을 기재하여야 하고, 수익자의 변경이 있는 때에는 변경등기가 필요하게 된다. 그러나 담보권신탁뿐만 아니라 신탁상의 다양한 정함이나 여러 신탁유형들을 고려할 때 적절하지 않은 규정방식임은 분명하다.

3.3. 담보권신탁의 효과

일반적인 담보신탁에서와 마찬가지로 담보권신탁에서도 수익권 자체는 신탁상의 권리이며,141) 담보물권은 신탁재산일 뿐이다. 그러나 신탁에 의하여 담보물권이 수익권의 형태로 전환되고, 채권자는 자신의 채권의 담보를 위하여 그 수익권을 통해 신탁재산인 담보물권을 지배한다. 이와 같은 신탁재산인 담보물권과 수익권의 결합관계 그리고 수익권을 매개로 담보물권과 피담보채권이 부종하는 관계는 담보권신탁이 부종성에 반하지 않는 유효한 제도로 인정되는 근거에 머물지 않고 담보권신탁의 효과를 판단함에 있어서도 반드시 고려되어야 한다.

3.3.1. 피담보채권과 수익권의 양도

담보권신탁이 설정된 경우 채권자는 피담보채권과 그 담보수단인 수익권을 함께 양도하게 되지만, 피담보채권양도만 양도하는 때에는 수익권의 존속 여부와 그 귀속이 문제된다. 이와 더불어 수익권만 양도할 수 있는지에 대하여도 의문이 제기될 수 있다. 먼저 담보권신탁에 있어서 수탁자가 취득한 담보권은 수익자가 가지는 채권의 담보를 목적으로 하며, 법기술적으로는 수익권의 형태로 채권자에게 귀속된다. 그러므로 채권자 겸 수익자가 피담보채권을 양도하는 경우 수익권을 포기하고 무담보의 채권만을 양도한다는 합의가 없는 한 양도계약에는 수익권의 양도에 관한 합의도 포함된다고 해석할 수 있다. 피담보채권이 양도된 경우에도 신탁재산인 담보물권은 여전히 당해 채권의 담보로 존속하고, 이는 수익권이 피담보채권의 양도에 수반하는 형식으로 나타나는 것이다. 부동산등기법 제87조의2 제2항도 저당권에 의하여 담보되는 피담보채권이 이전되는 경우 수탁자로 하여금 신탁원부 기록의 변경등기를 신청하도록 하는데, 이는 수익권이 피담보채권에 수반함을 전제로 한

---

141) 담보신탁상 수익권의 법적 성질에 관한 위 2.2.2. 참조.

것이다. 그리고 다수의 채권자가 존재하거나 채권자가 변경되는 경우 담보물권의 등기와 관련한 시간, 비용, 번잡함 등을 덜기 위하여 담보권신탁을 설정하게 되는 사실에 비추어볼 때에도 그러하다.

만약 피담보채권과 수익권을 분리하여 피담보채권만 양도한다면, 양도인은 피담보채권 없이 수익권만을 보유하게 되고 피담보채권과 담보권의 결합관계는 파괴된다. 이러한 합의는 부종성에 반하는 것으로서 효력이 없다고 해야 한다. 양도인이 피담보채권은 보유한 채로 수익권만 양도하는 경우에도 마찬가지이다. 수익권은 원칙적으로 양도성을 가지지만 담보권신탁에서의 수익권은 그 성질상 양도가 제한되고(제64조 제1항), 따라서 피담보채권과 분리하여 양도할 수 없다.

한편 수익권과 함께 피담보채권을 양도하는 경우 각각에 대하여 대항요건을 갖추어야 한다. 피담보채권의 양도에 대해서는 채무자에 대한 통지나 승낙(민법 제450조 제1항), 수익권의 양도에 대해서는 수탁자에 대한 통지나 승낙(제65조 제1항)이 필요하다. 통지나 승낙은 확정일자 있는 증서에 의하지 않으면 제3자에게 대항하지 못한다. 담보권신탁을 수익증권발행신탁으로 설정한 경우에는 수익증권의 교부(제81조 제1항)와 더불어 수익자명부에 명의개서를 하여야 수탁자에게 대항할 수 있다.

3.3.2. 피담보채무의 변제

채무자가 적법한 변제로써 채무를 면하기 위해서는 채권자인 수익자에게 변제를 하여야 함은 물론이다. 채무자가 수탁자에게도 변제할 수 있는지 여부는 담보권신탁 자체로부터 당연히 판단되는 것은 아니며, 당사자의 합의 및 그 해석에 달린 문제이다. 담보부사채신탁법에서는 신탁계약에서 달리 정한 바가 없는 한 신탁업자가 총사채권자를 위하여 변제를 받는 데 필요한 모든 행위를 할 권한을 가진다(동법 제73조). 그러나 명시적인 규정 없는 신탁법으로부터 담보권신탁에 대하여 동일한 해석을 도출할 수는 없다. 하지만 일반적으로 담보권신탁의 설정에는 채권자도 개입하게 되는데, 채권자는 신탁계약 또는 수탁자와의 별도의 합의를 통하여 수탁자에게 변제수령권한을 수여할 수 있다. 그리고 이러한 경우에만 채무자는 수탁자에게 변제함으로써 채무를 면할 수 있다.

채무자의 변제로 피담보채무가 일부 소멸하는 경우에는 담보권의 불가분성에 비추어 수익권 및 담보권신탁은 존속한다고 해야 한다. 그러나 피담보채무 전부가 소멸하는 경우에는 수익권 및 담보권은 부종성에 의하여 소멸하고, 담보권신탁도 종료하게 될 것이다(제98조). 이제 수탁자는 신탁사무의 처리로서 등기를 말소하여야 한다.

3.4. 담보권의 실행

3.4.1. 절차법상 수탁자의 지위

채무자의 채무의 내용에 좇은 이행이 없거나 신탁상 정한 사유가 발생한 때 수탁자는 담보권을 실행하게 된다. 그런데 민사집행법은 담보권실행을 위한 경매에 있어서 채권자와 담보권자가 동일함을 전제로 규정하고 있다.[142] 그러므로 양자가 분리된 담보권신탁의 경우 민사집행법상의 "채권자"를 수익자인 채권자와 담보권자인 수탁자 중 누구로 해석할 것인지 혹은 양자를 모두 포함한다고 해석할 것인지가 문제된다. 수탁자가 저당권실행을 위한 경매를 신청하는 경우 민사집행법 제268조에 따라 민사집행법 제79조 내지 제162조의 규정이 준용된다. 이때 배당요구를 할 수 있는 우선변제청구권이 있는 채권자(동법 제88조 제1항), 부동산의 인도명령을 신청할 수 있는 채권자(동법 제136조 제2항), 매각대금 배당 및 배당이의와 관련한 일련의 절차에서의 채권자(동법 제145조 이하)를 각각 담보권자인 수탁자로 해석할 수 있는가?[143]

담보부사채신탁의 경우 신탁업자는 총사채권자를 위하여 부여된 집행력 있는 정본에 의하여 강제집행을 하거나 민사집행법에 따른 임의경매의 신청 또는 위임을 할 수 있고, 이 경우 채권자에 대한 이의는 신탁업자에게 주장할 수 있다(담보부사채신탁법 제72조). 그리고 신탁업자는 원칙적으로 총사채권자를 위하여 채권 변제를 받는 데 필요한 모든 행위를 할 권한이 있으며(동법 제73조), 사채권자를 위하여 변제받은 금액은 지체 없이 채권액에 따라 각 사채권자에게 지급된다(동법 제77조 제1항).

반면 신탁법에는 수탁자가 민사집행법상 "채권자"의 지위에서 담보권을 실행하고 우선변제를 받을 수 있는 근거규정이 없다.[144] 하지만 신탁법에 명시적인 규정이 없다고 해서 위 "채권자"를 문자 그대로 피담보채권의 채권자인 수익자만을 의미하는 것으로 해석한다면, 채권자로서는 애초에 담보권신탁을 설정할 이유가 없다. 그리고 "채권자"를 수익자와

---

142) 다른 담보권자 또는 일반채권자에 의하여 경매가 개시된 때에도 담보권자는 당연히 경매에 참가하므로, 동일한 문제가 제기된다.

143) 이러한 상황은 동산질권의 실행에서도 다르지 않다. 민사집행법 제271조의 채권자, 동법 제272조에 의해 준용되는 동법 제193조, 제198조 제2항, 제207조, 제217조 등의 각 채권자를 수탁자로 해석할 수 있는가의 문제이다.

144) 일본 신탁법은 담보부사채신탁법을 참고하여 담보권신탁에서 수탁자는 신탁사무로서 담보권실행의 신청, 매각대금의 배당 및 변제금의 교부를 받을 수 있음을 명시하고 있다(동법 제55조). 하지만 그 밖에 채권자와 담보권자가 분리된 구체적인 상황에서 양자의 권한 배분의 문제에 관하여는 여전히 논의가 분분하다. 가령 鈴木正具/大串敦子, コンメンタール信託法, ぎょうせい, 2008, 794頁 이하; 青山善充, セキュリティ・トラストの民事手續法上の問題 －擔保權と債權の分離に關聯して－, 擔保法制をめぐる諸問題, 金融法務硏究會報告書, 2006, 48頁 이하.

수탁자 모두를 의미하는 것으로 보고 양자가 함께 권리를 행사하거나 그 상대방이 되어야
한다고 해석한다면, 역시 담보권의 실행이 복잡해지고 양자의 관계 조정이라고 하는 예상
치 못한 문제가 야기될 것이다. 그러므로 담보권신탁계약 또는 채권자와 수탁자간의 계약
에는 수탁자로 하여금 채권자에 갈음하여 담보권을 실행하는 데 대한 수권행위가 포함되어
있다고 해석하지 않을 수 없다. 채권자에게 담보권신탁의 효용은 단순히 수탁자로 하여금
담보권을 보유하도록 하는 데 그치지 않고 수탁자에 의한 담보물의 보존, 관리 및 담보권의
실행을 통하여 그 환가대금으로부터 우선변제를 받는 데 있기 때문이다. 따라서 수탁자는
임의경매신청, 채권계산서, 배당요구신청 등 제반 절차에서 채권자의 지위에 갈음하며, 채
권자를 위하여 담보권자로서 선관의무 및 충실의무에 기해 담보권을 실행하여야 한다.

신탁법이 담보권신탁을 명시하면서도 실제 담보권의 실행과 관련해서는 신탁법과 관련
법률에서 상세한 규정을 마련하지 않은바, 이러한 입법적인 흠결을 보완하기 위해서는 계
약에서 근거를 찾을 수밖에 없다. 담보권신탁의 가능성과 그 활용에 대한 입법취지를 고려
할 때에도 담보권신탁이 유효하게 작동하기 위해서는 위와 같은 해석이 불가피하다.

3.4.2. 피담보채무의 소멸시점

채권자와 담보권자가 분리된 담보권신탁에서 채무자의 채무불이행 또는 신탁상 정함에
따라서 담보권이 실행된 경우 피담보채무는 언제 소멸하는가? 경매절차에서 수탁자가 배당
금을 받은 때 피담보채무가 소멸하는지 아니면 이후에 채권자인 수익자가 수익급부를 받은
때 비로소 피담보채무가 소멸하는지의 문제이다.[145] 전자에 의한다면, 채권자는 실제로 급
부를 받은 것이 없음에도 불구하고 채권을 상실하게 된다. 반면 후자에 의한다면, 담보제공
자는 담보목적물의 소유권을 상실하였고 채권자에 갈음하는 수탁자는 매각대금을 받았음에
도 불구하고 채무자는 여전히 채무를 부담하고 때로 그 불이행으로 인한 책임이 발생할 수
있다.

담보권신탁 자체가 채권의 담보를 위한 것이고, 담보권의 실행을 야기한 원인을 채무

145) 일본에서는 수탁자가 신탁사무로서 매각대금 등 배당을 받은 때 채권소멸의 효과가 발생하는지에 대하여
학설은 일치하지 않는다. 수탁자가 배당금을 수령한 때 피담보채권이 소멸한다는 견해와 수탁자가 매각대
금을 수령한 것만으로는 충분하지 않고 수익자가 수익급부를 받아야 비로소 피담보채권이 소멸한다는 견
해가 대립한다. 전자는 일반적인 법리에 따른 것이고, 후자는 담보권설정시에 채권자의 동의가 없었던 때
채권자도 모르는 사이에 수탁자가 변제금 등을 수령함으로써 피담보채권이 소멸하는 것은 부당하다거나
그러한 합의는 공서에 반한다는 등의 근거를 든다. 가령 鈴木正具/大串敦子, コンメンタール信託法,
695면; 長谷川貞之, 擔保權信託の法理, 124頁 이하; 山田誠一, セキュリティ・トラスト, 金融法務事
情 No.1811(2007), 金融財政事情研究會, 23頁 이하.

자가 제공하였으며, 채권자의 권리실현을 보장한다는 관점에서는 채권자가 수익급부를 받은 때 비로소 피담보채무가 소멸한다고 해야 할지 모른다. 그런데 담보부사채신탁의 경우 수탁자는 원칙적으로 총사채권자를 위하여 변제를 받는 데 필요한 모든 권능을 가지며(담보부사채신탁법 제73조), 변제받은 금액은 지체 없이 수익자에게 지급하여야 한다(동법 제77조 제1항). 이는 수탁자가 채무자의 임의변제나 담보권실행으로 인한 배당금 등을 수령함으로써 피담보채무가 소멸한다는 의미로 이해된다. 그렇다면 담보권신탁의 경우에도 여타의 집행절차에서와 마찬가지로 '신탁계약'에 기초하여 수탁자가 채권자에 갈음하여 강제집행을 하고 배당금을 받음으로써 채무가 소멸한다고 해석할 것이다. 채권자는 이전의 담보물권에 갈음하여 신탁재산에 편입된 배당금에 대하여 수익급부의 이행을 청구함으로써 자신의 권리를 실현할 수 있다. 배당금은 신탁재산으로서 수탁자의 고유재산과 분리, 독립하여 유지되므로, 수탁자가 배당을 받은 때 피담보채권이 소멸한다고 해서 채권자에게 불측의 손해를 야기하지는 않는다.146)

3.4.3. 배당 및 충당

수탁자는 담보권에 의하여 담보된 채권 총액으로 배당에 참가하여 우선변제를 받을 수 있고, 담보권의 실행으로 수령한 배당금은 담보권에 갈음하는 신탁재산이 된다. 이때 그 배당금이 모든 채권자의 채권을 만족시키지 못하는 경우 충당의 문제가 제기된다. 담보권 실행을 위한 경매에서 판례147)는 배당금이 담보권자가 가지는 수 개의 피담보채권 전부를 소멸시키기에 부족한 경우 합의에 따른 변제충당이나 민법 제476조에 의한 지정변제충당은 허용될 수 없고, 획일적으로 가장 공평타당한 충당방법인 민법 제477조 및 제479조의 규정에 의한 법정변제충당의 방법에 의하여야 하고, 이때 그 순서는 변제이익의 다소에 따르며, 차이가 없는 때에는 각 원본 채무액에 비례하여 안분하도록 한다. 만약 위 기준을 담보권신탁에 적용한다면, 각 수익자에 대한 수익급부도 그 피담보채권액에 비례하여 이루어질 것이다.

---

146) 수탁자가 위 금액을 자신을 위하여 소비하는 등 의무위반이 있는 때에는 채권자에게 손해가 발생할 수 있지만, 이는 타인을 이용하는 법률관계 일반에서 문제되는 것이며 담보권신탁의 특유한 문제는 아니다. 담보부사채신탁법 제77조 제2항은 이 경우 민법 제685조를 준용하는데, 명시적인 규정이 없는 담보권신탁에 있어서 채권자는 수탁자와의 계약관계가 있으면 그 계약상의 채무불이행책임을 물을 수 있는 외에 신탁상 수탁자의 의무위반에 따른 책임 또는 불법행위책임을 물을 수 있다.

147) 대법원 1996. 5. 10. 선고 95다55504 판결; 대법원 1997. 7. 25. 선고 96다52649 판결; 대법원 1998. 7. 10. 선고 98다6763 판결; 대법원 1999. 8. 24. 선고 99다22281, 22298 판결; 대법원 2000. 12. 8. 선고 2000다51339 판결.

그러나 수익권에 우선열후의 순위나 배당률에 차이가 있는 경우에도 일괄적으로 피담보채권액에 비례하여 안분하는 것이 타당한지는 의문이다. 수익권의 종류 내지 그 순위에 관한 신탁상의 정함은 충당에 관한 합의로 볼 수 있는데, 위 판례 법리에 의하면 실제 집행절차에서 기대할 수 없는 무용한 것이 된다. 담보권신탁이 가지는 장점 중 하나는 수익권의 형태로 목적물의 담보가치를 다각적으로 설계할 수 있다는 점이고, 이는 담보물의 환가금액이 모든 피담보채권을 만족시킬 수 없는 때 특히 실익이 있다. 그리고 집행법원으로 하여금 수익권의 내용을 일일이 판단하도록 요구하는 것은 적절하지 않을뿐더러 기대하기도 어려운 것이 사실이다. 그러므로 담보권신탁에 있어서 매각대금이 피담보채권 전부를 만족시키지 못하는 경우에도 집행법원은 총채권액 범위내에서 수탁자에게 배당하면 되고, 수탁자가 신탁재산을 수익자인 채권자에게 어떻게 급부하는가는 수익권의 내용에 따르도록 하면 충분하다. 즉 수익권에 우열이 있는 때에는 그 우선순위에 따라서 수익급부가 이루어지고, 수익권의 순위나 내용이 동일한 때에는 채권액에 비례하여 안분하게 된다.

3.5. 위탁자의 도산

신탁재산인 담보권은 수탁자의 고유재산으로부터 독립한 것이므로 수탁자에 대하여 회생절차나 파산절차가 개시된 때에도 신탁재산은 보호된다(제24조). 그러나 위탁자가 도산한 경우 당해 목적물의 소유권이 여전히 위탁자에게 있기 때문에 완전한 도산절연효를 기대하기는 어렵다. 그리고 이 경우 채권자와 담보권자가 상이하기 때문에 절차법상 수탁자의 지위가 문제된다. 예컨대 회생절차에서 수탁자는 신탁재산인 담보권에 의하여 담보되는 회생채권 또는 제3자에 대한 채권을 가지고 있지 않은데, 그럼에도 불구하고 과연 회생담보권자가 될 수 있는가(채무자회생법 제141조 제1항)? 담보목적 가액을 초과하는 부분에 관하여 회생채권자로서 회생절차에 참가할 수 있는가(동법 제141조 제4항)? 또한 위탁자가 파산한 경우 담보권자인 수탁자는 별제권을 가지는데(동법 제411조), 별제권의 행사는 파산절차에 의하지 않는다고(동법 제412조) 하더라도 별제권의 행사에 의하여 변제를 받을 수 없는 채권액에 관하여 파산채권자로서 그 권리를 행사할 수 있는가도 문제된다.

먼저 채무자회생법에 의하면 담보부사채신탁의 경우 수탁회사가 총사채권자를 위하여 회생채권 또는 회생담보권의 신고, 의결권의 행사 등 회생절차에 관한 모든 행위를 할 수 있으며(동법 제143조 제1항), 이때 수탁회사는 각 사채권자를 표시하지 않을 수 있다(동법 제143조 제2항). 사채권자는 채권자의 지위를 가지므로 사채발행회사에 대하여 회생절차가 개시된 경우 회생채권자 또는 회생담보권자가 될 것이나, 사채는 대량적·정형적으로 발행되어 사채권자의 범위가 광범위하고 그 유통도 빈번하며 계속적 관계를 발생시키기 때문에 일반채권자와 동일하게 취급하는 것은 적절하지 않다.[148] 그래서 채무자회생법은 수탁자가 총사채권자를 위하여 회생절차상의 모든 행위를 할 수 있도록 하고, 담보부사채신탁법도 집회 결의에 의하여 신탁업자가 총사채권자를 위해 파산절차에 따르는 모든 행위를 할 수 있는 근거규정을 두고 있다(동법 제75조).

그러나 담보권신탁의 경우 수탁자가 일련의 도산절차에서 담보부사채신탁의 신탁업자와 동일한 역할을 할 수 있는지는 명확하지 않다. 강제집행절차에서처럼 계약의 해석으로부터 수탁자에 대한 수권행위를 도출하거나, 담보부사채신탁법의 규정을 유추적용할 수 있는가? 강제집행절차의 경우 수탁자에 의한 담보권의 실현은 담보권신탁의 취지 내지 기능으로부터 충분히 기대되는 바이지만, 회생절차도 이에 당연히 포함된다고 할 수 있는지는 분명하지 않다. 그리고 담보권신탁의 구체적인 양태는 다양하기 때문에 담보부사채신탁에서와 같은 특수성을 획일적으로 이야기하거나 이를 근거로 관련 규정을 유추적용하기도 어려울 것이다. 이러한 문제는 신탁법이나 채무자회생법에 담보권신탁에 관한 별도의 정함을 두지 않은 입법적 불비에 기인한 것이다. 그러므로 도산절차와 관련한 불확실성을 제거하기 위해서는 계약상 이에 관한 명시적인 정함을 둘 필요가 있으며, 이를 근거로 비로소 수탁자는 채권자를 위하여 회생담보권자 내지 파산채권자로서 각각의 도산절차에 참가할 수 있다고 할 것이다. 하지만 계약상의 합의만으로 위 입법적 흠결이 치유될 수 있는가에 대한 의문마저도 차단하기 위해서는 무엇보다 법률상 명시적인 규정이 마련되지 않으면 안 된다.

IV. 비공익목적신탁의 활용[149]

1. 논의의 필요성

영미에서는 전통적으로 사익목적신탁(private purpose trust) 또는 비공익목적신탁(non-chari-table purpose trust)이 허용되지 않았다. 추상적인 목적만 존재하고 수익자가 없는 신탁의 경

---

148) 회사정리절차에 관한 임채홍·백창훈, 회사정리법(상), 한국사법행정학회, 1998, 452면 참조.

149) 이하는 최수정, 목적신탁의 효력범위와 활용방안 —사익목적신탁을 중심으로—, 신탁포럼 심층연구 설명회 자료, 금융투자협회, 2013. 1. 4., 1면 이하를 수정, 보완하였다.

우 수익자라고 하는 감독체계가 없기 때문에 수탁자가 임의로 신탁재산을 이용하거나 존속기간이 영구적인 신탁이 발생할 수 있는 점, 목적달성을 위하여 일정한 재산이 구속되면 그 재산은 경제활동에서 제외되고 사람을 이롭게 하는 데 사용될 수 없는 점에 대한 염려 때문이었다.150) 반면 우리법은 목적신탁의 법적 근거를 명시하고 있다(제2조). 하지만 목적신탁의 개념과 그 효과는 그리 명확하지 않으며, 종래 목적신탁에 대한 관심이나 활용도 저조하였다.

사실 신탁이라고 하는 제도 자체가 애초에 완결된 법제도로 창출된 것은 아니다. 역사적·사회적 배경하에서 그 모습을 조금씩 갖추어 왔으며, 현재에도 그 제도적 징표들을 유지하면서 경제적 수요에 따라 다양하게 설계되고 상품화되고 있다. 그리고 이에 상응하여 신탁법리도 계속 발전해나가고 있다. 예컨대 미국의 경우 1940년대까지 철회불가능한 생명보험신탁(irrevocable life insurance trust)은 이용되지 않았고, 1960년대 후반까지도 검인(probate)을 회피하기 위한 수단으로 신탁제도를 활용하지는 않았다. 미연방세법의 발달은 그에 대응하는 새로운 종류의 신탁상품을 만들어냈고,151) 근래에는 자산보호를 목적으로 하는 역외신탁(offshore trust)에 관한 논의도 여러 각도에서 이루어졌다. 이처럼 신탁제도가 활용되는 양태는 시대적 배경이나 경제상황, 법제도의 변화에 따라서 차이를 보인다. 그리고 우리나라에서도 신탁법의 개정을 계기로 다양한 방면에서 신탁의 활용방안이 모색되고 있고, 수익자신탁이 아닌 목적신탁에 대한 관심 또한 차츰 증가하고 있어서 보다 구체적인 법적 기준이 요구된다.

신탁법상 수익자신탁이나 공익신탁 외에 목적신탁을 설정할 수 있는지에 대하여는 종래 구신탁법하에서 견해가 나뉘었다.152) 그러나 제2조는 특정의 목적을 위한 신탁을 설정할 수 있음을 명시하고, 제3조 제1항 단서는 수익자가 없는 특정의 목적을 위한 신탁을 목적신탁이라고 부른다. 그리고 제3조 제1항은 목적신탁 중에서도 공익신탁법에 따른 공익신탁을 별도의 유형으로 구분하고 있다. 그런데 구체적으로 목적신탁을 설정, 활용하는 방안 자체는 제시된 바가 없다. 현행법은 사실 그러한 모든 상황들을 염두에 두고 개정된 것이 아니라 신탁이 보다 다각적으로 이용될 수 있다는 전제하에서 그 법적 가능성을 확보하는 데 중점을 두었다. 그래서 사회적, 경제적 수요에 상응하는 목적신탁의 세부적인 모델들은

---

150) Hudson, p.169.

151) Clifford trust, 잔여자선신탁(charitable remainder trust)과 선행자선신탁(charitable lead trust), 미성년자 신탁, 설정자에게 유보된 소득 및 연금신탁 등.

152) 목적신탁의 의의 및 설정 가능성에 대한 종래의 논의는 제2장 Ⅰ. 3. 참조.

향후 과제로 남아 있다. 신탁법의 해석상 목적신탁의 효력범위를 확인하고 외국 입법례와 활용예를 참고하여 우리법에서의 이용가능성과 그 방안을 모색하여야 하는 이유이다.

2. 입법례

2.1. 영국

영국에서는 수익자원칙에 따라 수익자가 존재하지 않는 신탁은 무효이다. 자선신탁은 영국법상 목적신탁의 일반적인 금지에 대한 중요한 예외가 되며, 판례는 19세기 이후 수익자가 존재하지 않으면서 자선을 목적으로도 하지 않는 일정한 유형의 목적신탁을 제한된 범위에서 예외적으로 허용해왔다. 그런데 모든 예외에 대한 일반적이고 일관된 기준을 추론하고 만족할만한 원칙을 도출하기는 어렵다.[153] 이에 관한 전통적인 설명이 '인간의 미약함이나 감성에 대한 용인'[154]이라든가 '호머(Homer)가 졸 때 일어난 일'[155]에 그치는 것을 보아도 그러하다. 그래서 한편에서는 목적신탁의 무효 근거에 대한 비판이 제기되고, 다른 한편에서는 유효 근거와 그 범위를 확인하는 시도들이 이루어지고 있다.

2.1.1. 목적신탁의 금지

(1) 판례법리의 형성

목적을 실현하는 이익은 특정 개인에게 집중될 수 없기 때문에 형평법은 목적의 실현을 위한 신탁을 인정하지 않았다. 이 원칙은 목적신탁금지의 원칙(no purpose trusts rule)으로 불리는데, 그 선구적인 판결이 Morice v Bishop of Durham[156] 사건이다. 이 사건에서는 자선과 관용을 위한 신탁의 효력이 문제되었고, 법원은 이러한 목적이 불명확할 뿐만 아니라 모든 신탁은 법원이 누구를 위하여 이행을 명할지 그 대상이 존재해야 한다는 근거에서 위 신탁의 효력을 부정하였다. 목적신탁에서는 신탁의 명확한 대상을 결정할 수 없고, 그래서 수탁자로 하여금 그 의무의 이행을 강제할 사람도 그리고 그 이익을 받을 사람도 없기 때문에 효력이 인정되지 않는다는 것이다.

Re Astor's Settlement Trust[157] 사건의 경우 Astor 자작이 생전신탁을 설정하면서 신

---

153) Panico, International Trust Law, Oxford, 2010, p.535.

154) Re Endacott [1960] Ch 232, 250.

155) Re Astor's Settlement Trust [1952] Ch 534, 547.

156) (1804) 9 Ves 399, 404–405; 32 ER 656,659, affirmed in (1805) 10 Ves 522; 32 ER 947.

탁수입을 국가간의 이해의 유지, 신문의 독립성과 공정성의 보존, 신문의 합병으로부터의 보호 등 여러 목적에 사용하도록 정하였다. 법원은 이러한 목적은 자선을 위한 것이 아니라고 보았다. 법률상 소유자는 형평법상의 의무를 지는 경우와 그렇지 않은 경우가 있는데, 전자의 경우에는 다른 누군가가 이를 강제할 수 있는 형평법상의 권리를 가져야 하고, 후자의 경우에는 그가 완전한 소유자이므로 원하는 대로 재산을 처리할 수 있다고 하였다. 그리고 신탁이 존재하기 위해서는 수탁자 이외에 실제 신탁재산의 수익적 소유권을 가지는 누군가가 존재해야 하고, 그런 사람이 없다면 수탁자에 대하여 의무를 강제할 사람이 없을 뿐 아니라 보다 근본적으로는 강제할 신탁상 의무도 없고, 법률상 소유자는 자신의 이익을 위하여 절대적으로 재산을 소유한다고 하였다. 따라서 소구권자가 없는(non cestui que) 비자선신탁은 강제할 수 없어 무효라는 것이다.

Re Endacott[158] 사건은 위 법리를 재확인하였다. 이 사건에서는 위탁자가 자신의 전재산을 지방자치단체에 남기면서 자신을 위한 유용한 기념관을 제공할 것을 목적으로 정하였다. 법원은 자선신탁이 아닌 한 신탁이 유효하기 위해서는 확정된 또는 확정가능한 수익자가 존재하여야 한다는 점을 강조하였다. 그런데 영국 판례는 일찍부터 신탁을 강제할 수 익자가 존재하지 않음에도 불구하고 일정한 비자선신탁의 효력을 인정해왔다. 그래서 위 판결은 이러한 사례들을 수익자원칙에 대한 예외로 분류하면서, 무덤과 묘비의 건설과 유지를 위한 신탁,[159] 사자(死者)를 위한 미사를 올리기 위한 신탁,[160] 특정 동물의 보유를 위한 신탁[161] 및 여우사냥의 증진과 같은 그 밖의 경우로 네 가지 유형을 나누었다.[162] 그리고 이들 예외의 적용은 엄격할 것을 요구하면서, 이 사건의 신탁이 위 예외 중 묘비를 건립하는 것을 목적으로 하는 유형에 해당하지 않는다고 판단하였다.

(2) 판례법리의 근거

이상의 판결들을 토대로 형성된 영국 판례법리의 첫 번째 근거는 수익자원칙이다. 수

---

157) [1952] 1 Ch 534.

158) [1960] Ch 232, 246.

159) Mussett v Bingle(1876); Re Hooper(1932).

160) Bourne v Keane (1919); Re Heatherington(1990).

161) Pettingall v Pettingall(1842); Re Dean(1889).

162) Penner, p.254는 이러한 신탁을 불완전한 의무의 신탁이라고 부른다(trusts of imperfect obligation). 판례가 이와 같은 사적목적신탁을 허용한 근거는 그 목적이 이로운 것이며 또한 법원에 의하여 목적의 달성이 강제될 수 있기 때문이었다.

익자가 없으면 실질적으로 소유자가 없고 따라서 신탁이 강제될 수 없다는 점이다. 그러나 학설은 판례상 신탁이 개인인 수익자를 위한 것이어야 한다는 명제가 절대적인 것은 아니라고 하면서 자선신탁이나 재량신탁을 그 예로 든다.163) 그리고 수익자가 개인이 아닌 회사인 경우에도 신탁의 효력이 인정된 바 있다.164) 더욱이 Re Denley's Trust Deed165) 사건은 목적신탁금지원칙을 상당히 축소하였다. 이 사건에서 위탁자는 토지에 관하여 생전신탁을 설정하면서 일차적으로 회사의 피용자의 이익을 위하여 여가와 스포츠의 목적으로, 이차적으로는 수탁자가 허용하는 다른 사람의 이익을 위하여 토지를 보유하고 사용하도록 정하였다. 법원은 신탁의 효력을 인정하였는데, 그 토지를 사용할 수 있는 사람들이 사실상의 충분한 이익을 가지고 있고 또 수익자의 집단이 언제든 확정가능하다는 근거에서였다. 이처럼 전통적으로 수익자원칙을 토대로 목적신탁의 효력이 부정되었지만 일정 범위에서 예외가 인정되어 왔고, 그 근거는 신탁의 강제장치나 사실상의 수익자의 존재뿐만 아니라 사회적 필요성 내지 정책적 고려에서도 발견된다. 그래서 사회변화나 이에 따른 법원의 관점의 변화에 따라서 허용가능한 목적신탁의 유형은 보다 다양해질 것이라는 전망도 나오고 있다.166)

둘째, 신탁의 효력요건으로서 세 가지 확정가능성(three certainties)167) 중 하나인 신탁목적의 확정가능성도 목적신탁을 무효로 보는 근거로 제시되어 왔다. 사실 Morice v Bishop of Durham 사건은 앞서 살펴본 것처럼 신탁목적의 불확정성과 보다 밀접한 관련이 있다. 그리고 Re Shaw168) 사건에서 Bernard Shaw는 40자가 넘지 않는 새로운 철자(그중 적어도 14개는 모음이어야 한다)에 관한 연구를 증진하기 위한 목적으로 유언신탁을 설정하였는데, 법원은 이를 무효라고 보았다. 위탁자가 특정한 철자를 지정하지 않음으로 해서 현행 철자를 채택할 것인지 여부 등을 결정하는 데 필요한 통계적인 계산 자체가 너무나 큰 불확실성을 가진다고 보았기 때문이다.

셋째, 영구불확정금지의 원칙(rule against perpetuities)은 위탁자가 영구적인 신탁을 설정하는 것을 금지한다.169) 비자선목적신탁에서는 불확정기간을 산정함에 있어서 기준이 되는

---

163) M. Pawlowski, Purpose Trusts: Obligations Without Beneficiaries?, Trusts & Trustees, Vol.9/1(2002), p.10.
164) Leahy v A–G for New South Wales [1959] AC 457.
165) [1969] 1 Ch 373.
166) Kennedy, English and offshore purpose trust: a comparative study, Trust & Trustee Magazine (September 2005), p.4.
167) 상세는 제5장 II. 1. 참조.
168) [1957] 1 All ER 745.

'신탁설정시에 생존한 사람'이 존재하지 않기 때문에 비자선목적신탁을 허용한다면 영구불확정금지원칙에 반하여 신탁이 무한히 존속하게 되므로 그 효력은 무효라는 것이다. 자선신탁에서는 이 원칙이 배제되므로 신탁재산은 영구적으로 자선목적을 위하여 보유될 수 있지만, 예외적으로 허용되는 목적신탁의 유형에 대하여는 여전히 불확정금지의 원칙이 적용된다.[170]

2.1.2. 예외적인 형태로서 Quistclose 목적신탁

종래의 확고한 법리나 이에 대한 비판과는 별개로 Barclays Bank v Quistclose Investments Ltd[171] 사건은 목적신탁의 실질을 인용하였으며, 이후에도 그 효력은 유지되고 있다. 위 사건에서는 주주배당금의 지급을 결의한 회사가 이를 지급할 자금이 충분하지 않자 투자기관으로부터 배당금 지급에 사용하는 조건으로 대출을 받았다. 대출금은 이러한 목적을 위하여 별도로 개설된 계좌에 입금되었는데, 배당금이 지급되기 전 위 회사가 청산절차에 들어갔다. 법원은 위 대출이 배당금 지급을 위한 신탁을 발생시키고, 대주는 그 자금이 당해 목적에 사용되는지에 대한 형평법상의 권리를 가진다고 보았다. 그리고 그 목적의 실현이 불가능하게 되었으므로, 이제 그 자금은 복귀신탁에 의하여 대주에게 귀속된다고 판단하였다.

위 판결은 배당금의 지급을 목적으로 하는 신탁이 사적목적신탁으로서 유효한지 여부에 대하여 직접 설시하지 않았으며, 신탁의 강제가능성 여부가 그 결론에 영향을 미치지 않았다. 오히려 법원은 신탁의 유효성을 판단함에 있어 수익자, 즉 특정 목적을 위하여 자금을 제공하는 채권자의 존재로 충분하다고 보았다.[172] 그리고 이러한 법리는 이후에도 유지되고 있다.

---

169) 상세는 제5장 Ⅱ. 4.2. 참조.

170) Penner, p.283.

171) [1970] AC 567.

172) 그래서 Carreras Rothmans Ltd v Freeman Mathews Treasure Ltd [1985] Ch 207, 222는 Quistclose와 같은 사례들에서 특별한 목적을 위한 신탁으로부터 이익을 얻는 사람들이 이를 강제할 수 있는 권리를 가지는지 여부는 전혀 고려되지 않았고, 따라서 이러한 요소는 신탁의 효력에 결정적인 것으로 취급되지 않았다고 단정하였다.

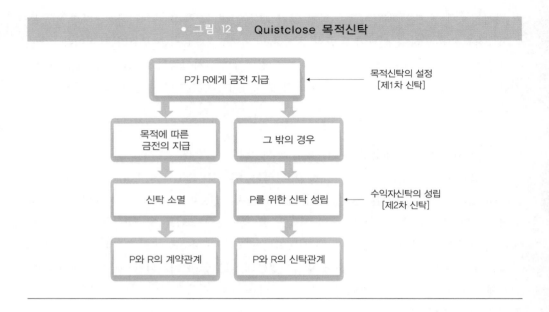

• 그림 12 •   Quistclose 목적신탁

위 신탁의 구조를 일반화하면 다음과 같다. P가 R에게 특정한 목적을 위하여 금전을 제공하기로 하고 R이 이에 대하여 수익권을 가지지 않기로 합의한 경우, P는 R이 그 금전을 다른 용도로 사용하는 것을 저지할 권리를 가지며, 그 금전은 R이 도산하는 경우 일반 채권자의 책임재산이 되지 않는다.173) 제1차 신탁(목적신탁)은 명시된 목적이 실현된 때 소멸하고, 그 금전은 R의 P에 대한 단순한 채무로 남거나 증여로 취급된다. 그러나 목적이 실현되지 않으면 이제 P를 위한 제2차 신탁이 발생한다(수익자신탁).

2.2. 미국

2.2.1. 수익자원칙과 그 예외

영국과 마찬가지로 미국에서도 신탁이 유효하기 위해서는 수탁자가 신임의무를 지는 상대방, 즉 수익자의 존재가 요구된다. Morice v Bishop of Durham 사건에서 제시된 수익자원칙은 15년 뒤 미국에서도 정확히 반복되었고,174) 이후 미국의 다른 법원들도 이에 따랐다. 그러나 19세기 후반 수익자원칙의 무차별적인 적용에 대한 의문이 제기되었고,175) 이

---

173) Re EVTR [1987] BCLC 646; Twinsectra Ltd v Yardley [2000] W.T.L.R. 527 (CA).

174) Phila, Baptist Ass'n v. Hart's Ex'rs, 17 U.S. 1, 28 (1819).

175) 가령 Ames, The Failure of the "Tilden Trust", 5 Harv. L. Rev. 389(1892).

를 받아들인 판결들 또한 등장하면서 위 원칙을 진지하게 재검토하는 계기가 마련되었다.

먼저 1935년 신탁법 제1차 리스테이트먼트 §124는 수익자원칙을 명시하였다. 그리고 제3차 리스테이트먼트 §27에 의하면 신탁은 자선목적이나 사적목적 혹은 양자를 위하여 설정될 수 있으며, 사적목적신탁은 확정가능한 수익자의 존재를 요건으로 한다. 자선신탁은 사회 전체의 대표자로서 법무부장관이 이를 강제할 수 있고, 위탁자가 원하는 만큼 얼마든지 장기간 존속할 수도 있다(제3차 리스테이트먼트 §28). 그러나 일반적으로 확정가능한 수익자가 존재하지 않는 비자선목적신탁은 허용되지 않으며, 확정적으로 사회에 이득이 되는 것이 아니므로 법무부장관에 의하여 강제될 수도 없다.[176] 다만 이를 회피하는 두 가지 방법이 있다. 첫째는 소위 도의적 신탁(honorary trust)이며, 둘째는 입법적인 조치를 통하여 명시적으로 허용된 비자선목적신탁을 이용하는 것이다.

2.2.2. 도의적 신탁

신탁법 제2차 리스테이트먼트 §124는 확정가능한 수익자가 존재하지 않는 비자선목적신탁은 강제불가능하며, 양수인[177]은 정해진 목적에 재산을 사용할 권능(power)을 가질 뿐임을 명시하였다.[178] 이 경우 신탁상 정해진 대로 신탁을 강제할 수익자가 존재하지 않기 때문에 양수인은 신탁재산을 정해진 목적에 사용할 의무가 없으며, 이를 강제받지도 않는다. 만약 양수인이 정해진 목적에 재산을 사용하지 않는다면, 법원은 상당한 기간을 정하여 이를 이행하도록 하고, 그럼에도 불구하고 이행하지 않는 경우 위탁자나 그의 상속인에게 재양도할 것을 명할 수 있다.[179] 그리고 판례도 이를 근거로 하여 지정된 특정 목적을 위한 도의적 신탁을 허용하였다.[180]

양수인은 목적을 실현할 법적 의무를 지는 것은 아니지만(그래서 '도의적'이다) 비자선목

---

176) Hirsch, Trusts for purposes: Policy, Ambiguity, and anomaly in the Uniform Laws, Florida State University Law Review, Summer(1999), p.914.

177) 본래적인 의미에서의 신탁이 존재하지 않으므로 위 규정 자체는 수탁자가 아닌 양수인(transferee)이라고 하는 용어를 사용한다.

178) Levy, Idaho's noncharitable purpose trust statute: leaping over age-old trust laws in a single bound, 44 Idaho Law Review 814(2008)는 이를 두고 역사상 최초로 비자선목적신탁 자체가 법적 제도로서 공식적으로 승인되었다고 평가한다. 하지만 이 규정만으로 그렇게 평가하기는 어려울 것이다. 오히려 Hirsch, Bequests for Purposes: A Unified Theory, 56 WASH. & LEE L. Rev. 41(1999)가 지적하는 것처럼 장차 목적신탁의 맹아가 될 도의적 신탁이라고 하는 예외적인 유형을 명시한 것에 지나지 않는다고 하는 것이 정확하다.

179) cmt.b.

180) Dukeminier/Johanson/Lindgren/Sitkoff, p.526.

적신탁을 실행할 권능을 가진다. 양수인이 의무를 이행하지 않는 경우 수익자와 유사한 지위를 가지는 자, 예컨대 귀속권리자나 상속인 등은 신탁의 종료를 소구할 수 있다. 그러면 복귀신탁이 발생하고, 신탁재산은 위탁자나 그의 상속인에게 돌아가게 된다. 그리고 이러한 도의적 신탁은 영국에서와 마찬가지로 동물을 돌보거나, 묘역지를 관리하거나, 미사를 올리는 것을 목적으로 이용되었다.[181]

도의적 신탁에 대해서도 영구불확정금지의 원칙이 적용된다. 신탁설정시에 생존한 사람의 사후 21년을 초과하는 경우 그 신탁은 무효이다. 그런데 가령 동물을 돌보기 위한 신탁의 경우 사람이 아닌 동물 자체는 그 기간을 산정하는 기준이 되지 못하였고, 동물에 따라서는 그보다 오랜 기간 생존하는 종류도 있어서 문제가 되었다.

2.2.3. 법률상의 목적신탁

미국 각 주에서 신탁에 관한 입법이 이루어지는 과정에서 도의적 신탁 내지 비자선목적신탁도 어떠한 방식으로든 반영이 되었다. 예컨대 개인의 묘지를 돌보기 위한 신탁을 단순히 도의적 신탁으로 보는 것이 아니라 강제가능한 신탁으로 정하거나, 이를 자선의 내용으로 정의하거나, 법률이나 정해진 자에 의하여 강제가능하도록 하는 규정을 마련하였다.[182]

무엇보다 1990년 Uniform Probate Code(UPC)의 개정과 2000년 UTC의 공표를 계기로 각 주법들은 비록 세부적인 내용에서는 차이가 있지만 비자선목적의 신탁을 본래적인 의미의 신탁의 한 유형으로 받아들였다. UPC sec.2-907은 반려동물을 위한 신탁은 그 동물이 생존한 동안 유효하며, 다른 유형의 비자선목적신탁은 21년간 유효한 것으로 정하였다. 그리고 법원으로 하여금 이전된 재산 중 정해진 용도에 필요한 정도를 상당히 초과하는 부분의 감축을 명할 수 있도록 하고, 신탁상 정해진 자 또는 신탁상 정함이 없는 때에는 법원이 지명한 자에 의하여 신탁재산의 정해진 용도가 강제될 수 있도록 하였다.[183] 그리고 UTC도 UPC와 유사한 내용으로 도의적 신탁을 명문화하여 동물을 돌보기 위한 신탁(UTC sec.408)과 그 밖의 비자선목적신탁에 관하여 명시하였다(UTC sec.409). 권능에 지나지 않는

---

181) 신탁법 제2차 리스테이트먼트 §124 cmt.d.

182) 상세는 Hirsch, Delaware unifies the Law of Charitable and Noncharitable Purpose Trusts, Estate Planning, November(2009), p.15.

183) 반려동물신탁의 설정은 여타의 신탁과 마찬가지로 생전신탁이나 유언신탁 어떠한 방식으로도 설정될 수 있다. 생전신탁의 경우 반려동물을 돌보기 위한 목적의 신탁재산은 별도로 관리되다가 위탁자의 사망이나 요후견상태가 발생한 때 그 재산으로부터 동물을 돌보는 데 필요한 비용 등이 지급되는 형태로 운용된다.

보통법상의 도의적 신탁과 달리 이들 규정에 의한 신탁은 유효하고 또한 강제가능한 것이다.[184]

2.3. 일본

2.3.1. 신탁법의 규정방식

일본에서는 종래 수익자의 정함이 없는 신탁은 공익신탁이 아닌 한 인정되지 않는 것으로 해석되었으나,[185] 현행법은 일정한 제한하에서 목적신탁을 인정하고 있다. 신탁과 유사한 기능을 하는 법인과 비교할 때 특히 중간법인은 목적신탁과 유사한 기능을 하는바, 중간재단법인이 인정되는 한 목적신탁을 인정하지 않을 이유가 없으며, 법인을 설립하는 것보다 용이하게 동일한 기능을 수행할 수 있도록 하는 것이 합리적이라는 점, 민간자금을 끌어들인 비영리활동의 기초를 제공한다는 점 그리고 자산유동화목적상의 유용성이라고 하는 관점에서 목적신탁을 허용하게 되었다.[186] 다만 남용의 위험을 차단하고 신탁에 대한 감시, 감독을 확보하기 위하여 존속기간을 제한하고 위탁자의 권리를 강화하는 한에서 목적신탁의 유효성을 일반적으로 승인하였다.

일본 신탁법 제2조는 신탁을 특정인이 일정한 목적에 따라 재산의 관리, 처분 그 외 당해 목적의 달성을 위하여 필요한 행위를 하는 것으로 정의하지만, 이후의 규정들은 수익자신탁을 전제하고 있다. 그리고 실체법적인 규율내용의 마지막 부분인 제11장에서 수익자의 정함이 없는 신탁에 관한 특례를 정함으로써 목적신탁을 별도로 취급하고 있다. 이와 더불어 목적신탁에 관한 경과규정을 두어 학술, 기예, 자선, 제사, 종교 그 밖의 공익을 목적으로 하는 경우를 제외하고는 별도 법률에서 정한 날까지 당해 신탁사무를 적정하게 처리할 수 있는 재산적 기초와 인적 구성을 갖춘 자로서 시행령에서 정한 법인 외에는 수탁자가 될 수 없도록 하였다(부칙 제3항). 그리고 동법 시행령 제3조는 국가, 지방공공단체 또는 재산적 기초 및 인적 구성을 가진 법인만 수탁자가 될 수 있도록 제한하였다.

수익자의 정함이 없는 비공익목적신탁은 계약 또는 유언에 의하여 설정할 수 있으며(동법 제258조 제1항), 신탁선언의 방법에 의할 수 없다. 그리고 목적신탁은 수탁자를 감독할 수익자가 존재하지 않으므로 그 역할을 담당할 자가 필요하게 된다. 그래서 신탁계약에 의한 목적신탁에 있어서 위탁자가 수탁자에 대한 감시, 감독에 대한 권리를 가지도록 하고, 신탁

---

184) UTC sec.408 cmt.

185) 新井誠, 400頁.

186) 개정과정에 관한 설명은 최수정, 일본 신신탁법, 224면.

계약이나 신탁변경에 의하여 달리 정할 수 없도록 한다(동법 제260조 제1항).

위탁자는 신탁상 신탁관리인을 정할 수 있고, 그러한 정함이 없거나 지명된 자가 신탁관리인이 되지 않거나 될 수 없는 때에는 이해관계인의 청구에 의하여 법원이 신탁관리인을 선임할 수 있다(동법 제123조). 그리고 신탁관리인은 신탁목적의 달성을 위하여 자신의 이름으로 수익자의 권리에 관한 재판상, 재판외의 모든 행위를 할 수 있다(동법 제261조 제1항, 제125조 제1항).

한편 유언에 의한 목적신탁에 있어서는 신탁관리인의 존재가 필수적이다. 유언에서 신탁관리인을 지정하는 정함을 두어야 하며(동법 제258조 제4항), 만약 유언에서 정하고 있지 않다면 유언집행자가 선임하여야 한다(동법 제258조 제5항). 유언집행자가 정해져 있지 않거나 지정된 유언집행자가 신탁관리인을 선임하지 않는 때에는 이해관계인의 청구에 의하여 법원이 선임할 수 있다(동법 제258조 제6항). 신탁관리인이 없는 상태가 1년간 계속된 때 신탁은 종료한다(동법 제258조 제8항).

그러나 어떠한 목적신탁도 그 존속기간은 20년을 초과할 수 없다(동법 제259조).[187] 비공익목적에서 영구히 재산의 처분이 불가능한 신탁을 설정하는 것은 물자의 융통을 해하여 국민경제상의 이익에 반한다고 보아 그 기간을 제한한 것이다.[188] 다만 산업정책 또는 문화정책상 기간이 한정된 권리, 즉 특허권, 저작권 등에 대하여는 동일하게 판단할 수 없으며 보다 장기간의 목적신탁을 허용할 필요가 있다는 지적이 있다.[189]

2.3.2. 목적신탁의 활용가능성

일본에서는 목적신탁이 허용됨에 따라 그 활용방안이 모색되고 있다. 신탁법 개정과정에서 목적신탁의 허용 여부에 관하여는 견해가 나뉘었지만, 자선신탁의 대체적 기능, 자산유동화 구조의 가능성, 공익신탁에 해당하지 않는 비영리신탁의 활용, 민간자금을 활용한 봉사활동의 기초 등 그 잠재적 가치에 대한 기대감에서 이를 허용하기로 한 점에서[190] 그 활용가능성을 읽을 수 있다.

학설은 영미에서와 같이 실질적인 수급자가 권리능력이 없는 경우를 예로 든다. 특정

---

187) 일본 신탁법 개정과정에서 목적신탁의 기간을 제한함에 있어 유동화의 주된 대상인 주택담보채권의 경우 통상 그 기간이 30년인 것에 비추어 20년 정도가 적절하고, 일반거래에서 20년 이상은 거의 없다는 이유에서 20년으로 정하였다. 法制審議會信託法部會 제25회 회의 의사록 참조.

188) 信託法改正要綱試案 補足說明, 제69 참조.

189) 寺本振透, 300頁.

190) 法制審議會信託法部會 제20회 회의 의사록 참조.

동물을 사육하는 것을 목적으로 하는 신탁, 자신의 주거를 사후에도 기념관처럼 관리하는 것을 목적으로 하는 신탁, 위탁자 사후에 고인과 그 가족을 위하여 묘지의 관리와 제사를 목적으로 하는 신탁이 언급된다. 신탁목적이 공익이라고는 할 수 없는 경우로서 특정 기업의 발전에 공이 있는 사람에게 장려금을 지급하는 것을 목적으로 하는 신탁, 경제단체나 업계단체 등이 일정한 자금을 출연하여 우수한 기술이나 아이디어를 낸 기업 등을 지원하는 것을 목적으로 하는 신탁, 지역사회에서 복지, 개호, 방범이나 경비, 환경보전을 지원하는 신탁, 공익신탁으로 설정되지 않은 공익적인 신탁 그리고 기업의 사회적 책임활동의 한 방법으로서의 이용도 거론된다.[191]

또한 목적신탁은 자산유동화에서 자산이 그 지분권자의 도산이나 계약위반 등으로부터 영향을 받는 것을 방지하기 위한 수단이 될 수 있으며, 특허권이나 저작권의 경우 이들 권리에 의하여 보호되는 기술을 다른 사람들이 널리 이용할 수 있도록 하기 위해서는 권리 자체를 포기하기보다 그 권리를 유지하면서도 특정한 수익자를 지정하지 않는 방식으로 목적신탁을 설정할 수 있을 것이다.[192]

2.4. 소결

영국에서는 확고한 수익자원칙하에 신탁을 강제할 확정가능한 수익자가 존재하지 않는다는 근거에서 그리고 영구불확정금지원칙을 들어 목적신탁의 효력을 부정한다. 다만 자선신탁과 판례상 제한적으로 인정된 사적목적신탁에 대한 예외가 존재할 뿐이다. 미국도 수익자원칙을 인정하는 점에서는 영국과 동일하지만, 비자선목적신탁도 허용하는 방향으로 판례와 입법이 이루어지고 있다. 미국내에서도 목적신탁에 관한 입법의 스펙트럼은 매우 넓은데, 그중 Delaware 신탁법은 가장 진보적인 예로 손꼽힌다. Delaware를 포함하여 각 주들이 종래 법리와는 다른 획기적인 입법을 하는 이유는 무엇보다 금융자산의 관리를 위한 수단으로 목적신탁과 같은 유형에 대한 수요가 증가하고 있기 때문이다. 자산보호(asset protection)의 관점에서 수익자에 의한 간섭 없이 위탁자나 수탁자로부터 독립된 재산을 창출하고 이를 위탁자가 설정한 목적에 구속되도록 하는 것이다. 그리고 이러한 수요에 상응하는 법제도를 제공함으로써 신탁사업에서 우위를 점하고자 하는 각 주들의 경제적인 유인은 무엇보다 중요한 이유가 된다.[193]

---

191) 新井誠, 406頁 이하.

192) 能見善久, 287頁.

193) Langbein, The Contractarian Basis of the Law of Trusts, 105 Yale L. J. 632(1995); Hirsch, Fear not the Asset Protection Trust, 27 Cardozo L. Rev. 2687(2006).

나아가 개인이나 기업의 다각적인 수요에 상응하여 훨씬 더 유연하고 규제가 완화된 역외신탁(offshore trust)에 대한 수요도 늘고 있다.194) 역외신탁은 전통적인 신탁개념에 중대한 변화를 시도해왔는데, 그중 하나가 영미에서 오랫동안 무효로 취급되었던 비자선목적신탁의 효력을 인정하는 것이다. 국가마다 차이는 있지만 대체로 목적신탁에 있어서 그 목적의 범위가 매우 넓고, 기간 또한 실질적인 제한이 없다. 그리고 역외신탁은 세제와 관련한 개인적인 수요에 부응할 뿐만 아니라, 종종 mutual fund인 unit trust로서, 자본시장이나 금융거래에서 orphan structure로, 때로 국제적인 비정부조직체를 구성하는 방법으로 이용되어 왔다. 하지만 역외신탁이 국내에서도 효력이 승인될 수 있는지에 관하여는 의문이 있고, 무엇보다 역외탈세수단으로 이용될 위험이 높아 부정적인 인식이 강한 것이 사실이다. 그럼에도 불구하고 신탁의 넓은 활용가능성과 향후의 발전방향을 확인하는 자료로서는 의미가 있을 것이다.

3. 목적신탁의 설정과 효력

3.1. 계약과 유언에 의한 설정

신탁법은 신탁을 설정하는 방법으로 계약, 유언, 신탁선언 세 가지를 예정하고 있다. 그러나 수익자가 없는 특정의 목적을 위한 신탁, 즉 목적신탁은 공익신탁이 아닌 한 신탁선언에 의하여 설정할 수 없다(제3조 제1항 단서). 신탁선언에 의하여 신탁을 설정하는 경우 위탁자는 동시에 수탁자로서 자신의 재산을 신탁재산으로 소유, 관리 등을 하게 된다. 그러므로 신탁선언에 의하여 목적신탁을 설정할 수 있다고 한다면 채무자인 위탁자가 종래 자신의 책임재산에 속하던 재산을 이제부터는 독립한 신탁재산으로 소유, 관리하게 되고, 신탁사무를 감독할 수익자도 존재하지 않으므로 임의로 신탁재산을 사용, 수익, 처분할 위험이 있다. 이처럼 채무자가 집행면탈 등의 목적으로 악용할 가능성이 높기 때문에 신탁법은 신탁선언의 방식으로는 목적신탁을 설정할 수 없도록 한 것이다.195)

신탁법은 신탁의 존속기간에 관한 일반규정을 두고 있지 않으며, 목적신탁에 관하여도 마찬가지이다. 역사적으로 어려운 문제를 야기한 영구불확정금지원칙을 우리 신탁법이 새삼스럽게 반복할 이유도 없지만, 인위적인 기간을 법이 강제하는 것도 적절하지 않기 때문이다. 하지만 이러한 입법태도가 영구적인 신탁설정을 허용한다는 의미는 아니다. 다양한

---

194) Jersy, British Virgin Islands, Cayman, Bahama 등의 신탁법이 대표적이다.
195) 법무부, 33면.

신탁의 유형에 따라서 그 존속기간은 얼마든지 단기 또는 장기로 정할 수 있지만, 지나치게 장기간을 정함으로써 신탁재산이 과도한 제한을 받는 때에는 민법 일반원칙에 의하여 상당한 기간을 초과하는 부분의 효력이 부정될 수 있다.196)

3.2. 위탁자의 권리제한 금지

위탁자의 권리에 관한 규정은 임의규정이므로 신탁행위로 위탁자의 권리를 제한할 수 있다(제9조 제1항). 그러나 예외적으로 목적신탁의 경우에는 위탁자의 권리를 신탁행위에 의하여 제한할 수 없다(제9조 제2항). 수익자가 존재하지 않는 목적신탁에서 위탁자는 수탁자의 감독자로서 중요한 지위에 있기 때문에 그 권리를 제한할 수 없도록 한 것이다.197)

3.3. 신탁관리인의 선임

수익자가 존재하지 않는 목적신탁에서는 수탁자의 감독을 위한 신탁관리인의 존재가 더욱 의미를 가진다.198) 그리고 제67조 제1항은 수익자가 존재하지 않는 경우 신탁상 신탁관리인이 지정되지 않은 때에는 법원이 위탁자나 이해관계인의 청구에 의하여 또는 직권으로 신탁관리인을 선임할 수 있도록 한다. 사실 목적신탁을 설정하는 위탁자는 수탁자에 대한 감독을 위해서도 통상 신탁관리인을 지명할 것이다. 신탁상 그러한 정함이 없는 경우 법원은 개개의 신탁에 대한 내용을 자세히 알기는 어렵기 때문에 직권에 의한 선임보다는 통상 청구권자의 청구에 의하여 신탁관리인을 선임하게 된다.

그런데 신탁관리인의 선임은 목적신탁의 효력요건이 아니기 때문에 신탁관리인이 존재하지 않는 목적신탁도 가능하다. 하지만 신탁관리인이 취임하지 않은 상태가 1년간 계속된 때 신탁은 당연히 종료한다(제98조 제5호). 목적신탁에서 신탁을 감독하는 중요한 역할을 담당한 신탁관리인이 존재하지 않는 상태가 계속되는 것은 바람직하지 않으므로, 신탁법은 이 경우 신탁이 종료하는 것으로 정하여 신탁관리인의 선임을 간접적으로 강제하는 것이다.

3.4. 신탁의 변경

원칙적으로 신탁의 변경은 가능하지만 목적신탁에서 수익자신탁으로 또는 수익자신탁에서 목적신탁으로는 변경할 수 없다(제88조 제4항). 수익자신탁의 경우 특히 수익자나 수익

---

196) 신탁의 존속기간에 관하여는 제5장 Ⅱ. 4. 참조.

197) 법무부, 101면.

198) 신탁관리인에 관한 상세는 제4장 Ⅲ. 6. 참조.

자의 채권자는 신탁재산에 대하여 일정한 기대 내지 이해를 가지기 때문에 위탁자, 수탁자, 수익자 사이의 합의에 의하여 목적신탁으로 변경하는 것은 금지된다. 그리고 목적신탁이 설정되면 이를 기초로 하여 신탁의 목적을 달성하기 위한 다수의 법률관계가 형성되기 때문에 이후에 수익자신탁으로 변경하여 그 재산을 특정인에게 귀속시키는 것도 적절하지 않다.199) 이처럼 수익자신탁과 목적신탁은 그 설정방법이나 관리감독, 관련 당사자의 이해관계가 다르기 때문에 양자간의 변경은 허용되지 않는 것이다.200)

그런데 제88조는 당사자의 합의 등에 의하여 신탁을 변경하는 경우에 관한 규정이다. 애초에 수익자신탁으로 설정된 것을 당사자의 합의로 목적신탁으로 변경하거나 목적신탁으로 설정된 것을 수익자신탁으로 변경하는 것을 금지하는 것이다. 그러므로 위탁자가 신탁을 설정하면서 신탁재산의 일부는 목적신탁으로 그리고 일부는 수익자신탁으로 설정하거나, 목적신탁을 설정하면서 목적달성시 또는 목적달성불능시에 잔여재산의 귀속권리자를 정하는 것까지 금지되는 것은 아니다.

4. 공익신탁과의 경계

4.1. 공익신탁에 관한 규율

종래 신탁법은 구신탁법의 규정을 그대로 가져와 별도의 장(제10장)에서 공익신탁에 관한 특칙을 두었다. 학술, 종교, 제사, 자선, 기예, 환경, 그 밖에 공익을 목적으로 하는 신탁을 공익신탁으로 정의하고(제106조), 공익신탁의 인수에 주무관청의 허가를 요구하였다(제107조). 주무관청은 신탁사무의 처리와 관련하여 감독, 허가, 명령, 검사, 보고, 수탁자 해임이나 선임 등의 권능을 가지며, 수익자신탁에서 법원의 권한을 대신하였다(제108조 이하). 또한 공익신탁에는 최근사원칙(cy-près doctrine)201)이 적용되었다(제113조).

그러나 2014. 3. 18. 제정되고 2015. 3. 19.부터 시행된 공익신탁법은 신탁법상의 공익신탁제도를 전면적으로 개선하는 특별법으로, 공익신탁에 관한 관리·감독 권한의 일원화, 관리·감독의 효율성과 전문성 제고 및 공시제도의 도입 등을 내용으로 한다. 이에 따라 신탁법상 공익신탁에 관한 위 장은 삭제되었고, 그 밖의 규정에서 공익신탁은 공익신탁법상

---

199) 寺本振透, 300頁.

200) 법무부, 680면.

201) 최근사원칙은 자선신탁이 애초에 무효이거나 유효하게 설정되었더라도 이후에 목적의 실현이 불가능하게 되는 등으로 종료하는 때 당해 신탁재산이 가능한 한 위탁자가 의도한 것과 가장 근사한 목적에 사용될 수 있도록 하는 것이다. 영국의 경우 Charities Act 2011 sec.61 이하는 이에 관한 구체적인 기준을 정하고 있다.

의 공익신탁으로 대체되었다(공익신탁법 부칙 제3조 제6항).[202] 그래서 공익신탁에 관하여는 일차적으로 공익신탁법이 적용되며, 공익신탁법에서 정한 사항 외에는 그 성질에 반하지 않는 한 신탁법이 준용된다(동법 제29조). 그리고 신탁법은 수익자신탁과 비공익목적신탁을 주된 규율대상으로 하게 된다.

4.2. 목적신탁과 공익신탁의 관계

공익신탁법상 공익신탁은 공익사업을 목적으로 하는 신탁법에 따른 신탁으로서 법무부장관의 인가를 받은 신탁을 가리킨다(공익신탁법 제2조 제2호). 이때 공익사업은 공익신탁법 제2조 제1호가 정하는 사업으로 그 범위는 매우 포괄적이다.[203] 종래와 달리 공익신탁을 설정할 수 있는 범위를 확대하고 허가제를 인가제로 변경함으로써 공익신탁제도를 보다 용이하게 활용할 수 있도록 하고, 이와 더불어 세제상의 혜택을 받을 수 있도록 하기 위함이다.

위와 같은 공익신탁법의 규율방식은 상대적으로 신탁법상 목적신탁의 영역을 축소시키는 것으로 보일 수 있다. 하지만 신탁목적을 공익으로 분류하기 애매하거나 공익과 사익 양자의 성격을 모두 가지는 때에는 공익신탁이 아닌 목적신탁을 설정하게 될 것이다. 그리고 공익을 목적으로 하는 경우에도 법무부장관에 의한 감독이나 강제가 위탁자의 의도와는 다를 수 있고, 위탁자 자신이나 자신이 지명한 신탁관리인에 의한 신탁의 감독을 선호하거나, 사정변경이 발생하는 경우 법무부장관이나 법원의 광범위한 권한에 의지하기보다는 위탁자

---

[202] 구신탁법에 따라 주무관청의 허가를 받은 공익신탁은 공익신탁법상의 공익신탁으로 의제되지만 법 시행일부터 6개월 이내에 법무부장관의 인가를 받아야 하며, 이 기간 내에 인가를 신청하지 않거나 인가요건을 갖추지 못한 때에는 인가가 취소될 수 있다(공익신탁법 부칙 제2조).

[203] 공익신탁법 제2조 1. "공익사업"이란 다음 각 목의 사업을 말한다.
　가. 학문・과학기술・문화・예술의 증진을 목적으로 하는 사업
　나. 장애인・노인, 재정이나 건강 문제로 생활이 어려운 사람의 지원 또는 복지 증진을 목적으로 하는 사업
　다. 아동・청소년의 건전한 육성을 목적으로 하는 사업
　라. 근로자의 고용 촉진 및 생활 향상을 목적으로 하는 사업
　마. 사고・재해 또는 범죄 예방을 목적으로 하거나 이로 인한 피해자 지원을 목적으로 하는 사업
　바. 수용자 교육과 교화(敎化)를 목적으로 하는 사업
　사. 교육・스포츠 등을 통한 심신의 건전한 발달 및 풍부한 인성 함양을 목적으로 하는 사업
　아. 인종・성별, 그 밖의 사유로 인한 부당한 차별 및 편견 예방과 평등사회의 증진을 목적으로 하는 사업
　자. 사상・양심・종교・표현의 자유 증진 및 옹호를 목적으로 하는 사업
　차. 남북통일, 평화구축, 국제 상호이해 증진 또는 개발도상국에 대한 경제협력을 목적으로 하는 사업
　카. 환경 보호와 정비를 목적으로 하거나 공중 위생 또는 안전의 증진을 목적으로 하는 사업
　타. 지역사회의 건전한 발전을 목적으로 하는 사업
　파. 공정하고 자유로운 경제활동이나 소비자의 이익 증진을 목적으로 하는 사업
　하. 그 밖에 공익 증진을 목적으로 하는 사업으로서 대통령령으로 정하는 사업

자신이 마련한 기준이나 신탁관리인의 조치에 따를 것을 원할 수 있다. 또한 공익신탁이 종료한 경우 잔여재산은 다른 공익신탁이나 국가 또는 지방자치단체 등에게 귀속되어야 하기 때문에(동법 제4조 제9호 가목, 제24조 제1항 및 제2항) 위탁자 자신이나 타인에게 귀속시키고자 하는 경우에는 공익신탁을 설정할 수 없다. 위탁자가 일정 기간 수익자에게 신탁이익을 귀속시킨 후 잔여재산을 공익목적으로 활용하고자 하는 경우에도 별도로 공익신탁을 설정하는 절차는 번거로울 뿐이다. 결국 동일한 목적을 달성하고자 하는 때에도 목적신탁을 설정할 것인지 아니면 공익신탁을 설정할 것인지는 어디까지나 위탁자의 선택에 달려있다.

한편 공익신탁법은 동법의 적용을 받는 공익신탁의 범위를 정하고 있을 뿐이며, 공익을 목적으로 하지만 인가를 받지 않은 신탁의 효력을 무효로 하거나 인가를 받지 않은 수탁자에게 제재를 가하지 않는다.204) 그리고 다양한 수요에 상응하여 신탁의 제도적 장점을 활용할 수 있는 다수의 선택지를 제공한다는 관점에서도 공익목적의 인가를 받지 않은 신탁을 일괄적으로 무효로 하기보다는 신탁법상 목적신탁의 하나로 취급하면 충분하다.205) 다만 이 경우에는 공익신탁법상의 공익신탁이 아니므로 그 명칭이나 상호에 공익신탁이나 그 밖에 공익신탁으로 오인될 우려가 있는 표시를 해서는 안 된다(동법 제9조 제1항).

그런데 공익목적으로 신탁을 설정하였으나 법무부장관의 인가를 받지 못하거나 받지 않은 경우 이를 단순히 신탁법상의 목적신탁으로만 규율할 것인지 아니면 법무부장관의 인가와 관련한 규정을 제외하고 공익신탁에 관한 법리를 유추적용할 수 있는지가 문제된다. 특히 공익신탁의 경우에는 영미의 자선신탁에서 인정된 최근사원칙이 적용되는데, 공익을 목적으로 하는 목적신탁에도 그 원칙을 적용하여 신탁을 계속시킬 수 있는가? 공익신탁의 인가가 취소되거나 종료한 경우 신탁재산은 신탁에서 정한 귀속권리자, 즉 유사한 공익사업을 목적으로 하는 다른 공익신탁이나 국가 또는 지방자치단체에게 귀속되며(공익신탁법 제24조 제1항), 이러한 귀속권리자를 정할 수 없거나 존재하지 않는 때에는 법무부장관이 유사한 목적의 공익신탁 등에 증여·무상대부하게 된다(동법 제24조 제2항). 그러나 목적신탁의 경우에는 공익신탁의 인가요건으로서 위와 같은 신탁상의 정함이 강제되지 않으며, 유사한 목적의 공익신탁 등에 신탁재산을 귀속시킬 법무부장관과 같은 주체도 존재하지 않는다. 목적

204) 수탁자가 신탁업자인 경우에는 여타의 신탁에서와 마찬가지로 자본시장법의 규제를 받는다. 목적신탁의 설정은 위탁자의 의사 내지 선택에 따른 것이므로 수탁자의 공익신탁법상의 규제회피가 정면에서 문제되지는 않을 것이다.
205) 유사한 체계를 가지고 있는 일본의 경우 공익신탁을 목적신탁의 한 유형으로 분류하는 것에 대하여 비판이 없지 않다. 가령 新井誠, 417頁은 목적신탁과 공익신탁은 그 통제체계가 다르고, 최근사원칙이 적용되지 않으며, 무엇보다 목적신탁은 자익신탁의 실질을 가진다는 근거에서 이러한 분류방식에 반대한다.

신탁의 위탁자가 귀속권리자를 위와 같이 정할 수 있음은 별개의 문제이며, 그러한 정함이 없다면 일반원칙에 따라서 잔여재산은 위탁자나 그 상속인에게 귀속한다고 해야 한다.206) 따라서 공익신탁과 목적신탁은 수익자신탁이 아닌 일정한 목적을 달성하기 위한 신탁이라는 점, 공익신탁법이 정하지 않은 사항에 관하여는 공익신탁에 신탁법이 적용되기 때문에 목적신탁과 기초를 같이한다는 점 이외에는 각각의 법리에 의하여 규율된다고 하겠다.

5. 목적신탁의 활용가능성

신탁의 활용가능성은 그 설계자의 상상력만큼 폭넓다고 할 수 있으며, 목적신탁의 경우에도 다르지 않다. 그러므로 목적신탁의 활용방안은 이론과 실무의 과제로 남아 있다. 일본의 경우 공익신탁은 그 범위가 제한적이기 때문에 그 밖의 공익 또는 공익과 사익을 위한 제도로서 목적신탁의 활용가치는 긍정적으로 평가되었다. 그러나 우리나라의 공익신탁법은 공익신탁의 범위를 매우 넓게 정하고 있어서 양 제도는 경쟁관계에 있으며, 신탁법상 목적신탁에 관한 규율이 충분하지 못한 까닭에 현실적으로 그 이용이 제한적이었다. 하지만 전통적인 영미법제나 혼합법제(mixed jurisdiction)에서 자선신탁이 아닌 사익목적신탁은 비록 그 범위에서 차이가 있지만 독자적인 영역을 구축해왔다. 이는 신탁이 가지는 제도적 장점, 즉 도산격리기능을 토대로 수익자의 개입을 배제한 상태에서 독립한 신탁재산의 보유와 위탁자가 정한 신탁목적의 달성을 그 내용으로 한다. 이 경우 신탁목적의 달성으로 인하여 사실상의 이익을 받는 자, 즉 수급자가 존재할 수 있지만, 수익자와는 그 법적 지위를 달리한다. 그러므로 신탁감독을 위한 신탁관리인의 역할이 중요한 의미를 가지게 된다. 그러면 이상의 전제하에 목적신탁의 구체적인 활용방안을 모색해본다.

5.1. 신탁수익을 귀속시키고자 하는 대상이 권리능력이 없는 경우

5.1.1. 반려동물신탁(pet trust)

신탁은 많은 경우 다른 사람, 특히 가족에게 재산을 남기는 수단으로 활용되었지만, 미국에서는 반려동물신탁이라고 하는 유형의 신탁이 확대되고 있다.207) 반려동물신탁의 발달

---

206) 반면 구신탁법의 해석에 있어서 최동식, 443면 이하는 일본에서의 논의들을 소개하면서, 공익신탁으로 특수취급은 할 수 없지만 사익신탁으로 인정할 수 있고 이에 대해서는 공익신탁의 규정을 유추적용할 것이라고 한다.

207) 반려동물신탁이 법적으로 인정되고 있지 않은 주에서도 통상의 수익자신탁을 통하여 동일한 목적을 달성할 수 있다. 신탁상 위탁자는 자기를 대신하여 동물을 돌볼 사람을 수익자로 지정하고 수탁자에게는 그러한

에서 가장 중요한 요소는 동물과 그 소유자의 감정적인 연결이다. 법적으로 동물은 물건이지만, 다른 종류의 물건이나 재산과는 다른 고유한 정서적인 관계가 형성된다. 마치 부모와 자녀 사이의 관계와 유사한 이러한 특수한 관계는 동물소유자로 하여금 자신이 사망 또는 요후견상태에 이른 때 동물의 보호를 위한 대책을 마련하게 하는 중요한 유인이 된다. 물론 가족이나 지인에게 부탁을 하거나 약속을 받기도 하지만, 이는 강제가능성이 없는 것이다. 그래서 예컨대 Leona Helmsley는 자신의 말티즈를 위하여 1,200만 달러의 반려동물신탁을 설정하였고, 비록 유언법원에 의하여 200만 달러로 감액되기는 하였지만 그 금액은 언론에 회자되었다.[208] 이러 극단적인 예가 아니라도 미국에서는 반려동물이 그 소유자의 사망이나 행위능력의 제한 이후에도 보호받을 수 있도록 신탁을 이용할 것이 장려되고 있다. 우리나라도 소득수준이 높아지고 1~2인 가구수가 증가하면서 반려동물을 키우는 인구 또한 증가하고 있다.[209] 그리고 고령사회에서 자식과 동거하지 않는 고령인구의 증가는 반려동물의 증가를 수반하게 될 것이다. 그러므로 장차 반려동물신탁에 대한 수요도 충분히 예견할 수 있다.

반려동물신탁을 이용하는 경우 위탁자는 신탁회사에 신탁재산을 이전함으로써 전문적인 자산관리가 가능해지고, 위탁자가 정한 바에 따라서 반려동물이 생존한 동안 그 돌봄이(caregiver)에게 비용 등이 지급되도록 할 수 있다. 이와 더불어 법원 및 신탁관리인에 의한 신탁감독이 가능하다. 신탁회사는 반려동물을 위하여 신탁재산을 소유, 관리하면서 보수를 받을 수 있으며, 위탁자가 돌봄이를 지정하지 않은 경우에는 동물을 돌보는 전문회사 등과의 업무위탁을 통해 신탁목적을 달성하고, 동물의 사후에는 지정된 잔여재산수익자에게 신탁재산을 이전함으로써 그 임무를 다하게 된다. 반려동물의 생존기간은 한정되어 있으므로, 위탁자는 신탁설정시에 반려동물의 사후에 남은 신탁재산을 특정인에게 귀속시킬 것인지 또는 다른 공익이나 사익의 목적을 위하여 사용할 것인지에 관한 내용을 미리 정해둘 필요가 있다.

5.1.2. 특정한 물건을 유지하기 위한 신탁

위탁자는 자신의 소장품의 유지와 관리를 위한 목적신탁을 설정할 수 있으며, 기본적

조건이 실현된 때 수익급부를 하도록 정함으로써 유사한 효과를 얻을 수 있는 것이다.

208) New York Times 2011. 6. 9.

209) KB금융지주 경영연구소의 '2023 한국 반려동물 보고서'에 따르면 반려동물을 기르는 가구는 2022년 말 기준으로 약 552만 가구(1,262만 명)로, 국내 전체 가구수(2,158만)의 25.6%를 차지한다.

인 구조는 반려동물신탁과 크게 다르지 않다. 목적신탁에서는 수익자신탁에서와 같은 수익자는 없지만 신탁목적이 달성됨으로 해서 이익을 얻을 수 있는 수급자 또는 목적이 달성되거나 신탁이 다른 이유로 종료하는 경우에 귀속권리자가 존재할 수 있다. 예컨대 클래식자동차의 수집을 목적으로 하는 신탁을 설정하는 경우 위탁자의 자녀가 그 자동차들을 사용한다면, 그들은 신탁으로부터 간접적으로 이익을 얻는 것이다. 하지만 신탁법상 그들은 수익자가 아니며 신탁을 강제할 자격도 없다. 한편 자동차가 훼손 또는 처분되거나 정해진 기간이 도과하는 경우 신탁은 종료하고, 위탁자는 남은 재산을 특정인에게 귀속시킬 것을 정할 수 있다. 이 경우에도 목적달성 후 귀속권리자를 지정한 사실만으로 목적신탁으로서의 성질이 달라지지는 않는다.210)

한편 위탁자가 특별한 의미를 두고 있는 건물을 신탁재산으로 하여 이를 관리하고 보존, 유지하기 위한 목적의 신탁을 설정할 수 있다. 위탁자는 신뢰할만한 수탁자에게 신탁재산을 이전하고 그 보존 등을 위탁할 수도 있지만, 건조물의 보존, 관리를 위한 재산을 신탁회사에 이전하고 관리는 전문업자에게 위탁하는 방식을 택하거나, 건조물 및 재산을 신탁회사에 이전하고 신탁회사가 신탁상 정한 바에 따라서 건조물의 관리를 제3자에게 위탁하는 방식을 취할 수도 있다.

특히 종중의 재산을 관리하고 유지함에 있어서 목적신탁의 활용을 고려해볼 수 있다. 현재 종중재산은 종중의 총유에 해당하며, 일부 종원에게 명의신탁을 하기도 한다. 그리고 이와 관련한 분쟁이 끊임없이 발생하고 있는 실정이다. 종중재산의 유지, 관리와 봉제사를 위한 목적신탁을 설정하고 신탁회사에 그 재산의 소유권을 이전함으로써 종중재산의 소유 및 처분과 관련한 분쟁을 차단할 수 있다. 종원은 수급자로서 신탁재산으로부터 발생한 이익을 가지고 분묘의 유지, 관리와 봉제사 등에 필요한 비용을 충당할 수 있다. 종원을 수익자로 하는 수익자신탁을 설정하는 경우와 비교할 때 수익자간의 이익충돌이나 수익권행사에 따른 종중재산의 산일, 감소를 방지할 수 있는 장점이 있다.

5.2. 수익자를 대신하는 장치의 필요성

수익자신탁을 설정하는 경우 신탁상 수익자의 권리를 제한하는 데에는 한계가 있다(제61조). 그래서 위탁자가 신탁사무에 관하여 수익자의 개입을 원하지 않는 경우에는 목적신탁을 설정할 수 있다. 예컨대 수익자가 임의로 법원에 소구하거나 신탁사무의 처리에 관한

---

210) 그래서 목적신탁의 효력을 인정하지 않는 법제에서는 이 경우에도 신탁은 무효이다. Alexander A. Bove Jr., The purpose of purpose trusts, Probate and Property(May/June, 2004), p.35.

서류의 열람, 설명 등을 통해 신탁증서 및 관련 정보에 즉각적으로 혹은 부적절하게 접근을 하는 것을 차단하고자 하는 경우 목적신탁이 대안이 된다. 신탁재산으로부터 발생하는 이익을 수익자에게 수익권의 형태로 귀속시키는 것이 아니라 목적신탁을 통하여 수급자에게 사실상의 이익으로 귀속시키는 것이다. 또한 수익자신탁을 설정할 경우 수익권을 취득하는 자가 교육이나 업무에 무관심하게 되거나 상속과 관련한 분쟁에 휘말리게 되는 것을 방지하기 위해서도 신용 있는 신탁회사를 수탁자로 하고 믿을만한 신탁관리인을 선임하여 목적신탁을 설정할 수 있다.

한편 위탁자는 신탁재산상의 이익을 특정인에게 귀속시키고자 하지만 관련한 모든 결정에 있어서 단순히 그들의 이익만을 기준으로 하고 싶지는 않은 경우 목적신탁을 설정할 수 있다. 대표적인 것이 가업의 유지를 위한 목적신탁이다. 위탁자가 가업을 유지하기 위하여 자신의 사업을 신탁하는 경우 사업상의 이익은 그 가족에게 돌아가더라도 사업 자체는 수탁자에 의하여 보유되며, 가족 구성원 개인의 이익이나 분쟁의 결과로 사업이 처분, 분해, 변경되지 않는다. 그리고 수탁자의 처분행위 등에 있어서는 신탁상 신탁관리인이 동의를 하거나 감독을 하도록 정함으로써 위탁자의 의사에 상응하여 사업체를 존속시킬 수 있다.

5.3. 자산의 보호를 위한 신탁

영국의 보호신탁(protective trust)이나 미국의 낭비자신탁(spendthrift trust)은 특정 수익자에게 신탁수익을 귀속시키면서 동시에 수익자의 행위나 외부적인 사유에 의하여 수익권을 상실하는 일이 없도록 한다는 점에서 자산보호(asset protection)를 위한 신탁으로 분류된다. 보호신탁과 낭비자신탁이 우리법에서도 허용되는지 여부에 대하여는 논의가 있지만,211) 목적신탁을 통하여 이에 갈음하는 효과를 얻을 수 있다.

영국의 보호신탁은 수익자의 보호를 위하여 확정신탁과 재량신탁을 결합한 형태이다. 보호신탁에서는 두 개의 신탁이 존재하는데,212) 먼저 위탁자가 신탁을 설정하면서 주된 수익자를 지정한다. 그리고 신탁상 정해진 사유가 발생하는 경우 주된 수익자의 수익권은 소멸하고 신탁재산은 두 번째 신탁을 위하여 보유된다. 신탁상 정해진 사유에는 전형적으로 주된 수익자의 권리가 타인에게 양도되거나 수익자가 도산하거나 무자력이 되는 경우가 포

---

211) 이중기, 480면 이하는 낭비자신탁의 경우 위탁자가 수익권의 양도성을 제한함으로써 강제집행을 면탈하는 방법으로 악용될 수 있어 우리법상 명문의 규정이 없는 한 인정되지 않으나, 보호신탁의 경우 수익권을 일종의 해제조건부권리로 보아 유효하다고 해석한다.

212) Trustee Act 1925 sec.33 (1).

함된다.213) 두 번째 신탁은 재량신탁으로서 주된 수익자를 포함하는 수익자들을 위한 것이다. 수탁자는 이제 자신의 재량에 따라서 수익자집단 중 특정인에게 신탁재산을 귀속시킬 수 있다. 이때 재량신탁의 수익자집단에 속한 개인은 신탁재산에 대한 확정적인 수익권이 없기 때문에 채권자가 수익권에 대하여 강제집행을 할 수 없으며, 파산시에도 수익권은 파산재단에 속하지 않는다.

미국에서는 많은 경우 유언신탁 내지 철회불가능신탁에 수익자가 수익권을 양도하는 것을 금지하고 수익자의 채권자가 수익권을 공취하지 못하도록 하는 낭비자조항(spendthrift clause)이 포함된다.214) 수익권은 원칙적으로 양도성을 가지지만215) 위탁자는 신탁상 이를 제한할 수 있으며, 이러한 정함은 유효하다. 수익권의 양도성에 관한 이러한 제한은 영국법에서는 인정되지 않으나, 미국에서는 판례상 부정된 경우도 없지 않지만 대부분의 주에서는 입법을 통하여 낭비자신탁의 효력을 인정하고 있다.

우리법상 채권의 양도를 금지하는 특약은 가능하며, 이에 반하는 양도에 대하여 판례는 원칙적으로 효력이 없다 본다.216) 그러나 양도금지특약으로써 선의의 제3자에게 대항하지 못한다(민법 제449조 제2항 단서). 그리고 양도금지특약이 있는 때에도 전부명령에 의하여 전부될 수 있으며, 이때 양도금지특약에 대한 집행채권자의 선의나 악의는 전부명령의 효력에 영향을 미치지 않는다.217) 당사자의 합의에 의하여 책임재산의 집행을 면탈할 수 있도록 해서는 안 될 것이기 때문이다. 나아가 전부명령이 유효한 이상 그 전부채권자로부터 다시 채권을 양수한 자가 특약의 존재에 대하여 악의이거나 중대한 과실 있는 선의더라도 채무자는 채권양도의 무효를 주장할 수 없다.218) 그러므로 미국의 낭비자조항은 우리법상 일반적인 채권양도금지특약으로 취급되며, 낭비자신탁 본래의 효력을 가지지 못한다.

그러나 위탁자는 목적신탁을 설정하고 신탁수익을 귀속시키고자 하는 자를 사실상의

---

213) Penner, p.98 이하.
214) 신탁법 제2차 리스테이트먼트 §152 (2)은 신탁상 정함이나 법률에 의하여 수익권의 자발적·비자발적 이전이 제한된 신탁을 낭비자신탁으로 정의한다. 그리고 신탁법 제3차 리스테이트먼트 §58는 위탁자가 수익자가 아닌 한 수익자가 수익권을 이전하거나 수익자의 채권자가 공취하거나 또는 수익자가 파산하는 경우 신탁상 수익권이 소멸하고 재량신탁이 발생하는 정함을 둘 수 있음을 명시하고 있다. 또한 UTC sec.502도 이와 유사한 정의를 두고 있다.
215) 제3차 리스테이트먼트 §51는 낭비자신탁이 아닌 한 수익자는 생존한 동안 수익권을 양도할 수 있다고 선언한다.
216) 대법원 2019. 12. 19. 선고 2016다24284 전원합의체 판결.
217) 대법원 1976. 10. 29. 선고 76다1623 판결; 대법원 2002. 8. 27. 선고 2001다71699 판결 등.
218) 대법원 2003. 12. 11. 선고 2001다3771 판결.

10

수급자로 정함으로써 동일한 효과를 얻을 수 있다. 신탁재산은 위탁자나 수탁자의 고유재산과 분리된 독립재산으로 존재하며, 수급자는 수익권을 가지는 것이 아니므로 그의 채권자가 수익권 또는 수익권을 매개로 신탁재산에 대하여 강제집행 등을 할 수는 없다. 수급자가 파산하는 경우에도 신탁재산으로부터 사실상의 이익이 파산재단에 속할 수 없다. 그리고 자산보호목적으로 목적신탁을 남용할 가능성에 대해서는 신탁법 일반법리에 따라 대처할 수 있다. 예컨대 위탁자가 그의 채권자를 해하기 위하여 목적신탁을 설정하는 경우에는 사해신탁의 법리가 적용된다. 그리고 목적신탁에서 목적은 어느 정도 구체적으로 정해져 있어야 하고, 수탁자가 그 목적에 따라 신탁사무를 처리함에 있어서 신탁채권이 발생하는 경우 채권자는 신탁재산에 대하여 강제집행이 가능하므로 목적신탁 자체가 강제집행면탈재산을 창출하는 것도 아니다. 이와 더불어 신탁업자인 수탁자는 신탁법상의 엄격한 의무를 부담하며 자본시장법의 규제를 받기 때문에 여타의 단체나 법인을 이용하는 것에 비해 보다 적절한 신탁재산의 운용을 기대할 수 있다.

5.4. 상사적인 용도로서의 목적신탁

위탁자의 재산이 수탁자에게 완전히 이전하고 도산격리효가 인정되는 신탁은 자산유동화를 위한 중요한 법제도가 된다. 이는 목적신탁에서도 다르지 않으며, 신탁법 개정과정에서도 자산유동화를 위한 목적신탁의 유용성이 고려되었다.[219] 자산유동화에 있어서 투자자인 수익자가 다수 존재하고 가변적이며 또한 유동화증권(ABS)의 행사가 있어야 비로소 확정된다는 점에서 목적신탁의 유용성이 인정된 것으로 보인다.[220] 하지만 수익자신탁의 효력요건으로서 수익자의 존재는 신탁설정시에 특정될 수도 있지만 특정가능한 것으로도 충분하다. 그러므로 단순히 다수의 수익자가 존재할 수 있다거나 수익권이 전전양도된다는 사실만으로 목적신탁의 효용을 이야기하는 것은 적절하지 않다. 무엇보다 수익권을 가지는 수익자가 존재한다면 이는 수익자신탁이며 더 이상 목적신탁일 수 없다. 오히려 유동화에 있어서 목적신탁은 수탁자가 SPV의 주식을 보유하는 데 가장 적합한 형태라고 할 수 있다. 실제 투자자가 SPV의 주식을 보유할 수도 있지만, 중요한 것은 지배(governance)이다. 투자자들은 계속 변동하므로 그러한 다수의 투자자에 의한 개개의 지배보다는 수탁자로 하여금 이러한 역할을 하도록 하는 것이 유동화의 관점에서 보다 효율적이다.

---

219) 법무부, 12면은 목적신탁이 기업연금신탁 등 신탁재산으로부터 생기는 이익을 수취하는 자가 다수인 신탁에서 수취자의 확정 및 변경이 용이하고 수익증권의 양도가 용이하여 다수에게 신탁재산에 대한 수익증권을 발행하는 방식으로 자산유동화의 수단으로 활용이 가능하다는 점에서 그 유효성을 인정하였다고 한다.

220) 이러한 논의는 일본 신탁법 개정과정에서도 마찬가지로 목적신탁을 명시적으로 허용하는 근거로 제시되었다.

참고문헌

○ **국내문헌**

강현중, 민사소송법 제5판, 박영사, 2002

곽윤직, 상속법 개정판, 박영사, 2004

곽윤직/김재형, 민법총칙 제9판, 박영사, 2013

광장신탁법연구회, 주석신탁법 제2판, 박영사, 2016

김주수, 채권각론 제2판, 삼영사, 1997

김주수/김상용, 민법총칙 제7판, 법문사, 2013

김증한/김학동, 민법총칙 제9판, 박영사, 2001

김형배, 사무관리 · 부당이득, 박영사, 2003

民法注解 Ⅳ(1992)/Ⅴ(1992)/Ⅵ(1992)/Ⅶ(1992)/Ⅹ(1996)/ⅩⅦ(2005), 박영사

박병호, 가족법, 한국방송대학교출판부, 1999

법무부, 신탁법 해설, 2012

_____, 신탁법 개정 공청회 자료집, 2009. 9. 25

_____, 신탁법개정 특별분과위원회 회의록(Ⅱ), 2010

법원실무제요 민사집행Ⅴ, 2020

서울중앙지방법원 파산부 실무연구회, 도산절차와 소송 및 집행절차, 박영사, 2011

송덕수, 신민법강의 제8판, 박영사, 2015

_____, 친족상속법 제3판, 박영사, 2017

오영걸, 신탁법 2판, 2023, 홍문사

오영표, 가족신탁 이론과 실무, 조세통람, 2020

온주 신탁법, 2021

윤진수, 친족상속법강의, 박영사, 2016

윤진수/현소혜, 2013년 개정 민법 해설, 법무부, 2013

이계정, 신탁의 기본 법리에 관한 연구 -본질과 독립재산성, 경인문화사, 2017

이시윤, 민사소송법, 박영사, 1995

이재욱/이상호, 신탁법 해설, 한국사법행정학회, 2000

이중기, 신탁법, 삼우사, 2007

이중기, 충실의무법 -신뢰에 대한 법적 보호, 삼우사, 2016

이중기/이영경, 신탁법, 삼우사, 2022

이철송, 상법강의 제13판, 박영사, 2012

이호정, 영국계약법, 경문사, 2003

임채웅, 신탁법연구, 박영사, 2009

_____, 신탁법연구2, 박영사, 2011

임채홍 · 백창훈, 회사정리법(상), 한국사법행정학회, 1998

장형룡, 신탁법개론, 육법사, 1991

전병서, 도산법 제2판, 법문사, 2007

전원열, 민사소송법 강의, 박영사, 2020

정순섭, 신탁법, 지원출판사, 2021

정순섭/노혁준편, 신탁법의 쟁점 제2권(BFL 총서 10), 소화, 2015

정찬형, 상법강의요론 제12판, 박영사, 2013

정찬형편, 주석금융법(III), 한국사법행정학회, 2013

제철웅, 담보법, 율곡출판사, 2009

주석 민법 채권총칙3 제5판, 한국사법행정학회, 2020

주해상속법 제1권/제2권, 박영사, 2019

지원림, 민법강의 제18판, 홍문사, 2021

최기원, 상법학신론(상) 제19판, 박영사, 2011

최수정, 신탁제도를 통한 고령자의 보호와 지원, 집문당, 2010

_____, 일본 신신탁법, 진원사, 2007

한국증권법학회, 자본시장법[주석서 I], 박영사, 2009

홍유석, 신탁법 전정판, 법문사, 1999

강희철/장우진/윤희웅, 자산유동화법에 의한 자산유동화의 한계와 이를 극복하기 위한 수단으로서

의 비정형유동화에 관한 고찰, 증권법연구 제4권 1호(2003)

고일광, 부동산신탁에 관한 회생절차상 취급 ─부동산담보신탁의 경우를 중심으로─, 사법 제9호 (2009)

구상엽, 개정민법상 성년후견제도에 대한 연구 ─입법 배경, 입법자의 의사 및 향후 과제를 중심 으로─, 서울대학교 박사학위논문, 2012

권기범, 이사의 자기거래, 저스티스 제119호(2010. 10)

권철, 프랑스민법학 상의 'patrimoine' 개념에 관한 고찰, 민사법학 제63─2호(2013.6)

김대현, 주택건축사업에서 신탁등기의 문제점, 토지법학 34권 1호(2008)

김도경, 프로젝트 파이낸스의 자금조달문제 중 후순위대출과 담보확보에 관한 몇 가지 법적 문제 점, 상사법연구 제24권 제2호(2005. 8)

김민중, 임의후견제도의 개혁, 법학연구 제27권(2008)

김상용, 가족법, 민사판례연구 XXXIII-2, 박영사, 2011

_____, 부동산담보신탁제도개발의 필요성과 법적 문제점 검토, 경영법률 제5집(1992)

김상훈, 유언대용신탁을 활용한 가업승계, 기업법연구 제29권 제4호(2015)

_____, 신탁제도를 통한 재산승계 -유언대용신탁의 상속재산성, 특별수익성, 유류분과의 관계-, 최근 국내외 신탁실무의 동향(2019 한국신탁학회 춘계학술대회), 2019

김성필, 신탁재산의 법률관계, 민사법학 제17호(1999)

김이수, 상사신탁에 비추어 본 신탁법 제8조 사해신탁 법리의 재구성 -토지개발신탁을 대상으로 하여-, 상사판례연구 제22집 제3권(2009.9)

김정만, 도산절차상 현존액주의 ─일부보증 및 물상보증을 중심으로─, 회생과 파산 Vol.1(2012)

김주석, 국세징수법상 공매에 있어서의 쟁점 ─판례를 중심으로─, 재판자료 제121집: 조세법 실 무연구II, 2010

김진우, 공익신탁법리와 법정책적 제언 ─공익재단법인제도와의 비교를 통하여─, 비교사법 제8권 제1호(2001. 6)

_____, 신탁재산의 특수성, 법조, 51권 10호(2002)

김진홍, 주식회사의 합병교부금, 변호사─법률실무연구 제23집, 1993

김태진, 기업형태로서의 신탁: 사업신탁, 수익증권발행신탁 및 유한책임신탁을 중심으로, 법학논 총 제31집 제2호(2011. 8)

_____, 사해신탁취소권에 관한 개정 신탁법의 해석과 재구성, 선진상사법률연구 제59호(2012. 7)

_____, 신탁수익권과 강제집행 -수익권에 대한 압류의 효력범위에 관한 고찰-, 비교사법 제24

권 2호(2017)

_____, 신탁 제도의 기원에 대하여, 신탁연구 제3권 제1호(2021)

_____, 유한책임신탁에 대한 검토와 신탁법 개정을 위한 시사점, 중앙법학 제11집 제3호(2009)

_____, 주식신탁 사례연구 — 상사신탁·민사신탁의 경계를 넘어 신탁법과 회사법의 교차—, 법학논총 제39권 제4호(2019. 11)

김형두, 부동산을 목적물로 하는 신탁의 법률관계, 민사판례연구 XXX, 박영사, 2008

김형석, 민법 개정안에 따른 성년후견법제, 가족법연구 제24권 제2호(2010)

_____, 성년후견·한정후견의 개시심판과 특정후견의 심판, 서울대학교 법학 제55권 제1호(2014. 3)

_____, 유류분의 반환과 부당이득, 민사판례연구 XXIX, 박영사, 2007

_____, 저당권자의 물상대위와 부당이득, 법학 제50권 2호(2009)

남동희, 부동산신탁의 위탁자에 대한 회생절차의 실무상 쟁점, 사법 제15호(2011. 3)

남영찬, 근저당권의 피담보채권과 부종성, 민사재판의 제문제 제11권(2002)

노혁준, 차입형 토지신탁의 수탁자와 신탁재산간 거래, 증권법연구 제20권 제2호(2019)

문형배, 토지신탁상 수탁자의 손해배상의무와 보상청구권, 판례연구 제19집(2008. 2)

박인환, 개정민법상 임의후견제도의 쟁점과 과제, 가족법연구 제26권 제2호(2012)

_____, 새로운 성년후견제 도입을 위한 민법개정안의 검토, 가족법연구 제24권 제1호(2010)

박형준, 주식의 약식질과 관련된 실무상 문제점, 민사재판의 제문제 제17권, 한국사법행정학회, 2008

방석호, 국내 음악저작물시장에서의 신탁관리와 개선방안의 모색, 성균관법학 제19권 2호(2007. 8)

백승흠, 개정민법의 후견계약제도와 과제 —일본의 임의후견계약제도와 비교하여—, 원광법학 제28권 제4호(2012. 12)

_____, 성년후견제도의 도입과 과제, 법학논총 제27집 제1호(2010)

손지열, 약관에 대한 내용통제, 민사재판의 제문제 제10권, 민사실무연구회, 2000

송지민, 영미법상 수탁자의 이득토출책임(disgorgement)의 의의 및 법적 성질에 관한 연구, 신탁연구 제3권 제1호(2021)

심인숙, 신탁과 수익증권 발행, BFL 제39호(2010. 1)

_____, 프랑스 제정법상 '신탁' 개념 도입에 관한 소고. 중앙법학 제13집 제4호(2011.12)

안성포, 사업신탁의 도입을 위한 입법론적 검토, 인권과 정의 398호(2009. 10)

_____, 신탁법상 수탁자의 충실의무에 관한 고찰: 2009년 법무부 개정안을 중심으로, 상사판례연구 제22집 제4권(2009. 12)

_____, 신탁의 종료, 변경, 합병 및 분할, 선진상사법률연구 제48호(2009. 10)

_____, 채권금융기관에 의한 담보신탁의 활용, 증권법연구 제13권 제3호(2012)

안홍섭, 소송신탁의 판정기준, 대법원판례해설 제16호(1992. 10)

양형우, 다수당사자의 채권관계와 파산절차상 현존액주의, 민사법학 제44호(2009. 3)

_____, 사해신탁과 부인권의 관계, 민사법학 제61호(2012. 12)

엄복현, 신탁제도와 유류분반환청구권과의 관계, 가족법연구 제32권 3호(2018)

오영걸, 의제신탁의 이해, 비교사법 제18권 4호(2011. 12)

오영준, 신탁재산의 독립성, 민사판례연구 XXX, 박영사, 2008

오영표, 신신탁법 시행에 따른 자본시장법상의 법적 쟁점 ―신탁법과 자본시장법의 조화로운 공존
　　　　을 모색하며―, "신탁법의 현황과 과제" 세미나 자료집((사)은행법학회/전남대학교법학연
　　　　구소 신탁산업법센터 공동주최 특별정책세미나), 2012. 5. 4

오창석, 개정 신탁법이 신탁실무에 미치는 영향, BFL 제39호(2010. 1)

_____, 개정신탁법상 사해신탁제도에 관한 소고, 금융법연구 제6권 제2호(2009)

윤경, 소송신탁의 판단기준 및 임의적 소송담당의 허용한계, JURIST Vol.389(2003)

___, 신탁재산관리방법 변경의 요건과 그 한계, 대법원판례해설 제44호(2004)

윤진수, 담보신탁의 도산절연론 비판, 비교사법 제25권 2호(2018)

_____, 유류분반환청구권의 성질과 양수인에 대한 유류분반환청구 -대법원 2015. 11. 12. 선고
　　　　2010다104768 판결-, 법학논총 제36권 제2호(2016)

_____, 유류분 침해액의 산정방법, 법학 제48권 3호(2007)

윤홍근, 근저당권의 부종성의 한계, 민사판례연구 XXIV, 박영사, 2002

이계정, 부당이득에 있어서 이득토출책임의 법리와 그 시사점, 저스티스 제169호(2018. 12)

이근영, 수익자연속신탁에 관한 고찰, 재산법연구 제27권 제3호(2011)

_____, 신탁법상 수익자의 수익권의 의의와 수익권포기, 민사법학 제30호(2005)

_____, 신탁법상 재산승계제도와 상속, 법학논총 제32집 제3호(2012)

이다우, 근저당권자 또는 채무자를 제3자로 한 근저당권의 효력: 근저당권의 부종성 및 근저당권
　　　　등기와 실체의 불일치에 관련하여, 판례와 실무, 인천지방법원, 2004

이상주, 채무자와 그 외의 자가 각각 동일한 채권을 담보하기 위하여 담보신탁을 설정한 경우 신
　　　　탁재산들의 처분대금에서의 채권충당의 방식, 대법원판례해설 제99호(2014)

이승한, 물상대위에 있어서의 '지급 또는 인도전 압류'에 관하여, 민사판례연구 XXII, 박영사,
　　　　2000

이연갑, 공시원칙과 신탁법 개정안, 법학논총 제31집 제2호(2011. 8)

_____, 대륙법 국가에 의한 신탁법리의 수용, 연세 글로벌 비즈니스 법학연구 제2권 제2호 (2010.12)

_____, 비공익 목적신탁에 관한 일고찰, 국제거래법연구 제18집 제2호(2009)

_____, 수탁자의 보상청구권과 충실의무, 민사판례연구 XXX, 박영사, 2008

_____, 신탁법 개정의 쟁점, 성균관법학 제21권 3호(2009. 12)

_____, 신탁법상 수익자의 지위, 민사판례연구 XXX, 박영사, 2008

_____, 신탁법상 수탁자의 파산과 수익자의 보호, 민사법학 제45-1호(2009. 6)

_____, 신탁법상 신탁의 구조와 수익자 보호에 관한 비교법적 연구, 서울대학교박사학위논문, 2009

_____, 신탁재산에 강제집행할 수 있는 채권자, 중앙법학 제11집 제4호(2009)

이영준, 대리에 관한 기초개념적 연구, 법조 34권 9호(1985)

이우재, 개발신탁의 사해행위 판단방법, 대법원판례해설 46호(2004)

_____, 압류·가압류의 처분금지효와 개별상대효의 이해, 경영법무 통권 134호(2007)

이원삼, 담보신탁의 도산절연에 대한 고찰, 상사판례연구 제32집 제3권(2019)

이재욱, 부동산신탁 및 부동산뮤철펀드 등의 함정, 법률신문(2000. 8. 10)

이중기, 신탁법에 기초한 영미 충실의무법리의 계수와 발전: 회사법, 금융법의 충실의무를 중심으로, 홍익법학 제12권 제1호(2011)

이진기, 개정민법 규정으로 본 성년후견제도의 입법적 검토와 비판, 가족법연구 제26권 제2호 (2012)

이화연, 재산승계수단으로서의 신탁과 상속 -신탁의 재산승계수단으로서의 활용가능성과 유류분 반환의 문제를 중심으로-, 사법논집 제65집(2017)

임채웅, 담보신탁의 연구, 인권과 정의 제378호(2008. 2)

_____, 도산격리의 연구, 민사소송 제12권 1호(2008. 5)

_____, 묵시신탁과 의제신탁의 연구, 저스티스 제105호(2008. 8)

_____, 분리신탁의 연구, 홍익법학 제8권 1호(2007. 2)

_____, 사해신탁의 연구, 법조 55권 9호(2006)

_____, 수동신탁 및 수탁자의 권한제한에 관한 연구, 법조 56권 11호(2007)

_____, 수탁자가 파산한 경우의 신탁법률관계 연구, 사법 제6호(2008. 12)

_____, 신탁과 등기의 연구, 사법 제8호(2009. 6)

_____, 신탁과 유류분에 관한 연구, 사법 제41호(2017)

_____, 신탁법상 수탁자의 자조매각권 및 비용상환청구권에 관한 연구, 홍익법학 제10권 제2호

(2009)

_____, 신탁선언의 연구, BFL 제39호(2010. 1)

_____, 신탁행위의 연구, 저스티스 제99호(2007. 8)

_____, 유언신탁 및 유언대용신탁의 연구, 인권과 정의 제397호(2009. 9)

정구태, 신탁제도를 통한 재산승계 -유류분과의 관계를 중심으로-, 인문사회21 9권 1호(2018)

정소민, 신탁을 통한 재산승계와 유류분반환청구권, 한양법학 제28권 제2집(2017)

정순섭, 사채원리금 지급대행계약의 법적 성질론, 증권법연구 제5권 1호(2004)

_____, 신탁의 기본구조에 관한 연구, BFL 제17호(2006. 5)

_____, 신탁재산과 채무의 귀속주체에 관한 시론, 인천법학논총 제7집(2004. 12)

정태윤, 프랑스 신탁법, 비교사법 제19권 3호(2012.8)

제철웅, 개정 민법상의 후견계약의 특징, 문제점 그리고 개선방향, 민사법학 제66호(2014. 3)

_____, 성년후견제도의 개정방향, 민사법학 제42호(2008. 9)

_____, 요보호성인의 인권존중의 관점에서 본 새로운 성년후견제도, 민사법학 제56호(2011. 12)

천경훈, 개정상법상 자기거래 제한 규정의 해석론에 관한 연구, 저스티스 제131호(2012. 8)

최동렬, 회사정리절차개시결정 후 주식의 약식질권자가 정리회사의 주식소각대금채권에 대하여 물상대위권을 행사하여 얻은 추심명령의 효력, 대법원판례해설 제49호(2004)

최수정, 개정신탁법상의 수익권, 선진상사법률연구 제59호(2012. 7)

_____, 개정신탁법상의 재산승계제도, 법학논총 제31집 제2호(2011. 8)

_____, 고령사회에서 성년후견제도와 신탁 ―신탁의 기능과 활용을 중심으로―, 법조 64권 3호(2015)

_____, 담보를 위한 신탁, 법조 62권 8호(2013)

_____, 목적신탁의 효력범위와 활용방안 ―사익목적신탁을 중심으로―, 신탁포럼 심층연구 설명회 자료, 금융투자협회, 2013. 1. 4

_____, 부동산담보신탁상 우선수익권의 성질과 우선수익권질권의 효력, 인권과 정의 제470호(2017. 12)

_____, 부동산담보신탁상 우선수익권의 행사에 따른 수탁자의 의무, 신탁연구 제2권 제2호(2020)

_____, 상계금지원칙의 적용범위 ―대법원 2007. 9. 20. 선고 2005다48956 판결―, 서강법학연구 제9권 2호(2007. 12)

_____, 상속수단으로서의 신탁, 민사법학 제34호(2006)

_____, 수익자변경을 통해서 본 신탁계약의 특질, 민사판례연구 XXXI, 박영사, 2009

_____, 수익자취소권 재고, 법조 63권 6호(2014)

_____, 수탁자의 원상회복의무와 손해배상의무 -신탁재산이 금전인 경우를 중심으로-, 비교사법 제28권 3호(2021)

_____, 수탁자의 이익상반행위의 효력, 한양법학 제26권 제1집(2015. 2)

_____, 신탁계약의 법적 성질, 민사법학 제45권 제1호(2009. 6)

_____, 신탁법 개정 제안, 법제연구 제54호(2018. 6)

_____, 신탁법상의 상계 —일본 신탁법 개정과정에서의 논의를 중심으로—, 중앙법학 제9집 제4호(2007.12)

_____, 신탁상 발생한 비용의 배분 —서울고등법원 2012. 2. 2. 선고 2010나84835 판결을 계기로—, 비교사법 제19권 2호(2012)

_____, 유언대용신탁과 유류분의 관계 -한국과 일본의 하급심판결에 대한 비교검토를 통하여-, 인권과 정의 제493호(2020. 11)

_____, 유언대용신탁을 통한 기부의 실현과 확장, 신탁연구 제5권 제1호(2023)

_____, 채권자취소권의 관점에서 본 신탁법상의 취소제도, 저스티스 제155호(2016. 8)

_____, 채무자의 신탁재산의 처분 등 일련의 행위에 대한 사해성 판단 -판례에 대한 비판적 검토를 통하여-, 서강법률논총 제11권 제1호(2022)

_____, 퀘백주를 통해서 본 대륙법계 국가에서의 신탁, 신탁연구 제3권 2호(2021)

_____, 타인 채무의 담보를 위하여 신탁을 설정한 위탁자의 지위, 선진상사법률연구 통권 제101호(2023. 1)

최준규, 유류분과 신탁, 사법 제34호(2015)

한강현, 위탁자가 상속받은 재산을 신탁한 경우 그 재산상속에 따라 위탁자에게 부과된 상속세채권이 신탁법 제21조 제1항 소정의 '신탁 전의 원인으로 발생한 권리'에 해당하는지 여부, 대법원판례해설 27호(1996)

한민, 사해신탁의 취소와 부인, BFL 제53호(2012. 5)

한상곤, 부동산 담보신탁의 수익권에 관한 고찰, 경희법학 제49권 제1호(2014)

_____, 사해신탁취소권의 행사에 관한 법적 고찰, 경희법학 제49권 제3호(2014)

_____, 신탁수익권의 집행에 관한 법적 소고, 홍익법학 제15권 제4호(2014)

허규, 신탁행위와 신탁법상의 신탁, 사법논집 제5집(1974. 12)

○ 영미문헌

v. Bar/Clive, Principles, Definitions and Model Rules of European Private Law DCFR, Vol.6, Sellier, 2009

Birks, The necessity of a unitary law of tracing, Making commercial Law—Essays in Hounour of Roy Goode, Oxford: Clarendon Press, 1997

Bogert/Bogert/Hess, The Law of Trusts and Trustees, 3.ed., West Group, 2011

Burrows, The Law of Restitution, 3.ed., Oxford, 2011

Cowan, Scottish Debt Recovery: A Practical Guide, W. Green, 2011

Dukeminier/Johanson/Lindgren/Sitkoff, Wills, Trusts, and Estates, 8.ed., Aspen Publishers, 2009

Finlay, Trusts, Dundee University press, 2012

Haley/McMurtry, Equity & Trusts, 3.ed., Sweet & Maxwell, 2011

Hayton, The Law of Trusts, 4.ed., Sweet & Maxwell, 2003

Hayton/Kortmann/Verhagen, Principles of European Trust Law, Kluwer Law International, 1999

Hayton/Marshall, Commentary and cases on the law of trusts and equitable remedies, 11.ed., Sweet & Maxwell, 2001

Hudson, Equity and Trusts, 6.ed., Routledge—Cavendish, 2010

Maitland, Equity: A Course of Lectures, 2.ed., Chaytor/Whittaker(eds), Cambridge, 1936

Mitchell(ed.), Constructive and Resulting Trusts, Oxford: Hart, 2010

Oakley, The Modern Law of Trusts, 9.ed., Sweet & Maxwell, 2008

Panico, International Trust Law, Oxford, 2010

Pearce/Stevens/Barr, The Law of Trusts and Equitable Obligations, 5.ed., 2010

Penner, The Law of Trusts, 10.ed., Oxford, 2016

Pettit, Equity and the Law of Trust, 11.ed., Oxford, 2009

Scott/Fratcher, The Law of Trusts, 4.ed., Vol. I /Vol. II, Little, Brown and Company, 1987

Stebbings, The Private Trustee in Victorian England, Cambridge University Press, 2002

Underhill/Hayton, Law of Trusts and Trustee, 17.ed., LexisNexis Butterworths, 2007

_____, Law relating to Trusts and Trustees, 7.ed., 2007

Alexander A. Bove Jr., The purpose of purpose trusts, Probate and Property(May/June,

2004)

Ames, The Failure of the "Tilden Trust," 5 Harv. L. Rev. 389(1892)

R. Chester, Modification and Termination of Trusts in the 21st Century: The Uniform Trust Code leads a Quiet Revolution, 35 Real property, Probate and Trust Journal 711 (Winter 2001)

Coase, The problem of social cost, 3 J. Law & Econ. 1(1960)

Easterbrook/Fischel, Contract and Fiduciary Duty, 36 J. Law & Econ. 427(1993)

M. Graziadei, The Development of Fiducia in Italian and French Law from the 14th Century to the End of the Ancien Régime, Itinera Fiduciae: Trust and Treuhand in Historical Perspective, Helmholz/Zimmermann(eds.), 1998

Gretton, Scotland : The Evlution of the Trust in a Semi−Civilian System, Itinera Fiduciae, Trust and Treuhand in Historical Perspective, Helmholz/Zimmermann(ed.), 1998

M. Grimaldi/F. Barriére, La fiducie en droit français, La fiducie face au trust dans les rap− ports d'affaires: Trusts vs. Fiducie in a business context, Cantin Cumyn(ed.), 1999

Hansmann/Mattei, The functions of trust law: A comparative legal and economic analysis, 73 N.Y.U.L.Rev. 434(1998)

Hayton, The Hague Convention on the Law applicable to Trusts and on their Recognition, the International and Coparative Law Quarterly, Vol.36, No.2(Apr. 1987)

Hirsch, Delaware unifies the Law of Charitable and Noncharitable Purpose Trusts, Estate Planning, November(2009)

_____, Fear not the Asset Protection Trust, 27 Cardozo L. Rev. 2687(2006)

_____, Trusts for purposes: Policy, Ambiguity, and anomaly in the Uniform Laws, Florida State University Law Review, Summer(1999)

_____, Bequests for Purposes: A Unified Theory, 56 WASH. & LEE L. Rev. 41(1999)

Kennedy, English and offshore purpose trust: a comparative study, Trust & Trustee Magazine(September 2005)

Langbein, The Contractarian Basis of the Law of Trusts, 105 Yale Law Journal 627(1995)

_____, The secret life of the trust: The trust as an instrument of commerce, 107 Yale Law Journal 179(1997)

_____, The Uniform Trust Code: Codification of the Law of Trusts in the United States, 15 Trust Law International 66(No.2, 2001)

_____, Questioning the trust law duty of loyalty: sole interest or est interest?, 114 Yale Law Journal 929(2005)

Levy, Idaho's noncharitable purpose trust statute: leaping over age—old trust laws in a single bound, 44 Idaho Law Review 814(2008)

Parkinson, Reconceptualising the express trust, Cambridge Law Journal, Vol.61, No.3 (2002)

M. Pawlowski, Purpose Trusts: Obligations Without Beneficiaries?, Trusts & Trustees, Vol. 9/1(2002)

Kenneth G.C. Reid, Patrimony not Equity: the trust in Scotland, European Review of Private Law volume 8 issue 3(2000)

Sitkoff, An agency costs theory of trust law, 89 Cornell L.Rev. 634(2004)

Sterk, Trust protectors, agency cost, and fiduciary duty, 27 Cardozo L. Rev. 2761(2006)

Swadling, Explaining Resulting Trusts, 124 L.Q.R. 72(2008)

○ 일본문헌

能見善久, 現代信託法, 有斐閣, 2004

鈴木正具/大串敦子, コンメンタール信託法, ぎょうせい, 2008

四宮和夫, 信託法 新版, 有斐閣, 1989

寺本振透編集, 解說 新信託法, 弘文堂, 2007

寺本昌廣, 逐條解說 新しい信託法, 商事法務, 2007

小野傑/深山雅也, 新しい信託法解說, 三省堂, 2007

神田秀樹, 會社法 第9版, 弘文堂, 2007

新井誠, 信託法 第3版, 有斐閣, 2008

日本 法務省民事局參事官室, 信託法改正要綱試案 補足說明, 2005

長谷川貞之, 擔保權信託の法理, 勁草書房, 2011

田中實, 信託法入門, 有斐閣, 1992

加美和照, 株式の擔保權者の權利, 商法の爭點 I (ジュリスト增刊), 1995

大村敦志, 信託受容の特性に関する小考―フランスと韓国を素材として, 信託研究奨励金論集 第34号(2013.11.)

東京辯護士會辯護士硏修センター運營委員會, 民事信託の基礎と實務, ぎょうえいい, 2019

藤原彰吾, セキュリティ・トラスト活用に向けての法的課題(上), 金融法務事情 No.1795(2007)

米倉明, 信託法22條1項本文の解釋について, 信託 第160号(1989)

寺本惠, 後見制度支援信託の概要, 金融法務事情 No.1939(2012. 2)

山田誠一, セキュリティ・トラスト, 金融法務事情 No.1811(2007)

星野豊, 「信託關係」における「受益者」の責任(2), NBL No.674(1999. 10)

松尾弘, 信託法理における債權者取消權制度の展開 —詐害信託取消權と受益者取消權を中心に, 信託法の新展開—その第一步をめざして(米倉明編著), 商事法務, 2008

神田秀樹, 日本の商事信託ー序說, 現代企業立法の軌跡と展望, 商事法務研究會, 1995

赤沼康弘, 信託と成年後見制度, ジュリスト No. 1450(2013. 2)

早坂文高, 事業信託について, 事業信託の展望, トラスト60 研究叢書, 公益財団法人トラスト, 2011

淺香龍太/内田哲也, 後見制度支援信託の目的と運用, 金融法務事情 No.1939(2012. 2)

靑山善充, セキュリティ・トラストの民事手續法上の問題 —擔保權と債權の分離に關聯して—, 擔保法制をめぐる諸問題, 金融法務研究會報告書, 2006

秋山朋治, 信託受益權に對する擔保權の設定: 不動産流動化信託を中心として, 信託法研究 第27号(2002. 12)

樋口範雄, 信託契約 —信託と變更の場面に表わた問題點, NBL No.812(2005. 7)

판례색인

사항색인

저자 약력

최수정

서울대학교 법과대학 졸업
서울대학교대학원 법학과 졸업(법학박사)

법무부 민법개정위원회 위원
법무부 신탁법 개정 특별분과위원회 위원
Max Planck Institute for Comparative and International Private Law, Visiting Scholar

현 서강대학교 법학전문대학원 교수

제 3 판
신탁법

초판발행	2016년 2월 20일
개정판발행	2019년 9월 10일
제 3 판발행	2023년 9월 10일

지은이	최수정
펴낸이	안종만·안상준

편 집	장유나
기획/마케팅	최동인
표지디자인	이솔비
제 작	고철민·조영환

펴낸곳	(주) **박영사**
	서울특별시 금천구 가산디지털2로 53, 210호(가산동, 한라시그마밸리)
	등록 1959. 3. 11. 제300-1959-1호(倫)
전 화	02)733-6771
f a x	02)736-4818
e-mail	pys@pybook.co.kr
homepage	www.pybook.co.kr
ISBN	979-11-303-4521-5 93360

copyright©최수정, 2023, Printed in Korea

정 가   40,000원